DROIT ADMINISTRATIF

DROIT ADMINISTRATIF

15e édition

JACQUES PETIT
Professeur à l'Université Rennes 1

PIERRE-LAURENT FRIER †
Professeur à l'Université Paris 1 Panthéon-Sorbonne
Ancien directeur de l'UFR Administration, droit et secteurs publics

LGDJ
un savoir-faire de
Lextenso

1, Parvis de La Défense
92044 Paris La Défense Cedex
www.lgdj-editions.fr
ISBN 978-2-275-09039-9

SOMMAIRE

PRINCIPALES ABRÉVIATIONS

1) Juridictions

CAA	Cour administrative d'appel
Cons. const.	Conseil constitutionnel
CE	Conseil d'État
CE, ass.	Conseil d'État, assemblée (v. *infra*, n° 852)
CE, sect.	Conseil d'État, section (v. *infra*, n° 852)
CE (avis cont.)	Conseil d'État, avis contentieux (v. *infra*, n° 860)
CEDH	Cour européenne des droits de l'homme
CJCE	Cour de justice des Communautés européennes
CJUE	Cour de justice de l'Union européenne
Cass. civ.	Cour de cassation, chambre civile
Cass. com.	Cour de cassation, chambre commerciale
Cass. crim.	Cour de cassation, chambre criminelle
TA	Tribunal administratif
T. confl.	Tribunal des conflits

2) Périodiques, codes et sites Internet

AJCA	*Actualité juridique contrats d'affaires*
AJCT	*Actualité juridique collectivités territoriales*
AJDA	*Actualité juridique droit administratif*
BDCF	*Bulletin des conclusions fiscales*
BJCL	*Bulletin juridique des collectivités locales*
BJCP	*Bulletin juridique des contrats publics*
BJDU	*Bulletin de jurisprudence de droit de l'urbanisme*
Bull.	*Bulletin des arrêts de la Cour de cassation*
CSAF	Code de l'action sociale et des familles
C. civ.	Code civil
C. com.	Code de commerce
C. éduc.	Code de l'éducation
C. élect.	Code électoral
CGCT	Code général des collectivités territoriales

CJA	Code de justice administrative
COJ	Code de l'organisation judiciaire
C. mon. fin.	Code monétaire et financier
C. MP	Code des marchés publics
CMP	Contrats et marchés publics
CP	Code pénal
CCP	Code de la commande publique
CP-ACCP	Contrats publics-Actualité des contrats et de la commande publique
CPCE	Code des postes et communications électroniques
CGPPP	Code général de la propriété des personnes publiques
CRPA	Code des relations entre le public et l'administration
CSI	Code de la sécurité intérieure
C. urb.	Code de l'urbanisme
CJEG	*Cahiers juridiques de l'électricité et du gaz*
Constitutions	*Constitutions*
D.	*Recueil Dalloz*
Dr. adm.	*Droit administratif*
Dr. soc.	*Droit social*
EDCE	*Études et documents du Conseil d'État*
Eur-lex	Site Internet http://eur-lex.europa.eu/ (site Internet du droit de l'Union européenne)
GP	*Gazette du Palais*
JCP A	*Semaine juridique, Administrations et collectivités territoriales*
JCP	*Semaine juridique, édition générale*
JO	*Journal officiel de la République française*
JOCE	*Journal officiel des Communautés européennes*
JOUE	*Journal officiel de l'Union européenne*
Jur. C et L	*Juris-Classeur Codes et lois*
LégiF	*Site internet du Journal officiel* : www.legifrance.gouv.fr (Quatre rubriques y sont sans cesse actualisées : les codes, le Journal officiel depuis le 1er janvier 1990, les lois et règlements depuis la même date, dans leur version consolidée, la jurisprudence du Conseil constitutionnel ainsi que l'essentiel de la jurisprudence des juridictions judiciaires et administratives)
LPA	*Les Petites affiches*
R.	*Recueil* (des décisions du Conseil constitutionnel, du Conseil d'État, de la Cour européenne des droits de l'homme, de la Cour de justice de l'Union européenne)
RA	*Revue administrative*
RDI	*Revue de droit immobilier*
RDP	*Revue du droit public*
RFDA	*Revue française de droit administratif*
RGDM	*Revue générale de droit médical*
RIDC	*Revue internationale de droit comparé*
RISA	*Revue internationale de science administrative*
RJEP	*Revue juridique de l'entreprise* (puis *de l'économie*) *publique*
RJF	*Revue de jurisprudence fiscale*
R. Tab.	*Recueil des arrêts du Conseil d'État, Tables*
RTD civ.	*Revue trimestrielle de droit civil*
RTDE	*Revue trimestrielle de droit européen*
S	*Recueil Sirey*

Les arrêts du Tribunal des conflits, du Conseil d'État, voire de la Cour de cassation, indiqués **en gras** dans les notes, sont commentés dans *Les grands arrêts de la jurisprudence administrative* (M. Long, P. Weil, G. Braibant, P. Delvolvé, B. Genevois), Dalloz, 22e éd., 2019, et le cas échéant dans *Droit administratif – Les grandes décisions de la jurisprudence* (J.-F. Lachaume, H. Pauliat, S. Braconnier, C. Deffigier, A. Claeys), PUF, 18e éd., 2020. – Ceux indiqués *en italique* dans les notes ne le sont que dans ce dernier ouvrage.

Les décisions du Conseil constitutionnel, indiquées **en gras** dans les notes, sont commentées dans *Les grandes décisions du Conseil constitutionnel* (P. Gaïa, R. Ghevontian, F. Mélin-Soucramanien, É. Oliva et A. Roux), Dalloz, 19e éd., 2018.

INTRODUCTION GÉNÉRALE

1 Le droit administratif paraît être, *a priori*, une chose simple ; il s'agit du droit de l'administration. Droit de son organisation : celui qui régit les rapports internes entre ses différentes entités ; droit de ses relations : celui qui régit ses rapports externes, avec ses usagers et les tiers.

Malheureusement, cette définition limpide doit s'effacer devant la complexité du réel. La notion d'administration est délicate à définir (§ 1), et le droit administratif, lui-même, peut être compris de diverses manières (§ 2).

§ 1. L'ADMINISTRATION

2 **Le mot administration a des sens multiples.** – Étymologiquement, il vient du mot latin *administrare* qui signifie « servir » (racine *minus*). Il désigne donc à la fois une *fonction* au service d'une mission et l'*organisation* qui la prend en charge. Il y a ainsi, dans les entreprises privées, une fonction administrative, chargée de la mise en œuvre des décisions des instances dirigeantes, et structurée organiquement à cette fin. Mais le terme administration, dans le langage courant, se réfère pour l'essentiel à l'administration publique, notion dont la portée exacte reste d'ailleurs incertaine. Un sondage, un micro-trottoir montrerait sans doute que sont considérés comme faisant partie de l'administration, à côté des « ministères » et des « mairies », la Sécurité sociale, La Poste, voire la SNCF. L'administration publique peut, en effet, être appréhendée selon des approches qui, multiples et variables, permettent cependant de la cerner. En premier lieu, elle occupe une place particulière dans le système constitutionnel (A), qui doit être précisée tant du point de vue fonctionnel (B) qu'organique (C), ce qui permettra d'aboutir à une définition (D).

A. APPROCHE CONSTITUTIONNELLE DE L'ADMINISTRATION

3 Cette approche, à laquelle le doyen Vedel a redonné toute sa portée dans un article célèbre intitulé « Les bases constitutionnelles du droit administratif »[1], même si l'on peut ne pas suivre toutes ses conclusions, part de la place de l'administration publique dans la Constitution avec, à ce stade également, deux dimensions.

4 **Fonction administrative. –** L'organisation constitutionnelle française depuis la Révolution repose sur le principe de séparation des pouvoirs, fondé sur la distinction des fonctions (fonctions-procédés centrées sur l'objet des mesures à prendre) qui doivent être assurées pour un fonctionnement harmonieux de la société.

Ces oppositions ne découlent pas d'ailleurs de lois naturelles intangibles, mais se révèlent au contraire contingentes. Ainsi, jusqu'au XVIIIe siècle, les fonctions juridictionnelles et administratives, voire législatives, étaient en partie confondues : les « décisions administratives », les règlements de police notamment, étaient souvent prises sous la forme d'arrêts rendus par des magistrats. De même, Locke opposait aux autres pouvoirs le pouvoir fédératif, chargé des relations avec l'extérieur.

Toujours est-il que sont distinguées, selon une *conception matérielle*, trois fonctions spécifiques, en principe confiées, chacune, à un organe distinct. La fonction législative a pour objet de poser, en exprimant la volonté du souverain, les normes à portée générale qui régissent l'ensemble des activités publiques ou privées ; elle n'a pas à participer à leur mise en application concrète. La fonction judiciaire, ou juridictionnelle, a pour mission, elle, de dire le droit lorsqu'elle tranche, avec la force de chose jugée, les litiges dont elle est saisie. Mais elle n'agit pas d'elle-même et son rôle se termine une fois sa décision prise. Enfin, la fonction exécutive est chargée de l'exécution des lois, de l'application concrète des normes posées par le législateur. Aujourd'hui, l'exécutif ne se contente plus d'ailleurs d'appliquer sans aucune marge de manœuvre les actes du Parlement. Il bénéficie d'un pouvoir important de choix quant aux mesures à prendre, ayant même le droit de poser des normes générales, toujours situées cependant à un niveau inférieur à celui des lois. Ainsi, selon l'article 20 de la Constitution de 1958, premier article du titre III consacré au gouvernement : « *le gouvernement détermine et conduit la politique de la Nation* ». Au sein de l'exécutif, au-delà de la pure fonction d'exécution des lois, il a donc la responsabilité globale d'une politique qui prend en compte l'ensemble des enjeux de la vie nationale.

À côté de ces trois fonctions, il est apparu possible de mettre aussi en lumière une *fonction administrative*, dont les contours sont posés dès l'époque révolutionnaire lors des débats parlementaires[2]. Celle-ci, instrumentale et seconde, consiste, conformément au sens étymologique de l'administration servante, à préparer et à assurer la mise en œuvre quotidienne, dans les situations particulières, des choix faits par les autorités politiques qui s'imposent à elle. Cela passe soit par l'édiction

1. *EDCE*, 1954, p. 21.

2. V. art. 13 de la Déclaration des droits de l'homme (« dépenses d'administration ») et par ex. Constitution du 3 sept. 1971, chap. IV, sect. II, art. 2. (Les administrateurs sont « des agents élus (...) pour exercer (...) les fonctions administratives »).

d'actes juridiques subordonnés, soit par des activités matérielles de prestations. Selon la définition d'Hauriou, cette fonction « a pour objet de gérer les affaires courantes du public en ce qui concerne l'exécution des lois du droit public et la satisfaction des intérêts généraux »[3].

5 **Subordination de l'administration. –** L'exercice de cette fonction nécessite dès lors qu'un ensemble d'hommes et de moyens, au sein d'une structure bureaucratique, soit mis à disposition des autorités politiques. L'administration, prise cette fois-ci *au sens organique*, est donc distincte du politique, ce qui suppose à la fois subordination et séparation, seule solution compatible avec le système démocratique libéral. Le pouvoir politique appartenant aux seuls représentants du souverain[4], l'administration ne saurait qu'exécuter les orientations définies, sans pouvoir agir sur celles-ci[5].

Pour cette mise en œuvre, l'administration pourrait être directement subordonnée au Parlement. Ainsi, dans les régimes d'assemblées, la direction de l'administration relève des organes parlementaires. Dans les régimes où, au contraire, les compétences de l'exécutif sont clairement identifiées et distinctes, lorsqu'il a la capacité de prendre des décisions politiques à portée générale (règlements) ou individuelle, c'est à lui que l'administration est soumise, même si le Parlement en contrôle le bon fonctionnement. Le gouvernement est d'ailleurs responsable politiquement de « son » administration.

La Constitution française de 1958 exprime avec une parfaite clarté ce principe. L'article 20 prévoit ainsi que le gouvernement « *dispose de l'administration et de la force armée* ». Pour agir, il s'appuie sur un puissant appareil administratif, distinct, qui prépare ses décisions et les exécute, placé, dans l'administration d'État, sous son autorité directe grâce au pouvoir hiérarchique du ministre (v. *infra*, n° 200).

Le principe de séparation de l'administration, qui permet d'assurer la continuité de l'État face aux fluctuations du politique et de garantir la neutralité de l'action, exige, lui, une distinction entre les deux appareils, entre les élus et les fonctionnaires permanents. Le statut de la fonction publique, par les garanties qu'il donne aux fonctionnaires, en interdisant notamment la prise en compte de leurs opinions politiques tant dans leur recrutement que dans le déroulement de leur carrière, joue un rôle essentiel de ce point de vue.

6 **Relativité des distinctions. –** On peut donc *a priori* opposer quatre types de fonctions que remplissent les pouvoirs publics : législative, judiciaire, et, au sein du pouvoir exécutif, fonctions gouvernementale et administrative. Et distinguer clairement personnel politique et organes administratifs. Ces oppositions doivent cependant être relativisées.

La séparation des fonctions législative et judiciaire par rapport aux fonctions exécutives est relativement simple, même si certaines difficultés peuvent exister

3. *Précis de droit administratif*, Sirey, 10e éd., 1921, p. 21.

4. Art. 3 de la Déclaration des droits de l'homme : « Le principe de toute souveraineté réside essentiellement dans la nation. Nul corps, nul individu ne peut exercer d'autorité qui n'en émane expressément ».

5. Constitution du 3 sept. 1791, art. préc. (« les administrateurs n'ont aucun caractère de représentation »).

(v. *infra*, n° 589 et 592). À l'inverse, il est malaisé de distinguer fonction gouvernementale et administrative, autrement qu'en se fondant sur l'idée vague que la première correspondrait aux décisions essentielles, la seconde se limitant à l'exécution quotidienne jusqu'à ses niveaux les plus modestes. Intuitivement, on comprend bien qu'il y a une différence, par exemple, entre un décret qui décide d'une revalorisation générale des prestations sociales, quelque temps avant une élection majeure, et un arrêté ministériel qui accorde une autorisation. Mais les autorités politiques suprêmes au sein de l'exécutif (président de la République, Premier ministre, ministres) assurent aussi la direction de l'action administrative de l'État. Leurs actes, et par exemple les décrets, sont considérés, quelle que puisse être leur portée politique, comme des décisions administratives. Seuls quelques actes dits de gouvernement ont un statut contentieux particulier et pourraient apparaître comme l'expression de la fonction gouvernementale. Les critères de différenciation sont cependant si incertains que toute tentative purement conceptuelle est vouée à l'échec (v. *infra*, n° 579). La distinction n'a donc pas de réelle portée juridique.

La même relativisation doit être faite *au niveau des organes*. Il y a plus confusion entre politique et administratif que séparation tranchée. Pour les raisons indiquées, il est difficile d'opposer clairement, au niveau suprême, autorités politiques, gouvernementales et appareil administratif d'État. De plus, sous la Ve République en particulier, le rôle croissant des hauts fonctionnaires dans l'exercice du pouvoir politique a conduit à une imbrication constante des deux sphères. Enfin, en dehors de l'administration d'État, le lien de subordination de l'administratif au politique tend à se distendre. Les collectivités locales, notamment, tout en étant situées au sein du pouvoir exécutif – la France n'étant pas une fédération, elles n'ont pas de compétences législatives, ni juridictionnelles – et faisant partie de l'administration, bénéficient d'une certaine autonomie garantie par la Constitution. Institutions administratives, elles acquièrent aussi une forme de légitimité politique en raison de l'élection démocratique de leurs organes dirigeants.

7 **Premières délimitations. –** La tradition constitutionnelle française permet donc d'exclure de l'administration, prise au sens matériel, les fonctions législative et judiciaire et de faire apparaître l'administration dans sa dimension organique comme étroitement liée au pouvoir exécutif. Il reste que cette définition, si elle permet déjà de tracer certaines frontières, doit être complétée pour en préciser les sens tant fonctionnel qu'organique.

B. APPROCHE FONCTIONNELLE DE L'ADMINISTRATION

8 **Finalités. –** L'approche fonctionnelle ne se limite pas aux fonctions-procédés (v. *supra*, n° 4). Elle s'intéresse aussi à la fonction-finalité, au but de l'action. Retour encore à l'étymologie car on se centre ici sur le service que rend l'administration. En transposant la formule de l'article 12 de la Déclaration des droits de l'homme qui vise la force publique, on peut dire que l'administration publique « est instituée pour l'avantage de tous et non pour l'utilité particulière de ceux auxquels elle est confiée ».

Sa mission est donc fondamentalement liée à l'*intérêt général*[6], et un intérêt privé de l'administration est, *a priori*, inconcevable. Elle prend d'abord en charge des actions que les simples particuliers ne sauraient assumer. On ne saurait, par exemple, envisager une armée de mercenaires ; la défense nationale est donc la tâche exclusive de l'État. Il existe, ensuite, des domaines où il apparaît souhaitable que la collectivité publique intervienne pour garantir la bonne réalisation des intérêts de la communauté tout entière, là où l'action des personnes privées risquerait d'être tournée vers leurs seuls intérêts propres. Alors que l'enseignement pourrait être purement privé, financé pour l'essentiel par les frais de scolarité versés par les élèves, l'enseignement public pris en charge par l'administration permet un accès gratuit et égal à la connaissance sur l'ensemble du territoire. De même, il existe des théâtres nationaux ou locaux qui ont pour but de présenter à l'ensemble des publics, à des prix réduits, un répertoire que la seule nécessité d'équilibrer les comptes, voire de faire des bénéfices, empêcherait.

Or la conception même de cet intérêt général, du rôle de la puissance publique a profondément évolué depuis la Révolution.

9 **« Libéral-étatisme »[7]. –** Par rapport à d'autres pays d'Europe, les collectivités publiques et notamment l'État ont toujours eu, en France, un rôle particulièrement important. Ainsi, pour *la période allant des débuts du XIXe siècle jusqu'à la guerre de 1914*, les pouvoirs publics soit au niveau central, soit sur le plan local, ont, dans la tradition colbertiste, assuré de nombreuses fonctions. Il s'est agi tout d'abord des classiques missions régaliennes. L'État a pris ainsi en charge la justice (désormais centralisée alors qu'il s'agissait sous l'Ancien Régime d'un « métier de famille » selon le mot de Montesquieu), la défense de la Nation, la politique étrangère, la protection de l'ordre public par la police administrative, la fiscalité. La religion, elle-même, est conçue comme une organisation publique, étroitement contrôlée en raison de son rôle essentiel pour la sauvegarde d'une société policée. Mais l'administration intervient aussi dans le domaine économique. L'État est garant des harmonies économiques en édictant de très complètes réglementations qui encadrent le marché (police des métiers ou qualité des produits). Il est aussi « propulsif »[8] ; il mène une politique d'équipement du pays (voirie avec le corps des Ponts et Chaussées, Postes, chemins de fer), facilite la distribution des crédits (Caisse des dépôts et consignations créée sous Louis XVIII, Crédit foncier sous Napoléon III), et apporte son aide à la recherche. Il est aussi entrepreneur avec la prise en charge de diverses activités industrielles (tabacs, poudres). L'État est également distributeur. Dans la logique du mouvement progressif de laïcisation de la société, sont créés de nombreux services publics qui relevaient autrefois de l'Église : hôpitaux et bienfaisance (aide sociale) notamment au niveau local, état civil et surtout enseignement organisé selon un modèle très centralisé. L'État est, enfin, mécène et organisateur d'une politique artistique (Comédie Française, académies culturelles et scientifiques, etc.).

6. V. *infra*, n° 375 et s., les développements sur cette notion.

7. Selon l'expression de F. Burdeau, *Histoire de l'administration française*, Montchrestien, 1994, p. 109.

8. Selon l'expression de P. Legendre, *Trésor historique de l'État en France,* Fayard, 1992, p. 319.

Loin de l'État gendarme qui ne serait qu'une force de répression, l'intervention étatique reste, malgré tout, dans une logique libérale : il ne s'agit pas de transformer le système social, mais, en restant extérieur à la société civile, d'accompagner celle-ci dans ses évolutions, grâce au maintien des grands équilibres économiques. De plus, l'appareil administratif reste très réduit : à la fin du XIXe siècle, environ 30 000 personnes travaillent dans les administrations centrales et l'effectif moyen dans chaque préfecture n'est que d'une trentaine de personnes.

10 **État-providence.** – *À partir de 1914 et jusqu'à la fin des années 1980*, de profondes évolutions dans la conception du rôle de l'administration se produisent pour plusieurs raisons. La première est circonstancielle : l'effort de guerre puis les nécessités de la reconstruction, en 1919 comme en 1945, obligent l'État à être présent partout, à devenir organisateur de la production nationale, voire directement entrepreneur dans des secteurs sans cesse plus nombreux. La deuxième est idéologique. L'influence des idées socialisantes, la « gauche » étant au pouvoir à plusieurs reprises (Cartel des Gauches en 1924, Front populaire en 1936, Tripartisme aux débuts de la Quatrième République, victoire de F. Mitterrand en 1981) légitiment l'intervention publique comme facteur de correction des inégalités et de transformation de la société. À côté des activités régaliennes qui subsistent, de très nombreux services publics se développent dès lors de façon particulièrement significative.

1°) Dans le domaine éducatif, au sens large, les collectivités publiques mènent une politique qui les conduit, aux différents degrés de l'enseignement, à scolariser et former un nombre sans cesse croissant d'élèves, d'étudiants et même d'adultes grâce à d'importants dispositifs de formation initiale ou permanente. Cette action est complétée par des interventions en matière d'éducation physique et sportive et par une ambitieuse politique de diffusion de la culture. Est ainsi créé en 1959 un ministère des Affaires culturelles, ce qui permet, en liaison avec les collectivités locales, d'agir dans des domaines très divers (protection et mise en valeur du patrimoine, soutien à la création artistique, accès aux activités théâtrales, musicales, aide à la production et à la diffusion cinématographique, etc.).

2°) Se développe aussi une politique de solidarité sociale, déjà inscrite dans les textes révolutionnaires et développée par le Préambule de la Constitution de 1946 : actions de santé publique qui garantissent le droit de tous aux soins presque gratuits, et surtout stratégie de redistribution. Toute une gamme de prestations et d'aides sociales est instituée. Le budget de la Sécurité sociale devient désormais supérieur à celui de l'État. Cela conduit à la multiplication des interventions dans le secteur sanitaire et social et à la construction de nombreux équipements publics (hôpitaux, maisons de retraite, logement aidé, etc.).

3°) Enfin, l'interventionnisme économique prend une ampleur inconnue jusqu'ici. Politique de l'emploi, organisation du monde agricole, soutien à la recherche scientifique et industrielle, aide aux exportations. À côté des traditionnels services publics administratifs – interventions régaliennes ou financées essentiellement par l'impôt (éducation, action sociale) –, se multiplient dès lors les services publics dits industriels et commerciaux, sur le plan local avec le développement du « socialisme » municipal (boucheries municipales, bains-douches) ou au niveau national. L'État devient un organisateur – et le rôle du régime de Vichy dans l'économie dirigée a été essentiel – ; un planificateur, dans le cadre de multiples plans d'équipement et de modernisation accompagnés d'aides aux entreprises dans divers domaines ; un aménageur avec la volonté d'assurer, notamment par les équipements publics, un développement cohérent et durable du territoire. Il se transforme enfin en un entrepreneur. Sont ainsi créées, soit *ex nihilo*, soit à la suite de nationalisations, des entreprises publiques, sous forme de personnes morales publiques largement soumises au droit privé (les établissements publics industriels et commerciaux) ou de sociétés nationales, personnes morales privées mais à capital public. Elles concernent ainsi les grands réseaux de transports publics (liaisons aériennes ou ferroviaires avec la création d'Air France ou de la SNCF après la nationalisation de l'ensemble des chemins de fer en 1937), la distribution de l'énergie (électricité et gaz avec EDF et GDF) ou le secteur des postes et télécommunications. De plus, les vagues successives de nationalisation donnent un poids considérable à l'État dans la production nationale. En 1945-1946 deviennent propriété publique, outre les distributeurs de gaz et d'électricité, quatre grandes banques de dépôt, plusieurs sociétés d'assurances, les charbonnages, Renault, etc. Enfin, la loi du 11 février 1982[9] transfère au secteur public plusieurs entreprises importantes, en raison du rôle qu'elles jouent dans l'économie nationale. Ceci concerne la quasi-totalité des banques, cinq grands groupes industriels (Rhône-Poulenc, Thomson, Péchiney, etc.), deux compagnies financières (Paribas et Suez), en particulier.

11 **Remise en cause de l'intervention étatique. –** Sous l'effet des doctrines néolibérales, comme en raison de la mondialisation de l'économie, de profondes transformations ont lieu depuis quelques années. D'une part, une vaste politique de *privatisation*, commencée lors du retour de la « droite » aux affaires en 1986 et poursuivie après a conduit à la dénationalisation de très nombreuses entreprises publiques. Ainsi les lois du 2 juillet 1986 et du 19 juillet 1993 (abrogées et remplacées par les dispositions de l'ordonnance du 20 août 2014) ont permis le transfert au secteur privé de la quasi-totalité des établissements bancaires, des assurances, des plus grandes entreprises du secteur concurrentiel. Ces dénationalisations sont parfois liées à des fusions destinées à permettre la constitution d'ensembles de dimension mondiale. D'autre part, sous l'effet de l'ouverture à la concurrence voulue par les autorités communautaires dans le domaine des grands réseaux (télécommunications, transports, énergie), les structures monopolistiques ont été remises en cause. De profonds bouleversements ont donc lieu ; l'État est beaucoup moins entrepreneur qu'auparavant, tout en gardant quelques positions fortes dans divers domaines (EDF, SNCF, La Poste, etc.).

En dehors même de ce secteur industriel et commercial, la multiplicité des interventions des collectivités publiques fait qu'on est loin du léger appareil administratif du XIXe siècle. Le poids de la technocratie et de la bureaucratie est devenu considérable : il y a actuellement environ 2,5 millions de fonctionnaires d'État et 1,9 million au sein des collectivités locales.

L'on évoque, souvent, la nécessité pour l'administration publique de se recentrer sur ses missions essentielles, d'avoir beaucoup plus une *fonction de régulation* que de prestations directes, d'agir plus dans une logique de contrat que d'autorité. La figure d'un État qui décide de tout, qui commande par des mécanismes formels

9. N° 82-155, *JO* 13 févr., p. 566.

de normes juridiques, laisserait la place à une administration qui interviendrait moins comme opérateur direct, à des modes de relations sociales où la médiation, la négociation, le compromis, joueraient un rôle décisif. L'on mène également une réflexion en profondeur sur l'efficacité des services publics et les techniques de gestion à mettre en œuvre.

Le besoin d'État reste malgré tout très important, en France. La demande sociale légitime le maintien d'une administration publique fortement interventionniste, vers laquelle on se tourne chaque fois que nécessaire. La conception française est loin de l'État minimal des Anglo-Saxons. Elle reste celle d'un État paternel[10] qui réussit à faire la synthèse entre les aspirations fondamentales de la société : assurer une égalité abstraite et absolue et une liberté sans risque. L'administration permet ainsi d'établir l'égalité en détruisant, par la centralisation notamment, les diverses féodalités, tout en garantissant une liberté raisonnée grâce à la dispense de ses bienfaits.

12 **Administration publique et autres activités. –** Même quelque peu restreint, l'ensemble des activités assurées par les personnes morales de droit public ou de droit privé qu'elles contrôlent étroitement est considérable. L'administration publique, si elle coïncidait avec cet ensemble, irait dès lors du ministère de la Défense à la Sécurité sociale en passant par France Télévisions, la SNCF, etc.

Or, dans *une optique fonctionnelle*, ne peuvent être prises en compte que les activités de service public, c'est-à-dire celles qui, à raison de leur but d'intérêt général, ont été prises en charge par des personnes administratives et se trouvent soumises à un régime particulier. Ainsi certaines interventions publiques, directes ou par l'intermédiaire d'organismes privés que des autorités publiques contrôlent, ne relèvent pas, selon la jurisprudence, de l'intérêt général ni, par suite, du service public. Ceci peut paraître étonnant au regard du principe selon lequel celui-ci est la seule justification de l'action publique, mais la solution, dans le droit positif, est certaine. Ainsi n'ont de rapports avec l'intérêt général ni la gestion du domaine privé, considérée comme effectuée par les organes administratifs dans les mêmes conditions qu'un propriétaire privé, ni l'organisation des jeux de hasard (v. *infra*, n° 377). De plus, bien que la politique de l'État entrepreneur s'inscrive dans une finalité d'intérêt public, de développement économique et industriel, ce qui a pu ainsi légitimer les nationalisations qui sont profitables à l'économie française[11], certaines entreprises publiques ne sont soumises, dans leur organisation ou leur mode de gestion, à aucune contrainte spécifique qui imposeraient qu'elles agissent selon une autre logique ou d'autres procédés que celle de l'ensemble du secteur du commerce (par ex., la Snecma).

Il ne faut dès lors pas confondre administration publique et activités qui ne poursuivent pas des missions de service public. L'administration suppose l'*accomplissement du service public*, qu'il s'agisse de celui – spécifique – de protection de

10. Selon l'expression de P. Legendre, *op. cit.*, p. 195 (bien que l'auteur utilise ce terme pour qualifier le rôle de l'État avant 1914, cette fonction de l'État reste d'actualité).

11. Cons. const., n° 81-132 DC du 16 janv. 1982 R. 18 (absence d'erreur manifeste du législateur dans l'appréciation de la *nécessité publique* des nationalisations).

l'ordre public dans le cadre de la police administrative, ou de ceux chargés de fournir des prestations au public (v. sur la notion de service public, *infra*, n° 375 s.).

Il reste que cette fonction de service public, en raison des évolutions profondes des modes d'intervention administrative, peut désormais être assurée par des personnes publiques comme privées.

C. APPROCHE ORGANIQUE DE L'ADMINISTRATION

13 La définition organique s'attache à la qualité de la personne qui a agi. Elle se centre sur les institutions. La fonction d'administration publique a été initialement prise en charge, dans sa totalité, par des personnes morales de droit public relevant du pouvoir exécutif, si l'on met à part, dès le XIXe siècle, les interventions des personnes privées concessionnaires de service public. Par la suite, cependant, le rôle des personnes morales de droit privé n'a cessé de croître.

1. Ensemble de personnes morales publiques

14 **Personnalité morale. –** À côté des personnes physiques qui sont toutes, en principe, sujets de droit – il n'y a plus d'esclaves privés de toute existence juridique – existent dans le droit français des personnes morales, même si le concept a été critiqué notamment par Duguit, qui refusait de construire un système juridique autour des sujets de droit, ou par Jèze (« je n'ai jamais déjeuné avec une personne morale »). Il s'agit, en effet, de répondre, par un *procédé technique*, à une série de questions concrètes et de nécessités pratiques car il existe parfois une certaine communauté d'intérêts indépendants de ceux de chacun de ses membres pris en particulier (l'Université, la commune, ou l'association par exemple). Une personne morale est une entité fictive, abstraite, chargée de protéger ces intérêts, qui a dès lors – c'est particulièrement net en droit administratif – une mission à remplir. Sujet de droit, elle est titulaire d'un ensemble de droits et d'obligations, et dispose notamment d'un patrimoine. Indépendante des membres qui la composent, elle continue à exister au-delà des changements qui peuvent se produire parmi ceux-ci : elle bénéficie ainsi de l'unité et de la permanence. Elle est enfin dotée d'organes qui l'administrent et la représentent, exprimant ainsi sa volonté par des actes juridiques (v. *infra*, n° 416 et 417).

15 **Personnalité morale de droit public. –** *1°)* Il n'y a pas de personnes physiques de droit public. C'est toujours au nom des personnes morales qu'interviennent dans l'action administrative les autorités et les agents, qui constituent deux catégories distinctes. Les *autorités administratives* – ministres, préfets, maires, organismes collégiaux (assemblées des collectivités locales, conseils et commissions en certains cas) notamment – disposent du pouvoir de prendre des actes juridiques, unilatéraux ou contractuels, qui engagent la personne morale qu'elles représentent. Elles exercent donc des compétences, en fonction de ce qui leur est conféré par les textes. Les *agents* (fonctionnaires ou non-titulaires) se contentent, eux, de prendre les mesures techniques d'exécution des décisions prises par les autorités, sans disposer d'aucune compétence : ils n'ont que des attributions.

2°) L'administration, prise en ce sens organique, est donc constituée d'une « série » de personnes morales de droit public, comme cela a été progressivement reconnu au cours du XIXe siècle, qui sont dotées de nombreux services internes. Mais elle n'a pas elle-même, en tant qu'ensemble, la personnalité morale. Ces personnes morales de droit public, seules chargées initialement de la fonction d'administration publique, sont :

a) l'État, collectivité publique à dimension nationale, non spécialisée et donc susceptible d'intervenir en tout domaine. Mais, contrairement à une confusion courante, les nombreux services de l'État – les ministères ou les préfectures par exemple – ne sont pas dotés de la personnalité morale et ne font qu'engager l'État par leur action. Encore faut-il exclure, au sein de l'État, le Parlement et les juridictions qui ne sont pas organiquement administratifs ;

b) des collectivités *infra*-étatiques, les collectivités locales. Elles ont vocation à prendre en charge l'ensemble des « affaires locales », à s'occuper des intérêts des habitants du territoire qu'elles administrent ;

c) enfin, des institutions spécialisées de droit public. Pendant longtemps, il n'exista qu'une catégorie de personne morale de droit public de ce type : l'établissement public. Il est chargé, par l'État ou une collectivité locale, d'assurer un service public déterminé. Pouvant être de nature différente (pour l'essentiel, administratif, ou industriel et commercial largement régi par le droit privé), il n'en est pas moins toujours une personne publique. Il y a, désormais, à côté de lui, d'autres personnes morales de droit public – les groupements d'intérêt public notamment – qui, elles aussi, ont une mission spécifique (v. *infra*, n° 416 et 417).

Cette conception claire et simple de l'administration conduisait ainsi à opposer, ce qui ne soulevait guère de difficultés dans la majeure partie des cas, les personnes administratives aux personnes juridiques de droit privé, personnes physiques ou morales (associations, fondations, sociétés, syndicats, etc.). Chacune intervenait dans un secteur clairement délimité, les unes pour l'accomplissement du service public, les autres dans le secteur de la vie civile ou commerciale.

2. L'intervention des personnes morales de droit privé

16 À partir du XXe siècle, au contraire, le rôle de l'administration publique s'étend, par la prise en charge de fonctions sociales sans cesse plus nombreuses. Cet accroissement des interventions se réalise selon plusieurs modalités. Celle, classique, des personnes morales de droit public : de ce point de vue, l'État ou les collectivités locales créent de nouveaux services en régie, c'est-à-dire gérés directement par eux, sans personnalité morale distincte, ou instituent de nouveaux établissements publics.

Mais le recours à la délégation à des personnes morales de droit privé – rarement à des personnes physiques – tend à s'accroître.

17 **Diversité des procédés. –** *1°)* Cette intervention s'est faite, tout d'abord, dans le cadre de la très ancienne technique de la *concession*. Elle consiste par un contrat à confier à une personne privée, agissant sous le contrôle de l'administration, la construction d'un ouvrage public (par exemple au cours du XIXe siècle le réseau de chemins de fer) et/ou l'exploitation d'un service public (comme la distribution

de l'eau). Elle fut largement utilisée au XIXe siècle ou au début du XXe pour les services publics économiques car elle paraissait concilier les nécessités de l'intérêt général (l'administration publique définissant toujours les obligations de service public à respecter), et les principes du libéralisme économique grâce à la mise en œuvre de ces services par des entreprises privées jugées plus performantes.

2°) À côté de cette hypothèse où le rôle respectif des uns et des autres est encore assez clair et précis, se développent de nouvelles formes d'intervention publique, dans le cadre de structures de droit privé. Ainsi, en dehors de la concession, il est admis pour la première fois en 1938 qu'un organisme mutualiste de gestion des assurances sociales puisse « être chargé de l'exécution d'un service public, même si cet organisme a le caractère d'un « établissement privé » »[12]. Par la suite, le Conseil d'État reconnut même que les représentants d'une personne morale de droit privé pouvaient être des autorités administratives et édicter des actes administratifs (v. *infra*, n° 599).

Depuis, ces mécanismes de *délégation, en dehors de tout contrat*, à des personnes privées se sont multipliés. Outre les institutions mutualistes dans le domaine de la Sécurité sociale, d'innombrables personnes morales de droit privé, associations et sociétés notamment, prennent en charge de multiples services publics (v. *infra*, n° 418 et s.). Les risques de confusion s'accroissent en conséquence car, parfois, il s'agit de « fausses » personnes morales de droit privé, de simples démembrements de l'administration. Les organismes de droit privé bénéficient, en effet, d'un régime juridique qui apparaît comme plus souple et plus adapté à une gestion efficace que celui résultant du droit administratif, du statut de la fonction publique et, peut-être surtout, de la comptabilité publique. Ce n'est plus dès lors l'administration publique qui confie des missions de service public à des personnes privées. C'est elle qui se camoufle, qui remplit ses fonctions sous couvert d'associations para-administratives ou de sociétés anonymes régies, sauf dispositions dérogatoires, par le droit commercial, alors même que leur capital est détenu à 100 % par l'État, comme France Télévisions. De même, les sociétés d'économie mixte (SEM) sont des sociétés anonymes de droit privé dont le capital est en grande partie détenu par des personnes morales de droit public. Elles ont connu un développement considérable tant sur le plan national (notamment pour la construction des autoroutes ou les interventions économiques de l'État comme France Télécom par exemple), que local où elles sont le vecteur principal de l'intervention publique, pour les opérations d'urbanisme en particulier.

18 **Importance de la distinction entre personnes publiques et privées. –** Il y a donc un mélange croissant entre administration publique et organismes de droit privé, même si ces derniers, en quelque sorte dérivés, se rattachent toujours indirectement aux personnes publiques, car ils ne sauraient intervenir en ce domaine que s'ils y ont été habilités par celles-là. Or cette vaste galaxie, dont on ne distingue

12. **CE, ass., 13 mai 1938,** ***Caisse primaire Aide et Protection*****,** R. 417, *RDP* 1938.830, concl. R. Latournerie. V. préfigurant cette solution CE, 20 déc. 1935, *Soc. Établiss. Vézia*, R. 1212, *RDP* 1936.119, concl. R. Latournerie (légalité d'un décret permettant d'exproprier des terrains pour les remettre à des sociétés de prévoyance de droit privé, en raison du « caractère d'intérêt public qui s'attache (...) aux opérations » de ces sociétés).

plus clairement les limites, tend à rendre très délicate la distinction des personnes morales de droit public et de droit privé, non pas au niveau de l'État ou des collectivités territoriales, mais pour les institutions spécialisées (v. *infra*, n° 399). Cette opposition reste pourtant fondamentale. Même si les activités de service public gérées par les unes ou par les autres se trouvent en partie soumises à des règles semblables, le rattachement à une personne morale de droit public ou privé conserve une grande importance. Le critère organique occupe une place primordiale, quant au régime applicable, dans de très nombreux domaines du droit administratif : certaines fonctions de police sont réservées aux personnes publiques (v. *infra*, n° 505) ; une personne privée ne peut en aucun cas être propriétaire d'un domaine public (v. *infra*, n° 443) ; un contrat auquel une personne publique n'est pas partie est en principe de droit privé (v. *infra*, n° 765) ; les voies d'exécution prévues par le Code de procédure civile ne peuvent être mises en œuvre contre les personnes publiques (v. *infra*, n° 444) ; les personnes publiques ne peuvent, en principe, recourir à l'arbitrage (v. *infra*, n° 968) ; les rapports entre une personne publique et l'organe (délibérant) chargé de son administration sont des rapports de droit public justifiant la compétence de la juridiction administrative[13], etc.

Les personnes morales de droit public constituent donc le cœur, le noyau dur de l'administration.

D. DÉFINITION

19 Le croisement des différentes approches conduit à donner deux définitions de l'administration publique, qui ne se superposent pas complètement.

1°) Prise dans *son sens matériel*, l'administration publique apparaît comme l'*activité instrumentale des personnes morales de droit public ou de droit privé étroitement liées à celles-là, qui remplissent une mission de service public, hors des fonctions législatives et juridictionnelles*. Cette définition exclut du champ de l'administration publique, outre ces dernières fonctions, les rares activités des personnes publiques qui ne relèvent pas du champ du service public (la gestion du domaine privé par exemple), comme les interventions de certaines entreprises publiques non soumises à des obligations particulières. À l'inverse, elle inclut, notamment, tout ce qui peut être pris en charge par des personnes privées, dès lors qu'elles assurent une fonction administrative de service public en étant strictement encadrées par les personnes publiques. L'administration est donc, ici, et quel que soit le procédé utilisé, caractérisée par l'accomplissement du *service public*.

2°) Prise dans *son sens organique*, l'administration publique a une portée plus limitée. Il s'agit de l'*ensemble des organes assurant la fonction administrative, qui, au sein des personnes publiques, relèvent du pouvoir exécutif, soit par un lien de subordination directe dans le cadre étatique, soit par la soumission à son contrôle* (collectivités locales et organismes publics spécialisés). Ne sont donc pas des

13. T. confl., 14 nov. 2016, *Masson c/Office public de l'habitat Moselis*, n° 4070, *AJDA* 2017.276, chron. L. Dutheillet de Lamothe et G. Odinet.

organes administratifs, tant les personnes privées, même quand elles participent à l'activité administrative, que les institutions parlementaires ou juridictionnelles.

Dans son sens organique, l'administration publique se définit essentiellement par la *personnalité publique*.

3°) Il n'y a dès lors *pas de complète coïncidence* entre les deux notions. Le sens fonctionnel est plus large que l'acception organique puisque des organes non-administratifs peuvent assurer des fonctions administratives. Il existe une échelle de situations allant de l'administration la plus « pure » à l'action totalement privée :

— fonction administrative prise en charge par un organe administratif (service public de l'enseignement dans une Université, établissement public) ;

— fonction administrative assurée par une personne privée (service concédé de distribution de l'eau) ;

— activités d'intérêt général non érigées en service public (certaines entreprises publiques par exemple ou associations reconnues d'utilité publique) ;

— intervention, sur le marché, dans son intérêt propre, d'une société à capitaux privés. Seules les deux premières situations relèvent de l'administration prise en son sens le plus large.

§ 2. LE DROIT ADMINISTRATIF

20 **Soumission de l'administration au droit. –** Soumettre l'État au droit qu'il crée lui-même relève *a priori* du paradoxe. N'était-ce pas la négation même de la souveraineté ? Ou, plus prosaïquement, n'était-ce pas rendu impossible par la volonté de puissance du prince qui ne veut agir que selon son bon plaisir, dans le cadre de l'État de police (v. *infra*, n° 42) ? Cette soumission ne peut-elle dès lors s'expliquer que par l'autolimitation volontaire de l'État[14] ?

Désormais, dans le cadre de l'État de droit, le pouvoir politique est encadré juridiquement par les règles du droit constitutionnel qui régit son organisation et détermine les buts (garantir l'exercice des droits fondamentaux) et les limites de son intervention. Les autorités administratives, à leur niveau, doivent aussi respecter le droit, solution qui paraît évidente en ce début de XXIe siècle, mais qui n'en a pas moins soulevé de nombreuses difficultés. Le *principe de légalité*, mettant progressivement en œuvre les règles constitutionnelles qui découlent de la Déclaration des droits de l'homme, ne s'est imposé que petit à petit. Celle-ci fait de la loi, expression de la volonté générale, la source première du droit qui fixe les bornes de l'exercice des droits naturels de chacun (art. 6 et 4), et exige que les droits soient garantis, en liaison avec la séparation des pouvoirs (art. 16). L'administration, en conséquence, ne peut *agir qu'en application de la loi* et doit *la respecter*. Ces solutions sont toujours actuelles, même s'il faut entendre le mot loi dans son sens générique, équivalent au terme droit. C'est désormais le principe de juridicité qui s'impose.

14. V. les conceptions de la doctrine allemande (Jellinek, Ihering, Laband), par exemple *in* J. CHEVALLIER, *L'État de droit*, Montchrestien, coll. Clefs, 5e éd., 2010, p. 16 s.

L'étude des évolutions historiques, en France (A) ou dans certains pays proches (B) permet de mieux comprendre comment s'est faite cette soumission progressive de l'administration au droit. Elle montre aussi qu'il existe une grande diversité de systèmes quant à la définition même du droit administratif, ce qui conduit à préciser quelle est, de ce point de vue, la conception actuellement retenue en France (B).

A. APPROCHE HISTORIQUE

21 La construction du droit administratif en France est le résultat d'un long et complexe processus. Contrairement à une vision traditionnelle qui veut que le droit administratif n'ait pas d'histoire, qu'il soit né en 1873 avec l'arrêt *Blanco* (v. *infra*, n° 32), ses prémisses remontent au Moyen Âge, même si les caractéristiques du droit administratif ne se mettent en place qu'à partir de la Révolution.

1. L'Ancien Régime : les prémisses

22 Des embryons d'un régime spécifique applicable à « l'administration » se mettent en place dès le Moyen Âge[15]. Certes, il faut éviter tout anachronisme. Jusqu'à la fin de l'Ancien Régime, il n'existe pas vraiment d'administration au sens moderne du terme. Interviennent, pour la prise en charge des besoins collectifs, des organismes d'origine et de statut très variables : tant le pouvoir royal, les seigneurs, les organes juridictionnels au rôle essentiel car ils ont d'importantes fonctions « administratives » – le juge est administrateur – que les corps municipaux ou les corporations. En tout état de cause, se fait jour l'idée que certaines règles, applicables dans cette sphère d'intervention, sont différentes de celles qui régissent les relations ordinaires entre particuliers.

23 **Moyen Âge. –** Dans la France féodale, le pouvoir appartient pour l'essentiel aux différents seigneurs et au Roi. Les coutumes germaniques leur donnent, dans une logique de puissance, le pouvoir de commander, le « ban », qui permet d'imposer diverses obligations (corvée, réquisitions, expropriation de biens, levée de certains impôts) comme de réglementer de nombreuses activités.

L'apport des droits « savants », et le rôle des juristes dans l'entourage des rois de France, de Philippe le Bel en particulier, modifient en partie cette approche. À partir du XIIIe siècle, la redécouverte du droit romain, les conceptions philosophiques de saint Thomas d'Aquin et l'influence du droit canonique jouent un rôle essentiel. L'Église est en quelque sorte la plus importante « administration » de l'époque et elle est régie par un corpus de règles très précises, dans lequel « presque tous les chapitres d'un traité de droit administratif sont esquissés »[16]. Un certain encadrement des pouvoirs se met en place. Ceux-ci ne traduisent plus simplement la puissance brute, mais découlent du rôle que joue l'autorité pour la poursuite de l'utilité publique. Les prérogatives deviennent liées *au bien commun*, qui en constitue à la fois le fondement et

15. V. J.-L. Mestre, *Introduction historique au droit administratif*, PUF, 1985.
16. Le Bras, « L'apport du droit canonique au droit administratif », *Mél. Mestre*, Sirey, 1956, p. 395.

la limite. Il y a donc au moins en théorie – la réalité de ces limitations a été très variable – l'apparition de règles dans lesquelles « s'insère l'exercice des pouvoirs d'ordre administratif et dont la violation peut justifier des revendications »[17].

24 **Monarchie absolue. –** Dans un premier temps, au XVIe siècle notamment, l'on observe une certaine « privatisation » de ces conceptions. Sur la base d'une autre approche du droit romain, existe une tendance à soumettre les « activités » administratives à certaines règles du droit privé. Mais cette tendance cède très vite le pas en France (comparer avec l'Angleterre, n° 31). Il paraît peu efficient d'appliquer purement et simplement le droit privé à « l'administration », car la poursuite du bien commun a toujours ses exigences propres, alors que se développent notamment des règles spécifiques pour les propriétés publiques (Édit de Moulins de 1566 affirmant l'inaliénabilité du domaine de la Couronne). Surtout le renforcement de la puissance royale visant à l'absolutisme conduit à refuser toute soumission de celle-ci ; il lui faut un droit de privilège qui lui confère toujours d'importants pouvoirs.

Il en résulte des conséquences particulières sur le plan contentieux. Les litiges avec « l'administration » relevaient, en effet, *a priori*, dans le cadre de la « justice déléguée » par le Roi, des tribunaux de droit commun, et en appel des Parlements. Mais le Roi, source de toute justice, peut, toujours, évoquer en son conseil l'ensemble des affaires et donc casser les décisions des Parlements, voire leur interdire de statuer, dans le cadre de la « justice retenue ». Si les questions mettant en cause les municipalités restent souvent tranchées par les juges « ordinaires », les litiges avec « l'administration » royale sont ainsi généralement réglés par les intendants entourés de conseils, dans une organisation où les fonctions administratives et juridictionnelles ne sont, d'ailleurs, pas clairement distinguées. En appel ou le cas échéant directement, intervient le conseil du Roi, au sein duquel se développent des commissions spécialisées dans ces types de litiges réglés selon une procédure de plus en plus juridictionnalisée, et prenant souvent en compte les intérêts des particuliers. La volonté royale de faire échapper certains contentieux aux Parlements qu'elle domestique mal est très clairement signifiée par l'Édit de Saint-Germain de 1641, pour les actes de haute politique[18]. Mais, tout au long du XVIIIe siècle, se dressant contre l'autorité royale, les Parlements continuèrent à connaître de diverses décisions de l'administration royale et utilisèrent certaines des compétences qui leur étaient attribuées pour s'opposer avec vigueur au pouvoir, soit en refusant d'enregistrer les édits royaux, soit en adoptant les arrêts de règlements qui leur permettent d'intervenir dans de nombreux secteurs de l'administration « active ».

La puissance royale reste donc limitée par de nombreux facteurs. L'absolutisme n'est ni le totalitarisme, ni le règne de l'arbitraire. Outre l'importance des corps intermédiaires et la mosaïque des statuts des divers territoires, l'esprit de conseil, les lois de l'équité magnifiées par les juristes, le rôle des juridictions, les

17. MESTRE, *op. cit.*, p. 145.

18. « Déclarons que notre dite Cour de parlement de Paris, et toutes nos autres Cours n'ont été établies que pour rendre la justice à nos sujets ; leur faisons très expresses inhibitions et défenses, (...) de prendre (...) cognoissance (...) de toutes celles qui peuvent concerner l'état, administration et gouvernement d'icelui que nous réservons à notre personne seule. »

possibilités de recours instituent des contrepoids ; et quelques contrôles permettent de sanctionner certains abus d'autorité, dans des conditions éminemment variables. Mais l'atteinte aux intérêts privés, le sentiment d'arbitraire, l'absence de garanties suffisamment efficaces, constituent un des éléments du débat politique du XVIIIe siècle, qui vient alimenter les griefs contre la monarchie absolue.

Quoi qu'il en soit, à la fin de l'Ancien Régime, même sans règles stables formant un ensemble cohérent et connu, se fait jour une certaine conception du droit de l'administration. Dans le cadre de mécanismes différents de ceux du droit privé, celle-ci, malgré certaines garanties pour ceux qui lui sont soumis, doit disposer des prérogatives liées à sa mission particulière de poursuite du bien commun. Il faut aussi, parfois, que les éventuels contentieux soient jugés par des « administrateurs » mieux au fait de ces questions que les juges, des personnes plus conscientes des nécessités de l'intérêt général, afin d'éviter « que la marche de l'administration (soit) arrêtée par des actions en justice » (Portalis, 1780).

2. La Révolution : les principes fondateurs

25 L'administration s'inscrit désormais dans le cadre de la séparation des pouvoirs, son rôle est de se limiter à *l'exécution de la loi*, qui sert de titre juridique à son intervention. Elle n'a plus de compétence normative pour déterminer son propre droit. Outre cette novation fondamentale, la Révolution interdit au nouveau pouvoir judiciaire de trancher les litiges concernant l'administration, ce qui aura une incidence essentielle pour la construction d'un droit administratif spécifique.

26 **Principe de séparation des autorités administratives et judiciaires. –** La Révolution, dont le déclenchement est en partie dû à l'obstruction systématique des Parlements qu'elle supprime, interdit solennellement au nouvel ordre judiciaire, qui se substitue à eux, de troubler l'action des autres pouvoirs, désormais séparés. La loi des 16 et 24 août 1790, toujours en vigueur, lui dénie tout droit d'intervenir dans l'exercice du pouvoir législatif[19], ou d'empêcher l'administration de remplir sa mission. Selon l'article 13 « les fonctions judiciaires sont distinctes et demeureront toujours séparées des fonctions administratives. Les juges ne pourront, à peine de forfaiture, troubler de quelque manière que ce soit, les opérations des corps administratifs, ni citer devant eux les administrateurs pour raison de leurs fonctions ».

Le principe de séparation des autorités administratives et judiciaires est ainsi affirmé, mais ne paraît entraîner *a priori* aucune conséquence quant à l'existence d'un contentieux administratif spécifique. Il interdit seulement au juge de faire œuvre d'administrateur en prenant des arrêts de règlement, l'oblige à rester cantonné dans sa fonction juridictionnelle sans participer au pouvoir exécutif. Les tribunaux judiciaires ne peuvent-ils pas, d'ailleurs, être juges des affaires administratives, sans qu'il y ait d'incompatibilité avec l'interdiction ainsi posée ? Aux États-Unis, le principe de séparation des pouvoirs n'interdit nullement au pouvoir judiciaire de juger tant l'administration que le législateur.

19. « Les tribunaux ne pourront prendre directement ou indirectement aucune part à l'exercice du pouvoir législatif, ni empêcher ou suspendre l'exécution des décrets du corps législatif », art. 10.

En France, au contraire, instruit par les comportements antérieurs des Parlements, est mis implicitement en œuvre un précepte qui ne sera formalisé qu'au XIXe siècle : « Juger l'administration, c'est encore administrer ». Il s'agit toujours de protéger le pouvoir, ce qui est désormais légitime puisqu'il est devenu démocratique. Aussi le législateur supprime-t-il de ce qui allait devenir la loi des 16-24 août 1790 un titre 13 qui prévoyait de confier ce contentieux à un tribunal administratif spécial au sein de l'ordre judiciaire. Et, conséquence de ce choix, la loi des 6, 7-11 sep tembre 1790 attribue, au niveau territorial, le traitement de certaines réclamations contre l'administration aux autorités locales ; celle des 7-14 octobre réserve au Roi, chef de l'administration générale les réclamations d'incompétence à l'égard des corps administratifs. Enfin, le décret (qui a valeur d'une loi) du 16 fructidor an III dispose de façon très claire : « Défenses itératives sont faites aux tribunaux de connaître des actes d'administration, de quelque espèce qu'ils soient ». Dans cette conception « française » de la séparation des pouvoirs, le juge « ordinaire » ne peut donc statuer sur le contentieux administratif et en particulier sur les actes administratifs, même si la loi lui attribue, quelques compétences réelles (contributions indirectes, expropriation à partir de l'Empire).

Quant au fond du droit, les pouvoirs exceptionnels de l'administration subsistent et prennent une ampleur inégalée dans les phases les plus critiques de la Révolution.

3. Le XIXe siècle : le développement

27 La constitution d'un véritable droit administratif au XIXe siècle est le résultat de plusieurs facteurs : apparition progressive d'une juridiction autonome au sein de l'administration, construction d'un droit organisé autour de principes généraux, apport enfin de la doctrine qui en fait un champ d'études scientifiques.

a) Séparation de la juridiction administrative et de l'administration active

28 **Justice retenue. –** Le contentieux administratif échappe donc à l'ordre judiciaire. Ce principe est complété par l'article 75 de la Constitution de l'an VIII qui institue « la garantie des fonctionnaires ». Pour éviter les risques d'immixtion du juge ordinaire dans l'administration, il est interdit de poursuivre un fonctionnaire devant les tribunaux judiciaires, sauf autorisation donnée par le Conseil d'État, ce qui est difficile à obtenir en pratique. La victime d'un comportement administratif n'a donc pas d'autre solution que de s'adresser, par une démarche gracieuse, à l'administration, pour qu'elle examine ou réexamine la question. Il était évidemment impossible au chef suprême de l'administration, le chef de l'État, en « appel » des ministres qui avaient statué en premier sur le litige, de trancher lui-même de telles questions. Aussi prit-il l'habitude de consulter le Conseil d'État institué par la Constitution de l'an VIII, au sein duquel est créée, dès le décret du 11 juin 1806, une commission du contentieux. Les décisions rendues au nom du chef de l'État – toujours la justice retenue – sont préparées et rendues par le Conseil d'État, composé de hauts fonctionnaires et juristes, distincts déjà du personnel des ministères eux-mêmes. Elles bénéficient de l'autorité du chef de l'État, même si celui-ci ne fait que reprendre la décision du conseil. Ainsi, au sein de l'exécutif, se développe

petit à petit une *fonction contentieuse spécialisée*, hors du champ de l'ordre judiciaire et *extérieure à l'administration active.*

Une petite partie du contentieux relève de tribunaux spécialisés, siégeant auprès du préfet qui les préside avec appel possible devant le Conseil d'État : les conseils de préfecture. Ceux-ci sont directement compétents pour trancher les litiges portant sur les travaux publics et le contentieux de la fiscalité directe notamment (loi du 28 pluviôse an VIII).

Malgré une certaine mise à l'écart sous la Restauration – le Conseil d'État apparaissant comme une institution typiquement bonapartiste – son rôle contentieux subsiste, d'importantes garanties de procédure étant progressivement données aux justiciables. Il est même renforcé par le fait qu'en cas de saisine de l'autorité judiciaire pour des affaires mettant en cause l'administration, c'est le chef de l'État, en son conseil, qui détermine l'ordre de juridiction compétent. Il statue comme Tribunal des conflits (de compétence), ce qui lui permet de résister victorieusement aux nombreuses tentatives des tribunaux judiciaires de statuer en matière administrative.

29 **Justice déléguée. –** Ces solutions sont critiquées par les libéraux qui, sur le modèle anglais, plaident pour l'unité de juridiction et refusent cette conception du pouvoir administratif, justiciable privilégié. La « juridiction administrative » fait, notamment, l'objet de vifs débats après la chute du Second Empire. Pourtant, le principe de séparation des autorités administratives et judiciaires l'emporte dans la *loi du 24 mai 1872* : les contentieux judiciaire et administratif restent séparés et jugés par des juridictions distinctes. Le principe de la séparation de l'administration active et de la fonction contentieuse est de plus définitivement garanti. Le Conseil d'État – bien que toujours situé au sein de l'exécutif et ayant par ailleurs d'importantes fonctions consultatives – devient un juge à part entière. Il n'est plus un auxiliaire du chef de l'État mais rend ses décisions au nom du peuple français. De la justice retenue, on passe ainsi à la justice déléguée où l'administration perd tout pouvoir de jugement, comme l'affirme l'arrêt *Cadot* en 1889 qui abandonne la théorie du ministre-juge[20]. Enfin, pour tenir compte de l'existence de deux véritables ordres de juridiction, un *Tribunal des conflits*, présidé par le garde des Sceaux, composé paritairement de juges administratifs et judiciaires, est institué.

b) Construction d'un droit autonome

30 **Importance des textes. –** De par la loi ou dans le cadre de l'important pouvoir réglementaire dont dispose l'exécutif depuis la Constitution de l'an VIII, notamment pour l'organisation et le fonctionnement des services publics, l'administration dispose de compétences considérables dans de multiples domaines. Pouvoir de police du maire (Titre XI, loi des 16-24 août 1790), rôle du préfet pour le placement d'office des aliénés (loi du 30 juin 1838), réglementation et surveillance des établissements insalubres, incommodes et dangereux (décret du 15 octobre 1810), permis de bâtir exigé à Paris (décret du 26 mars 1852), cahier des charges de 1811, modifié en 1833, pour les marchés de travaux publics où se manifeste la toute-puissance du

20. **CE, 13 déc. 1889, *Cadot*,** R. 1148, concl. H. Jagerschmidt (désormais le Conseil d'État n'intervient plus en appel des décisions contentieuses des ministres. Il est le seul juge de l'administration, le ministre ayant eu raison de refuser « de statuer sur ces affaires qui n'étaient pas de sa compétence »).

cocontractant public ; les pouvoirs conférés à l'administration sont nombreux et importants.

31 **Jurisprudence du Conseil d'État. –** Cependant, face au côté fragmentaire du droit écrit, qui pose des règles soit trop générales, soit trop spécifiques, soit même contradictoires, et en l'absence d'un code équivalent au Code civil, il faut dégager les grandes notions et les principes fondamentaux qui s'appliquent à l'action administrative et donner une cohérence à cet ensemble de textes épars. C'est au Conseil d'État, dont les membres sont à la fois des juristes de haute qualité et des administrateurs conscients des réalités pratiques, de mener à bien cette œuvre de construction logique. À la fois « juge » suprême de l'administration, et situé au cœur de l'institution administrative, il prend des « décisions » à portée nationale, à l'occasion des divers recours contentieux dont il est saisi. Les administrés mécontents ne pouvant, en général, s'attaquer aux fonctionnaires en raison de la garantie qui leur est accordée, c'est l'administration elle-même qui est en cause. Le Conseil d'État se prononce dès lors selon l'idée qu'il se fait de ce qui est nécessaire pour que la puissance publique puisse remplir sa mission, sans pour autant négliger les droits des administrés. L'administration ne saurait en effet bien fonctionner que si elle agit dans la cohérence en respectant les règles qui s'imposent à elle, et que si l'exercice du pouvoir est raisonné. Dans la tradition de l'Ancien Régime, il faut « régler le Pouvoir pour le rendre tolérable »[21].

Les contentieux permettent dès lors de dégager de grands principes.

1°) Dès le début du siècle pour certains actes, puis, pour tous les actes administratifs, le Conseil d'État accepte d'exercer un contrôle d'*excès de pouvoir*, qui lui permet de vérifier le respect des règles de compétence, voire de procédure. Ce contrôle reste certes fort réduit, en particulier pour les actes « de pure administration » qui, traduisant le pouvoir discrétionnaire absolu des autorités publiques, bénéficient d'une large immunité juridictionnelle. Il n'en fixe pas moins les bases du régime de l'acte administratif unilatéral, qui seront développées notamment à partir de 1864. Le décret du 2 novembre dispense en effet le recours pour excès de pouvoir du ministère d'avocat et de tous droits fiscaux, ce qui en fait une voie procédurale spécifique pour les procès faits à un acte par toute personne dont les intérêts ont été froissés (v. *infra*, n° 971 et s.). Ce recours devient ainsi une pièce essentielle du contrôle juridictionnel de l'acte administratif et de la limitation du pouvoir de l'administration.

2°) Par ailleurs, en cas d'atteintes aux droits subjectifs garantis par un texte, la responsabilité de l'administration peut être engagée. Dans le cadre de la loi du 28 pluviôse an VIII, les dommages de travaux publics sont ainsi indemnisés en l'absence même de faute. La jurisprudence, quant à elle, fixe dès les années 1850 les éléments, hors des textes spéciaux, du droit de la responsabilité extra-contractuelle de l'État. Celle-ci n'est « ni générale, ni absolue, (et) se modifie suivant la nature et les responsabilités de chaque service »[22]. Solution fondamentale, car écartant l'application du Code civil en ce domaine, malgré certaines tentatives des tribunaux judiciaires, et dans une optique de protection de la puissance publique, elle

21. F. Burdeau, *Histoire de l'administration,* préc. p. 306.
22. CE, 6 déc. 1855, *Rothschild*, R. 705.

affirme l'autonomie du droit administratif, en cette matière. Quant aux contrats, le juge a dû, à l'occasion des litiges liés à l'exécution des nombreuses conventions passées, dégager certaines règles générales.

Ainsi, à la fin du Second Empire, plusieurs des principes de base du droit administratif sont posés. Son autonomie, son application par une juridiction spécialisée, la nécessaire conciliation qu'il doit faire entre les pouvoirs de l'administration et les droits des particuliers dans le cadre d'un exercice raisonné de la puissance publique, la soumission progressive de celle-ci au *principe de légalité*, sont affirmées. De nombreux éléments du régime des actes administratifs unilatéraux, du contrat et de la responsabilité sont déjà dégagés.

32 **Arrêt *Blanco* du Tribunal des conflits. –** L'arrêt *Blanco*[23], un des premiers arrêts rendus par le nouveau juge des conflits, en 1873, au tout début de la justice déléguée, confirme ces solutions. Les parents d'Agnès Blanco, blessée par un wagonnet d'une manufacture étatique de tabac, saisissent le tribunal civil, ce à quoi s'oppose le préfet qui soumet l'affaire au Tribunal des conflits. Alors que la spécificité de l'action publique en cause de l'espèce était fort limitée (simple erreur d'un ouvrier d'un service industriel), ce juge maintient, dans la logique de la jurisprudence *Rothschild*, que la responsabilité de l'administration, autonome et non susceptible d'être régie par le Code civil, « n'est ni générale, ni absolue (et que ses règles) varient suivant les besoins du service et la nécessité de concilier les droits de l'État et ceux des particuliers » (v. *infra*, n° 1089 et s.). Cette décision apparaîtra comme constituant l'acte de naissance du droit administratif. La doctrine du service public fera de l'arrêt *Blanco*, passé presque inaperçu à l'époque, la clef de sa conception du droit administratif (v. *infra*, n° 884). L'intérêt de l'arrêt *Blanco*, ici, est de redire, à l'époque de la justice déléguée et après les vifs débats qui se sont déroulés autour de la juridiction administrative, l'égalité de rang entre juridictions administrative et judiciaire et l'autonomie fondamentale du droit administratif.

c) Apport de la doctrine

33 Pour qu'une branche du droit acquière un tel statut, encore faut-il qu'elle fasse l'objet de connaissances et d'études scientifiques approfondies. Nécessité d'autant plus impérieuse en droit administratif que la jurisprudence, souvent malaisée à interpréter et liée au hasard des espèces, y joue un rôle essentiel. La doctrine a ainsi permis une importante systématisation du droit administratif.

34 **Membres du Conseil d'État. –** Dès le début du XIXe siècle, ce sont des membres du Conseil d'État (de Gérando, Macarel, Cormenin) qui expliquent le droit administratif dans différents ouvrages, encore très centrés sur le recensement des textes dans les différents domaines d'intervention de l'administration (bois, eau, domaines, etc.). Progressivement, à partir du Second Empire, ces livres vont aller au-delà de l'étude de secteurs spécifiques présentés les uns après les autres comme autant de blocs séparés. S'appuyant sur la jurisprudence du Conseil d'État, ils

23. **T. confl., 8 févr. 1873**, R. 1er suppl. 61, concl. E. David.

tentent de dégager les principes généraux applicables à l'action administrative dans une vision synthétique. L'apport de *Léon Aucoc* est fondamental de ce point de vue[24]. À la fin du XIXe siècle, *Édouard Laferrière*, vice-président du Conseil d'État, publie un traité de la juridiction administrative et des recours contentieux[25]. Il s'agit, au-delà d'une simple approche de technique contentieuse, de donner un cadre conceptuel à l'ensemble du contrôle juridictionnel de l'administration. Cela permet de mettre en lumière le rôle de la jurisprudence du Conseil d'État comme source du droit administratif, de la théorie des recours contentieux eux-mêmes jusqu'au droit des contrats et de la responsabilité.

35 **Professeurs d'université. –** Par ailleurs, des cours sont ouverts dans les facultés de droit, où, à côté de juges-enseignants, la doctrine universitaire prend le relais. Parmi de nombreux juristes, deux professeurs de droit, à la fin du XIXe siècle et au début du XXe, eurent un rôle fondamental : Maurice Hauriou, doyen de la faculté de droit de Toulouse, et Léon Duguit, doyen de la faculté de droit de Bordeaux. Ils mettent en cohérence ces principes dans le cadre d'ailleurs d'une véritable théorie du droit et de l'État dépassant la seule description positiviste.

Hauriou insiste, dans les différentes éditions de son précis de droit administratif[26] et ses très nombreuses notes de jurisprudence administrative[27], sur les caractéristiques du régime administratif, fondé sur l'idée de *puissance publique*. L'État, notamment, n'est pas seulement une personne morale ayant des droits subjectifs de type patrimonial, il est aussi – et l'influence de la doctrine allemande est très nette – une puissance publique personnifiée. Comme telle, il dispose d'un pouvoir juridique et de droits liés à cette puissance, qui cependant, pour éviter l'arbitraire, sont limités par les buts propres du pouvoir politique, les droits des citoyens et l'existence de multiples contre-pouvoirs, dans un système libéral. Le droit administratif porte donc sur l'étude des pouvoirs juridiques reconnus aux personnes administratives, dans le cadre notamment de la théorie de l'institution, qui s'expriment par les actes administratifs. La puissance publique, relevant de l'ordre des moyens, sans que soit d'ailleurs négligé le service public qui se situe dans la région des buts poursuivis, est ainsi au cœur du droit administratif.

Duguit, notamment dans son traité de droit constitutionnel[28], et son école (Jèze, Bonnard, Rolland) insistent au contraire sur les fonctions de l'administration, dans le cadre d'une doctrine philosophique fondée sur la solidarité sociale. Cette logique, finaliste, voit dans le *service public* l'élément central du droit administratif : à la fois justification d'un droit spécial qui doit s'appliquer d'ailleurs à tous les services, critère de la compétence du juge administratif comme le décide, selon eux, l'arrêt *Blanco*, et facteur de limitation des pouvoirs de l'administration qui ne saurait agir qu'en fonction des nécessités du service public (v. *infra*, n° 370).

24. *Conférences sur l'administration et le droit administratif*, Dunod, 1869.
25. 1re éd. Berger-Levrault, 1887-1888 ; rééd. LGDJ, 1969.
26. Publié à partir de 1892 chez Sirey.
27. Réunies *in La jurisprudence administrative de 1892 à 1929*, Sirey, 1929.
28. Dernière édition, Broccard, 1928, rééd. Cujas, 1974.

4. Les débuts du xxe siècle : de l'âge d'or à l'ère de la complexité

36 **Cohérence des données. –** Le début du xxe siècle apparaît, aux yeux notamment de l'école du service public, comme celui de l'âge d'or du droit administratif. Outre un nombre important de « grands arrêts » qui apportent des innovations essentielles quant au contenu du droit administratif, notamment dans le domaine du recours pour excès de pouvoir, du droit des contrats et de la responsabilité, existait, *a priori*, un cadre parfaitement cohérent où les distinctions étaient tranchées ; noir et blanc clairement opposés. Il y avait une *coïncidence* à peu près parfaite entre *organes, mission et moyens* utilisés. Le droit administratif était le moyen par lequel les personnes publiques, et elles seules, accomplissaient leur mission de service public, droit appliqué en cas de litige par la juridiction administrative. De l'autre côté, les personnes privées agissaient pour la poursuite de leurs intérêts propres et notamment financiers, étant soumises à l'empire du droit privé et justiciables des tribunaux judiciaires.

37 **Dissociation des données. –** Cette cohérence parfaite, en admettant même qu'elle eût réellement existé, a très vite commencé à disparaître. Éclatement du point de vue des missions. Les fins poursuivies par les personnes publiques perdent de leur clarté. L'interventionnisme croissant de l'administration tend à donner au service public une acception de plus en plus diffuse, et conduit même à reconnaître que certaines actions administratives n'en relèvent pas (v. *infra*, n° 377). Éclatement quant au régime applicable. Le droit administratif cesse d'être seul utilisé pour toute action de service public, qui peut aussi être assurée par des procédés de droit privé, soit au cas par cas (v. *infra*, n° 888), soit en bloc. Dans un arrêt de 1921, dit *Bac d'Eloka*, le Tribunal des conflits admet que le juge judiciaire est compétent pour statuer, selon les règles du droit civil, sur la responsabilité d'un service de transports par bac organisé par la colonie de la Côte d'Ivoire et exploité « dans les mêmes conditions qu'un industriel ordinaire »[29]. Apparaît, à côté des services publics administratifs, ce que l'on appellera plus tard les services publics industriels et commerciaux soumis en grande partie au droit privé. Il faut donc distinguer, dans le régime des services publics, la *gestion publique de la gestion privée*. Éclatement, enfin, au niveau des organes. L'administration prise au sens fonctionnel peut relever de personnes publiques comme privées, ce qui est reconnu à partir de 1938, par l'arrêt *Caisse primaire Aide et Protection* (v. *supra*, n° 17 et *infra*, n° 599, l'arrêt *Monpeurt*).

C'est dans ce système complexe que s'inscrit, encore aujourd'hui, le droit administratif, même si d'autres évolutions postérieures se sont bien évidemment produites. Il faut, sans cesse, réaliser, dans l'accomplissement de l'action administrative, un subtil dosage entre le rôle des organes, la poursuite des fins et le droit applicable. Isoler, dès lors, au sein des activités des personnes publiques celles qui relèvent d'un régime juridique ordinaire, et à l'inverse, rechercher, dans l'action des personnes privées exécutant des missions de service public, celles qui sont soumises au droit administratif.

29. **T. confl., 22 janv. 1921,** ***Soc. comm. de l'Ouest africain,*** R. 91 ; D. 1321.3.1 concl. P. Matter.

B. APPROCHE SPATIALE

38 Des règles de droit doivent toujours régir les rapports entre les organismes qui prennent en charge la satisfaction des besoins collectifs et les administrés. Mais ce droit peut être de nature très diverse. Si, en France, au terme d'une longue évolution historique, un droit administratif autonome est apparu, la situation peut être largement opposée comme en Angleterre, ou en partie différente, comme en Allemagne.

1. Angleterre

39 **Monisme juridique et judiciaire. –** Au XVIIe siècle, en France, la victoire de la monarchie absolue résulte de l'abaissement de la noblesse, des Parlements et de ce que les États généraux ne sont plus convoqués. La Révolution terminée, la puissance de l'État est à son tour magnifiée au profit de l'exécutif, ce qui explique largement l'apparition d'un droit administratif de privilège. En Angleterre, au contraire, dès le Moyen Âge s'impose le *common law* qui ne connaît pas la distinction romaine des droits public et privé. De plus, la souveraineté parlementaire s'impose au Roi, lors de la Révolution de 1688 qui chasse les Stuarts, et la Couronne (le gouvernement central et les administrations qui en relèvent directement) voit son rôle largement diminué. En outre, aux XVIIIe et XIXe siècles, il n'existe pas une administration conçue comme une entité homogène dans le cadre de la centralisation. Les fonctions « administratives » sont en effet prises en charge au niveau central non seulement par les ministères mais aussi par une série d'organismes en partie autonomes ou par des bureaux dépendant du Parlement. Jouent de plus un rôle essentiel les pouvoirs locaux, le *self-government* avec les municipalités (maires et « corporations ») et dans les comtés les juges de paix qui interviennent également dans le domaine administratif (délivrance d'autorisations, contrôle des conditions de travail, par exemple), sans qu'il leur soit donc interdit de faire acte d'administrateur. L'éclatement des organes administratifs, non soumis à une tutelle commune, lié à la faiblesse de l'exécutif, empêche dès lors la constitution d'un corps spécial de règles applicables à l'administration prise en tant que telle. Sous quelques réserves, l'action administrative relève du droit applicable à tous (*common law* ou *equity*) et de tribunaux uniques. Ainsi, dès le XVIIIe siècle, les fonctionnaires voient leur responsabilité engagée comme le serait celle d'une personne privée.

Par la suite, à partir notamment du milieu du XIXe siècle, le pouvoir du gouvernement central s'accroît. À côté des prérogatives de la Couronne telles qu'elles découlent du *common law*, de très nombreuses lois autorisent les pouvoirs publics à intervenir dans de multiples domaines, en recourant à des procédés impératifs, sans que le consentement de leurs destinataires soit requis et sans obtenir au préalable l'autorisation du juge. Il est ainsi possible de percevoir les impôts, d'enjoindre, d'imposer des obligations de faire, d'exproprier, de réquisitionner, etc. Mais ces nouveaux pouvoirs, épars, s'exercent, sans que des principes généraux soient dégagés, et sans que les tribunaux, notamment les juges de paix, leur appliquent d'autres règles que celles du droit « commun ».

40 **Présentation de Dicey. –** C'est pourquoi, en 1885, le juriste Dicey[30], faisant la comparaison avec le droit administratif français, vu comme un droit de purs privilèges, y oppose avec force le système britannique. Dans une conception libérale, il montre les principales différences avec la situation française. En raison de la souveraineté parlementaire, la Couronne est dans une position subordonnée. Dans le cadre du « *rule of law* », du règne du droit qui est au cœur de la constitution britannique, les organes publics ne disposent d'aucun privilège particulier et doivent, comme tous, respecter le droit. Les relations entre personnes privées ou avec les pouvoirs publics sont donc régies par des règles identiques, sous quelques réserves de procédure. Enfin, il n'existe qu'un seul droit, égal, appliqué par les juges, sans que des tribunaux spéciaux viennent garantir les prérogatives de la puissance publique. Grâce à cette organisation, les droits des particuliers contre l'État, dans la ligne des révolutions du XVIIe siècle, sont donc parfaitement protégés.

Cette vision idéologique masque cependant certains aspects fondamentaux du système anglais de l'époque. Elle méconnaît l'importance des pouvoirs dont dispose l'administration dans le cadre des prérogatives de la Couronne ou des dispositions législatives ; elle occulte la faiblesse des mécanismes de contrôle juridictionnel. La mise en jeu, au niveau central, de la seule responsabilité des fonctionnaires, sans limitation particulière sur le plan juridique, se heurte ainsi au risque qu'ils soient insolvables, alors que la Couronne, elle, en raison de son immunité, ne peut mal faire. Quant aux décisions elles-mêmes, la complexité, l'inadaptation des procédures juridictionnelles, et la prudence des juges limitent considérablement l'efficacité des contrôles.

Quoi qu'il en soit, l'influence majeure de Dicey tant dans son pays, qu'à l'étranger laissera une image en partie inexacte du système britannique et rendra difficile toute discussion sur l'éventuelle nécessité de règles spéciales.

41 **Apparition de règles administratives spécifiques. –** Par la suite, au Royaume-Uni, des évolutions profondes ont lieu, semblables à celles observées sur le continent.

L'« administration » voit ses pouvoirs sans cesse renforcés et l'intervention publique s'accroît dans des proportions considérables, notamment dans le domaine économique aussi bien au niveau national que local, sans que là encore se mette en place un contrôle efficace. Mais la demande de plus de justice, d'une plus grande protection des droits se renforce, alors que l'égalité entre l'État et les personnes privées apparaît comme largement mythique. La Couronne perd, ainsi, en 1947 son immunité, ce qui permet d'engager sa responsabilité en tant que telle et, à partir des années 1960, les juges se montrent plus exigeants. Ultérieurement, la Convention européenne des droits de l'homme, comme la construction communautaire en matière économique, va aussi avoir des incidences majeures. Dès lors, des règles propres à l'action administrative se font jour.

1°) Des mécanismes spécifiques de contrôle de l'administration sont institués. Certes, de nombreux litiges restent de la compétence des tribunaux ordinaires, notamment pour les contrats et la responsabilité. Mais, d'une part, outre les

30. *Introduction to the study of law of the Constitution*, Macmillan, rééd. en 1961. Traduction française parue chez Giard et Brière en 1902.

contrôles internes au sein des ministères, toute une série de lois, notamment en matière de protection sanitaire, d'aide sociale, d'immigration instituent des « *administrative tribunals* », des commissions administratives indépendantes, qui, selon des procédures accélérées et peu coûteuses, statuent selon une procédure quasi contentieuse, sans être pour autant des organismes juridictionnels. D'autre part, à partir de 1977, une procédure spéciale de jugement acquiert un caractère autonome lorsque sont en cause des décisions relatives à des droits protégés par le droit public (« *application for judicial review for administration* »). En l'an 2000, une cour administrative, au sein de la *High Court*, devient directement compétente pour examiner, selon des règles procédurales spécifiques qui donnent des garanties à l'administration, certains actes déterminés en fonction soit de l'organe qui les a pris, soit de la matière dans laquelle ils sont intervenus. Toutefois, ce type d'action, qui peut être, si la cour accepte de statuer, d'une grande efficacité en raison des pouvoirs d'exécution dont elle dispose, ne porte, en toute hypothèse, que sur des cas en nombre limité.

2°) À côté de cette différenciation certaine en termes de contentieux, *des principes de fond*, posés par les juges, obligent l'administration à respecter certaines règles fondamentales lors de son action. Ce sont notamment les principes de respect du droit (ne pas méconnaître ses compétences légales et les pouvoirs conférés) et de rationalité (agir dans un but d'intérêt public et ne pas avoir un comportement déraisonnable). Elle doit aussi respecter les procédures instituées par la loi et agir selon les principes de justice naturelle (impartialité, procédure loyale : garantir aux administrés le droit d'être informés des décisions projetées, de pouvoir s'expliquer contradictoirement, voire motivation des décisions prises). Mais ces principes s'appliquent aussi aux institutions privées (trusts et sociétés) qui peuvent avoir, en raison de leur puissance, des relations inégalitaires avec leurs clients, notamment.

L'opposition entre les deux systèmes juridiques français et britannique n'est donc pas totale. Des différences profondes n'en subsistent pas moins. Il n'y a pas vraiment un droit matériel spécifique, où les prérogatives comme les sujétions relatives à l'administration auraient leur autonomie au regard des règles applicables dans les situations ordinaires. À ce monisme juridique correspond, pour l'essentiel, une unité de juridiction, même si une certaine dissociation peut se produire pour certains procès, avec un embryon de justice administrative au sein d'un ordre unique. Il n'existe donc pas une construction globale et autonome, avec son propre corps de règles, applicable dans un champ d'intervention déterminé par un ordre de juridiction spécifique, contrairement au droit français.

2. Allemagne

42 **État de police. –** Au Moyen Âge, comme en France et en Angleterre, il n'existe pas d'administration au sens moderne du terme, ni au niveau du Saint Empire romain germanique qui réunit de multiples États (Principautés et villes), ni à celui de ces derniers. La prise en charge des besoins collectifs réside essentiellement dans les activités des autorités locales et seigneuriales et les fonctions d'administration et de juridiction sont très largement mêlées.

Avec la guerre de Trente Ans (début du XVIIe siècle), la nécessité de disposer d'un certain corps d'agents permanents se fait jour. Il faut en effet alimenter l'effort de guerre, mettre en place une armée, prélever des impôts affectés à cette fin. À la fin de la guerre, les traités de Westphalie (1648) marquent la disparition, *de facto*, de l'Empire, même si *de jure* il faudra attendre 1806. Le pouvoir passe donc définitivement dans les États. Dans les principaux d'entre eux, pour les mêmes raisons militaires, se constitue petit à petit un corps d'administrateurs, progressivement distinct des juridictions, qui agit sous l'autorité du Prince. Comme en France, les assemblées parlementaires doivent s'incliner, dans la plupart des cas, devant l'autorité absolue et le « bon plaisir » du Prince. Une telle évolution est particulièrement nette au XVIIIe siècle, en Prusse, où les rois successifs constituent une armée puissante et une administration « de métier », à leur service, inscrite dans la continuité. Elle est composée d'agents recrutés essentiellement en fonction de leurs compétences, qui bénéficient d'une formation spécifique. Se met en place une organisation bureaucratique caractérisée par l'unité et la rationalité, prototype du modèle d'administration décrit par Max Weber.

Le droit appliqué par ces organes reste, dans le cadre d'un État de police, entièrement déterminé par le Prince. C'est lui qui, selon les principes qu'il détermine librement, décide des mesures à prendre et donne les directives, alors que les interventions de l'administration s'accroissent, notamment dans les domaines économique et mercantile. Divers contrepoids existent cependant. Outre quelques pouvoirs des assemblées qui subsistent, l'administration prend ses décisions en principe de manière collective, ce qui évite l'esprit de parti, et certaines formes de contrôle se dégagent. Celui-ci est réparti entre une justice camérale, composée de collèges internes à l'administration, et la justice ordinaire compétente pour les litiges mettant en cause des intérêts privés.

43 **État de droit.** – *1°)* Sous l'influence de Montesquieu et d'une conception de la séparation des pouvoirs où l'administration ne peut se juger elle-même, le contentieux de l'administration passe progressivement de ces collèges aux tribunaux. L'éphémère Constitution de l'Empire de 1849 supprime ainsi « la juridiction administrative » – c'est-à-dire les organismes propres à la puissance publique – et impose que « les tribunaux connaissent de toutes les violations du droit ». Même si elle cesse très vite de produire ses effets, une fois la révolution effondrée, certains de ses principes sont repris. Aussi, dès 1863, à Bade, puis en 1875 en Prusse, et ensuite, dans de nombreux États, le contentieux administratif est soumis à de véritables tribunaux indépendants qui n'ont cependant que des compétences d'attribution. Le juge de l'administration, situé hors de celle-ci et sans fonctions consultatives, relève ainsi du pouvoir judiciaire, et non de l'exécutif, tout en constituant une juridiction spécialisée. Le mécanisme mis en place est, en quelque sorte, à mi-chemin entre les solutions françaises (il s'agit d'un vrai juge et non d'un conseil au sein de l'administration) et anglaises (il existe une juridiction à compétence propre). Il faudra cependant attendre 1949 pour qu'un ordre juridictionnel administratif se mette en place au niveau fédéral à côté de ceux des *Länder* avec, au sommet, la cour fédérale administrative. Il constitue, à côté de la cour constitutionnelle qui a une place à part, un des cinq ordres de juridiction. Il a ainsi une compétence générale, ce qui est aussi le cas de la justice ordinaire (pénale et civile), à la différence des trois autres ordres à vocation spécialisée (en droit public, juridictions fiscale et sociale ; en droit privé, juge du travail).

2°) Le droit administratif, pour sa part, se développe progressivement, dans la seconde moitié du XIXe siècle. Les constitutions des États puis de l'Empire allemand de 1871 s'inscrivent progressivement dans les mécanismes de séparation des pouvoirs (monarchie constitutionnelle en Prusse en 1850), et de prééminence de la loi qui permet de garantir les droits individuels. La source du droit administratif cesse d'être la seule volonté du monarque. L'administration devient donc, toujours sous l'autorité du Prince, chargée de mettre en œuvre ces lois, dans le respect de celles-ci et des droits subjectifs des administrés. Les règles de droit spéciales qui en découlent sont systématisées, notamment par Otto Mayer[31] qui fonde sa théorie sur les principes de l'État de droit (*Rechtstaat*).

Le système juridique qui en découle est dès lors construit autour de deux idées essentielles :

— l'*État est une personne juridique*, titulaire de droits et d'obligations, dont les relations avec les autres personnes juridiques sont régies par le droit. Il peut s'agir du droit administratif, centré sur la théorie de l'acte administratif auquel il est recouru pour remplir les fonctions publiques selon des procédés de puissance publique, strictement encadrés (respect du contradictoire, principe de la confiance légitime, etc.). Mais l'administration peut aussi recourir au droit privé, lui être soumise lorsqu'elle agit comme un simple particulier. Ainsi les contrats de l'administration comme l'engagement de sa responsabilité relèvent du droit privé ;

— les *administrés*, qui ne sont pas considérés comme de simples sujets, ont dès lors des *droits subjectifs publics*. Approche considérablement renforcée au sortir de la Seconde Guerre mondiale. Après le traumatisme de « l'expérience » hitlérienne, la Constitution fédérale de 1949 tend à assurer, dans tous les domaines, la garantie absolue des droits fondamentaux qui sont opposables à la puissance publique (art. 1er de la Constitution de 1949), ce qui rend nécessaire l'organisation de mécanismes de sanction juridictionnelle très précis. L'ordre administratif qui a plénitude de juridiction pour le contentieux de l'administration relevant du droit public contrôle ainsi les actes administratifs. Ceux-ci sont, à ce stade, conçus dans une optique plus restrictive qu'en France, dans la mesure où il s'agit essentiellement des actes de puissance publique non réglementaires. Eux seuls peuvent être attaqués, par voie d'action, aux fins d'annulation ou de réformation ou pour obtenir du juge une déclaration de droits, par laquelle celui-ci émet lui-même la décision qu'impose le respect de la loi. Mais ces recours ne sont ouverts qu'aux personnes dont les droits subjectifs sont lésés. Les recours des tiers et des groupements contre ces actes individuels sont généralement irrecevables. Les actes réglementaires, pour leur part, ne sont que rarement attaquables par voie d'action (sauf notamment en matière d'urbanisme), alors que leur illégalité ou inconstitutionnalité peut être soulevée par voie d'exception.

Ces mécanismes sont donc clairement orientés vers la protection des droits subjectifs, ce qui a conduit à opposer de ce point de vue les systèmes français et

31. V. directement écrit en français, *Le droit administratif allemand,* 4 tomes, éd. Giard et Brière, 1903-1906.

allemand, même s'il faut en partie relativiser les différences. L'un, dans le cadre du recours pour excès de pouvoir, est plus tourné vers la protection de la légalité, grâce à l'action possible de personnes physiques ou morales ayant simplement des intérêts froissés et à la possibilité d'attaquer, par voie d'action, l'ensemble des actes réglementaires (v. *infra*, n° 974 s.). Le recours pour excès de pouvoir, procès fait à un acte, s'inscrit ainsi dans le cadre d'un contrôle objectif et abstrait de légalité. À l'inverse, le contentieux administratif allemand est plus centré sur la protection de la personne que sur la défense de la légalité générale.

Quoi qu'il en soit, dans cette conception, le droit administratif allemand est autonome et distinct du droit applicable aux personnes privées, même si son contentieux relève du pouvoir judiciaire, avec, en son sein, un ordre de juridiction spécialisé.

En définitive, le droit administratif apparaît, dans son évolution, comme le point de passage de l'absolutisme à l'État de droit, comme le lieu du compromis historique qui a conduit à la soumission progressive de l'administration à la légalité, là où, jusqu'au XIXe siècle, régnait la force du monarque puis de l'exécutif. Ayant un caractère spécial, il a permis, grâce à la reconnaissance de la spécificité de l'administration, d'acclimater l'idée de droit dans ses deux dimensions : obliger la puissance publique à n'agir que sur la base de textes qui l'habilitent et respecter dans son action ces textes mêmes. Ainsi s'expliquent ses origines en Allemagne ou en France, à la différence de l'Angleterre où la force ancienne du régime parlementaire a imposé un droit unique, applicable en principe à toutes les personnes juridiques.

3. Définition

44 Ainsi située, la définition du droit administratif en France soulève de délicates questions. En raison, notamment, de la multiplication des activités administratives placées sous l'empire du droit privé, depuis l'arrêt *Bac d'Eloka* (v. *supra*, n° 36), on est conduit à se demander s'il constitue une part ou la totalité du droit de l'administration.

45 **Droit administratif *lato* et *stricto sensu*.** – *1°)* Dans une première conception, le droit administratif *lato sensu* correspondrait au droit applicable pour l'accomplissement de la fonction administrative. Sous couvert de droit administratif, toutes les règles juridiques utilisées par l'administration seraient étudiées, y compris celles de droit privé mises en œuvre par le juge judiciaire (droit commercial, droit du travail, droit civil, etc.), qui jouent un rôle particulièrement important lorsque le service public en cause est industriel et commercial et/ou lorsque interviennent des personnes morales de droit privé.

Une telle définition du droit administratif, *lato sensu*, permettrait de prendre en compte le corpus juridique qui constitue la réalité quotidienne de l'administration. Elle serait aussi plus exacte scientifiquement car elle porterait sur un objet d'étude considéré en tant que tel. Ainsi connaître le statut de l'usager d'un service public industriel et commercial suppose d'étudier non seulement les règles d'organisation des services qui relèvent du droit public mais aussi celles, de droit privé pour l'essentiel, régissant le fonctionnement de ceux-ci[32]. On peut, enfin, regretter la division académique trop tranchée entre droit public et droit privé, surtout à l'heure où, sous l'effet du droit de l'Union européenne notamment, certaines règles s'appliquent de façon semblable à l'administration et aux entreprises privées.

2°) Une telle approche, globalisante, conduirait cependant à de trop importantes répétitions entre les disciplines pour qu'elle soit totalement opératoire. Ne doivent être prises en compte que les règles spécifiques, différentes, exorbitantes en plus ou en moins du droit « commun » ; règles dont l'application, en cas de contentieux, relève pour l'essentiel de la compétence d'un juge spécial, le juge administratif. Le droit administratif, *stricto sensu,* n'est donc qu'une partie du droit de l'administration.

Ainsi conçu, ce droit est entièrement régi par le principe de l'adéquation juridique des moyens aux fins. Soumettant l'administration au *principe de légalité*, il lui donne à la fois des prérogatives et lui impose des obligations particulières, en raison de sa mission même.

46 **Droit de prérogatives. –** L'administration dispose ainsi de prérogatives de puissance publique.

1°) Prérogatives d'action telles que :

— privilège de la décision unilatérale par laquelle elle peut modifier l'ordonnancement juridique indépendamment du consentement du destinataire de la norme et par exemple ordonner, exproprier, réquisitionner ;

— pouvoirs spécifiques dans l'exécution du contrat administratif qui lui permettent notamment de modifier la convention en cours, sans l'accord du cocontractant ;

— possibilité, en principe exceptionnelle, de recourir à la force pour l'exécution de ses propres décisions, par exemple dans le cadre du droit financier où, en cas de non-paiement des actes d'imposition ou des états exécutoires, l'administration peut passer à l'exécution forcée, sans autorisation préalable du juge.

2°) Prérogatives exceptionnelles aussi de *protection* telles que :

— monopole des services publics ;

— protection des biens affectés à la mission de service public, qui, relevant de la domanialité publique, sont inaliénables et imprescriptibles. Les ouvrages publics, c'est-à-dire les ouvrages immobiliers affectés à l'intérêt général, quant à eux, bénéficient d'une forme d'intangibilité puisqu'ils ne peuvent être détruits, en exécution d'une décision de justice constatant leur implantation irrégulière que si une régularisation est impossible et que la démolition n'entraîne pas une atteinte excessive à l'intérêt général. Enfin, l'ensemble des biens appartenant aux personnes publiques, même non inclus dans le domaine public, sont insaisissables et ne peuvent être soumis aux voies d'exécution du Code de procédure civile (sur ces points v. *infra*, n° 443) ;

— privilège de juridiction grâce auquel les litiges concernant l'administration relèvent d'une juridiction spéciale. Celle-ci est désormais organisée de façon assez proche de l'ordre judiciaire : tribunal administratif pour la plupart des affaires en premier ressort ; appel, en général, devant les cours administratives d'appel, et cassation devant le Conseil d'État qui est aussi compétent dans certains cas en premier

32. V. S. Nicinski, *L'usager du service public industriel et commercial*, L'Harmattan, 2001.

et dernier ressort, et qui continue à exercer des fonctions consultatives. Enfin, l'existence du Tribunal des conflits permet d'écarter toute tentative d'immixtion de la part des juridictions judiciaires dans ce contentieux ;

— immunité pénale. Depuis le nouveau Code pénal de 1992, les personnes morales de droit privé sont responsables pénalement du fait des *infra*ctions commises, pour leur compte, par leurs organes ou leurs représentants. Les personnes publiques échappent à cette responsabilité totalement dans le cas de l'État ou partiellement, pour les collectivités territoriales ou leurs groupements lorsqu'il s'agit d'activités insusceptibles de faire l'objet de convention de délégation de service public (CP, art. L. 121-2). De plus, les condamnations prononcées contre elles ne peuvent, en tout état de cause, entraîner ni leur dissolution, ni leur mise sous surveillance judiciaire (CP, art. 131-39) (v. aussi *infra*, n° 1181).

47 **Droit de sujétions. –** Il ne s'agit pas, cependant, d'une puissance pour la puissance, mais de l'attribution de la puissance nécessaire à l'accomplissement par l'administration de sa fonction. D'où, à l'inverse, en raison de cette mission même, certaines obligations, sujétions, qui s'imposent à elle, et que ne supporterait pas, de cette façon en tout cas, une personne privée « ordinaire ». Ainsi, la finalité de l'action administrative n'est pas libre : l'intérêt général est à la fois son fondement et sa limite.

Le respect du principe d'*égalité* a de nombreuses implications qui restreignent le libre choix de l'administration. Le recrutement d'un fonctionnaire, la passation d'un contrat, comme la tarification des services publics, ne résultent pas de mesures discrétionnaires, en fonction des préférences personnelles de l'administrateur ou des seules nécessités commerciales. Toute une procédure complexe vient encadrer ces décisions.

De même, le plus souvent, la mission d'intérêt général confiée à l'administration doit, en raison de son importance même pour la société, être accomplie. Aussi les autorités administratives sont-elles tenues en certains cas d'agir et de garantir la continuité du service public.

La protection des biens de l'administration, en raison notamment du principe d'inaliénabilité du domaine public, se révèle aussi source de contraintes car elle rend plus difficile la valorisation de ce domaine, en limitant la possibilité de recourir aux techniques de gestion immobilière couramment pratiquée par les entreprises privées.

Le *principe de légalité*, enfin, a, de ce point de vue, de multiples conséquences. Outre le contrôle toujours plus précis du juge administratif, l'action administrative est enserrée dans un réseau sans cesse accru de règles à respecter, où se multiplient par exemple, les nouveaux droits de l'administré, devenu un véritable citoyen, à la transparence, au débat contradictoire, à l'information, etc.

48 **Rapport avec les autres droits**

1°) Le droit administratif français est autonome, *par rapport au droit privé.* L'autonomie d'un système juridique suppose qu'existe un ensemble de règles, ayant ses origines propres et applicables en principe à une situation donnée. Il est donc autonome – comme l'est le droit privé pour les relations entre particuliers – car il fonctionne en ensemble et s'applique par principe à certaines actions de l'administration. Il ne s'agit pas de dérogations ponctuelles au droit privé, mais de deux systèmes spécifiques qui sont chacun commun dans leur sphère respective, les deux droits s'étant d'ailleurs constitués en parallèle. L'existence d'une juridiction propre est un élément déterminant de ce point de vue, car le juge judiciaire eût sans doute eu tendance à appliquer le droit privé. Les règles du droit privé peuvent ainsi être reprises volontairement, mais ne s'imposent pas comme modèle.

2°) Par rapport au droit constitutionnel, le droit administratif a vécu longtemps dans une situation de séparation, en raison de l'absence de règles constitutionnelles encadrant l'action de l'administration, dans la majeure partie des cas. Sous la IIIe République, la Déclaration des droits de l'homme ne faisait pas partie du droit positif et les lois constitutionnelles de 1875 portaient essentiellement sur l'organisation des pouvoirs publics, sans principes de fond. Le droit administratif s'est ainsi construit sans référence directe à la Constitution en tant que telle, même si le juge s'est inscrit dans la philosophie politique libérale de l'époque. Cette situation a désormais profondément changé. D'une part, de nombreuses dispositions de la Constitution ont des incidences immédiates sur l'organisation de l'administration ; d'autre part, elles imposent des obligations très strictes pour le fonctionnement même de l'administration (régime des actes administratifs, actions de la police et des services publics, contrôle juridictionnel, etc. v. *infra*, n° 61 et s.). Il y a, dans la logique d'un système juridique fondé sur la Constitution, continuité entre droit constitutionnel et administratif, ce qui a été conforté par les jurisprudences concordantes des juges constitutionnel et administratif dans de nombreux domaines.

49 **Définition retenue. –** Dès lors, dans la conception *stricto sensu* ici retenue, le droit administratif peut être défini comme l'*ensemble des règles spéciales qui régissent l'activité administrative*. Il apparaît comme le *droit de la gestion publique*.

§ 3. PLAN

50 Étudier le droit administratif suppose donc de comprendre, éternelle question, le jeu constant qui se déroule entre trois facteurs : Qui agit (l'organe) ; pour quoi agit-il (la finalité, les missions), comment agit-il (les moyens) ? Et pour y répondre il faut savoir en amont quelles sont les sources du droit qui fixent de telles règles, et en aval, comment le fonctionnement d'un tel système est contrôlé, notamment par la justice.

1°) Il est nécessaire de connaître, tout d'abord, les cadres de l'action administrative (Ire Partie). Déterminer les sources du droit applicable à l'administration, puis étudier ce que sont les modes d'organisation et les structures de l'administration, au-delà de la notion même.

2°) Ainsi encadrée, l'action administrative obéit à une réelle logique quant à son déroulement (IIe Partie). L'administration poursuit, en effet, des fins spécifiques, ayant certaines missions et fonctions précises (service public dont la police administrative). Pour ce faire, lorsqu'il n'est pas fait appel au droit privé, elle doit disposer de moyens particuliers pour atteindre les fins ainsi définies. Il lui faut des moyens :

— humains (agents, qui en raison de la mission particulière de celle-ci ont un statut spécifique et distinct de celui des agents des entreprises ordinaires) ;

— matériels (biens immobiliers et mobiliers, le plus souvent soumis à des règles propres ; deniers publics perçus ou dépensés dans le cadre de règles budgétaires et comptables particulières) ;

— juridiques, distincts des règles du droit « commun », qui lui permettent de prendre des actes administratifs unilatéraux et de passer des contrats selon certaines dispositions spécifiques.

L'étude des moyens mis à sa disposition qui, autrefois, se faisait en une seule année, est désormais éclatée entre différents cours, à la fois pour des raisons scientifiques et surtout pratiques (importance des matières à traiter). Le plus souvent, la théorie de la fonction publique, comme le droit administratif des biens, sont au programme de la 3e année de licence, et « le droit de l'argent public » relève des cours de droit financier, fiscal et budgétaire. Aussi seuls sont étudiés ici les moyens juridiques propres à l'action administrative.

3°) Il faut, enfin, s'interroger sur les modes de limitation des pouvoirs de l'administration. Celle-ci, située « à proximité » de la souveraineté, doit être soumise, dans le cadre d'un État de droit, au principe de légalité, et voir également les dommages qu'elle cause, en toute hypothèse, réparés. Les contrepoids juridictionnels de l'action administrative jouent donc un rôle fondamental.

L'analyse de ces données se veut à la fois statique et dynamique. Présentant les solutions du droit positif et leurs raisons d'être, elle montrera, pour chaque thème, les profondes évolutions que ces règles ont pu subir, dans le cadre d'un *droit administratif en mutation*.

Ire PARTIE – LES CADRES DE L'ACTION ADMINISTRATIVE

IIe PARTIE – LE DÉROULEMENT DE L'ACTION ADMINISTRATIVE

IIIe PARTIE – LES CONTREPOIDS JURIDICTIONNELS DE L'ACTION ADMINISTRATIVE

ÉLÉMENTS DE BIBLIOGRAPHIE

1. Traités et manuels de droit administratif

R. Chapus, *Droit administratif général*, T. I, Montchrestien, 15e éd., 2001 ▪ N. Chifflot, P. Chrétien, M. Tourbe, *Droit administratif*, Sirey, 17e éd., 2020 ▪ C. Debbasch, F. Colin, *Droit administratif*, 12e éd., 2018 ▪ M. Degoffe, *Droit administratif*, Ellipses, « Cours magistral », 4e éd., 2020 ▪ Y. Gaudemet, *Traité de droit administratif*, T. I, LGDJ, 22e éd., 2017 ▪ Y. Gaudemet, *Droit administratif*, LGDJ, « Manuel », 23e éd., 2020 ▪ P. Gonod, F. Melleray, Ph. Yolka (dir.), *Traité droit administratif*, Dalloz, 2011 (2 tomes) ▪ P. Gonod,

Droit administratif général, Dalloz, 2e éd. 2020 ■ G. Lebreton, *Droit administratif général,* Dalloz, « Cours », 10e éd., 2019 ■ M. Lombard, G. Dumont, J. Sirinelli, *Droit administratif,* Dalloz, « Hypercours », 13e éd., 2019 ■ J. Morand-Deviller, P. Bourdon, F. Poulet, *Cours de droit administratif,* LGDJ, « Cours », 16e éd., 2019 ■ J. Moreau, *Droit administratif,* PUF, 1989 ■ B. Plessix, *Droit administratif général,* LexisNexis, 3e éd., 2020 ■ B. Seiller, *Droit administratif,* Flammarion, coll. Champs université, t. 1, 7e éd., 2018, t. 2, 7e éd., 2018 ■ P. Serrand, *Droit administratif,* PUF, coll. Droit fondamental, t. 1. *Les actions administratives,* 2e éd. 2017, t. 2. *Les obligations administratives,* 2e éd. 2019 ■ B. Stirn, Y. Aguila, *Droit public français et européen,* Presses de Sciences Po/Dalloz, 3e éd., 2021 ■ D. Truchet, *Droit administratif,* PUF, Thémis, 8e éd., 2019 ■ G. Vedel, P. Delvolvé, *Droit administratif,* PUF, 12e éd., 1992, 2 vol. ■ J. Waline, *Droit administratif,* Dalloz, « Précis », 28e éd., 2020.

2. Recueils d'arrêts ou d'avis commentés et de conclusions

■ J. Caillosse, J. Chevallier, D. Lochak, T. Perroud (dir.), *Les grands arrêts politiques de la jurisprudence administrative,* LGDJ, 2019 ■ Y. Gaudemet, B. Stirn, T. Del Farra, F. Rollin, *Les grands avis du Conseil d'État,* Dalloz, 3e éd., 2008 ■ J.-F. Lachaume, H. Pauliat, S. Braconnier, C. Deffigier, *Droit administratif, Les grandes décisions de la jurisprudence,* PUF, 18e éd., 2020 ■ M. Long, P. Weil, G. Braibant, P. Delvolvé, B. Genevois, *Les grands arrêts de la jurisprudence administrative,* Dalloz, 22e éd., 2019 ■ H. de Gaudemar et D. Mongoin, *Les grandes conclusions de la jurisprudence administrative,* vol. 1, 1831-1940, LGDJ, 2015, vol. 2, 1940-2000, LGDJ, 2020.

3. Réflexions générales sur le droit administratif

■ *AFDA, Les droits publics subjectifs des administrés,* Litec, 2011 ■ *La doctrine en droit administratif,* Litec, 2010 ■ *Les controverses en droit administratif,* Dalloz, 2017 ■ *Les méthodes en droit administratif,* Dalloz, 2018 ■ *Le droit administratif au défi du numérique,* Dalloz, 2019 ■ P. Amselek, « Le service public et la puissance publique, Réflexions sur une étude récente », *AJDA* 1968.492 ■ J.-B. Auby, « La bataille de San Romano, Réflexions sur les évolutions récentes du droit administratif », *AJDA* 2001.912 ■ J.-B. Auby, « le droit administratif face aux défis du numérique », *AJDA* 2018.835 ■ J.-J. Bienvenu, « Le droit administratif, une crise sans catastrophe », *Droits* 1986, n° 4, 93 et s. ■ J.-J. Bienvenu, J. Petit, B. Plessix, B. Seiller (dir.), *La constitution administrative de la France,* Dalloz, 2012 ■ J. Caillosse, *La constitution imaginaire de l'administration,* PUF, 2008 ■ « À propos de la doctrine en droit administratif », *AJDA* 2012.1616 ■ R. Chapus, « Le service public et la puissance publique », *RDP* 1968.235 ■ N. Chifflot, *Le droit administratif de Charles Eisenmann,* Dalloz, 2009 ■ P. Delvolvé, *Le droit administratif,* Dalloz, Connaissances du droit, 7e éd., 2018 ■ J. Caillosse, « Quel droit administratif enseigner aujourd'hui ? », *RA* 2002.343 et 454 ■ S. Cassesse, « Les transformations du droit administratif du XIXe au XXIe siècle », *Dr. adm.* 2002, chr. n° 17 ■ A. Demichel, *Le droit administratif, essai de réflexion théorique,* LGDJ, 1978 ■ *Droit administratif, Pouvoirs* 1988, n° 46 (10 contributions) ■ R. Drago, « La tenaille, Réflexions sur l'état du droit administratif », *Clés pour le siècle,* Dalloz 2000, p. 436 ■ C. Eisenmann, *Cours de droit administratif,* rééd. LGDJ, Anthologie du droit, 2013 ■ *Écrits de droit administratif,* Dalloz, 2013 ■ « La théorie des « bases constitutionnelles du droit administratif français » », *RDP* 1972.1345 ■ L. Favoreu, « Dualité ou unité d'ordre juridique : Conseil constitutionnel et Conseil d'État participent-ils de deux ordres juridiques différents ? » (*in Conseil d'État – Conseil constitutionnel*, LGDJ, 1988.145) ▪ *La globalisation du droit administratif, RFDA* 2019. 815 et s., 975 et s. ▪ R. HERTZOG, « A-t-on encore besoin d'un droit administratif ? », in *Chemins d'Europe. Mélanges Jean-Paul Jacqué,* Dalloz, 2010, p. 348 ▪ C. JAMIN, F. MELLERAY, *Droit civil et droit administratif. Dialogue(s) sur un modèle doctrinal,* Dalloz, Méthodes du droit, 2018 ▪ « Juridictions administrative et judiciaire, 200 ans après la loi de 1790 », *AJDA* 1990. 579 (5 contributions) ▪ « La dualité des juridictions en France et à l'étranger, Bicentenaire de la loi des 16-24 août 1790 », *RFDA* 1990. 687 (27 contributions) ▪ « Le droit administratif, des principes fondamentaux à l'effectivité de la règle, bilan et perspectives d'un droit en mutation », *AJDA* 1995, n° spécial (21 contributions) ▪ *Le droit administratif en mutation*, PUF, 1993 (13 contributions) ▪ *Le droit administratif en 2013, AJDA* 2013. 386 (6 contributions) ▪ F. MELLERAY, « L'exorbitance du droit administratif en question(s) », *AJDA* 2003.1961 ; (sous la direction de), *L'exorbitance du droit administratif en question(s)*, (16 contributions), LGDJ, 2004 ▪ E. SAILLANT, *L'exorbitance en droit public*, Dalloz, 2011 ▪ P. SOLER-COUTEAUX, « Réflexions sur le thème de l'insécurité du droit administratif ou la dualité moderne du droit administratif », *Mél. Jean Waline,* p. 377, Dalloz, 2002 ▪ D. TRUCHET, « À propos de l'évolution du droit administratif : « loi d'extension » et « loi de divergence » », *Mél. R. Chapus*, Montchrestien, 1992, p. 633 ; « Quelques remarques sur la doctrine en droit administratif », *Mél. Paul Amselek*, Bruylant, 2005, p. 769 ; « A-t-on encore besoin du droit administratif ? », *Mél. J.-F. Lachaume*, Dalloz, 2007 ▪ G. VEDEL, « Discontinuité du droit constitutionnel et continuité du droit administratif : le rôle du juge ? », *Mél. Waline,* LGDJ, 1974, p. 777 ▪ « Les bases constitutionnelles du droit administratif », *EDCE* 1954. 21 ▪ P. WEIL et D. POUYAUD, *Le droit administratif*, Que sais-je ?, 24e éd., 2013 ▪ Ph. YOLKA, « Penser le droit administratif autrement ? », *AJDA* 2019. 1622.

4. Administration

▪ AFDA, *La personnalité publique,* Litec, coll. « Débats et Colloques », 2007 ▪ N. BELLOUBET-FRIER, A. CLAISSE, G. TIMSIT, *Les administrations qui changent*, PUF, 1996 ▪ G. BIGOT, *L'administration française. Politique, droit et société*, t. 1 (1789-1870), Litec, 2e éd., 2014 ▪ G. BIGOT, T. LE YONCOURT, *L'administration française. Politique, droit et société*, t. 2 (1870-1944), Litec, 2014 ▪ F. BURDEAU, *Histoire de l'administration française*, Montchrestien, 1994 ▪ B. DELCROS, *L'unité de la personnalité juridique de l'État,* LGDJ, 1976 ▪ G. GUGLIELMI, *La notion d'administration publique dans la théorie juridique française (de la Révolution à l'arrêt* Cadot*)*, LGDJ, 1991 ▪ A. LANZA, *L'expression constitutionnelle de l'administration française,* LGDJ, 1984 ▪ P. LEGENDRE, *Trésor historique de l'État en France*, Fayard, 1992 ▪ F. LINDITCH, *Recherche sur la personnalité morale en droit administratif,* LGDJ, 1997 ▪ L. MICHOUD, *La théorie de la personnalité morale et son application en droit français,* LGDJ, 1932 ▪ P. SABOURIN, *Recherches sur la notion d'autorité administrative en droit français,* LGDJ, 1966 ▪ G. TIMSIT, *Le rôle de la notion de fonction administrative en droit administratif français*, LGDJ, 1963 ; *Théorie de l'administration*, Economica, 1986 ▪ G. THUILLIER et J. TULARD, *Histoire de l'administration française*, Que sais-je ?, 1994 ▪ J. ZILLER, *Administrations comparées*, Montchrestien, 1993.

5. Histoire du droit administratif

▪ C. ALONSO, A. DURANTHON, J. SCHMITZ (dir.), *La pensée du Doyen Hauriou à l'épreuve du temps : quel(s) héritage(s) ?*, PUAM, 2015 ▪ G. BIGOT, *Introduction historique au droit administratif depuis 1789,* PUF, 2002 ▒ J.-M. BLANQUER, M. MILLET, *L'invention de l'État. Léon Duguit, Maurice Hauriou et la naissance du droit public moderne*, Odile Jacob, 2015 ▒ F. BURDEAU, *Histoire du droit administratif*, PUF, 1995 ▒ S. CASSESE, La construction du droit administratif, *Grande-Bretagne, Grande-Bretagne,* Montchrestien, 2000 ▒ J. CHEVALLIER, *L'élaboration historique du principe de séparation de la juridiction administrative et de l'administration active*, LGDJ, 1970 ▒ P. GONOD, *Édouard Laferrière, un juriste au service de la République*, LGDJ, 1997 ▒ J.-L. MESTRE, *Introduction historique au droit administratif*, PUF, 1985 ▒ E. PISIER, *Le service public dans la théorie de l'État de Léon Duguit*, LGDJ, 1972 ▒ L. SFEZ, *Essai sur la contribution du doyen Hauriou au droit administratif français*, LGDJ, 1966 ▒ K. WEINDENFELD, *Histoire du droit administratif du XIXe siècle à nos jours,* Economica, 2010.

6. Droit administratif européen et comparé

▒ J.-B. AUBY, J. DUTHEIL DE LA ROCHÈRE (dir.), *Traité de droit administratif européen,* Bruylant, 2e éd., 2014 ▒ J.-B. AUBY (dir.), *L'influence du droit européen sur les catégories du droit public,* Dalloz, 2010 ▒ C. AUTEXIER, *Introduction au droit public allemand*, PUF, 1998 ▒ *Conférences sur le droit et le contentieux administratif britannique*, EDCE 1987.215 (4 contributions) ▒ A. BRETONNEAU, S. DAHAN, D. FAIRGRIEVE, « L'influence grandissante du droit comparé au Conseil d'État : vers une procédure juridictionnelle innovante ? », *RFDA* 2015.855 ▒ S. CASSESE, « Le droit administratif européen présente-t-il des caractères originaux ? », *Mél. Moderne,* Dalloz, 2004 ▒ M. FROMONT, *Droit administratif des États européens,* PUF, coll. « Thémis », 2006 ▒ D. LÉVY, « Les développements récents du droit administratif anglais », *Mél. Chapus,* Montchrestien, 1992, p. 387 ▒ G. MARCOU (dir.), *Les mutations du droit de l'administration en Europe*, L'Harmattan, 1995 ▒ H. MAURER, *Droit administratif allemand,* 8e éd., trad. M. FROMONT, LGDJ, « Manuel », 1994 ▒ F. MELLERAY, « L'imitation des modèles étrangers en droit administratif français », *AJDA* 2004. 1224 ▒ F. MELLERAY (dir.), *L'argument de droit comparé en droit administratif français,* Bruylant, 2007 ▒ D. OLIVER, « Pourquoi n'y a-t-il pas vraiment de distinction entre droit public et droit privé en Angleterre ? », *RIDC* 2001.327 ▒ J. RIVERO, *Droit administratif français et droits administratifs étrangers, pages de doctrine,* LGDJ, 1980, T. II, p. 475 ▒ J. SCHWARZE, *Droit administratif européen,* Bruylant, 2e éd., 2009 ▒ B. STIRN, *Vers un droit public européen,* LGDJ, coll. Clefs, 2e éd., 2015.

PREMIÈRE PARTIE
LES CADRES DE L'ACTION ADMINISTRATIVE

51 L'action administrative, avant même de pouvoir se dérouler, suppose que certains cadres soient déterminés. Dans un État régi par le droit, les « règles du jeu » de toute activité sont fixées par les différentes normes juridiques, qui sont hiérarchisées entre elles, à partir de la Constitution. Si leur étude concerne l'ensemble des branches du droit, dans le champ particulier des interventions administratives, ces normes constituent les sources du droit administratif (Chapitre 1). L'accomplissement des fonctions administratives suppose aussi la mise en place d'un appareil administratif, d'une organisation dont les structures sont devenues, dans la société post-industrielle du XXIe siècle, fort complexes, même sur le seul plan de la répartition verticale des compétences sur le territoire français (Chapitre 2).

CHAPITRE 1
LES SOURCES HIÉRARCHISÉES DU DROIT ADMINISTRATIF

52 **Notion de source du droit. –** Cette notion peut être prise dans de multiples sens. Les sources matérielles du droit visent à la fois les éléments qui sont à l'origine du droit tel qu'il existe (histoire, religion, données sociologiques, philosophie politique) et les raisons extra-juridiques pour lesquelles ce droit est légitime. Les sources formelles se réfèrent aux procédés de création du droit et aux actes dont le contenu a une portée juridique, tels que la Constitution ou la loi. Traditionnellement, seuls les *actes à portée générale et abstraite*, ceux qui encadrent, par la suite, l'édiction des actes individuels comme les mesures unilatérales ou les décisions de jurisprudence tranchant un cas d'espèce, étaient considérés comme des sources formelles du droit, les contrats étant aussi exclus. Comme l'a démontré notamment la doctrine normativiste, à la suite de Hans Kelsen[1], cette conception est exagérément restrictive ; les actes individuels, les contrats, les décisions de justice sont eux aussi producteurs de droit, modifient l'ordonnancement juridique, en ce qu'ils s'imposent tant à leurs auteurs qu'à leur destinataire. De ce point de vue ils constituent de façon incontestable des sources du droit.

L'étude, à ce stade, des seules sources formelles à portée générale n'est pas propre au droit administratif. Elle y présente, cependant, une importance particulière car ces sources conditionnent fortement, par l'édiction de normes susceptibles de régir des séries illimitées d'hypothèses, l'action de l'administration, soit dans sa production même d'actes réglementaires subordonnés aux normes supérieures, soit pour l'édiction de mesures individuelles qui doivent être en accord avec l'ensemble des règles générales.

53 **Principe de juridicité. –** On rejoint ainsi l'approche traditionnelle du *principe de légalité* ou de juridicité. Avec la Révolution, la loi devient le fondement et la limite de l'action administrative (v. *supra*, n° 25). Aussi, progressivement, tout au long des XIXe et XXe siècles, les actes de l'administration vont-ils être soumis au respect de plus en plus strict de celle-ci, interprétée et complétée par une importante production normative de la juridiction administrative. Faute de contrôle de constitutionnalité, la

1. V. not. *Théorie pure du droit,* 2e éd., trad. C. EISENMANN, Dalloz, 1962, p. 313 et s.

loi, dans la logique de la « souveraineté » parlementaire, apparaît donc comme source première. D'où la référence à *l'État légal.* Cette approche purement légicentrique ne correspondait d'ailleurs pas totalement à la réalité du droit administratif. Certes, les lois constitutionnelles de 1875 au contenu restreint n'avaient guère d'incidences de ce point de vue, mais certaines de leurs dispositions – et notamment l'article 3 de la loi constitutionnelle du 25 février 1875 relatif au pouvoir d'exécution des lois – furent appliquées directement par le juge administratif (v. *infra*, n° 527).

Ces sources, du fait des évolutions postérieures, ont pris une nouvelle dimension. Le rôle nouveau de la Constitution lié notamment au contrôle de constitutionnalité de la loi, puis la prégnance sans cesse croissante du droit international et en particulier du droit européen dans ses différentes dimensions, ont modifié considérablement l'encadrement normatif de l'action administrative et la portée de l'obligation pour celle-ci de respecter les textes supérieurs. Le principe de légalité a donc laissé la place au principe de juridicité qui prend en compte l'ensemble des sources ; de l'État légal on est passé à *l'État de droit*, d'un État où la protection des droits fondamentaux reconnus par la Constitution, en particulier, peut être sanctionnée juridiquement.

54 **Hiérarchie des normes. –** L'existence de l'ensemble de ces actes juridiques suppose d'en organiser l'articulation, le rapport hiérarchique.

1°) Cette hiérarchie des actes, selon Carré de Malberg, est largement déterminée par la hiérarchie des organes, en fonction de la place que le droit français attribue à chacun d'eux. De « la qualité de puissance de son auteur » dépendent « les propriétés juridiques de la règle »[2]. Le pouvoir constituant étant au sommet, il est logique que la Constitution constitue l'acte supérieur, le parlement situé en dessous, la loi est donc à un niveau inférieur, etc.

2°) La doctrine normativiste a une autre approche. Kelsen, en particulier dans la *Théorie pure du droit*[3], a montré que tout système de droit ou ordonnancement juridique est constitué d'un ensemble de normes – c'est-à-dire de significations d'un énoncé d'où découlent des prescriptions à caractère impératif qui règlent des situations ou dirigent la conduite des individus (habilitation à prendre d'autres normes, permission, obligation ou interdiction de faire telle ou telle chose). Ces normes sont donc distinctes de leur formulation par l'acte juridique lui-même, l'énoncé du texte pouvant engendrer des normes différentes. Ainsi, même si par commodité de langage on les assimile, la loi n'est pas une norme, mais est porteuse de normes. Ces normes juridiques s'organisent dès lors dans une pyramide hiérarchique. À partir d'une norme fondamentale posée par hypothèse, qui fonde la validité de la Constitution, différentes normes viennent concrétiser, de degré en degré, celle-ci – d'où le nom de théorie de la formation du droit par degrés – jusqu'au niveau le plus immédiat. Chaque norme repose ainsi sur une ou des catégories de normes supérieures qui *déterminent les conditions de sa validité* ; elle sert, à son tour, en définissant un mode de production, de base à la norme immédiatement inférieure, ou à des normes plus lointaines (la Constitution habilitant directement l'exécutif, en certains cas, sans intermédiaire législatif, par

2. *Confrontation de la théorie de la formation du droit par degrés avec les idées et les institutions consacrées par le droit positif français relativement à sa formation*, 1933, rééd. CNRS 1962, p. 165.
3. *Op. cit.*, p. 255 et s.

exemple). Il en va ainsi de la Constitution fondée sur la norme fondamentale jusqu'aux normes finales qui ne sont plus suivies que de faits. Dans cette conception, la hiérarchie des normes ne découle pas de la hiérarchie des organes. Elle vient de ce que, pour être considérée comme valide, telle norme (la loi par exemple) doit respecter les conditions de « production » posées par la norme supérieure (la Constitution par exemple), qui peut régir aussi les conditions de destruction de celle-là. Cette conception permet de comprendre avec beaucoup plus d'exactitude l'articulation hiérarchique des normes, notamment quand elles sont produites par un même organe.

55 **Plan. –** En insistant ici sur les aspects relatifs à l'action administrative, le droit positif français est, donc, organisé selon un système hiérarchique, qui oblige, ici, les actes administratifs à respecter, conformément au principe de juridicité, les normes supérieures. La Constitution apparaît ainsi comme la « source des sources »[4] – que n'est plus la loi –, et dont découlent les autres actes auxquels elle attribue une valeur (Section 1). Viennent ensuite la loi (Section 3), les actes réglementaires de l'administration (Section 4), puis, enfin, les mesures individuelles. À cette hiérarchie décroissante s'ajoutent deux catégories de sources dont la place, qui soulève de délicats problèmes, est plus atypique : celles de droit international qui se situent désormais clairement entre la Constitution et la loi (Section 2) et les décisions produites par le juge (Section 5).

SECTION 1 LES SOURCES CONSTITUTIONNELLES

56 **Plan. –** L'étendue exacte des normes constitutionnelles, issues du texte de la Constitution, s'est modifiée avec le temps. Désormais le contenu de ce qu'on appelle le bloc de constitutionnalité est clair (§ 1). Ces normes constituent la source première du droit administratif, qui repose, en son origine même, sur des bases constitutionnelles (v. *supra*, n° 4 et s.) et dont le mode de production, et le contenu, est largement déterminé, encadré, par ces règles (§ 2). En raison de sa place dans la hiérarchie normative, la Constitution s'impose ainsi à la loi, voire au traité, par des mécanismes de sanctions tout à fait nouveaux dans le cadre de la Constitution de 1958, grâce au contrôle de constitutionnalité des traités et des lois exercé par le Conseil constitutionnel. Elle oblige aussi directement les autorités administratives dans l'exercice de leur compétence à respecter les règles constitutionnelles (§ 3).

4. L. Favoreu, « Légalité et constitutionnalité », *Cah. Cons. const.* 1997, n° 3, p. 77.

§ 1. LES NORMES DE RÉFÉRENCE

57 **Plan. –** Alors que les normes constitutionnelles ayant des incidences en matière administrative restaient en nombre limité avant 1958 (A), l'importance de celles-ci s'est fortement accrue sous la Constitution de la Ve République (B).

A. LA SITUATION ANTÉRIEURE À 1958

58 Le nombre des normes à valeur constitutionnelle a pu varier. Certes, la valeur du texte constitutionnel lui-même, auquel a été assimilé, à partir de la IVe République, le Préambule de la Constitution, n'a jamais soulevé de discussions, même si sa portée restait, à bien des égards, limitée puisque sa violation par le législateur, en particulier, n'était pas sanctionnée. Dans les hypothèses où existait un rapport entre acte administratif et Constitution, le juge administratif, à son niveau, était à même de s'appuyer directement sur la Constitution même pour fonder l'intervention de l'administration[5], ou, à l'inverse, pour en sanctionner le non-respect[6].

La valeur de la Déclaration des droits de l'homme, bien que le Préambule de la Constitution y fît référence, restait, elle, plus incertaine. Le juge passait par la « médiation » des principes généraux du droit (v. *infra*, n° 169 et s.) pour en imposer le respect à l'administration[7]. À la fin de la IVe République, cependant, certaines dispositions d'un décret furent appréciées au regard du texte même de la déclaration[8].

B. LA CONSTITUTION DU 4 OCTOBRE 1958

59 **Bloc de constitutionnalité. –** Le bloc de constitutionnalité est désormais plus étendu. Il se compose des normes issues du texte même de la Constitution et de son préambule. Dans la mesure où celui-ci proclame l'attachement solennel du peuple français tant à la déclaration de 1789 qu'au Préambule de la Constitution de 1946, ces textes ont, à leur tour, été considérés comme ayant valeur constitutionnelle[9] ; la même valeur a naturellement été reconnue à la « Charte de l'environnement de

5. **CE, ass., 7 juill. 1950, *Dehaene***, R. 426, *RDP* 1950.691, concl. F. Gazier (la disposition du Préambule de la constitution prévoyant que « le droit de grève s'exerce dans le cadre des lois qui le réglementent » autorise la grève des agents publics, mais justifie aussi, en l'absence d'intervention législative, que le gouvernement édicte des mesures de limitation).

6. CE, ass., 11 juill. 1956, *Amicale des Annamites de Paris*, R. 317 (appréciation de l'acte administratif en cause au regard de la liberté d'association, principe fondamental reconnu par les lois de la République et donc protégé en tant que tel par le Préambule).

7. V. Par ex. **CE, ass., 28 mai 1954, *Barel***, R. 308, concl. M. Letourneur (annulation du refus d'autoriser à concourir un candidat, en raison de ses opinions politiques communistes, pour violation du « principe de l'égalité de l'accès de tous les Français aux emplois et fonctions publics » sans se fonder directement sur l'article 6 de la déclaration qui pose cette règle).

8. CE, 7 juin 1957, *Condamine*, *RDP* 1958.98.

9. CE, sect., 12 févr. 1960, *Soc. Eky*, R. 101, S. 1960.131, concl. J. Kahn (pour la Déclaration des droits de l'homme) ; **Cons. const., n° 71-44 DC du 16 juill. 1971**, R. 29 (pour les préambules de 1946 et de 1958), Cons. const., n° 73-51 DC du 27 déc. 1973, R. 25 (pour la Déclaration des droits de l'homme).

2004 », puisque le préambule, désormais, y renvoie également[10]. La référence dans le Préambule de 1946 aux principes fondamentaux reconnus par les lois de la République donne d'ailleurs une extension considérable aux normes de valeur constitutionnelle, puisqu'elle permet aux juges de reconnaître cette valeur à des dispositions contenues partiellement dans de simples lois[11]. Ces principes fondamentaux sont dégagés par le Conseil constitutionnel, mais aussi, le cas échéant, par le Conseil d'État[12].

Quant à l'existence de principes non écrits de valeur constitutionnelle, énoncés par le Conseil constitutionnel, elle est contestée mais on voit mal pourquoi une telle compétence serait refusée au juge constitutionnel, alors qu'elle est couramment exercée par le juge administratif (v. *infra*, n° 169 et s. et 188).

60 **Jurisprudences du Conseil d'État et du Conseil constitutionnel. –** L'application de ces textes par le Conseil constitutionnel et par le Conseil d'État ne se fait cependant pas dans des conditions exactement identiques.

1°) En premier lieu, pour le Conseil constitutionnel, toutes les dispositions de ces textes, et en particulier celles de la Déclaration des droits de l'homme et du Préambule ont valeur normative (à l'exception sans doute de la référence à l'être suprême faite dans l'introduction de la déclaration...). Elles s'imposent au législateur, alors même que leur formulation peut sembler constituer plutôt une pétition de principe qu'une obligation juridique. Il a, ainsi, vérifié que l'alinéa 12 du préambule selon lequel « la nation proclame la solidarité et l'égalité de tous les Français devant les charges qui résultent des calamités nationales » n'était pas violé par la loi d'indemnisation des Français ayant dû quitter les Nouvelles-Hébrides[13].

Le Conseil d'État, pour sa part, considère, en certaines hypothèses, que des éléments de ces textes, tout en ayant valeur constitutionnelle, ne sauraient avoir d'incidence directe en droit administratif en raison de leur imprécision. Cette absence d'applicabilité directe comporte logiquement deux aspects. En premier lieu, faute de dispositions édictées pour leur mise en œuvre, ces principes ne s'imposent pas à l'administration et leur méconnaissance n'est pas invocable devant le juge administratif. Le Conseil d'État a ainsi jugé que les rapatriés d'Algérie qui ont perdu leur bien ne peuvent se prévaloir de l'alinéa 12 du Préambule de 1946 pour engager la responsabilité de l'administration « en l'absence de dispositions législatives précises en assurant l'application »[14]. En second lieu, quand l'autorité compétente est effectivement intervenue pour mettre en œuvre un principe constitutionnel

10. **Cons. const., n° 2008-564 DC du 19 juin 2008,** *AJDA* 2008.1614, note O. Dord ; **CE, ass., 3 oct. 2008, *Cne d'Annecy*,** *AJDA* 2008. 2166, chron. E. Geffray et S.-J. Lieber, *RFDA* 2008. 1147, concl. Y. Aguila, note Janicot, *RDP* 2009.481, note Thibaud, *RJE* 2009.230, note V. Champeil-Desplats.

11. Par ex. liberté d'association « constitutionnalisée » par ce biais (CE, 11 juill. 1956 préc. et Cons. const., 16 juill. 1971, préc.).

12. V. CE, 11 juill. 1956, préc. (liberté d'association) ; **CE, ass., 3 juill. 1996, *Koné*,** R. 255, *RFDA* 1996.870, concl. J. Delarue (principe fondamental selon lequel l'extradition d'un étranger doit être refusée lorsqu'elle est demandée dans un but politique, ce qui conduit à adopter une interprétation d'un traité compatible avec cette norme constitutionnelle).

13. Cons. const., n° 87-237 DC du 30 déc. 1987, R. 63.

14. CE, 29 nov. 1968, *Tallagrand*, R. 606. Solutions semblables pour le droit d'asile (alinéa 4 du Préambule). Comp. Cons. const., n° 79-109 DC du 9 janv. 1980, R. 29 ; **Cons. const., n° 93-325 DC des 12-13 août 1993**, R. 224, et CE, 27 sept. 1985, *France Terre d'asile*, R. 263.

imprécis, c'est uniquement par rapport aux dispositions ainsi édictées que le juge administratif se prononce et notamment apprécie la légalité des décisions administratives qui lui sont déférées[15].

Il n'y a pas là, malgré les apparences, de contradiction de jurisprudence. Tout dépend en effet du niveau auquel statue chaque juge. Le juge constitutionnel doit vérifier que la loi, qui est relation immédiate avec le texte suprême, respecte les obligations constitutionnelles, quitte à ce que leurs conditions concrètes d'application dépendent parfois, selon leurs compétences respectives, du législateur ou du pouvoir réglementaire, voire des conventions internationales[16]. Le Conseil d'État, lui, ne peut contrôler l'action de l'administration que si, justement, des mesures d'exécution encadrant la conduite de la puissance publique ont été prises par la loi ou le règlement, ce qui crée ainsi un lien avec la norme constitutionnelle. La Constitution ne produit pas alors d'effet direct pour l'administration.

Ce cas demeure rare. L'évolution jurisprudentielle qui s'est produite à propos de la Charte de l'environnement est, à cet égard, significative. Le Conseil d'État avait d'abord jugé que certains des principes énoncés par cette Charte n'étaient invocables, à l'encontre des décisions administratives, que par l'intermédiaire des dispositions législatives adoptées pour leur mise en œuvre[17]. Il admet aujourd'hui, au contraire, l'invocabilité directe de ces mêmes principes, en se bornant à réserver l'application de la théorie de la loi-écran (v. *infra*, n° 66)[18].

2°) En deuxième lieu, le Conseil constitutionnel fonde, autant que possible, son contrôle sur un texte, parfois interprété de façon « audacieuse », même si, désormais, il invoque plus généralement des principes et objectifs à valeur constitutionnelle sans rappeler à chaque fois leur fondement textuel précis. Le Conseil d'État applique, lui aussi souvent, directement le texte écrit, là où, autrefois il recourait aux principes généraux du droit[19] (v. *infra*, n° 169 et s.) mais il lui arrive encore d'inverser de façon curieuse l'ordre des choses : alors même que la valeur des préambules ou de la Déclaration des droits de l'homme est claire et nette, il continue à utiliser la technique des principes généraux du droit pour imposer une norme constitutionnelle à l'administration[20].

3°) Enfin, l'intervention possible de multiples juges (juges administratif, judiciaire, constitutionnel) pour appliquer la Constitution peut être source de divergences, bien que les juridictions évitent autant que possible les contradictions de

15. P. ex. : CE, 27 sept. 1985, *Association France Terre d'Asile*, R. 263 ; CE, 9 juill. 1986, *Syndicat des commissaires de police et des Hauts fonctionnaires de la police*, R. 586.

16. Par ex. Cons. const., n° 89-269 DC du 22 janv. 1990, R. 33 (pour la mise en œuvre du 11e alinéa relatif à la protection de la santé).

17. CE, 9 juin 2006, *Association Eau et Rivières de Bretagne*, *AJDA* 2006.1584, chr. Landais et Lénica, *RFDA* 2007. 596, chron. Th. Rambaud et A. Roblot-Troizier.

18. CE, ass. 12 juill. 2013, *Fédération nationale Pêche France*, *AJDA* 2013. 1737, chron. A. Bretonneau et X. Domino, *RFDA* 2014. 97, concl. E. Cortot-Boucher, note J. Robbe.

19. Par ex. CE, ass., 16 déc. 1988, *Bléton*, R. 451, concl. C. Vigouroux (vérification de la légalité d'une nomination de fonctionnaire au tour extérieur en invoquant directement l'article 6 de la déclaration ; comparer avec l'arrêt *Barel* préc.).

20. V. **CE, ass., 8 déc. 1978, *GISTI***, R. 493, *Dr. soc.* 1979.57, concl. Ph. Dondoux (Il « résulte des principes généraux du droit et notamment du Préambule de la Constitution du 27 oct. 1946 (...) que les étrangers résidant régulièrement en France ont (...) le droit de mener une vie familiale normale »).

jurisprudence. Ainsi le Conseil constitutionnel considère que la disposition selon laquelle « le silence gardé par l'administration vaut décision de rejet » constitue un principe général du droit que seul le législateur peut écarter[21], alors que le Conseil d'État y voit une simple règle de procédure à laquelle le pouvoir réglementaire peut déroger[22]. Les décisions du Conseil constitutionnel n'ont en effet l'autorité de la chose jugée, en vertu de l'article 62 de la Constitution que si elles concernent le même texte, les « strictes réserves d'interprétation » auxquelles le juge constitutionnel conditionne la constitutionnalité de la loi liant d'ailleurs les autorités, y compris juridictionnelles, dans sa mise en œuvre[23], mais non dans celle d'une autre loi[24].

§ 2. LES NORMES CONSTITUTIONNELLES ET L'EXERCICE DES COMPÉTENCES ADMINISTRATIVES

61 **Plan. –** Les normes constitutionnelles ont une double fonction : d'une part, instituer les modes de production des normes juridiques subordonnées, en habilitant divers organes à les édicter selon certaines procédures et, d'autre part, déterminer le contenu même de ces normes, notamment au regard des libertés et droits fondamentaux. Elles ont ainsi des incidences considérables en droit administratif pour la répartition des compétences normatives (A) comme sur le fond du droit (B).

A. LA RÉPARTITION DES COMPÉTENCES

62 La Constitution distribue les compétences entre les pouvoirs publics constitutionnels. Elle organise, en particulier, la répartition entre le législateur et l'exécutif pour l'édiction des textes à portée normative générale – lois et règlements – (art. 34 et 37), ou fixe le rôle de l'autorité judiciaire (art. 66). Au sein même de l'exécutif, elle réglemente les rapports entre gouvernement et administration (art. 20), précise les pouvoirs respectifs du président de la République et du Premier ministre, tous deux autorités administratives (art. 13 et 21) et détermine les règles de contreseing de leurs actes par les ministres (art. 19 et 22). Elle intervient aussi quant à l'organisation des structures administratives : attributions du Conseil d'État (art. 37 à 39) ou statut des collectivités territoriales (Titre XII, articles 72 et s.).

21. **Cons. const., nº 69-55 L du 26 juin 1969**, R. 27 ; Cons. const., nº 94-352 DC du 18 janv. 1995, R. 170.

22. CE, ass., 27 févr. 1970, *Commune de Bozas*, R. 139.

23. V. CE, 11 mars 1994, *SA La Cinq*, R. 117, concl. P. Frydman (sur l'autorité de la chose jugée et la portée des réserves d'interprétation).

24. V. CE, sect., 22 juin 2007, *M. Lesourd*, R. 253, concl. T. Olson, *AJDA* 2007.2130, chr. J. Boucher et B. Bourgeois-Machureau.

B. LE FOND DU DROIT

63 La Déclaration des droits de l'homme, le Préambule de 1946, la Charte de l'environnement, en particulier, contiennent ici des dispositions essentielles. Sur d'innombrables points, l'action administrative est régie par ces textes qui l'obligent à respecter les règles fondamentales de la philosophie politique française. Principe d'égalité et ses multiples déclinaisons (art. 1 et 6 de la déclaration, précisés en matière économique et sociale par le Préambule, et art. 1er de la Constitution). Grandes libertés que les autorités de police, notamment, doivent prendre en compte quand, au nom de l'ordre public dont la sauvegarde constitue un objectif de valeur constitutionnelle, elles y portent atteinte. Elles sont tenues d'assurer une conciliation aussi satisfaisante que possible entre ces deux impératifs (art. 4 de la déclaration). Toute l'action de la police est ainsi confrontée au respect du droit à la sûreté (art. 7 de la déclaration et 66 de la Constitution), de la liberté d'aller et de venir, de la liberté d'association (principe fondamental reconnu par les lois de la République), de la liberté de communication (art. 11 de la déclaration), de la liberté d'entreprendre (art. 4 de la déclaration), etc.

Le fonctionnement même des autres services publics est lui aussi visé par ces normes constitutionnelles. Respect du principe d'égalité ; nécessaire continuité qui ne peut cependant, en raison des dispositions mêmes du Préambule de 1946, interdire totalement aux agents publics de recourir la grève ; principe constitutionnel de neutralité et de laïcité que le service public de l'Éducation nationale, notamment, doit concilier avec le respect de la liberté religieuse, composante de la liberté d'opinion (art. 10 de la déclaration).

L'action publique susceptible de porter atteinte à la propriété privée (expropriation, nationalisation, réquisition, police de l'urbanisme ou de l'environnement) ne peut s'accomplir que dans le respect de ce droit, garanti solennellement par l'article 17 de la déclaration. De même, il est évident que les droits et plus encore les obligations (principe de précaution, notamment) proclamés par la Charte de l'environnement conditionnent, de manière directe ou indirecte, les interventions publiques dans ce domaine.

Enfin, c'est tout le mécanisme du contrôle de l'administration qui repose sur des bases constitutionnelles ; elles en posent le principe même (art. 15 et 16 de la déclaration) et exigent un contrôle administratif sur les actes des collectivités locales, où le préfet joue un rôle majeur (art. 72). Elles fondent aussi le statut du juge administratif tant du point de vue de son indépendance que de sa compétence, qui découle de plusieurs principes fondamentaux et fixent les règles principales de la procédure administrative contentieuse ou non contentieuse (droit au recours devant un juge – article 16 de la déclaration – principe fondamental du respect des droits de la défense), etc.

§ 3. LA SANCTION DE LA VIOLATION DES NORMES CONSTITUTIONNELLES PAR LES ACTES ADMINISTRATIFS

64 **Plan. –** La Constitution doit évidemment être respectée par l'ensemble des pouvoirs publics dans l'exercice de leurs compétences, et le développement considérable du contrôle de constitutionnalité des lois lui assure de ce point de vue une effectivité sans cesse renforcée. Quand elle viole directement les normes constitutionnelles, l'administration voit logiquement, dans le cadre d'un examen de constitutionnalité des actes administratifs, ses décisions sanctionnées par le juge administratif (A), sauf dans une hypothèse spécifique (B).

A. LES ACTES ADMINISTRATIFS CONTRAIRES AUX NORMES CONSTITUTIONNELLES

65 La sanction s'impose clairement, que l'acte administratif en cause soit à portée générale ou individuelle. Celui qui est contraire à la Constitution est soit annulé en cas de recours par voie d'action, soit écarté par le juge administratif ou répressif dans le cadre du contrôle par voie d'exception (v. *infra*, n° 960 et 1006 et s.). Sont ainsi illégaux les actes qui sont en contradiction avec la Déclaration des droits de l'homme[25] ou le Préambule de 1946[26]. De même, dans d'innombrables cas, l'acte administratif est annulé pour violation du corps même de la Constitution, que ses dispositions portent sur la répartition des compétences entre le pouvoir législatif et le pouvoir réglementaire[27], des règles de forme – en particulier pour les contreseings des ministres (v. *infra*, n° 146) – et de procédure ou, enfin, concernent le fond même du droit[28].

B. L'ACTE ADMINISTRATIF FACE À L'« ÉCRAN LÉGISLATIF »

66 **Écran législatif. –** Une délicate question se pose quand l'acte administratif est tout à la fois, en contrariété avec la Constitution mais en conformité avec la loi qui lui sert de fondement, cette loi étant par suite elle-même contraire à la Constitution. Quelle norme faire prévaloir ? La Constitution ou la loi ?

25. Par ex. CE, ass., 8 avr. 1987, *Peltier*, R. 128, concl. J. Massot (annulation de la décision d'un sous-préfet refusant la délivrance d'un passeport en cas d'atteinte injustifiée à « la liberté fondamentale d'aller et de venir (...) reconnue par la Déclaration des droits de l'homme et du citoyen de 1789 »).

26. Par ex. CE, 11 mai 1998, *Mlle Aldige*, *RFDA* 1998.1011, concl. H. Savoie (violation illégale du principe d'égalité entre les hommes et les femmes posé par le Préambule de 1946, lorsqu'un décret restreint l'accès des femmes dans l'armée).

27. Par ex. CE, 29 avr. 2002, *Ullmann*, *RFDA* 2003.135, concl. D. Piveteau (l'étendue du droit d'accès aux documents administratifs concerne les garanties fondamentales accordées aux citoyens pour l'exercice des libertés publiques).

28. Par ex. CE, 1er oct. 2001, *Ass. nat. Assistance aux frontières pour les étrangers*, R. 443 (inconstitutionnalité d'un décret ne prévoyant pas l'intervention de l'autorité judiciaire, en violation de l'article 66 de la constitution).

L'exemple suivant est particulièrement éclairant[29]. Les requérants contestaient, au regard du Préambule de 1946 selon lequel l'enseignement public est gratuit, un arrêté ministériel fixant le montant des droits d'inscription à l'université, pris sur le fondement d'une loi du 24 mai 1951 donnant compétence au ministre de l'Éducation nationale sur ce point. Annuler l'acte administratif eût donc supposé de mettre à l'écart sa base juridique, la loi de 1951, pour éventuelle contrariété à la Constitution.

La première solution, conforme à une logique linéaire de la hiérarchie de normes, conduit, pour sanctionner la discordance entre acte administratif et Constitution, à ne pas tenir compte de l'intervention du législateur. Mais donner au juge « ordinaire » un tel pouvoir, c'est lui permettre de réaliser, comme peut le faire tout juge américain par exemple, un contrôle de constitutionnalité de la loi par voie d'exception, ce qui est contraire à la conception française de la séparation des pouvoirs, que traduit notamment l'article 10 de la loi des 16 et 24 août 1790 ; en outre, la compétence reconnue au Conseil constitutionnel (art. 61 de la Constitution) peut être comprise comme excluant celle du juge ordinaire[30]. Aussi est-il de jurisprudence constante que le juge, tant administratif que judiciaire, ne saurait réaliser une telle vérification. L'arrêt *Arrighi* du 6 novembre 1936 est particulièrement net à cet égard : « en l'état actuel du droit public français, le moyen (selon lequel l'article 36 de la loi du 28 février 1934 serait contraire aux lois constitutionnelles) n'est pas de nature à être discuté devant le Conseil d'État statuant au contentieux »[31].

La loi, contenant des dispositions de fond[32] et insusceptible d'être jugée par les juridictions ordinaires, a donc fait « écran », ce qui a empêché de sanctionner la violation par l'administration de la Constitution. Toutefois, dans l'état actuel du droit, qui est marqué par l'adoption d'une conception plus juste et plus stricte de l'écran législatif, c'est uniquement quand l'acte administratif (notamment, en pratique, un décret réglementaire) s'est borné à tirer les conséquences nécessaires des dispositions législatives que la loi fait écran puisque c'est alors seulement que censurer l'inconstitutionnalité de l'acte de l'administration implique nécessairement de dénoncer l'inconstitutionnalité de la loi[33].

Il n'en demeure pas moins que le résultat auquel aboutit la théorie de la loi-écran (faire prévaloir la loi sur la Constitution) est paradoxal au regard de la hiérarchie des normes ; en outre, s'il est vrai qu'il découle de la conception traditionnelle du contrôle de la loi, cette conception s'est trouvée remise en cause par la reconnaissance au juge administratif du pouvoir de contrôler la compatibilité de la loi avec les normes internationales, dont certaines consacrent des droits similaires à ceux que garantit la Constitution (v. *infra*, n° 103). Il est donc heureux que, reprenant la substance de projets antérieurs qui avaient échoué[34], la loi

29. CE, 28 janv. 1972, *Conseil transitoire de la faculté de lettres de Paris*, R. 86.

30. V., CE, 5 janv. 2005, *Mlle Deprez, M. Baillard*, Rec., 1, *AJDA* 2005. 845, note I. Burgorgue-Larsen.

31. R. 966, S. 1937.3.33, concl. R. Latournerie ; en même sens, CE, 2 févr. 1983, *Union des transports urbains publics et régionaux*, R. 33 (« le moyen tiré de ce que (certains) articles (d'un) décret seraient contraires aux articles 34 et 72 de la constitution (...) tend nécessairement à faire apprécier par le juge administratif la conformité à la constitution » de la loi permettant au décret d'intervenir en ce domaine).

32. V. CE, 17 mai 1991, *Quintin*, *RDP* 1991.1429 (un article législatif du Code de l'urbanisme ne constitue qu'un « écran transparent », quand il ne fait qu'habiliter le Premier ministre à fixer les règles d'urbanisme ; dès lors le contrôle de constitutionnalité du décret d'application quant aux atteintes portées au droit constitutionnel de propriété peut être effectué).

33. V. p. ex. CE ass. 12 juill. 2013, *Fédération nationale de la pêche France*, préc.

34. V. les projets de révision constitutionnelle des 29 mars 1990 et 10 mars 1993 (*in* Code const. Litec 2001, annexe XIII, D. 1,4).

constitutionnelle n° 2008-724 du 23 juillet 2008[35] de modernisation des institutions de la Ve République remédie à cette situation peu satisfaisante, en instituant un contrôle de constitutionnalité de la loi par voie d'exception relevant de la compétence du Conseil constitutionnel (v. art. 29, introduisant un article 61-1 dans la Constitution et art. 30 modifiant l'article 62 de celle-ci).

67 Dénommée « question prioritaire de constitutionnalité » (QPC) par la loi organique du 10 décembre 2009[36], adoptée pour l'application de l'article 61-1 de la Constitution, cette procédure permet à tout justiciable, à l'occasion d'une instance devant le juge administratif ou judiciaire, de soutenir qu'une disposition législative porte atteinte aux droits et libertés garantis par la Constitution. Voilà qui délimite le champ de la QPC à trois égards. Elle peut d'abord être soulevée (par la présentation d'un mémoire distinct et suffisamment motivé), dans toute instance, y compris en référé[37] (sur les référés, v. *infra*, n° 1022 et s.). Ensuite, la QPC peut porter, non seulement sur les lois, ordinaires ou organiques[38] adoptées par le Parlement (y compris les lois d'habilitation de l'article 38 de la Constitution[39]) mais, plus généralement, sur toutes les dispositions de valeur législative (telles que, par exemple, les ordonnances ratifiées de l'article 38 de la Constitution[40]) et seulement sur elles, à l'exclusion, naturellement, des dispositions réglementaires, dont le contrôle de constitutionnalité relève du juge administratif (sur le cas, délicat, des ordonnances non ratifiées de l'article 38 de la Constitution, v. *infra* n° 118). Toutefois, ni les lois autorisant la ratification d'un traité international[41] ni celles qui sont dépourvues de portée normative (v. *infra*, n° 123) ne peuvent donner lieu à une QPC ; les lois référendaires échappent également à cette procédure[42], de même qu'elles sont soustraites au contrôle de constitutionnalité exercé avant promulgation[43]. Enfin, la QPC permet d'assurer le respect, non pas de l'ensemble des normes constitutionnelles, mais uniquement de celles relatives aux droits et libertés. Cela exclut du champ de la QPC deux catégories de prescriptions constitutionnelles. En premier lieu, celles qui posent des règles de fond ne se rapportant pas à des droits et libertés ; ainsi, par exemple, du principe selon lequel l'organisation de la République est décentralisée[44], des dispositions du préambule de la Charte de l'environnement[45] ou encore du principe de légalité des actes

35. *JO* 24 juill. 2008, p. 11890.

36. *JO* du 11 déc. 2009, p. 21379 et décret d'application n° 2010-148 du 16 févr. 2010, *JO* du 18 févr. 2010, p. 2969.

37. CE ord. 16 juin 2010, *Mme Diakité*, *AJDA* 2010.1662, note O. Le Bot, *Constitutions* 2010.399, obs. J. Barthélémy et J. Boré (référé liberté) ; CE ord. 21 oct. 2010, *Conférence nationale des présidents des unions régionales des médecins libéraux*, *AJDA* 2010.2021 (référé suspension).

38. CE, 29 juin 2011, *Président de l'Assemblée de la Polynésie française*, *AJDA* 2011.1355.

39. Cons. const., n° 2020-851/852 QPC du 3 juill. 2020, *AJDA* 2020. 1384, 3 juill. 2020, 867, *RFDA* 2020. 887, note C. Barthélémy, 1139, chron. A. Roblot-Troizier, *RTD civ.* 596, obs. P. Deumier. Le Conseil d'État avait jugé le contraire : CE, 23 janv. 2015, n° 380339, *AJDA* 2015. 587, concl. A. Bretonneau.

40. Cons. const., n° 2012-280 *QPC* du 12 oct. 2012, Rec. 529.

41. CE, 14 mai 2010, *Rujovic*, *RFDA* 2010.710, concl. J. Burguburu.

42. Cons. const., n° 2014-392 QPC, 25 avr. 2014, *JO* 27 avr., p. 7360.

43. Cons. const., n° 62-20 DC, 6 nov. 1962, R. 27.

44. CE, 21 sept. 2012, *Commune de Couvrot*, *AJDA* 2012. 1766.

45. Cons. const., n° 2014-394 QPC, 7 mai 2014, *JO* 10 mai, p. 7873.

administratifs[46]. En second lieu, celles qui édictent des règles de forme, de procédure ou de compétence. Toutefois, la méconnaissance par le législateur de sa propre compétence (« incompétence négative », v. *infra*, n° 135 et 1070) peut être contestée par la voie de la QPC quand elle affecte par elle-même un droit ou une liberté de valeur constitutionnelle en les privant de garanties légales ou en n'en assurant pas la mise en œuvre[47].

68 **Interprétation et loi. –** À la différence du contrôle de constitutionnalité antérieur à la promulgation de la loi, la question prioritaire de constitutionnalité permet de contester des dispositions législatives entrées en vigueur, à l'occasion de leur application par un juge qui, en vue de cette application, est amené à les interpréter. Dès lors, la définition du domaine d'application de cette procédure soulève nécessairement la question suivante : faut-il, aux fins de cette définition, distinguer entre la loi elle-même (susceptible de QPC) et la jurisprudence qui l'interprète (non susceptible de QPC) ou considérer, au contraire, que c'est la loi telle qu'elle est interprétée par le juge qui peut être contestée par cette voie ? Le Conseil d'État a opté pour la seconde branche de cette alternative, en considérant que, pour apprécier le sérieux d'une question prioritaire de constitutionnalité (qui conditionne son renvoi au Conseil constitutionnel, v. *infra*, n° 69), il fallait prendre en considération la portée que la jurisprudence lui a donnée[48]. La Cour de cassation a initialement adopté la position inverse et jugé que l'atteinte aux droits et libertés constitutionnellement garantis qui résulte, non du texte même d'une disposition législative, mais de l'interprétation que la jurisprudence en a donnée, n'est pas susceptible de faire l'objet d'une question prioritaire de constitutionnalité[49]. Une telle dissociation entre la loi elle-même et son interprétation est à la fois irréaliste et peu cohérente avec la nature même d'un contrôle de constitutionnalité par voie d'exception, lequel vise à permettre au justiciable de contester la loi telle qu'elle lui est appliquée (et donc interprétée) par le juge. C'est ainsi à juste titre que le Conseil constitutionnel a rejoint la conception du Conseil d'État. Depuis sa décision n° 2010-39 QPC du 6 octobre 2010, il juge en effet « qu'en posant une question prioritaire de constitutionnalité, tout justiciable a le droit de contester la constitutionnalité de la portée effective qu'une interprétation jurisprudentielle constante confère à » une disposition législative. La Cour de cassation s'est ralliée à cette manière de voir[50].

69 **Renvoi de la question au Conseil constitutionnel. –** Saisi d'une QPC, le juge administratif ne peut la trancher lui-même, cette compétence revenant au Conseil constitutionnel. Le régime du renvoi de la question à ce dernier est assez complexe. Il convient de distinguer selon que celle-ci est posée devant les juges du fond (tribunaux administratifs et cours administratives d'appel pour l'essentiel) ou devant le Conseil d'État. Les premiers ne peuvent saisir directement le Conseil constitutionnel

46. CE, 11 déc. 2019, *Commune de Locronan*, n° 434741, *AJDA* 2019. 2583.

47. V. Cons. const., n° 2010-5 QPC, 18 juin 2010, *AJDA* 2010. 1230 ; Cons. const., n° 2012-254 QPC, 18 juin 2012, R. 292.

48. Par ex : CE, 25 juin 2010, M. et Mme Lantz, n° 338638.

49. Cass. crim., 19 mai 2010, n° 09-82582.

50. Cass. 1re civ., 8 déc. 2011, *Bull.* 2011, I, n° 211.

d'une question de constitutionnalité. Ils doivent la renvoyer au Conseil d'État si trois conditions cumulatives sont réunies : la disposition contestée est applicable au litige ou à la procédure ; elle n'a pas été déjà déclarée conforme à la Constitution par le Conseil constitutionnel, sauf changement de circonstances ; elle n'est pas dépourvue de caractère sérieux. Qu'il soit saisi sur renvoi des juges du fond ou que la QPC soit directement soulevée à l'occasion d'une instance devant lui, le Conseil d'État doit la transmettre au Conseil constitutionnel si trois conditions sont cumulativement remplies.

Il faut d'abord que la disposition législative soit applicable au litige ou à la procédure, peu important d'ailleurs qu'elle ait été abrogée ou modifiée depuis lors[51]. Cette première condition est entendue de manière large et souple : il suffit qu'aux yeux du juge la disposition considérée ait un lien suffisant avec le procès en cours.

Il faut ensuite que la disposition contestée n'ait pas déjà été déclarée conforme à la Constitution par le Conseil constitutionnel dans les motifs et le dispositif d'une décision, qui ne s'est pas contentée de contrôler le respect de la procédure parlementaire[52] : l'autorité de la chose jugée qui s'attache à cette décision interdit alors un nouvel examen. La même solution vaut à l'égard d'une disposition identique ou similaire à une disposition précédemment déclarée conforme à la Constitution[53]. Cette exigence, qui rend en principe irrecevable une QPC dirigée contre une loi organique (obligatoirement contrôlée par le Conseil constitutionnel avant sa promulgation), cède toutefois en cas de changement dans les circonstances de fait[54] ou (c'est de loin l'hypothèse la plus fréquente) de droit[55] de nature à justifier que la question soit reconsidérée. Par ailleurs, dans le cas inverse où une disposition législative a été déclarée inconstitutionnelle par la voie de la QPC, l'autorité de la chose jugée s'oppose également à ce que le Conseil constitutionnel en soit à nouveau saisi, sauf changement de circonstances[56]. Il en va ainsi même quand l'abrogation de la disposition inconstitutionnelle a été différée (sur ce point, v *supra* n° 72) et que la nouvelle contestation repose sur un autre motif que celui ayant justifié la déclaration d'inconstitutionnalité. En d'autres termes, le Conseil constitutionnel refuse de réexaminer la question des effets dans le temps d'une première déclaration d'inconstitutionnalité à la lumière d'un autre vice d'inconstitutionnalité que celui ayant motivé une abrogation différée. En revanche, une disposition identique à celle qui a déjà été censurée mais figurant dans une autre version de l'article qui la contient peut à nouveau être contestée[57].

Enfin, le renvoi au Conseil constitutionnel suppose que la question soit nouvelle ou sérieuse.

La nouveauté, tel qu'interprétée par le Conseil constitutionnel[58] renvoie à deux cas bien différents. Elle peut d'abord tenir au fait que la norme constitutionnelle

51. Sur ce point, Cons. const., n° 2010-16 QPC, 23 juill. 2010, *Constitutions* 2010.553, obs. C. Barthélémy et J. Boré et 598 obs. A. Barilari ; CE, 23 juill. 2010, Guibourt, n° 340115.

52. V., apportant cette précision, CE, 26 janv. 20128, *Société Consus France*, n° 415512.

53. CE, 22 juin 2015, *M. Wilmotte*, *AJDA* 2015.1239.

54. V. par ex. CE, 20 avr. 2011, *Département de la Seine-Saint-Denis et autre*, *AJDA* 2011.820.

55. P. ex. CE, 17 mai 2017, *La quadrature du net et autres*, n° 405792.

56. Cons. const., décision n° 2019-822 QPC du 24 janv. 2020 ; décision n° 2020-870 QPC du 4 déc. 2020.

57. Décision n° 2020-836 QPC du 30 avr. 2020.

58. Cons. const., n° 2009-595 DC, 3 déc. 2009, *AJDA* 2010, étude Roblot-Troizier et 88, étude Verpeaux, *RFDA* 2010. 1, étude Genevois.

invoquée n'a pas encore été dégagée[59], ou appliquée[60], ou vraiment interprétée[61] par le Conseil constitutionnel. Mais la nouveauté correspond également au cas, essentiellement imprécis, où le renvoi présente, aux yeux du Conseil d'État, un intérêt ; en d'autres termes, le juge administratif suprême peut ici provoquer une intervention du juge constitutionnel pour cette simple raison qu'il l'estime opportune.

La question est sérieuse quand la conformité de la loi aux droits et libertés constitutionnels étant douteuse, il faut permettre au Conseil constitutionnel de se prononcer et, le cas échéant, de déclarer la loi inconstitutionnelle, comme lui seul en a le pouvoir. La question, à l'inverse, n'est pas sérieuse quand la conformité de la loi aux droits et libertés constitutionnels étant certaine, il n'y a pas matière à saisir le Conseil constitutionnel. On voit par là que l'appréciation du sérieux de la QPC conduit nécessairement le juge administratif et, surtout, le Conseil d'État à exercer un contrôle de la constitutionnalité de la loi. Ce dernier est certes, en principe, limité : la juridiction suprême de l'ordre administratif ne saurait que reconnaître une évidente constitutionnalité, sans d'ailleurs que sa décision ait à cet égard l'autorité absolue qui s'attache aux déclarations de constitutionnalité du Conseil constitutionnel. Mais on ne saurait exclure que le juge du renvoi présente comme évident ce qui pouvait prêter à discussion et l'on constate que l'affirmation de l'absence de sérieux d'une QPC fait parfois l'objet d'une motivation dont la longueur et la précision paraissent trahir un contrôle approfondi.

Quoi qu'il en soit, l'application de ces conditions conduit le Conseil d'État à renvoyer environ 25 % des QPC dont il est saisi.

70 **Caractère prioritaire de la question de constitutionnalité.** – Les données qui précèdent aident à comprendre ce que recouvre la priorité de la question considérée : si le juge est saisi de moyens contestant la conformité d'une loi à la fois aux droits et libertés constitutionnels et aux engagements internationaux de la France, il doit se prononcer en premier sur la transmission (ou, pour le Conseil d'État, sur le renvoi) de la question de constitutionnalité. C'est à la fois la traduction procédurale de la suprématie de la Constitution dans l'ordre juridique interne et un moyen d'éviter que le juge ordinaire ne préfère le contrôle de conventionnalité (qui relève de sa compétence) au contrôle de constitutionnalité (qui ressortit au Conseil constitutionnel). Cela étant, bien entendu, la priorité de la QPC a seulement pour effet de différer le contrôle de conventionnalité. Si le juge décide de ne pas transmettre ou renvoyer, il pourra passer ensuite à l'examen des moyens d'inconventionnalité. Si, au contraire, la QPC est renvoyée au Conseil constitutionnel, après que celui-ci sera prononcé, le juge administratif pourra, quant à lui, exercer son contrôle de conventionnalité que la loi ait été reconnue conforme à la Constitution ou non[62]. C'est d'ailleurs là l'une des raisons pour lesquelles la priorité de la question de constitutionnalité n'est pas incompatible avec la primauté du droit de l'Union européenne ; celle-ci conduit toutefois à

59. CE, 21 sept. 2011, *Gourmelon*, *AJDA* 2011.1814.

60. V. par ex. CE, 8 oct. 2010, *Daoudi*, *AJDA* 2010.2433, concl. S.-J. Liéber, *RFDA* 2010. 1257, chron. A. Roblot-Troizier et Th. Rambaud.

61. V. p. ex., CE, 2 févr. 2012, *Mme Le Pen*, *AJDA* 2012.240.

62. CE, ass., 13 mai 2011, *Mme M'Rida*, *AJDA* 2011. 1136, chron. Domino et Bretonneau, *RFDA* 2011. 789, concl. E. Geffray, note M. Verpeaux.

atténuer celle-là en imposant (en bref) au juge national de prendre, immédiatement, les mesures exigées par le respect des normes européennes[63].

71 **Priorité de la question de constitutionnalité et interprétation de la loi conformément au droit international et européen**. – Ainsi qu'il a été précédemment vu (v. *supra* n° 68), en principe, la question prioritaire de constitutionnalité porte sur la loi telle qu'elle est interprétée, de manière constante, par la jurisprudence. La priorité de la question de constitutionnalité conduit toutefois à écarter ce principe à propos d'un genre un peu particulier d'interprétation. Les conventions internationales étant dotées d'une valeur juridique supérieure à celle de la loi, le juge, administratif ou judiciaire, doit s'efforcer d'interpréter cette dernière de telle manière qu'elle leur soit conforme. Il en va ainsi, notamment, pour les traités internationaux relatifs aux droits de l'homme, tels que la Convention européenne des droits de l'homme. Or, de manière générale, il existe, entre les droits et libertés garantis par le droit international et ceux qui le sont par la Constitution française, une grande proximité. Il en résulte qu'une interprétation de la loi propre à la rendre compatible avec le droit international des droits de l'homme sera souvent de nature à en assurer simultanément la constitutionnalité. Dans une telle configuration, l'application du principe selon lequel la QPC porte sur la loi telle qu'interprétée par la jurisprudence entre en contradiction avec le caractère prioritaire de cette question. Le juge du renvoi sera, en effet, amené à décider que, compte tenu de la solution donnée à la question de la conventionnalité de la loi (à savoir que celle-ci, adéquatement interprétée, est conventionnelle), la disposition contestée ne porte pas non plus d'atteinte aux droits et libertés garantis par la Constitution, de telle manière que la QPC soulevée ne présente pas de caractère sérieux[64]. C'est précisément ce à quoi le Conseil constitutionnel a entendu s'opposer dans sa décision n° 2020-858/859 QPC du 2 octobre 2020[65]. Cette dernière déduit en effet de l'article 61-1 de la Constitution et du principe de priorité que « le juge appelé à se prononcer sur le caractère sérieux d'une question prioritaire de constitutionnalité ne peut, pour réfuter ce caractère sérieux, se fonder sur l'interprétation de la disposition législative contestée qu'impose sa conformité aux engagements internationaux de la France » et, cela, « que cette interprétation soit formée simultanément à la décision qu'il rend ou l'ait été auparavant ». Quant au Conseil constitutionnel, saisi d'une telle question, il ne lui appartient pas non plus de « tenir compte de cette interprétation pour conclure à la conformité de la loi aux droits et libertés que la Constitution garantit ».

63. Sur cette question, qui a déchaîné les passions, v. Cass. QPC 16 avr. 2010, *Melki*, *AJDA* 2010. 1023, note B. Manin, *RFDA* 2010. 445, avis M. Domingo, 449, note M. Gautier, 458, note P. Gaïa ; Cons. const., n° 2010-605 DC, 12 mai 2010, *RFDA* 2010. 458, note P. Gaïa ; CE, 14 mai 2010, *Rujovic*, *RFDA* 2010. 458, note P. Gaïa et 709, concl. J. Burguburu ; CJUE, 22 juin 2010, *Melki*, *Abdeli*, *AJDA* 2010. 1231 et 1578, chron. M. Aubert, E. Broussy et F. Donnat, *RFDA* 2010. 458, note P. Gaïa.

64. Pour un exemple d'un tel raisonnement, v. Cass. crim., 14 mai 2019, n° 19-81408, n° 1104 et le commentaire de Fr. Fourment, « Information sur le droit de se taire : l'article 6 de la Convention, écran au renvoi d'une QPC au Conseil constitutionnel », *GP*, 3 sept. 2019, n° 20, p. 57-58.

65. *JO* du 3 oct. 2020, texte n° 106, *AJDA* 2020. 158, note J. Bonnet et P.-Y. Gadhoun, *D.* 2021, n° 1, p. 57, note J. Roux.

La même décision envisage d'ailleurs la situation inverse, c'est-à-dire celle dans laquelle c'est précisément l'interprétation donnée par le juge à la loi, afin qu'elle respecte le droit international, qui la rend constitutionnellement discutable. Ce cas se rencontre, par exemple, quand le juge, pour se conformer au droit de l'Union européenne, interprète une disposition fiscale de portée générale comme ne s'appliquant qu'aux situations de pur droit national, ce qui engendre une « discrimination à rebours ». Dans une telle configuration, le risque que la réponse donnée à la question de la conventionnalité ne fasse disparaître le grief d'inconstitutionnalité n'existe manifestement plus, puisque c'est cette réponse elle-même qui suscite un problème de constitutionnalité. Le principe selon lequel la question prioritaire de constitutionnalité permet de contester la loi, telle qu'elle est comprise par la jurisprudence, retrouve, dès lors, son empire. Autrement dit, il sera possible de contester la loi, telle qu'interprétée en vue d'assurer le respect des engagements internationaux, l'inconstitutionnalité alléguée procédant alors de cette interprétation. C'est au demeurant ce que le Conseil constitutionnel, dès avant sa décision du 2 octobre 2020, avait fait à plusieurs reprises dans le domaine, précédemment évoqué, des « discriminations à rebours »[66].

72 **Effets de la déclaration d'inconstitutionnalité. –** Si le Conseil constitutionnel, saisi selon la procédure précédemment décrite, reconnaît l'inconstitutionnalité de la loi, il en prononce, selon l'article 62 de la Constitution, l'abrogation. Cela comporte une double signification : la disposition n'est pas seulement inapplicable au cas d'espèce, mais disparaît totalement de l'ordre juridique ; cette disparition n'est pas rétroactive mais a lieu pour l'avenir seulement. Pour le passé, la disposition inconstitutionnelle demeure donc dans l'ordre juridique. Elle peut même y subsister, provisoirement, après la déclaration d'inconstitutionnalité. En effet, l'article 62 de la Constitution précise que l'abrogation de la loi déclarée inconstitutionnelle peut être décidée à compter, soit de la publication de la décision du Conseil constitutionnel, soit d'une date ultérieure fixée par cette décision. Cette abrogation différée est destinée à laisser au législateur le temps nécessaire pour adopter les dispositions visant à remplacer celles qui ont été reconnues contraires à la Constitution. Elle présente évidemment l'inconvénient de permettre à une loi inconstitutionnelle de continuer à recevoir application. Pour éviter ce défaut, le Conseil constitutionnel s'est reconnu le pouvoir d'assortir le report de l'abrogation de dispositions transitoires, applicables jusqu'à l'intervention du Parlement et propres à faire cesser immédiatement l'inconstitutionnalité constatée ou à préserver l'effet utile de la déclaration d'inconstitutionnalité sur les instances en cours[67].

S'il pose en principe que la loi déclarée inconstitutionnelle est abrogée et ne disparaît donc que pour l'avenir, l'article 62 de la Constitution ajoute, en ce qui concerne le passé, que le Conseil constitutionnel « détermine les conditions et limites dans lesquelles les effets que la disposition a produits sont susceptibles d'être remis en cause ». Cette disposition fait ainsi de la remise en cause des effets passés de la loi abrogée une exception sur laquelle le Conseil constitutionnel doit statuer

66. P. ex. : décision n° 2015-520 QPC du 3 févr. 2016, Société Metro Holding France SA venant aux droits de la société CRFP Cash.

67. Cons. const., n° 2014-400 QPC, 6 juin 2014.

au cas par cas. Ce dernier a, néanmoins, adopté une position de principe qui confère, sur le plan contentieux, une portée rétroactive à la déclaration d'inconstitutionnalité[68]. Cette position s'applique quand le Conseil constitutionnel a prononcé l'abrogation de la disposition contraire à la Constitution à compter de la publication de sa décision et non pas de manière différée. Elle comprend deux éléments. En premier lieu, la déclaration d'inconstitutionnalité doit bénéficier à l'auteur de la question prioritaire de constitutionnalité. Elle est donc applicable au litige à l'occasion duquel cette question a été posée ; elle comporte, par là même, un effet rétroactif, dès lors que ce litige a nécessairement été provoqué par des actes ou des faits qui lui sont antérieurs. Ainsi, quand une question prioritaire de constitutionnalité a été soulevée à l'appui d'un recours pour excès de pouvoir dirigé contre un décret d'application de la disposition législative déclarée inconstitutionnelle, cette déclaration devant bénéficier au requérant, ce décret est considéré comme privé de base légale et annulé[69]. Au contraire, quand le Conseil constitutionnel a prononcé une abrogation avec effet différé, il est réputé ne pas avoir voulu remettre en cause les effets passés de la disposition inconstitutionnelle et la déclaration d'inconstitutionnalité « est sans incidence sur l'issue » du litige à l'occasion duquel la question prioritaire a été présentée[70]. En second lieu, et plus généralement, « la disposition déclarée contraire à la Constitution ne peut être appliquée dans les instances en cours [notamment devant les juridictions administratives] à la date de la publication de la décision du Conseil constitutionnel ». Il en résulte que le juge administratif doit, au besoin d'office, écarter cette disposition pour la solution des litiges pendants, à moins que l'atteinte aux droits et libertés qui a justifié la décision du Conseil constitutionnel ne soit en pas en cause dans l'espèce qui lui est soumise[71]. L'abrogation prononcée par la décision du Conseil constitutionnel demeure, en revanche, sans effet sur le jugement des litiges engagés postérieurement à sa publication et portant sur des faits antérieurs[72].

Il reste que les règles ainsi posées ne valent que sauf décision contraire du Conseil constitutionnel, qui peut toujours les écarter et déterminer lui-même, en vertu de la compétence que lui confère l'article 62 de la Constitution, dans quelle mesure les effets passés de la disposition déclarée inconstitutionnelle seront remis en cause. Il revient alors au juge administratif de se conformer à ce que le Conseil constitutionnel a arrêté[73]. Il faut encore ajouter que, depuis sa décision n° 2019-828/829 QPC du 28 février 2020, le Conseil constitutionnel interprète l'article 62 de la Constitution comme l'habilitant également à « s'opposer à l'engagement de la responsabilité de l'État du fait des dispositions déclarées inconstitutionnelles » ou à

68. Cons. const., n° 2010-108 QPC et 2010-110 QPC, 25 mars 2011, R. 154 et 160.

69. CE, 30 mai 2018, n° 400912, *Mme Schreuer*, R. 147, *AJDA* 2018.1127.

70. CE, 14 nov. 2012, n° 340539, *Association France Nature Environnement*, R., tables. 940–965, *AJDA* 2012.2373, chron. X. Domino et A. Bretonneau ; CE, 12 déc. 2018, n° 417244, *Section française de l'Observatoire international des prisons*, R. 450, *AJDA* 2019. 825, note. J. Schmitz.

71. Comme le précise CE, 4 mai 2012, *Min. du Budget, des Comptes publics, de la Fonction publique et de la Réforme de l'État*, *AJDA* 2012.980.

72. CE, 13 juill. 2012, *Soc. Volkswin France et Société Innovent.*

73. CE, 4 mai 2012, *Min. du Budget, des comptes publics, de la fonction publique et de la réforme de l'État*, préc. et censurant une méconnaissance de ce qui avait été décidé par le Conseil constitutionnel, CE, 6 déc. 2012, *Mme Amyn, Vve Chahid.*

« en déterminer les conditions ou limites particulières » (sur ce point, v. *infra* n° 1108 et s.).

73 **Abrogation implicite de la loi. –** Outre une éventuelle interprétation de la loi pour éviter qu'elle n'apparaisse en contradiction trop immédiate avec la Constitution (v. arrêt *Dame Lamotte*, *infra*, n° 178), le juge administratif ne tient pas compte de la loi, dès lors qu'elle est considérée comme implicitement abrogée par les textes constitutionnels (ou éventuellement législatifs) postérieurs. La juridiction ne devient pas, pour autant, juge de la constitutionnalité de la loi mais s'assure simplement que celle-ci est toujours en vigueur[74]. La Constitution l'emporte non parce qu'elle est supérieure, mais parce qu'elle est postérieure.

En ce cas, l'écran législatif disparaît[75] ; il n'y a plus de loi pour empêcher la confrontation directe entre l'acte administratif et la Constitution. Cette hypothèse reste cependant rare : le juge n'applique cette jurisprudence qu'avec beaucoup de circonspection dans le cas où les normes successives sont nettement incompatibles[76]. En outre, cette jurisprudence se trouve remise en cause par l'institution de la question prioritaire de constitutionnalité, le Conseil d'État ayant admis de renvoyer au Conseil constitutionnel, selon cette procédure, la contestation d'une disposition législative au regard de normes constitutionnelles à elle postérieures[77].

SECTION 2 LES SOURCES INTERNATIONALES

74 **Supériorité du droit international. –** Le rôle du droit international n'a cessé de s'accroître, tout au long du xxe siècle. Il irrigue, là encore, l'ensemble des branches du droit. Le Préambule de la Constitution de 1946 (alinéa 14) affirme que « la République française, fidèle à ses traditions, se conforme aux règles du droit public international » et l'article 55 de la Constitution de 1958 que « les traités ou accords régulièrement ratifiés ou approuvés ont, dès leur publication, une autorité supérieure à celle de la loi, sous réserve de leur application par

74. V. rappelant nettement cette distinction, CE, ass., 16 déc. 2005, *Syndicat national des huissiers de justice*, *AJDA* 2006, 357, chron. C. Landais et F. Lénica, *RFDA* 2006. 41, concl. J.-H. Stahl.

75. CE, 12 févr. 1960, *Soc. Eky*, préc. (abrogation implicite de l'article 4 du Code pénal par la nouvelle constitution) ; CE, ass., 2 avr. 2003, *Sarrat*, *RFDA* 2003.803, concl. L. Vallée (abrogation implicite d'articles législatifs du Code des pensions, en raison de l'entrée en vigueur, en 1994, du nouveau Code pénal).

76. V., p. ex., CE ord. 21 nov. 2005, *M. Jean-Charles Boisvert*, *AJDA* 2006. 357, chron. C. Landais et F. Lenica (absence d'incompatibilité de principe entre le régime législatif de l'état d'urgence et la Constitution de 1958) ; CE, 24 juill. 2009, *Comité de recherche et d'information indépendante sur le génie génétique* (2 esp.), *AJDA* 2009. 1818, chron. S.-J. Lieber et D. Botteghi, *RFDA* 2009. 963, concl. E. Geffray (incompatibilité avec la Charte de l'environnement des lois des 25 juin et 1er août 2008 relatives à la dissémination volontaire d'organismes génétiquement modifiés dans l'environnement).

77. CE, 27 juill. 2009, *Cie agricole de la Crau*, *RFDA* 2009 1263, concl. Glaser ; CE, 8 oct. 2010, *Daouid*, *AJDA* 2010. 2433, concl. S.-J. Liéber, *RFDA* 2010, chron. A. Roblot-Troizier et Th. Rambaud. Sur la question, v. l'étude de G. Eveillard, « Abrogation implicite ou inconstitutionnalité de la loi ? », *RFDA* 2011. 353.

l'autre partie ». La Constitution adopte ainsi une conception en principe moniste : les normes internationales sont d'application immédiate et n'exigent aucune réception dans l'ordre interne sur lequel elles ont une primauté absolue.

Cette supériorité du droit international sur le droit interne, clairement reconnue pour les lois (v. toutefois *infra*, n° 101), et, *a fortiori*, les actes administratifs, soulèvent plus de difficulté *au regard de la Constitution*. Dans l'ordre international, les engagements pris par l'État doivent être respectés par tous les actes qu'il édicte, faute de quoi il engage sa responsabilité : les traités sont donc supérieurs à l'ensemble des normes, même constitutionnelles[78]. À l'inverse, du point de vue interne, en droit français, la Constitution reste la norme suprême, expression de la volonté du peuple souverain. Le Conseil d'État l'a clairement jugé dans *l'arrêt Sarran* : « la suprématie (conférée par l'article 55) aux engagements internationaux ne s'applique pas, dans l'ordre interne, aux dispositions constitutionnelles »[79] ; cette primauté a été solennellement confirmée par le Conseil constitutionnel dans sa décision sur le Traité établissant une constitution pour l'Europe[80]. Au demeurant, le Conseil constitutionnel, dans l'exercice de son contrôle de constitutionnalité soit des traités (art. 54) soit de la loi en autorisant la ratification (art. 61), peut déclarer qu'un engagement international comporte une clause contraire à la Constitution, ce qui nécessite alors, pour le ratifier ou l'approuver, une révision préalable. Au niveau de la Constitution, le droit international doit donc être reçu par celle-ci, ce qui s'inscrit dans un système de type dualiste. Il n'en demeure pas moins que le juge administratif, pour sa part, n'est pas toujours en mesure d'assurer effectivement la suprématie de la Constitution sur le droit international (v. *infra*, n° 112 et s.).

Les sources internationales du droit administratif, les normes de référence, dont le nombre et le contenu se sont fortement diversifiés (§ 1) encadrent dès lors l'exercice des compétences administratives dans de multiples domaines (§ 2) et s'imposent à l'administration (§ 3).

§ 1. LES NORMES DE RÉFÉRENCE

75 Le bloc « de conventionnalité » contient désormais de nombreuses normes (A). Pour s'imposer à l'administration, une fois leur sens exact interprété, il faut qu'elles soient applicables (B).

78. V. CIJ 26 avr. 1988, R. 12 (droit international général) ; CJCE, 15 juill. 1964, *Costa c/Enel*, R. 1141, concl. M. Lagrange ; CJCE, 11 janv. 2000, *Tanja Kreil*, R. 69 (droit de l'Union européenne, y compris pour les directives).

79. CE, ass., 30 oct. 1998, *Sarran*, R. 369, *RFDA* 1998.1081, concl. C. Maugüe (confirmant la solution implicite de l'arrêt Koné). Même solution pour le droit de l'Union européenne (CE, 3 déc. 2001, *Synd. nat. Industrie pharmaceutique*, *Dr. Fisc.* 2002, comm. 806, concl. P. Fombeur).

80. Cons. const., 19 nov. 2004, n° 2004-505 DC, *AJDA* 2005. 211, note O. Dord, *RFDA* 2005. 30, notes C. Maugüé et F. Sudre, *RDP* 2005.19, note A. Levade, 51, note F. Luchaire, 59, note A. Roux.

A. LE BLOC DE CONVENTIONNALITÉ

76 **Traités et conventions. –** Font partie de ce bloc les engagements internationaux régulièrement signés et le cas échéant ratifiés. Les traités sont négociés et ratifiés par le président de la République (art. 52 de la Constitution). Selon l'article 53, une autorisation préalable par voie législative est nécessaire pour certains d'entre eux (notamment traités de commerce, de paix, traités relatifs aux organisations internationales, engageant les finances de l'État, qui modifient des dispositions de nature législative, etc.). L'accord des populations intéressées est de plus exigé en cas d'échange, de cession ou d'adjonction de territoires.

Après information du président de la République et éventuelle autorisation du Parlement (dans les mêmes cas de figure que les traités), les autres conventions et accords sont, eux, négociés directement et signés, sans que la ratification soit imposée, par le gouvernement, le ministre des Affaires étrangères, ou même d'autres ministres.

77 **Droit dérivé. –** Depuis 1945, notamment, s'est considérablement développé le droit dérivé, droit sécrété par les organisations internationales. Les normes ainsi créées ont le statut et la place dans la hiérarchie d'une convention internationale.

Le droit dérivé joue ainsi un rôle fondamental en droit de l'Union européenne ; environ 50 % de la production normative française est soumise aux obligations juridiques qui découlent de ce droit (notamment droit dérivé). L'article 288 du traité sur le fonctionnement de l'Union européenne (TFUE) distingue trois types d'actes :

— les règlements qui sont d'effet direct en droit interne : ils s'appliquent, dès leur publication au *Journal officiel de l'Union européenne*, sur l'ensemble du territoire de l'Union sans qu'aucun acte de transposition soit nécessaire ;

— les directives qui lient les États quant « au résultat à atteindre » mais les laissent libres du choix des moyens qui relèvent de la seule compétence des autorités nationales. Autrement dit, elles doivent être transposées en droit interne par une loi ou un règlement national ;

— la décision diffère à la fois du règlement et de la directive. À la différence du premier, elle n'est pas un texte de portée générale et peut d'ailleurs désigner ses destinataires. À la différence de la seconde, elle est obligatoire dans tous ses éléments.

Comme leur nom l'indique, les recommandations et les avis n'ont pas, quant à eux, de caractère normateur.

78 **Normes non écrites. –** Le droit international comporte aussi des normes non écrites que l'administration et le juge dans l'exercice de son contrôle se doivent d'appliquer. Ainsi la coutume internationale[81] comme les principes généraux du droit international[82], lorsque leur existence est clairement avérée comme règles du droit international, bénéficient de la valeur juridique des normes internationales conformément au Préambule de 1946 (alinéa 14) (v. cependant *infra*, n° 101).

81. V. CE, ass., 6 juin 1997, *Aquarone*, R. 206, concl. G. Bachelier (reconnaissance implicite de l'applicabilité de la coutume internationale qui s'impose aux actes administratifs).

82. Par ex. CE, sect., 23 oct. 1987, *Soc. Nachfolger Navigation*, R. 319, *RFDA* 1987.963, concl. J. Massot (absence de méconnaissance d'« aucun principe du droit international » relatif à la haute mer, lors de la destruction par l'administration d'une épave chargée d'explosif). Pour le droit de l'Union européenne, v. CE, 3 déc. 2001, préc.

Le droit de l'Union européenne connaît également des normes non écrites sous la forme des principes généraux consacrés par le juge de l'Union. Ces principes ont la même valeur juridique que les traités de l'Union[83]. Ils sont particulièrement importants : en vertu tant de la jurisprudence communautaire que de l'article 6 § 3 du traité de l'Union européenne (TUE), les droits fondamentaux de la personne, résultant notamment de la Convention européenne des droits de l'homme et des traditions constitutionnelles communes aux États membres, font en effet partie de l'ordre juridique de l'Union européenne en tant que principes généraux de cet ordre[84].

B. L'APPLICABILITÉ ET L'INTERPRÉTATION DU DROIT INTERNATIONAL

79 Les normes internationales sont soumises à certaines conditions pour produire leurs effets dans l'ordre interne. Quant à leur interprétation, elle a fait l'objet d'évolutions jurisprudentielles significatives.

1. Conditions de l'applicabilité

80 Si les normes non écrites sont soumises à un statut particulier, les conventions et le droit dérivé supposent, pour être applicables en droit interne, la réunion de plusieurs conditions.

81 **Signature, ratification, publication. –** Pour exister, les traités et accords internationaux doivent avoir été signés et le cas échéant ratifiés ou approuvés. Leur entrée en vigueur, dans l'ordre interne, suppose, quant à elle, qu'ils soient publiés par décret au *Journal officiel.*

Ce décret de publication est une décision administrative dont le juge administratif peut connaître. La légalité de cette décision étant conditionnée par la régularité, au regard de la Constitution, de la ratification ou de l'approbation du traité, le juge administratif s'est reconnu compétent pour contrôler cette dernière, tant par voie d'action (à l'occasion d'un recours dirigé contre le décret de publication)[85] que par voie d'exception (à l'occasion d'un litige mettant en cause l'application d'un traité par l'administration)[86]. Il peut alors vérifier, en particulier, que la ratification du traité a été autorisée par une loi quand cette intervention du législateur était exigée par l'article 53 de la Constitution. En revanche, s'il est logique de considérer que la constitutionnalité du contenu même des stipulations du traité conditionne également la légalité du décret de publication, le contrôle du juge administratif est ici empêché par son incompétence pour apprécier la conformité

83. CE, 3 déc. 2001, *Synd. nat. industrie pharmaceutique*, préc.

84. V. CE, sect., 10 avr. 2008, *Conseil national des barreaux et autres*, *AJDA* 2008. 1085, chr. J. Boucher et B. Bourgeois-Machureau, *Dr. adm.* 2008.*83, note Gautier, JCP* A 2008.2110, note Cutajar, *RFDA* 2008.575, concl. M. Guyomar.

85. **CE, ass., 18 déc. 1998, *Sarl du Parc d'activités de Blotzheim***, R. 483, concl. G. Bachelier.

86. CE, ass., 5 mars 2003, *M. Aggoun*, R. 72, concl. J.-H. Stahl, *AJDA* 2003. 726, chron. F. Donnat et D. Casas, *LPA* 2003, n° 164, p. 9, note F. Melleray, *RDP* 2004.340, note C. Guettier, *RFDA* 2003.1214, concl. J.-F. Lachaume, *RGDIP* 2003. 492, note Laugier-Deslandes.

des conventions internationales à la Constitution (v. *infra*, n° 108). Enfin, faute de hiérarchie entre les traités, l'incompatibilité d'une convention internationale avec une autre convention est sans incidence sur sa validité ni, partant, sur la légalité du décret qui la publie : saisi d'un recours contre ce dernier, le juge administratif n'a donc pas à examiner cette question[87].

L'obligation de ratification ou approbation ne s'impose pas pour les actes de droit dérivé édictés par les organes de l'Union européenne, dont la validité est jugée par la Cour de justice de l'Union européenne (v. *infra*, n° 85). Ces actes doivent, pour entrer en vigueur, être publiés au *Journal officiel* de l'Union européenne.

82 **Réserves. –** Un État peut n'accepter d'être lié par un engagement international qu'en formulant des réserves. Selon la définition qu'en donne le Conseil d'État[88], en s'inspirant de la Convention de Vienne sur le droit des traités (art. 2, § 1-d), celles-ci visent, pour l'État qui les exprime, « à exclure ou à modifier l'effet juridique de certaines [des] clauses » du traité « dans leur application à son endroit ». Par exemple, quand la France a ratifié le protocole n° 7 à la CEDH, elle a déclaré que, quant à elle, l'article 4 § 1 de ce traité, qui, en bref, pose le principe *non bis in idem*, ne concernait que les sanctions pénales et non les sanctions administratives. Les réserves font, pour l'État qui les a formulées, partie intégrante du traité. Par conséquent, le juge administratif doit appliquer les traités et, le cas échéant, les faire prévaloir sur la loi, « en tenant compte des réserves », après s'être assuré que celles-ci ont fait l'objet des mêmes mesures de publicité que le traité (ce qui est nécessaire pour qu'elles soient applicables dans l'ordre juridique interne).

83 **Effet normateur et effet direct. –** Les textes internationaux doivent ensuite avoir d'une part un effet normateur et, d'autre part, un effet direct.

Les conventions internationales ou les actes de droit dérivé peuvent ne contenir que des recommandations pour l'action de l'État partie, au caractère très vague et sans aucune portée contraignante. Elles n'ont dès lors d'effet ni en droit international (leur non-respect par l'État ne saurait être sanctionné par ce droit), ni, *a fortiori*, en droit interne[89].

Parmi les dispositions normatives des conventions et actes de droit dérivé, seules certaines sont d'effet direct. Il faut entendre par là qu'elles confèrent, par elles-mêmes, des droits aux sujets du droit interne, dont ceux-ci peuvent se prévaloir à l'égard des autorités nationales. Ainsi, dans l'ordre interne, seules les normes internationales d'effet direct s'imposent à ces autorités et, notamment, à l'administration ; il en résulte également que la méconnaissance de ces mêmes normes peut seule être

87. CE ass. 23 déc. 2011, *M. Eduardo José Kandyrine de Brito Paiva*, *AJDA* 2012, p. 201, chron. X. Domino et A. Bretonneau, *Dr. adm.* 2012, Étude 11, Gautier, *RFDA* 2012.1, concl. J. Boucher, avis d'*amicus curiae* G. Guillaume, note D. Alland.

88. CE ass. 12 oct. 2018, *SARL Super Coiffeur*, n° 408567, *AJDA* 2018. 2390, chron. C. Nicolas et Y. Faure.

89. V. par ex. CE, sect., 23 nov. 2001, *Cie Air France*, R. 576 ; (absence d'effet normateur de certaines dispositions de la convention de Chicago du 7 déc. 1944 relative à la sécurité aérienne). V. aussi les recommandations du Conseil de l'Europe ou, en droit de l'Union européenne la charte des droits fondamentaux de l'Union du 18 déc. 2000 (*JOCE* C 364 18 déc., et sur son absence de portée normative, CE, 5 janv. 2005, *Mlle Deprez, M. Baillard*, préc. *supra*, n° 66).

utilement invoquée devant le juge administratif, notamment à l'appui d'un recours dirigé contre une décision administrative[90] ou d'un recours en responsabilité pour faute[91]. Les conséquences de la qualification d'une stipulation d'un traité international comme étant d'effet direct sont donc, on le voit, de première importance pour le droit administratif. Quant aux conditions de cette qualification, l'arrêt *GISTI et FAPIL*[92], qui synthétise et infléchit un peu la jurisprudence antérieure, en livre un mode d'emploi assez circonstancié. Il résulte de cette décision qu'une stipulation internationale est d'effet direct si elle remplit deux conditions. Il faut d'abord qu'elle n'ait « pas pour objet exclusif de régir les relations entre États », auquel cas on comprend qu'elle ne crée aucun droit pour les particuliers. Il faut ensuite qu'elle ne requière « l'intervention d'aucun acte complémentaire pour produire des effets à l'égard des particuliers » ; en d'autres termes, une disposition trop vague pour être applicable sans qu'aient été au préalable déterminées ses modalités d'application n'est pas d'effet direct (comp. *supra*, n° 60 et *infra*, n° 124). L'arrêt considéré ajoute que pour déterminer si ces deux conditions sont remplies, il y a lieu de prendre en considération l'intention exprimée des parties, l'économie générale du traité invoqué, ainsi que son contenu et ses termes, S'agissant de ce dernier élément, il est enfin précisé (en rupture avec une tendance jurisprudentielle antérieure) que l'absence d'effet direct « ne saurait être déduite de la seule circonstance que la stipulation désigne les États parties comme sujets de l'obligation qu'elle définit » (en usant d'une expression du genre : « Les États s'engagent »).

Il faut enfin préciser que les stipulations d'un traité international dépourvues d'effet direct comportent un effet et une invocabilité indirects, dans la mesure où elles doivent être prises en considération dans l'interprétation des dispositions de droit national qui s'y réfèrent et ont pour objet de les mettre en œuvre[93].

84 **Réciprocité. –** L'article 55 ne donne aux traités une autorité supérieure à celle des lois que « sous réserve de leur application par l'autre partie ». Cette exigence de réciprocité soulève trois questions.

La première concerne son champ d'application. Elle est en principe applicable à tous les traités mais certains d'entre eux y échappent. Il en est ainsi, notamment, de ceux qui, relatifs à la protection de la personne humaine, créent des obligations pour chaque État partie, indépendamment de l'attitude des autres parties. En particulier, la Convention européenne des droits de l'homme oblige les États à respecter les droits fondamentaux de ceux qui résident sur leur territoire et produit des effets directs qui ne sauraient être suspendus du seul fait qu'un des États cesserait de

90. V. CE, sect., 23 avr. 1997, *GISTI*, R. 142, concl. R. Abraham ; confirmé par CE, ass., 11 avr. 2012, *AJDA* 2012. 936, chron. X. Domino et A. Bretonneau, 2012.547, concl. G. Dumortier, note Gautier.

91. CE, 28 déc. 2018, *M. A et Syndicat CGT des chômeurs et précaires de Gennevilliers-Villeneuve-Asnières*, n° 411846, *AJDA* 2019. 10.

92. CE, ass., 11 avr. 2012, *AJDA* 2012.936, chron. X. Domino et A. Bretonneau, *Dr. adm.* 2012, comm. 76, note Fleury, *RFDA* 2012.547, concl. G. Dumortier, note M. Gautier, préc.

93. CE, 19 nov. 2020, *Commune de Grande-Synthe*, n° 427301, *AJDA* 2021. 217, note H. Delzangles et 226, note S. Cassella, *Dr. adm.* 2021, n° 3, comm. 14, note J.-Ch. Rotoullié, *JCP* A 2020, n° 51, comm. 2337, note R. Radiguet, *JCP* G 2020, n° 49, comm. 1334, note B. Parence et J. Rochfled, *LPA* 2021, n° 44, 9, note. Ch. Vallet.

respecter telle règle[94]. De même, le droit de l'Union européenne s'impose à la France, hors de toute condition de réciprocité car il constitue un ordre juridique spécial et intégré[95].

La deuxième question intéresse l'effet de l'absence de réciprocité. Deux interprétations sont possibles : soit considérer qu'en l'absence de réciprocité le traité, s'il ne peut l'emporter sur une loi contraire, reste applicable et s'impose en principe à l'administration ; soit estimer que le traité cesse d'être applicable, à l'égard de tous. C'est cette dernière solution qui prévaut. Comme le Conseil d'État l'énonce explicitement, un moyen tiré du défaut de réciprocité invoque « l'inapplicabilité » d'un accord international[96]. En présence d'un tel défaut, le traité étant inapplicable, les décisions administratives qui l'appliquent sont illégales comme dépourvues de base légale[97].

La troisième question concerne l'autorité compétente pour apprécier si la condition de réciprocité est ou non remplie. Le Conseil d'État avait d'abord jugé qu'il n'appartenait pas au juge administratif de statuer sur ce point dont la solution devait être renvoyée au ministre des Affaires étrangères[98]. Condamnée par la Cour EDH[99], cette position a ensuite été abandonnée par l'arrêt *Mme Souad Chériet-Benseghir*[100]. Le contrôle de la réciprocité relève ainsi, désormais des pouvoirs du juge administratif. Comme le même arrêt le confirme, l'exercice de ce contrôle suppose, d'ailleurs, qu'un moyen soit invoqué en sens : la question ne présentant pas un caractère d'ordre public, le juge n'a pas à l'examiner d'office (sur les moyens d'ordre public, v. *infra*, n° 1049).

2. Interprétation des traités

85 **Régime général. –** Pendant longtemps, le juge administratif considéra qu'en cas de difficulté sérieuse d'interprétation (qui n'existe pas si le traité est clair), le ministre des Affaires étrangères, responsable de la conduite des relations internationales, pouvait seul indiquer le sens à donner au texte[101]. Dans certains procès, où tout dépendait de l'interprétation donnée au traité, l'administration était ainsi à la fois juge et partie, ce qui paraissait en contradiction avec le droit au procès équitable exigé par la Convention européenne des droits de l'homme (v. *infra*, n° 965).

94. V. CEDH 18 janv. 1978, *Irlande c/Royaume Uni*, A. 25. V. aussi CC n° 98-408 DC du 22 janv. 1999, R. 29 (à propos du traité créant la Cour pénale internationale, où la réserve de réciprocité n'a pas lieu à s'appliquer).

95. V. not. CJCE, 26 févr. 1976, *Comm/Rép. Italienne*, R. 277, concl. H. Mayras.

96. CE, ass., 19 juil. 2019, *Association des Américains accidentels,* n° 424216, *AJDA* 2019. 1986, chron. C. Malverti et C. Beaufils, *RFDA* 2019. 891, concl. A. Lallet (v. § 10).

97. V. Dans ce sens, la formulation du motif de principe de CE, ass., 9 juill. 2010, *Mme Souad Chériet-Benseghir,* R. 251, concl. G. Dumortier, *AJDA* 2010. 1635, chron. S. Liéber et D. Botteghi, *Dr. adm.* 2010, comm. 131, *Gautier*, *RFDA* 2010. 1133, concl. et 1146, note J.-F. Lachaume, ainsi que CE, ass., 19 juil. 2019, *Association des Américains accidentels,* préc. (v. § 14).

98. CE, ass., 29 mai 1981, *Rekhou c/Min Budget* ; *Mme Bellil*, R. 220, *RDP* 1981.1707, concl. Théry ; CE, ass., 9 avr. 1999, *Mme Chevrol-Benkeddach*, R. 115.

99. CEDH 13 févr. 2003, *Chevrol c/France*, *Dr. adm.* 2003, n° 93 (condamnation de la France pour atteinte, en raison de ces solutions, au droit au procès équitable).

100. CE, ass., 9 juill. 2010, R. 251, préc.

101. CE, 3 juill. 1933, *Karl et Toto Samé*, R. 727, S. 1932.3.129, concl. Ettori, et CE, 14 janv. 1987, *Soc. navale* et comm. Delmas-Vieljeux, R. 4 (interprétation constituant un acte de gouvernement).

Désormais, le juge se reconnaît le droit d'interpréter les conventions internationales[102].

86 **Droit de l'Union européenne. –** Le régime de principe décrit au point précédent n'est pas applicable aux traités de l'Union européenne ni au droit dérivé édicté par les organes de celle-ci. Il est nécessaire, en effet, que ces dispositions soient appliquées et donc interprétées de la même façon dans tous les États membres. À cette fin, l'article 267 du TFUE donne compétence à la CJUE pour statuer sur l'interprétation des traités et celle du droit dérivé, à titre préjudiciel. Ainsi, quand une telle question d'interprétation est soulevée devant une juridiction nationale, elle constitue, pour elle, une question préjudicielle qu'elle peut ou doit, selon les cas, renvoyer à la CJUE. La simple faculté de renvoi concerne les juridictions dont les décisions sont susceptibles d'un recours juridictionnel de droit interne, grâce auquel une éventuelle erreur d'interprétation pourra être corrigée. Cela concerne, notamment, les tribunaux administratifs et les cours administratives d'appel. Cette logique conduit à faire du renvoi préjudiciel une obligation pour les juridictions suprêmes (telles que le Conseil d'État ou la Cour de cassation) dont les décisions ne sont pas susceptibles, dans l'ordre interne, d'être rectifiées par une juridiction supérieure. Cela étant, le Conseil d'État a transposé la théorie de l'acte clair, initialement conçue en matière de conventions internationales, au droit de l'Union : l'obligation de renvoi suppose une question d'interprétation, qui n'existe pas si la détermination du sens de la disposition ne soulève pas de difficulté sérieuse. Bien entendu, il n'est pas exclu que le juge estime clair ce qui en réalité ne l'est pas dans le seul but d'éluder l'obligation de renvoi. Le Conseil d'État a pu céder à cette tentation, ce qui était révélateur de ses réticences à l'égard de la construction juridique communautaire[103]. Dès lors qu'il se veut aujourd'hui, au contraire, un acteur de cette construction, il n'hésite plus à renvoyer si cela est nécessaire. Cela n'exclut pas tout conflit avec la CJUE. Certes celle-ci a elle-même admis des exceptions à l'obligation de renvoi des juridictions suprêmes. La première concerne le cas où la question litigieuse a déjà été tranchée par la Cour[104]. La seconde vise l'hypothèse où l'application du droit de l'Union s'impose avec une évidence telle qu'elle ne laisse place à aucun doute raisonnable[105]. Cette seconde jurisprudence a pu être considérée comme rejoignant celle de l'acte clair. Il apparaît toutefois que la CJUE adopte une conception stricte des possibilités qu'elle offre aux juridictions nationales, comme le montre la spectaculaire condamnation en manquement de la France à raison de la méconnaissance par le Conseil d'État de l'obligation de renvoi préjudiciel[106].

Il convient d'ajouter qu'en vertu de l'article 267 TFUE, l'appréciation de la validité des actes de droit dérivé relève également de la Cour de justice. Celle-ci comprend sa compétence de manière extensive et notablement éloignée de la lettre

102. **CE, ass., 29 juin 1990, *GISTI***, R. 171, concl. R. Abraham.

103. V. not. CE, ass., 19 juin 1964, *Soc. Pétroles Shell-Berre*, R. 344, *RDP* 1964. 1019, concl. N. Questiaux.

104. CJCE, 27 mars 1963, aff. 28/62, *Da Costa.*

105. CJCE, 6 oct. 1982, aff. C-283/81, *Cifilt.*

106. CJUE 4 oct. 2018, aff. C-416/17, *Commission c/France*, *AJDA* 2018. 2280, chron. Ph. Bonneville, E. Broussy, H. Cassgnabère et Ch. Gänser.

du traité[107] : si, en l'absence de difficulté sérieuse, le juge national (quel qu'il soit, suprême ou non), peut constater la validité d'une norme européenne dérivée, il ne peut jamais en prononcer l'invalidité, lors même que celle-ci serait évidente.

Toutefois, les cours constitutionnelles de certains États membres et, notamment, celle de l'Allemagne[108] admettent une limite exceptionnelle à la compétence exclusive de la CJUE pour apprécier la validité des actes dérivés, ce qui implique que, dans la même mesure, elles se reconnaissent aussi compétentes pour contrôler la conformité au droit de l'Union des décisions du juge européen. Il s'agit ici du contrôle dit de l'*ultra vires*. Celui-ci consiste à vérifier qu'un acte de droit dérivé, reconnu valide par la Cour de justice, n'a pas méconnu la répartition des compétences entre l'Union et les États membres au détriment de ce dernier. Si c'est le cas, le juge national écartera l'acte dérivé comme inapplicable. Sollicité par le gouvernement de s'engager dans cette voie, le Conseil d'État s'y est refusé[109]. Il juge en effet, qu'il « n'appartient pas au juge administratif de s'assurer du respect, par le droit dérivé de l'Union européenne ou par la Cour de justice elle-même, de la répartition des compétences entre l'Union européenne et les États membres ». Ce choix, éminemment politique, paraît s'expliquer par le fait que, aux yeux du Conseil d'État, le contrôle de l'*ultra vires* est susceptible de remettre gravement en cause la construction de l'Union européenne. De ce point de vue, il est hautement révélateur du changement d'attitude de la haute juridiction à l'égard de celle-ci : initialement plutôt réservé, il entend, depuis la fin des années 1980, en être un acteur loyal.

Il faut enfin préciser que l'interprétation ou l'appréciation de la validité du droit de l'Union que retient la Cour s'impose au juge qui l'a interrogé (comme d'ailleurs à toutes les juridictions des États membres), même lorsque la juridiction européenne a répondu à des questions qui ne lui étaient pas posées ; sur cette base, il appartient ensuite au juge national de résoudre le cas d'espèce qui lui est soumis[110].

87 **Convention européenne des droits de l'homme. –** Le protocole n° 16 additionnel à la Convention européenne de sauvegarde des droits de l'homme et des libertés fondamentales, dont la loi du 3 avril 2018 a autorisé la ratification par la France et qui est entré en vigueur le 1er août 2018, donne également une certaine particularité au régime de l'interprétation de ce traité, qui présente une grande importance pour le droit administratif (sur ce point, v. *supra*, n° 88). En effet, il ouvre aux juridictions suprêmes des États parties (pour la France, Conseil constitutionnel, Conseil d'État et Cour de cassation) la faculté (et non l'obligation) d'adresser à la Cour européenne des droits de l'homme (CEDH) des

107. CJCE, 22 oct. 1987, *Foto-Frost*, aff. 283/81, R. 314.

108. V. notamment, BVerfG, Urteil des Zweiten Senats vom, 5. mai 2020, 2 BvR 859/15.

109. CE, ass., 21 avr. 2021, *French Data network et autres*, n° 393099, *AJDA* 2021. 828, *D.* 2021. 797, *Dr. adm.* 2021, n° 6, alerte 88, obs. A. Courrèges, *AJDA* 2021. 1194, chron. C. Malverti et C. Beaufils, *D.* 2021. 1247, note J. Roux, 1268, note Th. Douville, 1274, note N. Droin, *Gaz. Pal.*, 29 juin 2021, n° 423y2, p. 20, note A. Bensamoun, *JCP* G 2021, n° 24, comm. 659, note A. Iliopolou-Penot, *RFDA* 2021. 421, concl. A. Lallet.

110. V. CE, ass., 11 déc. 2006, *Société De Groot En Sloot Allium BV et autre*, R. 512, concl. F. Séners, *AJDA* 2007.136, chr. C. Landais et F. Lénica, *RFDA* 2007.372, concl., *D.* 2007.994, note O. Steck, *Europe*, mars 2007, comm. D. Simon, *RTD civ.*, 2007.299, comm. Rémy-Corlay.

demandes d'avis sur des questions de principe relatives à l'interprétation ou à l'application des droits et libertés définis par la Convention ou ses protocoles, qui se posent dans le cadre d'affaires pendantes devant elles. Après acceptation de la demande, prononcée par un collège de cinq juges de Grande Chambre (la plus haute formation de jugement de la CEDH), celle-ci rend un avis purement consultatif, qui, publié, ne lie pas, du moins en droit, la juridiction qui a présenté la demande.

Le Conseil d'État a fait une première application de ce texte dans un arrêt du 15 avril 2021, *Forestiers privés de France*[111]. Pour justifier la demande d'avis adressée à la cour de Strasbourg, le juge administratif suprême relève notamment que la question en cause, qui touche au régime juridique de la chasse, peut concerner d'autres États parties à la Convention, plusieurs de ceux-ci ayant, en matière de chasse, une législation comparable à celle de la France. Ainsi, comme il est logique, une procédure qui tend vers une forme de centralisation de l'interprétation est conçue comme un instrument d'unification de celle-ci, destiné à prévenir des divergences d'interprétation d'un État à l'autre.

§ 2. LES NORMES INTERNATIONALES ET L'EXERCICE DES COMPÉTENCES ADMINISTRATIVES

88 **Incidences du droit international. –** Les conséquences du droit international sur l'action des autorités administratives et son rôle comme source du droit administratif sont considérables. Les innombrables conventions bilatérales ou multilatérales, les deux blocs constitués par les traités relatifs à l'Union européenne[112] d'une part, et par la Convention européenne de sauvegarde des droits de l'homme et des libertés fondamentales adoptée dans le cadre du Conseil de l'Europe à Rome en novembre 1950 d'autre part, renforcés par l'existence de mécanismes de sanctions juridictionnelles (Cour de justice de l'Union européenne à Luxembourg, Cour européenne des droits de l'homme à Strasbourg), les milliers d'actes du droit dérivé, notamment, constituent un maillage d'une densité exceptionnelle. Aucun des secteurs de l'action administrative n'y échappe.

Ainsi, toute l'intervention économique et financière de la puissance publique, la réglementation des activités professionnelles, le rôle et le régime des services publics, les modalités de passation des contrats publics, etc., sont largement régis par le droit de l'Union européenne, en particulier, dans lequel les grandes libertés (libre circulation des marchandises, des travailleurs, des services et des capitaux) destinées à assurer une réelle concurrence au sein de l'Union jouent un rôle essentiel.

En matière de droits fondamentaux, outre les règles qui découlent des traités bilatéraux, les implications sur l'action administrative de la Convention

111. N° 439036, *AJDA* 2021. 831, *Dr. adm.* 2021, n° 6, alerte 87, obs. A. Courrèges, *Gaz. Pal.*, 11 mai 2021, n° 421o5, p. 26, chron. G. Odinet.

112. À savoir, depuis l'entrée en vigueur, le 1er déc. 2009, du Traité de Lisbonne : Traité sur l'Union européenne et Traité sur le fonctionnement de l'Union européenne (ce dernier remplaçant le traité instituant la Communauté européenne).

européenne des droits de l'homme ou des pactes de l'ONU (pacte sur les droits civils et politiques, pacte sur les droits sociaux et économiques, New York 1966) qui garantissent, selon des formulations assez proches de celles des textes constitutionnels français (Déclaration de 1789, Préambule de 1946), les principaux droits et libertés, sont importantes. Toute l'activité de police est, évidemment au premier chef, concernée : ainsi le statut des étrangers est régi par ces textes ou de multiples conventions bilatérales ou multilatérales, en matière de résidence, d'extradition, d'asile, etc. (Convention de Genève de 1950 relatives aux réfugiés et exilés politiques, textes de droit de l'Union européenne et notamment accords de Schengen, Convention européenne des droits de l'homme et son article 8 en particulier – droit de mener une vie familiale normale, etc.). C'est aussi l'action en matière d'environnement, d'urbanisme, voire d'habitat qui se trouve, sans doute de façon moins immédiate, soumise aux dispositions soit du droit dérivé de l'Union européenne, soit de la convention européenne (règles sur les études d'impact, directives relatives à la protection de la nature, statut international du droit de propriété fixé par le protocole additionnel n° 1 à la Convention des droits de l'homme, etc.).

Il convient également de souligner que les principes généraux du droit de l'Union européenne, qui intéressent notamment les droits fondamentaux (v. *supra*, n° 78), s'imposent à l'administration (comme d'ailleurs au législateur) dès lors que celle-ci intervient, selon les formules de la jurisprudence du Conseil d'État, à l'égard d'une situation régie par le droit de l'Union[113] ou en vue de la mise en œuvre de ce dernier[114].

C'est, enfin – et il ne s'agit bien entendu que de quelques cas parmi d'autres – la procédure contentieuse ou non contentieuse qui est régie par des normes internationales. Les articles 6 (droit au procès équitable) et 13 (droit au recours effectif) de la Convention européenne des droits de l'homme, voire les obligations issues du droit de l'Union européenne, ont ainsi eu des conséquences importantes sur le contentieux administratif (v. *infra*, n° 965 et s.) et, de façon générale, le moyen de la violation d'articles de la Convention de 1950 tend à être systématiquement invoqué par les avocats devant le juge administratif.

§ 3. LA SANCTION DE LA VIOLATION DES NORMES INTERNATIONALES PAR LES ACTES ADMINISTRATIFS

89 **Plan. –** Indépendamment de l'éventuel engagement de la responsabilité de l'État en ces hypothèses (v. *infra*, n° 1095 et 1132), la violation du droit international par les actes administratifs est sanctionnée (A).

Toutefois, la question de l'écran législatif s'est posée (B), comme pour la Constitution (v. *supra*, n° 66). La suprématie de cette dernière dans l'ordre juridique interne (v. *supra*, n° 74) n'est d'ailleurs pas ici sans incidence (C).

113. V. par ex. CE, 3 déc. 2001, *Synd. nat. industrie pharmaceutique*, préc.
114. V. par ex. CE, 16 mars 1998, *Assoc. des élèves... et Mlle Pujol*, R. 84.

A. LES ACTES ADMINISTRATIFS CONTRAIRES AUX NORMES INTERNATIONALES

90 Pendant longtemps, bien que les traités, auxquels la France était partie, aient eu force obligatoire du point de vue du droit international, ils ne produisaient pas d'effets en droit interne. Les liens ainsi établis entre les États étaient censés ne pas créer de droits invocables par les particuliers. S'y ajoutait l'idée que la conduite des relations internationales, prérogative de l'exécutif, et domaine de prédilection des actes de gouvernement, ne pouvait entraîner d'obligations pour l'administration que si elle l'acceptait. L'annulation d'un acte administratif contraire au droit international ne pouvait donc être obtenue[115]. L'entrée en vigueur de la Constitution de 1946 qui reconnaissait aux traités « force de loi » et de son Préambule rendit obsolète une telle conception. Aussi la légalité d'un décret d'extradition au regard d'une convention d'extradition franco-américaine fut-elle en conséquence vérifiée[116]. Le droit international s'impose donc à l'administration, dès lors que ses conditions d'applicabilité sont remplies.

1. La violation des conventions internationales elles-mêmes

91 Le juge administratif sanctionne très logiquement toute contrariété entre l'acte administratif, qu'il soit réglementaire ou individuel, et les normes internationales. Sont ainsi annulés les actes contraires à un traité[117] et notamment à la Convention européenne des droits de l'homme[118] ou aux traités relatifs à l'Union européenne, lorsque les dispositions en cause ont un effet direct.

Une complication peut d'ailleurs se présenter quand une décision administrative n'est incompatible avec un engagement international que parce qu'elle a fait application d'un autre engagement contraire au premier. En bref, il appartient alors au juge administratif d'essayer de concilier les normes internationales à première vue opposées et à défaut de déterminer celle qui doit prévaloir[119]. Ces règles ne concernent pas le cas d'un conflit entre un accord international conclu par la France et le droit de l'Union européenne (primaire et dérivé). Le principe est alors la primauté de ce dernier, que le juge administratif est compétent pour faire respecter[120] (v. aussi, pour le cas de la contrariété entre une directive de l'Union européenne et un engagement international auquel l'Union est partie, *infra*, n° 110).

115. CE, ass., 28 mai 1937, *Decerf*, R. 354 (impossibilité de contrôler un décret d'extradition au regard d'une convention internationale).

116. CE, ass., 30 mai 1952, *Dame Kirkwood*, R. 291, *RDP* 1952.781, concl. M. Letourneur.

117. V. par ex. CE, ass., 24 juin 1977, *Astidullo-Caleja*, R. 290, *D.* 1977.695, concl. B. Genevois (annulation d'un décret d'extradition demandée dans un but politique, alors qu'un tel but est interdit par la convention franco-espagnole d'extradition) ; CE, sect., 31 oct. 2008, *Section française de l'Observatoire international des prisons*, *AJDA* 2009. 2092 (annulation de dispositions d'un décret instaurant un régime de mise à l'isolement pour les mineurs détenus dès lors qu'elles n'offrent pas de garanties suffisantes au regard de la convention relative aux droits de l'enfant).

118. Par ex. CE, ass., 19 avr. 1991, *Belgacem*, R. 152, concl. R. Abraham (annulation de l'expulsion d'un étranger pour violation de l'article 8 de la convention).

119. CE, ass., 23 déc. 2011, *M. Eduardo José Kandyrine de Brito Paiva*, préc. *supra*, n° 81.

120. CE, 27 juil. 2012, *Min. du Budget, des Comptes publics, de la Fonction publique et de la Réforme de l'État c/ Regazacci*, R. 293 ; CE, ass., 19 juil. 2019, *Association des Américains accidentels*, *AJDA* 2019. 1986, chron. C. Maleverti et C. Beaufils, *RFDA* 2020. 891, concl. A. Lallet.

2. La violation du droit dérivé de l'Union européenne

a) Règlements et décisions

92 De la même façon, le droit dérivé s'impose à l'administration. Est illégal l'acte qui viole un règlement de l'Union européenne[121] qui s'inscrit immédiatement dans l'ordre juridique français dès sa publication. La solution est identique pour les décisions[122] lorsqu'elles produisent des effets directs.

b) Directives

93 La question du respect des directives est plus complexe. Devant être transposées, elles n'ont pas, selon le traité, d'effets directs et ne créent aucun droit au profit des particuliers. Cependant, dans la pratique, les directives tendent, par leur précision sans cesse accrue, à se rapprocher des règlements. La Cour de justice de l'Union européenne, pour éviter tout risque de vide juridique qui résulterait d'une absence de transposition de la directive a, dès lors, considéré que les dispositions précises et inconditionnelles des directives non transposées dans le délai imparti produisent des effets directs dans les relations entre les États membres et les particuliers, en ce sens que ceux-ci peuvent en invoquer la méconnaissance à l'occasion d'un recours contre une mesure étatique[123].

Le Conseil d'État dans l'arrêt *Cohn-Bendit*[124], s'était séparé de cette position en refusant de reconnaître le moindre effet direct aux directives. Il avait néanmoins développé une jurisprudence assurant un respect quasi absolu de la directive par l'administration française. Par son arrêt *Madame Perreux*[125], il a parachevé cette œuvre en rejoignant finalement les conceptions de la Cour de justice.

94 **Actes réglementaires. –** Les actes réglementaires, tout d'abord, sont tenus de respecter les objectifs et les mesures fixés par la directive. La jurisprudence est très claire : *« les autorités (administratives) ne peuvent légalement, après l'expiration des délais impartis (pour la transposition), ni laisser subsister des dispositions réglementaires qui ne seraient plus compatibles avec les objectifs définis par la directive »*[126], ni, dans le délai de transposition de la directive, *« prendre des mesures de nature à compromettre sérieusement la réalisation du résultat prescrit par »* celle-ci[127]. Si le recours contre l'acte réglementaire français est possible, le juge l'annule pour

121. Par ex. CE, 8 déc. 1999, *Renucci*, R. 420 (refus illégal de verser une prime prévue par un règlement).

122. CE, 10 janv. 2001, *Région Guadeloupe*, R. 7 (décret non incompatible avec une décision).

123. V. not. CJCE, 4 déc. 1974, *Van Duyn*, R. 1337, concl. H. Mayras et 5 avr. 1979, *Ministère public c/Ratti* (aff. 148/78).

124. CE, ass., 22 déc. 1978, *Cohn-Bendit*, R. 524, D. 1979.155, concl. B. Genevois.

125. CE, ass., 30 oct. 2009, *Mme Perreux*, *AJDA* 2009.2028 et 2384, chron. S.-J. Liéber et D. Botteghi, *RFDA* 2009.1125, concl. M. Guyomar et 1176, note A. Roblot-Troizier, *RFDA* 2010.126, note M. Canedo-Paris.

126. CE, ass., 3 févr. 1989, *Cie Alitalia*, R. 44, *RFDA* 1989.391, concl. N. Chahid-Nouraï.

127. CE, 10 janv. 2001, *France Nature Environnement*, *CJEG* 2001.210, concl. C. Maugüe.

violation de la directive, soit qu'il en ait réalisé une transposition incorrecte[128], soit qu'il entre en contradiction avec les mesures prévues par celle-ci, alors même qu'elle n'aurait pas été transposée[129].

Si, au contraire, les délais du recours pour excès de pouvoir contre l'acte réglementaire sont expirés, seule peut être exigée de l'administration l'abrogation pour l'avenir de cet acte[130], ou invoquée l'exception d'illégalité.

95 **Actes individuels.** – La directive n'ayant en principe aucun effet direct, elle n'est invocable ni par l'État pour l'appliquer directement aux administrés, faute de transposition[131], ni par un requérant pour obtenir l'annulation de la décision prise à son encontre.

Ainsi D. Cohn-Bendit, lorsqu'il contesta la décision l'expulsant du territoire français qui violait, selon lui, une directive relative aux mesures de police applicables aux ressortissants communautaires, ne put se fonder sur ce moyen. Il eût fallu contester la légalité du décret français régissant la procédure d'expulsion et soulever l'exception d'illégalité de ce décret au regard de la directive. S'il avait eu gain de cause, le décret écarté, la décision individuelle eût été annulée pour défaut de base juridique[132]. Solution qui est moins simple que celle se fondant sur la violation immédiate de la directive, mais dont le résultat est identique.

Restait l'hypothèse de *non-transposition de la directive*. En ce cas, soulever l'exception d'illégalité semble impossible puisqu'il n'existe *a priori* aucun acte intermédiaire entre la directive et l'acte individuel. L'État courrait donc moins de « risques » en ne faisant rien qu'en transposant ! C'est d'ailleurs essentiellement pour éviter ce genre de situation, que la Cour de justice avait reconnu l'effet direct de certaines dispositions des directives[133]. Le Conseil d'État a initialement préféré s'engager dans une autre voie. Si, à l'expiration du délai de transposition, aucune mesure nationale n'a été prise, la décision individuelle n'en est pas moins illégale : il suffit, en ce cas, de soulever l'exception d'illégalité contre la réglementation en vigueur, base de l'acte, pour la faire écarter, en raison de son incompatibilité avec les dispositions de la directive[134].

128. CE, 28 sept. 1984, *Conf. nat. des sociétés de protection des animaux de France*, R. 512, *AJDA* 1984.695, concl. P.-A. Jeanneney (illégalité du décret de transposition d'une directive qui impose une condition non prévue par celle-ci).

129. CE, 7 déc. 1984, *Féd. fr. des soc. de protection de la nature*, R. 410, *RFDA* 1985.303, concl. O. Dutheillet de la Mothe (illégalité d'un arrêté qui fixe les périodes d'ouverture de la chasse en contradiction avec les objectifs contenus dans la directive relative à la conservation des oiseaux sauvages).

130. CE, 3 févr. 1989, préc. et *infra*, n° 687.

131. CE, sect., 25 juin 1995, *SA Lilly France*, R. 257, concl. C. Maugüe.

132. CE, 22 déc. 1978, préc. ; CE, 8 juill. 1991, *Palazzi*, R. 276 (pour un exemple d'annulation selon ce mécanisme).

133. Par la suite, la cour, prenant en compte l'arrêt *Cohn-Bendit* a infléchi sa jurisprudence. (V. CJCE, 5 avr. 1979, *Ratti*, R. 1629, concl. Reischl : plutôt que d'invoquer l'effet direct, la cour interdit seulement « à un État membre qui n'a pas pris dans les délais les mesures d'exécution de la directive (...) d'opposer aux particuliers le non-accomplissement par lui-même des obligations qu'elle comporte »). La directive bénéficie ainsi d'une *invocabilité de substitution.*

134. CE, ass., 6 févr. 1998, *Tête*, R. 30 concl. H. Savoie (annulation de l'attribution en 1991 d'une concession fondée sur les procédures prévues par les règles nationales en vigueur à cette date alors que n'avaient pas été respectées les nouvelles exigences procédurales imposées par une directive du 18 juill. 1989, qui devait être transposée au plus tard le 20 juill. 1990).

Mais, conformément aux vues de la CJUE (v. *supra*, n° 93), l'arrêt *Perreux*[135], admet que tout justiciable peut se prévaloir, à l'appui d'un recours dirigé contre un acte administratif non réglementaire, des dispositions précises et inconditionnelles d'une directive, lorsque l'État n'a pas pris, dans les délais impartis par celle-ci, les mesures de transposition nécessaires.

Mme Perreux, magistrate, s'était portée candidate à un poste de chargée de formation à l'École nationale de la magistrature, nomination qui lui avait été refusée. Considérant que ce refus était dû à son engagement syndical et constituait une discrimination illégale, elle a demandé au Conseil d'État l'annulation de la nomination de la candidate concurrente en invoquant le bénéfice de la directive n° 2000/78/CE du Conseil de l'Union européenne du 27 novembre 2000, dont l'article 10 requiert des États membres de l'Union qu'ils prévoient un dispositif adapté de charge de la preuve devant le juge dans les cas où est invoquée une discrimination. À l'époque de la nomination contestée, la directive, dont le délai de transposition avait expiré le 2 décembre 2003, n'avait pas encore été transposée par la France (cette transposition n'a été effectuée que par l'article 4 de la loi n° 2008-496 du 27 mai 2008). Selon la jurisprudence *Cohn-Bendit*, le moyen ainsi développé eût été irrecevable. L'arrêt *Perreux* le juge au contraire recevable avant de le rejeter au fond.

Ainsi, la directive doit toujours être respectée :

— que l'administration française l'ait transposée et, soit par voie d'action (arrêt *Protection des animaux*), soit par voie d'exception (arrêt *Cohn-Bendit*), la régularité de ses actes au regard de la directive est vérifiée ;

— ou qu'elle n'ait pas agi, et là encore, elle ne peut échapper à ses obligations internationales qu'il s'agisse des actes réglementaires (arrêt *Féd. des soc. protect. de la nature et Cie Alitalia*) ou individuels (arrêts *Tête* et *Perreux*). Ces mécanismes jouent même en cas de loi contraire aux directives (v. *infra*, n° 101 et 1132).

B. L'ACTE ADMINISTRATIF FACE À L'« ÉCRAN LÉGISLATIF »

96 Dans une telle hypothèse, un acte administratif, fondé sur une loi dont il constitue une mesure d'application, se trouve être en contrariété avec un traité. Pour assurer la supériorité du droit international sur les normes administratives, il faut écarter la loi qui fait écran, ce que le juge « ordinaire » ne se reconnaît en principe pas le droit de faire.

1. Solutions initiales

97 Dans un premier temps, le Conseil d'État s'est refusé à mettre en cause la loi, éventuellement incompatible avec le traité, pour annuler l'acte administratif contraire au texte international[136]. Le juge assimilait, en effet, implicitement ce type de contrôle

135. CE, ass., 30 oct. 2009, préc.

136. CE, sect., 1er mars 1968, *Synd. général des fabricants de semoules de France* R. 149, *AJDA* 1968.235, concl. N. Questiaux (refus d'annuler une décision du ministre des Finances, pris sur le

à un contrôle de constitutionnalité – qu'il s'interdit de faire – car la loi, violant le traité serait, de ce fait, contraire à l'article 55 de la Constitution.

L'écran législatif jouait donc pleinement[137], sauf dans la seule hypothèse où la loi était antérieure au traité. Comme en matière constitutionnelle (v. *supra*, n° 73) mais avec beaucoup plus de fréquence, le juge estimait que la convention ou la norme de droit dérivé postérieure avait pu implicitement abroger la loi antérieure ; en ce cas, la base juridique ayant disparu, il pouvait annuler l'acte administratif contraire au droit international[138].

Il ne s'agissait donc pas d'un rapport hiérarchique, de supériorité du traité sur la loi mais d'une relation chronologique, de postériorité du traité.

2. Évolutions postérieures

a) L'impossible contrôle des lois par voie d'action

98 L'argument implicite du Conseil d'État selon lequel vérifier le rapport de compatibilité de la loi au regard du droit international consistait à exercer un contrôle de constitutionnalité des lois perdit beaucoup de sa force en 1975.

Le *Conseil constitutionnel*, saisi de la loi Veil autorisant l'avortement, dans sa décision du 15 janvier 1975[139], refusa en effet d'examiner la compatibilité de la loi avec la Convention européenne des droits de l'homme qui protège le « droit de toute personne à la vie » (art. 2), alors même qu'il contrôlait la loi au regard du 11e alinéa du Préambule qui garantit à l'enfant la protection de la santé. Sans remettre en cause la supériorité des traités sur les lois, le juge ne se reconnaît pas compétent pour contrôler, par voie d'action, la compatibilité d'une loi avec le droit international pour deux raisons :

— En premier lieu, un tel contrôle n'est *pas expressément prévu* par l'article 61 de la Constitution qui doit être interprété strictement.

Cependant, si la Constitution elle-même fait du traité une norme de référence du contrôle de constitutionnalité, le juge peut, au titre de l'article 61, vérifier que la loi respecte la norme internationale. C'est le cas, selon l'article 88-3 de la Constitution, pour le droit de l'Union européenne en matière de droit de vote et d'éligibilité des citoyens de l'Union européenne aux élections municipales[140]. Cela l'est également pour les lois de transposition des directives de l'Union européenne. Cette transposition est, en effet, une obligation constitutionnelle[141]. Pour s'assurer du respect de cette obligation, le Conseil constitutionnel est amené à vérifier la compatibilité des lois avec les objectifs des directives qu'elles transposent ; toutefois, son contrôle, qui ne vise que les

fondement d'ordonnances législatives datant de 1962, alors même qu'elles eussent été incompatibles avec le traité de Rome).

137. V. par. ex. CE, ass., 22 oct. 1979, *UDT*, R. 384, *RDP* 1980.531, concl. M.-D. Hagelsteen (refus de vérifier si un décret d'organisation des élections européennes est contraire au traité de Rome dès lors qu'il se borne à appliquer la loi qui a mis en œuvre les dispositions communautaires).

138. V. Par ex. CE, 11 déc. 1987, *Daniélou*, R. 409 (très clair sur l'enchaînement des textes).

139. **Cons. const., n° 74-54 DC du 15 janv. 1975, R. 19.**

140. V. not. Cons. const., n° 98-400 DC du 20 mai 1998, R. 251.

141. Cons. const., 2004.496 DC du 10 juin 2004, R. 101, *AJDA* 2004.1385, obs. P. Cassia, 1497, obs. M. Verpeaux, 1535, obs. J. Arrighi de Casanova, 1537, note M. Gautier et F. Melleray, *RFDA* 2004.651, note B. Genevois.

lois de transposition[142], est limité aux incompatibilités manifestes, la brièveté du délai qui lui est imparti pour statuer l'empêchant, sauf cas exceptionnel[143], de saisir la Cour de justice de l'Union européenne d'une question préjudicielle relative au sens de la directive (v. *supra*, n° 85)[144] (sur le contrôle de la constitutionnalité des lois de transposition, v. aussi *infra*, n° 108). Cette jurisprudence a été étendue aux lois qui ont pour objet d'adapter le droit interne à un règlement de l'Union européenne[145].

— Surtout, les décisions d'annulation prises dans le cadre de l'article 61 « revêtent un caractère absolu et définitif [alors que] la supériorité des traités sur les lois [...] présente un caractère à la fois relatif et contingent tenant d'une part à ce qu'elle est limitée au champ d'application du traité et, d'autre part, à ce qu'elle est subordonnée à une condition de réciprocité dont la réalisation peut varier selon le comportement du ou des États signataires du traité et du moment où doit s'apprécier le respect de cette condition ». La supériorité d'un traité sur la loi peut donc *varier dans l'espace comme dans le temps*. Variation dans l'espace car un traité peut s'imposer à une loi pour les situations visées par lui et n'avoir aucune incidence pour les autres : un traité qui réglemente l'extradition entre la France et l'État X doit être respecté par le législateur français pour l'extradition des ressortissants de cet État, mais ne concerne pas les ressortissants des autres pays. Variation dans le temps car la convention peut s'imposer à une loi à une époque donnée si la condition de réciprocité est respectée et ne plus l'être quelque temps plus tard.

Cette solution, logique pour les traités traditionnels, semblables à des contrats, est critiquable lorsque, comme en l'espèce, on est en présence d'un « traité-loi », c'est-à-dire d'un traité qui s'impose en toute hypothèse, quel que soit son champ d'application et hors toute clause de réciprocité (v. *supra*, n° 84). Le rapport entre la loi et le traité est, ici, proche de celui qui existe entre loi et Constitution, ce qui ne signifie pas pour autant qu'un contrôle soit réalisable, en pratique à ce stade, vu les difficultés d'interprétation que peut soulever notamment la mise en œuvre du droit de l'Union européenne.

En tout état de cause, en refusant d'y voir un contrôle de constitutionnalité et en adressant une invitation claire aux juges ordinaires pour qu'ils vérifient, eux, de façon contingente et relative, si dans chaque procès la loi appliquée en l'espèce était compatible avec les normes internationales en vigueur[146], le Conseil constitutionnel fragilisait la position du Conseil d'État.

142. Cons. const., n° 2006-535 DC, 30 mars 2006, R. 50 (pas d'examen de la « compatibilité d'une loi aux dispositions d'une directive qu'elle n'a pas pour objet de transposer »).

143. V. Cons. const., n° 2013-314 QPC, 4 avr. 2013, *AJDA* 2013.1086, étude M. Gautier, *RFDA* 2013.461, étude H. Labayle et R. Mehdi, *RDP* 2013.1267, note L. Coutron et P.-Y. Ghadoun (renvoi à la CJUE d'une question préjudicielle portant sur l'interprétation de la décision-cadre relative au mandat d'arrêt européen auquel se réfère l'article 88-2 de la Constitution) et la réponse de la CJUE statuant selon la procédure d'urgence (30 mai 2013, aff. C-168/13, *JCP* A 2013, n° 24, act. 500, *RFDA* 2013. 691, note H. Labayle et R. Mehdi).

144. Cons. const., n° 2006-540 DC, 27 juill. 2006, R. 88, *Dr. adm.* 2006, n° 155, note P. Cassia et E. Saulnier-Cassia ; Cons. const., déc. n° 2006-543 du 30 nov. 2006, R. 120.

145. Cons. const., n° 2018-765 DC, 12 juin 2018, *AJDA* 2018.1191, *Procédures* 2010, n° 8-9, 34, note N. Chifflot, *LPA* 2018, n° 153, 7, note F. Chaltiel.

146. V. par ex. Cons. const., n° 86-216 DC du 3 sept. 1986, R. 135 : « Il appartient aux divers organes de l'État de veiller à l'application de ces conventions internationales dans le cadre de leurs compétences respectives ».

b) Le possible contrôle des lois par voie d'exception

99 **Jurisprudence judiciaire. –** La Cour de cassation se reconnut dès lors le droit de vérifier si la loi était compatible avec le droit international. Ainsi, dans l'arrêt *Soc. Des cafés J. Vabre*, se fondant à la fois sur l'article 55 et sur la spécificité du droit de l'Union européenne, où la réciprocité ne joue pas, elle donnait le droit au juge judiciaire de faire prévaloir le traité de Rome sur des articles législatifs du Code des douanes pourtant postérieurs[147]. Appliquée dans un premier temps au droit de l'Union européenne, cette solution s'étend à l'ensemble des normes internationales[148].

100 **Jurisprudence constitutionnelle. –** Le Conseil constitutionnel, à son tour, dans l'hypothèse où il intervient non comme juge de la constitutionnalité par voie d'action de la loi, mais comme juge électoral, juge du fond se reconnut un tel pouvoir. Saisi par voie d'exception, il vérifia si des dispositions législatives du Code électoral étaient compatibles avec la Convention européenne des droits de l'homme, alors que la loi, en cause, du 11 juillet 1986, était postérieure au traité[149].

101 **Jurisprudence administrative. –** Face à cette évolution générale, et pour ne pas être le seul à refuser ce pouvoir extraordinaire que confère le droit d'examiner la loi, le juge administratif, à son tour, se reconnut cette compétence, abandonnant la jurisprudence *Semoules de France*. Depuis l'arrêt *Nicolo*, il s'interroge désormais sur cette compatibilité, en se fondant sur l'article 55 de la Constitution – et lui seul – qui, selon cette interprétation, l'habilite expressément à faire prévaloir le traité sur la loi[150]. L'administration ne peut plus s'abriter derrière une loi postérieure au traité pour échapper à ses obligations internationales. Le rapport entre le traité et la loi devient d'ordre hiérarchique. La loi cesse d'être incontestable si, à la date où le juge statue, il y a incompatibilité avec le traité, que celle-ci existe depuis l'origine ou soit apparue par la suite. Dès lors, la compatibilité de la loi avec l'ensemble des normes du droit de l'Union européenne est aussi vérifiée, qu'il s'agisse, notamment, d'un règlement communautaire[151], d'une directive[152], ou même des principes généraux de ce droit[153].

Le champ d'application de la jurisprudence *Nicolo* appelle diverses précisions.

Elle concerne, non seulement le droit de l'Union européenne, mais aussi le droit international conventionnel dans son ensemble, en particulier la Convention européenne des droits de l'homme[154]. Elle ne vaut pas, en revanche, pour les normes

147. Cass. ch. mixtes 24 mai 1975, *Bull.* I, n° 4, p. 6, *GP* 1975.2.470, concl. A. Touffait.

148. Par ex. Cass. crim. 4 sept. 2001 (incompatibilité de la loi interdisant la publication des sondages avant une élection avec l'article 10 de la CEDH).

149. Cons. const., 21 oct. 1988, R. 183.

150. CE, ass., 20 oct. 1989, *Nicolo*, R. 190, concl. P. Frydman (vérification de la compatibilité de la loi électorale du 7 juill. 1977 avec l'article 227.1 du traité de Rome).

151. CE, 24 sept. 1990, *Boisdet*, R. 251, *LPA* 12 oct. 1990, concl. M. Laroque.

152. CE, ass., 28 févr. 1992, *SA Rothmans international France*, R. 80, concl. M. Laroque (incompatibilité de la législation française relative au prix de vente des tabacs, la loi écartée, l'acte administratif qui l'applique encourt l'annulation). V. aussi CE, sect., 3 déc. 1999, *Ass. ornithologique et mammologique de Saône-et-Loire* (2 arrêts), R. 379, concl. F. Lamy.

153. CE, 3 déc. 2001 *Synd. nat. Industrie...*, préc.

154. V. CE, sect., 2 juin 1999, *Meyet*, R. 160, *LPA* 1999, n° 113.11 concl. J.-C. Bonichot (loi interdisant la diffusion des sondages dans la semaine qui précède le scrutin, compatible avec la *CEDH*, malgré

non écrites, telles que la coutume ou les principes généraux du droit international, qui ne prévalent pas sur les lois en cas de contrariété. Le fondement de cette solution a d'ailleurs connu une évolution. Sans prendre parti sur le rang de ces normes dans la hiérarchie de l'ordre juridique interne, le Conseil d'État s'est d'abord borné à juger que ni l'alinéa 14 du Préambule de 1946, ni l'article 55 n'habilitent le juge à les faire prévaloir sur la loi[155]. L'arrêt *Saleh*[156] estime, plus radicalement, que les règles coutumières peuvent être écartées par une loi et ne s'appliquent donc en droit interne que sous réserve de disposition législative contraire. La coutume internationale a donc, au plus, valeur législative.

Si le juge admet bien de contrôler que le contenu de la loi est compatible avec les normes de fond posées par les conventions internationales, il se refuse à vérifier si la loi a été adoptée dans le respect de règles procédurales posées par un traité international[157]. C'est ainsi qu'il n'a pas accepté d'examiner si la loi du 16 janvier 2015 modifiant la carte des régions n'avait pas méconnu les stipulations de l'article 5 de la Charte européenne de l'autonomie locale qui impose une consultation des collectivités locales avant toute modification de leurs limites territoriales[158].

Les lois organiques étant au nombre des lois qui, en vertu de l'article 55 de la Constitution, ont une valeur juridique inférieure à celle des traités internationaux, le juge administratif, comme d'ailleurs le juge judiciaire[159] ou le Conseil constitutionnel, dans son office de juge électoral[160], est compétent pour contrôler la conventionnalité de ces lois[161]. Il faut toutefois réserver le cas où les lois organiques, qui ont pour objet de préciser les modalités d'application de certaines dispositions constitutionnelles, se borneraient à tirer les conséquences nécessaires de celles-ci. À travers la loi organique, c'est alors la conventionnalité de la Constitution elle-même qu'il s'agirait de faire vérifier et, le cas échéant, censurer. La suprématie reconnue aux normes constitutionnelles dans l'ordre juridique interne s'y oppose. La solution est analogue à celle qui est adoptée quand il est soutenu qu'une décision administrative, qui se borne à mettre en œuvre ce qu'une norme constitutionnelle a prescrit, est contraire à une convention internationale (v. *infra*, n° 106). Il en irait

l'existence de nouveaux modes de diffusion de l'information, tel *Internet*). Comp. Cass. crim. 4 sept. 2001, préc. V. aussi CE, ass., 30 nov. 2001, *Min. Défense c/Diop*. R. 605, concl. Courtial (incompatibilité de la loi « cristallisant » les pensions des agents publics des anciennes colonies avec la CEDH) ; CE, sect., 6 nov. 2009, *SARL Inter-Confort et Soc. Pro-Décor* (2 esp.), *AJDA* 2009.2093, *RJEP* 2010.18, concl. J. Burgburu, *JCP* 2010, n° 4.172 et *JCP* A 2010, n° 9.31, note Sorbara ; (incompatibilité de l'art. 44 de la loi du 6 janv. 1978 relatif au pouvoir de visite et d'accès de la CNIL aux locaux professionnels avec l'art. 8 de la CEDH relatif à la protection du domicile privé).

155. CE, 6 juin 1997, *Aquarone*, préc. *supra*, n° 78 (pour la coutume) ; CE, 28 juill. 2000, *M. Paulin*, R. 317, *Dr. Fisc.* 2001, comm. n° 161, concl. J. Arrighi de Casanova (pour la coutume et les principes généraux).

156. CE, sect., 14 oct. 2011, n° 329788, *AJDA* 2011.2482, note C. Broyelle, *Dr. adm.* 2011, n° 101, note F. Melleray, *JCP* A 2012.2097, note B. Pacteau, *RFDA* 2012. 46, concl. C. Roger-Lacan.

157. CE, 27 oct. 1995, *M. Allenbach et autres*, n° 393026, *AJDA* 2015.2374, chron. O. Dutheillet de Lamothe et G. Odinet, *BJCL* 2016, n° 1, p. 9, note M. Degoffe.

158. Même décision.

159. V. not. Cass. ass. plén. 6 juin 2003, n° 01-87092, 03-80734, *Bull. crim.* n° 2.

160. Cons. const., 12 juill. 2007, n° 2007-3451/3452/3535.3536, *AN Bouches-du-Rhône et autres*.

161. CE, 6 avr. 2016, *M. Blanc et autres*, n° 380570, *AJDA* 2016.948, chron. O. Dutheillet de Lamothe et G. Odinet.

évidemment de même dans l'hypothèse où une loi ordinaire se limiterait à tirer les conséquences d'une disposition constitutionnelle ; cette hypothèse est seulement moins susceptible de se réaliser qu'en matière de lois organiques.

Enfin, compte tenu de l'importance que les procédures de référé ont aujourd'hui acquise devant le juge administratif (v. *infra*, nº 1022 et s.), il est utile de préciser qu'en principe, le juge du référé ne peut contrôler la conventionnalité de la loi, ce pouvoir étant réservé au juge du fond[162]. Ce principe, discutable et discuté, connaît, toutefois, des exceptions qui vont se multipliant : il a été écarté à l'égard du droit de l'Union européenne[163] et le juge du référé-liberté en a été affranchi (v. *infra*, nº 1024).

102 **Mécanisme de l'exception d'inconventionnalité**. Ce mécanisme, qui prête à confusion, mérite d'être précisé à deux égards.

La sanction de l'inconventionnalité de la loi est toujours, en droit, la même, parce qu'elle est inhérente à la technique de l'exception : comme le règlement reconnu illégal selon la même voie (v. *infra*, nº 1010), la loi reconnue inconventionnelle n'est pas invalidée *erga omnes* et ne disparaît pas de l'ordre juridique. Elle n'est pas abrogée, comme l'est la loi déclarée inconstitutionnelle, dans le cadre de la question prioritaire de constitutionnalité (v. *supra*, nº 72). *A fortiori*, la décision juridictionnelle qui déclare une disposition législative incompatible avec une norme internationale « n'a pas pour effet par elle-même de faire disparaître rétroactivement [cette disposition] de l'ordonnancement juridique ni, par suite, de rétablir dans cet ordonnancement les dispositions antérieures abrogées et remplacées par cette loi »[164]. Positivement, le juge se borne à ne pas appliquer le texte inconventionnel au cas d'espèce et, pour le reste, ce texte demeure théoriquement applicable.

Cela n'empêche que, comme l'a bien mis en lumière un arrêt récent et, plus encore, les conclusions prononcées à son propos par M. Boulouis[165], l'inconventionnalité qui fonde cette sanction invariable, n'est pas, quant à elle, toujours de même nature. Elle peut d'abord tenir au contenu même de la loi, considéré abstraitement, indépendamment des données de l'espèce ; dans cette hypothèse, si la loi, en droit strict, reste applicable dans d'autres cas, elle ne pourra guère être appliquée en fait, dès lors que, par hypothèse, toute application qui en serait faite présenterait la même inconventionnalité. Il arrive même que cette inapplicabilité générale soit formellement énoncée[166]. Mais il se peut aussi que l'inconventionnalité n'affecte que l'application qui a été faite de la loi dans le cas soumis au juge, de telle sorte qu'il n'est pas exclu que, dans d'autres situations, la mise en œuvre de la loi soit conventionnelle.

162. CE, 30 déc. 2002, *Carminati*, nº 240430, *AJDA* 2003. 1065, note Le Bot.

163. CE, ord. 16 juin 2010, nº 340250, *Me Diakité*, *AJDA* 2010.1355, chron. S.-J. Lieber et D. Botteghi et 1662, note O. Le Bot.

164. CE, 31 juil. 2019, *Association La Cimade,* nº 428530, *AJDA* 2019. 2316, concl. G. Odinet, *RFDA* 2020. 162, chron. A. Bouveresse.

165. CE, sect., 10 nov. 2010, *Communes de Palavas les Flots et de Lattes*, *RFDA* 2011. 124, concl. N. Boulouis, *AJDA* 2010. 2416, chron. S.-J. Liéber et D. Botteghi.

166. CE, 31 juil. 2019, *Association La Cimade,* nº 428530, *préc.* (v. § 15).

Cette distinction trouve une confirmation éclatante dans l'arrêt *Mme Gonzalez Gomez*[167]. Selon celui-ci, en effet, la circonstance que des dispositions législatives, considérées en elles-mêmes, soient parfaitement compatibles avec les stipulations de la ConvEDH, « ne fait pas obstacle à ce que, dans certaines circonstances particulières, l'application de ces dispositions puisse constituer une ingérence disproportionnée dans les droits garantis par cette convention ». Il en résulte qu'il « appartient... au juge d'apprécier concrètement si, au regard des finalités des dispositions législatives en cause, l'atteinte aux droits et libertés protégés par la convention qui résulte de la mise en œuvre de dispositions, par elles-mêmes compatibles avec celle-ci, n'est pas excessive ». Il faut d'ailleurs souligner que si cette théorisation jurisprudentielle de la distinction contrôle de conventionnalité *in abstracto* (portant sur la loi en elle-même) et contrôle de conventionnalité *in concreto* (relatif à la mise en œuvre de la loi dans un cas particulier) est, ainsi, récente, sa pratique ne l'est pas, comme le montre le contentieux des mesures d'éloignement du territoire national prises à l'encontre des étrangers. Par exemple, la censure par le juge de l'expulsion d'un étranger dont la présence en France constitue une menace grave pour l'ordre public, au motif que cette mesure porte une atteinte disproportionnée au droit à une vie familiale normale garanti par l'article 8 ConvEDH[168], ne signifie évidemment pas qu'en elle-même la disposition législative qui donne à l'autorité administrative ce pouvoir d'expulsion est inconventionnelle mais que l'application qui en a été faite en l'espèce est incompatible avec la ConvEDH. Il peut toutefois se présenter des cas où la finalité d'une disposition législative, en elle-même parfaitement conventionnelle, est regardée par le juge comme excluant que sa mise en œuvre concrète puisse être entachée d'inconventionnalité. En d'autres termes, dans un tel cas, le contrôle de conventionnalité *in abstracto* épuise la question de la conventionnalité de la loi et il n'y a aucune place pour un contrôle *in concreto*[169].

Ainsi, précisé, le mécanisme de l'exception d'inconventionnalité n'en a pas moins certains effets paradoxaux, à deux points de vue.

103 **Exception d'inconventionnalité et inconstitutionnalité. –** L'exemple de la législation sur l'avortement est significatif des « chassés-croisés » qui peuvent exister. La même question – la destruction de l'embryon, autorisée en certaines hypothèses par la loi, est-elle contraire ou non au droit à la vie ? – a été examinée par voie d'action, par le juge constitutionnel au regard du Préambule de 1946, mais non par rapport à la Convention européenne des droits de l'homme lorsqu'il a statué sur la loi Veil (Cons. const., 15 janv. 1975, préc.). À l'inverse, le contrôle de cette loi, par voie d'exception, a été effectué par le Conseil d'État à l'occasion de la mise sur le marché de la « pilule abortive » par rapport au texte européen mais non conformément à la jurisprudence *Arrighi* (v. *supra*, n° 66), au regard des dispositions du Préambule de 1946[170].

167. CE, ass. 31 mai 2016, n° 396848, *Mme Gonzalez Gomez*, *AJDA* 2016.1398, chron. L. Dutheillet de Lamothe et G. Odinet, *RFDA* 2016. 754, note P. Delvolvé.

168. Ce contrôle a été inauguré par CE ass. 19 avr. 1991, *Belgacem*, R. 152, concl. R. Abraham.

169. Comme le montre CE, 28 déc. 2017, n° 396571, *M. M*, *AJDA* 2018.497, chron. S. Roussel et Ch. Nicolas.

170. CE, 21 déc. 1990, *Conf. nat. Ass. familiales catholiques*, R. 368, concl. B. Stirn.

TABLEAU : CONTRÔLE DE CONSTITUTIONNALITÉ ET DE CONVENTIONNALITÉ DE LA LOI

	Constitution	**Traité**
Contrôle par voie d'action de la loi par rapport	Cons. const. (art. 61)	Aucun juge
Contrôle par voie d'exception de la loi par rapport	Cons. const. (art. 61-1, loi constitutionnelle du 23 juillet 2008)	CE 20 octobre 1989, *Nicolo* Cass., 24 mai 1975, *J. Vabres* Cons. const., 21 oct. 1988

Par l'intermédiation des conventions internationales, le juge « ordinaire » s'interroge sur la compatibilité de la loi au regard d'une norme quasiment identique à celle contenue dans la Constitution. Le contrôle de conventionnalité apparaît ainsi comme très proche d'un contrôle de constitutionnalité par voie d'exception, comme un *contrôle indirect de constitutionnalité*, le juge administratif prenant d'ailleurs en compte la jurisprudence du Conseil constitutionnel lorsque les droits en cause sont identiques dans les deux textes pour éviter toute contradiction. N'est-il dès lors pas surprenant qu'il contrôle ainsi la loi par rapport à des normes qui ne résultent pas de la seule volonté de la France, plutôt qu'au regard du texte adopté par le peuple français dans l'exercice de son pouvoir constituant ? Et ce pouvoir n'aurait-il pas dû intervenir pour décider qui devait statuer, en cette hypothèse, sur la loi ? Fallait-il que les juridictions « ordinaires » exercent cette compétence, ce qui remet en cause le principe bicentenaire, issu de l'article 10 de la loi de 1790 qui interdit au juge d'empêcher ou de suspendre l'exécution des actes du pouvoir législatif ? Ne serait-il pas préférable, en définitive, quitte à aménager les procédures, que le juge « normal » de la loi, c'est-à-dire le Conseil constitutionnel, ait une compétence globale pour contrôler cette norme dans toutes les hypothèses, malgré les différences qui existent entre contrôle de constitutionnalité et de conventionnalité ?

La loi constitutionnelle du 23 juillet 2008 de modernisation des institutions de la Ve République remédie en partie à ces paradoxes (v. *supra*, n° 66 et 67). Les dispositions législatives n'échappent plus désormais à un contrôle de constitutionnalité par voie d'exception relevant de la compétence du Conseil constitutionnel. Mais l'idée de confier également à ce dernier le contrôle de la conventionnalité des lois a été écartée ; il demeure donc que deux contrôles parfois assez proches ressortissent à des juges différents.

104 **Pouvoirs du Parlement français et droit dérivé. –** Pour de nombreux traités le Parlement français intervient pour donner l'autorisation de ratifier, ce qui peut justifier politiquement qu'il soit contraint de respecter la parole donnée. Mais le juge écarte aussi une loi votée par le représentant du souverain pour contrariété avec le droit dérivé de l'Union européenne, avec des actes adoptés par les exécutifs nationaux réunis au sein du Conseil de l'Union européenne, même si le Parlement européen intervient aussi dans des conditions complexes.

Les pouvoirs du Parlement français sont donc considérablement limités. La querelle sur les dates d'ouverture de la chasse le montre à l'envi. Alors que le législateur avait voté, en 1994 et 1998, des dispositions élargissant les périodes de chasse, pour s'affranchir des règles posées par la directive « Oiseaux » de 1979, le Conseil d'État a considéré ces deux lois incompatibles avec la directive. Il a obligé ainsi le Premier ministre à saisir, le cas échéant, le Conseil constitutionnel, dans le cadre de l'article 37 al. 2, pour qu'après délégalisation de ces dispositions de nature réglementaire il puisse les abroger, et contraint le ministre de l'Environnement à fixer lui-même les dates de chasse sans tenir compte de la loi[171] !

Cette soumission du Parlement français à des actes de l'exécutif de l'Union européenne pose donc la question du « *déficit démocratique dans la construction européenne* ». Indépendamment d'un éventuel renforcement des pouvoirs du Parlement européen, le nouvel article 88-4 de la Constitution (issu des révisions du 25 juin 1992, du 25 janv. 1999 et du 23 juillet 2008) permet, en partie, de réintroduire le législateur français dans le jeu européen puisqu'en particulier tous les projets ou propositions d'actes de l'Union européenne doivent lui être communiqués, qu'ils comportent ou non des dispositions de nature législative[172]. Certes, en raison des mécanismes de l'ordre juridique de l'Union et des procédures d'adoption prévues par le Traité, le Parlement ne saurait s'opposer au projet et les résolutions qu'il adopte ne lient ni le gouvernement français, ni, *a fortiori*, le Conseil de l'Union. Ceci lui permet cependant de participer à la procédure d'élaboration de la norme européenne, même s'il a, en fait, peu utilisé cette possibilité.

C. L'INCIDENCE DE LA SUPRÉMATIE DE LA CONSTITUTION

105 Deux situations, de même nature que celle de « l'écran législatif », peuvent se présenter : ou bien une norme constitutionnelle fait écran entre un acte administratif et une convention internationale (« écran constitutionnel ») ou bien, inversement, c'est un traité international (ou un acte dérivé) qui fait écran entre un acte administratif et la Constitution (« écran conventionnel »). Par ailleurs, la suprématie de la Constitution interdit au juge de censurer une inconventionnalité dans le cas où, ce faisant, il priverait une exigence constitutionnelle de garanties effectives. Ces trois points méritent d'être repris successivement.

106 **« Écran constitutionnel ». –** Dans ce cas, un acte administratif, pris directement sur le fondement d'une disposition constitutionnelle dont il se borne à faire application, méconnaît une norme internationale conventionnelle. La suprématie de la Constitution excluant que le traité international prévale sur elle, un tel acte ne saurait être censuré par le juge administratif[173].

107 **« Écran conventionnel ». –** Dans cette situation, un acte administratif, qui constitue une mesure d'application d'une convention internationale, apparaît

171. CE, sect., 3 déc. 1999, *Ass. ornithologique et mammologique de Saône-et-Loire* (2 arrêts), R. 379, concl. F. Lamy.

172. V. sur cette procédure, les circulaires du 13 déc. 1999, *JO* 17 déc. p. 18800 puis du 22 nov. 2005, *JO* 25 nov., p. 18281.

173. V. CE, ass., 30 oct. 1998, *Sarran*, préc.

inconstitutionnel. La suprématie de la Constitution devrait impliquer alors que celle-ci l'emporte sur la convention et que l'acte administratif soit reconnu illégal et censuré. Mais une telle solution suppose que le juge administratif se reconnaisse le pouvoir d'écarter un traité international inconstitutionnel. Or, le contrôle de la constitutionnalité des traités internationaux ne lui appartient pas davantage que celui des lois et ne peut être exercé, à titre préventif que par le Conseil constitutionnel, sur le *fondement* des articles 54 ou 61 de la Constitution (v. *supra*, n° 74)[174]. En conséquence, dans la situation considérée, l'acte administratif échappera à toute censure[175], tout comme dans le cas où il est pris conformément à une disposition législative inconstitutionnelle. Tout au plus le juge administratif peut-il (et même sans doute, doit-il) interpréter une convention internationale dans le sens de sa conformité à la Constitution[176], tout comme il le fait pour les dispositions législatives. Cette obligation d'interprétation conforme à la Constitution s'applique, notamment, aux traités et au droit dérivé de l'Union européenne mais dans des conditions un peu particulières, l'interprétation de ces normes relevant de la compétence exclusive de la CJUE (v. *supra* n° 86). Il suit de là, en effet, que, dans ce domaine, ce que le juge administratif peut être amené à interpréter c'est l'interprétation que cette cour a elle-même donnée des obligations résultant du droit de l'Union. Le principe est, dès lors, que cette interprétation « au carré » (si l'on peut dire) doit être « la plus conforme aux règles constitutionnelles dans la mesure où les énonciations des arrêts de la Cour le permettent »[177].

108 Toutefois, le Conseil d'État s'écarte de la jurisprudence du traité-écran dans certains cas, qui intéressent le droit dérivé de l'Union européenne.

Le problème s'est d'abord posé en matière de transposition des directives. Il n'est pas rare que le contenu des actes qui réalisent cette transposition soit prédéterminé par la directive ; toute critique de la constitutionnalité de ces actes comporte alors nécessairement une mise en cause de la conformité à la Constitution de la directive qui, ainsi, fait écran. Confronté à une situation de cet ordre, le Conseil constitutionnel a adopté une solution nuancée. En se fondant sur la valeur constitutionnelle de l'obligation de transposition (v. *supra*, n° 98), là où il aurait d'ailleurs suffi d'invoquer son incompétence à l'égard des directives, il s'estime en principe incompétent pour contrôler la constitutionnalité des lois de transposition qui se bornent à tirer les conséquences nécessaires d'une directive, qu'il soit saisi avant la promulgation de la loi, sur le fondement de l'article 61-2

174. Sur cette absence de contrôle de constitutionnalité des conventions internationales par le juge administratif, v. CE, 8 juill. 2002, *Commune de Porta*, R. 260, *AJDA* 2002, p. 1005, chron. F. Donnat et D. Casas et CE, ass., 9 juill. 2010, *Féd. nat. Libre pensée*, *RFDA* 2010. 980, concl. R. Keller, note A. Roblot-Troizier et Th. Rambaud, *AJDA* 2010. 1635, chron. S.-J. Liéber et D. Botteghi et note A. Legrand.

175. V. p. ex. CE, 3 nov. 1999, *Groupement national de défense des porteurs de titres russes*, R. 343.

176. V. **CE, ass., 3 juill. 1996, *Koné***, préc.

177. CE, ass., 21 avr. 2021, *French Data network et autres*, n° 393099, *AJDA* 2021. 828, *D.* 2021. 797, *Dr. adm.* 2021, n° 6, alerte 88, obs. A. Courrèges.

de la Constitution[178] ou par la voie de la QPC[179]. Mais ce principe est assorti d'une compensation et d'une exception corrélatives. La compensation consiste dans la compétence du juge de l'Union européenne pour contrôler la validité des directives notamment au regard des droits fondamentaux garantis par le droit de l'Union européenne, dont le contenu est généralement analogue à celui des droits protégés par le droit constitutionnel français. L'exception concerne précisément le cas où cette compensation ne joue plus, c'est-à-dire celui où la loi de transposition irait à l'encontre d'une règle ou d'un principe inhérent à l'identité constitutionnelle de la France et n'ayant donc pas d'équivalent européen. Le Conseil d'État s'est inspiré de cette jurisprudence pour déterminer les modalités du contrôle qu'il exerce, pour sa part, sur la constitutionnalité des règlements administratifs qui transposent une directive sans disposer de marge de manœuvre[180]. Il distingue, en effet, selon que la règle constitutionnelle dont la méconnaissance est invoquée a un équivalent dans le droit originaire de l'Union européenne. Si oui, le problème posé est en réalité celui de la validité de la directive et les règles de l'article 267 du TFUE s'appliquent (v. *supra*, nº 98). Sinon, il appartient au juge administratif de vérifier la constitutionnalité du décret et donc indirectement celle de la directive. Comme on le voit, cette jurisprudence comme celle du Conseil constitutionnel dont elle s'inspire, réalise un compromis entre la suprématie de la Constitution dans l'ordre juridique interne et le principe, consacré par le droit de l'Union européenne, selon lequel l'ensemble de ce dernier prime sur l'ensemble du droit interne des États membres, constitution comprise.

109 Plus récemment, le Conseil constitutionnel a étendu sa jurisprudence relative aux lois de transposition des directives à celles qui ont pour objet d'adapter le droit interne à un règlement de l'Union européenne[181]. En principe, le Conseil constitutionnel est incompétent pour apprécier la constitutionnalité de dispositions législatives qui se bornent à tirer les conséquences nécessaires des dispositions d'un règlement de l'Union européenne, puisque cela reviendrait à contrôler la conformité à la Constitution de ce dernier, alors qu'il est incompétent pour exercer un tel contrôle. En d'autres termes, le règlement européen fait alors écran entre la Constitution et la loi. Toutefois, ce principe est assorti des mêmes compensation et exception que pour les directives. D'une part, le juge de l'Union européenne est compétent pour apprécier la validité du règlement au regard du droit primaire de l'Union et, notamment, des droits fondamentaux qu'il garantit. D'autre part, le Conseil constitutionnel retrouve sa compétence dans le cas où cette compensation

178. Cons. const., 2004-496 DC du 10 juin 2004, préc. ; Cons. const., déc. nº 2006-540 DC, 27 juill. 2006, préc.

179. Cons. const., 17 déc. 2010, nº 2010-79 QPC, *RFDA* 2011.353, étude G. Eveillard ; en conséquence, le Conseil d'État ne renvoie pas un tel QPC (CE, 14 sept. 2015, *Société Notre Famille. com*, nº 389806, *AJDA* 2015. 2441, note Rassu).

180. CE, ass., 8 févr. 2007, *Société Arcelor Atlantique et Lorraine et autres*, *AJDA* 2007.577, chron. F. Lenica et J. Boucher, *RFDA* 2007.384, concl. M. Guyomar et 574, 578 et 601, notes A. Levade, X. Magnon et A. Roblot-Troizier, *Dr. adm.* mai 2007, étude M. Gautier et F. Melleray, *JCP* A 2007.2*JCP* A081, note G. Drago ; pour l'épilogue de cette affaire : CE, 3 juin 2009, *Soc. Arcelor Atlantique et Lorraine et autres*, *RFDA* 2009.800, concl. M. Guyomar, *AJDA* 2009.1710, note F. Lafaille.

181. Cons. const., nº 2018-765 DC, 12 juin 2018, préc.

ne joue plus parce qu'est en cause une règle ou un principe inhérent à l'identité constitutionnelle de la France.

Ainsi qu'il est raisonnable, le Conseil d'État, après avoir réservé la question[182], a décidé de suivre, dans son domaine de compétence, le Conseil constitutionnel. Autrement dit, il a étendu la jurisprudence *Arcelor* aux actes réglementaires qui se bornent à tirer les conséquences nécessaires de règlements de l'Union européenne, d'abord implicitement[183], puis de manière solennelle[184].

110 Quoi qu'il en soit, il convient de souligner que la possibilité qu'une règle constitutionnelle française trouve un équivalent dans le droit de l'Union européenne est singulièrement accrue par le fait que les droits garantis par la Convention européenne des droits de l'homme font partie du droit de l'Union européenne en tant que principes généraux de ce droit. Cette appartenance explique, par ailleurs, que le juge administratif puisse, à l'occasion d'un recours dirigé contre un règlement de transposition d'une directive, examiner un moyen tiré de l'incompatibilité de celle-ci avec les droits fondamentaux garantis par la Convention européenne dans les limites imposées par les règles du renvoi préjudiciel[185]. Conformément à la logique de l'écran, ces règles s'imposent également quand se trouve contestée, au regard de la même convention, une loi qui a exactement transposé une directive ne lui laissant pas de marge de manœuvre : le jugement sur la conventionnalité de la loi est alors inséparable de l'appréciation de la validité de la directive[186]. En d'autres termes, dans ce cas, le juge administratif, après s'être assuré que la loi se borne bien à tirer les conséquences de la directive, contrôle que celle-ci (et donc la loi) respecte la Convention européenne des droits de l'homme (et par là même les principes généraux du droit de l'Union) ; il peut répondre positivement à cette question en l'absence de difficulté sérieuse mais doit, en cas de doute, renvoyer la question à la CJUE, seule compétente pour prononcer l'invalidité d'une norme de l'Union européenne dérivée. Il est procédé de manière analogue quand est mise cause, devant le juge administratif, la compatibilité d'une directive avec une convention internationale à laquelle l'Union européenne est partie et qu'elle doit donc respecter, notamment dans les directives qu'elle adopte (art. 216 TFUE)[187].

182. CE, 1er août 2013, nº 358103, *Association générale des producteurs de maïs et autres, AJDA* 2013. 1656 ; CE, 20 janv. 2017, nº 394686, *La Cimade et autres, AJDA* 2017. 821, concl. X. Domino.

183. CE, 8 juill. 2020, *Association de défense des ressources marines et Fédération nationale de la plaisance et des pêches en mer*, nº 428271-428276-429018-429469.

184. CE, ass., 21 avr. 2021, *French Data network et autres*, nº 393099, *AJDA* 2021. 828, *D.* 2021. 797, *AJDA* 2021. 1194, chron. C. Malverti et C. Beaufils, *Dr. adm.* 2021, nº 6, alerte 88, obs. A. Courrèges, *AJDA* 2021. 1194, chron. C. Malverti et C. Beaufils, *D.* 2021. 1247, note J. Roux, 1268, note Th. Douville, 1274, note N. Droin, *Gaz. Pal.*, 29 juin 2021, nº 423y2, p. 20, note A. Bensamoun, *JCP* G 2021, nº 24, comm. 659, note A. Iliopolou-Penot, *RFDA* 2021. 421, concl. A. Lallet.

185. CE, sect., 10 avr. 2008, *Conseil national des barreaux et autres*, préc.

186. Même décision.

187. CE, 6 déc. 2012, *Cie Air Algérie*, *AJDA* 2012. 2373, chron. Domino et Bretonneau, *RFDA* 2013. 653, note Cassia.

111 **Inconventionnalité et privation des garanties effectives d'une exigence constitutionnelle.** – L'arrêt *French Data network et autres*[188] ne se contente pas de confirmer l'extension de la jurisprudence *Arcelor* aux actes réglementaires adoptés pour l'adaptation du droit national à un règlement européen. Il envisage aussi le cas, bien différent, où le juge administratif est saisi d'un acte administratif qui, entrant dans le champ d'application du droit de l'Union européenne, est assujetti au respect de ce dernier. Bien entendu, depuis la jurisprudence *Nicolo* (v. *supra* n° 98), ce juge est alors parfaitement compétent pour vérifier que cet acte ou, par voie d'exception, les dispositions législatives sur le fondement desquelles il a été pris, ne sont pas contraires au droit de l'Union européenne et, en particulier, à un règlement ou à une directive. Si tel est le cas, il doit normalement annuler l'acte attaqué, éventuellement après avoir écarté la loi nationale. La suprématie de la Constitution dans l'ordre juridique interne est toutefois de nature à l'empêcher de statuer ainsi dans le cas où, ce faisant, il priverait de garanties effectives une exigence constitutionnelle. En d'autres termes, censurer une inconventionnalité au prix d'une inconstitutionnalité est logiquement incompatible avec la supériorité des normes constitutionnelles sur les normes conventionnelles, y compris celles du droit de l'Union européenne.

Voilà qui appelle quelques précisions. En premier lieu, il n'appartient pas au juge administratif de vérifier d'office qu'en écartant une règle de droit national en raison de sa contrariété au droit de l'Union européenne, il priverait de garanties effectives une exigence constitutionnelle. Il ne peut examiner ce point que si le défendeur soulève un moyen en ce sens. En second lieu, l'appréciation du bien-fondé de ce moyen repose sur un raisonnement qui, inspiré de celui qui gouverne la jurisprudence *Arcelor*, fait, comme lui, appel à la notion de protection équivalente, en vue de ménager un compromis entre la suprématie de la Constitution et la primauté du droit de l'Union européenne. Il revient donc au juge de rechercher si l'exigence constitutionnelle invoquée se retrouve dans le droit de l'Union européenne et y revêt, compte tenu de l'interprétation qu'en donne le juge européen, une portée équivalente, en ce sens que cette norme européenne, « eu égard à sa nature et à sa portée », « garantit, par son application, l'effectivité de l'exigence constitutionnelle » en cause. Si oui, le moyen tiré de ce qu'en écartant une règle nationale, le juge priverait de protection une norme constitutionnelle sera rejeté. Sinon, il ne pourra écarter la règle nationale qu'après s'être assuré qu'en statuant de la sorte, il ne privera pas de garanties effectives une exigence constitutionnelle.

Il revient donc au juge de rechercher s'il existe, dans ce dernier, un principe général ou des dispositions dont l'application permet de garantir l'effectivité de l'exigence constitutionnelle invoquée, malgré la mise à l'écart de la règle nationale adoptée à cet effet. Si oui, cette mise à l'écart ne pouvant alors être considérée comme privant de garanties effectives la norme constitutionnelle en cause, elle pourra être décidée par le juge. Sinon, elle ne le pourra pas, dès lors qu'en statuant de la sorte, ce dernier priverait de garanties effectives une exigence constitutionnelle.

188. CE, ass., 21 avr. 2021, préc.

SECTION 3 LES SOURCES LÉGISLATIVES

112 **Plan. –** La loi, expression de la volonté générale, joue un rôle essentiel dans l'ordre constitutionnel des démocraties libérales, ce qui, du point de vue du droit administratif, pose la question des pouvoirs du gouvernement et de l'administration de poser des normes générales. Même si, en France, le domaine d'intervention du législateur est désormais délimité (§ 2), les différents types de loi constituent toujours la principale source du droit écrit (§ 1).

§ 1. LES NORMES DE RÉFÉRENCE

113 **Plan. –** Lorsqu'on se réfère à la loi, on vise en fait un ensemble de normes d'origine textuelle (sur les normes non écrites v. *infra*, n° 163) de valeur législative (A) qui produisent leurs effets de droit, c'est-à-dire qui sont applicables (B).

A. LES DIFFÉRENTS TYPES DE NORMES LÉGISLATIVES

114 À côté des lois « ordinaires » votées par le Parlement dans un certain domaine et des lois de pays en Nouvelle-Calédonie (v. *infra*, n° 363), sont aussi considérées comme des lois celles adoptées directement par le peuple souverain dans le cadre du *référendum législatif* de l'article 11 de la Constitution. Non susceptibles de contrôle de constitutionnalité[189], il semble qu'elles puissent faire, à l'inverse, l'objet d'un contrôle de conventionnalité par voie d'exception parce que rien, dans l'article 55 de la Constitution, ne permet de les distinguer des autres lois, de ce point de vue[190]. *Les lois organiques* constituent une catégorie particulière de lois. Prévues par certains articles de la Constitution pour en préciser le contenu, votées selon la procédure spécifique régie par l'article 46 de la Constitution, et soumises au contrôle obligatoire du Conseil constitutionnel, elles ont un domaine propre. Dès lors, une loi « ordinaire » qui intervient dans une matière réservée à la loi organique ou qui ne respecte pas les règles posées est censurée pour incompétence ou pour violation de la procédure exigée par la Constitution[191].

À côté des lois adoptées directement par le souverain ou par son représentant, des actes, bien que pris par l'exécutif, ont ou acquièrent valeur législative.

115 **Période de confusion des pouvoirs. –** En cas de circonstances délicates et difficiles, en raison de la crise, de l'urgence, des mesures doivent être prises par

189. **Cons. const., n° 62-20 DC du 6 nov. 1962**, R. 27 (refus d'en contrôler la conformité à la constitution parce qu'elles « constituent l'expression directe de la volonté nationale ») ; Cons. const., 2014-392 QPC, 25 avr. 2014, *JO* 27 avr., p. 7360 (même solution en matière de QPC).

190. En ce sens concl. Maugüé sur CE, 30 oct. 1998, *Sarran*, préc.

191. V Cons. const., 96-386 DC du 30 déc. 1996, R. 154 (validation d'un régime d'imposition établi par les autorités de Polynésie française relevant de la seule loi organique) et **Cons. const., n° 60-8 DC du 11 août 1960**, R. 25 (pour le respect de l'ordonnance du 2 janv. 1959 relative aux lois de finances).

l'exécutif qui portent souvent atteinte à l'exercice des libertés publiques. Faisant abstraction de leur auteur, le juge leur reconnaît valeur législative. Ont ainsi force de loi : les actes dits lois du gouvernement de Vichy[192], dont une partie a été maintenue en vigueur lors du rétablissement de la légalité républicaine, les ordonnances prises par le gouvernement provisoire de la République entre 1944 et 1946[193], ou celles prévues par l'article 92 de la Constitution qui permit au premier gouvernement de la Ve République de prendre environ 300 textes réformant des pans entiers du droit français[194]. De même, dans le cadre de l'article 16 de la Constitution, le chef de l'État exerce le pouvoir législatif lorsqu'il prend des mesures relevant du domaine de la loi, hypothèse la plus fréquente[195].

Tout contrôle, par voie d'action, du juge administratif sur ces actes édictés par le pouvoir exécutif est donc impossible.

116 **Ordonnances de l'article 38 de la Constitution.** – Dans les cas où il n'y a aucune situation exceptionnelle, le gouvernement ne peut intervenir dans le domaine de la loi qu'après autorisation du Parlement. Outre la pratique des décrets-lois qui souleva beaucoup d'interrogations sous les IIIe et IVe Républiques, la Constitution actuelle encadre très précisément ce mécanisme dans son *article 38*.

Il faut que le Parlement habilite le gouvernement à agir dans le domaine législatif pour un certain délai, en définissant avec précision la finalité et le domaine de l'intervention[196], et sans, bien entendu, autoriser le gouvernement à s'affranchir des normes constitutionnelles[197]. La liberté de celui-ci, en raison de ces multiples conditions, est ainsi fortement réduite. Une fois la loi d'habilitation adoptée, l'ordonnance est délibérée en Conseil des ministres, soumise pour avis au Conseil d'État, et signée par le président de la République sauf refus de sa part comme le fit F. Mitterrand en 1986.

À l'expiration du délai de l'habilitation, le gouvernement perd le droit d'intervenir dans le domaine de la loi et l'ordonnance, si elle porte sur des matières législatives, ne peut plus être abrogée ou modifiée que par le Parlement et non par le pouvoir réglementaire[198]. De plus, avant la date prévue sur ce point par la loi d'habilitation, un projet de loi de ratification doit être déposé devant les Chambres. Cette condition suffit pour que l'ordonnance reste en vigueur, même si le projet de loi de ratification n'est pas soumis au vote des assemblées. La jurisprudence avait admis que la ratification puisse être implicite c'est-à-dire, pratiquement, qu'elle résulte

192. CE, 22 mars 1944, *Vincent*, R. Tab. 417 ; S. 1945.353, concl. Detton.

193. CE, 22 févr. 1946, *Botton*, R. 58.

194. CE, 12 févr. 1960, *soc. Eky*, préc.

195. **CE, ass., 2 mars 1962, *Rubin de Servens*,** R. 143, *RDP* 1962.288, concl. J.-F. Henry.

196. V. **Cons. const.,** n° **86-207 DC des 25-26 juin 1986,** R. 61 (vérification par le Conseil constitutionnel du respect de ces conditions en cas de recours contre la loi d'habilitation) ; Cons. const., n° 99-421 DC du 16 déc. 1999, R. 136 (à propos de la loi d'habilitation permettant au gouvernement d'adopter divers codes par voie d'ordonnance).

197. V. par ex. Cons. const., n° 86-207 des 25-26 juin 1986, préc.

198. CE, 30 juin 2003, *Féd. régionale ovine du Sud-Est*, *RFDA* 2003.830 ; CE, ass., 11 déc. 2006, *Conseil national de l'ordre des médecins*, *AJDA* 2007.133, chron. C. Landais et F. Lenica ; CE, 12 oct. 2016, *Syndicat national des entreprises des loisirs marchands et autres*, *AJDA* 2016. 2153, chron. L. Dutheillet de Lamothe et G. Odinet.

d'une référence à l'ordonnance par une loi postérieure[199]. La loi constitutionnelle du 23 juillet 2008 impose désormais une ratification expresse. En cas de refus explicite du Parlement de ratifier l'ordonnance, celle-ci devient caduque et les règles législatives qu'elle avait voulu modifier redeviennent applicables.

117 **Conception traditionnelle de la nature juridique des ordonnances de l'article 38. –** Déjà adoptée par le Conseil d'État pour les décrets-lois des IIIe et IVe Républiques, cette conception repose sur deux considérations. En premier lieu, l'adoption d'un critère organique et non pas matériel de la loi et de l'acte administratif : en principe, est législatif l'acte adopté par le Parlement, quel qu'en soit l'objet, tandis qu'est administratif celui qu'une autorité administrative a édicté, sans qu'importe son contenu et, notamment, alors même qu'il poserait des normes générales dans un domaine relevant normalement de la loi. En second lieu, à la différence de ce qu'il en est en période de confusion des pouvoirs, ce critère organique n'est pas écarté par l'article 38 de la Constitution de 1958 (pas plus qu'il ne l'était par les lois d'habilitation votées sous les Républiques précédentes) car ce dernier n'organise pas une délégation du pouvoir législatif au président de la République mais une extension de la compétence du pouvoir réglementaire à des matières en principe législatives.

Il s'ensuit que la nature juridique *de l'ordonnance* n'est pas la même avant et après sa ratification. Tant qu'elle n'a pas été ratifiée, elle constitue un acte administratif réglementaire que le juge administratif peut annuler ou écarter par voie d'exception[200]. La légalité des ordonnances est contrôlée au regard de la Constitution, des traités, des principes généraux du droit (v. *infra*, n° 182), et aussi de la loi d'habilitation, qui pourrait, cependant, faire écran entre elles et la Constitution. D'où l'intérêt des strictes réserves du Conseil constitutionnel qui permettent au juge administratif de se fonder sur la loi ainsi interprétée pour censurer éventuellement l'ordonnance et éviter ainsi toute inconstitutionnalité.

Il importe de préciser que l'expiration du délai de l'habilitation n'affecte pas la qualité d'acte administratif de l'ordonnance, bien qu'elle ait pour conséquence que celle-ci, dans la mesure où elle porte sur le domaine législatif, ne peut plus être modifiée ou abrogée que par une loi. Cette règle ne s'explique pas par la valeur législative de l'ordonnance mais résulte du fait que, l'habilitation ayant pris fin, le gouvernement ne peut plus intervenir dans une matière législative. C'est dire qu'après l'expiration du délai d'habilitation, les dispositions d'une ordonnance qui portent sur le domaine réglementaire peuvent être abrogées ou modifiées par décret édicté selon la procédure applicable aux ordonnances, c'est-à-dire après délibération du Conseil des ministres et avis du Conseil d'État et, cela, tant que l'ordonnance n'a pas été ratifiée.

Une fois ratifiée, l'ordonnance acquiert valeur législative, de manière rétroactive, c'est-à-dire à compter de sa signature. Elle ne peut donc plus être contestée, devant le juge administratif, que dans les conditions applicables à la loi, c'est-à-dire, exclusivement, à l'occasion d'un recours formé contre une décision

199. V. par ex. CE, 28 mai 1971, *Barrat* (refus d'admettre la ratification) ; Cons. const., n° 72-73 L du 29 févr. 1972, R. 31.

200. V. par ex. CE, 3 nov. 1961, *Damiani*, R. 607 ; CE, 8 déc. 2000, *Hoffer*, R. 584.

administrative prise sur le fondement de l'ordonnance, à l'appui duquel sera invoquée soit l'inconventionnalité de celle-ci, soit, au moyen d'une QPC, sa contrariété aux droits et libertés garantis par la Constitution. Au contraire, aucun recours direct en annulation contre l'ordonnance n'est plus possible. En conséquence, le Conseil d'État, saisi d'un tel recours avant la ratification, prononce, quand celle-ci survient en cours d'instance, un non-lieu à statuer (dit « non-lieu législatif »), qui résulte de son incompétence[201]. Il en résulte également que les dispositions d'une ordonnance ratifiée, qui portent sur le domaine réglementaire, ne peuvent être modifiées par décret qu'après déclaration de leur caractère réglementaire par le Conseil constitutionnel, saisi sur le fondement de l'article 37 al. 2 de la Constitution (v. *infra* n° 130).

118 **Remise en cause partielle de la conception traditionnelle de la nature des ordonnances de l'article 38 de la Constitution.** – Longtemps, le Conseil constitutionnel a fait sienne l'idée de la nature administrative des ordonnances non ratifiées, notamment pour en déduire que ces actes n'étaient pas susceptibles de question prioritaire de constitutionnalité, cette procédure supposant une « disposition législative » (article 61-1 C)[202]. Cependant, deux décisions des 28 mai[203] et 3 juillet 2020[204], la seconde précisant la première, opèrent, sur ce point, un revirement de jurisprudence. Selon ces décisions, en effet, dès lors que les dispositions d'une ordonnance non ratifiée portant sur le domaine législatif ne peuvent être modifiées que par la loi, à compter de la date d'expiration du délai de l'habilitation (article 38 C, dernier alinéa), elles doivent être regardées, dès cette date, comme des dispositions législatives, du moins au sens de certaines dispositions de la Constitution et, principalement, de celles de l'article 61-1. Il en résulte que leur conformité aux droits et libertés constitutionnellement garantis ne peut être contestée que par la voie de la question prioritaire de constitutionnalité. Le Conseil d'État a tiré les conséquences de cette nouvelle jurisprudence, sans pour autant remettre en cause fondamentalement la nature administrative de l'ordonnance non ratifiée et en évitant, par là même, toute régression du contrôle juridictionnel exercé sur ce type d'acte[205]. Désormais, saisi, par voie d'action ou d'exception, d'une contestation portant sur la légalité d'une disposition matériellement législative d'une ordonnance non ratifiée, le délai d'habilitation ayant expiré, le juge administratif doit

201. P. ex. CE, 17 mai 2002, n° 232359, *M. H et a.*

202. Cons. const., n° 2011-219 QPC du 10 févr. 2012.

203. Cons. const., n° 2020-843 QPC du 28 mai 2020, *AJDA* 2020. 1087, *D.* 2020. 1390, note T. Perroud, *Dr. adm.* 2020, comm. 48, note G. Eveillard, *JCP* G 2020, étude P. Avril, P. Camby, P. Delvolvé, R. Denoix-de-Saint-Marc, Y. Gaudemet, A.-M. Le Pourhiet, A. Levade, P. Mazeaud, J.-E. Schoettl et P. Steinmetz, *RFDA* 2020, note C. Barthélémy, 1139, chron. A. Roblot-Troizier, *RTD civ.* 2020. 596, obs. P. Deumier.

204. Cons. const., n° 2020-851/852 QPC du 3 juill. 2020, *AJDA* 2020. 1384, *Dr. adm.* 2020, comm. 48, note G. Eveillard, *JCP* G 2020, étude P. Avril, P. Camby, P. Delvolvé, R. Denoix-de-Saint-Marc, Y. Gaudemet, A.-M. Le Pourhiet, A. Levade, P. Mazeaud, J.-E. Schoettl et P. Steinmetz, *RFDA* 2020, note C. Barthélémy, 1139, chron. A. Roblot-Troizier, *RTD civ.* 596, obs. P. Deumier.

205. CE, ass., 16 déc. 2020, n° 440258, *Fédération CFDT Finances et autres*, *AJDA* 2021. 258, chron. C. Malverti et C. Beaufils, *Dr. adm.* 2021, n° 3, comm. 12, note G. Eveillard, *Gaz. Pal.*, 26 janv. 2021, n° 395d0, p. 32, chron. B. Seiller, *JCP* A 2021, n° 5, comm. 2037, note H. Pauliat, *RFDA* 2021. 171, concl. V. Villette.

distinguer entre les moyens qui lui sont présentés : ceux qui portent sur la conformité aux droits et libertés constitutionnels ne peuvent être présentés et examinés que selon la procédure de la question prioritaire de constitutionnalité et doivent donc être renvoyés au Conseil constitutionnel si les conditions du renvoi sont remplies (sur celles-ci, v. *supra*, nº 69) ; tous les autres moyens (respect de la loi d'habilitation, des principes généraux du droit, des engagements internationaux, des règles constitutionnelles autres que celles relatives aux droits et libertés, notamment) continuent de relever de sa compétence. Par ailleurs, bien entendu, les dispositions d'une ordonnance non ratifiée qui relèvent du domaine réglementaire conservent, même après l'expiration du délai d'habilitation, leur nature administrative. Elles ne peuvent donc faire l'objet d'une question prioritaire de constitutionnalité et, même au regard des droits et libertés de valeur constitutionnelle, le contrôle de leur validité relève du seul juge administratif.

119 Le revirement de jurisprudence décidé par le Conseil constitutionnel apparaît dépourvu de toute justification sérieuse.

En premier lieu, il repose sur une interprétation de l'article 38 de la Constitution qui est contraire à l'économie générale de ce dernier, en tant qu'il organise une extension temporaire de la compétence réglementaire. Comme il a été dit (v. *supra*, nº 117), la règle selon laquelle, après l'expiration du délai de l'habilitation, les dispositions matériellement législatives d'une ordonnance ne peuvent être modifiées que par la loi ne s'explique nullement par leur valeur législative mais résulte du fait que, l'habilitation ayant pris fin, le gouvernement ne peut plus réglementer dans le domaine de la loi.

En second lieu, l'état actuel du droit, quant à la nature juridique des ordonnances, apparaît à la fois très complexe et, en partie, incohérent. Avant l'expiration du délai de l'habilitation, une ordonnance est, dans l'ensemble de ses dispositions et à tous égards, un acte administratif. Elle le demeure après cette expiration, sauf en ce qui concerne ses dispositions portant sur le domaine de la loi, qui sont, à la fois législatives, du point de vue de la question prioritaire de constitutionnalité, et administratives pour le reste. Or, il n'est guère logique qu'un acte reçoive, au même moment, deux qualifications juridiques différentes, serait-ce aux fins de l'application de règles différentes. Enfin, après la ratification, l'ordonnance est, dans tous ses éléments et à tous points de vue, un acte législatif.

Il est vrai qu'une construction juridique peu logique peut se justifier par ses avantages pratiques. La nouvelle jurisprudence du Conseil constitutionnel pourrait donc être admise si elle améliorait l'efficacité du contrôle juridictionnel des ordonnances. Mais c'est pour le moins douteux. Considérée sous cet angle, elle présente surtout un défaut, celui de compliquer ledit contrôle, désormais partagé entre deux juges en fonction d'une double distinction : entre les moyens invoqués et selon que les dispositions de l'ordonnance relèvent du domaine de la loi ou de celui du règlement[206]. Il est vrai, d'un autre côté, que le Conseil constitutionnel, à la différence du juge administratif, n'est pas soumis à la théorie de la loi-écran. Mais cet avantage est infime, pour deux raisons : il est rarissime qu'une loi d'habilitation

206. V. explicite, sur ce point, CE, 21 déc. 2020, nº 441399, *Syndicat de la juridiction administrative*, *AJDA* 2021. 2532, *Dr. adm.* 2021, alerte 38, obs. A. Courrèges.

fasse écran[207] et, dans cette hypothèse, la question prioritaire de constitutionnalité permet au requérant de contourner cet écran. Il est également exact que, dans le cas où une ordonnance est contrôlée par voie d'exception, le juge administratif peut seulement en écarter l'application, alors que le Conseil constitutionnel, dans le cadre de la question prioritaire de constitutionnalité, a le pouvoir de l'abroger. Mais le bénéfice que comporte alors la compétence du Conseil constitutionnel disparaît quand le Conseil d'État est saisi d'un recours pour excès de pouvoir contre une ordonnance, puisqu'il peut alors l'annuler rétroactivement.

En réalité, le revirement de jurisprudence décidé par le Conseil constitutionnel apparaît surtout destiné à défendre la compétence de ce dernier. Dans un contexte marqué à la fois par le développement considérable du recours aux ordonnances et par un taux de ratification relativement faible, la nature administrative de l'ordonnance non ratifiée conduisait à faire du Conseil d'État le contrôleur de la constitutionnalité d'une bonne part des normes adoptées en matière législative. Dès lors, le seul moyen, pour le juge constitutionnel, de préserver sa compétence, voire d'éviter une forme de marginalisation, était d'assimiler les dispositions matériellement législatives des ordonnances, même non ratifiées, à des dispositions législatives au sens de l'article 61-1, serait-ce en prêtant à l'article 38 de la Constitution un sens qu'il n'a pas.

120 **Contestations de la ratification. –** La loi de ratification empêchant leur recours d'aboutir, les requérants ont parfois cherché à obtenir que le juge en écarte l'application (et se reconnaisse donc compétent pour statuer sur l'ordonnance contestée en dépit de l'adoption de cette loi), en arguant de sa contrariété au droit à un recours effectif, qui est garanti tant par les articles 6-1 et 13 de la ConvEDH que par l'article 16 de la Déclaration de 1789. Dans un premier temps, le Conseil d'État avait admis qu'il pourrait en être ainsi dans le cas où « en raison des circonstances de son adoption », il apparaîtrait que la loi de ratification a « eu essentiellement pour but de faire obstacle au droit de toute personne à un procès équitable »[208]. Cette jurisprudence, qui n'a jamais connu d'application positive, a été adoptée à une époque où la QPC n'existait pas, ce qui rendait impossible toute contestation de la constitutionnalité de l'ordonnance ratifiée devant le juge administratif. Elle semble dépassée. Le Conseil d'État[209] comme le Conseil constitutionnel[210] jugent, en effet, aujourd'hui que le Parlement, en adoptant une loi de ratification, se borne à mettre en œuvre les dispositions de l'article 38 de la Constitution et ne porte aucune atteinte au droit au recours.

Une autre précision mérite d'être ajoutée, qui touche à une autre manière de remettre en cause la loi de ratification. Pour le Conseil d'État, l'incompétence de la juridiction administrative pour connaître d'un recours dirigé contre une ordonnance ratifiée n'est pas affectée par la circonstance que les dispositions de celle-ci porteraient atteinte aux droits et libertés garanties par la Constitution ou aux

207. Pour un exemple, CE, 29 oct. 2004, n° 269814, *M. Sueur et autres*.

208. CE, 8 déc. 2000, *Mme Hoffer et a.*, R. 585, *AJDA* 2000. 1065, chron. M. Guyomar et P. Collin, *RFDA* 2001. 454, concl. C. Maugüé.

209. CE, 5 févr. 2014, *Sté d'édition Canal +*, n° 373258, R. 17, *DF* 2014, n° 12, comm. 232, concl. F. Aladjidi.

210. Cons. const., n° 2007-561 DC, 17 janv. 2008, JO 22 janv., p. 1131.

stipulations d'une convention internationale[211]. En effet, que les dispositions d'une ordonnance soient ou non conventionnelles ou conformes à la Constitution, la ratification leur donne une valeur législative et empêche le juge administratif d'en connaître. Le Conseil d'État en déduit notamment qu'il n'y a pas lieu de renvoyer une QPC dirigée contre une loi de ratification et fondée sur la contrariété des dispositions de l'ordonnance aux droits et libertés garantis par la Constitution.

Ce raisonnement est discutable. La loi de ratification ne saurait produire son effet, c'est-à-dire conférer valeur législative à l'ordonnance qu'elle concerne et, partant, priver de sa compétence le juge administratif, que si elle est juridiquement valide, c'est-à-dire conforme aux normes supra-législatives. Or, il ressort de la jurisprudence du Conseil constitutionnel que la constitutionnalité de la loi de ratification est subordonnée à la conformité à la constitution des ordonnances sur lesquelles elle porte[212]. Ainsi, une disposition qui ratifie une ordonnance contraire à la Constitution est affectée de la même inconstitutionnalité qu'elle et ne saurait avoir pour effet de lui conférer valeur législative. Dans ces conditions, le renvoi d'une QPC contestant la ratification à travers l'ordonnance qu'elle vise a un sens : si la loi de ratification est inconstitutionnelle, en tant qu'elle porte sur des ordonnances contraires aux droits et libertés garanties par la Constitution, elle ne saurait produire son effet, c'est-à-dire donner valeur législative à l'ordonnance. Un raisonnement analogue peut être tenu dans le cas où les dispositions d'une ordonnance sont inconventionnelles : la loi de ratification l'est alors aussi et devrait être écartée par le juge administratif.

121 Il convient également de noter qu'en 1962, par référendum, le peuple français avait autorisé directement le président de la République à prendre par ordonnance les mesures liées à l'indépendance de l'Algérie. Ces ordonnances ont été assimilées par le Conseil d'État à des actes administratifs[213].

B. L'APPLICABILITÉ DE LA LOI

122 Comme pour la Constitution ou les traités, plusieurs conditions doivent être remplies pour que la loi s'impose.

123 **Contenu normateur. –** Parfois, les lois sont détournées de leur objet et, au lieu d'énoncer des règles, se répandent en proclamations d'ordre philosophique ou politique ou en déclarations de bonnes intentions. Ce phénomène, lié au « flou du droit », se développe dans d'importantes proportions, en droit administratif notamment. Les premiers articles des lois ressemblent souvent plus à un exposé des motifs, à un rappel de grands principes qu'à un texte impératif. De plus, se multiplient les lois d'orientation qui ne définissent, dans leur contenu même, que des objectifs généraux. Ainsi les lois, difficilement compréhensibles et

211. CE, 13 juin 2018, *Conseil national de l'ordre des infirmiers et autres*, n° 408325, *GP* 2018, 20 nov. 2018, p. 34, obs. A. Bretonnneau et G. Odinet.

212. Cons. const., n° 84-170 DC, 4 juin 1984, R. 45.

213. CE, ass., **19 oct. 1962, *Canal***, R. 552 (le parlement leur conféra, par la suite, force de loi – Loi du 15 janv. 1963, art. 50).

exagérément bavardes, en contradiction avec l'objectif constitutionnel d'accessibilité et d'intelligibilité[214], tendent à devenir de simples affichages d'une politique. De telles dispositions législatives ne sont pas considérées comme normatives. Pour le juge administratif, elles ne sont pas des règles dont le respect s'impose à l'administration et leur méconnaissance ne peut donc être utilement invoquée à l'appui d'un recours pour excès de pouvoir[215]. Elles ne sont pas non plus susceptibles d'une question prioritaire de constitutionnalité faute de pouvoir être considérées comme « applicables à un litige »[216]. Quant au Conseil constitutionnel, il a longtemps jugé qu'il ne servait à rien de critiquer devant lui la constitutionnalité de ces textes législatifs non normatifs : seule une norme peut être inconstitutionnelle. Mais, à l'instigation du président Mazeaud[217], il s'est engagé dans une politique de lutte contre le déclin de la loi qui l'a conduit à plus de sévérité : il juge désormais que de telles dispositions sortent de la compétence du Parlement et sont comme telles contraires à la Constitution, à moins qu'elles se rattachent à une catégorie particulière de lois instituée par celle-ci, telles que les lois de programmation appelées, selon l'article 34 de la loi fondamentale, à déterminer les objectifs de l'action de l'État[218]. Le Conseil d'État, pour sa part, n'exclut pas qu'une disposition législative de programmation puisse avoir une portée normative[219].

124 **Publication et effet direct. –** La loi doit de plus, pour être applicable, avoir été publiée[220] et, soit contenir des mesures suffisamment précises pour produire un effet direct sans texte subséquent[221], soit, au contraire, avoir été précisée par des décrets d'application qui explicitent le dispositif du texte législatif (comp. *supra*, n° 60 et 83).

§ 2. LE DOMAINE DE LA LOI

125 **Plan. –** Si la Constitution ou le droit international constituent des sources essentielles du droit administratif, elles sont relativement concises. À

214. Par ex., Cons. const., DC 99-421 du 16 déc. 1999, R. 136 ; le juge administratif a fait sien cet objectif et en impose le respect aux règlements administratifs (v. not., CE, ass., 24 mars 2006, *Soc. KPMG et autres*, cité n° 136).

215. Par ex., CE, ass., 5 mars 1999, *Rouquette*, R. 37, *RFDA* 1999.358, concl. C. Maugüe (caractère non normateur des orientations et objectifs présentés dans le rapport annexé à la loi de financement de la Sécurité sociale).

216. CE, 18 juill. 2011, *Féd. nationale des chasseurs*, *AJDA* 2011.1527 et 2012.1047, étude C. Groulier, *RFDA* 2011. 1060.

217. P. Mazeaud, discours du 3 janv. 2005, *JCP* A 2005, p. 265.

218. Cons. const., n° 2005-512 DC, 21 avr. 2005, *AJDA* 2005, p. 916, note Brondel, *D.* 2005, p. 399, chron. J.-P. Feldman. *RDP* 2005, commentaire J.-P. Camby, *RFDA* 2005, p. 922, note G. Glénard.

219. CE, 19 nov. 2020, *Commune de Grande-Synthe*, n° 427301, préc. (à propos de l'art. L. 100-4 du Code de l'énergie fixant les objectifs de réduction des émissions de gaz à effet de serre).

220. CE, 13 déc. 1957, *Barrot*, R. 675 (prescriptions d'une loi non publiée au *JO* sans « force obligatoire à l'égard des agents et particuliers intéressés (et ne pouvant constituer) une base légale aux décisions individuelles les concernant »).

221. Par ex. CE, ass., 26 mai 1995, *Préfet Guadeloupe c/Etna*, R. 215 (applicabilité immédiate de l'article L. 10 du Code des tribunaux administratifs sans qu'un décret soit nécessaire pour en préciser les modalités d'application).

l'inverse, la loi continue à être la source première de la production normative et sans doute de plus en plus ces dernières années. Elle fonde et tout à la fois encadre l'action administrative. Encore faut-il déterminer quel est son rôle exact à ce stade. L'administration, élément de l'exécutif, ne fait-elle qu'exécuter les lois au sens le plus strict, se « contentant » de mettre en œuvre, par des mesures individuelles, les dispositions législatives ou au contraire peut-elle participer, elle-même, à la fonction de réglementation, alors que le règlement a un contenu matériel identique à celui de loi, puisqu'il pose aussi des normes générales ? Il y a là un enjeu majeur de répartition du pouvoir entre le Parlement et le gouvernement, même si celui-ci joue aussi un rôle essentiel dans l'élaboration de la loi, quant à la détermination des sources du droit administratif. La Constitution de 1958 (B) semble, de ce point de vue, avoir profondément modifié les solutions traditionnelles antérieures (A).

A. LA SITUATION ANTÉRIEURE À 1958

126 **Étendue du pouvoir réglementaire. –** La conception d'une administration sans aucun pouvoir de réglementation a pu être retenue aux commencements de la Révolution française. Dans la Constitution de 1791, seule la loi exprimant la volonté du souverain était habilitée à poser des normes à portée générale. Le Roi, et donc l'administration, outre les mesures individuelles, n'avaient que le droit d'édicter des proclamations en rappelant le contenu, sans rien y ajouter. Solution irréaliste qui explique que, dès la Constitution de l'an VIII, l'exécutif se vit reconnaître le pouvoir de faire les règlements nécessaires pour l'exécution des lois. Le règlement reste cependant totalement *subordonné à la loi* et aux choix du Parlement, et, bien que posant aussi des normes générales, il est assimilé à un acte administratif annulable par la juridiction administrative[222]. Il précise seulement les dispositions contenues dans la loi et il est toujours loisible au législateur souverain d'aller aussi loin que souhaité dans les détails, supprimant ainsi toute place pour un règlement d'application.

Par la suite, fut admise l'existence d'un certain *pouvoir réglementaire autonome* qui permettait, à l'exécutif, en dehors de toute application d'une loi antérieure l'habilitant à agir, de prendre les mesures indispensables au fonctionnement interne des services publics[223] ou à la protection de l'ordre public général « en vertu de ses pouvoirs propres »[224]. Autonome donc, parce que non fondé sur une disposition législative spécifique mais sans domaine réservé car nullement à l'abri d'une intervention législative dans « ses » matières.

Avant 1958, malgré certaines tentatives pour délimiter son domaine d'intervention, notamment par la loi Marie du 17 août 1948, la loi est donc définie par un critère uniquement *formel* : c'est l'acte voté par le Parlement, selon une certaine

222. **CE, 6 déc. 1907, *Cie des chemins de fer de l'Est*,** R. 913, S. 1908.3.1, concl. J. Tardieu (contrôle du juge, y compris sur les règlements d'administration publique – catégorie particulière de décrets supprimée en 1980, pris sur « délégation » du législateur).

223. CE, 4 mai 1906, *Babin*, concl. J. Romieu, R. 365 (l'arrêt indique par ailleurs que dans un certain nombre de matières, conformément à la tradition républicaine, le législateur doit, seul, intervenir) ; **CE, sect., 7 févr. 1936, *Jamart*,** R. 172 (v. *infra*, n° 152).

224. **CE, 8 août 1919, *Labonne*,** R. 737.

procédure. Son domaine d'intervention est illimité et sa supériorité sur le règlement absolue, même si, en fait, elle tend de plus en plus à régir les questions essentielles et à laisser au règlement le soin de fixer les modalités précises d'application.

B. LA CONSTITUTION DU 4 OCTOBRE 1958

127 Le texte même de la Constitution, tel qu'il a été interprété à l'origine, dans un contexte de renforcement du rôle du pouvoir exécutif, paraît bouleverser les règles établies de ce point de vue. Cependant, les applications postérieures et notamment les décisions de jurisprudence ont largement atténué sa portée ; la révolution annoncée s'est transformée en simple évolution.

1. Transformations dues au texte

128 **Compétence d'attribution de la loi.** – Si la loi reste l'acte voté par le Parlement selon certaines procédures, elle a désormais un champ d'intervention limité par l'article 34 de la Constitution. Au critère formel (procédure d'édiction), s'ajoute un *critère matériel* (acte intervenu dans un certain domaine). La loi n'a plus qu'une compétence d'attribution.

Selon le deuxième alinéa de l'article 34, elle « fixe les *règles* concernant » – pour les chefs de compétence qui ont des incidences directes sur l'action de l'administration – les garanties fondamentales accordées aux citoyens pour l'exercice des libertés publiques, les sujétions qui leur sont imposées par la Défense nationale, le régime électoral des assemblées locales, les conditions d'exercice des mandats électoraux et des fonctions électives des membres des assemblées délibérantes des collectivités territoriales, la création des catégories d'établissements publics, les garanties fondamentales accordées aux fonctionnaires civils et militaires de l'État et, enfin les nationalisations et privatisations.

Conformément au quatrième alinéa du même article 34, la loi doit intervenir pour déterminer les *principes fondamentaux* de l'organisation de la défense nationale, de la libre administration des collectivités territoriales, de leurs compétences et de leurs ressources, de l'enseignement, du régime de la propriété, du droit syndical et de la préservation de l'environnement.

Elle constitue ainsi la norme principale qui règle l'organisation des principaux services publics tels qu'enseignement, défense nationale, action économique. Son intervention est aussi indispensable pour organiser le régime des principales libertés et par voie de conséquence pour prendre les différentes mesures de police spéciale. Enfin son rôle est essentiel quant à l'organisation de l'administration décentralisée (collectivités territoriales, catégories d'établissement public).

Au contraire, l'organisation de l'administration de l'État constitue en principe et traditionnellement une matière réglementaire (v. *infra*, nº 137), parce que cette administration est directement subordonnée au gouvernement (v. *supra*, nº 5) qui assume, dès lors, la responsabilité politique de son action devant le Parlement, de telle sorte que la fonction de contrôle de celui-ci peut être regardée comme compensant son absence de pouvoir législatif. Toutefois, la raison même de cette compétence réglementaire en implique une limite : elle apparaît moins justifiable pour les autorités administratives ou publiques indépendantes qui, précisément, échappent à la subordination à l'Exécutif (lequel, dans ces conditions ne peut d'ailleurs guère répondre de leur action devant le Parlement). La volonté de renforcer le contrôle de ce dernier sur ces autorités, d'autant plus forte qu'elles se sont multipliées au cours des dernières années (v. *infra*, nº 253 et s.), a conduit la loi organique nº 2017-54 du 20 janvier 2017 à compléter l'article 34 de la Constitution, conformément à l'habilitation donnée au législateur organique par le dernier alinéa de cet article, en plaçant dans le domaine de la loi l'institution (et donc la suppression) des autorités administratives ou publiques indépendantes et l'édiction des règles relatives à leur composition et à leurs attributions ainsi que celle des principes fondamentaux de leur organisation et de leur fonctionnement.

129 **Compétence de principe du pouvoir réglementaire. –** La compétence normative de principe semble appartenir au pouvoir réglementaire puisque, selon l'article 37, alinéa 1, « *les matières autres que celles qui sont du domaine de la loi ont un caractère réglementaire* ». À côté du traditionnel pouvoir réglementaire d'exécution des lois, subordonné à celles-ci, prévu par l'article 21 de la Constitution[225] et du pouvoir réglementaire en matière d'organisation interne des services (v. *infra*, nº 152) et de police générale (v. *infra*, nº 507) qui subsistent, apparaît un nouveau pouvoir réglementaire autonome, découlant de l'article 37. Outre l'étendue de son domaine, il dispose d'une extrême liberté d'action. N'intervenant pas pour exécuter des prescriptions législatives, il n'est soumis qu'au respect de la Constitution, comme la loi elle-même.

130 **Mécanismes de sanctions. –** Pour que les prescriptions constitutionnelles aient un sens et soient respectées, des mécanismes de sanctions, pierre angulaire du système, sont mis en place :

— au cours de la procédure parlementaire, le gouvernement ou, depuis la révision constitutionnelle du 23 juillet 2008, le Président de l'assemblée saisie peut s'opposer à l'adoption d'une proposition de loi ou d'amendement qui empiéterait sur le domaine réglementaire, sous le contrôle éventuel du Conseil constitutionnel (art. 41 de la Constitution) ;

— avant promulgation, le Premier ministre peut saisir le Conseil constitutionnel pour qu'il sanctionne une « sortie » de la loi de son domaine réservé (art. 61) ;

— après promulgation, la loi contenant des dispositions réglementaires – qui n'est plus qu'un texte de forme législative – est modifiable par décret pris, après avis du Conseil d'État pour les textes antérieurs à 1958 ou après décision du Conseil constitutionnel pour les textes postérieurs, dans le cadre de la procédure de délégalisation (art. 37, al. 2).

À la première lecture, c'est donc une véritable révolution qui s'annonce : une loi réduite à la portion congrue, efficacement sanctionnable en cas de violation de son domaine réservé. À l'inverse, le pouvoir réglementaire apparaît comme autonome, magnifié, et disposant de la compétence de principe.

225. « Le Premier ministre (...) assure l'exécution des lois. Sous réserve des dispositions de l'article 13, il exerce le pouvoir réglementaire ».

2. Interprétation du texte constitutionnel

131 Pourtant la « révolution n'a pas eu lieu », selon l'expression de J. Rivero. Plusieurs évolutions ont limité la portée du bouleversement de 1958.

132 **État antérieur de la législation. –** Tant le Conseil constitutionnel que le Conseil d'État ont interprété la nouvelle répartition des compétences au regard des attributions précédemment faites, limitant ainsi la portée de l'article 34. Le pouvoir réglementaire conserve ainsi les matières qui lui avaient été transférées avant 1958, car les dispositions de cet article « doivent être appréciées dans le cadre des limitations de portée générale qui y ont été introduites par la législation antérieure »[226]. Ainsi, la réglementation des campagnes viticoles reste de la compétence du gouvernement bien qu'elle porte atteinte au régime de la propriété et à la liberté du commerce et de l'industrie car des décrets antérieurs avaient déjà conféré un tel pouvoir à l'autorité administrative suprême[227].

Il eût été paradoxal que la Constitution de 1958 qui voulait diminuer le rôle de la loi contribuât, au contraire, à l'étendre.

133 **Interprétation unitaire de l'article 34. –** La distinction règles-principes fondamentaux contenue dans l'article 34 semblait conférer une compétence très étendue, voire quasi exclusive, au législateur quand il fixe les règles alors que, pour les principes fondamentaux, il n'aurait tracé que les grandes lignes. Or, il y a place dans les deux cas pour des règlements d'application des lois[228]. La ligne de partage entre loi et règlement est donc fondée sur la distinction *mise en cause-mise en œuvre*, quel que soit l'alinéa de l'article 34 en cause.

Ainsi l'obligation d'affecter à des emplois militaires les jeunes hommes qui font un service actif met en cause les sujétions imposées par la défense nationale aux citoyens, ce qui relève de la loi ; à l'inverse, les modalités d'application de cette mesure ne font que mettre en œuvre ces règles[229].

134 **Extension du domaine de la loi. –** Le domaine de la loi s'est révélé beaucoup plus étendu qu'on ne l'avait cru de prime abord pour deux raisons.

1°) La découverte *d'autres chefs de compétence législative*, la combinaison de l'article 34 avec d'autres articles de la Constitution, du préambule ou de la déclaration de 1789 a joué un rôle premier. Ainsi, au-delà des prescriptions formelles de l'article 34 – dans le champ de l'action administrative – seule la loi, de façon générale, peut déterminer les bornes de la liberté (art. 4 de la déclaration), et notamment porter atteinte à la sûreté et à la liberté individuelle (art. 7 de la déclaration et 66 de la Constitution), à la liberté d'opinion et de communication (art. 10 et 11 de la déclaration), garantir l'égalité entre l'homme et la femme (Préambule de 1946,

226. **CC n° 59-1 L du 27 nov. 1959,** R. 71 ; CE, sect., 28 oct. 1960, *Martial de Laboulaye*, R. 570, concl. Heumann.

227. CE, 28 oct. 1960, préc. V. aussi, en sens inverse, CE, ass., 22 juin 1963, *Synd. personnel soignant Guadeloupe*, R. 386, concl. G. Braibant (impossibilité pour le pouvoir réglementaire de créer une profession réglementée d'infirmier, là où les textes antérieurs laissaient une totale liberté d'exercice sur ce point).

228. Cons. const., n° 61-13 L. du 3 mai 1961, R. 36 ; CE, sect., 27 janv. 1961, *Daunizeau*, R. 57 (décrets d'application des règles fixées par le législateur quant à l'organisation des ordres de juridiction).

229. Cons. const., 67-45 L. du 9 mai 1967, R. 29.

alinéa 3) ou restreindre le droit de grève (Préambule de 1946, alinéa 7). Dans le même esprit, plusieurs dispositions de la Charte de l'environnement (art. 3, 4 et 7) renvoient à la loi la détermination des conditions de leur application. En dehors même de tout chef précis de compétence dans les textes constitutionnels écrits, la loi est seule compétente pour déroger à des principes généraux du droit[230] ou, lorsque sont en jeu des objectifs et droits constitutionnels susceptibles d'entrer en opposition, pour réaliser la nécessaire conciliation entre eux[231].

2°) Tant le Conseil d'État que le Conseil constitutionnel ont adopté une *conception extensive du domaine de la loi.* Ils ont ainsi interprété dans un sens favorable au législateur de nombreux articles de la Constitution. C'est particulièrement clair pour le principe de libre administration des collectivités territoriales (v. *infra*, n° 290). Et les évolutions peuvent être importantes : alors que de nombreuses règles de procédure administrative contentieuse ou non contentieuse relevaient souvent du seul pouvoir réglementaire autonome, la compétence de la loi s'affirme de plus en plus, en raison notamment des incidences de telles dispositions sur les droits constitutionnels des administrés (notamment droit au recours, droits de la défense, exercice des libertés publiques)[232]. Cette extension est confortée par la jurisprudence dite de *l'incompétence négative* : est contraire à la Constitution une loi qui, renonçant à intervenir dans le domaine que lui a fixé la Constitution, permettrait au gouvernement de prendre des mesures qui relèvent d'elle seule[233].

135 **Relativisation de la portée de la répartition des compétences. –** *Le gouvernement* lui-même, disposant d'une majorité stable devant le Parlement, n'hésite pas, lors de la rédaction des projets de loi, à s'affranchir de la répartition prévue par la Constitution, délicate techniquement, pour y inclure des mesures d'ordre réglementaire. Pour des raisons symboliques, il est parfois décidé sciemment de recourir à la voie législative. Ainsi, la loi d'orientation sur l'organisation de la République du 6 février 1992, dans son article 2, définit les compétences respectives de l'administration centrale de l'État et celle des services déconcentrés, afin de marquer solennellement l'importance de la politique de déconcentration, alors que cette répartition relève très clairement du décret[234].

Le mécanisme de sanctions a, aussi, perdu beaucoup de sa force. Les dispositions de l'article 41 ne sont plus que rarement utilisées par le gouvernement, pour des raisons à la fois techniques (difficulté de distinguer ce qui relève exactement de chaque catégorie) et politiques (phénomène majoritaire). Surtout, saisi dans le cadre

230. Cons. const., 26 juin 1969, préc. (« Il ne peut être dérogé à un principe général du droit que par une disposition législative »).

231. V. par. ex. **Cons. const., n° 84-181 DC du 10-11 oct. 1984**, R. 73 (« Considérant que (...) s'agissant d'une liberté fondamentale (liberté de la presse) la loi ne peut en réglementer l'exercice qu'en vue de (...) le concilier avec celui d'autres règles ou principes de valeur constitutionnelle »).

232. Par ex. CE, 29 avr. 2002, *Ullmann*, *RFDA* 2003.135, concl. D. Piveteau (caractère législatif des dispositions relatives au droit d'accès aux documents administratifs) ; v. aussi *infra*, n° 963.

233. Par ex. Cons. const., n° 83-162 DC du 19-20 juill. 1983, R. 49 (renvoi irrégulier au décret du soin de fixer, seul, le nombre de représentants des salariés dans les conseils d'administration des entreprises publiques).

234. V Cons. const., n° 97-180 L. du 21 janv. 1997, R. 29 (délégalisation ultérieure de certaines dispositions).

de l'article 61 par des parlementaires, le Conseil constitutionnel a jugé « qu'une loi qui empiète sur le domaine du règlement n'en est pas pour autant inconstitutionnelle »[235]. C'était, au-delà de considérations d'ordre pratique – la solution inverse eût rendu obligatoire l'examen à la loupe de chaque texte – reconnaître que la loi reste libre de fixer son domaine. Les mécanismes de la Constitution ont dès lors pour seul objet de « conférer au gouvernement [...] le pouvoir d'en assurer la protection contre d'éventuels empiétements de la loi », ce qui pourrait s'envisager dans les cas de majorité insuffisante à l'Assemblée... Enfin, le législateur peut lui-même abroger des dispositions de nature réglementaire figurant dans un texte législatif, sans qu'il soit besoin de recourir à la procédure de l'article 37 alinéa 2[236].

La loi sortant de son domaine n'est donc pas entachée de nullité absolue, la répartition des compétences n'est pas d'ordre public et la définition matérielle de la loi largement relativisée.

136 **Réaction éphémère du Conseil constitutionnel. –** Désireux d'enrayer le déclin de la loi (v. *supra*, n° 123) et, notamment, de lutter plus activement contre ses intrusions dans le domaine réglementaire[237], le Conseil constitutionnel avait infléchi sa jurisprudence sur cette question. Il s'était reconnu le pouvoir de déclarer la nature réglementaire des dispositions contenues dans une loi quand il était saisi sur le fondement de l'article 61 de la Constitution[238]. Ainsi délégalisées de façon préventive, celles-ci devaient pouvoir être modifiées, par décret pris après avis du Conseil d'État, sans que le Premier ministre doive à nouveau saisir le Conseil constitutionnel en application, cette fois, de l'article 37 alinéa 2. Cette solution procédait d'une intention louable ; elle était néanmoins fragile en droit – elle détournait la procédure de l'article 61 de son objet – et d'une efficacité douteuse. Elle a été abandonnée en 2012[239].

137 **Réduction du rôle du pouvoir réglementaire. –** Enfin, la conception du pouvoir réglementaire autonome initialement retenue – sous réserve des hypothèses particulières de la police générale ou de l'organisation interne des services – s'est révélée discutable, tant dans son statut, dans son domaine, que dans son fondement.

1°) Alors qu'on avait cru pouvoir le hisser au rang d'une véritable loi, pratiquement exempt du respect de toute norme de référence autre que la Constitution elle-même, le pouvoir réglementaire s'est trouvé ravalé au rang statutaire d'un banal *acte administratif*. En 1959, le Conseil d'État rappela que l'exécutif, quand il intervenait outre-mer en application de la Constitution de 1946 dans le domaine de la loi, était « tenu de respecter d'une part les lois applicables dans les territoires d'outre-mer, d'autre part les principes généraux du droit... »[240]. En plein débat sur le rôle du pouvoir réglementaire autonome dans la nouvelle Constitution, c'était signifier très clairement que les actes du pouvoir exécutif, même en ce domaine, restaient

235. Cons. const., **n° 82-143 DC du 30 juill. 1982,** R. 57.
236. Cons. const., 16 déc. 1999, préc.
237. P. Mazeaud, discours du 3 janv. 2005, *JCP* A 2005, p. 267.
238. Cons. const., n° 2005-512 DC, 21 avr. 2005, préc. *supra*, n° 123.
239. Cons. const., n° 2012-649 DC, 15 mars 2012, *JO* 23 mars 2012, p. 5253.
240. **CE, sect., 26 juin 1959,** ***Synd. des Ingénieurs conseils***, R. 394, *RDP* 1959.1004, concl. Fournier.

administratifs et soumis à l'ensemble des normes supérieures à ceux-ci. Autonome en ce qu'il n'a pas besoin d'une loi l'habilitant pour intervenir, ce règlement n'est nullement assimilé à la loi quant à son statut.

2°) À l'étendue de son *domaine* magnifié en 1958, a répondu l'intervention constamment accrue de la loi. Le pouvoir réglementaire cesse dès lors d'être l'autorité de principe dans l'élaboration des normes à portée générale. Seules, du point de vue du droit administratif, les questions relatives à l'organisation de l'administration d'État (à l'exception des autorités administratives ou publiques indépendantes, v. *supra,* n° 128), à la procédure administrative non contentieuse et au statut des agents publics non-titulaires paraissent pouvoir s'y rattacher. Encore la loi peut-elle être indispensable pour adopter telle ou telle disposition dans ces matières, lorsque ces dispositions mettent en cause des règles ou des principes qui relèvent du domaine de la loi. Il en est ainsi, par exemple, quand les règles adoptées imposent des sujétions aux collectivités locales. Ainsi, les dispositions régissant la procédure administrative au sein de l'État, prévues par le décret du 28 novembre 1983, n'ont pu être « étendues » aux collectivités territoriales que par la loi du 12 avril 2000 (v. *infra*, n° 616) parce qu'elles touchent aux conditions de la libre administration de celles-ci, matière législative en vertu des articles 34 et 72 de la Constitution. Dans tous les autres domaines, le règlement intervient, seulement, pour exécuter une ou des lois plus ou moins précises.

3°) Enfin, son *fondement* même a été remis en cause. Selon la conception traditionnelle de la jurisprudence administrative, les deux types de règlements n'ont pas le même fondement ni le même rôle. Le règlement autonome est édicté, en l'absence de loi, sur le fondement de l'article 37 de la Constitution, pour régir les matières réglementaires. Quand il est saisi d'un règlement autonome, le Conseil d'État le confronte donc directement aux articles 34 et 37 (sans par hypothèse qu'une loi fasse écran) pour vérifier qu'il n'empiète pas sur le domaine de la loi. Le pouvoir réglementaire d'exécution de la loi, quant à lui, procède de l'article 21 de la Constitution et permet de prendre toutes les mesures nécessaires à la mise en œuvre de dispositions législatives, lors même que, en raison de l'imprécision de ces dispositions, ces mesures porteraient sur le domaine législatif[241]. C'est alors la loi elle-même qui est considérée comme ayant permis cette intrusion dans son domaine et, dès lors, le Conseil d'État ne saurait censurer cet empiétement puisque cela reviendrait à dénoncer l'inconstitutionnalité de la loi. Cette application extensive de la théorie de l'écran législatif implique, en particulier, que lorsque la loi renvoie la détermination de ses modalités d'application à un décret, elle est interprétée comme ayant implicitement habilité le pouvoir réglementaire à intervenir dans le domaine législatif si cela est nécessaire à sa mise en œuvre.

La position du Conseil constitutionnel sur cette question est différente. Elle marque l'unité du pouvoir réglementaire et tend à gommer la distinction entre pouvoir réglementaire autonome et pouvoir réglementaire d'exécution de la loi. Dans une décision n° 76-94 L. du 2 décembre 1976[242], il énonce en effet que c'est « en vertu de son article 37 » que la Constitution laisse au pouvoir réglementaire le soin d'édicter les mesures nécessaires à l'application de la loi. Ainsi, les deux types de

241. P. ex., CE, 2 févr. 1983, *Union des transports publics urbains*, préc.
242. R. 67.

pouvoir réglementaire trouvent leur fondement dans l'article 37, les articles 13 et 21 ayant pour seul objet de désigner les autorités investies du pouvoir réglementaire. En conséquence, pour le Conseil constitutionnel, les règlements d'exécution comme les règlements autonomes doivent respecter la détermination des matières législatives. Concrètement, une loi qui habiliterait le pouvoir réglementaire à prendre, pour son application, des mesures touchant au domaine réservé à la loi serait inconstitutionnelle et, par suite, censurable par le Conseil constitutionnel.

Toutefois, une récente décision du Conseil d'État[243] semble marquer une rupture par rapport à sa conception traditionnelle et un rapprochement avec la position du Conseil constitutionnel. Après avoir apporté des précisions sur le domaine de la loi en matière de sanctions administratives, le Conseil d'État juge en effet, tout au contraire de sa jurisprudence antérieure, que la circonstance que la loi a « renvoyé au décret le soin de définir ses modalités ou ses conditions d'application n'a ni pour objet ni pour effet d'habiliter le pouvoir réglementaire à intervenir dans le domaine de la loi ». Le pouvoir réglementaire d'exécution de la loi semble donc désormais conçu comme permettant de prendre les mesures d'application de la loi sous réserve de ne pas empiéter sur le domaine législatif et la théorie de l'écran législatif ne devrait plus jouer que dans le cas où le législateur a précisément déterminé les mesures que le gouvernement est habilité à prendre. En d'autres termes, dans ce cas, le juge administratif se borne à vérifier que le pouvoir réglementaire s'est tenu dans les limites de l'habilitation[244]. Il faut toutefois réserver alors la possibilité de contester la constitutionnalité de cette dernière par la voie d'une question prioritaire de constitutionnalité (v. *supra*, n° 67 et s.).

En définitive, dans la Constitution telle qu'elle est interprétée, le règlement est autonome parce qu'il intervient dans certains domaines sans qu'une loi l'y autorise expressément, mais il n'est ni affranchi du respect des lois, ni protégé des incursions du législateur. De ce point de vue il y a seulement des matières *à forte, moyenne ou faible détermination législative*[245].

138 **Synthèse. –** Le statut de la loi et celui du règlement avant et après 1958 sont en fait très semblables du fait d'interprétations tenant compte de la tradition républicaine.

1°) Avant comme après 1958, la loi fixe les principes essentiels, le règlement, le plus souvent d'exécution, intervient pour les applications détaillées (couple mise en cause-mise en œuvre). Mais la loi peut, elle-même, comporter des dispositions très précises.

2°) Avant comme après 1958, il lui est possible d'empiéter sur le pouvoir réglementaire, sans pour autant être sanctionnée. La loi reste donc largement maîtresse de son domaine et la définition matérielle de la loi est, par voie de conséquence, d'une moindre portée.

3°) Une différence essentielle subsiste cependant : en dernier ressort le gouvernement peut, par le biais des articles 37 alinéa 2 et 41, à nouveau, s'il le désire, faire revivre la distinction des domaines qui, même relativisée, n'en existe pas moins.

243. CE, sect., 18 juill. 2008, *Féd. de l'hospitalisation privée*, *AJDA* 2008.1812, chron. E. Geffray et S.-J. Lieber.

244. V. p. ex., CE, 26 nov. 2010, *M. Lavie et autre*, *RFDA* 2011.228.

245. L. Favoreu, « Les règlements autonomes n'existent pas », *RFDA* 1987.882.

4°) Quant au règlement, avant comme après 1958, il intervient surtout pour assurer l'exécution des lois, et le pouvoir autonome spécifique à la Constitution de la Vᵉ République – celui lié à l'organisation interne des services et à la police générale subsistant – n'occupe qu'une place réduite.

De ce point de vue, l'extension du domaine de la loi n'est pas sans conséquence. Même si l'administration joue un rôle essentiel dans la préparation de ces textes, l'encombrement du Parlement fait qu'elle a du mal à faire voter dans des délais raisonnables certaines réformes qu'elle souhaite engager ; la discussion parlementaire ayant, de plus, une tout autre portée que les arbitrages interministériels.

Quoi qu'il en soit, la révolution n'a pas eu lieu, là où on l'attendait. Le bouleversement du statut de la loi est venu du contrôle de constitutionnalité puis de l'admission de l'exception d'inconventionnalité.

§ 3. LA SANCTION DE LA VIOLATION DES NORMES LÉGISLATIVES PAR LES ACTES ADMINISTRATIFS (RENVOI)

139 Vu l'importance quantitative des lois comme sources du droit administratif, le juge confronte l'acte administratif – bien plus qu'aux normes constitutionnelles ou internationales qui restent « lointaines » et souvent assez générales – au maillage serré qui résulte de ces textes. La violation de la loi, norme supérieure aux actes administratifs, entraîne dès lors leur annulation qu'il s'agisse d'actes réglementaires ou individuels[246]. C'est d'ailleurs un des cas d'ouverture du recours pour excès de pouvoir, même si le sens exact du terme « loi » a largement évolué depuis le XIXᵉ siècle (v. *infra*, n° 1046 et s.).

SECTION 4 LES SOURCES RÉGLEMENTAIRES

140 **Plan. –** Une fois ces multiples règles posées par les normes supérieures, et dans le respect de ses compétences, l'administration peut édicter les dispositions à portée générale qui se révèlent nécessaires. Ces règlements administratifs, qu'il s'agisse d'exécuter la loi ou d'agir éventuellement à titre autonome, constituent une source subordonnée, mais essentielle du droit administratif qui s'impose à la puissance publique dans l'édiction de mesures individuelles unilatérales ou la passation des contrats administratifs. De nombreuses autorités ont ainsi une compétence réglementaire (§ 1), et leurs actes s'inscrivent à leur tour dans une logique hiérarchique (§ 2).

246. Par ex. CE, sect., 30 nov. 1998, *Féd. nat. Industrie hôtelière*, R. 449, *RFDA* 1999.392, concl. D. Chauvaux (annulation du décret d'application de la loi Évin, qui autorise, en contrariété avec celle-ci, la vente de boissons alcoolisées à l'occasion des manifestations sportives).

§ 1. LES TITULAIRES DU POUVOIR RÉGLEMENTAIRE

141 **Plan. –** Seules deux autorités administratives sont désignées par la Constitution comme titulaires du *pouvoir réglementaire général*, qui peut intervenir en tous domaines (autres que celui de la loi) et fixer des règles ayant vocation à s'appliquer sur tout le territoire et à l'ensemble des administrés (A). Mais un *pouvoir réglementaire « spécialisé »,* propre à certains secteurs ou territoires s'est aussi développé et a été attribué à de multiples personnes (B). Enfin, la jurisprudence a admis que, pour l'organisation du service public, les chefs de service disposaient d'*un pouvoir réglementaire « interne »* spécifique (C).

Toutes ces autorités exercent le pouvoir réglementaire en prenant les actes selon la forme qui leur est réservée. Le Premier ministre ou le président de la République agissent, en principe, par décret, les ministres, préfets, exécutifs territoriaux par arrêté, les assemblées locales ou des établissements publics par délibération.

Une double confusion doit être évitée :

– Certains de ces actes, au même nom, sont aussi bien réglementaires qu'individuels en fonction de leur contenu (v. *infra*, n° 158). Le président de la République, par exemple, nomme les hauts fonctionnaires par décret « individuel ». De même un arrêté ministériel, préfectoral, ou d'une autorité locale peut avoir une portée simplement « individuelle » (retrait de permis de conduire, autorisation de construire, etc.) ;

– Ces compétences sont parfois exercées en recourant à d'autres procédés (circulaire, directive, note, lettre, avis, vœux, etc. v. *infra*, n° 542 et s.). Le droit français n'étant pas formaliste sur ce point, l'acte au contenu réglementaire – il en va de même d'ailleurs pour l'acte individuel – est soumis au régime juridique de ces décisions, ce qui évite toute tentation d'édicter des mesures incognito.

A. LE POUVOIR RÉGLEMENTAIRE GÉNÉRAL

142 **Premier ministre et président de la République. –** Au niveau central, alors que les ministres n'ont pas de pouvoir réglementaire général, la compétence de principe appartient, selon l'article 21 de la Constitution, au *Premier ministre* qui l'exerce normalement par décret, après éventuelle consultation du Conseil d'État (décret dit en Conseil d'État, v. *infra*, n° 250).

Le président de la République est, quant à lui, compétent lorsque les décrets sont délibérés en Conseil des ministres, après, là aussi, un éventuel avis du Conseil d'État (art. 13 de la Constitution). Or, seules quelques rares dispositions constitutionnelles (art. 36-1 : proclamation de l'état de siège), législatives (notamment pour les décrets portant statut particulier de certains corps de fonctionnaires, selon la loi du 11 janvier 1984)[247] ou réglementaires (décret du 22 janvier 1959 prévoyant la délibération en Conseil des ministres des décrets fixant les attributions des ministres) dressent la liste des décrets réglementaires qui doivent être obligatoirement examinés par le Conseil des ministres. Pour les autres, leur inscription à l'ordre du jour résulte d'une libre décision du chef de l'État. Dès lors, tout décret réglementaire peut être adopté après que le Conseil des ministres

247. De telles dispositions législatives ne sont d'ailleurs pas à l'abri d'une délégalisation (v. *supra*, n° 130) suivie d'une abrogation par le gouvernement dès lors qu'elles présentent un caractère réglementaire (Cons. const., déc. n° 2006-204 L du 15 juin 2006, R. 65).

en a délibéré, devenant un acte du président que lui seul pourra modifier[248], sauf dispositions contraires du texte même de ce décret (v. *infra*, n° 156). Le président de la République fait ainsi entrer un décret dans le champ de sa compétence, ce qui peut présenter un certain intérêt, notamment en période de cohabitation. Il signe enfin les ordonnances, actes provisoirement réglementaires en principe (v. *supra*, n° 116).

Quant aux décrets réglementaires non délibérés en Conseil des ministres, leur signature par le chef de l'État n'entache pas d'illégalité le décret, mais reste superfétatoire. Ces décrets restent des actes de la compétence du Premier ministre, soumis à leur régime juridique et modifiables par lui seul[249].

Enfin, dans le cadre de l'article 16, le président de la République peut prendre, éventuellement à la place du Premier ministre, outre des actes législatifs, les mesures réglementaires qu'exige la situation.

B. LE POUVOIR RÉGLEMENTAIRE SPÉCIALISÉ

143 **Règles constitutionnelles. –** La Constitution, tout d'abord, permet au Premier ministre de déléguer certains de ses pouvoirs à ses ministres (art. 21). Mais de nombreuses lois ont aussi « distribué » le pouvoir réglementaire à différentes autorités de l'État ou à des personnes morales spécialisées. Une telle répartition des compétences est-elle, en ce dernier cas, conforme à la Constitution ? Le Conseil constitutionnel a admis que si « l'article 21 ne fait pas obstacle à ce que le législateur confie à une autre autorité que le Premier ministre le soin de fixer des normes permettant de mettre en œuvre une loi, c'est à la condition que cette habilitation ne concerne que des *mesures à portée limitée* tant dans leur champ d'application que par leur contenu ». Ainsi, la loi qui confie au Conseil supérieur de l'audiovisuel, seul, le soin de fixer l'ensemble des règles en matière de communication institutionnelle et de parrainage est contraire à la Constitution car, en raison de sa portée trop étendue, elle méconnaît la compétence de principe du Premier ministre[250], dont le pouvoir réglementaire ne peut être d'ailleurs subordonné à celui de ces autorités administratives[251], ni s'exercer sur leur avis conforme[252].

Par ailleurs, l'article 72 de la Constitution, dans sa rédaction due à la réforme constitutionnelle du 28 mars 2003, précise explicitement que les collectivités territoriales disposent d'un pouvoir réglementaire pour l'exercice de leurs compétences, ce que la jurisprudence antérieure avait d'ailleurs admis (v. *infra*, n° 150 et s.).

248. CE, ass., 10 sept. 1992, *Meyet*, R. 327, concl. D. Kessler.

249. CE, 27 avr. 1962, *Sicard*, R. 279.

250. **Cons. const., n° 88-248 DC du 17 janv. 1989**, R. 18, même solution pour les ministres (Cons. const., 22 janv. 1990, préc.) et la Banque de France (Cons. const., n° 93-324 DC du 3 août 1993, R. 208). V. aussi CE, sect., 3 juill. 2000, *Soc. Civ. Auteurs réalisateurs producteurs*, R. 289 (compétence du gouvernement et non du CSA pour réglementer la publicité sur *Internet)*.

251. Cons. const., n° 86-217 DC du 18 sept. 1986, R. 141 (impossibilité de soumettre l'édiction de dispositions par décret au respect de délibérations de la CNCL).

252. Cons. const., n° 2006-544 DC du 14 déc. 2006, R. 101, *AJDA* 2006.1643, note Luppi (contrariété à l'article 21 C d'une disposition selon laquelle un décret devra être pris sur avis conforme de la CNIL). La jurisprudence est constante depuis lors (v. par ex. Cons. const., n° 2020-800 DC du 22 mai 2020, § 77).

Dans le respect de ces articles, de nombreux textes ont conféré, par une habilitation expresse indispensable et limitée à certaines matières précises, *un pouvoir réglementaire « spécialisé »*, soit au niveau national, soit sur un plan local.

1. Au niveau national

a) Les ministres

144 **Interdiction de principe. –** Le ministre ne saurait régir l'activité des administrés et des citoyens, sans empiéter sur la compétence du Premier ministre et du président de la République. Il serait, en effet, très dangereux que chaque ministre puisse édicter sa propre règle, avec tous les risques de contradiction susceptibles de se produire avec celles posées par un autre ministre. L'intervention des autorités centrales de l'État constitue donc une garantie de l'unité de l'action étatique[253].

Cependant trois précisions doivent être apportées.

145 **Exception. –** Le ministre est à même d'édicter certaines mesures réglementaires spécialisées de mise en application des textes à portée nationale, lorsqu'un décret[254], voire une loi[255] lui délèguent expressément cette compétence. En ce cas, des arrêtés ministériels viennent sur des points limités préciser le droit applicable.

146 **Participation. –** Les ministres participent indirectement à l'exercice du pouvoir réglementaire général. Ce sont eux qui préparent les dispositions à prendre et qui les mettent en œuvre, ce que traduit l'apposition formelle de leur *contreseing*[256] sur ces textes, garantie de la cohérence de l'action gouvernementale. En effet les actes du président de la République, et notamment des décrets réglementaires, doivent, à l'exception de certaines décisions « politiques » (prises en vertu des articles 8 1er alinéa, 11, 12, 16, 18, 54, 56, 61 de la Constitution), être contresignés par le Premier ministre, et le cas échéant, par les ministres responsables (art. 19 de la Constitution), c'est-à-dire « ceux à qui incombent à titre principal la préparation et l'application des actes en cause »[257]. Ceci traduit l'accord donné et la prise en charge de ces actes par les membres du gouvernement concernés, qui en assument dès lors la responsabilité sur le plan politique. Quant aux actes du Premier ministre, ils doivent être contresignés, le cas

253. V. CE, 23 mai 1969, *Soc. Distilleries Brabant*, R. 264, concl. N. Questiaux (refus formel de reconnaître un pouvoir réglementaire au ministre, malgré les propositions du commissaire du gouvernement). Pour une application récente, CE, 8 févr. 2010, *Ministre de la Défense*, *AJDA* 2010.919.

254. V. par ex. les trois parties du Code de l'urbanisme : L : législatif, R. : réglementaire et A : arrêté (ministériel) et CE, 7 janv. 1966, *Féd. gén. cheminots*, R. 17, concl. G. Braibant, *RA* 1966, p. 29.

255. V. Cons. const., 22 janv. 1990, préc. (pouvoir des ministres d'approuver les conventions nationales entre caisses de Sécurité sociale et corps médical, ce qui leur donne valeur réglementaire) et aussi par ex. C. éduc., art. L. 613-1 qui confie au ministre des Universités le pouvoir de fixer les conditions d'obtention des diplômes nationaux.

256. V. CE, sect., 31 déc. 1976, *Comité déf. riverains de l'aéroport Paris-Nord*, R. 580 (obligation d'apposer formellement le contreseing sur l'acte même si le ministre a donné son accord exprès au cours d'une réunion préparatoire).

257. CE, sect., 10 juin 1966, Pelon, R. 384, *AJDA* 1966.492, concl. J.- M. Galabert (ministre des Affaires étrangères n'ayant pas à contresigner un décret relatif aux établissements scolaires à l'étranger qui relèvent de la seule autorité du ministre de l'Éducation nationale).

échéant, par les ministres chargés de leur exécution (art. 22 de la Constitution), catégorie un peu plus large puisqu'elle comprend tous ceux qui « prennent des mesures réglementaires et individuelles que comporte nécessairement l'exécution »[258], ce qui traduit aussi la collégialité gouvernementale.

147 **Pratique. –** Le ministre s'octroie une compétence réglementaire par le biais des *circulaires* et instructions de service (v. *infra*, n° 543 et s.). Elles sont censées n'avoir aucune portée normatrice, se contentant d'interpréter, d'expliquer les dispositions des normes supérieures sans rien y ajouter, ou ne contenir que ce qu'autorise le pouvoir réglementaire interne d'organisation du service (v. *infra*, n° 152). En réalité, par les mesures qu'elles édictent, par les ordres qu'elles donnent aux agents du ministère quant à l'instruction des dossiers, elles risquent d'avoir des effets externes. De nouvelles conditions à l'application des lois et décrets s'imposent aux administrés confrontés de ce fait à de véritables règles. Une telle pratique, illégale, entraîne immanquablement l'annulation de la circulaire, mais le temps que le juge statue, s'il est saisi, la règle ministérielle a été en vigueur et opposée à l'administré. Par ailleurs, les limites parfois imprécises de la jurisprudence *Jamart*, relative au pouvoir d'organisation des services, peuvent permettre de faire passer de véritables règlements à portée externe sous son couvert.

Enfin, les ministres disposent d'un pouvoir d'orientation, infraréglementaire, par le biais des directives, récemment rebaptisées lignes directrices (v. *infra*, n° 572).

b) Les autres autorités

148 La loi peut aussi, dans les conditions fixées par le Conseil constitutionnel, déléguer un pouvoir réglementaire spécialisé à certains établissements publics[259] ou à des autorités administratives indépendantes (v. *infra*, n° 259), ou même à des personnes morales de droit privé. Les entreprises publiques peuvent ainsi déterminer les règles d'organisation du service public industriel et commercial[260] et des organismes privés prendre les mesures de réglementation nécessaires au bon fonctionnement des services publics administratifs[261]. Quant aux ordres professionnels, s'ils rédigent des codes de déontologie dont la violation est passible de sanctions disciplinaires, ceux-ci sont, en général, édictés par décret du Premier ministre[262]. Ils peuvent cependant, s'ils y ont été habilités, disposer d'un certain pouvoir réglementaire[263].

258. Par ex. CE, 27 avr. 1962, *Sicard*, préc. (pour un décret organisant le reclassement des fonctionnaires d'outre-mer, nécessité du contreseing de tous les ministres qui « accueillent » ces agents dans leurs services).

259. V. Avis CE, 17 mai 1979, Gr. Avis CE, 1re éd., n° 13 (pouvoir réglementaire du directeur du centre national de la cinématographie fondé sur l'article 2 de ce Code de l'industrie cinématographique). Comp. pour la Banque de France, Cons. const., 3 août 1993, préc.

260. V. **T. confl., 15 janv. 1968 *Cie Air France c/Époux Barbier*,** R. 789, concl. J. Kahn (habilitation donnée à la société Air France pour élaborer un règlement portant statut du personnel. Sur ce point v. *infra*, n° 602).

261. V. sur ces points *infra*, n° 602.

262. V. par ex. pour les médecins, décr. n° 95-1000 du 6 sept. 1995, portant Code de déontologie médicale (*JO* 8 sept., p. 13305).

263. V. par ex. CE, 4 févr. 2001, *Féd. fr. Psychothérapie*, R. Tab. 1165 (réglementation de la mention « psychothérapie » par l'ordre des médecins).

2. À l'échelon local

149 Le champ d'application du pouvoir réglementaire se limite ici à une circonscription territoriale de l'administration de l'État ou à la collectivité locale concernée, avec une spécialisation liée à l'assignation d'un certain domaine déterminé. *Au sein de l'État*, il est ainsi attribué, par de multiples textes, dans le cadre de la déconcentration à diverses autorités de l'État agissant au niveau local, pour l'essentiel aux préfets de départements, voire de région.

150 **Autorités décentralisées. –** Dans le cadre de la décentralisation territoriale, les collectivités locales ne participent pas à la fonction législative, qui reste de la compétence de principe du Parlement national. Mais, comme en dispose, désormais, expressément l'article 72 de la Constitution, dans les conditions prévues par la loi, ces collectivités prennent des mesures réglementaires pour l'exercice de leurs compétences, édictées par les autorités territoriales ou les assemblées délibérantes. Ainsi, le maire joue un rôle essentiel en matière de police : par ses arrêtés réglementaires, il encadre les activités susceptibles de troubler l'ordre public. Le conseil municipal, quant à lui, fixe, par exemple, les conditions d'admission aux services municipaux.

151 **Nature de ce pouvoir réglementaire ? –** À l'occasion du grand mouvement de décentralisation du début des années 1980, certains juristes avaient estimé que le principe constitutionnel de libre administration des collectivités locales exigeait une autonomie normative de ces collectivités dans le domaine de leur administration. Les règlements d'application des lois relatives à ces matières ne relèveraient plus que de leur compétence, le Premier ministre ne pouvant plus intervenir par décret en ces matières[264].

Cette thèse, contraire à la pratique législative qui renvoie le plus souvent à des décrets d'application, a été rejetée par le Conseil d'État. Comme toute autorité administrative, les organes des collectivités territoriales ne doivent édicter des mesures réglementaires que pour mettre en œuvre les normes contenues dans la loi et précisées par décret, qui garde tout son rôle ici[265]. Seule une loi, suffisamment détaillée pour n'avoir pas à être complétée, peut leur permettre d'intervenir directement[266], sans que cela interdise d'ailleurs l'édiction éventuelle d'un décret en ce domaine[267]. La nouvelle rédaction de la Constitution ne change pas la donne, même si, en raison de la place plus solennelle conférée à la décentralisation, le juge peut interpréter les textes dans un sens plus favorable au pouvoir réglementaire local[268].

264. V. not. M. Bourjol, cité *in* Biblio. *infra*, nº 193, Sources réglementaires.

265. Avis CE (art. 12) 20 mars 1992, *Préfet du Calvados*, R. 123, *AJDA* 1992.293, concl. H. Toutée, et CE, 27 nov. 1992, *Féd. Interco CFDT*, R. 426 (impossibilité pour les collectivités locales de fixer les règles du régime indemnitaire des fonctionnaires territoriaux sans intervention d'un décret d'application).

266. CE, ass., 2 déc. 1994, *Préfet région Nord Pas-de-Calais, Commune de Cuers* (deux arrêts), R. 522 et 529, *Cahiers FP* 1995 nº 3.23, concl. J. Arrighi de Casanova (droit, pour les collectivités locales, de déterminer, « dans le respect des critères fixés par la loi » les conditions d'attribution des logements de fonction « sans que l'édiction par les autorités de l'État d'un texte réglementaire (...) soit nécessaire »).

267. En ce sens concl. Arrighi de Casanova préc. et CE, 1er avr. 1996, *Départ. de la Loire*, R. 109 (si la loi renvoie « à la voie réglementaire », la personne compétente n'est pas, même s'il s'agit d'une matière décentralisée, la collectivité locale mais bien le Premier ministre, autorité réglementaire de droit commun).

268. Allant, peut-être, dans ce sens, v. CE, avis, 1er févr. 2006, *Préfet du Puy-de-Dôme c/Commune de Pont-du-Château*, *AJDA* 2006, p. 617, note Monteclerc.

En outre, le législateur peut habiliter une collectivité « à définir les modalités d'application d'une loi au cas où il serait nécessaire d'*adapter* les dispositions réglementaires nationales aux spécificités » de sa situation[269]. Et le décret est en droit de permettre à l'entité locale, sauf lorsque sont en cause les conditions essentielles d'exercice d'une liberté publique ou d'un droit constitutionnellement garanti, de *déroger*, à titre expérimental et pour une durée et un objet limités, aux règlements nationaux les concernant (nouvel article 72, 4e alinéa de la Constitution) (v. *infra*, n° 294 et 364).

C. LE POUVOIR RÉGLEMENTAIRE INTERNE

152 **Jurisprudence *Jamart*. –** Outre la possibilité qu'offrent les circulaires et les lignes directrices de disposer en fait, et non en droit, d'un certain pouvoir de réglementation (v. *infra*, n° 543 et s.), les chefs de service (préfets, chefs de services déconcentrés, directeurs d'établissements publics, autorités territoriales) et en particulier, les ministres disposent d'un pouvoir réglementaire « interne » d'organisation des services, qu'ils exercent par différentes mesures souvent appelées notes, instructions ou circulaires. L'arrêt *Jamart*[270], dans la ligne de l'arrêt *Babin* (v. *supra*, n° 126), précise que « même dans les cas où les ministres ne tiennent d'aucune disposition législative un pouvoir réglementaire, il leur appartient comme à tout chef de service de prendre les mesures nécessaires au bon fonctionnement de l'administration placée sous leur autorité ».

Ainsi un chef de service peut organiser ses services en créant par exemple une commission consultative dont il fixe la composition, à condition que cette création ne porte aucune atteinte aux droits des administrés[271] réglementer l'exercice du droit de grève[272], ou même, s'agissant du ministre de la Défense, imposer certaines vaccinations aux militaires[273].

Ce pouvoir n'a en principe que des *conséquences internes* : il ne s'adresse qu'aux agents de l'administration, même si, de ce fait, il peut produire, sur des points mineurs, des effets à l'égard des usagers qui sont en relations avec ceux-là. Sous cette réserve, ce pouvoir, en d'autres termes, ne doit pas, selon la formule de Romieu (concl. sur l'arrêt *Babin*, préc.) « léser les droits des tiers ». C'est ainsi que, par exemple, le pouvoir réglementaire d'organisation du service ne saurait légalement conférer à des agents de l'administration un pouvoir de contrainte à l'égard de personnes extérieures à celle-ci[274].

Quand le ministre fixe, par exemple, les règles de composition des dossiers, cela a des incidences sur la situation des administrés, qui doivent rester réduites. Dans l'arrêt *Institution Notre-Dame du Kreisker*[275], le juge admit que le ministre avait légalement fixé la liste des

269. V. Cons. const., 2001-454 DC 17 janv. 2002, R. 70 (à propos du statut de la Corse).

270. **CE, sect., 7 févr. 1936,** R. 172.

271. CE, 11 mai 1979, *Synd. CFDT, Min. Aff. étrangères*, R. 204, *AJDA* 1979. 41, concl. J.-M. Galabert ; CE, sect., 25 févr. 2005, *Syndicat de la magistrature*, R. 80, *AJDA* 2005.995, chron. C. Landais et F. Lenica.

272. CE, ass., 7 juill. 1950, *Dehaene*, préc. *supra*, n° 58.

273. CE, ass., 3 mars 2004, R. 133, *AJDA* 2004.971, chron. F. Donnat et D. Casas, *D.* 2004.1257, note D. Ritleng, *RFDA* 2004.581, concl. G. Le Chatelier, *RDSS* 2004.608, note M. Deguergue.

274. CE, 11 avr. 2018, *Fédération des acteurs de la solidarité et autres,* n° 417206, *AJDA* 2018.985, concl. G. Odinet.

275. CE, ass., 29 janv. 1954, R. 64, *RPDA* 1954.50, concl. F. Tricot. V. aussi *infra*, n° 543 et s.

renseignements à fournir pour obtenir des subventions mais annula de multiples dispositions de la circulaire qui imposaient la production de pièces non exigées par la loi (par. ex. engagement du demandeur d'accepter un contrôle administratif et pédagogique en cas de versement de la subvention). De même, un ministre est susceptible, en application du Code de procédure pénale, de préciser les conditions de fouilles des détenus, mais ne saurait interdire toute correspondance, même pour les détenus en cellule de punition[276].

Les pouvoirs du chef de service, sur ce fondement, connaissent une autre limite : ils cessent dès qu'existe une réglementation posée par une loi ou un décret, car le chef de service n'intervient que pour combler un vide juridique.

Alors que les ministres autrefois disposaient d'importantes compétences quant au statut des agents, la multitude de textes très précis régissant désormais la fonction publique ne leur laisse qu'une marge de manœuvre très réduite. Si le ministre peut fixer les grilles de rémunération des agents contractuels[277], ou prendre des mesures infrastatutaires[278], il ne saurait instituer une prime pour des fonctionnaires, alors qu'un décret a déterminé le champ d'application de telles gratifications[279], ni établir, par circulaire un barème permettant le classement dans un concours interne, ce qui relève du décret[280].

Dans le même sens, le décret n° 2006-672 du 8 juin 2006 paraît bien faire obstacle à la création d'organes consultatifs par les autorités de l'État (et de ses établissements publics administratifs) en vertu de leur pouvoir réglementaire de chef de service dès lors qu'il réserve cette création à un décret pris pour une durée maximale de 5 ans.

§ 2. LA HIÉRARCHIE DES ACTES ADMINISTRATIFS

153 Les multiples autorités administratives sont, bien entendu, tenues de respecter, qu'elles agissent par voie réglementaire ou individuelle, outre les normes supérieures, les actes administratifs qui s'imposent à elles, faute de quoi leurs décisions sont annulables. Encore faut-il pouvoir déterminer la hiérarchie qui peut exister entre ces actes.

154 **Hiérarchie des organes et hiérarchie des actes. –** La hiérarchie entre les actes paraît suivre de prime abord la hiérarchie des organes, la place des collectivités dans la pyramide administrative. Les arrêtés municipaux doivent respecter les décrets de l'État « central » ; les décisions prises par l'autorité inférieure au sein de l'État – celles du préfet – doivent être conformes à celles du ministre, son supérieur hiérarchique, etc.

Cependant tout dépend en réalité de *l'étendue des habilitations accordées à chaque organe* pour poser des normes. En effet, l'éventuelle hiérarchie entre les actes administratifs réglementaires, puis entre ces actes et les mesures individuelles découle de la répartition des compétences normatives telle qu'elle résulte des textes. S'il y a le plus souvent coïncidence avec la hiérarchie des organes, ce qui est logique, ce n'est pas toujours le cas. De plus, quand les décisions sont prises par

276. CE, 8 déc. 2000, *Frerot*, *RFDA* 2001.261.
277. CE, sect., 24 avr. 1964, *Synd. nat. médecins établiss. pénitentiaires*, R. 242.
278. CE, 26 nov. 1997, *SNES*, *Dr. adm.* 1998 n° 94 (modalités d'affectation en stage des candidats reçus au concours).
279. CE, 27 mai 1987, *Plahuta*, R. 183.
280. CE, 7 juin 2000, *Soc. Agrégés universités*, R. Tab. 786.

une même autorité ou des autorités de même niveau, il n'y a évidemment pas, par définition, de hiérarchie entre les organes.

155 **Plan. –** Aussi le classement éventuel entre les différents actes administratifs et l'obligation pour les uns de respecter les autres est-il le résultat d'un jeu complexe. Il concerne la hiérarchie des actes réglementaires entre eux (A) puis les rapports entre ceux-ci et les actes individuels (B).

A. LA HIÉRARCHIE ENTRE LES ACTES RÉGLEMENTAIRES

156 **Actes pris par des autorités différentes. –** En ce cas, leur hiérarchie dépend, *a priori*, de l'organisation pyramidale de l'administration.

Ainsi le pouvoir réglementaire général du Premier ministre ou du président de la République, autorités suprêmes, s'impose aux autres actes réglementaires.

Les décrets délibérés en Conseil des ministres étant des actes du président de la République, seul celui-ci peut les modifier[281], sauf si le décret délibéré en Conseil des ministres prévoit, lui-même, qu'il est susceptible d'être abrogé ou modifié par décret du Premier ministre[282].

Ces décrets concernent l'ensemble du territoire et obligent toutes les autorités auxquelles la loi a pu déléguer certains pouvoirs de réglementation (autorités administratives indépendantes, établissements publics, personnes morales de droit privé, collectivités locales décentralisées).

Mais, hors de ce pouvoir réglementaire général, si une compétence de réglementation est attribuée par la loi à une autorité « inférieure » dans un certain champ d'intervention, la personne « supérieure » ne doit pas agir en ses lieu et place. Le supérieur hiérarchique ne saurait ainsi prendre une mesure conférée à l'autorité inférieure dotée de compétences propres ; sinon il y aurait substitution illégale (v. *infra*, n° 201). Le maire est par exemple seul titulaire du pouvoir de police générale sur le territoire communal, aussi le préfet ne peut-il, sauf carence de l'autorité municipale et dans les strictes limites prévues par la loi, se substituer à lui pour fixer ces règles au sein de la commune.

157 **Actes pris par des autorités de même niveau. –** Ici, la question de l'éventuelle hiérarchie entre les organes ne se pose pas. Des actes peuvent avoir une *valeur égale* en fonction de l'autorité qui est juridiquement habilitée à décider. Ainsi, le ministre de l'Intérieur ne saurait empiéter sur les compétences de celui de la Justice, telles qu'elles ont été fixées par les décrets d'attribution des compétences. Les deux arrêtés ministériels sont pris par chaque ministre dans le cadre de leurs compétences respectives, ils ne se situent pas dans une relation hiérarchique.

Sinon, le classement peut résulter de critères d'ordre *procédural ou matériel*, des conditions posées pour qu'une norme soit valide. Ainsi, sur le terrain procédural, les décrets obligatoirement pris après avis du Conseil d'État, soumis à des formalités plus solennelles s'imposent aux décrets simples qui ne sauraient les

281. CE, 23 mars 1994, *Min. Défense/Comité d'entreprise de la RATP*, R. 151.
282. CE, 9 sept. 1996, *Collas*, R. 347.

modifier[283]. Quant au critère matériel, on peut poser en principe qu'un règlement qui a pour objet de faire application d'un règlement préexistant doit s'y conformer, alors même que les deux règlements auraient été pris par le même auteur et dans les mêmes formes. Par exemple, un décret en Conseil d'État du Premier ministre qui définit les conditions de création d'une réserve naturelle doit être respecté par le décret réglementaire du même Premier ministre, également pris après avis du Conseil d'État, qui le met en application en créant une telle réserve, dès lors qu'il n'a pas entendu modifier ou déroger expressément à l'acte réglementaire à portée « générale »[284]. Le principe considéré vaut même quand le règlement de base émane d'une autorité inférieure à celle qui prend le règlement d'application. Ainsi, une autorité administrative est tenue de se conformer aux dispositions réglementaires qui fixent les conditions de forme et de procédure dans lesquelles elle doit exercer son pouvoir réglementaire alors même qu'elle en serait l'auteur (ce qui renvoie au cas précédent) « ou qu'elles émaneraient d'une autorité qui lui est subordonnée »[285].

B. LA HIÉRARCHIE ENTRE L'ACTE RÉGLEMENTAIRE ET L'ACTE INDIVIDUEL

158 **Distinction entre l'acte administratif réglementaire et l'acte individuel. –** Cette distinction a des effets très importants, car ces deux types d'actes ont un régime procédural, de fond et de contrôle juridictionnel très différent. Quant à ses critères, il faut souligner d'emblée, car cette considération éclaire l'état du droit dans son ensemble, que leur détermination, dans une certaine mesure, et surtout leur mise en œuvre font une place non négligeable à des considérations d'opportunité, c'est-à-dire à la question de savoir si le régime lié à une qualification convient ou non à telle ou telle sorte d'acte. Ce sont des considérations de cet ordre qui expliquent que les critères de principe coexistent avec une solution particulière, concernant les actes relatifs à l'organisation du service public. Cette solution se trouve d'ailleurs fragilisée par l'apparition d'actes qui ne sont ni réglementaires ni individuels, qu'il est commode et courant, en doctrine, de dénommer « décisions d'espèce ».

159 **Les critères de principe. –** En principe, une décision est réglementaire quand elle pose une norme générale, c'est-à-dire une norme visant des catégories de destinataires et une situation prise de façon abstraite, non liée à une hypothèse particulière. Ainsi, un texte qui détermine les procédures et conditions d'obtention du permis de construire est réglementaire de même qu'une décision déterminant les catégories de membres appelés à siéger dans une commission. À l'inverse, est considéré comme *individuel* un acte qui vise *une ou des personnes spécifiées*, nominativement désignées. Tel est le cas de l'octroi ou du refus du permis de

283. V. par ex. CE, ass., 13 févr. 1976, *Casanova*, R. 97 (à propos de dispositions statutaires dans la fonction publique).

284. V. CE, ass., 19 mai 1983, *Club sportif et familial de la Fève*, R. 204 ; *AJDA* 1983.426, concl. B. Genevois (à propos de la création de réserves naturelles).

285. CE, 16 mai 2008, *Dépt du Val-de-Marne*, *AJDA* 2008. 1054, note F. Crouzatier-Durand.

construire à X ou à Y ou de la délibération d'un jury qui, si elle se présente sous la forme d'un acte collectif aux multiples destinataires, n'en constitue pas moins une série d'actes individuels.

La distinction est parfois subtile. Ainsi, la radiation d'un certain nombre de médicaments de la liste des produits remboursables constitue un acte réglementaire, car, modifiant les conditions générales de remboursement, elle produit des effets pour tous les assurés sociaux. On pouvait y voir, au contraire, une série de décisions individuelles concernant chaque médicament nominativement désigné[286]. À l'inverse, sont individuels des arrêtés interdisant la vente aux mineurs de cinq revues, car l'arrêté produit essentiellement ses effets à l'encontre des sociétés éditrices[287].

160 **Le cas particulier des actes d'organisation du service public**. – En vertu d'une jurisprudence qui remonte à 1969[288], toute décision qui a pour objet l'organisation d'un service public est considérée comme réglementaire, alors même qu'elle n'édicterait pas de norme générale et, par suite, sans qu'il soit besoin de s'interroger sur ce point. Ainsi, par exemple, d'un décret prononçant la dissolution d'un établissement public[289] ou de la décision ouvrant une classe dans une école[290]. Dans un cas, ce critère aboutit à qualifier de réglementaire un acte donc il est tout à fait certain qu'il vise une personne nommément désignée, à savoir la délégation de signature[291].

Il est peu douteux que cette jurisprudence repose largement sur des considérations d'opportunité : en bref, il est apparu au Conseil d'État que le régime de l'acte réglementaire convenait bien aux actes d'organisation du service public, alors même qu'ils n'édicteraient pas une norme générale et qu'il pouvait être commode de n'avoir pas à prendre parti sur ce point qui, on l'a vu, peut être d'appréciation délicate. Cependant, l'application extensive dont ce critère a fait l'objet avec le temps a fait perdre à cette considération une partie de sa pertinence : pour certaines décisions jugées relatives à l'organisation du service public, à la faveur de cette politique jurisprudentielle extensive, il est soutenable que le régime de la décision d'espèce, voire celui de la décision individuelle, tels qu'ils sont conçus aujourd'hui, est mieux adapté. C'est pourquoi le Conseil d'État, à partir de son arrêt *Institut d'ostéopathie de Bordeaux*[292], s'est engagé dans une politique jurisprudentielle de restriction du critère de l'organisation du service public, l'application de ce dernier se trouvant limitée aux actes qui, selon l'expression désormais utilisée par les arrêts, ont « par eux-mêmes » cette organisation pour objet. En particulier, les actes qui se bornent à habiliter une personne à participer à l'exécution du service public (ou qui lui refusent cette habilitation), sont désormais considérés, à

286. V. CE, 9 juill. 1993, *Assoc. FO Consomm.*, R. 212, *CJEG* 1993.567, concl. G. Le Chatelier.
287. CE, 19 janv. 1990, *Soc. fr. des revues*, R. Tab. 308.
288. CE sect. 13 juin 1969, n° 76261, *Commune de Clefcy*, R. 308, *AJDA* 1969. 428, chron. J.-L. Dewost et R. Denoix de Saint-Marc.
289. CE, 5 juill. 1989, *Me Saubot*, R. 159.
290. CE, 6 déc. 1993, n° 92978, *Commune de la Chapelle Saint-Sauveur*, R. 548.
291. CE, 27 juill. 2001, *Association Droit allemand « Süfung Jen Arp und Sophie Taueber »*, R. 397.
292. CE, sect. 1er juill. 2016, n° 393082, R. 277, concl. J. Lessi, *RFDA* 2016. 1107, concl. J. Lessi, *Dr. adm.*, n° 6, Étude 11, E. Untermaier-Kerléo.

l'encontre de la jurisprudence antérieure[293], comme ne portant pas sur l'organisation du service public[294]. La dimension individuelle de tels actes est prédominante. Il en va toutefois autrement quand l'acte d'habilitation confère à son destinataire un pouvoir d'organisation du service public[295] ; le lien de l'acte avec celle-ci, bien qu'indirect, est alors considéré comme suffisant pour déterminer la qualification de règlement. Il faut reconnaître que la distinction est subtile et peut être discutable en termes de régime applicable : que l'habilitation entraîne ou non attribution d'un pouvoir d'organisation, il peut sembler souhaitable que son refus soit entouré des garanties attachées à la qualité de décision individuelle défavorable (obligation de motivation et procédure contradictoire). Quoi qu'il en soit, la nouvelle orientation restrictive de la jurisprudence est encore illustrée par diverses solutions qui refusent de reconnaître le lien avec l'organisation du service public et donc un caractère réglementaire à l'arrêté soumettant divers organismes d'administration centrale à une interdiction de contracter certains emprunts dont le principe est posé par une disposition législative[296] ou encore aux délibérations annuelles fixant la participation d'une commune au fonctionnement des classes des écoles privées sous contrat d'association avec le service public de l'éducation nationale[297].

Si le critère de l'organisation du service public procède de considérations d'opportunité, celles-ci influent aussi sur sa mise en œuvre. Lors même que ce critère est rempli, la qualification d'acte réglementaire peut être écartée, quand il apparaît que le régime de l'acte réglementaire est inadéquat. C'est ce qui explique que les actes relatifs à l'institution des organismes de coopération entre collectivités territoriales[298] et à la répartition des compétences entre ces organismes et les collectivités qui en sont membres[299] sont jugés ne pas revêtir le caractère d'actes réglementaires, alors qu'à l'évidence, ils portent sur l'organisation du service public.

161 **Les décisions d'espèce. –** La distinction entre l'acte individuel et l'acte réglementaire n'épuise pas la classification des actes administratifs. En effet, la jurisprudence a reconnu et le Code des relations entre le public et l'administration (art. L. 200-1) consacre l'existence d'actes qui ne sont *ni réglementaires, ni individuels*, qui constituent, en d'autres termes, des décisions d'espèce. Elles présentent deux caractéristiques. Comme l'acte réglementaire et à la différence de l'acte individuel, les décisions d'espèce ne s'adressent pas à des personnes nominativement

293. P. ex. : CE, 20 janv. 1989, n° 73962, *Fédération française de karaté-taekwando et arts martiaux affinitaires*, R. 549.

294. CE, sect. 1er juill. 2016, *Institut d'ostéopathie de Bordeaux,* préc., ; CE, 26 avr. 2017, n° 399945, *AJDA* 2017.1629, note G. Simon.

295. CE, 16 févr. 2018, *Fédération française de vol libre*, n° 408774, *AJDA* 2018. 995, note E. Untermaier-Kerléo (l'acte accordant ou refusant à une fédération sportive la délégation du pouvoir d'organiser les compétitions sportives, est toujours regardé comme se rapportant à l'organisation du service public et comme présentant, par conséquent, un caractère réglementaire).

296. CE, 19 juin 2017, *Société anonyme de gestion des stocks de sécurité (SGESS)*, n° 403316, *AJDA* 2017. 1725, note E. Untermaier-Kerléo.

297. CE, 2 mai 2018, *Commune de Plestin-les-Grèves*, n° 391876, *AJDA* 2018.947.

298. CE, 23 juill. 1974, n° 86612, *Commune de Cayeux-sur-mer,* R. 308.

299. CE, sect., 1er juil 2016, n° 363047, *Commune d'Emerainville*, *AJDA* 2016. 1859, chron. L. Dutheillet de Lamothe et G. Odinet, *RFDA* 2017. 289, concl. V. Daumas.

désignées. À la différence d'un règlement, elles n'ont pas pour objet d'édicter une réglementation nouvelle (ou de modifier ou supprimer une réglementation existante) mais de rendre applicables des normes législatives ou réglementaires préexistantes à une situation particulière. Il en va ainsi, par exemple, des déclarations d'utilité publique qui, sans viser telle ou telle personne en particulier, autorisent le recours à l'expropriation pour la réalisation d'un projet et rendent par là même applicables à ce dernier les dispositions législatives et réglementaires qui gouvernent l'expropriation[300]. Il en va de même, pour donner quelques autres exemples, des décisions délimitant un périmètre de remembrement[301], classant une commune en zone de montagne[302] ou instituant une zone d'aménagement différé[303]. Ces caractéristiques commandent un régime hybride qui emprunte la plupart de ces traits à celui du règlement (p. ex. publication pour l'entrée en vigueur, v. *infra*, nº 656 et s.) et quelques-uns à celui de l'acte individuel (p. ex. irrecevabilité de l'exception d'illégalité après l'expiration du délai du recours contentieux, v. *infra*, nº 1009).

Il reste qu'il peut arriver que, pour des raisons d'opportunité, le Conseil d'État attribue un caractère réglementaire à un acte qui présentait pourtant les caractéristiques d'une décision d'espèce[304].

162 **Supériorité de l'acte réglementaire sur l'acte individuel. –** Cette supériorité, lorsque bien entendu les deux actes relèvent du même champ d'intervention (la délivrance d'un permis de construire n'a pas à respecter les règles relatives à la délivrance du visa d'exploitation des films...) s'applique dans trois cas.

1º) Dans une première hypothèse, la supériorité est claire et simple à mettre en œuvre, quand elle paraît découler de la supériorité d'un organe sur un autre. Ainsi, le maire lorsqu'il prend une décision relative à la carrière d'un agent public territorial ne peut le faire qu'en respectant les règles de procédure et de fond fixées par les décrets statuaires pris en application de la loi sur la fonction publique territoriale.

2º) La solution est identique lorsque c'est la même autorité qui a pris les deux décisions, individuelle et réglementaire, dans le même champ de compétence. Ainsi le préfet, quand il édicte une mesure individuelle, doit respecter la norme réglementaire qu'il a posée, et ne peut la remettre en cause par une décision particulière. S'il estime la réglementation inadaptée, il ne peut l'écarter et accorder une dérogation individuelle, non autorisée par les textes. Il lui faut, pour ce faire, changer la réglementation et

300. CE, ass., 14 févr. 1975, *Époux. Merlin*, R. 110. V. également CE, 25 sept. 2009, *Cne de Coulomby*, *AJDA* 2009.1746 (une décision portant reclassement dans la voirie d'une collectivité territoriale ne constitue pas une décision réglementaire ni une décision individuelle).

301. CE sect., 19 nov. 1965, nº 60647, *Époux-Delattre-Floury*, R. 263.

302. CE, 9 mars 1984, nº 15784, *Beaudroit*, R. tables 470.

303. CE, 26 oct. 2012, nº 346947, *Mme Chauveau*, R. tables 535, *AJDA* 2012. 2030, *RDI* 647, obs. P. Soler-Couteaux.

304. P. ex. CE, 14 juin 2018, *Commune de Busseaut*, *AJDA* 2018. 2082, note F. Melleray (caractère réglementaire de l'arrêté par lequel le Premier ministre prend en considération un projet de création d'un parc national « eu égard à ses effets », alors même que cet acte se borne à rendre applicable à un territoire déterminé un régime juridique préexistant).

ensuite seulement prendre, en conséquence, les décisions individuelles qui s'imposent. C'est la règle *« Tu patere legem quem fecisti »* (Respecte la loi que tu as faite)[305].

3°) Enfin, conséquence très significative du rôle de la répartition des habilitations par les textes au regard de la hiérarchie des organes, « l'autorité supérieure », elle-même, doit respecter les dispositions réglementaires prises légalement par « l'autorité inférieure » et qui s'imposent à elles. Ainsi, le préfet, lorsqu'il est compétent pour délivrer le permis de construire dans une commune – par exemple, pour la construction d'un lycée faite par la région – doit se fonder sur le plan local d'urbanisme réglementaire élaboré par la commune[306].

Le facteur déterminant pour le classement éventuel des différents actes administratifs est donc lié à la fixation des conditions de validité qui résulte des multiples textes intervenus en ce domaine.

SECTION 5 LES SOURCES JURISPRUDENTIELLES

163 **Sources non écrites. –** Bien que la France soit un pays de tradition écrite, les sources « non écrites » du droit y jouent un rôle essentiel. La *coutume* n'occupe, cependant, qu'une place mineure en droit administratif, contrairement au droit international par exemple, même si certains arrêts se réfèrent à des coutumes ou des usages pour encadrer l'action administrative. La *doctrine* n'est pas, à proprement parler, une source du droit. Certes, les enseignements et les écrits des professeurs de droit ou des juges jouent un rôle non négligeable de synthèse et d'explication, particulièrement utile dans un droit administratif où les règles générales sont le plus souvent issues de décisions de jurisprudence par nature éclatées et liées à chaque espèce. Certes, leurs interprétations, leurs critiques peuvent influencer le législateur, l'administration ou le juge et faire évoluer le droit. Mais, en aucun cas, ils ne prennent des décisions à portée normatrice qui s'imposent, avec force obligatoire, aux autorités publiques.

164 **Plan. –** Seules, donc, ici, les normes jurisprudentielles, au sein desquelles les principes généraux du droit présentent une réelle particularité (§ 2), peuvent être sources de droit, non écrites en ce que les principes et règles qu'elles édictent ne sont pas formalisés comme dans une loi et restent même parfois implicites (§ 1). L'augmentation croissante des sources textuelles, écrites, ne laisse-t-elle, dès lors, pas planer un doute sur leur avenir (§ 3) ?

305. CE, sect., 28 nov. 1930, *Aubanel*, R. 995 (le ministre qui a fixé les conditions d'attribution d'allocations ne peut refuser de les appliquer aux fonctionnaires qui répondent aux conditions déterminées par le texte). Comp. *supra*, n° 157.

306. V. aussi CE, 3 juill. 1931, *Comm. de Clamart*, R. 723 (annulation du refus du ministre des Finances de mettre à la retraite un fonctionnaire dans les conditions prévues par le règlement du conseil municipal auquel la loi attribuait compétence).

§ 1. LES CARACTÉRISTIQUES DES NORMES JURISPRUDENTIELLES

165 **Conception traditionnelle de la fonction juridictionnelle. –** Dans la conception traditionnelle voulue, notamment, par les Constituants révolutionnaires, les juges ne peuvent avoir aucun rôle dans la création du droit. Le rôle néfaste des Parlements reste dans tous les esprits. Les juridictions ne sauraient faire œuvre ni de législateur ni d'administrateur. Elles ne peuvent pas non plus, selon l'article 5 du Code civil, adopter des arrêts de règlement, en se prononçant « par voie de disposition générale et réglementaire sur les causes qui [leur] sont soumises », car seule la loi, expression de la volonté du souverain, édicte des règles à portée générale. Le rôle du juge est donc, dans le respect de la loi, de l'appliquer mécaniquement aux cas d'espèce, quitte, en cas d'obscurité, voire d'absence de dispositions visant directement l'hypothèse – l'article 4 du Code civil lui interdit de refuser de juger en ce cas – à interpréter la volonté du législateur selon différentes techniques de raisonnement. Le juge n'a donc aucune place dans la création des normes, il n'est que « *la bouche de la loi* » selon l'expression de Montesquieu.

166 **Portée normatrice de la jurisprudence. –** Comme a pu le montrer notamment l'école normativiste, le juge remplit toujours une fonction de concrétisation des normes générales supérieures. La décision d'application au cas d'espèce pose une norme qui oblige, ici, l'administration et les particuliers. Pour statuer, le juge se fonde sur un texte qu'il interprète ou sur une disposition qu'aucun écrit ne contient directement. Il a ainsi un rôle de création du droit d'élaboration de règles générales, de normes de référence qu'il applique à la situation en cause. Leur contenu n'est d'ailleurs pas déterminé *ex nihilo* mais en fonction des différentes contraintes de logique juridique ou d'ordre social qui s'imposent à celui-là. Parfois ces règles ne sont pas formulées expressément et n'apparaissent clairement que par la répétition de décisions adoptant une solution identique, parfois elles s'expriment solennellement dès le premier arrêt, dans un « considérant de principe ».

167 **Rôle de la jurisprudence administrative. –** Cette fonction est particulièrement développée en droit administratif, où les textes réglementant de façon globale l'action de l'administration ont pu être imprécis ou peu nombreux. La jurisprudence a donc joué un rôle premier dans la construction de ce corpus juridique, n'hésitant pas à interpréter de façon audacieuse les textes quand ils existaient ou à poser des principes en dehors de toute disposition explicite. Aussi est-ce le juge administratif, qui à l'occasion de telle ou telle espèce, a dû, pour pouvoir trancher le litige, déterminer le droit applicable. Les grandes règles qui régissent le régime des actes administratifs, des contrats, de la responsabilité de la puissance publique, ou les définitions des notions essentielles telles que celles de service public, de travail public, de domaine public, etc., ont été dégagées progressivement dans ce cadre.

Ceci présente à la fois certains avantages et certains inconvénients. Système *a priori* d'une très grande souplesse qui facilite les évolutions, puisque, par un renversement de jurisprudence, il est aisé de modifier la règle devenue inadaptée. Les inconvénients sont principalement au nombre de deux.

En premier lieu, les changements de jurisprudence comportent un effet rétroactif qui peut nuire à la sécurité juridique[307]. Le juge administratif, il est vrai, tempère cette rétroactivité en s'efforçant de n'adopter de règles nouvelles qu'à l'occasion d'espèces dont la solution ne s'en trouvera pas modifiée[308]. Mais cet expédient n'est pas toujours possible[309]. C'est pourquoi, la valorisation contemporaine de la sécurité juridique aidant (v. *infra*, n° 180), le juge administratif, comme d'ailleurs son homologue judiciaire[310], a été sollicité de se reconnaître le pouvoir de moduler les effets dans le temps de sa production normative, sur le modèle de ce qu'il peut faire en matière d'annulation pour excès de pouvoir (v. *infra*, n° 1028). À l'instar de la Cour de cassation[311], le Conseil d'État, après s'y être refusé[312] a décidé de s'engager dans cette voie. Par un arrêt *Société Tropic travaux signalisation*[313], il se reconnaît le pouvoir de moduler le champ d'application dans le temps des nouvelles règles jurisprudentielles relatives à la procédure juridictionnelle en vue d'éviter qu'il soit porté atteinte au droit fondamental au recours ou à la sécurité juridique. Ainsi, en l'espèce, l'arrêt considéré créant un nouveau recours juridictionnel contre les contrats administratifs (v. *infra*, n° 830), il est décidé que ce recours ne pourra être exercé qu'à l'encontre des contrats dont la procédure de passation est postérieure à la date de son prononcé, l'impératif de sécurité juridique commandant de ne pas porter une atteinte excessive aux contrats en cours à cette date. Pour les mêmes motifs, la modification du régime de ce recours, opérée par l'arrêt *Département du Tarn-et-Garonne*, n'a été reconnue applicable par ce dernier qu'aux contrats signés après la date de sa lecture[314]. Ce pouvoir de modulation a également conduit le Conseil d'État à refuser d'opposer à un requérant de nouvelles règles jurisprudentielles relatives à la compétence juridictionnelle, au délai d'exercice d'une voie de recours ou d'un recours parce qu'une méconnaissance du droit au recours en aurait résulté[315]. Par ailleurs, il a été admis que la rétroactivité d'une règle jurisprudentielle de responsabilité, tout en étant acceptée

307. V. J. Rivero, « Sur la rétroactivité de la règle jurisprudentielle », *AJDA* 1968. 16.

308. Pour un exemple récent de cette technique, v. CE, ass., 30 oct. 2009, *Mme Perreux*, préc. *supra*, n° 93.

309. Pour un exemple topique, relatif à une modification de la jurisprudence rendant rétroactivement irrecevables des recours juridictionnels, v. CE, 28 sept. 2005, *Louis*, R. 401, *AJDA* 2006, note Mazetier et B. Seiller, « Pour un dispositif transitoire dans les arrêts », *AJDA* 2005, p. 2425.

310. V. not. *Les revirements de jurisprudence. Rapport remis à Monsieur le Premier Président Guy Canivet par le groupe de travail présidé par N. Molfessis*, Litec, 2005.

311. Cass. 2e civ., 8 juill.2004, *Radio France*, *D.* 2004. 2956, note J. Bigot ; Cass. ass. plén., 21 déc. 2006, *Bull.* ass. plén., n° 15, *D.* 2007, jur. 835, note P. Morvan.

312. CE, 14 juin 2004, *SCI Saint-Lazare*, R. 563 ; v. aussi, CE, sect., 10 mars 2006, *Soc. Leroy-Merlin*, *AJDA* 2006, p. 796, chron. C. Landais et F. Lénica, *RFDA* 2006, p. 550, concl. Y. Struillon.

313. CE, ass., 16 juill. 2007, *AJDA* 2007.1577, chron. F. Lénica et J. Boucher, *JCP* A 2007.2212, note F. Linditch et 2227, note B. Seiller, *RFDA* 2007. 696, concl. D. Casas et 917, dossier spécial (4 contributions).

314. CE, ass. 4 avr. 2014, *Département du Tarn-et-Garonne*, *AJDA* 2014.1035, chron. A. Bretonneau et J. Lessi, *Dr. adm.* 2014. 36, note F. Brenet, *JCP* A 2014. 2152, note J.-F. Sestier et 2153, note S. Hul, *RFDA* 2014. 425, concl. B. Dacosta, note P. Delvolvé.

315. V. Respectivement, CE, sect., 6 juin 2008, *Conseil départemental de l'ordre des chirurgiens-dentistes de Paris*, *JCP* A 2008.543, *RFDA* 2008.689, concl. J.-Ph. Thiellay et 965, note B. Pacteau. 1584 et CE, 17 déc. 2014, M. A, n° 369037, *AJDA* 2014.2501 ; CE, sect. 13 mars 2020, *Société Hasbro European Trading BV*, n° 435634, *AJDA* 2020. 599.

dans son principe, devait être limitée afin d'éviter une atteinte au droit au respect des biens garanti par la Conv. EDH[316]. Enfin, dans la même veine, le Tribunal des conflits a plus récemment décidé de n'appliquer que pour l'avenir l'abandon de la jurisprudence *Société entreprise Peyrot* (sur celle-ci, v. *infra*, nº 768) qui touche à la nature (administrative ou de droit privé) de certains contrats et, par là, à la répartition des compétences entre le juge administratif et le judiciaire[317]. Justifiée par référence à la règle selon laquelle la nature d'un contrat s'apprécie à la date de sa conclusion[318], cette solution se présente moins comme la reconnaissance d'un pouvoir de modulation que comme une exception à la rétroactivité de principe de la jurisprudence. À raison de son fondement même, cette exception devrait valoir pour tout revirement du Tribunal des conflits en matière de qualification des contrats.

En second lieu, la souplesse même de la jurisprudence conduit à un droit mouvant, insaisissable, d'accès limité et difficile à synthétiser, qui peut rendre souhaitable une codification.

168 **Sanction variable de la norme jurisprudentielle. –** Les normes, ainsi créées, s'imposent tout d'abord à l'administration, au cas d'espèce car elles ont l'autorité de la chose jugée. Quand l'autorité de la chose jugée ne joue pas, car il s'agit par exemple d'affaires différentes, la norme générale d'origine jurisprudentielle s'impose de façon qui peut être différente, selon le choix du juge. Elle peut n'être que *supplétive*. Elle est susceptible d'évoluer avec une certaine souplesse, et si l'administration doit la respecter, faute de quoi sa décision encourt l'annulation, celle-ci peut l'écarter par un acte administratif réglementaire. Dans d'autres cas, elle est *impérative* et dispose d'une certaine permanence. Pour qu'elle cesse d'obliger, ici, l'administration, il faut que soit édicté un texte que le juge est tenu de respecter. Ainsi seule une loi peut remettre en cause une interprétation de dispositions législatives donnée par le Conseil d'État ou déroger à un principe général du droit.

En effet, parmi les normes que le juge produit, auxquelles il attribue une place et une fonction spécifique, les principes généraux du droit jouent un rôle particulier.

§ 2. LES PRINCIPES GÉNÉRAUX DU DROIT

169 **Plan. –** Les principes généraux du droit, qui doivent être distingués d'autres catégories de principes (A), concernent de très nombreux domaines de l'action de l'administration (B) qui ne peut les violer (C).

316. CE, 22 oct. 2014, *Centre hospitalier de Dinan*, *AJDA* 2015. 292, note A. Minet.

317. T. confl., 9 mars 2015, *Mme Rispal c/Société des autoroutes de France*, *AJDA* 2015. 1204, chron. J. Lessi et L. Dutheillet de Lamothe, *Dr. adm.* 2015, comm. 34, note F. Brenet, *RFDA* 2015.265, concl. N. Escaut, note M. Canedo-Paris.

318. T. confl., 16 oct. 2006, *Caisse centrale de réassurance c/mutuelle des architectes français*, R. 639, *AJDA* 2006. 2382, chron. C. Landais et F. Lenica, *BJCP* 2006.419, concl. Stahl, *JCP* A 2007.2077, note B. Plessix, *RFDA* 2007. 284.

A. LA NOTION DE PRINCIPE GÉNÉRAL DU DROIT

170 **Distinction avec d'autres catégories de principes. –** Il existe de nombreuses catégories de principes dans l'ordre juridique français, et les principes généraux du droit, au sens que leur donne le juge, ne doivent pas être confondus avec ceux-ci. Il ne s'agit :

— ni des principes à valeur constitutionnelle, catégorie générique mise en œuvre par le Conseil constitutionnel dans le cadre du contrôle de constitutionnalité de la loi et qui, le plus souvent, se rattachent directement au texte constitutionnel lui-même ;

— ni des principes fondamentaux reconnus par les lois de la République, qui sont des principes issus *a priori* de textes législatifs et auxquels le juge constitutionnel, voire le Conseil d'État donnent une valeur constitutionnelle, en se fondant sur les dispositions du Préambule de 1946 (v. *supra*, n° 59). Quelle que soit la marge importante d'interprétation que se reconnaissent les juges pour les créer, ces principes sont « officiellement » rattachés au droit écrit ;

— ni des principes fondamentaux de l'article 34 de la Constitution, principes écrits aussi qui interviennent pour déterminer la compétence du législateur (v. *supra*, n° 128).

171 **Définition des principes généraux du droit. –** Les principes généraux du droit apparaissent dès lors comme des *normes jurisprudentielles créées par le juge* – administratif le plus souvent mais aussi le cas échéant par la Cour de cassation ou le Conseil constitutionnel – à partir des conceptions idéologiques de la conscience nationale et/ou d'une masse de textes constitutionnels, internationaux ou législatifs. Ils bénéficient d'une reconnaissance expresse du juge qui leur attribue une certaine place dans la hiérarchie des normes et les fait bénéficier d'une réelle permanence.

Ces principes ont été d'abord utilisés par le Conseil d'État, de façon implicite, sous la troisième République, pour imposer à l'administration des dispositions, telles que le respect de l'égalité ou de la liberté individuelle, qui ne reposaient sur aucun fondement écrit, en raison notamment de l'absence de portée juridique de la Déclaration des droits de l'homme[319]. À partir de 1945, le juge s'y réfère expressément et vise « les principes généraux du droit applicables même en l'absence de texte »[320], ce qui, au sortir de la guerre et du régime de Vichy, permet de rappeler les règles fondamentales de la philosophie politique du pays. Ils se sont depuis multipliés.

319. V. par ex. CE, 13 mai 1927, *Carrier*, R. 538 (vérification que la réglementation des activités en montagne ne porte pas une atteinte trop grave à la liberté individuelle). V aussi **CE, sect., 5 mai 1944, *Dame veuve Trompier-Gravier*,** R. 133, *RDP* 1944.256, concl. B. Chenot (à propos du respect des droits de la défense des administrés).

320. CE, ass., 26 oct. 1945, *Aramu,* R. 213, S. 1946.3.1, concl. R. Odent.

B. LES PRINCIPES GÉNÉRAUX DU DROIT ET L'EXERCICE DES COMPÉTENCES ADMINISTRATIVES

172 Ces principes encadrent sur d'innombrables points l'exercice des compétences administratives. Même si la répartition entre les catégories n'est pas absolue, on peut distinguer les principes liés à la philosophie politique de l'institution libérale, de ceux qui ont une fonction plus limitée d'organisation de l'ordre juridique.

1. Les principes de philosophie politique

173 Conformément à la philosophie politique du pays, les principes généraux du droit concourent à la garantie de l'égalité et à la protection des libertés et des droits fondamentaux, avec de multiples déclinaisons dans des domaines spécifiques.

174 **Principe d'égalité. –** Le Conseil d'État a ainsi consacré le principe d'égalité comme principe général du droit sous toutes ses formes : égalité devant la loi[321], égalité d'accès au service public[322], égalité dans la tarification des services publics (v. *infra*, n° 777 et s.), égalité dans le versement des prestations sociales[323], égalité d'accès aux emplois publics ce qui interdit toute discrimination fondée sur le sexe, sur les opinions politiques et impose des obligations nombreuses, notamment quant au principe et à l'organisation des concours[324], etc.

175 **Protection des libertés et droits fondamentaux. –** Là encore, de nombreux principes généraux du droit consacrent les libertés et droits essentiels tels que la liberté du commerce et de l'industrie[325] ou le respect de la personne humaine[326].

176 **Droits des étrangers. –** Les principes généraux du droit jouent dans la détermination du statut juridique des étrangers, un double rôle. En premier lieu, ils sont invoqués pour étendre aux étrangers, séjournant régulièrement en France, des droits bénéficiant aux nationaux. Ainsi du droit à mener une vie familiale normale[327]. En second lieu, le Conseil d'État a consacré des principes généraux spécifiques aux étrangers. Il s'agit d'abord « des principes généraux du droit applicables aux réfugiés et résultant notamment de la Convention de Genève » du 28 juillet 1951, lesquels interdisent notamment au gouvernement français de remettre un réfugié aux

321. CE, ass., 22 janv. 1982, *Ah Won et Butin*, R. 33, *RDP* 1982.822, concl. A. Bacquet (irrégularité d'un texte qui interdit aux « domestiques » d'être assesseurs dans des instances judiciaires, ce qui est contraire « aux principes généraux d'égalité devant la loi et d'égal accès aux fonctions publiques »).

322. **CE, 9 mars 1951,** ***Soc. des concerts du conservatoire***, R. 151, *Dr. soc.* 1951.168, concl. M. Letourneur (en interdisant toute retransmission radiophonique de cet orchestre, l'administration a « méconnu le principe d'égalité qui régit le fonctionnement des services publics »).

323. CE, 30 juin 1989, *Ville de Paris c/Lévy* ; R. 157, *RFDA* 1990.575, concl. D. Levis, (impossibilité de réserver l'allocation de congé parental aux seuls citoyens français) ; Avis du 8 janv. 1981, Gr. Avis CE n° 13.

324. CE, 22 janv. 1982, *Ah Won*, préc. et CE, ass., 28 mai 1954, Barel, préc.

325. Par ex. CE, sect., 13 mai 1994, *Prés. Ass. Territor. Polynésie fr.*, R. 234, *RDP* 1994.1557, concl. F. Scanvic.

326. CE, ass., 2 juill. 1993, *Milhaud*, R. 194, concl. D. Kessler (ce qui interdit dès lors des expérimentations médicales après la mort du patient).

327. CE, 8 déc. 1978, *GISTI*, préc.

autorités de son pays d'origine, de quelque manière que ce soit, notamment en l'extradant[328]. Dans le même esprit, la jurisprudence administrative affirme également l'existence de « principes généraux du droit de l'extradition » qui ont pour objet de prohiber l'extradition dans certains cas. Ainsi, quand le système juridique de l'État requérant ne garantit pas le respect des « droits et libertés fondamentaux de la personne humaine »[329] ou quand la personne requise bénéficie de la protection subsidiaire (qui est un statut proche de celui applicable aux réfugiés)[330].

177 **Droits des salariés. –** Les principes généraux du droit ont permis, ici aussi, de combler des lacunes de la législation, notamment pour les agents publics non titulaires. Plutôt que de considérer les mesures protectrices du Code du travail ou du statut de la fonction publique comme s'appliquant à ceux-ci, le juge a imposé des principes généraux du droit du travail leur permettant de bénéficier de protections semblables. Il a, ainsi, découvert le principe général selon lequel il est interdit, sauf cas très particulier, de licencier une femme en état de grossesse[331] ou celui selon lequel aucun agent ne peut se voir attribuer une rémunération inférieure au salaire minimal[332]. La SNCF, par exemple, dont les agents relèvent du droit privé, ne peut, bien que, contrairement au Code du travail, le statut spécifique du personnel ne l'interdisait pas expressément, édicter de sanctions pécuniaires en cas de faute[333].

178 **Protection des administrés. –** Différents principes garantissent leurs droits dans leurs relations avec l'administration. Celle-ci est, par exemple, obligée de respecter les droits de la défense avant l'édiction de certains actes[334] ou tenue de permettre aux administrés de saisir le supérieur hiérarchique d'un recours[335]. Plusieurs principes généraux s'imposent également pour le jugement des recours contentieux dirigés contre les mesures prises par la puissance publique[336].

179 **Missions de l'administration. –** La philosophie politique du pays repose sur une certaine conception de l'administration qui a conduit le juge à dégager quelques principes non écrits liés à l'accomplissement de sa mission. Le principe général de continuité des services publics[337] joue ainsi un rôle particulièrement important, tout à la fois pour limiter le droit de grève et garantir un fonctionnement régulier du service, dans de nombreux domaines (v. *infra*, n° 467). De même,

328. CE, 1er avr. 1988, *Bereciartua-Echarri*, R. 135, *JCP* 1988.II.21071, concl. C. Vigouroux (« principes généraux du droit applicables aux réfugiés et résultant notamment de la convention de Genève »).

329. CE, 26 sept. 1984, *Lujambio Galdeano*, R. 308, *JCP* 1984.II.20346, concl. B. Genevois.

330. CE, 30 janv. 2017, *M. Gjini*, n° 394172, *AJDA* 2017. 521, chron. L. Dutheillet de Lamothe et G. Odinet.

331. CE, ass., 8 juin 1973, *Dame Peynet*, R. 406, concl. S. Grévisse.

332. CE, sect., 23 avr. 1982, *Ville Toulouse*, R. 151. concl. D. Labetoulle.

333. CE, ass., 1er juill. 1988, *Billard et Volle c/SNCF*, R. 268, *Dr. soc.* 1988.775, concl. Van Ruymbeke.

334. **CE, 5 mai 1944, *Dame veuve Trompier-Gravier***, et CE, 26 oct. 1945, Aramu, *préc.*

335. CE, sect., 30 juin 1950, *Quéralt*, R. 413, *Dr. soc.* 1951.246, concl. J. Delvolvé.

336. V. not. **CE, ass., 17 févr. 1950, *Dame Lamotte***, R. 111 ; *RDP* 1951.478, concl. J. Delvolvé (droit de toujours exercer un recours pour excès de pouvoir, alors même que la loi exclut tout recours) ; CE, ass., 12 oct. 1979, *Rassemblements des nouveaux avocats de France*, R. 371 (droit au respect des droits de la défense devant tout juge).

337. CE, ass., 7 juill. 1950, *Dehaene*, préc.

principe de protection, que la loi a repris[338], aucune voie d'exécution ne peut être engagée contre une personne publique, dont les biens sont insaisissables[339].

2. Les principes d'organisation de l'ordre juridique

180 Tout ordre juridique repose sur certains mécanismes qui en assurent le bon fonctionnement et l'effectivité. Il s'agit de garantir qu'il dispose de règles stables et légales. Divers principes jouent ici un rôle essentiel. Le principe de non-rétroactivité des actes administratifs empêche, ainsi, l'administration de changer les règles applicables à des situations révolues[340]. Elle est aussi obligée de publier les règlements qu'elle édicte[341], de respecter les droits acquis[342], ou d'indemniser ceux qui se sont appauvris sans cause[343] ; de même, la prescription trentenaire que consacrait l'ancien article 2262 du Code civil avant la loi du 17 juin 2008 réformant la prescription en matière civile a été érigée en principe général du droit, du moins en ce qui concerne l'obligation de remettre en état un site siège d'une installation classée[344].

Par ailleurs, et indépendamment même du contrôle juridictionnel de l'administration, l'obligation de ne pas appliquer un règlement illégal[345] et, plus radicalement, celle de l'abroger[346] garantissent au moins pour l'avenir la régularité du système juridique.

L'ensemble de ces principes s'inscrivent dans une logique de sécurité et de stabilité de la règle de droit. Tous réunis, ils correspondent aux principes de *sécurité juridique et de confiance légitime* qui en est le prolongement du point de vue des droits subjectifs des particuliers. Dégagés par la jurisprudence de la Cour de justice des Communautés européennes[347], ces principes, longtemps, n'ont pas été reconnus en tant que tels en droit administratif français[348]. Le Conseil d'État a toutefois récemment modifié cet état du droit en érigeant la sécurité juridique (mais non la

338. CGPPP, art. L. 2311-1.

339. Cass. 1re civ., 21 déc.1987, *BRGM*, *Bull. civ.* I, n° 348, p. 249.

340. **CE, ass., 25 juin 1948,** ***Soc. journal L'Aurore***, R. 239, *GP* 1948.2.7, concl. M. Letourneur, et v. *infra*, n° 661. V. par ex. CE, 16 juin 2008, *Féd. des syndicats dentaires libéraux et autres*, *AJDA* 2008.2029 (arrêté portant approbation de la convention nationale des chirurgiens-dentistes et les caisses d'assurance-maladie).

341. CE, 12 déc. 2003, *Synd. Commissaires police nationale*, *RFDA* 2004.186.

342. CE, 15 janv. 1975, *Honnet*, R. 22 ; CE, 14 mai 2008, *Ministre du budget, des comptes publics et de la fonction publique*, *AJDA* 2008.1556.

343. CE, sect., 14 avr. 1961, *Soc. Sud-Aviation*, R. 236, *RDP* 1961.655, concl. C. Heumann.

344. CE, ass., 8 juill. 2005, *Société Alusuisse Lonza-France*, R., 311, *AJDA* 2005.1829, chron. C. Landais et F. Lenica, *CJEG* 2005.438, concl. M. Guyomar, *Dr. adm.* 2005, n° 138, *JCP* 2006, 10001, note Tribulle, *RFDA* 2006.375, note B. Plessix.

345. CE, avis, 9 mai 2005, *Marangio*, R. 195, *Dr. adm.* 2005, n° 111 et 132, note Breen, *RFDA* 2005.1024, concl. E. Glaser.

346. CE, 3 févr. 1989, *Cie Alitalia*, préc. *supra*, n° 94 et v. *infra*, n° 686 et s.

347. CJCE, 16 juin 1993, *Rép. Franç.*, R. 3283, concl. Tesauro. Le principe de sécurité juridique « exige que la législation communautaire soit claire et son application prévisible pour ceux qui sont concernés » ; le principe de confiance légitime « impose une clarté et une prévisibilité de la réglementation afin de sauvegarder la confiance légitime des agents dans la stabilité de la situation juridique ».

348. V. CE, 30 déc. 1998, *Entreprise Chagnaud*, R. Tab. 721 (non-application du principe de sécurité juridique et de confiance légitime, sauf lorsque l'acte attaqué a été pris « pour la mise en œuvre du droit communautaire »).

confiance légitime) en principe du droit français, dont il infère notamment l'obligation pour le pouvoir réglementaire d'édicter s'il y a lieu les mesures transitoires qu'implique une réglementation nouvelle[349] (v. *infra*, n° 685).

C. LA SANCTION DE LA VIOLATION DES PRINCIPES GÉNÉRAUX DU DROIT PAR LES ACTES ADMINISTRATIFS

181 L'administration étant tenue de respecter, outre les autres normes jurisprudentielles impératives, les principes généraux du droit, ses actes lorsqu'ils y sont contraires sont immanquablement annulés en cas de recours. Ce constat pose dès lors la question de la valeur de ces principes, de leur place dans la hiérarchie des normes.

1. Respect par l'administration des principes généraux du droit

182 Le juge administratif applique les principes généraux du droit, sans faire de distinction réelle entre les différents principes quant à leur valeur juridique (v. *infra*, n° 186). Peu importe leur origine, qu'ils s'inspirent de textes constitutionnels, voire internationaux ou simplement législatifs, ou qu'ils soient plus indépendants des sources écrites : ils s'imposent à l'administration.

Aussi leur violation entraîne-t-elle l'annulation tant des actes administratifs réglementaires, y compris des ordonnances non ratifiées sauf si la loi d'habilitation les écarte expressément[350], qu'individuels. L'arrêt *Syndicat des ingénieurs-conseils* (préc.) est fort explicite : le décret pris par le gouvernement en tant que législateur colonial, et par voie de conséquence, le pouvoir réglementaire autonome lui-même est « tenu de respecter les principes généraux du droit qui, résultant notamment du préambule de la constitution, s'imposent à toute autorité réglementaire même en l'absence de dispositions législatives ». De même, un acte individuel contraire à un principe général du droit est, comme tel, illégal : dans l'arrêt *Aramu* (préc.), la révocation, lors de l'épuration, d'un fonctionnaire, fut annulée pour violation du principe général des droits de la défense, en matière de procédure administrative non contentieuse.

349. **CE, ass., 24 mars 2006, *Sté KPMG et autres***, R. 154, *AJDA* 2006.1028, chron. C. Landais et F. Lenica, *Dr. adm.* 2006, n° 71, *JCP* A 2006.1120, note Belorgey, *RFDA* 2006. 4 concl. Y. Aguila, note M. Moderne.

350. V. CE, 24 nov. 1961, *Féd. nat. Synd. Police*, R. 658 (annulation d'une ordonnance pour violation du principe de l'exercice toujours possible d'un recours juridictionnel) ; CE, 4 nov. 1996, *Ass. Déf. Soc. Course des hippodromes de province*, R. 427 ; *RFDA* 1996.1099, concl. J.-C. Bonichot (portée de la loi d'habilitation).

Les principes généraux du droit ne s'appliquent cependant qu'en l'absence de dispositions législatives contraires : une loi expresse et précise, *a fortiori* un traité[351] peut donc les écarter[352].

2. Valeur des principes généraux du droit

183 La question de la valeur des principes généraux du droit, de leur place dans la hiérarchie des normes s'est donc posée. Les apports de la jurisprudence constitutionnelle doivent être pris en compte, avant d'émettre une proposition de solution.

a) Apport de la jurisprudence constitutionnelle

184 L'apport de cette jurisprudence est triple.

a) Le Conseil constitutionnel, dans la masse de ce qui correspond dans la jurisprudence du Conseil d'État aux principes généraux du droit, impose certaines normes, non seulement à l'administration mais aussi au législateur. En effet, de nombreux principes généraux du droit – tel que celui d'égalité ou ceux relatifs à de nombreuses libertés – trouvent une protection constitutionnelle directement fondée sur le dispositif écrit. La technique des principes généraux perd ainsi une grande partie de son intérêt : il suffit, quitte à l'interpréter de façon constructive, d'appliquer la Constitution, ce que le juge constitutionnel fait pour renforcer la légitimité de ses décisions et éloigner le spectre d'un gouvernement des juges.

b) Dans certains cas, le Conseil constitutionnel a dû, à son tour, dégager des *principes non écrits à valeur constitutionnelle.*

Le parlement avait adopté une loi restreignant le droit de grève des personnels de l'Office national de la radiodiffusion française. Or, pour limiter le droit de grève, « principe à valeur constitutionnelle » reconnu et garanti par le Préambule de 1946, il fallait lui opposer un autre principe de même niveau. Le Conseil constitutionnel a ainsi considéré que « la continuité des services publics [...] a, tout comme le droit de grève, le caractère d'un principe de valeur constitutionnelle »[353], alors que jusqu'à présent il ne s'agissait que d'un principe général du droit pour le Conseil d'État. Même si on a pu y voir une simple application des articles 5 et 16 de la Constitution relatifs à la continuité de l'État ou au fonctionnement régulier des pouvoirs publics, il s'agit d'un principe non écrit dégagé par le juge selon une technique semblable à celle du juge administratif. Le rattachement au texte paraît bien artificiel et, en tout cas, le juge ne le fait pas. Pourquoi d'ailleurs le juge constitutionnel ne pourrait-il, lui aussi, recourir à une telle technique ?

351. CE, 3 juill. 1996, *Koné*, préc.

352. V. CE, 20 avr. 1988, *Cons. national de l'ordre des médecins*, R. 146 (le « principe de l'indépendance des médecins a une portée législative à laquelle aucune disposition législative n'a autorisé le gouvernement à déroger »).

353. **Cons. const., nº 79-105 DC du 25 juill. 1979,** R. 33.

c) Le Conseil constitutionnel, enfin, a reconnu l'existence de principes généraux auxquels seule la loi peut déroger. Ils ne s'imposent donc pas à au législateur mais à la seule administration[354] (v. *supra*, n° 60).

b) Éléments de réponse

185 **Discussions doctrinales. –** Comment, à partir de ces solutions certaines, déterminer la valeur des principes généraux du droit dans la hiérarchie des normes ?

Selon la doctrine dominante, qui s'est ralliée à la thèse de R. Chapus, les principes généraux du droit auraient une *valeur supradécrétale et infralégislative* puisque les actes administratifs doivent les respecter et qu'à l'inverse la loi peut les écarter. Cette thèse repose essentiellement, dans la ligne de Carré de Malberg, sur le lien consubstantiel entre la hiérarchie des organes et celle des actes juridiques. Le juge administratif, lui-même, est serviteur de la loi (il doit y obéir) et censeur du décret (il peut l'annuler) : dès lors les normes qu'il édicte sont à ce niveau[355].

Ceci paraît pouvoir cependant être contesté pour deux raisons.

a) Indépendamment même du fait que le juge administratif est désormais aussi le censeur de la loi inconventionnelle, le postulat, selon lequel la valeur d'une norme est liée à la place de l'organe qu'il édicte, en en admettant même la validité, n'a pas, en droit positif, la portée absolue qu'on lui confère. Le pouvoir exécutif, serviteur de la loi, par exemple, a le droit en certaines circonstances d'édicter des normes à valeur législative (v. *supra*, n° 115). Et le Conseil constitutionnel, malgré sa place, découvre, lui aussi, des principes généraux du droit ne s'imposant pas à la loi, qui ne sont donc pas « infraconstitutionnels et supralégislatifs ».

b) De plus, cette démonstration repose sur une *opposition exagérée entre interprétation du droit et création de normes*. Si l'on prend une loi au contenu plus ou moins imprécis, que le juge interprète « librement », la valeur de la norme reste législative. Selon la formule de R. Chapus : « c'est toujours en présence du texte, tel qu'il a été interprété qu'on se trouve [...]. Ne se détachant pas du texte, l'interprétation en a la valeur ». Si, au contraire, le juge ne se fonde pas directement sur la disposition écrite mais tire d'un texte ou d'un ensemble de textes, voire de données sociales, des principes non-écrits, la norme changerait de niveau. Or, le juge, quand l'ordre juridique lui a attribué compétence pour interpréter un texte ou lorsqu'il « découvre » des principes, met en œuvre le pouvoir inhérent à sa fonction de créer du droit. Il existe certes une différence de degré entre les deux techniques, mais non de nature.

Sinon on aboutit à une distinction artificielle selon que le juge préfère rattacher sa décision à un texte écrit ou au contraire se fonder sur un principe non écrit dégagé par lui. Quand, dans l'arrêt *Barel* (préc. *supra*, n° 58), il annule pour violation du principe général du droit d'égalité d'accès à la fonction publique, le refus de concourir opposé à un candidat, alors que, dans l'arrêt *Bléton* (v. *supra*, n° 60), il sanctionne la nomination au tour extérieur d'un agent public pour violation de

354. V. Cons. const., 26 juin 1969, préc. *supra*, n° 60 et Cons. const., 69-57 L. du 24 oct. 1969, R. 32 (principe de non-rétroactivité des actes administratifs) ; Cons. const., n° 2004-490 DC du 12 févr. 2004 (acte administratif ne pouvant affecter les contrats en cours).

355. V. articles cités *in* Biblio. *infra*, n° 193, Sources jurisprudentielles.

l'article 6 de la Déclaration des droits de l'homme, il aurait appliqué deux normes au contenu identique mais de valeur différente, l'une infralégislative, l'autre constitutionnelle. De même, dans l'arrêt *Koné*, lorsqu'il découvre un nouveau principe fondamental reconnu par les lois de la République, il ne ferait que mettre en œuvre une norme découlant du texte de la Constitution, alors que si, suivant son commissaire du gouvernement, il s'était fondé sur un principe général du droit, il aurait été créateur de la norme !

L'exemple de l'arrêt du 1er juillet 1988, *Billard et Volle* (préc. *supra*, n° 177) est aussi significatif. Le règlement portant statut du personnel de la SNCF prévoyait la possibilité pour l'employeur de prononcer à l'encontre d'agents fautifs des sanctions pécuniaires. Le commissaire du gouvernement proposait d'annuler ce texte pour violation d'un article législatif du Code du travail comportant une telle interdiction. Le Conseil d'État se fonde, au contraire, sur la violation du principe général du droit que le législateur a énoncé dans le Code du travail. Selon le terrain choisi, la même norme – interdiction de sanctions pécuniaires – serait d'une valeur différente selon qu'il y aurait simple interprétation du champ d'application du code (étendu sur ce point aux entreprises publiques) ou création de droit, alors que le lien entre le principe général du droit et le texte est évident.

186 **Proposition de solution. –** À chaque étage de la hiérarchie, existent d'un côté des *normes d'origine écrites* que le juge a pour mission d'interpréter et qui, quelle que soit la part de droit qu'il crée à cette occasion, ont la valeur de leur fondement textuel, et de l'autre, des *normes non écrites*, plus ou moins liées aux textes, qui viennent les compléter pour en parfaire la formulation et en renforcer la cohérence. Elles se rattachent au niveau déterminé par le juge, en fonction de leur origine et des actes auxquels elles doivent, à ses yeux, s'imposer.

Ainsi, *au niveau constitutionnel*, le Conseil constitutionnel crée des principes non-écrits à valeur constitutionnelle qui obligent le législateur (continuité des services publics). De la même façon, le Conseil d'État, puisqu'il « interprète » la Constitution en « découvrant », notamment, des principes fondamentaux reconnus par les lois de la République n'est nullement empêché de créer des principes non-écrits de valeur constitutionnelle. Les nombreux « principes généraux du droit » issus de la Constitution (égalité, libertés fondamentales, etc.) se sont imposés ainsi à l'administration comme la Constitution elle-même l'oblige désormais. Ils ont donc valeur constitutionnelle, bien que cette qualification ne présente pas d'intérêt pour le Conseil d'État qui n'a pas à le préciser lorsqu'il statue au contentieux (alors qu'il s'y réfère lorsqu'il donne son avis sur les projets de loi). Et, de toute façon, il ne saurait écarter une loi contraire qui ferait écran, sauf à l'interpréter constructivement si elle lui paraît contraire à un principe constitutionnel *(cf.* arrêt *Dame Lamotte* v. *supra*, n° 178). Ces principes, désormais, paraissent absorbés, le plus souvent, par les dispositions écrites de la Constitution.

Au niveau législatif, le Conseil d'État est à même, dans l'exercice « classique » de sa fonction de contrôle des actes administratifs, d'interpréter les lois ou dégager des principes généraux du droit à valeur législative[356]. L'acte administratif doit les respecter parce qu'ils sont l'équivalent d'une loi ; une loi expresse peut y déroger, parce qu'elle est de même niveau qu'eux. Le Conseil

356. V. par ex. CE, 28 mai 1982, *Roger*, R. 192 (où cette formule est employée).

constitutionnel découvre aussi des principes non écrits que la loi peut écarter sans porter atteinte à la Constitution.

Enfin, il est loisible au juge administratif de créer de simples règles non écrites, supplétives et non impératives, qui s'appliquent en l'absence de texte administratif contraire mais qu'une telle norme peut aisément écarter[357]. Elles ont une *valeur réglementaire*.

Un raisonnement comparable peut enfin être appliqué pour les sources de droit international écrites et non écrites[358].

§ 3. L'AVENIR DES SOURCES JURISPRUDENTIELLES

187 Qu'il s'agisse des principes généraux du droit proprement dit ou des autres normes jurisprudentielles, le rapport entre droit écrit et jurisprudence se modifie.

188 **Substitution des textes écrits aux principes généraux du droit. –** Pour éviter toute confusion, le terme de principes généraux du droit ne devrait être utilisé que pour de véritables *principes non écrits de valeur législative*. Dans les autres cas, il serait préférable de se référer à des principes de valeur constitutionnelle ou surtout d'appliquer purement et simplement les règles du droit écrit, notamment constitutionnel. Par exemple, au lieu d'annuler les décrets limitant le droit au regroupement familial comme dans l'arrêt *Gisti* au nom des « principes généraux du droit et notamment du Préambule de la Constitution du 27 octobre 1946 »[359], il eût été plus simple et plus exact de constater que ces décrets entraient en contradiction directe avec le Préambule de 1946, ainsi interprété. L'évolution de la jurisprudence du Conseil d'État, sans qu'elle soit toujours linéaire, va d'ailleurs en ce sens, et le plus souvent, le juge maintenant se fonde directement sur les textes constitutionnels eux-mêmes. De même les principes généraux du droit liés à la procédure contentieuse tendent à « s'effacer » au profit de l'application directe des articles 6-1 et 13 de la Convention européenne des droits de l'homme ou des normes constitutionnelles au contenu semblable.

L'application directe de textes ôte, dès lors, dans de nombreuses hypothèses toute utilité aux principes généraux dont le rôle historique aura été d'annoncer, voire de faciliter l'application et l'extension du bloc de constitutionnalité en particulier.

On assisterait ainsi à une « réunification » du droit public français. Les mêmes normes de référence s'imposent à l'ensemble des pouvoirs publics, sans que les différents ordres juridiques puissent avoir chacun leur propre échelle de normes.

357. Par ex. CE, sect., 26 janv. 1973, *Lang*, R. 72 (la règle selon laquelle certains organismes collégiaux doivent motiver leur décision n'est « applicable qu'en l'absence de textes législatifs ou réglementaires contraires »).

358. Cf. CE, 3 déc. 2001, *Synd. nat. Industrie...* préc. (« principes généraux de l'ordre juridique communautaire déduits du Traité instituant la Communauté européenne et ayant la même valeur que ce dernier »).

359. CE, 8 déc. 1978, *Gisti*, préc. V. *supra*, n° 185 la comparaison des arrêts *Barel* et *Bléton*.

189 **Utilité des principes non-écrits. –** Les principes non-écrits, et notamment les principes généraux du droit, gardent cependant un intérêt réel dans deux cas de figure :

1°) Lorsqu'il n'existe pas de fondement écrit direct à la norme, ou en tout cas, lorsqu'en l'état actuel de la conscience juridique, il paraît difficile de donner une telle portée aux textes sauf à paraître les interpréter de façon abusive. Le recours aux principes généraux du droit, notion plus floue, dégagée de la philosophie politique ou juridique globale, peut rendre plus aisée la mise en vigueur de la disposition. Les principes généraux s'inspirant de la Déclaration des droits de l'homme ont ainsi permis, autrefois, d'en imposer le contenu, avant qu'elle ne redevienne un texte du droit positif. De même, ces principes ont pu ouvrir la voie à la modification des textes sur des points particuliers : ainsi les agents non-titulaires de la fonction publique bénéficient, désormais, d'un salaire minimal et d'une protection en cas de grossesse.

2°) Ils permettent d'étendre le champ d'application d'un dispositif textuel dont la portée est moindre. Tel fut le cas pour le paiement au minimum au SMIC ou des principes s'appliquant aux réfugiés. De même, l'obligation d'abroger les actes réglementaires illégaux a été fixée par le décret du 28 novembre 1983 (aujourd'hui abrogé), obligation qu'un tel texte ne saurait imposer aux collectivités locales puisque seule la loi est compétente en cas de nouvelles sujétions imposées à celles-ci. La seule solution, technique, pour contraindre l'ensemble de l'administration, étatique comme décentralisée, était donc d'y voir un principe général du droit[360]. Le principe ne sert plus ainsi qu'à combler des lacunes sur des points spécifiques[361].

190 **Maintien du rôle normatif de la jurisprudence. –** Depuis un demi-siècle environ, la part du droit écrit s'est donc considérablement accrue. D'un côté, les normes constitutionnelles et internationales fixent, au plus haut niveau, les principes applicables à l'action administrative. De l'autre, dans les domaines techniques, se sont multipliés les textes législatifs ou réglementaires, souvent forts détaillés, relatifs par exemple à l'organisation administrative ou portant sur des questions de droit administratif spécial (urbanisme, environnement, santé publique, action économique, fonction publique). Le droit écrit devient lui-même difficile d'accès et sujet à des modifications constantes.

Malgré cette extension du droit écrit et le recul des principes généraux du droit, la jurisprudence conserve tout son rôle pour dégager des règles globales. Les principes d'organisation du droit administratif, en matière d'engagement de la responsabilité de l'administration, de contrat administratif, de régime de l'acte administratif notamment restent, pour l'essentiel, fondés sur les grands arrêts du Conseil d'État. Et c'est toujours au juge administratif de les faire évoluer, en tenant compte du nouveau contexte juridique créé par les normes constitutionnelles et internationales et en assurant la *synthèse entre des sources qui peuvent entrer en conflit.* Par ailleurs, dans les domaines plus techniques, c'est toujours à la jurisprudence de clarifier les données des textes épars, de les confronter aux nécessités de l'action administrative et de les mettre en cohérence dans un système harmonieux

360. CE, 3 févr. 1989, *Cie Alitalia*, préc.

361. C'est pourquoi le commissaire du gouvernement Labetoulle, dans l'affaire *Ville de Toulouse*, s'opposait à la reconnaissance d'un tel principe.

compatible avec les dispositions fondamentales du droit administratif. La construction progressive d'un droit public de la concurrence est à cet égard tout à fait significative (v. *supra*, n° 456), et montre que cette fonction est tout sauf négligeable.

SECTION 6 CONCLUSION

191 **Réseau de normes. –** Les sources générales du droit administratif, qui encadrent la production des sources individuelles, sont donc fortement hiérarchisées et comportent, dans l'ordre décroissant retenu par le droit interne, le bloc de constitutionnalité, le droit international, les lois, et les actes administratifs réglementaires. Dans chacun de ces blocs, d'ailleurs, il existe aussi une hiérarchie interne (traités européens qui fixent les conditions de validité du droit dérivé, lois organiques par rapport aux lois ordinaires, actes administratifs réglementaires qui s'imposent aux actes individuels, etc.). De plus, à chaque stade, s'ajoutent, le cas échéant, aux textes écrits, des principes ou des règles non écrits dégagés par les différents juges. Mais bien entendu, dans un pays de tradition de droit écrit, les textes, chacun à leur niveau, peuvent toujours écarter ces principes, comme d'ailleurs remettre en cause l'interprétation adoptée par les juridictions.

L'action de l'administration se trouve donc intégrée dans un réseau serré de *normes dérivées*. En application de la disposition la plus élevée, de valeur constitutionnelle et à la formulation générale, on arrive, le cas échéant par une cascade de précisions sans cesse croissantes données par les normes inférieures, à la détermination de ce que l'administration peut faire au stade de l'émission des normes individuelles.

192 **Incomplétude du dispositif. –** L'obligation qu'a l'administration de se conformer à toutes les règles supérieures est parfois limitée par la présence de règles multiples, voire contradictoires.

La norme supérieure ne s'impose pas toujours à la norme suivante, en raison d'interférences. Il est *a priori* anormal, d'un point de vue linéaire, que l'administration puisse appliquer une loi contraire à la Constitution, ce qui contredit la supériorité de l'une sur l'autre. Or, l'écran législatif en matière constitutionnelle, faute d'exception d'inconstitutionnalité, a longtemps produit cette conséquence (v. *supra*, n° 66). De même, le rapport entre le traité et la Constitution n'est pas parfaitement abouti. Sauf en matière de directives, le juge administratif ne se reconnaît pas le droit d'écarter un traité ou une norme de droit dérivé, contraires à la Constitution (v. *supra*, n° 106 s.)[362]. L'administration, et à sa suite le juge, risque ainsi de se retrouver face à un conflit entre des sources contradictoires, ce qui peut rendre délicate la prise de décision.

Enfin, *le droit de la nécessité* qui permet à la puissance publique en certains cas exceptionnels de s'affranchir des obligations de la juridicité pour prendre des mesures

362. V. not. Avis CE, 10 juin 1993, Gr. Avis CE n° 41 (à propos du projet de directive relative à la protection des personnes au regard des fichiers informatisés susceptible d'être en contradiction avec les exigences constitutionnelles).

a priori contraires aux normes supérieures porte, là encore, atteinte à cette belle ordonnance (v. *infra*, n° 527). Et le respect des normes supérieures est perturbé par l'existence d'immunités juridictionnelles. Certaines décisions prises par des autorités administratives échappent ainsi à tout contrôle du juge (v. *infra*, n° 579 et 574).

Pour toutes ces raisons, l'articulation hiérarchique des normes, le respect absolu du principe de légalité ne sont donc pas totalement assurés dans le droit public français positif.

193 **Portée de la transformation des sources du droit. –** Ces transformations dans les sources générales du droit administratif ont, enfin, des conséquences très importantes pour son contenu même. Sous les IIIe et IVe Républiques, l'administration était essentiellement contrainte par la loi, créée en dehors d'elle. Mais la loi, à l'élaboration de laquelle celle-là avait pu activement participer, restait souvent à un degré de généralité important, et les fonctionnaires se sont attribué une importante marge de manœuvre dans son application. La puissance publique conservait de toute façon de grandes possibilités d'*autoproduction* de son propre droit. Outre la disposition du pouvoir réglementaire, les liens étroits tissés avec son juge, les interprétations constructives que celui-ci pouvait faire de la loi et les principes qu'il dégageait allaient en ce sens. L'avènement de la Ve République renforce, dans un premier temps, cette tendance. Bénéficiant de la puissance de l'exécutif, l'administration est le plus souvent à l'origine du texte même des lois.

La réunification du droit public avec l'importance des sources constitutionnelles commence à modifier ces mécanismes de production du droit dans la mesure où de nouvelles contraintes extérieures apparaissent. Mais, sur bien des points, la jurisprudence constitutionnelle comme le dialogue entre les juges constitutionnel et administratif limitent la portée de ces évolutions. On reste dans une conception « franco-française », toujours fondée sur une certaine vision de la place et du rôle de l'État et de l'administration dans le système juridique. L'intervention sans cesse croissante du *droit international* et en particulier des ordres juridiques de l'Union européenne et du Conseil de l'Europe ont, au contraire, des incidences majeures de ce point de vue. L'administration se retrouve face à des normes à l'édiction desquelles elle n'a participé, dans le meilleur des cas, qu'indirectement et à des interprétations jurisprudentielles des cours internationales sur lesquelles elle n'a guère prise. L'influence notamment de la pensée anglo-saxonne quant au rôle de l'État et aux relations entre l'administration et les particuliers produit dès lors des effets certains sur le droit administratif, comme on le constatera tout au long de cet ouvrage. Pour ne prendre que deux exemples significatifs, ces transformations sont particulièrement topiques pour les services publics confrontés à l'idéologie néolibérale de la concurrence, et dans le contentieux administratif, où, au nom des droits des justiciables, toute une série de « privilèges » dont disposait l'administration tendent à se restreindre, voire à disparaître.

Enfin, la prégnance des sources constitutionnelles et internationales, dans toutes les branches du droit, impose par le haut, en certains domaines, une approche unitaire des questions qui tendent à transcender la distinction droit public-droit privé. C'est particulièrement net dans le secteur économique et pour la procédure contentieuse (droit au procès équitable).

ÉLÉMENTS DE BIBLIOGRAPHIE

1. Généralités

P. Amselek, « Les sources du droit », *in Archives de Philosophie du droit,* T. 27, 1982.251 et s. ; (sous la dir.), *Interprétation et droit,* PUAM, 1995 ; « Une fausse idée claire : la hiérarchie des normes juridiques », *Mél. Louis Favoreu*, Dalloz, 2007 D. de Béchillon, *Hiérarchie des normes et hiérarchie des fonctions normatives de l'État,* Economica 1996 ; « Le contrat comme norme dans le droit public positif », *RFDA* 1992. 15 R. Carré de Malberg, *Confrontation de la théorie de la formation du droit par degré avec les institutions et les idées consacrées par le droit positif français relativement à sa formation,* 1933, rééd. CNRS 1962 J. Chevallier, *L'État de droit,* LGDJ, Clefs, 6e éd., 2017 Conseil d'État, *Sécurité juridique et complexité du droit,* EDCE, 2006 *Le désordre normatif*, dossier *RDP* 2006, p. 43 et s. (6 contributions) H. Kelsen, *Théorie pure du droit,* trad. C. Eisenmann, Dalloz, 1962 L. Heuschling, *Rechtstaat, Rule of Law, État de droit*, Dalloz, 2002 T. Larzul, *La mutation des sources du droit administratif,* L'Hermès, 1994 F. Melleray, « Brèves observations sur les « petites » sources du droit administratif », *AJDA* 2019. 917 O. Pfersmann, « Carré de Malberg et la hiérarchie des normes », *RFDC* 1997.481 M. Trienbach, *Les normes non directement applicables en droit public français,* Bibliothèque de droit public, LGDJ, 2015, préf. P. Wachsmann M. Troper, « La pyramide est encore debout », *RDP* 1978.1523 ; *Pour une théorie juridique de l'État,* PUF, 1994 M. J. Redor, *De l'État légal à l'État de droit : l'évolution des conceptions de la doctrine publiciste française,* 1879-1914, Economica-PUAM, 1992. V. aussi sur le principe de légalité, Bibliographie *infra*, n° 1088.

2. Sources constitutionnelles

J. Andriantsimbazovina, *L'autorité des décisions de justice constitutionnelle et européenne sur le juge administratif français*, LGDJ, 1998 F. Batailler, *Le Conseil d'État, juge constitutionnel,* LGDJ, 1966 P. Bon, « La question prioritaire de constitutionnalité après la loi organique du 10 décembre 2009 », *RFDA* 2009.1107 G. Braibant, « Le contrôle de la constitutionnalité des lois par le Conseil d'État », *Mél. Conac*, Economica 2001, p. 190 et s. *Conseil constitutionnel et Conseil d'État,* LGDJ, 1988 P. Delvolvé, « La constitutionnalisation du droit administratif », *in AFDC* 1958-2008, Cinquantième anniversaire de la Constitution française, Dalloz, 2008.397 « L'actualité de la théorie des bases constitutionnelles du droit administratif », *RFDA* 2014. 1211 M. Disant, *L'autorité de la chose interprétée par le Conseil constitutionnel,* préf. J.-L. Debré et P. Gélard, LGDJ, 2010 X. Domino, A. Bretonneau, « QPC : deux ans, déjà l'âge de raison ? », *AJDA* 2012. 422 « Droit administratif et normes constitutionnelles. Quelques réflexions trente ans après », *Mél. Moderne,* Dalloz, 2004 L. Favoreu, « Légalité et constitutionnalité », *Cah. Cons. const.* n° 3, 1997.73 B. Genevois, « Une catégorie de principes à valeur constitutionnelle : les principes fondamentaux reconnus par les lois de la République », *RFDA* 1998.477 ; « Normes de référence du contrôle de constitutionnalité et hiérarchie en leur sein », *Mél. Braibant,* Dalloz, 1996, p. 323 ; « Le contrôle *a priori* de constitutionnalité au service du contrôle *a posteriori* », *RFDA* 2010.1 *Le Conseil constitutionnel et le droit administratif*, dossier (5 contributions), *Les nouveaux cahiers du Conseil constitutionnel*, 2012, n° 37, p. 7 et s. J. Lessi et O. Dutheillet de Lamothe, « Cinq ans de QPC devant le juge administratif : retour d'expérience ! », *AJDA* 2015. 755 *La question prioritaire de constitutionnalité*, dossier, *RFDA* 2010. 659 *La question prioritaire de constitutionnalité en amont et en aval*, dossier, *RFDA* 2011. 691 ▪ *Une année de QPC*, dossier, *AJDA* 2011. 1235 ▪ Ph. Prével, « La Charte de l'environnement, l'administration et le Conseil d'État : applicabilité ou invocabilité de la Charte ? », *RFDA* 2014.773 ▪ D. Rousseau (dir.), *La question prioritaire de constitutionnalité*, Gazette du Palais, 2e éd., 2012 ▪ J.-H. Stahl et C. Maugüé, *La question prioritaire de constitutionnalité*, Dalloz, 3e éd., 2017 ▪ B. Stirn, *Les sources constitutionnelles du droit administratif*, LGDJ, 10e éd., 2019 ▪ G. Vedel, « La place de la Déclaration des droits de l'homme et du citoyen dans le bloc de constitutionnalité », *in La Déclaration des droits de l'homme et du citoyen et la jurisprudence*, PUF 1989, p. 51 ▪ « Réflexions sur quelques apports de la jurisprudence du Conseil d'État à la jurisprudence du Conseil constitutionnel », *Mélanges R. Chapus*, Montchrestien, 1992, p. 647 ▪ « L'impact de la révision constitutionnelle sur le droit administratif », *AJDA* 2008.34 (5 contributions) ▪ M. Verpeaux, « Brèves considérations sur la constitutionnalisation des branches du droit », *RFDA* 2014. 1203.

3. Sources internationales

▪ R. Abraham, *Droit international, droit communautaire et droit français,* Hachette, 1989 ▪ *L'applicabilité des normes communautaires en droit interne,* dossier, *RFDA* 2002.2 et s., (6 contributions) ▪ D. Bailleul, « Le juge administratif et la conventionnalité de la loi. Vers une remise en question de la jurisprudence Nicolo ? » *RFDA* 2003.877 ▪ B. Bertrand, *Le juge de l'Union européenne, juge administratif,* Bruylant, 2012 ▪ S. Braconnier, *Jurisprudence de la CEDH et droit administratif français,* Bruylant, 1997 ▪ H. Chavrier, « *Droit communautaire et contentieux administratif* », *Encycl. Dalloz Cont. Adm.* ▪ J.-P. Costa, « Convention européenne des droits de l'homme et contentieux administratif », *Encycl. Dalloz Cont. Adm.* ▪ *Droit administratif et droit communautaire, AJDA* 1996, n° spécial ▪ L. Dubouis, « Droit international et juridiction administrative », *Encycl. Dalloz droit international* ▪ J.-M. Fauvret, « Le rapport de compatibilité entre le droit national et le droit communautaire », *AJDA* 2001.727 ▪ B. Genevois, « L'application du droit communautaire par le Conseil d'État », *RFDA* 2009.201 ▪ S. Gervasoni, « CJUE et cours suprêmes : repenser les termes du dialogue des juges », *AJDA* 2019. 150 ▪ C. Landais et F. Lenica, « La réception de la jurisprudence de la CEDH par le Conseil d'État », *Dr. adm.* 2005, juin, p. 8 ▪ « Les rapports entre l'ordre juridique interne et l'ordre juridique européen », *RFDA* 2005. 1.39. 465 (10 contributions) ▪ J.-P. Markus, « Le contrôle de conventionnalité des lois par le Conseil d'État », *AJDA* 1999.99 ▪ *La norme internationale en droit français, Étude du Conseil d'État,* La Documentation française, 2000 ; *Les rapports entre le droit international public et la constitution selon la jurisprudence du Conseil d'État, Rev. Adm.* n° spécial, 1999, p. 15 ▪ E. Picard, « Droit international et contentieux administratif (Rapports entre droit international et droit interne) », *Rép. Dalloz Cont. Adm. 2008* ▪ J. Prévost-Gella, *Le juge administratif français et les conflits de traités internationaux,* Dalloz, 2018, préf. A. Roblot-Troizier ▪ J. Sirinelli, *Les transformations du droit administratif par le droit de l'Union européenne,* LGDJ, 2011 ▪ B. Stirn, *« Le Conseil d'État et l'Europe », Mél. Braibant,* 1996, p. 653 ▪ J. Waline, *« La boîte de Pandore », (Droit administratif et droit communautaire*), *Mél. Dubouis,* Dalloz 2002, p. 461 et s.

4. Sources législatives

▪ C. Boyer-Merentier, *Les ordonnances de l'article 38 de la constitution,* Thèse PUAM- Economica, 1996 ▪ J.-C. Car, *Les lois organiques de l'article 46 de la constitution du 4 oct. 1958,*

Economica 1999 ■ R. CARRÉ DE MALBERG, *La loi, expression de la volonté générale, 1931*, rééd. Economica 1984 ■ L. FAVOREU (dir.), *Vingt ans d'application de la Constitution de 1958 : le domaine de la loi et du règlement*, PUAM, 1978 ■ B. GENEVOIS, « Le Conseil d'État et l'interprétation de la loi », *RFDA* 2002, p. 877 ■ A. HACHEMI, *Le juge administratif et la loi*, Bibliothèque de droit public, LGDJ, 2020, préf. B. Seiller ■ A. HAQUET, *La loi et le règlement*, LGDJ, 2007 ■ A.-M. LE POURHIET, *Les ordonnances*, LGDJ, coll. « Systèmes », 2011 ■ M. LONG, « La loi », *RA* 2001.566 ■ B. MATHIEU, *La loi*, Dalloz, Connaissance du droit, 3e éd., 2010.

5. Sources réglementaires

■ J.-M. AUBY, « Le pouvoir réglementaire des ordres professionnels », *JCP* 1973, I, 2545 ■ N. BOULOUIS, « Sur une notion discutable : l'édiction de mesures d'application des lois en vertu d'habilitations législatives », in *Mélanges Labetoulle*, Dalloz, 2007, p. 113 ■ M. BOURJOL, J.-C. DOUENCE, L. FAVOREU, *Dossier sur le pouvoir réglementaire local, Cahiers du CFPC*, 1983, p. 13 ■ J.-C. DOUENCE, *Recherches sur le pouvoir réglementaire de l'administration*, LGDJ, 1968 ■ B. FAURE, « La crise du pouvoir réglementaire : entre ordre juridique et pluralisme institutionnel », *AJDA* 1998.547 ; *Le pouvoir réglementaire des collectivités locales*, LGDJ, 1998 ; « Le Conseil d'État et le pouvoir réglementaire des collectivités locales », *AJDA* 2013. 2240 ■ L. FAVOREU, « Les règlements autonomes n'existent pas », *RFDA* 1987.872 ■ P.-L. FRIER, « Le pouvoir réglementaire local, force de frappe ou puissance symbolique », *AJDA* 2003, p. 559 ■ J.-F. LACHAUME, *La hiérarchie des actes administratifs exécutoires en droit public français*, LGDJ, 1966 ■ R. SCHWARTZ, « Le pouvoir d'organisation du service », *AJDA* 1997, n° spécial, p. 47 ■ O. STECK, *La contribution de la jurisprudence à la renaissance du pouvoir réglementaire central sous la IIIe République*, préf. M. Verpeaux, LGDJ, 2007 ■ J.-C. VENEZIA, « Les mesures d'application », Mélanges R. Chapus, Montchrestien, 1992, p. 673 ■ M. VERPEAUX, *La naissance du pouvoir réglementaire : 1789-1799*, PUF, Les grandes thèses du droit français, 1991.

6. Sources jurisprudentielles

■ R. CHAPUS, « De la soumission des règlements autonomes aux principes généraux du droit », *D.* 1960. chr. 119 ; « De la valeur des principes généraux du droit et autres règles jurisprudentielles du droit administratif », *D.* 1966. chr. 119 ■ B. GENEVOIS, « Principes généraux du droit », *Encycl. Dalloz Cont. Adm.* ■ *La jurisprudence, Archives de philosophie du droit*, T. 30 ■ J. DE GLINIASTY, *Les théories jurisprudentielles en droit administratif*, LGDJ, 2018, avant-propos J. Morand-Deviller, préf. P. Chrétien ■ P. GONOD et O. JOUANJAN, « À propos des sources du droit administratif », *AJDA* 2005, p. 992 ■ D. LABETOULLE, *Le juge administratif et la jurisprudence, Rev. Adm.* 1999, n° spécial p. 59 ■ J.-F. LACHAUME, « Les non-principes généraux du droit », *Mél. Jeanneau*, Dalloz 2002, p. 161 ■ P. LE MIRE, « La jurisprudence du Conseil constitutionnel et les PGD », *Mél. Charlier*, Presses de l'Université, 1981, p. 171 ■ M. LETOURNEUR, « Les PGD et la jurisprudence du Conseil d'État », *EDCE* 1951.19 ■ D. LINOTTE, « Déclin du pouvoir jurisprudentiel et ascension du pouvoir juridictionnel en droit administratif », *AJDA* 1980.632 ■ D. LINOTTE et S. RIALS, « Conclusion d'une controverse », *AJDA* 1981.202 ■ J.-M. MAILLOT, *La théorie administrative des principes généraux. Continuité et modernité*, Dalloz, 2003 ■ F. MELLERAY, « Le droit administratif doit-il redevenir jurisprudentiel ? Remarques sur le déclin paradoxal de son caractère jurisprudentiel », *AJDA* 2005, p. 637 ■ F. MODERNE, « Actualité des principes généraux du droit », *RFDA* 1998.495 ;

« Légitimité des principes généraux du droit et théorie du droit », *RFDA* 1999.722 ▒ C. Pros-Phalippon, *Le juge administratif et les revirements de jurisprudence,* LGDJ, 2018, préf. B. Bonnet ▒ S. Rials, « Sur une distinction contestable et un trop réel déclin. À propos d'un article récent sur le pouvoir normatif du juge », *AJDA* 1981.115 ▒ J. Rivero, « Le juge administratif français, un juge qui gouverne ? », *D.* 1951.21 ; « Jurisprudence et doctrine dans l'élaboration du droit administratif », *EDCE* 1955.27 ▒ B. Seiller (dir.), *La rétroactivité des décisions du juge administratif,* Economica 2007 ▒ G. Teboul, *Usages et coutume dans la jurisprudence administrative,* LGDJ 1989, « Nouvelles remarques sur la création du droit par le juge administratif dans l'ordre juridique interne », *RDP* 2002.1363 ▒ *50e anniversaire des Grands arrêts de la jurisprudence administrative*, *RFDA* 2007.223, dossier spécial (9 contributions) ▒ G. Vedel, « Le droit administratif peut-il être indéfiniment jurisprudentiel ? », *EDCE* 1979-1980, n° 31, p. 31.

CHAPITRE 2
LES STRUCTURES TERRITORIALES DE L'ADMINISTRATION

194 **Catégories d'institutions. –** La mise en place d'un appareil organisé est indispensable pour que soient assurées les fonctions administratives. Au XIXe siècle, celui-ci a pu être relativement simple, en raison même du nombre relativement limité de tâches à accomplir. Pour l'essentiel, intervenait l'administration d'État au niveau central et local, en liaison avec les communes et des départements. À leurs côtés, des organismes spécialisés prenaient en charge dans quelques domaines précis la gestion d'un service public. Le système administratif reposait ainsi sur la distinction classique entre administration d'État, collectivités locales et établissements publics. Ce schéma s'est beaucoup compliqué avec l'accroissement des interventions administratives dans une société post-industrielle. Il entraîne, dans le cadre d'une adaptation continue des institutions, une multiplication des niveaux d'administration et des formes d'action caractérisées, en particulier, par le rôle des personnes morales de droit privé.

Quoi qu'il en soit, il existe dans l'organisation administrative deux catégories d'institutions. D'un côté les *personnes administratives « primaires »*, dont le statut est fixé en détail par la Constitution (État et collectivités territoriales), assurent, dans le cadre d'une répartition verticale des compétences, un ensemble de fonctions sur le territoire qu'elles ont pour mission d'administrer. À leurs côtés, et en dépendant, les organismes spécialisés de droit public ou de droit privé n'ont pas la même dimension. Il s'agit *d'institutions dérivées* et rattachées aux personnes « mères », qui interviennent, en général, pour prendre en charge, dans un domaine précis et limité, la gestion du service public, sans qu'il y ait ajout d'un niveau supplémentaire d'administration territoriale.

195 **Plan. –** Dans le cadre des principes de base d'organisation de l'administration, autour des notions de centralisation et de décentralisation (Section 1), l'administration se structure dès lors, sur le plan territorial, en deux pôles principaux : celui de l'État (Section 2), et celui des collectivités locales (Section 3), l'étude des institutions spécialisées, une fois les principes de base définis, relevant, elle, de la gestion du service public (v. *infra*, n° 399 et s.).

SECTION 1 CENTRALISATION ET DÉCENTRALISATION

196 **Plan. –** Les organes administratifs relèvent les uns directement du gouvernement dans le cadre du principe hiérarchique (art. 20 de la Constitution) (§ 1) ; les autres bénéficient au contraire d'une certaine autonomie, ce qui est particulièrement net pour les collectivités territoriales, dans le cadre du titre XII de la Constitution, révisé en 2003 (§ 2). Or le choix entre telle ou telle solution, notamment sur le plan territorial, est tout sauf neutre, les enjeux, en ce domaine sont considérables (§ 3), comme le montre l'évolution historique (§ 4).

§ 1. LE PRINCIPE DE HIÉRARCHIE

197 **Centralisation administrative. –** Le principe hiérarchique, dans sa dimension organique, découle de l'article 20 de la Constitution. L'administration étant à la disposition du gouvernement, l'autorité gouvernementale – c'est- à-dire chaque ministre pour son « secteur » – dispose dès lors du pouvoir hiérarchique sur les personnes et les actes pris dans le cadre de ses services. Cette hiérarchie s'exprime dans ce mode d'organisation qu'est la centralisation.

En cas de centralisation administrative, toutes les décisions sont prises au sein et au nom d'une seule personne morale, l'État, qui a compétence pour s'occuper aussi bien des affaires nationales que de celles d'intérêt plus local. L'unité de l'action administrative est donc absolue, de la même façon que la centralisation politique réunit le pouvoir politique dans son ensemble aux mains de l'État en refusant tout transfert partiel du pouvoir législatif notamment à d'autres entités que seraient les États fédérés.

Cette centralisation peut prendre deux formes, celle de la centralisation parfaite (A) et celle de la déconcentration (B).

A. LA CENTRALISATION PARFAITE OU CONCENTRATION

198 En ce cas, le pouvoir reste tout entier confié aux autorités administratives centrales qui prennent, seules, toutes les décisions et sont généralement situées à Paris.

Rien n'interdit cependant une délocalisation de certains services en province dans le cadre d'une politique d'aménagement équilibré du territoire, mais celle-ci reste dénuée de toute portée sur le plan juridique. C'est toujours l'administration centrale qui décide, même si elle siège en dehors de Paris comme, par exemple, le service de pension des armées qui se trouve à La Rochelle.

Sans doute, des agents locaux de l'État, soumis au pouvoir hiérarchique, interviennent mais ce ne sont que de simples courroies de transmission : ils n'ont aucune compétence juridique.

B. LA CENTRALISATION IMPARFAITE OU DÉCONCENTRATION

199 Des compétences sont, ici, conférées aux représentants locaux de l'institution. Mais c'est toujours elle, et elle seule, qui agit. Au sein de l'État – il existe aussi des formes de déconcentration en dehors de l'institution étatique (v. *infra*, n° 355) – un décret réglementaire, le législateur étant ici incompétent (v. *supra*, n° 135), distribue le pouvoir de décision entre les autorités centrales et les autorités administratives déconcentrées. Celles-ci, nommées par celles-là, agissent sous leurs ordres, dans des circonscriptions territoriales réparties sur l'ensemble du territoire.

200 **Encadrement de la déconcentration par le pouvoir hiérarchique. –** Tout reste cependant dans la même pyramide, la même personne morale, grâce au mécanisme du pouvoir hiérarchique qui encadre, ici, l'action du représentant local de l'État. Ce pouvoir, attribué essentiellement au ministre, est lié à sa responsabilité politique devant le Parlement pour l'ensemble des actes de ses subordonnés.

Le pouvoir hiérarchique de droit commun, selon un principe général du droit, existe même sans texte[1]. Il porte à la fois sur les agents et sur les actes. Sur les agents, l'autorité hiérarchique est compétente pour prendre l'ensemble des mesures relatives à leur carrière (nomination, avancement, notation) et dispose du pouvoir disciplinaire de sanction. Il existe dans toute institution, au sein de l'État comme des établissements publics ou des collectivités locales.

Sur les décisions normatrices, il ne peut intervenir que si des autorités « inférieures » disposent de compétences propres. Il permet de contrôler tant la légalité que l'opportunité de la décision et comporte plusieurs composantes, mais sa portée juridique est plus limitée que ne laissent croire les apparences et les données de la pratique administrative.

201 **Composantes du pouvoir hiérarchique. –** *1°)* Le supérieur hiérarchique, grâce à son *pouvoir d'instruction*, encadre tout d'abord l'action de l'ensemble des agents en leur donnant des instructions générales et éventuellement des ordres particuliers. Ils doivent s'y conformer, sous peine de sanctions disciplinaires, « sauf dans le cas où l'ordre donné serait manifestement illégal et de nature à compromettre gravement un intérêt public »[2]. Traduction de cette hiérarchie, l'inférieur hiérarchique n'a pas la possibilité d'attaquer devant le juge administratif les décisions de son supérieur dès lors qu'elles ne touchent pas à son statut « personnel » (v. *infra*, n° 989).

2°) Le supérieur hiérarchique ne dispose pas, en principe, du *pouvoir de substitution*. Il ne doit pas prendre la mesure à la place de l'autorité inférieure qui en est chargée. Reconnaître au supérieur ce droit d'intervention serait remettre en cause la répartition des compétences instituée et nier par là même la déconcentration. Le pouvoir de substitution n'existe que dans deux hypothèses. En cas de compétence totalement liée (v. *infra*, n° 651), quand l'administration est obligée d'agir, notamment pour des raisons impérieuses de sécurité publique, l'intervention du

1. CE, sect., 30 juin 1950, *Quéralt*, R. 413, *Dr. soc.* 1951. 246, concl. J. Delvolvé.
2. Art. 28 loi du 11 juill. 1983 portant droits et obligations des fonctionnaires.

supérieur est possible. De même un texte particulier autorise parfois cette substitution, limitant expressément la déconcentration. L'autorité inférieure a, ainsi, la compétence de principe mais le supérieur peut, si le dossier présente des difficultés particulières ou soulève des questions d'importance nationale, agir immédiatement à sa place en évoquant le dossier[3].

Malgré ces règles claires, une autre forme de pouvoir de substitution est révélée par la pratique. Il suffit à l'autorité centrale, même si elle n'agit pas directement, d'ordonner à l'autorité inférieure de prendre en tel ou tel sens la mesure qui relève d'elle. En principe un tel ordre qui constitue une substitution de compétence est irrégulier mais la jurisprudence le disqualifie et y voit un simple conseil[4]. Ainsi les apparences sont sauves. La répartition formelle des compétences est respectée, même si, en fait, la décision a été prise au niveau central.

3°) Le supérieur hiérarchique a le droit, *a priori, d'annuler ou de réformer* les décisions de « son » inférieur. Il peut mettre spontanément en œuvre ce pouvoir mais est tenu de le faire quand il est saisi d'un recours hiérarchique par un administré. Dans les deux cas, il est ainsi à même d'annuler rétroactivement l'acte ou de le réformer partiellement pour l'avenir, voire de l'abroger entièrement. Cependant, là encore, ces pouvoirs restent limités car les droits acquis ne doivent pas être mis en cause. La jurisprudence relative au retrait et à l'abrogation de l'acte administratif réduit considérablement les possibilités de ce point de vue (v. *infra*, n° 678 et s.).

§ 2. LE PRINCIPE D'AUTONOMIE

202 **Plan. –** Les nécessités administratives conduisent aussi, dans le cadre de la décentralisation, à développer des mécanismes d'autonomie. Il peut s'agir de recourir à des techniques de gestion plus souples ou de prendre en compte l'existence de communautés locales (depuis des temps immémoriaux existent en France des paroisses, des villages, avec leurs réseaux de solidarité), ou de groupes liés par un but commun (ensembles professionnels tels qu'autrefois les corporations, ou aujourd'hui la communauté éducative). En ce cas, l'exclusivité de l'intervention étatique n'est pas concevable, car elle serait trop négatrice des nécessités pratiques ou des réalités sociologiques. Une autre forme de relation avec l'État doit exister, ce que traduit la Constitution pour les collectivités territoriales, qui, dans son titre XII, affirme le principe de leur libre administration. La formule anglaise de « *self government* » est en ce sens particulièrement significative. La décentralisation, dont la notion doit être précisée (A) n'est cependant pas sans limites, la France constituant toujours un État unitaire (B).

3. Par ex. C. urb., art. R. 421-38-4 (accord sur un projet de construction à moins de 500 mètres d'un monument historique devant être donné par le représentant départemental du ministre de la Culture, avec possibilité d'évocation du ministre qui décide directement).

4. Par ex. CE, 19 janv. 1977, *Ass. déf. Marché St-Germain*, *D.* 1977.601.

A. LA NOTION DE DÉCENTRALISATION

203 La décentralisation consiste à *conférer à une entité la personnalité morale, en rompant le lien hiérarchique* entre elle et l'État central au profit d'un simple contrôle, d'une simple surveillance. Conséquence de ce choix, le pouvoir de décision est réparti entre de multiples personnes morales autonomes dotées d'organes propres pour mettre en œuvre les compétences qui leur sont reconnues pour la gestion des affaires publiques.

204 **Décentralisation territoriale. –** Celle-ci conduit à attribuer la personnalité morale à des entités *infra*-étatiques déterminées sur la base de critères géographiques, selon une *répartition verticale* des compétences. Sur un certain espace, les affaires des habitants de ce territoire sont gérées par les élus qui les représentent. Au lieu d'une simple circonscription de l'administration d'État, est créée une véritable collectivité autonome, appelée collectivité locale ou collectivité territoriale.

On utilise souvent les deux expressions de collectivités locales ou de collectivités territoriales. Alors même qu'on aurait pu considérer ces deux notions comme distinctes, puisque l'État, ayant un territoire, est la première des collectivités territoriales, la Constitution, dans sa dernière version, les a assimilées. Elle ne se réfère plus qu'aux collectivités territoriales.

205 **Décentralisation technique ou par services. –** Duguit[5] a particulièrement analysé cette forme qui consiste à donner la personnalité morale à des institutions, intervenant dans un champ de compétence limité, pour assurer la gestion, grâce à leurs organes, de certains services publics (enseignement public, hôpitaux, habitat, distribution de l'électricité, etc.). Il s'agit donc d'*un découpage horizontal* qui conduit à la création de personnes morales spécialisées publiques (établissements publics, groupements d'intérêt public – GIP), voire privées (ordres professionnels, associations, sociétés, etc.), lorsqu'une intégration absolue dans l'appareil administratif de l'État ou des collectivités territoriales présenterait des inconvénients trop importants (v. *infra*, n° 405 s.). Bien que niée par certains juristes[6], la décentralisation par services relève de la même technique juridique que celle en matière territoriale. Sa portée est cependant moindre en raison, notamment, des incidences du statut constitutionnel de la décentralisation territoriale et parce qu'il s'agit, en général, d'institutions dérivées, rattachées à une personne « primaire ».

206 **Collectivités territoriales et établissements publics. –** La collectivité territoriale et l'établissement public sont ainsi profondément différents, malgré certains rapprochements réels.

1°) Alors que l'une bénéficie d'un statut constitutionnel aux conséquences très étendues (v. *supra*, n° 290 et s.), pour l'autre la Constitution se limite à imposer l'intervention du législateur en cas de création de nouvelles catégories (v. *supra*, n° 387). Alors que l'une repose sur une base territoriale et bénéficie de la clause générale de compétence qui lui donne un champ d'intervention important (v. *supra*, n° 282), l'autre est au contraire régi, hors de tout nouvel échelon vertical de traitement des affaires, par le principe de spécialité qui limite ses

5. *Traité de droit constitutionnel*, T. III, 2e éd., 1923, p. 83 s.
6. C. Eisenmann, *Centralisation et décentralisation,* LGDJ, 1948, p. 22 s.

possibilités d'action (v. *supra*, n° 407) ; cet élément de différenciation a toutefois connu une altération récente, le législateur ayant privé les départements et les régions de la clause générale de compétence (v. *supra*, n° 282). Enfin, alors que la première est caractérisée par son rôle dans le fonctionnement démocratique de la Nation, les élections à ses conseils relevant du suffrage politique (v. *supra*, n° 291), le second voit ses organes statutaires le plus souvent nommés et, en tout état de cause, si élection il y a, elle reste de nature administrative.

2°) Malgré cette opposition, existent cependant, depuis la fin du XIXe siècle, formule hybride et complexe, des *établissements publics territoriaux* qui permettent aux collectivités locales de se regrouper pour exercer certaines compétences. Ces établissements s'apparentent aux collectivités territoriales en ce qu'ils gèrent un ou plusieurs services publics sur une base essentiellement territoriale. Ils participent ainsi du découpage vertical de l'administration. Mais si l'on a recouru à ce mécanisme, c'est justement pour qu'ils restent des établissements publics afin qu'ils ne portent pas ombrage aux collectivités auxquelles ils sont rattachés. Ils n'ont pas en effet le statut constitutionnel des collectivités territoriales (même si la loi les fait bénéficier de certaines solutions réservées à celles-ci – v. not. en matière de contrôle administratif *infra*, n° 298 et s.). La liste de leurs pouvoirs est en principe spécialisée. Enfin, leurs organes de gestion étaient, jusqu'à récemment, presque toujours, composés de représentants des collectivités élus par les conseils de ces dernières et non de personnes désignées directement au suffrage universel mais cette solution a été récemment et en partie remise en cause (v. *infra*, n° 344).

Il reste qu'en raison de leur importance croissante, ils participent des questions que pose l'organisation de l'administration du point de vue territorial et seront donc étudiés à ce titre.

B. LES LIMITES DE LA DÉCENTRALISATION

207 Les limites d'ordre juridique permettent de distinguer décentralisation et autres notions, mais, même réalisée par l'institution d'une personne morale nouvelle, la portée réelle de la décentralisation est variable.

1. Limites juridiques

208 **Décentralisation et fédéralisme. –** La décentralisation n'est pas le fédéralisme. Dans le cadre d'un État unitaire, elle n'est qu'une modalité d'organisation administrative et ne concerne que la répartition des compétences au sein de l'exécutif, telle qu'elle résulte des règles constitutionnelles et législatives édictées par l'État. Les collectivités décentralisées n'ont pas ainsi la « compétence de leur compétence ». L'exercice des autres pouvoirs n'est pas divisé. Les organes décentralisés n'ont aucune compétence législative – ils ne prennent que des actes administratifs, et n'ont ainsi qu'une autonomie normative réduite –, ni juridictionnelle. Dans le cadre d'un État fédéral, au contraire, les États fédérés, dotés d'une Constitution, disposent des trois pouvoirs exécutif, législatif et judiciaire à leur niveau et participent à l'élaboration des lois fédérales (le plus souvent par une représentation dans un Sénat fédéral), voire au gouvernement de celui-là. Enfin, la répartition des

pouvoirs entre fédération et États fédérés est fixée par la Constitution fédérale et ne peut être, en principe, modifiée sans l'accord de tous.

209 **Décentralisation et tutelle. –** Elle ne se confond pas non plus avec la déconcentration car il n'y a plus de lien hiérarchique : « l'autorité décentralisée est son propre supérieur hiérarchique ». Seul existe un contrôle de tutelle du pouvoir central sur les organismes spécialisés ou sur les collectivités territoriales, appelé désormais pour celles-ci contrôle administratif ou budgétaire, la loi du 2 mars 1982 ayant supprimé toute tutelle en ce domaine (v. *infra*, n° 296). À côté de certains procédés de tutelle sur les autorités gérant les personnes morales (v. *infra*, n° 319 et 323), ce contrôle présente, quant aux actes, des caractéristiques opposées à celles du pouvoir hiérarchique.

La *tutelle ne se présume pas* : « Pas de tutelle sans texte » ; elle *ne s'exerce que dans les limites fixées par les textes* : « Pas de tutelle au-delà des textes ». Il existe dès lors diverses techniques :

— pouvoir d'approbation explicite ou implicite de certains actes (cas fréquent pour les établissements publics, et prévu, avant 1982, en certaines hypothèses, pour les collectivités territoriales) ;

— pouvoir d'annulation qui permet de retirer ou d'abroger la décision pour des raisons d'opportunité[7] – alors même que cela pourrait sembler contraire à une décentralisation bien comprise –, ou seulement de légalité selon ce que prévoient les textes ;

— pouvoir de substitution le cas échéant en cas de compétence totalement liée.

Mais la tutelle ne comporte ni le pouvoir de réformation – sinon l'autorité de tutelle risquerait de substituer son appréciation à celle des organes décentralisés – ni le pouvoir d'instruction puisque le lien hiérarchique est rompu[8].

Enfin, garantie de l'autonomie de la collectivité décentralisée, la décision de l'autorité de tutelle est attaquable devant le juge administratif par elle[9], alors que le recours des agents soumis à pouvoir hiérarchique est impossible lorsque les mesures ne portent pas atteinte à leurs droits statutaires.

2. Portée réelle

210 Une fois le transfert de compétences à une personne morale distincte opéré, il y a juridiquement décentralisation. Mais la portée de la décentralisation varie ensuite selon plusieurs paramètres :

— choix des organes de gestion : la décentralisation est plus ou moins réelle selon que les organes représentant la personne morale sont élus ou nommés. Ainsi les collectivités territoriales dont tous les représentants sont élus bénéficient d'une

7. V. par ex. CE, 9 janv. 1953, *Ville de Lisieux*, R. 8, *D.* 1953.391, concl. J. Guionin (pour les collectivités locales) ; CE, 16 mai 1969, *Synd. nat. autonome personnel CCI*, R. 253 (pour les établissements publics).

8. Par ex. CE, 8 nov. 1961, *Coutarel*, R. 632 (les fonctionnaires du ministère de l'Éducation nationale ne sauraient « ni donner des ordres » – au directeur d'un établissement public d'enseignement qui échappe à leur pouvoir hiérarchique – « ni réformer ses décisions »).

9. **CE, 18 avr. 1902, *Commune de Néris-les-Bains***, R. 275 (à propos d'une décision du préfet annulant un arrêté municipal interdisant les jeux d'argent).

plus grande décentralisation que la grande majorité des établissements publics où il y a en général nomination. Faute d'élections, faute de choix par la communauté concernée, la décentralisation caractérisée par le transfert des compétences étatiques à d'autres personnes morales voit sa portée réduite ;

— force de la tutelle : l'autonomie dépend évidemment de l'étendue du pouvoir de contrôle tel qu'il résulte des textes et, dans la pratique, de sa mise en œuvre effective ;

— importance des compétences transférées qui conditionne le pouvoir d'auto-administration, la décentralisation n'étant qu'une coquille vide si l'essentiel continue à relever de l'administration d'État ;

— moyens propres en personnel et en matériel. La décentralisation paraît moins forte si l'essentiel des agents, par exemple, relève de l'État, car la gestion des personnels par celui-ci retire une partie certaine de leurs pouvoirs aux autorités décentralisées ;

— capacités financières et patrimoniales. Une collectivité est *a priori* plus libre si elle dispose de ressources propres que si elle vit des subventions du pouvoir central. Ceci est l'objet d'un réel débat à l'heure actuelle en matière territoriale : doit-on permettre aux collectivités d'avoir le maximum de ressources propres, et notamment d'impôts, ou l'État peut-il, au contraire, leur verser seulement des dotations financières (v. *infra*, n° 292) ?

De tous ces paramètres, dépend la réalité de la décentralisation : véritable pouvoir autonome ou large fiction. De ce point de vue, la décentralisation territoriale a évidemment une tout autre dimension que celle par services (dont l'étude est poursuivie *infra*, n° 399 et s.).

§ 3. LES ENJEUX POUR L'ORGANISATION TERRITORIALE

211 Le choix en termes de répartition verticale des pouvoirs au sein de la nation est donc complexe, chaque solution présentant ses avantages et inconvénients respectifs.

212 **Enjeux de la concentration. –** La concentration présente divers avantages : elle renforce la puissance de l'État, qui décide et contrôle tout et garantit, *a priori*, une parfaite *impartialité*, tous étant traités pareillement. Si en France la tradition centralisatrice a toujours été très forte, elle a souvent provoqué un engorgement du centre, entraînant un retard considérable dans le traitement des affaires, qui, étudiées loin des réalités locales, conduisent à des décisions inadaptées.

A. Peyrefitte, dans *Le Mal français*, raconte l'anecdote suivante : dans les années 1970, pour des raisons d'économie d'énergie, une circulaire du ministère de l'Éducation nationale exigea que la majorité des salles de cours dans les établissements en construction soient exposées au sud. Aussi le projet de construction d'un lycée à St-Denis-de-la-Réunion fut-il rejeté car les salles étaient situées au nord. « Paris » avait simplement oublié que dans l'hémisphère Sud, le soleil est au nord !

Comme le remarque l'exposé des motifs du décret du 25 mars 1852, dit de décentralisation, « on peut gouverner de loin, mais on n'administre bien que de près ».

213 **Enjeux de la déconcentration. –** La déconcentration paraît, dès lors, présenter tous les avantages, à condition, bien entendu, que le transfert des compétences soit accompagné des moyens financiers, humains et matériels adéquats. C'est toujours l'État qui agit, dans le cadre d'une intervention cohérente sur l'ensemble du territoire grâce notamment au pouvoir hiérarchique et aux compétences techniques de ses agents. Les principes *d'impartialité et d'égalité* dans le traitement des affaires administratives auxquels les Français sont si attachés sont ainsi respectés. En même temps, la proximité du terrain permet une *bonne adaptation aux réalités locales* et une prise de décision accélérée. La déconcentration est ainsi apparue comme le procédé miracle dans les années 1960, conciliant approche technocratique des dossiers et prise en compte des dimensions locales. De même, accompagnant la décentralisation, elle permet aux autorités locales de disposer en face d'elles d'un interlocuteur étatique adéquat, même si, souvent, les élus saisissent « Paris » pour tenter de remettre en cause la décision prise à l'échelon déconcentré.

Elle est néanmoins susceptible de présenter deux inconvénients opposés :

— d'un côté, l'autorité déconcentrée est parfois obligée de composer avec les élus locaux et en vient à défendre leurs thèses « face » à l'administration centrale, comportements déjà relevés à propos des intendants et des préfets du XIXe siècle. Un article célèbre n'a-t-il pas montré le lien qui unissait « le préfet et ses notables »[10] ? Selon une observation classique de sociologie des pouvoirs, plus le décideur est loin, plus sa décision est aisée à prendre car les pressions locales s'éloignent : « ils » ont décidé à Paris ;

— d'un autre côté, comme le relevait déjà avec humour Odilon Barrot (homme politique du Second Empire) « c'est toujours le même marteau qui frappe même si on en a raccourci le manche ». La décision reste prise par l'État, en son nom, sans que soit obligatoirement respectée la volonté des populations locales. La déconcentration soulève donc un problème politique de démocratisation. Certes, les fonctionnaires déconcentrés interviennent, eux aussi, au nom d'un pouvoir désigné par le peuple, mais le contrôle populaire reste lointain en cette hypothèse. L'administration anonyme, froide et glacée n'apparaît-elle pas dans toute sa splendeur ? Ne faut-il pas donner au contraire aux habitants de tel ou tel territoire le droit de s'auto-administrer en élisant eux-mêmes leurs représentants ?

Hauriou relevait ainsi justement que « s'il ne s'agissait que du point de vue administratif, la centralisation (prise ici au sens de déconcentration) assurerait au pays une administration plus habile, plus impartiale, plus intègre, plus économe que la décentralisation. Mais les pays modernes n'ont pas seulement besoin d'une bonne administration, ils ont aussi besoin de liberté politique »[11].

214 **Enjeux de la décentralisation. –** Dès lors, grâce à celle-ci, en matière territoriale (sur les avantages de la décentralisation technique, v. *infra*, n° 405 et s.) la diversité des intérêts publics comme la spécificité des questions locales sont prises en compte. Là où la centralisation créerait l'uniformité, la décentralisation permet une *décision plus adaptée* aux besoins et aspirations de la communauté. Elle permet aussi une participation étendue et démultipliée des citoyens. Il y a là un *enjeu démocratique* : le peuple local gouverne et contrôle plus immédiatement

10. Titre d'un article de J.-P. Worms, *Sociologie du travail,* 1966, n° 3, p. 249.
11. *Précis de droit administratif,* 10e éd., Sirey, p. 110.

ses élus. L'histoire montre que les grandes politiques décentralisatrices ont été menées par les gouvernements les plus libéraux au sens politique. À l'inverse, la centralisation est l'œuvre de régimes autoritaires ou conservateurs.

La belle formule de Tocqueville[12] reste d'actualité : « Les institutions communales sont à la liberté ce que les écoles primaires sont à la science ; elles la mettent à la portée du public, elles lui en font goûter l'usage paisible en les habituant à s'en servir ».

Ses inconvénients sont opposés aux avantages de la centralisation. En diluant, en émiettant le pouvoir, elle rend la prise de décision globale au sein de l'administration beaucoup plus complexe et coûteuse car les centres de décision se multiplient et les niveaux d'administration s'additionnent. La gestion est confiée à des élus qui, dans une perspective technocratique, paraissent moins qualifiés pour répondre à la complexité des mécanismes de l'administration moderne. L'approfondissement démocratique n'est pas toujours avéré, car les phénomènes de clientélisme – l'autorité locale, trop dépendante de ses électeurs, risque de ne pouvoir agir avec toute l'impartialité nécessaire – voire de corruption, se sont parfois développés à ce niveau, le contrôle populaire « rapproché » ne remplissant pas sa fonction.

Elle risque surtout d'être source d'inégalités flagrantes. Comment assurer un minimum de péréquation entre les départements de la Lozère (0,3 % du PNB) et des Hauts-de-Seine qui, à lui seul, a le budget d'un État d'Afrique, si tout est décidé au niveau local, avec les seules ressources des habitants du territoire en cause ? Comment concilier approfondissement de la décentralisation et nécessaire solidarité ?

Elle peut, enfin, conduire à l'éclatement de la Nation, être une menace pour son unité, comme le montre l'histoire de la France où la centralisation est apparue comme indispensable à la constitution d'un État-Nation fort face aux menaces étrangères et aux féodalités.

§ 4. L'ÉVOLUTION HISTORIQUE

215 **Ancien Régime. –** La France a une tradition de forte concentration. Les rois de France, dès le Moyen Âge, ont voulu réunir en leurs mains le maximum de pouvoirs, en détruisant petit à petit les structures féodales et les autonomies locales. Le rôle important des communes (paroisses et bourgs) avec d'importantes libertés municipales notamment dans le Midi de la France (pouvoirs des consuls) s'étiole progressivement sous l'effet de cette centralisation. Le nombre de décisions prises au niveau central par le Roi en son conseil s'accroît, comme le pouvoir des intendants, représentants du Roi dans les provinces où l'on distingue cependant pays d'élection et pays d'États qui conservent, eux, plus d'autonomie. Le degré d'intervention de l'administration royale reste, dans la réalité, fort variable. De plus, la carte administrative est d'une extrême complexité en raison d'un enchevêtrement des circonscriptions. Pour cette raison, des tentatives de rationalisation (édits en 1764 et 1765) et de démocratisation (expérience d'assemblées provinciales dans le Berry et en Haute-Guyenne sous Louis XVI) sont faites.

12. *De la démocratie en Amérique*, 1835, Ire partie, chapitre 5.

216 **Révolution et Consulat. –** La révolution, qui en matière administrative est plus une évolution qu'un bouleversement comme l'a montré Tocqueville, réorganise cependant profondément, par plusieurs lois de 1789 et 1790, les structures. Les circonscriptions sont harmonisées :

— paroisses et bourgs deviennent tous des communes de plein exercice (44 000 à l'époque), raison historique de leur nombre encore important aujourd'hui ;

— cantons regroupant les communes, districts et surtout départements qui ont été découpés sur les décombres des provinces supprimées, en respectant, dans l'ensemble, les traditions locales et les affinités entre les populations (83 départements créés).

La gestion est uniformisée avec un conseil élu, un exécutif élu par le conseil (maire dans les communes, directoire dans les départements), et un procureur-syndic représentant du Roi, élu lui aussi. Dès cette époque, la loi distingue, pour les communes, les fonctions « propres au pouvoir municipal, les autres propres à l'administration générale de l'État et déléguées par lui aux municipalités »[13].

Cette organisation ultradémocratique, où les ministères centraux perdent une large partie de leur pouvoir, ne résiste pas aux événements et la victoire des Jacobins sur les Girondins conduit le gouvernement de salut public à recentraliser les décisions et à nommer les personnels des communes et des départements tout en les soumettant au contrôle étroit des comités locaux de salut public et des commissaires de la République.

Après une tentative de regroupement communal dans la Constitution directoriale de l'an III, qui échoue – déjà – devant l'hostilité des petites communes, *la loi du 28 pluviôse an VIII* simplifie la carte administrative (communes, arrondissements, départements) en établissant un étroit contrôle de l'État : le conseil comme l'exécutif sont nommés. Dans le département, qui n'est alors qu'une circonscription déconcentrée de l'État, sans personnalité juridique, même si existent un conseil général et un conseil de préfecture, le préfet, successeur de l'intendant, acquiert un rôle premier comme « seul chargé de l'administration ». Les préfets restent cependant sous l'étroite dépendance du centre qui, par obsession uniformisatrice[14], est réticent face à un réel transfert de pouvoir à l'échelon local. Il y a toujours là une volonté de faire traiter par Paris l'essentiel des affaires, même si la pratique pouvait être différente, ne serait-ce qu'en raison des difficultés de communication et de l'engorgement du centre. Cette tradition, dans la logique des régimes antérieurs, qui continua à produire ses effets jusqu'à une période très récente, est très caractéristique de la volonté de l'administration centrale française de traiter le plus grand nombre de dossiers.

217 **De la monarchie de Juillet à la IIIe République. –** Par la suite un mouvement de balancier se produit. La monarchie de Juillet permet à nouveau l'élection des conseils municipaux et généraux[15] et les collectivités locales sont plus nettement distinguées de l'État : un avis du Conseil d'État du 27 août 1834 reconnaît ainsi aux départements la personnalité morale. La IIe République prévoit l'élection des maires dans les communes de moins de 6 000 habitants, alors que tout au moins

13. Art. 49, loi des 14-22 déc. 1789.
14. F. Burdeau, *Histoire de l'administration, op. cit.*, p. 90.
15. Loi des 21 mars 1831 et 22 juin 1833.

dans sa première phase autoritaire, le Second Empire marque un retour aux nominations mais aussi une forte volonté de déconcentration au profit du préfet[16].

L'organisation moderne, qui va durer telle quelle une centaine d'années, date de la IIIe République. La *loi du 10 août 1871* confirme le rôle des départements en distinguant compétences étatiques et départementales, même si le préfet est toujours l'exécutif du département, collectivité locale. Celle du *5 avril 1884*, après le rétablissement de l'élection du maire en 1882, accroît les compétences de la commune qui, contrairement au département ne pouvant agir que dans les domaines précisément fixés par la loi, bénéficie de la clause générale de compétence : « le conseil municipal règle par ses délibérations les affaires de la commune ». Par la suite, d'importantes mesures tant de déconcentration (transfert de nombreuses compétences aux préfets et sous-préfets) que de décentralisation (allégement des tutelles, extension des possibilités d'intervention en matière économique et sociale) résultent de plusieurs décrets-lois Poincaré, des 5 novembre et 28 décembre 1926, même si face à la montée des périls et à la crise économique, une tendance au renforcement du rôle de l'État peut être aussi observée.

218 **IVe République. –** La quatrième République commence par une révolution de principe : l'article 87 de la Constitution du 27 octobre 1946 précise que « l'exécution des décisions des conseils (élus) est assurée par leur maire ou leur président ». Le préfet aurait donc dû cesser d'être l'exécutif du département ; pourtant la situation perdura.

Par ailleurs, après que le régime de Vichy eut institué des préfets de région pour coordonner l'action des administrations étatiques, d'importantes mesures de déconcentration furent prises dans le cadre d'une nouvelle politique d'aménagement du territoire et de planification. En 1955-1956 apparaît au sein de l'administration d'État, un nouvel échelon de mise en œuvre des investissements publics : la *région* de programme. Le département constituait, en effet, un cadre trop étroit de ce point de vue, un relais entre l'État central et lui manquait. La province de l'Ancien Régime bannie par les Républiques successives réapparaissait, en partie, sous cette forme.

219 **Ve République. –** *1°)* La Ve République commençante, outre quelques réformes relatives à la coopération intercommunale, se caractérise surtout par une vigoureuse *politique de déconcentration* au profit des préfets de département et de région. La circonscription d'action régionale, découpée de façon en principe identique pour l'ensemble des administrations de l'État, devient ainsi un niveau important d'administration (décrets du 14 mars 1964, v. *infra*, n° 269). La volonté de l'administration d'État de conserver ses compétences, dans une optique technocratique, apparaît ici en pleine lumière. Après l'échec du référendum de 1969 qui tendait à créer une certaine décentralisation sur le plan régional, et face à la montée de la revendication régionaliste, est créé, par une modeste réforme due à la loi du 5 juillet 1972, un simple établissement public régional (EPR), distinct de la circonscription d'État, mais n'ayant pas le statut de collectivité locale. Sa spécialité est étroite (apporter son concours à la politique de l'État en matière

16. Décrets des 25 mars 1852 et 13 avr. 1861 (appelés décrets de décentralisation au sens que lui donnait l'époque).

d'équipements publics) et son conseil n'est élu qu'au suffrage indirect (représentants des élus locaux, pour l'essentiel). Le débat sur la décentralisation, à l'heure où l'évolution de la société conduit les citoyens à exiger toujours plus d'autonomie et de participation démocratique, n'en continue pas moins.

2°) L'arrivée de la *gauche* au pouvoir entraîne de très profonds bouleversements de l'administration territoriale grâce à une forte décentralisation accompagnée d'un important mouvement de déconcentration. Situation *a priori* paradoxale puisque la gauche s'inscrivait dans la tradition jacobine centralisatrice, mais qui s'explique par les vingt années d'opposition qu'elle a connues, où les seuls pouvoirs dont elle disposait étaient d'ordre local. L'État qui s'est opposé à tel ou tel aspect de leur politique apparaît dès lors comme « de droite » face à une décentralisation de « gauche ». D'où une vigoureuse politique de décentralisation lancée par *la loi du 2 mars 1982* qui conduit à ériger la région en véritable collectivité locale, à transférer l'exécutif du département du préfet au président du conseil général et à supprimer toutes formes de tutelle. Par la suite, de nombreuses autres lois organisent d'importants transferts de compétence (lois des 7 janvier et 22 juillet 1983 en particulier), tout en donnant aux collectivités décentralisées les moyens nécessaires pour exercer ces nouveaux pouvoirs (loi du 26 janvier 1984 relative à la réforme de la fonction publique territoriale, notamment).

Cette transformation s'accompagne d'importantes modifications des rapports entre administrations centrales de l'État et circonscriptions déconcentrées, afin de compenser la perte partielle de pouvoir des préfets et de permettre, face à des collectivités locales renforcées, d'avoir un État « local » puissant et parlant d'une seule voix. *Deux décrets du 10 mai 1982* renforcent les pouvoirs des préfets de départements et de région, la loi du 6 février 1992 pose le principe du traitement de l'ensemble de la gestion au niveau déconcentré, ce que les décrets du 1er juillet 1992 (dit « Charte de la déconcentration ») et du 15 janvier 1997 relatif aux décisions individuelles ont précisé.

3°) Les pouvoirs publics souhaitant que le mouvement de décentralisation soit poursuivi, *la Constitution a été révisée* sur plusieurs points par la loi du 28 mars 2003[17]. Symboliquement, tout d'abord, le nouvel article 1er précise que l'organisation de la République est « décentralisée ». Par ailleurs, le titre XII prévoit, désormais, dans le cadre du principe de subsidiarité, que les collectivités territoriales ont vocation à exercer les compétences qui « peuvent être le mieux mises en œuvre à leur échelon » et leur donne des garanties financières quant aux transferts de charge induits. La Constitution permet, même, une certaine « territorialisation » du droit puisque les lois ou les décrets nationaux pourront autoriser certaines collectivités à déroger, à titre expérimental, aux règles en vigueur, afin de prendre le mieux en compte possible des réalités locales. Enfin, le texte révisé renforce la démocratie locale en permettant, notamment, la tenue de référendums locaux.

Cette réforme, dont seules les prémisses ont été posées par la Constitution, est suivie d'un important train de mesures législatives et réglementaires pour sa mise en œuvre, avec notamment d'importants transferts de compétence. Elle

17. N° 2003-276, *JO* 29 mars, p. 5568.

s'accompagne aussi d'une forte déconcentration, dans le cadre d'une organisation de l'État réformée par un décret du 16 février 2010 (v. *infra,* n° 266 et 275).

4°) Le développement de l'intercommunalité (v. *infra,* n° 344 et s.) et, notamment, la création des métropoles (lois du 16 décembre 2010 puis, surtout, du 27 janvier 2014, v. *infra,* n° 352 et s.), le redécoupage des régions par la loi du 16 janvier 2015 (v. *infra,* n° 336) et le renforcement de leurs compétences par la loi NOTRe du 7 août 2015 dessinent une nouvelle architecture de la décentralisation dans laquelle la place, voire l'existence des communes et des départements se trouvent remises en cause. Cette évolution se heurte toutefois aux résistances de bien des élus locaux et du Sénat de telle sorte que l'issue est incertaine. Elle va de pair avec une réorganisation de l'administration déconcentrée de l'État ; celle-ci s'est notamment traduite par l'édiction d'un décret du 7 mai 2015 qui, abrogeant celui du 1er juillet 2012, édicte une nouvelle charte de la déconcentration renforçant cette dernière (v. *infra*, n° 244 et 270).

SECTION 2 L'ADMINISTRATION D'ÉTAT

220 **Plan. –** En raison de la tradition pluriséculaire de concentration, les structures centrales jouent un rôle majeur (Sous-section 1), qui subit cependant de profondes modifications en raison de l'institution d'autorités administratives indépendantes (Sous-section 2) et de l'importante politique de déconcentration menée (Sous-section 3).

S/SECTION 1 L'ADMINISTRATION CENTRALE DE L'ÉTAT

221 **Évolution historique. –** Avec le renforcement du pouvoir royal, l'« administration » centrale joue un rôle croissant. Elle repose sur le conseil du Roi et les « bureaux », qui, repartis au sein de six ministères, se multiplient au XVIIIe siècle, même si leurs effectifs restent très faibles (un millier d'agents). Sous Napoléon, outre le rôle nouveau joué par le Conseil d'État, le chef de l'État dispose d'un pouvoir essentiel qui s'exerce sur les ministères, désormais plus nombreux. Par la suite, selon la logique d'un gouvernement collégial dans un système parlementaire, les ministères se renforcent encore et, en leur sein, se mettent en place des directions générales elles-mêmes divisées en bureaux, structure de base qui perdure jusqu'à nos jours. La prise en charge de fonctions nouvelles par l'administration au XXe siècle rend nécessaire une coordination et une direction accrues. La présidence du conseil dispose dès lors, à partir de l'entre-deux-guerres, d'une véritable structure administrative propre, au-delà des ministères.

222 **Plan. –** À l'heure actuelle, l'administration centrale est donc organisée autour de plusieurs pôles : autorités administratives suprêmes qui en assurent la direction générale (§ 1 et 2) ; ministères qui en constituent toujours la cellule essentielle (§ 3), et enfin Conseil d'État dont la fonction consultative est primordiale (§ 4).

§ 1. LE PRÉSIDENT DE LA RÉPUBLIQUE ET SES SERVICES

223 **Plan. –** Le président de la République a, dans le prolongement de sa place politique prééminente et bien qu'il n'ait pas de lien direct avec les organes mêmes de l'administration, d'importantes compétences en matière administrative. Il assume ainsi la direction générale de l'action en ce domaine (A) et participe à sa mise en œuvre grâce à ses pouvoirs juridiques (B), avec le concours de ses services (C). Mais le Premier ministre restant, en toute hypothèse, l'autorité administrative suprême de principe, le rôle du président varie de façon importante selon que l'on se situe ou non dans une période de cohabitation.

A. LA DIRECTION GÉNÉRALE DE L'ACTION ADMINISTRATIVE

224 De ce point de vue, le président a d'abord des compétences en matière diplomatique comme garant de l'indépendance nationale et du respect des traités (art. 5 de la Constitution) et comme responsable de leur négociation et de leur ratification (art. 52). En tant que chef des armées, par ailleurs, il préside les conseils interministériels de défense prévus par l'article 15 : le conseil supérieur de la défense nationale, instance essentiellement consultative et surtout le comité supérieur de la défense nationale, appelé conseil de défense, qui prend en fait les grandes décisions en ce domaine. En dehors des prévisions constitutionnelles, divers conseils permanents en matière militaire ou non ont été créés tels que le conseil de politique nucléaire extérieure[18] ou le conseil de sécurité intérieure[19]. Enfin, divers conseils non permanents, constitués pour l'occasion, réunissent à l'Élysée certains ministres sous la présidence du chef de l'État pour prendre de multiples décisions. Leur fréquence est un signe de l'intervention plus ou moins grande du président dans la marche des affaires de l'État, avec leurs implications administratives quotidiennes. Ainsi ces conseils, rares sous la présidence du général De Gaulle, virent leur nombre s'accroître fortement sous les présidences de G. Pompidou, puis surtout de V. Giscard d'Estaing et de F. Mitterrand jusqu'en 1986. À partir de cette date, il y a, logiquement, une forte diminution pendant les périodes de cohabitation, le pouvoir de décision passant à Matignon. Mais, en cas de nouvelle identité entre les deux majorités, ils sont susceptibles de retrouver leur niveau d'antan.

18. D. nº 76-845 du 1er sept. 1976, *JO* 2 sept., p. 5315.
19. D. nº 2002-890 du 15 mai 2002, *JO* 16 mai, p. 9246.

B. LES POUVOIRS JURIDIQUES

225 En tant que président du Conseil des ministres, le Président fixe l'ordre du jour et par ce biais intervient dans l'action administrative : il peut ainsi refuser d'inscrire un projet de loi ou de décret ou la nomination d'un haut fonctionnaire, même si, en pratique, cette arme est peu utilisée.

226 **Pouvoir réglementaire. –** Le Président dispose du pouvoir réglementaire général : il doit en effet signer les décrets délibérés en Conseil des ministres ainsi que les ordonnances. De ce point de vue, la reconnaissance par le Conseil d'État que les décrets pris en Conseil des ministres ne peuvent être modifiés que par un texte de même niveau comme le pouvoir discrétionnaire que s'est reconnu le président Mitterrand de signer ou non les ordonnances de l'article 38 renforcent son rôle. Quant aux décrets non délibérés en Conseil des ministres et signés par lui, ils restent des décrets ordinaires, modifiables par le Premier ministre. Le chef de l'État n'est donc en ce domaine qu'une autorité d'exception (v. *supra*, n° 142).

227 **Pouvoir de nomination des hauts fonctionnaires. –** Selon l'article 13 de la Constitution, le Président nomme aux emplois civils et militaires de l'État, sous réserve des délégations organisées dans le cadre de la loi organique (ordonnance n° 58-1136 du 28 novembre 1958). De ce fait, la nomination de la quasi-totalité des fonctionnaires est confiée à d'autres autorités, essentiellement les ministres ou les autorités subordonnées (préfets et recteurs notamment). Le chef de l'État nomme cependant, après délibération du Conseil des ministres, quelques très hauts fonctionnaires (préfets, recteurs, ambassadeurs, magistrats administratifs de rang le plus élevé, directeurs d'administration centrale, officiers généraux, certains procureurs généraux – environ 500 au total) et à certains emplois de direction des principaux établissements publics nationaux et entreprises publiques. Il nomme également, par décret simple, les professeurs d'université, les administrateurs civils, les magistrats, les officiers, etc. (soit environ 70 000 emplois). La loi constitutionnelle du 23 juillet 2008 de modernisation des institutions de la Ve République institue d'ailleurs un contrôle parlementaire sur l'exercice de ce pouvoir du Président. Ce contrôle vise certains emplois ou fonctions, « en raison de leur importance pour la garantie des droits et libertés ou la vie économique et sociale de la Nation » ; la liste en est dressée par la loi organique n° 2010-837 du 23 juillet 2010. La nomination doit alors faire l'objet d'un avis public de la commission permanente compétente de chaque assemblée (ces commissions sont désignées par la loi n° 2010-838 du 23 juillet 2010). Un avis négatif obtenu à la majorité des 3/5es des suffrages exprimés au sein des deux commissions fait obstacle à la nomination.

C. LES SERVICES DE LA PRÉSIDENCE

228 Pour l'aider à remplir ces fonctions, les services de la Présidence sont relativement réduits, même en dehors des périodes de cohabitation. Ce sont quelques centaines de personnes que le chef de l'État choisit très librement, sous une réserve récemment introduite : en vue de lutter contre le népotisme, un décret n° 2017-1098 du 14 juin 2017 lui interdit de recruter des membres de sa famille dans son

cabinet. Les services de la présidence comprennent un état-major militaire où les différentes armes sont représentées, le cabinet qui organise la vie quotidienne du président (emploi du temps, voyages, etc.), des collaborateurs directs du président, et le *secrétariat général de l'Élysée*. Ce secrétariat et ses conseillers techniques assurent la liaison permanente entre le président et le Premier ministre, notamment pour déterminer l'ordre du jour du Conseil des ministres, ainsi qu'avec le gouvernement et ses services. En période de coïncidence entre majorités parlementaire et présidentielle, il arrive que le secrétariat général convoque ministres et hauts fonctionnaires pour trancher au niveau présidentiel certaines questions administratives. En période de cohabitation, il s'agit surtout de permettre au chef de l'État de continuer à exister politiquement. En toute hypothèse, ces services restent restreints car la présidence n'assure pas de fonction de coordination et d'administration quotidienne.

§ 2. LE GOUVERNEMENT ET LE PREMIER MINISTRE

229 **Plan. –** Le gouvernement, instance collégiale, détermine et conduit la politique de la Nation et dispose de l'administration pour mettre en œuvre ses choix (A). Quant au Premier ministre, chef du gouvernement, il dirige l'action du gouvernement (B).

A. LE GOUVERNEMENT

230 **Composition du gouvernement. –** La Constitution ne contient pas de règles sur ce point, contrairement à celle des États-Unis par exemple. L'exécutif peut donc s'auto-organiser. Sur le fondement de l'article 8, alinéa 2 de la Constitution, le président de la République nomme, par décret contresigné par le Premier ministre, le gouvernement et répartit les attributions ministérielles, par grands secteurs d'activité, entre les différents ministres et secrétaires d'État. Puis des décrets délibérés en Conseil des ministres et soumis à l'avis du Conseil d'État[20] précisent les compétences exactes de chacun des ministres, ce qui soulève parfois de délicats problèmes de frontières entre tel ou tel département ministériel. Pour les ministres délégués et les secrétaires d'État, il suffit d'un décret simple du président.

(Sur les problèmes liés au découpage entre les ministères, v. *infra*, n° 239).

231 **Ministres et secrétaires d'État. –** De ce point de vue, on distingue les ministres d'État qui ont honorifiquement un rôle spécial (il s'agit souvent des principales personnalités politiques du gouvernement) et sont ou non à la tête d'un département ministériel, des ministres « ordinaires ». Auprès des ministres sont parfois placés des ministres délégués qui assurent une partie précise des tâches confiées au ministre ou des secrétaires d'État de rang moins élevé qui, le plus souvent, n'assistent au Conseil des ministres que pour les questions rentrant dans leurs attributions. Ces

20. D. n° 59-178 du. 22 janv. 1959, *JO* 23 janv., p. 1171.

ministres délégués ou secrétaires d'État peuvent aussi être placés auprès du Premier ministre pour prendre en charge des secteurs de nature interministérielle (fonction publique, aménagement du territoire, etc.).

Quoi qu'il en soit, les ministres délégués et les secrétaires d'État n'ont pas la qualité de ministres et ne disposent que des compétences qui leur sont déléguées par le ministre en titre. Ceci signifie notamment que le contreseing exigé par la Constitution (v. *supra*, n° 146) doit être apposé par le ministre « principal », celui des ministres délégués ou secrétaires d'État, s'il est possible, n'est ni nécessaire ni suffisant[21], sauf si le décret d'attribution le prévoit, ce qui est parfois le cas[22].

Par ailleurs, il a existé, dans quelques cas, des secrétaires d'État autonomes, véritables ministres sans en avoir le nom.

232 **Formations gouvernementales. –** *Le Conseil des ministres*, comme son nom l'indique, est la principale formation gouvernementale. Réunissant tous les ministres et parfois les secrétaires d'État, présidé par le président de la République, il constitue une instance de délibération collégiale qui engage, sur la base de la solidarité gouvernementale, ses membres. Outre ses fonctions en matière politique, il examine tous les projets de lois et d'ordonnances, ainsi que les mesures individuelles de nomination des plus hauts fonctionnaires. Il ne prend cependant, en tant que tel, aucune mesure à effet normateur[23] et ne constitue donc pas une autorité administrative. Il faut que soit édicté un véritable acte juridique qui est, le plus souvent, un décret du président de la République.

Le conseil de Cabinet, formule courante sous les troisième et quatrième Républiques, permet à l'ensemble du gouvernement de se réunir hors de la présence du chef de l'État, ce qui peut être utile en période de cohabitation. Sa convocation reste rare, sauf sous la forme particulière des comités interministériels regroupant la totalité des ministres pour l'examen du projet de budget.

Les *comités interministériels* ou comités restreints jouent un rôle majeur dans la coordination des administrations, question centrale car le nombre et la diversité des structures de l'État soulèvent de grandes difficultés de ce point de vue. Ces comités, présidés en principe par le Premier ministre (mais parfois et de plus en plus dans la pratique actuelle par le Président de la République), réunissent certains ministres et permettent ainsi de trancher des questions sur lesquelles les administrations ont des positions différentes. Ils sont convoqués à telle ou telle occasion. D'autres – une trentaine – créés par décret – sont permanents. Ils assurent la coordination de l'ensemble des ministères dans des domaines spécifiques et particulièrement complexes de l'action administrative. Tel est le cas du comité interministériel d'aménagement et de

21. CE, 8 juill. 1988, *Union nat. synd. médecins hôpitaux publics*, R. 281 (secrétaires d'État placés sous l'autorité d'un ministre principal et n'exerçant leurs attributions que par délégation. Cette solution est certainement applicable aux ministres délégués).

22. Par ex. D. n° 2004-335 du 20 avr. 2004, *JO* 21 avr. p. 7265 (attributions du secrétaire d'État aux transports et à la mer).

23. CE, 25 nov. 1977, *Cie des architectes en chef des monuments historiques*, R. 463 (« délibérations par elles-mêmes sans effet juridique direct (constituant) une simple déclaration d'intention »).

compétitivité des territoires[24], du comité pour le développement durable[25], ou encore de celui de restructuration industrielle (CIRI)[26], etc.

Enfin les réunions interministérielles associent des membres des cabinets ou hauts fonctionnaires sous la direction du cabinet du Premier ministre. Beaucoup plus nombreuses que les comités, de l'ordre d'un millier par an, elles traduisent la place tenue de ce fait par le Premier ministre, puisque c'est là que se décident, lorsqu'un arbitrage de Matignon est nécessaire, toutes les mesures qui restent de niveau technique.

B. LE PREMIER MINISTRE

233 Comme le président de la République, il a donc une double fonction politique et administrative.

1. Pouvoirs du Premier ministre

234 **Direction générale de l'action administrative. –** Aux termes de l'article 21 (al. 1) de la Constitution : « Le Premier ministre dirige l'action du gouvernement ». Cette fonction comporte d'importantes conséquences du point de vue administratif. En premier lieu, si le Premier ministre n'est pas le supérieur hiérarchique des autres membres du gouvernement[27], il lui est néanmoins loisible d'adresser à ces derniers ainsi qu'aux administrations placées sous leur autorité, des « instructions par voie de circulaire leur prescrivant d'agir dans un sens déterminé ou d'adopter telle interprétation » du droit en vigueur[28]. En second lieu, le Premier ministre joue un rôle majeur de direction et de coordination de l'action du gouvernement qui s'exprime de deux façons. D'abord, il est amené à rendre des arbitrages, notamment à l'occasion des différents comités et réunions interministérielles présidés par lui ou son cabinet. Ensuite, certains services, concernant l'ensemble de l'activité de l'État, lui sont rattachés, tels que ceux qui sont chargés d'une réflexion prospective sur l'action publique (actuellement, Commissariat général à la stratégie et à la prospective[29]) ou de la gestion de la fonction publique (avec un ministre délégué). Au contraire, de façon peu logique, le budget n'a jamais directement dépendu de lui.

235 **Pouvoir réglementaire général de principe. –** Sa prééminence se traduit par l'attribution du pouvoir réglementaire de principe que lui confère l'article 21 de la Constitution. Tant pour exécuter les lois que le cas échéant dans le cadre du pouvoir réglementaire autonome, il dispose seul – sous réserve des compétences du président de la République – du pouvoir d'édicter des normes administratives générales (v. *supra*, n° 142).

24. D. n° 2005-1791 du 12 oct. 2005, *JO* 13 oct., p. 16242.
25. D. n° 2003-145 du 21 févr. 2003, *JO* 22 févr., p. 3241.
26. Arrêté du 6 juill. 1982 ; *JO* 8 juill., p. 2167.
27. CE, sect., 12 nov. 1965, *Cie marchande de Tunisie*, R. 602, *AJDA* 1966.167, concl. Questiaux.
28. CE, 26 déc. 2012, *Assoc. « Libérez les Mademoiselles »*, *RFDA* 2013. 233, concl. Bourgeois-Machureau.
29. V. décret n° 2013-333 du 22 avr. 2013, *JO* 23 avr., p. 7074.

236 **Pouvoir de nomination. –** Bien que l'ordonnance du 28 novembre 1958 (art. 3) en fasse le principal délégataire des pouvoirs du président, son pouvoir de nomination des fonctionnaires concerne essentiellement les agents de ses propres services et certains membres des conseils d'administration des établissements publics et des entreprises nationales.

2. Services du Premier ministre

237 Contrairement à ceux de la présidence de la République, les services de Matignon se sont fort développés depuis les années 1930, en raison du net renforcement du rôle de la présidence du conseil dans les circonstances troublées de l'époque. Outre les services liés à des ministres ou des secrétaires d'État délégués auprès de lui, trois organismes ont une fonction majeure dans l'action administrative[30].

1°) Le *cabinet* du Premier ministre réunit, sous la houlette de son directeur, une série de conseillers techniques qui couvrent les différents domaines de l'action gouvernementale. Ils aident le Premier ministre dans sa tâche globale de direction de l'administration et préparent les arbitrages entre les ministères concernés, tout en évitant d'empiéter sur ceux-ci et d'apparaître comme une instance d'appel de chaque décision prise à leur niveau. Son rôle est fondamental pour assurer une bonne coordination de l'action administrative. Comme l'ensemble des membres du gouvernement, le Premier ministre bénéficie, dans le choix de ses collaborateurs, d'une autonomie à laquelle le Conseil constitutionnel a reconnu valeur constitutionnelle en la rattachant au principe de la séparation des pouvoirs[31]. Le même juge a néanmoins admis que l'article 11 de la loi n° 2017-1339 du 15 septembre 2017 interdise, de manière analogue à ce qui vaut pour le chef de l'État (v. *supra*, n° 228) que le cabinet du Premier ministre (comme celui des autres membres du gouvernement), comprenne des membres de sa famille proche, dès lors que le nombre de personnes concernées est limité. Le même texte impose en outre au Premier ministre (et aux autres membres du gouvernement) de déclarer à la Haute autorité pour la transparence de la vie publique, l'emploi d'autres membres (moins) proches de sa famille, ce qui n'est pas davantage contraire au principe de la séparation des pouvoirs.

2°) Le *secrétariat général du gouvernement* (SGG), créé par une loi du 24 décembre 1934, remplit des fonctions moins politiques : ainsi certains secrétaires généraux nommés par la « droite » ont pu rester en fonction sous la « gauche » (par ex. Marceau Long). Il a essentiellement deux attributions :

— dans le cadre de l'organisation du travail gouvernemental, outre certaines fonctions d'intendance, il joue un rôle majeur de coordination, en préparant, en liaison avec le secrétaire général de la présidence de la République, l'ordre du jour du Conseil des ministres, et en assurant le secrétariat des divers conseils et comités gouvernementaux ;

— il constitue surtout une véritable centrale de production des textes juridiques, assurant le suivi du travail normatif. En fonction des programmes d'action

30. V. aussi, mais de moindre importance, le secrétariat général de l'administration créé par le décret n° 2006-458 du 21 avr. 2006 dont le rôle concerne la gestion de l'encadrement supérieur de l'État.

31. Cons. const., 8 sept. 2017, n° 2017-752 DC, *Constitutions* 2017. 399, note Ph. Bachschmidt.

retenus, il choisit la forme juridique à mettre en œuvre pour traduire ces choix (loi ou règlement), en vérifie la qualité de rédaction et la cohérence. Il suit aussi la procédure législative, assure la transmission des textes entre les chambres et la défense des textes attaqués devant le Conseil constitutionnel. Enfin, après avoir recueilli les contreseings nécessaires, il s'occupe de la publication des textes au *Journal officiel*.

3°) Le secrétariat général des affaires européennes (SGAE) est le point de passage obligé entre les administrations françaises et les représentants de la France dans les institutions de l'Union européenne. C'est ici que se prépare la position de la France qui doit être commune à l'ensemble des services. Son rôle est donc devenu primordial avec l'extension sans cesse croissante des implications de la construction communautaire.

§ 3. MINISTRES ET MINISTÈRES

238 **Plan. –** Dans les différents ministères entre lesquels sont réparties les fonctions prises en charge par l'État (A), les ministres disposent d'importants pouvoirs (B) qu'ils peuvent mettre en œuvre grâce à l'important appareil administratif que constituent leurs services (C).

A. LA RÉPARTITION DES MINISTÈRES

239 Si, sous l'Ancien Régime, le nombre des ministères était limité à 6, à l'heure actuelle, les gouvernements sont en moyenne composés d'une vingtaine de ministres et d'autant de secrétaires d'État (ou ministres délégués), traduction de l'expansionnisme administratif. Le rapport Picq[32], dans le cadre d'une réflexion d'ensemble sur l'organisation administrative avait conseillé de regrouper l'ensemble des fonctions autour de 15 ministères. Il n'a pas été suivi d'effet.

Quoi qu'il en soit, les frontières de certaines administrations restent assez stables : Intérieur, Défense (ou « Armées » dans le gouvernement actuel, nommé par décret du 21 juin 2017), Justice, Agriculture notamment. Dans d'autres cas, au contraire, aucune formule ne s'impose. Le ministère des Affaires étrangères doit-il ainsi diriger l'ensemble de la politique extérieure de la France ? Dès lors, doivent lui être rattachés le commerce extérieur, la coopération et les relations internationales en matière financière ou culturelle. Au contraire, ces questions doivent-elles rester de la compétence de chaque ministère intéressé pour que celui-ci puisse mener sa politique dans toutes ses dimensions, y compris extérieure ? Dans les faits, le ministère des Affaires étrangères n'a jamais pu être la seule voie de la France à l'étranger. De même, que « faire » du budget qui constitue un centre capital de décision, puisque des dotations financières dépendent toutes les politiques ? Le mettre au sein d'un vaste ministère de l'Économie et des Finances, le constituer en un ministère à part entière distinct de celui de l'Économie ou enfin le rattacher à Matignon ? La formation professionnelle doit-elle être liée à l'Éducation nationale

32. V. Biblio., n° 294.

ou au contraire dépendre du ministère du Travail ? La politique des bibliothèques doit-elle relever de l'éducation nationale ou de la culture ?, etc.

Malgré certaines tentatives de rationalisation, le découpage est le plus souvent le résultat de considérations politiques.

B. LES COMPÉTENCES DES MINISTRES

240 Étant responsable politiquement du fonctionnement de ses services devant le Parlement, le ministre est l'autorité première en matière administrative et le chef de ses services.

241 **Autorité administrative.** – Il est ainsi ordonnateur principal des dépenses et des recettes (non fiscales) de son ministère. Le Parlement vote, en effet, le budget et charge le ministre de l'exécuter. Toute la procédure de dépense publique passe donc par lui. Il représente aussi l'État dans toutes les actions de niveau national et signe en particulier les contrats. Pour la prise de décisions individuelles, son rôle est désormais résiduel car, depuis 1997, la compétence de principe a été transférée au préfet de département (v. *infra*, n° 270). Le ministre n'intervient plus que dans les hypothèses où l'affaire ne peut, pour des raisons pratiques ou en raison de sa portée nationale, être traitée qu'au niveau central.

242 **Chef de service.** – Le ministre dispose ainsi du *pouvoir hiérarchique* de droit commun. Pouvoir sur les agents, quant à leur recrutement et à leur carrière, même s'il peut déléguer cette compétence à des autorités non investies du pouvoir de nomination, et même si, dans le cadre des politiques de déconcentration, de nombreuses décisions en ce domaine ont été confiées aux préfets, notamment. Pouvoir hiérarchique aussi sur les actes dans les importantes limites posées par le droit (v. *supra*, n° 201).

Par ailleurs, alors qu'il n'a pas de pouvoir réglementaire général (v. *supra*, n° 144), il dispose, comme tout chef de service, des pouvoirs nécessaires au bon fonctionnement interne de l'institution qu'il dirige, dans le cadre de la jurisprudence Jamart (v. *supra*, n° 152).

C. LES SERVICES DES MINISTÈRES

243 Ces services sont ici pour exécuter les décisions du ministre ; leur importance tant quantitative que qualitative tendant à leur donner un rôle essentiel aux dépens des choix politiques. Cette prépondérance des bureaux, bien traduite par la formule « les ministres passent, les bureaux restent », a permis une certaine continuité de l'action à l'époque de l'instabilité ministérielle. Là comme ailleurs, les impératifs de l'efficacité accrue des services publics ont débouché sur d'importantes réformes dans le cadre de la modernisation de l'État.

244 **Compétences des administrations centrales.** – Les administrations centrales ont vu leur rôle fortement réduit en application du *principe de subsidiarité* qui produit, ici aussi, ses effets (sur l'adoption de ce principe en matière de décentralisation, v. *supra*,

n° 219). Depuis la loi du 6 février 1992 relative à l'administration territoriale de la république, la règle, aujourd'hui reprise par le décret du 7 mai 2015 portant charte de la déconcentration (art. 2), est que « sont confiées aux administrations centrales [...] les seules missions qui présentent un caractère national ou dont l'exécution en vertu de la loi ne peut être déléguée à un échelon territorial », les « autres missions » relevant des services déconcentrés, notamment (ce qui se comprend aisément) « celles qui intéressent les relations entre l'État et les collectivités territoriales ». Cette règle de répartition des compétences entre administrations centrales et services déconcentrés n'est en elle-même pas très éclairante, tout le problème étant de déterminer quelles sont les missions qui présentent un caractère national. Il s'agit des missions de « conception, d'animation, d'appui des services déconcentrés, d'orientation, d'évaluation et de contrôle », ce qui implique que les administrations centrales participent à l'élaboration des projets de loi et de décret, préparent et mettent en œuvre les décisions du Gouvernement et des ministres (décret du 7 mai 2015, article 3) et adresse aux services à compétence nationale (v. *infra*, n° 245), aux organismes publics rattachés à l'État et aux services déconcentrés des directives pluriannuelles destinées à orienter leur action. C'est dire que, en revanche, les administrations centrales ne peuvent avoir aucune fonction de gestion, celle-ci relevant, sauf rares exceptions, du seul échelon déconcentré. En conséquence, elles ne prennent plus normalement de décisions individuelles. Le décret n° 97-34 du 15 janvier 1997 relatif à la déconcentration des décisions administratives individuelles pose, en effet, en principe que celles de ces décisions qui relèvent des compétences des administrations civiles de l'État sont (à l'exception de celles concernant les agents publics) prises par le préfet (v. *infra*, n° 270). Il est vrai qu'il peut être dérogé à ce principe par décret en Conseil d'État fixant la liste des décisions individuelles prises par les ministres ou par décret[33]. Mais ces listes, déjà réduites initialement, ont encore été raccourcies, par une série de décrets intervenus à partir de la fin de l'année 2019[34], conformément aux orientations fixées par la circulaire du Premier ministre du 5 juin 2019 relative à la transformation des administrations centrales et aux nouvelles méthodes de travail[35]. La loi n° 2020-1525 du 7 décembre 2020 d'accélération et de simplification de l'action publique s'inscrit dans cette politique, qui déconcentre la prise d'assez nombreuses décisions individuelles (art. 25 à 33).

245 **Services à compétence nationale. –** L'expérience a cependant montré que la distinction administration centrale-échelon déconcentré ne permettait pas de répondre à tous les cas de figure. Certaines missions de gestion doivent toujours être accomplies au niveau national, en raison de leur importance ou de leur champ d'intervention. Sans aller jusqu'à la création d'une nouvelle personne morale, les structures intervenant en ce domaine doivent disposer d'une certaine autonomie. Pour cette raison, le décret du 9 mai 1997[36] a institué, au sein de l'administration

33. V. décrets n° 97-1184 s. des 19 et 24 déc. 1997, *JO* 27 déc., p. 18916 s.

34. P. ex., décret n° 2020-67 du 30 janvier 2020 relatif à la déconcentration des décisions administratives individuelles dans les domaines de l'économie et des finances, *JO* du 31 janvier 2020, texte n° 31.

35. *JO* du 6 juin 2019, texte n° 130.

36. N° 97-463, *JO* 10 mai, p. 7103, modifié par D. n° 2008-772 du 30 juill. 2008, *JO* 3 août, texte n° 1. V. aussi circulaire 9 mai 1997, *JO* 10 mai, p. 7067.

centrale de l'État, des services à compétence nationale. Créés par décret ou arrêté ministériel, ils prennent en charge des missions nationales de caractère opérationnel de gestion, d'études techniques, de production de biens, de prestation de services ou de formation notamment, correspondant aux attributions du ministre auprès duquel ils sont placés.

246 **Organisation type des services. –** Les services administratifs – autres que les services à compétence nationale – sont, depuis un décret du 15 juin 1987[37], organisés, en principe, selon un modèle type afin d'éviter une trop grande incohérence dans les structures. Toutefois, cette préoccupation uniformisatrice, est aujourd'hui remise en cause, en partie, au profit de celle du « sur-mesure ». Cette dernière, qui s'exprime nettement dans la réforme des administrations centrales lancée par une circulaire du 5 juin 2019[38], est d'inspiration managériale. Conformément à l'un des dogmes du *new public management*, elle repose sur l'idée que l'impératif, devenu catégorique, d'efficacité, suppose de laisser aux acteurs une certaine autonomie parce qu'ils sont les mieux placés pour déterminer les solutions les plus efficaces.

Le ministère est découpé en *directions* dont la compétence est fixée par décret. L'objectif est de réduire le nombre des directions afin d'éviter les difficultés de coordination au sein du ministère, car on risque de retrouver à ce stade les délicats problèmes de découpage, susceptibles de se produire entre les ministères eux-mêmes. Ces directions sont de deux types. Certaines exercent des fonctions transversales (également dites « de soutien ») touchant par exemple les affaires financières, la gestion des ressources humaines, la communication, etc. D'autres directions sont spécialisées dans les différentes politiques publiques menées par le ministère (par ex. au ministère de la Culture et de la Communication : direction générale des patrimoines, direction générale de la création artistique, direction générale des médias et des industries culturelles). Les directions sont, à leur tour, divisées en sous-directions (parfois des services coiffent les sous-directions) créées par arrêté du ministre intéressé (par ex., au sein de la direction générale des patrimoines du ministère de la Culture et de la Communication, existe notamment un service des musées qui comprend plusieurs sous-directions). Au sein des sous-directions, le bureau constitue l'échelon de base de la structure ministérielle. Il convient toutefois de noter ici que la circulaire du 5 juin 2019, précédemment mentionnée, consent aux directeurs d'administration une liberté pour fixer l'organigramme de leur direction, sous réserve de l'accord du ministre. Enfin, à partir des années 2000, l'ensemble des ministères se sont progressivement dotés d'un secrétaire général. Un décret du 24 juillet 2014 consacre cette institution en en définissant les attributions minimales (ce socle commun pouvant être complété par le décret d'organisation propre à chaque ministère). Le secrétaire général exerce une mission générale de coordination des services et de modernisation du ministère ; il doit veiller à la bonne insertion de celui-ci dans le travail interministériel ainsi qu'à la qualité des relations entre l'administration centrale et les services déconcentrés ; les fonctions transversales relèvent normalement de lui (les directions chargées de ces fonctions

37. N° 87-389, *JO* 17 juin, p. 6456. V. aussi circulaire 15 juin 1987, *JO* 17 juin, p. 6457.

38. Circulaire du 5 juin 2019 relative à la transformation des administrations centrales et aux nouvelles méthodes de travail, *JO* du 6 juin 2019, texte n° 130.

lui étant rattachées). Par ailleurs, pour des questions administratives qui n'exigent pas la lourde structure des bureaux ou qui présentent un caractère transversal des délégations ou des missions, composées d'un petit nombre d'agents, relèvent du ministre lui-même ou d'une direction (par. ex., au ministère de la Culture, délégation générale à la langue française et aux langues de France).

Enfin sont directement rattachés au ministre, les corps d'inspection qui jouent un rôle essentiel de contrôle interne de l'administration (v. *infra*, n° 832).

247 **Cabinets ministériels. –** Cette institution typique de l'administration française est issue de la longue tradition des conseillers auprès des ministres. Le cabinet est directement rattaché au ministre qui en nomme librement les membres, en général parmi les grands corps administratifs ou techniques de l'État (membres du Conseil d'État, ingénieurs des Mines, polytechniciens, etc.) ; ils perdent leurs attributions avec le changement de ministre. Le cabinet organise, tout d'abord, la vie politique du ministre, tâche première du chef de cabinet. D'autres membres se chargent des rapports avec le Parlement, avec la presse et font le lien avec la circonscription de l'important élu local qu'est souvent le ministre. À côté de cette fonction normale, est apparue une importante dérive. Autrefois, les directeurs d'administration centrale étaient souvent de hauts fonctionnaires qui n'avaient pas d'allégeance politique particulière, en raison notamment du taux de rotation important des gouvernements dans les époques d'instabilité ministérielle. Les conseillers techniques aidaient donc le ministre dans ses choix, « face » à une administration « non garantie ». Désormais, les directeurs sont généralement plus liés politiquement aux ministres. La présence de conseillers techniques qui doublent chaque direction a des effets regrettables. L'administration se sent dépossédée de ses pouvoirs, la conduite des affaires du ministère se fait en double commande, avec les retards, les contradictions et les erreurs inhérents à ce type de pilotage. Le cabinet risque de *faire écran* entre les services administratifs et le ministre. Pour cette raison, suivant les recommandations du rapport Picq, A. Juppé avait décidé de réduire très fortement le rôle des cabinets en limitant drastiquement le nombre de leurs membres (circulaire du 18 mai 1995). Mais cette réforme a rapidement échoué, et des membres de cabinet ont été recrutés de façon occulte. Un décret n° 2017-1063 du 18 mai 2017, relatif aux cabinets ministériels, renoue avec cette inspiration : limitation du nombre des membres des cabinets (initialement 10 pour un ministre, chiffre porté à 15 par le décret n° 2020-862 du 11 juillet 2020, ce qui réduit, pour le moins, la portée de la réforme) ; soumission des nominations envisagées au Premier ministre afin qu'il vérifie le respect de ces plafonds ; obligation pour l'arrêté de nomination de préciser les titres des personnes concernées et l'emploi auquel elles sont appelées ; interdiction pour quiconque ne figure pas sur cet arrêté d'exercer des tâches au sein d'un cabinet ministériel. Par ailleurs, en ce qui concerne l'emploi de membres de sa famille dans le cabinet, les règles applicables au Premier ministre (v. *supra*, n° 237) le sont également aux ministres.

§ 4. LE CONSEIL D'ÉTAT

248 **Diversité des conseils. –** D'innombrables conseils ont été créés au sein de l'administration centrale. Le phénomène de l'*administration consultative* permet en effet d'associer au processus de décision tous les partenaires souhaitables grâce à une réelle concertation et d'assurer une meilleure coordination des services. Ainsi existent par exemple le conseil national de l'enseignement supérieur et de la recherche, le conseil supérieur de la fonction publique de l'État et celui de la fonction publique territoriale, la commission supérieure des monuments historiques, le conseil général des Ponts et Chaussées, etc. Indépendamment des organes interministériels, chaque ministère a, auprès de lui, un ensemble de conseils divers et variés.

Un décret n° 2006-672 du 8 juin 2006 (art. 2, repris à l'article R. 133-2 CRPA) ambitionne de rationaliser la création de ces organismes. Il pose en principe que les commissions administratives consultatives (placées auprès de l'État et de ses établissements publics administratifs) sont créées pour une durée maximale de cinq ans, cette création devant en outre être précédée d'une étude permettant de vérifier que la mission impartie à la commission répond à une nécessité et n'est pas susceptible d'être assurée par une commission existante. Dans le même esprit, les pouvoirs publics mènent une politique de réduction des instances consultatives (v. not., la circulaire du Premier ministre n° 6038/SG du 12 septembre 2018 qui enjoint aux membres du gouvernement de supprimer deux organes consultatifs à chaque fois qu'ils envisagent d'en créer un) qui vise spécialement celles qui sont obligatoirement consultées sur les projets de textes ou de décisions administratives (v. la circulaire du 5 juin 2019 relative aux administrations centrales et aux nouvelles méthodes de travail).

L'un d'entre eux joue un rôle majeur pour l'ensemble de l'administration en raison de la place centrale qu'il occupe : le Conseil d'État. Après la suppression du conseil du Roi sous la Révolution, la Constitution du 22 frimaire an VIII crée un Conseil d'État, dont le rôle est essentiellement de conseiller le pouvoir exécutif pour la rédaction des lois et décrets. À côté de ce rôle consultatif toujours fondamental, mais qui ne concerne plus le seul gouvernement (v. *infra*, n° 252), le Conseil d'État est aussi le juge suprême de l'ordre juridictionnel administratif (v. *infra*, n° 852 et s.).

249 **Organisation du Conseil d'État. –** Présidé par son vice-président, et composé d'environ 300 membres (v. *infra*, n° 852 et 874), le Conseil d'État, pour ses fonctions de conseil, est divisé en six sections administratives : sections des finances, des travaux publics, de l'intérieur, section sociale, section de l'administration (créée par un décret du 6 mars 2008) et, une un peu spécifique, celle du rapport et des études. Un arrêté du Premier ministre et du garde des Sceaux, pris sur proposition du vice-président du Conseil d'État, répartit les dossiers entre les cinq premières de ces sections par secteurs[39]. Lorsque l'avis à donner porte sur un projet ou une proposition de loi ou sur un projet d'ordonnance, il est rendu, en principe, soit par l'assemblée générale ordinaire, soit, dans quelques cas exceptionnels, par l'assemblée générale plénière où tous les conseillers d'État siègent. En cas d'urgence, la commission permanente est compétente (CJA, art. R. 123-1 s.).

39. V. Arrêté du 4 juill. 2008, *JO* 6 juill., texte n° 8.

250 **Consultation obligatoire. –** Le Conseil d'État est obligatoirement consulté sur les *projets de loi* (art. 39 de la Constitution) ; en 2020, il a rendu 111 avis de ce type. Un point mérite, à ce propos, d'être précisé. Une fois la procédure parlementaire engagée, le Conseil d'État n'a plus à être consulté sur les amendements du parlement ou du gouvernement. Le Conseil constitutionnel se refuse d'ailleurs à vérifier qu'en utilisant son droit d'amendement le gouvernement n'a pas eu pour seul but de contourner l'obligation de consulter le Conseil d'État[40]. Dans la mesure où une grande partie de la législation provient d'amendements (ou de propositions de lois), elle échappe ainsi à l'examen obligatoire du Conseil d'État (v. aussi, *infra* n° 252).

Il est également obligatoirement consulté sur tous les *projets d'ordonnance* (art. 38 ; 127 avis en 2020), et sur certains *projets de décrets* (en 2020, 652 avis pour les décrets réglementaires). Son avis est ainsi obligatoire lorsqu'il s'agit de modifier, en le délégalisant, un texte de forme législative antérieur à la Constitution de 1958 et portant sur une matière réglementaire (art. 37 al. 2). De même les décrets en Conseil d'État, auxquels la loi ou un décret renvoient, doivent relever de lui[41]. Le caractère obligatoire de la consultation se traduit par la mention dans les visas : « le Conseil d'État entendu ».

Enfin, le Conseil d'État doit également être saisi des projets et des propositions de lois du pays que le Congrès de la Nouvelle-Calédonie est compétent pour adopter (art. 100 de la loi organique du 19 mars 1999 et v. *infra*, n° 363). 19 avis ont été rendus à ce titre en 2020.

Les avis du Conseil d'État portent à la fois sur la régularité juridique du texte, la qualité de sa rédaction et le cas échéant, sur l'opportunité de la décision (d'un point de vue, non pas politique, mais administratif). Ils se traduisent par l'adoption d'un texte alternatif. Sauf cas très rare de décret pris sur avis conforme du Conseil d'État (par ex. décret décidant de recourir à l'expropriation d'extrême urgence), le gouvernement n'est jamais obligé de suivre l'avis ; à ses risques et périls s'il s'avère que le Conseil a relevé une grave irrégularité juridique. Mais il ne peut que reprendre son texte initial, y renoncer ou le modifier en reprenant à son compte (en tout ou partie) le texte adopté par le Conseil d'État. Une troisième version n'est pas possible afin que soit garantie la portée de la consultation[42]. La portée de l'avis rendu sur les projets de loi est un peu moindre : le texte du projet adopté en Conseil des ministres peut différer à la fois de celui qui a été soumis au Conseil d'État et de celui adopté par ce dernier mais à la condition que l'ensemble des questions posées par le texte finalement retenu aient été soumises au Conseil d'État lors de sa consultation[43].

251 **Consultation facultative. –** Pour le reste, sa consultation est facultative. Il est saisi, le cas échéant, par le gouvernement sur des projets de textes pris en ce cas après avis du Conseil d'État (il est mentionné dans les visas « Vu l'avis du Conseil d'État »), ou de véritables « consultations » afin de connaître le sens d'un texte ou la régularité d'un « montage » juridique (8 avis en 2020). De plus, à la demande du

40. Par ex. : Cons. const., n° 2021-819 DC, 31 mai 2021 (v. § 12 et 15).
41. V. CE, ass., 3 juill. 1998, *Synd. nat. Environnement* CFDT, R. 272.
42. V. CE, sect., 1er juin 1962, *Union gén. synd. mandataires des halles centrales*, R. 362.
43. Cons. const., n° 2003-468 DC du 3 avr. 2003, *JO* 12 avr., p. 6493.

gouvernement, ou de sa propre autorité, il conduit des missions de réflexion sur telle ou telle question d'ordre administratif. Ainsi, dans les années récentes, la section du rapport et des études s'est interrogée sur les conséquences juridiques d'Internet, sur les cumuls de rémunérations et d'emplois au sein de la fonction publique, ou dans le cadre de son rapport général annuel a réfléchi sur les notions de service public, d'intérêt général, sur la sécurité juridique et la complexité du droit ou le contrat, etc.

252 Enfin, deux réformes récentes marquent une mutation de la fonction consultative du Conseil d'État dont il apparaît qu'elle ne bénéficie plus exclusivement au gouvernement.

La loi constitutionnelle du 23 juillet 2008 de modernisation des institutions de la Ve République, dans le louable souci d'améliorer la qualité du travail législatif, a ouvert au Parlement la faculté de consulter le Conseil d'État. Plus précisément, selon le nouvel article 39, al. 5 de la Constitution, « le président d'une assemblée peut soumettre pour avis au Conseil d'État, avant son examen en commission, une proposition de loi déposée par l'un des membres de cette assemblée, sauf si ce dernier s'y oppose ». La procédure de cette consultation a été précisée par une loi du 15 juin 2009 et un décret du 29 juillet 2009[44]. Depuis l'entrée en vigueur de cette réforme en 2009, 34 avis ont été rendus à ce titre (dont deux en 2020). L'utilisation de cette procédure, tout en restant assez modérée, semble se développer. Il est, au demeurant, envisagé d'étendre la faculté de consultation du Conseil d'État à certains amendements, tant parlementaires que gouvernementaux[45].

La préoccupation de la qualité de la loi et, surtout, l'irrésistible extension de l'exigence de transparence de l'action publique ont conduit à une autre réforme de même esprit. Traditionnellement, les avis du Conseil d'État, étant donnés gouvernement seul, demeuraient secrets, à moins que ce dernier n'en décide autrement. Rompant avec cette pratique (au demeurant confirmée par la loi du 17 juillet 1978 qui exclut les avis du Conseil d'État des documents administratifs qu'elle rend communicables, v. *infra*, n° 616), le président de la République a fait connaître, le 20 janvier 2015, que les avis donnés par le Conseil d'État sur les projets de lois seraient désormais rendus publics ; ils sont effectivement devenus accessibles sur Legifrance et sur le site du Conseil d'État. Voilà donc que ce dernier, selon les termes mêmes de son vice-président ne s'adresse plus au seul gouvernement, mais parle aussi au « Parlement, à la communauté juridique, à la société »[46]. Cette évolution, qui affecte aussi, quoique par d'autres voies, la fonction juridictionnelle du Conseil d'État (ici aussi, le Conseil d'État ne parle plus à la seule administration) ne saurait être sous-estimée : elle touche aux fondements mêmes de la légitimité de l'institution.

44. L. n° 2009-689 du 15 juin 2009, *JO* du 16 juin, p. 9784 et décret n° 2009-926 du 29 juill. 2009, *JO* 30 juill. 2009, p. 12623.
45. E. Sagalovitsch, « Vers des amendements parlementaires en Conseil d'État ? », *AJDA* 2019. 1912.
46. Discours de présentation du rapport public annuel 2015, *AJDA* 2015.1013.

S/SECTION 2 LES AUTORITÉS ADMINISTRATIVES OU PUBLIQUES INDÉPENDANTES

253 **Origines. –** Le retour des sages de Platon... Il est en effet apparu que les techniques traditionnelles d'administration d'État ne permettaient pas de résoudre certaines questions. Diverses fonctions doivent être assurées par des organismes indépendants du pouvoir politico-administratif, afin de garantir une plus grande impartialité de l'action publique, lui donner une capacité de réaction plus rapide et y associer des professionnels et personnalités issus de la société civile. Inspirées d'un mécanisme très en vogue aux États-Unis, sont ainsi apparues – le nom est mentionné pour la première fois dans la loi du 6 janvier 1978, à propos de la Commission nationale Informatique et Libertés (CNIL), même si certains organes de ce type, notamment en matière de contrôle bancaire, existaient déjà – des autorités administratives indépendantes.

254 **Multiplication anarchique. –** Ce type d'institutions s'est développé dans un remarquable désordre, à plusieurs égards. Le législateur a attribué la qualité d'autorité administrative indépendante à des organes des plus disparates, notamment du point de vue de leur mission et de leurs pouvoirs. À côté des autorités administratives indépendantes, sont apparues des autorités publiques indépendantes qui, à la différence des premières, sont dotées de la personnalité juridique. Certaines institutions ont reçu d'autres dénominations encore, sans véritable portée juridique : « autorité indépendante » (par exemple, pour le Conseil supérieur de l'audiovisuel), « autorité constitutionnelle indépendante », pour le Défenseur des droits. D'autres structures ont été reconnues comme des autorités administratives indépendantes non par le législateur mais par le juge, s'agissant de l'ancienne autorité de régulation des télécommunications[47] et de la commission de régulation de l'énergie[48]. Chacune de ces institutions était enfin dotée d'un statut propre par son texte institutif, de notables différences (mais aussi des points de convergence) apparaissant d'un statut à l'autre, notamment s'agissant de la composition et des règles de fonctionnement.

255 **Rationalisation. –** Cette situation ainsi que l'insuffisance du contrôle du Parlement ont été critiquées dans plusieurs bons rapports du Sénat, qui appelaient de leurs vœux une rationalisation du système français des autorités administratives indépendantes. Ces vœux ont été exaucés par la loi organique nº 2017-54 et la loi nº 2017-55 du 20 janvier 2017. La première a pour objet principal de placer dans le domaine de la loi l'institution de ces autorités et la détermination des principaux éléments de leur statut (sur ce point, v. *supra*, nº 128). La seconde a été adoptée dans l'exercice de cette compétence. Elle comporte deux apports liés. Elle ambitionne d'abord de remédier à l'éparpillement des statuts particuliers, en posant les éléments d'un régime général des autorités administratives indépendantes et des autorités publiques indépendantes ; il s'agit dans une large mesure d'une formalisation du schéma d'ensemble qui se dégageait des textes

47. Cons. const., décision nº 96-378 DC, 23 juill. 1996, R. 99.
48. CE, 3 mai 2011, nº 331858, *SA Voltalis*, *JCP* A 2011, act. 362.

propres à chaque autorité. Ce premier objet en impliquait un second, dès lors qu'il rendait nécessaire de déterminer à quelles autorités le statut général devait être applicable. Deux méthodes étaient envisageables. La première consistait à déterminer, de manière générale et abstraite, quels caractères doit présenter une institution pour être qualifiée d'autorité administrative ou publique indépendante et se voir appliquer le régime juridique lié à cette qualification. Le législateur en a préféré une seconde : la loi n° 2017-55 dresse une liste limitative des autorités administratives indépendantes (au nombre de 19) et des autorités publiques indépendantes (on en compte 7) auxquelles s'applique le statut général qu'elle édicte. Cette liste traduit une diminution et, au demeurant, la loi contient des dispositions qui ôtent à plusieurs institutions leur qualité d'autorité administrative indépendante. Néanmoins, certaines d'entre elles se voient offrir des garanties d'indépendance et, notamment la soustraction à tout pouvoir d'instruction. La rationalisation voulue par le législateur débouche donc ici sur une certaine complication de l'état du droit, puisque, pour rendre compte de ce dernier, il faut désormais distinguer deux sortes d'organismes administratifs indépendants : ceux qui, figurant sur la liste dressée par la loi n° 2017-55 du 20 janvier 2017, ont la qualité d'autorité administrative ou publique indépendante et bénéficient du statut général défini par cette loi ; ceux qui, non compris dans cette liste, n'ont pas cette qualité et ne sont donc pas régis par ledit statut. Les difficultés susceptibles de résulter de cette situation sont bien illustrées par la jurisprudence du Conseil constitutionnel relative au champ d'application des principes constitutionnels d'indépendance et d'impartialité. Dans sa décision n° 2012-280 QPC[49], le juge constitutionnel avait décidé que ces principes ne concernaient pas seulement les juridictions mais aussi les autorités administratives indépendantes investies d'un pouvoir de sanction. La limitation de la qualité d'autorité administrative indépendante à celles que le législateur a désignées comme telles l'a conduit à préciser que ces principes étaient applicables à toute « autorité administrative non soumise au pouvoir hiérarchique du ministre », lors même qu'elle ne figurerait pas sur la liste législative des autorités administratives indépendantes[50].

256 **Plan. –** L'examen de cette liste confirme la diversité des domaines d'intervention des autorités indépendantes (§ 1). Par ailleurs, les différents termes qui permettent de les définir montrent qu'elles ont un statut complexe au regard des principes fondateurs de l'organisation administrative (§ 2).

§ 1. LES DOMAINES D'INTERVENTION

257 Les autorités administratives ou publiques indépendantes se sont développées essentiellement dans trois domaines, avant de connaître, avec l'institution du Défenseur des droits, une consécration constitutionnelle.

1°) Elles jouent tout d'abord un rôle certain en matière de *protection des libertés*. Elles permettent de couper le cordon ombilical avec l'administration, de donner

49. Cons. const., n° 2012-280 QPC du 12 oct. 2012, *Société Groupe Canal Plus et autre* (cons. 16).
50. **Cons. const., n° 2016-616/617 QPC du 9 mars 2017 (cons. 6).**

des garanties d'impartialité aux citoyens dans l'exercice du libre jeu démocratique. Ainsi en va-t-il :

— de la commission nationale des comptes de campagnes et des financements politiques ainsi que de la Haute autorité pour la transparence de la vie publique ;

— de la CNIL, chargée de vérifier notamment que la constitution de fichiers informatiques publics ou privés se fait dans des conditions qui respectent les droits individuels ; du Conseil supérieur de l'audiovisuel qui attribue, de façon transparente et démocratique, les fréquences de radio et de télévision et veille au respect des règles de pluralisme dans le déroulement des campagnes électorales et aux obligations imposées par la loi (respect des quotas d'émissions européennes par exemple) ; de la commission du secret de la défense nationale, ou encore du Contrôleur général des lieux de privation de liberté[51].

2°) Elles offrent aussi certaines garanties dans les *rapports entre l'administration* et *l'administré*. De ce point de vue, des institutions comme la commission d'accès aux documents administratifs, qui donne un avis sur la communicabilité de tels documents, ou de l'Autorité de sûreté nucléaire, qui contribue au contrôle de cette sûreté et à l'information du public dans cette matière jouent un rôle essentiel (v. *infra*, n° 616)[52].

3°) Elles se sont multipliées, en liaison notamment avec le phénomène de déréglementation, dans le domaine de la *régulation de l'économie*. Les monopoles étatiques ayant en partie disparu en raison de l'ouverture à la concurrence des services publics de réseau (v. *infra*, n° 484), il s'agit qu'une autorité neutre garantisse le respect, par les opérateurs autorisés à intervenir, de leurs obligations légales comme le fonctionnement libre et transparent du secteur en cause. Cette régulation ne recourt pas qu'aux seuls instruments juridiques contraignants (réglementation et sanctions) mais passe aussi par des techniques plus souples où l'encadrement du marché résulte de la négociation, du pouvoir d'influence et de l'incitation. Ainsi l'autorité de régulation des communications électroniques et des postes (ARCEP) ou la commission de régulation de l'énergie (CRE) participent à la définition des conditions d'exploitation des nouveaux marchés partiellement déréglementés et à leur surveillance[53]. De façon comparable, pour la *réglementation de l'économie,* l'autorité des marchés financiers (AMF) surveille le marché boursier ; quant à l'Autorité de la concurrence elle est chargée du contrôle des concentrations économiques et a recueilli depuis le 13 janvier 2009 les compétences que le Conseil de la concurrence, qu'elle remplace, détenait auparavant en matière de pratiques anticoncurrentielles[54].

51. Respect. C. élect., art. L. 52-14, loi n° 77-808 du 19 juill. 1977 ; loi n° 78-17 du 6 janv. 1978 ; loi n° 86-1067 du 30 sept. 1986, loi n° 98-567 du 8 juill. 1998 (Jur. C et L), loi n° 2004-1486 du 30 déc. 2004, loi n° 2007-1545 du 30 oct. 2007.

52. Respect. lois n° 73-6 du 3 janv. 1973, n° 78-753 du 17 juill. 1978 (Jur. C et L) et C. envir., art. L. 121-2 et s., loi n° 2006-686 du 13 juin 2006.

53. Respect. loi n° 2005-516 du 20 mai 2005 ; loi n° 2000-108 du 10 févr. 2000, modifiée (Légifrance).

54. Respect. C. mon. fin., art. L. 621-1 et s. ; Loi du 4 août 2008 de modernisation de l'économie (art. 96 et 97), *AJDA* 2008.2312, étude L. Richer, S. Nicinski et P.-A. Jeanneney et ord. n° 2008-1161 du 13 nov. 2008 portant modernisation de la régulation de la concurrence, *JO* du 13 nov., texte n° 7, *AJDA* 2009.347, étude R. Poésy.

4°) Créé par la loi constitutionnelle du 23 juillet 2008 (art. 41, nouveau Titre XI *bis* de la Constitution, art. 71-1), le Défenseur des droits était initialement présenté par la loi organique du 29 mars 2011, prise pour l'application de la Constitution, comme une « autorité constitutionnelle indépendante » (art. 2). Il ne fallait pas inférer de cette disposition que cette autorité-là ne serait pas de nature administrative. Constitutionnel, le Défenseur des droits l'est seulement en ce sens qu'il a été institué par la Constitution, qui définit aussi les principes de son statut et de ses fonctions. En d'autres termes (ceux du Conseil constitutionnel), la disposition en cause devait être entendue comme se bornant à rappeler que le Défenseur des droits « constitue une autorité administrative indépendante dont l'indépendance trouve son fondement dans la Constitution » et n'a pas pour effet de le « faire figurer [...] au nombre des pouvoirs publics constitutionnels » (v. pour le surplus, *infra*, n° 833). Conformément à cette interprétation, dans le cadre de l'effort de rationalisation des autorités indépendantes déjà relevé (v. *supra*, n° 255), la loi organique n° 2017-54 du 20 janvier 2017 a remplacé, dans l'article 2 de la loi organique du 29 mars 2011, l'adjectif « constitutionnelle » par l'adjectif « administrative ».

§ 2. LA DÉFINITION DES TERMES

258 Les trois termes qui permettent de les définir soulèvent de délicates questions.

259 **Autorités. –** Autorités car elles ont, en général, le pouvoir de poser des normes. Elles exercent parfois un *pouvoir réglementaire* : normes simplifiées de la CNIL pour le traitement courant des fichiers informatiques, certaines prescriptions techniques prises directement par la CRE, organisation des campagnes électorales du point de vue audiovisuel par le CSA. Souvent l'homologation ministérielle de leurs prescriptions est exigée. Le Conseil d'État, alors que la tendance la plus récente est de maintenir ce pouvoir aux mains du Premier ministre, suggère que, dans les secteurs où les mutations technologiques sont les plus importantes, ce qui rend nécessaire des décisions rapides et en parfaite adéquation avec les réalités professionnelles, ces autorités bénéficient au contraire d'un pouvoir réglementaire spécialisé plus étendu[55].

Elles prennent aussi des *décisions individuelles* : attribution des fréquences de radio ou de télévision du secteur privé par le CSA ou des ressources en fréquence et numérotation aux opérateurs de télécommunications par l'ARCEP, agrément des sociétés gestionnaires de portefeuille et des opérations d'appel à l'épargne par l'AMF. Elles ont également d'importants pouvoirs de police et de sanction qui ont soulevé de délicats problèmes de procédure au regard notamment de la Convention européenne des droits de l'homme (v. *infra*, n° 518 et 676) et conduit à s'interroger sur la nécessité de dissocier régulation et sanction. Le CSA ou l'ARCEP sont à même de suspendre l'autorisation d'émettre ou d'exploiter un réseau, réduire la durée de l'autorisation, voire la retirer ou prendre des sanctions pécuniaires allant jusqu'à un certain pourcentage du chiffre d'affaires. De même,

55. Rapport 2001, préc.

l'Autorité de la concurrence (v. *supra*, nº 257), outre d'importantes sanctions pécuniaires, adresse des injonctions aux entreprises pour qu'elles mettent fin à des pratiques anticoncurrentielles d'ententes prohibées ou d'abus de domination économique.

Elles ont enfin un *pouvoir d'influence* par les nombreux avis qu'elles donnent à titre général quand elles n'ont pas de pouvoir réglementaire direct (avis de l'Autorité de la concurrence sur tout texte ayant des conséquences en ce domaine, avis du CSA sur des décrets concernant le parrainage et la publicité, avis sur les textes de régulation des marchés des télécommunications ou de l'électricité), par le dialogue constant qu'elles mènent avec les acteurs des secteurs concernés, ou à l'occasion de la mise en œuvre des décisions spécifiques (avis de la CADA sur les refus d'accès aux documents administratifs ou aux archives publiques). Ce pouvoir résulte aussi des recommandations ou propositions qu'elles formulent ainsi que de la publication de leurs rapports annuels d'activité. Pour cette raison, sont rattachables à cette catégorie des organismes, tels que la CADA, la commission du secret de la défense nationale ou le Contrôleur général des lieux de privation de liberté, alors qu'elles n'ont pas de pouvoir de décision et ne sont donc pas des autorités au sens juridique du terme.

260 **Administratives. –** Ces autorités ne relèvent ni du pouvoir législatif, ni de l'autorité judiciaire, comme l'a jugé très nettement le Conseil constitutionnel à propos du conseil de la concurrence[56]. Elles se rattachent donc à l'administration de l'État ou, beaucoup plus rarement, d'une collectivité territoriale[57] ; c'est d'ailleurs toute l'ambiguïté de leur statut. Leur budget provient des ministères, leurs personnels sont des agents publics, leurs actes sont administratifs et peuvent être attaqués devant le juge administratif[58], sauf attribution législative de compétence à l'autorité judiciaire (v. *infra*, nº 932), et engagent l'éventuelle responsabilité de l'État en cas d'erreur de leur part[59].

Pour un certain nombre d'entre elles, il est apparu, cependant, préférable de leur conférer la personnalité morale de droit public[60]afin de renforcer leur indépendancc. La dénomination d'autorité publique indépendante est alors préférée, comme le confirme l'article 2 de la loi nº 2017-55 du 20 janvier 2017 qui précise que « les autorités publiques indépendantes disposent de la personnalité morale ».

56. **Cons. const., nº 86-224 DC du 23 janv. 1987,** R. 8 (« le Conseil de la concurrence, organe administratif... »).

57. C'est ainsi que la Nouvelle-Calédonie a créé une Autorité de la concurrence, par une loi du pays du 14 avr. 2014, adoptée sur le fondement de la loi nº 2013-1027 du 15 nov. 2013. La Polynésie française a fait de même (loi du pays du 23 févr. 2015 adoptée sur le fondement de l'article 30-1 de la loi organique nº 2004-192 du 27 févr. 2004).

58. CE, ass., 12 mars 1982 CGT, R. 107, *AJDA* 1982. 541, concl. Ph. Dondoux (délibérations réglementaires de la CNIL) ; CE, ass., 26 juin 1998, *Soc. Axs Télécom*, *CJEG* 1998.379, concl. Hubert (décision de l'ART quant à l'attribution des préfixes téléphoniques).

59. CE, 22 juin 1984, *Soc. Pierre et Cristal*, R. Tab. 731 (absence de faute lourde de la COB).

60. Ainsi, l'AMF (C. mon. fin., art. L. 621-1), l'autorité de contrôle des assurances et des mutuelles (C. assur., art. L. 310-12), l'Agence française de lutte contre le dopage (C. sport, art. L. 232-5), la Haute autorité de santé (L. 13 août 2004), le CSA (L. 15 nov. 2013) sont qualifiées d'autorités publiques indépendantes dotées de la personnalité morale.

261 **Indépendantes. –** Indépendantes, les autorités administratives ou publiques dont il s'agit le sont fondamentalement à l'égard du gouvernement. Comme l'énonce l'article 9 de la loi n° 2017-55 du 20 janvier 2017, « dans l'exercice de leurs attributions, les membres des autorités administratives indépendantes et des autorités publiques indépendantes ne reçoivent ni ne sollicitent d'instruction d'aucune autorité ». Ces institutions se situent donc *en dehors du pouvoir hiérarchique* qui est de droit dans l'administration d'État. Bien que la même loi ne l'énonce pas, les autorités publiques indépendantes ne relèvent pas davantage du contrôle administratif qui s'exerce normalement sur les personnes publiques spécialisées, dans le cadre de la décentralisation fonctionnelle.

Cette indépendance et l'impartialité qu'elle permet sont garanties par les règles générales énoncées par les lois organiques et, surtout, ordinaire du 20 janvier 2017 et sur certains points, non régis par ces règles, par le statut particulier de chaque autorité.

La composition des autorités indépendantes est naturellement variable selon leur mission. Le statut général n'en traite donc guère. Le plus souvent, elle comprend des personnalités qualifiées, des magistrats et des élus. Ainsi, la CNIL comporte dix-sept membres dont, notamment, quatre parlementaires, six membres choisis parmi les plus hautes juridictions, et cinq personnalités qualifiées. La loi n° 2017-55 s'est préoccupée de limiter la présence au sein des autorités indépendantes des membres du Conseil d'État, des tribunaux administratifs, des cours administratives d'appel et des magistrats des juridictions des comptes que le Sénat, en particulier, jugeait trop nombreuses. À cette fin, l'article 10-V de ce texte précise que lorsqu'une disposition législative prévoit la présence, au sein du collège d'une autorité administrative indépendante ou d'une autorité publique indépendante, de membres de ces corps, « il ne peut être désigné d'autre membre en activité du même corps, à l'exclusion du président de l'autorité concernée ».

Le statut des membres se prêtait davantage à une certaine unification, que réalise en effet la loi n° 2017-55. Leur mandat est d'une durée de trois à six ans (art. 5), renouvelable une fois (art. 6) et irrévocable (art. 7). Il comporte de nombreuses incompatibilités : tout mandat électif, toute participation à la direction d'entreprises soumises au contrôle de l'autorité et, quand le mandat est exercé à plein temps, tout autre emploi public, toute activité professionnelle sont en principe interdits. Les membres des autorités en cause sont également assujettis à divers devoirs déontologiques (v. art. 9 et s.), dont la substance ne diffère guère de ceux qui s'imposent aux fonctionnaires publics : dignité, probité, impartialité, secret et discrétion professionnelle.

262 **Contrôle du Parlement. –** Classiquement, dans un régime démocratique, la légitimité politique de l'administration exige sa subordination à un gouvernement, lui-même issu de l'élection. De ce point de vue, l'existence d'autorités indépendantes du pouvoir exécutif est discutable et aurait pu même être jugée contraire au principe, affirmé par l'article 20 de la Constitution, selon lequel « le gouvernement dispose de l'administration ». Le Conseil constitutionnel n'a cependant pas remis en cause le principe même de telles institutions. Une réponse à la critique politique que l'on vient de rappeler consiste à déconnecter la légitimité démocratique de

l'élection en présentant l'impartialité comme l'une des modalités de celle-ci[61]. Il semble plus exact d'admettre que la justification de ces autorités est d'ordre libéral : prenant notamment acte de ce qu'en raison du fait majoritaire, l'idée selon laquelle le gouvernement, s'il dispose de l'administration, en est par là même responsable devant le Parlement, est largement théorique, elles constituent une forme de limitation à la puissance de l'Exécutif caractéristique de la Ve République. Quoi qu'il en soit, d'un point de vue tant démocratique que libéral, l'indépendance d'autorités administratives ne saurait être admise sans un contrôle parlementaire suffisamment étroit. Les dispositions que la loi organique, et surtout la loi ordinaire du 20 janvier 2017, consacrent au renforcement de ce contrôle sont donc heureuses. La première allonge la liste des Présidents des autorités indépendantes dont la nomination par le chef de l'État doit être précédée d'un avis de la commission permanente de chaque assemblée conformément à l'article 13 de la Constitution (v. *supra*, n° 227). La seconde impose à toute autorité administrative ou publique indépendante d'une part d'adresser chaque année, avant le 1er juin, au Gouvernement et au Parlement un rapport d'activité rendant compte de l'exercice de ses missions et de ses moyens et, d'autre part, de rendre compte annuellement de son activité devant les commissions permanentes compétentes de chaque chambre à la demande de celle-ci. Enfin, il est fait obligation au Gouvernement de présenter, en annexe générale au projet de loi de finances de l'année, un rapport sur la gestion des autorités administratives indépendantes et des autorités publiques indépendantes.

S/SECTION 3 L'ADMINISTRATION TERRITORIALE DÉCONCENTRÉE

263 **Traits généraux et plan. –** Les services déconcentrés (appellation substituée à celle, traditionnelle de « services extérieurs » par la loi du 6 février 1992) doivent être situés au sein de l'administration de l'État et par rapport aux collectivités locales.

De manière générale, la position des services déconcentrés au sein de l'organisation administrative de l'État, s'est nettement renforcée depuis l'adoption de la loi du 6 février 1992. Leur champ de compétence s'est étendu (v. *supra*, n° 244), leurs pouvoirs juridiques et leurs moyens d'action (notamment financiers) ont été renforcés. Dans la même veine, la charte de la déconcentration édictée par le décret du 7 mai 2015 impose aux autorités et administrations centrales diverses obligations dans leurs rapports avec les services déconcentrés. Ainsi, l'étude d'impact des projets de loi ayant des conséquences pour ces derniers devra évaluer les coûts et bénéfices attendus ; une exigence analogue est imposée aux textes réglementaires. Les ministres sont invités à définir les priorités d'action des services déconcentrés au moyen de directives nationales d'orientation, tandis qu'il est prescrit aux administrations centrales de maîtriser, hiérarchiser et coordonner les

61. Comme le fait P. Rosavallon, *La légitimité démocratique,* Seuil, 2008.

instructions et directives qu'elles adressent à ces mêmes services. Enfin, la même charte du 7 mai 2015 institue une conférence nationale de l'administration territoriale de l'État qui est chargée de veiller à la bonne articulation des relations entre les administrations centrales et les services déconcentrés et au respect des principes de déconcentration.

S'agissant des rapports entre services déconcentrés et collectivités territoriales, l'article 1er de loi du 6 février 1992 dispose que « l'administration territoriale de la République est assurée par les collectivités territoriales et par les services déconcentrés de l'État ». Cette formule traduit l'étroite imbrication, comme le montre d'ailleurs l'évolution historique, de l'administration à ce niveau qui résulte d'une action combinée de « l'État déconcentré » et des collectivités locales. Il reste que les services en cause relèvent de deux personnes morales distinctes, dans un cadre juridique (pouvoir hiérarchique ou contrôle administratif) différent.

L'imbrication qui vient d'être mentionnée se traduit notamment par le fait que les services déconcentrés de l'État sont organisés pour l'essentiel selon les découpages entre les collectivités locales : à chaque collectivité – la commune (§ 1), le département (§ 2), la région (§ 3) – correspondent des services, ou à tout le moins des fonctions étatiques, dans des circonscriptions sans personnalité juridique. Certaines de ces circonscriptions, toutefois, ne correspondent à aucune collectivité locale (§ 4).

§ 1. LA COMMUNE, CIRCONSCRIPTION DÉCONCENTRÉE

264 La commune est non seulement une collectivité territoriale mais aussi un échelon, modeste, de l'administration déconcentrée de l'État. Le maire, dans le cadre d'un *dédoublement fonctionnel*, est chargé, sous l'autorité hiérarchique du préfet, de rappeler au respect des lois et règlements, de procéder à l'exécution de ces textes, d'organiser le recensement et les élections, et dispose, dans certains cas particuliers, de compétences en matière de police spéciale (délivrance de certaines autorisations d'urbanisme au nom de l'État, quand la commune n'a pas de plan d'urbanisme, visas des certificats d'hébergements des étrangers, etc.). Sous l'autorité du procureur de la République, il est officier de police judiciaire, ce qui lui permet de constater les *infra*ctions et de procéder aux enquêtes préliminaires.

Il gère par ailleurs l'état civil.

§ 2. LE DÉPARTEMENT, CIRCONSCRIPTION DÉCONCENTRÉE

265 Le décret du 1er juillet 1992 portant charte de la déconcentration, faisait du département l'échelon déconcentré de principe. La charte de la déconcentration édictée par le décret du 7 mai 2015 lui confirme cette qualité, lors

même que l'avenir du département en tant que collectivité locale est incertain (v. *infra*, n° 365).

266 **Directions départementales. –** Traditionnellement, la plupart des ministères – au moins ceux dotés d'un personnel important – avaient une structure départementale (Direction départementale de l'agriculture, DDA, Direction départementale de l'équipement, DDE, Direction départementale de l'action sanitaire et sociale, DDASS, etc.). On retrouvait donc au niveau départemental les découpages nationaux et les différentes directions et leurs directeurs, soumis au pouvoir hiérarchique du ministre, travaillaient en étroite symbiose avec leur administration centrale. Le risque majeur était que la voix de l'État dans le département, au lieu d'être une, fût multiple et dispersée. Cette situation traditionnelle a toutefois été récemment modifiée en plusieurs étapes. On s'est d'abord efforcé de rapprocher les différentes directions départementales. Si, dans un premier temps, ces tentatives de rapprochement se sont heurtées aux clivages traditionnels, le décret n° 2004-374 du 29 avril 2004 a tenté de trouver de nouvelles formules mieux adaptées, telles que la désignation de chefs de projet, la constitution de pôles de compétence ou de délégations interservices[62] ; il a permis, plus radicalement des fusions ou regroupements de directions dont certains ont été lancés début 2006 à titre expérimental[63]. La réforme de l'administration territoriale de l'État (RéATE) entreprise en 2007 a poursuivi dans cette voie. Elle a débouché sur une nouvelle organisation départementale de l'État dont la mise en place a été opérée par deux circulaires du Premier ministre du 7 juillet 2008 et du 31 décembre 2008 et par le décret n° 2009-1484 du 3 décembre 2009 relatif aux directions départementales interministérielles[64]. Selon cette nouvelle organisation, les services déconcentrés sont regroupés dans un petit nombre de directions départementales interministérielles, en fonction, non plus de la structure du gouvernement, mais des politiques publiques qui doivent être conduites localement. Ces directions sont placées sous l'autorité du préfet. Alors que, fort logiquement, elles relevaient initialement du Premier ministre, le décret n° 2020-1050 du 14 août 2020 les rattache (moins logiquement) au ministre de l'Intérieur. Leur nombre est, dans le schéma de base, limité à deux : la direction départementale des territoires (DDT ou, dans les départements du littoral, la direction départementale des territoires et de la mer, DDTM), et la Direction départementale de l'emploi, du travail, des solidarités et de la protection des populations (DDETSPP). Mais cette organisation ne vaut pas pour tous les départements, ce qui témoigne de la volonté d'adapter l'administration déconcentrée aux spécificités locales. En effet, dans certains départements (v. liste annexée au décret du 3 décembre 2009), en raison de l'importance de leur population (plus de 400 000 habitants), la DDETSPP est scindée en deux et il y a donc une direction départementale de la protection des populations et une direction départementale de l'emploi, du travail et des solidarités.

62. V. circulaires du 16 nov. 2004, (*JO* 24 nov., p. 19737) et du 28 juill. 2005 (*JO* 2 août, p. 12536).
63. V. circulaire du 2 janv. 2006, *JO* 6 janv., p. 254.
64. Ce texte ne concerne pas les services déconcentrés de la région Île-de-France dont la réorganisation a fait l'objet de dispositions spécifiques (v. décret n° 2010-687 du 24 juin 2010).

L'administration déconcentrée dans le département ne se réduit pas aux directions départementales interministérielles qui viennent d'être décrites. Certains ministères ont conservé des structures départementales qui leur sont propres : services départementaux de l'éducation nationale dirigés par l'inspecteur d'académie ; direction départementale des finances publiques, qui est un service déconcentré de la direction générale des finances publiques du ministère des finances ; direction départementale de la sécurité publique (service déconcentré de la direction centrale de la sécurité publique du ministère de l'intérieur), notamment. Par ailleurs, certaines structures régionales (v. *supra*, n° 275) ont des relais départementaux (p. ex. : délégations départementales des agences régionales de santé, unités départementales des directions régionales des affaires culturelles).

Il faut encore ajouter qu'en vertu du décret du 7 mai 2015 portant charte de la déconcentration (art. 16), des dérogations à cette organisation pourront être décidées, sur proposition du préfet de région, « pour la mise en œuvre des politiques publiques et afin de tenir compte des spécificités locales ». Nouvelle manifestation du souci d'adapter l'administration déconcentrée à ces dernières.

267 **Plan. –** Cela étant posé, la question du rôle du préfet, haut fonctionnaire au statut spécifique (A), comme véritable chef des services de l'État dans le département, doté de nombreuses compétences (B) est ici centrale.

A. LE STATUT DES PRÉFETS

268 Le statut des préfets résulte d'un décret du 29 juillet 1964 (modifié)[65], dérogatoire au statut général de la fonction publique. Nommés par décret en Conseil des ministres, pour 4/5e parmi les sous-préfets (eux-mêmes en principe recrutés par la voie de l'ENA) ou les administrateurs civils hors classe et 1/5e au tour extérieur, gérés par le ministère de l'Intérieur, ce sont des *hauts fonctionnaires à la décision du gouvernement.* Affectés à un poste territorial, ils ont un rôle premier dans la mise en œuvre de la politique gouvernementale. Pour cette raison, bien qu'intégrés dans un corps, ils ne bénéficient pas des garanties accordées à l'ensemble des autres fonctionnaires. Ayant une obligation de loyalisme absolu, leur liberté d'opinion n'est pas protégée (leurs opinions politiques, philosophiques ou religieuses peuvent être mentionnées dans leur dossier), et ils n'ont ni le droit de grève, ni le droit syndical. Ils peuvent, dès lors, être mutés d'office, mis en disponibilité pendant cinq ans, voire à la retraite pour tout motif, même de simple opportunité et sans passage devant une commission de discipline. Enfin leur avancement se fait totalement au choix.

Ainsi les préfets, tout en accomplissant une carrière avec un minimum de stabilité, ce qui garantit leur capacité de spécialisation et leurs compétences techniques, restent entièrement dépendants du gouvernement dont ils doivent appliquer la politique de la façon la plus loyale.

65. N° 64-805 (v. Légif.).

B. COMPÉTENCES

269 Représentant de l'État dans le département et représentant direct du Premier ministre et de chaque ministre, le préfet « à la charge des intérêts nationaux, du contrôle administratif et du respect des lois », selon l'article 72 de la Constitution. *Chef des services déconcentrés de l'État*, il joue en quelque sorte le rôle du Premier ministre à l'échelon local. Il est aussi chargé de l'exécution des règlements et décisions gouvernementales en tenant le gouvernement informé de la situation générale et politique et de l'état de l'opinion.

Pour ce faire, ses pouvoirs ont sans cesse été renforcés. Alors que dans l'important décret du 14 mars 1964, il était seulement chargé « d'animer et de coordonner l'action de l'État dans le département », celui du 10 mai 1982[66] – le décret n° 2004-374 du 29 avril 2004 qui l'abroge reprend sur ce point des formules similaires[67] – accroît ses pouvoirs, afin de rendre parfaitement cohérente l'action de l'État. Désormais, le préfet « *dirige*, sous l'autorité des ministres [...] les services déconcentrés des administrations civiles de l'État », à l'exception donc de l'armée, de la justice, et, pour une part, de l'éducation nationale, des services fiscaux et de quelques autres secteurs.

Cette évolution achoppe aujourd'hui sur la politique de régionalisation de l'État territorial. Opérant une profonde refonte de l'équilibre des pouvoirs au sein des services déconcentrés de l'État, le décret du 16 février 2010 a soumis le préfet du département à l'autorité du préfet de région[68]. Ce dernier dispose de nouveaux pouvoirs d'instruction et d'évocation (D. 16 févr. 2010, art. 2 ; v. *infra*, n° 276) auxquelles échappent toutefois les questions liées notamment au contrôle des collectivités territoriales, au maintien de l'ordre public, à l'entrée et séjour des étrangers ainsi qu'au droit d'asile.

270 **Pouvoir de décision. –** Président de droit de toutes les commissions administratives de l'État, délégué territorial des établissements publics comportant un échelon territorial[69], le préfet est, sous réserve des pouvoirs récemment reconnus au préfet de région (v. *infra*, n° 276), le seul à même de décider dans les matières entrant dans le champ des compétences des administrations civiles de l'État dans le département, ce que le décret du 15 janvier 1997 a encore renforcé en transférant au préfet de département la prise des décisions individuelles dans la quasi-totalité des cas. Lui échappent, uniquement, les décisions confiées à une autre autorité par la loi ou par des décrets spécifiques pris en Conseil d'État[70] ou celles ayant été, pour un temps, évoquées par le préfet de région « à des fins de coordination régionale » (v. *infra*, n° 276). Dans certains domaines, il est autorisé à prendre des décisions non réglementaires qui, pour un motif d'intérêt général dérogent aux normes réglementaires nationales, afin de tenir compte, des circonstances

66. N° 82-389 (Code adm. Dalloz).
67. *JO* 30 avr., p. 7755.
68. V. J.-M. Pontier, « Le nouveau préfet », *AJDA* 2010.819.
69. V. Sur la liste de ces établissements et les attributions inhérentes à la qualité de délégué territorial, v. le décret n° 2012-509 du 18 avr. 2012.
70. V. décrets n° 97-1184 s. des 19 et 24 déc. 1997, *JO* 27 déc., p. 18916 s.

locales[71]. Le préfet a, aussi, seul qualité pour recevoir des délégations de pouvoirs de la part des ministres et seul compétence pour signer les contrats engageant l'État.

Unique représentant de l'État dans le département, ayant la charge des intérêts nationaux et du respect des lois, il exerce à ce titre le contrôle administratif et budgétaire sur les collectivités locales et leurs établissements publics (v. *infra*, n° 298 et s.). Enfin, il dispose de compétences plus spécifiques : il agit en justice au nom de l'État, met en œuvre la procédure de conflit positif (v. *infra*, n° 949). Il est aussi autorité de police administrative générale (alors qu'il n'a plus depuis 1993 de pouvoir de police judiciaire) et dispose surtout de nombreuses compétences de police spéciales (v. *infra*, n° 503), ainsi que d'importants pouvoirs en matière d'expropriation ou d'occupation temporaire des terrains privés, etc.

271 **Direction des administrations d'État. –** Aidé des importants services de la préfecture (secrétariat général notamment qui, depuis 2020, est commun à la préfecture et aux directions départementales interministérielles[72]), et d'un collège des chefs de service déconcentrés, son pouvoir de direction est garanti par divers mécanismes. Il a ainsi autorité directe sur les chefs de service et propose leur notation à leur administration centrale (on n'est donc pas allé ici jusqu'au bout de la logique, chaque ministère voulant conserver la possibilité de noter ses agents). Il ne peut que leur donner des délégations de signature : il s'agit d'éviter qu'en déléguant ses pouvoirs[73], le préfet se prive des compétences qui ont été transférées à lui seul. S'agissant des agents publics exerçant leurs fonctions dans les services déconcentrés, le préfet peut se voir déléguer le pouvoir de prendre les actes relatifs à leur situation individuelle (décret du 7 mai 2015, article 12).

Le préfet est seul responsable pour fixer l'organisation des services civils déconcentrés de l'État dans le département, sous réserve de quelques exceptions, ce qui lui permet de renforcer son autorité et de favoriser certaines évolutions dans les structures administratives.

Le préfet a aussi le monopole des liens avec les administrations centrales et les services régionaux : toute correspondance, dans un sens comme dans l'autre passe par lui. Ceci allonge les circuits et soulève diverses questions quant à l'utilisation du téléphone et surtout du courrier électronique, le gouvernement souhaitant que la préfecture reste toujours le point central de passage.

Enfin, il arrête le projet d'action stratégique de l'État dans le département[74].

272 **Compétences en matière économique et financière. –** Pour renforcer son rôle, le préfet est désormais l'unique *ordonnateur secondaire* des dépenses de l'État, pour tous les services civils. Le préfet décide, de plus, directement de l'emploi des crédits d'investissements civils d'intérêt départemental, la globalisation de ces crédits interdisant aux administrations centrales de les « flécher », d'imposer la façon de les

71. Décret n° 2020-412 du 8 avril 2020 relatif au droit de dérogation reconnu au préfet, *JO* du 9 avril 2020, texte n° 33 et circ. n° 6201/SG du 6 août 2020.

72. V. circulaire du 2 août 2019 relative à la constitution de secrétariats généraux communs aux préfectures et aux directions départementales interministérielles et le décret n° 2020-99 du 7 février 2020 relatif à l'organisation et aux missions des secrétariats généraux communs départementaux.

73. Sur la distinction délégation de pouvoirs, délégation de signature, v. *infra*, n° 613.

74. V. circ. 16 juin 2004 (*JO* 13 juill. 2004, p. 12642).

utiliser. Il peut ainsi mener une politique propre selon des arbitrages faits au niveau local, en liaison avec les élus et les partenaires économiques et sociaux.

Par ailleurs, il joue un rôle essentiel pour l'action en faveur des entreprises. Président de droit de toutes les commissions à compétence financière, il est consulté obligatoirement sur toute demande d'aide instruite par l'État en vue de la création ou du développement d'une entreprise ou pour toute mesure administrative et fiscale prise en faveur des entreprises en difficulté.

273 **Résistances.** – Le rôle du préfet, comme Premier ministre à l'échelon local, s'est longtemps heurté à des résistances. Il restait souvent perçu par les ministères techniques comme le représentant du ministre de l'Intérieur et non comme le leur ; en particulier, tel ou tel service déconcentré, « battu » dans un arbitrage local, pouvait être tenté de faire « remonter » le dossier et de s'appuyer sur son administration centrale pour emporter la décision. Toutefois, la fonction de représentant de l'ensemble du gouvernement du préfet est progressivement entrée dans les mœurs et la réforme de l'organisation départementale, qui prive les ministères de « leurs » services locaux (*v. supra*, n° 266) devrait empêcher la pratique qui vient d'être évoquée.

Quoi qu'il en soit, le préfet et ses services constituent la base de l'administration territoriale. Les grandes tempêtes de 1999 ont montré à quel point, dans des circonstances de paralysie générale, la préfecture permettait d'assurer la continuité minimale des services publics et de pourvoir aux besoins immédiats de la population.

§ 3. LA RÉGION, CIRCONSCRIPTION DÉCONCENTRÉE

274 Même si le département demeure le niveau territorial de principe pour la mise en œuvre des politiques publiques (v. *supra*, n° 265), la région a été reconnue comme l'échelon pertinent pour une part croissante de l'action administrative de l'État. Initialement, cette part était limitée au développement économique et à l'aménagement du territoire, mais elle a été considérablement étendue d'abord par la charte de la déconcentration du 1er juillet 1992, puis par la loi du 13 août 2004 relative aux libertés et responsabilités locales et, enfin, par le décret du 7 mai 2015 édictant une seconde charte de la déconcentration. Il en résulte que relèvent de l'échelon régional l'animation et la coordination de l'ensemble des politiques de l'État ainsi que la mise en œuvre des politiques et de l'Union européenne dans un nombre important de domaines (emploi, innovation, recherche, culture, statistiques publiques, développement économique et social, aménagement durable du territoire, santé publique).

Il convient également de relever que le redécoupage des régions opéré par la loi du 16 janvier 2015 (v. *infra*, n° 336) n'est pas resté sans conséquence sur l'administration régionale déconcentrée. Le périmètre de la région, circonscription administrative, a en effet été aligné sur celui des régions issues de cette réforme[75]. Il

75. V. le décret n° 2015-969 du 31 juill. 2015.

en est résulté, notamment, des fusions des services déconcentrés implantés dans les régions elles-mêmes fusionnées[76].

275 **Directions régionales. –** Les « petits » ministères ne disposaient que d'un échelon régional (par exemple, pour le ministère de la Culture, la Direction régionale des affaires culturelles). Dans d'autres cas, l'échelon régional avait essentiellement un rôle de coordination entre des directions départementales puissantes (par ex. Direction régionale de l'équipement par rapport aux DDE). Ce mode d'organisation présentait les mêmes inconvénients qu'au niveau départemental (v. *supra*, n° 266). Une rationalisation des structures a d'abord été opérée par le regroupement des services en huit pôles de compétences[77]. La réforme de l'administration territoriale de l'État (Réate) a conduit à remplacer ces pôles par cinq nouvelles directions placées sous l'autorité du Préfet de région[78]. Deux sont rattachées à un seul ministère : la Direction régionale des affaires culturelles (DRAC) et la Direction régionale de l'alimentation, de l'agriculture et de la forêt (DRAAF). Deux autres relèvent de plusieurs ministères : la Direction régionale de l'économie, de l'emploi, du travail et des solidarités (DREETS, créée par le décret n° 2020-2545 du 9 décembre 2020) et la Direction régionale de l'environnement, de l'aménagement et du logement (DREAL). Trois autres structures ont en commun de n'être pas soumises à l'autorité du Préfet de Région. Il s'agit d'abord de la Direction régionale des finances publiques (DRFiP) qui résulte de la fusion des services fiscaux et de la comptabilité publique destinée à améliorer l'efficacité de la gestion financière et fiscale. En second lieu, en matière de santé, les attributions des anciennes directions des affaires sanitaires et sociales ont été confiées, à partir du 1er avril 2010 aux agences régionales de santé[79]. Le troisième et dernier cas est celui de l'administration déconcentrée de l'éducation nationale. Son échelon principal était traditionnellement constitué par les académies, dont le périmètre correspondait en principe aux régions (les plus grandes régions comprenant toutefois plusieurs académies). Ces académies étaient administrées par un recteur, dont d'importantes mesures de déconcentration avaient progressivement accru les pouvoirs. Les services départementaux de l'éducation nationale, dirigés par les inspecteurs d'académie (v. *supra*, n° 266) n'avaient, dans ces conditions, qu'un rôle secondaire. La réforme de la carte des régions opérée par la loi du 16 janvier 2015 (v. *infra*, n° 336) a conduit à modifier cette organisation. Un décret du 10 décembre 2015 (C. éduc., art. R. 222-1 et s.) crée des régions académiques, dont le périmètre correspond à celui des régions issues de la loi du 16 janvier 2015. Elles sont administrées par un recteur de région académique, dont le rôle, renforcé par un décret du 20 novembre 2019[80], est de garantir, « au niveau régional la cohérence des politiques publiques des ministres chargés de l'Éducation nationale, de

76. V. le décret n° 2015-1689 du 17 déc. 2015.

77. V. décrets n° 2004-374 du 29 avr. 2004 (art. 30) et n° 2004-1053 du 5 oct. 2004, ainsi que la circulaire du 21 oct. 2004.

78. D. n° 2010-146 du 16 févr. 2010 préc. *supra*, n° 266.

79. L. n° 2009-879 du 21 juill. 2009, *JO* du 22 juill., p. 12184 et D. n° 2010-336 du 31 mars 2010, *JO* du 1er avr., p. 6277.

80. Décret n° 2019-1200 du 20 novembre 2019 relatif à l'organisation des services déconcentrés des ministres chargés de l'Éducation nationale et de l'Enseignement supérieur, de la Recherche et de

l'Enseignement supérieur, de la Recherche et de l'Innovation » (C. éduc., art. R. 22-1). Ces régions académiques ne se substituent pas aux anciennes académies mais se superposent à elles, chacune comprenant une ou plusieurs circonscriptions académiques. Dans le premier cas, le recteur de la région académique est aussi le recteur de l'académie. Dans le second, il est le recteur de l'une des académies, les autres demeurant dotées de recteurs qui leur sont propres. Le recteur de région académique a alors autorité sur les recteurs d'académie, dont les décisions doivent s'inscrire dans les orientations stratégiques qu'il définit. Comme le préfet de région à l'égard des préfets de département (v. *infra* n° 276), le recteur de région académique peut évoquer, par arrêté et pour une durée limitée, tout ou partie d'une compétence d'un ou des recteurs d'académie, ce qui signifie qu'il décide à leur place. Par ailleurs, toujours dans les régions comprenant plusieurs académies, un comité régional académique réunit les recteurs d'académie, en vue d'organiser les modalités de leur action commune et d'assurer la coordination des politiques académiques.

Il faut ajouter que, comme à l'échelon départemental, (v. *supra*, n° 266) le décret du 7 mai 2015 portant charte de la déconcentration rend possible des dérogations à cette organisation dans un souci d'adaptation aux particularités locales.

Cela étant, dans la région, circonscription déconcentrée, on retrouve le poids prépondérant du préfet de région.

276 **Préfet de région. –** Le préfet de région est celui du département chef-lieu. Ayant perdu, comme dans les départements, l'exécutif de la collectivité régionale, il voit ses pouvoirs renforcés[81], car il est garant de « la cohérence de l'action de l'État dans la région » (art. 2.-I du D. du 29 avril 2004 dans sa rédaction issue du D. du 16 févr. 2010 préc.).

D'une part, il exerce vis-à-vis des chefs de service des administrations et des établissements publics de l'État dans la région les mêmes pouvoirs que le préfet de département. Il les dirige, fixe l'organisation des services et est délégué territorial des établissements publics de l'État qui comportent un échelon territorial. Il est aussi l'ordonnateur secondaire des crédits de l'État dans la région et représente l'État en toutes occasions.

D'autre part, ses compétences se sont considérablement accrues. Outre le contrôle administratif et budgétaire sur la région, collectivité locale, il a d'abord bénéficié de la déconcentration de divers pouvoirs de décision dans des domaines spécifiques et notamment en matière culturelle. Il joue encore un rôle majeur en matière économique et sociale. Sous réserve des compétences de l'agence régionale de santé, c'est lui, en effet, qui met en œuvre les politiques publiques dont la réalisation relève de l'échelon régional (v. *supra*, n° 274). Comme le préfet de département (v. *supra* n° 270), il peut, dans certains domaines et sous certaines conditions exercer son pouvoir de décision (non réglementaire) en dérogeant aux

l'Innovation, *JO* du 21 novembre 2020, texte n° 30. Sur ce texte, v. M. Debène, « Le recteur de région académique, version 2020 », *AJDA* 2020. 1044.

81. V. art. 21-1 Loi du 5 juill. 1972, modifié notamment par la loi du 13 août 2004 relative aux libertés et responsabilités locales.

normes réglementaires nationales[82]. Le décret du 16 février 2010 (préc. *supra*, nº 266) lui a, de plus, donné autorité sur les préfets du département qui, hors les questions relatives au contrôle des collectivités territoriales, à la sécurité publique, à l'entrée et au séjour des étrangers et au droit d'asile, doivent se conformer aux instructions que leur adresse le préfet de région. Il dispose encore du pouvoir non négligeable d'évoquer tout ou partie des affaires relevant de la compétence du préfet du département, pouvoir qu'il exerce par arrêté, « pour une durée limitée » et « à des fins de coordination régionale » ; en ce cas, il prend les décisions en lieu et place des préfets concernés[83]. Pour le reste, il anime et coordonne l'action des préfets de départements, en élaborant en liaison avec eux et les chefs de service régionaux réunis au sein du comité de l'administration régionale (CAR), le projet d'action stratégique de l'État dans la région (PASER), qui doit fixer, pour une période de trois ans, les orientations stratégiques de l'État dans la région.

Il prépare aussi, au nom de l'État, le contrat de projet (ou contrat de plan[84]) passé avec la région, ce qui représente des enjeux majeurs sur le plan budgétaire (12,7 milliards d'euros de crédits étatiques pour 2007-2014, l'engagement financier des régions étant analogue avec 12,9 milliards d'euros) et en suit l'exécution. Il affecte les crédits d'investissement d'intérêt régional et arrête la répartition, entre actions et entre départements, des crédits mis à sa disposition au sein d'un même programme budgétaire. À ses côtés, le secrétariat général aux affaires régionales (SGAR) constitue l'organe administratif essentiel : il assure notamment le secrétariat du CAR, lieu de coordination de la politique de l'État dans la région qui réunit les préfets de départements, le ou les recteurs d'académie, le directeur général de l'agence régionale de santé, les chefs de service des directions régionales et le trésorier-payeur général, auxquels sont associés, « en tant que de besoin », l'ensemble des responsables d'établissements publics et services de l'État et les chefs de cour et de juridiction. Il est, au minimum, « consulté sur les orientations stratégiques de l'État dans la région (et) examine les moyens nécessaires à la mise en œuvre des politiques de l'État » (art. 36 du D. 29 avr. 2004 dans rédaction issue de l'art. 22 du D. du 16 févr. 2010).

§ 4. LES AUTRES CIRCONSCRIPTIONS DÉCONCENTRÉES

277 **Arrondissements. –** Au sein des départements, les 343 arrondissements (3 ou 4 par département en moyenne), héritiers du district de 1790, constituent un échelon local de l'administration d'État déconcentrée, notamment en matière d'enseignement du premier degré, de sécurité civile et d'équipement. Le *sous-préfet*, recruté en principe par le concours de l'ENA, coordonne (et non

82. Décret nº 2020-412 du 8 avril 2020 relatif au droit de dérogation reconnu au préfet, *JO* du 9 avril 2020, texte nº 33.

83. V. précisant les modalités d'exercice de ce pouvoir d'évocation, circulaire du 20 juill. 2010 (*JO* 13 août, texte nº 8).

84. Bien qu'il n'y ait plus de plan, l'expression contrat de plan est de nouveau utilisée pour des raisons de communication politique : v. circulaire nº 5670/SG du 2 août 2013 sur les « Contrats de plan » et circulaire nº 5689/SG du 15 novembre 2013 sur la « Préparation des contrats de plan État-régions 2014-2020 ».

dirige), sous l'autorité du préfet, l'action de l'État dans l'arrondissement. Il joue, en pratique, un rôle qui peut varier. Outre l'organisation du contrôle administratif (sauf dans l'arrondissement chef-lieu), il est essentiellement le conseiller des petites communes, même si la charte de la déconcentration du 1er juillet 1992, reprise par celle du 7 mai 2015, fait de l'arrondissement le cadre de l'animation du développement local, ce qui a conduit certains sous-préfets à jouer, par exemple, un rôle pilote pour des actions économiques et sociales dans les bassins d'emplois.

Quant aux cantons (au nombre de 2054), ils ne sont plus, depuis le redécoupage rendu nécessaire par la réforme du mode d'élection des conseillers départementaux (v. *infra*, n° 315), que des circonscriptions électorales.

SECTION 3 L'ADMINISTRATION TERRITORIALE DÉCENTRALISÉE

278 **Plan. –** L'administration décentralisée a fait l'objet de profondes réformes depuis 1982 dont on peut dégager les principes directeurs (Sous- section 1). Dès lors, les structures des collectivités territoriales ont pu prendre en compte les réalités du présent grâce à diverses formules d'adaptation, malgré le maintien apparent du modèle uniforme hérité de la Révolution (Sous-section 2).

S/SECTION 1 LES PRINCIPES DE LA DÉCENTRALISATION

279 **Plan. –** Les importantes modifications dues aux lois de décentralisation ont été à l'origine d'une nouvelle donne pour celle-ci (§ 1), inscrite dans un cadre constitutionnel qui, en raison de l'extension croissante du contrôle de constitutionnalité des lois et de la réforme de 2003, est devenu de plus en plus précis (§ 2).

§ 1. LA « NOUVELLE » DÉCENTRALISATION

280 **Plan. –** Les réformes lancées à partir de la loi n° 82-213 du 2 mars 1982 commencèrent par le « plus facile ». Les modifications institutionnelles et la transformation de la carte administrative se firent rapidement pour rendre la réforme irréversible (A). Par la suite, une fois le cordon ombilical coupé, on s'attacha à renforcer le pouvoir des collectivités territoriales en leur attribuant de nouvelles compétences (B) et en leur donnant les moyens correspondants (C).

A. LE DISPOSITIF INSTITUTIONNEL

281 Sur le plan du découpage administratif, le seul choix réalisé est, en fait, un *non-choix* : la région est érigée en collectivité locale à part entière (à compter de la première élection au suffrage universel direct de son conseil, en mars 1986), ce qui crée un échelon supplémentaire d'administration sans que soit tranché le débat entre département et région. De même aucune modification de la carte communale n'est engagée. Poser ce préalable eût conduit à l'enlisement de toute réforme, instruit qu'était le gouvernement par les échecs subis lors des tentatives antérieures de diminuer autoritairement le nombre de communes.

Pour le reste, l'organisation de toutes les collectivités est largement harmonisée : dans les trois cas, elles sont administrées par un conseil élu au suffrage universel direct (grande nouveauté pour les régions) et surtout par un exécutif élu par le conseil. Véritable révolution dans les départements puisque les préfets cessent d'en être l'exécutif. La présidence du conseil général (aujourd'hui, conseil départemental : v. *infra*, n° 315) – le président jusqu'alors se contentait d'assurer la police de l'assemblée – devint ainsi un véritable enjeu de pouvoir.

Enfin, et la réforme a ainsi une grande valeur symbolique, la loi du 2 mars 1982, intitulée « droits et libertés des communes, des départements et des régions », supprime toutes les tutelles étatiques, aussi bien en matières administrative que budgétaire ou technique (v. *infra*, n° 296 et s.).

B. LES COMPÉTENCES TRANSFÉRÉES

282 **Affaires locales. –** Les collectivités locales correspondent à une communauté humaine, ancrée dans un terroir : elles ont donc vocation à poursuivre la satisfaction des intérêts collectifs de leurs membres. La traduction juridique la plus fidèle de cette vocation devrait consister pour le législateur à affirmer la compétence de principe des collectivités locales pour gérer les affaires locales, les affaires nationales relevant de l'État. La mise en œuvre d'un tel principe se heurte néanmoins à une difficulté évidente qui est précisément de déterminer quand une affaire est locale (et, plus précisément, car il ne s'agit pas seulement de répartir les compétences entre l'État et les collectivités locales, mais aussi entre celles-ci, quand elle est communale, départementale ou régionale). La protection d'un site naturel de grande qualité (par ex. le massif de la Vanoise, dans les Alpes) relève-t-elle uniquement des communes concernées ou ne met-elle pas aussi en cause la politique environnementale de l'État ? Face à la difficulté de trouver un ou des critère(s) rationnel(s) du local, il est tentant de procéder autrement et de dresser une liste précise et limitative des compétences de chaque catégorie de collectivités locales. Mais à cette manière de faire on peut reprocher de méconnaître la vocation essentielle des collectivités locales ou, si l'on préfère, leur nature profonde et l'esprit de la décentralisation territoriale.

Entre ces conceptions extrêmes (compétence générale pour le local ou énumération de compétences précises, spéciales), le législateur, constitutionnellement libre de choisir (v. *infra*, n° 292), s'est efforcé de trouver une voie moyenne qui fait une part à chacune. Les compétences des collectivités territoriales sont en effet déterminées de deux façons.

D'une part, les textes législatifs leur attribuent un certain nombre de compétences précises. Le législateur ne dispose pas, d'ailleurs, dans cette attribution d'une entière liberté d'action : il doit respecter le principe de subsidiarité, affirmé par l'article 72 de la Constitution et selon lequel les collectivités territoriales « ont vocation à prendre les décisions pour l'ensemble des compétences qui peuvent le mieux être mises en œuvre à leur échelon ». Ceci est censé imposer que tout soit pris en charge à l'échelon le plus proche des citoyens, sauf à démontrer le caractère plus efficace d'une intervention à un niveau supérieur, l'État n'ayant théoriquement plus qu'une compétence réduite. Il reste que la désignation du meilleur niveau territorial d'exercice d'une compétence, à laquelle le principe de subsidiarité invite, renvoie nécessairement au problème des critères du local, dont on a vu la difficulté : c'est dire que le contrôle de l'appréciation du législateur en la matière ne peut être que fort délicat (v. *infra*, n° 292).

D'autre part, les collectivités territoriales bénéficient traditionnellement d'une « clause générale de compétence » (selon l'expression consacrée). Cette clause résulte des dispositions législatives selon lesquelles leurs conseils « règlent par leur délibération les affaires » de la commune, du département, de la région. En effet, ces dispositions ont été interprétées par la jurisprudence comme signifiant qu'au-delà des compétences qui leur sont attribuées par les textes, les collectivités locales sont habilitées à intervenir sur toutes les questions d'intérêt public local, sous réserve qu'elles ne soient pas dévolues à titre exclusif à une autre personne publique. En d'autres termes, « la clause consacre l'initiative possible de la collectivité au-delà d'une liste fixée de compétences, elle signifie plus que ce que l'État donne à faire »[85]. Encore faut-il qu'il y ait un réel intérêt local et respect de la loi, ce qui n'est pas le cas par exemple pour l'octroi de subventions à des établissements d'enseignement privé ou à des salariés en grève[86].

Ainsi comprise, cette clause a été présentée, au cours des dernières années (et de manière très exagérée), comme l'une des causes majeures de l'excessive complexité de la répartition des compétences entre l'État et les collectivités locales. C'est pourquoi le législateur s'interroge sur son maintien. Alors que la loi du 16 décembre 2010 de réforme des collectivités territoriales avait entendu la supprimer, du moins pour les départements et les régions, la loi du 27 janvier 2014 est venue la rétablir, avant que sa suppression soit de nouveau décidée par la loi du 7 août 2015 pour les départements (CGCT, art. L. 3211-1) et les régions (CGCT, art. L. 4221-1). La clause générale de compétence ne subsiste donc que pour les communes.

85. J.-M. Pontier, « *Semper manet*, Sur la clause générale de compétence », *RDP* 1984.1443 et s. V. par ex. CE, 29 juin 2001, *Cne de Mons-en-Barœul*, R. 298 (possibilité pour la commune de créer une allocation municipale d'insertion, alors même qu'existent par ailleurs divers dispositifs relevant de l'État ou du département) ; CE, 27 oct. 2008, *Dpt de la Haute-Corse*, *AJDA* 2008.2095, obs. S. Brondel, *AJDA* 2009.159, note M. Verpeaux (« en l'absence de toute circonstance particulière », le département ne peut toutefois attribuer une subvention forfaitaire de fonctionnement à une commune en situation financière difficile).

86. V. respect. CE, 4 févr. 1991, *Cne de Marignane c/Ass. reconstruction École Sainte-Marie*, R. Tab. 745 et CE, 20 nov. 1985, *Cne Aigues-Mortes*, R. 330.

283 **Principes directeurs de la répartition des compétences. –** La répartition des compétences repose sur trois principes essentiels.

1°) Empêcher toute collectivité locale d'exercer, dans le cadre de la mise en œuvre de ses compétences, « *une tutelle sur une autre* » (nouvel article 72, 4e al.). L'autonomie de chaque collectivité doit être respectée et le procédé normal de mise en commun des compétences est la coopération institutionnelle (établissements publics intercommunaux ou ententes interdépartementale ou régionale) et/ou la voie conventionnelle. Pour faciliter cette coordination des politiques, la Constitution permet à la loi d'autoriser une des collectivités à « organiser les modalités de leur action commune », devenant ainsi « *chef de file* » (v. *supra,* n° 338). Il reste que souvent, une tutelle insidieuse se met en place, tout simplement pour des raisons de capacité financière : la faiblesse d'une petite commune l'oblige à solliciter subventions et aides techniques du département ou de la région, ne lui laissant qu'une autonomie théorique[87]. D'où, parfois, le retour de l'État arbitre.

2°) Partir de l'existant et *renforcer les compétences déjà attribuées* : ainsi le département qui avait déjà un rôle majeur en matière d'aide sociale bénéficie d'importants transferts en ce domaine, et la région voit ses compétences quant au développement économique s'accroître.

3°) Créer des *pôles clairs* et délimités (CGCT, art. L. 1111-4), afin d'éviter tout enchevêtrement et faciliter une prise de décision rapide et une gestion cohérente de la décision administrative. Ainsi l'aide sociale relève de la compétence principale, bien que non exclusive, du département. De même, lorsqu'il y a éclatement de tâches, celles-ci doivent être précisément réparties. En matière de construction et de gestion des locaux scolaires, et plus récemment pour les personnels techniques afférents, aux communes les écoles primaires, aux départements les collèges, aux régions les lycées, et à l'État l'université. Quant à la définition des programmes scolaires elle relève du seul rôle de l'État. La clarification se fait d'ailleurs dans les deux sens : ainsi l'État prend désormais en charge tout ce qui est lié aux fonctions qui lui appartiennent, devenant, par exemple, seul responsable de la construction et de l'entretien des palais de justice.

C. L'ATTRIBUTION DES MOYENS CORRESPONDANTS

284 Pour que la décentralisation produise réellement ses effets, les collectivités territoriales doivent disposer, en toute cohérence, de l'ensemble des moyens nécessaires pour exercer les compétences transférées, sans dépendre de l'État qui pourrait de ce fait influer sur la prise de décision et restreindre le champ de la décentralisation.

285 **Ressources financières. –** La réforme des finances locales est le serpent de mer de la décentralisation. Plusieurs modifications importantes ont cependant été réalisées, afin de renforcer l'autonomie des collectivités locales et leur liberté de choix

87. V. CE, 12 déc. 2003, *Départ. des Landes*, *RFDA* 2004.518, concl. F. Seners (en modulant, dans les limites raisonnables, les taux de subventions selon le mode de gestion par les communes du service public de l'eau, le département n'a cependant pas créé une procédure nouvelle d'autorisation ou de contrôle. Il ne s'agit donc pas d'un cas de tutelle d'une collectivité sur une autre).

de gestion, ce que garantit désormais la Constitution (v. *infra*, n° 292). Elles bénéficient tout d'abord, outre diverses recettes liées à des taxes particulières ou aux redevances des services publics, de ressources fiscales générales. Celles-ci sont constituées de quatre *impôts directs* dont l'assiette est purement locale et dont le taux est voté, sous certaines conditions, par les assemblées délibérantes, ce qui garantit leur autonomie : taxe d'habitation que payent tous les occupants des logements, taxes foncières sur les propriétés bâties et non bâties à la charge des propriétaires de ces biens, contribution économique territoriale due par les entreprises, qui a remplacé en 2010 la taxe professionnelle et se compose de deux impositions d'inégale importance : la contribution foncière des entreprises (CFE) et la contribution sur la valeur ajoutée des entreprises (CVAE). Initialement, les trois catégories de collectivités (communes et leurs groupements, départements, régions) percevaient chacune une part de ces quatre impôts. La politique d'allégement de la fiscalité locale a progressivement modifié cette situation en introduisant une logique de spécialisation des impôts par niveau de collectivités territoriales. Les régions ne perçoivent plus que 25 % de la CVAE. À compter de 2021, les départements ne bénéficieront plus que de 48,5 % de la même imposition. Seul le « bloc communal » (communes et intercommunalités) perçoit encore les quatre grands impôts directs : la totalité de la taxe d'habitation (qui sera toutefois complètement supprimée en 2023 pour les résidences principales), des taxes foncières sur les propriétés bâties et non bâties, de la CFE et 26,5 % de la CVAE.

À ces ressources fiscales, s'ajoute pour l'essentiel un important concours financier de l'État. Le principe est que ce concours prend la forme, non pas de subventions spécifiquement affectées à telle ou telle opération (ce qui est un moyen pour l'État de piloter l'action publique locale), mais de dotations globales dans l'usage desquels les collectivités territoriales sont libres ; néanmoins, les subventions spécifiques n'ont pas toutes disparu. Ces concours servent à financer soit des dépenses de fonctionnement, soit des dépenses d'investissement. Les premiers sont principalement constitués par la dotation globale de fonctionnement (DGF)[88]. Instituée par la loi du 3 janvier 1979, profondément réformée à partir de 2004, la DGF est attribuée à l'ensemble des entités territoriales (communes et leurs groupements, départements et régions) selon des critères complexes qui prennent en compte en particulier leur potentiel fiscal, afin d'assurer une péréquation entre les plus riches et les plus pauvres. En matière d'investissement, les deux plus importantes dotations sont la dotation de soutien à l'investissement allouée aux seuls départements[89] et la dotation d'équipement des territoires ruraux créée en 2011, qui bénéficie à certaines communes et EPCI en fonction de leur population et de leur potentiel fiscal[90].

Enfin les transferts de compétences ont été accompagnés d'une *compensation* intégrale des charges nouvelles (CGCT, art. L. 1614-1 s. ; v. art. 72-2 de la Constitution, *infra*, n° 292). Après avis d'une commission d'évaluation, ont été :

— attribuées des ressources fiscales nouvelles aux collectivités. La région, par exemple, est ainsi devenue directement bénéficiaire de la taxe sur les certificats d'immatriculation des véhicules (carte grise) et perçoit une partie du produit de la

88. CGCT, art. L. 2334-1 et s., L. 3334-1 et s., L. 4414-5 et s.
89. CGCT, art. L. 3334-10 et s.
90. CGCT, art. L. 2334-32 et s.

taxe intérieure de consommation sur les produits énergétiques ; il en va de même pour le département en ce qui concerne différents droits d'enregistrement en matière immobilière et une part de la taxe sur les conventions d'assurance,

— ou transférés les fonds que l'État affectait aux compétences « abandonnées », dans le cadre d'une dotation générale de décentralisation (DGD) et certaines dotations spécifiques (pour les collèges et lycées notamment).

286 **Fonction publique. –** Le transfert s'est aussi accompagné d'une réorganisation profonde de la fonction publique. Une *fonction publique territoriale*, concernant les communes, les départements et les régions et leurs établissements publics, a été créée par la loi n° 84-53 du 26 janvier 1984[91], afin de leur permettre de disposer de personnels qualifiés. Environ 1,9 million d'agents sont répartis, outre les personnels non-titulaires, en une centaine de cadres d'emplois dans des grandes filières (administrative, technique, culturelle, etc.) pour prendre en charge les nouvelles compétences attribuées. Et les emplois budgétaires ont été redistribués entre État et collectivités, ce qui a souvent entraîné la partition des services. Ainsi, de nombreux emplois des directions départementales de l'Équipement (DDE) ont été transférés au département[92], notamment, pour l'entretien des routes départementales – même si à titre transitoire des fonctionnaires d'État ont pu être mis à disposition sur ces postes départementaux, dans l'attente de leur remplacement progressif par des agents locaux.

287 **Biens. –** Enfin, les immeubles et meubles nécessaires à l'exercice des compétences ont été transférés à chaque collectivité, soit par mise à disposition, soit en pleine propriété (CGCT, art. L. 1321-1 s.). Ainsi les préfectures ont souvent été « découpées » entre une partie relevant de l'État et une autre affectée au département, intitulé l'hôtel du département. De même, les collèges et lycées appartenant à l'État, d'abord mis à disposition des collectivités compétentes, ont été transférés en pleine propriété à celles-ci par la loi du 13 août 2004. Quant aux nouveaux établissements construits, ils sont dès l'origine propriété de ces mêmes collectivités.

§ 2. LE PRINCIPE CONSTITUTIONNEL DE LIBRE ADMINISTRATION DES COLLECTIVITÉS LOCALES

288 **Plan. –** Plusieurs articles de la Constitution (art. 24 relatif au Sénat, article 34 relatif au domaine de la loi, et surtout Titre XII de la Constitution – articles 72 à 74-1 profondément réformés par la loi constitutionnelle du 28 mars 2003) sont à l'origine d'un statut constitutionnel des collectivités territoriales (à savoir les communes, départements, régions, collectivités à statut particulier et collectivités d'outre-mer).

La Constitution garantit (A) ainsi, non sans limites (B), la libre administration de toutes celles-ci.

91. V. Code Fonct. Pub. Dalloz.

92. D. n° 87-100 du 13 févr. 1987, modifié (LégiF.).

A. LES GARANTIES DE LA LIBRE ADMINISTRATION

289 Le principe constitutionnel de libre administration des collectivités territoriales a une double conséquence. Il produit ses effets sur la répartition des compétences normatives pour fixer le droit de ces collectivités et concerne aussi le fond de la réglementation elle-même.

1. Intervention du législateur

290 Garantie fondamentale de ce point de vue, le domaine de la loi, tel qu'il résulte des articles 34 et 72, est ici particulièrement étendu. L'intervention du législateur est ainsi nécessaire pour fixer le régime électoral (composition et mode d'élection des conseils, des exécutifs, statut de ces membres, etc.) ainsi que, depuis la loi constitutionnelle du 23 juillet 2008, les conditions d'exercice des mandats électoraux et des fonctions électives des membres des assemblées délibérantes des collectivités territoriales. Elle l'est aussi pour la détermination des compétences. Ainsi les transferts entre l'État et les collectivités résultent obligatoirement d'une loi, alors qu'au sein de l'État le pouvoir réglementaire est seul compétent (v. *supra*, n° 135). De plus, « seule la loi peut imposer une sujétion nouvelle à une collectivité locale »[93]. Dès lors elle doit intervenir pour fixer les règles de procédure imposées aux collectivités, comme celles portant sur le fond du droit.

Pour cette raison, par exemple, la loi du 11 janvier 1984 relative à la fonction publique d'État comporte 93 articles alors que celle du 26 janvier 1984 portant sur la fonction publique territoriale en a près de 140. Les dispositions sur le droit syndical ou la formation des agents qui ne font l'objet, pour l'État, que d'un bref article législatif et d'importantes dispositions décrétales, relèvent au contraire pour l'essentiel de la loi pour les collectivités décentralisées car elles limitent de façon importante leurs pouvoirs de gestion du personnel.

La représentation constitutionnelle des collectivités locales par le *Sénat* (art. 24 alinéa 4), qui doit être saisi en premier lieu des projets de loi ayant pour principal objet l'organisation des collectivités territoriales (art. 39 modifié) renforce cette garantie en les associant par ce biais au travail législatif. La création de nouvelles collectivités suppose, dès lors, qu'elles soient présentes au sein du Sénat. Ainsi, par exemple, l'accession des régions au statut de collectivité locale a conduit à modifier le système d'élection et le collège électoral pour y inclure les conseillers régionaux.

2. Garanties de « fond »

291 **Administration par des conseils élus. –** La décentralisation territoriale n'est pas qu'un mode d'organisation administrative, elle implique aussi une participation démocratique des citoyens à la gestion des affaires locales. Aussi la Constitution exige-t-elle que les conseils soient élus sans préciser s'ils doivent l'être au suffrage

93. Cons. const., n° 83-166 DC du 29 déc. 1983, R. 77 (à propos du blocage des prix de l'eau).

universel direct ou éventuellement indirect, ni imposer d'ailleurs, contrairement à la Constitution de 1946, l'élection de l'exécutif de la collectivité[94].

Cette élection est régie par les règles – l'article 3 de la Constitution notamment – qui s'appliquent pour l'expression des *suffrages politiques* en ne faisant participer que les seuls citoyens[95]. En conséquence, au nom du respect du principe d'égalité de suffrage, il n'est possible ni d'organiser une représentation trop déséquilibrée entre des circonscriptions électorales internes à la collectivité quand l'élection se fait sur une base démographique[96], ni de mettre en œuvre des systèmes de quotas pour garantir la représentation de telle ou telle catégorie au sein des éligibles[97]. Il a donc fallu réviser la Constitution pour permettre à des non-citoyens – les ressortissants de l'Union européenne – de voter aux élections municipales, voire d'être élus conseillers municipaux sans toutefois pouvoir être maires ou adjoints[98]. Il en a été de même pour, en cas de scrutin de liste, assurer une complète parité entre les hommes et les femmes au sein des candidats[99].

Enfin, l'administration par des conseils élus semblait interdire, dans le cadre d'un système représentatif, que le « peuple local » décide directement. L'état du droit a cependant progressivement évolué en faveur d'une « démocratie locale directe ». Il est significatif, à cet égard, que la loi du 27 décembre 2019 relative à l'engagement dans la vie locale et à la proximité de l'action publique ait inscrit, dans les dispositions que le CGCT consacre à la libre administration (art. L. 1111-1 et s.), l'affirmation selon laquelle « les communes, les départements et les régions constituent le cadre institutionnel de la participation des citoyens à la vie locale et garantissent l'expression de sa diversité » (art. L. 1111-2). La ratification par la France, le 1er septembre 2020, du protocole additionnel à la Charte européenne de l'autonomie locale sur le droit de participer aux affaires des collectivités locales[100] s'inscrit dans la même évolution, même si ce texte n'impose pas d'obligation précise aux États parties.

Il n'avait été initialement institué, au profit des communes puis de l'ensemble des collectivités territoriales (CGCT, art. L. 1112-5), qu'un référendum purement consultatif, permettant aux électeurs d'une collectivité de donner leur avis sur les décisions que les autorités de cette collectivité envisagent de prendre pour régler des affaires relevant de la compétence de celle-ci[101]. Ce référendum ne peut donc porter sur des projets de décision relevant de la compétence de l'État, lors même

94. V. **Cons. const., 85-196 DC du 8 août 1985**, R. 63 (possibilité pour le législateur en Nouvelle-Calédonie de charger de l'exécution des décisions du congrès un haut-commissaire nommé par le gouvernement alors qu'auparavant il était confié à un organe élu par l'assemblée territoriale).

95. Cons. const., 82-146 DC du 18 nov. 1982, R. 66 (système électoral pour les élections municipales).

96. Cons. const., 87-227 DC du 7 juill. 1987, R. 41 (pour le découpage des secteurs électoraux de Marseille).

97. Cons. const., 18 nov. 1982, préc. (quotas par sexe).

98. Art. 88-3 de la Constitution et art. LO. 227-1 s., Code élect.

99. Loi constit. n° 99-569 du 8 juill. 1999, *JO* 9 juill. p. 10175 (révisant l'article 3).

100. Le texte a été publié par un décret du 7 janv. 2021 (*JO* du 9 janv., texte n° 1).

101. Par ex. CE, sect., 29 déc. 1995, *Géniteau*, R. 463, *RFDA* 1996.471, concl. C. Chantepy (pour un projet important de construction immobilière susceptible, si le permis de construire était accordé par le maire, de modifier le cadre de vie communal).

que ceux-ci auraient des conséquences sur des affaires locales[102]. Ce type de situation, récemment illustré par le projet controversé de l'aéroport de Notre-Dame des Landes, a fait l'objet d'une ordonnance du 20 avril 2016 (art. L. 123-20 et s. C. env.), qui permet à l'État de consulter les électeurs d'une aire territoriale déterminée sur un projet d'infrastructure susceptible d'avoir une incidence sur l'environnement dont la réalisation est subordonnée à la délivrance d'une autorisation relevant de sa compétence[103]. Il s'agit donc ici, de nouveau, d'un référendum purement consultatif et qui, d'ailleurs, ne relève pas à proprement parler, de la démocratie locale directe puisqu'il associe certains citoyens à l'exercice d'une compétence étatique et non à celui d'une compétence locale décentralisée.

Sur ce dernier terrain, la réforme constitutionnelle de 2003 a changé la donne. Selon l'article 72-1, outre le droit de pétition qui permet aux électeurs de chaque collectivité de demander l'inscription d'une question d'intérêt local à l'ordre du jour des assemblées délibérantes, le référendum local permet désormais à la population de décider, en statuant sur des projets de délibérations ou d'actes relevant de la compétence de la collectivité en cause (CGCT, art. LO 1112-1 et s.).

Mais, s'il s'agit de créer une collectivité à statut particulier ou de modifier son organisation, le référendum local, prévu par la loi, n'a toujours qu'une portée consultative[104].

Ainsi les électeurs corses ont été consultés sur le nouveau statut de l'île, rejetant d'ailleurs en juillet 2003 le projet prévoyant la disparition des deux départements au profit d'une collectivité territoriale unique.

Il convient d'ajouter qu'indépendamment des procédures de consultation ou de référendum local, qui viennent d'être rappelées, les collectivités territoriales, comme l'ensemble des autorités administratives, peuvent, en vertu des dispositions de l'article L. 131 du CRPA, associer le public à la conception d'une réforme ou à l'élaboration d'un projet ou d'un acte (qui n'a pas nécessairement à être une décision) en procédant à une consultation selon des modalités qu'elles déterminent et notamment sur un site[105] (sur les règles applicables à ce type de consultation, v. *infra*, n° 635).

292 **Compétences et moyens minimaux. –** Pour que la décentralisation existe, il faut que les collectivités locales aient des compétences, des moyens et des ressources propres. C'est pourquoi la Constitution révisée impose le respect du principe de subsidiarité (v. *supra*, n° 282). Mais il est difficile de déterminer exactement quelle est la collectivité (étatique ou territoriale) la mieux placée pour exercer une compétence. On s'explique ainsi que le Conseil constitutionnel n'exerce sur ce point qu'un contrôle restreint : le choix du législateur d'attribuer une compétence à l'État plutôt qu'à une collectivité locale ne peut être censuré que si,

102. Par ex. CE, 16 déc. 1994, *Cne d'Avrillé*, R. 558 (pour un projet de création d'autoroute, qui relève uniquement de l'État, quelles que soient ses implications locales).

103. Pour une première application, v. décret n° 2016-503 du 23 avril 2016 relatif à la consultation des électeurs des communes de la Loire-Atlantique sur le projet de transfert de l'aéroport de Nantes-Atlantique sur la commune de Notre-Dame-des-Landes.

104. V. art. 72-1, al. 3 de la Constitution.

105. CE, ass., 19 juill. 2017, *Association citoyenne « Pour Occitanie Pays Catalan »*, n° 403928, *AJDA* 2017.1662, chron. G. Odinet et S. Roussel, *Dr. adm.* 2017. 31, note G. Eveillard, *JCP* A 2017, n° 38, p. 27, concl. V. Daumas.

manifestement, cette compétence aurait été mieux exercée par celle-ci[106]. Par ailleurs, si le principe de libre administration interdit au législateur de priver une collectivité territoriale d'attributions effectives, il ne lui impose aucune méthode de détermination de celles-ci. La clause de compétence générale (v. *supra*, nº 282), en effet, n'a pas valeur constitutionnelle, ni comme principe fondamental reconnu par les lois de la République[107], ni comme condition du respect de libre administration ; il est donc loisible au législateur de déterminer les compétences des collectivités territoriales par voie d'énumération limitative[108].

La révision de la Constitution a été l'occasion, par ailleurs, de donner d'importantes garanties aux collectivités décentralisées sur le plan financier. Cela a conduit le Conseil constitutionnel à reconnaître l'existence d'un « principe constitutionnel d'autonomie financière des collectivités territoriales », qui apparaît comme une composante ou un corollaire du principe de libre administration[109]. Toutefois, il ressort de sa jurisprudence que les garanties constitutionnelles de l'autonomie financière des collectivités territoriales ont une portée limitée et que la marge de manœuvre laissée au législateur en la matière demeure considérable.

Le nouvel article 72-2 prévoit ainsi que les collectivités territoriales disposent librement de leurs ressources, mais « dans les conditions fixées par la loi ». Le législateur peut, en particulier, assujettir les collectivités territoriales ou leurs groupements à des obligations et à des charges, qui viennent nécessairement limiter leur liberté d'utilisation de leurs ressources. Il est vrai que, selon un motif de principe de la jurisprudence constitutionnelle[110], cela n'est possible qu'à certaines conditions : l'obligation ou la charge doit répondre à une exigence constitutionnelle ou à un but d'intérêt général, ne pas méconnaître la compétence propre des collectivités concernées, ne pas entraver leur libre administration et être définie de façon suffisamment précise quant à son objet et sa portée. Mais le Conseil constitutionnel admet somme toute assez facilement que ces conditions sont remplies, ce qu'il traduit en énonçant que, dans ce cas, l'atteinte à la libre administration n'est pas suffisamment grave pour être contraire à la Constitution. Il a ainsi reconnu la constitutionnalité d'un encadrement par l'État de l'évolution des dépenses de fonctionnement des collectivités territoriales destiné à faire participer ces dernières à l'effort de réduction des dépenses et déficits publics[111].

Les ressources des collectivités territoriales peuvent être de nature fiscale (art. 72-2 al. 2) et dans ce cas, « la loi peut les autoriser à en fixer l'assiette et le taux dans les limites qu'elle détermine » (art. 72-al. 2). Il peut s'agir aussi d'autres ressources propres (redevances pour services rendus, produits du domaine, participations d'urbanisme, produits financiers, dons et legs, selon l'énumération de l'article LO 1114-2 CGCT). L'addition de ces deux catégories doit représenter, pour

106. Cons. const., 2005-516 DC du 7 juill. 2005, *Dr. adm.* 2005, nº 114, note R. Fraisse.

107. Cons. const., 2010-618 DC, 9 déc. 2010, *AJDA* 2011. 99, étude M. Verpeaux et 129, tribune Marcou, *JCP* A 2011. 2010, note Rouault.

108. Cons. const., nº 2016-565 QPC du 16 sept. 2016, *AJDA* 2016.438, note B. Faure.

109. Cons. const., nº 2009-599 DC, 29 déc. 2009, *AJDA* 2010. 4, *Constitutions* 2010. 281, obs. A. Barilari (cons. 46).

110. P. ex. Cons. const., nº 2016-745 DC du 26 janv. 2017 (cons. 34).

111. Cons. const., nº 2017-760 DC, 18 janv. 2018, *AJDA* 2018. 132, *AJCT* 2018, 32, obs. M. Houser.

chaque type de collectivités, une *part déterminante* de l'ensemble de ses ressources (art. 72-2 al. 3), ce qui signifie qu'elle ne doit pas être inférieure au niveau constaté en 2003 (art. LO 114-3 CGCGT), soit 60,80 % pour l'ensemble communal, 58,60 % pour les départements et 41,70 % pour les départements. Cela constitue, en principe, une garantie contre les suppressions de certains impôts locaux et leur remplacement par des dotations d'État. Une part déterminante de ressources prélevées à l'échelon local paraît en effet indispensable pour permettre aux citoyens de mieux contrôler la gestion ; le vote de l'impôt local étant un corollaire de la responsabilité politique des élus. Toutefois, de manière générale, la jurisprudence du Conseil constitutionnel met en œuvre cette exigence constitutionnelle avec une prudence respectueuse des choix du législateur.

S'inspirant des dispositions législatives relatives aux transferts de compétences réalisés à partir de 1983 (v. *supra*, n° 285), l'article 72-2 (al. 4) impose aussi que « tout transfert de compétences entre l'État et les collectivités territoriales s'accompagne de l'attribution de ressources équivalentes à celles qui étaient consacrées à leur exercice ». Comme le précise l'article L. 1614-1 CGCT, le transfert des compétences et celui des ressources doivent être concomitants, le montant des ressources transférées doit être égal à celui des dépenses effectuées par l'État à la date du transfert et évoluer, dès la première année, comme la dotation globale de fonctionnement. Ces règles sont également applicables quand le pouvoir réglementaire apporte aux conditions d'exercice des compétences transférées des modifications génératrices de charges nouvelles (CGCT, art. L. 1614-2), sans toutefois que la légalité du règlement soit subordonnée à la compensation des charges qu'il engendre[112]. Dans le cas, non plus d'un transfert de compétences, mais d'une création ou d'une extension de compétences, ayant pour conséquence d'augmenter les dépenses des collectivités territoriales, l'article 72-2 (al. 4) impose seulement que ces mesures soient accompagnées « de ressources déterminées par la loi ». C'est dire qu'ici il n'est nullement imposé au législateur de compenser intégralement les nouvelles dépenses pesant sur les collectivités territoriales. Comme l'énonce le Conseil constitutionnel, « il n'est fait obligation au législateur que d'accompagner les créations ou extensions de compétences de ressources dont il lui appartient d'apprécier le niveau, sans toutefois dénaturer le principe de libre administration des collectivités territoriales »[113]. Enfin, dans une logique d'égalité, la Constitution (art. 72-2, al. 5) garantit un minimum de solidarité entre les collectivités puisque la loi doit mettre en place des mécanismes de péréquation, afin que les plus pauvres d'entre elles ne soient pas handicapées par leur faible potentiel fiscal, notamment.

112. CE, 21 févr. 2018, n° 404879, *Région Provence-Alpes-Côte d'Azur* (1re esp), n° 409826, *Département du Calvados et autres*, *AJDA* 2018. 845, chron. S. Roussel et Ch. Nicolas (la légalité de l'absence de compensation doit faire l'objet d'une contestation distincte, notamment au moyen d'un recours dirigé contre le refus d'édicter l'arrête interministériel fixant le montant des charges résultant de la modification réglementaire des conditions d'exercice de la compétence, prévu par l'article L. 1614-3 CGCGT).

113. Cons. const., déc. n° 2004-509 DC, 13 janvier 2005.

B. LES LIMITES DE LA LIBRE ADMINISTRATION

293 La libre administration ne signifie pas, pour autant, que les collectivités territoriales prennent les décisions qui les concernent sans contrainte, ni contrôle de l'État, car elles restent de simples personnes morales administratives.

1. Action respectant le caractère unitaire de l'État

294 La décentralisation n'est pas le fédéralisme. N'étant pas des collectivités fédérées, les personnes morales locales restent toujours subordonnées à l'État, au nom de l'indivisibilité de la République, même si l'organisation de la République est désormais décentralisée (art. 1er de la Constitution). Pour aménager, de ce point de vue, un régime particulier, il faut recourir, dès lors, à une révision constitutionnelle (v. *infra*, nº 363 le statut de la Nouvelle-Calédonie). Aussi, n'existe-t-il pas de peuple à leur niveau, ce qui a conduit le Conseil constitutionnel à nier toute existence du peuple corse car la Constitution « ne connaît que le peuple français, composé de tous les citoyens français sans distinction d'origine, de race ou de religion »[114]. Et les collectivités territoriales ne peuvent avoir de relations internationales (v. *infra*, nº 339 et 358). De la même façon, elles n'ont aucun pouvoir normatif autonome : seul l'État unitaire édicte les lois et, simple fraction du pouvoir exécutif, elles restent soumises au pouvoir réglementaire de l'État, qu'elles ne font que compléter (v. *supra*, nº 151).

Les collectivités locales sont, en conséquence, tenues dans leur action de *respecter le droit national* tel qu'il découle de la Constitution, des lois et règlements pris par les autorités centrales de l'État, ainsi que des normes internationales applicables en France. Et ce droit doit s'appliquer de façon uniforme, dans ses principes primordiaux, même si dans ce cadre, des adaptations à la situation locale sont possibles. Ainsi la libre administration s'arrête là où l'exigent les composantes premières du *principe d'égalité*[115].

Il est vrai que, par exception à ce principe[116], l'article 72, al. 4 de la Constitution ouvre aux collectivités territoriales ou à leurs groupements une possibilité de déroger au droit national. Mais cette disposition constitutionnelle et la loi organique à laquelle elle renvoie (v. CGCT, art. LO 1113-1 et s.) encadre strictement cette possibilité. Ainsi, la dérogation n'est permise qu'à titre expérimental, pour un objet et une durée limités. Elle ne saurait porter que sur les dispositions législatives ou réglementaires relatives à l'exercice des compétences des collectivités territoriales et, encore, « sauf lorsque sont en cause les conditions essentielles d'exercice d'une liberté publique ou d'un droit constitutionnellement protégé ». Surtout, la dérogation doit être autorisée, selon le cas, par la loi ou le règlement et n'est donc possible

114. **Cons. const., 91-290 DC du 9 mai 1991,** R. 50 ; V. aussi Cons. const., 99-412 DC du 15 juin 1999 R. 71 (à propos de la charte européenne des langues régionales).

115. V. not. Cons. const., 84-185 DC du 18 janv. 1985, R. 36 (uniformité dans l'application des lois organisant l'exercice des libertés publiques) et Cons. const., 2001-447 du 18 juill. 2001, R. 89 (pour le respect de l'égalité de traitement lors de l'attribution de l'allocation personnalisée d'autonomie aux personnes âgées).

116. Comme le relève le Cons. const., 2003-478 DC du 20 juill. 2003, *JO* 2 août 2003, texte nº 8.

que sur le fondement d'une norme nationale. Enfin, comme l'a précisé le Conseil constitutionnel, « passé le délai d'expérimentation, le maintien et l'extension » des mesures dérogatoires « doit respecter le principe d'égalité devant la loi »[117]. Initialement, le législateur organique avait compris cette exigence comme impliquant la disparition des dérogations. Il était en effet prescrit qu'à l'issue de l'expérimentation, les règles spécifiques expérimentées seraient, soit abandonnées, soit généralisées. La loi nº 2021-467 du 19 avril 2021 est, au contraire, venue permettre la pérennisation des dérogations, qui autorise le maintien des mesures prises à titre expérimental dans les seules « collectivités territoriales ayant participé à l'expérimentation, ou dans certaines d'entre elles », ainsi que « leur extension à d'autres collectivités territoriales » mais pas nécessairement à toutes (CGCT, art. LO 1113-6). Ceci n'est toutefois possible que dans le respect du principe d'égalité, lequel exige que le régime spécial maintenu s'applique à toutes les « collectivités présentant les mêmes caractéristiques justifiant qu'il soit dérogé au droit commun »[118].

2. Action contrôlée par l'État

295 L'autonomie des collectivités territoriales ne signifie pas là encore absence de contrôle, afin d'assurer le respect, notamment, des principes précédents. La Constitution, dans son article 72, charge ainsi le délégué du gouvernement du « *contrôle administratif* » des collectivités.

296 **Historique.** – Avant 1982, la *tutelle* sur les actes comportait essentiellement trois formes, indépendamment du contrôle sur les personnes qui a pour l'essentiel subsisté. Une tutelle d'annulation, qui, bien que fortement allégée, permettait au préfet d'annuler ou de suspendre, même pour des raisons d'opportunité, les principales décisions des maires ou certaines délibérations du conseil municipal ou général. Une tutelle d'approbation pour les actes réglementaires des maires et les principales délibérations du conseil municipal ou général en matière financière. Une tutelle de substitution lorsque le maire, en particulier, refusait de prendre une mesure obligatoire, (notamment en matière de police, v. *infra*, nº 510). Enfin, existaient diverses modalités de contrôle budgétaire.

La loi du 2 mars 1982 bouleverse, au moins en apparence, un tel système. Elle prévoit *la suppression de toute tutelle* et la remplace par des mécanismes de contrôle en matière administrative et budgétaire. Conformément aux exigences constitutionnelles, le préfet conserve des pouvoirs importants car, en vertu de l'article 72, les mécanismes mis en place doivent « respecter les prérogatives de l'État, qui ne peuvent être ni restreintes, ni privées d'effet, même temporairement »[119]. Elle met en place un système de contrôle administratif qui concerne dans des conditions quasi identiques les trois catégories de collectivités territoriales[120] ainsi que l'ensemble des établissements publics qui y sont rattachés (établissements publics

117. Cons. const., 2021-816 DC du 15 avr. 2021, *JO* 20 avr. 2021, texte nº 2.

118. Cons. const., 2021-816 DC du 15 avr. 2021, préc.

119. **Cons. const., nº 82-138 du 25 févr. 1982**, R. 41.

120. CGCT, art. L. 2131-1 et s. pour les communes, L. 3132-1 et s. pour les départements, L. 4142-1 et s. pour les régions.

territoriaux ou établissements publics locaux, à l'exception des lycées et collèges et des hôpitaux publics, v. *infra*, n° 412). La tutelle d'annulation comme celle d'approbation disparaît au profit d'un contrôle administratif qui permet seulement au préfet de saisir le tribunal administratif. Le Conseil constitutionnel a en effet admis, ce qui pouvait se discuter, que ce pouvoir de saisine, guère différent de celui dont dispose tout citoyen, même s'il est plus étendu, suffit à caractériser le contrôle.

Par ailleurs le législateur crée des chambres régionales des comptes, jouant un rôle essentiel dans l'exercice du contrôle budgétaire, et supprime toute tutelle technique.

a) Contrôle administratif

α) Obligation de transmission

297 Les principaux actes pris au nom des collectivités territoriales doivent, en premier lieu, être transmis au représentant de l'État, c'est-à-dire au préfet.

298 **Champ d'application. –** En constante réduction, la liste des actes des collectivités devant être obligatoirement transmis au représentant de l'État ne concerne plus que les actes les plus « sensibles »[121].

L'obligation de transmission s'impose actuellement :

— parmi les *actes de l'exécutif territorial*, à tous les actes réglementaires, tous les contrats signés par lui en matière de marchés publics au-dessus d'un certain montant, de délégations de service public, d'emprunt ou de partenariat, et aux principaux actes relatifs aux agents publics (à l'exclusion notamment des actes de révocation ou mise à la retraite d'office, pour lesquels l'agent concerné est le mieux à même d'apprécier l'opportunité d'un éventuel recours). Doivent aussi être transmis les décisions prises sur délégation de l'assemblée délibérante, ainsi que, de façon plus spécifique, les actes individuels pris par le maire ou le président du conseil départemental en matière de police (sauf certaines exceptions concernant principalement celles relatives à la circulation et au stationnement) ou d'urbanisme (permis de construire notamment) ;

— à toutes les *délibérations des assemblées locales* à l'exception de certaines délibérations relatives à la voirie et à la gestion courante de la fonction publique territoriale, ainsi que, pour éviter que la loi soit tournée en utilisant une sorte de paravent, aux décisions de puissance publique prises par les sociétés d'économie mixte locale pour le compte des collectivités ou de leurs établissements publics ;

— enfin, la transmission n'est exigée que s'il s'agit de véritables actes administratifs des autorités décentralisées : ceci suppose donc qu'ils n'aient pas été pris au nom de l'État (le maire ayant certains pouvoirs à ce titre), ou qu'ils ne relèvent pas du droit privé[122].

121. V. notamment la loi du 13 août 2004 relative aux libertés et responsabilités locales, préc. et l'ord. n° 2009-1401 du 17 nov. 2009 portant simplification du contrôle de légalité, *JO* du 18 nov., p. 19913.

122. V. Par ex. CE, 27 févr. 1987, *Lancelot*, *RFDA* 1987. 217, concl. Stirn (incompétence du juge administratif pour connaître des contrats de droit privé). V. aussi T. confl., 14 févr. 2000, *Cne de Baie-Mahault*, *BJCP* 2000. 186 concl. Schwartz (possibilité cependant, en un tel cas, d'un déféré contre les actes détachables – v. *infra*, n° 827 – autorisant la conclusion du contrat ou le signant).

299 **Conséquences. –** Sauf pour les décisions individuelles, qui doivent être transmises dans les quinze jours qui suivent leur signature, aucun délai n'est imposé. La preuve de la transmission se fait par tout moyen, même si, dans la pratique, l'apposition d'un tampon (transmis le) par les services préfectoraux facilite les choses ; cette pratique devrait toutefois reculer avec le développement de la transmission par voie électronique. Quoi qu'il en soit, cette preuve est importante car la transmission, pour les actes qui doivent l'être, est indispensable afin que l'acte devienne « exécutoire » (sur le sens de ce mot, v. *infra*, n° 534), produise des effets de droit, bien qu'elle reste sans conséquence sur la régularité même de l'acte.

Ainsi, une décision de licenciement d'un agent contractuel prise le 27 décembre avec effet au 1er janvier mais transmise au préfet le 3 janvier seulement ne peut produire ses effets qu'à compter de cette date[123]. De même, le maire n'est pas compétent pour signer un contrat bien que le conseil municipal ait donné son autorisation si la délibération de l'assemblée n'a pas été transmise au préfet[124].

β) Pouvoirs du préfet

300 Le préfet ne peut désormais que saisir le tribunal administratif, uniquement pour des raisons liées à la légalité de l'acte, dans le cadre du « déféré » préfectoral.

301 **Actes transmis. –** Le préfet défère au tribunal les actes soumis à l'obligation de transmission dans un délai de deux mois à compter de celle-ci. La computation de ce délai s'effectue dans les conditions du droit commun (v. *infra*, n° 997 et s.). En particulier, la lettre, fréquente dans la pratique, par laquelle le préfet fait, dans le délai de deux mois, des observations aux collectivités quant à la légalité de l'acte est assimilée à un recours gracieux, ce qui prolonge d'autant les délais de recours[125].

Le déféré préfectoral a, en principe, la nature d'un recours pour excès de pouvoir[126]. Cette qualification avait été initialement appliquée même dans le cas où le préfet agit contre un contrat[127]et cela par exception au principe selon lequel le recours pour excès de pouvoir n'est recevable que contre les actes administratifs unilatéraux (v. *infra*, n° 977). Mais le Conseil d'État est revenu sur cette position et juge désormais que, lorsqu'il est dirigé contre un contrat, le déféré préfectoral relève du contentieux de pleine juridiction[128].

123. CE, sect., 30 sept. 1988, *Cne de Nemours c/Mme Marquis*, R. 320 ; *AJDA* 1988.739 concl. Moreau.

124. CE (avis cont.) 10 juin 1996, *Préfet de la Côte-d'Or*, R. 198 ; CE, sect., 20 oct. 2000 *Soc. Cité câble-Est*, R. 457, *RFDA* 2001.359, concl. H. Savoie (nullité du contrat de concession signé par le maire avant transmission au préfet). Cependant, une telle irrégularité n'entraîne plus nécessairement la nullité du contrat : CE, ass., 28 déc. 2009, *Cne de Béziers*, *AJDA* 2010.142, chron. S.-J. Liéber et D. Botteghi et v. *infra*, n° 819.

125. V. CE, 18 avr. 1986, *Comm. Rép. Ille-et-Vilaine*, R. 658, *RFDA* 1987.206, concl. M. Roux. (Sur les modes de calcul en cette hypothèse, v. *infra*, n° 1004. Le délai pour saisir le tribunal peut, en certains cas, aller jusqu'à huit mois !).

126. CE, sect., 27 févr. 1987, *Comm. de Grand-Bourg de Marie-Galante*, R. 80, *AJDA* 1987.418, obs. X. Prétot, *RFDA* 1987.212, concl. B. Stirn.

127. CE, sect., 26 juill. 1991, *Comm. de Sainte-Marie*, R. 302, *AJDA* 1991.693, chron. C. Maugüé et R. Schwartz, *LPA* 29 mai 1992.11, note M.-C. Rouault, *RFDA* 1991.966, concl. H. Legal.

128. CE, 23 déc. 2011, *Ministre de l'intérieur, de l'outre-mer, des collectivités territoriales et de l'immigration*, *AJDA* 2012. 1064, note M. Quyollet, *BJCL* 2012. 94, concl. B. Dacosta, note Martin, *Dr. adm.* 2012, n° 27, obs. A. Claeys, *RFDA* 2012.683, note P. Delvolvé.

Deux particularités sont à relever :

— le déféré est recevable contre tout acte transmis, y compris les *actes préparatoires* ou non décisoires – inattaquables en excès de pouvoir « normal » – des assemblées locales, dès lors qu'ils sont émis dans le cadre de véritables délibérations[129].

— *le préfet n'est pas tenu de déférer une décision illégale*, et peut de ce fait se désister de son recours, alors même que l'illégalité n'a pas disparu[130]. Solution présentant les avantages de la souplesse car elle permet au préfet d'avoir un moyen de négociation plus subtil, qui semble néanmoins en contradiction avec le rôle de gardien de la légalité que la Constitution elle-même confère au préfet. Cependant la responsabilité de l'État est engagée pour faute lourde lorsque n'a pas été déféré un acte dont l'illégalité était manifeste. Le préfet doit, donc, dans ces hypothèses, procéder au déféré[131].

302 **Actes non transmis. –** Alors qu'il était concevable de soumettre ces actes à un régime spécifique, se fondant expressément sur l'article 72 alinéa 3 de la Constitution, et pour des raisons de simplicité, le Conseil d'État a, en définitive, interprété la loi dans son sens le plus large. La voie du déféré est ouverte même contre les actes non soumis à l'obligation de transmission, y compris les décisions implicites de refus[132]. Le point de départ du délai est dès lors celui de la publicité de l'acte, ce qui suppose une vigilance particulière des services préfectoraux. En vue de leur faciliter la tâche, la loi du 13 août 2004 (CGCT, art. L. 2131-3, al. 2) ouvre au préfet le droit de demander communication à tout moment de tout acte non soumis à l'obligation de transmission, à la condition que cette demande ait été présentée dans les deux mois de la publicité l'acte ; le déféré pourra alors être introduit dans un délai de deux mois à compter de la communication.

303 **Tiers lésés. –** Les tiers, s'estimant lésés par une décision locale, peuvent demander au préfet de saisir le juge, dans le cadre d'un *déféré provoqué*. En cas de refus, le tiers lésé ne saurait attaquer la décision préfectorale, mais la saisine du préfet, dans le délai de deux mois du recours contentieux, considérée comme une sorte de recours hiérarchique, proroge le délai de recours contre l'acte de la collectivité. Le délai pour ces tiers ne recommence donc à courir qu'à compter de la « décision implicite ou explicite par laquelle le préfet se prononce sur » cette demande[133].

304 **Procédure de prise de position formelle du préfet. –** Cette procédure de « rescrit » (qui connaît d'ailleurs un développement général) répond à un souci de sécurisation juridique de l'action publique locale. Instituée par l'article 74 de la loi

129. V. CE, ass., 15 avr. 1996, *Synd. CGT des hospitaliers de Bédarieux*, R. 130, *RFDA* 1996.1169, concl. J.-D. Combrexelle (pour les actes préparatoires) et CE, sect., 29 déc. 1997, *SARL ENLEM*, R. 500, *RFDA* 1998.553, concl. L. Touvet (pour les vœux).

130. CE, sect., 25 janv. 1991, *Brasseur*, R. 23, concl. B. Stirn, (impossibilité d'attaquer pour excès de pouvoir la décision du préfet de ne pas intenter un déféré) ; CE, sect., 28 févr. 1997, *Cne du Port*, R. 61, *RFDA* 1997.1190, concl. J.-H. Stahl (« faculté qu'a le préfet » de déférer ou non).

131. CE, 6 oct. 2000 *Min. Int. c/Comm. de Saint-Florent*, R. 395.

132. CE, sect., 28 févr. 1997, *Cne du Port*, R. 61, *RFDA* 1997.1190, concl. J.-H. Stahl.

133. CE, sect., 25 janv. 1991, *Brasseur*, préc.

du 27 décembre 2019 relatif à l'engagement dans la vie locale et à la proximité de l'action publique (article L. 1116 nouveau du CGCT et, pour les modalités d'application, R. 1116-1 et s.), elle permet aux collectivités territoriales, avant d'adopter un acte susceptible d'être déféré au tribunal administratif, de demander au préfet de prendre formellement position sur une question de droit relative à la mise en œuvre d'une disposition législative ou réglementaire régissant l'exercice de leurs compétences ou les prérogatives dévolues à leur exécutif. Le représentant de l'État dispose d'un délai de trois mois pour répondre, son silence au terme de ce délai valant absence de prise de position formelle. Si l'acte local est conforme à cette dernière, le préfet ne peut pas, au titre de la question de droit soulevée et sauf changement de circonstances, le déférer au tribunal administratif.

γ) Effets de la saisine

305 Dans l'hypothèse ordinaire, le tribunal administratif statue comme il le ferait dans le cadre du contentieux de l'excès de pouvoir ou, s'agissant des contrats, du plein contentieux (v., sur ce point, *infra*, n° 825). Mais il existe ici certaines particularités procédurales.

306 **Suspension de l'acte.** – D'une part, le préfet peut accompagner son déféré d'une demande de référé-suspension. Par dérogation aux conditions « ordinaires » qui s'imposent à tout requérant, le préfet bénéficie d'un régime plus favorable. S'il démontre qu'il existe un doute sérieux quant à la légalité de la décision, le juge, qui a en principe un mois pour statuer, est tenu de suspendre l'acte. Le requérant ordinaire doit, lui, démontrer de plus qu'il y a urgence, notamment (v. *infra*, n° 672).

En outre, « en matière d'urbanisme, de marchés ou de délégation de service public », la saisine du juge administratif, aux fins de référé-suspension, *suspend automatiquement* – sans qu'une décision juridictionnelle soit nécessaire – les effets de l'acte attaqué pour une durée maximale d'un mois, si le préfet a introduit son action dans les 10 jours suivant la réception de l'acte (CGCT, art. L. 2131-6). Arme redoutable aux mains de l'État pour empêcher que ne se créent des situations où la collectivité locale jouerait sur le temps pour ôter toute effectivité à l'action préfectorale ; mais arme d'utilisation difficile en raison de la lenteur des circuits de contrôle.

Enfin, *en cas d'extrême urgence*, la demande de référé-suspension, lorsque l'acte en cause porte atteinte à l'exercice d'une liberté publique ou individuelle, doit être examinée dans les 48 heures de la saisine. Cette procédure extrêmement rapide permet ainsi d'éviter que des mesures gravement attentatoires aux libertés, devenues exécutoires dès leur transmission au préfet, puissent produire de réels effets. Ainsi, le juge a pu se prononcer dans de tels délais, par exemple, sur des arrêtés municipaux restreignant la liberté de manifestation ou instituant un couvre-feu pour les enfants[134].

134. Resp. CE, 15 déc. 1982, *Cne de Garches*, R. 417 et CE, 9 juill. 2001, *Préfet du Loiret*, R. 337.

δ) Portée de la réforme

307 Le mécanisme juridique ainsi mis en place, d'apparence révolutionnaire, n'a finalement eu que peu de conséquences sur l'équilibre des relations État-collectivités locales[135]. Avant 1982, la tutelle d'annulation ou d'approbation ne jouait qu'un rôle réduit, et l'essentiel se faisait sous forme de négociation entre les services préfectoraux et les communes. La situation perdure. Alors que les collectivités territoriales adoptent chaque année plusieurs millions d'actes administratifs (5,2 millions en 2012 pour les seuls actes transmis aux préfectures), le *nombre de déférés est extrêmement faible* et tend à diminuer depuis le milieu des années 1990 : 2403 en 1994, 804 en 2012. Le contrôle est, en outre, très sélectif, notamment parce que les services des préfectures sont notoirement sous-dimensionnés. À partir de 2009, un certain nombre d'actes prioritaires ont été déterminés, par voie de circulaires, au niveau national (urbanisme, commande publique, fonction publique territoriale) ; d'autres priorités sont arrêtées localement. Les préfets ont, enfin, préféré l'arme de la négociation, le déféré n'étant que l'ultime recours. Deux instruments sont utilisés à cet effet : de moins en moins (30 000 environ en 2012, contre 170 000 à la fin des années 1990) des « lettres d'observation », qui valent recours gracieux (v. *supra,* n° 301) ; de plus en plus, des « lettres pédagogiques », qui invitent les collectivités à ne pas répéter à l'avenir certaines irrégularités et ne constituent pas des recours gracieux. C'est ici que se situe la réalité du mécanisme de contrôle.

b) Autres formes de contrôle

308 **Tutelle de substitution. –** La tutelle de substitution a partiellement subsisté dans certains domaines où les intérêts supérieurs de l'ordre public la rendaient nécessaire. Ainsi, le préfet, après mise en demeure, peut se substituer au maire ou au président du conseil départemental pour exercer à leur place les pouvoirs de *police* (v. *infra*, n° 510) et dans certains domaines spécifiques, en cas d'inaction, le représentant de l'État a conservé de tels pouvoirs. En matière d'urbanisme, par exemple, lorsque des documents se révèlent contraires à des normes supérieures, le préfet peut les modifier si la commune ne le fait pas d'elle-même.

Une telle tutelle qui, *a priori*, est la plus attentatoire au principe de libre administration, paraît cependant indispensable. Ainsi l'intervention d'une substitution de l'État en « cas de situation de nature à compromettre » l'intérêt général[136] ou lorsque sont en cause le fonctionnement continu des services publics et l'application des lois[137] est jugée nécessaire.

309 **Contrôle budgétaire** (CGCT, art. 1612-1 s.). Là encore, alors qu'existaient différents mécanismes d'approbation et de substitution, le préfet perd en partie ces

135. Il est utile de se reporter au rapport que le gouvernement présente périodiquement au Parlement sur cette question (le 22e rapport a été remis en mai 2014 : v. *AJDA* 2014.948).

136. Cons. const., 87-241 DC du 19 janv. 1988, R. 31 (pouvoir de substitution du haut-commissaire en Nouvelle-Calédonie).

137. Cons. const., 82-149 DC du 28 déc. 1982, R. 76 (pouvoir du préfet dans les villes soumises à la loi PLM-V, *infra*, n° 355).

pouvoirs et un nouvel organisme est créé : la *chambre régionale des comptes* (v. *infra*, n° 863). Organisme juridictionnel chargé du jugement des comptes de leurs comptables, elle joue aussi un rôle essentiel en matière de contrôle budgétaire et de gestion.

La première forme de contrôle budgétaire porte sur l'*établissement du budget* lui-même. Si celui-ci n'a pas été voté dans les délais prévus par la loi ou l'a été en déséquilibre, le préfet règle le budget en se fondant en principe sur les propositions de la chambre régionale, sauf à motiver explicitement sa décision s'il s'en écarte. Par ailleurs, lorsqu'une *dépense obligatoire* à la charge d'une collectivité n'est pas acquittée par celle-ci, le préfet, le comptable public ou toute personne y ayant intérêt peut saisir la chambre régionale des comptes. Si celle-ci constate le caractère obligatoire de la dépense – sinon la procédure s'arrête sous réserve d'un éventuel contrôle juridictionnel (v. *infra*, n° 547) – elle met en demeure la collectivité. Faute d'effet, le préfet peut alors inscrire d'office la somme au budget local et, si nécessaire, faire procéder à son ordonnancement.

Ces modifications n'ont eu en réalité qu'une importance mineure, à l'inverse du *contrôle de gestion*, auparavant confié à la cour des comptes qui ne disposait pas des moyens pour l'exercer de façon approfondie. Celui-ci a, en effet, permis, avec le contrôle juridictionnel des comptes, aux chambres régionales de vérifier tout d'abord la régularité des opérations, et notamment de dénoncer certaines pratiques dans l'attribution des marchés publics et des délégations de service public. Elle s'est aussi interrogée sur leur opportunité, ce qui leur a valu de vives critiques de la part des élus locaux et conduit à l'adoption de la loi du 21 décembre 2001[138] qui limite quelque peu leur rôle[139] et renforce les possibilités pour les élus mis en cause de s'expliquer. La création des chambres régionales à ce stade apparaît, en définitive, comme l'une des transformations de 1982 ayant eu le plus de portée.

310 **Tutelle technique. –** Dans la pratique antérieure à 1982, la tutelle technique jouait un rôle essentiel. Diverses normes techniques étaient ainsi imposées aux collectivités locales dans l'exercice de leurs activités par l'administration centrale, grâce notamment aux actes types (cahiers des charges en matière de contrats et notamment de délégations de service public). Cette tutelle a en principe été supprimée en 1982. Les actes types ne s'imposent plus (CGCT, art. L. 1111-5 s.). Ils servent seulement de modèle de référence pour les collectivités. Les normes techniques ne sont plus obligatoires que si elles résultent d'une loi ou d'un décret pris en application de celles-ci. En matière culturelle, par exemple, l'État a fixé par décret les règles relatives aux modes de classement et de conservation des collections d'archives et de bibliothèques, afin que la politique en ce domaine soit commune sur l'ensemble du territoire[140]. Un code des prescriptions techniques devait intervenir pour réunir l'ensemble de ces prescriptions. À l'expérience, il est apparu que peu de normes de ce type existaient et que le code se réduirait à la portion

138. N° 2001-1248, *JO* 26 déc. 2001, p. 20575.

139. La loi n° 2011-1862 du 13 déc. 2011 poursuit dans la même voie, s'agissant du contrôle des comptes et autorise d'ailleurs le pouvoir réglementaire à réduire le nombre des chambres qui a été ramené à 15 (décret n° 2012-255 du 23 févr. 2012).

140. V. respectivement, CGCT, art. L. 1421-6 et L. 1422-8 ; R. 1421-1 et s., et R. 1422-1 et s.

congrue. Son élaboration est donc toujours suspendue. Il reste que de nombreuses normes techniques ont d'autres origines, étant élaborées par des associations professionnelles (Association française pour la normalisation – AFNOR ; International standard organisation, ISO). Des tentatives sont faites pour que les collectivités locales soient mieux associées à l'élaboration de ces normes qui jouent un rôle essentiel en pratique.

La loi, enfin, interdit de subordonner au respect des prescriptions techniques, non permises, l'octroi de subventions ou d'aide (CGCT, art. L. 1111-5). Cependant, en raison de la multiplication des financements croisés, en dehors des dotations globales, l'État finance les seuls projets qui répondent à certaines caractéristiques qui lui paraissent primordiales. La collectivité peut toujours refuser de s'incliner devant ces exigences, mais perd en ce cas tout concours de l'État, ce qui réintroduit une tutelle financière et technique indirecte.

311 Ainsi, les rapports entre l'État et les collectivités territoriales se sont modifiés. Les nouveaux mécanismes de contrôle avec l'intervention effective ou éventuelle soit du juge administratif, soit de la chambre régionale des comptes ont entraîné, conformément à l'évolution générale de la société, une *juridicisation* de ces liens. Par ailleurs, l'imbrication sans cesse croissante des compétences et des financements a renforcé considérablement la part de la *contractualisation* entre l'ensemble des collectivités (v. *infra*, n° 744). La négociation, à bien des égards, a remplacé la tutelle.

S/SECTION 2 PERMANENCE ET ADAPTATION DES STRUCTURES DÉCENTRALISÉES

312 **Plan. –** La carte administrative de la France, dans ses principes, reste pour l'essentiel celle de la Révolution, avec un modèle uniformisé d'organisation bien adapté à un pays rural (§ 1). De telles structures risquent, plus de deux siècles après, de ne plus pouvoir accompagner les transformations d'une nation devenue très largement urbaine, confrontée à la désertification de ses campagnes. Les différentes lois de décentralisation, sans remettre en cause cette uniformité, ont mis en place des mécanismes spécifiques, qui, malgré leur complexité, permettent à l'administration locale de mieux coïncider avec le pays réel (§ 2).

§ 1. UN MODÈLE UNIFORMISÉ D'ADMINISTRATION

313 **Plan. –** Des principes d'organisation très largement semblables sont retenus pour les trois catégories de collectivités : les communes (34 970 au 1er janvier 2019, ce chiffre traduisant une baisse de 5 % par rapport à 2010, due au succès des « communes nouvelles », v. *infra*, n° 347), les départements au nombre de 101 (96 en France métropolitaine, 5 outre-mer) et les régions (12 en France métropolitaine en vertu de la loi n° 2015-29 du 16 janvier 2015, 5 outre-mer). Dans les trois cas, on retrouve une structure comparable des organes (A), ainsi que des compétences à exercer (B).

A. LES ORGANES DES COLLECTIVITÉS TERRITORIALES

314 Dans les trois cas, la collectivité est administrée par une assemblée délibérante et un exécutif, appelé autorité territoriale.

1. Assemblées délibérantes

315 Les trois assemblées sont le conseil municipal pour la commune, le conseil départemental pour le département (la loi n° 2013-403 du 17 mai 2013 a substitué, à compter de 2015, cette appellation à celle, traditionnelle, de conseil général) et le conseil régional, auquel s'ajoute, dans les régions, le conseil économique, social et environnemental.

316 **Élections. –** Sur ce point, malgré certains rapprochements, les régimes restent diversifiés.

1°) Le *conseil municipal* est élu, tous les six ans, par les habitants de la commune, selon un mode de scrutin qui diffère selon l'importance de la population de celle-ci. À cet égard, le seuil de différenciation a été abaissé de 3 500 à 1 000 habitants par la loi n° 2013-403 du 17 mai 2013.

Pour les communes de plus de 1 000 habitants, l'élection se déroule dans le cadre d'un scrutin majoritaire de liste à deux tours combiné avec une représentation proportionnelle (C. élect., art. L. 260 s.). Des listes bloquées doivent être présentées. Au premier tour, la liste ayant obtenu la majorité absolue des votants obtient la moitié des sièges à pourvoir, puis participe avec les autres listes ayant obtenu au moins 5 % des suffrages exprimés, à la répartition proportionnelle des sièges restants. Ainsi une liste qui aurait obtenu juste la majorité absolue disposerait de 75 % des sièges (50 %, plus 50 % des sièges restant à répartir). Si aucune liste n'a recueilli la majorité absolue au premier tour, un second tour est organisé, auquel les listes ayant obtenu au moins 10 % des suffrages exprimés peuvent se présenter, après éventuelle fusion avec des listes ayant obtenu au moins 5 % des voix. La liste qui atteint la majorité relative obtient la moitié des sièges et participe à la répartition proportionnelle des sièges restants avec toutes les listes ayant bénéficié d'au moins 5 %. Le principe majoritaire est donc respecté, gage de majorités cohérentes et stables tout en donnant à l'opposition les moyens de faire entendre sa voix au conseil municipal. Dans les communes de moins de 1 000 habitants le conseil est élu dans le cadre d'un pur scrutin majoritaire à deux tours sur des listes, même incomplètes, où le panachage (suppression d'un nom et ajout d'un candidat d'une autre liste) est possible, les candidatures individuelles étant même admises.

2°) Les conseillers généraux étaient traditionnellement désignés (pour six ans, avec renouvellement par moitié tous les trois ans) au scrutin majoritaire uninominal à deux tours, dans le cadre de la circonscription cantonale. En vue d'établir une représentation paritaire des femmes et des hommes au sein de ce qui est désormais (v. *supra*, n° 315) le conseil départemental, la loi n° 2013-403 du 17 mai 2013 a remplacé ce mode d'élection par un régime original de scrutin binominal qui s'est appliqué pour la première fois en 2015 : dans chaque canton du département, les électeurs désignent, au scrutin majoritaire à deux tours, deux conseillers départementaux de sexe différent, qui constituent un binôme indissociable. Ce « principe de solidarité » implique que le juge électoral, s'il accueille un recours dirigé contre le scrutin, doit annuler l'élection du binôme, lors même que l'annulation serait motivée par l'inéligibilité d'un seul de ses membres[141] ; de même, en cas de méconnaissance des règles relatives au financement des campagnes électorales, les deux membres du binôme doivent être déclarés inéligibles[142]. Toutefois, s'ils sont élus ensemble, les deux conseillers formant un binôme exercent ensuite leur mandat indépendamment l'un de l'autre. Afin de conserver un nombre identique de conseillers, le nombre de cantons a été divisé par deux (v. *supra,* n° 277). Enfin, le conseil départemental est renouvelé intégralement tous les six ans.

3°) Pour les conseillers régionaux, élus au suffrage universel direct depuis 1986, pour six ans, le mode de scrutin a évolué. Initialement, la loi du 10 juillet 1985 avait opté pour la représentation proportionnelle, sur listes bloquées, toute liste ayant obtenu au moins 5 % des suffrages participant à la répartition. Cela conduisit à un fort émiettement de la représentation et empêcha souvent la constitution de majorités stables. Aussi, tirant les leçons de cette expérience, la loi du 19 janvier 1999, modifiée par celle du 11 avril 2003, dispose que le conseil régional est élu, dans le cadre de listes établies au niveau régional avec une répartition des sièges par département, selon un mode de scrutin mixte, proche de celui des élections municipales : la liste ayant obtenu la majorité absolue au premier tour ou relative au second obtient immédiatement un quart des sièges, puis elle participe avec toutes les autres listes ayant obtenu au moins 5 % des voix à la distribution proportionnelle des sièges restants.

La loi du 16 décembre 2010 avait substitué aux conseillers généraux et aux conseillers régionaux un élu unique, le conseiller territorial, désigné, pour six ans, au scrutin majoritaire uninominal à deux tours dans le cadre du canton. Ce système, qui devait s'appliquer pour la première fois en mars 2014, a été abrogé par la loi n° 2013-403 du 17 mai 2013.

317 **Fonctionnement. –** La *transparence démocratique* a été renforcée au sein des assemblées locales. Celles-ci, convoquées au moins une fois par trimestre sur proposition de l'autorité territoriale, ou à la demande d'un certain nombre de membres de l'assemblée notamment, délibèrent au vu de rapports et selon un ordre du jour communiqué plusieurs jours à l'avance à ses membres. Elles doivent élaborer, dans les communes de plus de 3 500 habitants, les départements et les régions, un règlement intérieur d'organisation de leurs travaux. Pour s'assurer qu'il respecte notamment le droit à la transparence (les administrés ont en effet le droit de consulter les recueils des actes administratifs et les documents annexes) et les garanties dont bénéficie l'opposition locale, le recours pour excès de pouvoir contre ces règlements est désormais possible[143].

Des commissions issues des conseils travaillent sur différents points, mais ne peuvent en aucun cas ni se substituer à l'assemblée, ni à l'autorité territoriale[144]. Dans les conseils départementaux et régionaux, existe en particulier une commission permanente composée du président, de vice-présidents et de quelques autres

141. CE, 13 mai 2016, n° 394795, AJDA 2016.983.

142. CE, 22 juill. 2016, n° 397237, AJDA 2016.1545.

143. CGCT, art. L. 2121-8, L. 3121-8 et L. 4132-6.

144. Par ex. CE, 9 nov. 1983, *Saevens*, R. 453 (« prétendues délibérations du conseil municipal » à propos de décisions des commissions).

membres élus à défaut de consensus, au scrutin proportionnel, ce qui permet à l'opposition d'y siéger. Les conseils peuvent lui déléguer certains de leurs pouvoirs, sauf en matière budgétaire.

318 **Compétences. –** Ces trois assemblées règlent par leurs délibérations les affaires qui relèvent de la compétence de la collectivité. Elles votent donc le budget, fixent le taux des impositions locales, recourent à l'emprunt ou décident de la liste des emplois territoriaux permanents, de la création des services publics, de la passation des contrats, de la gestion du patrimoine local, de l'action en justice, etc. Mais elles ne sauraient empiéter sur les attributions des autorités territoriales (v. *infra*, n° 322), seules chargées d'exécuter leurs décisions, ni sur les pouvoirs propres de celles-ci, en matière de police en particulier.

319 **Contrôle de l'État. –** L'État conserve un pouvoir de contrôle sur les différents conseils. Outre le contrôle de légalité sur leurs actes (v. *supra*, n° 298), il est à même d'intervenir en cas de mauvais fonctionnement du conseil. Ainsi, les conseils municipaux peuvent être suspendus pour une durée d'un mois, et, en cas d'impossibilité de fonctionnement normal, dissous par décret du président de la République, une nouvelle élection devant avoir lieu dans un délai de deux mois. De même, les conseils départementaux ou régionaux sont dissous, au cas où leur fonctionnement se révèle impossible, par décret en Conseil des ministres.

320 **Conseil économique, social et environnemental des régions. –** Lors de la création des régions déconcentrées, les « forces vives de la Nation » avaient été associées à la politique de l'État en matière d'investissements et de planification (dans le cadre des commissions de développement économique régional). Par la suite, à côté de l'élection au suffrage universel direct du conseil régional, il est apparu indispensable de conserver cette forme spécifique de représentation au sein d'un conseil économique et social régional. Ce dernier a été transformé par la loi du 12 juillet 2010 en conseil économique, social et environnemental régional, dans lequel siègent des représentants des entreprises, des syndicats de salariés les plus représentatifs, des organismes participant à la vie collective de la région et la protection de l'environnement, des associations de jeunesse et d'éducation populaire et, enfin, des personnalités qui concourent au développement de la région (CGCT, art. R. 4134-1).

La *consultation* de cette instance, dont les avis ne lient pas le conseil régional, est obligatoire pour la préparation et l'exécution du schéma régional, les orientations générales en matière budgétaire et le projet de budget, ainsi que sur les orientations générales des politiques confiées par la loi aux régions, notamment dans le domaine de l'environnement. Pour le reste, il est éventuellement consulté sur tout sujet relevant des compétences de la région. Il peut aussi émettre un avis de sa propre initiative (CGCT, art. L. 4241-1).

2. Autorité territoriale

321 **Élection. –** Dans les trois cas, l'autorité territoriale est *élue par l'assemblée* – profond bouleversement dans le cas des départements et des régions – pour la durée du mandat de l'assemblée. Lors des deux premiers tours, le candidat doit obtenir la

majorité absolue des membres du conseil, puis après la majorité relative. Dans les grandes communes, cependant, le caractère indirect de l'élection est fortement atténué : en effet le candidat tête de la liste est en général celui qui se présentera pour le poste de maire. À l'inverse, dans les conseils départementaux et régionaux, en raison de la dispersion des voix et du caractère très souvent tactique des combinaisons politiques, il est souvent difficile de savoir dès l'abord qui sera candidat et qui sera élu.

À la suite de la désignation de l'autorité exécutive sont également élus des *adjoints* (dans les communes) ou des *vice-présidents* qui la secondent dans l'exercice de ses compétences pour tel ou tel secteur en fonction des délégations de pouvoir dont elle décide librement. L'autorité garde toujours un pouvoir discrétionnaire pour leur accorder ou non ces délégations et, sans révoquer les adjoints ou les vice-présidents, elle peut leur retirer toute délégation. Quelques différences d'organisation subsistent de ce point de vue. Dans la commune, les adjoints (au maximum 30 % du conseil) sont élus après le maire et forment avec lui la municipalité. Dans les départements et les régions, les présidents des conseils départementaux ou régionaux sont susceptibles de déléguer certains de leurs pouvoirs aux vice-présidents qu'ils choisissent, au sein de la commission permanente. Désignés au sein de la majorité, ils forment ainsi le bureau qui devient une sorte d'exécutif collégial.

Le statut des élus locaux, enfin, et en particulier de ceux qui exercent les fonctions exécutives, soulève de délicates questions :

— responsabilité pénale éventuelle (v. *infra*, n° 1181) ;

— conciliation avec les activités professionnelles, ce qui a conduit à diverses mesures pour assurer une meilleure articulation entre le mandat local et l'exercice d'une profession, pour permettre une meilleure formation et pour revaloriser les indemnités versées[145] ;

— cumul des mandats qui est désormais beaucoup plus strictement réglementé, afin que les élus puissent se consacrer entièrement à la collectivité qu'ils représentent[146].

322 **Compétences. –** Dans les trois collectivités, l'autorité territoriale dispose de compétences étendues.

1°) Outre la police des séances, elle est tout d'abord l'*exécutif de la collectivité*, avec une marge de manœuvre plus ou moins grande, pour la mise en œuvre des délibérations. Le maire ou le président est ainsi l'ordonnateur du budget voté par l'assemblée comme il signe le contrat ou procède au recrutement de l'agent, lorsque l'assemblée a autorisé la signature de la convention ou créé un emploi. L'exécutif a d'ailleurs acquis un pouvoir considérable au moins lorsqu'il existe une majorité stable derrière lui. Ayant autorité sur les services, préparant les délibérations et gérant le budget, à son niveau se concentre une grande partie du pouvoir local, comme l'a montré la personnalisation des élections et les longues réticences de l'État à retirer aux préfets l'exécutif des départements ou des régions.

145. V. L. n° 2000-295 du 5 avr. 2000, n° 2002-276 du 27 févr. 2002 relative à la démocratie de proximité, n° 2015-366 du 31 mars 2015 visant à faciliter l'exercice, par les élus locaux, de leur mandat et n° 2016-341 du 23 mars 2016.

146. V. L. org. n° 2014-125 et L. n° 2014-126 du 14 févr. 2014, *JO* 16 févr., p. 2703.

2°) L'autorité territoriale a aussi des *compétences propres*, en tant que chef de service, disposant ainsi d'un pouvoir d'organisation interne des services (v. *supra*, n° 152) et du pouvoir hiérarchique sur les agents. Ainsi, quels que soient les mécanismes de mise en commun de la gestion des fonctionnaires territoriaux, ce doit toujours être, en dernier ressort, l'autorité territoriale qui nomme les agents et prend les mesures individuelles relatives à leur carrière[147].

Et le maire outre son rôle comme agent de l'État (v. *supra*, n° 264), dispose, comme le président du conseil départemental, de pouvoirs propres en matière de *police générale ou spéciale* (v. *infra*, n° 506 et s.).

3°) Enfin, pour favoriser la gestion, le maire peut bénéficier de *délégations*, de la part du conseil municipal, dans divers chefs de compétences (modification de l'affection du domaine public, fixation des droits de stationnement, de certains contrats de moindre importance, etc.).

323 **Contrôle sur les autorités territoriales. –** Indépendamment du contrôle sur leurs actes, existe un contrôle sur les organes. Outre les cas où les conseillers sont démis de leur mandat après constatation de leur inéligibilité ou d'incompatibilités, le maire ou ses adjoints peuvent être suspendus par décision du ministre de l'Intérieur pour une durée maximale d'un mois, et révoqués par décret en Conseil des ministres.

Hors de ce contrôle par l'État, il n'existe pas de possibilité de « censure » de la part des assemblées délibérantes. C'est donc un régime « présidentiel » et non pas parlementaire, et la perte de la majorité risque de déboucher sur des situations de blocage. Pour tenter de les éviter dans le cas des régions, en s'inspirant de l'article 49 alinéa 3 de la Constitution, en cas de rejet du budget, un nouveau projet, pris avec l'accord du bureau, est considéré comme adopté sans vote sauf si une motion de renvoi est approuvée par la majorité du conseil régional (CGCT, art. L. 4241-1). Il s'agit de permettre au président minoritaire de disposer du minimum de moyens pour assurer la continuité de son action. À défaut la paralysie ne peut être surmontée que par l'éventuelle dissolution de l'assemblée.

B. LES COMPÉTENCES DES COLLECTIVITÉS TERRITORIALES

324 Les lois du 7 janvier et 22 juillet 1983, notamment, ont accru de façon importante les compétences des collectivités territoriales, en renforçant les compétences déjà attribuées aux trois niveaux d'administration et en tentant de délimiter des ensembles cohérents, même si, dans bien des domaines, il y a en réalité imbrication.

Conformément au programme du gouvernement Raffarin, dont la décentralisation était l'un des axes majeurs, la loi n° 2004-809 du 13 août 2004 relative aux libertés et responsabilités locales a décidé de réaliser une nouvelle série d'importants transferts de compétences, principalement au profit des départements et des régions.

147. Cons. const., 19-20 janv. 1984, préc.

Les réformes territoriales menées à partir de 2010, qui remettent en cause la place et même l'existence du département ont toutefois conduit la loi NOTRe à sérieusement réduire les compétences de ce dernier, au bénéfice, principalement, de la région.

L'organisation administrative de la France repose ainsi sur deux couples : le département et la commune chargés de la *gestion des services publics et équipements de proximité* (avec une spécialisation croissante en matière de solidarité pour le département) et l'État et la région en charge de la stratégie, comme *échelons de cohérence*. L'État réformé a trois missions (législation, péréquation et évaluation). La région a en charge les politiques d'orientation des hommes et des territoires avec un renforcement de son rôle en matière de formation, de gestion des aides économiques et de réalisation des grandes *infra*structures.

1. Commune

325 La commune apparaît comme responsable des *services publics et des équipements de proximité.*

326 **Services publics obligatoires. –** La commune est tout d'abord tenue d'assurer des services liés à la *sécurité minimale des personnes* : le maire dispose ainsi d'importants pouvoirs propres de police municipale en matière de sécurité et salubrité publique notamment (v. *infra*, n° 506). Dans cette ligne, elle doit organiser obligatoirement un service public de pompes funèbres (transports des corps, fournitures des cercueils, décorations, etc.) qui peut être exercé par la commune elle-même en régie ou par voie de gestion déléguée ou encore par toute entreprise agréée par le préfet. Elle doit aussi assurer l'élimination des déchets ménagers et créer un service d'assainissement collectif. Elle doit enfin contribuer à la lutte contre l'incendie, soit en créant son propre corps de sapeurs-pompiers, soit, et ceci concerne les petites communes, en versant une participation à un établissement public départemental[148]. En liaison avec cette activité de police, mais aussi dans une logique de gestion des propriétés communales, elle est tenue d'assurer l'entretien des voies publiques.

Les textes imposent aussi aux communes la prise en charge de toute une série de *services publics particuliers*. Elles ont la lourde charge de la construction et de l'entretien des écoles du premier degré, de l'organisation matérielle du service public de l'enseignement primaire. De même leur faut-il organiser les transports en commun en zone urbaine, et contribuer au service public d'aide sociale en liaison avec les départements par le biais du centre communal d'aide sociale (CCAS). En matière culturelle, elles sont tenues par exemple d'assurer l'entretien des objets classés dont elles sont propriétaires ou de conserver leurs archives.

327 **Services publics facultatifs. –** Il y a ici deux types de services publics. Les uns, prévus par la loi peuvent être mis en place par la commune. Les autres, au nom de la clause générale de compétence, paraissent susceptibles d'être créés dès lors que le service relève des affaires locales.

148. V. sur l'ensemble de ces points CGCT, art. L. 2211-1 et s.

1°) La loi, posant des règles précises pour leur création et leur fonctionnement, permet ainsi aux communes d'instituer, notamment, des ports de plaisance, des conservatoires, musées et bibliothèques municipaux, de mettre en œuvre une politique de logement social, ce qui devient quasi obligatoire sauf dans les petites communes, de prendre en charge la distribution d'eau potable, etc. Mais surtout, elles acquièrent des compétences en matière *d'urbanisme*. Avant 1982, en effet, les plans locaux comme les autorisations d'urbanisme relevaient de la compétence de l'État. Désormais les communes ont le pouvoir d'élaborer elles-mêmes leurs plans d'organisation de l'espace, et en ce cas de délivrer, sous leur propre responsabilité, les autorisations d'urbanisme. C'est pour les communes le transfert de compétence le plus significatif, même si la compétence d'élaboration des plans locaux d'urbanisme est aujourd'hui en principe exercée au niveau intercommunal (CGCT, art. L. 5214-6 et L. 5216-5).

2°) Le développement d'autres services publics, en matière *industrielle et commerciale* s'ils peuvent relever des affaires locales soulève néanmoins de grandes difficultés car la commune risque, de ce fait, d'entrer en concurrence avec les entreprises privées installées sur son territoire et qui fournissent, le cas échéant, de telles prestations. C'est pourquoi une telle possibilité est fortement encadrée (v. *infra*, n° 393).

328 **Interventions économiques. –** Dans le cadre de sa mission de service public de développement économique ou de lutte contre la désertification rurale, la commune dispose de diverses possibilités d'aide aux entreprises privées[149], qui sont toutefois limitées par le rôle prépondérant reconnu en la matière à la région (v. *infra*, n° 333).

1°) En principe, la définition du régime et l'attribution des aides aux entreprises destinées à la création ou à l'extension d'activités économiques relèvent du conseil régional. Toutefois, par exception à ce principe, les communes sont compétentes pour accorder des garanties d'emprunt (strictement réglementées) et des aides en matière d'investissement immobilier des entreprises et de location ou de terrains ou d'immeubles. Ces interventions, qui se sont beaucoup développées à l'époque du chômage galopant, ne sont pas sans risque pour la collectivité en cas, notamment, de défaillance de l'entreprise qui oblige la commune au remboursement des emprunts garantis, d'où les multiples restrictions imposées.

La commune apporte, enfin, certaines aides spécifiques pour le maintien des salles cinématographiques ou peut créer elle-même des infrastructures de télécommunications à haut débit mises à la disposition d'exploitants.

2°) La commune a également le droit, en cas de défaillance de l'initiative privée en milieu rural, d'apporter des aides pour assurer le maintien de services nécessaires à la satisfaction de la population (aide par exemple au maintien d'une épicerie ou d'un bar-restaurant) ou de confier ces services à une association ou à toute autre personne. Dans le même esprit, les communes (notamment) peuvent attribuer des aides destinées à favoriser l'installation ou le maintien de professionnels de santé.

3°) Dans tous les cas, les aides accordées par la commune doivent être compatibles avec les orientations définies par le conseil régional dans le schéma régional de

149. CGCT, art. L. 1511-1 et s., et L. 2251-1 et s.

développement économique, d'innovation et d'internationalisation (SRDEII) (v. *infra*, n° 333).

2. Département

329 Les réformes décentralisatrices réalisées à partir de 1982 avaient entraîné l'extension des compétences départementales : la loi du 2 mars 1982 (art. 23) avait attribué la clause générale de compétence au département (v. *supra*, n° 282) et c'est largement à ce dernier qu'avaient profité les transferts de compétences décidés à compter de 1983. Envisageant la disparition des départements, les pouvoirs publics ont, à l'inverse, engagé, au cours des dernières années, une politique de restriction de leurs attributions au profit des intercommunalités (notamment des métropoles) et des régions. La loi NOTRe du 7 août 2015 est la principale manifestation de ce changement d'orientation. Elle reste néanmoins en deçà du projet initial en raison des résistances auxquelles se heurte la suppression des départements. C'est dire que le reflux, bien réel, des compétences départementales, ne va pas sans limites. La clause de compétence générale leur a été ôtée (v. *supra*, n° 282). La spécialisation traditionnelle du département en matière de solidarité est réaffirmée mais non sans nuances. Les autres compétences départementales connaissent un recul qui reste relatif.

330 **Maintien nuancé des compétences traditionnelles en matière de solidarité –** Telle que la conçoit le législateur, la solidarité dont il s'agit comprend deux volets : elle est sociale et territoriale.

L'action sociale est, traditionnellement, la principale compétence du département. La loi NOTRe du 7 août 2015 le confirme. Selon l'article L. 3211-1 CGCT, dans la rédaction que cette loi lui donne, le département « est compétent pour mettre en œuvre toute aide ou action relative à la prévention ou la prise en charge des situations de fragilité, au développement social, à l'accueil des jeunes enfants et à l'autonomie des personnes. Il est également compétent pour faciliter l'accès aux droits et aux services des publics dont il a la charge ». Il en résulte que le département a la qualité de collectivité « chef de file » (v. *supra*, n° 283 et *infra*, n° 338) en matière d'action sociale. Il est en effet chargé de définir et de mettre en œuvre la politique à suivre dans cette matière, en tenant compte des compétences confiées aux autres institutions qui y interviennent et de coordonner ces interventions (CASF, art. L. 121-1). Il constitue, par là même, un échelon essentiel de la politique de solidarité, en direction de groupes spécifiques, là où la Sécurité sociale intervient plus à titre général. Il est ainsi chargé de la politique d'aide à l'enfance et aux jeunes en difficulté (notamment, gestion du fonds d'aide aux jeunes). Il s'est vu aussi confier la lourde charge financière de l'allocation personnalisée d'autonomie (APA) pour les personnes âgées et, plus généralement, la définition de la politique d'aide à celles-ci. Il intervient à l'égard des handicapés (établissements spécialisés ou aide à domicile). Enfin, il est devenu seul responsable de la mise en œuvre et du financement de la politique d'insertion, au titre du RMI (revenu minimum d'insertion) puis du RSA (revenu de solidarité active)[150] ainsi que du fonds de solidarité pour le logement. Pour l'application de cette politique, le conseil départemental adopte un schéma d'organisation sociale et médico-sociale.

Les compétences sociales ainsi dévolues au département présentent des caractéristiques générales qui les rendent assez peu enviables par les autres collectivités. Leur mise en œuvre est étroitement réglementée par les textes nationaux. Ce sont ces derniers, en particulier, qui, comme l'exige le principe d'égalité, fixent les conditions d'attribution des prestations d'aide sociale dont le versement relève du département. Le règlement départemental d'aide sociale adopté par le conseil départemental (CASF, art. L. 121-3) doit évidemment se conformer aux lois et règlements nationaux. Quand ces derniers n'ont pas déterminé précisément les conditions d'attribution ou les montants des prestations, le règlement départemental peut seulement « préciser les critères au vu desquels il doit être procédé à l'évaluation de la situation des demandeurs » sans « fixer de condition nouvelle conduisant à écarter par principe du bénéfice des prestations des personnes entrant dans le champ de dispositions législatives applicables »[151]. Dans le cas inverse, où les normes nationales sont précises, le Conseil départemental ne peut que décider de conditions et de montants plus favorables que ceux prévus par ces dernières (CASF, art. L. 121-4) et c'est naturellement le département qui assume la charge financière de ces décisions. Or, le seul service des prestations légalement obligatoires impose déjà aux départements des dépenses considérables, auxquelles un nombre croissant d'entre eux peine à faire face, en raison principalement de l'explosion du coût du RSA (dont le financement pourrait être à nouveau pris en charge par l'État). Dans ces conditions, il ne peut guère être question de développer en la matière une politique autonome. À la limite, on peut se demander si la décentralisation territoriale est bien adaptée à la gestion de l'aide sociale (à titre de comparaison, elle est quasiment inexistante en matière de santé publique).

Quoi qu'il en soit, la solidarité dans laquelle le département est spécialisé comporte également un volet territorial. Aux termes de l'article L. 3211-1 CGCT, dans la rédaction que lui donne la loi NOTRe du 7 août 2015, le département « a compétence pour promouvoir les solidarités et la cohésion territoriale sur le territoire départemental, dans le respect de l'intégrité, de l'autonomie et des attributions des régions et des communes ». Le département est ainsi chargé de mener, à son échelle, une action d'aménagement de son territoire destiné à éviter que les différentes parties de celui-ci ne connaissent des développements par trop inégaux. En réalité, dans l'état du droit qui résulte de la loi NOTRe du 7 août 2015, le département n'est chargé de cette mission qu'à l'égard des territoires ruraux, l'aménagement du territoire relevant avant tout de la région (v. *infra*, n° 332 et s.). Ainsi, le département peut contribuer au financement de projets dont la maîtrise d'ouvrage est assurée par les communes ou leurs groupements, à leur demande (ce qui pratiquement concerne surtout les communes rurales – CGCT, art. L. 1111-10) ; il peut aussi, « pour des raisons de solidarité territoriale et lorsque l'initiative privée

150. V. respectivement loi n° 2003-1200 du 18 déc. 2003, *JO* 19 déc., p. 21670 et loi n° 2008-1249 du 1er déc. 2008, *JO* 10 déc., p. 18424.

151. CE, 29 mai 2019, *Département du Bas-Rhin*, n° 417406 et, du même jour, *Département de l'Isère*, n° 417467, *AJDA* 2019. 1192.

est défaillante ou absente, contribuer au financement des opérations d'investissement en faveur des entreprises de services marchands nécessaires aux besoins de la population en milieu rural, dont la maîtrise d'ouvrage est assurée par des communes ou des établissements publics de coopération intercommunale à fiscalité propre, ainsi qu'en faveur de l'entretien et de l'aménagement de l'espace rural réalisés par les associations syndicales autorisées » (CGCT, art. L. 1111-10). Il est également chargé d'établir un programme d'aide à l'équipement rural comportant notamment une assistance technique aux petites communes ou à leurs groupements.

Voilà qui fait apparaître que le rôle des départements est plus important dans les zones rurales que dans les zones urbaines. Ce fait trouve une confirmation dans ce qui peut être présenté comme révélant des nuances dans le maintien des compétences de solidarité du département. Ces nuances résultent en effet d'une disposition de la loi du 7 août 2015 (CGCT, art. L. 5217-2-IV) qui permet aux métropoles (v. *infra*, n° 352 et s.) d'exercer certaines des compétences du département (qui leur seront transférées ou déléguées par voie de convention), dans leur périmètre, lequel correspond, par définition, à un vaste espace urbain. La plupart de ces compétences relèvent de l'action sociale : en zone urbaine, donc, la métropole remplacera, en partie au moins, le département dans sa fonction sociale.

331 **Le recul relatif des autres compétences départementales –** Ce recul est plus ou moins marqué selon les domaines.

C'est certainement en matière d'intervention économique qu'il est le plus net. La loi NOTRe renforce la primauté de la région dans ce domaine, tout en maintenant un rôle non négligeable aux communes et aux intercommunalités mais prive le département de l'essentiel de ces compétences. Alors qu'il était obligatoirement consulté sur le schéma de régional de développement économique, il ne l'est plus sur le schéma régional de développement économique, d'innovation et d'internationalisation (SRDEII). En matière d'aides aux entreprises, il perd la plus grande partie de ses pouvoirs, sauf en ce qui concerne les aides qui visent un but de solidarité territoriale (v. *supra*, n° 330) ou certaines aides spécifiques (installations des professionnels de santé notamment). Dans tous les cas, les aides accordées par le département doivent être compatibles avec les orientations définies par le conseil régional dans le schéma régional de développement économique, d'innovation et d'internationalisation (SRDEII) (v. *infra*, n° 333).

En matière de transports et d'infrastructures de transport, le département disposait d'importantes compétences, que la loi NOTRe du 7 août 2015 est venue largement remettre en cause. C'est ainsi que l'organisation des transports non urbains et celle des transports scolaires se trouve transférée du département à la région (respectivement à compter du 1er janvier et du 1er septembre 2017). Un tel transfert est également prévu pour les gares publiques routières, les voies ferrées et guidées d'intérêt local et (sous certaines réserves) les ports. Le département est également chargé de la création et de l'entretien des routes classées dans son domaine public dont le nombre a été fortement accru par la loi du 13 août 2004 (transfert de 20 000 km de routes nationales), ce qui représente un lourd poste budgétaire. Cette compétence n'est pas remise en cause par la loi NOTRe mais celle-ci en permet le transfert à la métropole (CGCT, art. L. 5217-2-IV).

En matière d'environnement, outre la politique des chemins de grande randonnée, le département est susceptible de jouer un rôle important en menant une politique d'espaces naturels sensibles, grâce à une taxe utilisée pour acquérir des espaces à protéger. Les départements peuvent également « financer ou mettre en œuvre des actions d'aménagement, d'équipement et de surveillance des forêts afin, d'une part, de prévenir les incendies et, le cas échéant, de faciliter les opérations de lutte et, d'autre part, de reconstituer les forêts » (CGCT, art. L. 3232-5 issu de la loi n° 2016-340 du 22 mars 2016). En revanche, la compétence de planification de prévention et de gestion des déchets non dangereux a été transférée à la région, qui était déjà compétente à l'égard des déchets dangereux (C. envir., art. L. 541-13 et s.)

En matière d'enseignement, le département conserve la construction et l'entretien des collèges (ainsi que la gestion des agents affectés à ces tâches), qu'il avait été question de transférer aux régions.

Il demeure par ailleurs responsable, avec le concours des communes, de l'organisation du service départemental d'incendie et de secours, établissement public qui assure la coordination opérationnelle et technique des services de lutte contre l'incendie.

3. Région

332 **Compétence générale ou spécialisée ? –** La région a initialement été un établissement public chargé d'accompagner la politique d'aménagement du territoire et d'investissement de l'État (v. *supra*, n° 219). Cette origine explique que, longtemps, elle a été considérée comme ayant une vocation plus spécialisée que les communes ou même les départements, alors même que la clause de compétence générale lui avait été étendue (v. *supra*, n° 282). Cela, toutefois, est du passé. Certes, la loi NOTRe du 7 août 2015 lui a ôté la clause qui vient d'être mentionnée et, par conséquent, désormais, la région ne détient que les compétences qui sont attribuées par la loi (v. CGCT, art. L. 4221-1). Mais ces compétences ont été progressivement étendues et, aujourd'hui, c'est la région qui apparaît comme le principal bénéficiaire des transferts de compétence opérés depuis 1983 et surtout depuis 2004. Dans l'état actuel du droit, après la loi du 7 août 2015, la région n'est certainement pas plus spécialisée que le département (et même plutôt moins) comme il ressort des dispositions qui définissent son rôle. Selon l'article L. 4211-1 CGCT, la région « a pour mission... de contribuer au développement économique, social et culturel de la région » par une série d'actions que le même texte énumère longuement. Quant à l'article L. 4221-1 CGCT, il précise que le conseil régional a compétence pour promouvoir « le développement économique, social, sanitaire, culturel et scientifique de la région », le soutien à diverses politiques publiques (l'accès au logement et l'amélioration de l'habitat, la politique de la ville, la rénovation urbaine, l'éducation, l'aménagement et l'égalité des territoires de la région), ainsi que pour assurer la « préservation de son identité et la promotion des langues régionales [...] ».

333 **Développement économique. –** Le rôle de la région en matière de développement économique n'a cessé de se renforcer. Les lois du 13 août 2004 et du 27 janvier 2014 lui avaient nettement reconnu, dans ce domaine, la qualité de « chef de file ».

La loi du 7 août 2015 ambitionnait d'aller encore plus loin en attribuant une compétence économique exclusive à la région. Cette ambition s'est révélée irréalisable. Il n'en demeure pas moins que la primauté de la région dans le domaine considéré a été encore renforcée. En premier lieu, le principe est désormais que le conseil régional est seul compétent pour instituer et attribuer les aides aux entreprises destinées à la création ou à l'extension d'activités économiques (CGCT, art. L. 1511-2-I). Corrélativement, les communes ou leurs groupements, ainsi que la métropole de Lyon (mais non les départements) peuvent seulement participer au financement des aides régionales ou se voir déléguer le pouvoir de les allouer. De même, c'est au conseil régional qu'il revient d'accorder des aides aux entreprises en difficulté « lorsque la protection des intérêts économiques et sociaux de la région l'exige », la métropole de Lyon, les communes et leurs groupements ne pouvant être que co-financeurs de ces aides (CGCT, art. L. 1511-2-II). La compétence de principe de la région en matière d'aides économiques admet tout de même des exceptions : les autres collectivités territoriales et notamment les communes restent investies de compétences propres par des dispositions législatives spécifiques (v. CGCT, art. L. 111-5-I et *supra*, n° 321 à 323). Il en résulte que la nécessité d'une coordination des actions économiques locales subsiste. Elle revient bien sûr à la région qui, à cet égard, reste bien « chef de file », ainsi qu'il ressort de la disposition de l'article L. 4251-2 CGCT selon laquelle « la région est la collectivité territoriale responsable, sur son territoire, de la définition des orientations en matière de développement économique ». À ce titre, la région est chargée d'élaborer un schéma régional de développement économique, d'innovation et d'internationalisation (SRDEII) qui a pour objet de définir les « orientations » dans ces divers domaines. Ce schéma n'est pas dépourvu de force juridique puisque les actes des collectivités territoriales et de leurs groupements en matière d'aides aux entreprises doivent être compatibles avec lui. Cette exigence de compatibilité est moins stricte que celle de conformité et laisse une certaine marge de manœuvre aux collectivités régionales. Néanmoins, la règle ainsi posée pouvait sembler aller à l'encontre du principe constitutionnel qui interdit toute tutelle d'une collectivité territoriale sur une autre. C'est pourquoi le législateur a prévu que le schéma serait approuvé par le préfet de région, de telle manière que la contrainte exercée sur les collectivités territoriales puisse être rapportée au pouvoir de l'État et non à celui de la région.

Il convient de relever par ailleurs que la loi du 27 janvier 2014 permet que l'État confie aux régions, sur leur demande, la gestion des fonds européens.

334 **Aménagement du territoire. –** L'aménagement du territoire est le second domaine traditionnel d'action de la région. Cette action est essentiellement de planification. La loi d'orientation du 4 février 1995 avait ainsi chargé les régions d'élaborer un schéma régional d'aménagement et de développement du territoire. En vertu de la loi NOTRe du 7 août 2015, c'est un schéma régional d'aménagement, de développement durable et d'égalité des territoires (SRADDET) que chaque région (à l'exception de la région d'Ile-de-France, des régions d'outre-mer et des collectivités territoriales à statut particulier exerçant les compétences d'une région) doit concevoir. Son contenu est complexe. Il a d'abord pour objet de fixer des objectifs dans les trois domaines qu'indique son appellation ainsi que dans tout autre domaine dans lequel la région détient une compétence exclusive de planification, lorsqu'elle décide d'exercer cette compétence dans le cadre du SRADDET

plutôt que dans celui d'un schéma sectoriel ; dans ce cas, celui-là se substitue à celui-ci. Par exemple, si la région choisit d'exercer sa compétence de planification en matière de déchets dans le SRADDET, ce dernier remplace le plan régional de prévention des déchets. Le SRADDET doit également énoncer des règles générales en vue de contribuer à atteindre les objectifs. Comme pour le SRDEII, ces objectifs et règles sont dotés d'une certaine force juridique : un certain nombre de documents d'urbanisme, dont certains sont élaborés par des collectivités territoriales autres que la région (notamment les plans locaux d'urbanisme), doivent « prendre en compte » les objectifs et surtout être compatibles avec les règles générales. Dans ces conditions, pour écarter le risque d'une méconnaissance de l'interdiction constitutionnelle de toute relation de tutelle entre collectivités territoriales, la loi a prescrit que le SRADDET serait approuvé par le Préfet de région.

Les objectifs arrêtés par la région peuvent trouver un instrument de réalisation dans les contrats que celle-ci passe avec l'État depuis 1983 pour planifier des investissements que les deux partenaires (avec le concours d'autres collectivités publiques) s'engagent à financer sur une période de 6 ans. Il s'agissait initialement des contrats de plan, devenus contrats de projet à partir de 2007, l'appellation contrat de plan ayant toutefois été reprise pour ceux qui sont actuellement en cours et qui portent sur la période 2015-2020. Les choix retenus déterminent de façon importante le développement régional selon que l'on privilégie les routes ou le rail, qu'on implante tel ou tel équipement de recherche ou non pour créer des pôles d'excellence, etc.[152].

335 **Autres compétences régionales. –** La région dispose également de compétences dans divers autres domaines. Elles ont été étendues au cours des dernières années, principalement au détriment du département.

Il s'agit, en premier lieu de l'enseignement et de la formation professionnelle. La région est chargée de la construction et l'aménagement des lycées, la gestion des personnels chargés de leur entretien et de leur maintenance lui ayant été transférée par la loi du 13 août 2004. Elle dispose d'une compétence de principe en matière de formation professionnelle (initiale ou continue), d'apprentissage et d'orientation professionnelle, que la loi n° 2018-771 du 5 septembre 2018 pour la liberté de choisir son avenir professionnel est toutefois venue réduire. La région est également collectivité « chef de file » en matière de soutien à l'enseignement supérieur et à la recherche (art. L. 1111-9-8°).

Elle joue également un rôle premier en matière de transports. On a vu que, dans ce domaine, une grande part des compétences départementales lui est transférée par la loi NOTRe du 7 août 2015 (v. *supra*, n° 331). S'agissant du transport aérien, la loi du 13 août 2004 (art. 28) prescrit que les aérodromes civils appartenant à l'État sont transférés aux régions ou à toute autre collectivité territoriale ou groupement intéressé. Sauf en Île-de-France et en Corse, la région est encore chargée de l'organisation du service public de transport ferroviaire de voyageurs d'intérêt régional, une convention entre la SNCF et la région fixant les conditions d'exploitation de ce service.

152. Sur la portée juridique de ces contrats, v. *infra*, n° 745.

Enfin, certaines compétences lui sont attribuées en matière de tourisme et d'environnement. Ainsi, par exemple, elle peut créer, si l'État agrée le projet, des parcs naturels régionaux, dans une logique de préservation de son identité, et engager des actions en matière culturelle à cette fin (préservation du patrimoine et aide aux spectacles).

Dans ces deux derniers domaines, la région Île-de-France dispose de compétences supplémentaires par rapport aux autres régions. Bénéficiant de ressources fiscales spécifiques, elle joue un rôle majeur pour les choix à faire en matière de déplacements (transports collectifs ou renforcement du réseau routier). Et, grâce à l'agence des espaces verts de la région Île-de-France, elle mène une politique destinée notamment à préserver une « ceinture » verte autour de Paris.

§ 2. L'ADAPTATION DU MODÈLE À L'AMÉNAGEMENT ÉQUILIBRÉ DU TERRITOIRE

336 **Traits généraux et plan. –** Le modèle uniformisé est donc la règle et constitue la structure de base de l'administration décentralisée. Mais calqué sur l'état d'une France rurale à l'époque de la Révolution, il est en partie inadapté.

Pour cette raison, la Constitution permet à la loi de créer des collectivités territoriales, le cas échéant en lieu et place de collectivités existantes. De manière plus générale, en vue de rationaliser l'administration décentralisée par la formation de départements ou de régions plus grandes ou par la suppression d'un de ces échelons administratifs, la loi du 16 décembre 2010 a précisé les modalités selon lesquelles plusieurs départements (CGCT, art. L. 3114-1) ou régions (CGCT, art. L. 4123-1) ou encore une région et les départements qui la composent (CGCT, art. L. 4124-1) peuvent volontairement décider de fusionner. Force est néanmoins de constater qu'aucun regroupement n'a eu lieu sur le fondement de ces dispositions, notamment parce que l'exigence du consentement des électeurs des collectivités concernées s'est révélée difficile à satisfaire (v. le rejet le 7 avril 2013, par les électeurs du Haut-Rhin, du projet de fusion de la région Alsace et des deux départements alsaciens). Avec la loi n° 2015-29 du 16 janvier 2015, le législateur est passé, en la matière, du volontariat à la contrainte. À compter du 1er janvier 2016, en effet, ce texte ramène de 21 à 12 le nombre des régions métropolitaines en regroupant 16 d'entre elles pour constituer huit nouvelles et plus vastes régions (5 autres régions demeurant inchangées). La possibilité d'un regroupement volontaire de régions est par ailleurs supprimée à compter du 1er mars 2019. Quant aux fusions de départements ou d'une région et des départements qui la composent, la loi du 16 janvier 2015 supprime l'exigence du consentement des électeurs et n'exige plus qu'un vote à la majorité des 3/5e de leurs organes délibérants. Sur le fondement de ces dispositions, un décret n° 2019-142 du 27 février 2019 regroupe les départements du Bas-Rhin et du Haut-Rhin au sein d'une collectivité dénommée « Collectivité européenne d'Alsace ». Contrairement à ce que cette appellation trompeuse suggère, il s'agit bien d'un département, certes doté de compétences spécifiques définies par la loi n° 2019-816 du 2 août 2019[153], et non d'une collectivité à statut particulier au sens de l'article 72 de la Constitution.

En dehors de ces cas de figure, s'est très tôt posée la question de l'émiettement communal. La seule technique juridique utilisée fut initialement de permettre des coopérations souples, qui jouent toujours un rôle important (A). Mais cette coopération, reposant pour l'essentiel sur la volonté de chaque collectivité, ne permet pas de répondre à toutes les nécessités du développement économique ni à la nouvelle répartition de la population sur le territoire, marqué par des espaces de désertification rurale (au sein des 36 565 communes actuelles, soit plus que l'Italie, l'Allemagne et le Benelux réunis, 950 seulement ont plus de 9 000 habitants et 32 000 moins de 1 000) et l'urbanisation galopante (80 % des Français vivent en ville). Le moule unique se révèle donc inadapté. Comment gérer de façon identique, une commune de quelques dizaines d'habitants et une très grande ville au centre d'une vaste agglomération ? Comment mener à bien des politiques d'équipements lourds et de services publics efficaces avec de très nombreuses communes d'aussi petite taille ? Comment assurer une péréquation entre les villes centres supportant la charge de nombreux équipements d'intérêt collectif et les communes avoisinantes ? Comment assurer, dès lors, un développement équilibré, qui permette de maintenir la place de la France dans l'espace européen, tout en évitant une coupure de celle-là en deux zones, l'une dynamique, à l'est d'un axe Le Havre-Marseille, reliée à la « banane bleue » allant de Londres à Milan, et l'autre en voie de dépérissement ? Il est ainsi apparu nécessaire d'adopter un nouveau schéma d'administration, qui se superpose au modèle ancien (B).

Comment, enfin, à l'heure où en Europe, se sont mises en place, même dans de vieux États où la centralisation fut forte comme l'Espagne, des politiques consacrant une importante autonomie des entités régionales, gérer certaines revendications pour une plus grande liberté d'action, soit dans les collectivités périphériques d'outre-mer, soit en Corse ? La question de l'autonomie interne, et donc la remise en cause d'une forme de centralisme, s'est ainsi posée (C).

A. LES COOPÉRATIONS SOUPLES ENTRE LES COLLECTIVITÉS TERRITORIALES

337 La Constitution interdit toute tutelle d'une collectivité sur une autre. Le procédé ordinaire de mise en commun d'intérêts ou de compétences conduit à recourir à la technique contractuelle ou à des formules de coopération plus institutionnalisée avec la création de structures dotées de la personnalité morale.

1. Procédé contractuel

338 **Exercice en commun de compétences. –** *1°)* Dès le XIXe siècle, les collectivités locales ont mis en commun l'exercice de certaines compétences. Des conventions permettent aux institutions locales de regrouper certains services et moyens, pour la

153. *JO* du 3 août 2020, texte n° 1. Commentaires : L. Janicot et M. Verpeaux, *AJDA* 2019. 2236 ; O. Gohin, *RFDA* 2020. 8.

réalisation d'ouvrages ou d'institutions d'utilité commune, ou de créer des conférences dont les décisions sont soumises à ratification par les conseils concernés[154].

2°) La nécessité de telles coopérations a été accrue par la *nouvelle répartition des compétences*, alors que celles-ci, contrairement aux objectifs du législateur, se sont superposées et enchevêtrées. La prise en charge par la région des lycées et celle des collèges par les départements créent ainsi des situations délicates, en particulier, quand, dans le même bâtiment, les deux établissements sont présents. La notion d'affaires locales produit aussi ses effets. Dans la mesure où toute question présentant un intérêt local peut être prise en charge par une collectivité, tout le monde est à même d'intervenir ; le domaine culturel en offre un exemple topique. Ce système complexe rend obligatoire, pour toute mesure, une concertation permanente entre les différents partenaires et débouche sur la multiplication des financements croisés[155] et du nombre de contrats, dont certains sont d'ailleurs imposés par la loi telles que les conventions de mise à disposition des personnels et des biens. Ceci peut présenter quelques avantages, en termes de consensus et de mesure assumée par tous, mais le processus de décision en est considérablement ralenti et compliqué.

Pour cette raison, la Constitution prévoit désormais, lorsque l'exercice d'une compétence nécessite l'action commune de plusieurs collectivités, que la loi peut autoriser l'une d'elles à organiser les modalités de cette action, en étant ainsi « chef de file ». Cette possibilité a été assez peu utilisée (principalement en matière d'aides aux entreprises et d'action sociale). La loi du 27 janvier 2014 ambitionne d'en faire un instrument important de la coordination de l'exercice des compétences. À cette fin, elle établit trois listes de matières dans lesquelles la région, le département et les communes ou les établissements publics de coopération intercommunale (EPCI) sont respectivement investies de la fonction de chef de file (CGCT, art. L. 1111-9). Elle précise également les modalités d'exercice de cette fonction. La collectivité chef de file doit (région et département) ou peut (commune et EPCI) élaborer, pour chacun des domaines dans lesquels elle organise l'action commune, un projet de « convention territoriale d'exercice concerté » qui peut notamment prévoir des délégations de compétence entre collectivités (v. CGCT, art. L. 1111-8) et la création de services unifiés. Ce projet doit ensuite être soumis à une nouvelle institution qui dans chaque région est chargée de favoriser l'exercice des compétences, la conférence territoriale de l'action publique (CGCT, art. L. 1111-9-1). Elle ne s'imposera ensuite aux collectivités et établissements publics dont elle organise l'action commune que si celles-ci l'acceptent. On retrouve ici l'interdiction de la tutelle entre collectivités territoriales (v. *infra*, n° 283) et la volonté de préserver l'autonomie de chacune, dont le Sénat est l'ardent défenseur ; cela est de nature à limiter l'efficacité de cet effort de rationalisation de l'exercice des compétences.

Par ailleurs, la loi du 25 juin 1999[156], confie à l'État le soin d'élaborer, en concertation avec les collectivités territoriales et après avis, notamment, des conseils régionaux, 9 *schémas de services collectifs* dans différents domaines

154. CGCT, art. L. 5111-1 et s. ; L. 5411-1 et s. ; L. 5611-1 et s.

155. Ces derniers ont été encadrés par la loi du 16 déc. 2010 (CGCT, art. L. 1111-4 et L. 1111-10) selon un régime complexe.

156. N° 99-533, *JO* 29 juin, p. 9515.

(culture, transports, sports, enseignement supérieur, etc.), à un horizon de 20 ans[157]. Les objectifs ainsi fixés qui concernent en premier lieu l'action de l'État permettent aussi à l'ensemble des collectivités locales de coordonner leur action. La région doit, ainsi, rendre son schéma régional d'aménagement et de développement territorial compatible avec ces schémas. Le tout est mis en œuvre par le biais des contrats de projet (ou de plan, v. *supra,* n° 276) État-région et les différentes conventions et contrats entre collectivités passés dans ce cadre (contrats de pays, contrats d'agglomération notamment). Ainsi, avec les très fortes incitations financières liées à l'exécution de ces contrats de projet, la fixation d'objectifs communs et leur prolongement contractuel devraient permettre une meilleure coordination des compétences locales en liaison avec l'action de l'État.

339 **Action extérieure des collectivités territoriales. –** L'expression « action extérieure des collectivités territoriales », substituée par la loi n° 2014-773 du 7 juillet 2014 à celle de « coopération décentralisée », désigne les rapports que les collectivités territoriales françaises établissent avec leurs homologues étrangères. La « mondialisation », la construction européenne, la tendance générale au progrès de l'autonomie locale poussent au développement de ces rapports ; mais celui-ci se trouve limité par l'obligation pour les collectivités territoriales d'agir dans les limites de leurs compétences et, notamment, dans le respect du monopole de l'État en matière diplomatique. La recherche laborieuse d'un équilibre entre ces données antagonistes conduit à un régime complexe (v. CGCT, art. L. 1115-1 s. et L. 1522-1), duquel ressortent deux formes principales d'action extérieure. En premier lieu, depuis les lois du 2 mars 1982 (pour les régions) et du 6 février 1992 (pour les autres collectivités et leurs groupements), les collectivités territoriales ou leurs groupements peuvent mettre en œuvre ou soutenir toute action internationale de coopération, d'aide au développement ou à caractère humanitaire, selon des modalités particulières dans le domaine de l'eau, de l'assainissement et des déchets ; elles peuvent, à cet effet, passer des conventions avec des autorités locales étrangères (CGCT, L. 1115-1, réd. Loi n° 2014-773 du 7 juillet 2014), dont rien, précise le Conseil d'État, n'interdit qu'elles soient signées par d'autres personnes, françaises ou étrangères, publiques ou privées, y compris par la ou les personnes chargées de réaliser le projet, objet de l'accord[158]. En second lieu, les collectivités françaises peuvent entreprendre une coopération transnationale en mettant sur pied, avec des collectivités voire des États étrangers (principalement européens), des groupements de formes juridiques très diverses : société d'économie mixte locale (v. *infra*, n° 426), personne de droit étranger, district européen, groupement européen de coopération territoriale (de droit français ou de droit étranger). Quelle que soit la forme qu'elle revêt, l'action extérieure des collectivités territoriales doit s'opérer dans le respect des engagements internationaux de la France et exclut toute conclusion d'une convention avec un État étranger, sauf dans les cas prévus par la loi ou en vue de la création d'un groupement européen de coopération territoriale, d'un groupement eurorégional de coopération ou d'un groupement local de coopération transfrontalière et, dans ce cas, avec l'autorisation

157. V. D. n° 2002-560, du 18 avr. 2002, *JO* 24 avr., p. 47314, approuvant les schémas.

158. CE, 17 févr. 2016, *Région Rhône-Alpes*, n° 368342, *AJDA* 2016.712, chron. L. Dutheillet de Lamothe et G. Odinet.

préalable du préfet de région (CGCT, art. L. 1115-5) : les collectivités locales ne sont pas des sujets de droit international, ce qui montre, à nouveau, la différence entre décentralisation et fédéralisme (v. *supra*, n° 208).

2. Organismes de droit public

340 Si les collectivités locales recourent, le cas échéant, aux associations de droit privé pour la mise en commun de certaines actions, elles agissent en principe dans le cadre d'établissements publics territoriaux (v. *supra*, n° 206), d'autant que la loi du 17 mai 2011 a interdit ici le recours au groupement d'intérêt public (GIP, v. *infra*, n° 417)[159].

341 **Syndicats de communes.** – À côté des syndicats mixtes qui peuvent ne réunir que des communes (v. *infra*, n° 342), les syndicats de communes, établissements publics de coopération intercommunale, dont l'origine remonte à une loi du 22 mars 1890 (CGCT, art. L. 5212-1 s.), assurent une ou plusieurs tâches (et constituent donc selon les cas des syndicats à vocation unique – SIVU – ou multiple – SIVOM). Ils jouent ainsi un rôle important en zone rurale pour la constitution et la gestion des équipements publics collectifs et la gestion de divers services publics (piscine, ramassage des ordures ménagères, transports, etc.).

Le syndicat est créé par le préfet, en cas d'accord d'une majorité qualifiée de communes (les 2/3 des communes représentant la moitié de la population ou l'inverse ainsi que l'accord de la commune dont le nombre d'habitants est au moins égal au quart de l'ensemble) avec, faute de décision unanime, l'avis conforme du conseil départemental. Il est géré par un comité en principe composé de deux délégués par commune, et un président élu par le comité. Cette formule se caractérise par sa très grande souplesse. Les délégations sont librement consenties et fixées par l'arrêté de création. Une commune peut n'adhérer que pour certaines compétences et dispose même d'un droit de retrait, ce qui a l'inconvénient majeur de mettre en place une carte très enchevêtrée et fluctuante des coopérations, parfois sans rapport avec les vraies solidarités. Enfin, le financement est essentiellement assuré par les contributions de chaque commune, sauf imposition payée directement par les contribuables dans le cadre d'une somme additionnelle aux impôts locaux directs. En toute hypothèse, il n'y a là ni fiscalité propre, ni éligibilité à la dotation globale de fonctionnement.

Le *caractère confédéral et égalitaire* est ainsi particulièrement net, ce qui peut expliquer leur succès en zone rurale, mais rend cette formule largement inadaptée en milieu urbain. Le nombre des syndicats a nettement reculé au cours des dernières années. Au 1er janvier 2019, on compte 5 882 SIVU (ils étaient 9 721 au 1er janvier 2013) et 1 182SIVOM (on en comptait 1 305 au 1er janvier 2013).

342 **Syndicats mixtes.** – Les syndicats mixtes, qui ont la nature d'établissements publics, sont de deux types. Les syndicats dits fermés regroupent soit des communes et des EPCI soit uniquement des EPCI (CGCT, art. L. 5711-1 et s.) ; les

159. Son article 98 précise en effet que les collectivités territoriales et leurs groupements ne peuvent pas constituer entre eux des GIP pour exercer ensemble des activités qui peuvent être confiées à l'un des organismes publics de coopération prévus à la cinquième partie du Code général des collectivités territoriales.

syndicats dits ouverts peuvent réunir des collectivités territoriales, leurs groupements et d'autres personnes publiques encore (art. L. 5721-2 et s). Sous l'une ou l'autre de ces formes, le syndicat mixte peut être constitué en vue de tout projet d'intérêt commun. Sa souplesse explique le succès qu'il a longtemps rencontré avant de connaître un certain recul : au 1er janvier 2019, on comptait 2 748 syndicats mixtes (majoritairement fermés), contre 3 265 au 1er janvier 2015.

Les pôles métropolitains, créés par la loi du 16 décembre 2010 (CGCT, art. L. 5731-1 et s.) sont une variété de ces syndicats mixtes. Ils ont pour objet de regrouper, en vue de la réalisation de projets d'intérêt commun, des établissements publics de coopération intercommunale à fiscalité propre sous la seule réserve que l'un d'eux compte plus de 100 000 habitants ; ils sont alors soumis au régime des syndicats fermés (avec quelques particularités). Depuis la loi du 27 janvier 2014, la métropole de Lyon, qui est une collectivité territoriale (v. *infra*, n° 354), ainsi que les régions ou les départements sur le territoire desquels se situe le siège des EPIC membres du pôle peuvent y adhérer ; ils relèvent alors du régime des syndicats ouverts (sous réserve de certaines spécificités). Au 1er janvier 2019, 25 pôles métropolitains avaient été constitués.

Créé par la loi du 27 janvier 2014, le pôle d'équilibre territorial et rural (CGCT, art. L. 5741-1 et s.), qui réunit des EPCI à fiscalité propre, relève quant à lui, en principe, du régime des syndicats fermés et est conçu pour les zones rurales. Il en existe 119 au 1er janvier 2019.

343 **Ententes interdépartementales ou interrégionales. –** Des établissements publics peuvent être créés entre départements avec le cas échéant d'autres collectivités territoriales, ou entre régions. Cependant ces ententes interdépartementales ou interrégionales[160] n'ont rencontré qu'un succès limité et c'est plutôt dans le cadre de multiples conventions ponctuelles sur tel ou tel point que se sont développées les coopérations.

B. LES STRUCTURES SUPERPOSÉES AU MODÈLE UNIFORME

344 Les réformes législatives en ce domaine ont été incessantes, depuis l'ordonnance du 5 janvier 1959. Devant l'échec relatif des multiples formules proposées, d'importantes transformations eurent lieu en 1999. La loi du 25 juin 1999, relative à l'aménagement du territoire, fonde la politique d'aménagement durable du territoire sur trois principes essentiels. Il faut mettre en place des systèmes de solidarité au sein du monde rural en liaison avec les villes centres et, en zone urbaine, créer un réseau d'agglomérations efficacement gérées, tout en permettant l'émergence de grandes métropoles d'équilibre à vocation européenne. En liaison avec ce schéma, la loi *Chevènement* du 12 juillet 1999[161], dans le cadre d'une forte simplification et mise en cohérence des différents procédés, a modifié les mécanismes de coopération institutionnelle entre communes, notamment pour instituer des structures en

160. CGCT, art. L. 5411-1 et s. ; L. 5611-1 et s.
161. N° 99-586, *JO* 13 juill., p. 10361.

adéquation avec cet objectif. De nouvelles collectivités territoriales n'ont pas pour autant été créées et l'on reste dans le cadre des établissements publics territoriaux.

Issue des travaux du Comité pour la réforme des collectivités territoriales (dit « comité *Balladur* », du nom de son président), la loi du 16 décembre 2010 de réforme des collectivités reste fidèle à cette position (v. *infra*, n° 352, à propos des « métropoles »). Sur un point important, toutefois, elle opère un certain rapprochement entre collectivité territoriale et EPCI à fiscalité propre (c'est-à-dire dotés du pouvoir de voter le taux de certains impôts et d'en percevoir le montant) en renforçant la légitimité démocratique de ces derniers. Les représentants des communes membres, qui composent leur organe délibérant, étaient désignés par les conseils municipaux. Dans les communes dont le conseil municipal est désigné au moyen d'un scrutin mixte (communes de plus de 1 000 habitants à l'heure actuelle : v. *supra,* n° 316), ils le sont désormais, au suffrage universel direct, en même temps que les conseillers municipaux. Les modalités de cette désignation des « conseillers communautaires », ont été précisées par la loi n° 2013-403 du 17 mai 2013[162] : l'électeur vote sur deux listes, l'une réunissant les candidats au conseil municipal, l'autre les candidats au conseil de l'EPCI. Il est important de préciser que tous les candidats figurant sur la seconde liste doivent figurer au sein des trois premiers cinquièmes de la première : le lien entre mandat de conseiller municipal et mandat de conseiller communautaire est ainsi maintenu parce que les membres des organes délibérants des EPCI sont toujours conçus comme étant des « représentants des communes » (CGCT, art. L. 5211-6) et non comme des représentants directs de la population de l'intercommunalité (ce qui impliquerait la transformation de celle-ci en collectivité territoriale). Il convient d'ajouter que la loi du 7 août 2015 impose la création, dans tout EPCI à fiscalité propre de plus de 20 000 habitants, d'un conseil de développement, composé de représentants des milieux économiques, sociaux, culturels, éducatifs, scientifiques, environnementaux et associatifs dont le rôle est purement consultatif.

Par ailleurs, dans la continuité de la loi du 12 juillet 1999, la loi du 16 décembre 2010 marque un nouvel effort de rationalisation de la coopération intercommunale et de renforcement des intercommunalités, que les lois du 27 janvier 2014 et du 7 août 2015 ont continué. Cet effort comporte trois aspects. D'abord, la modification des catégories de structure utilisables, certaines étant supprimées (communautés d'agglomération nouvelle et pays supprimés en 2010, syndicats d'agglomération nouvelle supprimés en 2015) d'autres créées (métropoles, celles-ci étant notablement renforcées par la loi du 27 janvier 2014, la métropole de Lyon, en particulier, accédant au statut de collectivité territoriale, v. n° 335). Ensuite, la généralisation de l'intercommunalité : un schéma départemental de coopération intercommunale, arrêté par le Préfet, doit organiser la couverture intégrale du territoire par des EPCI fiscalité propre d'une taille minimum. Le seuil initial de 5 000 habitants a été porté à 15 000 par la loi du NOTRe du 7 août 2015. La révision de la carte intercommunale qui s'est ensuivie a donc entraîné une forte réduction des intercommunalités, le nombre des EPCI à fiscalité propre passant de 2062 au 1er janvier 2016 à 1266 au

162. V. C. élect., art. L. 273-1 et s.

1er janvier 2017. Enfin, le développement des compétences et des moyens des EPCI à fiscalité propre.

1. Réorganisation du monde rural

345 Le procédé, *a priori* le plus simple, pour résoudre les difficultés liées à l'éparpillement des communes rurales et leur lien avec le bourg ou la ville centre est celui de la fusion, qui permettrait d'en réduire le nombre et d'en renforcer les structures. Les tentatives faites se sont soldées pour l'essentiel par des échecs ; des mécanismes d'intégration plus poussée ont été mis en place, dans le cadre de la communauté de communes et sous une forme différente par le biais des pays, lesquels ont toutefois été supprimés par la loi du 16 décembre 2010 (art. 51).

346 **Échec des fusions de communes. –** La loi du 16 juillet 1971 (anciens art. L. 2113-1 et s. CGCT) avait à la fois mis en place un vaste plan temporaire de fusion de communes et organisé une procédure permanente de fusion. Selon celle-ci, la fusion, encouragée par diverses dispositions financières, était prononcée par arrêté préfectoral, soit par simple accord des communes, soit après référendum local. Pour favoriser les fusions, les communes non centrales pouvaient adopter le statut de commune associée, qui leur donnait notamment le droit de conserver une mairie annexe avec un maire délégué exerçant les fonctions d'état civil et de police judiciaire, et celles que le maire décidait de lui déléguer.

Ces dispositions ont échoué. Indépendamment même des querelles de clocher, le faible nombre de fusions de communes (1 068 communes supprimées au total) s'explique essentiellement par des raisons psychologiques. La disparition de la mairie, après le départ du curé et la fermeture de l'école et des commerces, ne saurait, à l'heure de la désertification rurale, être admise. Face à cette impossibilité, on a longtemps feint de croire qu'en définitive ce réseau de petites communes était d'une extrême utilité, mode efficace de rapprochement de l'administration et des citoyens et école exceptionnelle de démocratie locale grâce aux 500 000 élus municipaux. Le législateur a toutefois fini par reprendre la question.

347 **Remplacement de la fusion de communes par la « commune nouvelle ». –** La loi du 16 décembre 2010 (nouveaux articles L. 2113-1 et s. CGCT) supprime la fusion de communes et la remplace par la possibilité de créer une « commune nouvelle ». Les deux opérations sont de même nature : la commune nouvelle est en effet « créée en lieu et place de communes contiguës » (CGCT, art. L. 2113-2) qui ne peuvent subsister que sous la forme de « communes déléguées » proches, avec une moindre autonomie, des anciennes communes associées. L'objectif est également le même : il s'agit de réduire de nombre de communes. L'institution d'une commune nouvelle est néanmoins d'esprit différent, marqué par le développement de l'intercommunalité : elle vise à fondre dans une seule collectivité les communes qui, dans un premier temps, s'étaient groupées dans un EPCI à fiscalité propre. Conformément à cette logique, la loi nº 2019-809 du 1er août 2019[163] permet à

163. *JO* du 2 août 2019, texte nº 1. Commentaires : M. Verpeaux, *AJDA* 2019. 2613 ; J.-G. Sorbara, *RFDA* 2020. 1.

une commune nouvelle issue de la fusion de toutes les communes membres d'un tel EPCI d'exercer les compétences qui étaient dévolues à ce dernier et de ne se rattacher à aucun autre établissement (contrairement au principe selon lequel toute commune doit être membre d'un EPCI, v. *supra* n° 345). Le lien de la commune nouvelle avec l'intercommunalité ressort également de certains aspects de la procédure de création d'une commune nouvelle. Celle-ci est toujours prononcée par arrêté préfectoral mais, pour le reste, quatre cas sont distingués. Le premier cas, fort simple, est celui d'un accord unanime des conseils municipaux. Les trois autres cas présentent deux points communs : exigence d'une majorité qualifiée (deux tiers des conseils municipaux et de la population) et d'un référendum local. Ils diffèrent quant à l'initiative : préfet, conseils municipaux des communes membres d'un EPCI à fiscalité propre ou, disposition révélatrice, demande de l'organe délibérant d'un tel EPCI, en vue de la création d'une commune nouvelle en lieu et place de toutes ses communes membres. Reste à savoir s'il suffira que ce régime soit animé d'un nouvel esprit pour qu'il réussisse là où la fusion avait échoué. Les débuts, en tout cas, ont été assez modestes : au 1er janvier 2015, 25 communes nouvelles avaient été créées. C'est pourquoi la loi n° 2015-592 du 16 mars 2015 est venue inciter les élus municipaux à recourir davantage à cette formule, par des mesures financières provisoires (applicables jusqu'au 1er juin 2016, mais, sous des formes variables, elles ont été prolongées jusqu'au 1er janvier 2021), en facilitant la transition administrative et fiscale entre les communes anciennes et la commune nouvelle ainsi qu'en renforçant la place des communes déléguées. Cette intervention législative a porté d'incontestables fruits : au 1er janvier 2019, 774 communes nouvelles avaient été créées représentant 2 508 communes regroupées.

348 **Communautés de communes. –** Instituées par la loi du 6 février 1992, les communautés de communes (CGCT, art. L. 5214-1 s.) qui se substituent aux syndicats ayant le même périmètre, ont pour objet d'associer des communes au sein d'un espace de solidarité. Établissements publics de coopération intercommunale, elles sont créées par le préfet avec l'accord de la majorité qualifiée des communes. Leur conseil est composé de représentants de chaque commune, dont le nombre est proportionnel à l'importance de leur population respective (un accord entre les communes membres pouvant s'écarter dans une certaine mesure de cette exigence de proportionnalité). Elles exercent de plein droit, au lieu et place des communes membres sept compétences (art. L. 5214-16-I CGCT : aménagement de l'espace urbain et rural, actions de développement économique, collecte et traitement des déchets des ménages, accueil des gens du voyage, gestion des milieux aquatiques et prévention des inondations, eau et assainissement). Les communautés de communes peuvent, en outre, se voir transférer, par décision des conseils municipaux des communes membres prise à la majorité qualifiée requise pour leur création et en tout ou partie, sept autres compétences (art. L. 5214-16-II CGCT : environnement, logement et cadre de vie, politique de la ville, voirie, équipements scolaires, culturels et sportifs, action sociale, création et gestion de maisons de services au public. Elles peuvent opter, soit pour un régime de fiscalité additionnelle aux impôts communaux, soit pour une fiscalité propre, où elles perçoivent la contribution économique territoriale, dont le taux est unique pour l'ensemble des communes (ce qui permet d'éviter la concurrence pour attirer, par une

« surenchère » dans la réduction des taux, les entreprises) et dont elles conservent une partie du produit. Elles bénéficient, ainsi, d'une forte aide financière avec une augmentation de la part de DGF par habitant ; la loi du 16 décembre 2010 est allée encore plus loin en permettant à une communauté (comme à tout EPCI doté d'une fiscalité propre) de percevoir, à la place des communes membres, les montants dont elles bénéficient au titre de la DGF pour ensuite en effectuer le reversement selon des critères permettant une péréquation (art. L. 5211-28-2 CGCT). Elles peuvent aussi percevoir directement, sur décision de leur conseil, les autres taxes locales (taxe d'habitation et taxes foncières).

Cette formule semble désormais bien adaptée aux objectifs poursuivis et remporte un réel succès, même si la révision de la carte de l'intercommunalité consécutive à la loi NOTRe (v. *supra*, n° 344) en a nécessairement réduit le nombre : au 1er janvier 2019, la France compte 1 001 communautés de communes contre 1 884 au 1er janvier 2015.

2. Réorganisation du milieu urbain

349 À côté d'éventuelles fusions de communes, là aussi assez rares et désormais remplacées par la « commune nouvelle » (v. *supra,* n° 346 et 347), la loi du 12 juillet 1999 a profondément réorganisé la coopération en ce domaine. Désormais, si les communautés de communes concernent des zones urbaines de petite dimension, les instruments les plus adaptés, sont, d'une part, les communautés d'agglomération et les communautés urbaines pour les ensembles urbains de taille moyenne à grande et, d'autre part, pour les très grandes villes – les métropoles d'équilibre – les métropoles, instituées par la loi du 16 décembre 2010 et profondément réformées par la loi du 27 janvier 2014. La taille des agglomérations a pu d'ailleurs poser une difficulté en sens inverse : il a fallu aussi rapprocher l'administration des citoyens et de ce fait « découper » les plus grandes communes.

350 **Communautés d'agglomération** (art. L. 5216-1 et s. CGCT). **–** Elles concernent des ensembles de plus de 50 000 habitants (30 000 quand la communauté comprend la commune chef-lieu de département), d'un seul tenant (pour assurer la cohérence du tout), autour d'une ou plusieurs communes centres de plus de 15 000 habitants (ce seuil admettant certaines dérogations). C'est donc une formule adaptée pour une ville moyenne et sa périphérie, son bassin d'emploi. Ces communautés visent à assurer une gestion cohérente du territoire de l'agglomération, dans une optique de solidarité plus poussée entre les différentes communes. Créées par le préfet selon des conditions de majorité qualifiée, leur conseil est composé de représentants de chaque commune, dont le nombre varie en fonction de leur population respective (un accord entre communes membres pouvant s'écarter dans une certaine mesure de cette exigence de proportionnalité). La communauté exerce de plein droit, à la place des communes membres, dix compétences (art. L. 5216-5-I, CGCT : développement économique, aménagement de l'espace communautaire, politique d'équilibre social de l'habitat, politique de la ville, gestion des milieux aquatiques, accueil des gens du voyage, collecte et traitement des déchets ménagers, eau, assainissement, gestion des eaux pluviales). À la majorité qualifiée requise pour la création, les

conseils municipaux des communes concernées peuvent lui transférer, en tout ou partie, cinq autres compétences (art. L. 5216-5-II, CGCT : voirie et parcs de stationnement d'intérêt communautaire, protection de l'environnement et du cadre de vie, équipements culturels et sportifs, action sociale, création et gestion de maisons de service au public).

Se substituant de plein droit aux syndicats de communes qui, sur le même périmètre, ont des pouvoirs identiques, elles bénéficient des impositions relatives aux compétences qu'elles exercent et surtout perçoivent directement la contribution économique territoriale, dont le taux uniformisé est voté par le conseil de la communauté, ce qui traduit une forte dose d'intégration. Elles peuvent aussi percevoir, sur décision de leur conseil, une fiscalité additionnelle aux autres taxe locales. De plus, pour inciter au regroupement, elles reçoivent une part majorée de la DGF ; la possibilité de percevoir la DGF revenant aux communes membres leur est également applicable (v. *supra*, n° 348) et elles sont éligibles, dans le cadre de l'exécution du contrat de projet (ou de plan, v. *supra*, n° 276), aux financements spécifiques des contrats d'agglomération. Tout ceci explique leur succès (au 1er janvier 2019, il existait 223 communautés d'agglomération).

351 **Communautés urbaines** (art. L. 5215-1 et s. CGCT). – Les communautés urbaines sont une catégorie d'EPCI à fiscalité propre instituée par la loi du 31 décembre 1966. Cette dernière crée directement quatre communautés (Bordeaux, Lille, Lyon, Le Havre) et, pour le reste, subordonne la constitution d'une communauté urbaine à l'existence d'un ensemble de communes atteignant un seuil démographique qui a varié (11 autres communautés ont pu être créées à ce titre). La loi du 12 juillet 1999 l'avait porté à 500 000 car, dans sa conception, la communauté urbaine était destinée à l'administration des grandes métropoles. Depuis la loi du 16 décembre 2010 et, plus encore, celle du 27 janvier 2014, ce rôle est plutôt dévolu aux métropoles. C'est pourquoi la seconde de ces lois a abaissé le seuil de création d'une communauté urbaine à 250 000 habitants (art. L. 5215-1 CGCT, qui admet certaines exceptions). Cette structure est donc plutôt conçue désormais comme convenant aux agglomérations de taille moyenne. En conséquence, la loi du 27 janvier 2014 organise la transformation des plus grandes communautés urbaines en métropoles (v. *infra*, n° 352 et s.) tandis que certaines communautés d'agglomération ont pu accéder au statut de communauté urbaine. Au 1er janvier 2019, il existe 13 EPCI de ce type.

Créées par le préfet avec l'accord d'une majorité qualifiée de communes et celui de la commune centre, elles sont administrées par un conseil de représentants des communes, où les sièges sont répartis proportionnellement à l'importance de la population. Sous réserve d'un régime quelque peu différent pour les communautés existant à l'époque de la loi du 12 juillet 1999, elles ont *sept chefs de compétences obligatoires* (développement et aménagement économique, social et culturel de l'espace communautaire ; aménagement de l'espace communautaire, notamment en matière de planification urbaine ; politique de logement social et de réhabilitation ; politique de la ville ; gestion de certains services d'intérêt collectif ; protection et mise en valeur de l'environnement et du cadre de vie ; aménagement et gestion des aires d'accueil des gens du voyage). Leurs tâches sont donc considérables et ceci entraîne de délicats partages de pouvoirs entre les communes membres, qui peuvent craindre la perte de toute compétence réelle, et la communauté.

Les communautés urbaines, outre les impositions spécifiques liées aux tâches qu'elles assurent, perçoivent la contribution économique territoriale à taux unique, les autres impôts directs, et une part importante de la DGF.

352 **Métropoles.** – Dans la conception du comité Balladur (v. *supra*, n° 344), la métropole se présentait comme un modèle d'administration des grandes agglomérations radicalement nouveau et destiné à répondre à une préoccupation également nouvelle et désormais centrale : celle de la concurrence à laquelle se livrent les grandes villes pour attirer les acteurs économiques, dans le contexte de la mondialisation. Dans cette perspective, la métropole constituait une collectivité territoriale qui, sur son territoire, devait se substituer aux communes (qui devenaient des personnes publiques spécialisées) et au département (qui ne subsistait plus qu'en dehors du périmètre de la métropole). De plus, la loi devait elle-même créer 11 métropoles.

La métropole effectivement instituée par la loi du 16 décembre 2010 (art. L. 5217-1 et s. CGCT) est demeurée très en deçà de ce projet ambitieux. Elle n'est pas une collectivité territoriale mais un EPCI ; sa création ne peut résulter que d'initiatives locales volontaires ; seules, en définitive, ses compétences plus étendues la différencient de la communauté urbaine. Cette innovation modeste, au point d'être d'une utilité douteuse, a échoué : une seule métropole, celle de Nice-Côte d'Azur, a été créée.

Cet échec explique que la loi du 27 janvier 2014 réforme le régime des métropoles, en vue de les renforcer, tout en instituant trois métropoles dont le statut s'écarte plus ou moins du régime de droit commun.

353 **Métropoles de droit commun.** – La métropole reste un EPCI. Toutefois, sa création ne résulte plus exclusivement de la volonté des communes. En effet, la loi du 27 janvier 2014 décide elle-même qu'au 1er janvier 2015, les EPCI à fiscalité propre qui forment un ensemble de plus de 400 000 habitants dans une aire urbaine de plus de 650 000 habitants sont transformés par décret en métropole. Ces dispositions ont conduit à doter de ce statut dix espaces urbains précédemment constitués en communautés d'agglomération ou en communautés urbaines (Bordeaux, Brest Grenoble, Lille, Nantes, Nice, Rennes, Rouen, Strasbourg et Toulouse). Pour le reste, la création d'une métropole continue de relever de la volonté locale. À la condition que les deux tiers au moins des conseils municipaux des communes intéressées représentant plus de la moitié de la population de celles-ci (ou l'inverse) en soient d'accord, le statut de métropole peut également être attribué par décret à certains EPCI, dont la liste a été allongée par la loi n° 2017-257 du 28 février 2017 relative au statut de Paris et à l'aménagement métropolitain (v. art. L. 5217-1 CGCT) : ceux qui constituent un ensemble de plus de 400 000 habitants ; ceux qui sont centres d'une zone d'emplois de plus de 400 000 habitants et soit exerçaient, à la date d'entrée en vigueur de la loi n° 2014-57 du 27 janvier 2014, les compétences obligatoirement dévolues aux métropoles en lieu et place des communes, soit comprennent le chef-lieu de région ; les EPCI centres d'une zone d'emplois de plus de 500 000 habitants et qui comptent plus 250 000 habitants ou comprennent, au

31 décembre 2015, le chef-lieu de région. En application de ces dispositions, diverses communautés d'agglomération (Toulon, Metz) et communautés urbaines (Nancy, Tours, Clermont-Ferrand, Saint-Étienne, Orléans, Dijon) ont été transformées en métropoles au cours des années 2016 et 2017. En conséquence, au 1er janvier 2019, La France comptait 21 métropoles.

L'organisation de la métropole comprend, outre les classiques organes délibérants (conseil de la métropole) et exécutif (président du conseil de la métropole), deux institutions plus originales : la conférence métropolitaine, présidée par le président du conseil de la métropole et composée de maires des communes membres, est une instance de coordination entre ces dernières et la métropole ; le conseil de développement réunit les représentants des milieux économiques, sociaux, culturels, éducatifs, scientifiques et associatifs de la métropole.

Les compétences de cette dernière, globalement étendues, sont néanmoins susceptibles de variations, ce qui est l'un des aspects de la complexité de leur régime (CGCT, art. L. 5217-2). Le noyau dur est constitué de compétences dont toute métropole est obligatoirement investie. Ce sont celles qui sont de plein droit exercées en lieu et place des communes membres et celles qui appartenaient à l'EPCI auquel la métropole succède. Au-delà, tout dépend des conventions passées avec l'État, la région ou le département et qui ont pour objet soit de transférer, soit de déléguer à la métropole certaines compétences.

354 **Métropoles à statut particulier. –** Suivant une idée classique (v. *infra*, n° 355), le législateur a institué trois métropoles à statut particulier pour les trois plus grandes agglomérations françaises. Il y a d'ailleurs, dans cette particularité, des degrés.

La plus originale est incontestablement la métropole de Lyon (art. L. 3611-1 et s. CGCT). Celle-ci, en effet, n'est pas un EPCI, mais une collectivité territoriale à statut particulier au sens de l'article 72 de la Constitution, qui se substitue non seulement à la communauté urbaine de Lyon mais aussi, dans les limites territoriales de celle-ci, au département du Rhône. L'essentiel suit de là. La métropole de Lyon est dotée d'une assemblée délibérante (le conseil de métropole), dont les membres seront élus (à partir de 2020) au suffrage universel direct et d'un organe exécutif, qui est le président du conseil de la métropole. La métropole de Lyon exerce à la fois les compétences d'une métropole de droit commun et celles d'un département. Les communes situées sur son territoire subsistent, amputées d'une bonne partie de leurs compétences (même si la métropole peut leur déléguer l'exercice de certaines des siennes). Deux institutions – conférence territoriale des maires et conférence métropolitaine – ont par ailleurs pour objet d'assurer la coordination entre l'action des communes et celle de la métropole.

La métropole du Grand Paris (art. L. 5219-1 et s.) et celle d'Aix-Marseille- Provence (art. L. 5218-1 et s CGCT), créées à compter du 1er janvier 2016, sont, au contraire, des EPCI à fiscalité propre. Le régime de droit commun des métropoles (v. *supra,* n° 353) leur est en principe applicable mais, sur certains points, il est écarté par des dispositions spécifiques.

La métropole du Grand Paris regroupe Paris et les 123 communes des départements de la petite couronne (Hauts-de-Seine, Seine-Saint-Denis, Val-de-Marne) et se substitue aux EPCI qui réunissent ces dernières ; dans les conditions prévues par la loi, son périmètre a été étendu à certaines communes des autres départements de l'Ile-de-France[164]. Elle est administrée par un conseil, composé de conseillers métropolitains élus (les sièges étant répartis entre les communes membres proportionnellement à leur population) et par le président de ce conseil. L'originalité de son organisation tient surtout à l'existence de structures intermédiaires entre la métropole et les communes membres. La conception de ces structures a été profondément modifiée par la loi du 7 août 2015. Initialement, la loi du 27 janvier 2014 avait prévu que la métropole du Grand Paris serait organisée en territoires d'au moins 300 000 habitants. Ces territoires, dépourvus de la personnalité juridique, étaient néanmoins dotés d'organes propres (conseil de territoire et son président) auxquels l'exercice de certaines des compétences de la métropole pouvait être confié ; il s'agissait donc d'une forme de déconcentration. Avec la loi du 7 août 2015, les territoires deviennent des « établissements publics territoriaux ». Ceux-ci sont des EPCI régis, sauf règle spécifique, par les dispositions applicables aux syndicats de communes. Comptant au moins 300 000 habitants, ces établissements doivent réunir toutes les communes membres de la métropole, à l'exception notable de Paris. Onze « établissements publics territoriaux » ont été effectivement créés. Ils sont administrés par un conseil de territoire et son président et titulaires de compétences propres. En particulier, ils doivent reprendre les compétences exercées par les EPCI supprimés en conséquence de la création de la Métropole du Grand Paris. Il en résulte que sur le territoire de celle-ci, le fameux « mille-feuille administratif » gagnera (sauf pour Paris) un niveau supplémentaire.

La métropole d'Aix-Marseille-Provence regroupe l'ensemble des communes membres de six EPCI situés dans le département des Bouches-du-Rhône, dont la communauté urbaine de Marseille, auxquels elle se substitue. Comme l'était, initialement, celle du Grand Paris, cette métropole est divisée en territoires non personnalisés mais dotés d'un conseil et d'un président auxquels certaines compétences peuvent être déléguées.

355 **Statut des grandes villes. –** À côté de la logique du regroupement, la taille de certaines très grandes villes a soulevé d'importantes difficultés.

1°) La question s'est tout d'abord posée à *Paris* pour des raisons essentiellement politiques. Si, sous la Révolution, Paris eut un maire, dès la loi du 28 pluviôse an VIII, Paris ne fut plus qu'un arrondissement du département de la Seine, administré par le préfet de la Seine et le préfet de police afin que le pouvoir puisse mieux contrôler Paris, la révolutionnaire. Il fallut attendre la loi du 31 décembre 1975 pour que Paris retrouve un maire élu. Sur le même territoire existaient désormais deux collectivités : la commune et le département, même si leur conseil était commun (le conseil de Paris siégeait selon les cas en tant que conseil municipal ou en tant que conseil départemental), comme leur exécutif (le maire de Paris était aussi président du conseil départemental). Ce mode d'organisation a fini par être jugé peu compréhensible pour les citoyens et source de lourdeurs administratives. La loi n° 2017-257 du 28 février 2017 y met fin en créant, à compter du 1er janvier 2019, une collectivité à statut particulier, au sens de l'article 72 de la Constitution, dénommée « Ville de Paris », en lieu et place de la commune de Paris et du département de Paris (CGCT, art. L. 2512-1).

164. V. le décret n° 2015-1212 du 30 sept. 2015.

Les organes exécutif et délibérant de cette collectivité continuent à être dénommés respectivement Maire de Paris et Conseil de Paris. La ville de Paris exerce sur son territoire les compétences des communes et des départements. Toutefois, le pouvoir de police administrative générale relève, en principe, non pas du maire agissant au nom de la commune, comme il est de règle pour l'ensemble des communes (v. *infra*, n° 506) mais d'une autorité de l'État, le Préfet de police (art. L. 2512-13-I, CGCT). Outre les motifs historiques précédemment évoqués et qui n'ont plus guère de valeur, la raison en est évidemment que l'État ne saurait se désintéresser du maintien de l'ordre public général dans la capitale, siège des pouvoirs publics et des représentations diplomatiques des États étrangers. L'idée, fondée dans son principe, l'est inégalement, selon les composantes de l'ordre public et les situations auxquelles le respect de ces dernières doit être imposé : même à Paris, les bruits de voisinage, qui nuisent à la tranquillité publique, ne menacent guère la sécurité des institutions de la République... C'est pourquoi l'évolution qui s'est produite en la matière n'est sans doute pas à désapprouver. Elle a consisté en ceci : animé par le souci de rapprocher, autant que faire se peut, le statut de Paris du droit municipal commun, le Parlement, depuis la loi n° 86-308 du 29 décembre 1986, n'a cessé d'allonger la liste des exceptions que la compétence de principe du Préfet de police admet au bénéfice du maire de Paris. Les pouvoirs de police administrative de celui-ci ont en dernier lieu été substantiellement augmentés par la loi n° 2017-257 du 28 février 2017 : l'article L. 2512-13-II du CGCT, qui en dresse la liste, ne compte désormais pas moins de huit rubriques. Ainsi, outre les bruits de voisinage précédemment évoqués, relèvent désormais de la compétence de l'organe exécutif de la Ville de Paris, la salubrité sur la voie publique, le maintien du bon ordre sur les foires et marchés, les mesures de sûreté sur les monuments funéraires en cas de danger grave et imminent, la police des funérailles et des lieux de sépulture, des baignades, des immeubles menaçant de ruine, de la conservation du domaine public, de la salubrité des bâtiments d'habitation et d'hébergement, et la défense extérieure contre l'incendie. Quant à l'importante police du stationnement et de la circulation, elle fait l'objet d'un partage des compétences complexe.

2°) Outre cette particularité, la loi du 31 décembre 1982 (art. L. 2511-1 et s. CGCT), dite loi PLM (*Paris, Lyon, Marseille*), a voulu permettre une gestion plus proche des administrés. À cette fin, elle a institué, au sein de la commune ou, désormais, de la Ville de Paris des arrondissements. Dépourvus de la personnalité morale, ceux-ci ne sont pas des collectivités territoriales[165]. Néanmoins, ils bénéficient d'une certaine autonomie interne car ils sont dotés de quelques compétences et d'organes élus. Il y a donc ici une forme originale de déconcentration dans la décentralisation. Plus précisément, les arrondissements disposent de conseils d'arrondissements élus au suffrage universel direct, en même temps que le conseil municipal et jouent un rôle réel dans deux domaines. Ils constituent un lieu de débat et d'information sur la politique de la commune ou de la collectivité à statut particulier dans l'arrondissement, donnant notamment leur avis sur certains projets (subventions aux associations et opérations d'urbanisme, en particulier). Ils décident de plus de la localisation, du programme et des conditions de gestion des équipements de proximité, tels que stades, crèches, etc. Les maires

165. Cons. const., n° 82-149 DC, 28 déc. 1982 (cons. 2).

d'arrondissements élus par les conseils en leur sein assurent, eux, des fonctions qui relèvent de l'État (état civil, recensement, etc.) mais donnent aussi divers avis et peuvent même prendre des décisions (par exemple, d'attribution de certains logements sociaux) ou signer certains contrats (contrats d'occupation des équipements de proximité d'une durée inférieure à douze ans).

3°) Enfin, à titre général, la loi Démocratie de proximité (nouveaux art. 2143-1 et s. CGCT) impose la création dans toute ville de plus de 80 000 habitants de conseils consultatifs de quartier, selon des procédures très souples.

C. L'ACCROISSEMENT DE L'AUTONOMIE INTERNE

356 La question de l'autonomie s'est tout d'abord posée pour les territoires périphériques, les « confettis de l'Empire » colonial français. Outre des collectivités à statut *sui generis* telles que Mayotte ou Saint-Pierre-et-Miquelon, des solutions assez diverses ont été retenues pour tenir compte de l'ancienneté du rattachement à la France. Certaines colonies ont été transformées en 1946 en départements d'outre-mer, avec une quasi-assimilation aux départements de la métropole, alors que les autres, plus éloignées d'ailleurs géographiquement, sont devenues des territoires d'outre-mer, voire des collectivités quasi étatiques. Enfin, la Corse, initialement soumise au droit commun des départements et régions continentaux a vu son régime évoluer. Dans les trois cas, l'autonomie statutaire s'est sans cesse accrue, remettant ainsi en cause le modèle uniformisé et centralisateur, ce que traduit très clairement la profonde révision constitutionnelle du 28 mars 2003 (nouveaux articles 72-3 à 74-1).

1. Les outre-mer

357 Le statut de l'outre-mer a été profondément modifié par la réforme constitutionnelle du 28 mars 2003. Il convient de distinguer les collectivités régies par l'article 73 de la Constitution de celles dont le statut repose sur l'article 74 de la Constitution.

358 **Collectivités de l'article 73 de la Constitution. –** Cette disposition, tout en posant quelques règles communes, autorise une diversité de statuts et le législateur n'a pas manqué d'user de cette faculté. L'état actuel du droit est donc assez complexe ; sa signification ne peut d'ailleurs être saisie sans que l'évolution, assez tourmentée, dont il est le fruit ne soit présentée au préalable, serait-ce brièvement.

359 **Évolution. –** À partir de 1946, les quatre « vieilles » colonies (Guadeloupe, Martinique, Guyane, Réunion) ont bénéficié du statut de département d'outre-mer (DOM), semblable, pour l'essentiel, à celui des départements métropolitains. En 1982, le Parlement souhaita appliquer la régionalisation dans ces territoires, en créant une collectivité unique qui aurait exercé à la fois les compétences du département et celles de la région. Cette solution, qui prévoyait une élection au scrutin proportionnel de liste et faisait disparaître la représentation sur une base géographique du canton, fut invalidée par le Conseil constitutionnel[166]. Aussi la loi du 31 décembre 1982

166. Cons. const., n° 82-147 DC du 2 déc. 1982, R. 70.

institua-t-elle, à côté de chaque département qui subsistait, et sur le même territoire, des régions d'outre-mer (ROM). Cependant, l'un des objets de la révision constitutionnelle de 2003 fut de rendre possible ce que la jurisprudence du Conseil constitutionnel avait interdit. C'est ainsi que l'article 73 de la Constitution (dernier al.) autorise le législateur à créer une collectivité se substituant à un département et à une région d'outre-mer (ou à instituer d'une assemblée délibérante unique) à la condition que le consentement des électeurs inscrits dans le ressort de ces collectivités soit au préalable recueilli. L'application de ces dispositions a permis une transformation récente du statut de la Guyane et de la Martinique. Après un vote favorable de leurs électeurs, la loi du 27 juillet 2011 les transforme en effet, à compter de mars 2014, en collectivités uniques qui se substituent aux DOM et ROM antérieurs.

360 **Diversité des statuts**. Trois situations doivent être distinguées.

1°) La Guadeloupe et la Réunion sont toujours et à la fois des DOM et des ROM. Le régime de ces derniers, en principe identique à celui de leurs homologues métropolitains, est néanmoins, sur certains points, adapté aux spécificités de l'outre-mer. C'est ainsi que le conseil régional des ROM est assisté d'un conseil économique et social et d'un conseil de la culture, de l'éducation et de l'environnement (art. L. 4432-9 et s. CGCT). Sur le terrain des compétences, certaines spécificités existent également. C'est ainsi que face à la revendication autonomiste, la loi du 13 décembre 2000 a accru les compétences des DOM dans les domaines de l'emploi, de l'organisation des transports et du développement de l'identité culturelle (v. art. L. 3441-1 et s. CGCT). Dans le même esprit, les ROM disposent de pouvoirs particuliers en matière d'aménagement du territoire et de politique maritime. Les DOM et ROM peuvent même engager certaines négociations avec les États voisins, soit par une demande adressée à l'État pour qu'il conclue les accords souhaités, soit directement par les présidents des conseils, qui signent même de telles conventions, agissant, toutefois, en ce cas, comme autorité de l'État et sous son étroit contrôle (v. art. L. 3441-1 s. CGCT).

Par ailleurs, la loi du 13 décembre 2000 pour surmonter, si possible, l'éclatement entre DOM et ROM, prévoit qu'un congrès réunissant les élus départementaux et régionaux est à même de faire des propositions institutionnelles pour l'avenir des collectivités[167]. Le congrès a ainsi proposé, fin 2011, la création d'une collectivité unique sur le modèle de la Martinique et de la Guyane (ce qui avait été refusé en 2003 par les électeurs guadeloupéens).

2°) Depuis mars 2014 et en vertu de la loi du 27 juillet 2011, ces dernières forment, en effet, une seule collectivité régie par l'article 73 de la Constitution et exerçant les compétences attribuées à un département d'outre-mer et à une région d'outre-mer « ainsi que toutes les compétences qui lui sont dévolues par la loi pour tenir compte de leurs caractéristiques et contraintes particulières » (art. L. 7111-1 CGCT pour la Guyane et art. L. 7211-1 pour la Martinique). Les organes de la Guyane comprennent une assemblée et un président, assistés d'un conseil économique, social, environnemental, de la culture et de l'éducation. L'organisation de la Martinique est plus complexe qui distingue un organe

167. Nouveaux art. L. 5912-1 s. dus à la loi préc. du 13 déc. 2000.

délibérant (l'assemblée de Martinique et son président) et un exécutif collégial (le conseil exécutif de Martinique et son président), lesquels sont assistés d'un conseil économique, social, environnemental, de la culture et de l'éducation.

3°) Enfin, conformément aux dispositions de la loi du 3 août 2009, Mayotte, jusque-là collectivité d'outre-mer relevant de l'article 74 de la Constitution (v. *infra*, n° 362) est devenu, en mars 2011, un département d'outre-mer relevant de l'article 73 qui présente toutefois cette particularité d'exercer aussi les compétences dévolues aux régions d'outre-mer.

361 **Règles communes. –** L'article 73 de la Constitution précise les normes qui sont applicables dans les collectivités qui en relèvent. Les lois et règlements y sont, en principe, « applicables de plein droit », mais sont susceptibles de « faire l'objet d'adaptations tenant [à leurs] caractéristiques et contraintes particulières ». Ces adaptations peuvent être décidées par les collectivités elles-mêmes dans les matières relevant de leurs compétences. Bien plus, « pour tenir compte de leurs spécificités », les collectivités considérées, sauf la Réunion, peuvent édicter des règles dans des matières relevant du domaine du règlement ou de la loi, à l'exclusion de celles énumérées par l'article 73 alinéa 4 (libertés publiques, ordre public, organisation de la justice, monnaie, notamment). L'exercice de ces deux pouvoirs – adaptation des lois et règlements, édiction de prescriptions en matière législative ou réglementaire – suppose, toutefois, une habilitation de la loi ou du règlement, selon le cas, qui est accordée sur demande de la collectivité concernée et dans les conditions prévues par une loi organique (v. art. LO 3445-1 et s. CGCT pour les DOM, LO 4435-1 et s. pour les ROM, LO 7311-1 et s. pour la Guyane et la Martinique).

362 **Collectivités de l'article 74 de la Constitution. –** Ces collectivités sont, en vertu de l'article 72-3 de la Constitution, Saint-Pierre et Miquelon, Wallis et Futuna la Polynésie française, Saint-Barthélemy et Saint-Martin.

Selon l'article 74 de la Constitution révisée, elles « ont un statut qui tient compte des intérêts propres de chacune d'elles au sein de la République ». Il est mis en place, après consultation de leurs assemblées, par la loi organique, notamment pour la définition de leur organisation, de leurs compétences, de leur consultation sur les projets de textes ayant des incidences particulières pour elles, et par la loi ordinaire. Ces collectivités sont soumises pour l'essentiel à un droit spécifique, la loi organique précisant les conditions dans lesquelles les lois et règlements s'appliquent sur leur territoire. Dans la majorité des cas, c'est l'assemblée territoriale qui, dans le cadre fixé par les lois statutaires, élabore les règles propres à la collectivité, en mettant en place, si nécessaire, des discriminations positives en faveur de sa population. Ses décisions constituent des actes administratifs, susceptibles de recours devant le juge administratif, même si elles portent sur des matières relevant du domaine de la loi.

2. La Nouvelle-Calédonie

363 En Nouvelle-Calédonie, la revendication indépendantiste canaque et les graves troubles des dernières années ont débouché sur les accords de Matignon en 1988 et de Nouméa en 1998. Sur la base de ces derniers, la révision constitutionnelle du

20 juillet 1998 (nouveau titre XIII de la Constitution), mise en œuvre par les lois organique et ordinaire du 19 mars 1999[168], a conduit à la création d'une collectivité à statut propre. La nouvelle organisation entraîne un transfert considérable de compétences à la collectivité gérée par un congrès élu sur la base d'une citoyenneté calédonienne spécifique et un gouvernement local. L'État n'a désormais qu'une compétence d'attribution. L'originalité essentielle vient de ce que la Nouvelle-Calédonie, divisée en collectivités territoriales de la République (provinces et communes) se voit reconnaître certains éléments de souveraineté. Outre le partage de certaines relations internationales avec l'État et la reconnaissance même de l'existence du peuple canaque, le congrès adopte, à côté d'actes réglementaires, des lois de pays, qui ont force de loi et sont soumises au contrôle du Conseil constitutionnel[169]. On se rapproche d'une structure quasi fédérale à mi-chemin entre autonomie et indépendance. Il reste que l'étendue des pouvoirs ainsi attribués est toujours de la compétence du parlement national (agissant par la voie de la loi organique) et ne résulte pas directement de la Constitution et que les décisions prises continuent à relever des juridictions nationales françaises (Conseil constitutionnel ou juridiction administrative selon les cas). Ce statut ambigu explique que l'appartenance de la Nouvelle-Calédonie à la catégorie des collectivités territoriales de la République demeure incertaine : ni la Constitution, ni la loi organique ne lui reconnaissent cette qualité et le Conseil d'État a seulement jugé qu'elle n'était pas une collectivité territoriale au sens de l'article 72 de la Constitution[170].

Quoi qu'il en soit, le statut, dont les grandes lignes viennent d'être rappelées, avait été conçu dès l'origine, par les accords de Nouméa et par la loi constitutionnelle du 20 juillet 1998, comme provisoire, un référendum sur l'accession de la Nouvelle-Calédonie à la pleine souveraineté et à l'indépendance devant être organisé au terme d'une période de vingt années. Cette consultation, dont les modalités d'organisation ont également été arrêtées par le même accord et par la loi organique du 19 mars 1999 (titre IX, modifiée par celle du 19 avril 2018), s'est tenue le 4 novembre 2018. Les électeurs ont majoritairement voté en faveur du maintien de la Nouvelle-Calédonie au sein de la République française. Conformément aux dispositions de l'article 217 de la loi organique du 19 mars 1999, une deuxième consultation portant sur le même objet a été organisée le 4 octobre 2020, avec un résultat identique.

3. La Corse

364 Alors que la Corse avait eu pendant longtemps un régime identique à celui des autres provinces françaises (deux départements et une région), d'importantes modifications institutionnelles intervinrent dès la loi du 2 mars 1982 pour tenter de répondre à certaines revendications autonomistes et désamorcer celles des indépendantistes. La loi du 13 mai 1991 alla encore plus loin (CGCT, art. L. 4421-1 s.). Si l'article prévoyant la reconnaissance du peuple corse fut censuré par le Conseil constitutionnel (v. *supra*, n° 294), la loi transforma la Corse en une collectivité territoriale à statut

168. N° 99-209, *JO*, p. 4197 et s., n° 99-210, p. 4226 et s.
169. V. par ex. Cons. const., 27 janv. 2000, 2000-1 LP, R. 53.
170. CE, sect., 13 déc. 2006, *M. Genelle*, *AJDA* 2007, p. 366, chron. F. Lénica et J. Boucher, *RFDA* 2007, p. 18, concl. S. Verclytte.

particulier, n'appartenant plus à la catégorie des régions, même si son statut en reste proche. La loi n° 2002-92 du 22 janvier 2002[171] a encore accru l'autonomie interne de l'île. Reprenant une réforme rejetée par les électeurs corses en 2003 (v. *supra*, n° 291) mais demandée par les élus corses en décembre 2014, la loi du 7 août 2015 institue, à compter du 1er janvier 2018, la « collectivité de Corse » qui se substitue à la collectivité territoriale de Corse et aux départements de Corse du Sud et de Haute-Corse. Il s'agit toujours d'une collectivité territoriale à statut particulier au sens de l'article 72 de la Constitution. Elle est administrée par une assemblée de Corse, son conseil exécutif et son président, assistés du conseil économique, social et culturel de Corse. La nouvelle collectivité cumule les compétences normalement dévolues aux départements et celles qui avaient été attribuées à la collectivité territoriale de Corse. Ces dernières sont particulièrement étendues, notamment en matière d'identité culturelle (éducation – enseignement de la langue corse – et culture) et d'aménagement, de développement et d'environnement. De ce point de vue, elle est chargée d'établir un plan d'aménagement et de développement de la Corse, et auprès d'elle ont été créés plusieurs offices régionaux relatifs au développement de l'agriculture, de l'équipement hydraulique ainsi que pour les transports. Du point de vue du pouvoir normatif, l'évolution reste cependant limitée, l'assemblée de Corse pouvant seulement faire des propositions de modification ou d'adaptation des lois et règlements relatives à la Corse, la compétence d'édiction de ces lois et règlements restant dans les mains de l'État. La Corse peut, cependant, comme les autres collectivités territoriales, bénéficier du droit à l'expérimentation (v. *supra*, n° 294) et la loi lui permet, sous certaines réserves, d'adapter les dispositions réglementaires à la situation corse (CGCT, art. L. 4422-16).

SECTION 4 **CONCLUSION**

365 **Avenir des structures administratives. –** L'organisation administrative relevait au XIXe siècle du jardin à la française. Un État largement centralisé avec quelques structures déconcentrées et des collectivités locales, organisées selon un modèle binaire et uniforme (communes et départements). Ce paysage simplifié fait place à une organisation extraordinairement complexe. Le cartésianisme cher aux Français s'efface au profit d'un pragmatisme que l'on attribue généralement aux Anglo-saxons. D'une organisation pyramidale on passe de plus en plus à des relations complexes de réseau.

Les *structures de l'État* sont en pleine évolution avec la redistribution des rôles entre l'administration centrale et les services déconcentrés qui deviennent l'échelon de principe du traitement des affaires, et surtout le recours de plus en plus fréquent aux autorités administratives ou publiques indépendantes, nouvelle forme très originale d'intervention de l'État.

171. *JO* 23 janv., p. 1503.

Le *modèle d'administration décentralisée* est aussi en pleine réorganisation, à deux égards.

L'arrivée de la nouvelle collectivité régionale perturbe le modèle « classique » sans que soit d'ailleurs fait le choix entre département et région. N'y a-t-il pas dès lors un échelon de trop ? Les départements ne sont-ils pas trop petits, trop nombreux et trop soumis à un monde rural, surreprésenté dans leurs conseils ? La région elle-même n'est-elle pas de taille insuffisante ? Ne faudrait-il pas structurer le territoire autour de quelques grandes régions appuyées sur de grandes métropoles d'équilibre, pôles de développement à vocation internationale, quitte à avoir en dessous un réseau d'agglomérations et de pays ? Longtemps négative, la réponse à ces questions semble en passe de devenir positive, sous la pression, notamment, des nécessités financières. La réforme des métropoles opérée par la loi du 27 janvier 2014, la réduction du nombre de régions décidée par la loi du 16 janvier 2015, la loi NOTRe du 7 août 2015 qui renforce les intercommunalités et étend les compétences des régions, au détriment des départements vont dans ce sens. Néanmoins, un moment envisagé, la suppression du département (qui suppose une révision de la Constitution) est devenue incertaine (du moins à court terme).

Le remède au morcellement communal a été trouvé dans la généralisation de structures intercommunales qui se superposent aux communes. Celles-ci se voient en partie vidées de toute compétence réelle et perdent une grande partie de leurs moyens financiers et en personnel au profit des organismes de coopération. Le centre du pouvoir se déplace, comme commencent à le montrer les choix faits par certains élus locaux de privilégier la conquête de la présidence de l'établissement public territorial, sans qu'on en tire, à l'heure actuelle, toutes les conséquences en matière de démocratie locale notamment, même si les lois du 16 décembre 2010 et du 17 mai 2013 marquent ici un progrès (v. *supra,* n° 344). La question de la transformation des EPCI en collectivités territoriales, dont la métropole de Lyon offre déjà un exemple (v. *supra,* n° 354) est plus que jamais posée.

Enfin, la *revendication autonomiste*, voire indépendantiste, outre-mer et en Corse fait éclater partiellement la tradition de la République une et indivisible, en se rapprochant des systèmes à forte autonomie interne. Cette évolution est sensible pour les collectivités périphériques, les anciennes colonies, mais aussi au sein de la France métropolitaine en Corse, voire sur l'ensemble du territoire dans le cadre d'un droit à « l'expérimentation ».

Avec par ailleurs l'importance sans cesse croissante du rôle de l'*Europe*, l'État pourrait être ainsi remis en cause tant par le bas que par le haut, dans un certain type d'organisation où les niveaux essentiels de décision politique et de réseaux administratifs se situeraient, hors des compétences obligées de l'Europe, à l'échelon régional.

ÉLÉMENTS DE BIBLIOGRAPHIE

1. Généralités

J. Caillosse, *L'État du droit administratif*, LGDJ 2015 ▪ C. Chauvet, *Le pouvoir hiérarchique*, LGDJ, 2013 ▪ M. Doat, *Recherche sur la notion de collectivité locale en droit administratif français*, LGDJ, 2003 ▪ G. Dupuis, *Le centre et la périphérie en France*, LGDJ, coll. Systèmes, 2000 ▪ C. Eisenmann, *Cours de doctorat, Problèmes d'organisation de l'administration*, LGDJ, 1982, T. I, p. 159 s. ▪ P. Gérard, *L'administration de l'État*, LexisNexis, 4e éd., 2020 ▪ O. Gohin, J.-G. Sorbara, *Institutions administratives*, LGDJ, 8e éd., 2019 ▪ J.-C. Groshens, « Le pouvoir des supérieurs hiérarchiques sur les actes de leurs subordonnés », *AJDA* 1966.140 ▪ C. Guettier, *Institutions administratives*, Dalloz, 7e éd., 2019 ▪ A. de Laubadère, « Vicissitudes d'une distinction classique : établissement public et collectivité territoriale », *Mélanges Couzinet*, Presses Univ. Toulouse, 1974, p. 411 ▪ A. Legrand, « Un instrument flou : le pouvoir hiérarchique », *Mélanges Drago*, Economica, 1996, p. 59 ▪ D. Maillard Desgrées du Lou, *Institutions administratives*, PUF, coll. Thémis, 2e éd., 2015 ▪ P. di Malta, *Essai sur la notion de pouvoir hiérarchique*, LGDJ, 1961 ▪ H. Oberdorff, N. Kada, *Institutions administratives*, Sirey, 9e éd., 2019 ▪ N. Poulet-Gibot-Leclerc, « Le pouvoir hiérarchique », *RFDA* 2007.508 ▪ J. Rivero, « Remarques à propos du pouvoir hiérarchique », *AJDA* 1966.154 ▪ P. Sadran, *Le système administratif français*, Montchrestien, Clefs, 1997 ▪ P. Serrand, *Manuel d'institutions administratives françaises*, PUF, 5e éd., 2015.

2. Administration centrale de l'État

▪ *Les autorités administratives indépendantes : une rationalisation impossible ?*, colloque (10 contributions), *RFDA* 2010. 873 ▪ F. Aumond, « Le Défenseur des droits : une peinture en clair-obscur », *RFDA* 2011. 913 ▪ « Conseil d'État : Les autorités administratives indépendantes », *EDCE* 1983-1984, p. 13 s. ; *EDCE* 2001.253 ▪ C.-A. Colliard et G. Timsit, dir., *Les autorités administratives indépendantes*, PUF, 1988 ▪ M. Degoffe, « Les autorités publiques indépendantes », *AJDA* 2008.622 ▪ O. Dord, « Le Défenseur des droits ou la garantie rationalisée des droits et libertés », *AJDA* 2011. 958 ▪ Rapport Dosière/Vareste, au nom du comité d'évaluation des politiques publiques, sur les Autorités administratives indépendantes, n° 2925, 2010 ▪ Q. Epron, « Le statut des autorités de régulation et la séparation des pouvoirs », *RFDA* 2011. 1007 ▪ J. Fournier, *Le travail gouvernemental*, Dalloz, 1987 ▪ M. Gentot, *Les autorités administratives indépendantes*, Montchrestien, Clefs, 1994 ▪ P. Gelard, Rapport fait au nom de l'office parlementaire d'évaluation de la législation n° 404 (2005-2006) sur les autorités administratives indépendantes ; rapport d'information sur les autorités administratives indépendantes, n° 616 (2013-2014) ▪ M.-J. Guédon, *Les autorités administratives indépendantes*, LGDJ, Systèmes, 1991 ▪ P. Idoux, « Le nouveau statut général des AAI et des API », AJDA 2017.1115 ▪ D. Linotte et G. Simonin, L'Autorité des marchés financiers, prototype de la réforme de l'État ?, *AJDA* 2004.143 ▪ M. Lombard, « Brèves remarques sur la personnalité morale des institutions de régulation », *CJEG* 2005. 127 ▪ G. Marcou, « La notion juridique de régulation », *AJDA* 2006. 347 ▪ S. Martin, « Les autorités publiques indépendantes : réflexions autour d'une nouvelle personne publique », *RDP* 2013.53 ▪ E. Matutano, « Une autorité constitutionnelle indépendante : le Défenseur des droits », *Dr. adm.* 2011, Étude 16 ▪ J. Mézard, Rapport de la commission d'enquête sur les autorités administratives indépendantes, Sénat, n° 126 (2015-2016) ▪ J. MOUCHETTE, *La magistrature d'influence des autorités administratives indépendantes*, Bibliothèque de droit public, LGDJ, 2019, préf. P. Wachsmann ▪ J. PICQ (rapport), *L'État en France : servir une nation ouverte sur le monde*, La Documentation française, 1995 ▪ J.-L. QUERMONNE, *L'appareil administratif de l'État*, Seuil, 1991 ▪ O. SCHRAMECK, *Les cabinets ministériels*, Dalloz, Connaissance du droit 1995 ; *Structures gouvernementales et organisation administrative*, Conseil d'État, La Documentation française, 1986 ; *Dans l'ombre de la République. Les cabinets ministériels*, Dalloz, 2006 ▪ J.-G. SORBARA, « le nouveau statut général des autorités administratives et publiques indépendantes », *JCP* A 2017, n° 9, 2064 ▪ Sur le Conseil d'État v. aussi. Y. GAUDEMET, B. STIRN, T. DAL FARRA, F. ROLLIN, préc. *supra*, n° 50, Recueils d'arrêts ou d'avis commentés ▪ B. LATOUR, *La fabrique du droit. Une ethnographie du Conseil d'État*, La Découverte, 2002, et Bibliographie *infra*, n° 961, Compétence de la juridiction administrative

3. Administration déconcentrée

▪ J.-B. ALBERTINI, *La déconcentration. L'administration territoriale dans la réforme de l'État*, Economica, 1997 ▪ P. BERNARD, *Au nom de la République*, O. JACOB, 2000 ▪ P. CASSIA, « Le maire, agent de l'État », *AJDA* 2004.245 ▪ *La déconcentration*, *Cah. Fonct. Pub.* 2002, n° 214, p. 3 s. (4 contributions) ▪ F. CHAUVIN, « L'acte II de la déconcentration », in *Mél. F. Burdeau*, Litec 2008, p. 97 ▪ P. COMBEAU, « Les nouveaux visages territoriaux de la déconcentration », *RFDA* 2010. 2011 ▪ O. DIEDERICHS et I. LUBEN, *La déconcentration*, PUF, Que sais-je ?, 1995 ▪ P. GÉRARD, « Premier point sur la réforme de l'État territorial », *AJDA* 2015.432 ▪ J.-J. GLEIZAL (dir.), *Le retour des préfets*, PU Grenoble, 1995 ▪ « La réforme de l'administration territoriale », *AJDA* 2010. 819 (4 contributions).

4. Administration décentralisée

▪ « Actualité de la région », *AJDA* 2008.30 (5 contributions) ▪ J.-B. AUBY, « La loi constitutionnelle relative à la décentralisation », *Dr. adm.* 2003, chr. 7 ▪ J.-B. AUBY, J.-F. AUBY, R. NOGUELLOU, *Droit des collectivités locales*, PUF, coll. « Thémis », 6e éd., 2015 ▪ J.-F. AUBY et J.-Y. FABERON (sous la dir.), *L'évolution du statut du département d'outre-mer*, PUAM, 1999 ▪ J.-B. AUBY, O. RENAUDIE, *Les nouveaux équilibres de l'action publique locale,* Berger-Levrault, 2019 ▪ C. BACOYANNIS, *Le principe constitutionnel de libre administration des collectivités territoriales*, Economica-PUAM, 1993 ▪ E. BALLADUR, *Il est temps de décider. Rapport du Comité pour la réforme des collectivités territoriales,* La Documentation française, Fayard, 2009 ▪ F.-P. BENOIT, « L'évolution des affaires locales. De la décentralisation des autorités à la décentralisation des compétences », *Mél. Douence*, Economica, 2006, p. 23 ▪ J. BENOIT, « La liberté d'administration locale », *RFDA* 2002.1065 et s. ▪ *Les collectivités locales. Dix ans après les lois de décentralisation : de la tutelle administrative à l'intervention des juges*, PUAM, 1993 (33 contributions) ▪ F. BOTTINI, « L'impact du *New public management* sur la réforme territoriale », *RFDA* 2015.717 ▪ J. CAILLOSSE, *Les « mises en scène » juridiques de la décentralisation. Sur la question du territoire en droit public français*, LGDJ, 2009 ▪ « Les collectivités territoriales à statut spécial », *AJDA* 2002.86, 4 contrib. V. notamment celle de P. FERRARI, « La loi du 22 janvier 2002 relative à la Corse », « Décentralisation : bilan et perspectives » ▪ « Décentralisation, arrêt sur image », *AJDA* 2019. 2417 (4 contributions) ▪ M. DEGOFFE, « Quelles réformes pour l'intercommunalité », *Dr. adm.* 2002 chr. n° 19 ▪ *La démocratie locale. Représentation, participation et espace public*, PUF, 1999

(21 contributions) ▪ Dossier *Démocratie locale*, *AJDA* 2018.1369 ▪ *Encyclopédie Dalloz des collectivités locales* ▪ *Le droit constitutionnel des collectivités territoriales* (8 contributions), *Cah. CC* 2002, n° 12, p. 86 et s. ▪ J. P. Duprat, « La prudente avancée du référendum local dans la loi organique du 1er août 2003 », *AJDA* 2003.1862 ▪ J.-Y. Faberon, J. Ziller, *Droit des collectivités d'outre-mer,* LGDJ, 2007 ▪ B. Faure, Droit des collectivités territoriales, Dalloz, Précis, 6e éd., 2021 ▪ « L'hypothèse des bases constitutionnelles de l'établissement public territorial », in *Mélanges Douence*, Dalloz, 2006. 156 ▪ J. Fersten-Bert, L. Touvet, C. Cornet, *Les grands arrêts du droit de la décentralisation*, Dalloz, 3e éd., 2006 ▪ J. Fougerousse, « La consécration constitutionnelle des régions françaises : l'émergence d'un modèle original intégré au concert européen », *RGCT* 2003, p. 611 ▪ O. Gohin, « L'évolution institutionnelle de la Nouvelle-Calédonie », *AJDA* 1999.500 ▪ O. Gohin, M. Degoffe, A. Maitrot de la Motte, Ch.-A. Dubreuil, *Droit des collectivités territoriales,* Cujas, 2e éd, 2015 ▪ J.-C. Groshens et J. Waline, « À propos de la loi constitutionnelle du 28 mars 2003 », *Mél. Paul Amselek*, Bruylant, 2005, p. 375 ▪ J.-C. Hélin, « Le contrôle des actes locaux en France », *AJDA* 1999.767 ▪ *Intercommunalité*, dossier n° spécial, *RGCT* 2000 ▪ *Juris-Classeur Collectivités territoriales* ▪ J.-F. Lachaume, *La commune*, LGDJ, 3e éd., 2007 ▪ « Le maire », *Pouvoirs*, 1983, n° 24 ▪ *La modernisation des collectivités territoriales. L'étape de la loi du 27 janvier 2014*, *RFDA* 2014. 457, dossier (4 contributions) ▪ « Les nouvelles libertés et responsabilités locales », *AJDA* 2004. 1960 (6 contributions), *AJDA* 2005. 121 (4 contributions) ▪ *Les nouvelles réformes des collectivités territoriales, RFDA* 2020. 1 et s. (3 contributions), 205 et s. (7 contributions), 983 et s. (7 contributions) ▪ *La loi MAPTAM*, dossier (13 contributions), *JCP* A 2014, n° 8 ▪ *La loi NOTRe*, dossier (8 contributions), *RFDA* 2016. 417 et 645 ▪ *Loi NOTRe : un vrai big bang territorial ?*, dossier (4 contributions), *AJDA* 2015.1897 ▪ *Loi NOTRe*, dossier (18 contributions), *JCP* A, n° 38-39., 21 sept. 2015, n° 2264 et s. ▪ *Loi relative aux libertés et responsabilités locale*s, *JCP* A 2005. 1 (16 contributions) ▪ *La loi de réforme des collectivités territoriale*s, dossier (4 contributions), *AJDA* 2011. 74 ▪ *La réforme des collectivités territoriale*s, dossier (6 contributions), *RFDA* 2011. 225 ▪ *Réforme des collectivités territoriales*, dossier *JCP* A 2011, n° 2 (10 contributions) ▪ *Le prélude de la réforme territoriale ?*, dossier (5 contributions), *AJDA* 2014. 600 ▪ Y. Luchaire, « La persistance de la tutelle dans le droit des collectivités territoriales », *AJDA* 2009.1134 ▪ G. Marcou, « La réforme de l'intercommunalité : quelles perspectives pour les agglomérations urbaines ? », *AJDA* 2002.305 ; « Le bilan en demi-teinte de l'Acte II. Décentraliser plus ou décentraliser mieux ? » ▪ « L'État et les collectivités territoriales : où va la décentralisation ? », *AJDA* 2013. 1556 ▪ P. Mauroy (rapport), *Refonder l'action publique locale*, doc. fr., 2000 ▪ F. Moderne (sous la dir.), *La nouvelle décentralisation*, Sirey, 1983 ▪ *Les nouvelles compétences locales*, Economica, 1985 ▪ *Le nouveau statut de la Corse*, 6 contributions, *RFDA* 2002.459 et s. et 685 et s. ▪ J.-C. Némery, *Quelle nouvelle réforme pour les collectivités territoriales ?*, L'Harmattan, GRALE, 2010 ▪ J.-M. Ohnet, *Histoire de la décentralisation française*, Le Livre de Poche, 1996 ▪ *L'organisation décentralisée de la République*, *RFDA* 2003. 661 (4 contributions) ; *RFDA* 2004. 7 (5 contributions) ▪ « Paris : ville et département ou ville-département », *AJDA* 2009. 1348 (4 contributions) ▪ *Le statut de Paris après la loi du 28 févr. 2017*, dossier (5 contributions), *AJDA* 2017. 1033 ▪ « Paris » (dossier, 3 contributions), *RFDA* 2017. 619 ▪ J.-M. Pontier, *La région*, Dalloz, 1998 ▪ *Quel avenir pour le département ?*, dossier (5 contributions), *AJDA* 2011. 1817 ▪ B. Rémond, *La fin de l'État jacobin*, LGDJ, 1998 ; *La région : une unité politique d'avenir*, Montchrestien, coll. « Clefs », 1999 ▪ *La réforme de l'intercommunalité*, Annuaire coll. locales, 2000 (12 contributions) ▪ A. Roux, *Droit constitutionnel local*, Economica, 1995 ▪ O. Tambou, « Les collectivités locales face aux normes

techniques », *AJDA* 2000. 205 ▒ *La révision constitutionnelle sur la décentralisation* (6 contributions), *AJDA* 2003.522 et s. ▒ M. Rousset, *L'action internationale des collectivités locales*, LGDJ, 1998 ▒ S. Soleil et L. Jaume, « Centralisation/Décentralisation, retour sur quelques certitudes historiques », *AJDA* 2005. 760 ▒ A. Terrazzoni, *La décentralisation à l'épreuve des faits*, LGDJ, 1987 ▒ *Trente ans de décentralisation*, dossier (5 contributions), *AJDA* 2012. 738 ▒ M. Verpeaux, *Histoire de la décentralisation*, PUF, 1993 ▒ L. Janicot, M. Verpeaux, *Droit des collectivités territoriales*, LGDJ, 1re éd., 2019 ▒ *Les collectivités territoriales en France*, Dalloz, 5e éd., 2015.

DEUXIÈME PARTIE
LE DÉROULEMENT DE L'ACTION ADMINISTRATIVE

366 **Plan. –** L'administration, dans le cadre défini par les sources du droit administratif et en recourant à l'appareil bureaucratique qui la caractérise, intervient pour satisfaire les besoins collectifs de la population. Elle doit ainsi poursuivre des finalités d'intérêt général, dans le cadre de ses missions de service public où la police joue un rôle spécifique (Sous-partie 1). Pour ce faire, en raison du principe de l'adéquation des moyens aux fins, elle dispose, hors des cas d'éventuelle application du droit privé, de pouvoirs particuliers, étudiés ici sous le seul angle des actes juridiques, mis en œuvre dans l'exercice des compétences (Sous-partie 2).

Sous-partie 1
LES FINALITÉS DE L'ACTION ADMINISTRATIVE

367 **Distinction police administrative-service public. –** L'activité de l'administration est tout entière tournée vers l'accomplissement de sa mission d'intérêt général. Mais cette mission même peut être conçue de façon différente. Elle peut se limiter à la finalité première et la plus fondamentale des entités publiques, qui est de faire respecter l'ordre public, aussi bien dans sa composante interne (sécurité intérieure) qu'externe (défense nationale). L'État, au sens moderne du terme, ne peut se concevoir hors de cette fonction sans laquelle toute vie sociale serait impossible. L'intervention de la *police administrative* pour protéger, sur le plan interne, l'ordre public, en réglementant la conduite des membres de la collectivité est donc, dans l'État libéral, indispensable de ce point de vue, pour permettre l'exercice des libertés fondamentales. Au-delà, l'administration assure d'autres missions, non plus de discipline sociale, mais de *service public*, en fournissant des prestations matérielles, avec, ici, de considérables variations dans le temps comme dans l'espace (v. *supra*, n° 9). Historiquement, l'enseignement comme le secours aux « pauvres » et les soins aux malades, qui constituent parmi les services publics les plus primordiaux aujourd'hui, ont été pris en charge pour l'essentiel par l'Église, à partir du Moyen Âge. Ce n'est qu'à la suite de la Révolution que s'est engagé un mouvement progressif de laïcisation et de transfert de telles activités à l'administration. C'est d'ailleurs un mérite de la construction européenne d'avoir fait comprendre que le champ du service public n'est pas fixé une fois pour toutes dans le marbre mais varie selon les États, en fonction de leurs traditions administrativo-juridiques.

Police et service public semblent donc s'opposer clairement. La première, dans sa composante la plus générale, est obligatoire en toute hypothèse dans l'État moderne, le second a un champ d'intervention variable et contingent, et les finalités (assurer la discipline sociale dans un cas, procurer certains services à la population) comme les procédés (réglementation d'une part, prestations de l'autre) paraissent distincts.

368 **Lien police administrative-service public. –** Pourtant, la distinction est beaucoup moins nette qu'il n'y paraît : les deux fonctions sont étroitement liées.

Comment le service public, au sens strict, pourrait-il exister sans que l'ordre public soit garanti ? Et la conception d'un État qui n'assurerait que l'ordre dans la société, si elle a pu être imaginée par certains penseurs ultralibéraux, n'a jamais correspondu à la réalité. Celui-ci est toujours intervenu à des degrés divers pour prendre en charge des activités de prestations, surtout en France où l'opposition traditionnelle entre État-gendarme et État-providence est largement inexacte. Depuis le XVIIe siècle, l'État a rempli ces deux fonctions. Aujourd'hui la complexité des sociétés contemporaines, notamment depuis la Première Guerre mondiale, a entraîné une intervention administrative sans cesse plus poussée, aussi bien en matière de réglementation d'ailleurs qu'en ce qui concerne l'étendue des services fournis. Et si la vague de déréglementation a conduit à une réduction du périmètre de la propriété publique en matière économique et au développement de mécanismes de régulation, elle n'a pas fondamentalement modifié, pour le reste, le champ de l'intervention étatique, ni remis en cause le recours aux techniques réglementaires.

Quant aux procédés, le service public recourt aussi à la réglementation interne et la police peut fournir des prestations (secours matériels aux blessés, par exemple). Dès lors, la police administrative apparaît comme un service public – pris au sens d'activité d'intérêt général assurée ou assumée par l'administration, et soumise à un régime propre – qui garde cependant, au sein de l'ensemble des services publics, toute sa spécificité en raison du but qu'elle poursuit : la protection de l'ordre public. La police administrative (Chapitre 2) est donc soumise à un régime juridique en partie distinct de celui des autres services publics (Chapitre 1).

CHAPITRE 1
LE SERVICE PUBLIC

369 **Différentes acceptions du mot. –** Le service public est un pavillon qui recouvre de multiples marchandises. Dans une première conception, qui correspond à son sens dans le langage commun, il vise une institution avec ses personnels, ses biens et ses matériels, voire son monopole. On parle ainsi du service public de l'Éducation nationale, de la Justice, de la Défense, etc. Le terme de service public est donc pris ici dans un sens organique. Cette identification entre l'institution administrative et le service public, même si elle conserve une large part de vérité, est simplificatrice : quelques – rares – activités des organes administratifs ne relèvent pas du service public (v. *supra*, n° 12), et à l'inverse, de nombreuses missions de service public sont prises en charge par des personnes privées (v. *supra*, n° 17 et s.). Le service public ne coïncide donc pas avec la personnalité publique.

Dans une approche matérielle, il se caractérise essentiellement par son but d'intérêt général, par le contenu de sa mission.

Enfin, le service public a été envisagé comme synonyme d'un régime juridique spécifique de droit administratif. Or les dispositions applicables aux services publics se sont fortement diversifiées, la part du droit privé pour certains d'entre eux étant considérable. Cependant, un minimum de règles communes, relatives en particulier aux obligations de service public, caractérise toujours celui-ci. De ce point de vue, il y a bien corrélation entre service public et régime juridique.

Avec ses multiples acceptions, régies par un droit en partie éclaté, la notion semble en crise. Quelle ligne de partage dresser, ainsi, dans nos sociétés contemporaines où tout s'interpénètre, entre les activités publiques et les activités privées ? Quels mécanismes juridiques mettre en œuvre pour atteindre la plus grande efficacité à la fois sociale et économique ?

370 **Rôle idéologique du service public. –** Le service public est ainsi au cœur d'un vaste débat idéologique qui porte sur le rôle même de l'État, sur ses fonctions-finalités.

Dès le Moyen Âge, dans le cadre de la philosophie thomiste (v. *supra*, n° 23) se fait jour l'idée que l'action des pouvoirs politiques doit être inspirée par le bien commun, qui constitue à la fois le fondement et la limite de leurs compétences. Le mot lui-même commence à être utilisé sous la Révolution, lors des débats parlementaires, où apparaît clairement la nécessité d'organiser des services publics, pris tant dans un sens organique que matériel. Au XIXe siècle, il est fréquemment utilisé par le Conseil d'État comme justification, en raison de son but, d'un droit administratif distinct du droit « commun », et de la compétence du juge administratif.

Cependant c'est avec Duguit, que la notion trouve sa cohérence comme explication globale du rôle de l'État avec ses conséquences pour l'action de l'administration. Aux conceptions allemandes qui considéraient l'État comme pouvoir, comme souveraineté pure qui n'est soumise au droit que parce qu'il l'accepte, l'idéologie du service public s'oppose en permettant, au début du XXe siècle en France, de limiter l'État par le droit, qui lui est extérieur. Celui-là ne saurait plus faire usage de la puissance pour la puissance ; s'il peut intervenir c'est parce que lui seul est à même de remplir cette mission obligatoire qui a des caractères objectifs tels « que son accomplissement doit être assuré, réglé et contrôlé par les gouvernants, parce que l'accomplissement de cette activité est indispensable à la réalisation et au développement de l'interdépendance sociale, et qu'elle est de telle nature qu'elle ne peut être réalisée complètement que par l'intervention de la force gouvernante »[1]. L'État, toujours selon Duguit, n'est ainsi qu'un faisceau de services publics. Limitation par le service public mais aussi, en même temps, légitimation. L'État ne disposant de la puissance que pour assurer les besoins collectifs, il a des titres pour réclamer l'obéissance de tous. L'idéologie du service public permet, de façon paradoxale, de justifier et de renforcer la puissance étatique. Elle conduit aussi à l'extension indéfinie des missions de l'administration exigées par la solidarité sociale, au renforcement du rôle des organismes publics et à la mise en place d'un régime exorbitant (monopole, large part du financement public, recours aux procédés de droit public – agents fonctionnaires ou au statut proche, comptabilité non commerciale, etc.).

Il y a, ainsi, une conjonction unique en Europe, entre la légitimation idéologique du rôle de l'État, la mission à accomplir et sa prise en charge par l'administration publique appliquant un droit spécifique. La coïncidence des aspects matériel et, dans une large mesure, organique et juridique est significative du « *service public à la française* », d'un système d'une parfaite cohérence, ce qui explique l'ampleur des débats lors des évolutions politiques et juridiques postérieures.

Les autres pays d'Europe ont certes, eux aussi, été confrontés à l'accroissement des besoins collectifs et par voie de conséquence de l'intervention publique. Ils y ont répondu de façon beaucoup plus pragmatique, sans que soit élaborée une théorie générale transcendant la diversité des situations. Ainsi en Allemagne, se contente-t-on de distinguer au sein des fonctions de l'État les services marchands, soumis à des corps de règles très variables de droit public ou privé selon la volonté de l'administration, des services non marchands – activités « administratives classiques » – qui relèvent toutes du droit administratif. En Grande-Bretagne, il existe aussi des « *publics utilities* » qui remplissent différentes fonctions de ce type, notamment pour les services en réseau, mais qui sont conçus essentiellement dans une optique « consumériste » au regard des prestations qu'ils fournissent aux

1. DUGUIT, *Traité de droit constitutionnel,* 3e éd., 1928, T. II, 61.

usagers. La diversité des régimes est là encore extrême, sans que des principes communs puissent être dégagés et qu'une théorie unificatrice ait été construite.

371 **Critiques libérales du service public. –** L'extension infinie du service public a été l'objet de virulentes critiques. Critiques *philosophiques* tout d'abord. Loin d'y voir un facteur de limitation et d'encadrement de la puissance publique, le service public est apparu comme un vecteur de l'idéologie socialisante, et donc un danger pour les libertés individuelles. En France, le débat a atteint son apogée dans les années 1983-1984 lors du projet d'unification des écoles publiques et privées[2].

Critique aussi sur le plan *économique*. Le rôle sans cesse croissant de l'administration publique a pu engendrer des phénomènes de bureaucratisation, d'augmentation immodérée des dépenses publiques et, par voie de conséquence, des prélèvements obligatoires. Le service public est apparu comme non compétitif, d'une faible productivité et surtout, ce qui est en définitive le plus grave, comme n'étant plus au service du public, mais à son propre service ou à celui de ses agents. Les usagers eux-mêmes ont pu en venir à contester le service public.

372 **Évolutions. –** Liées à la montée en puissance des idéologies néolibérales, des transformations politiques et juridiques majeures se sont produites. Le champ d'intervention du service public a, sous l'effet de multiples forces, été redéfini. Les politiques de déréglementation et d'ouverture à une concurrence régulée ont transféré au secteur privé des pans entiers d'activités, autrefois gérés exclusivement par les services publics marchands, dans le cadre de réseaux nationaux (en matière de transports aériens ou de télécommunications), au nom d'une plus grande efficacité attendue des entreprises, mieux capables de répondre aux besoins des usagers. Même pour les services restés dans le giron administratif, d'importantes modifications ont eu lieu, quant aux méthodes de gestion et aux procédés utilisés.

Cette évolution a été renforcée, sur le plan juridique, tant par l'apparition du contrôle de constitutionnalité de la loi qui a conduit à une redéfinition du domaine du service public que par la *construction européenne*. Le traité de Rome, dans sa conception initiale, a organisé le Marché commun autour des principes de concurrence, sans se préoccuper de la question du service public, notamment parce que les États fondateurs n'avaient pas conscience des effets induits d'une telle construction sur ceux-ci. Il ne comporte pas le mot même de service public, sauf dans l'article 73[3] et l'ignore même en principe puisqu'il ne s'applique qu'aux entreprises. Seules certaines règles concernent les entreprises qui gèrent un *service d'intérêt économique général*. Mais, en introduisant de nombreux mécanismes destinés à assurer une réelle concurrence au sein du Marché commun, le traité a entraîné, par ricochet, un profond réexamen du fonctionnement de certains services publics.

2. V. not. les critiques de P. Delvolvé (« Service public et libertés publiques », *RFDA* 1985.1), la réponse d'E. Pisier *in Pouvoirs* 1986, n° 36, p. 143 et l'article de S. Regourd, « Le service public et la doctrine : plaidoyer pour un procès en cours », *RDP* 1987.5 et s.

3. Dans le domaine des transports publics, « sont compatibles avec le présent Traité les aides (...) qui correspondent au remboursement de certaines servitudes inhérentes à la notion de service public ».

373 **Plan.** – Dans le cadre de ces discussions, comment le droit régit-il, encadre-t-il la politique que peuvent mener les différentes autorités administratives pour assurer leurs missions de service public ? Si la notion de service public, en raison de sa plasticité même, n'a pas été modifiée (Section 1), des évolutions se sont produites sur de nombreux autres points. Le champ du service public a dû être précisé sous la double influence du contrôle de constitutionnalité et du renforcement des obligations liées au droit de la concurrence (Section 2). De même, les transformations des modes d'intervention de l'administration dans ses différents domaines, à l'heure où des interrogations se font jour sur l'efficacité du service public, ont conduit à de nouvelles réflexions quant aux modes de gestion du service (Section 3). Enfin le régime juridique du service, après avoir été presque intégralement de droit public, avait trouvé un nouvel équilibre à partir de 1921 (arrêt *Bac d'Eloka*, v. *supra*, n° 37). Outre des dispositions communes – les lois du service – des règles distinctes s'appliquaient aux services publics administratifs d'une part et aux services publics industriels et commerciaux de l'autre. En raison de la construction communautaire notamment, d'autres distinctions sont apparues, et les lois du service public ont même été l'objet de débats renouvelés (Section 4).

SECTION 1 **LA NOTION DE SERVICE PUBLIC**

374 **Plan.** – Comment caractériser le service public, qui, malgré la diversité de ses sens, reste une notion clef du droit administratif (v. *infra*, n° 573 et s., 517 et s., 641 et s., 790 et s.) ? En s'inspirant de la définition de R. Chapus, le service public, au sens matériel du terme qui joue un rôle essentiel, apparaît comme « une activité d'intérêt général assurée ou assumée par l'administration »[4], prise au sens organique. Le droit français, loin de la conception duguiste d'un service public existant objectivement, s'attache, en effet, dans une optique subjective, à la volonté du législateur ou de l'administration. Il faut qu'une activité d'intérêt général (§ 1) ait été érigée en service public, ce qui suppose une prise en charge par l'administration (§ 2), et qu'existe un certain régime qui permette de détecter cette volonté (§ 3).

Le droit de l'Union européenne adopte d'ailleurs une définition semblable à propos des *services d'intérêt général* qui « désignent des activités de service, marchand ou non, considérées comme d'intérêt général par les autorités publiques », quel que soit le statut, public ou privé, de celui qui les met en œuvre[5].

4. « Le service public et la puissance publique », *RDP* 1968.239.

5. Communication de la commission au Parlement européen du 20 sept. 2000 : « Les services d'intérêt général en Europe » (COM 2000.580), Site Internet « eur-lex ».

§ 1. L'INTÉRÊT GÉNÉRAL

375 **Conceptions possibles. –** Il n'y a service public que s'il y a intérêt général, mais cette notion, à son tour éminemment idéologique car permettant de légitimer l'intervention publique, est très délicate, voire impossible à définir. Deux conceptions s'affrontent de ce point de vue. Dans une vision *utilitariste*, correspondant à l'idéologie anglo-saxonne notamment, il n'y a mise en commun, limitée et spontanée, que de ce qui est nécessaire pour permettre à chacun de réaliser ce qui est dans son propre avantage. Il apparaît « comme la somme algébrique des intérêts individuels »[6]. Selon une autre approche, *volontariste*, l'intérêt général transcende la somme des intérêts spécifiques des groupes ou des personnes. Dans une conception rousseauiste, il est dès lors révélé, conformément à la volonté générale, par la seule puissance publique en fonction des besoins de la collectivité tout entière et imposé d'en haut à celle-ci. L'intérêt général, au-delà de la tradition chrétienne du bien commun, acquiert une dimension républicaine et démocratique, conforme à l'appréhension française du rôle de la loi et du pouvoir politique. La conception volontariste a toujours été prédominante en France, même si elle a pu faire l'objet de profondes évolutions.

376 **Activités « naturelles » de l'administration publique. –** Pendant longtemps, à l'époque de ce que l'on appelle pour simplifier l'État gendarme, seules certaines activités restreintes semblaient relever de l'intérêt commun (missions de souveraineté, quelques interventions en matière sociale et éducative ou de construction d'équipements publics nécessaires au développement de la production).

L'État ne paraissait pouvoir agir en d'autres domaines, car c'eût été pénétrer dans la sphère réservée, par nature, aux personnes privées. Hauriou considérait ainsi que « si l'État entreprend de satisfaire, en plus des intérêts politiques dont il a naturellement la charge, des intérêts d'ordre économique, si des entreprises agricoles ou industrielles deviennent des membres de l'État, [...] nous disons que c'est grave, parce qu'on nous change notre État »[7]. Et, dans l'arrêt *Dame Mélinette* par exemple[8], à propos du service d'enlèvement d'ordures ménagères, le Tribunal des conflits fait référence à ces conceptions en évoquant les « fonctions ne rentrant point, comme c'est le cas en l'espèce, dans les attributions exclusives de la puissance publique ». Mais cette approche n'a jamais réellement correspondu à l'état du droit positif. Les interventions considérées comme d'utilité collective ont toujours dépassé ce stade, et la vision d'un intérêt général dont la nature serait immuable, rejetée.

377 **Détermination de l'intérêt général. –** Dès lors, la caractérisation de cet intérêt résulte d'une démarche en deux temps.

6. « L'intérêt général », Rapport du Conseil d'État, *EDCE*, 1998.253.

7. Note sous **T. confl., 9 déc. 1899, *Ass. Synd. du canal de Gignac***, S. 1900.3.49. V. aussi note sous CE, 7 avr. 1916, *Astruc*, S. 1916-3-41 (refus par Hauriou de voir dans les activités de spectacles et de théâtre un service public, faute d'intérêt public, alors que le juge se contente d'observer qu'il n'y a pas « eu volonté d'organiser un service public artistique à la portée de tous »).

8. T. confl., 11 juill. 1933, R. 1237, concl. E. Rouchon-Mazerat. V. aussi concl. P. Matter sous T. confl., 22 janv. 1921 (*bac d'Eloka*, v. *infra*, n° 434).

1°) Dans une première approche *subjective*, qui est primordiale, l'intérêt général est le résultat d'un *choix* effectué par les pouvoirs publics ; par la Constitution elle-même dans certains cas, le plus souvent par le législateur ou l'administration. Il peut s'agir d'une définition quelque peu abstraite de ce qui est nécessaire pour la collectivité tout entière et/ou d'un arbitrage entre des intérêts contradictoires (concilier la défense de la nature et le développement de l'économie, accorder les intérêts respectifs des diverses entités territoriales ou catégories sociales, etc.). Dès lors, toutes sortes d'activités ont été progressivement reconnues d'intérêt général, loin des limites supposées de l'action étatique. L'évolution a été ainsi particulièrement nette dans le domaine culturel, où, dès 1923, dans la jurisprudence du Conseil d'État, l'activité théâtrale est considérée comme d'intérêt général[9], de même que, par la suite, la mise en valeur et l'ouverture à la visite d'un cimetière médiéval[10] ou l'organisation de représentations cinématographiques en plein air[11].

Ainsi, à l'heure actuelle, il est d'intérêt général de répondre aux besoins collectifs de la population, par une action des pouvoirs publics, dans de multiples domaines. Il s'agit ainsi d'assurer la cohérence sociale (lutte contre les inégalités, action sanitaire et sociale, accès à l'éducation, à la culture, au sport, etc.) et territoriale (équipement équilibré du territoire national sur toutes ses parties, réseaux de communication et de distribution de l'énergie, politique urbaine), la poursuite d'objectifs économiques (organisation et régulation du marché, politique de développement industriel) ou la sauvegarde du patrimoine commun de la Nation, en ses différentes dimensions (écologique, culturelle), etc.

2°) À cette approche subjective, s'en ajoute une seconde, *objective*, et subsidiaire, qui s'interroge sur la *nature* – contingente et non immuable – de l'intérêt en cause. Quand il n'est pas possible de déterminer si les pouvoirs publics considèrent l'activité comme d'intérêt général ou, le cas échéant quand le choix de l'administration paraît en contradiction avec la conception que s'en fait le juge (v. par ex. *infra*, n° 393), celui-ci statue en fonction des représentations sociales propres à chaque époque. Le caractère essentiellement désintéressé de l'activité, lié à la garantie d'une prise en compte d'objectifs à long terme profitables à la collectivité, constitue le critère de reconnaissance d'une telle mission[12]. Ainsi n'est pas d'intérêt général, car à objet financier, sans qu'il y ait une volonté éducative ou culturelle par ailleurs, l'organisation des jeux de hasard, « en raison de leurs caractéristiques générales »[13]. De même, la gestion du domaine privé de l'administration n'est pas

9. CE, 27 juill. 1923, *Gheusi*, *RDP* 1923.560, concl. E. Rouchon-Mazerat (Opéra-Comique). Comp. avec CE, 7 avr. 1916, *Astruc*, préc.

10. CE, ass., 11 mai 1959, *Dauphin*, R. 294 ; S. 1959.117, concl. H. Mayras (à propos du cimetière des Alyscamps à Arles).

11. CE, sect., 12 juin 1959, *Synd. Exploitants cinématographie de l'Oranie*, R. 363, *AJDA* 1960.2.86, concl. H. Mayras.

12. Par ex. CE, sect., 17 déc. 1997, *Ordre des avocats à la cour de Paris*, R. 491, *AJDA* 1998.362, concl. J.-D. Combrexelle : « la mise à disposition de l'ensemble des données publiques notamment de [celles] dont la diffusion ne serait pas *économiquement viable* (...) constitu[e] par nature une mission de service public au bon accomplissement de laquelle il appartient à l'État de veiller ».

13. CE, sect., 27 oct. 1999, *Rolin*, R. 327, concl. A. Daussun (à propos de l'organisation des jeux de hasard par la « Française des Jeux ») ; en même sens CE, 7 juin 1999, *Synd. hippique national*, *RFDA* 1999.887 (pour les courses de chevaux ; l'article 65 de la loi du 12 mai 2010 décide toutefois que les sociétés de courses de chevaux participent à une mission de service public). Comp. CE, 25 mars 1966, *Ville*

considérée comme un service public. Le but premier de cette gestion est en effet aux yeux du juge, pour l'essentiel, d'exploiter la propriété, dans une logique purement financière comme le ferait un simple particulier. On est donc en présence, selon la jurisprudence, et aussi curieux que cela puisse paraître, d'une intervention des organes administratifs, non fondée sur l'intérêt général[14].

378 **Activités « mixtes ».** – La société contemporaine se caractérise cependant par une imbrication des interventions publiques et privées et des objectifs poursuivis. Comment apprécier ainsi le rôle des fédérations sportives ? Tant qu'il s'agit de favoriser le développement du sport d'amateurs, d'avoir une action « socioculturelle et d'éducation populaire »[15], le but d'intérêt général est évident, mais qu'en est-il pour l'organisation des compétitions de sport professionnel où l'argent fait la loi ? Pourtant, après l'avoir refusé en 1965[16], le Conseil d'État a admis que les fédérations sportives remplissaient une mission de service public, y compris lorsqu'elles organisent de telles compétitions, sans doute en raison de leur caractère récréatif par ailleurs[17].

De même, les services publics industriels et commerciaux sont consubstantiellement écartelés entre la nécessité d'agir selon une logique financière et la réalisation de leur mission de service public. Et dans bien des domaines la poursuite par l'administration d'un intérêt financier, complémentaire, est admise, dans la gestion du domaine public par exemple. Enfin, des opérations peuvent être d'intérêt général, bien qu'elles concourent aussi à la satisfaction d'intérêts privés, comme la réalisation d'une vaste zone d'aménagement pour y accueillir Disneyland Paris[18] ou la construction d'une nouvelle route destinée à desservir les usines Peugeot[19].

Dans toutes ces hypothèses, l'activité est pourtant considérée comme d'intérêt général, car la prise en compte des considérations financières, la recherche d'un profit ou les avantages dont bénéficient des personnes privées, n'interviennent qu'*à titre accessoire*, complémentaire et non comme finalité exclusive de l'action administrative.

§ 2. LA PRISE EN CHARGE PAR UNE PERSONNE PUBLIQUE

379 **Activités assurées ou assumées.** – Il ne suffit pas que l'activité en cause soit reconnue d'intérêt général pour qu'il y ait service public. Encore

de Royan, R. 237 (est d'intérêt général l'institution d'un casino, où les jeux, avec de *nombreux autres spectacles*, concourent à l'animation touristique de la station balnéaire) et, précisant que les jeux de casino ne constituent pas par eux-mêmes un service public, CE, 19 mars 2012, *SA groupe Partouche*, n° 341562.

14. Cf. concl. Gomel sur CE, 4 avr. 1884, *Barthe*, R. 279 (travaux réalisés sur le domaine privé qui « sont d'une utilité non pas générale mais privée ») ; T. confl., 18 juin 2001, *Lelaidier c/Ville de Strasbourg*, R. 743.

15. Concl. J.-F. Théry sur CE, sect., 22 nov. 1974, *Féd. des industries fr. d'articles de sport*, R. 576.

16. CE, ass., 26 févr. 1965, *Soc. Vélodrome du parc des Princes*, R. 133, *RDP* 1965.506, concl. L. Bertrand.

17. V. not. CE, sect., 22 nov. 1974, préc. (solution applicable pour l'ensemble des sports. V. les références citées, n° 479 et s.).

18. CE, 23 mars 1992, *M. Jean Martin*, R. 130.

19. CE, 20 juill. 1971, *Ville de Sochaux*, R. 561.

faut-il qu'elle soit rattachée organiquement à une personne publique, qui est toujours responsable de la création et de l'organisation du service public.

Cette prise en charge peut être *directe*, quand celle-là assure le service en régie ou dans le cadre d'un organisme spécialisé de droit public.

Elle est *indirecte* si la personne publique l'assume, en contrôlant étroitement l'activité des organismes privés qui interviennent. Comment distinguer, dès lors, les véritables services publics des nombreuses activités d'intérêt collectif assurées par des personnes morales privées à but non lucratif comme celles, en particulier, des associations ou fondations reconnues d'utilité publique intervenant en matière caritative ou pour concourir à la protection de la nature, du patrimoine, de la langue française, etc. ? Comment déterminer, au sein des entreprises publiques, qui sont le plus souvent des personnes privées, celles qui gèrent un service public et celles qui, bien qu'ayant une mission d'intérêt général, puisque concourant au développement industriel, n'en gèrent pas ? Comment, le cas échéant, déterminer au sein d'une entité ce qui relève du service public et ce qui n'en relève pas ? Comment, enfin, caractériser le degré suffisant d'intervention de l'administration pour qu'il y ait service public ? Pour ce faire, en l'absence de précisions claires dans les textes sur la volonté des pouvoirs publics, le juge s'interroge sur le rôle exact de l'administration. Quelques distinctions sont nécessaires à cet égard. Ordinairement, le service public géré par une personne privée lui a été délégué par la collectivité publique qui en a décidé la création et c'est l'existence d'une telle délégation, soit unilatérale soit contractuelle que le juge recherche. Mais il peut se rencontrer des « services publics d'initiative privée » dans lesquelles l'intervention de l'administration, toujours présente, ne s'analyse pas en une délégation.

380 **Habilitations unilatérales. –** Les conditions auxquelles la mission qu'un acte unilatéral – loi ou décision administrative – a confiée à un organisme privé peut être qualifiée de service public ont été déterminées par une jurisprudence que l'arrêt *Association du personnel relevant des établissements pour inadaptés (APREI)*[20] est venu récemment synthétiser et préciser. Plusieurs cas doivent être distingués. Le premier est celui où le « législateur a lui-même entendu reconnaître ou, à l'inverse, exclure l'existence d'un service public ». Le juge ne peut alors que prendre acte de cette qualification législative, dans l'identification de laquelle il peut toutefois avoir une part non négligeable lorsque la volonté du législateur est demeurée implicite. Dans le silence de la loi, une mission d'intérêt général confiée à un organisme privé sera reconnue comme un service public si, comme la jurisprudence *Narcy*[21] l'avait déjà affirmé, son rattachement à une personne publique ressort de deux éléments. Le premier, invariablement exigé, est

20. CE, sect., 22 févr. 2007, *AJDA* 2007, p. 793, chr. C. Landais et J. Boucher, *JCP* A 2007.2066, concl. C. Vérot, note M.-C. Rouault et 2145, note G. Guglielmi et G. Koubi, *JCP* G 2007.I.166, chr. B. Plessix, *RFDA* 2007, p. 803, note C. Boiteau ; et, pour une application, CE, 5 oct. 2007, Soc. UGC Ciné-Cité, *AJDA* 2007. 2260, note J.-D. Dreyfus, *BJCP* 2007. 483, concl. D. Casas, *JCP* A 2007, n° 46, p. 38, note F. Linditch, *RJEP* 2008 27, note Moreau.

21. CE, sect., 28 juin 1963, *Narcy*, R. 401, en même sens. CE, 22 avr. 2000, *Lasaulce*, *BJCP* 2000.252, concl. H. Savoie (existence d'un service public du dépannage sur les autoroutes, en raison de la mission d'intérêt général en cause, du contrôle de la puissance publique, et des prérogatives de puissance publique confiées aux sociétés agréées).

l'existence d'un contrôle de l'administration qui peut porter sur la création de l'institution considérée (qui résulte d'une initiative publique), ses organes (désignation des dirigeants par l'administration ou avec son agrément), sa gestion (existence de pouvoirs de tutelle sur les actes et d'aides financières publiques notamment). Le second, dont la présence n'est toutefois pas indispensable (v. *infra*, n° 383) est l'existence de prérogatives de puissance publique déléguées à l'organisme privé.

381 **Délégations contractuelles. –** Les mêmes éléments sont utilisés quand l'activité d'intérêt général à qualifier a été confiée à une personne privée par un contrat. L'existence d'un contrôle permettant de caractériser la volonté de l'administration de créer un service public[22] et la détention de prérogatives de puissance publique par le cocontractant (qui n'est pas davantage indispensable ici, v. *infra*, n° 383) seront alors déterminées à partir des stipulations du contrat, sans qu'il soit interdit au juge de prendre en compte des données extérieures à ce dernier dès lors qu'elles sont révélatrices de l'intention des parties (ou, plutôt de celle de l'administration)[23]. Il ne s'ensuit pas que l'identification du service public soit toujours aisée. Ainsi, le contrôle de l'administration peut notamment découler du fait que le contrat impose au cocontractant des obligations de service public, qu'il peut être délicat de distinguer d'autres obligations, également prescrites dans l'intérêt général, comme celles qui se rencontrent dans les conventions d'occupation du domaine public[24].

382 **« Services publics d'initiative privée ». –** Ici, l'ordre normal des interventions respectives de l'administration et de l'organisme privé s'inverse. Une personne privée prend l'initiative de créer une activité d'intérêt général que l'administration transforme ultérieurement en service public en exerçant « un droit de regard sur son organisation et, le cas échéant, [en lui accordant] des financements »[25]. La Cinémathèque française offre un exemple topique de cette situation rare[26]. Comme on le voit, dans ce cas, ni l'exigence d'un lien du service public avec une personne publique, ni les critères de l'identification de ce lien ne sont affectés. Mais on ne saurait parler de délégation de service public, ce qui implique notamment que le contrat de subventionnement liant l'administration à l'organisme privé n'est pas

22. Selon l'expression de CE, sect., 3 déc. 2010, *Ville de Paris et Assoc. Paris Jean-Bouin*, *AJDA* 2011. 21, note E. Glaser, *BJCP* 2011. 36, concl. N. Escaut, *Dr. adm.* 2011, comm. 17, note F. Brenet et F. Melleray, *JCP* A 2011, n° 5, p. 41, note C. Devès ; ensuite, dans le même sens, CE, 23 mai 2011, *Cne de Six fours les plages*, *AJDA* 2011. 1515, note J.-D. Dreyfus.

23. CE, sect., 3 déc. 2010, *Ville de Paris et Assoc. Paris Jean-Bouin*, préc.

24. Comp., à propos de la nature juridique du contrat par lequel la Ville de Paris a concédé à une association l'exploitation du stade Jean Bouin, CAA 25 mars 2010, *Assoc. Paris Jean-Bouin et Ville de Paris*, *AJDA* 2010. 77, note Lelièvre, *BJCL* 2010. 339, concl. Descous-Gatin, note M. D. (contrat de délégation de service public) et CE, sect., 3 déc. 2010, *Ville de Paris et Assoc. Paris Jean-Bouin*, préc. (contrat d'occupation du domaine public).

25. CE, sect., 6 avr. 2007, *Commune d'Aix-en-Provence*, *AJDA* 2007.1020, chr. F. Lénica et J. Boucher, CMP, juin 2007, n° 151, note G. Eckert, *CP-ACCP* 2007, n° 68, p. 45 et 64, notes Proot, *Dr. adm.* juin 2007, n° 95, note M. Bazex et Blazy, *JCP* A 2007.2111, note M. Karpenschif, 2125, note F. Linditch, 2128, note J.-M. Pontier, *JCP* 2007.I.166, chr. Plessix et II.10132, note Karpenschif, *RFDA* 2007, p. 812, concl. F. Séners, note J.-C. Douence.

26. CE, avis du 18 mai 2004, n° 370.169, *EDCE*, 2005, p. 185, *BJCP* 2005 n° 40, p. 213, note Ch. M.

un contrat de délégation et n'a donc pas à respecter les règles de passation de ces contrats (sur lesquelles v. *infra*, n° 784).

§ 3. LES CARACTÉRISTIQUES DU RÉGIME

383 Il peut sembler surprenant que le régime, qui est une conséquence de la reconnaissance d'une notion, participe à l'identification de celle-ci. Mais l'examen du régime, qui est surtout nécessaire en cas d'intervention d'un organisme privé en dehors de toute délégation par voie contractuelle, intervient à titre d'*indice de la volonté* des pouvoirs publics. Ce régime ne consiste plus, comme avait pu le concevoir l'école du service public, en l'application automatique et générale du droit administratif, alors que le droit privé est désormais mis en œuvre dans certaines hypothèses. Il s'agit d'un minimum de règles communes à tous les services. Conférer certaines prérogatives de puissance publique et/ou imposer des obligations orientées justement vers les prestations garanties traduisent l'existence du service public.

1°) La détention ou non de *prérogatives de puissance publique* constitue un critère particulièrement significatif qui permet d'opposer simples activités d'intérêt général et service public.

Ainsi, une association d'agriculteurs, dont l'objet est de réguler le cours des fruits produits, n'accomplit pas une mission de service public. Même si elle a une réelle activité d'intérêt général, si elle est agréée par le ministère ce qui lui confère certains avantages financiers, si elle est soumise à son contrôle, si, enfin, elle est à même d'exiger de ses membres des cotisations obligatoires, elle ne dispose pas de prérogatives de puissance publique dans la mesure où elle n'a aucun monopole et où son action ne s'impose qu'aux producteurs qui y ont volontairement adhéré[27]. Toute autre serait la situation si son intervention était obligatoire, même pour ceux qui ne souhaitaient pas en bénéficier (v. *infra*, n° 602 pour les fédérations sportives).

Néanmoins, un organisme de droit privé, qui ne détient pas de prérogatives de puissance publique, peut être regardé comme gérant un service public, non seulement quand cette solution découle de la loi mais aussi quand il est soumis à un contrôle particulièrement étroit de l'administration. Ainsi, une association paramunicipale, qui apporte son concours aux acteurs de la vie culturelle dont le personnel et les ressources sont entièrement communaux, apparaît comme un simple « prolongement » de la commune ; elle gère un service public qu'elle dispose ou non de prérogatives de puissance publique[28]. L'arrêt APREI[29] confirme et précise cette possibilité en admettant, de manière générale, qu'en l'absence de prérogatives de puissance publique, un organisme privé sera considéré comme chargé d'un service public dans le cas où « eu égard à l'intérêt général de son activité, aux conditions de sa création, de son organisation ou de son fonctionnement, aux obligations qui lui sont imposées ainsi qu'aux mesures prises pour vérifier que les objectifs qui lui

27. CE, sect., 21 mai 1976, *GIE Brousse-Cardell*, R. 268 ; *AJDA* 1977.42, concl. S. Grévisse.

28. CE, 20 juill. 1990, *Ville de Melun*, R. 220, *AJDA* 1990.820, concl. M. Pochard. En même sens, T. confl., 6 nov. 1978, Bernardi, R. 652 (en vertu des termes mêmes de la loi, une clinique privée de traitement des malades mentaux gère « une mission de service public qui ne lui confie aucune prérogative de puissance publique »).

29. CE, sect., 22 févr. 2007, préc. *supra*, n° 380.

sont assignés sont atteints, il apparaît que l'administration a entendu lui confier une telle mission »[30].

2°) La place des *obligations* de service public, égalité et continuité notamment, les « lois » qui doivent être respectées (v. *infra*, n° 458 et s.) est aussi fondamentale. Ceci explique que l'intervention de nombreuses entreprises publiques ne relève pas du service public. Ainsi, Renault, les banques nationalisées, les entreprises de recherche pétrolière (Elf, Total), ou celles de défense (Thomson-CSF devenue Thalès, Aérospatiale, désormais Airbus), n'ont jamais constitué un service public. Certes, le bon approvisionnement en pétrole de la France, par exemple, ou la mise en place d'un puissant réseau d'établissements financiers présente un incontestable intérêt général. Mais les pouvoirs publics n'avaient pas entendu confier à ces entreprises des missions autres que purement commerciales, ne les soumettant ni à des obligations non rentables de service public, ni à un régime de gestion distinct, y compris sur le plan juridique, de celui des entreprises du secteur concurrentiel à capitaux purement privés.

SECTION 2 LE CHAMP DES SERVICES PUBLICS

384 **Plan. –** En droit français, la création (ou la suppression) du service public résulte d'un acte de volonté formel des autorités publiques. Toute autre solution, et notamment la thèse du *service public virtuel* ont été rejetées. La jurisprudence admet certes, dans un cas de figure très particulier, que l'autorisation unilatérale donnée à certaines personnes privées pour exercer sur le domaine public des activités d'intérêt général peut être subordonnée à l'accomplissement de véritables « obligations de service public », en dehors de toute création expresse du service[31]. Le service public est ainsi virtuel puisqu'une activité d'intérêt général, en elle-même suffisamment explicite, peut être soumise à un tel régime en dehors de toute décision expresse l'instituant. Cette jurisprudence reste, néanmoins, liée aux particularités de la gestion du domaine public dont l'exploitation elle-même

30. Pour des applications, v. CE, 5 oct. 2007, *Société UGC – Ciné*, *AJDA* 2007. 2260, note J.-D. Dreyfus, *BJCP* 2007. 483, concl. D. Casas, *JCP* 2007. 214, chron. B. Plessix, *JCP* A 2007.2294, note F. Linditch, *RJEP* 2008, n° 19, note J. Moreau, *RLC* janv. 2008. 57, note G. Clamour (l'exploitation d'un cinéma par une société d'économie mixte locale non dotée de prérogatives de puissance publique n'est pas, quoique d'intérêt général, un service public « eu égard notamment à l'absence de toute obligation imposée par la ville d'Épinal et de contrôle d'objectifs qui lui auraient été fixés ») et CE, 25 juill. 2008, Commissariat à l'énergie atomique, *AJDA* 2010.1521 (première application positive du faisceau d'indices de la jurisprudence *APREI* concernant l'activité, reconnue de service public, du Centre d'études sur l'évaluation de la protection dans le domaine nucléaire (CPEN), association créée par Électricité de France, alors établissement public, et par le Commissariat à l'énergie atomique, pour le compte desquels le CEPN est chargé de missions d'intérêt général et dont il perçoit des subventions).

31. CE, 5 mai 1944, *Cie Maritime de l'Afrique orientale*, R. 129, D. 1944.164, concl. B. Chenot (V. les concl. très explicites) ; CE, 29 janv. 1932, *Soc. des autobus antibois*, R. 117, *RDP* 1932.505, concl. R. Latournerie (possibilité pour le maire de soumettre à certaines conditions l'utilisation du domaine public routier).

constitue un service public auquel participent les entreprises privées. Elle n'a qu'une portée très limitée en raison, notamment, des dangers qu'elle présente pour les libertés puisque, sinon, le service public pourrait s'étendre sans contrôle.

Dès lors, pour reconnaître l'existence d'un service public, et par voie de conséquence pour le supprimer, il faut un acte formel. De qui relève-t-il (§ 1) et dans quels domaines une telle création ou suppression est-elle possible (§ 2) ? Questions que la prégnance accrue des droits constitutionnels et de l'Union européenne a en partie renouvelées.

§ 1. LA COMPÉTENCE POUR LA CRÉATION OU LA SUPPRESSION DU SERVICE PUBLIC

385 **Plan. –** Qu'il s'agisse de créer un service public *ex nihilo*, ou d'ériger une activité préexistante en véritable service public, la compétence varie selon que l'on se situe au niveau de l'État (A) ou des collectivités locales (B).

A. AU NIVEAU DE L'ÉTAT

386 **Loi ou règlement. –** Qui, du législateur ou du pouvoir réglementaire, est compétent pour créer ou supprimer le service public ? Avant 1958, c'était toujours au législateur d'intervenir, le pouvoir réglementaire ne pouvant agir que sur éventuelle habilitation, car la création d'un service public était considérée comme portant atteinte aux libertés publiques (suppression de la concurrence par la création de monopoles ou même simples restrictions de celle-ci, sujétions imposées au nom du service public, etc.)[32].

Aucune disposition de la *Constitution de 1958* ne porte sur la création elle-même des services publics. Le législateur ne doit donc intervenir que si la création du service public met en cause des dispositions constitutionnelles, relatives au domaine de la loi, qui ne concernent le service public qu'indirectement. Cette intervention est indispensable, en application de l'article 34 :

— si la création du service public est la conséquence de la nationalisation d'une entreprise privée ;

— lorsque sont concernés les services publics de l'enseignement, de la défense nationale et de la Sécurité sociale, la loi devant en fixer les principes fondamentaux ;

— ou, enfin, en cas de création d'une nouvelle catégorie d'établissement public (v. *infra*, n° 387).

Mais au-delà de ces interventions « ponctuelles », la loi ne reste-t-elle pas toujours obligatoire, comme avant 1958, dans la mesure où l'institution du service public porte, par elle-même, atteinte aux libertés et en particulier à la liberté d'entreprendre ? La réponse est nuancée : le pouvoir réglementaire ne saurait intervenir

32. V. par ex. CE, 13 nov. 1953, *Chambre Synd. industries cartouches de chasse*, R. 487 (« À défaut d'autorisation législative expresse, la poudrerie ne pouvait légalement fabriquer des cartouches de chasse en vue de la vente au public », la simple ouverture de crédits dans le budget n'ayant pas pour « effet d'ériger légalement en service public ladite participation »).

que dans certaines hypothèses en nombre limité, quand il n'y a pas de nouvelles atteintes à cette liberté ou à d'autres[33].

Une fois créée, l'*organisation du service* relève aussi de la loi quand celle-ci est à l'origine de la création, pour la définition des règles constitutives du service. Mais le pouvoir réglementaire a une compétence traditionnellement étendue en ce domaine, soit pour préciser les dispositions législatives[34], soit au niveau du chef de service, dans le cadre de la jurisprudence *Jamart* (v. *supra*, n° 152).

Enfin, la *suppression du service*, si elle est possible (v. *infra*, n° 474), relève selon les cas du pouvoir législatif ou réglementaire en vertu du principe de parallélisme des compétences.

387 **Cas particulier des établissements publics. –** Depuis 1958, le législateur n'est compétent que pour créer les *catégories* d'établissements publics. Si l'institution de la catégorie relève de la loi, au sein de celle-ci, la création des divers établissements se fait par décret. Ainsi une nouvelle université est créée par décret en application de l'article L. 711-4 du Code de l'éducation qui a institué la catégorie des établissements publics à caractère scientifique, culturel et professionnel.

Pour déterminer si un nouvel établissement public entre ou non dans une catégorie existante, la jurisprudence se fonde sur deux critères[35] :

1°) existe-t-il déjà un établissement public ayant une « spécialité analogue »[36], c'est-à-dire une mission comparable ?

2°) si un tel établissement existe, a-t-il le même rattachement territorial (sur cette notion, v. *infra*, n° 408) ? Est-il national ou local ?

Dès lors, par application de ces critères, les catégories sont identifiées et peuvent ne comporter qu'un seul établissement public s'il a une configuration très spécifique. Tel est le cas de la RATP[37] ou de l'établissement public de recherche archéologique préventive[38].

La loi doit d'ailleurs intervenir, non seulement pour créer l'établissement public mais aussi pour en fixer les « *règles constitutives* », c'est-à-dire le cadre général de son organisation et de son fonctionnement (définition de sa mission, contrôle de la tutelle, composition et rôle des organes statutaires, catégories de personnes représentées, principales ressources, etc.)[39]. S'y ajoutent le cas échéant les règles qui apportent des exceptions sur tel ou tel point au régime commun des établissements publics (par exemple, le fait, dans le cas de l'établissement d'archéologie

33. V. Cons. const., 86-207 DC du 25-26 juin 1986, R. 61 (création du service public par le « législateur ou l'autorité réglementaire selon les cas ») ; CE, 17 déc. 1997, *Ordre des avocats*, préc. (V. concl. J.-D. Combrexelle qui admet qu'une décision réglementaire puisse, dans certaines conditions, mettre en place un service de diffusion des données publiques).

34. CE, 17 déc. 1997, *Ordre des avocats...*, préc. (l'organisation d'un service public de l'État relève du pouvoir réglementaire « sous réserve qu'il ne soit pas porté atteinte aux matières et principes réservés au législateur »).

35. Cons. const., 79-108 L du 25 juill. 1979, R. 45.

36. Cons. const., 79-107 L du 30 mai 1979, R. 44.

37. Cons. const., 59-1 L du 27 nov. 1959, R. 67.

38. Cons. const., 2000-439 DC du 16 janv. 2001, R. 42 et Loi 2001-44 du 17 janv. 2001, *JO* 18 janv., p. 928.

39. V. par ex. Cons. const., n° 99-186 L du 31 mai 1999, R. 69 (détermination des différentes catégories de collectivités locales constituant le syndicat des transports parisiens) ; Cons. const., 16 janv. 2001, préc. (règles relatives aux organes de direction et aux catégories de ressources).

préventive, que les personnels sont contractuels et non fonctionnaires). Une fois ces principes posés, le pouvoir réglementaire est bien entendu compétent pour en préciser les conditions d'application, sans les dénaturer.

B. AU NIVEAU DES COLLECTIVITÉS TERRITORIALES

388 Le service public est, ici, créé par une délibération des conseils municipaux, départementaux ou régionaux dans le respect de la répartition des compétences entre l'État et les collectivités locales afin, notamment, de ne pas empiéter sur le rôle conféré aux services publics nationaux.

Cette création se fait dans le cadre d'habilitations législatives précises pour les services publics obligatoires ou certains services facultatifs. Dans les autres hypothèses, la décision de l'assemblée délibérante, qui doit respecter la liberté du commerce et de l'industrie, se fonde sur la clause générale de compétence (v. *supra*, n° 282) d'origine législative.

La suppression du service, si elle est possible, se fait dans les mêmes conditions. Quant à l'organisation, elle relève de l'assemblée pour les règles générales, et de l'autorité territoriale, chef de service, pour le reste.

§ 2. L'OBLIGATION OU LA FACULTÉ D'EXERCER CETTE COMPÉTENCE

389 **Plan. –** Dans un État d'économie libérale, le champ du service public n'est pas neutre idéologiquement et soulève, avec l'intervention du contrôle de constitutionnalité des lois et la construction communautaire notamment, de nouvelles questions sur le plan juridique. La Constitution comporte, en effet, des dispositions qui imposent la création de certains services publics. Mais, une fois ce point acquis, peut-on créer en tout domaine des services publics facultatifs ? Si ceux-ci venaient à couvrir l'ensemble des activités de la vie économique, il y aurait une socialisation de l'économie contraire à la liberté d'entreprendre qui a valeur constitutionnelle[40].

Le droit de l'Union européenne, pour sa part, laisse les États libres de décider ce qui est ou n'est pas un service d'intérêt général, mais ils doivent ensuite justifier que le régime du service respecte les différentes obligations qui découlent des traités, liées notamment à la concurrence, ce qui permet, si ce régime n'apparaît pas adéquat, de remettre en cause indirectement la création même du service (v. *infra*, n° 456).

Ainsi le domaine du service public est compris entre secteurs d'intervention obligatoire (A) ou possible (B).

40. Cons. const., 81-132 DC du 16 janv. 1982, R. 18.

A. LES SERVICES PUBLICS OBLIGATOIRES

390 La liste des services que chaque collectivité locale est tenue d'assurer a été fixée de façon très précise par les différentes lois de décentralisation (v. *supra*, nº 326 et s.). Mais, au niveau de l'État, la « nécessité de certains services publics nationaux découle de principes ou de règles de valeur constitutionnelle »[41]. Par hypothèse, une nouvelle majorité politique ne saurait, sauf révision de la Constitution, supprimer de tels *services publics « constitutionnels »*, et les laisser régir par le libre jeu des acteurs économiques privés.

Ainsi sont rendus obligatoires, en raison de la nature même de l'institution étatique, les services publics liés aux fonctions de souveraineté : défense nationale, relations extérieures, justice, police, monnaie. La Constitution (Préambule de 1946) vise aussi, pour permettre la réalisation des droits fondamentaux, des services non régaliens : enseignement public et laïc, formation professionnelle, aide et sécurité sociales, secteurs où l'initiative privée n'est cependant pas exclue. La prise en charge de ces services, ainsi rendus obligatoires, relève le plus souvent de l'État mais certaines fonctions sont, en conséquence des choix faits par le législateur, assurées par les collectivités territoriales (notamment en matière d'ordre public – v. *infra*, nº 505 et s. et d'aide sociale).

À l'inverse, de nombreuses autres activités n'ont pas le caractère de services publics exigés par la Constitution, même si, à une époque ils ont été constitués en service public qui est, dès lors, susceptible d'être supprimé. Tel est le cas des activités télévisuelles[42] ou de la distribution des prêts bonifiés aux agriculteurs[43].

Quant aux *services publics nationaux*, il s'agit encore d'une autre notion. Ce sont des services qui, comme en matière de télécommunications[44], sans être exigés par la Constitution, ne sauraient être transférés au secteur privé par le législateur que s'il leur a enlevé auparavant leurs caractéristiques de service public national, lesquelles tiennent au fait que le service est accompli à l'échelon national par une seule entreprise[45]. L'alinéa 9 du Préambule de la Constitution de 1946 dispose, en effet, que « tout bien ou toute entreprise dont l'exploitation a ou acquiert les caractères d'un service public national [...] doit devenir la propriété de la collectivité ». Cette jurisprudence soulève une interrogation. Dès lors que le Conseil constitutionnel a déterminé des critères objectifs de la qualité de « service public national », au sens du neuvième alinéa du Préambule de la Constitution de 1946, la question se pose de savoir si ces critères sont seulement applicables à défaut de qualification législative expresse ou si, au contraire, ils s'imposent au législateur, de telle sorte que ce dernier ne pourrait, sans méconnaître ledit alinéa, qualifier de « service

41. Cons. const., 25-26 juin 1986, préc.

42. Cons. const., 86-217 DC du 18 sept. 1986, R. 141 (suppression, pour TF1, du service public et privatisation de cette chaîne).

43. Cons. const., 87-232 DC du 7 janv. 1988, R. 17 (mutualisation de la caisse nationale du Crédit agricole).

44. Cons. const., 96-380 DC du 23 juill. 1996, R. 107.

45. CE, 27 sept. 2006, *François Bayrou et autres*, *AJDA* 2006.2056, chr. C. Landais et F. Lénica, *Dr. adm.* 2006.169, note E.G., *RFDA* 2006.1147, concl. E. Glaser, note D. de Bellescize ; Cons. const., nº 2006-543 DC, 30 nov. 2006, cons. 14.

public national », une activité qui n'en présenterait pas les caractéristiques[46]. La position du Conseil constitutionnel est nuancée qui ne consiste à censurer que les qualifications manifestement inappropriées. C'est ce qui ressort des décisions qu'il a rendues en 2019, à propos de la société Aéroports de Paris. D'un côté, il a en effet considéré que cette dernière ne présentait pas les caractères d'un service public national[47] tandis que, de l'autre, il a jugé qu'une proposition de loi référendaire visant à attribuer cette qualité aux plus importantes de ses activités (la gestion des principaux aéroports parisiens) « ne comportait pas par elle-même d'erreur manifeste d'appréciation au regard du neuvième alinéa du Préambule de la Constitution de 1946 »[48].

B. LES SERVICES PUBLICS FACULTATIFS

391 Le champ du service public est, ici, le résultat d'un choix politique qui peut déterminer le niveau où ils sont assurés (État ou collectivités locales). Création comme suppression, avec éventuelle intervention du secteur privé sont laissées à l'appréciation du législateur ou de l'autorité réglementaire. Encore faut-il ne pas aller jusqu'à ériger toute activité en service public, ou à donner à chaque service public un domaine d'action trop étendu, sauf à enfreindre les règles relatives à la liberté d'entreprendre. Liberté donc, mais liberté limitée !

392 **Loi. –** La loi, tout d'abord, est à même d'« apporter à la liberté d'entreprendre des limitations liées à des exigences constitutionnelles ou justifiées par l'intérêt général à la condition qu'il n'en résulte pas d'atteintes disproportionnées au regard de l'objectif poursuivi ». Ainsi la création d'un établissement public national, chargé de façon quasi monopolistique de réaliser les fouilles archéologiques préventives a été considérée comme régulière[49]. La capacité du législateur d'instituer un service public « légal » est donc étendue mais contrôlée.

393 **Acte administratif. –** Ainsi qu'il ressort de l'arrêt *Ordre des avocats au barreau de Paris*[50], qui synthétise et précise l'ensemble de la jurisprudence, l'acte administratif qui crée un service public en l'absence de dispositions législatives explicites doit respecter tant la liberté du commerce et de l'industrie, composante de la liberté d'entreprendre, que le droit de la concurrence. Cette double exigence est le fruit d'une évolution jurisprudentielle complexe dont il importe de bien saisir le sens général. Initialement, le Conseil d'État, placé dans un contexte libéral, considérait que la liberté du commerce et de l'industrie interdisait en principe aux personnes publiques d'ériger en services publics des activités économiques et de concurrencer ainsi les entreprises privées. Mais le développement de l'interventionnisme économique public, à partir de 1914, a entraîné un

46. Sur cette question, v. M. Carpentier, « Aéroports de Paris : l'illusoire invocation du service public national », *AJDA* 2019. 1560.

47. Décision nº 2019-781 DC du 16 mai 2019.

48. Décision nº 2019-RIP du 9 mai 2019, *AJDA* 2019. 1553, Étude M. Verpeaux.

49. Cons. const., 16 janv. 2001, préc.

50. CE, ass., 31 mai 2006, R. 272, *AJDA* 2006.1584, chr. C. Landais et F. Lénica, *Dr. adm.* 2006.129, note M. Bazex, *RFDA* 2006.1048, note D. Casas.

assouplissement progressif de ce principe. La multiplication des services publics venant concurrencer le secteur a privé a alors fait naître la préoccupation qu'à tout le moins cette compétition soit égale comme l'imposent les règles du droit de la concurrence. L'assouplissement du principe de non-concurrence s'est ainsi accompagné de l'affirmation d'une exigence d'égale concurrence.

1°) L'assouplissement du principe de non-concurrence. Dans l'état actuel du droit, ce principe, déduit de la liberté du commerce de l'industrie, est compris sans rigueur excessive tant du point de vue de son champ d'application que des conditions auxquelles il est admis qu'une personne publique peut concurrencer les entreprises privées.

Le champ d'application du principe de non-concurrence se trouve doublement limité à partir de l'idée que le principe de la liberté du commerce et de l'industrie et l'impératif de non-concurrence qui en découle ne jouent que dans le cas où une personne publique intervient sur le marché, précisément pour y concurrencer les entreprises privées.

Une première limite, assez ancienne[51], a fait l'objet, récemment, d'une réaffirmation solennelle et argumentée[52] L'idée de départ est que les personnes publiques ont toujours la possibilité de remplir leurs missions de service public par leurs propres moyens. Cela contribue à justifier la liberté du choix du mode de gestion du service (v. *infra*, n° 394). Mais il en résulte aussi, et c'est ce qui importe ici, que l'administration est libre de satisfaire elle-même aux besoins qui découlent de ses missions de service public, plutôt que de recourir, à cet effet, à des tiers et par là même au marché. La décision de prendre en charge les activités nécessaires à la satisfaction de ces besoins ne peut donc être utilement contestée au nom de la liberté du commerce et de l'industrie lors même qu'elle affecterait les activités privées de même objet. Par exemple, l'administration ayant pour mission de délivrer sur demande les passeports, elle peut se livrer à l'activité consistant à numériser l'image du visage des demandeurs qui ne fourniraient pas de photographie d'identité, même si, ce faisant, elle prive les photographes d'une partie de leur clientèle[53].

Une seconde limite tient au fait que certaines activités des personnes publiques se situent hors marché et ne sauraient donc se voir opposer le principe de la liberté du commerce et de l'industrie. Dans ce sens, une jurisprudence ancienne avait admis que ce principe ne fait pas obstacle à la création de services publics qui participent à la réalisation des buts de la police administrative[54]. Dans l'état actuel du droit, qui résulte de l'arrêt *Ordre des avocats au barreau de Paris*[55], le Conseil d'État opère une distinction, qui ne brille pas par sa clarté, entre deux types d'activités. En premier lieu, énonce-t-il dans un motif de principe, « les personnes

51. CE, 27 juin 1936, *Bourrageas*, R. 659 ; CE, 29 avr. 1970, *Soc. Unipain*, R. 280, *AJDA* 1970.430, concl. G. Braibant.

52. CE, ass., 26 oct. 2011, *Assoc. pour la promotion de l'image et autres*, *AJDA* 2012.35, chron. M. Guyomar et X. Domino ; *Dr. adm.* 2012, n° 1, p. 29, note V. Tchen.

53. CE, ass., 26 oct. 2011, *Assoc. pour la promotion de l'image et autres*, préc.

54. P. ex. CE, ass., 12 juill. 1939, *Ch. synd. Maîtres buandiers de Saint-Étienne*, R. 478 (création de bains-douches municipaux en vue d'améliorer l'hygiène).

55. CE, ass., 31 mai 2006, préc.

publiques sont chargées d'assurer les activités nécessaires à la réalisation des missions de service public dont elles sont investies et bénéficient à cette fin de prérogatives de puissance publique ». La création de telles activités, dont le juge souligne qu'elles ne comportent pas d'intervention sur le marché, ne peut se voir opposer le principe de la liberté du commerce et de l'industrie. Il en a été ainsi jugé pour un service public des bases de données juridiques qui se rattache à la fonction normative de l'État[56], l'institution d'un organisme qui a pour mission d'assister les personnes publiques et les personnes privées chargées d'un service public dans l'élaboration des contrats de partenariat, ce qui participe de la mission consistant pour l'État à veiller au respect par ces personnes du principe de légalité[57], la création par décret d'un médiateur des entreprises chargé d'une mission de règlement amiable des litiges liés à l'exécution des marchés publics, le Premier ministre s'étant borné par là « à mettre en œuvre la mission d'intérêt général, qui relève de l'État, de développer les modes alternatifs de règlement des litiges, corollaire d'une bonne administration de la justice »[58]. En second lieu, selon le même motif de principe, c'est dans le cas où les personnes publiques entendent, indépendamment des missions de service public dont elles sont investies, « prendre en charge une activité économique », qu'elles ne peuvent légalement le faire que dans le respect, notamment, de la liberté du commerce et de l'industrie. L'un des points obscurs de la distinction ainsi faite mérite d'être éclairé. Le Conseil d'État oppose les activités nécessaires à la réalisation des missions de service public aux activités économiques prises en charge par les personnes publiques indépendamment de ces missions. Une telle formulation peut faire accroire que ces activités-là ne seraient pas des services publics. Cela semble exclu : dès lors qu'une activité économique est prise en charge par une personne publique, ce qui suppose, on le verra, qu'elle présente un caractère d'intérêt public, elle ne saurait être autre chose qu'une activité de service public.

S'agissant ensuite des conditions auxquelles l'administration peut venir concurrencer les entreprises privées, on peut les résumer en disant qu'en vertu du principe de la liberté du commerce et de l'industrie, la création d'un service public exerçant une activité économique sur le marché n'est légale que si elle est justifiée par un intérêt public. Mais cette exigence, qui n'était initialement satisfaite qu'en cas de circonstances exceptionnelles[59], a été comprise de plus en plus largement.

En principe, depuis l'arrêt *Chambre syndicale du commerce en détail de Nevers*[60], l'intérêt public en cause suppose l'existence de circonstances particulières de temps et de lieu consistant dans une absence ou une insuffisance, quantitative ou qualitative, de l'initiative privée pour répondre à un besoin suffisamment important de la population. On ne saurait dire que cette règle soit appliquée très sévèrement. Ainsi, le Conseil d'État a accepté la création par une

56. CE, sect., 17 oct. 1997, *Ordre des avocats...* préc. ; V. aussi, CE, 18 mai 2005, *Territoire de la Polynésie française*, *AJDA* 2005. 2130, note S. Nicinski.

57. CE, ass., 31 mai 2006, *Ordre des avocats au barreau de Paris*, préc.

58. CE, 17 mars 2017, *Ordre des avocats au barreau de Paris et autres*, n° 403768.

59. **CE, 29 mars 1901, *Casanova*,** R. 333.

60. **CE, 30 mai 1930, *Chambre syndicale du commerce de Nevers*,** R. 583, *RDP* 1930.530, concl. P.-L. Josse.

commune d'un cinéma en plein air concurrençant les cinémas en salle au seul motif que cela permettait de « mettre à disposition de la population de larges possibilités de distraction en plein air »[61].

Mais, en outre, l'intérêt public justifiant la création d'un service public exerçant une activité économique peut également résulter, en l'absence de carence de l'initiative privée, « d'autres raisons »[62]. Ainsi, un service public peut être légalement créé quand il constitue le complément ou l'accessoire d'un service public existant ; par exemple, une commune peut compléter un parc de stationnement par une station-service[63]. De manière plus générale, une activité qui répond aux besoins de la population, dans des conditions qui apparaissent conformes aux principes fondamentaux du service public (notamment en termes d'égalité d'accès quelles que soient les ressources des intéressés) est regardée par la jurisprudence comme répondant à un intérêt public, lors même que l'initiative privée ne serait pas absente. Ainsi, un service de téléassistance « offert à toutes les personnes âgées ou dépendantes du département, indépendamment de leurs ressources, satisfait aux besoins de la population et répond à un intérêt public local », « même si des sociétés privées offrent des prestations de téléassistance »[64].

2°) L'affirmation de l'exigence d'égale concurrence. Favorisée par le droit de l'Union européenne, qui est indifférent à la nature publique ou privée des opérateurs économiques et préparée par des décisions relatives aux marchés et délégations de service public (v. *infra*, n° 744), cette exigence a été discrètement[65] puis très nettement[66] affirmée par la jurisprudence : une fois admise dans son principe, la création par une personne publique d'un service public marchand n'est légale que si cette personne, dans la détermination des modalités d'accomplissement de cette activité, n'utilise pas les avantages dont elle dispose pour fausser le jeu de la concurrence (sur la portée de cette exigence, v. *infra*, n° 456).

SECTION 3 LA GESTION DU SERVICE PUBLIC

394 **Choix du mode de gestion. –** Une fois créé, le service public doit être mis en place, ce qui suppose de déterminer le mode de gestion le plus

61. CE, sect., 12 juin 1959, *Syndicat des exploitants de cinématographes de l'Oranie*, R. 363. V. également, CE, 3 mars 2010, *Dpt. de la Corrèze*, *AJDA* 2010.957, concl. Boulouis (un département peut prendre en charge un service public social de téléassistance à des personnes âgées et handicapées sur un secteur concurrentiel).

62. CE, ass., 31 mai 2006, *Ordre des avocats au barreau de Paris*, préc.

63. CE, sect., 18 déc. 1959, *Delansorme*, R. 692.

64. CE, 3 mars 2010, *Département de la Corrèze,* R. 652, *AJDA* 2010. 957, concl. N. Boulouis, CMP 2010. 146, comm. G. Eckert, RDSS 2010. 341, note G. et G.-J. Guglielmi, RJEP août-sept. 2010 ; 30, note G. Pélissier, RLCT 2010, n° 24, note G. Clamour.

65. CE, 23 mai 2003, *Communauté comm. Artois-Lys*, *RFDA* 2003.831.

66. CE, ass., 31 mai 2006, *Ordre des avocats au barreau de Paris*, préc.

adéquat car, qu'il soit administratif ou industriel et commercial, des institutions différentes, publiques ou privées, sont à même de le prendre en charge.

L'autorité réglementaire dispose, en principe, d'une *grande liberté* pour adopter la solution la meilleure[67] et, en particulier, pour choisir entre gestion directe, en régie, et gestion déléguée (sur cette distinction, v. *infra*, n° 355). Reconnue par la jurisprudence tant administrative[68] qu'européenne[69], cette liberté est confirmée par l'article 1er du Code de la commande publique[70]. Sur le plan contentieux, il en résulte que le choix du mode de gestion est une question d'opportunité qui échappe à tout contrôle du juge[71]. La collectivité publique ne doit pas cependant renoncer à son pouvoir d'organisation du service en se dessaisissant de l'ensemble de celui-ci au profit d'une personne privée[72].

Le droit de l'Union européenne est en principe neutre ici : adoptant une conception fonctionnelle de la notion d'entreprise ou d'administration publique (v. *infra*, n° 452), il est indifférent à la nature de l'organisme qui gère le service public. Cette neutralité est toutefois plus apparente que réelle. L'impératif de concurrence vient en effet limiter la liberté pour les personnes publiques d'organiser leurs activités comme elles l'entendent et cela, à deux égards. En premier lieu, le droit de la concurrence est opposable aux actes unilatéraux ou aux contrats qui portent sur l'organisation ou la délégation des services publics (v. *infra*, n° 453 et s.). Le mode de gestion choisi ne doit donc pas produire d'effets anti-concurrentiels, sauf à ce que ceux-ci soient rendus nécessaires par le bon accomplissement de la mission d'intérêt général. Ainsi, le statut d'établissement public industriel et commercial de certaines entreprises publiques est présumé comporter un avantage constitutif d'une aide d'État, de telles aides étant, en principe, prohibées par le droit de l'Union européenne comme susceptibles de fausser la concurrence (v. *infra*, n° 456)[73] ; c'est là, au demeurant, l'une des raisons de la transformation de ces établissements en sociétés (v. *infra*, n° 420). En second lieu, l'impératif de concurrence n'est pas sans conséquence sur le choix de la gestion déléguée. En effet, de manière générale, quand une collectivité publique décide de confier la gestion du service public à un tiers, elle est en principe obligée de mettre en

67. Par ex. CE, 28 juin 1989, *Synd. pers. industries électriques et gazières du centre de Grenoble*, *RFDA* 1989.929, concl. E. Guillaume (« les communes (...) peuvent librement choisir, entre (...) différentes solutions, les modalités de gestion et d'organisation des services publics de distribution du gaz »).

68. CE, ass. 26 oct. 2011, *Association pour la promotion de l'image et autres*, préc. : « les personnes publiques ont toujours la possibilité d'accomplir les missions de service public qui leur incombent par leurs propres moyens ».

69. CJCE, 11 janv. 2005, *Stadt Halle* : « une autorité publique, qui est pouvoir adjudicateur, a la possibilité d'accomplir les tâches d'intérêt public qui lui incombent par ses propres moyens, sans être obligée de faire appel à des entités externes n'appartenant pas à ses services ».

70. « Les acheteurs et les autorités concédantes choisissent librement, pour répondre à leurs besoins, d'utiliser leurs propres moyens ou d'avoir recours à un contrat de la commande publique ».

71. V. not. : CE, 18 mars 1988, *Loupias*, Rec. 668, *Dr. adm.* 1988, n° 239.

72. Par ex. CE, 17 mars 1989, *Synd. psychiatre français*, R. 94, *RFDA* 1991.267, concl. B. Stirn (impossibilité de confier à une association la totalité des actions de la compétence du département dans le domaine de l'hygiène mentale infantile).

73. V. CJUE 3 avr. 2014, *France c/Commission*, *AJDA* 2014. 1242, chron. M. Lombard, *JCP* A 2014. 2160, étude G. Eckert ; CJUE 19 sept. 2018, *Commission c/France*, aff. C-438/16 P, *AJDA* 2018, 2287, chron. Ph. Bonnevielle, E. Broussy, C. Gänser.

concurrence les personnes susceptibles d'être intéressées, notamment en passant un contrat de délégation de service public et à cette fin d'assurer la publicité de son projet (sur ce point, v. *infra*, n° 421, 779 et 784).

Sous ces importantes réserves, le choix du mode de gestion est un choix politique qui est d'ailleurs au cœur du débat sur le service public à la française, du lien consubstantiel fait en France, dans de nombreux cas, entre service public aux sens matériel et organique. La prise en charge du service par une personne publique désintéressée n'offre-t-elle pas d'importantes garanties, là où la personne privée risque toujours de vouloir exécuter *a minima* ses obligations de service public pour des raisons financières évidentes ?

Par ailleurs, dans certains cas, la liberté de principe du choix du mode de gestion disparaît en raison de la « nature du service ou de la volonté du législateur »[74], voire du constituant. Si le service public de santé peut être pris en charge tant par des personnes publiques que privées, les missions régaliennes ne sauraient être confiées à des organismes privés. Il en va ainsi, tant sur le plan local que national, de la fonction de police générale (v. *infra*, n° 505) : est ainsi impossible la délégation des « tâches inhérentes à l'exercice par l'État de ses missions de souveraineté », notamment en matière pénitentiaire[75] ou des opérations de surveillance des élèves dans les cantines scolaires[76].

395 **Diversité des modes de gestion. –** Les modes de gestion opposent traditionnellement la gestion directe par l'État ou les collectivités locales en régie et la gestion confiée à une autre personne publique (l'établissement public, notamment) ou à une personne privée (habilitation unilatérale ou contractuelle, notamment dans le cadre de la concession). Cependant l'accroissement du rôle de l'État et des collectivités territoriales a fait naître, par exception à ces classifications, des mécanismes intermédiaires empruntant aux différents systèmes. Ainsi des établissements publics sont parfois eux-mêmes concessionnaires de service public ou délèguent à leur tour certaines de leurs missions. Pour cette raison, à la régie (§ 1) on peut opposer l'habilitation d'une personne spécialisée, qu'elle soit unilatérale ou contractuelle (§ 2).

§ 1. LA GESTION EN RÉGIE DIRECTE

396 **Unité de la personnalité morale. –** Classiquement, la gestion directe (ou en régie) signifie que la collectivité publique qui a institué le service le gère elle-même, avec ses propres moyens financiers, humains et matériels. D'un point de vue juridique, le point essentiel est que le service public en régie n'a pas de personnalité juridique propre, distincte de celle de la collectivité dont il dépend : il n'est qu'un élément parmi d'autres de l'entité étatique ou locale (ministères, préfectures, administration municipale par ex.). En d'autres termes, il n'existe qu'une seule personne morale

74. Avis CE du 7 oct. 1986, Gr. Avis CE n° 24, et CGCT, art. L. 1412-2.
75. Cons. const., 2002-461 du 29 août 2002, *JO* 10 sept., p. 14953 (cdts 8 et 87).
76. Avis CE du 7 oct. 1986, préc. Sur les conséquences en matière pénale de l'impossibilité de délégation, v. *infra*, n° 1181.

quelle que soit la multiplicité des services qui lui sont rattachés. Cette prise en charge sans intermédiaire a l'avantage de la simplicité et permet d'assurer un plein contrôle.

Certaines régies peuvent cependant avoir la personnalité morale, telle la RATP qui est en réalité un établissement public ou les régies des collectivités locales dotées de l'autonomie financière et de la personnalité morale (art. L. 2221-10 et R. 2221-1 CGCT). Elles ont un autre sens que celui retenu ici (v. aussi *infra*, n° 408).

397 **« Individualisation » des services. –** Même s'il n'y a pas de personnalisation du service, il est possible de recourir à des techniques budgétaires et comptables qui donnent à une entité, au sein de la personne publique, un certain degré d'autonomie. Au niveau local, certaines régies bénéficient de l'autonomie financière, avec un budget annexe qui permet l'affectation des ressources, et sont même dotées d'un Conseil d'exploitation et d'un directeur (CGCT, art. L. 2221-11). De telles régies sont, à défaut de régies personnalisées, obligatoires pour les services publics industriels et commerciaux afin de permettre le contrôle de l'équilibre financier. Elles sont désormais possibles pour certains services publics administratifs (CGCT, art. L. 1412-2).

Au niveau de l'État, la création de budgets annexes, de comptes d'affectation spéciale répond à ce besoin. De façon plus générale, la politique de renouveau du service public, lancée par M. Rocard avec la création de centres de responsabilité[77], continuée par A. Juppé, avec la mise en place notamment d'un comité interministériel pour la réforme de l'État[78] et poursuivie avec L. Jospin lançant des programmes pluriannuels de modernisation[79], tente de modifier en profondeur le fonctionnement des services en régie, afin de leur donner une certaine individualisation. Ceci passe en particulier par la réforme de la gestion du personnel, de la procédure budgétaire et comptable et par une politique de déconcentration accrue. Il existe même des possibilités de contractualisation interne, situation *a priori* curieuse dans la mesure où la capacité de contracter est normalement liée à la personnalité morale. Ceci permet, par un processus plus symbolique que juridique, de favoriser une certaine autonomie. Ainsi des contrats de service ou d'objectifs soit au sein des administrations centrales (direction du budget et autres directions), soit entre celles-ci et les services déconcentrés peuvent sur la base du volontariat, fixer des objectifs précis, accompagnés d'un budget pluriannuel et globalisé des dépenses de personnel et de fonctionnement, avec un certain « retour sur économie » (reports de crédits, primes, etc.)[80]. Grâce à ces réformes, le recours systématique à des entités dotées de la personnalité morale, seul moyen considéré, jusqu'à présent, comme simplifiant la gestion administrative, devrait être évité.

Sur l'assimilation d'autres cas à une gestion directe, v. *infra*, n° 421.

77. V. circulaires des 23 févr. 1989 et 25 janv. 1990, *JO* 1er févr. 1990, p. 1346.

78. D. 95-1007, 13 sept. 1995, *JO* 14 sept., p. 13558 ; modifié par le décret n° 98-573 du 8 juill. 1998, *JO* 11 juill., p. 10687.

79. Circ. 3 juin 1998, *JO* 9 juin, p. 8703.

80. V. dossier la réforme de l'État sur www.fonction-publique.gouv.fr. Comp. CSS, art. L. 714-26-1 (contrats internes au sein des établissements publics hospitaliers) et *supra*, n° 355 (« autonomie » des arrondissements au sein des grandes villes).

§ 2. L'HABILITATION D'UNE INSTITUTION SPÉCIALISÉE

398 La gestion en régie présente certains inconvénients liés à sa lourdeur et à l'absence d'autonomie des services. Dès lors, pour des raisons de plus grande efficacité ou plus simplement à cause de l'incapacité de transformer de l'intérieur le service, il est fait appel à une autre personne morale. Dans le cadre d'une décentralisation horizontale, le service est confié soit à une personne publique spécialisée, soit à des personnes privées, dont la distinction à ce stade peut être délicate, alors qu'elle ne l'est guère au niveau de l'État ou des collectivités locales.

399 **Distinction des institutions spécialisées publiques et privées. –** Parfois les choses sont simples : le texte de création précise clairement le statut de telle ou telle institution. Ainsi la loi a indiqué la nature des organismes de Sécurité sociale, en opposant personnes morales de droit public et personnes morales de droit privé. À côté des établissements publics administratifs nationaux que constituent certaines caisses nationales (assurance-maladie, retraite, famille, etc.), les caisses primaires et régionales d'assurance-maladie sont constituées sous la forme d'institutions mutualistes de droit privé (CSS, art. L. 216-1).

Mais, faute de qualification textuelle, c'est au juge de trancher, entre personnalité morale de droit public ou de droit privé. Très tôt les tribunaux ont été confrontés à cette question, en raison notamment des incertitudes terminologiques de l'époque. Dès 1856, la Cour de cassation reconnaît ainsi que les caisses d'épargne créées dans un but d'intérêt général sont des *établissements d'utilité publique*, personnes morales de droit privé et non des établissements publics[81]. Pour distinguer dès lors établissements publics et organismes spécialisés de droit privé, la jurisprudence se fonde sur un faisceau d'indices afin de cerner l'intention éventuelle des auteurs du texte.

Parmi les indices retenus, figurent :

— l'origine de l'institution. Selon qu'elle a été créée par la loi ou un décret ou résulte d'une initiative privée, elle sera plus facilement ou plus difficilement considérée comme personne publique. La célèbre formule du commissaire du gouvernement L. Blum[82] à propos d'un hospice fondé par deux personnes privées (« on naît établissement public, on ne le devient pas ») est très significative. Ainsi le fait que la Banque de France a été créée dès l'origine par les pouvoirs publics a été un facteur déterminant de sa reconnaissance comme institution de droit public[83]. Elle n'a pas cependant de portée absolue ; l'école de droit du Caire, bien que due à l'initiative privée, sous forme d'association de la loi du 1er juillet 1901, est un établissement public[84] ;

81. Not. Civ. 5 mars 1856, D. 1856.1.121 (se posait en effet la question de savoir si les voies civiles d'exécution pouvaient être utilisées à l'encontre des caisses. La réponse dépendait de la nature de celles-ci).

82. Concl. sur CE, 21 juin 1912, *Pichot*, R. 711.

83. V. T. confl., 16 juin 1997, *Soc. La fontaine de Mars c/Banque de France*, R. 532 ; *CJEG* 1997.363, concl. J. Arrighi de Casanova. V. aussi CE, 7 déc. 1984, *Centre d'études marines avancées*, R. 413, *RFDA* 1985.381, concl. O. Dutheillet de Lamothe (Institut français du pétrole, créé par la profession, ne constituant pas un établissement public).

84. CE, 24 déc. 1937, *de la Bigne de Villeneuve*, *D.H.* 1938.185.

— la nature de sa mission : si l'institution ne prend pas en charge un service public, il est clair qu'il ne saurait y avoir établissement public[85]. Mais l'inverse n'est pas vrai car de nombreux organismes de droit privé participent à l'exécution même du service public ;

— l'existence ou non d'un régime exorbitant du droit commun, qui se caractérise notamment par l'octroi de prérogatives de puissance publique[86] à l'institution ; mais un organisme peut être de droit public sans être doté de telles prérogatives[87] et, inversement, être de nature privée bien qu'il dispose de cette sorte de pouvoirs, pour les besoins de la mission de service public dont il est investi[88].

— l'organisation de mécanismes de contrôle par des autorités publiques ainsi que l'attribution de ressources d'origine publique[89]. Mais, là encore, ces données peuvent se retrouver chez des organismes privés, notamment quand ils sont chargés de mission de service public (v. *infra*, nº 379 et s.)[90].

Il résulte de tout ceci un réel flou, qui conduit le juge à des solutions impressionnistes, où l'opportunité a une large part.

Ainsi, les centres de lutte contre le cancer, créés par une ordonnance du 1er octobre 1945, qui remplissent une mission de service public en étant soumis à un contrôle étroit de l'administration sont considérés comme de simples établissements d'utilité publique, en raison de l'intention du législateur exprimée dans l'exposé des motifs[91]. De même, les fédérations des chasseurs, alors qu'elles ont un monopole, qu'elles peuvent percevoir des taxes, que leur président est nommé par arrêté ministériel, et qu'elles sont soumises à un étroit contrôle, sont considérées comme des associations de droit privé, essentiellement parce que le Code de l'environnement, dans son article L. 434-4, a spécifié que les fédérations de pêche, elles, sont des personnes morales de droit privé[92].

400 **Plan. –** L'extension du champ d'intervention des personnes publiques « mères » (État, collectivités territoriales) a ainsi permis le recours à des formules extraordinairement diversifiées, dans le cadre d'habilitations soit unilatérale (A) soit contractuelle, dont la principale est aujourd'hui constituée par les concessions de services ayant pour objet la gestion d'un service public (B).

85. Par. ex. Cass. com. 9 juill. 1951, *Soc. nat. entreprises de presse*, *Bull.* nº 225, p. 173 (absence de tout but commercial et au contraire mission de service public, ainsi qu'octroi de prérogatives de puissance publique et contrôle de la cour des comptes. Il s'agit donc d'un établissement public, malgré son titre de société).

86. V. **T. confl., 9 déc. 1899,** ***Ass. synd. du canal de Gignac***, R. 731 (une association syndicale de propriétaires autorisée par le préfet est un établissement public car elle peut obliger les différents propriétaires à y adhérer et à payer des taxes correspondant aux travaux obligatoires, ainsi qu'en raison des pouvoirs spécifiques du préfet en matière budgétaire).

87. V. CE, avis, 22 mai 2019, *Fonds de garantie des victimes d'actes de terrorisme et autres infractions*, nº 427786 (ce fonds est un organisme de droit public bien qu'il ne soit pas doté de prérogatives de puissance publique).

88. CE, sect., 13 janv. 1961, *Magnier*, R. 33, *RDP* 1961.155, concl. J. Fournier (les groupements de défense contre les ennemis de culture sont des organismes privés bien qu'ils disposent de prérogatives de puissance publique (monopole, financement fiscal)).

89. V. not. Cass. com. 9 juill. 1951, préc. ; CE avis, 22 mai 2019, *Fonds de garantie des victimes d'actes de terrorisme et autres infractions*, nº 427786.

90. Par. ex. CE, sect., 13 janv. 1961, *Magnier*, R. 33, *RDP* 1961.155, concl. J. Fournier (possibilité pour un syndicat professionnel de défense des cultures de fixer, à titre obligatoire, le montant des contributions des agriculteurs).

91. T. confl., 20 nov. 1961, *Centre régional de lutte contre le cancer « Eugène Marquis »*, R. 879.

92. CE, 4 avr. 1962, *Chevassier*, R. 244, D. 1962.327, concl. G. Braibant.

A. L'HABILITATION UNILATÉRALE

401 De l'habilitation unilatérale, l'arrêt *Commune d'Aix-en-Provence*[93] fait une exception : en principe les collectivités publiques qui entendent confier la gestion du service public à un tiers doivent passer avec lui un contrat. Mais ce principe ne vaut que sauf texte contraire et il est fréquent en réalité que des textes opèrent ou permettent une habilitation unilatérale. Dans ce cadre, toutes sortes d'organismes publics ou privés interviennent, certains appartenant d'ailleurs à la catégorie des entreprises publiques.

1. Établissement public et autres personnes publiques

402 Traditionnellement, à côté de l'État et des collectivités locales, le droit public français ne connaissait qu'une troisième catégorie de personne publique, les établissements publics, malgré les questions qui s'étaient posées à l'occasion de l'arrêt *Monpeurt* (v. *infra*, n° 599). Désormais, l'existence d'autres personnes publiques spécialisées de droit public est avérée.

a) Caractères de l'établissement public

403 **Types d'établissements publics. –** Les types d'établissements publics, qui peuvent d'ailleurs se recouper, se sont multipliés dans les très nombreux domaines de l'intervention publique :

— établissements publics administratifs traditionnels (Musée du Louvre ou de Versailles, hôpitaux, lycées et collèges, centres communaux d'action sociale, service départemental d'incendie et de secours, etc.) ;

— établissements publics industriels et commerciaux, et notamment entreprises publiques nationales (v. *infra*, n° 423 ; RATP, par exemple) ; toutefois, au cours des dernières années, nombre de ces établissements publics ont été transformés en sociétés à capital public (v. *infra*, n° 420)

— établissements publics à caractère scientifique et technologique dans le secteur de la recherche, tels que le CNRS ;

— établissements publics à caractère scientifique, culturel et professionnel (EPSCP) dont certaines « grandes écoles » et les universités ;

— établissements publics de coopération culturelle (EPCC) ;

— établissements publics territoriaux (v. *supra*, n° 206 et 341 et s.) ;

— établissements publics locaux tels qu'offices de tourisme ou caisses des écoles.

Ces différents établissements présentent des spécificités quant à leur mission, à leur organisation, au statut de leurs personnels ou des usagers, ce qui entraîne une forte diversification de leurs régimes.

404 **Définition. –** La définition traditionnelle reste, cependant, valable pour l'essentiel, même si elle a subi certaines distorsions. Procédé de décentralisation technique, *l'établissement public est une personne morale de droit public spécialisée*

93. CE, sect., 6 avr. 2007, préc.

dans la gestion d'un service public, distincte de l'État et des collectivités locales[94] mais rattachée à eux.

405 **Personne morale. –** L'établissement public est une *personne morale de droit public*, autonome et titulaire en conséquence de droits et d'obligations. C'est pour cette raison essentielle qu'il a été créé. Deux types d'établissements publics, dans la ligne des oppositions faites par Hauriou, peuvent être distingués de ce point de vue, non sans interférences d'ailleurs.

1°) Les premiers, *corporatifs*, ont un caractère « existentialiste » : ils vivent en quelque sorte avant d'en avoir le statut. S'est mise en place, pour diverses raisons, une véritable communauté qui, au sein de la société, a acquis *de facto* une réelle autonomie et qui appelle ainsi la personnalité morale. L'institution d'un établissement public par décision des pouvoirs publics, pour prendre en charge le service public en cause, ne fait en quelque sorte que concrétiser sur le plan juridique, la réalité d'un phénomène préexistant. Ainsi, les universités ont, de longue date, une tradition d'autonomie et de liberté (les franchises universitaires). De même, les organismes professionnels tels que les chambres de commerce et d'industrie, d'agriculture etc. (sur les ordres professionnels, v. *infra*, n° 419) « reprennent » la tradition autonomiste des anciennes corporations.

2°) L'autre raison, et c'est de loin la principale, est d'utiliser cette formule pour donner à un service public une plus grande souplesse de gestion : l'établissement public, *fondatif*, n'est, ici, qu'un procédé technique qui permet de simplifier les règles administratives. La création d'une personne morale présente, en effet, de nombreux intérêts.

Le premier est d'ordre financier. L'existence d'un organisme autonome facilite les libéralités qui, autrement, en raison du principe de l'universalité budgétaire iraient se fondre dans la masse du budget de l'État, notamment. La constitution des hôpitaux, au XIXe siècle, sous forme d'établissements publics, permit ainsi d'obtenir des dons et legs de la part de personnes désireuses de faire des actions de type caritatif. De façon plus générale, elle constitue un procédé d'affectation de recettes propres à un certain type de dépenses. Ainsi les droits d'entrée dans les musées sont affectés en partie au financement de certains musées, établissements publics eux-mêmes (Louvre, Versailles, etc.), et en partie à un établissement public commun : la Réunion des musées nationaux qui finance, de ce fait, des expositions ou concourt à l'achat d'œuvres. Enfin, l'établissement public facilite la débudgétisation qui fait « sortir » un certain nombre de dépenses du budget de l'État, ce qui présente l'intérêt de minorer le déficit prévu par la loi de finances.

L'établissement public a d'autres « avantages » : il peut fournir un cadre adapté pour la coopération entre collectivités publiques, l'exemple récent des établissements publics de coopération culturelle (EPCC), créés par la loi n° 2002-6 du 4 janvier 2002 (CGCT, art. L. 1431-1 s.), est significatif. Mais surtout, il permet une plus grande souplesse de gestion : les règles de comptabilité publique, même pour

94. V. par ex. CE, 8 févr. 1999, *Service départ. Incendie et secours Var*, *Dr. adm.* 1999, n° 91 (impossibilité pour le président du conseil général de déléguer sa signature au directeur d'un établissement public départemental « auquel s'appliquait le principe d'autonomie », car il ne constitue pas un service du département).

les établissements publics administratifs, sont moins rigides. Dans certains cas, il dispose de personnel qu'il emploie avec plus de facilité. Indépendamment même des établissements publics industriels et commerciaux dont le personnel est en principe de droit privé, les établissements publics administratifs, tout en employant, en général, des fonctionnaires disposent d'une certaine souplesse dans le recrutement, qui se fait souvent par le biais du détachement, et les rémunérations sont plus adaptables. De plus, dans le cas des établissements publics industriels et commerciaux, leur régime juridique relève pour l'essentiel du droit privé (v. *infra*, n° 445).

Enfin, le recours à l'établissement public comporte, à beaucoup d'égards, un caractère symbolique : il permet, tout en conservant un statut de personne publique, de donner une certaine autonomie au sein de l'action publique grâce à l'intervention d'une institution distincte. Ainsi la SNCF, créée après nationalisation des compagnies privées de chemin de fer sous forme de société anonyme en 1937, est devenue en 1983 un établissement public, afin de valoriser symboliquement son rôle de service public et d'appartenance à l'administration publique, tout en maintenant une réelle souplesse dans la gestion. Toutefois, conformément à une tendance générale (v. *infra*, n° 420), elle a été transformée par la loi n° 2018-515 du 27 juin 2018 en société anonyme, dont le capital est entièrement détenu par l'État.

406 **Gestion d'un service public. –** Tout établissement public gère en principe un service public unique ou éventuellement des services publics connexes qui ont, parfois, en son sein, des statuts différents (v. *infra*, n° 437). Quelques exceptions à cette règle se rencontrent cependant : s'il est aujourd'hui reconnu que les associations syndicales de propriétaires gèrent, contrairement à ce que pensait Hauriou, un service public[95], certaines entreprises publiques, bien qu'établissements publics, ont une mission qui ne relève nullement du service public (cas des Charbonnages de France jusqu'à leur dissolution à compter du 1er janvier 2008). Quant aux établissements publics territoriaux (v. *supra*, n° 206), ersatz de collectivités locales, c'est une série de services publics qu'ils gèrent le plus souvent et non un seul.

407 **Spécialité. –** Outre sa fonction quant à la définition des catégories d'établissement public (v. *supra*, n° 387), le principe de spécialité joue un rôle essentiel ici. Il garantit l'établissement contre les empiétements éventuels d'autres personnes mais surtout limite son champ d'action, car le texte institutif de chaque public lui assigne une mission précise. Sinon il se substituerait aux collectivités dont le domaine d'intervention est total (l'État qui n'est pas régi par le principe de spécialité) ou partiel (les collectivités locales qui bénéficient de la clause générale de compétence, v. *supra*, n° 282).

1°) Pour les *établissements publics administratifs*, la spécialité reste en principe assez restreinte. Ainsi, les missions des établissements publics à caractère scientifique, culturel et professionnel ne portent que sur « – la formation initiale et continue, – la recherche scientifique et technologique ainsi que la valorisation de ses

95. V. note Hauriou sous T. confl., 8 déc. 1899, *Ass. synd. du canal de Gignac*, préc. et **T. confl., 28 mars 1955, *Effimieff*,** R. 617 (reconnaissance que les associations syndicales de reconstruction gèrent un service public).

résultats, – la diffusion de la culture et de l'information scientifique et technique, – la coopération internationale » (C. éduc., art. L. 123-3), même s'ils peuvent désormais au titre de la valorisation de la recherche aller jusqu'à constituer des filiales à certaines conditions assez strictes[96]. Dans la logique de la distribution des compétences au sein de l'administration, les interventions d'un établissement public, hors du champ de sa mission, sont donc sanctionnées[97].

2°) La question est plus complexe pour les *établissements publics industriels et commerciaux*, et en particulier celles des entreprises publiques organisées selon ce statut. La logique financière du monde économique actuel conduit à des mécanismes d'intégration globale, ce qui rend souvent nécessaire la création de diverses filiales et sous-filiales ou la prise de participations financières. La spécialité est donc entendue dans un sens plus large, mais elle subsiste néanmoins. Le Conseil d'État, dans un avis du 7 juillet 1994, admet ainsi qu'au-delà de la spécialité stricte, l'institution se livre à d'autres activités annexes, à la double condition qu'elles soient techniquement et commercialement le complément normal de la mission principale et que « ces activités soient à la fois d'intérêt général et directement utiles à l'établissement public... »[98]. Ainsi, la SNCF, selon l'article 18 de la loi du 30 décembre 1982, exerce « toutes activités qui se rattachent directement ou indirectement » à sa mission principale, ce qui lui permet de créer toute filiale ou de prendre toute participation connexe ou complémentaire, et notamment – important paradoxe *a priori* – d'assurer le transport des voyageurs ou des marchandises par le biais de filiales d'autocars ou de camions (SERNAM, notamment).

Quant aux *établissements publics territoriaux*, leur spécialité est largement définie mais subsiste néanmoins, critère essentiel de différenciation avec une collectivité locale (v. *supra*, n° 206).

408 **Rattachement à une autre personne publique. –** En principe, les établissements publics doivent être rattachés à une autre personne publique car ils en constituent en quelque sorte le prolongement personnalisé. Il existe ainsi des *établissements publics nationaux*, relevant de l'État, comme, par exemple, les Universités ou des entreprises nationales (SNCF). Les *établissements locaux*, comme les collèges (établissement départemental) et les lycées (établissement régional) sont eux rattachés aux diverses collectivités locales. La distinction a des conséquences quant à leur régime juridique mais n'est pas toujours aisée : certains établissements publics ont un champ géographique d'action qui ne correspond pas obligatoirement à leur niveau de rattachement. Ainsi une chambre d'agriculture, tout en n'intervenant que dans un département constitue un établissement public national[99]. À l'inverse, les lycées et collèges sont des établissements locaux qui participent à

96. C. éduc., art. L. 711-1.

97. CE, 13 déc. 1939, *Seguinaud*, R. 388 (bureau de bienfaisance qui ne peut exploiter une salle de cinéma municipal) ; CAA Nantes 29 mars 2000, *Centre hospitalier Morlaix*, *Dr. adm.* 2000, n° 211 (hôpital ne pouvant pas traiter le linge d'une clinique privée car il s'agit d'une activité sans rapport avec sa mission principale).

98. Avis 7 juill. 1994, *EDCE*, 1994.409 ; Gr. Avis CE n° 42. V. aussi CE, 9 juill. 1997, *Soc. Maison Balland-Brugneaux*, R. Tab. 846, *RFDA* 1998.53, concl. C. Bergeal.

99. CE, sect., 29 nov. 1991, *Crépin*, R. 411, *RFDA* 1992.884, concl. F. Lamy ; V. aussi Cons. const., n° 98-17 I du 28 janv. 1999, R. 40 (pour les chambres de commerce).

l'exécution d'un service public national. Cette notion de rattachement ne doit pas d'ailleurs être confondue avec celle de tutelle : tous les établissements publics sont soumis à la tutelle de l'État, qu'ils soient nationaux ou locaux ou même, à titre exceptionnel, dépourvus de tout rattachement[100].

b) Autonomie de l'établissement public

409 Mode de gestion d'un service public, le régime juridique de l'établissement public est en grande partie commun avec celui des services publics administratifs ou industriels et commerciaux gérés par une personne publique quelle qu'elle soit (v. *infra*, n° 438 et s.). Personne morale cependant, il pose une question essentielle de ce point de vue : quelle est la réalité de son autonomie ? Celle-ci est, en droit comme en fait, très variable et dépend largement des raisons de sa création. Instaurée comme simple technique d'individualisation administrative, son autonomie risque de rester limitée ; véritable traduction d'une communauté préexistante, elle sera valorisée (v. aussi *supra*, n° 397).

410 **Organes statutaires. –** Dans de nombreux établissements, l'autonomie reste faible. Les assemblées délibérantes sont essentiellement composées de représentants de la collectivité de rattachement et nommées par elle, et il en va de même pour le directeur et/ou le président. Ainsi, sur le plan national, ils constituent souvent un simple relais des décisions ministérielles. L'établissement public mène parfois sa propre politique, mais comme conséquence de son positionnement à l'intersection de plusieurs services, comme lieu d'arbitrage entre diverses politiques au sein du ministère.

Dans d'autres cas, au contraire, les organes de gestion sont désignés de façon plus ouverte. Dans les établissements publics industriels et commerciaux, entreprises publiques, la loi du 26 juillet 1983 relative à la démocratisation du secteur public[101] prévoit que, si l'entreprise réunit au moins deux cents salariés, le conseil d'administration est tripartite : représentants de l'État nommés par décret, qui jouent un rôle essentiel, personnalités extérieures dont, au moins, un représentant des consommateurs ou usagers et, pour un tiers, représentants élus des salariés. Mais le président ou le directeur restent toujours désignés par décret.

Dans les EPSCP, enfin, l'autonomie est poussée à l'extrême de ce point de vue puisque les différents conseils sont tous élus par les différentes catégories de la communauté universitaires (enseignants, étudiants et personnels administratifs), et désignent eux-mêmes les personnalités extérieures qui doivent siéger ; le Président de l'Université est, quant à lui, élu par le conseil d'administration.

Quoi qu'il en soit, une fois nommés, conformément à la séparation traditionnelle des fonctions entre assemblée délibérante et exécutif, celle-là adopte les principaux actes de l'établissement (budget, autorisation de passer les principaux contrats, décisions de gestion du patrimoine, etc.) et le directeur ou le président,

100. V. CE ord. Réf., 14 juin 2006, *Assoc. du Canal de la Gervonde* : « une association syndicale de propriétaire autorisée ou constituée d'office, même si elle est placée sous la tutelle de l'État, n'est cependant rattachée à aucune personne publique ».

101. N° 83-675, *JO* 27 juill., p. 2326.

outre son rôle d'exécution des décisions du conseil chargé de l'administration, dispose des pouvoirs propres attachés à sa qualité de chef de service (v. *supra*, n° 152).

411 **Moyens. –** L'autonomie dépend aussi des ressources dont dispose l'établissement public. Le financement de nombre d'établissements publics, surtout administratifs, est pour l'essentiel constitué de subventions, la part des moyens propres étant très réduite. L'administration de tutelle, en détenant le nerf de la guerre, dispose alors d'un important pouvoir de contrôle sur l'établissement.

De même, l'autonomie varie selon que l'établissement dispose d'un personnel propre qu'il peut recruter plus ou moins librement ou, au contraire, que celui-ci lui est affecté sans marge de choix, ce qui est le cas en général dans les établissements publics administratifs pour les personnels fonctionnaires. Ainsi les enseignants sont désignés par le recteur dans les lycées et collèges, sans que les responsables de l'institution éducative puissent mener une politique propre de recrutement.

412 **Mécanismes de tutelle. –** Indépendamment des pouvoirs de contrôle qui découlent de la nomination des agents et de l'octroi des moyens, l'État dispose aussi de pouvoirs de tutelle (le mot a souvent été conservé ici) sur les décisions prises par les organes statutaires. Selon les établissements publics, se retrouvent les différentes formes de contrôle qui ont existé ou existent pour les collectivités locales.

En matière financière, le contrôle est, en général, assez strict : le budget doit être approuvé, au moins implicitement, par l'autorité de tutelle, comme de nombreuses décisions particulières (approbation des emprunts et des principaux investissements). La vérification quotidienne du contrôle financier de l'ensemble des dépenses engagées, dans les établissements publics administratifs, limite ainsi de façon importante leur autonomie. À l'inverse, dans les établissements publics industriels et commerciaux nationaux, qui appliquent les règles comptables de droit privé, le contrôle est plus souple : il est réalisé, pour l'essentiel, *a posteriori*, par un contrôleur d'État.

Les autres actes, outre la présence parfois d'un commissaire du gouvernement qui dispose d'un droit de veto, ne sont en principe « exécutoires » qu'après approbation explicite de la tutelle, ou, le plus souvent, en l'absence d'opposition de sa part après transmission. Parfois cependant, la liberté est plus grande. Outre le contrôle (distinct de la tutelle) exercé par les collectivités locales de rattachement et limité à ce que prévoient les statuts, les établissements territoriaux et locaux – à l'exception notable, cependant, de ceux qui exercent un service national comme les lycées et collèges, où le contrôle, plus strict, peut aller jusqu'à l'approbation de certaines décisions – bénéficient du régime de contrôle administratif et budgétaire par l'État qui s'applique pour la décentralisation territoriale (v. *supra*, n° 296 et s.). Le législateur s'est aussi inspiré de cette solution pour les universités[102].

Mais, derrière les textes, les *pratiques* sont très diverses. Les mécanismes de tutelle souvent ne jouent plus un rôle premier ou alors peuvent être rénovés dans

102. C. éduc., art. L. 719-7 et s. (transmission au recteur, qui, outre la saisine du tribunal administratif, peut suspendre, le cas échéant, certains actes aux graves conséquences).

le cadre de contrats pluriannuels d'objectifs. L'autonomie résulte tant de facteurs institutionnels (composition et nomination des organes de directions), juridiques (encadrement des actes édictables, mécanismes de contrôle), financiers (importance notamment des ressources propres) que sociologiques. Certains établissements publics ont, *de facto*, pour de multiples raisons une très grande autonomie : du temps où EDF était un établissement public (sur sa transformation en société, v. *infra*, n° 420), on a pu dire que c'était le ministère de l'Industrie qui était sous sa tutelle et non l'inverse !

c) Crise de l'établissement public ?

413 **Perturbation de la définition. –** À bien des égards, la technique classique de l'établissement public apparaît comme en crise. Crise tout d'abord de la définition perturbée par de multiples évolutions. *Il n'est plus la seule personne morale spécialisée* assurant la gestion d'un service public ; d'autres personnes morales de droit public (v. *infra*, n° 416 et s.) ou privé jouent un rôle majeur de ce point de vue, en dehors même des traditionnelles délégations contractuelles (v. *infra*, n° 418 et s.). La gestion par lui d'un service public n'est pas avérée dans tous les cas, et le caractère spécialisé de son intervention a subi de réelles transformations, avec une certaine extension pour les établissements publics industriels et commerciaux et une réelle altération pour les établissements publics territoriaux. Sous ces quelques réserves, dont la portée est limitée si l'on met à part les établissements publics territoriaux situés à mi-chemin entre l'établissement public et la collectivité locale, la définition de l'établissement public reste cependant valable pour l'essentiel. Il constitue toujours la principale personne morale de droit public gérant un service public spécialisé, distincte de l'État comme des collectivités territoriales.

414 **Diversification des régimes. –** La diversification des établissements publics entre de multiples types (établissements publics administratifs, établissements publics industriels et commerciaux, EPSCP, EPCC, établissements publics nationaux et locaux, établissements publics territoriaux, etc.) avec des régimes juridiques différents et complexes comme le refus d'aller jusqu'au bout de la logique de l'autonomie a aussi contribué à cette crise. S'il est vrai que les régimes juridiques se différencient sur divers points, ces distinctions ne sont, principalement, que la conséquence de l'opposition service public administratif – service public industriel et commercial (v. *infra*, n° 438 et s.). Et de nombreux éléments d'unité du régime subsistent ; droit commun des services publics (v. *infra*, n° 457 et s.) et personnalité publique (v. *supra*, n° 18 et les renvois). Pour le reste, les distinctions ont justement pour objet de permettre l'adaptation la plus fine de chaque institution au secteur ainsi pris en charge. Loin d'être un élément de la crise, cette diversification est conforme à la logique de l'autonomie statutaire.

415 **Négation de la décentralisation. –** Il reste que le recours à cette structure, dans la pratique administrative, est souvent critiquable, et c'est sans doute ici *le facteur essentiel de crise*. Comme l'ont montré de nombreux rapports tant du Conseil d'État[103] que

103. V. Bibliographie *infra*, n° 486, Gestion du service public.

de la Cour des comptes, la création des établissements publics est, le plus souvent, injustifiée. Il ne s'agit plus que d'un procédé commode qui permet, sans remettre en cause les mécanismes administratifs traditionnels, de redonner une certaine souplesse à la gestion. Pure technique administrative ou budgétaire et non logique d'autonomie car l'établissement public reste très largement contrôlé. Il ne constitue en définitive, au sein d'une administration rigide qu'un stade intermédiaire entre l'étatisation et la gestion privée, entre la décentralisation et la déconcentration ; il n'est plus qu'un simple palliatif à l'absence de réforme des structures administratives.

Les évolutions liées à la politique de renouveau du service public (v. *supra*, n° 397) devraient permettre de résoudre, en partie, ces problèmes sans aller jusqu'à donner aux entités ainsi organisées la personnalité morale. Celle-ci ne serait attribuée qu'en dernier ressort, lorsqu'elle est indispensable et en acceptant d'aller jusqu'au bout de la logique de la personnalisation (démocratisation des procédures de désignation des organes dirigeants, autonomie de gestion des moyens, modifications des procédures de contrôle, etc.). C'est le prix à payer pour surmonter la crise partielle de l'établissement public due à la multiplication d'organismes inutiles.

d) Autres personnes publiques spécialisées

416 Pendant longtemps, le droit français ne connut que trois catégories de personnes morales de droit public – l'État, les collectivités locales et les établissements publics, qui restent prépondérantes[104]. Pourtant, dans la même logique que pour les établissements publics, il a paru utile de confier la gestion de services publics à d'autres entités autonomes, soumises à un régime propre. La Banque de France, qui n'est plus une société anonyme, est ainsi une personne publique à statut particulier[105], de même que les autorités publiques indépendantes (v. *supra*, n° 260), l'Institut et les académies (art. 35 de la loi n° 2006-450 du 18 avr. 2006)[106] ou encore, mais de façon moins certaine, la Caisse des dépôts et consignations.

417 **GIP. –** Les *groupements d'intérêt public* (GIP) sont les plus importantes de ces personnes publiques *sui generis*. Au terme d'une construction empirique, à laquelle le législateur, le juge et le Conseil d'État dans sa fonction consultative ont pris part, ils apparaissent comme une nouvelle catégorie juridique d'institutions publiques susceptibles de gérer une activité de service public. Pour comprendre cet aboutissement, il faut refaire le chemin qui y mène.

104. V. CE, ass., 12 déc. 2003, USPAC CGT, *RFDA* 2004.205 (Ainsi, l'institut de France est un classique établissement public administratif).

105. V. CE, 22 mars 2000, *Synd. nat. autonome personnel Banque de France*, R. 125 (personne publique gérant un service public pour l'essentiel de nature administrative qui « revêt une nature particulière et présente des caractéristiques propres » : ainsi le Code du travail s'applique aux personnels sauf en cas d'incompatibilité avec son statut ou sa mission).

106. V. toutefois, Cass. crim., 19 févr. 2019, n° 17-85115, *GP* 2019, n° 19, p. 57, note Detraz, *JCP* A 2019, 2166, comm. Ph. Yolka ; *Légipresse 2019*, n° 369-05, qui qualifie l'Institut d'établissement public administratif).

À l'origine est un besoin administratif assez précis : celui d'une structure, plus souple que l'établissement public, destinée à servir de cadre à la coopération entre secteur public et secteur privé qu'exige la réalisation de certaines activités d'intérêt général. L'absence d'une telle structure expliquait en partie le développement des démembrements de l'administration (v. *infra*, n° 421), c'est-à-dire l'utilisation par celle-ci de structures de droit privé largement fictives, telles qu'associations ou groupements d'intérêt économique (GIE), favorisant des pratiques discutables voire irrégulières, notamment en matière financière (gestion de fait). Dans l'esprit de ses promoteurs initiaux[107], le GIP avait pour objet de remédier à ce mal par la suppression de l'une de ses causes et, plus précisément, par la transposition, dans la sphère publique, du GIE, ce qui explique l'appellation.

Ainsi inspiré, le législateur a d'abord procédé de manière prudemment sectorielle, en autorisant la création de GIP dans des domaines divers de l'action publique. La loi du 15 juillet 1982 relative à la recherche (art. 21) a ainsi inauguré la formule, qui a ensuite été appliquée dans de multiples secteurs (enseignement supérieur, action sanitaire et sociale, sportive, culturelle, touristique, coopération territoriale dans le cadre des pays ou des maisons de service public, etc.). Cette manière de légiférer a engendré une situation juridique paradoxale : formellement, chaque catégorie de GIP est soumise à des dispositions législatives qui lui sont propres ; mais, le plus souvent, ces dispositions renvoient à l'article 21 de la loi du 15 juillet 1982, « qui fait ainsi fonction de statut général... des GIP »[108].

C'est donc fort logiquement en s'appuyant sur ces dispositions que le Tribunal des conflits[109] a prolongé l'œuvre du législateur, en précisant la nature juridique des GIP et certains éléments de leur régime : si les GIP sont des personnes publiques (et non pas privées), ils ne sont pas des établissements publics, mais sont soumis à un régime spécifique, qui n'est pas de plein droit celui des établissements publics, sauf pour leur création par la loi en cas de nouvelles catégories.

Ces éléments supplémentaires d'unité juridique, joints aux suggestions du Conseil d'État[110], n'ont pu que favoriser l'édiction par la loi n° 2011-525 du 17 mai 2011 (art. 98 et s.) d'un authentique statut général des GIP. Les règles posées par ce texte sont, en effet, applicables, en principe, à tout GIP ; sur leur fondement, un tel groupement pourra désormais être créé dans tous les domaines de l'action administrative ; pour les GIP qui existaient déjà, la loi du 17 mai 2011 remplace les dispositions législatives spécifiques qui les régissaient en propre. Cette unification ne va pas toutefois sans limites, pour deux raisons. D'abord, certains GIP, plus ou moins étrangers au modèle inaugural de la loi du 15 juillet 1982, demeurent soumis, en tout ou partie, à leur statut législatif particulier (v. art. 119 et 120 de la loi du 17 mai 2011) ; il vaudrait mieux qu'ils deviennent ce qu'ils sont,

107. V. Rapport de MM. Brunois, Drago, Goré et de Juglart, *Le groupement d'intérêt public, solution au problème des démembrements de l'administration*, 1981.

108. R. Chapus, *Droit administratif général*, t. 1, *op. cit.*, p. 353.

109. **T. confl., 24 févr. 2000, *GIP Habitat et interventions sociales pour les mal logés et sans-abri***, R. 748, *AJDA* 2000. 410, chron. M. Guyomar et P. Collin.

110. V. son *Étude sur les Groupements d'intérêt public*, La Doc. française, 1997, qui comprend un avant-projet de loi portant statut général du GIP.

des établissements publics. Ensuite et à plus juste titre, le législateur a recherché un équilibre entre unité du statut et souplesse de l'instrument.

Dans le premier plateau de cette balance, on trouve les éléments antérieurement acquis. Le groupement d'intérêt public est ainsi défini comme « une personne morale de droit public dotée de l'autonomie administrative et financière ». Il est constitué par convention, comme les personnes privées et alors que les autres personnes publiques résultent d'actes unilatéraux (lois ou règlements). À raison de son objet, l'organisation du service public, cette convention a d'ailleurs la nature d'un contrat administratif dont le contenu est intégralement réglementaire (v. *infra*, n° 761). Elle est passée soit entre plusieurs personnes morales de droit public, soit entre l'une ou plusieurs d'entre elles et une ou plusieurs personnes morales de droit privé, étant précisé que les personnes morales de droit public et les personnes morales de droit privé chargées d'une mission de service public doivent détenir ensemble plus de la moitié du capital ou des voix dans les organes délibérants. La convention doit enfin être approuvée par l'État[111]. Quant à l'objet du groupement, la loi du 17 mai 2011 précise qu'il porte sur l'exercice d'activités d'intérêt général à but non lucratif, par la mise en commun des moyens nécessaires à cet exercice. Il n'est donc pas explicitement fait référence au service public ; une activité d'intérêt général exercée par une personne publique ne saurait toutefois être autre chose. Plus précisément, les GIP sont normalement investis d'une mission de service public administratif, même si l'exercice, au moins à titre subsidiaire, d'une activité de service public industriel et commercial n'est pas exclu[112].

Quant à l'impératif de souplesse, il explique que, sur certains points, la loi renvoie à la convention constitutive du GIP le soin de déterminer le régime applicable à ce dernier. Ainsi, alors que, dans le modèle initial, le groupement était à durée déterminée, il peut désormais être aussi à durée indéterminée, au choix de ses créateurs (divers GIP permanents ayant d'ailleurs été institués par le législateur). D'autres marges de manœuvre, laissées à ces derniers par la loi du 17 mai 2011, ont toutefois été supprimées par la loi du 20 avril 2016 relative à la déontologie et aux droits et obligations des fonctionnaires. Il en est ainsi, en premier lieu, pour le statut du personnel. En application de la jurisprudence *Berkani* (v. *infra*, n° 759), le Tribunal des conflits avait décidé que les agents contractuels des GIP chargés d'une mission de service public administratif (ce qui, on l'a vu, est normalement le cas) étaient liés à leur employeur par un contrat administratif[113]. L'article 109 de la loi du 17 mai 2011, dans sa version initiale, décidait, au contraire, qu'il revenait à la convention constitutive d'opter pour la soumission au Code du travail ou à un statut de droit public[114] et ce quelle que fût la nature de l'activité du GIP. La loi du 20 avril 2016 met fin à cette liberté et en revient à la jurisprudence *Berkani* : selon que le GIP gère, à titre principal, un service public administratif ou un service public industriel et commercial, son personnel est soumis à un régime de

111. V. quant au rôle des ministres compétents pour donner cette approbation, CE, 28 déc. 2005, *Synd. mixte intercommunal d'aménagement du bassin de la Vesle*, *AJDA* 2006.380, concl. M. Guyomar.

112. CE, 1er avr. 2005, *Synd nat. des affaires culturelles*, *JCP* A 2005.1321, note B. Jorion.

113. **T. confl., 24 févr. 2000, *GIP Habitat et interventions sociales pour les mal logés et sans-abri***, préc.

114. Ce statut est défini par un décret n° 2013-292 du 5 avr. 2013, *JO* 7 avr. 2013, texte n° 16.

droit public déterminé par décret en Conseil d'État ou au Code du travail. Le régime comptable a connu la même évolution. La loi du 17 mai 2011 (art. 112) avait posé en principe que la comptabilité du groupement était régie par le droit privé, sauf si les parties contractantes avaient fait le choix de la gestion publique dans la convention constitutive ou si le groupement était exclusivement constitué de personnes morales de droit public soumises au régime de comptabilité publique. D'après la loi du 20 avril 2016, le droit applicable dépend ici aussi de la nature de l'activité : comptabilité publique en cas de service public administratif, comptabilité privée s'il s'agit d'un service public industriel et commercial. La politique législative récente a donc sérieusement atténué la souplesse du GIP et accru la part du droit public dans son régime.

2. Personnes privées

418 Depuis l'arrêt *Caisse primaire Aide et protection*[115], il est admis qu'en dehors même du procédé de la concession, un service public peut être géré par une personne privée quand elle y est habilitée unilatéralement. Ce mode de gestion est devenu, de nos jours, banal, et concerne aussi bien le service public administratif que le service public industriel et commercial. Le recours à une personne privée et non publique reste fondamental : outre ses conséquences juridiques liées au rôle du critère organique en droit administratif (v. *supra*, n° 18 et les renvois), il a une portée symbolique évidente. Le lien avec l'administration est moins net, et l'intervention publique moins avérée... en apparence en tout cas.

Ces personnes privées sont de natures fort diverses : ordres professionnels, associations de la loi de 1901, fondations, groupements mutualistes, sociétés. Elles regroupent des membres réellement extérieurs à l'administration, issus de la société civile ou ne sont, au contraire, qu'un démembrement de celle-ci, une forme d'intervention des personnes publiques sous couvert d'un « faux » organisme de droit privé.

Comme pour les établissements publics, mais avec une dimension supplémentaire liée au caractère privé de l'institution, les raisons qui président à cette habilitation sont de deux ordres, même si les oppositions ne doivent pas être exagérées.

419 **Logique corporative. –** Est soumise au régime du service public l'activité privée préexistante d'une communauté de personnes. Les *ordres professionnels* permettent, ainsi, à certaines professions libérales (médecins[116] ou architectes[117] par exemple) de s'auto-administrer sous le contrôle de la puissance publique. Gérés par des conseils locaux et nationaux composés d'élus de la profession, ils ont une triple mission. Ils participent à l'élaboration des codes de déontologie de leur profession (v. *supra*, n° 148), contrôlent l'accès à la profession en décidant de l'inscription au tableau de leurs membres, et enfin disposent d'un pouvoir disciplinaire, en cas de violation notamment du Code de déontologie. Chargés d'une mission de service public administratif, ils relèvent du droit privé pour tout ce qui concerne leur organisation

115. **CE, 13 mai 1938**, préc. *supra*, n° 17.
116. CSP art. L. 4132-1 et s.
117. Art. 21 et s. loi 77-2 du 3 janv. 1977, Juris. C. et L.

interne (gestion administrative et financière, personnel, etc.) et du droit public pour la mise en œuvre des pouvoirs exorbitants qui leur sont attribués (inscription au tableau, v. *supra*, n° 593, mesures disciplinaires).

De même, dans chaque discipline sportive, une seule fédération, *association* de la loi du 1er juillet 1901, reçoit délégation pour organiser les compétitions sportives[118]. On retrouve aussi ce type de formule dans le domaine de l'environnement, par exemple[119].

420 **Technique de gestion. –** Le recours à ce procédé est aussi lié, plus prosaïquement, à des considérations de « souplesse », voire à une certaine volonté de désengagement de la puissance publique. Le service étant pris en charge par une personne privée, le droit privé s'applique plus largement qu'en cas de gestion par une personne publique, même s'il faut aussi tenir compte du minimum de droit public toujours présent et du caractère du service administratif ou industriel et commercial. Son personnel est ainsi, en général, soumis au Code du travail, comme la comptabilité et les deniers sont privés.

Plusieurs formules ont été adoptées. Ainsi la Sécurité sociale est gérée, pour l'essentiel, par des sociétés mutualistes sur le plan local, alors que certains organismes centraux restent des établissements publics. Il est fréquent de constituer des *associations* de la loi de 1901, voire des fondations, à qui est confiée la gestion d'un service, par exemple en matière culturelle[120] ou sociale[121].

Le recours aux *sociétés de droit privé* joue un rôle essentiel, pour la gestion du service public, alors qu'elles sont aussi souvent utilisées pour des interventions économiques en dehors de cette fin. Ce sont, tout d'abord, des sociétés, anonymes le plus souvent, où la collectivité publique est propriétaire de l'intégralité du capital. Lorsqu'elles sont rattachées à l'État, elles constituent des sociétés nationales. Ainsi la loi du 30 septembre 1986[122] charge du service public audiovisuel diverses sociétés anonymes telles que France Télévisions ou Radio France. Ce peut être aussi des sociétés d'économie mixte. Le terme en lui-même n'a pas d'incidence juridique immédiate car ces sociétés restent de droit privé. Mais elles permettent d'associer capitaux publics et privés dans des domaines très divers, ce qui présente divers avantages notamment quant au financement, ou à la spécialisation de personnels techniques. Au niveau national[123], de telles sociétés prennent parfois en charge un service public. Ainsi, la régie qui gérait dans le cadre du budget annexe de l'État, le service public des télécommunications, est devenue établissement public industriel et commercial sous le nom de France Télécom[124], puis société anonyme (aujourd'hui dénommée Orange) dont le capital est en partie (27 % à l'heure actuelle) détenu par l'État, à côté d'actionnaires privés. Outre la gestion

118. Art. 16 et 17, loi n° 84-610 du 16 juill. 1984, modifiée, (v. LégiF).

119. C. envir., art. L. 421-5.

120. V. Cass. 1re civ., 19 avr. 1977, *Bull.* n° 174, p. 136 (à propos des Maisons des jeunes et de la culture) et la fondation IRCAM, au sein de l'établissement public Centre national d'art et de culture G. Pompidou (D. n° 92-1351 du 24 déc. 1992, LégiF).

121. Par ex. T. confl., 26 mars 1990, R. Tab. 635 (association nationale pour la formation professionnelle des adultes).

122. N° 86-1067, Jur. C. et L.

123. Sur les sociétés locales, v. *infra*, n° 426.

124. Loi 1990-568 du 2 juill. 1990, *JO* 8 juill., p. 8069.

commerciale et les rapports de droit privé qu'elle noue avec ses usagers et ses fournisseurs, la transformation en société de droit privé lui permet de nouer certains liens financiers et capitalistiques indispensables à l'heure de la mondialisation. Une telle possibilité ne se rencontre pas dans un établissement public qui n'a pas de capital. C'est là l'une des causes de la tendance actuelle à transformer les entreprises publiques constituées sous forme d'EPIC en sociétés à capital totalement ou partiellement public (sur le rôle du droit européen de la concurrence à cet égard, v. *supra*, n° 394). Cette « sociétisation » a déjà touché, outre France-Telecom, EDF et GDF[125], Aéroports de Paris[126], l'Agence nationale de valorisation de la recherche[127], La Poste[128] ainsi que, tout dernièrement, la SNCF[129].

421 **Modes juridiques d'habilitation. –** L'habilitation résulte quelquefois *directement d'une loi*. Tel est le cas pour les sociétés mutualistes de sécurité sociale (CSS, art. L. 211-1 s.), les sociétés du service public audiovisuel ou encore EDF et GDF. Le plus souvent, la loi donne compétence à l'*administration pour autoriser une personne privée* à exploiter le service public. Il y a donc autorisation unilatérale sous conditions. Il en va ainsi pour le service public de stockage de gaz souterrain, où des entreprises privées peuvent intervenir[130], des fédérations sportives ou des organismes en matière de chasse. De même, le préfet est à même d'habiliter, dans le cadre du service public de pompes funèbres, par décision unilatérale, une entreprise, en dehors du cas de la concession (CGCT, art. L. 2223-23). Il arrive aussi que l'investiture résulte d'une simple décision de l'État ou d'une délibération d'une collectivité locale.

Quoi qu'il en soit, le recours à cette technique de gestion soulève de réelles questions quant à l'autonomie des personnes habilitées. Parfois la délégation est consentie à des sociétés ou à des associations qui prennent réellement en charge le service public, ce qui permet de faire participer les citoyens à l'action administrative, procédé qui doit être encouragé. Parfois, il s'agit d'une simple apparence, où de « fausses » personnes morales de droit privé gèrent, en fait, l'activité administrative, sans aucune liberté, ne constituant qu'un simple démembrement de l'administration. Comme pour certains établissements publics, la personnalité morale risque de n'être qu'un simple paravent.

Le Conseil d'État, au demeurant, en a récemment pris acte. À certains égards, en effet, l'arrêt *Commune d'Aix-en-Provence*[131] assimile à une gestion directe par une collectivité publique des cas dans lesquels l'exploitation du service est confiée à des organismes qui, dotés d'une personnalité juridique propre, se trouvent néanmoins dans une dépendance très étroite à l'égard de cette collectivité ce qui autorise à les traiter comme des services de cette dernière.

125. Loi n° 2004-803 du 9 août 2004 (*JO*, 11 août, p. 14256). La société GDF a d'ailleurs ensuite été privatisée (L. du 7 déc. 2006 et D. 19 déc. 2007).

126. Loi n° 2005-357 du 20 avr. 2005 (*JO*, 20 avr. 2005, p. 6969).

127. Ord. n° 2005-722 du 29 juin 2005 (*JO*, 30 juin 2005).

128. L. n° 2010-123 du 9 févr. 2010, *JO* du 10 févr. p. 2321.

129. L. n° 2018-515 du 27 juin 2018 pour un nouveau pacte ferroviaire, *JO* du 28 juin 2018, texte n° 1.

130. Ord. n° 58-1132, 25 nov. 1958 et D. n° 62-1296, 6 nov. 1962, V. Avis CE, 24 oct. 1995, *EDCE*, 1995.458.

131. CE, sect., 6 avr. 2007, préc. *supra*, n° 383.

Ces cas sont au nombre de deux. Le premier est celui où une collectivité locale crée une régie dotée de l'autonomie financière et de la personnalité morale (v. *supra*, n° 396) ; il s'agit, en réalité, d'établissements publics locaux dont la personnalité juridique est largement fictive. Le second, directement inspiré du droit de l'Union européenne, est celui où une collectivité publique crée un organisme qui présente deux caractéristiques : il a pour objet statutaire exclusif de gérer le service que lui confie la collectivité : cette dernière exerce sur lui un contrôle comparable à celui qu'elle exerce sur ses propres services. Par exemple, ces deux traits ont été jugés présents dans l'association à laquelle la gestion du festival de musique d'Aix-en-Provence a été confiée par diverses collectivités publiques. La conséquence de l'assimilation ainsi opérée est simple et importante : la collectivité publique qui entend confier la gestion d'un service public à l'un de ces faux tiers n'a aucune obligation d'assurer au préalable une publicité et une mise en concurrence des intéressés notamment en passant un contrat de délégation de service public (v. aussi *infra*, n° 770).

3. Entreprises publiques

422 La gestion du service public, dans le secteur économique, est assurée par des personnes publiques ou privées qui constituent souvent des entreprises publiques, dont l'origine est liée à l'interventionnisme croissant de l'État entrepreneur notamment. Bien que la notion soit essentiellement économique, elles bénéficient cependant d'un régime juridique partiellement commun, et présentent, au regard de la gestion du service public, une certaine spécificité.

423 **Notion d'entreprises publiques. –** Un projet de loi de 1948, jamais adopté, les définissait, pour celles de niveau national, comme « des organismes dotés de la personnalité civile et de l'autonomie financière auxquels l'État transfère la propriété ou la gérance d'exploitations commerciale et industrielle ».

À l'heure actuelle, une définition résulte des dispositions de la loi du 26 juillet 1983 relative à la démocratisation du secteur public et de l'ordonnance du 20 août 2014 relative à la gouvernance et aux opérations sur le capital des sociétés à participation publique. De ces textes, il ressort que sont des entreprises publiques d'une part les personnes morales de droit public autonomes qui interviennent dans le secteur industriel et commercial (établissements publics industriels et commerciaux, établissements publics administratifs gérant un service public industriel et commercial quand la majorité du personnel est de droit privé) et d'autre part les diverses sociétés commerciales de droit privé et leurs filiales dans lesquelles l'État ou les établissements publics précités détiennent, directement ou indirectement, la majorité du capital social.

Ce dernier critère est aussi pris en compte par la jurisprudence du Conseil d'État confronté à la question du transfert « de la propriété d'une entreprise du secteur public au secteur privé » que la Constitution, dans son article 34, réserve à la loi seule. Dès lors, les cessions du capital qui font passer au-dessous de 50 % de celui-ci, le seuil des actions détenues par l'État, par d'autres personnes publiques ou par des entreprises ou leurs filiales appartenant elles-mêmes au secteur public relèvent de la loi[132]. Celle-ci peut d'ailleurs, dans un cadre et selon une procédure strictement définis, autoriser le gouvernement à décider par décret de la privatisation de telle ou telle entreprise[133]. La majorité des droits de vote est, à elle seule, insuffisante car elle est susceptible d'être perdue et présente donc un caractère aléatoire[134].

Ce critère fondé sur la seule propriété est critiquable car il conduit en partie à méconnaître la réalité des contrôles. Aussi l'article L. 133-2 du Code des juridictions financières relatif au contrôle de la Cour des comptes précise-t-il que sont des entreprises publiques celles où les collectivités publiques ou des organismes soumis au contrôle de la cour détiennent la majorité du capital social ou des voix mais aussi celles où ils « détiennent directement ou indirectement (...) un pouvoir prépondérant de gestion ou de décision ». Le droit de l'Union européenne[135] considère lui aussi comme une entreprise publique « toute entreprise sur laquelle les pouvoirs publics peuvent exercer directement ou indirectement une influence dominante du fait de la propriété, de la participation financière ou de règles qui la régissent ».

En tout état de cause, les entreprises publiques apparaissent comme transcendant en quelque sorte les distinctions fondées sur la nature des organes. Elles sont aussi bien des personnes morales de droit public, distinctes de l'État comme des collectivités locales (établissements publics comme la RATP) que des sociétés anonymes de droit privé (comme EDF). Et, selon les cas, elles gèrent un service public (les entreprises précitées qui sont soumises à des obligations de service public) ou non (v. *supra*, n° 382).

424 **Régime juridique. –** Lorsqu'elles assurent un service public industriel et commercial, elles sont soumises pour l'essentiel aux règles qui s'appliquent aux personnes publiques ou privées qui se trouvent dans cette situation (v. *infra*, n° 445 et s.). La part du droit privé est donc essentielle. Certaines règles viennent cependant s'y ajouter et sont communes à toutes les entreprises publiques quel que soit leur statut. Outre l'obligation de recourir à la loi pour les faire sortir du secteur public, les entreprises nationales sont soumises à un contrôle spécifique du Parlement et de la Cour des comptes. Quant aux sociétés d'économie mixte locale, elles sont soumises à un corps très précis de dispositions dues à la loi du 7 juillet 1983 et qui sont, en principe, également applicables aux sociétés publiques locales (v. *infra*, n° 426).

132. CE, ass., 24 nov. 1978, Schwartz, R. 467, *AJDA* mars 1979.34, concl. M.-A. Latournerie ; CE, ass., 22 déc. 1982, *Comité central d'entreprise SFENA*, R. 436, *RDP* 1983.497, concl. A. Bacquet (illégalité d'un décret autorisant la cession d'une partie importante du capital de la société SFENA au principal actionnaire privé qui devenait ainsi majoritaire).

133. V. loi du 2 juill. 1986, modifiée (préc. *supra*, n° 11) et CC 25 et 26 juin 1986, préc. *supra*, n° 386.

134. Cf. Avis CE, 17 sept. 1998, *EDCE*, 1999.220 (« il n'y a pas lieu de considérer que la détention par le secteur public de la majorité des droits de vote aux assemblées générales d'actionnaires suffit à qualifier l'entreprise en cause d'entreprise du secteur public »).

135. Directive 80/723 du 25 juin 1980, modifiée ; *JOCE*, 30 juill. L. 195.

B. LES CONCESSIONS DE SERVICE PUBLIC

425 **Concessions de service public et autres contrats de gestion du service public. –** L'administration étatique ou locale, voire une personne morale spécialisée, confie parfois, par contrat, l'exécution d'un service public à une autre personne. Le plus souvent, ce contrat constitue une concession de service public. Il faut immédiatement préciser ce qu'il convient d'entendre par là (v. aussi *infra*, n° 735 et s.). Dans l'état actuel du droit, qui résulte de l'adoption par le droit français de la conception européenne de la concession, une concession de service public est un contrat qui présente les caractéristiques d'une concession de services, au sens de l'article L. 2 du Code de la commande publique, et qui a pour objet de « concéder la gestion d'un service public » (CCP, art. L. 1121-3). Sauf pour les collectivités territoriales, cette dénomination remplace celle qui s'était imposée, depuis l'adoption de la loi du 29 janvier 1993, de contrats de délégation de service public. Si le mot change, la chose désignée reste à peu près la même : ce qui caractérisait hier les contrats de délégation de service public et se retrouve aujourd'hui dans les concessions de service public, c'est qu'ils confient à une entreprise l'exploitation d'un service public « à ses frais est risques » ou, en d'autres termes, plus modernes, qu'ils transfèrent sur le cocontractant le risque économique inhérent à la gestion du service public concédé. La modification du vocabulaire comporte tout de même une conséquence fâcheuse. En droit français, l'expression « concession de service public » désignait classiquement l'un des types de contrats englobés dans la catégorie générale des contrats de délégation de service public, à côté, notamment, de l'affermage et de la régie intéressée. Désormais, elle sert aussi à désigner la catégorie générale. Le même terme désigne ainsi, à la fois le genre et l'une des espèces du genre. C'est une source de confusion. Par exemple, l'affermage est bien une concession de service public au sens générique mais il diffère de la concession au sens spécifique.

Quoi qu'il en soit, il faut souligner que les concessions de service portant sur un service public ne sont pas les seuls contrats qui permettent de confier la gestion d'un service public à une institution spécialisée. En particulier la gestion d'un service public peut être dévolue à un opérateur économique au moyen d'un marché public de services ou d'un marché de partenariat (v. *infra*, n° 733, 734). Néanmoins, les concessions demeurent la principale modalité de l'habilitation contractuelle à gérer un service public. C'est pourquoi, c'est d'eux seuls qu'il s'agit ici.

426 **Catégories de concessionnaires. –** L'opérateur économique auquel la gestion du service public est concédée est, en général, une personne privée, soit « purement » privée en raison de ses origines ou de ses capitaux, soit plus ou moins liée à l'administration comme les associations para-administratives, et surtout les sociétés d'économie mixte locales ainsi que les sociétés publiques locales et les sociétés d'économie locale à opération unique (SEMOP).

Les sociétés d'économie mixte locales jouent un rôle essentiel pour les opérations d'aménagement et d'urbanisme, qui se réalisent dans le cadre d'une convention entre elles et les collectivités locales, ou pour l'exploitation des services publics industriels et commerciaux. Elles sont désormais régies par une loi du

7 juillet 1983, modifiée notamment par la loi du 2 janvier 2002[136]. Afin d'éviter les abus qui se sont produits, la loi exige un contrôle renforcé des organismes publics : les collectivités territoriales doivent détenir la majorité du capital et des voix dans les organes délibérants et elles sont soumises à certains contrôles du préfet comme de la chambre régionale des comptes.

Les sociétés publiques locales, créées par une loi du 28 mai 2010[137], ont le même objet et sont en principe soumises au même régime que les sociétés d'économie mixte. La différence tient à l'actionnariat, qui est intégralement public : les collectivités territoriales (ou leurs groupements) qui les créent détiennent la totalité de leur capital. Il en résulte (c'est là le grand avantage ou, selon le point de vue, le vice majeur de cette institution) que leurs actionnaires peuvent leur concéder un service public sans avoir à organiser une mise en concurrence en principe obligatoire (v. *supra*, n° 394 *et infra*, n° 784).

Ce sont également les impératifs de la concurrence qui se trouvent à l'origine de la création par la loi n° 2014-744 du 1er juillet 2014 d'un nouveau type d'entreprise publique locale, la société d'économie mixte à opération unique (SEMOP) (art. L. 1541-1 et s. CGCT). Traditionnellement, les collectivités territoriales créaient parfois une société d'économie locale dans le seul but de lui confier par contrat la gestion d'un service public sans mise en concurrence avec d'autres opérateurs. Cela n'est plus possible (v. *supra*, n° 394 et *infra*, n° 784). La SEMOP est destinée à remédier à cette impossibilité. Soumise en principe aux règles applicables aux sociétés d'économie locale, cette nouvelle institution s'en écarte néanmoins sur des points notables. En premier lieu, elle est constituée entre une collectivité territoriale (ou un groupement de telles collectivités) et au moins un opérateur économique (privé ou public), la première pouvant être actionnaire minoritaire. En second lieu et surtout, la SEMOP a pour objet exclusif de conclure avec la collectivité territoriale actionnaire un contrat qui peut notamment porter sur la gestion d'un service public. Pour satisfaire aux exigences concurrentielles, une procédure de mise en concurrence unique doit permettre à la fois de choisir l'actionnaire opérateur économique et de confier le contrat à la SEMOP.

L'opérateur économique auquel le service public est concédé est aussi parfois une personne publique spécialisée Ainsi des établissements publics, tels que les chambres de commerce pour l'exploitation, notamment, des installations portuaires ou aéroportuaires, sont concessionnaires de service public. De façon générale des organismes publics peuvent toujours candidater à une concession de service public (v. *infra*, n° 744).

427 **Intérêt des concessions. –** Les concessions présentent pour l'administration un *intérêt particulier* : elles lui permettent de répondre en partie au problème du financement des interventions publiques, tout en « externalisant » la gestion du service public. Elles sont plus souvent utilisées que l'habilitation unilatérale. Présentant l'avantage de la tradition comme de la nouveauté, puisqu'elles s'insèrent dans le champ de la négociation, elles correspondent à la logique des nouveaux partenariats public-privé.

136. CGCT, art. L. 1521-1 et s.
137. CGCT, art. L. 1531-1 et s.

En particulier, parmi les différents contrats permettant de concéder la gestion d'un service, la concession, au sens strict et classique de l'expression, présente *a priori* tous les avantages, notamment lorsqu'il s'agit de construire un ou des ouvrages publics complexes et coûteux et de gérer ensuite le service afférent. L'administration publique détermine les caractéristiques des ouvrages et les modalités d'exploitation du service, sans avoir à financer, par la mobilisation de considérables masses budgétaires, l'édifice qu'elle récupéra gratuitement en fin de concession. C'est donc un excellent moyen de mettre en place un réseau d'équipements et de services publics, à moindre coût et à moindre charge administrative. C'est le concessionnaire qui assure la maîtrise de l'ensemble de l'opération, par ses propres services hautement spécialisés, et pourvoit, à ses risques et périls, au financement avec ses capitaux propres. La durée assez longue de la concession lui permet, après une première phase déficitaire, de dégager, *in fine*, un bénéfice suffisant pour rentabiliser l'opération, grâce aux recettes perçues pour l'essentiel sur les usagers.

Aussi, tout au long du XIXe siècle, a été concédée aux grands groupes industriels et financiers la construction des principaux réseaux de transports ferroviaires, de distribution d'électricité ou d'adduction d'eau. Par la suite, la technique de la concession fut quelque peu délaissée, tant à cause des difficultés économiques rencontrées que pour des raisons idéologiques, liées à la montée en puissance des idées socialisantes, l'État prenant en charge directement les services publics à assurer, par le biais d'entreprises publiques nationalisées. Plus récemment, toujours pour des raisons d'ordre budgétaire, avec le retour en vogue des conceptions néolibérales, la technique de la concession fut à nouveau utilisée, en particulier, pour la construction et l'exploitation de parcs de stationnement, de lignes de tramways et de certaines autoroutes. Attribuée, dans cette dernière hypothèse, à des sociétés d'économie mixte, puis à de véritables groupes privés tel que Cofiroute, la concession concerne essentiellement les autoroutes non urbaines (art. L. 122-4 C. v. rout.).

En dehors même des constructions et exploitations d'ouvrages publics, les contrats de concession jouent un rôle certain pour l'exploitation des transports intérieurs[138], les pompes funèbres[139], l'exploitation touristique des plages[140], ou le service de dépannage sur les autoroutes[141]. Ils permettent ici également de confier le service à l'entreprise la mieux armée techniquement et financièrement de ce point de vue, en évitant la création de lourdes organisations pour la collectivité publique.

428 **Miracle ou mirage ? –** Procédé miracle, les concessions n'en comportent pas moins de sérieux inconvénients.

Inconvénients sociaux, tout d'abord, car elles conduisent à faire financer la construction de l'ouvrage public et/ou l'exploitation du service public, en général,

138. Art. 7, loi n° 82-1153 du 30 déc. 1982, *JO* 31 déc., p. 4004. V. Avis CE, 7 avr. 1987, Gr. avis CE n° 26 (délégation de service public lorsqu'une collectivité confie l'exécution du service de transport à une entreprise).

139. CGCT, art. L. 2223-19 (à côté des régies municipales et des entreprises habilitées). V. avis CE, 19 déc. 1995, *EDCE*, 1995.427.

140. C. envir., art. L. 321-9 ; V. CE, 21 juin 2000, *Sarl Plage, Chez Joseph*, R. 282, *RFDA* 2000. 786, concl. C. Bergeal.

141. CE, 22 avr. 2000, *Lasaulce*, préc.

par l'usager et non par le contribuable, ce qui est un choix politique important. L'absence de péréquation que procure le financement par l'impôt a des répercussions sur l'accès effectif au service public pour les catégories les moins riches, d'où la nécessité d'éventuelles modulations des tarifs (v. *infra*, n° 460 et s.).

Mirage financier parfois. Ce mécanisme n'est possible, par définition, que si l'exploitation est économiquement viable. Dès lors, le procédé de la concession risque de déboucher sur une privatisation des profits (on laisse au concessionnaire les secteurs rentables) et la socialisation des pertes (l'administration prend en charge le service public là où il n'y a pas suffisamment de « clientèle »). Sinon, le risque de faillite est évident. Ainsi, très rapidement, l'État a dû aller au secours des entreprises ferroviaires dont la rentabilité se dégradait, au fur et à mesure de l'extension de leur réseau dans des zones faiblement peuplées, par le biais de techniques diverses (garanties d'emprunt, subventions, rachat, voire nationalisation).

Comment assurer dès lors le fonctionnement global du service public sur l'ensemble du territoire ? Pour garantir l'équilibre économique, il faut recourir, dans les limites fixées notamment par le droit de la concurrence, à différents procédés : – aide publique venant compenser les obligations de service public, – mécanisme de péréquation grâce à la mise en commun des ressources ou à un prélèvement effectué sur l'ensemble des opérateurs[142] – allongement de la durée de la concession ou attribution au concessionnaire d'un ensemble d'activités, les unes rentables, les autres non, afin de permettre des compensations internes. Plus qu'un abandon du financement au secteur privé, c'est souvent un partenariat global qui doit se mettre en place.

429 **Contrôle du concessionnaire. –** Enfin, la concession ne fonctionne dans des conditions satisfaisantes du point de vue du service public, que si l'administration a une réelle capacité de fixer les obligations de service public et d'en contrôler strictement l'exécution par l'exploitant du service. Il s'agit d'éviter les conflits d'intérêts entre les nécessités de la rentabilité et les impératifs du service public, le gestionnaire privé risquant de négliger certaines obligations (en matière de sécurité par exemple) et de n'assurer les prestations qu'à destination des seuls usagers solvables. C'est parfois le concessionnaire, d'ailleurs, et non le concédant qui domine ! Face à la puissance des grands groupes privés, les collectivités locales, qui renoncent à la régie directe, risquent de se retrouver fort démunies tant sur le plan technique que financier pour négocier dans des conditions satisfaisantes les contrats, ce qui risque de conduire à des garanties d'emprunt non justifiées ou à l'adoption de tarifs exagérément élevés. Les difficultés rencontrées dans le secteur de la distribution de l'eau sont significatives de ce point de vue.

142. V. par ex. art. L. 122-7 s. C. v. rout. (création d'un établissement public Autoroutes de France qui assure une péréquation des ressources des différentes sociétés d'économie mixte d'autoroutes) ; v. aussi D. n° 95-698 du 9 mai 1995, LégiF. (fonds d'intervention pour les aéroports et les transports aériens, alimenté par une taxe payée par les compagnies aériennes, au prorata du nombre des passagers transportés, ce qui permet, pour les lignes non rentables soumis à des obligations de service public, d'accorder à tout transporteur qui a obtenu l'exploitation de la ligne une compensation financière).

SECTION 4 LE RÉGIME JURIDIQUE DES SERVICES PUBLICS

430 **Plan. –** Au début du siècle, la reconnaissance du service public avait des conséquences immédiates : l'activité – si l'on met à part le cas de la concession – était régie par le droit public dans le cadre de règles unifiées et le régime juridique jouait un rôle essentiel de caractérisation du service public. Aujourd'hui, en raison de l'évolution de la jurisprudence, consécutive elle-même à l'extension continue des interventions publiques, le service public est désormais soumis à des régimes juridiques très largement différents, liés à la distinction service public administratif – service public industriel et commercial, ainsi que sous l'influence du droit de l'Union européenne, à l'opposition, du point de vue du droit de la concurrence, entre service public marchand et non marchand (§ 1). Mais, l'existence d'une catégorie juridique « service public » suppose l'application d'un certain nombre de règles identiques, consubstantielles à sa mission même. Il existe un socle commun constitué des obligations de service public, destinées à garantir les droits de ses utilisateurs comme la prise en compte d'autres intérêts collectifs, ce qui a fait l'objet de nouveaux débats dans le cadre des politiques de démantèlement des services publics monopolistiques de réseau (§ 2).

§ 1. LES RÈGLES SPÉCIFIQUES

431 **Plan. –** La distinction des régimes – si l'on met à part le service public de la justice judiciaire qui obéit à des considérations spécifiques dues à son statut constitutionnel – découle, en premier lieu, de l'opposition entre service public administratif et service public industriel et commercial, l'un régi majoritairement par le droit public, l'autre par le droit privé. Il s'agit dans ce dernier cas de garantir, dans un secteur commercial, que des obligations de service public sont imposées pour ne pas laisser les prestations dépendre du seul jeu du marché, tout en conservant la souplesse nécessaire des interventions en ce domaine (A). Mais l'équilibre entre ces impératifs, tel qu'il avait pu être atteint dans le cadre des solutions jurisprudentielles, est en partie remis en cause. Sous l'impact du droit de la concurrence, d'origine européenne puis française, il faut, à nouveau, s'interroger sur la nécessité et la proportionnalité des avantages dont peuvent bénéficier, pour remplir leur mission, les services qui interviennent dans le secteur marchand. Ceci conduit à opposer services marchands et non marchands, distinction qui ne recouvre pas complètement la précédente (B).

Une autre opposition avait été faite par la jurisprudence en 1955, pour tenter d'unifier, sous l'empire du droit privé, les *services sociaux*, ceux qui géraient les colonies de vacances, les maisons de retraite, les centres aérés, etc[143]. Cette jurisprudence, qui n'avait d'ailleurs jamais eu d'implications importantes, a été abandonnée depuis. Les services sociaux se « répartissent » parmi les autres services publics, administratifs le plus fréquemment ou industriels et commerciaux[144].

143. T. confl., 22 janv. 1955, *Naliato*, R. 694, *RPDA* 1955.716, concl. J. Chardeau.

144. T. confl., 4 juill. 1993, *Gambini*, R. 540, *JCP* 1984, n° 20275 concl. D. Labetoulle.

A. SERVICE PUBLIC ADMINISTRATIF/SERVICE PUBLIC INDUSTRIEL ET COMMERCIAL

432 On fait souvent remonter cette distinction à l'arrêt du Tribunal des conflits *Bac d'Eloka* (v. *supra*, n° 37). Or, dès le XIXe siècle, d'importants services publics étaient gérés pour l'essentiel selon les règles du droit privé, dans le cadre des concessions. Ce rôle du droit privé apparaissait cependant comme la simple conséquence du caractère privé du concessionnaire et l'opposition des régimes, qui recouvrait la distinction des organes, pouvait être relativisée. Plus rien de tel avec la décision *Bac d'Eloka* où il est admis qu'un service public géré par une personne publique est largement soumis au droit privé, service que l'on appellera par la suite service public industriel et commercial, avec un régime juridique propre.

Le point de départ de l'opposition est simple : il faut rechercher si le service en cause, dans sa mission comme par les procédés utilisés, correspond à l'essence même de l'action administrative ou s'il peut être comparé à une entreprise ordinaire. Selon une méthode qui lui est familière, et sauf lorsque son caractère ressort avec évidence du texte (comp. *infra*, n° 437) ou de sa nature même – les services publics liés aux fonctions de souveraineté sont évidemment administratifs – le juge se fonde sur un faisceau d'indices.

1. Distinction des services

433 Trois indices sont utilisés pour cette qualification[145], qui a des incidences particulières au niveau des établissements publics.

434 **Objet. –** La mission remplie par le service se rattache-t-elle plutôt aux fonctions « normales » de l'administration ou au contraire est-elle proche de celle qu'une entreprise privée peut assurer ? Dans le premier cas, il s'agira d'activités purement désintéressées et/ou relevant des missions traditionnelles de la puissance publique. Dans l'autre cas, on est en présence d'activités économiques, de production et d'échange, exercées dans un contexte de concurrence.

Il y a donc un lien certain avec la *doctrine des fonctions naturelles* de l'État mise en avant par l'avocat général Matter. Dans ses conclusions sur l'arrêt *Bac d'Eloka,* celui-ci évoquait les services publics « organisés et exploités par l'État en vue d'atteindre son but naturel. Mais l'État peut, comme toute administration, entreprendre des services qui ne sont pas de son essence, qui pourraient être organisés par toute personne (...). [Ces] services sont de nature privée et s'ils sont entrepris par l'État ce n'est qu'occasionnellement, accidentellement, parce que nul particulier ne s'en est chargé ». Cette conception du service public, intimement liée à la thèse classique du libéralisme économique, est critiquable car elle méconnaît la relativité fondamentale du champ de l'intervention publique. Selon les lieux et les périodes, tel ou tel service qui avait paru insusceptible d'être pris en charge par l'administration est assuré ensuite par elle (v. *supra*, n° 376 et s.).

Aussi le juge se fonde-t-il sur une appréciation concrète des réalités de l'époque : à la date où il statue, la mission remplie par le service peut-elle être assurée ou non par des particuliers ? Dès lors, certains services publics, en raison de

145. V. concl. Laurent sous CE, ass., 16 nov. 1956, *Union synd. industries aéronautiques*, S. 1957.38 (arrêt publié au recueil p. 434) mêmes « indices » *in* Cons. const., 2000-439 DC du 16 janv. 2001, préc.

leur objet propre, bénéficient d'une véritable *présomption irréfragable* d'administrativité ; leurs modes de financement ou leurs conditions d'exploitation étant sans incidences[146] ; inversement, le service public de la distribution de l'eau, « de par son objet », est, « en principe », un service public industriel et commercial, ce principe n'étant écarté que lorsque son coût ne fait l'objet d'aucune facturation périodique à l'usager[147]. Parfois, au contraire, l'objet se combine avec d'autres indices.

435 **Ressources.** – L'opposition est simple : les services publics industriels et commerciaux sont pour l'essentiel financés de façon similaire aux entreprises privées par des redevances pour service rendu facturés à l'usager en contrepartie de la prestation fournie et qui ne sont rien d'autre que le prix de ces prestations[148]. Certaines aides peuvent venir abonder les sommes ainsi encaissées, mais seulement à titre accessoire. Ainsi, le budget des services publics industriels et commerciaux des collectivités locales doit être en équilibre, des subventions n'étant autorisées que dans des cas très particuliers (art. L. 2224-1 et s. CGCT). À l'inverse, le service public administratif est largement financé par le contribuable, par l'impôt : il est gratuit (v. *infra*, n° 477)[149] ou bénéficie d'une taxe, non proportionnelle au coût du service[150]. Mais il ne s'agit toujours que d'un simple indice, qui ne permet pas, à lui seul, la qualification.

436 **Méthodes de fonctionnement.** – Ici, tout dépend des procédés utilisés par le service. S'il recourt à des techniques administratives, il est administratif, sinon il est industriel et commercial. Histoire parfois de la poule et de l'œuf : pour connaître le droit à appliquer, il faut déterminer si le service est administratif ou industriel et commercial, ce qui suppose de savoir quel droit s'y applique...

Toujours est-il que la jurisprudence se fonde sur divers éléments : – importance et nombre des prérogatives de puissance publique dont dispose le service – procédures comptable et budgétaire (comptabilité publique ou privée, dépôt des fonds au Trésor) – statut des personnels (fonctionnaires ou agents soumis au Code du travail), – méthodes de gestion, etc.

146. Par ex. CE, 2 oct. 1985, *Jeissou*, R. 541, *AJDA* 1986.38, concl. P.-A. Jeannenney (services publics de construction et d'entretien des routes alors même que les usagers acquittent un péage) ; CE (avis cont.) 20 oct. 2000, *Mme Torrent*, *AJDA* 2001.394, concl. Chauvaux (caractère administratif de l'établissement français du sang, en raison de sa mission de santé publique, alors même que ses ressources proviennent largement de la cession de produits et que son régime juridique est proche de celui d'un établissement public industriel et commercial).

147. T. confl., 21 mars 2005, *Mme Alberti-Scott*, *RFDA* 2006. 119, note J.-F. Lachaume.

148. Sur les règles de détermination du montant des redevances pour service rendu v. CE, ass., 16 juill. 2007, *Synd. nat. de défense de l'exercice libéral de la médecine*, *AJDA* 2007.1807, chron. J. Boucher et B. Bourgeois-Machureau, *AJDA* 2008, étude J.-M. Lemoyne de Forges, *RFDA* 2007.1269, concl. C. Devys et 1278, note Ph. Terneyre ; CE, 31 juill. 2009, *Ville de Grenoble, Soc. gaz électricité de Grenoble*, *AJDA* 2009.1522 (sur la notion d'équivalence entre le tarif des redevances et les charges d'un SPIC rendu à l'usager) et CE, 7 oct. 2009, *Soc. d'équipement de Tahiti et des îles*, *RJEP* 2010.34, note N. Boulouis, *LPA* 2009, n° 253.15, note Ziani (possibilité de tenir compte des avantages « de toutes natures » retirés par le bénéficiaire de la prestation).

149. Par ex. CE, 26 juill. 1930, *Benoît*, R. 840 (service administratif de bac en Indochine car financé par le contribuable ; la comparaison avec l'arrêt *Bac d'Eloka* est éclairante).

150. Comp. T. confl., 28 mai 1979, *Synd. Aménagement de Cergy-Pontoise*, R. 672 (caractère administratif du service de ramassage d'ordures ménagères uniquement financé par une taxe communale) et CE (avis cont.) 10 avr. 1992, *SARL Hoffmiller*, R. 159 (ce service public a un caractère industriel et commercial, s'il y a rémunération directe par l'usager).

Ainsi le service étatique des télécommunications (les PTT), bien que géré dans le cadre d'un budget annexe, était de caractère administratif « à raison de (son) mode d'organisation et des conditions de (son) fonctionnement », critère dirimant ici car l'objet en lui-même relevait du secteur commercial et le financement du service provenait en totalité des usagers[151]. À l'inverse une fois transformé en établissement public puis en société anonyme, ce service devient industriel et commercial[152], conséquence du choix expressément fait par le législateur (comptabilité commerciale ; relations avec les usagers et les fournisseurs relevant du droit privé, etc.), alors même que la plus grande partie des agents reste soumise au statut de la fonction publique.

De même, le service des pompes funèbres d'administratif qu'il était[153], constitue désormais, en raison de la transformation profonde des modes de financement et de fonctionnement du service public par la loi du 8 janvier 1993, un service public industriel et commercial[154].

437 **Conséquences particulières au niveau des établissements publics. –** Le régime juridique des établissements publics oppose principalement les établissements publics administratifs et les établissements publics industriels et commerciaux. Et c'est au gouvernement de choisir la formule qui lui paraît la mieux adaptée[155]. En général, il y a coïncidence entre l'institution et la mission qu'elle assume. L'établissement public administratif gère un service public administratif et l'établissement public industriel et commercial un service public industriel et commercial. Dans quelques cas, cependant, les choses sont plus complexes et il peut y avoir des statuts hybrides.

1°) Il existe des *établissements à double visage* qui comportent en leur sein plusieurs services publics de type différent. La qualification de l'institution ne suffit donc pas et le droit applicable dépend du service en cause, quand l'activité s'y rattache clairement. Ainsi, l'Office national interprofessionnel des céréales, établissement public administratif, gère un service public administratif quand il assure l'organisation du marché des céréales, et industriel et commercial quand il effectue des opérations d'achat et de vente[156].

Cependant, même en ce cas, des règles communes s'appliquent en fonction de la nature de l'institution. Ainsi, les établissements publics industriels et commerciaux nationaux ne relèvent pas du Code des marchés publics, qui ne s'applique donc pas aux contrats passés par les services publics administratifs qu'ils peuvent gérer. Et un établissement public administratif ne pouvait pas bénéficier d'un financement par des taxes parafiscales, lors même qu'en son sein existaient des services publics industriels et commerciaux[157].

151. T. confl., 24 juin 1968, *Ursot*, R. 798, *JCP*, 1968.15646, concl. Y.-L. Gegout.

152. T. confl., 22 nov. 1993, *Matisse*, R. 410, *CJEG* 1994.599, concl. R. Abraham (dans le cas de la poste réformée dans des conditions semblables).

153. V. par ex. T. confl., 20 janv. 1986, *Maire de Paris c/SA Roblot*, R. 298.

154. Avis CE, 19 déc. 1995, *EDCE*, 1995.427.

155. CE, ass., 29 janv. 1965, *L'herbier*, R. 60, *AJDA* 1965.103, concl. J. Rigaud (transformation par décret d'un EPA en ÉPIC), Cons. const., 16 janv. 2001, préc.

156. CE, ass., 20 déc. 1985, *Synd. nat. industriels alimentation animale*, R. 381.

157. CE, 20 déc. 1985, préc. Les taxes parafiscales ont été supprimées par la loi organique relative aux lois de finances du 1er août 2001.

2°) Il y a également des *établissements publics à visage inversé*. Certains établissements publics qualifiés par décret d'industriels et commerciaux afin de les soumettre au droit privé ont essentiellement des missions de service public administratif. Le juge vérifie la qualification donnée à l'établissement et si elle ne correspond pas à la réalité, ce caractère reste sans conséquence, la majeure partie de ses activités relevant du régime du service public administratif. Ainsi le personnel d'un établissement dit industriel et commercial est soumis au droit public, car il s'agit d'un « organisme qui reste de façon prépondérante un établissement public administratif exerçant essentiellement une mission administrative »[158].

3°) Une solution particulière s'applique quand un établissement public est qualifié d'industriel et commercial par la loi. Législative, cette qualification s'impose au juge qui ne saurait remettre en cause le caractère de l'établissement lui-même ; mais cela n'empêche pas de reconnaître, le cas échéant, la nature administrative des activités gérées par ce dernier ou de certaines d'entre elles et d'en tirer les conséquences sur le terrain de la compétence et du droit applicable[159]. Le Tribunal des conflits est toutefois venu limiter cette possibilité, dans un but de clarification (qui ne semble pas vraiment atteint). Depuis 2004, il juge en effet que, dans le cas considéré, le juge judiciaire est en principe compétent pour connaître des litiges nés des activités de l'établissement, ce qui signifie que celles-ci doivent être regardées comme de nature industrielle et commerciale par la volonté du législateur. Ce principe admet une exception, concernant des activités qui constituent une sorte de « noyau dur » de services publics administratifs régaliens. Plus précisément, il s'agit des activités qui « telles la réglementation, la police ou le contrôle ressortissent par leur nature de prérogatives de puissance publique »[160]. Cette exception est entendue strictement. Pour qu'elle joue, il ne suffit pas qu'une activité se rattache à une mission de police, de contrôle ou de réglementation mais il faut aussi que l'établissement dispose, dans l'exercice de cette activité, de prérogatives de puissance publique[161]. Il n'en est pas ainsi, par exemple, quand un établissement public qualifié d'industriel et commercial par la loi accomplit, dans un but de sécurité publique, des opérations matérielles de surveillance sans détenir aucun pouvoir de contrainte sur les personnes[162].

158. T. confl., 26 oct. 1987, *Centre français du commerce extérieur*, R. 622 ; V. T. confl., 24 juin 1968, *Soc. distilleries Bretonnes*, R. 801, concl. Y.-L. Gegout (à propos du FORMA, ÉPIC selon son texte constitutif, qui prépare les décisions gouvernementales relatives aux interventions de l'État sur les marchés agricoles, ce qui s'inscrit dans le cadre d'une mission de service public administratif) et CE, 24 avr. 1981, *FORMA*, R. 190 (FORMA qu'il convient de ranger « parmi les établissements publics administratifs de l'État »).

159. P. ex. T. confl., 10 févr. 1949, R. 590 (l'Office national de la navigation, qualifié par la loi d'EPIC a des missions industrielles et des missions purement administratives) ; CE, sect., 9 juill. 1997, *Agence nationale pour la participation des employeurs à l'effort de construction*, R. 299, *AJDA* 1997. 701, *Dr. adm.* 1997. 93, note D.P. (qualifiée par la loi d'EPIC, cette agence exerce des missions de contrôle et de réglementation qui constituent un service public à caractère administratif).

160. T. confl., 29 déc. 2004, *Blanckeman*, *JCP* A 2004, 1345, note M.-C. Rouault, *Dr. adm.* 2005, n° 73, note Naud.

161. CE, 31 mai 2013, n° 346876, *AJDA* 2013. 1135.

162. CE, 28 nov. 2018, *SNCF Réseau*, n° 413839, *AJDA* 2019. 189, concl. G. Odinet, 595, note F. Alhama.

La portée de cette jurisprudence en matière de contrats a d'ailleurs été précisée[163]. Conformément aux règles générales, les contrats passés par les établissements publics industriels et commerciaux ainsi qualifiés par la loi peuvent être administratifs, soit par détermination de la loi (v. *infra*, n° 748) soit quand ils contiennent des clauses exorbitantes (v. *infra*, n° 755) ou sont soumis à un régime exorbitant (v. *infra*, n° 762). À la différence des règles générales, ces mêmes contrats ne sont administratifs, en vertu de leur objet, que si ce dernier se rattache, non pas à l'exécution du service public (v. *infra*, n° 758 et s.) mais, plus restrictivement, à leurs seules activités de puissance publique[164].

Dès lors, le régime juridique des établissements publics dépend de deux facteurs : d'une part ils sont organiquement des personnes publiques avec les conséquences qui y sont attachées ; d'autre part, le droit applicable est, pour l'essentiel, lié au caractère du service public en cause.

2. Droit applicable

438 L'opposition entre ces deux types de service conduit à des régimes juridiques différents, l'un relevant pour l'essentiel de la gestion publique, l'autre de la gestion privée. Cependant la portée de ce principe varie aussi selon la nature publique ou privée du gestionnaire, car, en ce dernier cas, le fonctionnement interne relève du droit privé. La part respective du droit public, qui joue un rôle minimal, en particulier pour l'organisation du service, et du droit privé varie donc en fonction de ces deux paramètres (nature du service, nature de la personne en cause).

a) Services publics administratifs

439 Ici, le droit administratif s'applique en principe, mais en principe seulement comme le montre l'étude analytique des différents éléments du régime juridique du service. Il faut tenir compte, tout à la fois, des possibilités pour l'administration d'écarter les règles du droit public et de recourir à des *procédés de gestion privée*, et de la nature de la personne gestionnaire du service. Si *celle-ci est privée*, le droit public intervient, en particulier, si elle bénéficie, par délégation, de prérogatives de puissance publique, mais pour le reste le droit privé s'applique.

440 **Usagers. –** Les usagers d'un service public administratif géré par une personne publique sont dans une *situation légale et réglementaire* de droit public, sans aucun rapport contractuel[165]. Ce principe conduit le juge à dénier la nature contractuelle des actes dénommés « contrats » dont divers textes législatifs ont organisé la conclusion avec les usagers de certains services publics. Ainsi des contrats

163. T. confl., 16 oct. 2006, *Caisse centrale de réassurance c/Mutuelle des Architectes Français*, R. 640, *AJDA* 2006. 2382, chr. C. Landais et F. Lénica, *JCP* A 2007. 2077, note B. Plessix, RDC 2007. 457, note P. Brunet, *RFDA* 2007.284, concl. J.-H. Sthal, *AJDA* 2006 ; T. confl., 7 avr. 2014, *Société « Services d'édition et de ventes publicitaires (SEVP) »*, *AJDA* 2014. 766.

164. Pour un exemple de ce cas, T. confl., 28 mars 2011, *Groupement forestier de Beaume-Hais c/Office national des forêts*, n° 3787.

165. Par ex. CE, 21 déc. 2001, *Perbal*, R. 666 (la signature d'une charte des thèses par le directeur de recherche et l'étudiant n'a pas pour effet d'établir une relation de nature contractuelle entre les signataires).

d'hébergement des personnes âgées (CASF, art. L. 342-1)[166] ou des contrats de séjour passés entre les usagers du service public de l'aide sociale et les établissements publics qui gèrent ce dernier (CASF, art. L. 311-4)[167]. Si d'authentiques contrats se rencontrent, ils restent extrêmement rares[168]. Les usagers des services publics administratifs sont donc entièrement régis par les règles d'organisation du service (lois, décrets, règlements intérieurs), auxquelles ils doivent se conformer, sans que des aménagements soient possibles. Ils n'ont dès lors aucune possibilité d'invoquer les droits acquis qui seraient nés d'un contrat, tout en ayant droit, tant que le service public fonctionne, à ce que la « loi » du service soit respectée (v. *infra*, n° 474). La responsabilité que le service public encoure à leur égard n'est pas de nature contractuelle mais extracontractuelle[169]. De plus, sur un plan contentieux, le moyen tiré de ce qu'un litige opposant un tel service public à un usager ne peut être réglé sur un fondement contractuel touche au champ d'application de la loi et présente donc un caractère d'ordre public[170].

En cas de gestion par une personne privée, l'usager est, aussi, le plus souvent dans une situation légale et réglementaire[171] mais, en principe, de droit privé[172], à moins que soient en cause des décisions administratives prises par le gestionnaire privé en vertu de prérogatives de puissance publique, telles que par exemple celles relatives aux péages perçus sur les usagers d'un pont géré par une société concessionnaire[173] (v. *infra*, n° 441 et 444) ou des dommages de travaux publics (v. *infra*, n° 444).

441 **Moyens juridiques d'action. –** Le droit applicable dépend en grande partie du caractère public ou privé de la personne qui gère le service public. Les *actes unilatéraux*, réglementaires ou individuels, sont toujours administratifs s'ils sont pris par une personne publique puisqu'ils se rattachent à sa mission de service public. Ils peuvent l'être s'ils sont édictés par une personne privée lorsque celle-ci est habilitée à le faire, quand elle dispose donc, à cette occasion, de prérogatives de puissance publique (v. *infra*, n° 601 et s.).

De même, pour les *contrats*, jouent les règles générales : le contrat est souvent administratif lorsqu'il est signé par le gestionnaire public du service administratif, sauf s'il a voulu se placer sous le régime de droit commun (v. *infra*, n° 754 et s.). La question est plus délicate pour les personnes privées puisqu'en principe celles-ci,

166. CE, 3 févr. 2016, n° 388643, *Hôpital de Prades*, *AJDA* 2016.231, *RDSS* 2016.332, concl. R. Decout-Paolini.

167. CE, 5 juill. 2017, n° 399977, *AJDA* 2017. 2418, note G. Clamour, *AJ contrat* 2017. 440, obs. F. Lepron, *CMP* 2017, comm. 226, note G. Eckert ; CE, 22 juill. 2020, *Ville de Paris et Assoc. Paris Jean-Bouin*, n° 435974, *AJDA* 2021. 34, note H. Rihal.

168. CE, 30 oct. 1995, *OPHLM CU Strasbourg*, R. Tab. 719 (contrat de droit public ou privé entre le locataire et un OPHLM selon qu'il y a ou non une clause exorbitante du droit commun).

169. P. ex. : CE, 5 juill. 2017, n° 399977, préc.

170. Comme le précise CE, 5 juill. 2017, n° 399977, préc.

171. P. ex. CE, 2 oct. 1985, *Jeissou*, *AJDA* 2006.38, concl. P.-A. Jeanneney (absence de contrat liant la société concessionnaire du service public administratif de la gestion d'un pont départemental et les usagers de ce pont).

172. CE, 8 févr. 1978, n° 98051, *Isaac*, *AJDA* 1978. 570, *D.* 1978, IR, 220, obs. P. Delvolvé ; CE, 11 oct. 1978, n° 11167, *Chevallier*, Rec. Tables.

173. CE, 2 oct. 1985, *Jeissou*, préc.

en raison de l'application stricte du critère organique, ne peuvent conclure des contrats administratifs (v. *infra*, n° 764 et s.).

442 **Moyens humains. –** Ils relèvent le plus souvent du droit public : personnel fonctionnaire ou agents contractuels de droit public lorsque la collectivité qui assure le service public administratif est publique (v. *infra*, n° 759). Situation plus diversifiée si c'est une personne privée : les contrats qu'elle passe relèvent, en général, du droit du travail (v. *infra*, n° 770). Cependant, en certaines hypothèses, peuvent être mis à sa disposition des personnels de droit public.

443 **Moyens matériels. –** Certains *biens* immobiliers appartiennent au *domaine public* s'ils sont propriété d'une personne publique, affectés au service public et spécialement aménagés à cet effet[174] ; à cette exigence d'un aménagement spécial, le Code des propriétés publiques a toutefois substitué celle, plus stricte, d'un aménagement indispensable à l'exécution des missions de service public[175]. Ces biens sont dès lors inaliénables et imprescriptibles.

De façon comparable, il est interdit de saisir par la force les biens des personnes morales de droit public, de recourir aux voies d'exécution prévues par le Code de procédure civile pour saisir leurs biens, qu'ils appartiennent ou non d'ailleurs au domaine public[176]. Cette insaisissabilité est générale, justifiée par les nécessités de la continuité des services publics – alors même que rien ne prouve que la saisie de tel ou tel objet aurait un tel effet au cas d'espèce –, ce qui la distingue des insaisissabilités du droit privé, qui ne porte que sur certains biens, par exemple pour les créances alimentaires. De même, le procédé de la compensation, qui consiste, sous certaines conditions, à ne pas rembourser une dette au créancier lorsqu'on a une créance équivalente sur celui-ci, n'est pas employable à l'encontre des personnes publiques, car c'est une forme de paiement forcé.

À l'inverse les personnes privées ne sont jamais propriétaires d'un domaine public, même si leurs biens sont utilisés pour l'accomplissement du service public administratif[177], quitte à ce que la personne publique délégante mette à leur disposition des biens du domaine public. Elles ne sont pas non plus protégées par l'insaisissabilité de leurs biens, même affectés au service public.

444 **Responsabilité extracontractuelle. –** Enfin le régime de la responsabilité varie selon la personne qui gère le service public administratif. Le droit administratif s'applique pour les services publics administratifs assurés par une *personne publique*, sous réserve de lois dérogatoires (v. *infra*, n° 1175). Quand le gestionnaire est une *personne privée*, deux cas de figure se présentent. D'une part la responsabilité pour faute de la personne publique, chargée du contrôle de

174. Par ex. CE, sect., 17 mars 1967, *Ranchon*, R. 131 (pour un hôtel de ville).

175. CGPPP, art. L. 2111-1.

176. **T. confl., 9 déc. 1899, *Ass. synd. canal de Gignac*,** préc. (impossibilité de recourir aux voies d'exécution contre des établissements publics) ; **Cass. 1re civ., 21 déc. 1987, *BRGM*,** *Bull.* n° 348, p. 249, *RFDA* 1988.771, concl. Charbonnier (« principe général du droit selon lequel les biens des personnes publiques sont insaisissables »), ce principe est confirmé par le Code des propriétés publiques (art. L. 2311-1).

177. Par ex. CE, 8 mai 1970, *Soc. Nobel-Bozel*, R. 312 (terrain propriété privée ne pouvant relever du domaine public routier).

l'institution privée est engagée, en cas d'insolvabilité de la personne privée qui est la première responsable[178]. D'autre part, la responsabilité de cette dernière relève exceptionnellement du droit administratif et du juge administratif, si le préjudice résulte d'une décision mettant en œuvre la prérogative de puissance publique accordée à la personne privée[179] ou découle d'un dommage de travail public[180].

b) Services publics industriels et commerciaux

445 Ici, le *droit privé est applicable, en principe*, à l'activité de type commercial, notamment pour les rapports individuels avec les agents et les usagers. Mais la *nature publique ou privée* de la personne gestionnaire a d'importantes incidences. Le régime sera « doublement » de droit privé si c'est une personne privée qui agit, puisqu'à la « nature » privée de l'activité s'ajoute celle de l'institution. Cependant est aussi en cause l'action d'un service public, et non celle d'une entreprise ordinaire. Par conséquent, une part de droit public subsiste, en particulier pour *l'organisation même du service*, outre celle relative à divers autres cas de figure. Aux différents stades, on retrouve ces données.

446 **Usagers. –** Les usagers sont dans une *situation contractuelle de droit privé* – logique commerciale de liens avec ces clients – et les litiges qui les opposent à l'autorité gestionnaire relèvent intégralement du droit privé, y compris en cas de dommages de travaux publics[181]. Cependant, l'application de cette règle n'est pas aussi simple qu'il y paraît.

Tout d'abord les *mesures réglementaires* de création, d'organisation du service, comme de suppression du service sont des actes administratifs, solution qui concerne aussi les actes des personnes privées car elles bénéficient parfois d'une habilitation spéciale sur ce point (v. *infra*, n° 602 et s.). Dès lors, l'usager peut les contester à l'occasion de leur application, dans le cadre d'une action contractuelle, devant le juge judiciaire qui renvoie l'appréciation de la légalité du règlement au juge administratif. Il a aussi le droit de saisir directement ce juge d'un recours pour excès de pouvoir, y compris contre les clauses réglementaires du contrat de concession (v. *infra*, n° 791).

Quant au refus de l'autorité administrative de faire respecter le règlement, même dans l'hypothèse où le service est géré par une personne privée, il constitue un acte administratif attaquable[182]. Le juge judiciaire n'est compétent que si est mis en

178. V. not. CE, 13 nov. 1970, *Ville de Royan*, R. 683 ; *RDP* 1971.741, concl. G. Braibant.

179. Par ex. CE, 23 mars 1983, *Soc. Bureau Véritas*, R. 133, concl. R. Denoix de Saint Marc (responsabilité éventuelle de cette société, selon les règles du droit administratif, lorsqu'elle délivre, après avoir été agréée par le ministère de l'Air, un certificat de navigabilité des aéronefs). Comp. T. confl., 13 nov. 1978, *Bernardi*, préc. *supra*, n° 382 (compétence judiciaire pour le litige opposant un malade à une association participant au service public hospitalier, sans disposer de prérogative de puissance publique).

180. Par. ex. T. confl., 7 juin 1982, *Soc. des autoroutes du Sud de la France*, *Dr. adm.* 1982, n° 249.

181. T. confl., 24 juin 1954, *Dame Galland*, R. 717 (compétence judiciaire pour la réparation du préjudice causé à un abonné dû à la mauvaise isolation d'un réseau électrique).

182. V. *infra*, n° 791 et CE, 14 janv. 1998, *Cne de Toulon*, R. 8 (refus du maire « ayant trait à l'organisation des services »).

cause le comportement non de l'administration mais du gestionnaire du service[183].

447 **Moyens juridiques d'action. –** Les *actes unilatéraux*, relatifs à l'organisation du service, relèvent, le cas échéant, du droit administratif (v. *infra*, n° 602). Pour le reste, les actes individuels de gestion du service public industriel et commercial, même édictés par une personne publique, sont toujours de droit privé[184] (v. *infra*, n° 596).

La situation des *contrats* est variable. Les contrats passés avec les usagers du service public industriel et commercial sont toujours des contrats de droit privé (v. *infra*, n° 773). Mais les contrats passés avec les tiers (fournisseurs ou autres) sont administratifs quand sont remplis les critères organiques – ce qui exclut donc en principe les contrats passés par les gestionnaires privés – et matériels ou formels[185], ou lorsqu'ils portent sur des travaux publics[186].

448 **Moyens humains et matériels. –** Le *personnel* du service public industriel et commercial est toujours soumis au droit du travail, sauf dans les services gérés par une personne publique, pour le directeur du service et l'agent comptable s'il a la qualité de comptable public[187]. Par ailleurs, le principe selon lequel les rapports entre une personne publique et son organe d'administration sont des rapports de droit public (v. *supra*, n° 18) vaut quelle que soit la nature du service géré et s'applique, en particulier, aux établissements publics à caractère industriel et commercial[188]. En outre, constituent des actes administratifs les règlements d'organisation du service public quand ils ont, ici, une portée statutaire (v. *infra*, n° 602). Des personnels de droit public, fonctionnaires notamment, sont parfois mis à disposition du service public industriel et commercial, situation particulièrement surprenante quand c'est une personne privée qui le gère. Ainsi, au sein d'Orange, société anonyme de droit privé, même si une partie de son capital appartient à l'État, la majorité des agents reste fonctionnaire[189]. Quant aux *biens*, ils ont le même régime que ceux des services publics administratifs : insaisissabilité (v. *supra*, n° 443) et appartenance possible au domaine public s'ils sont affectés au service public et font l'objet d'un aménagement indispensable à l'exécution des missions de celui-ci (v. *supra*, n° 443), à condition qu'ils appartiennent à une personne publique[190].

183. V. Cass. 1re civ., 10 févr. 1998, *SUAR c/Bensetti*, *Bull.* 1998, n° 58, p. 38 (sans se livrer à aucune appréciation de légalité des clauses réglementaires, le juge judiciaire peut estimer que des usagers ne sont pas tenus de payer la redevance exigée si le délégataire du service public ne fournit pas les prestations prévues par le contrat).

184. CE, 21 avr. 1961, *Dame Agnesi*, R. 253 (caractère de droit privé de l'acte refusant à un candidat-usager le raccordement aux réseaux d'eau).

185. V. par. ex. T. confl., 24 avr. 1978, *Soc. Boulangerie de Kourou*, R. 645.

186. T. confl., 23 oct. 2000, *Soc. SolycaF c/EDF-GDF*, *RFDA* 2001.514.

187. **CE, 26 janv. 1923, *De Robert Lafrégeyre***, R. 67, *RDP* 1923.237, concl. P. Rivet, et CE, sect., 8 mars 1957, *Jalenques de Labeau*, R. 158, D. 1957.378 ; T. confl., 3 juill. 2000, *Fiat c/Office tourisme Vichy*, *Dr. adm.* 2000, n° 229.

188. T. confl., 14 nov. 2016, *Masson c/Office public de l'habitat Moselis*, n° 4070, *AJDA* 2017. 276, chron. L. Dutheillet de Lamothe et G. Odinet.

189. V. avis CE, 18 nov. 1993, Gr. Avis CE, n° 40 (quant aux difficultés que peut poser une telle règle au regard du statut de la fonction publique).

190. V. par ex. art. 11, loi n° 97-135 du 13 févr. 1997, *JO* 15 févr., p. 2592 (biens de réseau ferré de France, établissement public industriel et commercial).

Le régime des biens des personnes privées est plus complexe. Certains appartiennent en propre au gestionnaire du service qui les utilise pour l'exploitation ; ils restent soumis aux règles de la propriété privée. Tout en ne faisant pas partie du domaine public, ils sont parfois, en raison de leur affectation au service public, soumis à des contraintes spéciales[191]. D'autres, relevant le plus souvent du domaine public, restent propriété de l'autorité publique qui les met à la disposition pour permettre à la personne privée d'exploiter le service. Ainsi, avant 1983, l'État, propriétaire du réseau ferroviaire français (voies, gares, installations techniques), le laissait à la disposition de la SNCF, société concessionnaire.

449 **Responsabilité extracontractuelle. –** La responsabilité du service vis-à-vis des utilisateurs du service n'ayant pas conclu de contrat est toujours engagée, devant le juge judiciaire, en raison de la nature des liens de droit privé existants entre ceux-ci et les services publics, y compris en cas de dommages de travaux publics[192]. Si la victime est un tiers, le juge judiciaire est également compétent sauf si le préjudice provient d'un acte administratif pris par la personne publique ou privée qui, habilitée, dispose de prérogatives de puissance publique[193]. Enfin, lorsque le tiers est victime d'un dommage de travaux publics, le juge administratif redevient compétent pour trancher le litige selon les règles applicables en cas de dommages de ce type[194].

450 **TABLEAU : RÉGIME JURIDIQUE DES SERVICES PUBLICS ADMINISTRATIFS ET INDUSTRIELS ET COMMERCIAUX**

	SPA	SPA	SPIC	SPIC
	Pers. publ.	Pers. priv.	Pers. publ.	Pers. priv.
Actes unilatéraux	Actes administratifs	Acte administratif si délégation de prérogatives de puissance publique	* Actes administratifs pour l'organisation du service ** Actes de droit privé pour la gestion du service	* Actes administratifs pour l'organisation du service, si délégation de prérogatives de puissance publique ** Actes de droit privé pour la gestion du service
Contrats	Contrat administratif si exécution du SP ou clauses exorbitantes	Contrat de droit privé sauf si mandat de la personne publique + exécution du SP ou clauses exorbitantes	Contrat administratif si exécution du SP ou clauses exorbitantes, sauf vis-à-vis des usagers	Contrat de droit privé sauf si mandat de la personne publique + exécution du SP ou clauses exorbitantes. Toujours droit privé avec les usagers

191. V. art. L. 251-3 Code aviation civile soumettant des règles spéciales les ouvrages ou terrains appartenant à Aéroports de Paris et nécessaires à sa mission de service public.

192. V. CE, sect., 22 janv. 1960, *Gladieu*, R. 52, *CJEG* 1960.92, concl. J. Fournier (usager lié par un contrat d'abonnement) ; T. confl., 10 oct. 1966, *Dame Canasse*, R. 834, *JCP* 1966, n° 14899, concl. O. Dutheillet de la Mothe (candidat-usager).

193. T. confl., 22 nov. 1993, *Matisse*, préc. (absence de mise en œuvre par la Poste de ses prérogatives de puissance publique pour l'effigie d'un timbre-poste). Comp. Cass. ass. plén. 18 juin 1999, *Bull.* n° 5, p. 9 (mise en œuvre de prérogatives de puissance publique quand la régie des monnaies et médailles frappe une pièce à l'effigie de J. Monnet).

194. CE, sect., 25 avr. 1958, *Dame Vve Barbaza*, R. 228 ; CE, sect., 13 janv. 1961, *Départ. Bas-Rhin*, R. 38, *AJDA* 1961.235, concl. J. Fournier (distinguant selon que la victime est usager ou tiers).

Usagers	Situation réglementaire de droit public, en principe	Situation réglementaire de droit public, en principe	Liens de droit privé	Liens de droit privé
Personnel	Agents de droit public	Agents de droit privé, sauf mise à disposition d'agents publics	Agents de droit privé (sauf directeur et agent comptable)	Agents de droit privé
Biens	Domaine public	Biens privés (sauf mise à disposition)	Domaine public	Biens privés (sauf mise à disposition)
Responsa-bilité extra-contractuelle	Droit administratif	Droit privé en principe sauf litige lié à l'utilisation de prérogatives de puissance publique ou dommages de travaux publics	Droit privé, toujours vis-à-vis des usagers. En général pour les tiers	Droit privé toujours vis-à-vis des usagers. En général pour les tiers

B. SERVICES MARCHANDS/NON MARCHANDS

451 **Droit du « marché ». –** De nombreuses règles sont destinées à assurer un bon fonctionnement du marché, dans une économie libérale. Aussi le juge administratif, pour les services publics qui relèvent de lui, a-t-il été conduit à les appliquer. Pour assurer le respect du principe de libre concurrence, le droit administratif a dû, depuis longtemps, concilier les nécessités du service public et la liberté d'entreprendre (v. not. *infra*, n° 780 : transparence dans la passation des contrats administratifs lors de la commande publique ; *supra*, n° 392 : création des services publics ; *infra*, n° 1081 : contrôle sur les concentrations économiques – C. com., art. L. 430-1 et s.). L'approche, cependant, a été en partie renouvelée, sous l'influence du droit français et européen de la concurrence, dont l'application a soulevé le plus d'interrogations.

Mais le droit du marché ne se limite pas à l'exemple particulièrement significatif de la concurrence. Ainsi le Code de la consommation s'applique aussi aux activités marchandes, la juridiction administrative pouvant juger abusive une clause d'un contrat ou un article d'un règlement tarifaire, tout en tenant compte des nécessités inhérentes au service public[195].

1. Distinction des services

452 Le droit de l'Union européenne[196] oblige les opérateurs économiques, les « entreprises » quelle que soit leur forme publique ou privée, qui agissent sur une partie substantielle du marché intérieur, à respecter certaines règles particulières de concurrence afin d'assurer une totale égalité entre eux. De même, les articles L. 410-1 et suivants du Code de commerce, issus de l'ordonnance du 1er décembre 1986 qui s'est fortement inspirée des règles européennes, soumet au respect des principes de la concurrence

195. CE, sect., 11 juill. 2001, *Soc. des eaux du Nord*, R. 348, concl. C. Bergeal (caractère abusif d'une clause d'un contrat de distribution des eaux) ; CE, 13 mars 2002, UFC, *RFDA* 2002.672 (contrôle du tarif des lignes ferroviaires de la banlieue parisienne au regard du Code de la consommation).

196. V. art. 101 s. TFUE (« Les règles applicables aux entreprises »).

l'ensemble des acteurs économiques, et notamment les personnes publiques dans leurs activités de « production, distribution et services, y compris dans le cadre des délégations de service public » (art. L. 410-1). Ainsi, au niveau communautaire (art. 101 et 102 TFUE) comme français (C. com., art. L. 420-1 s.) sont prohibées certaines pratiques, telles que constitution d'ententes, abus de position dominante ou aides inégalitaires.

Pour l'application de ces dispositifs, il est cependant nécessaire de faire des distinctions entre les différentes activités de l'administration.

La Cour de justice de l'Union européenne a été ainsi conduite à préciser la *notion fonctionnelle d'entreprise*. Seules relèvent du traité les organisations, privées ou publiques, qui exercent une activité économique à titre onéreux, qui participent à la production ou à l'échange non gratuit de biens et de services. Ces entreprises sont de classiques sociétés privées, ou des services d'intérêt économique général, ce qui désigne – au sein de la catégorie des services d'intérêt général – « les activités de service marchand remplissant des missions d'intérêt général et soumises de ce fait, par les États membres à des obligations spécifiques de service public »[197]. Les autres actions de l'administration, au titre de l'*autorité publique*, ne constituent pas des entreprises, car elles n'interviennent pas dans le secteur économique. Tel est le cas des activités régaliennes comme, par exemple, une mission de contrôle pour assurer la sécurité du transport aérien[198]. Il en va de même pour les services qui ont une pure action de solidarité, qui échappent ainsi à toute préoccupation marchande en raison de leur but, de leur mode de fonctionnement et de leur financement[199]. Ces solutions peuvent être transposées sur un plan purement interne.

Il faut donc distinguer les activités publiques non marchandes, des services marchands[200]. Les premiers services – la très grande majorité des services publics administratifs – n'ont pas d'activité « économique ». Ils sont en quelque sorte hors commerce (cas des services régaliens, de l'enseignement public, de la Sécurité sociale, etc.). Les seconds interviennent sur le marché, sont des opérateurs susceptibles d'entrer en compétition avec le secteur privé. Ils correspondent donc aux services publics industriels et commerciaux mais aussi à certains services publics administratifs (par ex. cantines scolaires, autoroutes payantes, logement social[201], archéologie préventive[202]).

2. Application du droit spécifique de la concurrence

453 Une fois distinguée, la soumission des services publics marchands à ces règles spécifiques a soulevé de délicats problèmes.

197. Communication Comm. 20 sept. 2000, préc.

198. CJCE, 19 janv. 1994, *Sat Eurocontrol*, R. 43, concl. Tesauro.

199. V. CJCE, 17 févr. 1993, *Poucet et Pistre*, R. 637, concl. Tesauro (régimes de base de Sécurité sociale) et de façon comparable CJCE, 27 sept. 1988, *État belge c/Humbel*, R. 5365, concl. Slynn (enseignement public).

200. V. par ex. CJCE, 24 oct. 2002, *Aéroports de Paris*, R. I.9297 (distinction des activités de police de l'aéroport et des services d'assistance à escale, eux, de nature économique).

201. Lachaume, « La compétence suit la notion », *AJDA* 2002.77.

202. CE, 30 avr. 2003, *UNICEM*, *RFDA* 2003.633.

454 **Compétence juridictionnelle. –** Dans un premier temps, la question s'est posée, en droit français, essentiellement sous l'angle de la compétence juridictionnelle, car les pratiques anticoncurrentielles sont sanctionnées par l'Autorité de la concurrence sous le contrôle de la cour d'appel de Paris (art. L. 464-7 C. comm.). La compétence judiciaire est désormais clairement limitée : elle ne porte que sur les pratiques anticoncurrentielles des personnes publiques et *en aucun cas sur leurs actes administratifs*, quels qu'ils soient. Aussi bien dans le contentieux de la légalité que dans celui de la responsabilité, le juge administratif est seul compétent pour statuer sur les actes d'organisation ou de dévolution du service public[203] ou sur les « décisions par lesquelles [les personnes publiques] assurent le service public qui leur incombe au moyen de prérogatives de puissance publique »[204] dans le cadre de la gestion « courante » du service. Il ne s'agit pas dans ces différents cas d'activités de production, de distribution ou de services. À l'inverse, il revient au juge judiciaire de connaître de toute autre pratique anticoncurrentielle d'une personne publique, même si elle est intervenue dans le cadre de l'exécution d'un marché public, contrat administratif par détermination de la loi, dès lors que n'est pas concernée une décision portant sur l'organisation du service public ou mettant en œuvre des prérogatives de puissance publique[205].

455 **Distinction selon les services. –** L'exclusion de la compétence judiciaire ne signifie pas pour autant que les actes de l'administration peuvent s'affranchir du respect de ces règles de concurrence. Après avoir, dans un premier temps, refusé de les vérifier de ce point de vue[206], le juge administratif, renversant sa jurisprudence, assure désormais ce contrôle[207].

1°) Tout d'abord, les autorités publiques, dans le cadre des *services non marchands*, qui, en raison de leur champ d'action, n'interviennent pas sur le marché, ne sauraient, par définition même, avoir des comportements anticoncurrentiels.

Mais, pour le reste, elles sont tenues de s'abstenir, lorsque leur action peut affecter les activités des personnes qui agissent, elles, en matière économique, de favoriser directement ou indirectement telle ou telle entreprise. Elles ne doivent pas rompre l'égalité entre les opérateurs sur le marché lors de l'adoption de diverses réglementations, par l'octroi d'aides publiques, la conclusion de contrats ou la délivrance d'autorisations spéciales. Leurs actes ne sauraient, de plus, permettre à leur destinataire de violer les règles de la concurrence et d'abuser, par exemple, de sa position dominante, ce qui concerne aussi bien des entreprises « ordinaires » que des délégataires d'un service marchand.

203. V. T. confl., 6 juin 1989, *Soc. Exploit. et distrib. Eau c/Ville de Pamiers*, R. 292, *RFDA* 1989.457, concl. B. Stirn (pour « la dévolution de l'exécution du service » public de distribution des eaux).

204. V. T. confl., 18 oct. 1999, *Préfet région Île de France c/Aéroports de Paris et Air France*, R. 469, concl. R. Schwartz (constituent des *pratiques* relevant du conseil de la concurrence l'obligation faite à un transporteur aérien de recourir aux services d'Aéroport de Paris lors des escales, alors que le refus d'autoriser le transfert d'Orly-Sud à Orly-Ouest est un *acte administratif*).

205. T. confl., 4 mai 2009, *Soc. éditions Jean-Paul Gisserot c/Centre des monuments nationaux*, *BJCP* 65/2009.338, concl. M. Guyomar, *AJDA* 2009.1490, note G. Eckert et 2440, obs. E. Glaser.

206. CE, 23 juill. 1993, *Cie Gén. des eaux*, R. 226.

207. **CE, 3 nov. 1997, *Soc. Million et Marais***, R. 406, concl. J.-H. Stahl. V. aussi CE, sect., 8 nov. 1996. *Féd. fr. Soc. Assurances*, R. 441 (pour l'application du droit européen de la concurrence).

Ainsi le maire, dans le cadre de la police spéciale de l'affichage, doit faire en sorte que les mesures prises à ce titre (limitation ou interdiction de la publicité) ne produisent pas de tels effets[208]). De même un contrat de concession du service de pompes funèbres ou la dévolution du service de diffusion des données publiques ne doit pas placer les bénéficiaires de la délégation en position, par les conditions de l'habilitation, de violer nécessairement le droit de la concurrence, dans le cadre d'un abus « automatique » de position dominante[209].

Le droit de l'Union européenne impose de semblables obligations[210].

2°) L'administration, quand c'est elle-même qui gère un *service marchand*, et non plus le délégataire, est tenue de respecter le droit de la concurrence, tant au niveau de ses pratiques – ce qui relève de l'Autorité de la concurrence[211] – que des actes administratifs qu'elle prend à cette occasion.

Il a été, ainsi, vérifié, par le juge administratif que les décisions relatives à l'occupation du domaine public aéroportuaire prises par Aéroports de Paris ou les tarifs que pratique l'Insee pour céder son fichier des entreprises, ne constituent pas des actes anticoncurrentiels[212].

456 **Conciliation entre les règles de la concurrence et les nécessités du service public. –** L'application du droit de la concurrence est cependant conciliée avec les nécessités du service public. Indépendamment des mesures prises par l'autorité publique, la question se pose particulièrement dans le secteur marchand, quand le service public en raison de sa finalité même, est soumis à des obligations particulières que n'ont pas à supporter les entreprises purement commerciales. Il a, notamment, à garantir un accès égal et continu en tout point du territoire, y compris dans des secteurs et pour des personnes où la rentabilité de l'opération ne peut être assurée. L'accomplissement de ces obligations risque de déboucher sur des comportements ou de donner lieu à des avantages qui peuvent paraître anticoncurrentiels (prix bas pour faciliter l'accès au service, monopole, mécanismes de financement particulier avec subventions directes ou système de compensation, etc.)[213]. Pour déroger aux règles de concurrence, il faut dès lors qu'existent de véritables impératifs d'intérêt général, ce que prévoit expressément le droit de l'Union européenne[214] et implicitement le Code de commerce[215]. Ainsi l'ensemble des

208. CE (Avis cont.), 22 nov. 2000, *Soc. L et P. Publicité*, R. 525, concl. S. Austry ; v. aussi, à propos de la police des jeux, CE, sect., 10 mars 2006, *Commune d'Houlgate*, *AJDA* 2006. 751, note J.-D. Dreyfus et, à propos d'un arrêté réglementant le nombre de personnels à bord des bateaux-mouches, CE, 15 mai 2009, *Soc. Compagnie des bateaux-mouches*, *AJDA* 2009. 1015 et 1815, note S. Nicinski.

209. Respect. CE, 3 nov. 1997, *Million et Marais*, préc. et CE, 17 déc. 1997, *Ordre des avocats...* préc.

210. V. par ex. CJCE, 21 sept. 1988, *Van Eycke*, R. 4769, concl. Mancini (« les États membres (ne doivent pas) prendre ou maintenir en vigueur des mesures, même de nature législative ou réglementaire, susceptibles d'éliminer l'effet utile des règles de concurrence applicables aux entreprises »).

211. Par ex. T. confl., 19 janv. 1998, *Préfet Région Île-de-France*, R. 534 (pratiques commerciales de la Poste – aide à sa filiale Chronopost – susceptibles de fausser le jeu de la concurrence).

212. Respect. CE, sect., 26 mars 1999, *Soc. EDA*, R. 107, concl. J.-H. Stahl et CE, 29 juill. 2002, *CEGEDIM*, *CJEG* 2003.16, concl. C. Maugüe, v. aussi, CE, 30 juin 2004, *Département de la Vendée*, Rec., 277, *AJDA*, 2004. 2210, note S. Nicinski, *Dr. adm.* 2004, n° 161, note M. Bazex et S. Blazy (respect de la concurrence par la réglementation de l'usage collectif du domaine public).

213. V. Communication du 20 sept. 2000, préc.

214. Art. 106 TFUE (soumission des services d'intérêt économique général aux règles de la concurrence « dans les limites où l'application de ces règles ne fait pas échec à l'accomplissement en droit ou en fait de la mission particulière qui leur a été impartie »).

215. V. concl. Combrexelle sous CE, 17 déc. 1997, *Ordre des avocats*, préc. (« principe prétorien conciliant, sous le contrôle étroit du juge, les exigences du service public avec celles de la concurrence »).

dispositions spécifiques de service public sont-elles passées au crible. Sont-elles *nécessaires* pour son bon fonctionnement ? Sont-elles *proportionnées* au regard des atteintes portées à la concurrence ?

1°) Dans le droit de l'Union européenne, la question s'est posée essentiellement sous l'angle des droits exclusifs conférés aux services d'intérêt économique général. Même si les directives de l'Union européenne se sont orientées vers le démantèlement des services monopolistiques (v. *infra*, n° 484 et s.), le monopole ne permet-il pas une péréquation sur l'ensemble du territoire entre les opérations non rentables qu'il lui faut assumer en raison des obligations de service public et celles, bénéficiaires, accomplies par ailleurs ? N'est-il pas une condition de l'intervention du service ? Aussi la Cour de justice admet-elle désormais que, en fonction de considérations d'intérêt public de nature non économique, peuvent être conférés « des droits exclusifs », lorsque c'est une contrepartie nécessaire pour que le service puisse remplir les missions qui lui sont fixées « dans des conditions économiques acceptables ». Un organisme postal peut, de la sorte, compenser ses activités non rentables par les profits retirés dans d'autres secteurs, dès lors qu'il « a l'obligation d'assurer la collecte, le transport et la distribution du courrier au profit de tous les usagers, sur l'ensemble du territoire (...), à des tarifs uniformes et à des conditions de qualité similaire, sans égard aux situations particulières et au degré de rentabilité économique de chaque opération individuelle »[216]. La disparition du monopole risquerait en effet de voir les clients les plus fortunés captés par des entreprises n'ayant aucune charge de service public. Il en va de même pour un service de distribution de l'électricité tenu d'« assurer la fourniture ininterrompue d'énergie électrique, sur l'intégralité du territoire concédé, à tous les consommateurs (...) dans les quantités demandées à tout moment » et à des tarifs uniformes, pour l'essentiel[217].

Deux conditions supplémentaires sont posées. Il faut en premier lieu que le service d'intérêt économique général puisse effectivement remplir sa mission : comment revendiquer une dérogation aux règles de la concurrence si le service fonctionne mal[218] ? De plus, les activités dissociables du service public qui ne concourent pas à l'équilibre économique sont intégralement soumises aux mêmes règles que les autres intervenants, l'administration n'étant alors qu'un opérateur ordinaire[219].

Dans le même esprit, les subventions publiques versées à une entreprise, dans le seul but de compenser le coût des obligations de service public pesant sur elle, ne constitue pas une aide d'État que le droit de l'Union européenne interdit, en principe, dès lors qu'elle fausse la concurrence[220].

216. CJCE, 19 mai 1993, *Corbeau*, R. 2553, concl. Tesauro.

217. CJCE, 27 avr. 1994, *Comm. d'Almelo* R. 1477, concl. Darmon, V. aussi CJCE, 23 oct. 1997, *Comm c/France*, R. 5815, concl. Cosmas (interprétation plus favorable aux exigences de l'intérêt général car il n'est plus nécessaire que la survie de l'entreprise soit menacée, faute de tels droits).

218. V. par ex. CJCE, 23 avr. 1991, *Höfner*, R. 1979, concl. Jacobs (à propos du service de l'emploi).

219. V. not. CJCE, 19 mai 1993, *Corbeau*, préc.

220. V. not. CJCE, 24 juill. 2003, *Altmark*, *AJDA* 2003.1739, note S. Rodrigues ; CE, 13 juill. 2012, *Communauté de communes d'Erdre et Gesvres*, *AJDA* 2012. 1722, note E. Glaser.

2°) Dans la ligne de la jurisprudence traditionnelle sur le respect de la liberté du commerce et de l'industrie, le *juge français* s'est aussi interrogé sur l'étendue des obligations de service public qui justifient l'atteinte au libre jeu de la concurrence et sur leur proportionnalité[221].

Ainsi les avantages accordés au concessionnaire du service de diffusion des données publiques sont compensés par les obligations de service public qu'il doit supporter (exhaustivité et qualité de l'information), ce qui ne le place pas dans une situation d'abus automatique de position dominante[222]. De même, l'obligation pour les organismes HLM de déposer leurs fonds au Trésor « trouve sa justification dans l'accomplissement de leur mission »[223]. Le Conseil constitutionnel admet également que la loi ait pu conférer un quasi-monopole de la recherche archéologique préventive à un établissement public, comme contrepartie des lourdes contraintes de service public qui lui sont imposées[224].

C'est donc un *équilibre nouveau* qu'il faut trouver entre obligations de service public et droits conférés dans le cadre d'un droit administratif de la concurrence en construction avec, d'ailleurs, certaines modulations possibles. Les avantages liés aux obligations de service public, leur caractère nécessaire à l'accomplissement de la mission qui leur est confiée, peuvent être plus aisés à justifier pour les services publics administratifs marchands, que pour les services publics industriels et commerciaux qui ont des ressources perçues auprès de l'usager plus importantes et qui sont normalement soumis au droit commun. L'existence, pour eux, de privilèges exorbitants tels que, lorsqu'ils sont gérés par des personnes publiques, l'insaisissabilité des biens, l'appartenance de ceux-ci au domaine public sauf exceptions ou l'inapplicabilité des procédures de redressement et de liquidation judiciaires ne pourrait-elle pas être remise en cause, dès lors qu'ils portent une atteinte à la concurrence qui ne serait pas légitimée par les impératifs de l'intérêt général[225] ?

§ 2. LE SOCLE COMMUN

457 **Plan. –** Malgré ces diversifications dans le régime juridique applicable, subsiste un socle commun. L'organisation du service public relève toujours du droit public (v. *supra*, n° 438 et 446), et dans ce cadre sont mises en œuvre des « lois » qui sont sa raison d'être car elles garantissent que l'institution est réellement au service du public (A). En ce domaine, comme dans d'autres, les implications du droit de l'Union européenne, à l'occasion de l'ouverture des réseaux à la concurrence, ont nécessité une redéfinition de la portée de ces principes, au

221. Concl. Combrexelle, préc. V. aussi concl. Stahl, préc. (« pas d'atteinte au libre jeu de la concurrence qui ne serait justifiée par les impératifs de la gestion du domaine »).

222. CE, 17 déc. 1997, *Ordre des avocats...*, préc.

223. CE, 24 avr. 1992, *Union nat.*, préc.

224. Cons. const., 16 janv. 2001, préc. *supra*, n° 392.

225. Dans ce sens, V. TUE 20 sept. 2012, *République française c/Commission européenne*, aff. T-154-10 et CJUE 3 avr. 2014, *France c/Commission*, préc. (la garantie illimitée que La Poste, alors établissement public, tirait de sa soustraction aux procédures de redressement et de liquidation judiciaires est une aide d'État incompatible avec le droit de l'Union européenne ; la transformation de la Poste en société (v. *supra*, n° 420) a mis fin à cette situation).

regard notamment d'une nouvelle notion imposée par certaines directives européennes : le service universel (B).

A. « LES LOIS DU SERVICE PUBLIC »

458 Ces « lois » souvent appelées lois de Rolland – du nom du juriste qui les a systématisées dans les années 1930[226] – sont censées s'appliquer uniformément à l'ensemble des services publics (et à eux seuls[227]), qu'ils soient assurés par une personne publique ou privée[228], qu'ils relèvent de la gestion publique ou privée. Elles constituent le cœur du système, l'armature du service public, sa légitimité même : elles imposent à l'administration de répondre effectivement aux besoins collectifs. L'usager a ainsi droit à être traité de façon égale, quelle que soit sa situation personnelle (principe d'égalité et de neutralité), il peut aussi exiger que le service fonctionne de façon régulière (principe de continuité) et qu'il s'adapte aux évolutions techniques (principe de mutabilité). Le contenu du service public, ainsi, « se trouve recentré sur les obligations qui sont les siennes à l'égard des usagers »[229]. Or, aujourd'hui, le sens de ces lois, même s'il n'en apparaît pas réellement de nouvelles, a en partie changé : leur application est de plus en plus différenciée, et sous l'influence notamment des techniques managériales, elles sont aussi parfois source de contraintes pour les usagers.

1. Principes d'égalité et de neutralité

459 **Égalité et neutralité. –** Le principe d'égalité (art. 1 et 6 de la Déclaration des droits de l'homme) joue un rôle particulier dans l'ensemble de l'action administrative, qu'il s'agisse de police au sens strict ou des services publics. Il se décline à tous les niveaux de la hiérarchie des normes et s'impose ici à l'administration soit directement comme principe à valeur constitutionnelle[230], soit comme principe général du droit (v. *supra*, n° 174).

Il est complété par le principe de *neutralité*, qui en est le corollaire, ainsi que le Conseil constitutionnel l'a souligné[231]. Si les agents du service poursuivent de leur vindicte tel ou tel en raison de ses opinions politiques, religieuses ou de la couleur de sa peau, ou, au contraire, le favorisent, ils portent atteinte à l'égalité entre les usagers du service. Corollaire du principe d'égalité, le principe de neutralité doit être considéré, de même que ce dernier comme un principe général du droit et comme

226. V. par ex. *Précis de droit administratif*, 7e éd., Dalloz 1938, n° 23.

227. Sur ce point, Cass. soc. 19 mars 2013, *Mme Fatima Laaouej c/Assoc. Baby-Loup*, *AJDA* 2013. 1069, note J.-D. Dreyfus ; *Dr. adm.* 2013 comm. 34, note Brice-Delajoux (inapplicabilité du principe de laïcité aux salariés des employeurs de droit privé qui ne gèrent pas un service public).

228. Sur ce point, v. not. Cass. soc. 19 mars 2013, n° 12-11690, *AJDA* 2013. 1069, note Dreyfus (les principes de neutralité et de laïcité du service public sont applicables à l'ensemble des services publics, y compris lorsque ceux-ci sont assurés par des organismes de droit privé).

229. J. Chevallier, « Regards sur une évolution », *AJDA* 1997, n° spécial, page 10.

230. V. Cons. const., 86-217 DC du 18 sept. 1986, R. 141 : « principes fondamentaux du service public et notamment le principe d'égalité ».

231. Cons. const., n° 86-217 DC du 18 sept. 1986, préc.

un principe constitutionnel. Dans sa dimension religieuse, il s'identifie avec le principe de laïcité qui est affirmé par l'article 1er de la Constitution. L'obligation pour l'administration d'être neutre et de respecter le principe de laïcité est d'ailleurs rappelée par l'article L. 100-2 du Code des relations entre le public et l'administration. Est, en conséquence, interdit, notamment, le port par les personnels des services publics de tout signe exprimant leurs croyances religieuses[232], ainsi que le rappelle, pour les fonctionnaires, l'article 25 du titre I leur statut général (loi du 13 juillet 1983 modifiée par celle du 20 avril 2016). Il importe de relever que la compatibilité de cette interdiction avec la liberté de religion garantie par l'article 9 de la ConvEDH a été admise par la CEDH[233].

La question de l'incidence du principe de neutralité sur les usagers du service public est plus délicate. Elle a été résolue de manière différente par la jurisprudence administrative et par le législateur.

Le Conseil d'État a fixé sa position dans un avis du 27 novembre 1989 rendu à propos du port de signes religieux par les élèves des établissements scolaires publics[234]. La substance en est la suivante. Pour le juge administratif suprême, la neutralité et notamment la laïcité s'imposent au service et à ceux qui le représentent, ses agents. Elle n'est pas applicable aux usagers, dont elle vise, au contraire, à protéger la liberté de conscience, notamment en matière religieuse. Elle implique même, ce qui va plus loin, le droit pour les usagers d'exprimer leurs convictions dans le cadre du service. Il faut seulement que cette expression ne compromette pas le bon fonctionnement de celui-ci et qu'elle ne porte atteinte ni à la liberté des autres usagers ni à l'ordre public. Il en va ainsi, par exemple, pour les étudiants des établissements d'enseignement supérieur, sauf dans le cadre des stages qu'ils peuvent être amenés à effectuer dans un établissement chargé d'une mission de service public, auquel cas, l'obligation de neutralité qui pèse sur les agents de ce service s'impose à eux[235]. Il est également certain que les principes de neutralité et de laïcité du service public n'interdisent pas de prendre en considération les convictions religieuses des usagers dans la définition des règles d'organisation et de fonctionnement du service public[236]. À vrai dire, de tels aménagements du service doivent même être considérés comme obligatoires, dès lors qu'ils sont, d'une part, nécessaires pour que la liberté religieuse soit garantie et, d'autre part, compatibles avec le bon fonctionnement du service public. Ainsi, si le service public de la restauration scolaire a seulement la faculté et non l'obligation de distribuer aux élèves des repas différenciés, afin de leur permettre de ne pas consommer d'aliments proscrits par leur religion, c'est en raison du caractère facultatif de ce service, aussi bien pour les collectivités territoriales que, surtout, pour les usagers, qui peuvent

232. CE (Avis cont.) 3 mai 2000, *Mme Marteaux*, R. 169, *RFDA* 2001.147, concl. R. Schwartz – Cass. soc. 19 mars 2013, n° 12-11690, préc. note 658.

233. CEDH 26 nov. 2015, n° 64846/11, *Mme Ebrahimian c/ France*, *AJDA* 2015. 2292, 2016. 528, étude J. Andriantsimbazovina, *AJFP* 2015. 32, comm. Zarka.

234. CE, avis du 27 nov. 1989, *AJDA* 1990. 39, note J.-P. C, *RFDA* 1990. 1, note J. Rivero.

235. V. à propos des élèves des instituts de formations paramédicaux, CE, 28 juill. 2017, n° 390740, *AJDA* 2017. 2084, note P. Juston et J. Guibert ; *Dr. adm.* 2018, n° 1, p. 44, note G. Eveillard, *JCP* A 2017, n° 49, p. 33, note H. Pauliat.

236. CE, 11 déc. 2020, *Commune de Chalon-sur-Saône*, n° 326483, *AJDA* 2021. 461, concl. L. Cytermann, *Dr. adm.* 2021, n° 3, comm. 16, note G. Eveillard, *JCP* A 2021, n° 15, comm. 2123, note H. Pauliat.

toujours prendre leurs repas en dehors des établissements scolaires[237]. Dans ce cas, en d'autres termes, l'aménagement du service n'est pas nécessaire à l'exercice de la liberté religieuse. Au contraire, les détenus ne pouvant prendre leur repas qu'au sein des prisons, l'administration pénitentiaire doit « permettre, dans toute la mesure du possible eu égard aux contraintes matérielles propres à la gestion de ces établissements et dans le respect de l'objectif d'intérêt général du maintien du bon ordre des établissements pénitentiaires, l'observance des prescriptions alimentaires résultant des croyances et pratiques religieuses »[238]. De même, les élèves des établissements scolaires publics qui en font la demande ont le droit de « bénéficier individuellement des autorisations d'absence nécessaires à l'exercice d'un culte ou à la célébration d'une fête religieuse, dans le cas où ces absences sont compatibles avec l'accomplissement des tâches inhérentes à leurs études et avec le respect de l'ordre public dans l'établissement »[239].

La loi du 15 mars 2004 (C. éduc., art. L. 141-5-1), en réaction à un contexte de radicalisation religieuse, a adopté une conception plus rigoureuse à l'égard des élèves des établissements scolaires publics. Telle qu'elle est interprétée par le Conseil d'État[240], elle autorise, dans l'enceinte de ces établissements, le port de signes religieux discrets (une croix en médaille par exemple) mais interdit celui des signes ou tenues qui, soit par eux-mêmes (notamment foulard islamique, kippa, grande croix, turban ou sous turban sikh), soit à raison du comportement de l'élève (par exemple, bandana porté en vue d'affirmer son identité musulmane[241]), manifestent ostensiblement une appartenance religieuse.

460 **Principe d'égalité. –** Le principe d'égalité a donc de multiples implications : respect par le service public de l'égalité dans la passation des contrats (v. *infra*, n° 779), ou dans le recrutement et la carrière des agents publics (cf. article 6 DDHC) ; droit des usagers à un traitement égal tant pour l'accès même au service[242] que dans sa gestion même, ce qui suppose des tarifs *a priori* identiques[243]. Ce principe traduit parfaitement la dimension solidariste du service public. Tous y ont droit dans les

237. CE, 11 déc. 2020, *Commune de Chalon-sur-Saône*, préc.

238. CE, 10 févr. 2016, n° 385929, *AJDA* 2016, note X. Bioy (compte tenu de la proposition de menus sans porc et de menus hallal lors des fêtes religieuses, de la possibilité d'acquérir de la viande hallal par le système dit de la « cantine », juste équilibre entre nécessités du service public et droits des personnes détenues en matière religieuse).

239. CE, ass., 14 avr. 1995, *Koen et Consistoire central des israélites de France*, R. 168 et 171, concl. Y. Aguila, *AJDA* 1995. 501, chron. J.-H. Sthal et D. Chauvaux, *RFDA* 1995, concl. Y. Aguila.

240. CE, sect., 5 déc. 2007, *M. et Mme Ghazal* (1re esp.), *M. Singh et autres* (2e esp.), *JCP* A 2008.2070, note F. Dieu, *RFDA* 2008.529, concl. R. Keller. Sur la compatibilité de la loi française, ainsi interprétée, avec la Conv. EDH : CEDH 30 juin 2009, *Mlle Tuba c/France*, n° 43563/08, *AJDA* 2009.2077, note G. Gonzalez.

241. CE, sect., 5 déc. 2007, *M. et Mme Ghazal*, préc. En même sens, CE, 6 mars 2009, *Mlle Akremi*, *AJDA* 2009.1006.

242. Par ex. **CE, 9 mars 1951, *Soc. Concerts du conservatoire*,** R. 151 (annulation de la décision du directeur de la radiodiffusion française qui refusait de retransmettre les concerts donnés par cette seule société, tous les autres orchestres pouvant être diffusés) ; Cons. const., n° 99-414 DC du 8 juill. 1999, R. 92 (égalité d'accès possible au service public de l'enseignement pour l'ensemble des élèves, même s'ils étudient dans des établissements privés).

243. **CE, 25 juin 1948, *Soc. Journal L'Aurore*,** R. 289, *S.* 1948 3 69, concl. M. Letourneur (inégalité irrégulière dans les prix de l'électricité, due au décalage dans le temps des relevés).

mêmes conditions, quels que soient leur statut social et leur situation géographique, ce qui impose un maillage complet du territoire, même dans des zones peu habitées.

Mais une fois ces principes généraux affirmés, se posent de très nombreuses questions qui font l'objet de nouvelles approches. Quelle portée exacte faut-il donner à l'égalité ici ? Doit-il s'agir d'une *égalité en droits*, conforme à la tradition française, qui traite de la même façon des personnes se trouvant, en fait, dans des situations différentes ? Faut-il, au contraire, pour aller vers l'égalité des chances corriger les inégalités de fait en opérant des *discriminations positives*, comme cela a été fait pour la parité hommes-femmes d'abord par la loi constitutionnelle du 8 juillet 1999 puis, plus largement, par celle du 23 juillet 2008 (art. 1er, al. 2 de la Constitution) ?

Ainsi, dans le fonctionnement des services publics, doit-on – au nom de l'équité – prendre en compte, entre autres, des critères sociaux pour prévoir des tarifs modulés afin de corriger les inégalités de fortune ? Peut-on, au contraire, dans une logique purement commerciale, pratiquer des prix différenciés selon la date du voyage ou la quantité de biens consommée ? Jusqu'où aller dans la différenciation sans porter atteinte à l'égalité ?

À l'heure actuelle, dans la jurisprudence administrative, le principe d'égalité ne joue que pour les personnes placées dans des situations comparables et non pour celles dont les situations sont différentes. Mais, même en cas de situations semblables, des raisons d'intérêt général ou les prévisions formelles de la loi peuvent permettre des traitements différents.

a) Différences de situation

461 **Absence d'obligation de traiter différemment des personnes placées dans des situations différentes. –** Il n'y a aucune obligation en ce sens. Un texte uniforme est réputé satisfaire l'égalité. Cette solution qui peut sembler en contradiction avec une égalité totale, avec l'équité, permet de laisser l'administration maîtresse de ses choix, sans lui imposer des modulations infinies. Les discriminations positives sont éventuellement possibles, elles ne sont pas obligatoires[244].

462 **Possibilité de traiter différemment des personnes placées dans des situations différentes. –** Ne pas traiter également des personnes en situation réellement différente, ne saurait créer des inégalités : il n'y a pas dérogation à l'égalité mais simple application de celle-ci. Pour qu'un traitement distinct soit possible, il faut donc qu'existe une *différence de situation appréciable et légitime* – une discrimination fondée sur des critères raciaux, par exemple, serait évidemment illégale[245] – et qu'elle soit en liaison avec

244. CE, 22 nov. 1999, *Rolland*, R. Tab. 607 (possibilité de soumettre aux mêmes épreuves sportives d'un concours de recrutement des candidats pourtant d'un âge différent) ; CE, 14 oct. 2009, *Cne de Saint-Jean-d'Aulps*, *AJDA* 2009.1922 (« Le principe d'égalité n'implique pas que des abonnés à un service public [de distribution d'eau] se trouvant dans des situations différentes soient soumis à des tarifs différents »). V. également Cons. const., n° 2003-489 DC du 29 déc. 2003, Cons. n° 37 (« Si, en règle générale, le principe d'égalité impose de traiter de la même façon des personnes qui se trouvent dans la même situation, il n'en résulte pas pour autant qu'il oblige à traiter différemment des personnes se trouvant dans des situations différentes »).

245. Par ex. CE, 10 avr. 2009, *M. El Haddioui*, *AJDA* 2009.1386, note Calvès (annulation de la délibération d'un jury de concours ayant posé à un candidat des questions qui, inspirées de son origine, sont prohibées par la loi et révèlent une méconnaissance du principe d'égal accès aux emplois publics).

le *but poursuivi par le service*. Dès lors, s'appliquent des règles infiniment nuancées qui prennent notamment en compte le caractère obligatoire ou non du service, son domaine d'activité, son mode de financement, le lieu de résidence des usagers, etc.

Par exemple, s'il s'agit d'un service à vocation sanitaire, des avantages particuliers peuvent être accordés selon la situation sociale de chacun, pour faciliter l'utilisation du service par les plus démunis[246]. S'il s'agit, au contraire, d'un service intervenant dans un secteur concurrentiel, ce critère ne saurait être retenu car il n'est pas en adéquation avec sa mission, alors qu'il est, au contraire, possible de favoriser les plus importants consommateurs. Le service de distribution des eaux est à même de fixer des tarifs dégressifs en fonction du volume consommé, mais ne saurait accorder des exonérations aux personnes âgées : son objet est de vendre de l'eau, non de faire de l'assistance sociale[247] (v. cependant *infra*, n° 485).

Enfin, l'ampleur de la différence de traitement ne doit pas être manifestement disproportionnée par rapport à la différence de situation dont elle procède[248].

b) Possibilités de traitement inégalitaire

463 **Intérêt général. –** Même s'il n'y a aucune différence de situation, l'administration peut déroger à l'égalité en traitant différemment des personnes dans des situations semblables, si existent des raisons impérieuses d'intérêt général, *en rapport avec l'objet du service*[249] et à la condition, là encore, que la différence de traitement ne soit pas manifestement disproportionnée[250].

L'exemple des écoles municipales de musique, service facultatif, est significatif. Dans un premier temps, furent annulés les tarifs fondés sur les revenus des parents car « les différences de revenus ne sont pas constitutives en ce qui concerne l'accès au service public de différences de situation justifiant des exceptions au principe d'égalité qui régit cet accès »[251]. Bien qu'il n'existe toujours pas de différences de situation en rapport avec l'objet du service, de telles différences tarifaires sont désormais admises au nom de l'intérêt général « qui s'attache à ce que le conservatoire (...) puisse être fréquenté par les élèves qui le souhaitent, sans distinction selon leurs possibilités financières ». Le critère des revenus peut donc être pris en compte

246. Par ex. CE, 20 nov. 1964, *Ville de Nanterre*, R. 563 (ce « principe ne s'oppose pas à ce que les usagers d'un service public de la nature de celui dont s'agit supportent des tarifs différents », voire même bénéficient de la gratuité complète).

247. Par ex. CE, 17 déc. 1982, *Préfet de la Charente-Maritime*, D. 1983 IR 271.

248. CE, ass., 28 juin 2002, *Villemain AJDA* 2002. 586, chron. F. Donnat et D. Casas.

249. Par ex. CE, sect., 29 juin 1951, *Syndicat de la raffinerie du soufre français*, R. 377 (versement à un fonds de péréquation plus réduit pour une seule entreprise, ce qui est justifié par des raisons d'intérêt général).

250. CE, 10 janv. 2005, *MM Hardy et Le Cornec*, R. 9, *AJDA* 2005. 1575, note J.-C. Hélin ; CE, 26 juin 2009, *M. Raffi et M. Quarello*, *AJDA* 2009.1276 et 2009, note G. Peiser (légalité de la différence de traitement entre agents d'un même corps qui, justifiée par les conditions d'exercice des fonctions, par les nécessités ou l'intérêt général du service, n'est pas manifestement disproportionnée au regard de ces objectifs) ; confirmant que cette exigence est bien applicable aux différences de traitement fondées sur l'intérêt général, CE, ass., 11 avr. 2012, *Gisti et Fapil*, préc. *supra*, n° 83.

251. CE, sect., 26 avr. 1985, *Ville de Tarbes*, R. 119, concl. B. Lasserre.

dès lors que le prix facturé aux familles les plus aisées n'est pas supérieur au coût par élève du fonctionnement du service[252].

464 **Intervention du législateur.** – Enfin, le juge administratif s'incline lorsqu'un texte législatif fixe des critères de discrimination différents de ceux qu'il avait lui-même retenus. Le débat se déplace, dès lors, au niveau constitutionnel où sont utilisés les mêmes critères (différences de situation et intérêt général), tout en laissant une plus grande marge d'appréciation au législateur, conformément à la logique du contrôle de constitutionnalité[253]. Ainsi la loi relative à la lutte contre les exclusions permet désormais, pour les services publics administratifs facultatifs, la création de tarifs fixés en fonction du niveau de revenu des usagers et du nombre de personnes vivant au foyer[254]. Il en va de même pour certains services publics industriels et commerciaux (v. *infra*, n° 485).

465 **Portée du principe d'égalité.** – Que reste-t-il dès lors de l'égalité, notamment dans le cadre des services publics industriels et commerciaux ? Plus que l'égalité stricte, la jurisprudence permet de garantir, dans le cadre d'une gamme très étendue de solutions subtiles, un accès minimal au service et un *traitement non discriminatoire*. Ainsi les tarifs du TGV Nord sont modulables en fonction du type de trajet, de la date et de l'heure du voyage, pour assurer l'équilibre financier de l'entreprise et améliorer les conditions d'exploitation du service dans un contexte concurrentiel, à la condition, cependant, que « le nombre et les horaires des trains aux tarifs les plus bas soient tels que, sur aucune liaison, l'égal accès au service public ne se trouve compromis »[255]. La logique du service universel est comparable (v. *infra*, n° 484).

466 Si le principe d'égalité apparaît ainsi des plus malléables, il faut toutefois relever que sa portée a récemment connu un salutaire renforcement. Traditionnellement et le plus souvent, ce principe est invoqué à l'encontre de mesures réglementaires (ou législatives) qui soumettent des catégories de personnes à des règles différentes. Néanmoins, il est désormais acquis, en jurisprudence, qu'une autorité administrative investie d'un pouvoir de décision individuelle qui lui laisse une marge d'appréciation (sinon, le problème ne se pose pas) doit en user dans le respect du principe d'égalité et traiter donc conformément aux exigences de celui-ci, non pas des

252. CE, sect., 29 déc. 1997, *Comm. de Gennevilliers*, R. 499, *RFDA* 1998.539, concl. J.-H. Stahl. V. aussi CE, 13 oct. 1999, *Cie nat. Air France*, R. 303, *AJDA* 2000.87, concl. J. Arrighi de Casanova (écart de charge trop important entre compagnies aériennes dans la fixation des taxes d'aéroport, malgré l'existence de légitimes considérations d'intérêt général).

253. Comp. CE, 10 mai 1974, *Dénoyez et Chorques*, R. 274 (annulation d'une délibération prévoyant, pour le bac de l'île de Ré, un tarif spécial pour les habitants de Charente-Maritime, autres que les îliens, en l'absence de différence de situation objective) et art. L. 153-4 et L. 173-3, C. v. rout. (où le législateur permit d'instituer un tel tarif sans violer la Constitution de ce fait – V. Cons. const., n° 79-107 DC du 12 juill. 1979, R. 31). V. aussi CE, 27 nov. 1987, *Ass. Recherche pour une communication nouvelle*, R. 382 (légitimité des traitements inégalitaires dans l'attribution des fréquences de radio découlant de l'application de la loi elle-même).

254. Art. 147, loi n° 98-657 du 29 juill. 1998, *JO* 31 juill., p. 11679.

255. Avis CE, 24 juin 1993, Grands avis CE n° 38.

catégories de personnes, mais les cas individuels lui sont soumis[256]. Ainsi, dès lors qu'elle a adopté une certaine position à l'égard d'un administré, elle doit adopter la même dans tous les cas similaires, sauf à démontrer qu'il existait un motif de s'en écarter, ce motif pouvant tenir, conformément à la logique générale du principe d'égalité, soit à une particularité du cas en cause, soit à une nécessité d'intérêt général. Par exemple, est contraire au principe d'égalité, le refus d'accorder à un parent d'élève une dérogation à la carte scolaire en prenant en compte son lieu de travail alors que ce motif a conduit à accorder cette dérogation à d'autres parents[257]. En d'autres termes, l'administration apparaît ici liée par une sorte de ligne directrice implicite qui ressort de la manière dont elle a usé de son pouvoir discrétionnaire (sur les lignes directrices, v. *infra*, nº 572). Bien entendu, cela ne signifie pas que l'autorité compétente soit tenue par ses propres précédents *ad vitam aeternam*. Il lui est loisible de changer de ligne de conduite (décider par exemple de ne plus prendre en compte le lieu de travail pour déroger à la carte scolaire), mais à condition de s'en justifier par un motif d'intérêt général lié à la législation qu'elle est chargée de mettre en œuvre[258]. Cette jurisprudence connaît toutefois une limite. Sauf exception[259], les mesures de faveur accordées à titre purement gracieux demeurent en dehors du champ du principe d'égalité : celui à qui cette faveur a été refusée ne peut se prévaloir du fait qu'elle a été accordée à une autre personne, qui se trouvait dans une situation semblable à la sienne pour contester ce refus au regard du principe d'égalité[260].

2. Principe de continuité

467 Les administrés sont en droit d'obtenir, en toutes circonstances, voire en tout lieu, les prestations nécessaires du service public, qu'il soit permanent (tels les services de police ou de santé) ou seulement accessible à certaines heures, comme la majorité d'entre eux. Que signifierait un service public intermittent alors que celui-ci a été créé pour remplir une mission essentielle d'intérêt général, justifiant la mise en place d'une institution et d'un droit spécifiques ? Principe tellement essentiel tant à l'accomplissement de ses fonctions par l'État qu'à la satisfaction des besoins des usagers, qu'il s'est vu reconnaître *valeur constitutionnelle* en l'absence même de dispositions constitutionnelles expresses. Faute de quoi aucune limitation n'aurait pu être apportée au droit de grève des agents publics, ce qui était inconcevable (v. *supra*, nº 184).

Mais, sous cette apparente simplicité, le principe de continuité des services publics recouvre des marchandises distinctes. Il se décline dans de nombreux domaines du droit administratif. Outre la jurisprudence des circonstances

256. CE, 10 juill. 1995, *Contremoulin*, R. 13, *AJDA* 1995. 925, concl. Y. Aguila ; CE, sect., 30 déc. 2010, *Min. logement ville c/Mme Durosey*, *AJDA* 2011. 150, chon. D. Botteghi et A. Lallet, *JCP* A 2011, 21, note G. Pélissier, *RJEP* 2011. 17, concl. G. Dumortier.

257. CE, 10 juill. 1995, *Contremoulin*, préc.

258. CE, sect. 30 déc. 2010, *Min. logement ville c/Mme Durosey*, préc.

259. CE, 18 nov. 2011, *Rousseaux*, *AJDA* 2012, note Lagrange (application du principe d'égalité au maintien à titre gracieux pendant un congé de maladie d'une indemnité normalement liée à l'exercice effectif des fonctions).

260. V. réaffirmant cette ligne jurisprudentielle, CE, 10 févr. 2014, *M. Deloison*, nº 322857.

exceptionnelles où il joue un rôle premier (v. *infra*, n° 527 et l'arrêt *Heyriès,* notamment), il sert de fondement à certaines règles propres au contrat administratif (v. *infra*, n° 805 et 811 et s.). De même, il interdit l'aliénation de biens utilisés par le service public dans des conditions qui le mettraient en cause[261].

468 **Continuité des services publics et droit de grève. –** Mais le secteur où son rôle est le plus immédiatement perceptible est celui de la grève des agents publics. N'est-elle pas, par nature, en contradiction absolue avec ce principe ? Ainsi, initialement, toute grève dans la fonction publique était considérée comme illicite, ce qui justifiait la révocation du fonctionnaire gréviste, sans même que les garanties normales de la procédure disciplinaire, et notamment la communication du dossier (loi du 22 avril 1905, article 65 et *infra*, n° 627), aient à être respectées[262]. Cependant, face à l'extension continue du champ des services publics, l'interdiction totale du droit de grève, justifiable dans le cas de services fondamentaux pour la vie nationale (justice, police, défense...), l'était moins pour d'autres comme l'enseignement ou l'action sociale. En outre, la Constitution du 27 octobre 1946, dans son Préambule dispose que le « droit de grève s'exerce dans le cadre des lois qui le réglementent ». Faute d'adoption d'une loi générale concernant l'ensemble de la fonction publique, la grève restait-elle toujours interdite dans l'attente de cette loi, ou au contraire, en l'absence de loi restrictive, les fonctionnaires pouvaient-ils faire grève sans limites ?

Entre ces deux extrêmes, l'arrêt *Dehaene*[263], choisit une voie politiquement moyenne et juridiquement audacieuse. Le Conseil d'État considéra en premier lieu, conformément à la volonté du constituant, que le Préambule concernait aussi la fonction publique. Mais il n'en jugea pas moins, suivant son commissaire du gouvernement pour lequel « l'État à éclipses » était inconcevable, que « l'absence de réglementation ne saurait avoir pour conséquence d'exclure les limitations qui doivent être apportées à ce droit comme à tout autre en vue d'en éviter un usage abusif ou contraire aux nécessités de l'ordre public ; en l'état actuel de la législation, il appartient au gouvernement, responsable du bon fonctionnement des services publics, de fixer lui-même, sous le contrôle du juge, en ce qui concerne ces services, la nature et l'étendue desdites limitations ».

Maintenus depuis lors, avec certaines adaptations, ces principes répondent ainsi aux deux questions qui se posent en la matière : quelle est l'autorité compétente pour régler l'exercice du droit de grève par les agents des services publics ? Quelles sont les limites que cette autorité peut valablement imposer à ce droit ?

261. Cons. const., n° 94-346 DC du 21 juill. 1994, R. 96 et 23 juill. 1996 préc. *supra*, n° 390 (nécessité, dans l'exploitation du domaine public, voire du domaine privé, de ne pas compromettre la continuité des services publics utilisateurs de ces biens).

262. **CE, 7 juill. 1909,** ***Winkell***, R. 826 et 1296, concl. J. Tardieu (« le fonctionnaire s'est soumis à toutes les obligations dérivant des nécessités mêmes du service public et a renoncé à toutes les facultés incompatibles avec une continuité essentielle à la vie nationale »).

263. **CE, ass., 7 juill. 1950,** R. 426, D. 1950. 538, note Gervais, *Dr. soc.* 1950. 317, concl. F. Gazier, *JCP* 1950. II. 5681, concl., *Rev. adm.* 1950, 366, concl., note G. Liet-Veaux, *RDP* 1950. 691, concl. note M. Waline, *S.* 1950, 3, 109, note JDV.

469 **Compétence pour régler le droit de grève. –** C'est en principe au législateur de concilier droit constitutionnel de grève et principe constitutionnel de continuité du service public, sous le contrôle du Conseil constitutionnel[264]. Il l'a fait pour certains services publics ou pour certains aspects de la grève mais aucune « législation complète »[265] n'a, à ce jour, été édictée en la matière. Dans ces conditions, et en l'absence de texte législatif applicable au service public en cause, il appartient à « l'autorité responsable du bon fonctionnement »[266] de celui-ci d'y réglementer l'exercice du droit de grève. Il y a là l'un des objets possibles du pouvoir réglementaire du chef de service (v. *supra,* n° 152). Selon les cas, le ministre, les autorités exécutives des collectivités locales, les organes dirigeants d'un établissement public, voire ceux d'un organisme privé[267] sont donc compétents. Par ailleurs, la loi peut permettre que les conditions d'exercice du droit de grève soient fixées par voie d'accord conclu entre l'employeur public et les organisations syndicales[268].

470 **Limites du droit de grève. –** Sur le fond, l'autorité compétente peut imposer des limites au droit de grève en vue de trois objectifs : en éviter un usage abusif, protéger l'ordre public, garantir la satisfaction des besoins essentiels du pays. Dans les trois cas et tout spécialement dans les deux derniers, les restrictions doivent être nécessaires et proportionnées à leurs objectifs. Dans ces conditions, les limitations admissibles sont variables dès lors qu'elles dépendent de l'importance du service au regard de l'ordre public ou des besoins essentiels du pays.

Certaines catégories d'agents dont la présence est nécessaire pour la continuité du service se voient *interdire toute grève*, soit par la loi (policiers, magistrats judiciaires, militaires, agents des services déconcentrés de l'administration pénitentiaire, notamment)[269], soit par la jurisprudence (en particulier, fonctionnaires occupant des emplois d'autorité[270] ou assurant des missions indispensables de sécurité)[271]. Si la méconnaissance de ces interdictions constitue, assurément, une faute passible de sanctions disciplinaires, celles-ci doivent être prononcées dans le respect du principe constitutionnel des droits de la défense[272].

264. Cons. const., 25 juill. 1979, préc. *supra*, n° 184, Cons. const., n° 80-117 DC du 22 juill. 1980, R. 42.

265. Selon l'expression de CE, ass., 12 avr. 2013, *Féd. FO Énergie et Mines et autres*, *AJDA* 2013. 1052, chron. X. Domino et A. Bretonneau, *Dr. adm.* 2013, comm. 59, note G. Eveillard, *RFDA* 2013. 637, concl. Aladidi, *RJEP* 2013. 34, note X. Dupré de Boulois.

266. CE, ass., 12 avr. 2013, *Féd. FO Énergie et Mines et autres*, préc.

267. CE, ass., 12 avr. 2013, *Féd. FO Énergie et Mines et autres* (la société EDF est responsable du service public de l'exploitation des centrales nucléaires).

268. V. Cons. const., décision n° 2019-790 DC du 1er août 2019 (§ 42 et s.).

269. Respect. loi des 28 sept. 1948, ord. 22 déc. 1958, loi du 13 juill. 1972, ord. 6 août 1958.

270. Par ex. CE, sect., 16 déc. 1966, *Synd. nat. des fonctions. des préfectures*, R. 662, *AJDA* 1967.99, concl. L. Bertrand (fonctionnaires supérieurs de préfecture et agents attachés au cabinet du préfet).

271. Par ex. CE, 7 janv. 1976, *CHR d'Orléans*, R. 10 (personnel hospitalier nécessaire).

272. Const. const., n° 2019-781 QPC, 10 mai 2019 (en conséquence, inconstitutionnalité de l'article 3 de l'ordonnance du 6 août 1958 qui permet de sanctionner la grève des agents des services déconcentrés de l'administration pénitentiaire, quand elle a porté atteinte à l'ordre public, « en dehors des garanties disciplinaires »).

Dans toutes les autres administrations, l'interruption du service est au contraire admissible, sous réserve d'un service minimum imposé par l'administration[273] ou la loi[274]. Pour le reste, les dispositions de la loi du 31 juillet 1963 (C. trav., art. L. 2512-1 et s.) exigent, en toute hypothèse, le dépôt d'un préavis de grève et interdisent les grèves tournantes. Mais, afin d'échapper à ses prescriptions, il suffit, en particulier, de déposer des préavis de grève pour tous les jours de l'année : rien n'interdit de ne pas faire la grève annoncée...

La continuité du service public est donc, en dehors des fonctions liées à la souveraineté ou à la sécurité des personnes, réellement mise en cause. Des petits groupes d'agents, dans des secteurs stratégiques – l'exemple des transports publics ou celui de la Poste sont particulièrement significatifs – disposent d'un pouvoir extraordinaire de pression. N'y a-t-il pas une atteinte nuisible à l'objet même du service public, au rôle qu'il doit assumer, ce qui a pu conduire la Cour de justice des Communautés à condamner la France, dans des circonstances comparables quand la carence des autorités publiques empêche la libre circulation des marchandises (v. l'affaire dite des fraises espagnoles *infra*, n° 1130) ?

471 Ces considérations expliquent l'adoption de la loi du 21 août 2007 sur le dialogue social et la continuité du service public dans les transports terrestres réguliers de voyageurs[275]. Si, contrairement à certaines rodomontades gouvernementales, ce texte n'institue nullement un service minimum dans le domaine qu'il régit, il comporte, néanmoins, des dispositions non négligeables. La loi vise, en effet, d'abord, à prévenir les conflits en rendant obligatoire, avant tout dépôt d'un préavis de grève, une négociation préalable entre l'employeur et les organisations syndicales représentatives, dont les modalités doivent être fixées par accord d'entreprise ou de branche, des dispositions réglementaires (décret n° 2008-82 du 24 janv. 2008) étant applicables à défaut d'accord. Pour le cas où cette prévention échouerait, il est imposé aux autorités et entreprises intéressées de déterminer à l'avance quels services prioritaires continueront à être assurés en cas de grève mais cela dans la mesure où la grève le permet, c'est-à-dire en recourant à des personnels non grévistes. C'est bien pourquoi il est prescrit aux agents de déclarer quarante-huit heures à l'avance s'ils participeront à la grève : l'entreprise saura ainsi sur quels agents elle peut compter et, par conséquent, quel plan de transport peut être mis en œuvre avec l'obligation d'en informer les usagers, au plus tard vingt-quatre heures avant le début de la grève. On est là très loin d'un service minimum qui consiste à imposer l'accomplissement de certaines missions alors même que la grève serait complète et donc au besoin en réquisitionnant des agents non grévistes. De ce point de vue, la

273. V. CE, 9 déc. 2003, *Mme Aiguillon*, *RFDA* 2004.306, concl. J.-H. Stahl (faculté d'exiger le maintien d'un service minimum et non le déroulement du service public dans les conditions « normales »).

274. Notamment loi du 31 déc. 1984 (service de sécurité de la navigation aérienne), loi du 30 sept. 1986 (service public de la communication audiovisuelle) (Code Dalloz Fonct. publ.) ou encore la très médiatique loi n° 2008-790 du 20 août 2008 instituant un droit d'accueil pour les élèves des écoles maternelles et élémentaires pendant le temps scolaire, *JO* du 21 août, p. 13076, *RFDA* 2008.1187, comm. Calley, *AJDA* 2008.1949, comm. Raimbault. V. aussi Cons. const., n° 2008-569 DC du 7 août 2008, *LPA* 5 sept. 2008, note F. Chaltiel, *RFDA* 2008.1242, *AJDA* 2008.2411, note M. Verpeaux et, pour son application, ô combien délicate, CE, 7 oct. 2009, *Cne de Plessis-Pâté*, *AJDA* 2009.1863.

275. *JO* 22 août 2007, p. 13956 et v. Cons. const., n° 2007-556 DC, 16 août 2007.

loi ne règle pas le droit de grève des agents, comme le Conseil constitutionnel l'a justement relevé, mais l'organisation de l'entreprise en temps de grève. Le Conseil d'État a d'ailleurs rappelé que la jurisprudence *Dehaene*[276] s'applique toujours dans les transports publics[277]. Il est très révélateur, à cet égard, que ce dispositif soit applicable de manière générale à toute perturbation prévisible du trafic, même s'il ne trouve pas sa cause dans une grève. Il reste que si l'entreprise de transport est directement responsable d'un défaut d'exécution du service que la perturbation permettait de maintenir, les usagers ont droit à une compensation (échange ou remboursement de titres de transport, prolongation d'abonnements selon les cas).

472 **Conséquences indemnitaires de la grève. –** Les droits des usagers sur le terrain de l'indemnisation restent faibles. Dans le cadre contractuel, l'inexécution, par l'organisme en charge du service public industriel et commercial, des prestations prévues le dégage de sa responsabilité contractuelle si la grève est constitutive d'un cas de force majeure ce que le juge judiciaire admet assez aisément[278]. La responsabilité extracontractuelle de l'administration vis-à-vis des usagers des services publics administratifs est rarement engagée. Le plus souvent, l'absence d'adoption des mesures nécessaires pour assurer la continuité du service public est jugée non fautive[279] et, sur le terrain de la responsabilité sans faute, la victime ne subit que rarement, aux yeux du juge, un préjudice spécial et anormal[280].

3. Le principe de mutabilité

473 Une fois créé, le service public doit fonctionner selon ses règles constitutives, sa charte, ses lois[281]. Mais les conditions dans lesquelles il s'exerce peuvent changer ; aussi l'autorité compétente doit-elle pouvoir prendre les mesures nécessaires pour adapter le fonctionnement du service public à celles-ci, d'où le principe de mutabilité. Celui-ci pose, en réalité, deux questions en partie distinctes quant à son application.

474 **Possibilité d'adaptation du service. –** Dans un premier sens, ce principe autorise l'adaptation constante du service aux nécessités de l'intérêt général, aux circonstances nouvelles.

Fondement également de la conception spécifique du contrat administratif en droit français (v. *infra*, n° 802 et s.), il permet à l'administration de toujours faire

276. CE, ass., 7 juill. 1950, préc.

277. CE, 11 juin 2010, *Syndicat SUD RATP*, *AJDA* 2010.1178.

278. Par ex. Cass. ch. mixte 4 févr. 1983, 2 arrêts, *Bull.* n° 1 et 2, p. 1 (grève des personnels d'EDF).

279. V. par ex. CE, 6 nov. 1985, *Min. Transp. c/Soc. Condor Flugdienst*, R. 312 et CE, 17 janv. 1986, *Ville de Paris/Duvinage*, R. 10 (absence de faute pour ne pas avoir assuré la continuité du service public du contrôle aérien ou celui de l'utilisation des écluses sur les canaux).

280. Par ex. CE, 6 nov. 1985, *Min. Transp.*, préc. (non-indemnisation d'une société allemande dont les avions ont été paralysés par une grève des contrôleurs aériens car la diminution de son chiffre d'affaires, limitée au territoire français, restait minime). Voir à l'inverse, CE, 6 nov. 1985, *Min. Transports c/Cie TAT*, mêmes réf. (indemnisation de la compagnie française qui n'a pu avoir, pendant cette grève, aucune activité).

281. V. par ex. CE, 27 janv. 1988, *Giraud*, R. 39 (responsabilité de l'État pour ne pas avoir mis en place un enseignement pourtant prévu par les programmes scolaires).

évoluer les modes d'organisation et le champ d'intervention d'un service public, nul n'ayant de droits acquis au maintien d'une réglementation.

L'autorité administrative ne doit évidemment pas modifier d'elle-même les règles législatives, voire constitutionnelles relatives au service. Pour les dispositions réglementaires, si elle dispose d'une grande marge de manœuvre quant au choix des évolutions nécessaires[282], elle ne saurait, par ce biais, remettre en cause l'existence même du service public en en interdisant l'accès à certaines catégories d'usagers[283]. En conséquence, quand, pour des raisons d'opportunité, l'administration ne veut plus assurer le service, elle doit le faire disparaître, ce qui est possible s'il est facultatif et si cela relève de sa compétence[284].

475 **Obligation d'adaptation du service. –** Dans un autre sens, le principe de mutabilité autorise-t-il l'usager à exiger que l'administration améliore le service, l'adapte à la meilleure exploitation possible ? Tout dépend des nouvelles circonstances : permettent-elles ou non que le service public continue à fonctionner selon sa charte constitutive ? Si tel n'est pas le cas, l'administration, pour les services publics facultatifs institués par elle, peut refuser de les adapter, en les supprimant. À l'inverse, pour les services qui subsistent, l'administration doit, en raison de changements de circonstances (v. *infra*, n° 686), prendre les mesures d'adaptation nécessaires, tout en disposant évidemment pour ce faire d'une importante marge de manœuvre dans le choix des moyens. L'Éducation nationale faillirait à sa mission si elle n'évoluait pas pour tenir compte de la révolution informatique, mais le nombre d'ordinateurs à implanter dans les établissements scolaires ne lui est pas fixé par le droit !

4. Autres lois du service public ?

476 Souvent l'apparition de nouvelles règles qui s'imposeraient au service public est annoncée. Le Conseil d'État dans son rapport de 1994 souligne ainsi l'importance des stratégies de participation, de transparence et de responsabilité, de simplicité et d'accessibilité[285]. Plus que de véritables lois nouvelles, il s'agit là soit de mettre en œuvre des règles de bonne gestion développées dans le cadre de la politique de renouveau du service public, soit d'appliquer des textes récents sur des points particuliers, telles les lois des 17 juillet 1978, 11 juillet 1979 et 12 avril 2000 qui favorisent la transparence administrative (v. *infra*, n° 618 et s.).

282. Par ex. CE, 19 juill. 1991, *Féd. nat. Ass. usagers des transports*, R. 295 (la SNCF pouvant « apprécier la nécessité des prestations à fournir en fonction de leurs coûts et des besoins des usagers », était à même de faire assurer une partie du transport des marchandises par route).

283. Par ex. CE, 25 juin 1969, *Vincent*, R. 334 (nouveaux horaires d'ouverture d'un bureau de poste ne devant pas avoir « pour effet de limiter dans des conditions anormales le droit d'accès de l'usager au service postal »).

284. V. CE, sect., 27 janv. 1961, *Vannier*, R. 60, concl. J. Kahn ; CE, 18 mars 1977, *CCI de La Rochelle*, R. 153 (« les usagers d'un service public qui n'est pas obligatoire n'ont aucun droit au maintien de ce service au fonctionnement duquel l'administration peut mettre fin lorsqu'elle l'estime nécessaire » pour la fermeture d'une ligne aérienne).

285. « Service public, services publics, Déclin et renouveau », *EDCE*, 1994.15, p. 81 s.

477 **Gratuité.** – Il est d'abord nécessaire de préciser ce qu'il faut entendre par gratuité du service public. Dès lors qu'est gratuit ce que l'on obtient et dont on jouit sans que cela ne coûte rien, il ne saurait exister de service public absolument gratuit. Les services publics, en effet, ont nécessairement un coût et il faut bien que quelqu'un le supporte. La question est de savoir qui. Deux grandes options sont possibles. Selon la première, les prestations fournies par le service public sont directement payées par ceux qui en bénéficient, c'est-à-dire par ses usagers, au moyen de redevances pour service rendu. D'après la seconde, le service public est financé par l'ensemble de la collectivité, c'est-à-dire, pour l'essentiel, au moyen des impositions (impôts et taxes) versées par les contribuables. Dans ce cas, les prestations du service public seront fournies à l'usager sans qu'une participation financière lui soit demandée en contrepartie. C'est alors que l'on parlera de gratuité du service public. Mais, on le voit, cette gratuité est toute relative : il s'agit seulement d'une gratuité pour l'usager, rendue possible par le fait que le service public est payé par le contribuable.

478 Ainsi entendue, la gratuité n'est assurément pas une loi du service public, c'est-à-dire un principe applicable à l'ensemble des services publics. Par définition, les services publics industriels et commerciaux sont financés, au moins à titre principal, par des redevances perçues sur les usagers en contrepartie des prestations fournies. En ce qui concerne les services publics administratifs, le financement fiscal peut être regardé comme la solution normale. Toutefois, même pour eux, le droit positif ne consacre pas de principe de gratuité[286]. Il n'admet pas, pour autant, que toutes les prestations de service public administratif puissent être légalement facturées à leurs bénéficiaires. Toute la difficulté, dès lors, est de faire le départ entre celles qui le peuvent et celles qui ne le peuvent pas. Trois cas, semble-t-il, doivent être distingués.

479 Il se peut d'abord qu'à défaut de principe général, un texte législatif (ou supralégislatif) impose la gratuité de tel ou tel service et, par conséquent, interdise à l'autorité administrative compétente d'instituer des redevances à la charge de ses usagers. L'alinéa 13 du Préambule de la Constitution de 1946, qui fait de « l'organisation de l'enseignement public gratuit [...] à tous les degrés » un devoir de l'État en offre un bon exemple. Conformément à ce principe, des dispositions législatives, aujourd'hui codifiées aux articles L. 132-1 et 2 du Code de l'éducation, imposent la gratuité de l'école maternelle et de l'enseignement élémentaire et secondaire (publics). Il en résulte, notamment, qu'un conseil municipal ne peut légalement demander aux parents des élèves fréquentant une école maternelle publique une contribution aux frais d'entretien et de fonctionnement de l'école[287]. Le cas de l'enseignement supérieur est plus délicat. Les établissements qui gèrent ce service public sont habilités par la loi (C. éduc., art. L. 719-4) à percevoir des droits d'inscription sur les étudiants. Une autre disposition législative (article 48, al. 3 de la loi de finances n° 51-598 du 24 mai 1951) a donné compétence aux ministres intéressés pour fixer le montant de ces droits. Saisi d'une question prioritaire de

286. V. rejetant l'existence d'un tel principe, CE, ass., 10 juill. 1996, *Soc. Direct Mail Promotion*, R. 277, *AJDA* 1997. 189, note H. Maisl, *Dr. adm.* 1996, n° 552, *RFDA* 1997. 115, concl. M. Denis-Linton.
287. CE, 10 janv. 1986, Commune de Qunigey, R. 3.

constitutionnalité contre ce texte, le Conseil constitutionnel[288], après avoir rappelé qu'aux termes de l'alinéa 13 du Préambule de la Constitution de 1946, « la Nation garantit l'égal accès [...] de l'adulte à l'instruction [...]. L'organisation de l'enseignement public gratuit [...] à tous les degrés est un devoir de l'État », a jugé qu'il résultait de « la combinaison de ces dispositions que l'exigence constitutionnelle de gratuité s'applique à l'enseignement supérieur public ». La « combinaison » à laquelle il est ainsi fait référence repose sur l'idée classique selon laquelle la raison d'être d'une règle en commande le champ d'application : la gratuité visant à garantir l'égal accès à l'instruction et cette égalité concernant notamment les adultes, auxquels s'adresse l'enseignement supérieur, ce dernier doit être considéré comme entrant dans le champ du principe de gratuité. Le même juge ajoute, toutefois, sans s'embarrasser d'explication, que, pour ce degré d'enseignement, l'exigence de gratuité ne fait pas obstacle « à ce que des droits d'inscription modiques soient perçus en tenant compte, le cas échéant, des capacités financières des étudiants ». Cette gratuité-là présente ainsi la singularité de ne pas exclure toute onérosité. À défaut d'être très logique, cette solution est sans doute opportune, qui laisse aux autorités compétentes une certaine latitude dans le choix, éminemment politique, du mode de financement du service public de l'enseignement supérieur. Cette latitude est d'autant plus étendue que le Conseil d'État retient une conception plutôt large de la modicité imposée au montant des droits d'inscription dus par les étudiants. Ces derniers doivent d'abord être modiques au regard du coût de la formation d'un étudiant, c'est-à-dire représenter une fraction limitée de ce dernier. En outre, les étudiants que ces droits pourraient néanmoins empêcher d'accéder à l'enseignement supérieur doivent pouvoir bénéficier d'aides ou d'exonérations[289].

480 Inversement, une loi peut autoriser l'onérosité d'un service public administratif, c'est-à-dire habiliter les autorités administratives compétentes à percevoir des redevances sur les usagers de celui-ci, en contrepartie des prestations fournies. Ainsi, en vertu d'une disposition aujourd'hui codifiée à l'article L. 2331-4-15° du CGCT, les communes ont le droit d'exiger des intéressés le remboursement des frais de secours qu'elles ont exposés à l'occasion d'accidents liés à la pratique de certaines activités sportives.

481 En l'absence de texte législatif instituant la gratuité ou l'onérosité, la jurisprudence du Conseil d'État s'est efforcée, non sans mal, de déterminer des critères de distinction entre les prestations de service public susceptibles de donner lieu à redevance et celles qui ne sauraient être financées que par une imposition.

Elle a suivi, à cet effet, deux voies, l'une principale, l'autre secondaire.

La première consiste à tirer les conséquences de la notion même de redevance. Longtemps discutée, cette notion a été définie par un arrêt de principe[290] comme une somme d'argent demandée aux usagers d'un service public en vue d'en couvrir

288. Décision n° 2019-809 QPC du 11 octobre 2019, *AJDA* 2019. 2627, note M. Verpeaux, *Dr. adm.* 2020, n° 1, comm. 3, note R. Lanneau, *RFDA* 2019. 1123, chron. A. Roblot-Troizier.

289. CE, 1er juill. 2020, *Association UNEDESEP et autres*, n° 430121, *AJDA* 2020. 1783, chron. C. Malverti et Beaufils et 2037, note A. Legrand, *RFDA* 2021. 97, concl. F. Dieu.

290. CE, ass. 21 nov. 1958, Syndicat nationale des transports aériens, R. 572, D. 1959. 478, note L. Trotabas. Le Conseil constitutionnel adopte la même définition (6 oct. 1976, n° 76-92 L).

les charges et qui trouve sa contrepartie directe dans les prestations fournies par le service. En d'autres termes, le fondement de l'obligation du débiteur de la redevance se trouve dans le bénéfice d'une prestation dont il est appelé à acquitter le prix. La redevance étant ainsi étrangère à toute idée de pouvoir fiscal, il est logique qu'elle puisse être instituée par un acte réglementaire, qui relève en principe de l'autorité compétente pour organiser le service, là où l'impôt et la taxe fiscale relèvent du domaine de la loi. À cet égard, la définition de la redevance comporte une conséquence importante : un prélèvement qui, établi par voie réglementaire, ne présente pas les caractères d'une redevance, constitue nécessairement une imposition illégalement instituée, puisque seul le législateur pouvait la créer.

De la définition qui vient d'être rappelée, la jurisprudence a tiré un critère de distinction entre ce qui est facturable à l'usager et ce qui ne l'est pas. L'idée est la suivante : dès lors que la redevance est la contrepartie directe de la prestation de service public, seules peuvent être financées par cette voie les prestations fournies, au moins principalement, dans l'intérêt des usagers qui en sont redevables et non pas celles dont l'objet essentiel est l'intérêt général. Dans ce dernier cas, il ne s'agit plus de demander aux bénéficiaires d'un service d'en payer le prix, mais de faire peser sur eux le coût d'un service qui profite à la collectivité, ce qui appelle un financement fiscal. Ainsi, l'acte réglementaire qui exige des étrangers demandeurs de titres de séjour qu'ils payent la visite médicale instituée, non dans leur seul intérêt, mais essentiellement à des fins de protection de la santé publique, est illégal[291]. Le raisonnement est donc ici, en somme, le suivant : ce qui bénéficie principalement à l'usager peut être financé par lui ; ce qui sert pour l'essentiel l'intérêt général doit être financé par la collectivité, c'est-à-dire par l'impôt.

Ce raisonnement, entièrement fondé sur la définition de la redevance, a été concurrencé par d'autres considérations, qui, elles, sont étrangères à cette définition. Elles procèdent en effet de l'idée que les caractères de certains services publics excluent qu'ils puissent être financés par voie de redevance. Deux lignes jurisprudentielles peuvent être rattachées à cette idée. D'abord, il est arrivé que le Conseil d'État invoque le caractère obligatoire de certains services publics administratifs pour justifier qu'ils ne puissent donner lieu à redevance[292]. En second lieu, certaines décisions font apparaître que la nature de certains services, qui correspondent aux fonctions de souveraineté de l'État, implique un financement fiscal. On ne saurait en réserver la satisfaction à ceux qui peuvent payer, sans méconnaître les fondements mêmes de l'État démocratique. Aux côtés ou à la place du critère du « bénéficiaire principal » (usager ou intérêt général), cette idée a été notamment avancée pour justifier que les activités de police administrative ne puissent donner lieu à redevance[293].

482 S'il a sa logique, comme on l'a vu, le critère principalement retenu par la jurisprudence (celui du « bénéficiaire principal ») ne va sans inconvénients. Outre que sa formulation est étrange (tout service public a un but d'intérêt général), il peut

291. CE, 20 mars 2000, *Gisti*, R. 122.

292. P. ex. CE, 5 déc. 1984, nº 486369, Ville de Versailles c/Lopez, Rec. 399.

293. V. not. CE, ass. 30 oct. 1996, nº 136071, Mme Wajs et Monnier, Rec. 387, AJDA 1996. 973, chron. D. Chauvaux et T.-X Girardot, CJEG 1997. 52, concl. J.-D. Combrexelle.

être d'une mise en œuvre délicate, dès lors que certaines activités sont effectuées à la fois dans l'intérêt général et au bénéfice de l'usager et que la quantification de l'importance respective de ses deux finalités est d'autant plus délicate qu'elles n'ont rien d'antinomique[294].

C'est pourquoi l'arrêt *SNCF Réseau*[295] est venu nettement infléchir la jurisprudence. Dans un motif de principe, il pose qu'une redevance pour service rendu peut être légalement établie à deux conditions. Il faut d'abord « qu'elle trouve sa contrepartie directe dans une prestation rendue au bénéfice propre d'usagers déterminés ». Dès lors que tel est le cas, il n'y a plus à s'interroger sur le fait que la prestation en cause répondrait aussi à l'intérêt général. Le critère du bénéficiaire principal peut ainsi être regardé comme abandonné. Toutefois, même si cette condition est remplie, les prestations en cause ne peuvent légalement donner lieu à redevance si elles relèvent « de missions qui incombent par nature à l'État ». On retrouve ici l'idée que les services correspondant aux fonctions de souveraineté ne sont finançables que par l'impôt. Le critère de la nature de l'activité, naguère marginal, joue donc désormais le rôle principal.

483 **Portée des lois du service public. –** Les lois du service public, garanties pour l'usager du fonctionnement du service public conformément à sa mission et applicables en principe de façon commune à tous les services publics, ont donc évolué. Sans disparaître et en ayant même pour certaines d'entre elles été érigées au niveau constitutionnel, elles ne constituent plus qu'un socle minimal de référence. Leur application est, en effet, soumise à de fortes variations en fonction de chaque type de service public, les impératifs de la gestion économique dans les services industriels et commerciaux notamment ayant parfois limité, de façon regrettable, la dimension solidariste du service. Or, de façon *a priori* paradoxale, le droit de l'Union européenne a obligé à une redéfinition de ces principes dans divers domaines.

B. SERVICE PUBLIC/SERVICE UNIVERSEL

484 **Politique communautaire d'ouverture à la concurrence. –** La construction communautaire a rendu nécessaire la redéfinition, dans les secteurs marchands, pour les services d'intérêt économique général, de la portée exacte de ces lois traditionnelles et du rôle même du service public.

La volonté d'ouvrir à la concurrence de nombreux secteurs dans le domaine des grands réseaux nationaux, jusqu'alors gérés le plus souvent par des organismes publics monopolistiques (télécommunications, postes, gaz, électricité, transports aériens, ferroviaires et maritimes, etc.) a reposé sur plusieurs principes, dont l'application a pu être modulée selon les situations. Séparer le gestionnaire de l'*infra*structure et celui qui exploite le service ; distinguer les régulateurs, chargés, en toute indépendance, de définir les règles du jeu et d'en assurer le contrôle, des opérateurs

294. V. concl. G. Odinet sur CE, 28 nov. 2018, SNCF Réseau, n° 413839, AJDA 2019.189, spéc. 192.
295. CE, 28 nov. 2018, SNCF Réseau, n° 413839, AJDA 2019.189, concl. G. Odinet, 595, note F. Alhama.

qui fournissent les prestations ; faire en sorte que de nombreuses prestations soient assurées par le libre jeu du marché. Mais dans bien des cas, ce dernier ne peut assurer l'accomplissement de services non rentables qui sont d'intérêt général. Il faut, dès lors, que de telles missions soient confiées à un ou plusieurs opérateurs, de façon transparente, par un acte de la puissance publique définissant les obligations spécifiques imposées qui peuvent justifier en contrepartie des droits spéciaux et/ou exclusifs, et des mécanismes particuliers de financement (v. *supra*, n° 429).

La portée de ces obligations n'a cessé de se renforcer. Il s'agit en premier lieu de maintenir un *service universel* dans les secteurs déréglementés[296]. « Inventé » aux États-Unis au début du XXe siècle dans le domaine du téléphone, il se définit comme « un ensemble minimal de services d'une qualité donnée auquel tous les utilisateurs et les consommateurs ont accès compte tenu de circonstances nationales spécifiques, à un prix abordable »[297]. Ce service, tourné exclusivement vers les usagers, a pu être perçu comme de type assistanciel et ne constituer qu'une modeste concession à l'heure de l'ouverture à la concurrence de l'ensemble des réseaux, ne garantissant que des prestations réduites au strict minimum. Face à ces critiques, la commission de Bruxelles relève, cependant, que le service universel ne se limite pas à un contenu minimal et intangible mais doit permettre de répondre aux objectifs d'égalité et de continuité, tout en assurant l'accès de tous en fonction des besoins nouveaux des usagers et des mutations technologiques. Ne s'agit-il pas des lois du service public à la française ?

De plus, indépendamment de la prestation offerte aux usagers, peuvent exister des missions d'intérêt général, comme « celles qui poursuivent les objectifs de sécurité des approvisionnements, de protection de l'environnement, de solidarité économique et sociale, d'aménagement du territoire et de protection des intérêts des consommateurs, de même que la gestion des ressources rares et la prise en compte du long terme »[298]. Il y a donc à côté du service universel, une *dimension de service public plus collective* et moins « consumériste ». L'article 14 TFUE abonde en ce sens[299]. Et dans sa communication de 2000, la commission insiste encore plus sur cette approche, liée au développement équilibré de l'espace européen et à la protection de l'environnement ainsi que sur l'adaptation des services en fonction des évolutions technologiques et des besoins des consommateurs pour garantir la fourniture de prestations d'un niveau élevé.

485 **Exemples d'application. –** Dès lors, certaines directives et les lois françaises qui les transposent ont tenté de redéfinir avec plus de précisions les obligations, notamment en matière d'égalité, de continuité, et de mutabilité, qui découlent soit

296. V. notamment Communication de la commission du 11 sept. 1996, *JOCE* C 281 26 sept.

297. Communication préc. de 2000 (définition semblable dans celle de 1996).

298. Communication préc. de 1996.

299. « Sans préjudice de l'article 4 du TUE et des articles 93, 106 et 107 du présent traité et eu égard à la place qu'occupent les services d'intérêt économique général parmi les valeurs communes de l'Union ainsi qu'au rôle qu'ils jouent dans la promotion de la cohésion sociale et territoriale de l'Union et ses États membres, chacun dans la limite de leurs compétences respectives et dans les limites du champ d'application des traités veillent à ce que ces services fonctionnent sur la base de principes et dans des conditions, notamment économiques et financières, qui leur permettent d'accomplir leurs missions ». En outre, la charte des droits fondamentaux de l'Union (art. 36), « reconnaît et respecte l'accès aux services d'intérêt économique général ». V. aussi le Livre blanc sur les services d'intérêt général adopté par la commission le 12 mai 2004 (*AJDA*, 2004.1053).

du service universel fourni aux usagers, soit du service public pris dans un sens plus large.

1°) Dans le secteur de *l'électricité*, les directives 96/92 CE, puis 2003/54 CE, et la loi de transposition du 10 février 2000 (modifiée, notamment par celle du 9 décembre 2006 et aujourd'hui largement reprise dans le Code de l'énergie) ont permis l'ouverture à la concurrence du marché de l'électricité d'abord partielle puis complète : depuis le 1er juillet 2007, tout consommateur final d'électricité peut librement choisir un fournisseur installé sur le territoire de l'Union européenne. Un organisme de régulation, la commission de régulation de l'énergie, a été créé afin de contrôler les conditions d'accès aux réseaux. Enfin, la loi a défini clairement, à l'inverse des textes antérieurs, ce qu'est ce service public. Organisé par l'État et les communes ou leurs groupements, il a pour objet « de garantir l'approvisionnement en électricité sur l'ensemble du territoire national, dans le respect de l'intérêt général » (art. L. 121-1 C. énerg.). Il joue ce rôle tant pour la satisfaction des besoins de la collectivité elle-même (indépendance énergétique, compétitivité économique, défense et sécurité publique, entre autres) que pour la fourniture à tous de l'électricité. Les articles L. 121-2 et suivants du Code de l'énergie précisent ces missions dans trois domaines :

— développer un approvisionnement équilibré dans le temps comme dans l'espace, dans le cadre d'une programmation pluriannuelle de la production notamment, confiée à EDF et à d'autres entreprises ;

— développer et exploiter des réseaux de distribution par une desserte rationnelle du territoire en garantissant un droit d'accès aux réseaux non discriminatoire, ce qui est assuré par EDF en particulier ;

— fournir l'électricité sur tout le territoire à l'ensemble des usagers qui en ont besoin. Des obligations spécifiques de cohésion sociale sont imposées en faveur des personnes en situation de précarité ou d'exclusion. Cette fourniture dans certaines situations doit être maintenue et des tarifs spéciaux sont fixés dans le cadre d'une péréquation nationale des prix. Il s'agit donc ici du service universel même si le terme n'est pas employé.

Enfin, ces diverses obligations de service public, mises à la charge soit des producteurs, soit des distributeurs, sont intégralement compensées au moyen de contributions dues par les consommateurs finals d'électricité.

2°) Dans le domaine des *télécommunications*, service public et service universel sont clairement distingués.

Le service universel porte sur la fourniture d'un service téléphonique – fixe – de qualité, à un prix abordable. Il garantit l'accès de toutes les catégories sociales au téléphone indépendamment de leur localisation géographique, « ainsi que l'acheminement gratuit des appels d'urgence, la fourniture d'un service de renseignements, et d'un annuaire d'abonnés » et l'accès aux cabines téléphoniques. Il garantit aussi aux personnes en grave difficulté financière le droit de disposer pendant un an, après avoir cessé d'acquitter leurs factures, d'un service minimal (réception des communications, appels d'urgence, etc.). Enfin, le contenu de ce service est révisable tous les quatre ans pour l'adapter aux évolutions technologiques et y inclure de nouvelles prestations[300]. Ainsi la loi nº 2003-1365 du 31 décembre 2003 a inclus dans le service universel la nécessité de fournir à tous une liaison téléphonique assurant « l'acheminement de données à des débits suffisants pour permettre l'accès à Internet ». Ce service peut être assuré par tout opérateur. Il est financé – pour un coût net prenant en compte, d'une part les conditions tarifaires particulières accordées et la couverture de l'ensemble du territoire national, d'autre part l'avantage que les opérateurs retirent le cas échéant de cette fourniture – par l'ensemble des intervenants, grâce à une participation en nature ou au versement d'une taxe.

Mais les obligations de service public sont, elles, plus larges puisqu'elles comprennent, outre le service universel, des services obligatoires tels qu'un accès au réseau Numeris de transfert des données sur l'ensemble du territoire, et des missions d'intérêt général en matière de défense, de sécurité et de recherche publique.

Pour le reste, la fourniture des prestations de télécommunications relève du seul jeu de la concurrence qui joue un rôle particulièrement évident pour les *téléphones mobiles* où aucune obligation propre de service public n'est imposée. La féroce compétition existante en ce domaine, permet certainement, aussi bien que le service public, de délivrer des prestations de qualité à des coûts abordables. Mais elle ne peut compenser les handicaps sociaux ou géographiques : aucune garantie n'est donnée aux personnes en situation précaire et les zones faiblement peuplées ne sont pas desservies (soit environ 10 % du territoire). Ceci entraîne de ce point de vue un accès discriminatoire, ce qui a conduit certaines collectivités publiques à subventionner la pose de pylônes à cet effet. Des problèmes semblables ont été rencontrés pour l'accès à l'Internet à haut débit.

À travers ces exemples, on perçoit le rôle que peut remplir le service public et mesurer la portée concrète de ses lois communes.

SECTION 5 CONCLUSION

486 **Justification du service public. –** Comme dans bien d'autres domaines du droit administratif, les effets tant de la constitutionnalisation de toutes les branches du droit que de la construction communautaire se font sentir. La reclassification des services publics selon qu'ils sont rendus ou non obligatoires par la Constitution, comme le réexamen, à l'aune d'un principe de libre concurrence magnifié, du champ et du régime des interventions publiques, essentiellement dans le secteur marchand, conduisent à des remises en cause sur bien des points. Deux conceptions peuvent s'affronter, au-delà des fonctions « naturelles », régaliennes de l'État. On peut voir dans le libre jeu du marché la règle dominante, les limitations au nom de l'intérêt général étant l'exception. Le service public est dès lors réduit à sa plus simple expression. Soit au contraire, seule l'administration publique paraît capable d'assurer les actions nécessaires à l'interdépendance

300. Art. L. 35-1 et R. 20-30 s. modifiés C. P et CE. V. aussi Directive 2002/22/CE du 7 mars 2002, relative au service universel, *JOCE* nº L. 108, 24 avr. 2002, modifiée par la directive nº 2009/136/CE du 25 nov. 2009.

sociale, à la réalisation des objectifs de solidarité, d'équité et de cohésion dans de multiples domaines. Choix qui est évidemment largement d'ordre politique et lié à la conception de l'État, dans chaque pays.

Même si l'évolution récente du droit de l'Union européenne devrait faciliter la prise en compte de l'ensemble des dimensions du service public, il faudra toujours *justifier, au regard des règles de la libre concurrence, à tout le moins leur régime juridique spécifique*, en admettant même que leur intervention ne soit plus limitée aux hypothèses de complémentarité et de subsidiarité. Ces nouvelles interrogations sont, à bien des égards, une heureuse chose. Aussi bien d'ailleurs pour les activités non marchandes que pour les services dans l'ordre du commerce, elles permettent de lutter contre les phénomènes de stratification et de bureaucratisation illégitimes comme de coûts non maîtrisés. Conduisant le cas échéant à la dissociation entre organisation monopolistique et service public, elles redonnent à la définition matérielle du service public toute sa force, là où une approche purement organique pouvait faire perdre de vue la finalité même de service. Elles obligent aussi à constamment réétudier son champ d'intervention, au-delà des services publics « constitutionnels ». Ne faudrait-il pas à l'heure actuelle, créer, par exemple, un service public du crédit pour les plus démunis ?

Il reste que subsiste, à l'heure actuelle, une large part d'incertitude sur les effets de la soumission des services publics, à un titre ou à un autre, au droit spécifique de la concurrence. Quelles conséquences pour le service public tant dans son existence même que dans ses « privilèges » ? Subsidiarité, peut-être ; proportionnalité, sans doute ; mais pas à n'importe quel prix !

BIBLIOGRAPHIE

1. Généralités

F. Alhama, *L'intérêt financier dans l'action des personnes publiques*, Dalloz, 2018, préf. E. Fatôme ▪ P. Amselek, *Le service public et la puissance publique*, préc. *supra*, n° 50, Réflexions générales sur le droit administratif ▪ J.-F. Auby, O. Raymundie, *Le service public*, éd. Le Moniteur, 2003 ▪ R. de Bellecize, *Les services publics constitutionnels*, LGDJ, 2005 ▪ S. Braconnier, *Droit des services publics*, PUF, 2007 ▪ R. Chapus, *Le service public et la puissance publique*, préc. *supra*, n° 50 ▪ J. Chevallier, « L'intérêt général dans l'administration française », *RISA* 1975.235 ; (dir.), *Variations autour de l'idéologie de l'intérêt général*, PUF, 1978/1979 ; *Le service public*, « Que sais-je ? », 11e éd., 2018 ▪ J.-M. Chevalier (dir.), *L'idée de service public est-elle encore soutenable ?*, PUF, 1999 ▪ Conseil d'État, *Service public, services publics, Déclin et renouveau, EDCE* 1994.15 ; *Le service public*, La Documentation française, 1996 ; *L'intérêt général, EDCE* 1999.239 ▪ J.-L. de Corail, *La crise de la notion juridique de service public en droit administratif français*, LGDJ, 1954 ▪ « L'identification du service public dans la jurisprudence administrative », in *Mélanges Burdeau*, 1977. 789 ▪ P. Delvolvé, « Service public et libertés publiques », *RFDA* 1985.1 ▪ L. Dubouis,

« Missions de service public ou missions d'intérêt général », *Rev. Gén. Coll. Territ.* 2001.588 ■ *Espaces du service public,* Mélanges en l'honneur de J. du Bois de Gaudusson, Presses universitaires de Bordeaux, 2014 ■ P. Espuglas, *Le service public*, Dalloz, Connaissance du droit, 4e éd. 2018 ■ *Conseil constitutionnel et service public*, LGDJ, 1994 ■ G. Guglielmi (dir.), *Histoire et service public,* PUF, 2003 ■ G. Guglielmi, G. Koubi, M. Long, *Droit du service public*, Montchrestien, 4e éd., 2016 ■ J.-F. Lachaume, H. Pauliat, C. Deffigier, avec la collaboration de A. Urlot-Landais, *Droit des services publics*, LexisNexis, 3e éd., 2018 ■ E. Pisier, *Le service public dans la théorie de l'État de Léon Duguit*, LGDJ, 1972 ; *Service public et libertés publiques*, *Pouvoirs*, 1986, n° 36, p. 143 ■ R. Latournerie, *Sur un Lazare juridique. Bulletin de santé de la notion de service public. Agonie ? Convalescence ? Ou Jouvence ?*, *EDCE* 1960.61 ■ D. Paiva de Almeida, *L'École du service public. Contribution à l'étude de la pensée juridique en France,* Éditions universitaires européennes, 2010 ■ J.-M. Rainaud, *La crise du service public français*, PUF, « Que sais-je ? », 1999 ■ *Le service public, Unité et diversité, AJDA* n° spécial, 1997 (20 contributions) ■ C. Teitgen-Colly, *La légalité de l'intérêt financier dans l'action administrative*, Economica, 1981 ■ D. Truchet, *Les fonctions de la notion d'intérêt général dans la jurisprudence du Conseil d'État*, LGDJ, 1977 ; « Label de service public et statut du service public », *AJDA* 1982.427 ■ A.-E. Villain-Courrier, *Contribution générale à l'étude de l'éthique du service public en droit anglais et français comparé,* Dalloz, 2004 ■ *Service public*, dossier (9 contributions), *RFDA* 2008.1 ■ S. Ziani, *Du service public à l'obligation de service public*, Bibliothèque de droit public, LGDJ, 2015, préf. G. Eckert.

2. Gestion du service public

■ 1° D. Bailleul, « Vers la fin de l'établissement public industriel et commercial ? À propos des transformations des EPIC en sociétés », *CJEG* 2006. 105 ■ Conseil d'État, *La réforme des établissements publics*, La Doc. française, 1972 ; « *Étude sur les établissements publics (Réflexions sur les catégories et les spécificités des établissements publics nationaux)* » *EDCE* 1985.13 ; *Les établissements publics : transformation et suppression*, La Documentation française, 1989 ; *Les GIP*, La Documentation française, 1997 ; *Les établissements publics (Rapport d'étude), EDCE,* 15 oct. 2009 ■ J. Chevallier, « Les transformations du statut d'établissement public », *JCP* 1972 n° 2496 ■ Collectif, « Questions sur l'avenir de l'établissement public. À propos du rapport du Conseil d'État », *AJDA* 2010. 138 ■ P. Combeau, « La nouvelle "loi de 1901" des GIP. Entre rupture et continuité », *JCP* A 2011, n° 26, p. 41 ■ R. Connois, *La notion d'établissement public en droit administratif français*, LGDJ, 1959 ■ J.-L. de Corail, « Contribution du juge administratif à une théorie juridique de l'établissement public à caractère industriel et commercial », in *Mélanges Charlier*, 1981. 29 ■ J.-C. Douence, « *La spécialité des personnes publiques en droit français* », *RDP* 1972.753 ■ J.-P. Dubois, *Le contrôle administratif sur les établissements publics*, LGDJ, 1972 ■ R. Drago, *Les crises de la notion d'établissement public,* Pedone, 1950 ■ *L'établissement public local*, n° spécial *AJDA* 1987, p. 563, 4 contributions ■ « Les EPIC dans tous leurs états. Quel régime juridique et quel avenir pour les EPIC ? », colloque, *JCP* A 2009, n° 35 ■ E. Fatome, « À propos du rattachement des établissements publics », *Mél. Moreau,* Economica, 2003, p. 138 ■ L. Janicot, « La rationalisation manquée des GIP », *AJDA* 2011. 1194 ■ B. Jorion, « Les GIP : un instrument de gestion du service public administratif », *AJDA* 2004.305 ■ J.-F. Lachaume, « *Régies, Régies personnalisées* », *Jur. Coll. Terr.* Fasc. 740 et 742 ■ M. Lombard, « L'établissement public industriel et commercial est-il condamné ? », *AJDA* 2006.79 ■ J. Petit, « L'établissement public industriel et commercial par détermination de la loi. À propos de la jurisprudence Blanckeman », *L'intérêt général, Mélanges en l'honneur de Didier Truchet*, Dalloz, 2015 ▪ B. Plessix, *JCP* A, fasc. 135 et 136 ▪ « L'établissement public industriel et commercial au cœur des mutations du droit administratif », *JCP* A 2007, n° 13. 38 ▪ J.-P. Théron, *Recherche sur la notion d'établissement public*, LGDJ, 1976 ▪ R. Tiniere, « Éléments de définition d'un standard commun aux groupements d'intérêt public », *AJDA* 2007. 840 ▪ 2° Conseil d'État, *Sports : pouvoir et discipline*, La Documentation française, 1991 ; « Les associations, » *EDCE* 2000, p. 237 ▪ J. Chevallier, « L'association entre public et privé », *RDP* 1981.887 ▪ J.-D. Dreyfus, « Associations et délégations de service public », *AJDA* 2002.894 ▪ J.-M. Garrigou-Lagrange, *Recherches sur les rapports des associations avec les pouvoirs publics*, LGDJ, 1970 ▪ L. Janicot, « L'identification du service public géré par une personne privée », *RFDA* 2008.67 ▪ F. Lichere, « La transparence des associations administratives », *LPA* 2001, n° 254, p. 9 et s. ▪ G. Mollion, *Les fédérations sportives. Le droit administratif à l'épreuve des groupements privés*, LGDJ, 2005 ▪ J.-P. Négrin, *L'intervention des personnes morales de droit privé dans l'action administrative*, LGDJ, 1971 ▪ F. Sabiani, « L'habilitation des personnes privées à gérer un service public », *AJDA* 1977.4 ▪ V. aussi, *infra*, dans la bibliographie du chapitre consacré au contrat administratif, la rubrique "catégorie de contrats" ▪ 3° J.-F. Auby, « Les sociétés publiques locales. Un outil aux contours incertains », *RFDA* 2012. 99 ▪ A.G. Delion, « La notion d'entreprise publique », *AJDA* 1979, n° 4, p. 3 ▪ C. Deves, « La modernisation du statut des sociétés d'économie mixte locale », *AJDA* 2002.139 ▪ M. Durupty, « Existe-t-il un critère de l'entreprise publique ? », *Rev. Adm.* 1984.7 ▪ G. Eckert, « La SEMOP, instrument du renouveau de l'action publique locale ? », *AJDA* 2014.1941 ▪ Y. Gaudemet, « Les entreprises publiques à l'épreuve du droit public », *Mél. Drago*, Economica, 1996, p. 259, L. Rapp, « France Télécom entre service public et secteur privé ou la tentation de Madrid », *AJDA* 2004.579 ▪ J.-F. Kerléo, « Le service public en mode start-up », *AJDA* 2020. 83 ▪ *Les sociétés publiques locales, RFDA* 2013. 1069 (16 contributions) ▪ *Les sociétés d'économie mixte locales* (4 contributions) *JCP* A 2003, n° 1666 et s. ▪ P. Levallois, *L'établissement public marchand. Recherche sur l'avenir de l'entreprise en forme d'établissement public*, Dalloz, Nouvelle Bibliothèque des thèses, vol. 208, 2021, préf. C. Chamard-Heim ▪ S. Nicinski, « La loi du 28 mai 2010 pour le développement des sociétés publiques locales », *AJDA* 2010.1759 ▪ R. Reneau, *L'externalisation. Éléments pour une théorie*, thèse Montpellier, 2017 ▪ L. Vanier, *L'externalisation en matière administrative. Essai sur la transposition d'un concept*, Dalloz, 2018, préf. Ph. Yolka.

3. Régime du service public

▪ 1° *Administré, usager, citoyen, public... Les transformations du destinataire de l'action administrative et de son droit, RFDA* 2013. 477 et 509 (colloque, 8 contributions) ▪ J. Amar, *De l'usager au consommateur du service public*, PUAM, 2001 ▪ J.-F. Auby et S. Braconnier (dir.), *Services publics industriels et commerciaux, questions actuelles,* LGDJ, 2003 ▪ L. Bahougne, *Le financement du service public,* LGDJ, 2015, préf. B. Delaunay ▪ M. Bazex, « Le droit public de la concurrence », *RFDA* 1998.782 ▪ N. Belloubet-Frier, « Service public et droit communautaire », *AJDA* 1994.270 ▪ C. Blumann, « Quelques variations sur le thème du service public dans l'Union européenne », *Mél. Lachaume*, p. 45, Dalloz, 2007 ▪ L. Boy, « Réflexions sur le droit de la régulation », *D.* 2001.3031 ▪ « Conseil d'État, Collectivités publiques et concurrence », *EDCE* 2002.215 et s. ▪ *L'action économique des personnes publiques*, La Documentation française, 2016 ■ J. du Bois de Gaudusson, *L'usager du service public administratif*, LGDJ, 1974 ■ N. Charbit, *Le droit de la concurrence et le secteur public,* L'Harmattan, 2002 ■ G. Eckert, « L'égalité de concurrence entre opérateurs publics et privés sur le marché », *Mél. J. Waline,* Dalloz, 2002, p. 207 ■ P. Espuglas, « Le service universel », *Dr. adm.* 2002, chr. 21 ■ Y. Gaudemet, « Le service public à l'épreuve de l'Europe, Vrais et faux procès », *Mél. Jeanneau,* p. 473 et s. ■ J.-F. Lachaume, « Que reste-t-il de la distinction SPA-SPIC et de ses effets aujourd'hui ? », *AJDA* 2021. 59 ■ G. Lazzarin, « L'application du droit de la consommation aux services publics. Les contradictions de la jurisprudence *Société des eaux du Nord* », *RFDA* 2011. 591 ■ G. Marcou, « La notion juridique de régulation », *AJDA* 2006. 347 ■ F. Moderne et G. Marcou (dir.), *L'idée de service public dans le droit des États de l'Union européenne,* L'Harmattan, 2001 ■ C. Morio, *L'administré. Essai sur une légende du droit administratif,* LGDJ, Bibliothèque de droit public, 2021, préf. N. Kada ■ S. Nicinski, *L'usager du service public industriel et commercial,* L'Harmattan, 2001 ; *Droit public de la concurrence*, LGDJ, Systèmes, 2005 ; « Les évolutions du droit administratif de la concurrence », *AJDA* 2004.751 ■ J. Rivero, « Les deux finalités du service public industriel et commercial », *CJEG* 1994, n° spéc., p. 375 ■ P. Sandevoir, « Les vicissitudes de la notion de service public industriel et commercial », *Mél. Stassinopoulos,* LGDJ, 1974, p. 317 ■ *Service public et Communauté européenne : entre l'intérêt général et le marché,* La Documentation française, 1998 ■ S. Traore, *L'usager du service public,* LGDJ, Systèmes, 2012 ■ A. Van Lang, « Réflexions sur l'application du droit de la consommation par le juge administratif », *RDP* 2004. 1015 ■ 2° N. Belloubet-Frier, « Le principe d'égalité », *AJDA* n° spécial, 1998.152 ■ Conseil d'État, *Sur le principe d'égalité, EDCE* 1997.13 ; *Réflexions sur l'égalité, EDCE* 1997.355 (10 contributions) ■ *Un siècle de laïcité, EDCE* 2004 ■ J. Carbajo, « Remarques sur l'intérêt général et l'égalité des usagers devant le service public », *AJDA* 1981.176 ■ L. Cluzel-Métayer, *Le service public et l'exigence de qualité,* Dalloz, 2006 ■ V. Donier, « Les lois du service public : entre tradition et modernité », *RFDA* 2006.1219 ■ C. Durand-Prinborgne, « La loi sur la laïcité, une volonté politique au centre de débats de société », *AJDA* 2004.704 ■ J.-P. Gilli (dir.), *La continuité des services publics*, PUF, 1973 ■ « Gratuité des services publics », dossier (4 contributions), *AJDA* 2020. 979 ■ G. Guglielmi et G. Koubi, *La gratuité, une question de droit,* L'Harmattan, 2003 ■ M. Lombard, « Service public et service universel ou la double inconstance », *Mél. Jeanneau*, Dalloz, 2002, p. 507 ■ M. Long, *La tarification des services publics locaux,* LGDJ, 2001 ■ F. Melin-Soucramanien, *Le principe d'égalité dans la jurisprudence du Conseil constitutionnel*, Economica-PUAM, 1997 ■ F. Melleray, « École de Bordeaux, école du service public et école duguiste », *RDP* 2001.1887 ■ « Retour sur les lois de Rolland », *Mél. Lachaume*, Dalloz, 2007. 709 ■ G. Pélissier, *Le principe d'égalité en droit public*, LGDJ, Systèmes, 1996 ■ M. Lecerf et G. Leblanc, « La gratuité de services publics à l'égard des usagers », *JCP* 1998 I 168 ■ B. Toulemonde, « Le port de signes d'appartenance religieuse à l'école : la fin des interrogations ? », *AJDA* 2005. 2044 ■ J.-C. Venezia, « Le principe d'adaptation », Clés pour le siècle, Dalloz 2000, p. 1661 et s.

CHAPITRE 2
LA POLICE ADMINISTRATIVE

487 **Sens du terme. –** Le mot police a un sens multiple qui a évolué. Venant du grec *Polis* (cité), il a pu être équivalent de civilisation (une société policée) ou synonyme de toute intervention publique. Ainsi au XVIIIe siècle, la police vise aussi bien le gouvernement que l'administration, l'organisation financière, la justice, etc. Il est aussi pris dans une acception plus restrictive de réglementation comme dans le traité de police de Delamare (1705-1710). De même en Allemagne a-t-on opposé l'État de police, où le souverain n'est contraint par aucune autre règle que celle qu'il s'est lui-même fixée et l'État de droit (v. *supra*, n° 42).

À l'heure actuelle, le terme est aussi polysémique. Le langage commun – la « police » est intervenue – fait essentiellement référence à l'action des *forces de l'ordre*. Celles-ci relèvent des seules personnes publiques : la construction de l'État ayant eu notamment pour objet de monopoliser cette force, les entreprises privées de sécurité ne sauraient intervenir que pour assurer la sauvegarde des biens ou protéger l'intégrité des personnes, sans immixtion possible dans l'activité des services de police[1]. Ceux-ci se répartissent au sein de l'État, entre la gendarmerie, force militaire, et la police nationale, civile. Mais il existe également une organisation municipale composée de gardes champêtres et d'agents de police municipale. Leur statut, après beaucoup de débats dus aux risques de concurrence possible avec les forces étatiques, leur permet de dresser certains procès-verbaux de contraventions, de porter des armes dans des conditions très précisément fixées et d'intervenir en coordination avec la police nationale ou la gendarmerie dans le cadre d'une convention signée avec l'État[2] ; une concertation est de plus organisée entre l'État et les collectivités locales dans le cadre, notamment, des conseils locaux de sécurité et des contrats du même nom[3].

Or, les textes se réfèrent aussi à la police municipale comme compétence propre du maire. Le mot police acquiert encore un autre sens qui se rapporte aux

1. CSI, art. L. 611-1 et s. et R. 611-1 et s. (activité devant être agréée, le port d'armes étant strictement réglementé dans ce cadre).
2. CSI, art. L. 511-1 et s.
3. CSI, art. D. 132-7 et s.

compétences de certaines autorités publiques leur permettant, afin d'assurer la *sauvegarde de l'ordre public*, d'émettre des actes normateurs et/ou de décider d'opérations matérielles, en faisant appel aux forces de police pour la mise en œuvre de leurs décisions. C'est donc la fonction de l'administration qui est ici visée et non l'organisation administrative et la politique menée[4].

488 **Plan. –** Cette fonction-fin de l'activité administrative constitue un enjeu considérable dans un État libéral, pour garantir et permettre l'exercice des droits fondamentaux. Leur protection et leur accomplissement supposent que soient délimités très précisément tant les buts, consubstantiellement liés à la notion d'ordre public (Section 1) que doivent poursuivre les autorités de police (Section 2), que les limites de leur action, quant aux mesures susceptibles d'être prises (Section 3).

SECTION 1 LA NOTION DE POLICE ADMINISTRATIVE

489 **Définition. –** La protection de l'ordre public suppose à la fois que soient prévenues d'éventuelles atteintes et qu'une fois perturbé, il soit rétabli, grâce, en particulier, à la prise de sanctions qui punissent le coupable. Elle repose, traditionnellement, sur une répartition des rôles entre administration et juge pénal. À la première d'édicter rapidement, à titre préventif, les mesures nécessaires pour empêcher les troubles à l'ordre public, au second de les réprimer.

La police administrative apparaît ainsi comme la fonction de l'administration qui a pour but de faire régner l'ordre public, en imposant en amont aux membres de la société des restrictions à leurs libertés publiques pour assurer la discipline qu'exige la vie sociale. Même si la séparation des fonctions entre administration et juge a été en partie perturbée par l'existence de sanctions punitives prises directement par celle-ci (v. *infra*, n° 518), la police administrative reste essentiellement de nature préventive, ce que traduit l'opposition police administrative-police judiciaire (§ 1). Elle est destinée à assurer la sauvegarde de l'ordre public, notion à son tour polysémique (§ 2).

§ 1. L'OPPOSITION POLICE ADMINISTRATIVE/POLICE JUDICIAIRE

490 **Régimes distincts. –** Cette distinction est une conséquence du *principe de séparation des autorités administratives et judiciaires*, et du rôle respectif qu'elles ont chacune à assurer en principe. Des autorités comme le maire, ou les forces de police agissent, selon les types d'opérations, au nom du pouvoir exécutif pour la police administrative, ou interviennent au titre de l'autorité judiciaire,

4. V. Rapports annexés à la loi 2002-1094 du 29 août 2002 d'orientation et de programmation pour la sécurité intérieure, *JO* 30 août, p. 14398.

gardienne de la liberté individuelle, pour la police judiciaire. Dès lors, ces deux polices relèvent de régimes juridiques dissemblables : droit administratif dans le premier cas, droit très largement lié à la procédure pénale dans le second. D'importantes garanties sont en effet données en cette dernière hypothèse. Les différentes interventions de la police judiciaire s'effectuent sous la direction du parquet, le contrôle de la chambre de l'instruction, et, éventuellement par délégation du juge d'instruction. En conséquence polices administrative et judiciaire relèvent, le plus souvent, en cas de contentieux, d'une juridiction différente (v. cependant *infra*, n° 908 et s.). Enfin, alors que la police judiciaire est toujours mise en œuvre par des décisions individuelles prises au nom de l'État, la police administrative l'est par des autorités multiples qui agissent, par voie réglementaire ou individuelle, au nom de l'État, du département, de la commune, voire d'autres personnes. En cas de dommages, le patrimoine responsable diffère donc.

491 **Critère. –** En raison de la quasi-identité des forces intervenantes, ce qui rend inutile toute tentative d'opposition fondée sur le critère organique, la jurisprudence recourt au *critère finaliste*, qui ne recoupe pas exactement la distinction prévention-répression car toute action de répression peut aussi prévenir un trouble et inversement. Seule *l'intention* poursuivie par l'auteur de l'acte permet de qualifier l'opération.

La police administrative a pour finalité essentielle d'éviter un trouble général à l'ordre public. Les décisions ou opérations de police judiciaire ont pour but de constater une *infra*ction pénale déterminée, commise, sur le point de se commettre ou supposée se commettre et d'en rechercher les coupables pour les appréhender et permettre ainsi leur jugement par les juridictions pénales. Selon le Code de procédure pénale (art. 14), la police judiciaire est chargée de « constater les *infra*ctions à la loi pénale, d'en rassembler les preuves et d'en rechercher les auteurs tant qu'une information n'est pas ouverte. Lorsqu'une information est ouverte, elle exécute les délégations des juridictions d'instruction et défère à leurs réquisitions ».

L'arrêt *Consorts Baud*[5] est très significatif de la mise en œuvre de ce critère. Des malfaiteurs sont poursuivis par les forces de police jusque dans un café. Là, un consommateur, apeuré, s'enfuit. Le prenant pour un des membres du groupe, un inspecteur le poursuit et fait feu, le blessant mortellement. Après plusieurs années de procédure, le Conseil d'État considère que l'opération relève du juge judiciaire car il s'agissait « d'une action de police en vue d'appréhender des individus signalés à la police comme faisant partie d'une bande de malfaiteurs ». Peu importe qu'il y ait eu erreur sur la personne, dès lors que l'objectif était d'arrêter celui qui était censé avoir commis une *infra*ction.

L'application de ce critère finaliste empêche ainsi l'administration « d'échapper » à cette répartition. La saisie de la totalité de journaux en Algérie, décidée par le préfet, pour éviter des troubles à l'ordre public n'est qu'une opération de police administrative en raison de ses finalités, même si le haut fonctionnaire vise le Code de procédure pénale pour faire croire qu'il s'agit de poursuivre les auteurs d'une infraction[6].

5. CE, sect., 11 mai 1951, R. 265 ; en même sens T. confl., 7 juin 1951, *Noualek*, R. 636 (« recherche d'un crime ou délit déterminé »), *S.* 1952.3.13, concl. J. Delvolvé dans ces deux affaires. V. aussi T. confl., 15 juill. 1968, *Cons. Tayeb*, R.T. 791, *D.* 1968.417, concl. R. Schmelck (même solution quand on pouvait « supposer que (la victime) se disposait à commettre un délit », même si aucune *infra*ction n'a eu lieu).

6. **CE, ass., 24 juin 1960, *Soc. Le Monde*, *Soc. Frampar*** (deux arrêts), R. 412, concl. C. Heumann.

492 **Opérations mixtes. –** L'application du critère soulève de sérieuses difficultés, en certaines hypothèses où des opérations paraissent mêler les deux finalités. Le juge se fonde, en ce cas, pour éviter que le contentieux soit éclaté entre juridictions administrative et judiciaire, sur ce qui apparaît comme l'objet principal, comme le *but essentiel de l'action*.

Ainsi, lorsqu'une société demande à la police d'assurer la protection d'un transport de fonds qui échoue, des voleurs réussissant à s'emparer de l'argent sans être retrouvés, l'opération relève à l'origine de la police administrative (éviter une atteinte à l'ordre public) puis de la police judiciaire (arrêter les cambrioleurs pour les faire juger). Mais la réparation du préjudice est, pour le tout, de la compétence du juge administratif, car il a été subi « au cours de l'opération tendant à assurer la protection des personnes et des biens, [et] trouve essentiellement son origine dans les conditions dans lesquelles a été organisée cette mission de protection »[7]. La police judiciaire « l'emporte » à l'inverse quand, après qu'une voiture eut refusé de s'immobiliser dans le cadre d'un contrôle général d'identité, les gendarmes cherchent à arrêter son conducteur qui a commis plusieurs *infra*ctions (non-respect de feux rouges, prise de sens interdits, etc.). Ce qui prédominait, était, ici « l'intention d'appréhender un individu qui venait de commettre de multiples *infra*ctions » dans le cadre de la police judiciaire[8].

493 Une autre difficulté de la mise en œuvre du critère vient du fait qu'un même acte peut être à fois constitutif d'une infraction pénale et d'un trouble à l'ordre public (sur ce point, v. *infra*, n° 501). Quand une personne est sur le point de commettre un tel acte, les deux polices sont fondées à agir pour l'en empêcher préventivement, chacune considérant le comportement sous l'angle qui relève d'elle. Dans la police judiciaire, c'est l'infraction qui est visée et son auteur. Cela ressort bien de l'arrêt *Consorts Tayeb* : l'action d'un agent tendant à appréhender une personne qui semblait sur le point de commettre une infraction est de police judiciaire parce que l'intention de l'agent était d'arrêter un délinquant[9]. Le comportement est envisagé de manière subjective, comme acte d'un sujet qui engage sa responsabilité pénale. Au contraire, ce qui caractérise l'action préventive de la police administrative à l'égard d'une infraction pénale sur le point de se commettre c'est de l'envisager de manière objective, comme trouble à l'ordre public dont il faut empêcher la survenance. Ainsi, dans l'affaire Dieudonné (v. *infra*, n° 499), le Conseil d'État a admis que le préfet pouvait interdire préventivement la tenue imminente d'un spectacle contenant des propos antisémites et négationnistes pénalement répréhensibles dès lors que ces propos sont également contraires à la dignité de la personne humaine, composante de l'ordre public général[10] (sur ce point v. *infra*, n° 499).

494 **Jurisprudence constitutionnelle. –** Le Conseil constitutionnel a repris le critère de distinction entre police administrative et police judiciaire. Il en impose, dans une certaine mesure, le respect au législateur. D'après sa jurisprudence, en effet, la Constitution exige que l'accomplissement des opérations de police

7. CE, 10 mars 1978, *Soc. Le Profil*, *AJDA* 1978.452, concl. D. Labetoulle ; T. confl., 12 juin 1978, *Soc. Le Profil*, R. 648, concl. Morisot.

8. T. confl., 5 déc. 1977, *Dlle Motsch*, R. 671.

9. T. confl., 15 juill. 1968, *Cons. Tayeb*, préc.

10. CE, 9 nov. 2015, *Association générale contre le racisme et pour le respect de l'identité française et chrétienne (AGRIF)*, *AJDA* 2015. 2509, concl. A. Bretonneau, *Dr. adm.* 2016 comm. 17, G. Eveillard, *RFDA* 2016. 791, note P. Bon.

judiciaire soit placé sous la direction ou la surveillance de l'autorité judiciaire et non pas sous la seule « responsabilité du pouvoir exécutif »[11]. C'est ainsi qu'ont été déclarées inconstitutionnelles des dispositions qui permettaient de faire ouvrir les véhicules, aux fins de constat des infractions et de poursuite de leur auteur, sans que l'autorisation de l'autorité judiciaire ait été prévue, alors qu'il s'agissait d'une opération de police judiciaire[12]. Le juge constitutionnel a également vérifié que les pouvoirs donnés au service central de prévention de la corruption restaient dans le champ de la police administrative pour reconnaître la validité de leur régime ; sinon, l'intervention préalable de l'autorité judiciaire eût été exigée[13]. Dans le même esprit, des pouvoirs d'enquête en matière criminelle ou même délictuelle ne peuvent être confiés à des agents de police municipale, normalement placés sous l'autorité du maire, qu'à la condition que, pour l'exercice de leurs compétences de police judiciaire, ces agents soient mis à la disposition d'officiers de police judiciaire ou de personnes présentant des garanties équivalentes[14].

Le fondement de cette jurisprudence a d'ailleurs connu une évolution tourmentée. Elle reposait initialement sur l'article 66 de la Constitution, qui érige l'autorité judiciaire en gardienne de la liberté individuelle, le Conseil constitutionnel considérant que celle-ci est en cause dans toute opération de police judiciaire. Cette idée, soutenable au regard d'une conception large de la liberté individuelle, ne l'est plus guère si l'on limite cette dernière à la liberté de ne pas être détenu arbitrairement. Or, telle est la conception restrictive à laquelle la jurisprudence constitutionnelle s'est arrêtée depuis 1999 (v. *infra*, n° 928). C'est pourquoi le Conseil constitutionnel, dans un second temps, a décidé de rattacher la compétence exclusive de l'autorité judiciaire pour diriger ou surveiller les opérations de police judiciaire au principe de la séparation des pouvoirs[15]. Il est toutefois récemment (et bizarrement) revenu à sa position initiale, jugeant à nouveau qu'il résulte « de l'article 66 de la Constitution que la police judiciaire doit être placée sous la direction et le contrôle de l'autorité judiciaire »[16].

Quoi qu'il en soit, il est légitime de se demander si le principe de séparation des pouvoirs n'exige pas que les opérations de police administrative soient placées, de manière exclusive, sous la direction du pouvoir exécutif. Le Conseil constitutionnel est ici, toutefois, plus souple. Il a ainsi admis que les contrôles d'identité et les visites de véhicule qui, selon leur finalité, relèvent soit de la police administrative soit de la police judiciaire, peuvent être soumis au même régime et, notamment, au contrôle de l'autorité judiciaire, dès lors que ce régime comporte « pour les personnes... des garanties que ne leur assurerait pas le droit commun de la police

11. Cons. const., n° 2005-532 DC 19 janv. 2006, R. 31.

12. Cons. const., n° 94-352 DC du 18 janv. 1995, R. 170.

13. Cons. const., n° 92-916 DC du 20 janv. 1993, R. 14 ; dans le même sens, Cons. const., n° 2005-532 DC 19 janv. 2006 (inconstitutionnalité du but répressif assigné à une mesure de police administrative relevant du seul pouvoir exécutif).

14. Cons. const., n° 2021-817 DC, 21 mai 2021, *JO*, 26 mai (v. § 2 à 12).

15. Cons. const., n° 2005-532 DC, 19 janv. 2006, préc.

16. Cons. const., n° 2020-800 DC, 11 mai 2020, *JO*, 12 mai, (v. § 53) ; de même, Cons. const., n° 2021-817 DC, 21 mai 2021, *JO*, 26 mai (v. § 6).

administrative »[17]. Les implications logiques de la séparation des pouvoirs sont donc nuancées au nom de la protection des droits individuels : si la police judiciaire doit toujours relever de l'autorité judiciaire, certaines opérations de police administrative peuvent aussi être soumises à un régime judiciaire si cela renforce la garantie des droits.

§ 2. LA NOTION D'ORDRE PUBLIC

495 **Ordre public et droits fondamentaux. –** La police administrative intervient donc pour éviter les troubles à l'ordre public, pour maintenir la discipline sociale. Mais il ne s'agit pas simplement de l'ordre nécessaire au fonctionnement de toute collectivité, quel qu'il soit. Il s'agit d'un *ordre finalisé*, lié, comme l'a montré E. Picard[18], à la construction de l'État libéral. Non d'un ordre totalitaire, de l'ordre pour l'ordre, de l'ordre que firent régner à Varsovie les troupes russes au XIXe siècle. Mais d'un ordre indispensable à la garantie des droits, à la sauvegarde des libertés proclamés par la Déclaration des droits de l'homme et le Préambule de la Constitution de 1946 en particulier. Objectif de valeur constitutionnelle[19], il est donc la condition de celles-là[20]. Ainsi caractérisé, cet ordre public peut être général (A) ou spécial (B).

A. L'ORDRE PUBLIC GÉNÉRAL

496 **Définition. –** L'ordre public général correspond au *minimum de conditions* qui apparaissent indispensables pour garantir cet exercice des libertés et droits fondamentaux. Lié dès lors à la fonction première de la puissance publique, l'ordre public général peut et doit être assuré par celle-ci, même en dehors de toute habilitation expresse. Mais son contenu conserve un caractère contingent et relatif, variant en fonction des situations et des conceptions sociales ; dégagé, à défaut de textes jamais nécessaires en ce domaine, par la jurisprudence.

À l'heure actuelle, dans le droit positif, cinq buts peuvent être identifiés : la sécurité, la salubrité, la tranquillité, et la moralité publiques ainsi que le respect de la dignité de la personne humaine. Les trois premiers d'entre eux, qui portent sur le *bon ordre matériel*, sont d'ailleurs expressément consacrés par l'article L. 2212.2 CGCT selon lequel la « police municipale a pour objet d'assurer le bon ordre, la sûreté, la sécurité et la salubrité publique » ainsi que la tranquillité publique. Tout autre but est exclu.

17. **Cons. const., no 81-127 DC du 19-20 janv. 1981,** R. 15, en même sens Cons. const., no 2003-467 DC du 13 mars 2003.

18. V. *La notion de police administrative*, LGDJ, 1984.

19. Par ex. Cons. const., no 82-241 DC du 27 juill. 1982, R. 48 (« la sauvegarde de l'ordre public constitue un objectif de valeur constitutionnelle »).

20. V. Cons. const., 19-20 janv. 1981, préc. (« la recherche des auteurs d'*infra*ction et la prévention d'atteintes à l'ordre public (...) sont nécessaires à la mise en œuvre de principes et de droits ayant valeur constitutionnelle »).

1. Buts reconnus

497 **Ordre matériel. –** *1°)* Les habitants d'un espace doivent pouvoir y vivre sans menace particulière contre leur *sécurité*, condition première de leur liberté. Ainsi, au niveau municipal, le CGCT prévoit que le maire doit assurer la police de la circulation afin d'assurer la sûreté et la commodité du passage dans les rues, et prendre les mesures nécessaires telles que limitations de vitesse, interdiction de circulation, couloirs réservés, partage même entre les voies ouvertes à la circulation automobile et réservées aux piétons au nom de la « commodité »[21]. Il s'agit aussi de prévenir et faire cesser, par la distribution des secours nécessaires, les accidents et fléaux calamiteux : à ce titre le maire prend les mesures de signalisation, d'interdiction d'accès et organise la surveillance et la mise en place de secours qui s'imposent (v. *infra*, n° 1099 et s.). Il est même en droit, réminiscence pittoresque, d'interdire de « rien jeter qui puisse endommager les passants ou causer les exhalations nuisibles ».

2°) La protection de la *tranquillité publique* a plusieurs incidences. Dans son sens premier, la tranquillité se rapporte à l'absence de troubles. De ce point de vue, les pouvoirs de police sont destinés à éviter les émeutes, les rixes, les manifestations pour que les habitants ne soient pas perturbés dans leurs diverses activités. Ainsi certains maires ont voulu interdire toute mendicité qui pouvait gêner leurs concitoyens, ces arrêtés « anti-mendicité » ayant d'ailleurs en général été annulés en raison de leur portée trop générale et absolue[22].

Dans un sens plus moderne, elle vise à protéger contre le bruit et ses multiples inconvénients dans la vie sociale. Ainsi, le maire a le droit de limiter l'usage des tondeuses à gazon à certains jours, pour ne pas troubler la quiétude de tous[23].

3°) Enfin, les autorités de police doivent protéger la *salubrité publique*, et garantir l'hygiène et la santé publiques. Le maire est tenu, par exemple, de faire contrôler les qualités des produits mis en vente sur les foires et marchés et de façon plus générale de lutter contre les pollutions, les épidémies, etc.

La célèbre trilogie municipale, transposable aux autres niveaux d'administration, n'interdit pas pour autant l'intervention de la police générale en d'autres domaines. D'une part le texte lui-même parle de « bon ordre » et, par ailleurs, les fins de la police générale sont susceptibles de variations dans le temps ou dans l'espace, en fonction des conceptions de la société.

498 **Moralité publique. –** Les autorités de police générale ne sauraient imposer un ordre moral ; elles ont seulement le droit de protéger un *certain état des consciences*, d'empêcher « les atteintes publiques au minimum d'idées morales naturellement admises, à une époque donnée, par la moyenne des individus »[24]. Elles sont donc à même de limiter ou d'interdire des activités « choquantes » au regard des valeurs, croyances et comportements dominants.

21. CE, 8 déc. 1972, *Ville de Dieppe*, R. 794.
22. V. not. TA Pau 22 nov. 1995, *Couveinhes*, *RFDA* 1996.373, concl. J.-Y. Madec.
23. CE, 2 juill. 1997, *Bricq*, R. 275.
24. P.-H. Teitgen, *La police municipale*, Sirey 1934, p. 34.

La projection d'un film est ainsi licitement interdite si elle est susceptible de créer des troubles sérieux (il s'agit en ce cas d'une mesure prise au nom du respect de la tranquillité publique), ou risque d'être « en raison du caractère immoral dudit film et de circonstances locales préjudiciables à l'ordre public »[25]. Le juge reconnaît au maire le droit, indépendamment de tout risque de trouble matériel, d'agir pour la paix des consciences, en fonction d'un contexte local souvent peu significatif[26]. Les arrêtés municipaux en ce domaine deviennent rares, l'évolution des mœurs étant passée par là et sont en général annulés, faute de circonstances locales particulières, ce qui est plus sévèrement apprécié[27]. Mais d'autres formes de trouble des consciences peuvent être en cause. Ainsi, les maires ont pu valablement empêcher, en raison des circonstances particulières à leur commune, l'apposition d'enseignes de « sex-shop » à proximité du mémorial de la Résistance à Lyon[28] ou le dépôt d'une gerbe en souvenir « des enfants tués par avortement » au pied du monument aux morts de la commune[29].

499 **La dignité de la personne humaine.**– Dans son arrêt *Commune de Morsang-sur-Orge*[30], le Conseil d'État décide, de manière on ne peut plus claire et sans se référer à la moralité publique, que « le respect de la dignité de la personne humaine est une des composantes de l'ordre public ». Il en infère que le maire peut, en vertu de son pouvoir de police générale, interdire une attraction qui porte atteinte à cette dignité et cela « même en l'absence de circonstances locales particulières ». Si l'existence de telles circonstances n'est pas exigée, alors qu'elle l'est quand la police municipale agit au nom de la moralité publique (v. *supra,* n° 498), c'est parce que la dignité est, selon l'expression du commissaire du gouvernement P. Frydman, un « concept absolu », dont les implications ne sauraient varier d'une commune à l'autre.

Absolu, le concept de dignité reste assez flou. Il n'a connu, jusqu'à récemment, que trois applications positives. La décision *Commune de Morsang-sur-Orge* juge que l'attraction dite du « lancer de nains » méconnaît le principe de dignité « par son objet même », dès lors qu'elle « conduit à utiliser comme un projectile » et donc à traiter comme une chose, « une personne affectée d'un handicap physique et présentée comme telle ». La légalité de l'interdiction par le préfet de police de la distribution sur la voie publique d'une « soupe au cochon », destinée à en exclure les musulmans, a également été justifiée au nom de la dignité[31]. Enfin, plus récemment, le Conseil d'État, dans des décisions vivement discutées, a admis la légalité

25. **CE, sect., 18 déc. 1959, *Soc. Les films Lutétia*,** R. 693, S. 1960.9, concl. H. Mayras (interdiction justifiée du film « Le feu dans la peau » à Nice).

26. Après avoir dans un premier temps admis aisément l'existence de circonstances locales (par ex. à Nice dans l'affaire préc.), le juge s'est montré plus exigeant (par ex. CE, 19 avr. 1963, R. 227 et RT. 833 : onze arrêts rendus à propos des *Liaisons dangereuses* 1960 où selon l'existence ou non de telles circonstances, les mesures de police ont été « confirmées » ou non).

27. V. par ex. CE, 26 juill. 1985, *Ville d'Aix-en-Provence*, R. 236, *RFDA* 1986.439, concl. B. Genevois (à propos de l'interdiction du film « Le Pull-over rouge » à Aix-en-Provence).

28. CE, 11 mai 1977, *Ville de Lyon*, R. 210.

29. CE, 28 juill. 1993, *Ass. Laissez-les vivre*, R. 235.

30. **CE, ass. 27 oct. 1995, *Commune de Morsang-sur-Orge*,** R. 372, concl. P. Frydman.

31. CE, ord. 5 janv. 2007, n° 300311, *Ministre de l'intérieur c/ Association « Solidarité des Français »*, R. tables. 1013, *AJDA* 2007, note B. Pauvert.

de l'interdiction d'un spectacle de l'humoriste Dieudonné, au motif que les propos racistes et antisémites contenus dans ce dernier portaient une grave atteinte à la dignité de la personne humaine[32]. Cette jurisprudence ne permet guère de donner une définition précise de la notion. On peut seulement dire qu'elle exige de traiter en toutes circonstances tous les individus avec l'égal respect que commande leur qualité d'être humain et se rapproche par là du principe de non-discrimination[33], sans s'identifier à lui[34]. Si elle éclaire peu sur le sens de la dignité, cette jurisprudence témoigne de la prudence du Conseil d'État dans son maniement. Une telle politique jurisprudentielle, restrictive, est heureuse, l'indétermination d'une notion justifiant une restriction des libertés étant à l'évidence dangereuse pour celles-ci. Elle l'est d'autant plus que l'identification d'une atteinte à la dignité commande une mesure et une seule : l'interdiction pure et simple de l'activité qui comporte cette atteinte. En d'autres termes, à cet égard, la dignité paralyse le contrôle de proportionnalité qui est d'ordinaire exercé en matière de police administrative générale (v. *infra*, n° 520 et s.).

500 **Mutation. –** La jurisprudence administrative récente semble traduire une mutation de la dignité de la personne humaine en tant que but de la police administrative générale.

Cette mutation porte d'abord sur son fondement juridique. Le Conseil constitutionnel reconnaît, depuis 1994[35], que « la sauvegarde de la dignité de la personne humaine contre toute forme d'asservissement et de dégradation est un principe à valeur constitutionnelle » qui découle du premier alinéa du préambule de la Constitution de 1946. Néanmoins, l'affirmation de l'appartenance de la dignité à l'ordre public général, par la jurisprudence du Conseil d'État, était initialement dépourvue de toute référence à la Constitution. On pouvait la présenter soit comme une interprétation très constructive de l'article L. 132-1 du Code des communes (devenu l'article L. 2212-2 CGCT, v. *supra*, n° 496), soit comme une norme jurisprudentielle. Le principe constitutionnel de dignité et la dignité comme finalité de la police administrative générale apparaissaient ainsi comme deux normes juridiques distinctes. Cependant, un premier rattachement constitutionnel de la dignité, élément de l'ordre public général, est apparu dans les ordonnances rendues dans l'affaire *Dieudonné*[36] qui, reprenant une formule apparue auparavant

32. CE, ord. réf. 9 janv. 2014, *Min. de l'intérieur c/ Société Les Productions de la plume, Dieudonné M'Bala M'Bala*, *AJDA* 2014. 129, tribune B. Seiller, 473, tribune C. Broyelle, 866, note J. Petit, *D.* 2014. 155, note Piastra, *Dr. adm.* 2014.33, note G. Eveillard, *GP* 2014. 51, note D. Rousseau, *Grief* 2015, n° 2, 61 (dossier sur l'affaire *Dieudonné*), *JCP* A 2014. actu. 55, note J. Bonnet et D. Chabanol, actu. 56, note M. Touzeil-Divina, 2014, note Tukov, *LPA* 2014, n° 14, p. 3, note M. Frison Roche, *RFDA* 2014. 87, note O. Gohin, 521, étude C. Broyelle, 525, étude D. Baranger.

33. Comme le relève pertinemment O. Bonnefoy, « Dignité de la personne humaine et police administrative. Les noces de porcelaine d'un mariage fragile », *AJDA* 2016. 418.

34. Dans ce sens, CE ord. 16 avr. 2015, n° 389372, *Société Grasse Boulange*, *AJDA* 2015. 786, *AJCT* 2015. 400, obs. J. Gaté (l'exposition de « pâtisseries figurant des personnages de couleur noire présentés dans une attitude obscène et s'inscrivant délibérément dans l'iconographie colonialiste » ne comporte pas une atteinte à la dignité de nature à justifier son interdiction par la police municipale).

35. **Cons. const., 27 juill. 1994, n° 94-343/344 DC**, *GDCC*, n° 35.

36. CE, ord. 9 janv. 2014, préc.

dans un autre domaine[37], présentent la dignité de la personne humaine comme faisant partie des « valeurs et principes... consacrés par la Déclaration des droits de l'homme et du citoyen et par la tradition républicaine ». Le Conseil d'État a ensuite franchi une étape supplémentaire en énonçant carrément, d'abord en référé-liberté[38], puis dans un arrêt rendu au fond[39], que « les autorités titulaires du pouvoir de police générale [sont] garantes du respect du principe constitutionnel de sauvegarde la dignité humaine ». Comme les autorités en cause ne sauraient agir qu'au nom de l'ordre public général, la formule signifie donc que, désormais, c'est bel et bien le principe constitutionnel de dignité lui-même qui est l'un des finalités de la police administrative générale. Originellement distinctes, la dignité-principe constitutionnel et la dignité-élément de l'ordre public se sont ainsi rejointes. Pour que cette jonction soit une fusion parfaite, il ne manque plus que le Conseil d'État fasse référence, comme le Conseil constitutionnel, au préambule de la Constitution de 1946 comme étant la source du principe au nom duquel les autorités de police générale peuvent valablement agir.

Cette mutation touchant au fondement de la dignité, en matière de police administrative générale, ne saurait être sans conséquence sur la signification juridique de la notion. Elle comporte, pour cette dernière, un potentiel d'expansion au double point de vue de son contenu et de sa portée. Ériger la police générale en garante du principe constitutionnel de dignité implique que l'ensemble des droits dont ce dernier est la matrice pourraient devenir autant d'éléments de l'ordre public général. Ainsi conçue, comme étant non seulement une valeur limitatrice des libertés, mais aussi un faisceau de droits, la dignité devient, pour les autorités de police, une source moins de pouvoirs que d'obligations, celles, précisément, de prendre les mesures propres à assurer l'effectivité de la dignité et des droits qui en découlent. Ce potentiel a déjà connu une réalisation dans la jurisprudence examinée, puisque le Conseil d'État y énonce que les autorités de police générale doivent veiller « à ce que le droit de toute personne à ne pas être soumise à des traitements inhumains ou dégradants » (la plus assurée des conséquences de la dignité comme principe constitutionnel) « soit garanti et de prendre toute mesure à cet effet ».

501 **Ordre public et infraction pénale. –** Dans l'affaire *Dieudonné,* précédemment mentionnée (v. *supra*, n° 499), le Conseil d'État n'a pas manqué de relever que les propos en cause étaient pénalement répréhensibles, ce qui l'a conduit à affirmer, en substance, qu'il appartient à la police générale de prendre les mesures de nature à éviter la commission d'infractions pénales. Cette affirmation ne doit pas être prise au pied de la lettre. Elle ne signifie pas que la prévention des infractions pénales constituerait, pour la police considérée, un nouveau but qui viendrait s'ajouter à la sauvegarde de l'ordre public et serait, par rapport à ce dernier, parfaitement

37. CE, avis, 16 févr. 2009, n° 315499, *Mme Hoffman-Glemane*, R. concl. F. Lénica, *AJDA* 2009. 589, chron. S.-J. Liber et D. Botteghi, *RFDA* 2009. 525, note B. Delaunay, 536, note P. Roche et 1031, chron. C. Santulli.

38. CE, ord. 23 nov. 2015, *Ministre de l'intérieur c/ Commune de Calais*, *AJDA* 2016.556, note J. Schmitz ; CE, 27 juill. 2016, *Département du Nord c/ Badiaga*, R. 387, *AJDA* 2016. 2115, concl. J. Lessi ; CE, 31 juill. 2017, n° 412125, *Commune de Calais*, *AJDA* 2017. 1594.

39. CE, 8 nov. 2017, *GISTI*, n° 406256, *AJDA* 2017. 2408, chron. S. Roussel et C. Nicolas, *JCP* A 2018, n° 1, comm. 2006, concl. X. Domino.

autonome et distinct. En réalité, c'est bien au titre de sa mission de préservation de l'ordre public, que la police administrative générale peut agir pour empêcher la commission d'infractions pénales. Ces dernières ne relèvent donc d'elle que dans la mesure où elles sont « susceptibles de constituer une atteinte à l'ordre public »[40]. En d'autres termes, si, par exemple, des propos racistes peuvent être interdits par la police générale, ce n'est pas tant parce qu'ils sont incriminés par la loi pénale que parce qu'ils troublent l'ordre public général. Il convient d'ailleurs de souligner, à cet égard, que s'il est en réalité fort banal que le même comportement soit à la fois une infraction pénale et un trouble à l'ordre public général (nombre d'incriminations portent ainsi sur des atteintes à la sécurité des personnes), il n'en va pas nécessairement ainsi, l'ordre public visé par la police administrative générale étant autonome par rapport à la loi pénale : une conduite peut être contraire à l'ordre public général sans être incriminée (c'était le cas du lancer de nain, v. n° 474) et vice versa (ainsi des mauvais traitements à l'égard des animaux[41]).

2. Buts exclus

502 À l'heure actuelle, il n'existe pas d'autres buts de police générale. Celle-ci ne peut intervenir pour protéger les relations internationales de la France[42] ou dans un but d'ordre économique. Ainsi la limitation de la vitesse des automobiles décidée par le Premier ministre lors du premier choc pétrolier, au nom de la police générale, est légale parce que, outre l'intérêt financier de la mesure pour réduire la facture pétrolière de la France, elle était bénéfique pour la sécurité publique, en diminuant les risques d'accident[43]. Le choix du juge est, au regard de la fin essentiellement poursuivie par le gouvernement, assez « hypocrite », mais il permet de conserver à l'exclusion du but purement économique toute sa pérennité. Il en va de même pour la police de l'esthétique qui ne relève pas de l'ordre public général[44]. Le principe de laïcité est également étranger à celui-ci et, partant, la police municipale ne saurait, en son nom, interdire de porter sur les plages et lors des baignades des tenues manifestant de manière ostensible l'adhésion à des convictions religieuses et telles que le « burkini »[15].

40. CE, 9 nov. 2015, *Association générale contre le racisme et pour le respect de l'identité française et chétienne (AGRIF)*, n° 376107, *AJDA* 2015. 2509, concl. A. Bretonneau, note X. Bioy, *Dr. adm.* 2016, note G. Eveillard.

41. CAA Nancy 15 nov. 2010, *M. Speth*, *AJDA* 2011. 1446, note F. Nicoud ; *BJCL* 2011. 482, obs. F. Nicoud.

42. CE, 12 nov. 1997, *Min. Int. c/Ass. Communauté tibétaine en France*, R. 417.

43. CE, 25 juill. 1975, *Chaigneau*, R. 436.

44. V. par ex. CE, 11 mars 1983, *Comm. de Bures/s/Yvette*, R. 104 (impossibilité pour le maire de « limiter, pour des raisons de caractère esthétique, le type de monuments et de plantations que peuvent faire placer sur les tombes des personnes titulaires de concession » de cimetière).

45. CE, ord., 26 août 2016, *Ligue des droits de l'homme et autres* (n° 402742) et *Association de défense des droits de l'homme Collectif contre l'homophobie en France* (n° 402777), *AJDA* 2016. 2122, note P. Gervier, *Dr. adm.* 2016, n° 11, p. 31, note G. Eveillard, *RFDA* 2016. 1227, note P. Bon.

Pour agir dans ces domaines qui ne sont pas considérés comme faisant partie du minimum social nécessaire, il faut qu'un texte habilite expressément l'administration afin qu'elle puisse assurer la protection d'un ordre public spécial.

B. L'ORDRE PUBLIC SPÉCIAL

503 Les polices spéciales reposent toujours sur un texte exprès de niveau législatif (sous réserve de la jurisprudence sur l'état antérieur de la législation – v. *supra*, n° 132) car elles portent d'une façon ou d'une autre atteinte aux libertés ou au droit de propriété[46]. Il s'agit, là où la police générale ne paraît pas remplir, à elle seule, la fonction de sauvegarde de l'ordre, de modifier les conditions d'intervention des autorités publiques. La police spéciale réglemente ainsi de multiples points : désignation des autorités compétentes, procédures à suivre, le cas échéant, pour accroître les garanties des administrés, contenu même des mesures susceptibles d'être prises, catégories de personnes visées, finalités poursuivies.

L'intérêt de la création d'une police spéciale pour accroître, en général, les compétences de la puissance publique et assurer la protection globale de l'ordre public est particulièrement significatif dans deux hypothèses différentes :

1°) soit le texte permet à l'autorité de police d'intervenir dans des *domaines* où sans cela, aucune réglementation n'est admissible, en raison du caractère secondaire des buts poursuivis dans la hiérarchie des valeurs.

Ainsi en matière *économique*, si la régulation fait appel à d'autres techniques (v. *supra*, n° 257), elle n'a pas fait disparaître, bien au contraire, la fonction de réglementation que l'État, voire les autorités administratives indépendantes, prend en charge dans le cadre des polices économiques (v. par ex. articles L. 420-1 s. du Code du commerce pour le droit de la concurrence). De même, d'innombrables textes sont venus limiter le droit de construire pour des raisons de protection de l'*esthétique*. Le Code de l'urbanisme (art. R. 111.21) permet ainsi au maire de refuser le permis de construire en cas d'atteinte aux sites, et la loi du 31 décembre 1913 soumet à accord spécial du ministère de la Culture tout travail effectué à moins de 500 mètres d'un monument historique.

2°) soit, dans un domaine où la police générale peut agir, la loi permet de *déplacer le point d'équilibre* quant aux mesures susceptibles d'être prises. Au-delà du minimum exigé par les valeurs libérales qui découlent de l'ordre public général, la police spéciale devient compétente.

Lorsque, par exemple, un immeuble menace de s'effondrer, en dernier ressort le maire pourra, au titre de la police générale, prendre des mesures, généralement limitées, pour écarter le danger (obligation d'étaiement, interdiction d'accès, etc.). La police spéciale de la sécurité et de la salubrité des immeubles[47] autorise l'action en amont, au moment où le péril commence à se constituer et permet d'ordonner, sous le contrôle étroit du juge administratif, des mesures beaucoup plus attentatoires à la propriété, telles qu'obligation de réparation, voire démolition. De même si le maire ou le préfet disposent de la police générale des manifestations, leurs pouvoirs restent limités à l'interdiction de celle-ci ou à la fixation d'horaires ou d'itinéraires particuliers. Aussi la loi du 21 janvier 1995 relative à la sécurité[48] a-t-elle donné au préfet, en cas de risque de troubles graves

46. Cons. const., 87-149 L du 20 févr. 1987, R. 22 ; Cons. const., n° 2000-434 du 20 juill. 2000, R. 107 (à propos de la police de la chasse).
47. Art. L. 511.1 et s., C. constr. hab. (réd. Ord. n° 2020-1144 du 16 sept. 2020).
48. N° 95-73, *JO* 24 janv. p. 1249.

liés à une manifestation (crainte par exemple du déferlement de casseurs), le pouvoir d'interdire, sur les lieux de la manifestation et à proximité immédiate, pendant les 24 heures qui précèdent et jusqu'à sa dispersion, le port et le transport d'objets susceptibles d'être utilisés comme armes.

SECTION 2 LES AUTORITÉS DE POLICE

504 On retrouve ici la distinction entre les autorités de police générale (§ 1) et de police spéciale (§ 2), ce qui suppose la fixation de règles spécifiques pour organiser la concurrence entre les différentes mesures susceptibles d'être prises (§ 3).

§ 1. LES AUTORITÉS DE POLICE GÉNÉRALE

505 **Nombre limité d'autorités. –** En raison de sa fonction même au sein de l'État libéral et de l'absence de tout texte autorisant la délégation, la police générale ne saurait être confiée à d'autres personnes que les autorités publiques. Elles seules sont habilitées pour prendre des mesures normatives, même si certaines collaborations pour des activités purement matérielles sont, le cas échéant, envisageables. Seules des circonstances exceptionnelles (au sens juridique de ces termes, v. *infra*, n° 524) justifient la prise en charge de cette fonction par d'autres personnes, y compris privées[49]. Cette « interdiction de déléguer une mission de police à une personne privée »[50] vaut d'ailleurs également et pour des raisons analogues, pour la police judiciaire[51].

La jurisprudence administrative a de longue date[52] imposé le respect de ces exigences à l'administration ; par exemple, une commune ne peut déléguer, notamment par voie contractuelle, à des sociétés privées une mission générale de surveillance des voies publiques[53]. De même, selon la jurisprudence du Conseil constitutionnel, le législateur ne peut habiliter lui-même une personne privée à exercer une activité de police générale ni autoriser les personnes publiques détentrices d'un tel pouvoir à en déléguer l'exercice[54]. La justification donnée à cette

49. V. CE, 5 mars 1948, *Marion*, R. 113 (réquisition de denrées lors de l'invasion allemande de 1940 par des particuliers, « fonctionnaires de fait ») et v. *infra*, n° 527.

50. Selon l'expression de CE, 8 juillet 2019, *Association 40 millions d'automobilistes*, n° 419367, *AJDA* 2020. 130, note L. Vanier.

51. CE, 1er avril 1994, *Ville de Menton*, n° 144152, Rec. 175, *RDP* 1994, note J.-B. Auby ; CE, 8 juillet 2019, *Association 40 millions d'automobilistes*, préc.

52. CE, ass., 17 juin 1932, *Ville de Castelnaudary*, R. 595, *D.* 1932.26, concl. P.-L. Josse (« la police rurale, *par sa nature*, ne saurait être confiée qu'à des agents de police municipale »).

53. CE, 29 déc. 1997, *Cne Ostricourt*, R. Tab. 969, *JCP* 1998, n° 10139, note X. Prétot, *LPA* 7 oct. 1988, p. 22, note J. Morand-Deviller. ; CE, 21 juin 2000, *Sarl Plage*. préc. *supra*, n° 427 (les obligations du concessionnaire de plage de veiller à la salubrité de la plage et la sécurité des baigneurs jouent « sans préjudice des pouvoirs qui appartiennent à l'autorité de police municipale »). Si, dans ces différents arrêts, on est à la limite entre activités matérielles et normatives, ce qui est impossible pour les premières l'est *a fortiori* pour les secondes.

54. P. ex., Cons. const., n° 1992-307 DC du 25 févr. 1992, R. 48.

règle, qu'aucun texte constitutionnel ne pose explicitement, a évolué. Elle a d'abord été rapportée à l'interdiction plus générale de privatiser les fonctions de souveraineté[55]. Le Conseil constitutionnel lui a ensuite trouvé un fondement constitutionnel précis. Il interprète la disposition de l'article 12 de la Déclaration de 1789 selon laquelle la garantie des droits doit être assurée par une force « publique » comme interdisant d'investir des personnes privées de compétences de police administrative générale inhérentes à ladite force. La portée de cette interdiction est déterminée à l'aide de plusieurs critères : le champ des prérogatives concernées (les espaces publics et notamment la voie publique relèvent de la police administrative générale, à la différence des lieux et biens privés) ; la nature et l'étendue des pouvoirs conférés (l'exercice de la contrainte doit être un monopole public) ; l'existence d'un contrôle des autorités publiques sur l'exercice des missions dévolues aux personnes privées ; les garanties qui résultent des obligations imposées à ces dernières. Les solutions sont donc nuancées. Par exemple, la surveillance générale des voies publiques ne peut pas être confiée à des opérateurs privés[56]. Toutefois, ces derniers peuvent, avec l'autorisation du préfet, exercer des missions de surveillance sur la voie publique, même itinérantes, aux abords immédiats des biens privés dont ils ont la garde, en vue de prévenir les vols, dégradations, effractions ou actes de terrorisme visant ces biens et sans disposer de pouvoir de fouille ou de palpation de sécurité[57].

506 **Au niveau local. –** Le *maire* est, selon l'article L. 2212-1 CGCT, chargé de la police municipale. Il exerce cette fonction au nom de la commune dans le cadre de ses pouvoirs propres, le conseil municipal n'ayant aucune compétence dans ce domaine. Il n'agit au nom de l'État que pour l'exécution des mesures de « sûreté générale » décidées par le gouvernement ou les préfets dans le cadre de leurs pouvoirs de police générale (CGCT, art. L. 2122-27). Sous réserve du régime spécifique de certaines communes et du cas de Paris (v. *supra*, n° 355), sa compétence s'étend à l'ensemble de la commune.

Le *préfet de département* a une fonction générale d'animation et de coordination de l'ensemble du dispositif de sécurité intérieure[58]. Il exerce, en outre, au nom de l'État, la police générale sur l'ensemble de cette circonscription dès lors que la mesure prise excède les limites d'une seule commune[59]. De plus le préfet, indépendamment de son pouvoir de substitution au maire défaillant (v. *infra*, n° 510) est seul compétent, dans les villes dites « à police étatisée ». Dans ces communes – c'est-à-dire dans les chefs-lieux de département et les ensembles de communes de plus de 20 000 habitants où sévit une délinquance de type urbain, classés ainsi par

55. V. not. Cons. const., n° 2003-473 DC du 26 juin 2003, R. 384.

56. Cons. const., n° 2011-625 DC du 10 mars 2011, *AJDA* 2011. 1097, note D. Ginocchi.

57. Cons. const., n° 2021-817 DC, 21 mai 2021, *JO*, 26 mai (v. § 51 à 60). V. aussi, Cons. const., n° 2017-637 QPC du 16 juin 2017 (cons. 3 à 5) : constitutionnalité d'une une disposition qui confère aux organisateurs de manifestations sportives le pouvoir de refuser l'accès à ces manifestations, notamment pour des motifs de sécurité, un tel pouvoir ne relevant de compétences de police générale.

58. CSI, art. L. 122-1.

59. CGCT, art. 2215.1 s. et par ex. CE, 13 mars 1968, *Min. Intérieur c/Époux Leroy*, R. 179 (réglementation de la circulation dans la baie du mont Saint-Michel qui s'étend sur deux communes).

décision des autorités administratives centrales[60] – il est compétent pour une partie de la police de la tranquillité. Il intervient pour les questions liées aux rassemblements occasionnels, tels que manifestations, rixes, tapage nocturne, émeutes, etc. À l'inverse, le bon ordre dans les foires, marchés et spectacles comme les « bruits de voisinage » restent de la compétence du maire.

507 **Au niveau national. –** Au niveau central, et cette fois-ci sans aucun texte spécifique, le Premier ministre dispose d'une compétence de police générale, mais le président de la République peut aussi intervenir soit par décret délibéré en conseil des ministres, soit le cas échéant dans le cadre exceptionnel de l'article 16.

Selon le célèbre arrêt *Labonne*, alors que le chef de l'exécutif avait institué un permis de conduire par décret, bien qu'aucune loi ne soit intervenue en la matière, il « appartient, en effet, au chef de l'État, en dehors de toute délégation législative et en vertu de ses pouvoirs propres, de déterminer celles des mesures de police qui doivent, en tout état de cause, être appliquées sur l'ensemble du territoire »[61]. Cette jurisprudence sera confirmée sous la IVe République au profit du président du conseil, titulaire du pouvoir réglementaire[62].

L'entrée en vigueur de la Constitution de 1958 a soulevé de nouvelles difficultés. L'article 34 qui précise que la loi seule fixe « les garanties fondamentales accordées aux citoyens pour l'exercice des libertés publiques » n'a-t-il pas remis en cause cette solution ? Bien au contraire, le Conseil d'État a considéré que la Constitution de 1958 n'avait pas retiré à l'exécutif les compétences dont il disposait auparavant[63].

Cette compétence ne se rattache-t-elle pas désormais à la Constitution elle-même et notamment aux *articles 21 et 37* qui confient au Premier ministre non seulement l'exécution des lois mais aussi le pouvoir réglementaire autonome ? Certains arrêts se situent dans cette ligne, le Conseil d'État se référant ainsi au pouvoir qu'a le gouvernement « de prendre, en vertu des articles 21 et 37 de la Constitution, les mesures de police applicables sur l'ensemble du territoire »[64]. Dans d'autres, au contraire, il ne s'appuie sur aucun article précis de la Constitution et reprend plus ou moins textuellement la formule de l'arrêt *Labonne*[65]. Et le Conseil constitutionnel, à son tour, reconnaît que la Constitution n'a pas retiré au Premier ministre les « attributions de police générale qu'il exerçait antérieurement en vertu de ses pouvoirs propres et en dehors de toute habilitation législative »[66].

Quoi qu'il en soit, ces règlements comme tous les règlements, même autonomes (v. *supra*, n° 137) sont assujettis au respect de la loi, de sorte que lorsque le législateur est intervenu dans le domaine de la protection de l'ordre public, « il

60. CGCT, art. L. 2214.1, et R. 2214-1 et s.
61. **CE, 8 août 1919,** R. 737.
62. CE, ass., 13 mai 1960, *SARL Restaurant Nicolas*, R. 324.
63. CE, 4 juin 1975, *Bouvet de la Maisonneuve*, préc.
64. CE, 17 févr. 1978, *Assoc. dite Comité pour léguer l'esprit de la Résistance*, R. 82 et arrêt cité note préc.
65. Par ex. CE, 2 mai 1973, *Ass. cultuelle des Israélites nord-africains de Paris*, R. 313 ; CE, sect., 22, déc. 1978, *Union des chambres synd. d'affichage*, R. 530.
66. Cons. const., 20 févr. 1987, préc. ; Cons. const., 20 juill. 2000, préc.

incombe au Premier ministre d'exercer son pouvoir de police générale sans méconnaître la loi ni en altérer la portée »[67].

Le minimum indispensable à l'exercice des libertés et droits fondamentaux est donc susceptible d'être adopté au nom de la *nécessité*, sans aucune habilitation formelle, qu'elle soit législative ou même constitutionnelle. La preuve en est que des autorités de fait peuvent prendre des mesures de police générale, en certaines circonstances exceptionnelles, sans que le moindre texte justificatif ne soit, ici, invocable. Il existe donc un pouvoir réglementaire autonome spécifique en matière d'ordre public général.

§ 2. LES AUTORITÉS DE POLICE SPÉCIALE

508 **Diversité.** – Les autorités de police spéciale sont innombrables. Elles coïncident parfois avec celles compétentes en matière de police générale, mais le plus souvent, il s'agit d'organes distincts.

Le maire, par exemple, délivre le permis de construire, mais c'est le conseil municipal (ou l'organe délibérant de l'EPCI) qui a compétence pour réglementer l'usage des sols.

Les progrès de l'intercommunalité (v. *supra*, n° 344 et s.) se traduisent, depuis 2004, par un transfert de certaines polices spéciales du maire aux organes exécutifs des structures intercommunales (principalement le président des EPCI à fiscalité propre). Dès lors, en effet, que l'exercice de compétences dévolues aux institutions intercommunales suppose la détention de pouvoirs de police, il est logique que la police suive la compétence. Ainsi, par exemple, quand un EPCI à fiscalité propre est compétent en matière de voirie, la police spéciale de la circulation et du stationnement est normalement transférée à son président en lieu et place des maires des communes membres et à moins que ceux-ci ne s'y opposent[68].

Au niveau départemental, le préfet exerce de nombreuses polices spéciales (chasse, pêche, mines, carrières, installations classées pour la protection de l'environnement, cours d'eau, etc.). Quant au président du conseil général, il est responsable de la gestion du domaine public départemental : « à ce titre, il exerce les pouvoirs afférents à cette gestion, notamment en ce qui concerne la circulation sur ce domaine » (CGCT, art. L. 3221-4). Les pouvoirs du président du conseil étant limités à la stricte gestion domaniale, il n'est qu'autorité de police spéciale[69].

Les préfets de région, à leur tour, ont certains pouvoirs de police spéciale, par exemple, en matière de monuments historiques ou d'espaces culturels protégés.

Au niveau central, les différents ministres, pour la plupart, disposent de compétences en ce sens (ministre de l'Intérieur pour la police des étrangers ou celle des publications destinées à la jeunesse ; ministre des Transports pour celle de la

67. CE, 19 mars 2007, *Le Gac et autres*, R. 124, *JCP* A 2007.2225, note D. Maillard Desgrées du Loû, *JCP* S 2007.1314, note X. Prétot, *RFDA* 2007, concl. L. Derepas.

68. V. CGCT, art. L. 5211-9.

69. V. avis CE, 23 juill. 1996, *EDCE*, 1996.302.

navigation aérienne ; ministre de la Culture pour la police des spectacles, du cinéma, des monuments historiques, etc.). Et certaines autorités administratives indépendantes se sont vues attribuer, outre d'importants pouvoirs de sanction, certaines compétences dans le domaine économique, en particulier (v. *supra*, n° 259 et 518).

Enfin, rien n'interdit ici que la loi confère des pouvoirs de police spéciale à des personnes de droit privé à condition, bien entendu, qu'elles soient agréées et contrôlées étroitement par l'autorité administrative[70]. Dans le domaine de la police économique, les personnes privées ont ainsi un rôle certain[71].

§ 3. LA CONCURRENCE ENTRE LES AUTORITÉS DE POLICE

509 Vu le nombre d'autorités de police et l'éventuel enchevêtrement des compétences, les solutions retenues sont complexes.

510 **Entre autorités de police générale. –** La police générale est exercée par chaque personne compétente à son niveau propre. Mais, dans la logique de l'État unitaire et de la hiérarchie des compétences, les décisions prises au niveau central pour l'ensemble du territoire s'imposent aux autorités locales, qui peuvent seulement y ajouter les prescriptions indispensables pour assurer le bon ordre en fonction des circonstances locales, qu'elles sont mieux à même d'apprécier[72]. Celles-ci ne sauraient cependant agir que dans un seul sens : sauf texte spécial[73], il leur est impossible d'alléger les mesures prises au niveau supérieur.

De plus, en raison de leur caractère indispensable, les autorités supérieures doivent intervenir en cas de carence locale. Le préfet se substitue ainsi au maire, qui a la compétence de principe, pour prendre à sa place, après mise en demeure, les dispositions qu'exige la situation dans la collectivité territoriale (art. L. 2215-1 CGCT).

511 **Entre autorités de police spéciale. –** Cette concurrence est régie par des règles différentes selon que sont en cause une ou des polices spéciales.

1°) Au sein d'une même police, les textes qui l'organisent déterminent, en principe, les compétences respectives des uns et des autres. Par exemple, si le Code de

70. V. Cons. const., 92-307 DC du 25 févr. 1992, R. 48 (l'obligation pour un transporteur de vérifier les visas des personnes désireuses de se rendre en France « ne saurait s'entendre comme (lui) conférant un pouvoir de police aux *lieu et place de la puissance publique* »), les agents de ces entreprises ne pouvant procéder à des fouilles que s'ils ont été agréés pour agir sous les ordres d'un officier de police judiciaire (C. aviation, art. L. 282-8).

71. V. par ex. CE, sect., 6 oct. 1961, *Féd. nat. Huileries métropolitaines moyennes et artisanales*, R. 544 (participation de cette fédération de professionnels « à l'application de la réglementation économique en les dotant de pouvoirs de décision »).

72. **CE, 18 avr. 1902, *Comm. de Néris-les-Bains***, préc. *supra*, n° 209 (aucune disposition n'interdit au maire d'une commune de prendre (...) par des motifs propres à cette localité, des mesures plus rigoureuses que la réglementation préfectorale) ; et **CE, 8 août 1919, *Labonne***, préc.

73. Par ex. C. route, art. R. 413-3 (possibilité d'autoriser une vitesse de 70 km/h au sein des agglomérations, au lieu des 50 prévus par le Code de la route).

la santé publique donne compétence au Premier ministre pour fixer des règles générales d'hygiène et de protection de la santé de l'homme, il permet aussi l'intervention des préfets et maires pour édicter des dispositions particulières les complétant (art. L. 1311-1 et 1311-2).

2°) Entre plusieurs polices, à défaut de coordination prévue par les textes, s'applique le *principe d'indépendance des législations*. Chaque police spéciale prend ainsi les décisions qui relèvent d'elle sans avoir à tenir compte des actes édictés au titre d'une autre police. La raison en est que chaque police spéciale est exercée au regard de préoccupations qui lui sont propres.

Ainsi, le défrichement d'un bois à proximité d'un monument historique suppose deux autorisations distinctes et indépendantes : celle du ministère de l'Agriculture qui décide en fonction des impératifs forestiers, celle du ministère de la Culture qui statue au regard de considérations d'ordre esthétique. Aucun des services n'a à s'interroger sur les dispositifs qui relèvent de l'autre.

Il en va de même quand la même autorité, le préfet, par exemple, dispose de plusieurs pouvoirs de police spéciale : elle doit, pour chacun d'eux, statuer en fonction de leurs procédures et de leurs buts propres.

512 **Entre autorités de police générale et de police spéciale. –** Cette concurrence ne se conçoit que si elles ont les mêmes finalités. En ce cas, l'intervention de la police spéciale permet, en principe, de prendre en compte tous les impératifs de l'ordre public, rendant inutile tout recours à la police générale. Le *principe d'exclusivité* joue *a priori*[74]. Par exemple, le maire ne peut, en vertu de son pouvoir de police générale, réglementer l'implantation des antennes de téléphonie mobile sur le territoire de sa commune, en vue de protéger la santé du public contre les effets des ondes émises par ces antennes dès lors que ces dernières font l'objet, au niveau national, d'une police spéciale qui vise déjà, entre autres, cet objectif[75]. Un raisonnement analogue a été tenu en matière d'organismes génétiquement modifiés[76].

L'intervention de la police générale, là où existent des polices spéciales, n'est donc possible que dans les circonstances où celles-ci ne garantissent pas la sauvegarde de l'ordre public, qu'aucune mesure n'ait été prise ou qu'elle soit lacunaire.

Il en va ainsi en cas de nécessité, lorsqu'il faut agir sur le plan local alors que la réglementation nationale se révèle insuffisante ou inversement. Ainsi, outre l'exemple typique du cinéma (v. *supra*, n° 498), le maire a le droit de limiter les moments d'utilisation des tondeuses à gazon, au nom du respect de la tranquillité

74. CE, 30 juill. 1935, *Éts SATAN*, R. 847 (impossibilité pour le maire d'intervenir dans les gares et réseaux ferrés régis par la police spéciale des chemins de fer). Mêmes solutions pour la police de la circulation aérienne (CE, 10 avr. 2002, *Min. Équip. RFDA* 2002.676).

75. CE, ass., 26 oct. 2011, *Commune de Saint-Denis*, *AJDA* 2011, 2219 chron. J.-H. Stahl et X. Domino, *Dr. adm.* 2012 comm. 8, F. Melleray, *JCP* A 2012 2004-2005, notes Charmeil et Ph. Billet, *RDI* 2012. 153, obs. A. Van Lang, *RDP* 2012.1245, étude H. Hoepffner et L. Janicot, *RJEP* 2012.17, concl. X. de Lesquen ; v. aussi, p. ex. : CE, 30 juill. 1935, Éts SATAN, R. 847 (impossibilité pour le maire d'intervenir dans les gares et réseaux ferrés régis par la police spéciale des chemins de fer) ; même solution pour la police de la circulation aérienne : CE, 10 avr. 2002, *Min. Équip.*, *RDI* 2002. 527, obs. Y. Jegouzo, *RFDA* 2002.676.

76. CE, 24 sept. 2012, *Commune de Valence*, *AJDA* 2012. 2109, note E. Untermaier, *RJEP* 2013, comm. 9, note Caudal.

publique, dès lors que les textes de polices spéciales contre le bruit se contentent de fixer des niveaux à ne pas dépasser sous peine de poursuites pénales[77].

La solution est la même lorsque l'urgence est telle qu'elle ne permet pas à l'autorité de police spéciale d'intervenir à temps pour écarter le péril. Le maire, par exemple, peut dès lors prendre les mesures immédiates, strictement nécessaires[78]. On retrouve là ce caractère du minimum indispensable de l'ordre public général.

SECTION 3 LES MESURES DE POLICE

513 **Plan. –** Ces mesures sont, le plus souvent obligatoires (§ 1). Leur contenu est dès lors précisé soit par les textes soit par la jurisprudence qui détermine les procédés utilisables (§ 2) et en fixe les limites (§ 3).

§ 1. L'ÉDICTION OBLIGATOIRE DES MESURES DE POLICE

514 L'importance pour les valeurs libérales de la fonction de police suppose que celle-ci intervienne dans toutes les circonstances où il est indispensable d'agir, où l'ordre public serait, sinon, gravement compromis avec tous les risques que cela comporte pour les administrés. L'intervention de la police n'est pas, le plus souvent, simplement facultative mais aussi obligatoire.

La carence de l'autorité de police, qui perd, parfois, même le choix du moment s'il y a urgence, est tout d'abord sanctionnée par l'engagement de sa responsabilité pour faute simple ou lourde selon les cas (v. *infra*, n° 1099).

Elle l'est aussi, de façon moins fréquente, dans le contentieux de l'excès de pouvoir. L'obligation est certaine pour l'édiction des mesures individuelles, le refus étant annulé[79]. Elle l'est aussi pour la prise de mesures réglementaires initiales ou d'application d'un texte préalable, à condition cependant qu'existe un péril suffisamment grave « résultant d'une situation particulièrement dangereuse pour le bon ordre »[80].

77. CE, 2 juill. 1987, *Bricq*, préc.

78. Par ex. CE, 29 sept. 2003, *Houillères du bassin de Lorraine*, *AJDA* 2003.2164, concl. T. Olson (sauf péril imminent, le maire ne peut s'immiscer dans la police spéciale des installations classées qui appartient au préfet ou au gouvernement) ; CE, 2 déc. 2009, *Cne de Rachecourt-sur-Marne*, *AJDA* 2009.2319, *D.* 2010.2468, obs. Trébulle (la teneur excessivement élevée en nitrates de l'eau constitue un péril imminent autorisant le maire à mettre en œuvre ses pouvoirs de police générale à défaut d'une intervention efficace du préfet au titre de la police spéciale de l'eau).

79. Par ex. CE, 1er juin 1973, *Dlle Ambrigot*, R.T. 915 (refus de prendre un arrêté de péril alors qu'un édifice menaçait ruine) ; CE, 27 oct. 1995, préc. (obligation d'interdire le « lancer de nain »).

80. CE, 23 oct. 1959, *Doublet*, R. 540, *RDP* 1959.1235 concl. M. Bernard (annulation du refus du maire d'ordonner les mesures destinées à faire cesser les graves nuisances causées par le fonctionnement d'un camping) ; CE, 8 juill. 1992, *Ville de Chevreuse*, R. 281 (activité portant une « atteinte à la tranquillité

L'autorité de police doit donc agir, obligation que les incidences du droit de l'Union européenne ont pu encore renforcer (v. *infra*, n° 1130). Elle garde cependant une marge de pouvoir discrétionnaire quant au principe de l'action pour l'exercice de certaines polices spéciales qui poursuivent des buts considérés comme « secondaires » (le classement d'un immeuble au titre des monuments historiques n'est pas obligatoire). Et elle conserve en principe, pour les fins plus essentielles, le choix du moment et des moyens : ainsi le recours à un acte réglementaire n'est pas toujours indispensable car il est possible, en cas de nécessité, d'intervenir par voie individuelle.

§ 2. LES PROCÉDÉS DE POLICE

515 Plusieurs règles viennent ici préciser les modes d'intervention de la police, règles qui tiennent compte de sa spécificité.

516 **Caractère unilatéral et gratuit des mesures de police.** – Les mesures de police résultent toujours d'actes unilatéraux, ce qui interdit tout recours au procédé contractuel. Indépendamment même de la question de la délégation à une personne privée (v. *supra*, n° 505), aucun engagement ne peut être pris d'agir en tel ou tel sens, afin d'éviter qu'une action indispensable ne soit empêchée par l'invocation des droits subjectifs issus du contrat[81].

De même, indispensables à la vie en commun, les activités de police, dans leur dimension normative ou matérielle, sont exercées dans l'intérêt de tous et s'imposent à des personnes qui ne bénéficient ni d'une prestation, ni d'un service rendu. Elles sont donc financées par la collectivité toute entière grâce à l'impôt, à l'exclusion de toute redevance exigée de l'usager (v. *supra*, n° 477). De ce point de vue, elles sont gratuites. Enfin, la police ne saurait poursuivre, à titre principal, un but financier sans détournement de pouvoir (v. *infra*, n° 1063) en raison des risques qu'il y aurait pour un exercice sain des activités de police.

517 **Types de mesures.** – À côté de nombreuses opérations matérielles (maintien de l'ordre, contrôle d'identité, secours aux victimes, exécution par la force des décisions prises dans des hypothèses très particulières, etc.) plusieurs possibilités d'intervention sont données aux autorités de police. Elles prennent des actes administratifs unilatéraux – dont la violation est sanctionnée, à défaut d'autres textes, par l'article R. 610-5 du Code pénal[82] – soit par voie réglementaire, soit en édictant des mesures individuelles adaptées à chaque circonstance, telles qu'interdiction, injonction, réquisition, suspension, etc.

Mais, en raison des risques pour les libertés de telles interventions, n'importe quel procédé n'est pas admissible. Il existe plusieurs régimes de police.

publique d'une gravité telle que le maire ne pouvait s'abstenir d'y porter remède sans méconnaître ses obligations en matière de police »).

81. Par ex. CE, 8 mars 1985, *Amis de la terre*, R. 73, *RFDA* 1985.363. concl. P.-A. Jeannenney (impossibilité de fixer par contrat les obligations de sociétés polluantes, la police spéciale des installations classées ne pouvant s'exercer que « par voie de décisions unilatérales »).

82. Violation des « obligations édictées par les décrets et arrêtés de police ».

1°) Souvent l'exercice des activités est libre et ne saurait donner lieu qu'à des poursuites pénales en cas d'*infra*ction aux lois et règlements, ou à des mesures de police générale strictement proportionnées pour faire face au danger qui résulte de l'activité. Contrairement aux apparences, ce *régime répressif* est en réalité le plus libéral. Tel est le cas de la liberté de la presse dont l'abus éventuel donne seulement lieu à des poursuites pénales (diffamation, atteinte aux bonnes mœurs par exemple) ou à des mesures exceptionnelles de police administrative comme une saisie préventive en cas d'extrême danger pour l'ordre public[83].

2°) L'administration doit, parfois, prendre des mesures de contrôle plus étroit et plus efficace. Une loi crée, en ce cas, un régime d'*autorisation préalable*, dans le cadre d'une police spéciale. Un tel mécanisme institué dans le cadre de la police générale porterait une atteinte trop forte aux droits et libertés des particuliers. Puisque seules les restrictions indispensables à l'exercice de ces libertés sont susceptibles d'être imposées, l'autorité de police générale ne peut adopter que des réglementations minimales, voire intervenir, en cas de nécessité absolue en dehors de toute réglementation préalable, pour interdire telle ou telle activité[84].

Seule exception, lorsqu'est en cause une activité qui utilise, à titre privé, le domaine public de façon continue. En ce cas, le maire est à même d'exiger, au titre de la police générale, en dehors même de ses pouvoirs de gestion domaniale, une autorisation préalable[85].

518 **« Mesures de police » et sanctions administratives. –** La jurisprudence oppose sanctions administratives, procédé de répression non pénale, et « mesures de police » au sens strict. La distinction est, souvent, délicate et repose essentiellement sur la *finalité respective* des décisions prises (préventive ou répressive). La suspension du permis de conduire est une mesure de police[86] car, même si elle se fonde sur les *infra*ctions commises, elle a pour but premier d'éviter que s'en produisent d'autres, alors que le retrait de points est une sanction faisant suite à une *infra*ction avérée, bien que permettant d'éviter « la réitération des agissements qu'il vise »[87]. De même, le retrait d'agrément prononcé par la COB est, selon le but visé, tantôt une mesure de police, tantôt une sanction administrative[88]. Le *régime juridique* de ces deux types de mesure reste, en outre, largement différent. Si les « mesures de police » sont soumises aux exigences de la contradiction (v. *infra*, n° 627), elles ne relèvent pas de l'article 6-1 de la Convention européenne des droits de l'homme[89] –

83. Par ex. CE, 10 déc. 1958, *Mezerna*, R. 628 (saisie de tous les exemplaires d'un journal en Algérie, en raison des risques exceptionnels que créerait pour l'ordre public sa diffusion).

84. **CE, ass., 22 juin 1951, *Daudignac***, R. 362, D. 1951.589, concl. F. Gazier (impossibilité de soumettre à autorisation l'activité de photographe-filmeur) ; CE, 22 janv. 1982, *Ass. Foyer du ski de fond de Crevoux*, R. 30 (possibilité de réglementer la pratique du ski de fond, voire, en cas de danger, de l'interdire mais non de soumettre à autorisation l'exploitation des pistes).

85. V. **CE, 29 janv. 1932, *Soc. Autobus antibois***, R. 117, D. 1932.3.60, concl. R. Latournerie (droit pour le maire d'autoriser les itinéraires et les lieux d'arrêt des véhicules de transports en commun utilisant la voirie communale à l'intérieur de l'agglomération).

86. C. route, art. L. 224-7, et CE, 3 nov. 1989, *Blanquié*, R. Tab. 817.

87. CE (avis cont.), 27 sept. 1999, *Rouxel*, R. 280.

88. CE, 22 juin 2001, *Soc. Athis*, R. 276, *RFDA* 2002.509, concl. F. Lamy.

89. CE, 22 juin 2001, *Soc. Athis*, préc. ; CE ass. 21 déc. 2012, *Soc. Groupe Canal plus et autres*, *AJDA* 2013. 215, chron. X. Domino et A. Bretonneau, *RFDA* 2013. 70, concl. V. Daumas.

droit au procès équitable (v. *infra*, n° 965) – contrairement à nombre de sanctions administratives qui s'inscrivent, de plus, dans un cadre très réglementé (Sur le régime juridique des sanctions administratives – v. *infra*, n° 676).

Malgré ces importantes différences de régime, et alors que la doctrine traditionnelle limite la police aux mesures préventives, les sanctions répressives prises par l'administration, lorsqu'elles ont pour but de sanctionner une *infra*ction aux règles de police, se rattachent à la *fonction globale de protection de l'ordre public*. Elles ont en effet une vertu d'exemplarité qui prévient la commission de nouveaux troubles et participent au rétablissement de l'ordre. L'administration, au titre de la police administrative, peut donc, en l'état actuel du droit, recourir aussi bien aux « mesures préventives de police » au sens strict qu'aux sanctions de police.

§ 3. LES LIMITES DES MESURES DE POLICE

519 **Plan. –** L'importance même des mesures de police, les dangers qu'elles peuvent faire courir aux libertés, supposent évidemment qu'un contrôle juridictionnel puisse exister, assuré par le juge administratif, voire par le juge répressif dans le cadre de l'exception d'illégalité (v. *infra*, n° 960), l'intervention du juge civil restant plus rare (v. *infra*, n° 907 et s. et 928 et s.). La jurisprudence et le cas échéant les textes ont ainsi fixé des limites précises à l'exercice des pouvoirs de police générale (A) et spéciale (B), dont le champ d'intervention est accru dans certaines périodes de crise (C).

A. LA POLICE GÉNÉRALE

520 **Proportionnalité. –** « La liberté est la règle, la restriction de police l'exception »[90]. Cette célèbre formule montre clairement que la police générale, dans un État libéral, ne doit intervenir que dans de rares hypothèses. Il lui faut donc concilier, de la meilleure façon, l'ordre et la liberté, pour que celle-ci s'exerce grâce au respect de celui-là. Le juge administratif, pour l'essentiel, et *a posteriori* (mais sa jurisprudence a aussi un effet préventif) vérifie que les autorités de police générale n'ont imposé aux citoyens que les mesures *strictement proportionnées*, en fonction des avantages qu'en retirent l'ordre public et des inconvénients qui en résultent pour les libertés publiques (v. aussi *infra*, n° 1081). La mesure de police n'est donc légale que si elle est nécessaire.

Pour apprécier cette nécessité, le juge met en balance différents facteurs. Sa démarche, dans une présentation pédagogique, se décompose en trois temps :

— Du côté de l'*ordre*, il faut prendre en compte la réalité et l'intensité des menaces qui pèsent sur celui-ci (risque de trouble sérieux, danger pour les populations, inondation imminente, etc.). Si aucune menace n'existe, la mesure est bien entendu illégale. Sinon, l'autorité est en droit, voire dans l'obligation (v. *supra*, n° 514) de prendre *une* mesure de police.

90. Concl. Corneille sur CE, 17 août 1917, *Baldy*, R. 638.

Pour apprécier la matérialité et la gravité de la menace, le juge se place à la date à laquelle la mesure a été prise. Le fait qu'elle se soit finalement révélée inutile est sans incidence sur sa légalité, du moment qu'elle était nécessaire au moment de son édiction. Dans un tel cas cependant, l'autorité de police doit obligatoirement abroger, ou au moins adapter, la mesure que l'inutilité constatée rend illégale (v. *infra*, nº 686)[91].

— Du côté des *libertés*, il faut s'interroger sur l'importance de la liberté mise en cause et le degré d'atteinte qui y est porté. S'il a été possible, pendant la guerre d'Indochine, d'interdire l'accès à ce territoire pour des raisons d'ordre public à des citoyens français n'y résidant pas, on ne pouvait empêcher un habitant du territoire de rentrer chez lui[92]. Dans les deux cas, il y avait atteinte à la liberté individuelle, dans la deuxième espèce cependant, non seulement à la liberté d'aller et de venir mais aussi à la liberté de domicile.

— Enfin, en mettant en balance les aspects positifs (sauvegarde de l'ordre) et négatifs (atteinte aux libertés) de la mesure, l'autorité de police puis le juge déterminent non plus si la mesure prise constitue une des mesures possibles, mais si c'est *la* mesure nécessaire, non excessive, celle qui assure le meilleur équilibre entre les coûts et les avantages. Il faut réaliser « le dosage méticuleux des sacrifices » selon l'heureuse formule du commissaire du gouvernement Teissier[93].

521 **« Interdiction d'interdire » de façon générale et absolue. –** Dès lors, sauf circonstances très graves, sont impossibles les mesures d'interdiction générale et absolue car, par définition même, elles n'apparaissent pas proportionnées. Il faut donc rechercher la mesure *la moins contraignante* de ce point de vue, en fonction de la situation.

L'arrêt *Benjamin* est significatif. Celui-ci, conférencier catholique, souhaitait tenir une réunion publique à laquelle voulaient s'opposer, par tous moyens, des instituteurs laïcs. Devant les risques de trouble à l'ordre public, le maire décida d'interdire la conférence, décision annulée car « l'éventualité des troubles allégués par le maire (...) ne présentait pas un degré de gravité tel qu'il n'ait pu, sans interdire la conférence, maintenir l'ordre en édictant les mesures de police qu'il lui appartenait de prendre »[94]. Même si la mesure prise permet de parer le trouble, n'est édictable que la disposition qui, tout en assurant cette protection, garantit l'exercice des libertés fondamentales. Il eût ici fallu demander au préfet des forces de police supplémentaires pour dissuader les opposants. De même un maire ne saurait, sans porter gravement atteinte à la liberté du commerce et de l'industrie, empêcher sur l'ensemble du territoire communal toute activité des photographes-filmeurs alors qu'il eût pu le faire en certains endroits et à certains moments[95].

91. CE, 31 août 2009, *Cne de Crégols*, *AJDA* 2009.1526 et 1824, chron. Liéber et Botteghi, *JCP* A 2009, note Moreau, *RJEP* 2010.35, concl. de Salins (responsabilité pour faute de la commune en raison de la carence du maire à rapporter une mesure d'interdiction qui, bien que paraissant nécessaire *ab initio*, s'est finalement révélée inutile).

92. Respect. CE, 10 déc. 1954, *Desfont*, *RPDA* 1955.30, concl. J. Chardeau et CE, 10 déc. 1954, Solovieff, mêmes références. Comp. Cons. const., nº 92-307 du 25 févr. 1992, R. 48 : le législateur, à propos des mesures de contrôle des étrangers, « a la faculté de ne pas soumettre à des règles identiques une mesure qui *prive* un individu *de toute liberté* d'aller et de venir et une décision qui a pour effet *d'entraver sensiblement cette liberté* ».

93. Concl. sur CE, 5 juin 1908, *Marc*, S. 1909/3/113.

94. **CE, 19 mai 1933**, R. 541, *S.* 1934.3.1, concl. Michel ; en même sens CE, 19 août 2002, *Front national*, *AJDA* 2002, p. 1017 (caractère excessif de l'interdiction de la tenue de l'université d'été de ce parti à Annecy).

95. CE, 22 juin 1951, *Féd. fr. des photographes-filmeurs*, R. 363 ; V. CE, sect., 25 janv. 1980, *Gadiaga*, R. 44, concl. M. Rougevin-Baville (légalité de l'arrêté du maire de Strasbourg interdisant tout commerce

Mais, plus les dangers sont importants et plus le contenu de la mesure de police peut être « sévère » (v. aussi *infra*, n° 527). Ainsi, en raison de l'atteinte à la dignité humaine, droit particulièrement protégé, l'interdiction totale du lancer de nain est légitime, alors même qu'il s'agit de la mesure la plus restrictive[96].

522 **Triple test de proportionnalité. –** Le triple test de proportionnalité signifie que pour être conforme à l'exigence de proportionnalité, une mesure doit être adaptée, nécessaire et proportionnée au sens strict. Adaptée, cela signifie pertinente par rapport au but recherché, qu'elle doit permettre d'atteindre. La condition de nécessité veut dire, quant à elle, que la décision ne doit pas excéder ce qu'exige la réalisation du but poursuivi ; en d'autres termes, cette condition est satisfaite quand il apparaît que cet objectif ne pouvait être atteint par d'autres moyens, moins attentatoires à la liberté. Enfin, la proportionnalité, au sens strict, exige que la mesure ne soit pas, par les charges qu'elle crée, hors de proportion avec le résultat recherché, ce qui invite à mettre en balance ses effets négatifs et ses effets bénéfiques.

Cette conception, issue du droit allemand, reprise par celui de l'Union européenne, s'introduit, depuis quelques années en droit français. Cette diffusion a commencé par la jurisprudence constitutionnelle. Depuis sa décision n° 2008-562 DC du 21 février 2008[97], le Conseil constitutionnel a appliqué, à plusieurs reprises, ce modèle d'appréciation de la proportionnalité, en exigeant que les atteintes législatives à certaines libertés particulièrement dignes de protection (liberté d'aller et de venir, droit au respect de la vie privée, liberté individuelle, liberté d'expression) soient « adaptées, nécessaires et proportionnées aux objectifs poursuivis ». Le triple test a également fait son entrée dans la jurisprudence du Conseil d'État, avec la décision d'assemblée du 26 octobre 2011, *Association pour la promotion de l'image et autre*[98]. Les ordonnances rendues dans l'affaire Dieudonné (v. n° 474) en ont fait pour la première fois application aux mesures de police administrative générale et cette solution a été confirmée[99].

Il convient de se demander si le triple test constitue une réelle modification du mode traditionnel du raisonnement du juge en matière de proportionnalité ou s'il s'agit d'habiller d'un vocabulaire nouveau une conception dont le fond n'est pas ou peu changé.

Il est sans doute trop tôt pour répondre avec certitude à cette question mais, pour l'heure, c'est plutôt la seconde branche de cette alternative qui semble vraie[100]. L'exigence d'adaptation, de pertinence par rapport au but recherché, est parfaitement conforme au principe de nécessité qui gouverne classiquement la

ambulant de jour sur la voie publique dans certains lieux proches de la cathédrale pendant la saison touristique).

96. CE, 27 oct. 1995, *Cne de Morsang-s-Orge*, préc.

97. Rec. 89, *GDCC*, n° 36.

98. *AJDA* 2012, p. 35, chron. M. Guyomar et X. Domino, *Dr. adm.* 2012, n° 1, p. 29, note V. Tchen.

99. V. not. CE, 9 nov. 2015, *Association générale contre le racisme et pour le respect de l'identité française et chétienne (AGRIF)*, préc.

100. Sur cette question, v. l'étude nuancée de C. Rouhlac, « La mutation du contrôle des mesures de police administrative. Retour sur l'appropriation du "triple test de proportionnalité par le juge administratif" », *RFDA* 2018. 343.

police. En effet, comme P.-H. Teitgen l'a lumineusement écrit[101], « une mesure de police inefficace, c'est-à-dire impropre à éviter le trouble qu'elle a pour but d'empêcher, ne sert pas au maintien de l'ordre public. Elle constitue donc une restriction inutile des libertés individuelles et elle est, de ce fait illégale » puisqu'une telle restriction ne peut être admise que si elle est nécessaire. Les deux autres éléments du triple test, quant à eux, semblent correspondre au contrôle qui est classiquement exercé, au titre de la proportionnalité, en matière de police générale, où, comme il a été dit, l'on se demande si l'objectif de préservation de l'ordre public ne pouvait être atteint par d'autres moyens moins attentatoires à la liberté, ce qui, par là même, invite à mettre en balance les aspects positifs et négatifs de la mesure.

523 **Simplicité et proportionnalité.** – La promotion contemporaine de la sécurité juridique s'exprime notamment par la valorisation de la simplicité du droit. Le Conseil d'État a récemment mis en avant cette exigence en vogue pour fixer des bornes à la mise en œuvre du principe de proportionnalité. Par nature, ce dernier implique d'adapter, au plus juste, les contraintes imposées aux personnes à la gravité des risques d'atteintes à l'ordre public, en tenant compte des circonstances, notamment de temps et de lieu, qui conditionnent cette gravité. Son application est ainsi de nature à conduire à l'adoption de dispositions nuancées et, partant, complexes. Difficiles à mettre en œuvre pour l'administration et à respecter pour leurs destinataires, de telles mesures peuvent se trouver privées d'effectivité et, par-là même, manquer leur but de sauvegarde de l'ordre public. Dans le dessein d'éviter ce fâcheux résultat, de récentes décisions admettent que la simplicité et la lisibilité d'une mesure de police, nécessaires à sa bonne connaissance et à sa correcte application par les personnes auxquelles elle s'adresse, sont un élément de son effectivité et doivent, à ce titre, être prises en considération dans l'appréciation de leur caractère proportionné[102]. Cette nouveauté concerne pratiquement le cas où il est reproché à une mesure de police de n'être pas suffisamment modulée en fonction de la gravité des risques qu'elle vise à parer. Si la modulation supplémentaire, ainsi réclamée, aurait pour effet, aux yeux du juge, de rendre les règles applicables trop complexes pour être effectives, son absence ne sera pas jugée contraire au principe de proportionnalité. Ces vues ne sont pas déraisonnables. Il convient toutefois d'éviter qu'au nom de la simplicité on en vienne à justifier des atteintes excessives aux libertés. De ce point de vue, l'idée selon laquelle la prise en compte de cette simplicité doit demeurer accessoire dans l'appréciation du caractère proportionné de la mesure de police peut constituer un utile garde-fou[103].

B. LA POLICE SPÉCIALE

524 **Conciliation.** – Le contenu et les limites des pouvoirs de police spéciale sont fixés par la loi (expulser un étranger, refuser ou imposer des réserves au permis de

101. *La police municipale,* Sirey, 1934, p. 411.

102. CE, ord., 6 sept. 2020, n° 443750, *Min. des solidarités et de la santé*, *AJDA* 2020. 1638 ; CE, ord., 23 oct. 2020, *M. Cassia*, n° 445430, *AJDA* 2020. 2055.

103. V. adoptant cette manière de voir, TA de Châlons-en-Champagne, 10 mai 2021, n° 2100991, *AJDA* 2021. 1001.

construire, fixer les conditions d'exploitation d'une installation classée pour la protection de l'environnement après autorisation ou déclaration, etc.). Le juge administratif ne saurait remettre en cause le contenu même des mesures prévues, sauf dans le cadre d'une éventuelle exception d'inconventionnalité de la loi. Hors de cette hypothèse, il lui appartient seulement de vérifier que celles prises par l'administration sont régulières au regard de l'ensemble du droit applicable et des prescriptions du texte, son contrôle étant susceptible de variations sur ce point (v. *infra*, n° 1075 et s.).

L'extension progressive du *contrôle de constitutionnalité* a eu d'importantes incidences. Le Conseil constitutionnel doit déterminer si le texte adopté par le Parlement concilie, à son tour, de façon satisfaisante l'ordre public et les libertés. À lui de dire, si le point d'équilibre retenu est satisfaisant. Il a ainsi estimé que « la gêne que l'application des dispositions (d'une loi autorisant les contrôles d'identité) peut apporter à la liberté individuelle n'est pas excessive »[104]. On retrouve ici les caractéristiques du contrôle de proportionnalité exercé par le juge administratif au niveau des mesures de police générale : prise en compte des nécessités de l'ordre public, degré des atteintes portées à l'exercice des libertés (le mot « gêne » est ici significatif) et adéquation entre les deux (« pas excessive »)[105]. Il reste que le juge constitutionnel « qui n'a pas un pouvoir général d'appréciation et de décision identique à celui du Parlement » exige de ce point de vue une proportionnalité moins stricte, d'autant plus qu'il se prononce abstraitement sur la loi et non dans une espèce concrète. Enfin, le *juge européen*, à son tour, est à même de vérifier si les mesures contenues dans la loi respectent le principe de proportionnalité[106].

L'intervention du législateur, ainsi encadrée, permet donc de prendre des mesures plus précises et plus contraignantes que celles qui résulteraient de la police générale.

C. L'EXTENSION EXCEPTIONNELLE DES POUVOIRS DE POLICE

525 **Adaptation du droit.** – La règle juridique a pour objet d'organiser la sécurité dans les rapports sociaux, elle suppose donc un minimum de rigidité et de stabilité. Mais, ces rapports sont, eux, en perpétuel mouvement, ce qui conduit à une évolution constante du droit selon les procédés prévus par lui. Or, dans certains cas, sa stricte application a finalement plus d'inconvénients que d'avantages : elle empêche même d'atteindre le but poursuivi par la législation. Certaines adaptations se révèlent indispensables pour tenir compte des circonstances. Parfois, il s'agit, dans des situations ordinaires, d'adopter des mesures faiblement dérogatoires,

104. **Cons. const., 19-20 janv. 1981**, préc. ; V. aussi Cons. const., 13 mars 2003, Cdt. 9 et 16, préc.

105. V. aussi par ex. Cons. const., n° 90-283 DC du 8 janv. 1991, R. 11 (interdiction de la publicité pour le tabac et restrictions de celles pour l'alcool) ; **Cons. const., n° 93-325 DC des 12-13 août 1993**, préc. (pour la police des étrangers).

106. V. CEDH 17 juill. 2001, *Ass. Ekin*, *AJDA* 2002.52 (décret-loi du 6 mai 1939 sur les publications étrangères contraires à la CEDH, alors que le Conseil d'État avait jugé ce texte compatible avec cette convention, CE, sect., 9 juill. 1997, *Ass. Ekin*, R. 300, *RFDA* 1997.1284, concl. M. Denis-Linton). Désormais il se rallie à la conception de la Cour européenne (V. CE, 7 févr. 2003, *GISTI*, *RFON* 2003.418), ce qui a conduit à l'abrogation du décret-loi en cause (décret 2004-1044 du 4 oct. 2004).

« au coup par coup ». En dehors de tout texte, l'*urgence* autorise des exceptions limitées à telle ou telle règle de droit.

La question se pose avec encore plus d'acuité lorsqu'il s'agit de faire face à des crises graves (état de guerre, émeutes, catastrophe naturelle, etc.) qui imposent l'adoption de mesures beaucoup plus extraordinaires, en raison d'un degré d'urgence et de nécessité supérieur. En raison des exigences de l'ordre public, particulièrement impérieuses en cas de crise, des mesures plus restrictives des libertés et plus dérogatoires peuvent être prises, dans le respect du principe de proportionnalité. Divers textes tentent ainsi de faire face à ces situations, et le juge administratif lui-même a admis des dérogations pour les cas dits de « *circonstances exceptionnelles* ».

1. Textes spéciaux

526 En dehors des régimes spécifiques organisés par la Constitution (pouvoirs du président de la République dans le cadre de l'article 16) ou prévus par elle (état de siège auquel se réfère l'article 36), le législateur, sur la base de l'article 34, est toujours compétent pour « opérer la conciliation nécessaire entre le respect des libertés et la sauvegarde de l'ordre public », ce qui lui permet notamment d'étendre proportionnellement les pouvoirs de police en cas de crise[107].

Trois lois principales sont ainsi intervenues.

1°) Celle sur l'*état de siège* date du 9 août 1849. Décrété en conseil des ministres en « cas de péril imminent résultant d'une guerre étrangère ou d'une insurrection à main armée » et prolongé au-delà de 12 jours par une loi (art. 36 de la Constitution), il transfère à l'armée les pouvoirs de police des autorités civiles que celle-là a décidé d'exercer. De plus, il autorise, au profit des autorités militaires, une extension exceptionnelle de ces pouvoirs de police sur quatre points (perquisition de jour comme de nuit, éloignement des non-résidents, remise des armes et munitions, interdiction des publications et des réunions). Sur le fondement de ce texte, et en raison du principe de proportionnalité qui fait qu'en « période de guerre les intérêts de la défense nationale donnent au principe de l'ordre public une extension plus grande et exigent pour la sécurité publique des mesures plus rigoureuses » le juge a admis que le préfet maritime de la base de Toulon pouvait interdire toute activité « des filles galantes » afin d'éviter qu'elles n'obtiennent des soldats des confidences susceptibles de nuire à la défense nationale[108].

2°) Le régime de l'état d'urgence, quant à lui, a été institué par une loi du 3 avril 1955 modifiée à plusieurs reprises et, en dernier lieu, par les diverses lois qui l'ont prorogé à partir de 2015 (v. ci-dessous).

Ce régime d'exception peut être mis en œuvre dans des conditions moins restrictives que l'état de siège, puisqu'il « suffit » d'un péril imminent résultant d'atteintes graves à l'ordre public ou d'événements présentant, par leur nature et leur gravité, le caractère de calamité publique. L'état d'urgence a été effectivement rendu applicable à quatre reprises : pendant la guerre d'Algérie, en Nouvelle-

107. **Cons. const., n° 85-187 DC du 25 janv. 1985,** R. 43 (constitutionnalité de la loi relative à l'état d'urgence).

108. **CE, 28 févr. 1919,** ***Dames Dol et Laurent*,** R. 208.

Calédonie en 1984-1985, pendant les émeutes des banlieues entre le 8 novembre 2005 et le 3 janvier 2006 et, enfin, le 14 novembre 2015 à la suite des attentats ayant eu lieu à Paris dans la nuit du 13 ou 14 novembre.

Du point de vue procédural, l'état d'urgence est mis en vigueur par décret délibéré en conseil des ministres, mais sa prolongation au-delà de 12 jours doit être autorisée par une loi. C'est ainsi que la loi du 20 novembre 2015 a prolongé l'état d'urgence décrété le 14 novembre pour une durée de trois mois ; cette première prorogation a été suivie de cinq autres (loi du 19 février 2016 pour une durée de trois mois, loi du 20 mai 2016 pour une durée de deux mois, loi du 21 juillet 2016 pour 6 mois, loi du 19 décembre 2016 jusqu'au 15 juillet 2017, loi du 11 juillet 2017 jusqu'au 1er novembre de la même année). La loi de prorogation peut donner au président de la République la faculté de mettre fin par décret en conseil des ministres, à l'état d'urgence avant l'expiration de la durée de la prorogation (v. par ex., l'article 1er-III de la loi du 11 juillet 2017).

Le décret qui déclare l'état d'urgence en précise le champ d'application territorial, et rend applicable certaines dispositions de la loi du 3 avril 1955, soit de plein droit (notamment celles de son article 5), soit à la condition de l'indiquer explicitement (pouvoir de perquisition institué par l'article 11 de la loi). Il est complété par un second décret qui a pour objet de prévoir l'application de mesures complémentaires dans des zones qu'il délimite.

L'état d'urgence est un régime civil : il n'emporte donc aucun transfert de compétence au profit de l'autorité militaire (c'est la grande différence avec l'état de siège), mais réalise un accroissement des pouvoirs de l'autorité de police. Celle-ci peut ainsi restreindre la circulation, ordonner la remise des armes, fermer des lieux de réunion, réaliser des perquisitions de jour comme de nuit et saisir, à cette occasion, des données informatiques, assigner certaines personnes à résidence, les interdire de séjour dans certains lieux, prononcer la dissolution d'associations.

La question centrale, du point de vue de l'équilibre entre ordre public et libertés, est celle de l'étendue du contrôle du juge sur les décisions prises dans le cadre de l'état d'urgence. Cette étendue a très fortement progressé, en intensité et en rapidité, grâce aux procédures d'urgence et notamment au référé, liberté dont le juge administratif est doté depuis 2000 (v. *infra*, n° 1022 et s.). Elle demeure néanmoins marquée par un net contraste. Sur les décisions relatives à la mise en application et au maintien en vigueur de l'état d'urgence, le contrôle juridictionnel reste limité car ce sont là des décisions politiques qui engagent le sort de la collectivité et dont, par suite, le contrôle doit avant tout être d'ordre politique (Parlement, opinion publique). Certes, le décret déclarant l'état d'urgence n'est pas un acte de gouvernement, et par conséquent il est susceptible de voir sa légalité contrôlée par le juge administratif[109]. Toutefois, l'intervention de la loi qui proroge l'état d'urgence est interprétée par le Conseil d'État comme entraînant la ratification de ce décret, ce qui prive le juge administratif de sa compétence[110]. Cette ratification ne s'étend pas au décret qui, ainsi qu'il a été dit, complète le décret déclarant l'état d'urgence et, ici, le juge contrôle que la mise en application des mesures

109. CE, ass. 24 mars 2006, *Rolin et Boisvert*, *AJDA* 2006. 1033, chron. C. Landais et F. Lénica.
110. CE, ass. 24 mars 2006, *Rolin et Boisvert*, préc.

complémentaires dans certaines zones était bien rendue nécessaire par la situation qui a conduit à déclarer l'état d'urgence et proportionnée à celle-ci. Quant à la déclaration proprement dite de l'état d'urgence (dans la mesure où elle peut être contestée, ce qui est possible en agissant vite, avant la loi de prorogation, c'est-à-dire au moyen d'une procédure d'urgence[111]) ou à l'usage par le Chef de l'État de son pouvoir d'y mettre fin, ils sont caractérisés, selon la jurisprudence, par un large pouvoir d'appréciation qui est de nature à limiter le contrôle du juge et qui, pour tout dire, rend improbable toute censure de sa part[112]. Au contraire, le contrôle des mesures prises une fois l'état d'urgence déclaré, et en vertu des pouvoirs de police qu'il confère aux autorités administratives, s'est nettement renforcé. D'abord limité à l'erreur de droit (consistant à prendre une mesure pour des motifs étrangers à ceux prévus par la loi)[113], il est passé à celui de l'erreur manifeste d'appréciation[114] puis à l'entier contrôle du juge de l'excès de pouvoir portant sur la nécessité et la proportionnalité des mesures prises, le juge du référé-liberté pouvant être amené à exercer un contrôle analogue avec l'avantage de l'extrême rapidité[115]. Il reste que la portée concrète du contrôle du juge prête à discussion, notamment parce qu'elle dépend, de manière décisive, de sa volonté et de sa capacité à remettre en cause les données de fait produites par l'administration à l'appui de ses décisions.

3°) En vue de faire face à la pandémie de Covid-19, la loi n° 2020-290 du 23 mars 2020[116] a institué un nouveau régime d'exception, dénommé « état d'urgence sanitaire » (CSP, art. L. 3131-12 et s.). Celui-ci présente trois caractères généraux. Applicable seulement jusqu'au 31 décembre 2021, il revêt ainsi un caractère temporaire. Conçu pour lutter contre l'épidémie, exceptionnellement grave, de coronavirus, il confère à diverses autorités administratives des pouvoirs particulièrement étendus. Enfin, il s'inspire de l'état d'urgence tout en l'adaptant à la nature particulière d'une crise sanitaire. Cette particularité réside essentiellement dans le fait que les données d'ordre scientifique jouent un rôle décisif dans l'action publique de lutte contre ce type de crise. Par suite, ce qui fait la spécificité de l'état d'urgence sanitaire, c'est qu'il doit trouver un équilibre, non seulement et de manière classique, entre ordre public et libertés mais aussi entre le pouvoir politique et le pouvoir scientifique. La recherche de ce double équilibre apparaît dans les règles applicables tant aux conditions de l'application de l'état d'urgence sanitaire et à sa fin qu'aux effets de cette application.

111. V. CE, ord. 14 nov. 2005, *M. Rolin*, *AJDA* 2006. 501, note Chrestia (demande de suspension en référé du décret du 8 nov. 2005 déclarant l'état d'urgence).

112. Pour le décret déclarant l'état d'urgence : CE, ord. 14 nov. 2005, *M. Rolin*, préc. ; pour le pouvoir de mettre fin à l'état d'urgence : CE, ord. 9 déc. 2005, *Mme Allouache et autres*, *Dr. adm.* 2006, n° 7 ; CE, ord. 27 janv. 2016, *Ligue des droits de l'homme*, n° 396220, *RFDA* 2016.355, note D. Baranger.

113. CE ass. 16 déc. 1955, *Dame Bourobka*, R. 590.

114. CE, 25 juill. 1985, n° 681151, *Mme Dagostini*, R. 225, *AJDA* 1985.558.

115. CE, sect. 11 déc. 2015, *Cédric D*, n° 395009 (et 5 autres décisions du même jour), *AJDA* 2016.247, chron. O. Dutheillet de Lamothe et G. Odinet, *RFDA* 2016. 105, concl. X. Domino, note A. Roblot-Troizier (pour les assignations à résidence). ; CE, ord. 27 janv. 2016, *Ligue des droits de l'homme*, préc. (pour l'ensemble des mesures prises au titre de l'état d'urgence) ; CE, ass. 6 juill. 2016, n° 398234 (pour les perquisitions administratives).

116. *JO* du 24 mars 2020, texte n° 2. Commentaire : J. Petit, « L'état d'urgence sanitaire », *AJDA* 2020.833.

L'état d'urgence sanitaire peut être déclenché en cas de « catastrophe sanitaire mettant en péril, par sa nature et sa gravité, la santé de la population » (CSP, art. L. 3131-12). Il est en principe déclaré par décret en Conseil des ministres, motivé, pris sur le rapport du ministre de la Santé. En outre, « les données scientifiques disponibles sur la situation sanitaire qui ont motivé la décision » doivent être « rendues publiques ». Dans un délai d'un mois (et non de douze jours comme dans l'état d'urgence), la prorogation de l'état d'urgence sanitaire doit être autorisée par une loi (pour une durée qu'elle fixe), dont l'adoption doit être précédée de l'avis d'un comité de scientifiques (prévu par l'article L. 3131-19 CSP). Il importe de relever que, dans un premier temps, ce régime n'a pas été appliqué à la crise du Covid-19 : la loi du 23 mars 2020 (art. 4) a elle-même déclaré l'état d'urgence pour une durée de deux mois, avant que celle, nº 2020-546, du 11 mai suivant (art. 1er) ne le proroge jusqu'au 10 juillet 2020. La prolongation de l'épidémie a toutefois conduit à une nouvelle déclaration de l'état d'urgence sanitaire, cette fois conforme aux règles normales de ce dernier, puisqu'elle a été prononcée par un décret du chef de l'État nº 2020-1257 du 14 octobre 2020. Ce décret a été suivi de deux prorogations successives, d'abord (jusqu'au 16 février 2021) par la loi nº 2020-1379 du 14 novembre 2020, puis (jusqu'au 1er juin 2021) par la loi nº 2021-560 du 15 février 2021. Il peut d'ailleurs être mis fin à l'état d'urgence sanitaire par décret en Conseil des ministres avant l'expiration du délai fixé par la loi le prorogeant, après avis du comité de scientifiques.

L'état d'urgence sanitaire a pour effet fondamental une extension particulièrement poussée des pouvoirs de police administrative, même si les mesures prises doivent, bien sûr, être proportionnées, sous le contrôle du juge, aux finalités sanitaires qui les justifient. Le rôle central revient au premier ministre que l'article L. 3131-15 du CSP habilite à prendre pas moins de dix catégories de décisions. La plus grave, assurément, consiste à « interdire aux personnes de sortir de leur domicile, sous réserve des déplacements strictement indispensables aux besoins familiaux ou de santé ». Sur ce fondement, le confinement de la population française, initialement décidé en vertu de la théorie des circonstances exceptionnelles (décret nº 2020-260 du 16 mars 2020, v. *infra* nº 527) a été réitéré, d'abord par un décret nº 2020-293 du 23 mars 2020 (jusqu'au 11 mai 2020), puis, selon des modalités un peu moins rigoureuses, par un décret nº 2020-1310 du 29 octobre de la même année (jusqu'au 15 décembre 2020) et, enfin, par un décret nº 2021-384 du 2 avril 2021 jusqu'au 3 mai 2021.

2. *Jurisprudence dite des circonstances exceptionnelles*

527 En raison de l'importance des dangers que peut faire courir une situation de crise à des composantes essentielles pour la vie nationale, la jurisprudence a admis des adaptations du droit d'autant plus importantes et plus « spectaculaires » que les circonstances étaient graves. L'arrêt *Heyriés* rappelle ainsi que « par l'article 3 de la loi constitutionnelle du 25 février 1875, le président de la République est placé à la tête de l'administration française et chargé de l'exécution des lois ; qu'il lui incombe dès lors de veiller à ce qu'à toute époque les services publics (...) soient en état de fonctionner et à ce que les difficultés résultant de la guerre n'en

paralysent pas la marche »[117]. Pour cette raison, il a, sans illégalité, suspendu par décret, au début de la guerre de 1914, l'application d'une loi.

Ainsi, en raison de l'extrême gravité de la situation, de l'existence de « circonstances exceptionnelles » qui ont été reconnues par exemple lors des deux premières guerres mondiales, en cas de grave catastrophe naturelle[118] ou encore en présence de l'épidémie de Covid-19[119], l'administration acquiert, au nom de la *nécessité*, des pouvoirs importants, essentiellement en matière de police même si cela peut concerner aussi le fonctionnement d'autres services publics. En dehors de tout texte, les règles de compétence et la hiérarchie des normes sont bouleversées : l'exécutif est à même de prendre des mesures qui relèvent normalement du pouvoir législatif ou de l'autorité judiciaire[120] et des fonctionnaires de fait se substituer aux autorités publiques défaillantes[121]. Les règles de forme et de procédure sont éventuellement écartées[122]. Une extension exceptionnelle des pouvoirs de l'administration en découle même : « dans des circonstances exceptionnelles, les autorités administratives peuvent prendre des mesures d'extrême urgence en vue de pourvoir aux nécessités du moment »[123]. En fonction des exigences de l'époque, les libertés sont restreintes dans des conditions qui seraient, faute d'une telle situation, illégales, voire constitutives de voie de fait[124] (v. *infra*, n° 907, 3°). C'est ainsi qu'en vue de faire face à la pandémie de coronavirus, le Premier ministre a, en vertu de son pouvoir de police générale, prononcé, par un décret du 16 mars 2020, le confinement de l'ensemble de la population française.

Mais l'ensemble de ces décisions n'échappe pas au contrôle juridictionnel, même si sa portée réelle dans des situations de crise exceptionnelle est réduite. Appliquant toujours le principe de *proportionnalité* des mesures de police, le juge n'autorise la dérogation que si, en fonction des objectifs à atteindre dans des circonstances particulièrement délicates et en fonction du degré de l'atteinte apportée aux libertés, la mesure prise est strictement nécessaire, que s'il y a une adéquation parfaite entre la situation et la dérogation[125]. Cette jurisprudence n'est donc pas exempte d'*ambiguïté* car en même temps qu'elle fixe des limites au bouleversement du droit, elle l'autorise pourtant.

117. **CE, 28 juin 1918,** R. 651.

118. V. CE, 28 juin 1918, préc. ; CE, ass., 16 avr. 1948, *Laugier*, R. 161, S. 1948.3.36, concl. M. Letourneur (guerre de 1939-1945) ; CE, 18 mai 1983, *Rodes*, R. 199 (éruption du volcan de la Soufrière à la Guadeloupe).

119. CE, ord., 22 mars 2020, n° 439674, *Syndicat des jeunes médecins*, AJDA 2020.851, note S. Hul.

120. CE, 28 juin 1918, préc. ; CE, 21 déc. 1951, *Grolleau*, R. 613 (arrestation en dehors de tout mandat de l'autorité judiciaire).

121. CE, 5 mars 1948, *Marion*, préc.

122. Par ex. CE, 28 mars 1947, *Crespin*, R. 142 (réquisition en temps de guerre sans respecter la tentative d'accord amiable prévue par la loi).

123. CE, 4 juin 1947, *Entreprise Chemin*, R. 246.

124. Par ex. CE, 10 déc. 1954, *Desfont*, préc. (interdiction d'accès à l'Indochine en guerre) ; CE, 18 mai 1983 préc. (évacuation de la population en raison du risque d'éruption volcanique).

125. V. Par ex. CE, 10 déc. 1954, *Desfont et Solovieff*, préc. (très représentatifs de ce contrôle de proportionnalité).

SECTION 4 CONCLUSION

528 **Évolution du régime des polices spéciales. –** L'évolution des pouvoirs de police est liée aux transformations globales qui affectent la société. Grâce à leur plasticité, les composantes traditionnelles de *l'ordre public général* ont pu s'adapter à de nouvelles données et par exemple faire face à des mises en cause de la dignité humaine, selon des procédés inconnus jusqu'ici. Mais l'ordre public général n'a pas été modifié dans sa conception même. À l'inverse, le rôle des *polices spéciales* s'est considérablement accru, de façon inversement proportionnelle à la réduction du champ de l'intervention administrative, en matière économique notamment, là où autrefois l'administration intervenait directement dans le cadre de prestations fournies par des services publics. Dans le cadre de la *régulation*, à côté de certains procédés de négociation et d'incitation, l'État, en liaison le cas échéant avec les autorités administratives indépendantes et les acteurs même du secteur en cause, fixe ainsi les règles du jeu, dont la violation est souvent, à côté ou en plus de la répression pénale, sanctionnée par les autorités de régulation qui donnent les autorisations nécessaires.

Par ailleurs, la police administrative a dû s'insérer, comme bien d'autres actions publiques, dans le *cadre des normes constitutionnelles*, voire internationales, à la prégnance accrue. Sur bien des points, la jurisprudence constitutionnelle a confirmé les règles de base posées par le juge administratif (caractère autonome du pouvoir réglementaire de police générale, gratuité des interventions, possibilité de délégations pour les polices spéciales à des autorités sans cesse plus nombreuses et diversifiées...). Sur une question fondamentale, cependant, une profonde transformation des pouvoirs de police spéciale attribués à l'administration peut en résulter. L'équilibre fixé par la loi entre l'ordre et les libertés est désormais susceptible d'un contrôle approfondi de la part du juge constitutionnel, voire des juridictions internationales, ce qui oblige à redéfinir le contenu même des réglementations imposées.

ÉLÉMENTS DE BIBLIOGRAPHIE

1. Ouvrages généraux

P. Bernard, *La notion d'ordre public en droit administratif*, LGDJ, 1962 ■ P. Bon, *La police municipale*, Thèse Bordeaux, 1975 ■
Conseil d'État, « Droits et Débats », *L'ordre public. Regards croisés du Conseil d'État et de la Cour de cassation*, La Documentation française, 2018 ■ Ch.-A. Dubreuil (dir.), *L'ordre public*, Cujas, 2013 ■ D. Linotte (dir.), *La police administrative existe-t-elle* ?, Economica, 1985 ■ D. Maillard Desgrées du Loû, *Police générale, polices spéciales (recherche sur la spécificité des polices générale et spéciale),* thèse Rennes, 1988 ■ Ch.-E. Minet, *Droit de la*

police administrative, Vuibert, 2007 ■ E. Picard, *La notion de police administrative*, LGDJ, 1984, préf. R. Drago ■ X. Prétot, C. Zacharie, *La police administrative,* LGDJ, coll. Systèmes, 2018 ■ M.-J. Redor (dir.), *L'ordre public : ordre public ou ordres publics ? Ordre public et droits fondamentaux*, Actes du colloque de Caen, 11 et 12 mai 2000, Bruylant (Bruxelles), 2001 ■ P.H. Teitgen, *La police municipale*, Sirey, 1934, réimp. Dalloz, 2019, préf. X. Prétot ■ Ch. Vautrot-Schwarz (dir.), *La police administrative,* PUF, Thémis-Essais, 2014 ■ M.-C. Vincent-Legroux, *L'ordre public, étude de droit comparé interne,* PUF, 2001.

2. Ouvrages spéciaux

■ O. Beaud, C. Guérin Bargues, *L'état d'urgence, Étude constitutionnelle, historique et critique*, LGDJ, 2e éd., 2018 ■ M.-A. Granger, *Constitution et sécurité intérieure,* LGDJ, 2011 ■ P. Livet, *L'autorisation préalable et les libertés publiques*, LGDJ, 1975 ■ L. Nizard, *Les circonstances exceptionnelles dans la jurisprudence administrative,* LGDJ, 1962 ■ M.-O. Peyroux-Sissoko, *L'ordre public immatériel en droit public français,* avant-propos L. Fabius, préf. B. Mathieu, LGDJ, 2018

3. Articles

■ G. Armand, « L'ordre public de protection individuelle », *RRJ* 2004. 1583 ■ O. Bonnefoy, « Dignité de la personne humaine et police administrative. Les noces de porcelaine d'un mariage fragile », *AJDA* 2016. 418 ■ F. Lafarge, « Les catégories du droit de la police administrative », in J.-B. Auby (dir.), *L'influence du droit européen sur les catégories du droit public*, Dalloz, 2010, p. 705 ■ G. Lebreton, « Le juge administratif face à l'ordre moral », *Mél. Peiser*, PU Grenoble, 1995, p. 363 ■ *Les concours de polices*, dossier (4 contributions), *AJDA* 2020. 1210 ■ *Les vingt ans de l'arrêt* Commune de Morsang-sur-Orge. *À propos de la dignité de la personne humaine*, dossier (9 contributions), *RFDA* 2015. 869 et 1075 ■ F. Melleray, « L'obligation de prendre des mesures de police administrative initiales », *AJDA* 2005. 71 ■ J. Moreau, « Police administrative et police judiciaire, Recherche d'un critère de distinction », *AJDA* 1963.68 ■ J. Moreau, « De l'interdiction faite à l'autorité de police d'utiliser une technique d'ordre contractuel », *AJDA* 1965.3 ■ J. Petit, « Nouvelles d'une antinomie, Contrat et police », *Mél. Moreau*, Economica 2003, p. 345 ■ J. Petit, « Police et sanction », *JCP* A 2013, comm. 2073 ■ J. Petit, « Les aspects nouveaux du concours entre polices générales et polices spéciales », *RFDA* 2013. 1187 ■ *Police, Polices*, dossier (7 contributions), *JCP* A 2012, nº 15-16 ■ E. Picard, « Police », in D. Alland et S. Rials, *Dictionnaire de la culture juridique*, PUF, 2003, p. 1163

Sous-partie 2
LES MOYENS JURIDIQUES DE L'ACTION ADMINISTRATIVE

529 **Prérogatives et sujétions. –** L'administration, pour remplir ses missions, agit, dans un État de droit, au moyen d'actes juridiques qu'elle a été habilitée à édicter. À côté du droit privé auquel elle recourt, le cas échéant, les actes qui relèvent du droit administratif s'inscrivent dans le couple prérogatives-sujétions.

Elle peut tout d'abord, et c'est inhérent à la forme étatique elle-même et au pouvoir de commandement qui lui est consubstantiel, *décider unilatéralement* et imposer aux administrés des décisions ou les autoriser à agir en fonction des exigences de l'intérêt général. C'est ici l'expression la plus claire des prérogatives de puissance publique dont elle est investie, même si le réseau de plus en plus serré de normes qui encadre tant l'édiction que l'exécution de l'acte impose de strictes obligations.

Elle a aussi le droit d'utiliser le *contrat*, si elle est investie d'une compétence en ce sens. Cette faculté présente *a priori* de nombreux avantages puisque, fondé sur l'accord des parties, le contrat n'engage celles-ci qu'en raison de leur acceptation. Ainsi l'administration agit moins avec la puissance et plus avec le dialogue. Mais, toujours en raison de sa mission, elle dispose de pouvoirs particuliers, notamment quant à la modification du contenu du contrat, tout en étant soumise à des contraintes spécifiques qui limitent sa liberté contractuelle.

530 **Distinction de l'acte unilatéral et du contrat. –** La distinction entre les deux procédés n'est souvent pas aussi simple qu'il y paraît de prime abord, alors qu'elle est d'une grande importance dans la mesure où leur régime juridique (de leur naissance à leur disparition) et leur statut contentieux sont largement différents, en dépit de certains rapprochements (v. *infra*, n° 829).

Elle ne repose, en effet, ni sur le nombre de manifestations de volonté originaires, ni sur le rôle de la négociation dans l'élaboration de la norme. Il existe des actes unilatéraux édictés par plusieurs auteurs, dans le cadre de compétences conjointes (arrêtés interministériels par exemple). À l'inverse, dans certains contrats, l'accord – et c'est une tendance évidente aussi en droit privé – est largement sujet à caution. L'une des parties, dans le cadre du contrat d'adhésion, ne fait qu'accepter des stipulations qu'elle ne peut négocier. De nombreux contrats de droit public ont, ainsi, un contenu d'origine largement réglementaire alors qu'à l'inverse le contenu de certains actes unilatéraux a été longuement négocié.

Malgré tous ces rapprochements, un élément essentiel les différencie. Dans le cas du contrat, il y a *accord des volontés* entre les parties qui acceptent d'être régies par ses stipulations obligatoires, même non négociées. Celles-là ont un rôle dans la définition de leurs droits et obligations. Dans le cas de l'acte unilatéral, la règle s'applique à l'administré *en dehors de toute acceptation de sa part* car l'administration a été habilitée à modifier, par sa seule volonté, l'ordonnancement juridique.

531 **Difficultés particulières.** – Outre l'hypothèse des actes détachables (v. *infra*, n° 828 et s.) la distinction est délicate dans deux cas.

1°) Il existe des *actes unilatéraux à contenu « contractuel »*. La norme posée par l'acte ne fait que reprendre le résultat des négociations que les autorités publiques, dans une stratégie consensuelle, ont mené avec les représentants des destinataires de l'acte, selon des techniques de concertation de plus en plus en vogue. Ces données de fait, antérieures à l'édiction de l'acte, n'en modifient pas la nature, notamment parce qu'on se situe dans des domaines où l'administration n'a pas la possibilité de contracter (v. *infra*, n° 727). Bien qu'appelée parfois convention, il s'agit d'une « décision unilatérale à caractère réglementaire prise en accord » avec tel ou tel[126]. Dès lors, rien n'oblige l'administration à reprendre intégralement le relevé des conclusions et rien ne lui interdit par la suite, en dehors de tout accord, de modifier unilatéralement sa décision.

2°) Il existe, à l'inverse, des *actes contractuels à contenu « unilatéral »*. Il y a, là, un véritable accord sans lequel le cocontractant ne serait pas soumis aux règles édictées par le contrat. Mais il s'agit d'un contrat où l'essentiel des règles qui s'imposent est d'origine unilatérale. Dans une première hypothèse, le contrat est une sorte « d'acte-condition » qui permet d'appliquer au « partenaire » de l'administration un statut extérieur à la convention, insusceptible de toute négociation. Le seul effet du contrat, de la manifestation de volonté, est de rendre applicable ce statut préétabli. Tel est le cas en particulier du contrat d'engagement d'agents non titulaires de droit public (v. *infra*, n° 827). La seconde hypothèse concerne différents contrats, dont le contenu peut être très largement prédéterminé par des textes extérieurs ou des cahiers des charges et dont les dispositions ont, parfois, des effets réglementaires. On reste cependant en présence d'un véritable contrat, même si certaines différences de statut peuvent exister selon le type de clauses (v. *infra*, n° 791).

532 **Plan.** – L'administration exécute donc sa mission soit en édictant des actes administratifs unilatéraux (Chapitre 1), soit en concluant des contrats administratifs (Chapitre 2).

126. V. par ex. CE, sect., 22 mars 1973, *Synd. nat. du commerce en gros pour les équipements de véhicules*, R. 181, *AJDA* 1973.323, concl. Braibant (à propos des « accords négociés » en matière de prix), CE, 25 nov. 1998, *Cie luxembourgeoise de télédiffusion*, R. 443, *AJDA* 1999.54, concl. D. Chauvaux (constitue une autorisation unilatérale d'émettre la « convention » passée entre le CSA et une société de télévision).

CHAPITRE 1
L'ACTE ADMINISTRATIF UNILATÉRAL

533 **Pouvoir de décision unilatérale. –** L'acte administratif unilatéral affecte l'ordonnancement juridique – il crée des obligations ou fait naître des droits – par le seul effet de la volonté de l'administration, indépendamment de tout consentement de l'assujetti ou du bénéficiaire. Ce pouvoir est inhérent à l'institution publique même, sans lui le phénomène administratif n'a plus de sens. Pour cette raison, il a des origines historiques très lointaines. À côté des décisions de justice qui jouèrent un rôle important pour la réglementation « administrative », bénéficiant des effets attachés à elles, les agents de la monarchie absolue – les intendants en particulier –, comme les représentants des entités locales ont disposé d'un tel pouvoir de décision. À partir de la Révolution, dans le cadre de la fonction d'exécution des lois, celles-ci confèrent ce droit aux autorités administratives dans différents domaines. Mais la notion d'acte administratif, au sens qu'on lui donne aujourd'hui, ne se dégage que progressivement au XIXe siècle, en liaison avec son statut contentieux qui permet de l'identifier. Au fur et à mesure que le recours pour excès de pouvoir, qui porte sur les actes des autorités administratives, s'étend (v. *infra*, n° 971), le juge est tenu de préciser la notion d'acte administratif en opérant un reclassement parmi les différents actes de l'exécutif, ce qui traduit l'encadrement de la puissance par le droit.

534 **Privilège du préalable et décision exécutoire. –** Hauriou, partant d'une comparaison avec le droit privé, estimait que l'administration bénéficie d'un double privilège. D'une part elle dispose, contrairement aux particuliers, de la « prérogative de réaliser elle-même ses droits par ses propres moyens et sans avoir recours à l'autorisation préalable d'un juge ». D'autre part, la décision qui produit des effets de droit est « exécutoire », car par elle, « l'administration affirme publiquement le droit tel qu'elle entend l'exécuter »[1]. Ces deux analyses sont contestables.

Il n'y a pas de privilège du préalable car l'acte administratif unilatéral n'a nullement la portée d'une décision de justice, et n'a pas en particulier l'autorité de la chose jugée. De plus, l'unilatéralité n'existe pas sans fondement écrit, en dehors de

1. *Précis de droit administratif*, Sirey, 1921, p. 353 et 394.

l'hypothèse de nécessité (v. *supra*, n° 507). Si aucun texte ne donne compétence à l'administration pour décider et imposer de sa seule volonté, il lui faut, comme toute personne juridique, saisir les tribunaux pour faire valoir ses droits. Elle obtient ainsi que son souhait soit « transformé » en norme, édictée en ce cas non par elle mais par le juge judiciaire[2] ou administratif[3]. Il ne suffit pas que l'administration veuille décider pour qu'elle le puisse ! À l'inverse, si un texte lui a confié ce pouvoir, elle ne saurait, sauf en matière contractuelle, y renoncer pour saisir le juge[4]. Il vaut donc mieux parler du *privilège de la décision unilatérale*.

Par ailleurs, le terme *exécutoire* est très *ambigu*. En droit privé, est exécutoire le titre juridique (jugement ou acte authentique) susceptible d'être exécuté par la force. Parler ici de décision exécutoire risque d'entraîner de graves confusions car l'acte administratif, au contraire, ne peut pas, en principe, être exécuté par la contrainte (v. *infra*, n° 678). Le terme de décision exécutoire doit donc être banni du vocabulaire de droit public. Il vaudrait mieux parler de décision « *exécutable* ».

Les actes des collectivités locales, cependant, ne sont « exécutoires » qu'après leur transmission au préfet (v. *supra*, n° 299). Il s'agit simplement ici d'indiquer qu'ils n'entrent en vigueur qu'à compter de cette date. Un autre terme eût été préférable (v. aussi *infra*, n° 671).

535 **Spécificité. –** Si l'acte unilatéral joue un rôle spécifique en droit public, notamment par sa fréquence et « sa normalité », il est loin d'être inconnu en *droit privé*, c'est-à-dire dans un domaine où, pourtant, règne *a priori*, au nom de l'égalité entre les personnes, le principe de l'autonomie de la volonté et de l'accord contractuel. En droit de la famille, diverses décisions unilatérales ont des conséquences juridiques directes, notamment celles prises par les personnes qui exercent l'autorité parentale. En droit du travail, surtout, l'acte unilatéral joue un rôle fondamental : les décisions réglementaires du chef d'entreprise (règlement intérieur notamment) ou individuelles (affectation aux postes de travail, fixation des horaires, voire sanctions) sont édictées par lui et s'imposent aux employés. Si contrat il y a pour l'entrée dans l'entreprise, ensuite c'est un régime d'unilatéralité qui prévaut[5].

Ainsi, le pouvoir de décider unilatéralement paraît largement lié, plus qu'au statut de droit public ou de droit privé, à la nécessité pour toute institution d'agir, notamment dans le cadre d'une structure hiérarchique. Le législateur en tire dès lors les conséquences pour donner leur portée aux actes juridiques édictés.

536 **Plan. –** Si l'opposition avec le droit privé doit être en partie relativisée, il reste que l'acte unilatéral est particulièrement caractéristique des moyens juridiques dont dispose l'administration pour accomplir sa mission. Or la notion même d'acte administratif unilatéral est délicate à préciser (Section 1) et son régime, qui traduit

2. CE, sect., 30 oct. 1964, *Commune d'Ussel*, R. 501, *AJDA* 1964.706, concl. J. Fournier (impossibilité d'émettre un acte fixant l'indemnité due, dans le cadre de la « responsabilité extracontractuelle, par des particuliers à l'administration »).

3. Par ex. article L. 141-9 C. v. rout. (contributions que les communes souhaitent imposer en cas de détérioration des voies communales « fixées annuellement (...) par les tribunaux administratifs »).

4. CE, 30 mai 1913, *Préfet de l'Eure*, R. 583 (préfet ne pouvant saisir le juge administratif pour qu'il condamne une commune à payer une certaine somme dès lors que le département créancier avait compétence pour émettre un acte unilatéral rendant obligatoire le paiement).

5. V. C. trav., art. L. 1311-1 s. et Cass. soc., 25 sept. 1991, *Bull.* n° 381, p. 237 (« acte réglementaire de droit privé », à propos du règlement intérieur).

en principe les privilèges de la puissance publique est de plus en plus encadré par des règles qui viennent limiter le pouvoir administratif (Section 2).

SECTION 1 LA NOTION D'ACTE ADMINISTRATIF

537 **Différents sens du terme. –** L'acte administratif a été révélé par le contentieux et c'est essentiellement de ce point de vue que la notion est toujours appréhendée. Il s'agit, en d'autres termes, de l'acte susceptible d'être attaqué, notamment par la voie du recours pour excès de pouvoir, devant le juge administratif, qui lui appliquera le droit administratif. Sur cette base, la jurisprudence en a dégagé les principales caractéristiques. Il en résulte que trois conditions doivent être remplies pour qu'un acte soit un acte administratif. Il faut tout d'abord, qu'il soit un acte juridique, c'est-à-dire normatif. C'est précisément à raison de ce caractère que l'acte, selon une expression, fréquemment utilisée par la jurisprudence, « fait grief », ce qui rend le recours recevable à son égard (sous-section 1). Les deux autres conditions de la qualité d'acte administratif concernent la compétence du juge administratif. En d'autres termes, il s'agit des conditions auxquelles un acte juridique unilatéral de l'administration présente un caractère administratif, ce qui signifie qu'il relève du juge et du droit administratifs. Cela suppose d'abord que l'acte considéré se rattache à la fonction administrative, telle que la conçoit le juge, et non pas à la fonction législative, judiciaire ou gouvernementale (sous-section 2). Ici, il s'agit donc de distinguer l'acte administratif d'autres actes du droit public : acte législatif, acte judiciaire, acte de gouvernement. Mais l'acte administratif doit aussi être distingué des actes juridiques de l'administration qui relèvent du droit privé et du juge judiciaire. En d'autres termes, comme en matière de contrats (v. *infra*, n° 614 et s.), il faut distinguer acte de l'administration et acte administratif. Sur ce point, conformément à l'interprétation générale donnée au principe de séparation des autorités administratives et judiciaires (v. *infra*, n° 881 et s.), l'administrativité de l'acte suppose qu'il relève des prérogatives de puissance publique dont dispose l'administration pour remplir ses missions de service public (sous-section 3).

S/SECTION 1 L'ACTE ADMINISTRATIF, ACTE JURIDIQUE

538 **Plan. –** En tant qu'acte juridique, l'acte administratif doit être défini de manière successivement positive puis négative, c'est-à-dire par opposition aux actes de l'administration qui ne présentent pas (ou pas au même degré) ce caractère.

§ 1. DÉFINITION POSITIVE

539 L'approche contentieuse de l'acte administratif explique l'adoption d'une conception stricte de la qualité d'acte juridique des actes unilatéraux de l'administration. Si en principe, tous les actes administratifs qui présentent cette qualité font grief et sont donc susceptibles de recours juridictionnels, ce principe ne va pas sans limites. La plus notable est constituée par les mesures d'ordre intérieur.

A. LA CONCEPTION STRICTE DE LA JURIDICITÉ DE L'ACTE ADMINISTRATIF

540 Le principe étant posé du lien entre juridicité de l'acte de l'administration et grief, tout le problème est de savoir ce qu'est, pour le droit administratif, un acte juridique, s'agissant ici, par hypothèse, des seuls actes unilatéraux (pour les contrats, v. *infra*, n° 745). Il faut d'abord relever, à cet égard, qu'à la différence de ce qu'il en est aujourd'hui, en droit civil[6], aucun texte ne répond à cette question. En particulier, si l'article L. 200-1 du Code des relations entre le public et l'administration précise quels sont les actes administratifs auxquels il s'applique, il n'en donne aucune définition. Si la jurisprudence n'en offre pas davantage (dans cette matière surtout, qui touche à l'ouverture du prétoire, le juge répugne à se lier par des énoncés précis), certains enseignements peuvent en être tirés. En premier lieu, le droit administratif ne paraît pas s'écarter de la définition classique de l'acte juridique, adoptée notamment droit civil et qui caractérise ce dernier comme une manifestation de volonté destinée à produire des effets de droit[7]. Mais, de cette notion, il adopte une conception spécifique parce que s'il s'interroge sur la juridicité des actes unilatéraux de l'administration c'est à des fins essentiellement contentieuses, c'est-à-dire pour déterminer si le recours juridictionnel est recevable. On peut donc dire, plus précisément, que l'acte juridique, tel que l'entend la jurisprudence administrative, c'est une manifestation de volonté administrative destinée à produire des effets juridiques de nature à justifier l'ouverture d'un débat contentieux. Il en résulte notamment que l'effet de droit caractéristique de l'acte juridique est conçu, comme le souligne justement B. Plessix[8], par référence à une représentation traditionnelle de la juridicité qui identifie cette dernière à ce qui est obligatoire, contraignant sous la sanction étatique. Selon ces vues, l'acte administratif se présente comme une manifestation de volonté qui a pour objet d'édicter une norme juridique, c'est-à-dire une norme de comportement obligatoire. Cette force obligatoire existe, il convient de le souligner, quel que soit le contenu de la norme, c'est-à-dire qu'elle ordonne, interdise ou permette d'adopter tel comportement.

6. C. civ., art. 1100-1, résulant de l'ordonnance n° 2016-131 du 10 février 2016.
7. V. C. civ., art. 1100-1.
8. *Droit administratif général*, LexisNexis, 2016, n° 736.

L'acte administratif, en tant qu'acte juridique susceptible de donner lieu à contentieux n'existe donc, en principe, que s'il a une portée normatrice. Il doit, en d'autres termes, *affecter l'ordonnancement juridique* :

— soit en le modifiant par ajout de dispositions (nouvelle réglementation, autorisation donnée, ordre signifié), ou par leur disparition (abrogation d'un décret réglementaire, révocation d'une permission) ;

— soit en décidant son maintien par le refus opposé à une demande de modification (si un refus de permis de construire ne change pas l'ordonnancement en vigueur, il pose une norme en prenant position, au regard de celui-ci, sur la demande faite).

B. LES LIMITES DE LA JUSTICIABILITÉ DE L'ACTE ADMINISTRATIF : LES MESURES D'ORDRE INTÉRIEUR

541 Juridicité et justiciabilité, normativité et grief ne vont pas nécessairement de pair. La raison en est simple. Les conditions de l'ouverture du recours juridictionnel font l'objet d'une politique jurisprudentielle foncièrement pragmatique. Ce réalisme se manifeste notamment dans le fait que, dans l'appréciation du grief, le juge administratif ne tient pas seulement compte des effets juridiques de l'acte mais aussi de ses effets concrets, matériels. C'est précisément cela qui est à l'origine de la dissociation entre juridicité et justiciabilité. Cette dernière opère en deux sens. D'une part, certains actes, bien que non normateurs, sont néanmoins susceptibles de recours, au regard de leurs effets réels. Ce point est examiné plus loin (v. *infra* n° 545). D'autre part, certains actes, quoique normateurs, ne font pas grief à raison de la faiblesse de leur portée, non seulement juridique, mais pratique : ce sont les mesures d'ordre intérieur, ici étudiées.

542 Les mesures d'ordre intérieur ont des conséquences réelles, s'imposant aux agents du service et peuvent même avoir des effets externes pour certains usagers. Leur caractère normateur est incontestable. Pourtant le juge refuse d'y voir des actes faisant grief susceptibles de recours. Deux explications, d'ailleurs complémentaires, ont été avancées. Elles ne concernent que l'*ordre interne* qui, en raison du principe hiérarchique et des nécessités de son organisation et de sa discipline, doit précisément pouvoir agir sans être énervé par des complications contentieuses. Dans la mesure où elles ne portent pas gravement atteinte à des droits et obligations, un contrôle juridictionnel n'apparaît pas nécessaire (*De minimis non curat praetor*).

543 **Champ d'application. –** Constituent, tout d'abord, des mesures d'ordre intérieur, certaines décisions relatives aux *rapports entre l'administration*, dans son ensemble, et *son personnel*, comme l'affectation d'un agent à tel ou tel poste, ce qui modifie les tâches qu'il a à accomplir[9] ou le refus d'autoriser un enseignant à mettre en place un mécanisme comptable d'avance sur dépenses[10]. Il importe peu

9. CE, 8 mars 1999, *Mme Butler*, R. Tab. 843.
10. CE, 16 nov. 1979, *Melki*, R. Tab. 830.

que la mesure soit prise en considération de la personne[11]. Mais dès que sont mis en cause les droits statutaires ou de carrière des agents, l'acte est considéré comme faisant grief[12] (v. aussi *infra*, n° 989).

Les mesures d'ordre intérieur sont particulièrement nombreuses dans certains secteurs particuliers, où le pouvoir disciplinaire vis-à-vis des administrés doit rester essentiel.

1°) Ainsi, dans l'*Éducation nationale*, la décision d'affecter un élève ou un étudiant dans tel ou tel groupe de travaux dirigés, sans incidence sur ses orientations[13], est une mesure d'ordre intérieur, comme a pu l'être l'interdiction du port par les jeunes filles des pantalons de ski dits fuseaux, sauf temps de neige[14]. Il en va différemment pour le refus opposé à une demande de changement d'options car l'avenir professionnel de l'élève est en jeu[15], et le port des vêtements est désormais régi par le règlement intérieur de l'établissement, ce qui peut donner lieu à sanctions s'il est violé. En conséquence, dans « les affaires du foulard islamique », ont été considérés comme des actes administratifs tant les règlements intérieurs que les mesures prises à l'encontre d'élèves le portant[16].

2°) Dans les *armées*, au nom de la nécessaire discipline militaire, les punitions militaires prévues par le règlement de discipline générale et distinctes des sanctions disciplinaires prises en application du statut des militaires relevaient de l'ordre interne[17]. Cette solution, critiquable, a été abandonnée en raison des « effets directs (de la mesure) sur la liberté d'aller et de venir du militaire en dehors du service, (et de) ses conséquences sur l'avancement ou le renouvellement des contrats d'engagements »[18].

3°) Enfin, dans le *service public pénitentiaire*, le placement d'un détenu en quartier de haute sécurité, alors même qu'il avait des conséquences très importantes (isolement complet, interdiction de communiquer, interdiction de stocker et de faire chauffer des aliments, etc.), constituait une simple mesure d'ordre intérieur[19]. Mais, ici aussi, cette jurisprudence discutable a été remise en cause, le domaine d'application de la notion de mesure d'ordre intérieur a connu un net recul et ses critères ont été précisés. Engagée avec l'affaire ***Marie***[20], cette évolution a été prolongée par une décision *Remli*[21] avant de trouver son achèvement (pour le moment) dans trois

11. CE, sect. 25 sept. 2015, n° 372624, *Mme B.*, *AJDA* 2015. 2147, chron. L. Dutheillet de Lamothe et G. Odinet, GP, obs. B. Seiller, *RFDA* 2015. 1107, concl. G. Pélissier.

12. Par ex. CE, 13 déc. 1991, *Synd. CGT employés mairie de Nîmes*, R. 443, *RFDA* 1993.250, concl. H. Toutée (changements d'affectations des agents, constitutives de « mutations comportant une modification de leur situation »).

13. CE, 11 janv. 1967, *Bricq*, R.T. 881.

14. CE, 20 nov. 1954, *Chapou*, R. 541.

15. CE, 5 nov. 1982, *Attard*, R. 374, *D.* 1983.122, concl. O. Dutheillet de la Mothe.

16. CE, 2 nov. 1992, *Kherouaa*, R. 389, *RFDA* 1993.112, concl. D. Kessler (illégalité de l'exclusion d'élèves portant le foulard islamique pour violation du règlement intérieur du collège trop restrictif).

17. CE, 11 juill. 1947, *Dewawrin*, R. 307 (dans le cas d'un militaire puni par deux fois de 60 jours d'arrêt de forteresse).

18. CE, ass., 17 févr. 1995, *Hardouin*, R. 83, concl. P. Frydman (pour une punition de 10 jours d'arrêt).

19. CE, 27 janv. 1984, *Caillol*, R. 28, *RDP* 1984.483, concl. B. Genevois.

20. CE, 17 févr. 1995, *Marie* (mêmes références que l'arrêt Hardouin, préc.).

21. CE, 30 juill. 2003, *Garde des Sceaux c/Remli*, R. 366, *AJDA* 2003. 2090, note D. Costa, *GP* 2003, n° 313, p. 10, concl. M. Guyomar (pour la mise à l'isolement d'un détenu).

décisions d'Assemblée du 14 décembre 2007[22] qui fixent l'état actuel du droit. Le juge s'efforce désormais de raisonner par catégorie d'actes. Pour déterminer si un type de mesure constitue ou non une mesure d'ordre intérieur, il prend en considération deux éléments : sa nature et l'importance de ses effets sur la situation, tant juridique que matérielle, du détenu[23]. Un acte qui, au regard de ses critères, constitue une mesure d'ordre intérieur, peut encore échapper à cette qualification s'il met en cause des libertés et des droits fondamentaux des détenus[24]. La mise au point d'une telle « grille de lecture » est propre à diminuer l'incertitude de l'état du droit. Ses vertus à cet égard ne doivent pas, toutefois, être exagérées. Ici comme ailleurs la notion de droit fondamental et celle de sa « mise en cause » peuvent être d'un maniement délicat ; le critère de l'importance des effets est essentiellement relatif ; celui de la nature demeure flou, même si le commissaire du gouvernement Mattias Guyomar le précise utilement en indiquant qu'il renvoie à l'objet de la mesure, à son caractère (sanction disciplinaire ou mesure prise dans l'intérêt du service, par exemple) et au degré de précision de son encadrement juridique. Tout cela ne peut conduire qu'à des solutions nuancées. Ainsi, la mesure par laquelle l'administration pénitentiaire retire, dans l'intérêt du service, un emploi à un détenu (« déclassement ») est un acte administratif susceptible de recours tandis que celle par laquelle elle lui refuse un emploi est une mesure d'ordre intérieur.

Ainsi, la mesure d'ordre intérieur, bien qu'elle concerne encore de nombreux actes considérés comme de faible importance, notamment dans les relations entre l'administration et son personnel, a vu sa portée se restreindre pour deux raisons. D'une part les agents ou les administrés se voient conférer de plus en plus de droits par les textes. D'autre part, et plus généralement, les exigences de la Convention européenne des droits de l'homme, notamment des articles 6-1 (droit au procès équitable) et 13 (droit au recours effectif), comme celles de la Constitution, interdisent que des mesures portant une atteinte significative aux libertés garanties par elle puissent échapper à tout contrôle juridictionnel (v. *infra*, n° 963 et s.).

544 **Mesure d'ordre intérieur susceptible de recours ? –** Dans un arrêt *Mme B.*[25], le Conseil d'État, après avoir rappelé le principe selon lequel les mesures prises à l'égard d'agents publics qui, compte tenu de leurs effets, ne peuvent être regardées

22. CE, ass., 14 déc. 2007, *Boussouar, Planchenault, Payet* (3 espèces), *AJDA* 2008.128, chron. J. Boucher et B. Bourgeois-Machureau, *D.* 2008.820, note Herzog-Evans, *RFDA* 2008. 87, concl. M. Guyomar et 104, concl. Landais, *GP*. 2008.24, comm. Pissaloux et Minot.

23. Comp. CE, 12 nov. 1996, *Winterstein et autres*, n° 62622 (l'inscription au répertoire des détenus particulièrement signalés constitue une mesure d'ordre intérieur, insusceptible de recours pour excès de pouvoir) et CE, 30 nov. 2009, *garde des Sceaux, ministre de la justice c/Kheli*, *AJDA* 2009.2320, *AJ pénal* 2010.43 (l'inscription au registre des détenus particulièrement signalés est une décision susceptible de recours).

24. Pour des applications, v. CE, 9 avr. 2008, *M. Rogier*, *AJDA* 2008.1827, note Costa, *JCP* A 2008.358 (« en l'absence de mise en cause des droits fondamentaux de l'intéressé », constitue une mesure d'ordre intérieur la décision de transférer un détenu incarcéré dans une maison en arrêt vers un établissement pour peines) ; CE, 3 juin 2009, *M. Boussouar*, *AJDA* 2009.1132 (même solution s'agissant du transfert d'un condamné d'un centre de détention vers une maison centrale). En revanche, le changement d'affectation d'un détenu est susceptible de recours s'il bouleverse son droit à conserver des liens familiaux : CE, 27 mai 2009, *Miloudi*, *AJDA* 2009.107E6, *JCP* A 2009. comm. 75.

25. CE, sect. 25 sept. 2015, n° 372624, préc.

comme leur faisant grief, constituent de simples mesures d'ordre intérieur insusceptibles de recours, apporte une exception à ce principe : dans le cas où la mesure contestée traduirait une discrimination à l'encontre de la personne visée, elle est susceptible de recours. Il faut bien comprendre la portée de la solution : la mesure discriminatoire prise à l'égard d'un agent public est susceptible de recours alors même qu'elle reste une mesure d'ordre intérieur. Il ne s'agit pas d'un nouveau cas dans lequel la mesure perd la qualité de mesure d'ordre intérieur et devient une décision susceptible de recours mais d'une exception au principe selon lequel une mesure d'ordre intérieur n'est pas susceptible de recours. Cette solution introduit une complication : il vaudrait mieux dire, comme au demeurant le Conseil d'État l'avait fait auparavant[26], que la mesure discriminatoire fait grief et perd donc sa qualité de mesure d'ordre intérieur, pour garder sa cohérence juridique à cette notion.

§ 2. DÉFINITION NÉGATIVE : ACTE ADMINISTRATIF ET ACTES NON NORMATIFS DE L'ADMINISTRATION

545 Certaines mesures, tout en relevant de l'action administrative, ne constituent pas des actes administratifs car elles restent non normatrices ou, selon une expression courante, non décisoires. En principe, elles ne font pas grief et ne sont donc pas susceptibles de recours contentieux.

Toutefois, la circonstance que les actes non normateurs ne soient pas regardés comme des actes juridiques susceptibles de recours ne signifient pas nécessairement qu'ils n'aient aucune portée juridique. Le statut juridique et contentieux des actes unilatéraux de l'administration ne se limite à la question de la recevabilité du recours. D'autres problèmes se posent. Ils sont principalement au nombre de trois. Le premier est de savoir si la légalité d'un acte peut être contestée par la voie de l'exception à l'appui d'un recours dirigé contre une autre décision. Le second est de savoir si la méconnaissance des dispositions d'un acte peut être invoquée à l'appui d'un recours visant une décision administrative. Le dernier est de savoir si l'acte est opposable par l'administration aux administrés, c'est-à-dire s'il peut, sans erreur de droit, servir de base légale aux décisions administratives. Or, à ces trois questions (ou à l'une ou l'autre), il peut être répondu positivement pour certains actes non normatifs de l'administration.

En outre, au cours des dernières années, le principe selon lequel les actes non normatifs (ou non décisoires) ne font pas grief a connu une profonde remise en cause. L'absence de normativité n'implique plus nécessairement l'injusticiabilité.

Cela étant posé, ces actes non normateurs sont notamment les actes préparatoires ou confirmatifs (A) ou indicatifs (B).

26. CE, 15 avr. 2015, n° 373893, *Pôle emploi*, *AJDA* 2015. 1926, note C. Chauvet.

A. LES MESURES PRÉPARATOIRES OU CONFIRMATIVES

546 La mesure prise reste sans conséquence sur le droit en vigueur. Elle n'a pas de portée décisoire, soit qu'elle annonce un acte futur qui sera seul normateur ou qu'à l'inverse elle se contente de rappeler une norme déjà posée. Dans un cas comme dans l'autre, ce n'est pas là que se situe la manifestation de volonté.

547 **Actes préparatoires. –** Il s'agit notamment de l'ensemble des avis, consultations, recommandations et propositions émis lors de l'édiction de l'acte administratif. Ne prenant aucune position définitive sur la décision qui sera prise, ils sont considérés comme non normateurs, comme insusceptibles de recours, ce qui impose de contester les éventuelles irrégularités dont ils pourraient être entachés à l'occasion du seul recours contre l'acte final (par exemple composition illégale de la commission consultée, v. *infra*, n° 622).

Si l'énoncé de la règle est simple, son application l'est moins. Dans certains cas, des « avis » (tels que les avis aux exportateurs du ministre des Finances qui fixent certaines conditions pour la circulation des marchandises) ou « recommandations » peuvent être en réalité de véritables décisions : tout dépend de leur contenu réel et de leur place dans le processus de décision.

La question se pose notamment pour les *mises en demeure*, mesure par laquelle l'administration ordonne à une personne d'agir en tel sens sous peine de poursuites. S'agit-il d'un simple « effet d'annonce », seule la réalisation de la menace produisant des effets juridiques ou au contraire l'acte est-il immédiatement attaquable ? En principe, la mise en demeure ne fait pas grief quand elle constitue la première étape d'une opération administrative[27] ou quand elle ne fait que rappeler des obligations résultant de textes antécédents car il s'agit en ce cas d'un acte confirmatif (v. *infra*, n° 548). À l'inverse, elle est normatrice dans les autres hypothèses, quand elle apporte un élément nouveau en imposant une mesure qui ne repose sur aucun texte antérieur – « elle crée du droit » – ou si, dans le cadre de l'application d'un texte, elle contient une menace précise ou fixe un délai d'exécution[28].

De cette difficulté d'appréciation découle la possibilité de renversements de jurisprudence. Ainsi la note attribuée aux fonctionnaires considérée comme un acte préparatoire à l'établissement des tableaux d'avancement, inattaquable donc, constitue désormais un acte administratif qui peut être immédiatement contesté[29].

548 **Décisions confirmatives. –** La mesure n'est pas normatrice car elle confirme une décision déjà prise. Elle ne rajoute rien, elle n'apporte rien, contrairement à la première décision de refus de modifier l'ordonnancement juridique opposée au demandeur. Pendant longtemps, il arriva au juge d'examiner au fond le recours.

27. Par ex. CE, 30 janv. 1987, *Département de la Moselle*, R. 23 (reconnaissance par la chambre régionale des comptes du caractère obligatoire d'une dépense constituant un acte préparatoire à la décision d'inscription d'office de la dépense au budget local par le préfet). Comp. CE, 23 mars 1984, *Organisme de gestion des écoles catholiques du Couëron*, R. 126 (le refus de la chambre des comptes de reconnaître ce caractère fait grief car, faute de cette reconnaissance, la procédure s'arrête là).

28. V. concl. Stirn, *RFDA* 1991.285 sur CE, sect., 25 janv. 1991, *Conf. nat. des assoc. famil. catholiques*, R. 30 (mise en demeure du ministre de la Santé adressée à un laboratoire pharmaceutique de reprendre la commercialisation de la pilule RU 486 – pilule abortive – faisant grief).

29. CE, sect., 23 nov. 1962, *Camara*, R. 627.

Face à l'« explosion » des recours contentieux au lendemain de la Seconde Guerre mondiale, ces requêtes furent jugées irrecevables pour éviter que celui qui n'a pas attaqué l'acte initial dans les deux mois, demande confirmation de cet acte puis attaque la décision confirmative, ôtant tout effet à l'expiration du délai de recours[30]. Ainsi les demandes de réexamen d'une décision déjà prise ne peuvent conduire à l'édiction d'une norme non confirmative que si elles n'ont pas le même objet, la même cause ou se situent dans un nouveau contexte juridique ou factuel. En ce cas il y a bien nouvelle prise de position de l'administration.

B. LES ACTES INDICATIFS

549 **Plan. –** À côté des actes qui se situent dans une relation temporelle avec la décision initiale, existent diverses mesures par lesquelles l'administration exprime une opinion, donne des indications sur la conduite à tenir. Il s'agit, que ce soit par voie individuelle ou générale, d'informations, de vœux, de conseils, d'orientations, d'interprétations. Dès lors qu'il y a vœu[31] et non prise de position définitive, conseil et non ordre, recommandation[32] et non prescription, rappel de la réglementation et non addition d'une condition nouvelle, l'ordonnancement juridique n'est nullement affecté et la qualité d'acte administratif susceptible de recours était en principe déniée.

Ce refus de la qualité de décision faisant grief n'exclut pas nécessairement qu'à d'autres égards (v. *supra*, n° 539) une certaine portée juridique soit reconnue à ces actes. Surtout, il est remarquable qu'en conséquence d'évolutions jurisprudentielles récentes, les plus notables de ces actes soient désormais reconnus comme susceptibles de recours. Ces évolutions concernent, plus précisément, ce qu'il est devenu courant d'appeler les actes de droit souple. Ces derniers présentent plusieurs caractères, que le Conseil d'État a bien identifiés[33]. Ils ont pour objet d'exercer une influence sur le comportement de leurs destinataires ; c'est en ce sens qu'ils participent du droit, qu'ils ont une dimension normative, les normes juridiques ayant pour objet de régir le comportement de leurs destinataires. En outre, « ils présentent par leur contenu et leur mode d'élaboration, un degré de formalisation et de structuration qui les apparente aux règles de droit »[34]. Mais si ce droit est « souple », c'est parce que les actes en cause n'ont aucune force obligatoire à l'égard de leurs destinataires, qui ne sont nullement tenus de s'y conformer. En effet, ils ont seulement pour objet de recommander certains comportements, d'y inciter ou d'y inviter. Ces actes n'affectent donc pas la situation juridique des personnes, ne modifient pas leurs droits et obligations. Ils ne constituent pas des actes normateurs et c'est bien pourquoi ils n'étaient pas

30. CE, sect., 28 mars 1952, *Martin, Piteau, L'Huillier*, R. 198, *RDP* 1952.487, concl. J. Donnedieu de Vabres.

31. V. p. ex. CE, sect., 29 déc. 1997, *SARL Enlem*, R. 500, *RFDA* 1998. 553, concl. L. Touvet (vœux des assemblées locales désormais insusceptibles de recours, sauf déféré du préfet qui permet de vérifier, justement, que sous couvert de vœux, ils ne comportent pas de normes illégales).

32. V. p. ex. : CE, 13 juill. 2007, *Société Éditions Tissot*, *AJDA* 2007, p. 2144, concl. L. Derepas.

33. *Le droit souple*, Étude annuelle 2013, p. 56 et s.

34. Conseil d'État, *Le droit souple*, préc., p. 61.

traditionnellement susceptibles de recours devant le juge administratif[35]. Certains de ces actes sont directement adressés aux administrés. C'est d'abord à leur égard que la recevabilité du recours pour excès de pouvoir a été admise. Cette solution a ensuite été étendue à d'autres actes de droit souple qui sont adoptés par l'administration pour son propre usage, mais sont susceptibles de produire indirectement des effets sur les administrés. Il s'agit des circulaires et des lignes directrices.

1. Les actes de droit souple directement adressés aux administrés

550 Certaines autorités administratives et, notamment, les autorités administratives indépendantes chargées de missions de régulation économique, recourent, de préférence, à des instruments de droit souple pour remplir leurs missions. Ces actes prennent la forme, entre autres, d'avis, de recommandations, de prises de position adressées aux intéressés. En droit, ces actes ne s'imposent pas ; ils n'étaient donc pas classiquement susceptibles de recours devant le juge administratif[36]. Toutefois, même si ces actes ne sont pas juridiquement obligatoires, en fait, ils peuvent avoir une réelle influence sur les comportements de leurs destinataires et, par là même, avoir des effets non négligeables. Cela rend souhaitable l'exercice d'un contrôle de légalité par le juge. Le Conseil d'État a effectivement admis que ces actes, bien que non normateurs, puissent faire grief et soient, par suite, susceptibles de recours pour excès de pouvoir, dès lors qu'ils remplissent certaines conditions[37]. Ces dernières paraissent bien avoir été assouplies par l'arrêt *Madame Le Pen*[38], quoique celui-ci ne contienne pas de motif de principe, de manière regrettable, au regard tant de la vocation normale d'un arrêt d'assemblée que de la souhaitable certitude de l'état du droit.

551 Initialement, l'ouverture du recours pour excès de pouvoir contre les actes de droit souple ne concernait que ceux de ces actes (« avis, recommandations, mises en garde, prises de position ») qui étaient « adoptés par les autorités de régulation dans l'exercice des missions dont elles sont investies ». Compréhensible, cette prudente limitation du champ d'application d'une jurisprudence novatrice, était, au fond, fragile. La notion d'autorité de régulation étant des plus incertaine, la limite qu'elle fonde ne peut elle-même qu'être d'un maniement malaisé. Il est, certes, possible de considérer que ladite notion recouvre les autorités administratives ou publiques indépendantes investies d'une mission de régulation économique. Mais

35. CE, 11 oct. 2012, n° 346378, *Société ITM Entreprises*, *R.* 359, *D.* 2013, 732, obs. D. Ferrier ; CE, 11 oct. 2012, n° 357193, *Société Casino Guichard-Perrachon*, R. 361, *AJDA* 2012. 2373, chron. X. Domino et A. Bretonneau, *D.* 2013. 732, obs. D. Ferrier, *RTD com.* 2012. 747, obs. E. Claudel, *ibid.* 2013. 237, obs. G. Orsoni, *RJEP* 2013, comm. 13, note P. Idoux, *RDP* 2013. 771, note L. Calandri, *Dr. adm.* 2013, comm. 2, note Bazex.

36. *Ibid.*

37. CE, ass., 21 mars 2016, *Société Fairvesta International GbmH et autres* (1re esp.) et *Société NC Numéricable* (2e esp.), *AJDA* 2017. 717, chron. L. Dutheillet de Lamothe et G. Odinet, 931, tribune F. Rolin, *Dr. adm.* 2016, comm. 20, note S. Von Coester et V. Daumas et comm. 34, note A. Sée, *RFDA* 2016. 497, concl. S. Von Coester, 679, étude F. Melleray.

38. CE, ass., 19 juill. 2019, n° 426389, *AJDA* 2019.1994, chron. C. Malverti et C. Beaufils.

si l'utilisation de procédés juridiques non contraignants est caractéristique de ces autorités, celles-ci n'en ont pas le monopole et on ne voit pas très bien pourquoi seuls les actes de droit souple accomplis par elles mériteraient un contrôle juridictionnel. C'est ainsi avec raison que l'arrêt *Mme Le Pen* semble bien abandonner le critère de l'autorité de régulation puisqu'il admet qu'une prise de position « d'une autorité administrative », sans autre précision, puisse faire grief. Il a été jugé de même pour une recommandation de l'Agence nationale de sécurité du médicament et des produits de santé, qui est un établissement public de l'État dont la mission n'est pas de régulation économique mais de police sanitaire[39]. À cet égard, il ne semble pas qu'il faille attacher d'importance à la circonstance que d'autres décisions reprennent (fâcheusement) à la lettre le motif de principe de la jurisprudence *Fairvesta* et *Numericable* et mentionnent donc les seules autorités de régulation comme étant les destinataires de celle-ci[40].

552 Selon les arrêts *Fairvesta* et *Numericable*, pour qu'un acte de droit souple fasse grief, il faut qu'il remplisse l'une ou l'autre de deux conditions alternatives. L'acte doit en effet soit « être de nature à produire des effets notables, notamment de nature économique », soit avoir « pour objet d'influer de manière significative sur les comportements des personnes auxquelles ils s'adressent ». Comme il a déjà été relevé (v. *supra* n° 572 et s.), les « lignes directrices » qui satisfont à ces conditions sont également des actes susceptibles de recours[41]. Par ailleurs, le refus d'abroger un acte de droit souple faisant grief est également susceptible de recours ; ainsi, quand un justiciable n'a pas contesté un tel acte dans le délai imparti à cet effet, il lui « reste loisible, de demander son abrogation à l'autorité qui l'a adopté et, le cas échéant, de contester devant le juge de l'excès de pouvoir le refus que l'autorité oppose à cette demande »[42].

Ces rappels étant faits, plusieurs précisions s'imposent.

Si l'arrêt *Madame Le Pen* a pu être compris et présenté comme remettant en cause la dualité des critères des effets et de l'objet de l'acte[43], la jurisprudence ultérieure, qui les maintient, dément cette interprétation[44]. En second lieu, il n'est pas exigé que l'acte ait effectivement produit des effets notables ou exercé une influence significative, mais qu'il apparaisse de nature à en produire ou ait pour objet (on dirait plus clairement : pour but) d'influer sur les comportements (même s'il peut être relevé qu'il a eu à la fois cet objet et cet effet[45]). Que ces deux critères soient alternatifs ressort de la formulation du motif de principe des arrêts *Faiversta*

39. CE, 21 oct. 2019, *Association française de l'industrie pharmaceutique*, n° 419996.

40. CE, 16 oct. 2019, n° 433069, *Associations « La Quadrature du net » et « Callopen »*, *JCP A* 2019, n° 43-44, 28 oct., obs. C. Friedrich ; CE, 4 déc. 2019, *Fédération bancaire française,* n° 415550, *AJDA* 2019. 2517.

41. CE, 13 déc. 2017, n° 401799, *Société Bouygues Télecom et autres*, préc.

42. CE, sect. 3 juil. 2016, n° 388150, *AJDA* 2016. 2119, note F. Melleray, *Dr. adm.* 2016, note P. Idoux.

43. V. C. Malverti et C. Beaufils, chron. *AJDA* 2019. 1994 et s.

44. CE, 16 oct. 2019, n° 433069, *Associations « La Quadrature du net » et « Callopen »* ; CE 21 oct. 2019, n° 419886, *Association française de l'industrie pharmaceutique*.

45. CE, 4 déc. 2019, *Fédération bancaire française,* n° 415550, préc. : fait grief un avis de l'Autorité de contrôle prudentiel et de résolution qui « a pour objet et pour effet d'inciter [les établissements financiers] à modifier de manière significative leurs pratiques concernant la gouvernance et la surveillance des produits bancaires de détail ».

et *Numericable* et se trouve confirmé par le fait que la réalisation de l'un des deux est parfois seule constatée pour justifier la recevabilité du recours pour excès de pouvoir[46]. Toutefois, le plus souvent, les arrêts qui retiennent la qualification d'acte faisant grief se réfèrent à la fois aux effets et à l'objet de la mesure litigieuse. C'est sans doute que ces deux éléments sont étroitement liés. En particulier, un acte qui a pour objet d'influer significativement sur le comportement de ses destinataires (ce qui, soit dit en passant, est dans la nature même d'une norme souple) est normalement susceptible de produire des effets notables, ceux-là mêmes que les changements de comportement visés sont propres à entraîner. L'affaire *Fairvesta* en donne une bonne illustration. Il s'agissait ici d'un communiqué de l'Autorité des marchés financiers, publié sur son site internet, et mettant en garde les investisseurs contre certaines pratiques de la société requérante, qui vend des placements immobiliers. Cette mise en garde avait évidemment pour objet d'inciter les investisseurs à ne pas se porter vers ces placements (ce qui s'est effectivement produit) et était donc susceptible d'entraîner une diminution du chiffre d'affaires de la société (ce qui s'est également réalisé). La formulation d'un autre arrêt[47], selon laquelle des recommandations qui ont pour objet d'influer de manière significative sur certains comportements « sont de ce fait de nature à produire des effets notables » est également très révélatrice du rapport logique que ces deux critères entretiennent, puisque la présence de l'un est ici comprise comme impliquant celle de l'autre.

553 Si les critères de l'objet et des effets sont ainsi intimement liés, il n'en demeure pas moins que, au point de vue des rapports entre juridicité et justiciabilité, leur signification diffère. Le premier en marque la dissociation : des effets économiques (notamment) ne sont pas des effets de droit et ne sauraient sans artifice leur être assimilés. Le pragmatisme du juge consiste bien ici à prendre en compte autre chose que la juridicité pour donner accès au contentieux. De ce point de vue, il y a, en quelque sorte, un cas inverse de celui de la mesure d'ordre intérieur. Avec celle-ci, on a affaire à un acte normateur mais dont les effets concrets sont faibles ; dans le cas examiné, il s'agit d'un acte qui n'est pas normateur mais qui est propre à entraîner des effets concrets importants. Le second critère, quant à lui, peut, à première vue, être regardé comme opérant une extension de la conception de la juridicité adoptée par le juge administratif : celle-ci ne comprendrait plus seulement l'acte juridiquement contraignant mais aussi celui qui opère une direction non autoritaire des conduites humaines, selon la formule de P. Amselek[48]. La jurisprudence, néanmoins, ne va pas, dans le sens de cette interprétation. De manière générale, maints arrêts relatifs aux actes de droit souple jugés susceptibles de recours ne manquent pas de relever que ceux-ci sont dépourvus d'effets juridiques[49]. En ce qui

46. CE, 20 juin 2016, *Fédération française des sociétés d'assurances*, Rec. 665 (recevabilité du recours pour excès de pouvoir contre une recommandation de l'Autorité de contrôle prudentiel et de résolution concernant la distribution des contrats d'assurance vie, dès lors qu'elle « a pour objet d'inciter les entreprises d'assurance et les intermédiaires, qui en sont les destinataires, à modifier sensiblement leurs relations réciproques ».

47. CE, 21 oct. 2019, *Association française de l'industrie pharmaceutique*, n° 419996.

48. « L'évolution générale de la technique juridique dans les sociétés occidentales », *RDP* 1982. 275 et s.

49. P. ex., CE, ass. 19 juillet 2019, *M*[me] *Le Pen* (v. motif 4).

concerne, plus spécifiquement, le critère de l'objet, on peut relever que le Conseil d'État, admet qu'une délibération et deux communiqués du Conseil supérieur de l'audiovisuel, invitant les chaînes de télévision à ne pas diffuser certains types de message lors des séquences publicitaires, étaient susceptibles de recours parce qu'ils ont « eu pour objet d'influer de manière significative sur le comportement des services de télévision » ; il souligne néanmoins qu'ils « n'ont produit aucun effet de droit »[50]. L'effet de droit demeure donc identifié aux prescriptions obligatoires, au moins en matière de recevabilité du recours juridictionnel.

Un dernier point mérite d'être précisé, sur le terrain de la recevabilité. Les arrêts *Fairvesta* et *Numericable* énoncent également, reprenant une solution antérieure[51], que les actes en cause sont susceptibles de recours « lorsqu'ils revêtent le caractère de dispositions générales et impératives ou lorsqu'ils énoncent des prescriptions individuelles dont ces autorités [de régulation] pourraient ultérieurement censurer la méconnaissance ». Mais dans ces cas, même si l'acte est dénommé avis, recommandation, etc., il ne s'agit plus en réalité d'acte de droit souple mais de véritable acte normateur.

554 Le recours pour excès de pouvoir ayant été conçu pour le contrôle de la légalité d'actes normatifs, son extension à des actes qui ne le sont pas (ou pas de la même manière) est susceptible d'appeler des adaptations. Les arrêts *Fairversta-Numéricable* en tracent les grandes lignes. Si toutes les illégalités, normalement invocables à l'appui d'un recours pour excès de pouvoir, sont susceptibles d'être examinées par le juge, ce dernier doit tenir compte de la nature et des caractéristiques des actes de droit souple, ainsi que du pouvoir d'appréciation dont dispose l'autorité qui les a édictés.

2. Les circulaires

555 Les circulaires jouent un rôle important dans la vie de l'administration, comme l'atteste notamment leur nombre élevé[52]. Cet instrument traditionnel du fonctionnement administratif connaît aujourd'hui une mutation profonde.

Classiquement, les circulaires se caractérisent par leur auteur, leurs destinataires et leur contenu. Leur auteur est le plus souvent un chef de service administratif (un ministre, par exemple). Leurs destinataires sont, dans la plupart des cas, les fonctionnaires placés sous l'autorité de l'auteur de la circulaire, autrement dit, les agents des services qu'il dirige. La circulaire est notamment un instrument traditionnel des relations entre les administrations centrales et les services déconcentrés. Enfin, quant à leur contenu, les circulaires présentent une constante : elles contiennent des dispositions de portée générale. Ces dispositions peuvent avoir trois grands types d'objet. Il peut s'agir de formuler des conseils, des recommandations, des directives sur l'organisation ou le fonctionnement des services. Il peut s'agir aussi

50. CE, 10 nov. 2016, n° 384691, *AJDA* 2017. 121, concl. L. Marion.

51. CE, 11 oct. 2012, n° 346378, *Société ITM Entreprises*, préc. ; CE, 11 oct. 2012, n° 357193, *Société Casino Guichard-Perrachon*, préc.

52. Selon la circulaire du Premier ministre n° 6087/SG du 5 juin 2019, les administrations centrales ont adopté 1 300 circulaires en 2018.

d'indiquer aux agents l'interprétation qui doit être retenue des règles de droit qu'ils sont chargés d'appliquer. Les modalités de mise en œuvre des politiques publiques sont le troisième grand objet des circulaires.

La volonté de donner plus d'autonomie aux services déconcentrés, la politique de la transparence administrative (v. *infra* n° 633), le développement des outils numériques ont conduit le gouvernement à estimer que « la pratique des circulaires doit être profondément revue »[53], spécialement dans les rapports entre administrations centrales et services déconcentrés. D'un point de vue juridique, le trait le plus saillant de cette nouvelle orientation réside dans l'idée que « les circulaires de commentaires et d'interprétation de la norme sont des outils du passé inadaptés aux nécessités de notre époque marquées par la transparence et l'accès immédiat et partagé de l'information ». Dans cette perspective, ce type de circulaire tend aujourd'hui à être remplacé par la mise à disposition d'une documentation sur les sites internet ou intranet des ministères. Cette mutation n'est pas sans incidence sur les questions proprement juridiques que suscitent les circulaires.

Celles-ci sont au nombre de trois. La première est de savoir si la qualité d'acte administratif susceptible de recours juridictionnel doit leur être reconnue. Les deux autres portent, respectivement, sur l'obligation de les publier et sur leur opposabilité à l'administration.

a) La question de la qualité d'actes administratifs des circulaires

556 La réponse donnée par la jurisprudence administrative à cette question a évolué. Dans un premier temps, le juge, partant de l'idée que seules les actes normatifs (les décisions, en d'autres termes) peuvent faire l'objet d'un recours, s'est efforcé de distinguer, entre les circulaires, entre celles qui sont décisoires et celles qui le ne sont pas. Deux distinctions ont été successivement pratiquées. La première opposait les circulaires interprétatives et les circulaires réglementaires, cette catégorisation ayant été systématisée par l'arrêt *Institution Notre-Dame du Kreisker*[54]. Mais, à l'expérience, cette première distinction ayant révélé de sérieux inconvénients, le Conseil d'État s'est résolu, dans sa décision *Mme Duvignères*[55], à la remplacer par une seconde distinction, celle des circulaires impératives et des circulaires non impératives. L'arrêt *GISTI*[56], quant à lui, marque un changement d'approche radicale. Il admet en effet qu'une circulaire est susceptible de recours, alors même qu'elle ne présenterait pas le caractère d'une décision. Comme en matière de droit souple, normativité et justiciabilité sont ainsi dissociées. Il en résulte que le critère de l'impérativité (qui est

53. Circulaire du Premier ministre n° 6087/SG du 5 juin 2019, p. 7. Auparavant, dans le même sens, Circulaire du 17 juillet 2013 relative à la simplification administrative et au protocole des relations avec les services déconcentrés, *JO* du 18 juillet, texte n° 1.

54. CE, 29 janv. 1954, R. 64, *Dr. adm.* 1954.50, concl. Tricot.

55. **CE sect. 18 déc. 2002,** *AJDA* 2003. 487, chron. F. Donnat et D. Casas, *JCP* A 2003, n° 5, p. 94, note J. Morea, *LPA* 23 juin 2003, note P. Combeau, *RFDA* 2003.280, concl. P. Fombeur e 510, note J. Petit.

56. CE, sect., 12 juin 2020, n° 418142, *AJDA* 2020. 1407, chron. C. Malverti et C. Beaufils, *Dr. adm.* 2020, comm. 39, note G. Eveillard ; *AJCT* 2020, p. 523, note S. Renard et E. Péchillon ; *JCP* A 2020, act. 351, libres-propos, M. Touzeil-Divina ; *JCP* A 2020, 2189, étude G. Koubi ; *Procédures* 2020, comm. 160, note N. Chifflot ; *RFDA* 2020, p. 798, concl. G. Odinet, note F. Melleray.

lié à la notion de décision) est, sinon abandonné, du moins dépassé au profit de la prise en compte des effets, de droit comme de fait de la circulaire.

557 **La distinction initiale entre les circulaires interprétatives et les circulaires réglementaires. –** Comme sa dénomination le suggère, la circulaire interprétative se borne, conformément à la vocation normale d'une circulaire, à commenter ou à interpréter les textes en vigueur, sans y ajouter. Elle ne modifie donc pas les droits et les obligations des personnes, tels qu'ils résultent des règles de droit sur lesquelles elle porte. Dépourvue d'effets de droit propres, elle n'est pas une décision susceptible de recours. Au contraire, la circulaire réglementaire, loin de se limiter à expliciter le droit existant, y ajoute en édictant des règles nouvelles. Elle modifie donc les droits et les obligations des sujets de droit. Pourvue d'effets de droit propres, elle est une décision et, plus précisément, en raison de sa généralité, un règlement. Comme tout règlement, celui qui est ainsi édicté en forme de circulaire est susceptible d'être contesté par la voie du recours pour excès de pouvoir. Le plus souvent, d'ailleurs, ces circulaires sont illégales parce qu'elles émanent d'autorités dépourvues de pouvoir réglementaire (telles que, notamment, les ministres) et sont donc entachées d'incompétence.

558 **La distinction entre circulaire impérative et circulaire non impérative. –** Il est apparu souhaitable au Conseil d'État d'établir un contrôle de légalité sur les circulaires interprétatives pour plusieurs raisons. D'abord, ces circulaires comportent des effets sur les administrés. En effet, les agents, dans les décisions qu'ils prennent à leur égard, suivent l'interprétation que la circulaire a précisément pour objet de leur imposer. En outre, l'idée selon laquelle l'interprétation n'ajoute rien au texte est discutable : préciser le sens et la portée d'une règle c'est toujours lui ajouter quelque chose : la loi telle qu'interprétée par une circulaire, n'est jamais tout à fait la même chose que la loi elle-même. Enfin, si l'interprétation est illégale, les décisions prises sur son fondement seront elles-mêmes illégales et risquent d'entraîner le développement d'un contentieux. Il est préférable de prévenir ce dernier, en permettant au juge de statuer directement sur la légalité de l'interprétation.

Ces considérations ne sont toutefois pertinentes qu'en présence d'une circulaire interprétative impérative. C'est là la raison de la distinction introduite par l'arrêt *Duvignères*. Celui-ci, en effet, fait du caractère impératif d'une circulaire le critère de sa qualité de décision susceptible de recours. Deux conséquences s'ensuivent. Quand elles sont impératives et parce qu'elles le sont, les dispositions des circulaires sont considérées comme normatrices et attaquables devant le juge. Peu importe leur contenu, qu'elles créent une règle nouvelle ou se bornent à interpréter le droit existant. Dans le premier cas, il s'agit d'une circulaire réglementaire. Dans le second, c'est une circulaire interprétative impérative, c'est-à-dire une circulaire qui tend à imposer une interprétation du droit applicable en vue de l'édiction de décisions. Ainsi, par exemple, de la circulaire par laquelle le ministre de l'Éducation nationale a prescrit à ses services l'interprétation qu'il convient de donner à la loi qui prohibe le port de signes religieux ostensibles dans les écoles, collèges et lycées publics[57]. Inversement, quand les dispositions d'une circulaire ne sont pas

57. CE, 8 oct. 2004, *Union fr. pour la cohésion nationale*, R. 367, *RFDA* 2004. 977, concl. R. Keller.

impératives et se trouvent ainsi dépourvues de toute portée normative, elles ne sont pas décisions faisant grief. Ainsi, les simples conseils, les recommandations d'agir en tel ou tel sens, dès lors que la marge de manœuvre des autorités compétentes pour prendre la décision n'est pas atteinte[58], ne constituent des actes administratifs. Ici encore, peu importe leur contenu et, en particulier, que l'interprétation qu'elles donnent soit exacte ou non.

559 L'arrêt *Mme Duvignères* précise également la manière dont le juge contrôle la légalité des circulaires impératives. Il distingue, à cet égard, deux cas, qui correspondent aux deux types de circulaires impératives.

Le premier cas est celui où les dispositions de la circulaire « fixent, dans le silence des textes, une règle nouvelle », ce qui revient à dire que ces dispositions sont réglementaires. Il convient, dès lors, de distinguer selon que l'auteur de la circulaire détenait ou non un pouvoir réglementaire. Sinon, la circulaire est entachée d'incompétence. Si oui, elle a été complètement édictée ; néanmoins, les prescriptions réglementaires qu'elle contient peuvent être illégales « pour d'autres motifs », tels que, par exemple, leur contrariété à des normes supérieures.

Le second cas est celui où les dispositions de la circulaire se bornent à donner une interprétation du droit existant, qu'elles prescrivent d'appliquer. C'est ce que l'on peut appeler une circulaire interprétative impérative. Un tel acte sera illégal dans deux hypothèses. Tout d'abord, quand l'interprétation prescrite méconnaît le sens et la portée des dispositions sur lesquelles elle porte ; autrement dit, l'interprétation donnée n'est pas, aux yeux du juge, la bonne. Quant à la seconde hypothèse, elle est réalisée quand la circulaire « réitère une règle contraire à une norme juridique supérieure ». Par exemple, la circulaire reprend un règlement contraire à un principe général du droit, une loi inconventionnelle ou contraire aux droits et libertés garantis par la Constitution (ce qui suppose alors qu'une question prioritaire de constitutionnalité (v. *supra*, n° 67) soit soulevée à l'encontre de la loi rappelée par la circulaire)[59]. Il y a bien ici une norme : si l'administration, par hypothèse, n'ajoute rien au droit en vigueur, elle ordonne cependant de mettre en œuvre des règles illégales, inconventionnelles ou inconstitutionnelles. Une précision importe à cet égard : dès lors que l'illégalité de la circulaire tient au fait qu'elle reprend une règle dont *le contenu* est contraire à une norme supérieure, on ne peut utilement invoquer une illégalité externe (sur cette notion, v. *infra*, n° 1047)[60]. Par ailleurs, l'illégalité de réitération n'est pas susceptible d'être censurée quand elle affecte une circulaire qui commente une décision de justice[61] : l'autorité de la chose jugée qui s'attache à cette dernière oblige l'administration à en prescrire l'application, lors même que la décision en cause apparaîtrait contraire à une norme supérieure et, notamment, à une convention internationale. Dans ce cas, le juge administratif, qui ne peut pas davantage

58. Par ex. CE, 3 oct. 2003, *M. Boonen*, *AJDA* 2003.1847 (circulaire de la CNIL dont « il résulte des termes mêmes (...) qu'ils n'écartent pas de manière impérative la possibilité » de photocopier des documents contenus dans le fichier des renseignements généraux).

59. Sur ce cas de figure, v. p. ex. : CE, 24 nov. 2010, *Comité Harkis et Vérité*, *AJDA* 2010. 2284 ; CE, 9 févr. 2011, *Époux Mathieu*.

60. CE, 2 déc. 2011, *CFTC*, *AJDA* 2011.2380.

61. CE, 24 avr. 2012, *M. Afane Jacquart*, *AJDA* 2012. 915.

remettre en cause la chose jugée, doit se borner à vérifier que la circulaire n'a pas méconnu le sens et la portée de la décision de justice.

560 **L'arrêt *GISTI*[62] et la prise en compte des effets de la circulaire. –** Cette décision pose en principe (qui mérite citation) que « les documents de portée générale émanant d'autorités publiques, matérialisés ou non, tels que les circulaires, instructions, recommandations, notes, présentations ou interprétations du droit positif peuvent être déférés au juge de l'excès de pouvoir lorsqu'ils sont susceptibles d'avoir des effets notables sur les droits ou la situation d'autres personnes que les agents chargés, le cas échéant, de les mettre en œuvre ». Ce motif définit ainsi un nouveau critère de recevabilité du recours pour excès de pouvoir dont il précise d'abord le champ d'application.

561 Ce dernier, pour commencer par lui, apparaît étendu. L'arrêt considéré le détermine en deux temps : une formule d'ensemble (« documents de portée générale émanant d'autorités publiques, matérialisés ou non »), suivie d'une série, non limitative, d'exemples. Ces deux éléments appellent quelques remarques.

Seuls sont en cause des documents « de portée générale », ce qui exclut évidemment ceux qui se rapporteraient à des situations individuelles ou particulières. En précisant que ces documents peuvent être « matérialisés ou non », le Conseil d'État prend acte du déploiement des outils numériques au sein de l'administration française, dont on a vu qu'il affecte notamment les interprétations administratives (v. *supra* n° 555). Le cas d'espèce en offre d'ailleurs une bonne illustration, puisqu'était attaquée une note d'actualité d'un service du ministère de l'Intérieur publiée sur un site intranet de ce dernier.

L'énumération indicative de ce que peuvent être les documents en cause, conduit, quant à elle, à deux observations. La première relève de l'évidence : si elle les englobe, la jurisprudence *GISTI* ne se limite pas aux circulaires ni aux interprétations administratives du droit positif. La seconde concerne le fait que cette jurisprudence est assurément applicable à des actes de droit souple, tels que les recommandations, explicitement mentionnées. Or, d'après la jurisprudence *Fairvesta-Numéricable*, la recevabilité du recours pour excès de pouvoir contre les actes de droit souple obéit à des critères spécifiques. Sans être dépourvus de toute parenté avec celui qu'adopte l'arrêt *GISTI*, ils en diffèrent tout de même, en particulier parce qu'à côté des effets de l'acte, ils prennent en considération son objet. On peut ainsi avoir le sentiment que la recevabilité du recours pour excès de pouvoir à l'encontre d'une même catégorie d'actes se trouve gouvernée par deux jurisprudences différentes. En réalité, ce n'est pas le cas, car ces deux jurisprudences ne s'adressent pas aux mêmes actes. Comme cela transparaît dans la référence que l'arrêt *GISTI* fait aux agents chargés de mettre en œuvre les « documents » en cause, le point commun de ces derniers réside dans le fait qu'ils sont produits par l'administration pour son propre usage. En d'autres termes, il s'agit d'actes qui ont « vocation à servir de référence à l'administration dans l'exercice de ses compétences » et qui, par conséquent, vont, en pratique, « fonder... des décisions

62. CE, sect., 12 juin 2020, n° 418142.

administratives »[63]. Au contraire, la jurisprudence *Fairvesta-Numéricable* envisage des actes qui sont destinés à des tiers par rapport à l'administration (les opérateurs de tel secteur économique, par exemple). Toute difficulté dans l'articulation de ses deux jurisprudences n'en sera pas pour autant évitée dès lors que, l'exigence de transparence aidant, certains documents peuvent à la fois servir de référence à l'administration et être destinés aux administrés. Il reste que la solution de cette difficulté devrait être facilitée par la référence, commune aux jurisprudences *Fairvesta-Numéricable* et *GISTI*, aux effets de l'acte, pour apprécier s'il fait grief, même s'il ne s'agit pas tout à fait des mêmes effets.

562 On en vient par là à la teneur du critère de recevabilité adoptée par la section du contentieux. Un peu comme précédemment, une définition générale est suivie de deux applications importantes.

Négativement, la définition générale ne fait plus mention d'une exigence d'impérativité. Par conséquent, même un « document » et, en particulier, une circulaire interprétative, dépourvu d'impérativité pourra désormais, néanmoins, faire grief. Positivement, pour que ledit grief existe, il est exigé que les documents servant de référence à l'action administrative soient « susceptibles d'avoir des effets notables sur les droits ou la situation d'autres personnes que les agents chargés, le cas échéant, de les mettre en œuvre ». La formule comporte plusieurs enseignements sur la teneur des effets à l'aune desquels la recevabilité du recours sera déterminée. Ils apparaissent d'abord comme des effets indirects. L'explication est aisée. Des documents élaborés par l'administration pour servir de référence à son action s'adressent d'abord aux agents de celle-ci. Mais, dans la mesure où ces derniers exercent normalement leurs compétences sur la base de ces documents, ceux-ci peuvent produire, indirectement, des effets sur les administrés. C'est au nom de ses effets qu'un recours peut être ouvert à ces derniers. Comme l'indique clairement l'expression « susceptibles d'avoir des effets », des effets potentiels (et non pas réalisés) suffisent, comme en matière d'actes de droit souple. Le rapporteur public Guillaume Odinet relève à cet égard, avec pertinence, que cette solution paraît commandée par « la brièveté des délais du recours »[64]. Deux autres points communs avec la jurisprudence *Fairvesta-Numéricable* peuvent être constatés. En premier lieu, les effets considérés doivent être « notables », c'est-à-dire être d'une importance suffisante pour justifier l'ouverture du prétoire. En second lieu, susceptibles d'être relatifs, non seulement aux « droits » mais aussi à « situation » des intéressés, ces effets peuvent donc être extra-juridiques.

La définition du nouveau critère s'accompagne de deux précisions touchant son application. L'arrêt *GISTI* énonce en effet que deux types d'actes doivent être considérés comme comportant par nature et donc toujours les effets potentiels propres à les rendre susceptibles de contestation juridictionnelle : ceux qui ont caractère impératif et les lignes directrices. Ces solutions sont raisonnables. Dès lors qu'un document de référence et, notamment, une interprétation, est impérative pour les agents administratifs auxquels il s'adresse, on peut raisonnablement présumer que ceux-ci s'y conformeront dans l'exercice de leurs pouvoirs de décision à

63. G. Odinet, concl. sur CE, sect., 12 juin 2020, *GISTI*, préc.
64. Concl. préc.

l'égard des tiers. Quant aux lignes directrices, on verra qu'elles ont précisément pour objet d'orienter les autorités dans l'exercice de compétences qui leur laissent une marge d'appréciation (v. *infra* n° 572 et s.).

Il faut encore ajouter que l'arrêt *GISTI* ne change rien à la recevabilité du recours pour excès de pouvoir contre les circulaires qui présentent un caractère réglementaire ni au fondement de cette solution, qui réside dans la conception classique du grief : ces circulaires sont susceptibles d'être attaquées parce qu'elles sont des décisions.

563 La substance du contrôle de légalité que le juge de l'excès de pouvoir est en mesure d'exercer sur les documents servant de référence à l'action administrative qui font grief est également déterminée par l'arrêt *GISTI* (v. § 2). De nouveau, une formule générale est suivie d'exemples, en l'occurrence de possibles illégalités. La formule générale transpose les principes affirmés en matière d'actes de droit souple, ce qui est logique, un problème de même nature se posant dans les deux cas : l'adaptation du recours pour excès de pouvoir à des actes, non normatifs, pour lesquels il n'a pas été conçu. Ainsi, toutes les illégalités sont susceptibles d'être examinées, mais en tenant compte « de la nature et des caractéristiques » du document, ainsi que du pouvoir d'appréciation dont dispose l'autorité dont il émane. Quant aux exemples de cas où le recours doit être accueilli, ils s'inspirent de la jurisprudence *Duvignères* (v. *supra* n° 560). Le premier (le document « fixe une règle nouvelle entachée d'incompétence ») évoque la circulaire réglementaire édictée par une autorité dépourvue de pouvoir réglementaire. Le second correspond à une hypothèse également classique en matière de circulaire (« interprétation du droit positif en méconnaissant le sens et la portée »), tout comme le dernier (document pris « en vue de la mise en œuvre d'une règle contraire à une norme juridique supérieure »).

Il n'est pas inutile de relever finalement que la jurisprudence *GISTI* est sans incidence directe sur les autres aspects du statut juridique des circulaires.

b) L'obligation de publication des circulaires

564 Il existe un lien logique entre la normativité d'un acte unilatéral de l'administration et l'obligation de le publier. Dès lors qu'un tel acte affecte les droits et obligations de ses destinataires, il ne saurait devenir applicable à ces derniers sans qu'il soit porté à leur connaissance par une mesure de publicité adaptée au type de norme qu'il édicte. Il en va notamment ainsi pour les règlements, y compris ceux qui sont édictés en forme de circulaire (v. *infra*, n° 655 et s.). Inversement, dès lors qu'un acte est regardé comme ne comportant pas d'effets de droit à l'égard des administrés, on ne voit pas pourquoi ceux-ci devraient être informés de son existence et de sa teneur. Suivant cette logique, la jurisprudence n'a pas imposé d'obligation de publication des circulaires et instructions interprétatives. Il est intéressant de relever ici qu'elle l'a même expressément écarté pour les directives (devenues lignes directrices, v. *infra*, n° 572 et s.) au motif précisément que celles-ci ne présentent « aucun caractère réglementaire » et ne modifient pas, « par elles-mêmes, la situation juridique des intéressés »[65].

65. CE, sect., 29 juin 1973, *Soc. Géa*, R. 453.

565 Sur ce terrain, le législateur s'est séparé de la jurisprudence. La loi du 17 juillet 1978 (art. 8) a en effet imposé la publication des directives, circulaires, instructions, notes et réponses ministérielles qui « comportent une interprétation du droit positif ou une description des procédures administratives ». Réitérée par l'article 7 de l'ordonnance n° 2005-650 du 6 juin 2005, cette obligation est aujourd'hui reprise à l'article L. 312-2 du CRPA. Comme le suggère le fait que cette disposition figure dans les dispositions que ce code consacre au « droit d'accès aux documents administratifs », cette obligation s'inscrit dans la politique législative d'amélioration des rapports entre l'administration et les administrés et vise un objectif de transparence. Il est néanmoins peu douteux que le législateur a retrouvé la logique qui lie la normativité à la publication, mais pour en tirer des conséquences inverses de celles du juge : dès lors qu'en pratique, comme on l'a vu, les actes considérés ont des effets sur les administrés, en tant qu'ils conditionnent le contenu ou les modalités d'élaboration des décisions prises à leur égard, dès lors, en d'autres termes, qu'ils sont pourvus d'une normativité de fait, il est dans la logique mentionnée qu'ils soient publiés.

566 Une fois posé, par la loi, le principe de l'obligation de publication, il a fallu en organiser le régime, c'est-à-dire les modalités et la sanction.

Quant aux modalités, elles ont été déterminées par voie réglementaire (v. actuellement, CRPA, art. R. 312-3-1 et s.). Elles varient selon les administrations dont les documents considérés émanent. Par exemple, en principe, ceux qu'adoptent les administrations centrales doivent être publiés dans des bulletins officiels ayant une périodicité au moins trimestrielle (CRPA, art. R. 321-3-1). Toutefois, par dérogation à ce principe, « les circulaires et instructions adressées par les ministres aux services et établissements de l'État sont publiées sur un site relevant du premier ministre (*circulaire.legifrance.gouv.fr*) ».

Quant aux sanctions de la méconnaissance de l'obligation de publication, elles ont été renforcées. Initialement, il avait été seulement disposé que les instructions ou circulaires non publiées selon les modalités réglementairement prescrites « ne sont pas applicables et leurs auteurs ne peuvent s'en prévaloir à l'égard des administrés » (v. actuellement CRPA, art. R. 312-7). La loi n° 2018-727 du 10 août 2018 prescrit désormais (CRPA, art. 20-I, art. L. 312-2) qu'à défaut de publication (dans un délai de quatre mois à compter de la signature, CRPA, art. R. 312-7) la circulaire ou instruction est réputée abrogée.

c) L'opposabilité des circulaires

567 L'opposabilité d'une circulaire à l'administration désigne le droit, pour toute personne, de demander à celle-ci de se conformer à ses propres circulaires dans les décisions qu'elle prend à son égard. Ce droit resterait lettre morte s'il ne comportait pas de sanction juridictionnelle. L'opposabilité des circulaires à l'administration implique donc la possibilité d'en invoquer utilement la méconnaissance devant le juge, à l'appui d'un recours contre une décision, de telle sorte que cette méconnaissance, étant avérée, entraînera l'invalidation de la décision.

Bien entendu, quand une circulaire est réglementaire, elle est opposable à l'administration et invocable devant le juge aux mêmes conditions que tout règlement, c'est-à-dire qu'elle soit légale et entrée en vigueur du fait de sa publication. La raison en est évidemment que les règlements légaux et publiés font partie de la légalité qui s'impose à l'administration dans les décisions qu'elle prend à l'égard des administrés, la circonstance que le règlement ait pris la forme d'une circulaire étant, à cet égard, indifférente.

La question est plus délicate pour les circulaires non réglementaires, c'est-à-dire interprétatives. Il faut ici distinguer la position adoptée par la jurisprudence de celle qui résulte de divers textes.

568 La jurisprudence a toujours refusé que les circulaires interprétatives fussent opposables à l'administration et, partant, invocables devant le juge. La raison en est évidemment qu'aux yeux de ce dernier, elles ne posent pas une norme faisant partie de la légalité qui s'impose à l'administration. Cette raison n'est pas discutable pour les circulaires non impératives. Elle l'est davantage pour les circulaires impératives. En admettant, par son arrêt *Duvignères*, que ces circulaires sont susceptibles de recours pour excès de pouvoir, le Conseil d'État a accepté de les traiter comme un acte normatif. On aurait pu s'attendre à ce qu'il les traite également comme tels sur le terrain de l'opposabilité à l'administration et de l'invocabilité devant le juge. Il n'en a rien été. La position traditionnelle de la jurisprudence a été réaffirmée à plusieurs reprises après l'arrêt *Mme Duvignères*[66]. Même impératives, les circulaires interprétatives ne sont pas opposables à l'administration ni invocables à l'appui d'un recours juridictionnel, parce que, n'étant pas des règlements, elles ne font pas partie de la légalité qui s'impose à l'administration. La raison de cette jurisprudence est ainsi assez simple : pour le juge, admettre l'opposabilité et l'invocabilité des circulaires interprétatives impératives reviendrait à les assimiler à des règlements et donc à reconnaître un pouvoir réglementaire à des autorités qui en sont dépourvues, à commencer par les ministres. On verra néanmoins que le législateur a trouvé le moyen d'organiser une opposabilité qui n'implique pas d'assimiler un acte interprétatif à un acte réglementaire.

569 Avant d'en venir à ces dispositions législatives, il faut évoquer une disposition réglementaire. Le décret du 28 novembre 1983 (art. 1er) avait entendu aller à l'encontre de la jurisprudence qui vient d'être évoquée en permettant à tout intéressé de se prévaloir à l'encontre de l'administration des circulaires, même interprétatives, à la double condition qu'elles soient publiées et non contraires aux lois et règlements. Ce texte est resté presque sans effet. Le juge administratif a parfois admis qu'il permettait d'invoquer la méconnaissance de circulaires interprétatives, mais pour juger le plus souvent que les conditions de l'invocabilité n'étaient pas réunies, soit que la circulaire ne fût pas publiée, soit, surtout, qu'elle ne fût pas légale[67]. Plus radicalement, nombre d'arrêts du Conseil d'État ont purement et simplement

66. P. ex. : CE, 19 févr. 2003, *M. Daniel X* (à publier au recueil Lebon).

67. P. ex. : CE, 20 nov. 1996, *Aucouturier*, *RJF* 1/97, n° 28 ; 1er déc. 1999, *Sté immobilière basse-Seine*, *RJF* 1/100, n° 63 ; 3 déc. 1999, *Makarian*, *RJF* 1/100, n° 80.

maintenu la jurisprudence selon laquelle les circulaires non réglementaires ne sont pas invocables, sans se préoccuper de leur publication ou de leur légalité[68].

570 Le législateur, quant à lui, a procédé différemment, en mettant en place l'opposabilité de certaines circulaires interprétatives, lors même qu'elles seraient illégales. En matière fiscale, le mécanisme est ancien : à certaines conditions, les contribuables peuvent opposer à l'administration sa propre doctrine, lors même qu'elle irait à l'encontre de la loi (LPF, art. L. 80 A). Un mécanisme analogue a plus récemment été institué en matière douanière (C. douanes, art. 345 bis, I) et sociale (CSS, art. L. 243-62). Dans le prolongement de ces textes sectoriels, l'article 20-II de la loi du 10 août 2018 (CRPA, art. L. 312-3) pose une règle qui, sans embrasser la totalité des circulaires, est tout de même beaucoup plus générale. D'après celle-ci « toute personne peut se prévaloir des documents administratifs mentionnés au premier alinéa de l'article L. 312-2 », c'est-à-dire des instructions, circulaires, notes et réponses ministérielles comportant une interprétation du droit positif ou une description des procédures administratives, dès lors que ces « documents » émanent des administrations centrales et déconcentrées de l'État et sont publiés sur des sites internet désignés par décret. Si l'opposabilité instituée par ce texte demeure ainsi subordonnée à une publication, elle n'est pas conditionnée par la légalité de l'interprétation. En effet, comme le précise le deuxième alinéa de l'article L. 312-3 CRPA l'opposabilité joue même quand l'interprétation dont une personne se prévaut est « erronée ».

571 Cela étant, il faut se garder d'une approche normative de l'opposabilité ainsi mise en place par la loi. Elle ne signifie pas que la circulaire interprétative serait une norme juridique qui l'emporterait sur la loi (ce qui serait évidemment condamnable au regard des exigences de la hiérarchie des normes)[69]. Elle implique seulement que l'existence d'une interprétation, même illégale (et, à la vérité, surtout illégale), empêche l'application normale des règles juridiques en vigueur à une situation individuelle, au nom de la confiance que le titulaire de la situation a, de façon légitime, mis dans l'interprétation administrative. La formulation de l'article L. 312-3 du CRPA est, sur ce point, éloquente : le droit qu'il consacre est, plus précisément, celui de se prévaloir d'une interprétation « pour son application à une situation qui n'affecte pas des tiers, tant que cette interprétation n'a pas été modifiée ». Il ne s'agit donc pas de faire prévaloir de manière générale les circulaires sur les lois, mais uniquement de priver d'effets la loi contredite par une circulaire, relativement à une situation individuelle et, encore une fois, au nom de la confiance mise dans l'interprétation admise par cette circulaire. Le législateur a d'ailleurs pris la précaution d'exclure du champ de l'opposabilité les dispositions législatives ou réglementaires préservant directement la santé publique, la sécurité des personnes et des biens ou l'environnement : à ses yeux, les intérêts publics

68. CE, 19 juin 1992, *Département du Puy-de-Dôme*, p. 238 ; 26 oct. 1992, *Min. Educ. Nat. c/Jonquet*, p. 662 ; 25 avr. 1994, *Min. Educ. Nat.*, p. 189 ; CE, sect., 6 mai 1996, *Assoc. « Aquitaine Alternatives »*, p. 145.

69. V. dans ce sens, CE, avis, n° 353782, 8 mars 2013, *Monzani*, *Dr. adm.* 2013, comm. 40, note G. Eveillard, qui énonce que l'article L. 80 A n'a « ni pour objet, ni pour effet de conférer à l'Administration fiscale un pouvoir réglementaire ou de lui permettre de déroger à la loi ».

visés par ces dispositions doivent l'emporter sur celui de la protection des situations juridiques individuelles.

3. Les lignes directrices

572 Le Conseil d'État a été confronté au délicat problème des *décisions en série*. Une autorité administrative traite souvent de nombreux dossiers individuels, au contenu proche, alors que les textes la laissent libre de choisir la solution la plus adéquate grâce au *pouvoir discrétionnaire* dont elle dispose. Or la multiplication des dossiers semblables oblige cette autorité à définir progressivement un certain nombre de critères, à définir des directives (rebaptisées en 2014 « lignes directrices »[70]), ce qui permet un traitement plus rapide des affaires et, surtout, une approche plus cohérente et plus égalitaire puisque des critères généraux ont été dégagés. Quel statut accorder à de telles directives ? Ne sont-elles pas irrégulières dans la mesure où la loi ne fixant pas de règles de conduite, elles posent des conditions nouvelles et portent atteinte à la règle de l'examen cas par cas de chaque dossier, corollaire du pouvoir discrétionnaire (sur cette règle, v. *infra*, n° 625). Ne devraient-elles pas subir le même sort que les circulaires « réglementaires »[71] ?

L'arrêt du 11 décembre 1970[72] illustre cette difficulté. La loi permet à l'agence nationale pour l'amélioration de l'habitat d'attribuer aux propriétaires des subventions aux fins de restauration des bâtiments anciens, sans préciser leurs conditions d'attribution. Le Conseil d'administration de l'agence adopta un règlement précisant un certain nombre de critères, puis, en application de ce texte, fut refusé l'octroi d'une subvention pour le ravalement d'un immeuble comportant des parties exploitées commercialement. Le juge eût pu annuler la décision en estimant que l'administration s'était fondée sur une circulaire normatrice illégale. Il admit au contraire la validité de la mesure, voyant dans le règlement de l'ANAH une directive.

Ainsi, dans les hypothèses où une autorité dispose d'un pouvoir dont les conditions de mise en œuvre ne sont pas fixées par la loi, elle est à même d'adopter des lignes directrices destinées à guider sa future action, qu'elle peut appliquer sans commettre d'illégalité. Il en est ainsi alors même qu'elle détient dans le domaine considéré un pouvoir réglementaire[73]. Autrement dit, dans un tel cas, elle a le choix entre l'adoption d'une réglementation proprement dite ou celle de « lignes directrices ».

Mais plusieurs conditions sont posées par la jurisprudence qui « classe de temps en temps » une circulaire dans la catégorie des lignes directrices. Il faut en effet :

— que les conditions fixées soient régulières au regard de l'ensemble de la réglementation et en respectent les objectifs ;

70. CE, 19 sept. 2014, *M. Jousselin*, *AJDA* 2014.2262, concl. G. Dumortier.

71. V. CE, sect., 23 mai 1969, *Soc. Distillerie Brabant*, R. 264, concl. N. Questiaux (annulation d'une circulaire fixant les conditions d'octroi d'un agrément fiscal, alors que Mme Questiaux proposait d'admettre un tel encadrement).

72. **CE, sect., *Crédit foncier de France*,** R. 750, concl. L. Bertrand. V. CE, sect., 29 juin 1973, *Soc. Géa*, R. 453 (précisant de multiples points).

73. CE, 21 sept. 2020, n° 428693, *AJDA* 2020. 1758, *Dr. adm.* 2021, n° 1, comm. 1, *AJFP* 2021. 90, *JCP* A 2021, n° 1, comm. 1, note G. Eveillard, *JCP* A 2021, n° 41, 2257, concl. Cytermann, *Procédures* 2020, n° 11, comm. 209, note N. Chifflot.

— que la ligne directrice soit appliquée, en principe, de façon égale pour tous. À partir du moment où l'administration s'est fixé une ligne de conduite, elle ne doit pas en changer au gré des circonstances. Mais, pour maintenir le principe de l'examen au cas par cas de chaque dossier, il lui faut, dans chaque affaire, s'interroger sur l'éventuelle nécessité de déroger aux orientations fixées par la ligne directrice, soit pour des raisons liées à la situation particulière de la personne, soit pour des motifs d'intérêt général[74]. Le même principe implique qu'en vue de « prendre en compte l'ensemble des circonstances pertinentes de la situation particulière qui lui est soumise », l'autorité compétente puisse compléter les lignes directrices par d'autres critères d'appréciation[75].

— Enfin, les lignes directrices ne sont pas applicables aux faveurs que l'administration peut accorder à titre purement gracieux et sans que l'intéressé y ait aucun droit ; il en est ainsi, notamment de la délivrance d'un titre de séjour à un étranger qui n'en remplit pas les conditions légales[76]. C'est que la nature même de ces mesures, qui sont (ou devraient être) exceptionnelles et intimement liées aux circonstances propres à chaque cas, apparaît antinomique avec les préoccupations de cohérence administrative et d'égalité qui sont au fondement mêmes des lignes directrices. La solution est, à cet égard, en plein accord avec la jurisprudence selon laquelle ces mesures gracieuses et leur refus ne peuvent être contestés au nom du principe d'égalité (v. *supra*, n° 466).

Les lignes directrices apparaissent dès lors, et de façon subtile, comme un *acte intermédiaire* entre la circulaire normatrice et celle non normatrice. Moins que la première, plus que la seconde. Moins qu'un ordre, plus qu'un souhait.

À la différence de la première, elles ne modifient pas l'ordonnancement juridique parce qu'elles ne sont pas impératives[77] ; elles adoptent, en effet, des principes de comportement sans force contraignante, qui ne sauraient être automatiquement appliqués sans examen particulier[78]. C'est la raison pour laquelle, jusqu'à récemment, elles n'étaient pas attaquables directement par la voie du recours pour excès de pouvoir[79]. Cette solution a toutefois été abandonnée en deux étapes. Dissociant la qualité d'acte normatif et celle d'acte susceptible de recours, le Conseil d'État a admis la recevabilité du recours pour excès de pouvoir contre les actes « de droit souple » édictés par les autorités de régulation (v. *supra*, n° 550 et s.). Comme il est logique, cette solution a été étendue aux lignes directrices (qui relèvent

74. Par. ex. CE, 12 déc. 1997, *ONIFLHOR*, Rec. T. 676, *Dr. adm.* 1998, Chr. 4, concl. J.-H. Stahl (illégalité du refus opposé à une demande en se fondant sur des critères qui ne figurent pas dans la directive, alors qu'il n'existe pas par ailleurs de motifs d'intérêt général de ne pas l'appliquer).

75. CE, 20 mars 2017, *Région Aquitaine-Limousin-Poitou-Charentes,* n° 401751, *AJDA* 2017. 1121, concl. X. Domino.

76. CE, sect. 4 févr. 2015, *Min. Int. c/Cortes Ortiz*, *AJDA* 2015. 443, *Dr. adm.* 2015 comm. 38, note G. Eveillard, *RFDA* 2015, concl. B. Bourgeois-Machureau.

77. V., p. ex., CE, 3 mai 2004, *Comité anti-amiante Jussieu et autres*, Rec., 193, *Dr. adm.* 2004, n° 131, *JCP* A 2004, 1466, note Benoit.

78. V. CE, 29 juin 1973, *Soc. Géa*, préc. (n'ayant « aucun caractère réglementaire » (...), elles ne modifient pas, par elles-mêmes, la situation des administrés).

79. CE, 18 oct. 1991, *Union nat. de la prop. immob.*, R. 338.

également de la notion de « droit souple ») adoptées par les mêmes autorités[80]. De manière plus radicale, l'arrêt *GISTI*[81] (v. *supra* n° 561) considère que les lignes directrices, étant nécessairement susceptibles d'avoir des effets notables sur les droits ou la situation d'autres personnes que les agents chargés de les mettre en œuvre, peuvent toujours faire l'objet d'un recours juridictionnel.

À la différence de la circulaire purement indicative, les lignes directrices édictent des conditions nouvelles, auxquelles sont en principe soumises les décisions à prendre, et qui sont opposables aux administrés[82]. Ceux-ci peuvent, dès lors, les invoquer soit pour en demander l'application pure et simple, soit pour souhaiter qu'il y soit dérogé, soit même pour les contester par la voie de l'exception d'illégalité. Dans tous les cas, l'administration doit justifier sa position. Les lignes directrices ne modifient ainsi le droit que de façon indirecte, par le biais de leurs actes d'application.

S/SECTION 2 LA PARTICIPATION À LA FONCTION ADMINISTRATIVE

573 **Autorités administratives. –** L'acte administratif apparaît, dans une optique contentieuse, comme l'acte d'une autorité administrative qui peut être attaqué devant le juge administratif.

Or la notion d'autorité administrative est complexe et ne coïncide pas avec celle d'organe administratif, inséré dans les structures de l'administration publique. Les autorités administratives se définissent non par référence au statut des personnes au nom de qui elles agissent, mais par le contenu de leur activité. Elles sont administratives si elles participent à la fonction administrative, si elles concourent à la mission de service public qui les qualifie (v. *supra*, n° 15 et s.).

574 **Critère matériel. –** En raison du rôle du critère matériel fondé sur le contenu même de l'acte, des organes administratifs peuvent, en de rares hypothèses puisque leur mission première est d'assurer la fonction administrative, ne pas agir comme des autorités administratives et ne pas édicter d'actes administratifs (§ 1). À l'inverse, des organes non administratifs exercent, si certaines conditions sont remplies, des fonctions administratives par voie d'actes administratifs (§ 2). Il reste que le critère matériel est fortement empreint de *subjectivité*, car il est très délicat de classer, sur cette base, les différentes fonctions étatiques. L'approche du juge est largement finaliste : c'est souvent en tentant compte du régime qu'il souhaite voir appliquer qu'il qualifie l'acte. Ainsi, alors que les règlements auraient pu être

80. CE, 13 déc. 2017, n° 401799, *Société Bouygues Télecom et autres*, *AJDA* 2018. 571, note L. de Fontenelle, *Dr. adm.* 2018, comm. 26, note J. Mouchette, *JCP* A 2018, n° 17, comm. 2137, note G. Eveillard, RTD com. 2018.67, note F. Lombard.

81. CE, sect., 12 juin 2020, n° 418142.

82. Dans l'arrêt Crédit foncier, la subvention est légalement refusée parce que l'immeuble comportait des parties commerciales alors que cette condition ne figurait dans aucun texte réglementaire.

considérés, sous l'empire des constitutions antérieures à 1958, comme matériellement législatifs, ils ont relevé, y compris pour les plus solennels d'entre eux depuis l'arrêt *Compagnie des Chemins de fer de l'Est* (v. *supra*, n° 126), de la catégorie des actes administratifs, contrôlables par le juge. Avec la Constitution de la Ve République, cette solution s'impose encore plus, puisqu'en dehors du domaine de la loi, poser des normes générales relève du pouvoir de l'administration.

§ 1. ORGANES ADMINISTRATIFS ET ACTES NON ADMINISTRATIFS

575 **Plan. –** Ces organes adoptent, en principe, des actes administratifs, conformément à la mission qui leur est confiée. Mais, en raison de l'approche matérielle qui est adoptée, certaines de leurs décisions ne relèvent pas de la catégorie des actes administratifs. Ils peuvent ainsi adopter des actes législatifs (A), des actes liés à l'exercice de la fonction judiciaire (B) ou encore des actes de gouvernement (C).

A. LES ACTES LÉGISLATIFS

576 Les décisions des autorités exécutives suprêmes constituent en principe des actes administratifs. En période de confusion des pouvoirs, cependant, ou lors de l'application de l'article 16 elles ont, pour nombre d'entre elles, valeur législative (v. *supra*, n° 115).

B. LES ACTES LIÉS À L'EXERCICE DE LA FONCTION JUDICIAIRE

577 Pour déterminer la nature des actes pris dans le domaine de la justice judiciaire, le juge se fonde sur un critère matériel. Dans une affaire où était mis en cause le retard du gouvernement à nommer des juges, ce qui avait gravement perturbé le service public de la justice, le Tribunal des conflits considéra en effet que constituent des actes administratifs ceux qui « sont relatifs, non à l'exercice de la fonction juridictionnelle, mais à l'organisation du service public de la justice »[83]. La mise en œuvre de cette ligne de *partage entre organisation et fonctionnement* a cependant soulevé d'importantes difficultés pour distinguer, au sein des mesures prises par des organes administratifs, entre celles qui sont des actes administratifs et celles qui, liées au fonctionnement de la justice, n'en sont pas.

1°) Sont ainsi des actes administratifs, en tant qu'ils sont relatifs à l'*organisation du service public* de la justice judiciaire, les décisions et, notamment, les décrets portant sur la création, la suppression ou la modification du ressort et du siège des juridictions[84]. Plus généralement et en vertu d'une solution heureusement

83. **T. confl., 27 nov. 1952, *Préfet de la Guyane***, R. 642.

84. V. outre l'arrêt *Préfet de la Guyane*, CE, 23 mai 1952, *Ville de Saint-Dié*, R. 278 (décret supprimant un tribunal) ; CE, 19 févr. 2010, n° 322407, *Moline*, *AJDA* 2010. 357, note C. de Montecler, *D.* 2010. 1376,

simplificatrice, tout acte à portée générale et impersonnelle relatif au service public de la justice est regardé comme portant sur l'organisation de ce dernier, de telle sorte que les litiges relatifs à sa légalité relèvent du juge administratif[85]. Cela n'exclut évidemment pas qu'une décision individuelle puisse être considérée comme touchant à ladite organisation. Ainsi en est-il des mesures relatives à la carrière des magistrats, comme, en particulier, les nominations prononcées par le président de la République ou les sanctions prises par le garde des Sceaux contre les magistrats du parquet. Il en va de même pour les décisions relatives à la désignation ou l'élection des membres du conseil supérieur de la magistrature[86], bien que celui-ci joue un rôle essentiel dans la procédure disciplinaire tant pour les juges du siège où il statue comme juridiction administrative spécialisée (v. *infra*, n° 591) que pour ceux du parquet (auquel cas il donne son avis sur les sanctions projetées). Le juge administratif, par ce biais, exerce un contrôle non négligeable sur des questions liées à l'activité même de la justice judiciaire (v. *infra*, n° 592).

2°) À l'inverse, des mesures prises par des organes administratifs ne constituent pas des actes administratifs lorsqu'elles se rattachent au *fonctionnement de la justice judiciaire*, car elles ne sont pas détachables de la décision juridictionnelle elle-même. Tel est le cas dans le cadre de la procédure pénale des mesures de police judiciaire préalables au jugement répressif, de la décision relative à la saisine d'un tribunal par l'administration[87] ou des différents actes postérieurs au jugement lui-même et liés étroitement à son exécution[88]. Mais lorsque l'administration retrouve un certain pouvoir discrétionnaire d'exécution, le juge y voit, à nouveau, des actes se rattachant à la fonction administrative, susceptible du contentieux administratif (v. notamment *infra*, n° 1129, à propos du refus de prêter le concours de la force publique à l'exécution d'une décision de justice).

C. LES ACTES DE GOUVERNEMENT

578 Pour la jurisprudence, ces actes, bien que pris par des organes administratifs (président de la République, Premier ministre, ministre des Affaires étrangères notamment), ne sont pas administratifs. Ils échappent ainsi à tout contrôle juridictionnel aussi bien dans le cadre du contentieux de la légalité que dans celui de la responsabilité, du moins de la responsabilité pour faute (v. *infra*, n° 1136).

obs. Ceré, M. Herzog-Evans et E. Péchillon, *RFDA* 2010. 627, chron Rambaud et A. Roblot-Troizier, *Constitutions* 2010 423, obs. O. Le Bot (modification du ressort et des sièges de TGI).

85. T. confl., 8 févr. 2021, n° 4202, *garde des Sceaux, ministre de la Justice c/Syndicat des avocats de France*, *AJDA* 2021. 727, chron. C. Malverti et C. Beaufils (à propos d'une décision du ministre de la Justice relative à la mise en place dans les juridictions pénales de box sécurisés).

86. CE, ass., 17 avr. 1953, *Falco et Vidaillac*, R. 175, *RDP* 1953.448, concl. J. Donnedieu de Vabres.

87. Par ex. T. confl., 19 nov. 2001, M. *Visconti c/Cne Port Saint Louis du Rhône*, R. 754 (plainte adressée par une autorité administrative au procureur de la République, non détachable de la procédure pénale).

88. Par ex. CE, 30 juin 2003, *Observ. intern. des prisons*, *RFDA* 2003.839 (décret de grâce collective du président de la République échappant à la compétence administrative car il se « rattache aux limites de la peine infligée par une juridiction judiciaire »).

1. Domaine des actes de gouvernement

579 Au début du XIXe siècle, de nombreux actes, dans des domaines très variés, relevaient de la « pure administration » et étaient dès lors insusceptibles de tout contrôle de la part du Conseil d'État (v. *infra*, n° 971). Progressivement la liste de ces actes se réduisit, ce qui obligea le juge à s'interroger sur certaines décisions qui, mettant en cause le fonctionnement même du pouvoir politique, devaient continuer à bénéficier d'une immunité juridictionnelle. Aussi, sous le Second Empire, se référa-t-il, par opposition aux mesures contrôlées, aux « actes de gouvernement » soumis à ce régime quand il s'agissait, à ses yeux, d'actes politiques par leur *objet*. Mais il ne suffisait pas que l'administration invoquât un motif, un *mobile politique* pour voir son acte échapper au contrôle. Ainsi la suspension d'un journal justifiée par le ministre pour des motifs politiques n'est pas un acte de gouvernement[89], solution reprise, à l'époque de la justice déléguée, en 1875, à propos de la révocation du *Prince Napoléon* par le gouvernement républicain[90].

Aujourd'hui ces actes de gouvernement échappent toujours au contrôle du juge administratif.

a) Relations entre les pouvoirs publics constitutionnels

580 Dans le cadre des relations avec le Parlement, constituent des actes de gouvernement les décisions liées à la procédure législative, en amont telles que le refus de déposer un projet de loi ou en aval comme le décret de promulgation qui clôt celle-ci[91]. À l'inverse, la décision du Premier ministre de ne pas mettre en œuvre la procédure de délégalisation (art. 37 al. 2 de la Constitution) n'en est pas un car elle se rattache « à l'exercice du pouvoir réglementaire »[92].

Il s'agit aussi des pouvoirs du président de la République exercés sans contreseing, susceptibles d'avoir des incidences sur l'exercice de la fonction législative comme la décision de nommer un membre du Conseil constitutionnel[93], de soumettre un projet de loi à référendum[94] ou de recourir à l'article 16[95].

Échappent aussi au contrôle du juge les actes liés aux relations au sein de l'exécutif, tels que les décrets portant composition du gouvernement[96].

89. CE, 14 août 1865, *Courrier du dimanche*, R. 822.

90. **CE, 19 févr. 1875, *Prince Napoléon***, R. 155, concl. David.

91. Respect. CE, 29 nov. 1968, *Tallagrand*, R. 607 et CE, 3 nov. 1933, *Desrumeaux*, R. 993, que confirme CE, 27 oct. 2015, *Fédération démocratique alsacienne*, n° 388807, *AJDA* 2015.2374, chron. L. Dutheillet de Lamothe et G. Odinet.

92. CE, sect., 3 déc. 1999, *Ass. ornithologique et mammalogique de Saône-et-Loire*, préc. *supra*, n° 104.

93. CE, ass., 9 avr. 1999, *Mme BÂ*, R. 124, *RFDA* 1999.566, concl. F. Salat-Baroux.

94. CE, ass., 19 oct. 1962, *Brocas* R. 553, D. 1962.701, concl. Bernard. Désormais le contrôle d'une telle décision relève du Conseil constitutionnel (V. Cons. const., 25 juill. 2000, *Hauchemaille*, R. 117), compétent également pour le contentieux des principaux actes d'organisation du référendum (V. Cons. const., 25 juill. 2000 préc. et CE, ass., 1er sept. 2000, *Larrouturou*, R. 365 concl. H. Savoie).

95. **CE, 2 mars 1962, *Rubin de Servens***, préc. *supra*, n° 115 (où le terme acte de gouvernement est expressément utilisé pour la première fois).

96. CE, 29 déc. 1999, *Lemaire*, R. Tab. 577.

b) Rapports avec les organisations internationales et les États étrangers

581 Le nombre d'actes de gouvernements tend, en ce domaine, à se réduire progressivement au fur et à mesure de la prégnance sans cesse renforcée du droit international sur le droit interne. Il en subsiste, néanmoins, certains en liaison directe avec la conduite des relations internationales, alors que sont des actes administratifs les mesures détachables de ces relations.

582 **Actes en liaison directe avec les relations internationales. –** Le juge administratif français n'est pas compétent pour s'interroger sur la conduite des négociations préalables à l'adoption d'un traité ou d'un acte dérivé ou sur la décision de suspendre l'application d'un texte international[97]. Mais le texte lui-même n'est pas un acte de gouvernement, et sa procédure de ratification ou d'approbation au regard du droit interne peut désormais être contrôlée (v. *supra*, n° 81).

De même, sont des actes de gouvernement ceux dont l'examen obligerait à s'interroger sur la politique diplomatique de la France[98].

583 **Actes détachables des relations internationales. –** Des actes, toujours plus nombreux, sont jugés détachables car tournés essentiellement vers l'ordre interne. Les autorités administratives françaises viennent en première ligne car elles disposent « d'une certaine indépendance dans les choix des procédés par lesquels elles exécutent leurs obligations internationales » (concl. Odent préc.).

Sont ainsi détachables la délivrance d'un permis de construire à une ambassade étrangère examinée au regard de règles urbanistiques françaises[99], les décisions d'autoriser ou de refuser l'extradition demandée pourtant par un État étranger[100], ou encore le refus du gouvernement de notifier à la Commission européenne les dispositions d'un texte, en l'occurrence législatif, instaurant une aide de l'État[101].

2. Fondement des actes de gouvernement

584 Plusieurs explications ont été avancées pour justifier les raisons d'une telle immunité juridictionnelle.

585 **Fonction gouvernementale. –** Les actes de gouvernement, qui auraient un domaine propre, ne feraient que traduire la différence de nature entre la fonction

97. CE, ass., 18 déc. 1992, *Mhamedi*, R. 446, concl. F. Lamy.

98. Par ex. T. confl., 2 déc. 1950, *Soc. Radio-Andorre*, R. 652, *RDP* 1950.418, concl. R. Odent (brouillage d'une station andorrane par ordre du gouvernement français) ; CE, ass., 29 sept. 1995, *Ass. Green Peace France*, R. 347, *RDP* 1996.256, concl. M. Sanson (reprise des essais nucléaires entraînant des interdictions de naviguer en haute mer) ; CE, 5 juill. 2000, *Mégret*, R. 291 (décision d'engager des forces militaires au Kosovo) ; CE, 30 déc. 2015, n° 384321 (décision de reconnaître le statut diplomatique à l'institut pour le commerce extérieur italien).

99. CE, sect., 22 déc. 1978, *Vo Thanh Nghia*, R. 523, *AJDA* 1979.4.36, concl. B. Genevois.

100. **CE, ass., 15 oct. 1993, *Royaume Uni de Grande Bretagne et d'Irlande du Nord*,** R. 267, concl. C. Vigouroux (annulation du décret d'extradition). Comp. CE, 28 mai 1937, *Decerf*, préc. *supra*, n° 89.

101. CE, ass., 7 nov. 2008, *Comité régional des interprofessions des vins à appellations d'origine*, *AJDA* 2008.2143, obs. J.-M. Pastor et 2384, chron. E. Geffray et S.-J. Liéber : en revanche, « le juge administratif ne peut connaître d'une contestation dirigée contre la décision de notifier un acte au titre des aides de l'État, qui n'est pas détachable de la procédure d'examen par la Commission ».

gouvernementale qui relève du politique et la fonction administrative limitée à l'exécution quotidienne des lois. Si l'opposition correspond à une évidente donnée politique – les actes du président de la République par exemple ne sont pas tous pris dans la même optique – et juridique, puisque l'administration est subordonnée au gouvernement, la distinction reste très difficile à mettre en œuvre au regard de l'organisation des pouvoirs publics mise en place par la Constitution. Pourquoi juger, depuis 1907 (v. *supra*, n° 126), les décrets qui constituent l'acte le plus solennel exprimant la politique de l'exécutif ou le refus du Premier ministre de saisir le Conseil constitutionnel aux fins de délégalisation d'une loi (arrêt *Ass. Ornithologique*) et non la nomination d'un des membres de cette institution (arrêt *Mme Bâ*) ? Comment admettre que la jurisprudence, contrôlant sans cesse de nouvelles matières, fasse varier le périmètre de chacune des deux fonctions en réduisant de plus en plus l'importance de la fonction gouvernementale, de façon inversement proportionnelle à l'accroissement du rôle de l'exécutif ? La nature de cette dernière reste donc totalement incertaine, et la définition qu'en donnent les auteurs qui soutiennent cette thèse, n'est que la reprise de la liste, fluctuante, des actes de gouvernement reconnus par le juge administratif.

586 **Acte mixte. –** Le jeu normal des critères de compétence expliquerait l'immunité de l'acte de gouvernement, qui ne présenterait donc pas de réelle spécificité. En effet, cet acte se caractériserait par le fait qu'il est « accompli par le pouvoir exécutif dans ses relations avec une autorité échappant au contrôle du juge administratif. C'est en quelque sorte un acte mixte, et le Conseil d'État qui n'est qu'un démembrement du pouvoir exécutif ne peut connaître d'une décision à laquelle le pouvoir exécutif n'est pas le seul intéressé »[102].

Tout en échappant au contrôle du juge administratif, l'immunité juridictionnelle pourrait disparaître au fur et à mesure de la construction de nouveaux ordres juridictionnels, constitutionnel[103] ou international, permettant la mise en œuvre du droit au recours. Mais cette proposition de solution ne trace pas une ligne de partage suffisamment claire pour l'ensemble des hypothèses et si l'acte est mixte, les autres juges ne devraient pas non plus pouvoir intervenir puisqu'ils ne sauraient juger un acte édicté, même partiellement, par l'exécutif

587 **Intérêts supérieurs de l'État. –** Conformément au principe de *conciliation* entre les intérêts de l'administration et les droits des administrés, le juge administratif souhaite laisser une marge importante de manœuvre pour un certain type de décisions « politiques », dans des domaines sensibles, là où, le plus souvent, aucune raison juridique n'interdit d'exercer un contrôle juridictionnel. Ainsi, la régularité de la nomination d'un membre du Conseil constitutionnel pouvait être vérifiée au regard de certains principes constitutionnels, sans mettre en cause, pour le reste, le libre choix de l'autorité de nomination[104]. De même, la décision du Président Chirac de reprendre les essais nucléaires français, applicable sur le seul territoire

102. Concl. Célier sur CE, 28 mars 1947, *Gombert*, S. 1947.3.89.
103. V. Cons. const., 25 juill. 2000, préc. (à propos du contrôle sur la décision de recourir au référendum).
104. V. concl. Salat-Barroux non suivies par le Conseil d'État dans l'affaire *Mme Bâ*.

national, était tournée vers le seul ordre interne, et parfaitement contrôlable, même avec tact et mesure (arrêt *Ass. Greenpeace*).

Persiste, donc, un îlot d'immunité juridictionnelle.

§ 2. ACTE ADMINISTRATIF ET ORGANES NON ADMINISTRATIFS

588 Situation opposée à la précédente. Il s'agit d'actes qui, bien que pris par des institutions extérieures à l'administration sont matériellement administratifs. Là encore joue la dissociation entre l'organe et la fonction. Des organes parlementaires (A) ou juridictionnels (B), outre les personnes privées (v. *infra*, n° 599) peuvent parfois édicter des actes administratifs.

A. ACTE ADMINISTRATIF ET ACTE DES ORGANES PARLEMENTAIRES

589 Bien entendu, les lois ne sont pas des actes administratifs et, sous réserve de l'exception d'inconventionnalité (v. *supra*, n° 99 et s.), elles échappent au contrôle du juge administratif[105]. Mais les assemblées parlementaires et leurs organes ou services internes accomplissent d'autres actes que les lois : par exemple, résolution adoptée par une chambre, décisions du président ou du bureau. C'est à leur propos que la question du caractère administratif des actes émanant d'organes parlementaires se pose.

Le droit positif, qui était ici parti d'une conception purement organique, a connu une heureuse évolution en faveur d'un critère matériel, que le législateur a contrariée.

Pendant longtemps, le critère organique fut seul retenu : un acte édicté par un organe parlementaire ne pouvait être administratif ; positivement, il constituait un « acte parlementaire », dont la juridiction administrative (ni d'ailleurs la juridiction judiciaire) ne peut connaître. Cette jurisprudence était fondée sur une stricte conception de la séparation des pouvoirs, destinée à éviter toute immixtion du juge dans les affaires des assemblées parlementaires.

En 1958, l'ordonnance n° 58-1100 du 17 novembre (art. 8) vint toutefois apporter deux limites à l'immunité juridictionnelle des actes non législatifs des chambres. En premier lieu, ce texte déclare que l'État « est responsable des dommages de toute nature causés par les services des assemblées parlementaires », que ce soit en matière contractuelle ou extra-contractuelle et précise que les actions en réparation sont portées devant les juridictions compétentes pour en connaître, qui peuvent être les juridictions administratives ou judiciaires, par application des règles de répartition des compétences entre les deux ordres de juridiction. En second lieu, l'ordonnance du 17 novembre 1958 donne compétence à la juridiction administrative pour connaître de « tous litiges d'ordre individuel » concernant « les agents titulaires des services des assemblées parlementaires », ce qui permet un contrôle

105. CE, 1er juill. 1960, *FNOSS*, R. 41.

juridictionnel de la régularité des opérations de concours ou des actes pris dans le déroulement de la carrière[106]. Fort bienvenues, ces dispositions ne comportent aucune prise de parti explicite sur la nature juridique des actes qu'elles visent : faut-il comprendre qu'il s'agit d'actes parlementaires qui, à titre exceptionnel, sont susceptibles de contrôle par le juge, notamment administratif ou doit-on considérer que la compétence de ce dernier résulte précisément du caractère administratif des actes sur lesquels elle porte ?

Il en va tout différemment de la solution adoptée par l'arrêt du Conseil d'État du 5 mars 1999, *Président de l'Assemblée nationale*[107]. Celui-ci décide, en effet que la juridiction administrative est compétente pour connaître des contestations relatives aux décisions par lesquelles les services des assemblées parlementaires concluent, au nom de l'État, des marchés, dès lors que ceux-ci ont le caractère de contrats administratifs, ce qui est notamment le cas des marchés de travaux publics. La compétence du juge administratif est ainsi fondée sur la nature administrative des contrats et des décisions qui s'y rapportent, ce qui explique qu'elle ait pu être consacrée en dehors des prévisions de l'ordonnance du 17 novembre 1958. Le critère matériel transparaît ici : des actes des organes parlementaires peuvent être administratifs s'ils se rapportent à une activité administrative.

Cette nouvelle approche est pleinement confirmée par l'arrêt *Papon*[108]. Dans celui-ci, l'incompétence de la juridiction administrative pour connaître des actes relatifs aux pensions de retraite des parlementaires n'est pas fondée sur la qualité de leur auteur mais, explicitement, sur la nature (non administrative) de l'activité à laquelle ils se rattachent. Cette activité n'est autre que « l'exercice de la souveraineté nationale par le Parlement ». Le lien entre cette activité et la pension de retraite des membres des assemblées ne saute d'ailleurs pas aux yeux et son établissement donne lieu à un raisonnement que l'on peut juger embarrassé : la pension est un élément du statut du parlementaire, dont les règles particulières résultent de la nature de ses fonctions, de sorte que ce statut (et donc la pension qui en fait partie) « se rattache à l'exercice de la souveraineté nationale ».

Quoi qu'il en soit, se dessine ainsi une distinction matérielle au sein des actes non législatifs des organes parlementaires : ceux qui se rapportent à une activité administrative sont des actes administratifs et relèvent comme tels de la juridiction administrative ; seuls ceux qui sont indissociables des fonctions politiques des chambres méritent la qualification d'acte parlementaire et l'immunité juridictionnelle qu'elle détermine.

La loi du 1er août 2003 (art. 60, modifiant l'art. 8 de l'ordonnance du 17 novembre 1958) est toutefois venue contrarier le développement de cette distinction. Elle commence, certes, par reprendre la solution de l'arrêt *Président de l'Assemblée nationale* en énonçant que « la juridiction administrative est... compétente pour se prononcer sur les litiges individuels en matière de marchés publics », disposition que le Conseil d'État interprète, à la lumière des travaux préparatoires du texte, comme visant l'ensemble des contrats susceptibles d'être soumis à des obligations

106. Respect. CE, 4 nov. 1987, *Ass. nat. c/Mme Cazes*, R. 343 et CE, 19 janv. 1996, *Escriva*, R. 10.

107. **Président Ass. nat.** R. 41, concl. C. Bergeal (contrôle du juge administratif sur la décision de passer un marché public, au regard notamment des procédures employées).

108. CE, ass., 4 juill. 2003, *Papon* (1re espèce), *RFDA* 2003.917, concl. L. Vallée.

de publicité et de mise en concurrence[109]. Mais la loi du 1er août 2003 précise ensuite que les instances énumérées par l'ordonnance du 17 novembre 1958 « sont les seules susceptibles d'être engagées contre une assemblée parlementaire ». Ainsi, toute autre instance, lors même qu'elle se rapporterait à un acte de nature administrative, ne saurait être portée devant la juridiction administrative. En particulier, la disposition selon laquelle seuls les litiges individuels relatifs aux agents titulaires des assemblées peuvent être portés devant le juge administratif limite les possibilités de contestation des règlements statutaires édictés par les organes des assemblées (qui sont assurément des actes administratifs) : cette légalité peut être contestée par voie d'exception à l'occasion du recours formé contre une décision individuelle[110] mais non par voie d'action[111]. Le Conseil constitutionnel a admis la conformité à la Constitution de cette solution au motif qu'elle opérait une juste conciliation « entre le droit des personnes intéressées à exercer un recours juridictionnel effectif et le principe de séparation des pouvoirs garantis par l'article 16 de la Déclaration de 1789 »[112]. Cette décision ne convainc pas. Elle manifeste une fidélité régressive à une conception organique de l'acte parlementaire et, partant, confère une portée excessive au principe de séparation des pouvoirs. Il aurait mieux valu, tout à l'inverse, parachever l'évolution favorable au critère matériel, en affirmant que ce principe doit être aujourd'hui compris comme n'autorisant à soustraire au juge administratif (même partiellement) que les actes qui se rattachent aux fonctions de souveraineté du Parlement, ce qui n'est évidemment pas le cas du statut du personnel. Il est vrai que le Conseil d'État lui-même n'a pas tiré toutes les conséquences de sa jurisprudence en adoptant une position similaire à celle du Conseil constitutionnel sur le terrain du droit au recours garanti par la Convention européenne des droits de l'homme[113].

B. ACTE ADMINISTRATIF ET ACTE D'ORGANE JURIDICTIONNEL

590 Une juridiction, une fois que ce caractère lui est reconnu, prend en certaines hypothèses des actes administratifs.

1. Notion de juridiction

591 Si, dans de nombreux cas, il n'y a pas de difficulté pour déterminer la nature juridictionnelle d'un organisme (tribunaux non spécialisés des ordres administratifs et judiciaires), parfois des autorités organiquement administratives en apparence, sont considérées comme de véritables juridictions.

109. CE, 10 juill. 2020, *Société Paris Tennis*, n° 434582, *AJDA* 2020. 1452, *BJDCP* 2020. 414, concl. M. Le Corre, *JCP* A 2020, 50, comm. 2322, note. J.-B. Vila.

110. CE, 19 janv. 1996, *Escriva*, R. 10, *Dr. adm.* 1996, comm. 164.

111. CE, 28 janv. 2011, *M. Patureau*, *AJDA* 2011.1851, note N. Chifflot.

112. Cons. const., n° 2011-129 QPC du 13 mai 2011, *Constitutions* 2011. 305, obs. Baudu, *JCP* A 2011, n° 24, p. 18, note Domingo, *LPA* 2011, n° 138, p. 12, note J.-P. Camby, *RFDC* 2012.127, note P. Bon.

113. CE, 28 janv. 2011, *M. Patureau*, préc.

Il faut éviter ici toute confusion. Certains organismes administratifs, qui ont un pouvoir de sanction, peuvent être qualifiés par le Conseil d'État de « tribunal au sens de l'article 6-1 de la Convention européenne des droits de l'homme »[114]. Ils ne sont pas pour autant des juridictions, même s'ils sont soumis quant à leur statut et pour les actes administratifs qu'ils émettent, à des règles spéciales proches de celles de la procédure contentieuse (v. *infra*, n° 676).

Pour distinguer juridiction et autorité administrative, le juge mêle critères formel et matériel, s'attachant moins aux aspects organiques.

Certes, la *composition* de l'organe joue un rôle réel, notamment quant au statut de ses membres et à leur indépendance, et au caractère collégial de l'organisme. Faute de qualification textuelle, une personne statuant seule – même s'il existe des juges uniques – est en principe administrative. Ainsi, le ministre ou l'exécutif territorial agissent comme autorités administratives lorsqu'ils prennent des mesures disciplinaires à l'encontre des fonctionnaires. Mais peuvent être des juridictions des organismes composés uniquement de fonctionnaires en position d'activité. Le conseil de discipline des Universités, où siègent des enseignants et étudiants élus est ainsi une juridiction administrative spécialisée dont les jugements sont susceptibles d'appel devant le conseil national de l'enseignement supérieur et de la recherche, composé de la même façon, et en cassation du Conseil d'État (v. *infra*, n° 863).

Ce point acquis, le juge se fonde surtout sur les critères :

— *formel* : quelle est la procédure suivie devant l'organisme, notamment quant au respect du principe du contradictoire et aux règles de forme qui s'imposent (exigence d'une motivation précise) ?

— et *matériel* basé sur la mission attribuée à l'organisme. S'agit-il de prendre une sanction ou de trancher un litige, avec l'autorité de la chose jugée[115] ? Mais, en ce domaine, on retrouve parfois le paradoxe de la poule et de l'œuf. Pour savoir s'il s'agit d'une juridiction, on s'interroge sur le respect du contradictoire et sur la portée de ses décisions. Or, souvent, on cherche à savoir si l'organisme est ou non une juridiction pour déterminer justement si la procédure de type juridictionnel doit être imposée et s'il y a autorité de la chose jugée... Il y a donc une part importante de subjectivité dans ces choix.

2. Nature de leurs actes

592 **Autorité judiciaire. –** Pour la juridiction judiciaire, dont l'indépendance est reconnue par la Constitution, il eût été possible, comme initialement, pour le pouvoir législatif, afin de garantir cette indépendance, d'adopter une ligne de partage fondée sur le critère organique. Tous les actes pris par des juridictions judiciaires auraient échappé au contrôle du juge administratif. Prenant en compte le caractère secondaire du pouvoir judiciaire, simple autorité selon la Constitution, la jurisprudence, dans la ligne de l'arrêt *Préfet de la Guyane* (v. *supra*, n° 577), s'est fondée sur un critère matériel.

114. V. CE, sect., 20 oct. 2000, *Soc. Habib Bank Ltd*, R. 433, concl. Lamy (à propos de la commission bancaire).

115. V. par ex. CE, ass., 12 juill. 1969, *L'Étang*, R. 388 (caractère juridictionnel du conseil supérieur de la magistrature lorsqu'il prononce des sanctions disciplinaires à l'encontre des juges du siège).

1°) Sans doute, la plupart des décisions de l'autorité judiciaire sont-elles de nature juridictionnelle, relevant le cas échéant, des procédures internes de contrôle (notamment appel et cassation). Outre, bien entendu, les jugements eux-mêmes, il s'agit de tout ce qui est lié à « l'administration judiciaire », relatif au *fonctionnement interne* de la juridiction[116]. Le juge administratif ne peut donc intervenir en ce domaine.

2°) Mais ces organes juridictionnels prennent parfois des *mesures matériellement administratives* qui relèvent du juge administratif. Ainsi la chambre de l'instruction « exerce des attributions administratives » en émettant un avis à l'occasion de la procédure d'extradition, qui est considéré comme s'insérant dans la procédure administrative et susceptible de ce fait d'être contrôlé, uniquement du point de vue de la légalité interne, par le Conseil d'État lorsqu'il est saisi d'un recours contre le décret d'extradition[117]. Cette solution s'applique aussi pour des autorités « uniques ». Le juge de l'application des peines, magistrat de l'ordre judiciaire, compétent pour « déterminer pour chaque condamné les principales modalités du traitement pénitentiaire » (art. 722, Code Proc. Pén.), prend une décision administrative lorsqu'il statue sur les modalités d'exécution de la peine car cela se rattache au fonctionnement administratif du service pénitentiaire[118]. À l'inverse, les décisions relatives à la nature et aux limites de la peine, telles que la réduction de peine, qui remettent en cause son principe même, relèvent de l'exercice de la fonction juridictionnelle[119].

Surtout, lorsqu'un président de juridiction ou le procureur de la République, dans le cadre de leur pouvoir hiérarchique, prennent des décisions vis-à-vis d'autres magistrats (notation, sanctions disciplinaires), ils accomplissent des actes administratifs qui se rattachent à l'*organisation du service de la justice*[120]. Le juge administratif est donc compétent même dans l'hypothèse où ces sanctions seraient motivées par la façon dont ces magistrats ont exercé leurs fonctions, ont rendu leurs décisions. L'activité juridictionnelle est indirectement contrôlée, ce qui est à double tranchant : il y a tout à la fois de nouvelles garanties pour les magistrats sanctionnés mais, en raison de l'abandon du critère organique qui pouvait paraître seul respectueux de l'indépendance de la justice, le juge

116. Par ex. CE, ass., 7 juill. 1978, *Croissant*, R. 292 (décisions notamment du premier président d'une cour d'appel relative à la composition de la chambre d'accusation).

117. CE, 7 juill. 1978, *Croissant*, préc. ; CE, ass., 26 sept. 1984, *Lujambio Galdeano*, R. 308 ; *JCP* 1984 n° 20.346, concl. B. Genevois.

118. T. confl., 22 févr. 1960, *Dame Fargeaud-d'Epied*, R. 855. V. CE, sect., 25 févr. 1971, *Veuve Picard*, R. 101, (pour une décision du juge permettant à deux détenus d'avoir des activités communes).

119. CE, sect., 9 nov. 1990, *Théron*, R. 313 (refus de réduire la peine pour bonne conduite relevant de la fonction juridictionnelle car c'est « une mesure qui modifie les limites de la peine ») ; CE, sect., 4 nov. 1994, *Korber*, R. 489, *LPA* 23 janv. 1995, p. 4, concl. J.-C. Bonichot (pour une libération conditionnelle) ; CE, 26 oct. 2011, *M. A*, *AJDA* 2012.434, note G. Eveillard (décision de mettre un détenu bénéficiant d'une libération conditionnelle sous surveillance électronique ; mais le contentieux de l'exécution matérielle de cette décision et, notamment, d'un éventuel changement du matériel utilisé relève du juge administratif).

120. CE, ass., 31 janv. 1975, *Volff et Exertier*, R. 70 et 75 (notations de magistrat du siège et du parquet) ; CE, sect., 1er déc. 1972, *Dlle Obrego*, R. 751, *AJDA* 1973.37, concl. S. Grevisse (avertissement du procureur général à un membre du parquet).

administratif se rapproche toujours un peu plus du cœur même de la fonction juridictionnelle judiciaire[121].

593 **Justice administrative. –** La distinction actes administratifs – actes de la juridiction administrative a moins d'incidence, puisqu'en tout état de cause, ils relèvent du juge administratif dans le cadre du contrôle de légalité, ou par la voie de l'appel et de la cassation. Mais, pour cette raison même, la distinction est importante : certains actes sont ainsi matériellement administratifs, alors qu'ils sont pris par des juridictions administratives spécialisées, comme les chambres régionales des comptes[122].

594 **Conseil constitutionnel. –** Selon la jurisprudence issue de l'arrêt d'assemblée *Brouant*[123], la juridiction administrative est incompétente pour connaître des actes du Conseil constitutionnel, relatifs à l'organisation ou fonctionnement de celui-ci, dès lors qu'ils ne « sont pas dissociables des conditions dans lesquelles le Conseil constitutionnel exerce les missions qui lui sont confiées par la Constitution »[124] ou, selon la formule qui s'est imposée, qu'ils se « rattachent à l'exercice par le Conseil constitutionnel des missions qui lui sont confiées par la Constitution ou par des lois organiques prises sur son fondement »[125]. À la vérité, la signification de ce critère de l'indissociabilité ou du rattachement, quant à la notion d'acte administratif, est ambiguë. Il peut être compris comme signifiant que les actes en cause ne sont pas de nature administrative, d'un point de vue fonctionnel et, cela, précisément, parce qu'ils sont liés à des fonctions qui ne sont assurément pas administratives, qu'il s'agisse de la fonction juridictionnelle du Conseil constitutionnel ou même de ses fonctions consultatives. Toutefois, il est également soutenable que le critère de l'indissociabilité n'affecte pas la nature de l'acte : « il s'agit toujours d'un acte d'administration »[126], mais le lien qu'il entretient avec les missions constitutionnelles du Conseil constitutionnel implique que le juge administratif ne pourrait en connaître sans s'immiscer dans l'exercice de celles-ci et, partant, sans méconnaître l'indépendance de l'institution.

La formulation de l'arrêt *Brouant* va, sans conteste, dans le sens de la première branche de cette alternative. Il décide en effet « qu'eu égard à son objet, qui n'est pas dissociable des conditions dans lesquelles le Conseil constitutionnel exerce les

121. V. CE, ass., 16 janv. 1976, *Dujardin*, R. 44 (contrôle du juge administratif sur la légalité d'un avertissement adressé à un magistrat du siège par le premier président de la cour d'appel fondée sur le caractère critiquable d'une ordonnance de mise en liberté provisoire).

122. CE, 23 mars 1984, *Organisme de gestion...* préc. (caractère administratif de la décision, par laquelle la CRC refuse de constater le caractère obligatoire d'une dépense dans le cadre du contrôle budgétaire).

123. CE, ass., 25 oct. 2002, *Brouant*, Rec. 346, concl. contr. G. Goulard ; *AJDA* 2002. 1332, chron. F. Donnat et D. Casas, *RFDA* 2013. 1, concl., 8, chron. L. Favoreu, 14, note P. Gonod et O. Jouanjan, *D.* 2002. 3034, note H. Mouthou.

124. CE ass. 25 oct. 2002, *Brouant* préc.

125. V. CE, 9 nov. 2005, *M. Claude Moitry*, *AJDA* 2006. 147, concl. F. Donnat, *RFDA* 2006. 192, *Dr. adm.* 2006, n° 9 (à propos de la publication sur le site internet du Conseil constitutionnel de commentaires de sa jurisprudence) ; CE, 11 avr. 2019, *Association Les Amis de la Terre France*, n° 425063, *AJDA* 2019.839 (à propos du refus opposé par le Conseil constitutionnel à une demande de modification de son règlement intérieur).

126. F. Donnat, concl. sur CE, 9 nov. 2005, *M. Claude Moitry*, *AJDA* 2006, p. 148.

missions qui lui sont confiées par la Constitution », le règlement intérieur par lequel le Conseil constitutionnel a défini un régime particulier pour l'accès à ses archives « ne revêt pas le caractère d'un acte administratif dont la juridiction administrative pourrait connaître ». La solution est ainsi clairement fondée sur la nature non administrative de l'acte. En revanche, les décisions ultérieures se bornent à affirmer l'incompétence de la juridiction administrative, sans la rapporter expressément à la nature de l'acte, ce qui laisse planer un doute sur le fondement de cette incompétence.

Il reste que les deux manières de comprendre la jurisprudence considérée peuvent être réconciliées si l'on voit dans celle-ci une manifestation de l'approche finaliste du critère matériel (v. *supra*, nº 574) : c'est, à n'en pas douter, pour une bonne part, le souci de ne pas s'immiscer dans les affaires de son voisin du Palais-Royal et d'en respecter l'indépendance qui conduit le Conseil d'État à refuser aux actes de ce dernier la qualité d'acte administratif susceptible de recours devant le juge administratif.

S/SECTION 3 L'EXERCICE DE LA PUISSANCE PUBLIQUE

595 **Plan. –** L'acte administratif traduit enfin l'exercice de la puissance publique, il se distingue de la mesure ordinaire prise par un simple particulier. Ainsi les organes administratifs peuvent édicter des actes de droit privé (§ 1), alors qu'à l'inverse, des personnes privées émettent parfois des actes administratifs, leurs représentants devenant, si des prérogatives de puissance publique leur sont conférées, des autorités administratives, lorsqu'elles remplissent une fonction de service public (§ 2).

§ 1. ORGANES ADMINISTRATIFS ET ACTES DE DROIT PRIVÉ

596 Les personnes publiques agissent quelquefois dans le cadre de la *gestion privée*, en dehors de tout exercice de prérogative de puissance publique, voire de toute mission de service public. Leurs actes ne sont alors pas des actes administratifs mais des décisions de droit privé de l'administration dont le contentieux relève du juge judiciaire.

Il en est ainsi pour les décisions non réglementaires relatives à la gestion du domaine privé et à celle des services publics à caractère industriel et commercial.

Les personnes publiques sont traditionnellement considérées comme gérant leur domaine privé comme les propriétaires privés gèrent leurs biens, c'est-à-dire à des fins purement patrimoniales. C'est pourquoi les décisions non réglementaires relatives à la gestion de ce domaine sont, en principe, considérées comme des actes de droit privé relevant du juge judiciaire. Outre le fait qu'ils ne s'inscrivent pas dans le cadre d'une mission de service public, ils sont regardés comme ne mettant « en œuvre aucune prérogative de puissance publique distincte de l'exercice par un particulier de son droit de propriété »[127]. Cette jurisprudence, il convient de le souligner, ne vaut pas pour les actes réglementaires qui fixent des règles générales d'utilisation du domaine privé : eux sont bien des actes de puissance publique de nature administrative[128]. Par ailleurs, le principe selon lequel les actes non réglementaires de gestion du domaine privé sont de droit privé admet une limite : quand le juge administratif estime qu'une décision est détachable de la gestion du domaine privé, il la qualifie d'administrative. Dans l'état actuel du droit, tel qu'il résulte notamment de l'arrêt du Tribunal des conflits *Société Brasserie du Théâtre c/Commune de Reims*[129], l'appréciation de la « détachabilité » fait appel à deux critères. Le premier, qui repose sur l'objet de l'acte, permet d'opposer les actes de disposition aux actes de gestion. Les premiers, qui affectent le périmètre ou la consistance du domaine privé, sont, de longue date, reconnus comme de nature administrative. Ainsi, par exemple, de la décision d'aliéner un bien du domaine privé ou, inversement, du refus d'une telle aliénation. Quant aux seconds, tels que les actes relatifs à la conclusion, à l'exécution ou à la résiliation d'un bail, leur détachabilité dépend du second critère, qui prend en considération la qualité du requérant. Si ce dernier est le cocontractant (ou celui qui aspirait à conclure le contrat) ou voisin, l'acte, qui « ne met en cause que des rapports de droit privé » n'est pas détachable et relève de la compétence judiciaire. La solution est inverse quand le requérant est un tiers.

La gestion des services publics industriels et commerciaux est réputée analogue à celle des entreprises privées ; c'est pourquoi, en principe, ces services sont soumis au droit privé et à la compétence des juridictions judiciaires. Ce principe vaut notamment pour les décisions non réglementaires prises par les personnes publiques qui gèrent ces services. Que celles-ci concernent les usagers du service, son personnel ou les tiers, ces décisions sont des actes de droit privé[130]. Au contraire, il faut le souligner, les actes réglementaires relatifs à l'organisation de ces services sont toujours des actes administratifs[131].

597 Ces cas, dans lesquels des actes unilatéraux de l'administration sont réputés être des actes de droit privé et relèvent pour cette raison du juge judiciaire, ne doivent pas être confondus avec une autre situation dont la signification juridique est bien différente. Cette situation concerne des actes qui satisfont aux critères normaux de

127. T. confl., 24 oct. 1994, *Duperray et SCI Les Rochettes*, R. Tab. 606.

128. Par ex. CE, sect., 15 févr. 1963, *Chaussé*, R. 93 (détermination des catégories de personnes autorisées à chasser).

129. T. confl. 22 nov. 2010, n° 3764, R. 591, *AJDA* 2010.2423, chron. S. Botteghi et A. Lallet, *BCP* 2011. 55, concl. F. Collin et note R. S, *BJCL* 2011. 439, note Martin, *CMP* 2011, n° 26, note Devillers, *Dr. adm.* 2011, n° 20, note F. Melleray, *JCP* A 2011, n° 2041, note G. Sorbara et n° 2239, note C. Chamards-Heim, *RJEP* 2011, n° 13, note G. Pélissier, C. Chamard-Heim, F. Melleray, R. Noguellou, Ph. Yolka, *Les grandes décisions du droit administrattif des biens,* Dalloz, 3e éd., n° 73.

130. CE, sect., 15 déc. 1967, *Level*, R. 501 (licenciement par le directeur de la chambre de commerce et d'industrie d'un agent d'un Epic) ; CE, 21 avr. 1961, *Dame Vve Agnesi*, R. 253 (refus du maire d'autoriser une personne à se brancher sur le réseau d'eau potable).

131. CE, 10 nov. 1961, *Missa*, R. 636, *AJDA* 1962.40, concl. Ordonneau (grille des emplois déterminée par le directeur de la radio-télévision) ; CE, 14 janv. 1998, *Cne de Toulon*, préc. *supra*, n° 446.

l'administrativité : ils se rattachent à la fonction administrative et comportent l'exercice de la puissance publique. Autrement dit, il s'agit pleinement d'actes de droit public et nullement de droit privé. Par conséquent, ils devraient normalement relever de la compétence de la juridiction administrative, conformément à l'interprétation jurisprudentielle générale du principe de séparation des autorités administratives et judiciaires. Mais, par dérogation à ce principe, résultant notamment de dispositions législatives, leur contentieux a été confié au juge judiciaire. Tel est le cas des sanctions prises dans le domaine de la régulation économique (v. *infra*, n° 932), des décisions relatives à de nombreux impôts indirects (v. *infra*, n° 926) ou des ordres de recette portant sur des créances ayant le caractère de dettes privées, alors que sanctionner ou recouvrer par la force une créance, en vertu d'un titre exécutoire, est particulièrement significatif de la puissance publique[132].

§ 2. PERSONNE PRIVÉE ET ACTE ADMINISTRATIF

598 Il y a ici, *a priori,* une contradiction fondamentale. Comment un acte dit administratif peut-il être pris par une personne privée, en dehors du cas très particulier où celle-ci agit comme une autorité administrative de fait, en cas de circonstances exceptionnelles (v. *supra*, n° 527) ?

599 **Arrêt *Monpeurt*. –** En raison des évolutions dans la structure et les fonctions de l'administration, le juge fut confronté à la délicate question de la *place du critère organique*. Fallait-il s'en tenir à la fiction (caractère privé de la personne émettrice) ou faire prévaloir la réalité (de nombreuses fonctions administratives sont remplies par des personnes privées) ? À partir de 1942 et de l'arrêt *Monpeurt*[133], le juge administratif, conscient des évolutions de la vie administrative et souhaitant exercer un contrôle sur des décisions qui imposent des obligations importantes, a assimilé, dans certaines hypothèses, les actes pris par des personnes privées à des actes administratifs.

Dans cet arrêt, il soumet à son contrôle les décisions prises par un comité d'organisation professionnel « bien que le législateur n'en ait pas fait des établissements publics ». Deux interprétations étaient possibles de cet arrêt, en toute hypothèse novateur : soit les comités d'organisation constituaient une nouvelle catégorie de personnes publiques, différente des établissements publics, ce qui « permettait » de maintenir ici le critère organique, soit ces comités étaient des personnes privées, susceptibles cependant de prendre des décisions administratives. En 1961, seulement, fut clairement admis qu'un acte pris par un organisme de droit privé relevait

132. Par ex. T. confl., 8 nov. 1982, *Soc. Maine Viande*, R. 460 (contentieux des redevances pour services rendus dans le cadre des abattoirs municipaux, service public industriel et commercial).

133. **CE, 31 juill. 1942**, R. 239, *D.* 1942.138, concl. A. Ségalat, V. aussi **CE, ass., 2 avr. 1943, *Bouguen***, R. 86, S. 1944.3.1, concl. M. Lagrange (solutions semblables à propos des décisions des ordres professionnels).

du juge administratif[134], la loi ayant aussi, sans violer la Constitution, le droit de conférer de tels pouvoirs à un organisme privé[135].

Pour qu'un tel acte soit administratif, il faut dès lors qu'il se rattache à la fonction administrative, à l'accomplissement du service public et qu'il traduise l'exercice de la puissance publique. La personne privée agit, ainsi, comme autorité administrative. Mais ces solutions varient partiellement selon qu'on est en présence d'un service public administratif ou industriel et commercial.

A. ACTES PRIS DANS LE CADRE DES SERVICES PUBLICS ADMINISTRATIFS

600 Une personne privée édicte un acte administratif réglementaire comme individuel quand elle met en œuvre des prérogatives de puissance publique qui ne lui sont déléguées que si elle remplit une mission de service public.

601 **Existence d'un service public administratif. –** La personne privée doit participer à une mission de service public, ce qui, vu l'extension donnée à cette notion dans les années récentes, donne à ce type d'acte administratif une portée considérable. Un des exemples les plus significatifs ici est celui du sport : une fois reconnu que l'organisation des compétitions sportives, même professionnelles, constitue un service public administratif (v. *supra*, n° 378) nombreux sont les actes administratifs édictés par les fédérations sportives (v. *infra*, n° 602). À l'inverse, si la personne privée ne prend pas en charge un véritable service public, sa décision reste de droit privé[136].

602 **Exercice de prérogatives de puissance publique. –** Les décisions prises doivent s'imposer et traduire la mise en œuvre des prérogatives de puissance publique confiées, *par habilitation*, à ces organismes. Ainsi sont administratifs les actes réglementaires qui concernent l'organisation du service public[137], comme les actes individuels impératifs. Le contentieux des sports, sans aucune exclusivité[138], est exemplaire. Sont ainsi administratifs les actes des fédérations sportives auxquelles la loi a délégué, de façon monopolistique, l'organisation des compétitions[139]. À

134. CE, sect., 13 janv. 1961, *Magnier*, R. 33, *RDP* 1961.155, concl. J. Fournier (acte fixant le montant de la participation due par un agriculteur aux frais de destruction des hannetons, pris par une fédération d'associations de défense des cultures agricoles).

135. Par ex. Cons. const., n° 89-260 DC, 28 juill. 1989, R. 71 (pouvoir de suspension de l'ex-Conseil de la bourse des valeurs).

136. Par ex. CE, sect., 21 mai 1976, *GIE Brousse-Cardell*, préc. *supra*, n° 382 (caractère non administratif de la décision d'un comité économique agricole relatif à l'organisation du marché des « poires ») ; CE, 27 oct. 1999, *Rolin*, préc. *supra*, n° 377 (caractère non-administratif des règlements des jeux édictés par la société « Française des jeux » dès lors que celle-ci n'assure pas une mission de service public).

137. Par ex. T. confl., 22 avr. 1974, *Blanchet*, R. 791, *Dr. soc.* 1974.495, concl. Blondeau (circulaires réglementant les conditions d'affiliation à la Sécurité sociale).

138. Par ex. CE, ass., 1er mars 1991, *Le Cun*, R. 70, *RFDA* 1991.612, concl. M. de Saint-Pulgent (sanctions administratives décidées par l'ex-conseil des Bourses de valeur).

139. CE, sect., 26 nov. 1976, *Féd. fr. de cyclisme*, R. 513 *AJDA* 1977.139, concl. J.-M. Galabert (suspension d'un coureur convaincu de dopage, ce qui l'empêche d'exercer sa profession) ; CE, 25 juin 2001, *SAOS Toulouse football club*, R. 281 (homologation des résultats du championnat de France de football par la ligue nationale).

l'inverse, les mesures, prises en amont ou en aval de l'exécution même du service public, semblables à celles que peut prendre une personne privée (exclusion par exemple d'un membre par le bureau d'une association[140]), ne traduisent en rien la puissance publique et continuent à relever du droit privé. Tel est le cas pour de simples décisions de fonctionnement interne[141] ou pour les rapports de l'organisme privé avec son personnel[142].

B. ACTES PRIS DANS LE CADRE D'UN SERVICE PUBLIC INDUSTRIEL ET COMMERCIAL

603 **Arrêt *Époux Barbier*. –** L'existence possible d'actes administratifs en ce cas paraît encore plus surprenante puisqu'il y a une double raison d'appliquer le droit privé : service public industriel et commercial et personne privée. Cependant les modalités générales d'*organisation d'un service public* – la loi du service – comportent obligatoirement un certain nombre de règles exorbitantes du droit commun relatives à la façon même dont il doit être exercé. Il importe peu dès lors que le règlement du service ait été élaboré par une personne publique ou privée. Dans les deux cas, il constitue un acte administratif.

L'arrêt du Tribunal des conflits *Époux Barbier* pose ce principe.

Mme Barbier, hôtesse de l'air à Air France, fut licenciée dès son mariage, en application du règlement qui voulait éviter que des grossesses ne perturbassent le bon fonctionnement du service ! Pour déterminer si la rupture du contrat de travail était ou non abusive, il fallait statuer sur la « légalité des règlements émanant du Conseil d'administration qui, touchant à l'organisation du service public, (présentaient) un caractère administratif », avant que les tribunaux judiciaires tranchent le litige au fond[143].

Ainsi, les personnes privées gestionnaires d'un service public industriel et commercial ne peuvent prendre des actes administratifs que :

— s'il s'agit d'un acte réglementaire, ce qui traduit la prérogative de puissance publique. Le contentieux des actes individuels est toujours judiciaire, quitte à ce qu'en cas d'application pure et simple d'un acte réglementaire, une question préjudicielle relative à la légalité de ce règlement soit posée ;

— si cet acte porte sur l'organisation même du service public. Tel fut le cas dans l'arrêt *Barbier*, mais il n'en va pas de même pour le régime des retraites qui ne concerne plus l'organisation du service[144]. Il convient d'ajouter que, depuis 2010, cette notion d'organisation du service public fait l'objet d'une interprétation restrictive, le juge distinguant, de manière subtile, organisation du service public d'une part et organisation et fonctionnement interne de la personne privée chargée

140. CE, 19 déc. 1988, *Pascau*, R. 459, GP 1989-2-589, concl. C. Vigouroux (l'exclusion d'un de ses membres par une fédération n'ayant aucun monopole est une simple mesure disciplinaire inhérente à l'organisation de toute association).

141. CE, sect., 13 juin 1984, *Ass. « Club athlétique » de Mantes-la-Jolie*, R. 218 (décision d'un arbitre lors d'un match de hand-ball).

142. T. confl., 20 nov. 1961, *Centre rég. Lutte contre le cancer Eugène-Marquis*, préc. *supra*, n° 399 (licenciement d'un médecin par le directeur du centre).

143. **T. confl., 15 janv. 1968, *Époux Barbier***, R. 789, concl. J. Kahn, *AJDA* 1968.225.

144. T. confl., 12 juin 1961, *Rolland*, R. 866 (retraites de la SNCF).

du service public, de l'autre : si les actes qui se rapportent à la première sont bien administratifs, ceux qui touchent aux seconds sont de droit privé[145]. Par exemple, en application de cette distinction, une décision de réorganisation des services d'achat de la société EDF a été considérée comme ne présentant pas un caractère administratif[146] ;

— si, enfin, la personne privée a été habilitée par la loi ou un acte administratif pour ce faire.

604 **Définition. –** Les actes des organes administratifs sont en principe administratifs, parce que le plus souvent ils agissent comme autorité administrative, mettant en œuvre, dans le cadre de la fonction administrative, leurs prérogatives de puissance publique en raison de la mission qui leur a été confiée. Seules certaines décisions législatives, judiciaires et de droit privé prises par eux ou des actes qui bénéficient d'une immunité de juridiction (actes de gouvernement et mesures d'ordre intérieur) n'entrent pas dans cette catégorie. À l'inverse, il existe des actes administratifs édictés par les organes parlementaires, les juridictions ou les personnes privées.

À la suite de ces multiples approches, en étroite liaison avec son statut contentieux, la décision administrative peut être ainsi définie. Il s'agit de l'*acte considéré comme normateur pris, unilatéralement, par une autorité administrative dans l'exercice de prérogatives de puissance publique et relevant du juge administratif.*

SECTION 2 LE RÉGIME DE L'ACTE ADMINISTRATIF

605 **Sources –.** Longtemps, le régime de la décision administrative a été défini par des principes jurisprudentiels et des textes à la fois dispersés et spéciaux, soit qu'ils ne concernent que certaines catégories de décisions, soit qu'ils ne règlent que certains points du régime de la généralité des décisions. Cette seconde sorte de dispositions légales a commencé à se développer à partir de la fin des années 1970, dans le cadre d'une politique d'amélioration des relations entre l'administration et les citoyens visant notamment à renforcer la transparence de l'action publique. Méritent d'être mentionnées à ce titre, la loi n° 78-753 du 17 juillet 1978, la loi n° 79-587 du 11 juillet 1979 relative à la motivation des actes administratifs, le décret n° 83-1025 du 28 novembre 1983, et la loi n° 200-321 du 12 avril 2000. Ce foisonnement législatif est l'un des facteurs qui expliquent qu'il soit question, depuis le début des années 1980, de codifier la procédure administrative et, plus largement, le régime de l'acte administratif unilatéral, sur le modèle de ce qui existe, parfois depuis longtemps, dans la plupart des États européens. Après de nombreux échecs, qui s'expliquent, pour l'essentiel, par la conviction que la

145. CE, 23 juin 2010, *Comité mixte à la production de la direction des achats d'EDF*, n° 306237 ; Cass. soc. 10 juill. 2013, *Société RTE-EDF Transport*, n° 12-17196 ; T. confl., 11 janv. 2016, *Comité d'établissement de l'Unité « Clients et Fournisseurs Île-de-France »*, n° 4038.

146. CE, 23 juin 2010, *Comité mixte à la production de la direction des achats d'EDF*, préc.

matière serait par nature et devrait demeurer fondamentalement jurisprudentielle, l'entreprise a abouti. Prise en vertu de l'habilitation conférée au gouvernement par la loi n° 2013-1005 du 12 novembre 2013, l'ordonnance n° 2015-1341 édicte la partie législative d'un code relatif aux relations entre le public et les administrations ; les dispositions réglementaires de code ont, quant à elles, été posées par un décret n° 2015-1342 du même jour. Ainsi qu'il ressort des termes de l'habilitation, ce code a pour premier objet de réunir et d'ordonner les règles générales relatives à la procédure régissant les rapports entre l'administration et le public et, plus généralement, au régime des actes administratifs. Il s'agit donc principalement d'une codification à droit constant, le codificateur ayant pour l'essentiel repris soit des textes existants (notamment ceux mentionnés ci-dessus), soit des règles jurisprudentielles. Mais le gouvernement était également habilité à modifier certaines règles en vue de les simplifier (démarches auprès des administrations et instruction des demandes ; retrait et abrogation des actes administratifs) ou de renforcer certaines exigences (participation du public à l'élaboration des décisions, garanties contre les changements de réglementation). Il a usé de cette faculté, notamment en ce qui concerne le retrait et l'abrogation des actes administratifs (v. *infra*, n° 676 et s.).

606 **Plan.** –Le régime de l'acte administratif unilatéral comprend, en premier lieu, les règles qui gouvernent son adoption (sous-section 1). Une fois adopté, l'acte administratif, ou, plus exactement, les normes juridiques par lui édictées peuvent entrer en vigueur et, par là, devenir applicables à leurs destinataires (sous-section 2). Applicables, elles sont susceptibles d'exécution (sous-section 3). Cette exécution durera jusqu'à ce que la sortie de vigueur de l'acte le fasse disparaître de l'ordre juridique dans lequel il s'était inséré (sous-section 4).

S/SECTION 1 L'ADOPTION DE L'ACTE ADMINISTRATIF UNILATÉRAL

607 **Plan.** – Adopter un acte administratif c'est, pour l'administration, exercer le pouvoir de décision qui lui appartient, en édictant une norme juridique. S'inspirant de la classification des moyens d'annulation de l'acte administratif dégagée tout au long du XIXe siècle, la doctrine a pu décomposer cette opération normative. Pour qu'elle s'accomplisse, il faut au minimum qu'un auteur O (qui ?) prenne une norme N (quoi ?), en visant un certain but B (pour quoi ?), en suivant certaines procédures (P) et certaines formes (F) (comment ?), en respectant enfin les conditions prévues par les textes si celui-ci en pose (C). Ainsi, en cas d'atteinte au site, condition (C) fixée par l'art. R. 111-21 du Code de l'urbanisme, le maire (O) peut refuser un permis de construire (N) au nom de l'intérêt général (B), en respectant certaines règles de procédure (P) (consulter telle ou telle autorité) et de forme (F) (indiquer par écrit les raisons du refus) (v. tableau *infra*, n° 1084). Tous ces éléments de l'acte sont réglés par le droit, qui encadre, de façon variable,

l'action de l'autorité lorsqu'elle édicte un acte administratif. Certains d'entre eux portent sur l'extérieur de l'acte et, partant, les règles qui les gouvernent constituent des règles de légalité externe (§ 1), dont la méconnaissance est constitutive d'illégalités externes (v. *infra*, n° 1053 et s.). D'autres éléments se rattachent au fond de l'acte et sont donc l'objet de règles de légalité interne (§ 2), dont la violation donne lieu à des illégalités internes (v. *infra*, n° 1060 et s.).

§ 1. LES RÈGLES DE LÉGALITÉ EXTERNE

608 **Plan. –** Ici la réglementation porte sur la compétence (A) et sur les modes de fabrication de l'acte, du point de vue de la procédure (B) et de la forme (C).

A. LA COMPÉTENCE

609 La compétence se définit comme le *pouvoir de poser des normes*, comme la capacité des autorités, dans le cas présent, à prendre des actes administratifs unilatéraux. Elle doit être entendue au sens strict et ne s'intéresser qu'à l'auteur de l'acte et non au contenu de celui-ci. Or, la répartition des compétences au sein de l'organisation administrative entre les différentes autorités, telle qu'elle est prévue par les différents textes (Constitution, loi, règlement, voire par les normes jurisprudentielles) joue un rôle majeur en droit administratif, l'incompétence étant par ailleurs sévèrement sanctionnée par le juge administratif. Avant d'agir, il faut rechercher quel auteur (ou quels auteurs en cas de décision conjointe tel qu'un arrêté interministériel ou un avis conforme – v. *infra*, n° 623) est à même de prendre telle ou telle mesure, question qui concerne d'une part les objets, les matières qui relèvent de sa compétence, de l'autre les territoires ou plus exactement les sujets sur lesquelles elle s'exerce.

1. Dimension matérielle de la compétence

610 L'administrateur, à ce stade, est habilité pour décider dans un domaine précis, pour autoriser ou prescrire telle ou telle conduite, et ne saurait agir hors des matières prévues par les textes.

611 **Exclusion des matières non administratives. –** Doivent être exclues les matières qui relèvent d'autres autorités publiques ou privées. L'administration ne peut empiéter sur les compétences qui relèvent du législateur (v. *supra*, n° 128 et s.), de l'autorité judiciaire (v. *supra*, n° 577 et 591) ou des personnes privées.

612 **Répartition des compétences au sein de l'administration. –** Les textes fixent de règles strictes de compétence à deux niveaux.

D'une part, ils décident quelle collectivité publique, *quelle personne morale* peut intervenir dans tel ou tel secteur. Ainsi, la compétence en matière de construction et d'entretien des locaux scolaires est répartie entre État, région, département et commune selon qu'il s'agit d'universités, de lycées, de collèges ou d'écoles. De même, le champ d'action des établissements publics est étroitement régi par la spécialité qui découle de leur statut.

D'autre part, une fois délimitées les compétences respectives de ces diverses personnes morales, il faut déterminer *en leur sein* qui dispose du pouvoir de poser telle ou telle norme. Ainsi, le pouvoir réglementaire à l'échelon national n'appartient en principe qu'au président de la république ou au Premier ministre, et les ministres ont chacun des compétences précises, ce qui interdit les empiétements de l'un sur l'autre. De même, le Code général des collectivités territoriales fixe les compétences respectives du maire (pour la police municipale par exemple) et du conseil municipal (pouvoir exclusif de vote du budget, etc.). Tout ceci crée un réseau complexe de distribution des compétences, le plus souvent hiérarchisées, qui s'imposent à l'autorité administrative (v. Ire Partie, Chapitre I). Ces différentes règles, en raison de leur rigidité, peuvent cependant se révéler inadaptées. Il faut donc réintroduire une certaine souplesse dans le « jeu » des compétences.

613 **Modifications des règles de compétence au sein d'une collectivité publique. –** Certaines modifications gardent une portée limitée puisque l'autorité qui agit au nom d'une personne morale est remplacée par une autre au sein de cette même institution.

1°) Les mécanismes de *suppléance* permettent ainsi, lorsqu'une autorité est empêchée pour diverses raisons (absence, maladie, etc.) d'exercer ses pouvoirs, de la remplacer automatiquement par une autre, dans les conditions prévues par un texte[147]. L'autorité compétente peut aussi désigner une autre personne, non prévue par les textes pour, à titre provisoire, exercer temporairement ses fonctions par voie d'*intérim* afin d'assurer la continuité de celles-ci[148]. Les deux mécanismes diffèrent par l'automaticité de la suppléance alors que l'intérim suppose une désignation spécifique de l'intérimaire et la délimitation de ses pouvoirs.

2°) Le mécanisme essentiel est celui de la *délégation*. La délégation, pour être régulière, et éviter un bouleversement trop aisé de l'ordre des compétences, doit répondre à plusieurs conditions :

— être prévue par un texte car en droit public, le titulaire d'une compétence n'en dispose pas ; ainsi, un décret du 27 juillet 2005 autorise les ministres à consentir certaines délégations à divers membres de leur cabinet ainsi qu'à certains fonctionnaires des services centraux du ministère[149] ;

— être expresse et précise pour qu'il n'y ait aucun doute ni sur l'identité du délégataire, ni sur l'étendue des pouvoirs délégués ; toutefois, le décret du 27 juillet 2005 précité apporte à cette exigence une exception importante : les principaux responsables des ministères deviennent titulaires d'une délégation du ministre du seul fait de leur nomination dans leurs fonctions, sans qu'une décision expresse de délégation ait à être prise ;

147. Par ex. CGCT, art. L. 2122-17 (maire remplacé dans la plénitude de ses fonctions par le premier adjoint).

148. Par ex. CE, ass., 22 oct. 1971, *Fontaine*, R. 626.

149. V. aussi *supra*, n° 271.

— être partielle, afin d'éviter que le déléguant ne se dessaisisse de toute sa compétence ;

— enfin être publiée, la répartition des compétences étant ainsi explicite aux yeux de tous et notamment des administrés.

Faute de respecter ces obligations, la délégation est irrégulière et les décisions individuelles prises sur son fondement le sont par une autorité incompétente (v. *infra*, n° 660).

Deux types de délégations sont traditionnellement opposés, bien que tous deux de nature réglementaire (v. *supra*, n° 158). La *délégation de signature* est attribuée à une personne nommément désignée et disparaît lorsque le délégant ou le délégataire changent de fonctions[150]. Surtout, elle ne dessaisit pas le délégant, qui à tout moment peut réintervenir et signer l'acte. La décision est donc prise au nom du délégant – le délégataire est transparent – et il n'y a pas de modification de l'ordre des compétences. À l'inverse, la *délégation de pouvoir* (de compétence) est accordée à une personne abstraite, ès qualités (au secrétaire général de la préfecture et non à M. X, secrétaire général de la préfecture) et subsiste en cas de changement de titulaire. Le délégant est dessaisi de sa compétence qu'il ne peut plus exercer sauf à retirer au préalable la délégation, solution complexe[151]. Enfin le délégataire agit en son nom propre, et non en celui du délégant. Il y a donc un véritable transfert.

614 **Interventions d'une autorité relevant d'une autre collectivité publique. –** La *substitution d'action* a une portée plus large que les mécanismes précédemment étudiés puisqu'elle autorise l'intervention d'une collectivité publique à la place d'une autre, en raison de la carence de cette dernière. Ce n'est plus simplement un aménagement des compétences au sein d'une personne morale, même si l'autorité qui se substitue agit au nom de la collectivité qui s'est abstenue. Il faut donc qu'un texte le prévoie expressément. Ainsi le préfet peut, au nom de l'État, se substituer à la commune pour l'exercice d'une compétence en matière de police (v. *supra*, n° 510 s.).

2. Dimension personnelle de la compétence

615 L'autorité qui agit prend des décisions qui concernent un certain nombre de personnes, ce qui pose des questions de répartition des compétences. Dans l'État unitaire qu'est la France, les organes centraux de l'État ont compétence pour l'ensemble de la collectivité étatique et les organes non-centraux pour, seulement, une fraction de cette collectivité (les administrés qui habitent ou ont des activités dans tel département, pour le préfet de ce département, par exemple). Ainsi les collectivités locales ne régissent que la situation des personnes relevant d'elles, comme les établissements publics ne prennent des décisions qu'à l'égard de ceux qui sont en rapport avec le service public en cause.

150. Exception notable : le changement de ministre ne met plus fin aux délégations de signature dont les hauts fonctionnaires du ministère sont de plein droit titulaires (décret du 27 juill. 2005, art. 1er).

151. V. CE, sect., 5 mai 1950, *Buisson*, R. 258 (le ministre de l'Éducation ayant donné le pouvoir au recteur pour la gestion des personnels de son académie, un agent nommé par le recteur ne pouvait être réintégré par le ministre, devenu incompétent).

On parle ici souvent de la dimension territoriale de la compétence ; il s'agit en réalité d'une dimension personnelle ou subjective. Quand une commune prend une réglementation relative au cimetière communal, situé sur une autre commune, c'est parce que les sujets « visés » dépendent d'elles alors même que l'action « se déroule » hors de son propre territoire. Et, quel sens peut avoir la dimension territoriale de la compétence pour les institutions spécialisées, gestionnaires de service public ?

B. LA PROCÉDURE

616 La procédure est le processus d'élaboration de la décision administrative (procédure administrative non contentieuse, par opposition à la procédure suivie devant le juge administratif, dite procédure administrative contentieuse). Elle se termine par l'édiction de celui-ci. C'est le *negotium* qui est en cause. La *forme* de l'acte administratif, souvent confondue avec la procédure, concerne la *présentation* de l'acte, l'*instrumentum* et porte sur la traduction du résultat de l'opération normatrice (v. *infra*, n° 637).

Les principales règles générales de procédure concernent le dépôt de sa demande par l'administré (1), le respect des délais (2), la consultation d'autres organes que le ou les auteurs de la décision (3), les garanties offertes aux administrés (4), la transparence du processus décisionnel (5) et, enfin, l'association du public à l'élaboration des décisions administratives (6).

1. Les demandes à l'administration

617 L'administration peut évidemment prendre une décision de sa propre initiative. Néanmoins, un certain nombre de décisions administratives, notamment individuelles, sont prises sur demande d'un administré, que ce soit pour accueillir cette demande ou pour la rejeter. C'est le cas, par exemple, pour toutes les autorisations administratives.

Pendant longtemps, les règles de procédure relatives à la présentation et au traitement de ces demandes ont été remarquablement peu contraignantes pour l'administration. Le décret du 28 novembre 1983 et surtout la loi du 12 avril 2000 sont venus renforcer les droits des administrés. Ces dispositions ont été codifiées dans le CRPA (art. L. 110-1 et s.). On présente ici les principales.

En premier lieu, l'administration, saisie d'une demande, doit, en principe, en accuser réception (CRPA, art. L. 112-3). Ce principe ne va pas sans certaines exceptions (en particulier, pour les demandes abusives par leur nombre ou leur caractère répétitif ou systématique, ou lorsque l'administration doit répondre à la demande dans un délai abrégé). L'article R. 112-5 du CRPA précise les mentions que doit comporter cet accusé de réception (notamment date à laquelle, à défaut de décision expresse, la demande sera réputée implicitement rejetée ou acceptée (sur ce mécanisme, v. *infra*, n° 640). L'absence ou l'incomplétude de l'accusé de réception entraîne l'inopposabilité des délais de recours contentieux contre la décision prise en réponse à la demande (v. *infra*, n° 1002).

En deuxième lieu, lorsque la demande est adressée à une autorité administrative incompétente, celle-ci est tenue de la transmettre à l'autorité compétente et se voit donc interdire de la rejeter pour incompétence ; elle doit aviser l'intéressé de cette transmission (CRPA, art. L. 114-2).

En troisième lieu, si la demande de l'administré est entachée d'un vice de forme ou de procédure qui la rend irrecevable, mais dont la régularisation est possible, l'administration a, depuis la loi du 17 mai 2011, l'obligation de l'inviter à régulariser sa demande en lui indiquant le délai imparti pour le faire, les formalités et procédures à respecter ainsi que les textes qui les prévoient (CRPA, art. L. 114-6). L'absence d'une telle invitation ou son incomplétude entraînent l'inopposabilité des délais de recours contre la décision prise en réponse à la demande de l'administré.

Enfin, toute personne dispose du droit de saisir l'administration par voie électronique (CRPA, art. L. 112-8 et s.). Ce droit porte, notamment, sur les demandes, mais aussi sur réponses à l'administration, de même que sur les déclarations, informations ou documents. Compte tenu des difficultés que certaines personnes rencontrent dans l'accès aux moyens de communication électronique, il est particulièrement heureux, au regard du principe d'égalité devant le service public, que la loi ait bien institué un droit et non une obligation de saisine électronique de l'administration[152]. Dans ces conditions, à supposer qu'il soit compétent pour le faire, le pouvoir réglementaire ne saurait, sans méconnaître la loi, instituer une telle obligation[153].

2. Les délais

618 Le plus souvent, l'administration reste libre d'agir quand elle le juge souhaitable, et les délais, bien que prévus par un texte, sont généralement considérés comme simplement indicatifs, sauf dans quelques hypothèses.

Les délais peuvent être *indicatifs*. Ils ont pour objet d'inciter l'autorité à accélérer la procédure sans lui retirer sa compétence, une fois le délai dépassé. Il n'y a pas de sanction à ce stade[154]. Cette solution est malgré les apparences – pourquoi l'auteur du texte a-t-il fixé des délais ? – logique, sinon elle risquerait inutilement de paralyser l'action administrative.

Parfois, au contraire, les délais sont *impératifs*. Ils doivent être respectés. Si l'administration agit trop tôt ou trop tard, elle méconnaît les règles de procédure et sa décision est viciée de ce point de vue.

1°) La loi ou la jurisprudence fixent parfois un *délai minimal* (délai utile) afin que l'autorité administrative n'agisse pas trop vite et prenne utilement connaissance des observations faites. Ainsi, de nombreux textes relatifs aux interventions immobilières de la puissance publique déterminent la durée minimale des enquêtes publiques afin que les intéressés aient le temps de s'exprimer. Une enquête plus courte que prévu entraînerait l'illégalité de la procédure. Et sans texte, le juge impose une

152. CE, 27 nov. 2019, *CIMADE*, n° 422516.
153. CE, 27 nov. 2019, *CIMADE*, n° 422516.
154. Par ex. CE, ass., 3 oct. 1992, *Diemert*, R. 374, D. 1992.511, concl. H. Legal (en subordonnant son entrée en vigueur à l'adoption d'un décret avant le 1er janv. 1992, la loi relative au permis de conduire « à points » n'a « pas entendu (qu'elle) ne soit pas appliquée au cas où le gouvernement ne prendrait pas l'acte dans les délais prévus »).

règle de ce type pour garantir que les consultations faites ou les observations produites sont effectivement étudiées[155].

2°) À l'inverse, il peut s'agir d'un *délai maximal* à ne pas dépasser. Ainsi, le gouvernement ne peut décider par voie d'ordonnances que dans le délai défini par la loi d'habilitation. Dans quelques rares cas, au-delà d'une certaine date, l'autorité est dessaisie, une autre intervenant à sa place, dans le cadre de la substitution d'action, ce qui garantit qu'en toute hypothèse la décision sera prise et que l'inertie sera vaincue.

Parfois, les délais restent plus imprécis mais l'autorité ne doit pas, laissant s'écouler le temps sans engager la moindre action dans un *délai raisonnable*, refuser d'exercer sa compétence. Ce n'est plus vraiment le délai de l'action qui est en cause mais le principe même de cette action. Si le gouvernement ou un ministre restent libres, pour l'adoption des décrets ou arrêtés d'application des lois, de fixer la date de leur intervention, leur « abstention (ne doit pas) toutefois se prolonger au-delà d'un délai raisonnable et être assimilée à un refus définitif d'agir »[156] car l'exercice du pouvoir réglementaire comporte « l'obligation de prendre dans un délai raisonnable les mesures qu'implique nécessairement l'application des lois »[157].

3. Procédure consultative

619 L'administration française connaît d'innombrables mécanismes de consultation, qui permettent une meilleure acceptation de la décision prise unilatéralement. Ils rendent possible la concertation avec les différents acteurs extérieurs et l'association des multiples administrations françaises, voire européennes, concernées. La participation au processus d'édiction de la mesure garantit ainsi une meilleure coordination administrative, ainsi que la prise en compte des divers intérêts en présence au sein d'une société civile de plus en plus complexe.

Or, ces différents avis ont un statut différent.

a) Avis spontanés

620 Il est en général possible à l'administration de consulter X ou Y alors même que rien n'est prévu par les textes. Plus on consulte, mieux on décide. Dans ces cas, si l'avis est demandé, il doit l'être selon une procédure régulière[158]. Cependant, en certaines circonstances, la prise de l'avis apparaît discutable car elle pourrait compromettre l'impartialité de la décision. Pour des raisons déontologiques, la consultation est interdite[159].

155. CE, 9 juin 1978, SCI 61-67, *Boulevard Arago*, R. 267, *JCP* 1979, n° 19032, concl. B. Genevois (annulation du décret du Premier ministre classant d'office un site, qui, signé le 22 janv., n'avait pas pu prendre en compte l'avis du Conseil d'État, émis la veille et transmis le 22 janv. au matin).

156. CE, 27 nov. 1964, *Dme Veuve Renard*, R. 590.

157. CE, 28 juill. 2000, *Ass. France Nature Environnement*, R. 322., BJDU 2000.306, concl. F. Lamy.

158. CE, 25 févr. 1998, *Cne d'Évreux*, R. Tab. 696 (respect des règles de quorum).

159. Par ex. CE, 19 mai 1993, *Waendendries*, R. 158 (avis de l'ordre des architectes demandé avant la décision d'une commission de qualification des professionnels, susceptible d'avoir une influence négative sur celle-ci).

b) Avis obligatoires

621 De nombreux textes imposent aux autorités administratives de recueillir l'avis d'organismes consultatifs sur leurs projets de décisions. Le régime de ces consultations est strictement encadré mais l'obligation d'y procéder a récemment connu une notable atténuation.

622 **Conditions de régularité de l'avis. –** Tant la jurisprudence que les dispositions issues du décret n° 2006-672 du 8 juin 2006 et codifiées aux articles R. 133-3 et s. du Code des relations entre le public et l'administration (lesquelles concernent uniquement les administrations de l'État et des établissements publics administratifs nationaux), imposent diverses règles pour l'expression de ces avis :

— les organismes collégiaux doivent être *régulièrement composés*. La seule présence d'une personne qui n'était pas prévue par les textes vicie l'avis émis[160], sauf s'il apparaît que son influence a été inexistante « eu égard à la composition de cet organisme, à son objet et aux conditions dans lesquelles il a délibéré »[161]. Ceci permet de prendre en compte les modes réels d'élaboration de l'avis et de peser au trébuchet le rôle de tel ou tel ;

— ces organismes ne statuent régulièrement que si le *quorum* est atteint. En dehors des prévisions spécifiques des différents textes les régissant, l'article R. 133-10 du Code des relations entre le public et l'administration exige qu'au moins la moitié du nombre des membres composant l'organisme soit présente, alors qu'en l'absence de textes, pour la jurisprudence, ce quorum est de la majorité plus un[162], ce qui ne simplifie pas le droit positif... Quoi qu'il en soit, en l'absence de quorum, une deuxième convocation est faite qui, selon les termes du même article R. 133-10, précise que l'organisme pourra délibérer quel que soit le quorum ;

— ils doivent, selon l'article R. 133-8 du Code des relations entre le public et l'administration et sous réserve de textes spécifiques, être *convoqués*, sauf urgence, dans un délai d'au moins cinq jours à l'avance sur un ordre du jour précis. Les organismes consultatifs doivent disposer du temps nécessaire pour émettre leur avis. Au-delà d'un délai raisonnable cependant, l'administration peut passer outre. Il s'agit d'éviter que des manœuvres dilatoires ou l'inertie de l'organe consulté paralysent la procédure ;

— l'avis est émis sur la base d'un *dossier complet*. L'administration ne saurait, sans retirer tout effet à la procédure consultative, prendre par la suite une décision portant sur des questions réellement nouvelles qui n'auraient pas fait l'objet des consultations prévues par les textes. La mesure définitivement adoptée est donc, sous réserve de menues corrections, celle soumise à l'avis, modifiée uniquement pour tenir compte de celui-ci[163] ;

160. CE, ass., 25 oct. 1957, *Soc. Parc à essence de Chambry*, R. 554 (choix par les membres de l'organisme de suppléants, en dehors de tout texte).
161. CE, ass., 18 avr. 1969, *Meunié*, R. 208.
162. CE, 18 avr. 1969, *Meunier*, préc.
163. Par ex. CE, ass., 23 oct. 1998, *UFFA-CFDT*, R. 360, *CJEG* 1998, p. 13 concl. H. Savoie.

— enfin l'autorité qui recueille le résultat de ces consultations doit décider ni trop rapidement (v. *supra*, nº 618), ni trop tardivement, les éléments de fait et de droit sur lesquels était fondé l'avis risquant d'avoir entre-temps été profondément modifiés[164].

623 **Distinction des avis simples et des avis conformes. –** Les *avis simples* sont obligatoirement demandés mais peuvent ne pas être suivis, ce qui induit parfois certaines administrations en erreur : pourquoi consulter puisque cela ne change rien à leur pouvoir de décision ? Or, se passer de l'avis ou le demander dans des conditions irrégulières peut conduire à l'annulation de l'acte pour vice de procédure, si recours il y a. À l'inverse, l'autorité ne saurait s'estimer liée par l'avis émis, car elle seule a le pouvoir de décision.

Dans certains cas, une autre autorité que celle qui décide doit donner son *avis conforme* au projet, avis qui doit être suivi par le décideur, sauf s'il est illégal[165].

Ainsi, à proximité immédiate d'un monument historique, le maire ne saurait délivrer le permis de construire que si l'architecte des bâtiments de France, agent du ministère de la Culture, a donné son accord au projet. Si l'avis conforme est refusé au nom de la sauvegarde du monument, le permis ne peut être émis. Mais l'avis conforme donné par l'architecte n'oblige nullement le maire à accorder le permis qui peut être refusé pour d'autres motifs (insuffisance de voie d'accès ou de réseau d'assainissement).

La décision appartient donc toujours à l'autorité première. Sensible au fait que la compétence est partagée entre l'autorité première et celle qui doit donner son accord, le juge y voit une véritable *codécision*, le défaut d'avis conforme constituant dès lors non un vice de procédure mais un cas d'incompétence, soulevable d'office par le juge comme moyen d'ordre public[166].

Quant aux *propositions*, elles sont, dans quelques rares hypothèses, considérées comme une simple consultation, soumise au régime des avis « ordinaires ». Le plus souvent, elles sont, au contraire, analysées comme contraignantes, car elles lient partiellement la compétence de l'autorité qui ne peut décider en tel ou tel sens que si une personne ou un organe lui a proposé de le faire. Son seul pouvoir reste de ne rien décider en ne donnant pas suite à la proposition[167]. Cela explique que la méconnaissance de ne décider que sur proposition soit également assimilée à un vice d'incompétence[168].

4. Les garanties offertes aux administrés

624 Ces garanties apparaissent dans plusieurs règles de procédure qui imposent l'examen particulier des circonstances (a), l'obligation de respecter une procédure

164. Par ex. CE, 11 déc. 1987, *Stasi*, R. 410 (expulsion illégalement décidée le 5 févr. 1979, après que la commission préfectorale eût donné un avis le 5 oct. 1977).

165. V. CE, ass., 26 oct. 2001, *Eisenchteter*, R. 495, *BJDU* 2002.339, concl. J.-C. Bonichot.

166. Par ex. CE, 8 juin 1994, *Mme Laurent*, Rec. T. 1137 (à propos de l'avis conforme de l'Architecte des bâtiments de France).

167. Par ex. CE, sect., 28 avr. 1978, *Minjoz*, R. 186, *AJDA* 1978.673, concl. J. Massot (l'autorité investie du pouvoir de nomination peut ne pas suivre les propositions faites par une autre autorité, et ne nommer personne, mais elle ne saurait les modifier).

168. CE, 30 juill. 1997, *Conf. nat. de la production frce des vins doux*, R. 304, *Dr. adm.* 1998, nº 2, *JCP* 1998, nº 127, chron. J. Petit.

contradictoire (b) et consacrent le droit à la régularisation des erreurs et le droit au contrôle (c) ainsi que le principe d'impartialité (d).

a) La règle de l'examen particulier des circonstances

625 Consacrée de longue date par la jurisprudence[169], cette règle signifie que lorsque l'administration dispose d'un pouvoir discrétionnaire, elle ne peut prendre une décision non réglementaire (et notamment une décision individuelle) qu'après avoir procédé à un examen réel et complet des données de l'affaire sur laquelle elle doit se prononcer. Elle ne doit donc pas appliquer mécaniquement une position de principe (ce qui ne l'empêche pas d'adopter des lignes directrices : v. *supra*, nº 572). En quelque sorte, l'autorité est ici forcée d'exercer sa liberté de choisir la solution la plus opportune.

b) Procédure contradictoire

626 Dans certains cas, l'administration doit, avant de prendre une décision individuelle, suivre une procédure contradictoire, c'est-à-dire informer l'intéressé de l'acte qu'elle projette d'adopter et le mettre en mesure de présenter ses observations. Inhérent à toute procédure juridictionnelle, le principe du contradictoire a ainsi été progressivement transposé à certaines procédures administratives, en vue d'offrir une garantie aux administrés à l'égard de décisions qui leur sont défavorables. Cette idée n'a pas entraîné l'adoption d'un principe simple, comme celui qu'exprime l'article 41-2 de la Charte des droits fondamentaux de l'Union européenne en posant « le droit de toute personne d'être entendue avant qu'une mesure individuelle qui l'affecterait défavorablement ne soit prise à son encontre ». En droit administratif français, l'obligation de suivre une procédure contradictoire repose sur des normes multiples dont les champs d'application diffèrent partiellement et qui n'organisent pas toujours de la même façon la contradiction. Sur ce terrain, l'adoption du Code des relations entre le public et l'administration, qui consacre le titre II de son Livre I au « droit de présenter des observations avant l'intervention de certaines décisions » (art. L. 120-1 et s.) a peu amélioré la situation.

627 **Sources et champ d'application. –** Dès le début du XXe siècle, en matière de fonction publique[170] puis en dehors de ce domaine à partir de 1930[171], le Conseil d'État a jugé que certaines décisions administratives ne pouvaient être prononcées sans que l'intéressé ait été appelé à présenter sa défense, lors même qu'aucun texte ne l'aurait prescrit. La jurisprudence déterminait ces mesures de manière sibylline en se référant à leur nature et à leur gravité. Il est néanmoins peu douteux qu'elle visait, sous ces termes, les sanctions administratives. Les arrêts *Dame Veuve Trompier* et *Aramu* le confirment, qui ont érigé l'obligation de respecter les droits de la défense

169. CE, 7 août 1920, *colonel Secrettand*, R. 756.
170. CE19 juin 1903, *Ledochowski*, R. 452.
171. CE, 17 janv. 1930, *Ribeyrolles*, R. 76.

avant toute mesure administrative répressive en principe général du droit[172]. La jurisprudence ultérieure a élargi le domaine d'application de ce principe à toutes les décisions satisfaisant à deux conditions : comporter des effets défavorables suffisamment graves sur la situation de l'intéressé ; être prises « en considération de la personne », c'est-à-dire reposer sur une appréciation du comportement personnel de l'intéressé. Le Conseil d'État a toutefois toujours refusé d'appliquer le principe des droits de la défense aux mesures de police administrative par crainte de gêner un exercice efficace de cette mission de l'administration[173].

Le principe général des droits de la défense n'est utile qu'en l'absence de texte instituant une procédure contradictoire (du moins si les règles légales offrent des garanties au moins équivalentes à celles que donne le principe). À cette aune, son intérêt actuel semble faible car de nombreux textes législatifs, de portée parfois générale, ont été adoptés en la matière.

Le principal d'entre eux est aujourd'hui constitué par les articles L. 120-1 et s. du Code des relations entre le public et l'administration. Selon l'article L. 121-1 de ce code, deux catégories de décisions administratives doivent être précédées d'une procédure contradictoire. Ce sont, en premier lieu, les décisions individuelles défavorables qui doivent être motivées en vertu de l'article L. 211-2 du même code. Sur ce point, l'article L. 121-1 se borne à reprendre une règle initialement posée par le décret n° 83-1025 du 28 novembre 1983 puis élargie par l'article 24 de la loi du 12 avril 2000. On verra plus loin que la liste des décisions en cause est plutôt longue (v. *infra*, n° 642). Il faut toutefois relever ici qu'y figurent notamment les décisions de police administrative, ce qui brise avec la solution jurisprudentielle traditionnelle rappelée ci-dessus. Par ailleurs, s'agissant de cette première catégorie de décisions, les dispositions de l'article L. 121-1 ne sont pas applicables aux décisions prises par l'administration à l'égard de ses agents (CRPA, art. L. 121-2, dernier al.). La seconde catégorie de décisions mentionnée par l'article L. 121-1 comprend « les décisions qui, bien que non mentionnées [à l'article L. 211-2] sont prises en considération de la personne ». Sur ce point, le texte n'est pas très clair. À la lettre, il assujettit toutes les décisions prises en considération de la personne à une procédure contradictoire, sans prendre en compte leurs effets défavorables. Il est toutefois raisonnable de penser qu'en parlant des décisions « non mentionnées » à l'article L. 211-2, le code vise, en réalité, les décisions qui, bien qu'individuelles et défavorables, ne figurent pas sur la liste dressée par cette disposition. Si tel est bien son sens, on peut dire que le texte codifie le principe général des droits de la défense, tel que la jurisprudence l'a interprété. Dans ces conditions, ce principe paraît perdre toute utilité.

Quoi qu'il en soit, l'obligation de suivre une procédure contradictoire instituée par les dispositions de l'article L. 121-1 admet certaines limites. Elles sont de deux ordres. En premier lieu, relativement aux décisions entrant dans le champ

172. **CE, sect., 5 mai 1944, *Dame Veuve Trompier-Gravier*,** R. 133, D 1945.110, concl. B. Chenot (illégalité de l'abrogation d'une autorisation d'installation d'un kiosque sur la voie publique, prononcée pour faute, sans que l'intéressé « *eût été mis à même de discuter les griefs formulés contre elle* ») ; CE, ass., 26 oct. 1945, *Aramu*, préc. *supra*, n° 171.

173. CE, ass., 21 juill. 1970, *Krivine et Frank*, R. 499, *AJDA* 1970, chron. D. Labetoulle et P. Cabanes, *JCP* 1971, n° 16672, note D. Loschak.

d'application de l'article L. 121-1, cette obligation cesse de s'imposer dans trois cas : quand la décision est prise sur demande d'une personne, car il est alors présumé qu'elle a pu présenter sa position ; en cas d'urgence ou de circonstances exceptionnelles ; quand son respect serait de nature à nuire à la conduite des relations internationales ou à l'ordre public. Cette dernière limitation, sous l'empire du droit antérieur, a été interprétée de façon restrictive : alors que les mesures de police, toutes prises pour protéger l'ordre public, auraient pu échapper à la procédure contradictoire, l'obligation concerne des décisions comme l'interdiction de diffusion de publications dangereuses pour la jeunesse[174] ou la fermeture d'un débit de boissons[175]. En second lieu, les dispositions de l'article L. 121-1 ne sont pas applicables à certaines catégories de décisions : décisions, à l'exclusion de sanctions, prises par les organismes de sécurité sociale et par Pôle emploi ; décisions pour lesquelles des dispositions législatives ont instauré une procédure contradictoire particulière car ce sont alors ces dispositions qui s'appliquent (du moins si elles offrent des garanties au moins équivalentes à celles du régime général[176]). Ces lois spéciales sont assez nombreuses. La plus connue est l'article 65 de la loi du 22 avril 1905, adoptée à la suite du scandale provoqué par la révélation du fichage des officiers en fonction de leurs opinions, notamment religieuses. Cette disposition reconnaît à tout agent public le droit de recevoir communication de son dossier avant toute sanction disciplinaire et toute mesure non disciplinaire prise pour des motifs touchant à la personne même de l'agent, tel qu'un licenciement pour insuffisance professionnelle.

Les sources de la procédure contradictoire en matière de décisions administratives ne se réduisent pas au principe général des droits de la défense et à divers textes législatifs. Il faut faire une part aux sources constitutionnelles et européennes. Certes, en principe, aucune norme constitutionnelle n'impose de faire précéder les décisions administratives[177] d'une procédure contradictoire. Mais ce principe admet une exception : le principe constitutionnel des droits de la défense est notamment applicable à toutes les sanctions administratives[178]. Pour celles de ces sanctions qui entrent dans le champ d'application de l'article 6 ConvEDH, cette stipulation impose également le respect d'une procédure contradictoire offrant des garanties développées (v. *infra*, n° 676). Enfin, les décisions administratives qui sont adoptées dans le champ du droit de l'Union sont assujetties au respect de l'article 41 de la Charte des droits fondamentaux de l'Union européenne (v. *supra*, n° 627).

628 **Contenu. –** La diversité des sources de l'obligation de suivre une procédure contradictoire, comme celle des décisions qui y sont assujetties, a pour

174. Par ex. CE, 29 mars 1996, *Cornilleau*, R. 105.

175. Par ex. CE, 13 juin 1990, *Pentsch*, R. 161 (fermeture d'un établissement, lieu d'un trafic de drogue).

176. Art. 24 de la loi du 12 avr. 2000 et par ex. CE, ass., 8 mars 1985, *Garcia Henriquez et Deveylder*, R. 70, *RDP* 1985.1130, concl. B. Genevois (application en matière d'extradition « des dispositions précises (de la loi du 10 mars 1927) destinées à garantir les droits de la défense »).

177. Cons. const., n° 20016451 DC, 27 nov. 2001, R. 145 (cons. 40) ; Cons. const., n° 2011-631 DC du 9 juin 2011, (cons. 53).

178. Cons. const., n° 90.285 DC du 28 déc. 1990, R. 95.

conséquence que, d'une source à l'autre, d'une catégorie d'actes à l'autre, le contenu même de la procédure contradictoire peut varier et, notamment, être plus ou moins contraignant.

On se bornera ici aux règles générales qui résultent de la jurisprudence relative au principe général du droit des droits de la défense et des articles L. 122-1 et L. 122-2 CRPA (qui codifient en partie cette jurisprudence ainsi que des textes antérieurs).

Ces règles ne sont pas les mêmes selon les catégories de décisions concernées.

En ce qui concerne, en premier lieu, les décisions individuelles défavorables qui doivent être motivées en vertu de l'article 211-2 CRPA, l'article L. 122-1 du même code, reprenant les dispositions de l'article 24 de la loi du 12 avril 2000, précise qu'elles « n'interviennent qu'après que la personne intéressée a été mise à même de présenter des observations écrites », ce qui suppose que l'administration l'informe de son projet de décision. De plus, et c'est ici que se retrouvent les garanties les plus efficaces, puisqu'il y a alors un véritable débat contradictoire selon des mécanismes très proches de ceux de la procédure contentieuse, une audition préalable est indispensable si la personne intéressée, qui peut être assistée d'un conseil ou représentée par un mandataire, en fait la demande[179]. L'Administration n'est toutefois pas tenue de satisfaire les demandes d'audition abusives notamment par leur caractère répétitif ou systématique.

S'agissant ensuite des mesures qui entrent dans le champ du principe général du droit des droits de la défense (et désormais aussi de l'article L. 121-1 CRPA), les obligations de l'administration, rappelées par l'article L. 122-2 pour les sanctions, sont moindres. Après avoir mis à même l'intéressé de demander communication préalable de son dossier, celle-ci, si demande en a été faite, doit être réalisée dans des conditions satisfaisantes de complétude (l'ensemble des pièces doit y figurer) et de délai. Ceci permet à l'administré de présenter utilement ses observations, par tous moyens, sans que l'administration soit tenue de l'auditionner. Il s'agit donc d'une « simple faculté d'exercer les droits de la défense »[180], et non à l'heure actuelle, d'une reconnaissance d'un droit à la contradiction, dans sa dimension la plus générale.

c) Le droit à la régularisation des erreurs et le droit au contrôle

629 La loi n° 2018-727 du 10 août 2018 *pour un État au service d'une société de confiance* (art. 2) institue, au profit des administrés, deux nouveaux droits : le droit à régularisation en cas d'erreur (CRPA, art. L. 123-1 et L. 123-2) et le droit au contrôle et à son opposabilité (CRPA, art. L. 124-1 et L. 124-2). Avec la procédure contradictoire, ces deux droits forment désormais ce que le titre II du livre 1er du code appelle « les procédures préalables à l'intervention de certaines décisions ». Comme le titre de la loi du 10 août 2018 le suggère, ces nouvelles exigences procédurales procèdent de la volonté du législateur d'établir, entre l'administration et les administrés, une relation de confiance réciproque. Identiques dans leur

179. V. CE, 3 avr. 2002, *Soc. Labo'life Espana*, *RFDA* 2002.681 (le refus d'entendre la société, alors qu'elle l'avait demandé, entache la procédure d'irrégularité).

180. O. Schrameck, cité *in* Bibliographie, *infra*, n° 725, Régime juridique de l'acte administratif.

inspiration, les deux droits considérés n'en sont pas moins différents dans leur substance. Il convient donc de les examiner successivement.

630 **Le droit à la régularisation des erreurs. –** L'idée générale de ce droit est la suivante : l'administré qui commet une erreur appelant normalement une sanction administrative doit être présumé de bonne foi, d'autant que la complexité du droit suffit à expliquer qu'il se soit trompé, sans qu'il faille *a priori* soupçonner, derrière son erreur, l'intention d'échapper à ses obligations. En conséquence, s'il corrige son erreur, il a un droit à ne pas être sanctionné. Ainsi, plus encore qu'un droit à la régularisation des erreurs, c'est un droit à ne pas subir de sanction à raison d'une erreur régularisée qui est institué par la loi, sur le modèle de ce qui existait déjà en matière fiscale (LPF, art. L. 62) et sociale (CSS, art. R. 243-10).

Plus précisément, ce droit s'applique dans le cas où une personne a, pour la première fois, soit méconnu une règle applicable à sa situation, soit commis une erreur matérielle lors du renseignement de sa situation, pratiquement à l'occasion de l'accomplissement d'obligations déclaratives. Alors que, normalement, cette méconnaissance ou cette erreur appelle une sanction (« pécuniaire ou consistant en la privation de tout ou partie d'une prestation due », précise l'article L. 123-1 du CRPA), l'intéressé peut y échapper en corrigeant l'irrégularité ou l'erreur par lui commise, soit de sa propre initiative, soit après y avoir été invité par l'administration. La présomption de bonne foi sur laquelle cette règle repose comporte deux conséquences. Elle explique d'abord que seules les erreurs commises « pour la première fois » soient régularisables, la répétition de la même erreur excluant la bonne foi. Elle implique ensuite qu'en cas de mauvaise foi (c'est-à-dire, précise l'article L. 123-2, d'irrégularité commise de manière délibérée), l'administration puisse prononcer la sanction « sans que la personne en cause ne soit invitée à régulariser sa situation ». Mais, puisque présomption de bonne foi il y a, « en cas de contestation, la preuve de la mauvaise foi et de la fraude incombe à l'administration ». Par ailleurs, le mécanisme n'est pas applicable à certaines catégories de sanctions : sanctions prévues par un contrat, prononcées par les autorités de régulation à l'égard des professionnels soumis à leur contrôle, appliquées en cas de méconnaissance des règles préservant directement la santé publique, la sécurité des personnes et des biens ou l'environnement, prises pour la mise en œuvre du droit de l'Union européenne.

631 **Le droit au contrôle. –** Si le droit à la régularisation des erreurs consacrée par l'article L. 123-1 du CRPA connaissait des précédents en matière fiscale et sociale (v. *supra*, n° 630), la création d'un droit au contrôle se présente comme une innovation complète. Classiquement, c'est à l'administration qu'il appartient de décider d'exercer ou non les prérogatives de contrôle dont elle est investie pour la protection de tel ou tel intérêt public. Certes, sa marge d'appréciation en la matière ne va pas sans limite : le juge peut considérer qu'une carence dans l'exercice du contrôle est constitutif d'une faute de nature à engager la responsabilité de l'administration, étant précisé qu'une faute lourde est parfois exigée (v. *infra*, n° 1103). Mais le devoir d'exercer ses pouvoirs de contrôle qui se trouve ainsi imposé à l'administration, procède des exigences de l'intérêt public et n'a nullement la signification de la face passive d'un droit individuel au contrôle.

L'institution d'un tel droit marque donc, sans conteste, un changement dans la conception du contrôle administratif, qu'exprime bien l'exposé des motifs du projet de loi : « le contrôle administratif n'est plus un outil essentiellement à finalité dissuasive ou répressive. Il acquiert également une dimension de conseil au public pour l'aider à se mettre en conformité avec les obligations qui lui incombent ». Ce changement implique précisément de reconnaître un rôle à l'administré dans l'exercice par l'administration de ses pouvoirs de contrôle : c'est là tout le sens du droit au contrôle.

Plus précisément, ce droit consiste dans la faculté pour toute personne de « demander à faire l'objet d'un contrôle prévu par les dispositions législatives et réglementaires en vigueur » (CRPA, art. L. 124-1), cela « sans préjudice des obligations qui lui incombent », c'est-à-dire sans que l'exercice de cette faculté l'autorise à ne pas observer lesdites obligations. De plus, la « demande précise les points sur lesquels le contrôle est sollicité ». L'objet même du contrôle se trouve donc déterminé par l'administré. Saisi de cette demande, « l'administration procède » – c'est-à-dire, semble-t-il, doit procéder – au contrôle « dans un délai raisonnable ». Elle peut toutefois rejeter cette demande mais uniquement pour certains motifs : mauvaise foi du demandeur, demande abusive (par exemple, par son caractère répétitif), demande qui « a manifestement pour effet de compromettre le bon fonctionnement du service ou de mettre l'administration dans l'impossibilité matérielle de mener à bien son programme de contrôle ».

Le contrôle ainsi effectué peut naturellement aboutir à deux types de conclusions : respect ou méconnaissance par l'intéressé des règles qui lui sont applicables. Dans le second cas, l'intéressé peut user du droit à la régularisation que lui reconnaît l'article L. 123-1 du CRPA aux conditions établies par ce texte. Dans le premier cas, et c'est là tout l'avantage pour l'intéressé de prendre l'initiative d'un contrôle, la personne contrôlée peut « opposer les conclusions expresses [du] contrôle effectué (...) à l'administration dont elles émanent » (CRPA, art. L. 124-2). Autrement dit, si l'administration contrôleuse a estimé que, sur tel ou tel point, le comportement de l'intéressé satisfaisait à ses obligations, elle ne peut pas, ensuite, adopter la position contraire, jusqu'à ce qu'elle procède à un nouveau contrôle ou qu'il se produise un changement de circonstances affectant la validité des conclusions du contrôle.

d) Impartialité

632 L'impartialité constitue un principe général du droit[181] que divers textes législatifs rappellent (v. article L. 100-2 du Code des relations entre le public et l'administration et article 25 de la loi du 13 juillet 1983). Ce principe « garantit aux administrés que toute autorité administrative, individuelle ou collégiale, est tenue de traiter leurs affaires sans préjugés ni partis pris »[182] ; il interdit donc qu'un organe administratif prenne une décision ou participe à son élaboration, dès lors que les administrés peuvent

181. V. explicite, CE, ass. 21 déc. 2012, *Soc. Groupe Canal Plus, Soc. Vivndi Universal*, *AJDA* 2013. 215, chr. X. Domino et A. Bretonneau, *Dr. adm.* 2013.28, note M. Bazex, *RFDA* 2013.55, concl. V. Daumas, *RJEP* 2013.3, note Idoux.

182. CE, 22 févr. 2008, *Association air pur environnement d'Hermeville et ses environs*, n° 291372.

légitimement douter de son impartialité. Par exemple, tout membre d'un organe consultatif qui est personnellement intéressé à la question soumise à celui-ci ne peut y siéger[183]. Les exigences jurisprudentielles sont confirmées et parfois complétées par divers textes. Il en est qui ne concernent que certaines décisions ou procédures[184]. La loi du 11 octobre 2013 relative à la transparence de la vie publique et celle du 20 avril 2016 relative à la déontologie et aux droits et obligations des fonctionnaires édictent, quant à elles, des règles de portée générale. Elles envisagent le cas où il y a un conflit d'intérêts défini comme « toute situation d'interférence entre un intérêt public et des intérêts publics ou privés qui est de nature à influencer ou à paraître influencer l'exercice indépendant, impartial et objectif d'une fonction ». Il est alors imposé à la généralité des autorités ou agents administratifs et notamment à l'ensemble des fonctionnaires une obligation de s'abstenir d'exercer leur fonction, selon diverses modalités (v. décrets n° 2014-34 du 16 janvier 2014 et n° 2014-90 du 31 janvier 2014 et article 25 bis de la loi du 13 juillet 1983 résultant de la loi du 20 avril 2016). Par ailleurs, certaines autorités ou agents publics (membres du gouvernement, des autorités administratives ou publiques indépendantes, la plupart des élus locaux, hauts fonctionnaires) sont astreints à des obligations déclaratives portant sur leur situation patrimoniale et leurs liens d'intérêt et doivent confier la gestion de leurs instruments financiers à des tiers.

5. La transparence

633 La volonté de rééquilibrer la relation entre l'administration et les citoyens s'est traduite, à partir de la fin des années 1970, par l'adoption de textes visant deux objectifs. Le premier consiste à renforcer la transparence de l'action administrative, afin de faire reculer le culte du secret qui favorise une relation inégalitaire. Outre l'obligation de motiver certains actes (v. *infra*, n° 641 et s.), l'*accès* grandement facilité aux *documents administratifs* – et en leur sein aux actes administratifs[185] – joue de ce point de vue un rôle majeur. Initialement régie par les dispositions de la loi du 17 juillet 1978, la matière est aujourd'hui réglée par le Code des relations entre le public et l'administration (art. L. 300-1 et s.). La jurisprudence du Conseil constitutionnel a donné à cette législation un fondement constitutionnel. Elle interprète l'article 15 de la Déclaration de 1789, aux termes duquel : « La société a le droit de demander compte à tout agent public de son administration garantissant le droit d'accès aux documents administratifs[186] ». En vertu de ce droit, tout citoyen peut consulter et obtenir copie, à des coûts limités, de l'ensemble des documents administratifs non nominatifs tels qu'avis, rapports, circulaires, notes, décisions, etc., prises par les organismes de droit public ou les personnes de droit privé gérant un service public, à quelques exceptions près. Il

183. P. ex. CE, 8 janv. 1992, *Mme Serondi-Rabonaux*, R. 685 (membre de l'organe consultatif qui est le conjoint du demandeur).

184. P. ex. CGCT, L. 2131-11 : « Sont illégales les délibérations [du conseil municipal] auxquelles ont pris part un ou plusieurs membres intéressés à l'affaire qui en l'objet, soit en leur nom personnel, soit comme mandataire ».

185. Documents administratifs et actes administratifs ne sont pas des notions identiques : ainsi un rapport préliminaire est un document administratif mais non un acte administratif.

186. Cons. const., déc. n° 2020-834 QPC, 3 avr. 2020, *AJDA* 2020. 759.

en va de même pour les informations, éventuellement nominatives, contenues dans des documents administratifs dont les conclusions lui sont opposées. Le service concerné est en droit de s'opposer à cette communication en quelques rares hypothèses (secret de la défense nationale, de la vie privée, etc.). En ce cas de refus non fondé, le demandeur s'adresse à la commission d'accès aux documents administratifs, qui, si elle estime la demande justifiée, adresse un avis en ce sens à l'autorité compétente. Lorsque le document n'est toujours pas remis, qu'il y ait eu refus de la CADA de le considérer comme communicable ou refus d'obtempérer de l'administration, le juge administratif peut être saisi et, après avoir éventuellement annulé le refus, enjoindre cette communication.

6. L'association du public à l'élaboration des décisions administratives

634 Le second volet de la politique d'amélioration des rapports entre l'administration et les citoyens, à côté de la transparence, consiste à davantage associer les citoyens à l'élaboration des décisions administratives. Ces deux objectifs sont d'ailleurs liés : pour participer utilement à la prise de la décision administrative, il faut être informé sur les données qui la conditionnent, lesquelles sont, en grande partie, détenues par l'administration. C'est bien pourquoi l'article 7 de la Charte de l'environnement proclame, dans une seule et même disposition, le droit pour toute personne, « dans les conditions et les limites définies par la loi », « d'accéder aux informations relatives à l'environnement détenues par les autorités publiques et de participer à l'élaboration des décisions publiques ayant une incidence sur l'environnement ». De ce point de vue, transparence et association du public à la décision administrative peuvent donc être regardés comme deux aspects d'un effort plus général de démocratisation de la procédure administrative non contentieuse.

635 Les modalités de la participation du public à la décision administrative sont éminemment diverses. Les règles générales qui les gouvernent figurent désormais aux articles L. 131-1 et s. du CRPA. Il résulte, en premier lieu, de l'article L. 131-1 de ce code, tel qu'interprété par le Conseil d'État, qu'en dehors mêmes des cas où cela est spécialement prévu par un texte, « les autorités administratives ont toujours la faculté, pour concevoir une réforme ou élaborer un projet ou un acte, de procéder à la consultation du public, notamment sur un site internet »[187]. Dans ce cas, comme en matière d'avis spontanés (v. *supra*, n° 620), l'administration doit organiser cette consultation dans des conditions régulières. Plus précisément, elle doit se conformer aux dispositions de l'article L. 131-1 du CRPA ainsi qu'aux principes d'égalité et d'impartialité qui exigent que la consultation soit sincère, c'est-à-dire qu'elle traduise fidèlement l'avis du public. Diverses obligations en découlent. Certaines sont posées par l'article L. 131-1 : rendre publiques les modalités de la consultation, mettre les informations utiles à la disposition du public concerné, prévoir un délai raisonnable de cette procédure pour permettre une réelle

187. CE, ass., 19 juill. 2017, *Association citoyenne « Pour Occitanie Pays catalan »*, n° 403928, *AJDA* 2017.1662, chron. G. Odinet et S. Roussel, *Dr. adm.* 2017. 31, note G. Eveillard, *JCP* A 2017, n° 38, p. 27, concl. V. Daumas.

participation et rendre publics les résultats ou les suites données. D'autres exigences ont été ajoutées par le Conseil d'État[188] : la définition du périmètre du public concerné doit être pertinente au regard de l'objet de la consultation ; des mesures doivent être prises en vue d'éviter que le résultat de la consultation soit vicié par des avis multiples émanant d'une même personne ou par des avis émis par des personnes extérieures au périmètre délimité ; l'autorité doit veiller au bon déroulement de la consultation dans le respect des modalités qu'elle a fixées.

636 L'article L. 131-1 du CRPA invite à envisager ensuite les cas dans lesquelles une participation du public est rendue possible ou, le plus souvent, obligatoire par un texte. C'est ici qu'apparaît la variété des procédés utilisables (parmi lesquels, le référendum local a déjà été évoqué, v. *supra*, nº 291).

Il peut s'agir d'une *enquête publique,* notamment en matière d'expropriation (la déclaration d'utilité publique doit être précédée d'une enquête qui est régie par le Code de l'expropriation) et pour un certain nombre de décisions limitativement énumérées susceptibles d'avoir des conséquences pour l'environnement (C. envir., art. L. 123-1 et s.) ; les autres enquêtes sont régies par le CRPA (art. L. 134-1 et s.). Le déroulement en est grossièrement le suivant : le public, informé des dates et lieux où il pourra prendre connaissance du dossier du projet, peut formuler des observations sur un registre, avant qu'un commissaire-enquêteur, au vu de ces observations et après avoir procédé aux consultations qu'il juge utiles, établisse ses conclusions.

Avant l'enquête publique, d'autres procédures peuvent être organisées. Ainsi, notamment, la loi du 2 février 1995 a prévu l'organisation d'un débat public pour des projets d'aménagement ou d'équipement présentant de forts enjeux socio-économiques ou ayant des impacts significatifs sur l'environnement ou l'aménagement du territoire, sous l'égide d'une autorité administrative indépendante, la Commission nationale du débat public.

La consultation ouverte sur internet est un autre procédé plus récent. Il a été institué pour les projets de décisions ayant une incidence environnementale et non soumis à enquête publique (C. envir., art. L. 120-1 et s.) en vue de se conformer à l'article 7 de la Charte environnement. Une procédure de même nature mais de portée plus générale a été créée par l'article 16 de la loi du 17 mai 2011, de simplification du droit et son décret d'application du 8 décembre 2011 (v. CRPA, art. L. 132-2 et s. et R. 132-4 et s.). Selon ces dispositions, une autorité administrative qui est légalement tenue de consulter une commission administrative, sur un projet d'acte réglementaire, peut s'affranchir de cette obligation en organisant, à la place, une consultation ouverte à tous sur un site internet, dont la durée ne peut être inférieure à 15 jours. Au terme de celle-ci, une synthèse des observations recueillies doit être établie puis rendue publique. La faculté ainsi ouverte est entourée de deux garanties principales : elle n'est pas applicable dans certains cas[189] et la

188. CE, ass. 19 juill. 2017, *Association citoyenne « Pour Occitanie Pays Catalan »*, préc., § 16.

189. Demeurent en effet pleinement obligatoires, selon l'article 16 de la loi du 17 mai 2011 (CRPA, art. L. 132-1), « les consultations d'autorités administratives indépendantes prévues par les textes législatifs et réglementaires, les procédures d'avis conforme, celles qui concernent l'exercice d'une liberté publique, constituent la garantie d'une exigence constitutionnelle ou traduisent un pouvoir de proposition ainsi que celles mettant en œuvre le principe de participation ».

commission consultative dont l'avis devait normalement être pris n'est pas complètement évincée puisqu'elle peut, comme tout un chacun, participer à la « consultation ouverte ».

D'après ses promoteurs, ce mécanisme présenterait deux avantages : développer la participation des citoyens au processus de la décision administrative (réglementaire) tout en l'accélérant, l'autorité compétente n'ayant plus à attendre l'avis de commissions parfois lentes à opiner. Ces justifications ne convainquent guère et, en dépit des garanties qui l'entourent, la disposition considérée apparaît fort mal venue. Entre la consultation d'une commission au sein de laquelle une représentation équilibrée des intérêts est assurée ou/et qui est composée d'experts, dont les séances donnent lieu à des débats et celle, directe, du public, via internet, il n'y a aucune équivalence ; autoriser la substitution de l'une à l'autre n'a donc guère de sens. Chacune de ces procédures a sa légitimité et, dans ces conditions, il aurait mieux valu organiser leur complémentarité. Il n'est pas davantage raisonnable de permettre à l'administration de court-circuiter toutes les commissions (sauf exceptions) qu'elle est tenue de consulter, au motif que certaines fonctionneraient mal : il serait plus pertinent de réformer voire de supprimer ces dernières.

C. LA FORME

637 La forme, relative à la présentation de l'acte, renvoie aux autres conditions de la régularité de celui-ci (la signature démontre que la compétence a été exercée, les visas se réfèrent aux bases légales et aux étapes de la procédure, la motivation aux motifs de l'acte, etc.).

Or, le droit administratif français n'est guère formaliste, afin notamment, de ne pas multiplier les motifs d'annulation. De nombreuses dispositions formelles utilisées pour la présentation de l'acte administratif, ne répondent à aucune obligation juridique, leur violation n'étant pas dès lors sanctionnée. Tel est le cas pour la date et le lieu précisés sur l'acte, ou pour les *visas*. Ceux-ci, nombreux sur les actes administratifs écrits, renvoient à la fois à la base légale de la décision (Vu la loi du..., le décret du..., etc.) et à la procédure de son édiction (Vu la demande de..., vu l'avis de..., etc.). Facultatives, les erreurs dont ils peuvent être entachés sont sans incidence sur la régularité de l'acte. Ce qui importe c'est qu'au-delà du visa erroné, la décision repose sur une base légale exacte ou que l'avis exigé par les textes ait réellement été pris[190]. D'ailleurs et logiquement, les visas indiqués ne qualifient pas l'acte[191].

À l'inverse, certaines obligations minimales existent ; elles concernent le cas échéant le caractère écrit de l'acte, sa motivation et sa signature.

190. Par ex. CE, 30 juill. 1949, *Vve Robinée de Plas*, R. 416 (acte visant à tort une loi du 11 oct. 1940 fondé en réalité de façon régulière sur une loi du 1er mars 1942).

191. **CE, 24 juin 1960, *Min. de l'Intérieur c/Frampar***, préc. *supra*, n° 491 (saisie de journaux prétendument faite dans le cadre d'une opération de police judiciaire, l'article 30 du Code de procédure pénale étant visé, alors qu'il s'agissait en fait d'une opération de police administrative).

1. Caractère écrit de l'acte

638 Pour mesurer la place de l'écriture dans la forme de la décision administrative, il faut tenir compte du fait que la décision administrative se manifeste de deux grandes façons, selon qu'elle est explicite ou implicite.

639 **Décisions explicites.** – La décision explicite est celle qui, d'une manière ou d'une autre, est exprimée par son auteur. L'expression écrite est la plus fréquente (« la paperasserie administrative ») mais elle n'est pas, le plus souvent, obligatoire. Seuls quelques textes exigent que certaines décisions soient écrites, l'administration pouvant d'ailleurs s'affranchir de cette exigence en cas d'urgence[192]. D'autres modes d'expression sont donc légalement utilisables : décision orale ordonnant telle ou telle chose[193], voire simple couleur d'un feu de signalisation (rouge, il traduit l'ordre donné aux véhicules de s'arrêter !) Une telle forme peut poser de réels problèmes de preuve mais n'interdit pas la reconnaissance de l'acte[194] ni n'affecte sa légalité.

640 **Décisions implicites.** – Il y a décision implicite ou tacite dans le cas où une règle de droit dispose que le silence gardé par l'administration sur une demande vaut, à l'expiration d'un certain délai, décision soit de rejet soit d'acceptation de cette demande. Découlant d'une simple fiction, la décision administrative n'a ici aucun support matériel (si ce n'est que son existence donne parfois lieu à la délivrance d'une attestation par l'administration).

Le droit administratif français a d'abord posé en principe que le silence administratif valait rejet à l'expiration d'un délai qui, initialement fixé à quatre mois (décret du 2 nov. 1864 puis loi du 17 juill. 1900), a été ramené à deux mois par l'article 21 de la loi du 12 avril 2000. L'adoption de ce principe a été rendue nécessaire par une règle fondamentale du contentieux administratif, celle de la décision préalable (*infra*, n° 956 et 957). Selon celle-ci, le juge administratif ne peut être saisi que par un recours formé contre une décision. Dès lors, si le silence suffisamment prolongé n'était pas assimilé à une décision de rejet, il suffirait à l'administration de conserver le silence pour empêcher la saisine du juge. Par exemple, en ne répondant pas à une demande d'indemnité, elle ferait obstacle à toute mise en cause de sa responsabilité. Cela justifie parfaitement que le Conseil d'État ait pu récemment affirmer que le respect du droit constitutionnel au recours implique que la règle selon laquelle le silence gardé par l'administration sur une demande pendant deux mois vaut décision de rejet susceptible de recours est une règle générale de procédure applicable en l'absence de texte réglant les effets d'un tel silence[195].

Toutefois, à partir des années 1970, les régimes dérogatoires de décisions implicites d'acceptation se sont multipliés, en matière d'autorisations administratives principalement. Ce mécanisme répond à une préoccupation de bonne

192. P. ex. CE, 9 nov. 1945, *Soc. Coop. L'Union agricole*, R. 230 (réquisition opérée à la Libération sans décision écrite, contrairement aux textes applicables et néanmoins légales en raison de l'urgence).

193. P. ex. CE, 9 janv. 1931, *Abbé Cadel*, R. 11 (« L'ordre verbal du maire (déposer dans une église le corps d'un suicidé) constitue une décision prise par une autorité administrative ») .

194. P. ex. CE, 12 mars 1986, *Mme Cuisenier*, R. 403, *AJDA* 1986. 258, concl. J. Massot (décision, nulle part formalisée, du ministre de la Culture d'autoriser la réalisation des colonnes de Buren dans la cour du Palais-Royal).

195. CE avis 23 oct. 2017, n° 411260.

administration. Il renforce l'efficacité de l'administration qui, sans nuire aux administrés, peut ne pas répondre explicitement à toutes leurs demandes pour se concentrer sur les plus importantes ; il évite aux administrés de pâtir des lenteurs administratives en leur permettant d'obtenir une décision favorable dans un délai raisonnable.

Le souci contemporain de rééquilibrer la relation entre l'administration et les administrés au profit de ces derniers a finalement conduit la loi n° 2013-1005 du 12 novembre 2013 à inverser le principe : désormais, selon la formulation adoptée par le Code des relations entre le public et l'administration (art. L. 231-1) le « silence gardé pendant deux mois par l'administration sur une demande vaut décision d'acceptation ». Ce principe est toutefois assorti d'exceptions destinées à parer aux risques que peut présenter le mécanisme de l'accord tacite pour l'intérêt général. En premier lieu, la loi, codifiée à l'article L. 231-4 du Code des relations entre le public et l'administration, établit elle-même une liste de cas dans lesquels « le silence gardé par l'administration pendant deux mois vaut décision de rejet ». Ces cas sont nombreux et souvent définis de manière large et imprécise. Certains correspondent peu ou prou aux situations dans lesquelles, dans l'état antérieur du droit, il était légalement exclu que le pouvoir réglementaire pût instituer un régime d'accord tacite (demande présentant un caractère financier, sauf en matière de sécurité sociale, dans les cas prévus par décret[196] ; demande touchant aux relations entre l'administration et ses agents ; cas, à préciser par décret en Conseil d'État[197], où une acceptation implicite ne serait pas compatible avec les engagements internationaux et européens de la France, la protection de la sécurité nationale, de l'ordre public ou celle des libertés et principes constitutionnels) ; d'autres cas s'ajoutent à ceux-là, les uns assez précis (demande ne tendant pas à l'adoption d'une décision individuelle, présentant le caractère d'une réclamation ou d'un recours administratif), d'autres plus flous (demande ne s'inscrivant pas dans une procédure prévue par un texte législatif ou réglementaire). À ces exceptions prévues par la loi, d'autres pourront venir s'ajouter, le législateur (CRPA, art. L. 231-5) ayant ouvert au pouvoir réglementaire (décret en Conseil d'État et en conseil des ministres) la faculté d'écarter le principe du silence acceptation « eu égard à l'objet de certaines décisions ou pour des motifs de bonne administration »[198]. Le gouvernement est également habilité (CRPA, art. L. 231-6) à modifier, par décret en Conseil d'État, le délai normal de deux mois, pour les décisions d'acceptation comme de rejet, lorsque l'urgence ou la complexité de la procédure le justifie[199].

Il n'est pas certain que cette réforme, dont l'entrée en vigueur a été fixée soit au 12 novembre 2014 (État et ses établissements publics administratifs) soit au 12 novembre 2015 (collectivités locales et leurs établissements publics ainsi

196. V. p. ex. décret n° 2016-7 du 5 janvier 2016.

197. Plusieurs décrets des 23 et 30 oct. 2014 (*JO* du 1er nov.) listent les décisions concernées.

198. Plusieurs décrets du 23 oct. 2014 (*JO* du 1er nov.) listent les décisions concernées en ce qui concerne l'État et ses établissements publics administratifs ; plusieurs décrets des 10 novembre 2015 et un décret 19 mai 2016 font de même pour les collectivités territoriales et leurs établissements publics ainsi que pour les autorités publiques indépendantes et divers organismes chargés de missions de service public.

199. Plusieurs décrets des 23 et 30 oct. 2014 (*JO* du 1er nov.) sont venus en effet établir des délais dérogatoires pour l'État et ses établissements publics administratifs ; un décret n° 2016-677 du 25 mai 2016 fait de même pour les collectivités territoriales et leurs établissements publics.

qu'organismes privés chargés d'un service public administratif), simplifiera l'état du droit, dès lors qu'elle impose de rechercher, au cas par cas, si une demande relève du principe ou de ses exceptions et quel délai est applicable. Le législateur s'est d'ailleurs préoccupé de faciliter la tâche des administrés en prévoyant que la liste des procédures pour lesquelles le silence vaut acceptation sera publiée sur un site internet relevant du premier ministre[200]. Il en ressort que ces procédures sont au nombre d'environ 1 500.Les exceptions au principe semblent, toutefois, plus nombreuses, un rapport sénatorial en recensant 2 400[201]...

2. Motivation

641 L'obligation de motivation conduit l'administration à expliquer par écrit les raisons, les motifs de sa décision. Motivation et motifs ne doivent pas être confondus ; si tout acte a des motifs, sauf administrateur fou, l'expression écrite de ceux-ci n'est pas toujours exigée par le droit. Ils peuvent ainsi être connus par la suite, en cas de demande expresse de l'administré ou à l'occasion d'un procès, le juge en exigeant la communication dans le cadre de son pouvoir d'instruction. N'est-il pas nécessaire, cependant, pour améliorer la transparence, la démocratie administrative, que les administrés, tout au moins pour les décisions défavorables, connaissent immédiatement les raisons du refus ? Ceci facilite la compréhension de l'action administrative, elle-même plus réfléchie, et évite certains contentieux.

Pourtant, pendant longtemps, aucune obligation n'exista en ce sens. L'administration, contrairement au juge, n'avait pas à motiver ses actes, sauf textes spécifiques ou pour certaines mesures des organismes collégiaux dont, une fois les membres séparés, il était difficile de reconstituer les raisons exactes des décisions prises[202]. Le Conseil d'État craignait en effet l'alourdissement qui pourrait découler d'une telle obligation et les risques subséquents d'annulation pour vice de forme. Il fallut donc que la loi du 11 juillet 1979[203] imposât dans un certain nombre d'hypothèses la motivation. Le Code des relations entre le public et l'administration (art. L. 211-1 et s.) codifie cette loi qui est en conséquence abrogée.

642 **Champ d'application.** – Sous réserve des règles contenues dans d'autres textes[204] ou de la jurisprudence *Agence Marseille-Fret* toujours applicable, l'obligation de motivation résulte des dispositions des articles L. 211-2 et s. du Code des relations entre le public et l'administration. Celles-ci concernent les seules *décisions administratives individuelles*. En sont exclus les actes réglementaires (tels que les décrets à portée générale), ainsi que les décisions ni réglementaires, ni individuelles (v. *supra*, n° 158). Le secret administratif n'a donc pas disparu.

Parmi les décisions administratives individuelles, celles qui sont favorables n'ont pas à être motivées car le bénéficiaire est *a priori* satisfait du résultat et en

200. Disposition codifiée aux articles D. 231-2 et 3 du CRPA. Cette liste est disponible sur le site Légifrance depuis le 6 nov. 2014.

201. Rapport d'information n° 629, 15 juill. 2015, sur le bilan d'application de la loi du 12 nov. 2013.

202. CE, 27 nov. 1970, *Agence Marseille-Fret*, R. 704, *RDP* 1971, concl. M. Gentot.

203. N° 79-587, C. adm. Dalloz.

204. Par ex., l'article L. 2121-6 du Code général des collectivités territoriales impose la motivation des décrets de dissolution des conseils municipaux.

connaître les motifs lui importe peu. Dans certains cas, la mesure favorable pour le demandeur peut l'être moins pour des tiers, ce qui rend nécessaire des explications. L'article L. 211-3 du Code des relations entre le public et l'administration exige donc que soient motivées les décisions administratives individuelles qui dérogent aux règles générales fixées par la loi ou le règlement[205].

Le code détermine, pour le reste, sept cas de *décisions défavorables* qui doivent être motivées :

— celles « qui restreignent l'exercice des libertés publiques ou, d'une manière générale, constituent une mesure de police »[206] ;

— « les décisions qui infligent une sanction » ou « subordonnent l'octroi d'une autorisation à des conditions restrictives ou imposent des sujétions ». Bien que l'autorisation ait été accordée, la décision est, ici, partiellement défavorable dans la mesure où des réserves sont prévues ;

— « retirent ou abrogent une décision créatrice de droits » (v. *infra*, n° 685 et s.) ;

— « opposent une prescription, une forclusion ou une déchéance », car il est normal de rappeler les bases légales des textes et d'expliquer pourquoi les délais sont expirés ;

— « refusent un avantage dont l'attribution constitue un droit pour les personnes qui remplissent les conditions légales pour l'obtenir ». Lorsque l'intéressé remplit les conditions prévues par le texte, une réponse favorable doit être donnée. Si refus il y a, il faut expliquer pourquoi les faits de l'espèce ne permettent pas de considérer que la condition est remplie. À l'inverse, si aucune condition légale n'est posée, si l'administration conserve son pouvoir discrétionnaire de choix, elle n'a pas, ici – et sauf si l'acte entre dans une des autres catégories prévues par le code – à s'expliquer à ce stade[207] ;

— « refusent une autorisation ».

— « rejettent un recours administratif dont la présentation est obligatoire préalablement à tout recours contentieux en application d'une disposition législative ou réglementaire ».

La communication des motifs n'est cependant pas obligatoire lorsqu'elle est de nature à porter atteinte à divers secrets ou intérêts protégés (secret de la défense nationale, secret médical, secret professionnel, etc.).

Diverses circulaires ont en conséquence tenté de définir, sur la base des catégories définies par les textes et interprétées par la jurisprudence, la liste, impressionnante, des décisions à motiver[208]. Cette liste n'a, cependant, en elle-même aucune

205. Par ex. CE, 3 nov. 1982, *Dlle Mugler*, R. 505 (pour l'autorisation d'ouverture d'une officine pharmaceutique par dérogation qui concerne évidemment les pharmacies déjà installées).

206. Doivent ainsi être motivés les arrêtés d'expulsion d'un étranger (CE, sect., 24 juill. 1981, *Belasri*, R. 322) mais non le refus d'autoriser l'accès d'un enfant de moins de 6 ans à l'école primaire car la scolarisation avant 6 ans n'étant pas obligatoire, n'est pas en cause une liberté publique (CE, 25 mars 1983, *Époux Mousset*, préc.).

207. Par ex. CE, 11 juin 1982, *Le Duff*, R. 220, *JCP* 1983 n° 19953, concl. B. Genevois (refus de dispense du service national pour cas d'exceptionnelle gravité devant être motivé en expliquant pourquoi ce cas ne se présente pas ici, car sinon, la dispense est de droit).

208. V. Circul. 28 sept. 1987, *JO* 20 oct., p. 12173 ; Circul. 2 juin 1992 pour les actes des collectivités locales, *JO* 22 juill., p. 9805.

valeur juridique : une décision mentionnée par la circulaire et n'entrant pas dans les catégories légales n'a pas à être motivée[209].

643 **Contenu de la motivation. –** La loi exige que les considérations de droit et de fait qui constituent le fondement de l'acte soient énoncées par écrit (CRPA, art. L. 211-5). Il y a là une redoutable difficulté d'application. Comment permettre une réelle information de l'usager sans conduire l'administration à une paperasserie monstrueuse ? La jurisprudence a donc tenté de trouver un juste milieu.

D'un côté, les motivations qui se contentent de reprendre le texte mis en œuvre sont insuffisantes, ce qui rend illégales les lettres types.

L'expulsion de M. Belasri était ainsi justifiée par le ministre de l'Intérieur : « M. B a commis des actes portant atteinte à la sécurité des personnes et la présence de cet étranger sur le territoire français est de nature à troubler l'ordre public ». La condition légale de l'expulsion étant l'atteinte à l'ordre public, la motivation n'avait rien apporté, pas expliqué en quoi son comportement troublait l'ordre public. Il fallait au contraire « préciser les éléments de fait qui sont à la base de la décision » (aff. préc.)

Mais il ne faut pas tomber dans l'excès inverse. Il est impossible, notamment pour les décisions en série, de donner dans chaque cas de façon très précise et détaillée les raisons du choix. Aussi le juge admet-il des motivations succinctes, à condition qu'elles expliquent néanmoins les raisons retenues[210].

644 **Modalités de la motivation. –** La loi paraît avoir exigé que l'énoncé des motifs de droit ou de fait soit contenu dans la décision elle-même. Cependant, pour éviter tout formalisme excessif, la motivation peut être exprimée dans la lettre d'envoi de la décision ou dans une annexe précise[211].

En principe, la motivation doit être donnée en même temps que l'acte : le juge n'accepte ni les motivations *a posteriori*[212], ni les motivations anticipées. Seule fait exception la situation d'urgence absolue, très rare car, dès lors que l'administrateur a le temps de rédiger l'acte, on comprendrait mal qu'il ne puisse pas expliquer brièvement ses raisons[213]. Quand elle existe, l'urgence absolue dispense de la motivation immédiate : dans ce cas, la motivation doit être donnée si le destinataire de l'acte en fait la demande dans le délai de recours contentieux, l'administration disposant alors d'un mois à compter de la demande pour s'exécuter (CRPA, art. L. 211-6).

645 **Décisions implicites**. – Par nature, les décisions implicites, ne peuvent pas comporter de motivation. La loi du 11 juillet 1979 (art. 5), reprise par le Code des relations entre le public et l'administration (CRPA, art. L. 232-4), a envisagé la situation dans laquelle une décision implicite est intervenue alors qu'une décision

209. CE, 25 mars 1983, *Min. Éduc. c/Mousset*, préc. (caractère purement interprétatif de la circulaire, dont les requérants ne peuvent se prévaloir).

210. CE, 11 juin 1982, *Min de l'Intérieur c/Rezzouk*, R. 226 (est légale la motivation suivante : « Vu les renseignements recueillis sur le comportement de M. R, qui a commis un homicide volontaire... »).

211. Par ex. CE, 18 déc. 1987, *Loyer*, R. 419.

212. Par ex. CE, 5 mai 1986, *Leblanc*, R. 128 (motivation adressée le 1er avr. 1983, alors que la décision datait du 22 sept. 1982 et avait été attaquée en mars 1983).

213. CE, sect., 13 janv. 1988, *Abina*, R. 6, *AJDA* 1988.225, concl. O. Schrameck (obligation de motiver l'expulsion d'un étranger, même prise selon la procédure d'urgence absolue).

explicite aurait dû être motivée. Le régime qu'elle institue consiste dans une adaptation ingénieuse de l'obligation de motivation. Elle dispose, en premier lieu, que la décision implicite n'est pas illégale du seul fait que, par hypothèse, elle n'est pas assortie de la motivation requise. Ce n'est pas à dire que l'obligation de motivation soit écartée. En effet, à la demande de l'intéressé, formulée dans les délais du recours contentieux (deux mois en principe, v. *infra*, n° 996), les motifs des décisions implicites de rejet doivent lui être communiqués dans le mois de la réception de la demande. Comme dans le cas d'urgence absolue, une motivation différée est ainsi prévue. Par ailleurs, quand la motivation est demandée, le délai du recours contentieux contre la décision implicite de rejet est prorogé jusqu'à l'expiration d'un délai de deux mois à compter du jour de la communication des motifs (celle-ci devant notamment permettre d'apprécier l'opportunité d'introduire un recours).

3. Signature

646 L'acte, à condition bien entendu qu'il soit écrit, doit être obligatoirement signé, condition de son existence et traduction de l'exercice de la compétence. Cette règle est absolue et l'absence de signature sur l'acte l'entache d'incompétence, alors que les défauts de contreseings des actes du président de la République et du Premier ministre constituent, eux, un de vice de forme[214]. Relève également d'une irrégularité formelle, l'absence ou l'insuffisance des mentions prévues par la loi du 12 avril 2000 (art. 4) pour identifier l'auteur de la décision, soit, outre la signature, l'inscription, en caractères « lisibles », de ses prénom, nom et qualité[215].

§ 2. LES RÈGLES DE LÉGALITÉ INTERNE

647 **Plan. –** Les éléments de régularité interne de l'acte portent sur trois points, le but (A), la condition (B) et le contenu de l'acte (C).

A. LE BUT DE L'ACTE

648 Le but se rapporte à l'intention de l'auteur de l'acte, à sa psychologie subjective. Or l'administration ne saurait agir qu'en poursuivant un but d'*intérêt général*, dans toutes ses composantes. C'est le fondement même de son action. Dès lors, à côté de ce but assigné, d'autres lui sont interdits, comme agir pour favoriser une

214. CE, ass., 12 juill. 1957, *Chambre de comm. d'Orléans*, R. 474. V. sur le caractère de vice de forme et ses conséquences, concl. M.-D. Hagelsteen sur CE, sect., 1er juin 1979, *Ass. Défense et Promotion de la langue française*, R. 252.

215. CE, 15 nov. 2006, *Mme Devois* (2 esp.), R. 696, *AJDA* 2007.254, concl. M. Guyomar (irrégularité d'une mise en demeure avant radiation des cadres dont la signature « illisible » n'était accompagnée d'aucune autre mention permettant d'en identifier l'auteur et de connaître sa qualité) ; CE, 11 mars 2009, *Cne d'Auvers-sur-Oise*, *AJDA* 2009.511 (irrégularité d'un permis de construire portant « le maire » comme seule signature).

personne privée ou, dans certains domaines, vouloir réaliser des opérations lucratives (v. aussi *infra*, n° 1062).

B. LES CONDITIONS DE L'ACTE

649 Les conditions de fond, les *motifs* de l'acte qu'il ne faut pas confondre avec les mobiles, les buts d'ordre subjectif, constituent la raison objective de la prise de décision, sa « cause ». L'administrateur agit toujours en fonction d'un certain motif. Il se fonde, comme le montrent les visas, sur les considérations de droit et de fait de l'espèce.

Les *motifs de droit* sont les bases juridiques de la décision puisque tout acte administratif est dérivé d'une norme supérieure : décret pris en application d'une loi, arrêté ministériel découlant d'un décret, mesure individuelle fondée sur les règlements qui en encadrent la délivrance, etc. Et cette base juridique, si elle existe, doit elle-même être correctement interprétée.

L'autorité, une fois ce point avéré, se fonde aussi sur certains *éléments de fait* pour décider. Or les textes ou la jurisprudence ne lui imposent pas toujours le motif de sa décision au regard des faits qu'elle rencontre. Son pouvoir est donc conditionné ou inconditionné – autre manifestation de ce qu'on appelle souvent le pouvoir discrétionnaire ou la compétence liée (v. aussi *infra*, n° 651). Ainsi, le pouvoir du maire est plus ou moins encadré selon que le texte dit : le permis de construire peut être refusé (sous-entendu en choisissant librement les motifs de ce refus, à condition qu'ils soient licites) ; ou en cas d'atteinte au site, le permis peut être refusé. L'atteinte au site devient la seule condition de l'action, alors que d'autres motifs réguliers auraient pu justifier le refus (atteinte à des espèces protégées, ou questions de sécurité, etc.).

C. LE CONTENU DE L'ACTE

650 **Variété de contenus. –** Le contenu de l'acte, c'est-à-dire la norme posée, est fort divers. La décision peut avoir une portée générale, réglementant l'action des administrés, ou constituer en une mesure individuelle impérative, ce qui est fréquent – l'administration adresse une injonction à une personne (payer une somme d'argent, quitter les lieux, ne pas manifester) – ou permissive – autorisation donnée à un administré de faire telle ou telle chose (permis de construire, ouverture d'un établissement recevant du public). Or, les textes déterminent plus ou moins précisément ce contenu.

651 **Pouvoir discrétionnaire ou compétence liée. –** Le pouvoir discrétionnaire existe, selon l'excellente définition de Michoud : « toutes les fois qu'une autorité agit librement sans que la conduite à tenir soit dictée à l'avance par une règle de droit »[216].

1°) Le pouvoir discrétionnaire n'apparaît pas, pour autant, en contradiction avec les mécanismes de l'État de droit, comme une sorte de pouvoir arbitraire. Bien au contraire, il est tout à la fois limité et nécessaire pour assurer une bonne exécution

216. V. Bibliographie *infra*, n° 725, Régime juridique de l'acte administratif.

des lois. Limité car il n'existe jamais au stade de la compétence, des procédures ou des formes pour l'essentiel et du but d'intérêt général à poursuivre. Sur ces points, l'administration n'a aucun choix. Nécessaire, car pour permettre la meilleure adaptation de l'action administrative aux données factuelles, il faut donner à l'autorité le pouvoir de décider sur certains points, lui laisser un choix plus ou moins grand en opportunité de la mesure. Il ne saurait y avoir duplication pure et simple de l'acte supérieur. Mais ce choix n'est possible que parmi des mesures également régulières au regard du droit. Le pouvoir discrétionnaire n'est donc *pas la négation du principe de légalité.*

2°) Quoi qu'il en soit, la présentation traditionnelle – tout ou rien – a parfois laissé croire que, pour certaines activités, l'administration serait à même de décider totalement librement et que dans d'autres au contraire elle n'aurait aucun choix possible. Or, indépendamment de ses éventuelles manifestations au niveau de la condition (v. *supra*, n° 649), les opérations relevant du pouvoir discrétionnaire varient. Il existe une *échelle de discrétionnarité*, puisque selon les éléments concernés, la puissance publique dispose ou non du pouvoir discrétionnaire qui, sur les points où il est reconnu, reste entier. Deux questions se posent ici :

— Celle, en premier lieu, du *principe de l'action.* L'administration peut-elle ou doit-elle agir, face à telle situation ? Les réponses dépendent des textes et de la jurisprudence. Si le plus souvent, elle garde une grande liberté d'action, à l'inverse, elle est obligée d'agir en certaines situations, ce que traduit notamment l'engagement de sa responsabilité en cas d'abstention fautive (v. *infra*, n° 1095).

— Celle, ensuite, du *choix de la mesure.* Qu'elle soit obligée ou non d'agir, le contenu même de la mesure que l'autorité doit ou souhaite prendre est, éventuellement, laissé à sa discrétion. Elle édicte ainsi la disposition qui lui paraît la plus adéquate ou au contraire, seule peut être adoptée la décision que lui dicte le droit.

Aussi existe-t-il des situations où se mêlent pouvoir discrétionnaire et compétence liée. Compétence totalement liée quand l'administration doit agir, dans un sens entièrement prédéterminé. Lorsqu'une association dépose un dossier à la préfecture, le préfet est tenu, en toute hypothèse, de délivrer un récépissé. De même, si un fonctionnaire remplit certaines conditions d'ancienneté, son avancement à l'échelon prévu par les textes doit être prononcé.

Parfois au contraire, l'administration reste libre d'agir ou non et de décider de la mesure à prendre. C'est une situation fréquente, même si l'absence totale d'encadrement est, de nos jours, assez rare. Ainsi il n'est jamais obligatoire, pour l'administration pénitentiaire, de sanctionner un détenu fautif (principe de l'opportunité des poursuites), et, si sanction il y a, l'autorité compétente choisit, très largement, la sanction qui lui paraît la mieux appropriée.

Principe de l'action et contenu de la mesure sont enfin dissociés, en certains cas et la discrétionnarité varie. Ainsi l'administration est tenue dans un certain délai de prendre les mesures d'application des lois (obligation d'agir donc) mais le contenu même de la norme à édicter reste largement indéterminé. À l'inverse, elle peut ne pas être obligée de décider mais ne pouvoir prendre, si elle le fait, qu'une mesure : quand elle décide de faire avancer un fonctionnaire au choix, elle doit prononcer l'avancement prévu par les textes.

Sur l'ensemble de ces points, réglementés de façon variable par le droit, s'est dès lors développé un contrôle juridictionnel, qui permet d'approfondir la connaissance de ces notions (v. sur ces points pour le but *infra*, n° 1062 et s., le contenu *infra*, n° 1067, la condition ou motif, *infra*, n° 1069 et s.).

652 **Obligation d'exercer le pouvoir discrétionnaire. –** Quand l'administration bénéficie d'un pouvoir discrétionnaire, c'est parce que les règles qui gouvernent son action l'impliquent ; elle ne saurait donc, sans méconnaître ces règles, y renoncer et se trouve ainsi juridiquement contrainte d'exercer sa liberté d'appréciation. La règle de l'examen particulier des circonstances découle de ce devoir d'exercer le pouvoir discrétionnaire (v. *supra*, n° 625). Une jurisprudence récente met en lumière une limite de ce devoir[217]. Le pouvoir d'appréciation que cette limite concerne porte sur l'attribution d'avantages (tels qu'une autorisation administrative) qui sont en quantité limitée. Ce contingentement implique que le nombre de personnes remplissant les conditions légales pour obtenir l'avantage peut dépasser la ressource attribuable. Une disposition législative peut alors laisser à l'administration un pouvoir discrétionnaire pour sélectionner celles de ces personnes qui bénéficieront de l'avantage. Néanmoins, le pouvoir réglementaire peut alors prévoir de recourir au tirage au sort pour départager les demandeurs alors même que ce mode de départage implique que « l'autorité compétente ne peut exercer le pouvoir d'appréciation qui est en principe le sien », d'après la loi. C'est pourquoi cette faculté de s'en remettre au hasard est conditionnée, à vrai dire de manière fort souple puisqu'il faut que le tirage au sort « soit en adéquation avec l'objet » des demandes ou « les circonstances de l'espèce » et conforme aux intérêts dont l'autorité a la charge.

S/SECTION 2 L'ENTRÉE EN VIGUEUR DE L'ACTE ADMINISTRATIF

653 **Notion et plan. –** L'entrée en vigueur d'un acte administratif unilatéral correspond au moment où il produit ses effets juridiques, c'est-à-dire celui où la norme qu'il édicte devient applicable à ses destinataires, de telle sorte que ceux-ci se trouvent investis des droits qu'elle crée (à cet égard, l'acte devient par eux invocable) et tenus des obligations qu'elle pose (sous ce rapport, l'acte leur devient opposable). La notion même de l'entrée en vigueur en commande les conditions. Il serait évidemment contraire à la plus élémentaire sécurité juridique que des sujets se voient conférer des droits et, surtout, des obligations à leur insu. C'est pourquoi l'entrée en vigueur d'une décision administrative suppose normalement qu'elle soit portée à la connaissance de ceux qu'elle vise au moyen d'une

217. CE, ass. 18 mai 2018, n° 400675, *AJDA* 2018.1140, étude E. Glaser, P. Idoux, S. Nicinski, 1212, chron. S. Roussel et C. Nicolas.

formalité de publicité (§ 1). L'accomplissement de ces formalités permet également de déterminer le champ d'application dans le temps des actes administratifs (§ 2).

§ 1. LA PUBLICITÉ DE L'ACTE ADMINISTRATIF

654 **Plan. –** On étudiera d'abord le régime de cette publicité (A), avant de donner quelques précisions sur sa signification (B).

A. LE RÉGIME DE LA PUBLICITÉ

655 Ce régime est aujourd'hui principalement défini par le Titre II du Livre II du Code des relations entre le public et l'administration (art. L. 221-1 et s.) qui, dans une large mesure, réalise, sur ce terrain, une codification à droit constant. Les mesures de publicité en principe nécessaires à l'entrée en vigueur des actes administratifs sont adaptées à la nature des normes édictées par eux. Cette idée, qui dominait l'état du droit antérieur au Code des relations entre le public et l'administration, est reprise par ce dernier. Elle conduit à distinguer les décisions réglementaires et les décisions d'espèce d'une part, des décisions individuelles, de l'autre (sur ces notions, v. *supra*, n° 158).

1. Les décisions réglementaires et les décisions d'espèce

656 Le CRPA ne distingue les décisions réglementaires et les décisions d'espèce que pour mieux les réunir : ainsi que l'énonce l'article L. 221-7, l'entrée en vigueur de celles-ci « est régie par les dispositions des articles L. 221-2 et L. 221-3 » qui sont applicables à l'entrée en vigueur des règlements. Cette unité de régime confirme l'état du droit existant.

Les dispositions des articles L. 221-2 et L. 221-3 du CRPA portent sur deux points : les conditions de l'entrée en vigueur et la date de cette dernière.

a) Les conditions de l'entrée en vigueur

657 Sur ce premier point, l'article L. 221-2 du CRPA commence par énoncer un principe avant de l'assortir d'exceptions.

Le principe est le suivant : « l'entrée en vigueur d'un acte réglementaire est subordonnée à l'accomplissement de formalités adéquates de publicité, notamment par la voie, selon les cas, d'une publication ou d'un affichage ». Voilà qui synthétise élégamment l'état du droit antérieur, sans innover. Publication ou affichage sont des modes de publicité impersonnels adaptés à la nature des normes édictées par les actes réglementaires, qui sont des normes générales applicables à une catégorie abstraite de personnes ; ils conviennent aussi aux décisions d'espèce, dans la mesure où les normes particulières posées par celles-ci ne visent pas tel ou tel individu déterminé. Que ces formalités de publicité doivent être adéquates au règlement ou à la décision d'espèce qu'elles visent signifie, de manière générale, qu'elles doivent remplir leur fonction de communication, c'est-à-dire être propres à porter à la connaissance de leurs destinataires l'existence et le contenu des décisions considérées. Ce sont souvent des textes qui déterminent ce qui est adéquat. Le CRPA reprend certains de ces textes (ou y renvoie). Il en est ainsi, en particulier, pour les règles de publication au Journal officiel (art. L. 221-9 à R. 221-16). Comme ces dispositions le précisent, doivent notamment être publiés dans ce dernier (sous forme électronique, art. L. 221-10 du CRPA, issu de la loi du 22 décembre 2015), les ordonnances accompagnées d'un rapport de présentation, les décrets (notamment réglementaires ou d'espèce, mais cela concerne aussi les décrets individuels) et, lorsqu'une loi ou un décret le prévoit, les autres actes administratifs (là encore, cela peut concerner notamment des actes réglementaires ou d'espèce mais aussi des actes individuels).

Quant aux exceptions, elles sont contenues dans l'énoncé selon lequel le principe précédemment mentionné ne vaut que « sauf dispositions législatives ou réglementaires contraires ou instituant d'autres formalités préalables ». Cette formulation fort générale appelle un effort de précision. Il y a trois manières, semble-t-il, de s'écarter du principe selon lequel l'entrée en vigueur suppose une publicité notamment par voie de publication ou d'affichage ou d'instituer d'autres formalités préalables. La première, la plus radicale, consiste à admettre qu'un règlement (ou une décision d'espèce) peut entrer en vigueur sans publicité préalable quel qu'en soit le mode. La jurisprudence l'a exceptionnellement admis[218]. La seconde consiste à admettre qu'un règlement (ou une décision d'espèce) peut entrer en vigueur grâce à l'accomplissement de formalités de publicité autres que la publication ou l'affichage. Il peut notamment s'agir d'une notification[219]. Enfin, il est possible qu'une disposition subordonne l'entrée en vigueur d'un règlement (ou d'une décision d'espèce), non seulement à une publication ou à un affichage, mais encore à d'autres formalités préalables. Ainsi, l'entrée en vigueur des décisions réglementaires (ou d'espèce) des collectivités locales auxquelles l'obligation de transmission au représentant de l'État est applicable est subordonnée non seulement à leur publication ou affichage mais aussi à cette transmission (v. les articles L. 222-1 et s. du CRPA qui renvoient aux dispositions pertinentes du CGCT et, par exemple, pour les communes, à l'article L. 2131-1).

b) La date de l'entrée en vigueur

658 Ici, de nouveau, les dispositions des articles L. 221-2 et 3 du CRPA posent un principe assorti de fort nombreuses exceptions.

D'un point de vue strictement logique, l'entrée en vigueur doit se produire au moment de la réalisation de ses conditions. Tel était en effet le principe admis par le droit positif antérieur au CRPA, notamment pour les décisions réglementaires et d'espèce et cela sauf texte contraire. Un tel texte existait notamment pour les décisions publiées au Journal officiel : l'article 1er du Code civil, tel que modifié par l'ordonnance du 20 février 2004, disposait en effet que les actes ainsi publiés (à l'exception des actes individuels) entrent normalement en vigueur, non pas au

218. P. ex. CE, 13 oct. 1967, *Min. des armées c/Doh*, R. 374 : texte classifié secret-défense.

219. P. ex CE, 24 juin 2002, *Wolny*, *Dr. adm.* 2002, comm. 158, à propos du statut des agents de la DGSE.

jour de leur publication mais le lendemain. Cette disposition est bien sûr toujours en vigueur et, au demeurant, l'article L. 221-3 la rappelle. Surtout, l'article L. 221-2 généralise cette solution en prescrivant qu'un « acte réglementaire entre en vigueur le lendemain du jour de l'accomplissement des formalités » nécessaires à cet effet.

La première exception admise par ce principe est définie par le code lui-même : l'entrée en vigueur des dispositions d'un règlement (cela ne peut guère concerner les décisions d'espèce) dont l'exécution nécessite des mesures d'application est reportée à la date d'entrée en vigueur de ces mesures. Il y a là une solution jurisprudentielle ancienne et constante ; la formulation retenue reprend exactement celle qui, relativement aux textes publiés au Journal officiel, figure à l'article 1er du Code civil, dans la rédaction que lui a donnée l'ordonnance du 20 février 2004 (et à quoi, de nouveau, renvoie l'article L. 221-3 CRPA).

Quant aux autres exceptions, le code en fonde seulement la possibilité. D'abord, le principe par lui posé (sur le modèle de celui qui concerne les textes publiés au Journal officiel) est purement supplétif : il peut être écarté par le règlement lui-même. Encore faut-il préciser dans quel sens cela est possible. Un règlement peut assurément différer son entrée en vigueur au-delà de l'expiration du délai d'un jour à compter de sa publication (comme le confirme d'ailleurs l'article L. 221-6 du CRPA, sur lequel on reviendra, *infra*, n° 669). Il ne saurait l'anticiper car il méconnaîtrait alors le principe de la non-rétroactivité des actes administratifs (v. *infra*, n° 662). Le principe posé par l'article L. 221-2 peut encore être écarté soit par un autre règlement que celui concerné (et alors sous la réserve qui vient d'être dite) soit par la loi. Cela doit s'entendre de deux manières. Ou bien une loi ou un règlement arrêtent, pour une disposition réglementaire déterminée, une autre date d'entrée en vigueur. Ou bien ils posent, pour une catégorie d'actes réglementaires, une règle fixant également une autre date d'entrée en vigueur. Ce dernier cas se rencontre, par exemple, pour les actes réglementaires ou décisions d'espèce des collectivités locales lesquels sont « exécutoires de plein droit » « dès qu'il a été procédé à leur publication ou affichage » et, le cas échéant à leur transmission au représentant de l'État (v. p. ex. pour les communes, l'article L. 2131-1 CGCT). Il faut enfin mentionner une solution propre aux décisions réglementaires (ou d'espèce) publiées au Journal officiel qui, prévue par l'article 1er du Code civil, est rappelée par l'article L. 221-3 : en cas d'urgence, le gouvernement peut en prescrire l'entrée en vigueur immédiate, soit le jour même de la publication.

2. Les décisions individuelles

659 L'article L. 221-8 du CRPA règle l'entrée en vigueur de cette catégorie de décisions en énonçant, lui aussi, un principe assorti d'exceptions.

Le principe est qu'une « décision individuelle expresse est opposable à la personne qui en fait l'objet au moment où elle est notifiée ». Reprenant, à peu près, une disposition qui figurait antérieurement à l'article 8 de la loi n° 78-753 du 17 juillet 1978, il appelle diverses remarques.

En premier lieu, il ne concerne que les décisions individuelles expresses et n'est donc pas applicable aux décisions implicites de rejet ou d'acceptation, dont le cas était d'ailleurs réservé par l'article 8 précité. Ces décisions entrent en vigueur dès la date à laquelle elles interviennent du fait de l'expiration du délai qui conditionne leur formation (v. *infra*, nº 640).

Il est à remarquer qu'il n'est plus question, dans le texte de l'article L. 221-8, d'entrée en vigueur mais d'opposabilité. Il s'agit de tenir compte de la jurisprudence *Dlle Mattéi*[220] d'après laquelle les décisions favorables à leurs destinataires et, notamment, celles qui leur confèrent des droits, entrent en vigueur et sont donc invocables dès leur signature sans qu'une notification soit nécessaire. Ce sont donc les décisions individuelles défavorables, notamment sources d'obligations, qui ne peuvent entrer en vigueur et devenir opposables qu'en conséquence de leur notification[221].

Quant à son contenu, le principe considéré comprend deux éléments. Il érige la notification en condition de l'opposabilité et il est bien certain que ce mode de publicité est parfaitement adapté à la nature des normes édictées par ce genre de décisions, lesquelles visent une personne déterminée (à qui la notification sera adressée). En second lieu et fort logiquement, la date de l'opposabilité est fixée au moment où sa condition se réalise, c'est-à-dire au moment où la notification est opérée.

Il reste que le principe posé par l'article L. 221-8 est susceptible d'exceptions puisqu'il ne vaut que « sauf dispositions législatives ou réglementaires contraires ou instituant d'autres formalités préalables ». Cela peut concerner les deux éléments du principe qu'il s'agit d'écarter : la date de l'opposabilité ou sa condition. Sur le premier terrain, on conçoit qu'une disposition prévoie une date d'opposabilité qui ne coïncide pas avec celle de la notification, qu'elle soit anticipée (mais il y aura, alors, une rétroactivité que seule une disposition législative peut permettre) ou différée. Sur le second terrain, et dès lors que le principe fait de la notification la condition nécessaire et suffisante de l'opposabilité, une disposition peut s'en écarter de deux façons. Ou bien en décidant que la notification n'est pas nécessaire et en la remplaçant par une autre formalité de publicité, telle que publication ou affichage, notamment en raison du grand nombre des destinataires. Ou bien en décidant que la notification n'est pas suffisante et en y ajoutant alors une autre formalité, telle que par exemple, la transmission au représentant de l'État pour les décisions individuelles des collectivités locales qui doivent être transmises.

B. LA SIGNIFICATION JURIDIQUE DE LA PUBLICITÉ

660 La signification juridique de la publicité doit être déterminée de manière successivement positive puis négative.

Positivement, la publicité est exclusivement une condition de l'entrée en vigueur. Son absence ou son irrégularité empêche donc seulement, en principe, cette entrée en vigueur. Si ce lien entre la publicité et l'entrée en vigueur est, comme il a été dit, une garantie de la sécurité juridique, il comporte aussi cette conséquence, à l'égard des actes réglementaires, que leurs destinataires ne sauraient

220. CE, sect. 29 déc. 1952, R. 594.

221. V. p. ex. CE, 28 oct. 1988, *Mlle Gallien*, R. 606.

se prévaloir des droits qu'il leur confère tant qu'ils n'ont pas été publiés. Cette considération a conduit le Conseil d'État à ériger en principe général du droit l'obligation pour l'autorité administrative de publier dans un délai raisonnable les règlements qu'elle édicte sauf lorsqu'elle justifie, sous le contrôle du juge, de circonstances particulières y faisant obstacle[222].

Négativement, la publicité n'est pas, en premier lieu, une condition d'existence de l'acte : ce dernier existe dès sa signature[223]. Trois conséquences en résultent.

En premier lieu, un acte simplement signé est susceptible de recours pour excès de pouvoir[224], pratiquement de la part de ceux qui en ont eu connaissance malgré l'absence de publicité ou avant celle-ci et lors même que seule ladite publicité fait courir le délai du recours.

En deuxième lieu, la légalité d'un acte administratif s'apprécie, en principe, à la date de sa signature, ce qui n'est qu'une application particulière du principe plus général selon lequel la validité d'un acte juridique se juge au jour de sa formation[225].

En troisième lieu, l'administration peut, sur le fondement d'un règlement non publié, édicter des décisions réglementaires qui en font application ou qui ont été prises en vue d'en préciser les modalités d'application. Mais ces mesures n'entreront en vigueur qu'à la date à laquelle le règlement de base lui-même entrera en vigueur par suite de sa publication. La même solution vaut pour les mesures réglementaires d'application d'une décision d'espèce[226].

Un exemple très clair est donné par l'arrêt du 18 juillet 1913, *Syndicat National des Chemins de fer*[227]. Un décret du 16 juillet 1910, publié le 12 octobre, prévoit les modalités générales de réquisition des cheminots en grève. Un arrêté de réquisition, pris en application du décret, est pris et publié le 11 octobre et réquisitionne les cheminots à compter du 13 octobre. Est-il valable puisqu'à cette date, le décret du 16 juillet n'était pas publié ? Oui. Cependant le décret du 16 juillet n'ayant été publié que le 12 octobre et n'étant devenu opposable que le 14 octobre (un jour franc après parution au *Journal Officiel*), l'arrêté ne peut produire ses effets qu'à partir de ce jour.

À l'inverse, il est impossible de prendre des décisions individuelles sur la base d'actes réglementaires non opposables[228].

La publicité n'est pas non plus une condition de légalité de l'acte : un acte qui n'a pas fait l'objet de mesures de publicité ou qui a fait l'objet de mesures de publicité irrégulières n'est pas pour ce motif illégal ; simplement il n'est pas applicable.

222. CE, 12 déc. 2003, *Synd commissaires de la police nationale*, *AJDA* 2004. 442, note H.M.

223. CE, sect., 27 janv. 1961, *Daunizeau*, R. 57, *AJDA* 1961. 75, chron. J.-M. Galabert et M. Gentot ; CE, ass., 21 déc. 1990, req. n° 111417, *Conféd. nationale des associations familiales catholiques*, R. 368, concl. B. Stirn, *AJDA* 1991. 91, obs. C.M., F.D. et Y.A.G, *D.* 1991. 283, note Sabourin, *RFDA* 1990. 1065, concl. B. Stirn, *RDSS* 1991. 228, note J.-M. Auby.

224. Par ex. **CE, sect., 26 juin 1959, *Synd. Ing. Conseils***, préc. *supra*, n° 137.

225. Jurisprudence constante. V. p. ex. CE, 9 juin 1951, *Lassus et Cottin*, R. 518 ; CE, 6 mars 1989, *Soc de bourse Buisson*, R. 83, *RFDA* 1989. 627, concl. E. Guillaume.

226. CE, ass., 21 déc. 1990, *Conféd. nationale des associations familiales catholiques*, préc.

227. R. 875, concl. Heilbronner ; de même, CE, sect., 30 juill. 2003, *GEMTROT*, *RFDA* 2003.1134, concl. F. Seners.

228. V. CE, 7 juill. 1999, *Glaichenhaus*, R. 241 ; CE, 27 juill. 2001, *Ass. Droit allemand « Stiftung Jean Arp und Sophie Taueber »*, R. 397.

La légalité s'apprécie seulement au regard des conditions d'adoption de l'acte et de son contenu[229].

§ 2. LE CHAMP D'APPLICATION DANS LE TEMPS DE L'ACTE ADMINISTRATIF

661 Si un acte administratif ne saurait, en principe, être rétroactif (A), il est en règle générale d'application immédiate (B). Les actes réglementaires peuvent et parfois doivent écarter cette seconde règle au moyen de dispositions transitoires par lesquelles ils règlent leur effet dans le temps (3).

A. LE PRINCIPE DE NON-RÉTROACTIVITÉ DES ACTES ADMINISTRATIFS

662 La non-rétroactivité des actes administratifs est un principe général du droit que le Conseil d'État a consacré dans son arrêt du *25 juin 1948, Société du journal l'Aurore*[230]. Il a également été reconnu par la jurisprudence du Conseil constitutionnel[231]. Son étude comprend deux questions : en quoi consiste la rétroactivité ainsi interdite en principe ? Quelles sont les exceptions admises par ce principe ?

1. La notion de rétroactivité

663 Il y a rétroactivité dans deux types de cas.

Le premier est commun à toutes les décisions administratives. Il y a rétroactivité quand une décision fixe son entrée en vigueur à une date antérieure à celle de l'accomplissement des formalités qui conditionnent normalement cette entrée en vigueur. En d'autres termes, la rétroactivité apparaît ici comme une mise en vigueur anticipée. Ainsi, un règlement ou une décision d'espèce fixent leur entrée en vigueur à une date antérieure à celle de leur publication ou de leur affichage ; une décision individuelle déclare prendre effet avant la date de sa notification.

Le second est propre aux règlements. Selon la jurisprudence administrative[232], codifiée à l'article L. 221-4 du CRPA, un règlement est également rétroactif s'il s'applique aux situations juridiques définitivement constituées à la date à laquelle il entre normalement en vigueur. Au-delà même du règlement, l'atteinte à une « situation constituée » apparaît comme le critère de la rétroactivité de la règle de droit dans la jurisprudence administrative. Cela étant, ni l'article L. 221-4 du CRPA, ni la jurisprudence administrative n'ont jamais défini la notion de

229. Jurisprudence constante, v. p. ex. CE, 9 mai 1962, *Assoc. « Le Cercle d'entraide sociale »*, R. 304 ; CE, 7 juill. 1967, *Office HLM du Mans*, R. 306 ; CE, sect., 31 mars 1989, *Lambert*, R. 110, *AJDA* 1989. 338.

230. Préc.

231. Cons. const., n° 69-57 L, 24 oct. 1969, *Frais de scolarité à l'École Polytechnique*.

232. P. ex. CE, sect., 11 déc. 1998, *Angeli*, R. 461, concl. F. Lamy.

« situation constituée », afin de conserver, dans son maniement, une grande marge de manœuvre. Quelques exemples peuvent néanmoins être donnés pour concrétiser le principe considéré. Ainsi, dès lors que la validité d'un acte juridique s'apprécie au regard des règles en vigueur au jour de sa formation (il y a, de ce jour, « situation définitivement constituée »), les règlements qui modifient les conditions de légalité d'une catégorie d'actes administratifs unilatéraux[233] ou de contrats administratifs[234] ne peuvent, sans méconnaître le principe de non-rétroactivité, s'appliquer à des actes édictés ou aux contrats conclus avant leur entrée en vigueur. De même, les règles de la responsabilité administrative ne s'appliquent pas, sauf rétroactivité, aux dommages survenus avant leur publication : c'est au jour du dommage que naît le droit à réparation et que, dès lors, la situation de créancière de la victime et celle de débitrice de l'administration sont constituées[235].

2. Les exceptions au principe de non-rétroactivité

664 Ces exceptions résultent soit de la Constitution, soit de la loi, soit de la jurisprudence.

Le principe constitutionnel de la rétroactivité *in mitius*, que le Conseil constitutionnel a inféré de l'article 8 de la Déclaration de 1789[236], impose que les dispositions réglementaires (ou législatives) répressives de fond plus douces soient appliquées rétroactivement aux infractions commises avant la date légale de leur entrée en vigueur, alors qu'au regard de ces dispositions, ces infractions sont assurément, au sens de la jurisprudence, une « situation définitivement constituée ». Pratiquement, cela concerne les règlements qui définissent les contraventions et les peines qui leur sont applicables ainsi que ceux qui instituent des sanctions administratives.

Comme tout principe général du droit, celui de la non-rétroactivité peut être écarté par une disposition législative expresse ou implicite. Autrement dit, la loi peut autoriser l'administration de manière explicite ou implicite à édicter des décisions rétroactives[237]. L'article L. 221-4 du CRPA le rappelle en énonçant que si « une nouvelle réglementation ne s'applique pas aux situations juridiques définitivement constituées avant son entrée en vigueur » cela ne vaut que « sauf s'il en est disposé autrement par la loi ».

La jurisprudence administrative, enfin, a déterminé plusieurs cas dans lesquels un acte administratif peut légalement rétroagir. En premier lieu, il en est ainsi lorsque, en application du principe de légalité, il s'agit de tirer les conséquences de l'annulation d'un acte par le juge administratif, annulation qui a toujours une portée rétroactive ou de retirer, pour le passé, un acte irrégulier (v. *infra*, n° 694 et s.). Entre légalité et non-rétroactivité, la première l'emporte. Le principe de

233. P. ex. CE, 2 oct. 1981, *Soc. agricole foncière solognote*, R. 353.

234. CE, ass. 20 févr. 1998, *Ville de Vaucresson et autres*, Rec. 54, *RFDA* 1998. 421, concl. C. Bergeal (les dispositions du décret du 21 févr. 1994 relatives à la procédure de passation de certains contrats ne sont applicables, en vertu du principe de non-rétroactivité, qu'aux contrats passés après leur entrée en vigueur).

235. P. ex. CE, sect. 1er juill. 1966, *Sieur Avignon*, R. 436.

236. Cons. const., n° 81-127 DC des 19 et 20 janv. 1981, R. 15, *AJDA* 1981. 278, note Ch. Gournay.

237. Par ex. CE, ass., 16 mars 1956, *Garrigou*, R. 121, D. 1956.253, concl. Laurent (en matière fiscale) et, Cons. const., n° 98-404 DC du 18 déc. 1998, R. 315, (strictes conditions imposées en matière fiscale notamment).

non-rétroactivité est également écarté lorsque les nécessités de l'action administrative, dans des circonstances particulières, le justifient car il était impossible à l'administration d'agir autrement[238]. Enfin, l'objet même de certains actes administratifs implique qu'ils rétroagissent valablement. Ainsi, les actes administratifs interprétatifs comportent essentiellement un effet rétroactif, l'interprétation qu'ils adoptent s'appliquant à compter de la norme interprétée[239]. De même, la décision d'approbation d'un acte d'une autorité décentralisée rétroagit à la date de cet acte[240].

B. LE PRINCIPE DE L'APPLICATION IMMÉDIATE

665 S'agissant des actes non réglementaires, le principe de leur application immédiate signifie, très simplement qu'ils entrent normalement en vigueur et produisent leur effet au moment de l'accomplissement des formalités qui conditionnent cette entrée en vigueur ou à tout le moins dans un bref délai (comme aujourd'hui pour les décisions d'espèce). En d'autres termes, l'application immédiate se confond avec l'entrée en vigueur immédiate, cette expression étant prise alors dans un sens plus large que celui qu'elle revêt pour les règlements et décisions d'espèce publiés au Journal officiel (v. *supra*, n° 658). Il y a donc deux manières de déroger à ce principe : en anticipant l'entrée en vigueur, ce que le principe de non-rétroactivité prohibe sauf exceptions ; en la différant, ce qui est généralement possible.

La question est moins simple pour les règlements. Certes, eux aussi, en principe, entrent en vigueur immédiatement, au sens qui vient d'être précisé. Mais ce principe permet seulement de déterminer à partir de quelle date un règlement nouveau est applicable ; il laisse entière la question de savoir à quelles situations il va, à partir de cette date, s'appliquer. C'est précisément à cette question que répond le principe de l'application immédiate. Celui-ci signifie, en effet, que les règlements s'appliquent de manière immédiate aux situations juridiques en cours de constitution à la date de leur entrée en vigueur. On voit que ce principe vient compléter celui de la non-rétroactivité qui interdit la remise en cause des situations définitivement constituées. Ainsi, par exemple, les dispositions réglementaires qui modifient les conditions de légalité d'une catégorie d'actes administratifs s'appliquent en principe de manière immédiate aux décisions administratives en cours d'élaboration à la date de leur publication[241].

666 Ce principe admet des exceptions. La plus importante concerne les règlements relatifs aux effets des contrats. Selon une solution jurisprudentielle reprise par l'article L. 221-4 CRPA, ces règlements ne s'appliquent pas aux contrats formés avant la date de leur entrée en vigueur et qui sont donc en cours d'exécution à cette date.

238. Par ex. CE, 7 févr. 1979, *Ass. Professeurs agrégés des disciplines artistiques*, R. 41 (règlement fixant les obligations de service de ces enseignants, s'appliquant légalement à des agents nommés avant la publication de ce texte car c'était une condition *sine qua non* du versement de leur traitement).

239. P. ex. CE, 24 nov. 1976, *Jason et autres*, T. décenn., t. 1, n° 1736.

240. CE, sect. 17 juin 1960, *Contessoto*, R. 406.

241. CE, sect. 11 déc. 1998, *Min. de la justie c/Angelli*, préc.

Cela vaut aussi bien pour les contrats de droit privé[242] que pour les contrats administratifs[243], à l'exception des contrats de recrutement des agents publics qui placent ces derniers dans une situation juridique entièrement définie par les lois et règlements déterminant leur statut[244]. L'article L. 221-4 précise que le principe rappelé par lui ne peut céder que devant une disposition législative contraire. La formule ne doit pas être entendue comme ne visant qu'une disposition expresse. En l'absence même d'une telle disposition, un impératif d'ordre public peut justifier l'application de normes nouvelles aux contrats en cours et cette solution doit être regardée comme comprise dans l'article L. 221-4, dès lors qu'elle peut être rattachée (non sans artifice) à la volonté implicite du législateur (v. dans ce sens l'arrêt *Commune d'Olivet*).

C. RÈGLEMENT ADMINISTRATIF ET DISPOSITIONS TRANSITOIRES

667 Deux questions se posent ici : à quelles conditions une autorité administrative investie d'un pouvoir réglementaire doit-elle, ou peut-elle, édicter des dispositions transitoires ? En quoi ces dispositions peuvent-elles consister ?

1. Les conditions de l'édiction de dispositions transitoires

668 Ainsi qu'il ressort des termes de l'article L. 221-5 du CRPA, l'édiction de dispositions transitoires peut-être, pour le titulaire d'un pouvoir réglementaire, soit une obligation soit une faculté.

Posée dans son principe par l'arrêt Société KPMG[245], et précisée dans sa teneur par la décision Mme Lacroix[246], l'obligation d'édicter des dispositions transitoires est reprise, non sans quelques aménagements, par le premier alinéa de l'article L. 221-5 du CRPA. Cette obligation appelle diverses précisions.

En premier lieu, elle n'existe, pour une autorité détentrice d'un pouvoir réglementaire, que « dans la limite de ses compétences ». Cela se comprend aisément : une autorité ne saurait être tenue de prendre des mesures qu'elle est incompétente pour prendre et qui seraient donc illégales.

En second lieu, dans cette limite, l'obligation considérée s'impose dans deux cas. Le premier, déjà admis par la jurisprudence, est celui où l'application immédiate d'une réglementation « entraîne, au regard de l'objet et des effets de ses dispositions, une atteinte excessive aux intérêts publics ou privés en cause ». Voilà qui impose un raisonnement en deux temps pour déterminer si l'obligation considérée existe : il faut d'abord que l'application immédiate d'un nouveau règlement soit de

242. CE sect. 29 janv. 1971, *Emery et autres*, R. 80, *AJDA* 1971, concl. Vught.

243. CE, ass. 8 avril 2009, *Commune d'Olivet*, *AJDA* 2009. 1090, chron. S.-J. Liber et D. Botteghi et 1747, étude S. Nicinscki, *RFDA* 2009. 449, concl. E. Geffray.

244. CE, 19 nov. 2018, *Autorité de la concurrence*, n° 413492, *AJDA* 2019. 301, note F. Melleray.

245. **CE, ass. 24 mars 2006**, préc.

246. CE, sect. 13 déc. 2006, Rec. 541, concl. M. Guyomar, *AJDA* 2007. 358, chron. F. Lénica et J. Boucher, *RFDA* 2007. 6, concl. M. Guoymar et 275, note G. Eveillard.

nature à porter atteinte à des intérêts publics ou privés ; si oui, il faut que cette atteinte ne soit pas disproportionnée par rapport à l'intérêt général qui s'attache à cette application immédiate ; à défaut, il incombe à l'autorité compétente de prendre des mesures transitoires propres à éviter cette atteinte excessive. Comme il ressort de la jurisprudence, le bilan que l'autorité administrative puis le juge sont ainsi invités à établir penche, le plus souvent, en faveur de l'absence d'obligation d'adopter des dispositions transitoires ou de la suffisance de celles qui ont été adoptées[247]. L'article L. 221-5 ajoute au droit jurisprudentiel antérieur quand il énonce que ladite obligation s'impose aussi quand l'application immédiate d'une nouvelle réglementation est impossible. Ce cas, envisagé par le commissaire du gouvernement M. Guyomar dans ses conclusions sur l'arrêt *Mme Lacroix*, n'avait pas été repris par celui-ci. Comme l'a montré G. Eveillard[248], cette impossibilité peut être soit matérielle (en cas, par exemple, de création d'une institution nouvelle dont la mise en place exige nécessairement un certain temps), soit juridique (notamment quand l'application immédiate d'une règle nouvelle apparaîtrait illégale).

Comme le rappelle le deuxième alinéa de l'article L. 221-5 du CRPA, lors même qu'il n'y est pas obligé, le titulaire du pouvoir réglementaire a toujours la faculté d'adopter des dispositions transitoires, « sous les mêmes réserves et dans les mêmes conditions » que celles énoncées par le premier alinéa, c'est-à-dire dans la limite de ses compétences et en recourant aux mesures prévues par l'article L. 221-6, qui déterminent les dispositions transitoires susceptibles d'être édictées.

2. Les dispositions transitoires susceptibles d'être édictées

669 L'article L. 221-6 énonce, en termes généraux, les différentes catégories de dispositions transitoires que les autorités investies d'un pouvoir réglementaire sont susceptibles d'édicter, à titre obligatoire ou facultatif.

Il est d'abord possible, comme le précise l'article L. 221-6 1°, de différer l'entrée en vigueur des règles édictées. Il s'agit, par là, de laisser aux destinataires de ces dernières un délai pour s'adapter à une réglementation nouvelle.

La formule, assez vague du 2° de l'article L. 221-6 – « préciser, pour les situations en cours, les conditions d'application de la nouvelle réglementation » – semble renvoyer à l'adoption d'une règle de conflit. Cette dernière consiste à déterminer si et dans quelle mesure c'est la règle ancienne ou la règle nouvelle qui régira les situations en cours.

Enfin, la possibilité mentionnée par 3° de l'article L. 221-6 – « énoncer des règles particulières pour régir la transition entre l'ancienne et la nouvelle réglementation » – évoque (autant que l'imprécision des termes employés permette d'en juger) la catégorie doctrinale des dispositions transitoires substantielles. Il s'agit de règles qui régissent « directement les situations juridiques affectées par le

247. V. G. Eveillard, « Sécurité juridique et dispositions transitoires », *AJDA* 2014. 492.

248. *Les dispositions transitoires en droit public français*, Dalloz, 2007, p. 323 et s.

changement de réglementation, sans renvoyer à l'ancien ou au nouveau texte »[249]. Elles constituent donc une « *troisième norme* »[250] substantiellement différente de celui-ci comme de celui-là.

S/SECTION 3 L'EXÉCUTION DE L'ACTE ADMINISTRATIF

670 **Plan. –** L'exécution finale de la norme (« son inscription dans la réalité sensible »[251]) par les administrés varie selon le contenu de celle-ci. Certaines décisions n'appellent aucune mesure particulière de leur part car il s'agit d'actes « internes » à l'administration, dont l'exécution dépend d'elle seule (affectation des propriétés publiques, répartition des moyens budgétaires, etc.). Pour d'autres, à caractère permissif, l'exécution résulte de la volonté du bénéficiaire qui utilise ou non les droits qui lui sont conférés par l'acte. L'exécution du permis de construire découle de sa mise en œuvre par son titulaire, sans intervention de l'administration, une fois l'acte édicté. Enfin, certains actes imposent unilatéralement des obligations aux administrés, ont un *caractère impératif* (paiement d'une somme d'argent, évacuation d'un local, etc.). Ils supposent pour produire leur effet que les administrés y obéissent spontanément, ce qui est la règle puisque l'acte administratif a *force obligatoire*, même en cas de recours contentieux (§ 1). En cas de refus, de résistance, l'administration dispose de diverses possibilités, fortement encadrées par le droit en raison des dangers évidents qu'il peut y avoir pour les libertés publiques à imposer l'obéissance (§ 2).

§ 1. L'EXÉCUTION PAR PROVISION

671 **Principe. –** En raison du « privilège du préalable » ou, plus exactement, du privilège de la décision unilatérale, l'acte administratif modifie dès son édiction l'ordonnancement juridique et a force obligatoire. Impératif, il doit être respecté tant qu'il n'a pas été annulé par le juge ou retiré par l'administration, la désobéissance étant punie. Permissif, il peut, dans les mêmes conditions, être mis en œuvre par son bénéficiaire. Ceci a des conséquences particulières sur le plan contentieux. Un recours devant le juge paralyse-t-il son exécution, dispense-t-il de l'obéissance ? Ou, au contraire, pour des raisons pratiques très compréhensibles, l'acte, présumé régulier, gardant force obligatoire, doit-il être exécuté, même en cas de recours et tant que le juge n'a pas statué ? En droit français, dans la ligne des solutions en vigueur sous l'Ancien Régime, depuis 1806 le recours contentieux n'a *pas d'effet suspensif* car « le caractère exécutoire [d'une décision administrative] est la règle fondamentale du

249. F. DEKEUWER-DEFOSSEZ, *Les dispositions transitoires dans la législation civile contemporaine*, LGDJ, 1971, p. 208.

250. F. DEKEUWER-DEFOSSEZ, *op. cit. loc. cit.*

251. G. DUPUIS, *Les privilèges de l'administration*, Thèse Paris, 1962, p. 293.

droit public »[252]. L'acte a, selon l'expression d'*Hauriou*, « l'autorité de la chose décidée » et doit être obéi sauf dans les hypothèses où il serait « manifestement illégal de [l']exécuter et que le fait de s'y conformer nuirait gravement à un intérêt public »[253]. Par référence au droit judiciaire privé pour ceux des jugements qui restent exécutoires malgré un appel alors que celui-ci est normalement suspensif, ce principe est appelé principe de l'exécution par provision ou de l'exécution provisionnelle.

Pour autant, et malgré les confusions liées au sens du terme exécutoire (v. *supra*, n° 534), unilatéralité et exécution par provision doivent être distinguées. Une chose est de savoir si l'administration peut décider unilatéralement, une autre est de prévoir que les recours n'ont pas d'effet suspensif. Même si cette dernière règle facilite évidemment l'action unilatérale, elle ne lui est pas consubstantielle. Ainsi, en droit allemand, les recours ont en principe un effet suspensif. L'administration allemande n'en pose pas moins des normes, unilatéralement, en dehors de toute acceptation par leur destinataire et de toute « validation » par le juge.

672 **Exceptions. –** Quoi qu'il en soit, l'exécution par provision est parfois empêchée, pour permettre une meilleure protection des droits subjectifs, notamment. Tel est le cas dans quelques rares hypothèses où un texte donne au recours un *effet suspensif*[254]. Le juge peut aussi paralyser l'exécution de l'acte dans le cadre du *référé-suspension,* qui a remplacé la procédure de sursis à exécution (v. *infra*, n° 1022 s.).

§ 2. LES SANCTIONS DU REFUS D'EXÉCUTION

673 **Plan. –** Comment garantir l'effectivité des décisions administratives, sans porter atteinte aux libertés publiques, quand l'administré ne se plie pas spontanément aux injonctions qu'elles contiennent ? Celui-ci est tout d'abord passible de sanctions pénales ou administratives (A). Mais, pour vaincre sa résistance, dans de rares cas, l'administration a même le droit d'aller jusqu'à utiliser la force à son encontre (B).

A. LES SANCTIONS PÉNALES OU ADMINISTRATIVES

674 Ces sanctions jouent un rôle essentiel ici. Prévoyant la punition de celui qui ne se conforme pas aux ordres de l'administration, elles ont un effet dissuasif par la menace qu'elles comportent et contribuent ainsi à favoriser l'exécution volontaire.

675 **Sanctions pénales. –** Les sanctions pénales – peines d'amende et de prison pour l'essentiel – sont prévues par des textes fort nombreux. À défaut, en matière

252. CE, ass., 2 juill. 1982, *Huglo*, R. 257, *AJDA* 1982.657, concl. Biancarelli, CJA, art. L. 4.

253. Cette solution retenue pour les fonctionnaires et agents publics (art. 28 du statut général des fonctionnaires, loi du 13 juill. 1983) s'applique aussi aux administrés.

254. V. par ex. article L. 116-3 du Code du service national (effet suspensif du recours en cas de refus du statut d'objecteur de conscience, ce qui suspend l'incorporation), CJA, art. L. 776-1 (effet suspensif des recours exercés contre les arrêtés préfectoraux de reconduite à la frontière), décret n° 92-1369 du 29 déc. 1992, chapitre 2, *JO* 30 déc. p. 17954 (opposition suspensive aux « états exécutoires »).

de police générale, la disposition globale de l'article R. 610-5 du Code pénal punit de peines contraventionnelles toute *infra*ction « aux obligations édictées par ceux qui auront contrevenu aux décrets et arrêtés de police ». Le recours au juge pénal n'est cependant pas d'une efficacité totale : sa lenteur et l'inadaptation du montant des sanctions dans de nombreux cas rendent finalement la menace assez illusoire. De plus, l'exception d'illégalité de l'acte administratif peut toujours être invoquée, ce qui conduit le juge pénal à s'interroger sur sa légalité et à en paralyser éventuellement l'exécution. De ce point de vue, l'administré prend parfois le risque de ne pas obéir en cas d'illégalité certaine de l'acte.

676 **Sanctions administratives.** – C'est pourquoi, alors qu'il semblait autrefois inconcevable que répressions administrative et pénale puissent s'additionner, le recours à ces sanctions est désormais fréquent car elles apparaissent plus effectives et rapides que la voie pénale. Permettant par une décision unilatérale de l'administration de *punir* des comportements passés, différente des sanctions disciplinaires et des mesures de police quant à leur régime juridique (v. *supra*, n° 518), elles concourent à l'exécution de l'acte. L'administré devrait obéir soit devant la menace de sanctions, soit en s'inclinant devant celles prises. Elles constituent ainsi un procédé particulièrement efficace de régulation.

Mais, en raison de leur portée même, leur prononcé est strictement encadré. Si, selon le Conseil constitutionnel, le principe de séparation des pouvoirs n'interdit pas de donner de telles compétences à des autorités non juridictionnelles, d'importantes garanties s'imposent afin d'assurer le respect des droits à valeur constitutionnelle[255]. De plus, les règles du procès équitable (art. 6-1 de la Convention européenne des droits de l'homme – v. *infra*, n° 965) trouvent ici à s'appliquer dans une large mesure. Certes, ces règles concernent les accusations pénales portées devant un tribunal. Mais les sanctions administratives présentent un caractère pénal au sens de l'article 6-1, qui fait l'objet d'une interprétation autonome (v. *infra*, n° 965) et le même principe d'interprétation a conduit le Conseil d'État à admettre, après l'avoir exclu[256], que certaines autorités administratives, eu égard à leur nature, leur composition et leurs attributions, ont la qualité de tribunal au sens de l'article 6-1 quand elles prononcent de telles sanctions[257]. Entrant alors dans le champ d'application de ce texte, elles doivent en observer, sinon toutes les prescriptions, du moins les principes fondamentaux dont la méconnaissance ne pourrait être ultérieurement corrigée par le juge saisi d'un recours contre la sanction prononcée. Sous la même réserve, le Conseil d'État a même récemment admis d'appliquer le droit au procès équitable aux sanctions prononcées par l'administration fiscale[258].

255. V. not. **Cons. const., n° 88-248 DC du 17 janv. 1989**, R. 18 ; Cons. const., n° 89-260 DC du 28 juill. 1989, R. 71.

256. Par ex. CE, 4 mai 1998, *Soc. Bourse Wargny*, R. 192 (art. 6-1 ne s'appliquant pas à l'élaboration de sanctions, quelle que soit la nature de celles-ci, prises par les autorités administratives qui en sont chargées par la loi).

257. V. **CE, ass., 3 déc. 1999, *Didier***, R. 399, *RFDA* 2000.584, concl. A. Seban (sanctions du conseil des marchés financiers) ; CE, 20 oct. 2000, *Soc. Habib Bank*, préc. *supra*, n° 591 (pour l'ensemble des sanctions qu'elles soient prononcées par un organisme administratif ou juridictionnel).

258. V. not. CE, 27 févr. 2006, *Krempff*, *Dr. fisc.* 2006, n° 29, comm. 513, concl. L. Olléon ; CE, 26 mai 2008, *Société Norelec*, *JCP* A 2008.515, *Dr. fisc.* 2008, n° 34, comm. 411, concl. F. Séners.

L'édiction de telles sanctions est en conséquence, soumise à de multiples obligations à différents stades :

— la décision, motivée, est prise par un organisme respectant le principe d'impartialité, ce qui suppose en cas d'autosaisine, qu'il ne considère pas, dès l'origine, la personne poursuivie comme « coupable »[259] mais n'empêche normalement pas le rapporteur ayant instruit le dossier d'être présent lors de la réunion prononçant la sanction[260] ;

— une procédure contradictoire conforme au principe général des droits de la défense doit être suivie[261] ;

— la sanction, exclusive de toute peine privative de liberté, est régie par les principes de la répression pénale. La loi ou, dans certains cas, le règlement[262], non rétroactifs, qui la prévoit, détermine tant le comportement punissable que le contenu de la mesure qui doit être proportionné aux faits reprochés (jurisprudence constitutionnelle précitée) ; le principe de la rétroactivité *in mitius* est également applicable[263].

— enfin un contrôle juridictionnel est obligatoire. Il s'agit de celui du juge administratif, saisi par la voie d'un recours de pleine juridiction, permettant de réformer les sanctions édictées, notamment quand elles sont disproportionnées[264]. Le juge judiciaire est plus rarement compétent (v. *infra*, n° 932).

Ainsi encadrés, de très nombreux mécanismes de sanctions ont été mis en place par de multiples textes : outre les mises en demeures ou injonctions, l'administration punit l'exercice irrégulier des activités par le biais notamment de suspension d'autorisation, de retrait définitif d'agrément, voire par l'édiction de diverses sanctions ou amendes pécuniaires[265].

B. LE RECOURS DIRECT À LA FORCE

677 Lorsque la menace ou le prononcé des sanctions se révèle insuffisant, quand il faut briser la résistance du récalcitrant, l'administration peut-elle user de la force dont elle a le monopole, soit directement (elle fait ouvrir la porte de l'appartement réquisitionné par le serrurier), soit par équivalent en confiant la réalisation de la norme à un tiers aux frais du premier administré ?

259. CE, 20 oct. 2000, *Soc. HaJCP* Abib *Bank*, préc.

260. CE, ass., 3 déc. 1999, *Didier*, préc. ; CEDH 27 août 2002, *Didier c. France*, *JCP* 2003.I.109, obs. Sudre. La Cour de cassation a une position différente.

261. CE, sect., 27 oct. 2006, *Parent et autres*, R. 454, *AJDA* 2007.80, note M. Collet, *LPA* 2006.253, concl. M. Guyomar.

262. V. not., CE, ass., 7 juill. 2004, *Min. de l'intérieur*, Rec., 297, *AJDA* 2004, chron. C. Landais et F. Lénica, *CJEG* 2004. 543, note M. V, *Dr. adm.* 2005, n° 155, *RFDA* 2004. 913, concl. M. Guyomar et 1130, note M. Degoffe et Haquet (compétence du pouvoir réglementaire pour instituer le retrait d'une carte professionnelle à titre de sanction) ; CE, sect., 18 juill. 2008, *Féd. Hospitalisation privée*, *JCP* A 2008.700.

263. CE, sect., (avis) 5 avr. 1996, *Houdmond*, R. 116, *RJF* 1996. 607 et CE, ass., 16 févr. 2009, *Soc. ATOM*, *RFDA* 2009.259, concl. Legras, *AJDA* 2009.343 et 583, chron. S.-J. Liéber et D. Botteghi.

264. CE, ass., 16 févr. 2009, *Soc. Atom*, préc.

265. Outre les exemples cités en matière financière, V. par ex. C. envir., art. L. 514-1 (pouvoirs du préfet en matière d'installations classées) ; art. L. 36 C. P et T (pouvoirs de l'autorité de régulation des télécommunications) ; art. 42-1 et 48-1, loi du 30 sept. 1986 (pouvoirs du conseil supérieur de l'audiovisuel) ; art. 40, loi 10 févr. 2000 (pouvoirs de l'autorité de régulation de l'énergie).

678 **Principe : l'autorisation du juge. –** Bien qu'on parle souvent du privilège de l'exécution d'office de l'acte administratif, la règle inverse prévaut. L'administration française *n'a pas le droit d'exécuter directement par la force* ses décisions pour des raisons qui sont parfaitement exposées par Romieu[266] :

> « L'administration, qui commande, se trouvant par ailleurs disposer de la force publique, il y aurait pour elle une tentation bien naturelle de se servir directement de la force publique, qui est dans sa main, pour contraindre les citoyens à se soumettre aux ordres qu'elle a donnés ou qu'elle est chargée de faire exécuter, mais on voit sans peine combien un tel régime serait dangereux pour les libertés publiques, à quels abus il pourrait donner lieu. Aussi est-ce un principe fondamental de notre droit public que l'administration ne doit pas mettre d'elle-même la force publique en mouvement pour assurer *manu militari* l'exécution des actes de puissance publique, et qu'elle doit d'abord s'adresser à l'autorité judiciaire qui constate la désobéissance, punit l'*infra*ction, et permet l'emploi des moyens matériels de coercition ».

À l'administration donc de saisir le juge pour qu'il autorise le recours à la force. Il s'agit en principe du juge pénal[267], voire du juge civil[268] mais le juge administratif des référés joue aussi un rôle grandissant. En l'absence de textes explicites sur ce point, ou plus simplement pour éviter le risque d'une intervention directe, l'administration lui demande d'autoriser, à défaut d'obéissance, le recours à la force. Née à propos des expulsions des occupants sans titre du domaine public[269], cette jurisprudence, qui s'étend sans cesse à de nouveaux champs[270], permet ainsi à l'administration d'obtenir une autorisation juridictionnelle préalable. Solution satisfaisante à condition que le juge des référés puisse s'interroger sur la régularité de l'acte à exécuter.

679 **Exceptions. –** La puissance publique peut cependant employer directement la contrainte, de façon dérogatoire, dans trois hypothèses :

1°) la situation d'*urgence*. Selon la formule de Romieu, « quand la maison brûle, on ne va pas demander au juge l'autorisation d'y envoyer les pompiers »[271]. Ce recours à la force concerne d'ailleurs souvent des hypothèses où l'urgence est telle qu'il n'y a pas d'une part édiction d'un acte puis, en cas de désobéissance, exécution forcée. L'administration agit immédiatement : décision et exécution se confondent ;

2°) l'absence d'autres voies de droit. Force doit rester à la loi, aussi l'exécution est-elle permise s'il n'existe aucune autre voie de droit[272] (sanctions pénales, ou

266. Concl. sur **T. confl., 2 déc. 1902, *Sté Imm. De Saint-Just***, R. 713.

267. Par ex. Crim. 13 déc. 1956, *Bull. Crim.* n° 841, p. 1489 (la désobéissance des ordres légaux de la puissance publique est sanctionnée « non seulement par (une peine d'amende) mais encore par l'exécution d'office des travaux ayant pour objet de faire disparaître la contravention »).

268. V. par. ex. art. 9 II loi n° 2000-614 du 5 juill. 2000, *JO* 6 juill. p. 10189 (expulsion des gens du voyage occupant le domaine public sans titre).

269. Par ex. CE, 22 juin 1977, *Dame Vve Abadie*, R. 288 (expulsion de son logement de fonction d'un fonctionnaire ordonnée par le juge des référés). V. aussi CE, sect., 16 mai 2003, *SARL Icomatex*, *AJDA* 2003.1023.

270. Par ex. CE, ass., 1er mars 1991, *Soc. Bourse fr.*, préc. *supra*, n° 602 (juge des référés ordonnant le versement de sommes dues en l'absence de dispositions législatives en permettant le recouvrement forcé).

271. Par ex. T. confl., 1er févr. 1951, *Cts Bonduel*, R. 627 (urgence à faire exécuter une réquisition de logement).

272. T. confl., 2 déc. 1901, préc.

même sanctions civiles ou administratives permettant de faire pression de façon efficace sur l'administré récalcitrant)[273] ;

3°) les dispositions de la loi, le Conseil constitutionnel admettant pour sa part que la loi autorise l'exécution forcée et le recours à la contrainte si les droits et libertés constitutionnels sont strictement respectés[274].

Ainsi, le Code général des impôts et la loi du 31 décembre 1992 donnent force exécutoire aux actes de l'administration exigeant le paiement de l'impôt (rôle et avis de mise en recouvrement) et les créances non fiscales (procédé de l'état exécutoire). De même, l'article L. 325-1 du Code de la route autorise l'immobilisation ou la mise en fourrière des véhicules stationnés illégalement. Ces lois sont d'ailleurs de plus en plus nombreuses, particulièrement dans la police des étrangers[275] et en matière d'environnement[276], ce qui tend à changer l'économie du principe.

680 **Conséquences.** – L'administration doit respecter le principe de *proportionnalité*, et n'utiliser que les moyens de coercition strictement nécessaires, sous peine d'engager sa responsabilité. L'exécution forcée d'une décision administrative, alors que les conditions légales n'en étaient pas remplies, peut même être à l'origine d'une voie de fait (v. *infra*, n° 908). Tout ceci explique la saisine de plus en plus fréquente des tribunaux par l'administration afin qu'elle dispose d'une autorisation juridictionnelle d'usage de la contrainte.

S/SECTION 4 LA SORTIE DE VIGUEUR DE L'ACTE ADMINISTRATIF

681 Le régime juridique de la sortie de vigueur des actes administratifs unilatéraux repose essentiellement sur la recherche d'un équilibre entre des exigences contradictoires. Il est courant de ramener ces dernières aux deux principes de légalité et de sécurité juridique. Ils jouent certes un rôle décisif, spécialement en matière de sortie de vigueur rétroactive, c'est-à-dire de retrait (v. *infra*, n° 685 et s.). Le premier commande de faire disparaître, aussi complètement que possible, les actes illégaux ; le second réclame que les avantages procurés aux administrés par les actes unilatéraux de l'administration, même illégaux, soient protégés et ne puissent être indéfiniment remis en cause. Mais, en matière de

273. V. notamment CE, 23 janv. 1925, *Anduran*, R. 82, D. 1925.3.43, concl. P.-L. Josse (apposition illégale de scellés sur une minoterie dès lors qu'existaient des sanctions administratives telles que suspension des livraisons de blé).

274. V. **Cons. const., n° 93-325, DC du 12 et 13 août 1993,** R. 224 (exécution d'office en matière de police des étrangers) ; Cons. const., 23 juill. 1999, 99-416 DC, R. 100 (nécessité de garantir le droit à un recours effectif, en ce cas).

275. Ord. n° 45-2658 du 2 nov. 1945 (possibilité d'exécuter par la force, parallèlement aux sanctions pénales, les arrêtés d'expulsion, de reconduite à la frontière, d'interdiction du territoire et de refus d'entrée sur le territoire).

276. V. C. envir., art. L. 216-1, L. 514-1, L. 535-2, L. 541-3, notamment (possibilité de faire exécuter aux frais des exploitants les mesures nécessaires pour faire cesser diverses *infra*ctions, sources de nuisances).

sortie de vigueur pour l'avenir seulement, c'est-à-dire principalement d'abrogation (v. *infra,* n° 671 et s.), d'autres intérêts publics entrent en ligne de compte ; par exemple, celui qui s'attache à ce que les règlements puissent toujours être adaptés à l'évolution des besoins sociaux ou encore, celui de la protection de l'ordre public ou de la bonne gestion du domaine public.

Comme toujours, la quête d'un compromis entre des impératifs antagonistes se traduit par des solutions nuancées qui composent un droit inévitablement complexe, d'autant qu'au cas d'espèce, l'appréciation de l'équilibre à trouver fait intervenir de multiples paramètres. Au cours des dernières années, toutefois, cette complexité avait atteint, d'un avis unanime, un degré excessif, la jurisprudence et le législateur ayant multiplié les distinctions et les régimes spécifiques, sans véritable justification au regard de la nécessaire balance des intérêts en présence. En vue de remédier à cette situation, le Code des relations entre le public et l'administration est venu modifier profondément et, dans une certaine mesure, simplifier les règles applicables. Après quelques indications générales nécessaires à l'éclaircissement d'une question particulièrement complexe (§ 1), on examinera les régimes respectifs des deux principaux modes de disparition des actes administratifs unilatéraux que distingue le droit positif, à savoir le retrait (§ 2) et l'abrogation (§ 3).

§ 1. INDICATIONS GÉNÉRALES

682 Le droit administratif connaît différents modes de sortie de vigueur des actes administratifs (A). Le régime des deux principaux d'entre eux, retrait et abrogation, différents à maints égards, obéit à des principes communs, ceux du parallélisme des compétences et des procédures (B). Il est surtout dominé par la distinction entre acte créateur de droits et acte non créateur de droits (C).

A. LA DIVERSITÉ DES MODES DE SORTIE DE VIGUEUR DES ACTES ADMINISTRATIFS

683 En principe, les actes administratifs ont une durée d'application indéterminée, c'est-à-dire qu'ils s'appliquent tant qu'ils ne sont pas supprimés. Ce principe admet des exceptions. Il existe des actes administratifs qui ne sont édictés que pour une durée déterminée, soit que la réglementation l'impose, soit que leur auteur en décide ainsi (dans la mesure où il en a le pouvoir). À l'arrivée du terme fixé pour leur application, ils sortent automatiquement de vigueur. Ainsi, par exemple, il n'est pas rare que les textes subordonnant à autorisation administrative certaines opérations ou activités précisent que ces autorisations ne sont délivrées que pour une certaine durée[277].

D'autres décisions, en principe à durée indéterminée, peuvent être frappées de caducité, si un événement se produit, ou ne se produit pas, dans un délai déterminé (prévu par la décision ou par les règles qui lui sont applicables). Ainsi, selon

277. Ex. aux termes des articles L. 6122-8 et R. 6122-37 du Code de la santé publique, les autorisations de création d'un établissement de santé sont délivrées pour cinq ans.

l'article 38 de la Constitution, les ordonnances deviennent caduques si un projet de loi de ratification n'est pas déposé devant le Parlement dans un délai défini par la loi d'habilitation. De même, les permis de construire sont frappés de caducité si les travaux qu'ils autorisent ne sont pas réalisés dans un délai de deux ans ou si les travaux sont interrompus pendant une période supérieure à une année (art. R. 424-17 du Code de l'urbanisme). La caducité signifie que la décision cesse d'être en vigueur pour l'avenir ; elle n'a pas d'effet rétroactif.

Tous les actes administratifs unilatéraux (qu'ils soient à durée déterminée ou indéterminée) peuvent également sortir de vigueur si un autre acte juridique en décide la disparition. Cet acte peut être un jugement par lequel le juge administratif (en principe) annule une décision illégale, avec effet rétroactif normalement, parfois sans un tel effet (v. *infra,* nº 1028 et s.). Il peut aussi être un autre acte administratif qui va prononcer soit l'abrogation soit le retrait d'un acte antérieur. La différence entre ces deux mesures est aussi simple qu'importante. Comme le rappelle l'article L. 240-1 du CRPA, l'abrogation d'un acte ne le fait disparaître que pour l'avenir alors que son retrait, comportant un effet rétroactif, le supprime pour le passé comme pour l'avenir ; en d'autres termes, l'acte retiré est réputé n'avoir jamais existé. Il est évident, dès lors, que le retrait porte davantage atteinte à la sécurité juridique que l'abrogation.

Il n'est pas inutile d'ajouter que les règles applicables à l'abrogation et au retrait des actes administratifs valent également pour les modifications apportées à ces actes parce que celles-ci comportent d'abord, logiquement (sinon dans leur texte même), une suppression de la norme administrative antérieure suivie de l'édiction d'une norme nouvelle, partiellement différente. Ainsi, une décision peut être modifiée pour l'avenir dans les conditions où elle peut être abrogée ; de même, sa modification rétroactive obéit aux mêmes conditions que son retrait.

684 **Abrogation et « acte contraire ». –** De l'abrogation, la doctrine a parfois rapproché ce qu'elle dénomme « acte contraire ». Cette expression dit bien ce qu'elle veut dire. Il s'agit d'un acte qui, implicitement mais nécessairement, met fin, pour l'avenir, aux effets d'un acte antérieur, parce que, précisément, il décide le contraire. Ainsi, exemple classique, de la révocation d'un fonctionnaire par rapport à sa nomination. Il ne s'agit pas pour autant d'une abrogation mais de la mise en œuvre d'une compétence distincte (telle que, dans l'exemple donné, le pouvoir disciplinaire). Néanmoins, il arrive que la jurisprudence assimile les deux notions pour la solution de certaines questions. Ainsi quand aucun texte n'a désigné l'autorité compétente pour mettre fin aux fonctions d'un agent public, ce pouvoir appartient de plein droit à l'autorité investie du pouvoir de nomination[278]. La compétence pour édicter l'acte contraire est ainsi déterminée par application du même principe qu'en matière d'abrogation, c'est-à-dire celui du parallélisme des compétences. De même, le Conseil d'État a pu traiter un acte contraire comme une abrogation pour l'application des dispositions de la loi du 11 juillet 1979, qui oblige à motiver les décisions abrogeant un acte créateur de droits[279]. Cette solution semble toutefois abandonnée[280].

278. CE, ass. 13 mars 1953, *Teissier*, R. 133, *D.* 1953. 735, concl. J. Donnedieu de Vabres.
279. CE, 7 août 2008, nº 299164, *M. Kerorgant*, *RFDA* 2008.1090.
280. CE, 12 juill. 2013, nº 367568.

B. LES PRINCIPES DU PARALLÉLISME DES COMPÉTENCES ET DES PROCÉDURES

685 Le principe du parallélisme des compétences signifie que, sauf texte contraire, l'autorité compétente pour édicter un acte administratif l'est également pour le supprimer. Plus précisément, dès lors que la légalité de la décision de suppression s'apprécie au jour où elle est prise, l'autorité compétente « pour abroger, retirer ou modifier une décision est celle qui, à la date de la modification, de l'abrogation ou du retrait est compétente pour prendre cet acte »[281]. Il en résulte que si les règles de compétence changent entre la date de l'acte initial et celle de sa suppression, celle-ci relèvera d'une autre autorité que celle qui a pris l'acte supprimé[282]. L'abrogation, le retrait ou la modification peuvent également être prononcés par le supérieur hiérarchique de l'autorité compétente pour prendre l'acte, les pouvoirs d'annulation et de réformation des actes de ses subordonnés faisant partie, même sans texte et en vertu des principes généraux du droit, des prérogatives du supérieur hiérarchique[283]. Par ailleurs, lorsque la décision fait l'objet d'un recours administratif préalable obligatoire avant toute saisine du juge (v. *infra,* n° 966), l'auteur de cette décision conserve sa compétence pour la retirer tant que l'autorité de recours ne s'est pas prononcée (CRPA, art. L. 412-6, résultant de la loi du 17 mai 2011, qui infirmait la solution opposée de la jurisprudence[284]).

686 Le principe du parallélisme des procédures signifie, quant à lui, que les procédures qui doivent obligatoirement être suivies pour l'édiction d'un acte doivent l'être également pour sa suppression. Plus précisément et dès lors que, de nouveau, la légalité de la décision de suppression s'apprécie au jour où elle est prise, les formalités à suivre sont celles, qui à la date de l'abrogation, du retrait ou de la modification doivent obligatoirement être suivies pour prendre l'acte. Un décret en Conseil d'État peut ainsi être abrogé par un décret simple dès lors qu'à la date de ce dernier l'obligation de consulter le Conseil d'État avait été supprimée[285].

C. LA DISTINCTION DES ACTES CRÉATEURS DE DROITS ET DES ACTES NON CRÉATEURS DE DROITS

687 La notion d'acte créateur de droits acquis (c'est-à-dire de droits définitivement constitués et insusceptibles d'être remis en cause) soulève des difficultés, notamment parce que ne sont pas distingués la création de droits pour le passé ou pour l'avenir, et le droit à l'effet du simple droit au maintien.

281. CE, sect. 30 sept. 2005, n° 280605, *Houane*, R. 402

282. V. CE, sect. 30 sept. 2005, n° 280605, *Houane*, préc. : la compétence pour prendre un arrêté d'expulsion selon la procédure de droit commun ayant été transféré du ministre de l'intérieur au préfet, compétence de ce dernier pour abroger un arrêté d'expulsion édicté par le premier.

283. CE, sect., 30 juin 1950, *Quéralt*, préc.

284. CE, 8 juill. 2005, *Min. de la Santé, de la Famille et des Personnes handicapées*, n° 264366, R. 1101, *AJDA* 2005.2453, chron. C. Landais et F. Lénica.

285. CE, 16 mai 1975, *Féd. générale des fonctionnaires FO*, R. 825.

688 **Acte réglementaire. –** L'acte réglementaire ne serait jamais créateur de droits, dit-on. Présentation inexacte car trop sommaire. Un acte réglementaire en vigueur à une époque et ayant été appliqué, a créé un *droit à ses effets*, insusceptibles, le plus souvent, d'être remis en cause. Quand, par exemple, un texte a fixé la grille des allocations auxquelles peut prétendre tel ou tel, il a créé des droits pour le passé au profit de ceux qui ont bénéficié légalement des versements faits sur son fondement. À l'inverse, les actes réglementaires ne créent jamais de *droit à leur maintien*, pour l'avenir. C'est là tout ce que la jurisprudence a jamais affirmé[286].

Cela étant, une précision s'impose : qu'un acte réglementaire puisse créer des droits pour le passé s'entend sous réserve qu'il n'entre pas dans une catégorie d'actes qui, de manière générale, sont considérés par la jurisprudence comme ne comportant pas de tels droits. Par exemple, les actes obtenus par fraude, inexistants ou contraires à l'autorité de la chose jugée ne sont pas, on le verra, créateurs de droits pour le passé (v. *infra*, n° 691). Or, cela vaut pour tout acte et non pas seulement pour les actes individuels (même si cela joue le plus souvent pour eux).

689 **Décisions d'espèce. –** Ces décisions appellent des remarques similaires à celles qui ont été formulées pour les règlements. La jurisprudence et la doctrine les présentent comme des actes qui ne créent pas de droits. Mais les arrêts qui énoncent cette affirmation concernent tous, sauf erreur, l'abrogation et signifient, en réalité, que les décisions considérées ne créent pas de droit à leur maintien pour l'avenir[287]. À la vérité, le régime du retrait des décisions d'espèce ne paraît pas avoir jamais été précisé par le Conseil d'État. Toutefois, dans la mesure où il est concevable que des situations juridiques individuelles se constituent sur le fondement d'un acte particulier et grâce à son application, on ne voit pas pourquoi le raisonnement tenu pour les règlements ne pourrait pas leur être étendu (sous la même réserve que pour les règlements ; par exemple, une décision d'espèce obtenue par fraude ne saurait créer de droit à son maintien pour le passé).

690 **Actes individuels. –** Les décisions individuelles peuvent être présentées comme étant, en principe, créatrices de droits tant pour le passé que pour l'avenir. Ce principe comporte, toutefois, deux séries d'exceptions.

En premier lieu, certaines catégories d'actes individuels présentent des caractéristiques qui justifient, au moins en principe, qu'elles ne créent pas de droit à leur maintien pour l'avenir mais sont sans pertinence quant à la possibilité de les faire disparaître rétroactivement, de telle sorte qu'elles doivent être regardées comme créatrices de droits pour le passé. C'est le cas des autorisations traditionnellement dites « précaires et révocables ». On y trouve d'abord, en principe, les autorisations de police[288]. Selon une idée classique, en effet, il existe une antinomie entre police

286. Ex. CE, sect. 26 janv. 1973, *Soc. Leroi*, R. 75.

287. V. not. CE, ass., 10 mai 1968, *Cne de Broves*, Lebon 297, concl. O. Dutheillet de Lamothe, *AJDA* 1968. 455, chron. J. Massot et J.-L. Dewost, *RD publ.* 1968. 1079, note M. Waline (déclaration d'utilité publique) ; CE, 22 juin 1984, *SCI Palaiseau-Villebon*, Lebon 471 (décision créant une ZAC) ; CE, 30 nov. 1990, *Assoc. Les Verts*, n° 103889, R. 339, *AJDA* 1991. 114, chron. E. Honorat et R. Schwartz, *RFDA* 1991. 571, concl. M. Pochard (décision de découpage électoral).

288. Par ex. CE, 17 avr. 1963, *Blois*, R. 223 (aucun droit au maintien de l'autorisation donnée d'enterrer un chien dans un cimetière humain).

et droit acquis. Cette idée doit être comprise de la manière suivante : il ne faut pas qu'un droit acquis fasse obstacle à l'adaptation des actes de police aux circonstances nouvelles qui modifient les conditions de protection de l'ordre public. Mais comme la force de cette considération est inégale selon les polices, le principe de précarité des autorisations de police ne va pas sans exceptions : certaines d'entre elles, notamment en matière d'urbanisme (permis de construire, par exemple) créent un droit à leur maintien pour l'avenir[289]. En second lieu, les autorisations d'occupation du domaine public sont également regardées comme étant par nature précaires et révocables à tout instant au nom des exigences de la bonne gestion du domaine ; ce principe n'admet que de très rares exceptions[290]. Relèvent également de la catégorie des actes non créateurs de droits pour l'avenir, les nominations de fonctionnaires à la décision du gouvernement[291].

À l'inverse, certains actes individuels ne peuvent même pas créer des droits pour le passé. Il en est ainsi soit parce qu'ils sont entachés d'illégalités particulièrement graves, soit en raison de leur contenu, soit parce qu'il s'agit de décisions conditionnelles.

691 **Décisions entachées d'illégalités graves. –** Ce premier groupe comprend, en premier lieu, les décisions obtenues par fraude[292], notamment grâce à des déclarations ou à des documents mensongers, cette solution résultant d'un principe général du droit[293]. Il en est également ainsi, en deuxième lieu, des décisions entachées d'un vice si grave qu'elles ne sont pas simplement illégales, mais, plus radicalement, juridiquement inexistantes[294]. Il en est enfin de même des décisions dont l'illégalité tient au fait qu'elles méconnaissent l'autorité de la chose définitivement jugée[295].

692 **Contenu de la décision. –** Le lien entre le contenu même de la décision et l'absence de création de droits, même pour le passé, se constate dans deux cas.

Le premier est celui des décisions récognitives ou déclaratives. Comme leur dénomination le suggère, ces décisions se bornent à constater l'existence d'un droit préexistant qu'elles n'ont donc pas pour objet de créer. Il en est ainsi quand l'administration a l'obligation de reconnaître un droit à une personne dès lors que

289. Pour un ex. récent : CE, 28 juill. 2017, n° 403445 (le visa d'exploitation des films de cinéma est un acte individuel créateur de droits).

290. P. ex. : CE, 30 juin 2006, *Sté Neuf Telecom*, R. 309, *AJDA* 2006. 1703, chron. P.-A. Jeanneney, 1720, note A. Sée, *JCP* A 2006, comm. 983, obs. M.-C. Rouault, *JCP* 2007, n° 43, p. 34, obs. Chaminade, *RJEP* 2007. 162, note Fontaine et Weigel (non-précarité des autorisations d'utiliser le domaine public hertzien).

291. En dépit des conclusions contraires du rapporteur public, le Conseil d'État a récemment étendu cette solution à l'acte de nomination des sous-préfets qui, bien que n'étant pas à la discrétion du gouvernement, a été étrangement jugé comme n'étant pas créateur de droits pour l'intéressé : CE, 23 avr. 2009, *M. Guigue*, *AJDA* 2009.1373, concl. I. de Silva, *AJPF* 2010.100, note B. Canguilhem.

292. CE, sect., 17 juin 1955, *Silberstein*, R. 334.

293. CE, sect. 30 mars 2016, *Société Diversité TV France*.

294. CE, sect., 3 févr. 1956, *de Fontbonne*, R. 45 (militaire, ayant dépassé la limite d'âge fixée par les règles statutaires, nommé dans des conditions entachées d'inexistence).

295. CE, 18 mars 1998, *Khellil*, R. 91.

celle-ci remplit les conditions légales de son obtention : la décision qui accorde ce droit se borne à constater qu'il existait puisque les conditions en étaient remplies.

Le caractère non créateur de droits de ces actes a toutefois été remis en cause en ce qui concerne les décisions pécuniaires. La jurisprudence opérait ici une distinction. Quand l'administration ne dispose d'aucun pouvoir d'appréciation et se borne à constater qu'une personne a droit à l'attribution d'une somme en application de certains textes, elle prend une décision pécuniaire récognitive, dite « purement pécuniaire », qui n'est pas créatrice de droit[296]. Au contraire, quand l'autorité administrative dispose d'un pouvoir d'appréciation sur l'attribution d'une somme ou la détermination de son montant, sa décision est créatrice de droits. Mais cette distinction entre décision déclarative et décision attributive a été abandonnée par l'arrêt *Mme Soulier*[297] qui pose en principe qu'une « décision administrative accordant un avantage financier crée des droits au profit de son bénéficiaire alors même qu'elle ne disposait d'aucun pouvoir d'appréciation pour accorder ou refuser cet avantage ».

Le lien entre le contenu de la décision et l'absence de création de droits se rencontre, en second lieu, dans le cas des actes négatifs. Il ne va pas, toutefois, sans nuances. Les décisions négatives sont des décisions défavorables à leurs destinataires parce qu'elles leur opposent un refus ou parce qu'elles leur infligent une sanction. À l'évidence, elles ne créent pas de droits pour leurs destinataires. Mais elles ont parfois des conséquences positives sur des tiers, qui ont alors intérêt à leur maintien. Selon les cas, le juge les considère comme créatrices ou non de droits acquis. Ainsi, un refus de titularisation ou la révocation d'un agent avantage – égoïstement – les autres membres du corps et est créateur de droits alors qu'une sanction disciplinaire ne l'est pas[298].

693 **Les décisions conditionnelles. –** Les décisions conditionnelles, qui accordent un avantage en contrepartie de la satisfaction d'une condition, sont créatrices de droits sous conditions. Elles ne le sont pas si la condition prévue n'est pas remplie[299], pour autant bien entendu que la condition soit légale. En revanche, lorsque la condition est remplie, l'acte est créateur de droits.

694 Le juge et le législateur doivent donc trouver un équilibre subtil entre les différents intérêts en présence et, notamment, entre le principe de légalité et le principe de sécurité juridique. Il leur faut tenir compte des différents paramètres pour chaque catégorie d'actes en distinguant selon qu'ils sont réglementaires ou non, créateurs de droits à effets ou à maintien, illégaux ou non, selon qu'il y a retrait ou abrogation, selon, enfin, qu'il y a obligation ou non d'agir pour l'administration.

296. CE, sect., 15 oct. 1976, *Buissière*, R. 419, concl. contr. D. Labetoulle (attribution à un agriculteur d'une indemnité, non constitutive de droits car son calcul découlait de l'application automatique des textes).

297. CE, sect., 6 nov. 2002, *Mme Soulier*, R. 369, *AJDA* 2002.1434, chr. F. Donnat et D. Casas, *RFDA* 2002.225, concl. S. Austry, note P. Delvolvé.

298. Respect. CE, sect., 12 juin 1959, *Synd. chrét. min. Industrie et Commerce*, R. 360, *AJDA* 1960.2.62, concl. H. Mayras et CE, 29 déc. 1999, *Montoya*, *RFDA* 2000.215 (absence de création de droits tant à l'égard de l'administration que vis-à-vis des autres agents).

299. CE, sect., 10 mars 1967, *Ministre de l'Économie et des Finances c/Société Samat*, R. 112, *AJDA* 1967. 280, concl. Y. Galmot (pour un agrément fiscal).

§ 2. LE RETRAIT DES ACTES ADMINISTRATIFS

695 **Terminologie et plan. –** Compte tenu de l'ambiguïté, précédemment relevée, de la notion d'actes créateurs de droits, il convient ici de préciser que, s'agissant d'étudier le régime du retrait, on entendra par là les actes qui créent des droits pour le passé ; corrélativement, les actes non créateurs de droits s'entendent ici de ceux qui ne créent pas de droits pour le passé.

Traditionnellement, le retrait des actes administratifs obéissait à des conditions différentes selon les catégories d'actes. Restrictif pour les actes non réglementaires créateurs de droits (A) et, dans une moindre mesure, pour les règlements (précisément parce que ceux-ci créent des droits pour le passé, v. *supra*, n° 681) (C), il offrait, au contraire, de larges possibilités à l'administration à l'égard des actes non réglementaires non créateurs de droits (B). À l'intérieur de ces catégories et spécialement de la première, le droit positif distinguait, en outre, divers cas auxquels correspondaient des règles différentes.

Le Code des relations entre le public et l'administration a largement simplifié l'état du droit en étendant le régime des actes non réglementaires créateurs de droits aux autres actes. Il n'a d'ailleurs que très partiellement repris la jurisprudence qui, dans divers cas, faisait obligation à l'administration de retirer les actes retirables (D).

A. LES ACTES NON RÉGLEMENTAIRES CRÉATEURS DE DROITS

696 En étendant le champ d'application du régime général que la jurisprudence avait élaboré (1), le Code des relations entre le public et l'administration a mis fin aux régimes spéciaux qui s'appliquaient aux décisions implicites (2). Il subsiste néanmoins des régimes particuliers (3).

1. Le régime général

697 À partir du début du XXe siècle, la jurisprudence administrative, qui l'avait d'abord exclu au nom de la sécurité juridique, a admis, principe de légalité oblige, que les actes non réglementaires créateurs de droits peuvent être retirés par l'administration pour la même raison qui autorise leur annulation par le juge : leur illégalité. Il est donc impossible de prononcer un retrait pour de simples raisons d'opportunité, parce que, par exemple, le nouveau responsable du dossier considère qu'une autre solution eût été préférable. Cette première condition est aujourd'hui reprise par l'article L. 242-1 CRPA. Elle appelle une précision concernant l'illégalité susceptible de résulter d'une méconnaissance des règles de procédure. Comme on le verra plus loin (v. *infra*, n° 1056), une telle méconnaissance ne rend la décision illégale que si elle a été susceptible d'exercer une influence sur le sens de celle-ci ou si elle a privé les intéressés d'une garantie. À défaut, la décision n'est donc pas illégale et, par suite, ne peut pas être retirée[300].

300. CE, 7 févr. 2020, *Guillaume*, n° 428625, *AJDA* 2020. 1795, note Th. Boussarie, *JCP* A 2020, n° 27, comm. 2191, note A. Virot-Landais et n° 48, comm. 2308, M. Lei, *Procédures* 2020, n° 4, comm. 88, obs. N. Chifflot.

698 Ce premier point étant admis, il était inévitable qu'un second vînt sur le tapis. Le principe de sécurité juridique, en effet, exige qu'une décision même illégale ne puisse être annulée que dans un certain délai. Il reste à savoir lequel. La solution initiale a consisté à aligner le délai du retrait celui du recours juridictionnel. Elle a révélé des inconvénients qui ont conduit à dissocier ces deux délais.

699 **L'alignement du délai du retrait sur le délai du recours juridictionnel.** – Dans un premier temps, le Conseil d'État est parti de l'idée que le retrait est un substitut de l'annulation juridictionnelle : il a pour fonction de permettre à l'administration d'annuler un acte illégal comme le juge l'aurait fait s'il avait été saisi. Dès lors, il était logique de décider que le retrait serait possible aussi longtemps que l'annulation par le juge le serait elle-même. C'est la solution de l'arrêt Dame Cachet[301] qui pose en effet que le retrait est permis tant que le délai du recours contentieux (deux mois) n'a pas expiré et, dans le cas où un recours contentieux a été formé dans le délai, jusqu'à ce que le juge ait statué. Une fois le délai expiré, le retrait est interdit, même pour un acte illégal car celui-ci, selon l'expression jurisprudentielle, est devenu définitif[302].

Pendant une quarante d'années, cette jurisprudence fut considérée comme réalisant un bon équilibre entre protection des droits individuels et légalité. Mais, en 1966, le Conseil d'État rendit un arrêt faisant apparaître que le lien établi entre le délai du retrait et le délai de l'annulation par le juge pouvait aboutir à des solutions gravement nuisibles à la sécurité juridique. En matière de décisions individuelles, le délai du recours contentieux est déclenché, à l'égard du destinataire de la décision, par la notification et, à l'égard des tiers, par la publication. Dès lors, une décision individuelle notifiée mais non publiée demeure indéfiniment susceptible de recours de la part des tiers. Maintenant le lien délai de recours – délai de retrait, l'arrêt considéré permit, en cette hypothèse, le retrait de la décision illégale à toute époque, rendant impossible la sécurisation de la situation juridique[303].

Prenant conscience de ce défaut de la jurisprudence *Dame Cachet*, le Conseil d'État s'orienta vers une rupture du lien entre délai du retrait et délai de l'annulation par le juge, d'abord et très vite pour les décisions implicites d'acceptation (sur ce point, v. *infra*, n° 701) puis, plus tardivement pour les décisions explicites.

700 **La dissociation du délai de retrait et du délai de recours juridictionnel.** – Amorcée par une jurisprudence destinée à éviter les manœuvres administratives auxquelles la jurisprudence *Dame Cachet* pouvait se prêter[304], la rupture du lien entre le délai du retrait et le délai de l'annulation par le juge a, pour ces décisions, été consommée par l'arrêt *Ternon*[305]. Ce dernier pose en effet en principe que

301. CE, 3 nov. 1922, R. 790, *RDP* 1922.552, concl. P. Rivet.

302. Par ex. CE, 7 févr. 1973, *Nguyen van Nang*, R. Tab. 886 (impossibilité de remettre en cause, une fois le délai de recours expiré, le classement hiérarchique d'un fonctionnaire, même entaché d'illégalité).

303. CE, ass., 6 mai 1966, *Ville de Bagneux*, R. 303, *RDP* 1967.339, concl. G. Braibant (possibilité de retirer à tout moment les permis de construire illégaux, aucun affichage du permis n'étant prévu, à cette époque, pour avertir les tiers).

304. CE, ass., 24 oct. 1997, *Mme de Lautier*, R. 371, *RFDA* 1998.527, concl. V. Pécresse.

305. CE, ass., **26 oct. 2001**, R. 497, concl. F. Séners, *AJDA* 2001.1034, chron. M. Guyomar et P. Colin, *RFDA* 2002.77, concl., note P. Delvolvé.

l'administration ne peut retirer une décision individuelle explicite créatrice de droits, illégale que dans un délai de *quatre mois* après sa signature[306], et ce, quels que soient les éventuels recours contentieux contre lui. Cette solution claire présente néanmoins l'inconvénient d'interdire à l'administration de retirer un acte au-delà des quatre mois, alors même que, par hypothèse, son annulation par le juge administratif serait certaine. Cette règle est aujourd'hui codifiée à l'article L. 242-1 CRPA. Celui-ci, toutefois, à la différence de l'arrêt Ternon, ne la limite pas aux décisions explicites.

2. La disparition des régimes propres aux décisions implicites

701 Dès avant l'arrêt *Ternon*, le Conseil d'État avait décidé de soustraire les décisions implicites d'acceptation à la jurisprudence *Dame Cachet*. Le risque d'insécurité juridique, inhérent au parallélisme du retrait et de l'annulation juridictionnelle, était ici particulièrement aigu : n'étant pas normalement publiées, ces décisions, en cas d'illégalité, auraient dû pouvoir être remises en cause à tout moment. Or, le mécanisme des décisions implicites d'acceptation a, au contraire, pour objet d'enfermer l'administration dans certains délais. Il serait ainsi privé de toute portée car l'écoulement du temps serait dès lors sans conséquence. Aussi le Conseil d'État jugea-t-il que les décisions implicites d'acceptation illégales ne pouvaient jamais être retirées[307], sauf si elles avaient fait l'objet d'information à l'égard des tiers[308]. La loi du 12 avril 2000 (art. 23) avait partiellement modifié ces solutions. Pour les décisions implicites d'acceptation faisant l'objet de mesures d'information des tiers, ce texte s'était borné à codifier la solution jurisprudentielle. En revanche, pour les autres décisions implicites d'acceptation, il était revenu sur une solution trop peu respectueuse des exigences de la légalité, et avait admis la possibilité de leur retrait, pour cause d'illégalité, dans un délai de deux mois à compter de leur naissance et en cas de recours contentieux jusqu'à ce que le juge statue. Quant aux décisions implicites de rejet, qui n'entraient pas dans le champ d'application de l'article 23 de la loi du 12 avril 2000 ni dans celui de la jurisprudence *Eve*, le Conseil d'État avait refusé de leur étendre la jurisprudence *Ternon*. Elles continuaient donc à relever de la jurisprudence *Dame Cachet* : retrait possible en cas d'illégalité et aussi longtemps que l'annulation par le juge est possible[309].

L'article L. 242-1 CRPA s'appliquant à toutes les décisions créatrices de droits et non plus seulement aux décisions explicites, ces régimes spécifiques, qui n'avaient pas de réelles justifications, disparaissent.

306. Le respect de ce délai s'apprécie à la date à laquelle la décision de retrait est prise et non à celle de sa notification au bénéficiaire de l'acte retiré : CE, sect., 21 déc. 2007, *Soc. Bretim*, *AJDA* 2008.338, chron. J. Boucher et B. Bourgeois-Machureau, *RFDA* 2008.471, concl. Y. Struillou, *LPA* 2 juill. 2008, note Leturcq.

307. CE, sect., 14 nov. 1969, *Eve*, R. 498, concl. L. Bertrand.

308. CE, ass., 1er juin 1973, *époux Roulin*, R. 390, *AJDA* 1973. 478, chron. P. Cabanes et D. Léger et 492, note J.-P. Gilli, *JCP* 1973, n° 17513, note G. Let-Veaux.

309. CE, 26 janv. 2007, *SAS Kaefer Wanner*, *AJDA* 2007.537, concl. Y. Struillou.

3. Le maintien de régimes particuliers

702 Le régime général défini par l'article L. 242-1 CRPA connaît quelques exceptions qui tiennent soit à l'existence d'un texte instituant un régime spécial de retrait, soit à la demande du bénéficiaire soit encore aux exigences du droit de l'Union européenne.

703 **Les régimes textuels spéciaux. –** L'arrêt *Ternon* précisait que le principe posé par lui ne s'appliquait que sous réserve de « dispositions législatives ou réglementaires contraires ». Dans le même esprit, il résulte de l'article L. 241-1 CRPA que la règle générale posée par l'article L. 242-1 ne s'applique que « sous réserve de dispositions législatives et réglementaires spéciales ». De la jurisprudence adoptée sous l'empire de l'arrêt *Ternon*, et qui devrait valoir aussi pour l'interprétation de l'article L. 241-1, il résulte que la notion de disposition « contraire » (ou, désormais, « spéciale ») est comprise largement. Bien entendu, une telle disposition existe quand un texte écarte expressément les règles générales, par exemple en fixant un autre délai de retrait que celles-ci[310]. Mais le juge peut aussi interpréter un texte comme dérogeant au régime général alors que le texte ne l'énonce pas expressément. La dérogation ainsi identifiée est plus ou moins importante. Dans certains cas, le juge infère des dispositions applicables à un acte une impossibilité de le retirer. Il en est ainsi des décisions expresses ou implicites par lesquelles le titulaire d'un droit de préemption a renoncé à exercer ce droit[311], ou encore des décisions par lesquelles l'administration refuse de statuer sur la demande de démission d'un fonctionnaire[312]. Dans le même esprit, le Conseil d'État a considéré, en se fondant sur les principes constitutionnels de séparation des pouvoirs et d'indépendance de l'autorité judiciaire, que l'acte de nomination d'un magistrat judiciaire ne peut pas être retiré[313]. Dans d'autres cas, le juge interprète un texte comme dérogeant au régime général parce qu'une autre interprétation le priverait d'utilité. La jurisprudence a ainsi considéré comme dérogatoires au régime général les textes organisant une procédure spécifique de retrait de l'acte par le supérieur hiérarchique de son auteur, dans un délai déterminé[314]. Il en va également ainsi dans tous les cas où le recours hiérarchique est institué par un texte comme un préalable obligatoire à l'exercice du recours contentieux[315]. Ce dernier cas a d'ailleurs été expressément confirmé et étendu à tous les recours administratifs préalables obligatoires par l'article L. 242-5 CRPA, qui dispose en effet : « Lorsque le recours contentieux à

310. Ex., il résulte de l'article L. 424-5 du Code de l'urbanisme que la décision de non-opposition à une déclaration préalable, le permis de construire ou d'aménager ou de démolir, tacite ou explicite, ne peuvent être retirés que s'ils sont illégaux et dans le délai de trois mois suivant la date de ces décisions.

311. CE, 12 nov. 2009, n° 327451, *Société Comilux*, *AJDA* 2009. 2143.

312. CE, sect., 27 avril 2011, n° 335370, *Jenkins*, *AJDA* 2011. 952, chron. X. Domino.

313. CE, sect., 1er octobre 2010, *Mme Tacite*, R. 350, *GP* 20-21 oct. 2010, concl. M. Guyomar, *Dr. adm.* 2010.153, note F. Melleray, *JCP* A 2011. 2090, note Belfani, *RDP* 2011.559, note H. Pauliat.

314. Ex. CE, 16 sept. 2005, *Soc. Soinne*, R. 397 : l'article R. 2422-1 du Code du travail prévoyant que, saisi d'un recours hiérarchique portant sur une décision d'un inspecteur du travail relative au licenciement d'un salarié protégé, le ministre du Travail peut annuler ou réformer cette décision dans un délai de quatre mois à compter de la réception du recours, constitue un régime dérogatoire à la jurisprudence « Ternon ».

315. CE, 1er févr. 1980, *Ministre de la Santé c/Clinique Ambroise Paré*, R. 62, *RDSS* 1980. 359, concl. A. Bacquet, *JCP* 1980, n° 19445, note J. Barthélémy et C. de Chaisermatin.

l'encontre d'une décision créatrice de droits est subordonné à l'exercice préalable d'un recours administratif et qu'un tel recours a été régulièrement présenté, le retrait ou l'abrogation, selon le cas, de la décision est possible jusqu'à l'expiration du délai imparti à l'administration pour se prononcer sur le recours administratif préalable obligatoire ».

704 **Retrait à la demande du bénéficiaire. –** La jurisprudence a de longue date réservé un sort particulier au retrait sur demande du bénéficiaire de la décision. Celui-ci peut souhaiter que la décision avantageuse prise à son égard soit rétroactivement remplacée par un autre plus favorable encore. L'administration a le droit de lui donner satisfaction – sous réserve qu'il ne soit pas porté atteinte aux droits des tiers – à tout moment et même dans le cas où la décision est légale – mais elle n'est pas tenue de le faire[316]. L'article L. 242-4 CRPA consacre cette solution (v. aussi *infra,* n° 710 pour le cas où le retrait sur demande est obligatoire).

705 **Retrait et droit de l'Union européenne. –** Il ressort de l'article L. 241-1 CRPA que les règles relatives au retrait des actes créateurs de droit édictées par le code (mais cela vaut plus largement pour toutes les règles du droit national en la matière) doivent s'effacer devant les exigences du droit de l'Union européenne. Le problème se pose quand une décision créatrice de droits est illégale en raison de sa contrariété au droit de l'Union européenne. L'exigence d'effectivité de ce dernier doit-elle alors conduire à admettre le retrait d'une telle décision au-delà du délai de quatre mois et à donc écarter le droit national, sachant que le droit de l'Union, quant à lui, impose seulement que le retrait ait lieu dans un délai raisonnable[317] ? Sous l'empire de la jurisprudence *Ternon*, le Conseil d'État a effectivement statué dans ce sens mais en distinguant deux cas (ces solutions vaudront sans doute pour l'application de l'article L. 242-1). Le premier cas concerne les décisions qui accordent aux entreprises des aides publiques contraires au droit de l'Union. La solution est ici très simple : l'effectivité du droit de l'Union exige que ces aides soient récupérées, ce qui implique que les décisions en cause puissent être retirées au-delà même du délai de quatre mois[318]. Le second cas concerne les décisions qui ont accordé une aide en application d'un texte communautaire dont elles ont méconnu les exigences. Là encore, l'aide indûment versée doit être récupérée mais cela n'implique pas nécessairement que le délai de quatre mois soit écarté. En effet, selon la jurisprudence *Vinhiflor*[319], il convient d'abord de rechercher si le droit de l'Union européenne a lui-même organisé les modalités de récupération de cette aide et donc de retrait de la décision qui l'a allouée, auquel cas c'est bien sûr ce régime européen qu'il convient d'appliquer à la place du régime national. En l'absence d'un tel régime européen, le droit national est en principe applicable, c'est-à-dire qu'il est présumé compatible avec le principe d'effectivité, sous deux réserves :

316. CE, sect., 9 janv. 1953, *Desfour*, R. 5 ; CE, sect., 23 juill. 1974, Gay, R. 441, *AJDA* 1974. 534, chron. M. Franc et M. Boyon.

317. CJCE, 9 mars 1978, *Herpels c/Commission*.

318. CE, 29 mars 2006, *Centre d'exportation du livre français et autre*, R. 173, *AJDA* 2006. 1396, note A. Cartier-Bresson, *CJEG* 2006.375, note Girardot, *Dr. adm.* 2006.112, note M. Bazex et Blazy, *Europe* 2006.60, note P. Cassia, *JCP* A 2006, p. 1107, note M. Karpenschif.

319. CE, 28 oct. 2009, *JCP* A 8 mars 2010, n° 2087, note S. Martin.

l'intéressé doit être de bonne foi et la règle nationale ne doit pas avoir pour effet de rendre impossible ou excessivement difficile la récupération de l'aide indue.

B. LE RETRAIT DES ACTES NON RÉGLEMENTAIRES NON CRÉATEURS DE DROITS

706 Le retrait des actes non réglementaires non créateurs de droits était traditionnellement possible à tout moment[320]et pour tout motif – d'illégalité, mais également d'inopportunité[321] même si le caractère non-créateur de droits d'un acte résulte parfois de son illégalité[322]. Rompant avec cet état du droit jurisprudentiel, l'article L. 243-3 CRPA aligne le régime de retrait de ces actes sur celui des actes créateurs de droits : ils ne sont donc désormais retirables que pour illégalité et dans un délai de quatre mois à compter de leur édiction. Le Code entend ainsi favoriser l'abrogation de tels actes.

707 Ce principe admet toutefois trois exceptions. En premier lieu, les décisions obtenues par fraude (qui sont par définition illégales) peuvent être retirées à tout moment (CRPA, art. L. 241-2), solution qui constitue également un principe général du droit[323]. Il en va de même pour les décisions attribuant une subvention, lorsque les conditions mises à son octroi n'ont pas été respectées, ce qui implique, comme on l'a vu, que l'acte n'est pas créateur de droits (v. *supra*, n° 693) (CRPA, art. L. 242-2). Enfin, une sanction infligée par l'administration « peut toujours être retirée » (CRPA, art. L. 243-4), ce qui signifie certainement que le retrait peut être prononcé sans condition de délai et peut-être pour tout motif. On peut, par ailleurs, penser que les actes inexistants restent retirables sans condition de délai puisque ce retrait est plus apparent que réel : on ne saurait faire disparaître ce qui n'existe pas.

C. LE RETRAIT DES ACTES RÉGLEMENTAIRES

708 Si un acte réglementaire ne crée pas de droit à son maintien pour l'avenir, il crée un droit au respect des effets qu'il a pu produire par et pendant son application (v. *supra*, n° 681). Cette considération commandait la maigre jurisprudence qui se rapportait au problème. Dans le cas, rare, où un règlement n'avait reçu aucune application effective et n'avait donc produit aucun effet appelant protection, il pouvait être retiré à toute époque et pour tout motif, même d'inopportunité[324]. Au contraire, le retrait d'un acte réglementaire qui avait fait l'objet d'une application effective n'était possible que pour illégalité et aussi longtemps que le règlement

320. CE, sect., 30 juin 1950, *Quéralt*, préc. *supra*, n° 200 (possibilité de retirer sans condition de délai l'autorisation de licenciement d'un salarié protégé).

321. CE, sect., 27 juin 1947, *Société Duchet*, R. 432.

322. Par ex. CE, 15 oct. 1976, *Bussière*, préc. (possibilité d'ordonner à toute époque le reversement d'une indemnité « recognitive », attribuée illégalement).

323. CE, sect. 30 mars 2016, *Société Diversité TV France*, préc.

324. CE, ass., 21 oct. 1966, *Soc. Graciet*, R. 560 (possible retrait rétroactif d'un arrêté fixant des quotas de pêche dès lors qu'il n'a pas donné lieu à l'attribution de contingents individuels et n'a fait ainsi l'objet d'aucun commencement d'exécution).

était susceptible d'annulation par le juge[325] ; la jurisprudence *Ternon*, qui ne visait que les décisions individuelles, n'était pas ici applicable.

709 Le Code des relations entre le public et l'administration aligne les conditions de retrait des règlements sur celui des actes non réglementaires créateurs de droits, sans distinguer s'ils ont reçu ou non une application effective : ils sont ainsi retirables en cas d'illégalité et dans un délai de quatre mois à compter de leur édiction (CRPA, art. L. 243-3).

D. L'OBLIGATION DE RETRAIT

710 Dans l'état antérieur du droit au CRPA, le retrait d'une décision retirable constituait parfois, pour l'administration, non pas une simple faculté mais une obligation. Il en était ainsi pour les décisions illégales, dès lors que le retrait était demandé et sous réserve que cette demande soit présentée dans le délai du retrait (réserve qui ne pouvait concerner que les décisions créatrices de droits et les règlements ayant fait l'objet d'une application effective)[326]. Il en était également ainsi lorsque la décision illégale faisait l'objet d'un recours juridictionnel[327]. En ce qui concerne les décisions méconnaissant la chose jugée, le retrait était obligatoire même en l'absence de toute demande[328].

Ces solutions ne sont pas reprises par le Code des relations entre le public et l'administration. Selon ce dernier, le retrait d'une décision illégale créatrice de droits n'est obligatoire que sur demande du bénéficiaire et si l'administration est en mesure de le prononcer avant l'expiration du délai de quatre mois, ce qui suppose évidemment que la demande soit présentée avant l'expiration de celui-ci (art. L. 242-3). Il n'en résulte évidemment pas que les solutions jurisprudentielles antérieures devraient forcément être abandonnées. L'obligation pour l'administration de retirer un règlement illégal quand la demande lui en est faite dans le délai du retrait a ainsi été récemment réitérée[329].

§ 3. L'ABROGATION DES ACTES ADMINISTRATIFS

711 **Terminologie et plan. –** De nouveau, l'ambiguïté de la notion d'acte créateur de droits (sur ce point, v. *supra*, n° 688 et s.) impose de préciser que, s'agissant d'étudier le régime de l'abrogation, les actes créateurs de droits désignent ceux qui créent un droit à leur maintien pour l'avenir ; corrélativement, les actes non créateurs de droits sont ceux qui ne créent pas un tel droit (acte

325. CE, 15 avr. 1988, *Soc. Civ. Le Tahiti*, R. 140, *LPA* 9 déc. 1988.8, note P.-L. Frier.

326. Ex. CE, 10 févr. 1992, *Roques*, R. 55, *RFDA* 1992.841, concl. M. Laroque (obligation pour l'administrateur de l'Université de Nantes, saisi par le ministre de l'éducation nationale, de retirer la délibération du jury conférant le titre de docteur à un candidat).

327. CE, 23 févr. 1979, *Maia*, R. 597.

328. CE, 18 mars 1998, *Khellil*, préc.

329. CE, 2 oct. 2017, n° 399752.

réglementaire, décisions d'espèce, décisions individuelles précaires, décisions qui ne créent de droits ni pour le passé ni pour l'avenir).

Fort novateur en matière de retrait, le Code des relations entre le public et l'administration l'est beaucoup moins concernant l'abrogation, qu'il s'agisse des actes réglementaires (A) ou des actes non réglementaires (B).

A. L'ABROGATION DES ACTES RÉGLEMENTAIRES

712 Toujours possible (1), l'abrogation ou la modification d'un acte réglementaire est parfois obligatoire (2).

1. L'abrogation possible

713 Il résulte de l'article L. 243-1 CRPA qu'un acte réglementaire peut être abrogé ou modifié « pour tout motif et sans condition de délai ». La règle ainsi posée reprend une jurisprudence ancienne et constante posant en principe que nul n'a de droit au maintien d'un règlement[330]. Cette mutabilité de l'acte réglementaire est parfaitement justifiée. Un règlement posant une norme générale et abstraite, son abrogation ou sa modification pour l'avenir n'affecte pas, par elle-même, les droits individuels. Seule l'application immédiate de nouveaux règlements peut nuire à ces derniers mais il s'agit là d'une autre question, à laquelle se rapporte l'obligation pour le pouvoir réglementaire d'édicter des dispositions transitoires (à laquelle l'article L. 243-1 fait d'ailleurs référence en renvoyant à l'article L. 221-6 CRPA, v. *supra*, n° 667 et s.).Il serait évidemment contraire à l'intérêt public et, à vrai dire, inconcevable que les autorités compétentes ne puissent faire évoluer la réglementation. S'agissant des règlements qui portent sur les services publics, on peut d'ailleurs y voir une conséquence de la mutabilité de ces derniers (v. *supra*, n° 473 et s.).

2. L'abrogation obligatoire

714 L'abrogation des actes réglementaires constitue une obligation lorsqu'ils sont illégaux ou sans objet.

715 **Règlements illégaux. –** Aboutissement d'une jurisprudence assez ancienne – l'arrêt *Despujol*[331] en est le point de départ – et d'une réglementation beaucoup plus récente – l'article 3 du décret du 28 novembre 1983, aujourd'hui abrogé – l'arrêt *Cie Alitalia* (v. *supra*, n° 94) a érigé en principe général du droit l'obligation pour l'administration d'abroger les règlements illégaux. Cette obligation a été reprise et quelque peu étendue par l'article 1er de la loi du 20 décembre 2007 relative à la simplification du droit, auquel a succédé

330. Par ex. CE, sect., 27 janv. 1961, *Vannier*, R. 60, concl. J. Kahn (suppression légale de la diffusion d'émissions de télévision en 441 lignes, ce qui oblige de nombreux possesseurs de récepteurs anciens à les changer). De même, les fonctionnaires se trouvant dans une situation légale et réglementaire n'ont aucun droit au maintien de leur statut.

331. **CE, sect., 10 janv. 1930**, R. 30.

l'article L. 243-2 CRPA. Quoiqu'elle découle assez naturellement du principe de légalité, elle ne s'est pas imposée avec une égale facilité dans les deux cas qu'elle vise.

Il est admis, depuis l'arrêt *Despujol*, que l'autorité compétente est tenue d'abroger tout règlement qui, initialement légal, est ultérieurement devenu illégal par suite d'un changement dans les circonstances qui avaient déterminé son édiction. Il peut d'abord s'agir de nouvelles données de fait ; par exemple, l'interdiction des processions religieuses, qui pouvait se comprendre à l'époque des durs conflits entre l'Église et les forces laïques, n'est plus justifiée quand le combat a cessé. Cependant, en matière économique ou fiscale, pour ne pas imposer à l'administration des modifications constantes des textes dans un domaine où il lui faut disposer de pouvoirs étendus d'adaptation, le changement de circonstances doit avoir entraîné un bouleversement tel que le fondement du texte initial a disparu[332]. Il peut également s'agir d'une modification de l'état du droit, telle que l'intervention d'une directive communautaire qui impose, pour sa transposition, la modification du droit en vigueur.

Le Conseil d'État a davantage hésité à admettre l'obligation pour l'administration d'abroger un règlement illégal dès sa signature par souci d'éviter que les effets de l'expiration du délai du recours contentieux ne soient contournés. Mais, à la suite de l'article 3 du décret du 28 novembre 1983, l'arrêt *Cie Alitalia* a finalement consacré ce second impératif, que l'article L. 243-2 du CRPA confirme. Toutefois, contrairement à la lettre de ce texte, et par souci de sécurité juridique, le Conseil d'État a récemment mis une limite à cette obligation dans un arrêt *Fédération des finances et affaires économiques de la CFDT (CFDT Finances)*[333] De ce dernier en effet, il résulte qu'une illégalité, nécessairement originelle, tenant à un vice de procédure ou de forme, n'oblige pas l'administration à abroger le règlement qui en est entaché et ne peut donc être utilement invoquée à l'appui d'un recours juridictionnel formé contre le refus de prononcer cette abrogation.

Selon le principe général posé par le même arrêt, l'obligation d'abroger un règlement originellement illégal ou devenu tel est subordonnée à la présentation d'une demande d'abrogation par une personne intéressée, un éventuel refus pouvant être annulé par le juge avec injonction de prononcer l'abrogation dans un délai déterminé. L'article 1er de la loi du 20 décembre 2007 et, aujourd'hui l'article L. 243-2 CRPA, au contraire, ne lient pas l'obligation considérée à la présentation d'une demande et impliquent donc que l'administration est tenue d'abroger, non seulement sur demande mais également d'office. Cette exigence, qui peut sembler peu réaliste, ne changera sans doute pas grand-chose, dès lors que la sanction d'une inaction spontanée de l'administration suppose forcément une initiative d'un administré. Elle pourrait toutefois permettre la confirmation et le développement d'une solution demeurée isolée et selon laquelle le fait de ne pas prendre l'initiative d'abroger un règlement illégal est une faute dont les victimes peuvent obtenir

332. CE, ass., 10 janv. 1964, *Simonnet*, R. 19, *RDP* 1964.459, concl. G. Braibant (possibilité de refuser, en 1956, de réviser la répartition des contingents de production du rhum entre différentes sucreries datant de 1933, car les modifications n'équivalent pas à un véritable bouleversement).

333. CE, ass. 18 mai 2018, nº 414583, *AJDA* 2018. 1206, chron. S. Roussel et C. Nicolas.

réparation alors même qu'elles n'auraient pas sollicité l'abrogation dudit règlement[334].

Le Conseil d'État a par ailleurs étendu la portée du principe consacré par la jurisprudence *Cie Alitalia* en précisant que « lorsqu'elle est saisie d'une demande tendant à la réformation d'un règlement illégal, l'autorité compétente est tenue d'y substituer des dispositions de nature à mettre fin à cette illégalité »[335]. Cette extension peut soulever une difficulté, au demeurant illustrée par le cas d'espèce. Il se peut, en effet, qu'au jour du refus de la demande de modification, l'illégalité du règlement existant soit établie sans pour autant que l'administration soit déjà en mesure d'adopter une nouvelle réglementation, compte tenu, par exemple, de la technicité de la matière. Dans ce cas, le refus d'abroger le règlement illégal en vue de le remplacer par de nouvelles dispositions n'est pas illégal mais l'administration est tenue d'engager l'élaboration de celles-ci.

Il convient également de relever que l'obligation d'abroger à raison d'une illégalité est également applicable aux actes de droit souple susceptibles de recours (v. *supra*, n° 576 et s.)[336].

716 **Office du juge saisi d'un recours pour excès de pouvoir contre le refus d'abroger un acte réglementaire illégal. –** La question centrale que soulève la détermination de cet office concerne la date à laquelle le juge doit se placer pour apprécier la légalité du refus d'abrogation et, par conséquent, celle de l'acte réglementaire en cause, puisque ces deux appréciations sont nécessairement liées.

En principe, le juge de l'excès de pouvoir apprécie la légalité de l'acte administratif contesté devant lui à la date de son édiction. Conformément à ce principe, la jurisprudence a initialement décidé que « c'est à la date à laquelle l'autorité se prononce sur la demande d'abrogation dont elle a été saisie qu'il convient de se placer pour apprécier si cette demande était fondée » en raison de l'illégalité, à cette même date, de l'acte réglementaire. C'est bien pourquoi l'administration est obligée d'abroger un règlement qui, initialement légal, est devenu illégal au moment où elle statue. Suivant la même logique, le Conseil d'État a précisé que l'autorité compétente, saisie d'une demande en ce sens, n'est pas tenue d'abroger un règlement dans le cas où l'illégalité de ce dernier « a cessé, en raison d'un changement de circonstances, à la date à laquelle elle se prononce »[337]. L'article L. 243-2 CRPA confirme cette solution. Il dispose, en effet, que « l'administration est tenue d'abroger [...] un acte réglementaire illégal [...], sauf à ce que l'illégalité ait cessé ».

Toutefois, le Conseil d'État s'est écarté de la logique classique du contentieux de l'excès de pouvoir en admettant la prise en compte, par le juge, de changements de circonstances postérieurs au refus d'abrogation. Il a d'abord été admis que, dans le cas où le motif d'illégalité invoqué à l'appui d'une demande d'abrogation disparaît, du fait d'une modification des textes applicables, postérieure à l'introduction du recours contre le refus opposé à cette demande, (et, bien entendu, antérieure à la

334. CE, sect., 5 mai 1986, *Fontanilles-Laurelli*, R. 127, *AJDA* 1986, p. 510, concl. M.-A. Latournerie.

335. CE, 31 mars 2017, *FGTE-CFDT*, n° 393190.

336. CE, sect. 13 juill. 2016, n° 388150.

337. CE, 10 oct. 2013, *Fédération française de gymnastique*, *AJDA* 2014. 213, chron. A. Bretonneau et J. Lessi, *Dr. adm.* 2014.23, note Mauger, *JCP* A 2014. 2166, note Baumard.

date du jugement), ce dernier ne peut être annulé pour ce motif[338]. L'arrêt *Association des Américains accidentels*[339] explicite le fondement de cette solution et lui donne une portée beaucoup plus large. Le fondement réside dans l'idée selon laquelle « l'effet utile de l'annulation [...] du refus d'abroger un acte réglementaire illégal [...] réside dans l'obligation pour l'autorité compétente de procéder à l'abrogation de cet acte » et non pas, peut-on ajouter, dans le fait de sanctionner une illégalité commise par l'administration. Cette obligation, le juge peut la prescrire à l'administration, même d'office, en vertu du pouvoir d'injonction qui lui appartient pour assurer l'exécution de ses décisions, notamment de ses décisions d'annulation pour excès de pouvoir (sur ce pouvoir, v. *infra*, nº 1037). Mais pour que le juge enjoigne à l'administration d'abroger, en conséquence de l'annulation du refus de le faire, il faut que le règlement soit toujours illégal à la date à laquelle il statue. Dans ces conditions, l'appréciation de la légalité du refus d'abrogation, à la date où il a été prononcé, présente de réels inconvénients. Lorsque le règlement, illégal à cette date, est devenu légal en cours d'instance, le juge prononcera une annulation qui, n'impliquant pas d'obligation d'abroger, ne produira pas « l'effet utile » que le juge a en vue. Inversement, quand le règlement, légal au moment où l'administration s'est prononcée, est devenu illégal en cours d'instance, le juge ne pourra pas annuler le refus d'abrogation ni, par conséquent, prononcer d'injonction (puisque l'injonction ne peut intervenir que pour assurer l'exécution de l'annulation). Cela oblige le « requérant à formuler une nouvelle demande d'abrogation et à engager un nouveau contentieux, en laissant perdurer une illégalité dans l'intervalle »[340]. Pour éviter ces inconvénients, l'assemblée du contentieux a décidé que, saisi d'un recours pour excès de pouvoir contre le refus d'abroger un règlement, le juge doit apprécier la légalité de ce dernier (et donc celle du refus) « au regard des règles applicables à la date de sa décision », comme le fait en principe le juge du plein contentieux (v. *supra* nº 972). Donc, si l'illégalité de l'acte réglementaire a disparu à cette date, il n'y aura pas d'annulation (qui serait « platonique »). Dans le cas inverse (beaucoup plus rare en fait) où l'acte est devenu illégal en cours d'instance, il appartient au juge d'annuler le refus de l'abroger « pour contraindre l'autorité compétente de procéder à son abrogation ».

Toutefois, le nouveau principe ainsi établi, selon lequel le juge statue au regard de l'état du droit en vigueur au jour de sa décision, ne s'applique pas pleinement en matière de compétence. Le Conseil d'État distingue ici selon que le changement des règles applicables est favorable ou non au maintien de l'acte réglementaire. Si l'autorité qui a adopté ce dernier, initialement incompétente, est devenue compétente au jour où le juge statue, le refus d'abrogation ne sera pas annulé, l'illégalité originelle ayant cessé. Mais l'inverse n'est pas vrai : le changement des règles de compétence « ne saurait avoir pour effet de rendre illégal un acte qui avait été pris

338. CE, 30 mai 2007, nº 268230, *M. Joss A* ; CE, 20 mars 2017, nº 395126, *Section française de l'OIP*, *JCP* A 2017, act. 236.

339. CE, ass., 19 juil. 2019, *Association des Américains accidentels*, nº 424216, *AJDA* 2019. 1986, chron. C. Malverti et C. Beaufils, *RFDA* 2019. 891, concl. A. Lallet.

340. A. Lallet, concl. sur CE, ass., 19 juil. 2019, *Association des Américains accidentels*, préc., *RFDA* 2019.894.

par une autorité qui avait compétence pour ce faire à la date de son édiction ». Ainsi, un changement des règles de compétence, après l'édiction d'un acte réglementaire, peut rendre ce dernier légal mais pas illégal. L'illogisme de cette dissymétrie s'aggrave d'un double déséquilibre qui fait prévaloir la sécurité juridique sur la légalité et l'intérêt de l'administration sur celui du requérant. À en croire le rapporteur public[341], la solution repose sur le raisonnement suivant : l'autorité devenue compétente aurait pu abroger l'acte ; en ne le faisant pas « elle est réputée l'avoir approuvé » et, dans ces conditions, il est présumé qu'après avoir été contrainte de l'abroger, elle le reprendrait. De nouveau, l'annulation n'aurait pas « d'effet utile ». Cette interprétation de l'inaction de l'autorité compétente paraît toutefois bien fragile[342]. La circonstance qu'elle n'a pas pris l'initiative d'abroger l'acte n'implique pas nécessairement qu'elle l'approuvait en tout point et n'implique donc pas nécessairement qu'elle le reprendrait à l'identique après avoir été contrainte d'en prononcer l'abrogation.

717 **Obligation d'abroger les actes de droit souple. –** L'obligation d'abroger à raison d'une illégalité est également applicable aux actes de droit souple susceptibles de recours (v. *supra*, n° 575 et s.)[343]. L'annulation du refus d'abroger un tel acte comporte deux obligations (susceptibles de donner lieu à injonctions)[344]. La première, commune avec les actes réglementaires, est naturellement de procéder à l'abrogation de l'acte jugé illégal. La seconde, spécifique aux actes de droit souple (le juge la présente comme liée à la « nature et aux effets » de ces derniers), est de prendre les mesures permettant de porter cette abrogation à la connaissance du public. Ceci, il convient de le souligner, est sans objet pour les actes réglementaires dont l'acte abrogatif, étant également de nature réglementaire, doit nécessairement, pour entrer en vigueur, être publié.

718 **Règlements « sans objet ». –** Reprenant une disposition de l'article 1er de la loi du 20 décembre 2007, l'article L. 243-2 CRPA précise que l'obligation d'abroger, spontanément ou sur demande, n'est plus seulement liée à l'illégalité du règlement mais aussi au fait qu'il est « sans objet », c'est-à-dire inutile, superflu. Le texte envisage que cette situation puisse exister dès l'édiction du règlement mais on peut penser (ou, du moins, espérer...) qu'elle résultera généralement d'un changement de circonstances. En d'autres termes, il s'agit, dans l'esprit du législateur, de lutter contre la complexité du droit en favorisant l'élimination des textes réglementaires devenus obsolètes. Il est à prévoir que cette bonne intention n'aura guère de portée concrète, même si le Conseil d'État a en effet annulé le refus d'abroger une disposition réglementaire devenue sans objet à la suite de l'abrogation par le Conseil constitutionnel d'une loi à laquelle cette disposition était liée[345].

341. A. Lallet, concl. sur CE, ass., 19 juil. 2019, *Association des Américains accidentels*, préc., *RFDA* 2019.895.

342. V. les critiques justifiées de C. Malverti et C. Beaufils, chron. *AJDA* 2019. 1986, spéc. 1988-1989.

343. CE, sect. 13 juill. 2016, n° 388150, *AJDA* 2016, 2119, note F. Melleray, *Dr. adm.* 2016, note P. Idoux.

344. CE, 4 déc. 2019, *Fédération des entreprises de la beauté*, n° 416798, *AJDA* 2019.2522, *GP* 28 janv. 2020, p. 26, chron. B. Seiller.

345. CE, 20 mars 2017, *Section française de l'observatoire international des prisons*, n° 395126.

B. L'ABROGATION DES ACTES NON RÉGLEMENTAIRES

719 Comme en matière de règlements, l'abrogation d'un acte non réglementaire peut être soit possible (1), soit obligatoire (2).

1. L'abrogation possible

720 Cette possibilité est conçue beaucoup moins largement pour les actes créateurs de droits que pour les actes non créateurs de droits.

721 **Acte non réglementaire créateur de droits. –** En principe, l'abrogation d'un tel acte obéit aux mêmes conditions que son retrait. Elle est donc possible si l'acte est illégal et dans un délai de quatre mois. Initialement posé par la jurisprudence[346], ce principe a été codifié par l'article L. 242-1 CRPA.

Il admet, toutefois, des exceptions. La plupart sont communes avec le retrait. La première concerne ainsi l'abrogation sur demande du bénéficiaire. Reprenant une solution jurisprudentielle[347], l'article L. 242-3 CRPA admet en effet que, saisie d'une telle demande l'administration peut (et non pas doit) la satisfaire, sans condition de délai et même si la décision est légale, dès lors que l'abrogation de cette dernière n'est pas susceptible de porter atteinte aux droits des tiers et qu'il s'agit de la remplacer par une décision plus favorable à l'intéressé. En second lieu, comme en matière de retrait, il résulte de l'article L. 241-1 CRPA que le régime de principe ne s'applique que si des dispositions législatives ou réglementaires n'ont pas institué un régime spécial d'abrogation[348] et également sous réserve des exigences découlant du droit de l'Union européenne.

D'autres exceptions, propres à l'abrogation, consistent à admettre que certains actes créateurs de droits peuvent être abrogés, à raison de leur illégalité, au-delà du délai du retrait. Il en est ainsi dans des cas où le juge estime qu'une décision créatrice de droits ne peut être légalement maintenue qu'aussi longtemps que les conditions légales de son édiction sont remplies : si, par suite d'un changement de circonstances, elles cessent de l'être, l'acte devient illégal et peut être abrogé[349]. La jurisprudence va même parfois plus loin en admettant que l'administration puisse abroger un acte qui, dès l'origine, ne remplissait pas les conditions légales de son adoption, cette illégalité originelle ayant été tardivement révélée[350]. Ces solutions semblent être confirmées par l'article L. 242-2, 1° CRPA aux termes duquel

346. CE, sect., 6 mars 2009, *Coulibaly*, *AJDA* 2009.454 et 817, chron. S.-J. Liéber et D. Botteghi, *RFDA* 2009.15, concl. C. de Salins et 439, note G. Eveillard.

347. CE, 2 févr. 2011, *Soc. TV Numeric, RFDA* 2011.446.

348. Ex. art. L. 36-11 du Code des postes et télécommunications électroniques relatif à l'abrogation des autorisations d'utilisation de fréquences par les opérateurs de téléphonie mobile et pour une application CE, 30 juin 2006, *Soc. Neuf Telecom*, R. 309, *AJDA* 2006.1703, note PAJ et 1720, note Sée, *RJEP* 2007.162, note Fontaine et Weigel.

349. V. p. ex. CE, sect., 14 mars 2008, *M. Portalis*, *AJDA* 2008.800, chron. J. Boucher et B. Bourgeois-Machureau, *Dr. adm.* 2008, comm. 63, note F. Melleray, *RFDA* 2008.482, concl. N. Boulouis.

350. V. p. ex. CE, sect., 6 nov. 2002, *Mme Soulier*, R. 369, *AJDA* 2002.1434, chron. F. Donnat et D. Casas, *RFDA* 2003.225, concl. S. Austry, note P. Delvolvé.

« l'administration peut, sans condition de délai : 1°) Abroger une décision créatrice de droits dont le maintien est subordonné à une condition qui n'est plus remplie [...] ».

Un acte créateur de droits qui ne peut plus être abrogé n'est pas pour autant absolument intangible. Il peut disparaître par l'édiction d'un « acte contraire » : le fonctionnaire sur la nomination duquel il n'est pas possible de revenir peut néanmoins être révoqué ou licencié pour insuffisance professionnelle. Mais, ainsi qu'il a été dit (v. *supra*, n° 679), l'acte contraire n'est pas, à proprement parler, une abrogation. En serait-il une, au demeurant, qu'il ne représenterait pas, en la matière, une exception supplémentaire et autonome au régime de principe, dès lors qu'il suppose, pour exister, un texte spécial et que de manière générale il est toujours loisible à un tel texte d'instituer un régime particulier d'abrogation.

722 **Acte non réglementaire non créateur de droits. –** Ces actes peuvent être abrogés sans considération de délai et pour tout motif : cette solution jurisprudentielle[351] est confirmée par l'article L. 243-1 CRPA. Elle vaut notamment pour les actes « précaires » (v. *supra*, n° 681) : autorisations de police[352], autorisations d'occupation du domaine public[353] (du moins en principe, qui ne va pas sans certaines exceptions[354]), nominations des fonctionnaires à la discrétion du gouvernement[355].

2. L'abrogation obligatoire

723 **Acte non réglementaire non créateur de droits. –** La jurisprudence *Cie Alitalia* (v. *supra*, n° 686 et *infra*, n° 1012) a été partiellement transposée aux actes non réglementaires par l'arrêt *Association Les Verts*[356]. D'après ce dernier, en effet, l'autorité compétente, saisie d'une demande en ce sens par une personne y ayant intérêt, est tenue d'abroger une décision non réglementaire non créatrice de droits qui est devenue illégale par suite d'un changement dans les circonstances de droit ou de fait qui avaient déterminé son édiction. Cette règle jurisprudentielle est codifiée à l'article L. 243-2 alinéa 2 CRPA. Comme on le voit, l'obligation d'abrogation ainsi instituée ne vaut pas à l'égard d'une illégalité originaire contrairement à la solution applicable aux règlements. En effet, si l'exception d'illégalité est perpétuelle à l'égard de ces derniers (v. *infra*, n° 1007), elle ne peut plus être soulevée à l'encontre des actes non réglementaires une fois les délais de recours expirés (v. *infra*, n° 1009) ; ceux-ci doivent donc bénéficier d'une réelle pérennité.

351. V. not. CE, ass. 10 mai 1968, *Commune de Broves*, préc.

352. P. ex. CE, 17 avr. 1963, *Blois*, préc.

353. P. ex. CE, 13 juillet 1951, Société *La Nouvelle Jetée-Promenade de Nice*, R. 431.

354. CE, 30 juin 2006, *Soc. Neuf Telecom, préc.* (caractère créateur de droits pour l'avenir des autorisations d'occupation du domaine public hertzien).

355. CE, sect., 17 janv. 1973, *Cazelles*, R. 43.

356. CE, 30 nov. 1990, *Ass. Les Verts*, R. 339, *AJDA* 1991.114 chron. E. Honorat et R. Schwartz, *RFDA* 1991.571, concl. M. Pochard (obligation de modifier les actes de découpage des cantons lorsque l'évolution démographique postérieure fait apparaître de trop fortes disparités dans le nombre d'électeurs).

Il convient par ailleurs de relever que le régime établi par l'article L. 243-2, al. 2 du CRPA ne s'applique, conformément au principe général posé l'article L. 100-1 du même code, que sous réserve de « dispositions spéciales ». C'est ainsi sur le fondement des stipulations de l'article 1er de la Convention européenne d'extradition que le Conseil d'État a défini les conditions de l'obligation d'abroger, sur demande, un décret d'extradition demeuré inexécuté[357]. Ces conditions sont au demeurant analogues à celles qui résultent du régime général : l'obligation existe quand, par suite d'un changement de circonstances, le décret ne peut plus être légalement mis à exécution.

724 **Acte non réglementaire créateur de droits. –** L'obligation d'abrogation instituée par l'arrêt *Association Les Verts* et reprise par l'article L. 243-2, alinéa 2 du CRPA ne concerne pas les actes non réglementaires créateurs de droits. En ce qui concerne ces derniers, la jurisprudence avait admis que, saisie d'une demande d'abrogation d'un tel acte, illégal, l'administration pouvait (et, semble-t-il, devait) y faire droit, dès lors que le délai du retrait n'avait pas expiré[358]. Cette jurisprudence n'a pas été reçue par le CRPA. Ce dernier dispose seulement (art. L. 242-3) que, sur demande du bénéficiaire de la décision, l'administration est tenue de procéder à l'abrogation d'une décision créatrice de droits si elle est illégale et si l'abrogation ou le retrait peut intervenir dans le délai de quatre mois suivant l'édiction de la décision.

Il apparaît toutefois que la faculté reconnue à l'administration d'abroger, sans condition de délai, une « décision créatrice de droits dont le maintien est subordonné à une condition qui n'est plus remplie » (CRPA, art. L. 241-2 1° et *supra*, n° 721) peut se muer en obligation. Le Conseil d'État a ainsi jugé, en s'appuyant sur ce texte et sur diverses dispositions du Code de l'environnement, que l'autorité compétente a l'obligation d'abroger l'autorisation de création d'une installation nucléaire de base (qui est une décision créatrice de droits[359]) si les conditions légales du fonctionnement de l'installation ne sont plus remplies[360].

SECTION 3 CONCLUSION

725 **Fin du pouvoir du commandement ? –** L'acte administratif a donc évolué tant dans sa délimitation que dans son régime.

Sur le plan sociologique, l'administration tend à s'orienter de plus en plus, en certains domaines, vers des procédés de *négociation, de contractualisation et de régulation*. Mais paradoxalement le recours à la décision unilatérale n'en a pas

357. CE, 10 juin 2020, n° 435348, *AJDA* 2020. 2039, note S. Roussel, *JCP* A 2021, n° 13, comm. 2098, note J.-S. Boda, *RFDA* 2020. 907, chron. C. Santulli.

358. Dans ce sens, quoique n'énonçant pas explicitement l'obligation d'abroger, v. CE, 21 janv. 1991, *Pain*, R. 692.

359. CE, 26 févr. 1996, *Land de Sarre et autres*, n° 115585, Rec. tables, p. 697-914.

360. CE, 11 avr. 2019, *Association Greenpeace et autres*, n° 413548, *AJDA* 2019. 836.

été réellement remis en cause. C'est encore par ce procédé juridique que se traduit, en grande partie, l'action des autorités de régulation, comme la « mise en forme » du relevé des négociations. De plus, du point de vue contentieux, la catégorie des actes administratifs s'étend pour des raisons liées tant au droit au recours effectif qu'au renforcement de l'encadrement juridique de l'action publique. Le recul de l'immunité juridictionnelle s'opère aussi bien pour certains actes des autorités parlementaires, pour les actes de gouvernement que pour les mesures d'ordre intérieur. Ceci, par voie de conséquence, « bénéficie » à l'acte administratif qui est reconnu pour permettre, en l'espèce, le contrôle de la juridiction administrative. Mais, grâce à la plasticité des critères retenus, sa définition n'en a pas été modifiée, même si son champ d'intervention l'est.

Y a-t-il par ailleurs remise en cause de son *régime juridique* ? De la puissance publique s'exprimant par l'unilatéralité et consubstantielle à l'administration étatique elle-même, serait-on passé à l'impuissance publique ? Se sont en effet multipliés les nouveaux droits des citoyens dans leurs relations avec l'administration (transparence administrative grâce à l'accès aux documents administratifs et à la motivation des décisions individuelles défavorables, renforcement considérable du principe du contradictoire, application pour certaines sanctions des règles du procès équitable). Le mot de citoyen ne traduit-il pas une nouvelle dimension de la relation avec l'administration ; l'assujetti, l'administré s'effaçant dans le cadre d'une nouvelle démocratie administrative ? L'inscription de l'acte, dans un réseau sans cesse plus serré de prescriptions quant à son émission ne remet-elle pas en cause sa nature même ? Ceci paraît douteux bien que l'administration soit moins à même qu'autrefois d'enjoindre par sa seule volonté. Même si le processus de décision est partiellement transformé par la participation de son destinataire à son élaboration, le cœur du procédé unilatéral n'est pas atteint. Le service public peut et doit toujours émettre des actes à portée obligatoire – il y en a des millions chaque année. Ceux-ci, quelles que soient les garanties nouvelles de procédure et de forme, doivent être impérativement respectés. Ils s'imposent toujours, même en cas de recours et bénéficient paradoxalement plus qu'autrefois, du fait de lois de plus en plus nombreuses, de l'exécution forcée en plusieurs hypothèses. Qu'il soit plus difficile d'ordonner dans une société plus évoluée et plus « contestataire », sans doute, mais le pouvoir de commandement existe toujours dans son intégralité. La puissance de l'État subsiste.

BIBLIOGRAPHIE

1. Généralités

F. Blancpain, *La formation historique de la théorie de l'acte administratif unilatéral,* thèse, Paris, 1979 ▪ B. Defoort, *La décision administrative*, LGDJ, 2015, préf. B. Seiller ▪ P. Delvolvé, *L'acte administratif*, Sirey, 1983 ▪ C. Eisenmann, *Les actes de l'administration, Les actes juridiques du droit administratif, Le régime des actes administratifs unilatéraux*, Cours de doctorat, LGDJ, 1983, T. II p. 11 s., 337 s., 497 s., 678 s. ▪ S. FLOGAÏTIS, « Contrat et acte administratif unilatéral », *Mél. Braibant,* Dalloz, 1996, p. 229 ▪ A.-L. GIRARD, *La formation historique de la théorie de l'acte administratif unilatéral,* Dalloz, 2013, préf. J.-J. Bienvenu ▪ M. LEFÉBURE, *Le pouvoir d'action unilatérale de l'administration en droit français et anglais*, LGDJ, 1961 ▪ Y. MADIOT, *Aux frontières du contrat et de l'acte unilatéral : recherches sur la notion d'acte mixte en droit public français*, LGDJ, 1971 ▪ B. SEILLER, *L'acte administratif – Notion*, Rép. Dalloz *Cont. Adm.* ; « L'exorbitance du droit des actes administratifs unilatéraux », *RDP* 2004.481 ▪ J.-Y. VINCENT, *Le pouvoir de décision unilatérale des autorités administratives,* LGDJ, 1966.

2. Notion d'acte administratif

▪ *Actualité de l'acte administratif unilatéra*l, *AJDA* 2015. 792 (dossier, 4 contributions) ▪ C. ALONSO, « Les décisions révélées en droit administratif », *RDP* 2020. 1223 ▪ J. AUVRET-FINCK, « Les actes de gouvernement, irréductible peau de chagrin ? » *RDP* 1995.131 ▪ Q. BARNABÉ, « Une rénovation limitée du statut des circulaires par la loi ESSoC », *Dr. adm.* 2019, étude n° 6 ▪ D. BOUJU, Le détenu face aux mesures d'ordre intérieur, *RDP* 2005.597 ▪ P. BON, « Le contrôle des actes non du Parlement : toujours un déni de justice ? », *Mél. Favoreu*, Dalloz 2007.1065 ▪ R. CHAPUS, « L'acte de gouvernement, monstre ou victime ? », *D.* 1958. chr. 5 ▪ C. CHAUVET, « Que reste-t-il de la « théorie » des mesures d'ordre intérieur ? », AJDA 2015.793 ▪ P. COMBEAU, « Les fonctions juridiques de l'interprétation administrative », *RFDA* 2004. 1069 ▪ « Le statut de la circulaire fait peau neuve », *AJDA* 2019.927 ▪ Conseil d'État, *Le droit souple,* Doc. fr., 2013 ▪ D. COSTA, « Les ombres portées des lignes directrices », *AJDA* 2019. 899 ▪ L. CYTERMANN, « Le droit souple, un nouveau regard sur la jurisprudence Crédit foncier de France », *RFDA* 2013.119 ▪ G. DARCY, « La décision exécutoire, esquisse méthodologique », *AJDA* 1994.663 ▪ L. DESFONDS, « La notion de mesure préparatoire en droit administratif français », *AJDA* 2003.12 s. ▪ X. DUPRE DE BOULOIS, *Le pouvoir de décision unilatérale. Étude de droit comparé interne*, LGDJ, 2006 ▪ G. DUPUIS, « Définition de l'acte unilatéral », *Mél. Eisenmann,* Cujas, 1975, p. 205 ▪ L. FAVOREU, « Le juge administratif et le principe constitutionnel de séparation des pouvoirs », *Mél. P. Amselek*, Bruylant, 2005, p. 297 ▪ J.-C. FORTIER, « Le contrôle du juge sur les actes administratifs des assemblées parlementaires », *AJDA* 1981.128 ▪ Y. GAUDEMET, « Remarques à propos des circulaires administratives », *Mél. Stassinopoulos*, LGDJ, 1974, p. 561 ▪ C. GROULIER, « L'impératif dans la jurisprudence Duvignères : réflexion sur un sésame contentieux », *RFDA* 2008. 941, « Une nouvelle approche de la notion de mesure d'ordre intérieur en prison ? (à propos de l'arrêt CE, ass. 14 déc. 2007, *garde des Sceaux, ministre de la Justice c/M. Boussouarn, M. Planchenault*) », *RDP* 2009.217 ▪ A. ILIOPOULOU, « Quatre ans d'application de la jurisprudence Duvignères », *RFDA* 2007.477 ▪ G. KOUBI, *Les circulaires administratives,* Economica, 2003 ▪ C. LAVIALLE, *L'évolution de la conception de décision exécutoire en droit administratif français*, LGDJ, 1974 ▪ F. MELLERAY, « L'immunité juridictionnelle des actes de gouvernement en question », *RFDA* 2001.1086 ; « En a-t-on fini avec la « théorie des actes de gouvernement » ? », *Mél. Favoreu*, p. 1317, Dalloz, 2007 ▪ J. MOREAU, « Internationalisation du droit administratif et déclin de l'acte de gouvernement », *Mél. Loussouarn,* Dalloz, 1994, p. 299 ▪ J. PINI, « Les décisions administratives de droit privé », *RRJ* 1993.793 ▪ S. POLLET, « Vers une disparition prochaine des actes parlementaires ? », *RDP* 2004.693 ▪ J. RIVERO, *Les mesures d'ordre intérieur administratives*, Sirey, 1934 ; « Sur le caractère exécutoire des autorisations administratives », *Mél. Kayser,* PUAM, 1979, T. II 379 ▪ J. SCHMITZ, « « Le droit souple », les autorités administratives indépendantes et le juge administratif. De la doctrine au prétoire », *RFDA* 2017. 1087 ▪ C. Testard, « Le droit souple, une « petite » source canalisée », *AJDA* 2019. 934 ▪ E. Untermaier-Kerléo, « Le droit souple, un regard circonspect sur la jurisprudence *Crédit foncier de France* », *RFDA*, 2014. 1029 ▪ J.-C. Venezia, « Puissance publique, puissance privée », *Mél. Eisenmann,* Cujas, 1975, p. 363 ; « Éloge de l'acte de gouvernement », *Mél. J. Waline,* Dalloz, 2002, p. 723 ▪ M. Virally, « L'introuvable acte de gouvernement », *RDP* 1952.317 ▪ V. aussi bibliographie *infra*, n° 1042, *in fine*.

3. Régime juridique de l'acte administratif

▪ V. aussi Biblio. *infra*, n° 1088 ▪ *Code des relations entre le public et l'administration (commenté),* Dalloz, 5e éd., 2020 ▪ P. Idoux, S. Saunier (dir.), *Code des relations entre le public et l'administration (commenté),* Berger-Levrault, 2020 ▪ 1°) Association française pour la recherche en droit administratif (AFDA), *La compétence,* LexisNexis, 2008 ; *Les procédures administratives*, Dalloz, 2014 ▪ J. Arrighi de Casanova et S. Formery, « Une nouvelle étape de l'amélioration de relations entre l'administration et les citoyens : la loi DCRA du 12 avril 2000 », *RFDA* 2000.725 ▪ J.-M. Auby, « La procédure administrative non contentieuse », *D.* 1956, chron. 27 ▪ H. Belrahli, *Les coauteurs en droit administratif,* LGDJ, 2003 ▪ J. Chevallier, « La transformation de la relation administrative, mythe ou réalité (à propos de la loi du 12 avril 2000 relative aux droits des citoyens dans leurs relations avec l'administration) », *D.* 2000, chr. 575 ▪ S. Caudal (dir.), *La motivation en droit public,* Dalloz, coll. « Thèmes et commentaires », 2013 ▪ Conseil d'État, *Consulter autrement, participer effectivement*, coll. « Les rapports du Conseil d'État », Doc. fr., 2011 ; « L'application du nouveau principe « silence de l'administration vaut acceptation » », Doc. fr., 2014 ▪ M.-L. Champagne, « La réforme des délégations de signature, de nouvelles modalités alliant efficacité et respect du droit », *AJDA.* 2005. 1723 ▪ P. Delvolvé, « Le nouveau statut des délégations de signature », *Mél. Favoreu*, Dalloz, 2007. 1173 ▪ G. Dupuis et M.-J. Guédon (coord.), *Sur la forme et la procédure de l'acte administratif,* Economica, 1979 ▪ L. Fournoux, *Le principe d'impartialité de l'administration,* Bibliothèque de droit public, LGDJ, 2020, préf. G. Eckert ▪ P. Gonod, « La codification de la procédure administrative », *AJDA* 2006. 489 ; « Le sens du silence de l'administration : bref aperçu de quelques solutions étrangères », *RFDA* 2014. 43 ▪ W. Gremaud, « Le mythe du privilège du préalable », *RFDA* 2020. 435 ▪ M. Hauriou, « Le pouvoir discrétionnaire et sa justification », *Mél. Carré de Malberg,* Sirey, 1933, p. 233 ▪ J.-B. Honorat, « L'acte administratif unilatéral et la procédure administrative non contentieuse », *AJDA* 1996, n° spécial, p. 76 ▪ R. Hostiou, *Procédures et formes de l'acte administratif,* LGDJ, 1975 ▪ G. Isaac, *La procédure administrative non contentieuse,* LGDJ, 1968 ▪ G. Koubi, L. Cluzel-Métayer, W. Tamzini (dir.), *Lectures critiques du code des relations entre le public et l'administration*, LGDJ, 2018 ▪ J.-F. Lachaume, *Le formalisme, AJDA* 1995, n° spécial p. 133 ▪ « La contradiction en droit administratif français et la convention européenne des droits de l'homme », *RFDA* 2001.2 (4 contributions) ▪ *La lex generalis des relations entre le public et l'administration*, dossier (6 contributions), *AJDA* 2015. 2421 et 2474 ▪ *La simplification des relations entre l'administration et les citoyens*, dossier (4 contributions), *AJDA* 2014. 389 ▪ *Le Code des relations entre le public et l'administration*, dossier (11 contributions), *RFDA* 2016.1 ▪ D. Maillard Desgrées du Loû, *Droit des relations de l'administration avec ses usagers*, Thémis, 2000 ▪ J. Massot, « Décisions non formalisées et contrôle du juge de l'excès de pouvoir », *Mél. Braibant,* Dalloz, p. 521, 1996 ▪ K. Michelet, « La Charte des droits fondamentaux de l'Union européenne et la procédure administrative non contentieuse », *AJDA*

2002.949 L. Michoud, *Étude sur le pouvoir discrétionnaire de l'administration,* LGDJ, 1913 E. Picard, « Le pouvoir discrétionnaire en droit administratif français », *RIDC* 1989, p. 295 J. Petit, « Le nouveau régime de la délégation de signature des membres du gouvernement », *JCP* A 2005, n° 1361 B. Plessix, « Le droit à l'erreur et le droit au contrôle », *RFDA* 2018. 847 G. Py, *Le rôle de la volonté dans les actes administratifs unilatéraux*, LGDJ, 1976 O. Schrameck, « Quelques observations sur le principe du contradictoire », *Mél. Braibant,* Dalloz 1996, p. 629 B. Seiller, *L'acte administratif – Régime*, *Rép. Dalloz Cont. Adm.* ; « L'exorbitance du droit des actes administratifs unilatéraux », *RDP* 2004. 481 ; « Quand les exceptions infirment (heureusement) la règle : le sens du silence de l'administration », *RFDA* 2014. 35 C. Testard, *Pouvoir de décision unilatérale de l'administration et Démocratie administrative*, préf. S. Caudal, LGDJ, 2018 J.-C. Venezia, *Le pouvoir discrétionnaire*, LGDJ, 1958 Y. Weber, *L'administration consultative*, LGDJ, 1966 M. Zeghbib, *Principe du contradictoire et procédure administrative non contentieuse*, *RDP* 1998.467 2°) J. Carbajo, *L'application dans le temps des décisions administratives exécutoires*, LGDJ, 1980 Conseil d'État, *Publication et entrée en vigueur des lois et de certains actes administratifs*, La Documentation française, 2001 J.-P. Dubois, « L'entrée en vigueur des normes administratives unilatérales », *Mél. Dupuis,* LGDJ, 1997, p. 103 C. Eisenmann, « Sur l'entrée en vigueur des normes administratives unilatérales », *Mél. Stassinopoulous,* LGDJ, 1974, p. 201 O. Dupeyroux, *La règle de la non-rétroactivité des actes administratifs*, LGDJ, 1954 R. Noguellou, « L'abrogation des actes administratifs non réglementaires créateurs de droit », *Dr. adm.* 2003 chr. n° 12 R.G. Schwartzenberg, *L'autorité de la chose décidée*, LGDJ, 1969 B. Seiller, « L'entrée en vigueur des actes administratifs unilatéraux », *AJDA* 2004.1463 L. Tallineau, *Les actes particuliers non créateurs de droits. Essai critique de la théorie des droits acquis en droit administratif*, thèse dactyl. Poitiers 1972 C. Yannakopoulos, *La notion de droits acquis en droit administratif français*, LGDJ, 1997 N. Belloubet-Frier et P.-L. Frier, « La deuxième mort de Jean Romieu (De l'exécution d'office) », *Mél. Dupuis,* LGDJ, 1997, p. 1 M. Degoffe, *Droit de la sanction non pénale*, Economica, 2000 G. Dellis, *Droit pénal et droit administratif, l'influence des principes du droit pénal sur le droit administratif répressif*, LGDJ, 1997 M. Delmas-Marty et C. Teitgen-Colly, *Punir sans juger ? De la répression administrative au droit administratif pénal*, Economica, 1992 M. Guyomar, *Les sanctions administratives*, LGDJ, coll. Systèmes, 2014 F. Moderne, « La sanction administrative », *RFDA* 2002.483 *Puissance publique ou impuissance publique ?*, n° spécial *AJDA* 1999 M. Nihoul, *Les privilèges du préalable et de l'exécution d'office. Pour une relecture civile et judiciaire à l'aide du droit commun de l'exécution,* La Charte, 2001 *Les sanctions administratives*, *AJDA*, n° spécial, 2001 *Le pouvoir de sanction de l'Administration, JCP* A 2013, n° 11 (9 contributions) V. Vince, « L'introuvable notion d'actes créateur de droits ? », *AJDA* 2017. 2181.

CHAPITRE 2
LE CONTRAT ADMINISTRATIF

726 **Phénomène contractuel. –** Le contrat, dans la sphère des activités publiques, apparaît comme un procédé traditionnel et fort ancien. Dès le XVIe siècle, en France, des conventions furent passées avec des particuliers, pour la construction et la gestion des canaux, selon une technique préfigurant les grandes concessions d'ouvrage public du XIXe siècle (v. *supra*, n° 426 et s.). Pour les marchés de travaux (v. *infra*, n° 731), à partir de 1608 puis en 1811, l'administration des Ponts et Chaussées élabora des cahiers des charges très précis. La jurisprudence du Conseil d'État, au XIXe siècle, lorsqu'elle dut redéfinir les règles applicables aux contrats, s'inspira fortement de ces règles, tout en renforçant, dans la logique d'un État fondé sur la protection de la propriété et de l'économie libérale, les droits pécuniaires des cocontractants. Enfin *Jèze* vint, qui dans son ouvrage sur les contrats administratifs (1927-1934) mit en lumière la cohérence d'une construction d'ensemble. Et, de nos jours, dans le cadre du « contractualisme » (L. Richer[1]), très à la mode, au nom d'une conception renouvelée de l'usage du pouvoir, qui devrait, pour être légitime, négocier les obligations qu'il impose, de très nombreuses opérations ne se réalisent qu'après intenses discussions, phénomène qui touche même les relations entre personnes publiques (v. *infra*, n° 744).

727 **Liberté contractuelle. –** En droit privé, la liberté contractuelle est souvent présentée comme liée à l'*autonomie de la volonté*. Elle porte sur la libre décision de contracter ou non, sur le libre choix du cocontractant, et enfin sur la libre détermination du contenu même du contrat. Cette liberté n'est cependant pas absolue. L'article 6 du Code civil interdit en particulier la conclusion de tout contrat qui serait contraire à l'ordre public ou aux bonnes mœurs, notions dont la portée, pour des raisons d'aménagement des rapports économiques et sociaux, s'est accrue tout au long du XXe siècle[2].

Les *personnes publiques* disposent aussi d'une liberté contractuelle, que seule la loi peut restreindre[3], à condition toutefois de ne pas porter atteinte à des droits et libertés

1. V. L. Richer, *Droit des contrats administratifs,* LGDJ, 2012, p. 52 et s.
2. L. Leveneur, « La liberté contractuelle en droit privé », *AJDA,* 1998.676 et s.
3. CE, sect., 28 janv. 1998, *Soc. Borg Wagner*, R. 21.

garantis par la Constitution, tels que la libre administration des collectivités locales[4]. En liaison avec leur capacité juridique en tant que personne morale[5], elles peuvent exercer leurs compétences en recourant au procédé contractuel pour accomplir les missions qui leur sont assignées dans le cadre de leur statut. L'action de l'administration ne s'exerce, cependant, que pour des raisons d'intérêt général. Aussi est-elle beaucoup plus encadrée que celle des personnes privées. Il faut tenir compte des nécessités d'une gestion financière au meilleur coût, respecter les principes d'égalité et de libre concurrence, garantir la transparence de l'action pour éviter tout phénomène de favoritisme voire de corruption, et assurer la bonne marche du service public. Pour toutes ces raisons, la liberté contractuelle est limitée sur de nombreux points.

Il existe, tout d'abord, des cas où l'administration n'a *pas le droit de recourir au procédé contractuel*. Il lui est interdit car elle ne dispose pas de ses compétences comme on dispose de droits subjectifs. Dans un certain nombre de domaines, elle n'est habilitée par les textes à agir que par voie d'action unilatérale. Ceci concerne en particulier la police administrative générale comme spéciale (v. *supra*, n° 516), l'organisation du service public[6], l'exercice du pouvoir réglementaire ou la situation des fonctionnaires. Le principe est en effet que ces derniers se trouvent dans une situation légale et réglementaire, que des contrats individuels ne sauraient modifier ou compléter. Toutefois, même dans ces domaines traditionnellement soustraits au contrat, ce dernier tend à pénétrer. Ainsi, par exemple, les accords collectifs conclus entre les syndicats et les employeurs publics, depuis 1968, ont été récemment dotés par le législateur d'une portée juridique[7] que la jurisprudence leur avait toujours refusée[8].

728 **Plan. –** Ainsi, même s'il comporte des limites (en recul), le procédé contractuel est néanmoins d'usage de plus en plus courant dans l'action administrative, ce qui suppose d'identifier ses différentes formes et de *distinguer contrats administratifs et contrats de l'administration* dont le régime juridique diffère (Section 1). Les contrats administratifs sont, en effet, soumis à des règles qui présentent des spécificités aussi bien par rapport au contrat de droit privé qu'au regard de l'acte administratif unilatéral, pour deux raisons essentielles. D'une part la liberté contractuelle de l'administration est restreinte tant dans le choix de son cocontractant que pour la détermination du contenu même du contrat. D'autre part, intimement liée au service public, l'exécution du contrat peut supposer des transformations pour assurer en toute hypothèse le bon déroulement de cette mission (Section 2).

4. Cons. const., n° 92-316, 20 janv. 1993, R. 14 (limitation de la prolongation de la durée d'une convention portant atteinte à la libre administration).

5. V. l'hypothèse de la « contractualisation interne », n° 326.

6. V. CE, sect., 20 janv. 1978, *Synd. nat. Enseign. techn. agricole*, R. 22, *AJDA* 1979, n° 1, p. 37, concl. Denoix de Saint-Marc (impossibilité pour le ministre de l'Agriculture de signer un contrat avec des établissements privés d'enseignement leur accordant certains avantages dès lors que les relations entre l'État et ces établissements relevaient, selon la loi, des seules décisions unilatérales de l'administration).

7. Ord. n° 2021-174 du 17 févr. 2021 relative à la négociation et aux accords collectifs dans la fonction publique, *JO* du 18 févr., texte n° 47.

8. Par ex. : CE, ass., 23 mars 1973, *Féd. du personnel de la défense nationale CFDT*, *Rec.* 247, *AJDA* 1973. 503, note V. S.

SECTION 1 L'IDENTIFICATION DES CONTRATS ADMINISTRATIFS

729 **Plan. –** L'administration recourt à de nombreux contrats, qui peuvent relever selon les cas du droit public ou du droit privé. Il faut donc, une fois les principaux types de contrat connus (§ 1), distinguer au sein des contrats de l'administration ceux qui sont soumis au droit administratif (§ 2).

§ 1. LES CATÉGORIES DE CONTRATS DE L'ADMINISTRATION

730 **Évolution. –** L'évolution récente de la typologie des contrats de l'administration est, au plus haut point, révélatrice de la mutation des sources et des fondements du droit administratif. Classiquement, ce dernier connaissait, à titre principal (il existait d'autres sortes de contrats d'importance relativement secondaire), deux grandes catégories de contrats : les marchés publics et les concessions de service public et/ou de travaux publics. Cette distinction résultait à la fois de textes (les marchés publics faisaient l'objet d'un code spécifique qui, notamment, les définissait) et de la jurisprudence administrative, à laquelle les concessions devaient l'essentiel de leur conception juridique. Sous l'influence du droit de l'Union européenne et, à un degré moindre, de la jurisprudence du Conseil constitutionnel, la *summa divisio* marchés/concessions, sans disparaître, a été profondément remaniée, en fonction de deux impératifs devenus, pour le droit administratif, catégoriques : celui d'assurer, entre les entreprises susceptibles de contracter avec l'administration, la libre et égale concurrence nécessaire à la construction du marché unique européen ; celui d'améliorer l'efficacité de l'action publique dans un contexte de restriction des ressources financières raisonnablement mobilisables. Cette mutation, dont le caractère progressif, sinon chaotique, avait pu masquer la profondeur, a trouvé dans deux textes récents un aboutissement qui, précisément parce qu'il consiste dans une remise en ordre (généralement saluée comme telle), dévoile l'importance des changements intervenus. Il s'agit de deux ordonnances : celle n° 2015-899 du 23 juillet 2015 relative aux marchés publics, qui transpose deux directives du 26 février 2014[9] et se trouve complétée par deux décrets du 25 mars 2016[10] ; celle n° 2016-65 du 29 janvier 2016 relative aux contrats de concession, qui transpose une troisième directive du 26 février 2014[11] et dont les modalités de mise en œuvre ont été précisées par un décret du 1er février 2016[12]. Ces textes ont été abrogés et codifiés (à droit constant) dans le Code de la commande publique édicté par l'ordonnance n° 2018-1074 du 26 novembre 2018, pour sa partie législative, et le décret n° 2018-375 du 3 décembre

9. Directives 2014/24/UE et n° 2014/25/UE (*JOUE*L. 28 mars 2014) : la première ayant une portée générale, la seconde portant sur certains secteurs spéciaux (eau, énergie, transports, services postaux).

10. Décrets n° 2016-360 et 2016-361 relatifs, respectivement aux marchés publics et aux marchés de défense et de sécurité.

11. Directive 2014/23/UE sur l'attribution de contrats de concession (*JOUE* L. 28 mars 2014).

12. D. n° 2016-65 relatif aux contrats de concession.

2018, pour sa partie réglementaire. Pour rendre compte de l'état actuel du droit, il apparaît nécessaire de distinguer entre les contrats de l'administration, selon qu'ils constituent (A) ou non (B) des contrats de la commande publique.

A. LES CONTRATS DE LA COMMANDE PUBLIQUE

731 Les marchés publics et les concessions ont à l'origine et pendant longtemps été conçus comme deux catégories de contrat nettement différentes, tant par leurs caractéristiques que, corrélativement, par leur régime. Le marché se présentait, schématiquement, comme un contrat par lequel une collectivité publique achète à une entreprise les moyens matériels nécessaires à l'exécution de ses missions de service public ; ces caractéristiques ont de longue date été considérées comme impliquant que sa passation soit subordonnée à des obligations de publicité et de mise en concurrence des entreprises intéressées (v. *infra*, n° 780 et s.). Les concessions, quant à elles, apparaissaient comme des contrats par lesquels l'administration confie à une entreprise privée l'accomplissement de l'une de ses missions d'intérêt général (service public et/ou travaux publics), le concédant se rémunérant par l'exploitation du service ou de l'ouvrage public par lui construit. Ces caractéristiques étaient considérées comme impliquant le libre choix du concédant (v. *infra,* n° 784).

Cette division fondamentale des contrats de l'administration a été remise en cause par la volonté, notamment du droit de l'Union européenne, de garantir la concurrence dans tous les contrats par lesquels l'administration fait appel à des opérateurs économiques, que ce soit pour se procurer les moyens matériels de son fonctionnement ou pour leur confier l'une de ses missions. Les obligations de publicité et de mise en concurrence caractéristiques des marchés ont donc été progressivement étendues, non sans adaptations, aux concessions. La différence de régime entre les deux catégories de contrats s'est, ainsi, atténuée. Il est assez logique, dès lors, que leurs caractéristiques aient connu un certain rapprochement. Celui s'est manifesté de deux façons. En premier lieu, la définition, par le droit français, des marchés et des concessions a été alignée sur celle que donne le droit de l'Union européenne, cette dernière étant précisément conçue en vue de déterminer le champ d'application des obligations de publicité et de mise en concurrence. Cet alignement est achevé par les ordonnances du 23 juillet 2015 et du 29 janvier 2016. Il en résulte que les deux principales catégories de contrats de l'administration sont aujourd'hui celles que, conformément au droit de l'Union européenne, le droit français actuel définit et dénomme les marchés publics et les concessions de travaux et de services. Quant à la seconde manifestation du rapprochement évoqué ci-dessus, elle consiste en ce que le droit positif et la doctrine se sont efforcés, au cours des dernières années, de faire apparaître que les marchés et les concessions présentaient, en dépit de leurs différences, des points communs autorisant à les présenter comme étant deux espèces d'une catégorie juridique plus générale, celle des contrats de la commande publique. La pertinence de cet effort ne peut être appréciée sans qu'aient été auparavant précisées les notions de marché public et de concessions de travaux et de services et c'est pourquoi, malgré ce que la logique recommande d'ordinaire, il convient qu'ici la définition des espèces précède celle du genre.

1. Les marchés publics

732 **Évolution de la définition. –** La définition de la notion de marché public a toujours fait appel à trois éléments : un élément organique (les parties au contrat), un élément matériel (l'objet du contrat), un élément financier (la rémunération du titulaire du marché).

C'est la manière de concevoir ces éléments qui a évolué.

Le premier code des marchés publics (1964) définissait ces derniers comme « les contrats passés, dans les conditions prévues au présent code, par les collectivités publiques en vue de la réalisation de travaux, fournitures, services ». Cette définition était imprécise en ce qui concerne les deux premiers éléments et partielle, le troisième élément n'y apparaissant pas. En réalité, la conception française classique du marché public se présentait de la manière suivante. Les marchés publics étaient passés entre une personne publique et une entreprise, qui était normalement une personne privée. Ils avaient pour objet de procurer à la personne publique les biens, services et travaux dont elle avait besoin. Le cocontractant était rémunéré par le versement d'un prix.

Cette définition a connu un élargissement sous l'influence principalement du droit de l'Union européenne. Cet élargissement a surtout concerné l'élément organique de la définition. En premier lieu, il est apparu qu'un marché pouvait parfaitement être passé entre deux personnes publiques, l'une, agissant comme une entreprise, venant répondre aux besoins de l'autre. L'article 1er du code des marchés publics de 2001 (repris par celui de 2004) prenait acte de cette évolution, qui disposait notamment que les marchés publics sont « les contrats conclus à titre onéreux avec des personnes publiques ou privées par les personnes morales de droit public mentionnées à l'article 2, pour répondre à leurs besoins en matière de travaux, de fournitures ou de services ». En second lieu et surtout, dans le souci de couvrir tous les organismes soumis à influence publique et susceptibles, par-là, de donner la préférence aux fournisseurs nationaux, les directives adoptées par l'Union européenne en matière de marchés à partir de la fin des années 1960 ont défini la notion de marché public par référence à la notion de pouvoir adjudicateur (ou d'entité adjudicatrice pour les marchés passés dans certains secteurs particuliers), laquelle englobe l'ensemble des personnes qui, d'après le droit français, sont publiques mais aussi certaines personnes privées.

Longtemps, cette différence organique entre la notion française du marché public et sa notion européenne a subsisté lors même que la terminologie européenne était adoptée. Ainsi, si le code des marchés publics de 2006 définissait les marchés comme les « contrats conclus à titre onéreux entre les pouvoirs adjudicateurs définis à l'article 2 et des opérateurs économiques publics ou privés pour répondre à leurs besoins en matière de travaux, de fourniture ou de service », les pouvoirs adjudicateurs définis à l'article 2 étaient exclusivement des personnes publiques. Les contrats à titre onéreux conclus par les autres pouvoirs adjudicateurs pour répondre à leurs besoins n'étaient donc pas des marchés publics au sens du code des marchés publics, tout en en étant du point de vue des directives européennes. La transposition de ces dernières à leur égard avait donc fait l'objet de textes spécifiques, extérieurs au code des marchés. La même situation existait pour d'autres contrats qui, à raison de leur objet et/ou du mode de rémunération du cocontractant, n'étaient pas non plus des marchés publics régis par le code des marchés publics, tout en étant de tels marchés pour les directives européennes qui, sur ces éléments de définition aussi, adoptaient une conception plus large (marchés de travaux sans maîtrise d'ouvrage d'une personne publique, contrats de partenariat, notamment). L'ordonnance n° 2015-899 du 23 juillet 2015 relative aux marchés publics a mis fin à ces discordances. Le Code la commande publique en a repris la substance.

733 **Définition actuelle.** – L'article L. 1111-1 du Code de la commande publique dispose : « Un marché est un contrat conclu par un ou plusieurs acheteurs soumis au présent code avec un ou plusieurs opérateurs économiques, pour répondre à leurs besoins en matière de travaux, de fournitures ou de services, en contrepartie d'un prix ou de tout équivalent ». Cette définition reprend la définition européenne désormais énoncée par la directive n° 2014/24 (art. 2.1.5).

Ainsi, l'élément organique est désormais le même en droit français et en droit de l'Union européenne. C'était déjà le cas pour les « opérateurs économiques », qui, en particulier, peuvent toujours être publics ou privés (v. CCP, art. L. 1220-1). Quant aux « acheteurs » soumis au code, ce sont désormais l'ensemble des pouvoirs adjudicateurs et des entités adjudicatrices auxquelles les directives européennes sont applicables. Les pouvoirs adjudicateurs sont, en premier lieu, l'ensemble des personnes morales de droit public, y compris les établissements publics à caractère industriel et commercial de l'État et les personnes publiques *sui generis* (v. *supra,* n° 407 à 411) auxquels le Code des marchés publics n'était pas applicable. Certaines personnes privées ont également la qualité de pouvoirs adjudicateurs, car elles sont sous influence publique. Il s'agit d'abord de celles qui ont été créées pour satisfaire spécifiquement des besoins d'intérêt général ayant un caractère autre qu'industriel ou commercial et qui sont étroitement liées à l'administration en raison soit de leur mode de financement (assuré majoritairement par un pouvoir adjudicateur) ou des contrôles dont elles font l'objet. Il en est ainsi, par exemple, des sociétés d'HLM[13]. Sont également des pouvoirs adjudicateurs, les personnes morales de droit privé constituées par des pouvoirs adjudicateurs en vue de réaliser certaines activités en commun. Quant aux « entités adjudicatrices », qui passent des marchés relevant de certains secteurs d'activité, caractérisés par une organisation en réseaux, il s'agit des pouvoirs adjudicateurs, entreprises publiques et organismes de droit privé titulaires de droits exclusifs ou spéciaux qui exercent, dans ces secteurs, des activités d'opérateur de réseaux, définies par les articles L. 1212-3 et 4 du Code de la commande publique.

L'élément financier de la notion n'a pas changé : les marchés publics sont des contrats à titre onéreux, ce qui signifie que la prestation fournie par l'opérateur économique a une contrepartie qui est généralement le versement d'un prix par l'acheteur mais peut prendre une autre forme.

13. V. CJCE, 1er févr. 2001, *Comm c/France*, R.I.939.

Enfin, l'objet du marché public est de répondre aux besoins de l'acheteur en matière de travaux, fournitures ou services. Il existe donc trois grandes catégories de marchés. Les marchés de travaux portent sur l'accomplissement de travaux immobiliers (construction et entretien des routes, ponts, bâtiments publics, etc.). Les marchés de fournitures permettent d'acheter, de louer ou encore de prendre en crédit-bail ou en location-vente des biens mobiliers (ordinateurs, photocopieurs, denrées alimentaires, etc.). Enfin, les marchés de service portent sur la réalisation de prestations de services autres que des travaux immobiliers (nettoyage des locaux administratifs, études, services culturels, etc.).

Une précision mérite d'être ajoutée. Si, ordinairement, les marchés publics permettent à l'administration de se procurer les moyens d'accomplir ses missions de service public, un marché peut avoir pour objet de confier à un opérateur économique l'exploitation d'un service public : il existe des marchés publics de service public. Un tel objet est notamment possible pour une catégorie particulière de marchés sur laquelle il convient de s'arrêter : les marchés de partenariat.

734 **Marchés de partenariat. –** Depuis la fin des années 1980, sous la pression de nécessités financières et l'influence d'exemples étrangers (notamment celui du Royaume-Uni avec les contrats de *Private Finance Initiative*), les pouvoirs publics ont imaginé de nouveaux montages contractuels destinés à la réalisation d'équipements publics dont la caractéristique principale était la globalité de la mission confiée au contractant. D'abord institués dans certains secteurs et selon des modalités variables, ces « contrats globaux » ont fait l'objet, sous la dénomination de « contrats de partenariat » d'un texte de portée générale : l'ordonnance n° 2004-559 du 17 juin 2004. Initialement, ces contrats de partenariat constituaient une catégorie particulière de contrats de la commande publique, différente aussi bien des concessions que des marchés publics (du moins au sens du code des marchés publics), en raison de la mission confiée au contractant et du mode de rémunération de celui-ci. Au regard des directives européennes, ils n'en constituaient pas moins des marchés publics. En faisant sienne la notion européenne du marché public, l'ordonnance du 23 juillet 2015, reprise par le Code de la commande publique, a permis de faire entrer les contrats de partenariat dans la notion de marché : les « marchés de partenariat » ont ainsi remplacé les « contrats de partenariat ». Ces marchés sont, en principe, soumis aux règles générales des marchés énoncées dans le livre 1er de la 2e partie du Code de la commande publique (v. art. L. 2200-1), mais ils font, en raison de leurs caractères spécifiques, l'objet de règles spéciales qui forment le livre II de cette même première partie.

La spécificité des marchés de partenariat touche, à des degrés variables, les trois éléments constitutifs de la notion de marché. Elle est assez faible concernant l'élément organique. Le principe est en effet que les marchés de partenariat peuvent être conclus par tout acheteur ; il existe toutefois des exceptions (v. CCP, art. L. 2211-1) : organismes, autres que l'État, relevant de la catégorie des administrations publiques centrales dont la liste est établie par un arrêté du 28 septembre 2011, établissements publics de santé, structures de coopération sanitaire dotées de la personnalité morale publique). C'est surtout à son objet que tient la singularité du marché de partenariat. Il s'agit toujours de répondre aux besoins de l'acheteur mais en confiant à un opérateur économique non pas une prestation précise, mais une mission globale, que l'ordonnance du 23 juillet 2015, reprise par le Code la commande publique (art. L. 1112-1) a encore élargie. Cette mission porte, au moins (sinon, il n'y a pas de contrat de partenariat), d'une part, sur la construction, la transformation, la rénovation, le démantèlement ou la destruction d'ouvrages, d'équipements ou de biens immatériels nécessaires au service public ou à l'exercice d'une mission d'intérêt général et, d'autre part, sur tout ou partie de leur financement. À ces tâches peuvent, à titre facultatif, s'en ajouter d'autres : conception, aménagement, entretien, maintenance, gestion ou exploitation d'ouvrages, d'équipements ou de biens immatériels ou une combinaison de ces éléments ; gestion d'une mission de service public ou des prestations de services concourant à l'exercice, par la personne publique, de la mission de service public dont elle est chargée. Quant à la rémunération du partenaire, elle est bien versée par l'acheteur, comme dans tout marché, mais elle suit des modalités particulières : au lieu de payer intégralement le prix de l'ouvrage construit par l'entreprise dès son achèvement, comme l'imposent dans un marché de travaux les dispositions qui interdisent toute clause de paiement différé, l'administration verse une rémunération étalée sur toute la durée du contrat et qui couvre l'ensemble des coûts supportés par le partenaire.

Il y a déjà là une spécificité du régime du marché de partenariat. Une autre particularité importante concerne les conditions de l'utilisation de ce type de contrat. Celles-ci découlent de la jurisprudence du Conseil constitutionnel[14]. Selon celle-ci, la technique du contrat global déroge aux règles de droit commun de la commande publique ou de la domanialité publique. Or, ces règles sont autant de garanties d'exigences constitutionnelles (libre et égal accès à la commande publique, bon emploi des deniers publics, protection des propriétés publiques). Dans ces conditions, la généralisation des dérogations inhérentes au contrat de partenariat priverait de garanties ces exigences. Il convient donc de n'admettre l'usage du partenariat que dans les cas où une autre exigence constitutionnelle ou un motif d'intérêt général le justifie. Initialement au nombre de deux (urgence ou complexité du projet), puis porté à trois (bilan plus favorable que celui des autres contrats de la commande publique), ces cas sont ramenés à l'unité par l'ordonnance du 23 juillet 2015 (art. 75-I), que le Code de la commande publique reprend en substance (art. L. 2211-6) : l'acheteur doit démontrer au regard d'un certain nombre de paramètres, que le marché de partenariat présente « un bilan plus favorable, notamment sur le plan financier, que celui des autres modes de réalisation du projet ».

2. Les concessions de travaux et de services

735 La notion de concession est ancienne en droit administratif français. Elle a longtemps été relativement stable. Sous l'influence du droit de l'Union européenne, notamment, elle a connu, au cours des dernières années une profonde évolution (a). La directive du 26 février 2014 sur l'attribution des concessions et l'ordonnance du 29 janvier 2016 sur les concessions, qui la transpose (et se trouve aujourd'hui codifiée dans le Code de la commande publique), marquent l'aboutissement

14. Cons. const., n° 2003-473 DC du 26 juin 2003, *AJDA* 2003. 2348, étude E. Fatône et L. Richer ; Cons. const., n° 2004-506 DC du 2 déc. 2004, R. 211 ; Cons. const., n° 2008-567 DC du 24 juill. 2008, *AJDA* 2008. 1664, note J.-D. Dreyfus.

de cette évolution : la définition française des concessions est désormais alignée sur celle du droit de l'Union européenne (b).

a) L'évolution de la conception française des concessions

736 **Concession de service public et concession de travaux publics. –** Traditionnellement, il existait en droit administratif français deux grands types de concession : la concession de service public et la concession de travaux publics.

La première se présentait comme une convention par laquelle une personne publique (le concédant) confie à une autre personne publique ou privée (le concessionnaire) la charge d'assurer l'exploitation d'un service public, à ses frais et risques, la rémunération du concessionnaire résultant du produit des redevances qu'il perçoit sur les usagers du service.

Quant à la seconde, elle constituait un contrat par lequel une personne publique, le concédant, charge une autre personne, le concessionnaire, de réaliser un travail public et d'exploiter l'ouvrage public qui en résultera, en se rémunérant par la perception de redevances sur les usagers de l'ouvrage.

Le plus souvent, ces deux contrats étaient en réalité liés. En général, le concessionnaire de service public a d'abord la charge de construire les ouvrages nécessaires à l'exécution du service avant d'exploiter l'ouvrage et le service. Le contrat se présentait alors comme une concession de service public et de travaux publics. La concession d'autoroutes en donnait un exemple typique. On trouvait tout de même des concessions de service public sans travaux publics (concessions de transport routier de voyageurs, par exemple), l'inverse étant exceptionnel.

737 **Contrat de délégation de service public. –** En vue de soumettre l'ensemble des contrats confiant la gestion d'un service public à un tiers à des règles de publicité et de mise en concurrence, la loi du 29 janvier 1993 (dite loi *Sapin*) a introduit une nouvelle notion, englobant la concession de service public mais plus large qu'elle, celle de contrat de délégation de service public.

Cette notion avait initialement été définie par la jurisprudence[15]. Cette définition a été reprise et un peu élargie par l'article 3 de la loi du 11 décembre 2001 portant mesures urgentes de réforme à caractère économique et financier. Ce texte définissait la délégation de service public comme « un contrat par lequel une personne morale de droit public confie la gestion d'un service public dont elle a la responsabilité à un délégataire public ou privé dont la rémunération est substantiellement liée aux résultats de l'exploitation ». Il ressort de ce texte que la délégation de service public se définissait à la fois par son objet – confier la gestion d'un service public – et par le mode rémunération du cocontractant, cette rémunération devant pour une part substantielle, être liée aux résultats de l'exploitation. Cette notion doit être précisée dans ses deux éléments. En premier lieu, le lien de la rémunération avec les résultats de l'exploitation pouvait se présenter sous deux formes. Soit il s'agissait de recettes tirées de l'exploitation du service, principalement (mais pas exclusivement) sous la forme de redevances perçues sur les usagers, soit on avait affaire à une rémunération versée par l'administration mais qui variait en fonction

15. CE, 15 avr. 1996, *Préfet des Bouches-du-Rhône*, R. 137, *RFDA* 1996.716, concl. C. Chantepy.

des résultats de l'exploitation (par exemple en fonction du nombre d'usagers s'agissant d'un service public de transports[16]). Quant à l'exigence qu'une part substantielle de la rémunération soit liée aux résultats de l'exploitation, elle avait été interprétée par le Conseil d'État, sous l'influence du droit européen, comme impliquant qu'une part significative du risque d'exploitation soit transférée au délégataire[17].

Ainsi définie, la notion de contrat de délégation de service public englobait principalement, outre la concession de service public, deux autres types de contrat, l'affermage et la régie intéressée. Le premier consiste à confier au délégataire, rémunéré par les usagers, la seule exploitation du service public, les ouvrages nécessaires à l'exécution de celui-ci lui étant remis par la collectivité publique ; pour rémunérer celle-ci de ses investissements, une partie des redevances perçues par le fermier lui est reversée. Dans la seconde, le régisseur exploite aussi un service mais, ses recettes provenant pour l'essentiel de l'administration contractante, varie en fonction d'un certain nombre de critères liés à la qualité de sa gestion et aux résultats mêmes de l'activité.

Tous ces contrats sont désormais englobés dans la notion de concession de services conçue sur le modèle européen.

b) L'européanisation de la conception des concessions

738 Parachevant une évolution commencée en 1989 (v. *infra,* n° 784), la directive du 26 février 2014 sur l'attribution des concessions soumet tant les concessions de travaux que les concessions de services à des obligations de publicité et de mise en concurrence. À cette fin, elle les définit en synthétisant les apports de directives antérieures et de la jurisprudence européenne. L'ordonnance du 29 janvier 2016, qui transpose la directive 2014/23, reprend cette définition, qui figure désormais à l'article L. 1121-1 du Code de la commande publique

La finalité même de cette définition (déterminer l'application de règles de publicité et de mise en concurrence) implique des différences notables avec les définitions classiquement admises par le droit français.

Il résulte de l'article L. 1121-1 du Code de la commande publique que les contrats de concession sont les contrats par lesquels une autorité concédante confie l'exécution de travaux ou la gestion d'un service à un ou plusieurs opérateurs économiques, à qui est transféré un risque lié à l'exploitation de l'ouvrage ou du service, en contrepartie soit du droit d'exploiter l'ouvrage ou le service qui fait l'objet du contrat, soit de ce droit assorti d'un prix.

Cette définition fait appel à trois éléments : les parties, l'objet, les modalités financières.

739 **Les parties. –** Au regard de ce premier élément, une concession se présente comme un contrat passé entre une autorité concédante et un opérateur économique. Les autorités concédantes sont les pouvoirs adjudicateurs et les entités

16. CE, 7 nov. 2008, *Département de la Vendée*, *AJDA* 2008.2454, note L. Richer.

17. CE, 7 nov. 2008, *Département de la Vendée*, préc. : dès lors qu'une « part significative du risque d'exploitation demeure à la charge du cocontractant, sa rémunération doit être regardée comme substantiellement liée aux résultats de l'exploitation ».

adjudicatrices tels qu'ils sont définis en matière de marchés publics (v. *supra*, n° 733). Les autorités concédantes peuvent donc être aussi bien des personnes publiques que des personnes privées liées à l'administration. Au contraire, dans les délégations de service public comme dans les concessions de services et/ou travaux publics, tels que le droit français les définissait classiquement, le déléguant ou le concédant était forcément une personne publique. Quant à l'opérateur économique, il est également défini comme en matière de marchés publics et peut donc être aussi bien une personne privée qu'une personne publique.

740 **L'objet.** – Le second élément de définition de la concession concerne son objet : la concession confie à un opérateur économique soit l'exécution de travaux, de même nature que ceux du marché de travaux, soit la gestion d'un service.

Il est tout à fait remarquable que la définition ainsi adoptée, contrairement aux conceptions françaises classiques, ne fait plus aucune référence au caractère public des travaux ou du service concédé et cela parce que ce caractère est indifférent à ce qui importe ici essentiellement : l'application de règles de publicité et de mise en concurrence. Une concession de travaux, au sens du Code de la commande publique, peut aussi bien porter sur des travaux publics que sur des travaux privés, même si le premier cas continuera sans doute d'être le plus fréquent. De même, une concession de service, telle que l'entend le même code, peut porter sur un service public ou sur un service qui n'a pas cette nature[18]. Cela est d'ailleurs explicitement précisé par l'article L. 1121-3 du Code de la commande publique aux termes duquel un contrat de concession de services « peut consister à concéder la gestion d'un service public », ce qui restera sans doute la situation la plus courante. L'expression contrat de délégation de service public continue, au demeurant, à être utilisée mais elle ne correspond plus à une catégorie juridique spécifique puisqu'elle désigne simplement les concessions de services « ayant pour objet un service public et conclues par une collectivité territoriale, un établissement public local, un de leurs groupements, ou plusieurs de ces personnes morales » (CCP, art. L. 1121-3 et CGCT, art. L. 1411-1). Cela s'explique tout simplement par le fait que les élus locaux, habitués à l'expression délégation de service public, en souhaitaient le maintien.

Il est évidemment possible qu'une concession porte à la fois sur des travaux et sur des services, comme l'illustrait la figure traditionnelle de la concession de travaux et de services publics. L'article L. 1121-3 du Code de la commande publique y fait d'ailleurs référence quand il précise que le concessionnaire de services « peut être chargé de construire un ouvrage ou d'acquérir des biens nécessaires au service ». Dans ce genre de cas, la qualification du contrat dépend de son objet principal (CCP, art. L. 1121-4) : selon que celui-ci consiste à réaliser des travaux ou à gérer un service, le contrat est soit une concession de travaux, soit une concession de service. Il est donc désormais exclu qu'un contrat soit à la fois une concession de travaux et de services, notamment publics. Le Conseil d'État avait d'ailleurs abandonné cette qualification, au profit de celle de « concession de

18. Pour un exemple de concession ne portant pas sur un service public, v. CE, 25 mai 2018, n° 416825, *Société Philippe Védriaud*, *AJDA* 2018. 1725 ; note M. Haulbert, *Dr. adm.* 2018, n° 7, p. 6, *JCP* A 2018, n° 23, p. 8, obs. L. Erstein.

travaux publics », à propos des concessions d'autoroutes, sur la base de textes antérieurs qui posaient déjà le critère de l'objet principal[19].

741 **Les modalités financières. –** Le troisième élément de définition de la concession est d'ordre financier. C'est par cet élément que la concession se différencie du marché. Ce critère financier comprend deux aspects liés mais distincts. Le premier concerne le mode de rémunération du cocontractant. Alors que dans un marché, celui-ci consiste dans le versement d'un prix par l'acheteur, dans une concession, la rémunération provient soit du droit d'exploiter l'ouvrage ou le service soit de ce droit assorti d'un prix. Dans le premier cas, le concessionnaire se rémunère donc exclusivement grâce aux recettes qu'il tire de l'exploitation de l'ouvrage ou du service concédé. Il peut notamment s'agir de la perception de redevances sur les usagers mais des recettes d'exploitation peuvent provenir de tiers. Dans le second cas, la rémunération combine le droit d'exploiter et le versement d'un prix par le concédant. Quelles que soient les modalités de rémunération, il faut surtout, pour que le contrat soit une concession et non un marché, que le risque économique que comporte l'exploitation soit, au moins en partie, transféré de l'organisme adjudicateur au titulaire du contrat. Ce critère du transfert du risque, issu de la jurisprudence de la CJUE, avait été repris par le Conseil d'État pour caractériser la délégation de service public (v. *supra,* n° 737). Il importe de préciser comment il s'articule avec les modalités de rémunération. Quand les recettes proviennent exclusivement de l'exploitation de l'ouvrage ou du service, il peut, à première vue, sembler que, par définition, le cocontractant assume le risque que cette exploitation soit déficitaire ou peu bénéficiaire. En réalité, cela peut ne pas être le cas, par exemple, si le contrat stipule que les pertes d'exploitation seront prises en charge par l'administration. Quand la rémunération comporte le versement d'un prix par le pouvoir adjudicateur, il ne faut pas, pour que le contrat reste une concession, que cela fasse disparaître tout risque d'exploitation. Il en est ainsi, notamment quand la somme versée varie en fonction des résultats de l'exploitation et, par exemple, en fonction du nombre d'usagers[20].

3. La notion de contrat de la commande publique

742 Introduite assez récemment dans le droit administratif français, la notion de contrat de la commande publique ne va pas sans incertitudes ni discussions. Elle est d'abord apparue dans la jurisprudence du Conseil constitutionnel[21]. Celle-ci comporte un double apport. Selon le Conseil constitutionnel, la commande publique doit obéir à des exigences qui, rappelées par le Code des marchés publics de 2001, découlent des articles 6, 14 et 15 de la déclaration de 1789 et ont donc valeur constitutionnelle : égalité et liberté d'accès à la commande publique, transparence des procédures, bon usage des deniers publics. En second lieu, le Conseil constitutionnel affirme l'existence d'un « droit commun de la commande publique » qui, s'il n'a pas valeur constitutionnelle, garantit le respect des

19. CE avis n° 383668 du 16 mars 2010, CMP nov. 2019, n° 332, comm. W. Zimmer.
20. CE, 7 nov. 2008, *Département de la Vendée*, préc.
21. V. principalement, Cons. const., n° 2003-473 DC du 26 juin 2003, préc.

exigences constitutionnelles précédemment mentionnées ; il en résulte que les dérogations à ce droit commun doivent être justifiées par un objectif d'intérêt général et proportionnées à ce qu'exige celui-ci. Le Conseil d'État a repris la notion pour affirmer que « les principes de liberté d'accès à la commande publique, d'égalité de traitement des candidats et de transparence des procédures [...] sont de principes généraux du droit de la commande publique »[22]. Le Tribunal des conflits, quant à lui, reconnaît l'existence de « règles impératives du droit public français [...] qui régissent la commande publique et applicables aux marchés publics, aux contrats de partenariat et aux contrats de délégation de service public »[23]. L'adoption du Code de la commande publique (v. *supra*, n° 730) offre une manière de consécration à la notion. Mais c'est plus apparence que réalité. Les contrats de la commande publique ne forment pas vraiment une catégorie juridique et cela, pour deux raisons, intimement liées.

La première tient à la définition qu'en donne, comme il est logique, le code qui les régit. L'article L. 2 dudit code commence par énoncer : « Sont des contrats de la commande publique les contrats conclus à titre onéreux par un acheteur ou une autorité concédante, pour répondre à ses besoins en matière de travaux, de fournitures ou de services, avec un ou plusieurs opérateurs économiques ». Le même texte poursuit en disposant que « les contrats de la commande publique sont les marchés publics et les concessions définis au livre Ier de la première partie ». Cela revient à dire que les contrats de la commande publique, étant moins une catégorie spécifique de contrats que la réunion des marchés publics et des concessions, la seule définition qu'il est possible d'en donner correspond à l'expression d'un « plus petit dénominateur commun »[24] entre ces deux types de contrats. Encore faut-il relever que l'un des éléments de cette définition minimale, à savoir « la satisfaction des besoins » de l'administration, prête à discussion. En effet, évident pour les marchés, il ne l'est pas pour les concessions. Dans ce cas, en effet, la mission confiée au concessionnaire répond d'abord aux besoins des usagers. Il est néanmoins possible de considérer que la concession répond aux besoins de l'administration « dès lors que si le concessionnaire n'intervenait pas, il faudrait que ce soit la collectivité publique »[25]. À la vérité, la jurisprudence va même au-delà de cette conception de la notion de besoin. Cette conception, en effet, devrait conduire à estimer que seul répond aux besoins de l'administration et constitue, par suite, une concession, le contrat par lequel un organisme adjudicateur transfère à un opérateur la gestion d'un service qui, à défaut d'un tel transfert, serait géré par lui. Or, il suffit que le contrat porte sur une activité qui se rattache aux compétences de l'organisme qui l'a passé pour qu'il soit regardé comme répondant aux besoins de

22. CE, 23 déc. 2009, n° 328827, *Établissement public du musée et du domaine national de Versailles*, *AJDA* 2010. 500, note J.-D. Dryefus, *BJCP* 2010, n° 69, p. 103, concl. B. Dacosta, *CMP* févr. 2010, n° 83, note Ph. Rees, *Dr. adm.* mars 2010, comm. n° 36, note G. Eckert.

23. T. confl., 17 mai 2010, *Institut national de la santé et de la recherche*, *RFDA* 2010. 959, concl. Guyomar.

24. A. Ménéménis, « Le Code de la commande publique existe-t-il ? Quelques remarques sur son champ d'application et son plan », *RFDA* 2019. 202 et s., spéc. p. 203.

25. L. Richer, « La concession dans la commande publique », *BJCP* 2015. 403, spéc. 406.

celui-ci, lors même qu'il ne pourrait pas le gérer lui-même (par exemple, en raison d'une interdiction légale de le faire)[26].

L'existence d'une catégorie juridique des contrats de la commande publique supposerait que ceux-ci obéissent à un régime juridique commun et spécifique. Or, les règles communes à l'ensemble des contrats de la commande publique apparaissent limitées. Il s'agit, pour l'essentiel, des principes généraux de la commande publique (rappelés par l'article L. 3 CCP), de la règle selon laquelle ces contrats doivent avoir une durée limitée (CCP, art. L. 5), afin de permettre une remise en concurrence périodique et, enfin, des causes d'exclusion de la passation du contrat (CCP, art. L. 4). Pour le reste, marchés publics et concessions obéissent à deux régimes juridiques distincts, auxquels le Code de la commande publique consacre chacune de ces parties. Il est vrai, toutefois, que ces deux régimes, formellement séparés, présentent des points de convergence.

B. LES CONTRATS ÉTRANGERS À LA COMMANDE PUBLIQUE

743 **Diversité. –** Ces contrats constituent un ensemble hétérogène plutôt qu'une catégorie puisqu'ils n'ont qu'un point commun négatif, celui de n'être pas des contrats de la commande publique. Pour le reste, ils présentent des caractères et, partant, des régimes fort dissemblables.

Il en est ainsi parce que le procédé contractuel, en raison de sa souplesse, permet à l'administration de conclure des conventions dans de très nombreux domaines. Souvent, et c'est dans la ligne de sa fonction, elle fournit elle-même des prestations. Ainsi, notamment dans le cadre des services publics industriels et commerciaux, la puissance publique conclut avec les usagers divers contrats de distribution de l'eau, du gaz, de l'électricité, comme les institutions spécialisées signent, par exemple, des contrats de prêt.

Pour remplir ses missions, l'administration n'a pas seulement besoin de moyens matériels, qu'elle peut se procurer en passant un marché public, mais aussi d'agents. La plupart de ses agents sont des fonctionnaires. Ils ne sont pas liés à l'administration qui les emploie par un contrat ; ils se trouvent dans une situation juridique légale et réglementaire. Mais un certain nombre d'agents de l'administration sont recrutés par des contrats. Toujours dans une optique de moyens, l'administration est aussi à même de gérer ses biens, notamment en autorisant l'occupation du domaine public ou en louant, voire en vendant, le domaine privé. De même, les contrats d'emprunt ou les offres de concours par lesquels une personne contribue à une opération administrative jouent un rôle important pour le financement des activités publiques.

26. CE, 14 févr. 2017, n° 405157, *Grand port maritime de Bordeaux et Sté de manutention portuaire d'Aquitaine*, *AJDA* 2017. 1453, note J.-P. Maublanc, *Dr. adm.* 2017, comm. 16, note L. Richer (constitue une concession de services, au sens de l'ordonnance du 29 janv. 2016, un contrat par lequel un Grand port maritime (GPM) confie l'exploitation d'un terminal, dès lors que l'activité ainsi confiée entre dans les compétences des GPM et lors même qu'il est légalement interdit à ces derniers de gérer eux-mêmes les terminaux).

744 **Contrats entre personnes publiques. –** Ces contrats sont parfois des contrats de la commande publique, marchés ou concessions[27]. Aucun texte, ni aucun principe (notamment pas celui de la liberté du commerce et de l'industrie) n'interdisent aux personnes publiques, quelles qu'elles soient, de candidater pour de tels contrats[28]. Elles ne sauraient toutefois le faire que dans les limites de leur compétence. Pour les collectivités territoriales et leurs établissements publics de coopération, cette exigence ne sera satisfaite que si la candidature répond à intérêt public local (v. *supra*, n° 282) ; cela suppose qu'elle constitue le prolongement d'une mission de service public dont la collectivité ou l'établissement public a la charge notamment parce que l'attribution du contrat permettrait d'améliorer le taux d'utilisation des équipements, de valoriser les moyens du service ou d'assurer son équilibre financier, le tout sous réserve que l'exercice de la mission en cause ne se trouve pas compromis[29]. Quant à un établissement public, il faut, conformément au principe de spécialité (v. *supra* n° 407), que les prestations, objet du contrat, correspondent à sa mission statutaire ou soient un complément normal de celle-ci[30]. Il faut, en outre, que la candidature d'une personne publique soit présentée dans des conditions d'*égale concurrence* avec les autres opérateurs. Le prix, notamment, doit correspondre à l'ensemble des coûts réels et ne pas être minoré grâce aux ressources et moyens attribués au titre de la mission de service public[31].

Mais il existe aussi des contrats plus originaux et qui ne relèvent pas de la commande publique[32]. De manière générale, ce sont des contrats qui portent sur l'organisation de l'action administrative. Ils permettent, dans le cadre d'une politique de partenariat très à la mode, de *coordonner* les différentes *politiques publiques*, en dehors de toute intervention dirigiste et de solutions imposées. Ainsi les contrats de plan ou de projet État-région (v. *supra,* n° 276), déclinés sur certains points par des contrats d'agglomération et de pays, ou les contrats État-entreprise publique fixent les grandes lignes de la politique à mener, en définissant des objectifs plus ou moins précis et des engagements financiers dans la limite, cependant, des dotations ouvertes chaque année par les lois de finances[33] (v. *supra*, n° 333 et s.). Des contrats de cet ordre peuvent aussi être conclus avec des établissements

27. V. par ex. CE, 20 mai 1998, préc. (marché de services entre une communauté de communes et un syndicat mixte) ; CE, 16 oct. 2000, *Cie méditerranéenne d'exploitation des services d'eau*, R. 422, *RFDA* 2001.106, concl. C. Bergeal (délégation de la distribution d'eau par un établissement public territorial à un office régional).

28. CE (avis cont.), 8 nov. 2000, *Soc. Jean-Louis Bernard consultants*, R. 492, concl. C. Bergeal, *AJDA* 2000. 987, chron. M. Guyomar et P. Collin, *RFDA* 2001. 112, concl.

29. CE, ass. 30 déc. 2014, *Société Armor SNC*, *AJDA* 2015.449, chron. J. Lessi et L. Dutheillet de Lamothe, *RFDA* 2015. 57, concl. B. Dacosta ; CE, 14 juin 2019, *Vinci construction maritime et fluvial,* n° 411444, *AJDA* 2019. 1946, note S. Hul.

30. CE, 18 sept. 2015, *Association de gestion du CNAM des pays de la Loire*, n° 390041, *AJDA* 2016. 153, note T. Rombauts-Chabrol ; CE, 18 sept. 2019, *Communauté de communes de l'Ile-Rousse-Balogne et autre*, n° 430368, *AJDA* 2019.2447, note S. Hul, 2596, chron. E. Glaser.

31. CE (avis cont.), 8 nov. 2000, *Soc. Jean-Louis Bernard consultants*, préc. R. 4.

32. C'est ainsi que les transferts ou délégations de compétences entre pouvoirs adjudicateurs, sans rémunération de prestations contractuelles ne sont pas des marchés (CCP, art. L. 1100-1).

33. Loi n° 82-653 du 29 juill. 1982, article 11 et loi n° 2001-420 du 15 mai 2001 ; *JO* 16 mai, p. 7776 et s., art. 140 (contrats d'entreprise).

publics tels les universités (C. éduc., art. L. 711-1), comme des contrats de ville le sont pour le renouvellement urbain des quartiers « sensibles ». Enfin, de très nombreuses conventions ont été passées, souvent en application des lois de décentralisation, entre l'État et les collectivités territoriales (convention pour la mise à disposition des personnels d'État auprès des départements – CGCT, art. L. 3141-1) ou entre collectivités locales (convention pour la gestion en commun d'un bâtiment où se trouvent à la fois un collège et un lycée – C. éduc., art. L. 216-4) ou pour la mise en œuvre d'une stratégie locale accompagnée ou non de versements de subventions.

§ 2. LA QUALIFICATION DE CONTRAT ADMINISTRATIF

745 **Effet normateur du contrat. –** Parmi tous ces actes, seuls certains constituent de véritables contrats. En effet, comme pour l'ensemble des actes juridiques, il faut qu'il y ait ici un véritable contenu normateur. Le contrat doit exprimer l'accord des parties (au moins deux), par lequel elles s'engagent par des dispositions suffisamment précises. Elles leur confèrent donc force obligatoire comme le droit les y autorise. Le contrat devient la « loi des parties » et sa violation est sanctionnée, notamment par la mise en cause de la responsabilité contractuelle. Le doute est parfois permis quant à la portée réelle des conventions. Les contrats de plan ont pu ainsi apparaître comme de simples déclarations d'intention, sans véritable engagement réciproque. La loi du 29 juillet 1982 est intervenue sur ce point et dispose que ces contrats « comportent des engagements réciproques des parties » (art. 11) et « sont réputés ne contenir que des clauses contractuelles » (art. 12)[34], même si la portée de certaines stipulations se révèle assez réduite[35].

746 **Contrats de l'administration et contrat administratif. –** Une fois ce point acquis, tous les contrats passés par l'administration pourraient relever du droit administratif. Mais il y a eu comme dans tant d'autres domaines, des « allers et retours » entre droit public et droit privé. Contrats de l'administration et contrats administratifs constituent donc des catégories différentes, les premiers englobent les seconds, à côté desquels existent aussi des contrats de droit privé.

La distinction repose soit sur les précisions des textes (A), soit sur les critères dégagés par la jurisprudence (B).

A. LES CONTRATS QUALIFIÉS PAR LA LOI

747 Le législateur – et lui seul peut le faire puisqu'est en cause la répartition des compétences entre les deux ordres de juridiction (v. *infra*, n° 942) – est intervenu,

34. CE, 8 janv. 1988, *CU de Strasbourg*, R. 3, *RFDA* 1988.25, concl. S. Daël (contrat de plan État-région) ; CE, sect., 19 nov. 1999, *Féd. synd. FO des travailleurs PTT*, R. 354 (« portée contractuelle » du contrat de plan entre l'État et La Poste). En même sens, art. 140, Loi 15 mai 2001, préc.

35. V. CE, 25 oct. 1996, *Ass. Estuaire Écologie*, R. 415, *RFDA* 1997.339 et les concl. Stahl (sur la nature des différentes parties du document).

de plus en plus, pour qualifier certains contrats d'administratifs ou, plus rarement, de contrats de droit privé.

1. Les contrats administratifs par détermination de la loi

748 **Contrats de la commande publique passés par une personne publique.** – Dans l'état actuel du droit, ces contrats sont administratifs en vertu de l'article L. 6 du Code de la commande publique. Voilà qui demande quelques explications, pour la clarté desquelles il est opportun de distinguer les marchés des concessions.

— En ce qui concerne les premiers, il importe d'abord de rappeler que, comme on l'a vu (v. *supra,* n° 733), il résulte des dispositions du Code de la commande publique que les marchés publics peuvent être passés soit par les personnes morales de droit public, soit par certains organismes privés d'intérêt général. Seuls les premiers sont concernés par la qualification législative de contrat administratif, le législateur étant resté fidèle au critère organique du contrat administratif (v. *infra,* n° 764 et s). Pendant longtemps, les marchés conclus par une personne publique ont pu être soit des contrats administratifs soit des contrats de droit privé en application des critères jurisprudentiels[36]. La loi du 11 décembre 2001 portant mesures urgentes à caractère économique et financier a voulu unifier le contentieux de ces contrats au profit du juge administratif. Elle attribuait donc un caractère administratif aux marchés publics passés en application du code des marchés (art. 2). Cette qualification, reprise par l'article 3 de l'ordonnance n° 2015-899 du 23 juillet 2015 (qui abroge l'article 2 de la loi du 11 décembre 2001), résulte, dans l'état actuel du droit, de l'article L. 6 du Code de la commande publique. Cette qualification, il convient de le préciser, vaut seulement pour le cas où une personne publique est partie au contrat en tant que pouvoir adjudicateur et non pas en tant qu'opérateur économique[37]. En outre, elle ne concerne les marchés mentionnés au livre V de la première partie, qui échappent largement aux règles posées par le code. Cela n'exclut évidemment pas, comme le rappelle, au demeurant, l'article L. 6 du Code de la commande publique, qu'ils puissent être administratifs par application des critères jurisprudentiels, c'est-à-dire à raison de leur objet ou du fait qu'ils contiennent des clauses exorbitantes[38].

— S'agissant des concessions, il faut souligner que, classiquement, les contrats de délégation service public (v. *infra,* n° 759) et les concessions de travaux publics (v. *infra,* n° 763), passés par des personnes publiques, étaient considérés comme administratifs en vertu des critères jurisprudentiels (ou, pour les secondes, par la loi du 28 pluviôse an VIII, jusqu'à son abrogation en 2006, v. sur ce point *infra,*

36. Ex., pour un cas où un marché public a été considéré comme un contrat de droit privé faute de remplir les crtières jurisprudentiels du contrat administratif, T. confl., 5 juill. 1999, *Cne de Sauve c/Gestetner*, R. 464, *RFDA* 1999. 1163, concl. R. Schwarz.

37. Dans ce sens, implicitement : T. confl., 2 nov. 2020, *Société Eveha*, n° 4196, *AJDA* 2021. 396, note V. Lamy, *CMP* 2021, n° 1, comm. 3, note M. Ubaud-Bergeron, *Dr. adm.* 2021, n° 3, comm. 13, note F. Brenet.

38. V., rendu sous l'empire de l'ordonnance du 9 janv. 2016 mais toujours pertinent, CE, 5 févr. 2018, n° 414486, *Centre national d'études spatiales*, *AJDA* 2018.252 ; *CMP* 2018, comm. 78, note M. Ubaud-Bergeron.

n° 763). L'article L. 6 du Code de la commande publique (issu de l'article 3 de l'ordonnance n° 2016-65 du 9 janvier 2016), quant à lui, qualifie les contrats de concession régis par ce dernier de contrats administratifs dès lors qu'ils sont passés par des personnes morales de droit public (en qualité de concédant et non d'opérateur économique, l'interprétation qui prévaut en matière de marchés étant assurément applicable aux concessions). Comme pour les marchés, cette qualification ne vaut donc pas pour les concessions conclues par des organismes privés ayant la qualité d'organisme adjudicateur, qui sont des contrats de droit privé. En outre, la qualification législative ne concerne pas les concessions passées par une personne publique mentionnées au livre II de la 3e partie, qui échappent à la plupart des règles du Code de la commande publique. Par ailleurs, cette qualification ne se borne pas à confirmer les solutions antérieures : elle les étend puisque les contrats de concession en cause ne portent pas nécessairement sur un service public ou sur un travail public (même si en fait, ce sera le plus souvent le cas).

749 **Contrats comportant occupation du domaine public. –** Il résulte d'une disposition initialement édictée par un décret-loi du 17 juin 1938 et aujourd'hui reprise, en substance, par l'article L. 2333-1 du CGPPP, que les litiges relatifs aux « contrats comportant occupation du domaine public », « conclus par les personnes publiques ou leurs concessionnaires », doivent être portés devant la juridiction administrative, ce qui implique que les contrats en cause présentent un caractère administratif. Deux points méritent examen : la définition des contrats ainsi qualifiés et la raison de leur nature administrative.

Sur le premier point, il faut d'abord relever que, selon l'interprétation jurisprudentielle du texte, « les concessionnaires » visés par ce dernier sont exclusivement les concessionnaires de services publics[39]. En effet, parfois, ces derniers utilisent le domaine public pour les besoins de leur activité et peuvent donc être amenés à passer des contrats relatifs à l'occupation de celui-ci. Ces concessionnaires peuvent être (et sont souvent) des personnes privées, de même que la personne contractuellement autorisée à occuper une dépendance du domaine public. Dans ce cas, bien que passé entre deux personnes privées, le contrat sera administratif en vertu de la loi[40], par dérogation au critère organique du contrat administratif (v. *infra*, n° 764 et s.). S'agissant, ensuite, de l'objet du contrat, il faut prendre garde au fait que l'article L. 2333-1 CGPPP ne concerne pas tous les contrats relatifs à un bien appartenant au domaine public. Il vise uniquement ceux qui « comportent occupation de ce domaine », c'est-à-dire ceux qui ont pour objet d'autoriser le cocontractant de l'administration à occuper un immeuble faisant partie du domaine public.

Quant à la raison de la qualification de ces contrats comme administratifs, elle tient bien sûr au fait que le domaine public étant soumis à un régime exorbitant du

39. T. confl., 10 juill. 1956, *Soc. des steeple-chases de France*, *RDP* 1957.522, note M. Waline ; T. confl., 14 mai 2012, Mme Gilles, *AJDA* 2012.1031.

40. T. confl., 23 févr. 1981, *Soc. Socamex*, R. 501 (à propos du contrat de « sous-location » passé entre une société privée, concessionnaire d'une autoroute, et une entreprise de restauration).

droit privé, caractérisé notamment par son inaliénabilité, il est logique que les actes qui en permettent l'utilisation soient de nature administrative.

750 Dans toutes ces hypothèses, la qualification législative ne fait que corroborer, le plus souvent, l'existence de procédés de gestion publique. Mais il arrive aussi que le législateur qualifie d'administratifs des contrats qui sont, par leurs caractéristiques objectives, de droit privé, parce qu'il estime opportun que leur contentieux soit porté devant la juridiction administrative. Ainsi ce sont des raisons historiques, liées à la vente des biens nationaux, qui expliquent qu'en vertu d'une disposition remontant à la loi du 28 pluviôse an VIII (art. 4) et aujourd'hui codifiée à l'article L. 3231-1 du Code général de la propriété des personnes publiques les cessions d'immeubles appartenant à l'État relèvent, même quand ils font partie du domaine privé, de la compétence administrative.

Les contrats d'achat d'électricité passés à titre obligatoire par EDF présentent un cas analogue. Qualifiés de contrats administratifs à l'époque où EDF était un établissement public (v. *infra*, n° 762), ils ont été considérés comme de droit privé à la suite de la transformation de cette dernière en société[41]. Le législateur ne leur a attribué une nature administrative que parce qu'il escomptait du juge administratif des décisions plus favorables à l'intérêt public dans un contentieux en cours au moment de l'adoption de la loi[42].

2. Les contrats de droit privé par détermination de la loi

751 Même à l'époque où elle était un établissement public (v. *supra*, n° 420), les contrats passés par La Poste avec ses usagers, ses fournisseurs ou les tiers relevaient toujours, selon la loi[43], du droit privé. Dans la logique de la gestion privée d'un service public industriel et commercial, ceci, pour les conventions autres que celles passées avec ses usagers, dérogeait aux règles de répartition des compétences applicables à titre général.

La législation de lutte contre le chômage a notamment institué des contrats de travail spéciaux pour des catégories de personnes qui éprouvent des difficultés particulières d'accès à l'emploi. Généralement, il résulte de la loi elle-même que ces contrats sont de droit privé et cette qualification vaut même quand l'employeur est une personne publique et que l'agent recruté participe au fonctionnement d'un service public administratif, alors que, selon la jurisprudence, ces données entraînent le caractère administratif du contrat[44] (v. *infra*, n° 759). Une telle qualification législative ne méconnaît aucun principe constitutionnel[45].

752 Quelques contrats, à condition qu'ils entrent dans les catégories juridiques ainsi définies, sont donc expressément qualifiés par la loi. Pour les autres, c'est au juge

41. CE, 1er juill. 2010, *Soc. Bioenerg*, *AJDA* 2010.1341

42. V. art. 88 de la loi n° 2010-788 du 12 juill. 2010 (art. L. 314-7 du C. énerg.) et sur la conventionnalité de cette disposition, T. confl., 13 déc. 2010, *Soc. Green Yellow et autres*, *AJDA* 2011.439, concl. M. Guyomar, note L. Richer.

43. Art. 25 L. n° 90-568 du 2 juill. 1990, modifiée (LégiF).

44. V. p. ex. à propos des contrats emploi-solidarité, T. confl., 24 sept. 2007, *Mme Vandemblucke*, *RFDA* 2008.401 et, pour les contrats « jeunes », T. confl., 23 nov. 2009, *Mlle Véronique Tourdot*, *AJDA* 2009.2257.

45. Cons. const., n° 2012-656 DC, 24 oct. 2012, *AJDA* 2013. 119, note F. Melleray.

administratif ou judiciaire de tracer la ligne de partage, sous l'arbitrage éventuel du Tribunal des conflits, en interprétant les dispositions de la loi des 16-24 août 1790 (v. *infra*, n° 881 et s.).

B. LES CONTRATS ADMINISTRATIFS PAR APPLICATION DES CRITÈRES JURISPRUDENTIELS

753 Pour qu'un contrat soit administratif, la jurisprudence exige que deux conditions cumulatives soient remplies :

— le contrat doit se rattacher à l'activité publique, en raison de son objet, de son contenu ou de son contexte ;

— il faut, ensuite, qu'au moins une personne publique soit partie au contrat, deux personnes privées ne pouvant en principe pas conclure de contrat administratif.

Encore existe-t-il certaines exceptions, instituées dans la logique des blocs de compétence.

1. Rattachement à l'activité publique

754 **Évolution historique.** – Comment distinguer les contrats de l'administration soumis au droit public de ceux relevant du droit privé ? Comme le montre l'histoire, plusieurs approches sont envisageables. Soit prendre en compte l'*objet* du contrat, son rôle dans l'exercice de sa mission de service public par l'administration, soit se fonder sur son contenu, la *rédaction* même de ses clauses au regard des contrats de droit privé, soit, enfin, s'interroger sur le *contexte* dans lequel il s'exécute.

Dans un premier temps, le juge s'est fondé sur la finalité de l'opération. Est administratif le contrat qui confie à une personne privée le ramassage des chiens errants, en vue de l'hygiène et de la sécurité car il « a eu pour but d'assurer *l'exécution du service public* »[46]. Mais, recourir à ce critère matériel revenait à conférer un caractère administratif à la grande majorité des contrats de l'administration qui agit, le plus souvent, dans le cadre de sa mission de service public. Aussi, dès 1912, un autre critère est-il mis en avant, celui de « *la clause exorbitante du droit commun* ». Relève du droit privé le contrat conclu entre une commune et une société de matériaux pour la fourniture de pavés « à livrer selon les règles et conditions des contrats intervenus entre particuliers »[47]. Ce critère devint prédominant, celui du service public ne subsistant que dans quelques cas particuliers, avant de ressusciter dans les années 1950 implicitement[48], puis explicitement[49]. Bien que conclu oralement, et donc insusceptible par définition de comporter des clauses exorbitantes du droit commun, relève du droit

46. **CE, 4 mars 1910, *Thérond*,** R. 193, concl. G. Pichat.

47. **CE, 31 juill. 1912, *Soc. Des granits porphyroïdes des Vosges*,** R. 909, concl. Blum (cet arrêt est le plus célèbre, en raison notamment des conclusions Blum. Une solution semblable avait déjà été retenue dans l'arrêt du 4 juin 1910, *Cie d'ass. Le Soleil*, R. 466, concl. Feuilloley).

48. CE, sect., 4 juin 1954, *Affortit et Vingtain*, R. 342, concl. J. Chardeau (sont considérés comme agents contractuels de droit public ceux qui participent à l'exécution même du service public).

49. **CE, sect., 20 avr. 1956, *Époux Bertin*,** R. 167, *AJ* 1956.II.272 concl. M. Long.

administratif un contrat dont l'objet est « de confier [...] aux intéressés l'exécution même du service public chargé d'assurer le rapatriement des réfugiés, [...] cette circonstance suffit, à elle seule, à imprimer au contrat le caractère d'un contrat administratif ». Le critère du service public revenait donc au premier plan. L'on put même croire qu'il allait prendre la première place et reléguer celui de la clause exorbitante à un rang secondaire. En fait, le juge utilise alternativement et, sans hiérarchie, les deux critères[50]. Il se réfère également à la soumission du contrat à un régime exorbitant du droit commun. Enfin, la prise en considération de l'objet du contrat ne se limite plus aujourd'hui au critère du service public : il faut y ajouter le critère du travail public.

a) La clause exorbitante du droit commun

755 L'insertion ou non de cette clause confère au contrat un caractère ou non administratif. Les parties choisissent ici les conditions de réalisation du contrat. Au regard des clauses retenues, le juge, prenant indirectement en compte la volonté des parties, détermine si l'exécution de la convention relève du droit privé ou du droit public. La caractérisation de cette clause passe donc par la reconnaissance de son originalité au regard du droit privé. Cette opération a toujours suscité des difficultés et des incertitudes. Une volonté de clarification a récemment conduit le Tribunal des conflits à modifier, dans une certaine mesure, la manière d'envisager la question. Selon sa décision *Société Axa France IARD*[51], la clause exorbitante est celle qui « notamment par les prérogatives reconnues à la personne publique contractante dans l'exécution du contrat implique, dans l'intérêt général, qu'il relève du régime exorbitant des contrats administratifs ». Cette définition marque une nouvelle et sans doute meilleure approche de la clause exorbitante, mais ne devrait pas entraîner de bouleversement des solutions antérieures.

756 Classiquement, comme F. Desportes l'a justement souligné dans ses conclusions sur l'affaire *Société Axa France IARD*, la clause exorbitante était définie de façon négative comme celle qui, normalement, ne se rencontre pas dans les rapports contractuels privés, soit parce qu'elle y est impossible, soit parce qu'elle y serait illicite, soit, encore et surtout, parce qu'elle y est inhabituelle. Une telle définition impose évidemment de déterminer ce qui est normal dans les conventions privées. Or, cette détermination est, en réalité, extrêmement difficile dans la mesure où la liberté de principe reconnue aux parties a pour conséquence que les pratiques contractuelles sont à la fois diverses et évolutives. Deux exemples permettent d'illustrer ce propos. La jurisprudence considérait traditionnellement comme anormales, parce qu'inusuelles, les clauses organisant une nette inégalité entre les parties à partir de l'idée que, normalement, les relations contractuelles de droit privé sont égalitaires. Mais cette idée même correspond à un modèle théorique qui est loin

50. T. confl., 7 juill. 1980, *Soc. d'exploitation touristique de la Haute-Maurienne*, R. 509 (caractère de droit public du contrat en raison de ses clauses, « sans qu'il soit besoin de rechercher si la société participait à l'exécution d'un service public »).

51. 13 oct. 2014, *AJDA* 2014.1280, chron. J. Lessi et L. Dutheillet de Lamothe, *CMP* 2014, comm. 322, note G. Eckert, *Dr. adm.* 2015, comm. 3, note Brenet, *JCP* A 2015. 2020, note H. Pauliat, *RFDA* 2014. 1068, concl. F. Desportes et 2015.23, étude Martin.

de se vérifier toujours. Le deuxième exemple concerne les contrats qui renvoient à un cahier des charges établi par l'administration pour régler tout ce que la convention ne fixe pas elle-même. Après avoir jugé qu'un tel renvoi suffisait à donner un caractère administratif au contrat[52], le Conseil d'État a jugé le contraire, sauf dans l'hypothèse où le cahier des charges auquel elle renvoie comprend lui-même une clause exorbitante[53]. Ainsi que L. Richer le relève justement[54], cette évolution peut s'expliquer par une prise de conscience du fait qu'en droit privé la clause de référence à un contrat-type (un cahier des charges n'est rien d'autre) est fréquente.

Ces faiblesses d'une conception négative de la clause exorbitante ont déterminé le Tribunal des conflits à passer à une approche positive de cette notion. Ainsi qu'il ressort de la définition précédemment citée, la clause exorbitante n'est plus présentée comme celle qui n'est pas normale en droit privé, mais comme celle qui, positivement, implique la soumission du contrat au régime exorbitant des contrats administratifs, c'est-à-dire à un régime de droit public. De ce point de vue, plutôt que de clause exorbitante du droit commun (expression que l'arrêt considéré n'utilise d'ailleurs pas), il vaudrait mieux parler de clause administrative ou de clause de droit public. Toute la question est alors évidemment de savoir quelles sont les caractéristiques que doit présenter une clause pour être considérée comme impliquant l'application du droit des contrats administratifs. La réponse à cette question renvoie naturellement à ce qui fait la spécificité de l'activité administrative et qui justifie, de manière générale, sa soumission à un régime particulier. Or cette spécificité tient au but de cette activité (l'intérêt général) et à ses moyens (l'utilisation de prérogatives de puissance publique permettant justement de faire prévaloir l'intérêt général). Ces deux éléments se retrouvent donc dans la définition donnée par le Tribunal des conflits. Il ressort, en effet, de celle-ci que, désormais, pour qu'une clause soit exorbitante (ou administrative) deux conditions cumulatives doivent être remplies : elle doit viser un but d'intérêt général et impliquer la soumission du contrat au régime exorbitant des contrats administratifs et, cela, « notamment » par « les prérogatives qu'elle confère à la personne publique contractante dans l'exécution du contrat ». Comme le suggérait déjà cette dernière formule, le Tribunal des conflits a précisé qu'une clause conférant de telles prérogatives et, notamment, le pouvoir de résilier unilatéralement le contrat pour motif d'intérêt général, non pas à la personne publique partie au contrat mais à la personne privée contractante, n'est pas de nature à faire regarder le contrat comme administratif[55].

757 Aucune des deux idées (but d'intérêt général, régime exorbitant) sur lesquelles repose désormais la notion de clause exorbitante n'était ignorée du droit antérieur où elles étaient seulement présentées, de manière négative, comme révélant l'anormalité de la clause au regard du droit privé. Il apparaît, par-là, que la jurisprudence *Société Axa France IARD* n'est pas de nature à modifier profondément les solutions précédemment admises.

52. CE, sect. 17 nov. 1967, *Roudier de la Brille*, R. 428 (solution implicite).

53. CE, 2 oct. 1981, *Commune de Borce*, R. 654.

54. *Droit des contrats administratifs*, LGDJ, 9ᵉ éd., 2014, nº 150.

55. T. confl., 2 nov. 2020, *Société Eveha*, nº 4196, *AJDA* 2021. 396, note V. Lamy, *CMP* 2021, nº 1, comm. 3, note M. Ubaud-Bergeron, *Dr. adm.* 2021, nº 3, comm. 13, note F. Brenet, *RFDA* 2021. 459, note M. Maury.

En premier lieu, l'idée que les clauses inspirées par des préoccupations d'intérêt public sont exorbitantes du droit commun était déjà présente dans la jurisprudence. Par exemple, dans un contrat par lequel la ville de Paris avait concédé à une société l'exploitation d'une patinoire, une clause donnant à l'administration le droit d'exiger à son gré le renvoi des salariés de l'entreprise a été qualifiée d'exorbitante parce qu'elle reposait sur des « motifs de police, d'ordre et de moralité publics »[56]. De même, si, selon la nouvelle jurisprudence du Tribunal des conflits, cette première condition, nécessaire n'est pas suffisante, cette manière de voir n'était pas inconnue de la jurisprudence antérieure. Ainsi, le fait qu'une clause d'une convention d'occupation du domaine privé, consentie pour l'exercice d'une activité commerciale, déroge au statut des baux commerciaux en conférant un caractère précaire au droit conféré par l'occupant ne suffit pas, à lui seul, à la qualifier de clause exorbitante, alors même que cette précarité se justifie par des raisons d'intérêt général (protection de la forêt)[57].

De la seconde condition de la qualité de clause exorbitante, la définition du Tribunal des conflits ne donne qu'un exemple indicatif (comme l'utilisation de l'adverbe « notamment » le dénote), en évoquant « les prérogatives reconnues à la personne publique contractante dans l'exécution du contrat ». Là encore, le caractère exorbitant de ces clauses était admis par la jurisprudence antérieure qui les rangeait dans la catégorie des clauses inégalitaires. Il en est ainsi, notamment, des clauses qui permettent à l'administration de décider unilatéralement la résiliation, la suspension ou la modification du contrat, en l'absence de tout manquement du cocontractant à ses obligations et pour un motif d'intérêt général[58]. Au demeurant, ces prérogatives sont prévues par les règles générales applicables aux contrats administratifs que les clauses considérées se bornent donc à reprendre ; il est alors particulièrement manifeste que la clause implique la soumission au droit des contrats administratifs dont elle reproduit l'un des éléments majeurs[59]. Indicatif, comme il a été dit, l'exemple donné par le Tribunal des conflits n'exclut pas d'autres cas qui, là encore, ressortent de la jurisprudence antérieure. On peut mentionner les clauses impliquant des prérogatives de puissance publique ignorées du droit privé et, partant, impossibles dans un contrat privé. Ainsi, par exemple, des clauses consentant des exonérations fiscales au cocontractant exploitant un cirque théâtre municipal[60]. De manière beaucoup plus large et, là encore, dans la continuité de la jurisprudence antérieure à l'arrêt *SA AXA France IARD*[61], le Tribunal des conflits a également admis, à propos d'un contrat par lequel une commune mettait une salle communale à disposition d'une société, en vue de l'organisation de manifestations culturelles, que des clauses permettant à la commune

56. T. confl., 20 avr. 1959, *Société nouvelle d'exploitation des plages, piscines et patinoires*, R. 866.

57. Cass. 3e civ., 2 févr. 2005, *Office national des forêts*, *AJDA* 2005, p. 741 et 1125, note G. Clamour.

58. P. ex., T. confl., 5 juill. 1999, *UGAP*, *Dr. adm.* 1999, n° 273. Les clauses prévoyant la résiliation ou la résolution du contrat, pour cause d'inexcution des engagements convenus, ne sont pas, au contraire, exorbitantes (p. ex. T. confl., 15 juin 1970, *Commune de Comblanchien*, R. 889).

59. Dans ce sens, L. Richer, *Droit des contrats administratifs*, *op. cit.*, n° 157.

60. T. confl., 2 juill. 1962, *Cons. Cazautets*, R. 823.

61. P. ex. T. confl., 7 juill. 1980, *Soc. d'exploitation touristique de la Haute-Maurienne*, R. 509, *CJEG* 1981, 1, note J. Virole, *RDA* 1981. 474, note J. de Soto (contrat portant sur l'eploitation d'un restaurant organisant le contrôle de la commune sur le personnel employé et les tarifs pratiqués).

d'intervenir « de façon significative dans l'activité de la société » (obligation de communication préalable des programmes à la commune, droit pour la commune d'organiser douze manifestations par an et deux manifestations mensuelles à sa convenance) présentent un caractère exorbitant[62].

b) L'exécution du service public

758 Ce critère, « remis à l'honneur », recouvre plusieurs situations. Celle dans laquelle le cocontractant de l'administration prend en charge le service public. Celle où, au contraire, la personne publique joue un rôle majeur, le contrat devenant un moyen privilégié pour elle de remplir sa mission. Celles enfin où les personnes gestionnaires en commun d'un service public contractent pour l'organiser.

759 **Contrat confiant au cocontractant l'exécution même du service public. –** Le contrat confie l'exécution même du service au cocontractant dont le rôle est primordial.

Le service public, une fois son organisation définie par la puissance publique, peut tout d'abord être confié à la personne qui le prend en charge. Ceci est particulièrement clair dans le cas des délégations de service public où le cahier des charges détermine les conditions d'exécution du service public, ou pour certains marchés de service[63]. Il faut d'ailleurs souligner que ces contrats de délégation sont désormais englobés dans la qualification législative portée par l'article 3 de l'ordonnance nº 2016-65 du 29 janvier 2016 (v. *supra,* nº 748).

Mais dans certaines hypothèses, il est difficile de tracer la ligne de partage entre exécution même et simple participation.

L'exemple des contrats de *louage de service* est particulièrement significatif. La nature des contrats passés avec certains personnels non-titulaires des administrations, dépendait des tâches accomplies, de leur caractère essentiel ou subalterne. Ainsi, une personne qui avait pour fonction le simple nettoyage des salles de classe ne participait pas à l'exécution même du service public, son contrat restant de droit privé. Le jour où elle fut chargée d'aider les enfants à faire leurs devoirs lors d'études dirigées, participant à l'exécution cette fois-ci du service éducatif, le contrat devint administratif[64]. Cette distinction, non dépourvue de logique, fut à l'origine de difficultés majeures de qualification et de distinctions byzantines. Il fut ainsi jugé que les serveurs dans les restaurants universitaires ne participaient pas au service public[65], à l'inverse des femmes des salles dans les écoles maternelles car elles procurent « aux enfants dans un cadre collectif une première insertion dans la vie sociale »[66]. Face à de telles complications, le Tribunal des conflits a adopté

62. T. confl., 12 févr. 2018, *SCP Ravisse*, *AJDA* 2018. 1721, note J.-M. Pontier, *CMP* 2018, comm. 77, obs. J.-P. Pietri.

63. Par ex., T. confl., 28 sept. 1998, *Soc. Grands moulins italiens de Venise*, R. 544 (contrat par lequel l'ONIC charge une société de meunerie de l'exécution même du service public d'aide alimentaire à l'Égypte), T. confl., 5 juill. 1999, *Soc. international Management Group*, R. 463 (prise en charge par le cocontractant des opérations de communication destinées à promouvoir l'image d'un département).

64. T. confl., 25 nov. 1963, *Dame Mazerand*, R. 792.

65. T. confl., 19 avr. 1982, *Mme Robert*, R.T. 561.

66. Concl. Stirn, sur CE, sect., 27 févr. 1987, *Commune de Grand-Bourg de Marie Galante c/Mme - Pistol*, *RFDA* 1987.212.

une solution simplificatrice, les contrats de travail passés par des personnes publiques gérant un service public administratif sont, en toute hypothèse, des contrats de droit public[67].

Dans d'autres types de contrats, on retrouve cette distinction entre l'exécution même, l'association étroite qui lui est assimilée[68] d'une part et, d'autre part, l'absence d'exécution, par exemple lors de la simple fourniture de marchandises pour les besoins du service public[69].

760 **Contrat, moyen pour l'administration de remplir sa mission même de service public. –** Ce n'est plus, ici, le cocontractant qui joue un rôle essentiel, mais bien l'administration pour laquelle le contrat devient un moyen privilégié de remplir sa mission. Déjà présente en 1956[70], cette approche est particulièrement nette dans l'exemple suivant.

Par un contrat de décentralisation industrielle, la commune s'engageait, en échange du transfert du siège social d'une société, à lui accorder diverses aides. La société n'intervient nullement dans le service public. C'est la commune qui « a pris en charge dans l'intérêt public, la réalisation de l'ensemble des conditions matérielles d'une opération de décentralisation industrielle, [...], ce faisant *elle* a assuré l'exécution même d'une mission de service public »[71].

Mais les effets d'un tel renversement de perspective risquent d'être considérables. La plupart des contrats signés par l'administration se rattachent à sa mission de service public et il serait presque toujours possible de considérer que, par ce moyen privilégié, la puissance publique remplit celle-ci. Ce « sous-critère » reste cependant cantonné car, d'une part, il ne concerne pas les « contrats conclus pour procurer des moyens au service (personnel, achat de matériel, construction) »[72] et ne joue dans les autres cas, que pour les services qui remplissent l'essentiel de leur mission en concluant ces contrats.

761 **Contrats relatifs à l'organisation du service public. –** Certains contrats sont passés entre des personnes qui, toutes deux, accomplissent un service public. Il n'y a donc pas délégation de l'une à l'autre, mais organisation du service selon les modalités de la convention. Pour cette raison est administratif le contrat de transfert des services entre l'État et un département, la convention de constitution d'un GIP, ou celle par laquelle EDF et la compagnie nationale du Rhône « coordonnent leurs missions respectives de service public »[73].

67. T. confl., 25 mars 1996, *Préfet de la Région Rhône-Alpes c/Berkani*, R. 536, *RFDA* 1996.819, concl. Martin. Solution reprise pour l'essentiel par les articles 34 et 35 de la loi du 12 avr. 2000.

68. CE, 25 mai 1957, *Artaud*, R. 350 (contrat administratif passé « pour les besoins du service public de ravitaillement à l'exécution duquel les entreprises (de stockage de beurre) se trouvaient étroitement associées »).

69. Par ex. CE, sect., 11 mai 1956, *Soc. fr. des Transports Gondrand*, R. 202, *AJDA* 1956.2.427, concl. M. Long (« si le marché a été conclu pour satisfaire les besoins du service public, il n'a pas eu pour objet de confier à la société l'exécution même du service public ») ; T. confl., 23 nov. 1998, *Bergas/État*, R. 550.

70. **CE, sect., 20 avr. 1956, *Cts Grimouard*,** R. 168, *AJDA* 1956.2.187, concl. M. Long (opération de reboisement effectué par l'État sur des terrains privés, après contrat conclu avec les propriétaires).

71. CE, sect., 26 juin 1974, *Soc. la Maison des Isolants-France*. R. 365. V. aussi CE, sect., 18 juin 1976, *Dame Culard*, R. 319 (exécution même par le crédit foncier du service public d'aide aux rapatriés en leur accordant des prêts) ; CE, 25 juill. 2008, Institut européen d'archéologie sous-marine, *RFDA* 2008. 1125, note F. Melleray.

72. L. Richer, *op. cit.*, n° 127.

73. Respect. CE, sect., 31 mars 1989, *Départ. Moselle*, R. 105, *RFDA* 1989.466, concl. M. Fornacciari ; CE, 14 janv. 1998, Synd. national du personnel des affaires sanitaires et sociales *FO*, R. 9, *LPA* 18 déc.

c) *Le régime exorbitant du droit commun*

762 Cette hypothèse ne concerne qu'un petit nombre de cas. Certains contrats ne comportent aucune clause exorbitante et ne concourent pas à l'exécution même du service public. Pourtant, le *contexte* général de passation du contrat, le cadre dans lequel il s'inscrit lui confère une réelle spécificité. Il n'est pas assimilable à un contrat de droit privé, en raison du régime exorbitant du droit commun auquel il est soumis par les dispositions de textes qui lui sont extérieurs. En inversant l'ordre des choses, on part donc du régime pour décider de la qualification.

Ainsi dans l'arrêt *Soc. d'exploitation de la rivière du Sant*[74], était en cause un contrat où EDF (alors établissement public, v. *supra*, n° 420) achetait la totalité de la production d'une microcentrale. Si le contrat ne comportait aucune dérogation au droit commun, les textes encadraient fortement tant sa conclusion (EDF était obligé d'acheter l'électricité) que l'exécution de la convention (pouvoir d'arbitrage notamment du ministre de l'Énergie).

d) *Le critère du travail public*

763 La nature administrative des contrats relatifs à l'exécution d'un travail public a longtemps reposé sur une disposition législative : l'article 4 de la loi du 28 pluviôse an VIII, qui attribuait le contentieux de ces contrats à la juridiction administrative. Cette disposition a été abrogée, de manière purement accidentelle, par l'article 7 (11°) de l'ordonnance du 21 avril 2006 qui édicte la partie législative du Code général de la propriété des personnes publiques. Mais cela ne change rien à la nature administrative de ces contrats, le législateur s'étant borné à reconnaître ce que l'objet de ces derniers impose. En effet, constitue un travail public tout travail immobilier effectué soit pour le compte d'une personne publique dans un but d'utilité générale[75], soit pour le compte d'une personne privée mais par une personne publique dans le cadre d'une mission de service public[76]. Si l'on ajoute à cela que le régime des travaux publics est profondément exorbitant du droit commun, on conviendra que toutes ces données justifient la nature administrative des contrats considérés, comme elles expliquent que, de manière générale, le contentieux des travaux publics relève de la compétence de la juridiction administrative.

Une fois que l'un ou l'autre de ces critères est rempli, encore faut-il que le critère organique soit rempli.

2. Le rôle de la personne publique

764 Il apparaît logique qu'un contrat ne soit administratif que si l'administration y est partie. L'évolution des structures et des techniques administratives a cependant conduit à la remise en cause partielle de cette exigence.

1998, p. 20, concl. J.-C. Bonichot ; T. confl., 16 janv. 1995, *Préfet Région Île-de-France*, R. 490, *CJEG* 1995.259, concl. Martin (EDF était alors un établissement public : v. *supra*, n° 420).

74. CE, 19 janv. 1973, R. 48, *CJEG* 1973.239, concl. M. Rougevin-Baville (EDF était alors un établissement public : v. *supra*, n° 420).

75. **CE, 10 juin 1921, *Commune de Monségur***, R. 573.

76. **T. confl., 28 mars 1955, *Effimief***, R. 617.

a) *Présence d'une personne publique partie au contrat*

765 Le *principe* est très clair. Un contrat ne peut être administratif si l'une des parties, au moins, n'est pas une personne morale de droit public[77]. Peu importe que le contrat contienne des clauses exorbitantes du droit commun ou porte sur l'exécution même du service public, voire concerne des travaux publics[78].

La nature juridique d'un contrat s'appréciant, sauf disposition législative contraire, au jour de sa conclusion, la transformation de l'une des parties de personne publique en personne privée (ou vice versa) au cours de l'exécution de la convention est sans incidence sur la qualification de cette dernière[79]. Il en va de même de la cession du contrat par une personne publique à une personne privée (ou inversement) lors même qu'elle serait opérée avec effet rétroactif au jour de la conclusion du contrat[80].

Une telle solution présente les avantages de la netteté. Mais correspond-elle aux réalités de l'action administrative et notamment de l'intervention sans cesse croissante d'organismes privés remplissant des fonctions administratives ? Un contrat entre deux personnes privées ne doit-il pas en certaines circonstances être administratif ? Inversement, qu'en est-il lorsque deux personnes publiques contractent entre elles ?

b) *Contrats entre personnes privées*

766 Lorsque l'une des personnes privées agit de façon étroitement liée avec l'administration publique, faut-il ou non prendre en compte cette donnée et faire prévaloir la réalité sur la fiction ? Admettre, dès lors, que des personnes privées sont à même, en certaines circonstances, de contracter « administrativement », solution qui complique le droit positif ? Faut-il, au contraire, exiger, la fiction l'emportant sur la réalité, qu'une personne morale de droit public soit toujours partie au contrat, solution simple, voire simpliste ?

Après bien des réticences, la jurisprudence a admis, soit des aménagements, soit de véritables exceptions au critère organique (v. aussi *supra*, n° 748, pour les exceptions législatives à ce critère) ; ces dernières sont toutefois, depuis quelques années, en recul. Bien que ce reflux contribue, en partie, à simplifier l'état du droit jurisprudentiel, ce dernier demeure empreint d'incertitudes qui se reflètent dans la diversité de ses présentations doctrinales. Casuistique et pragmatique, la jurisprudence présente, dans ce domaine, un degré particulièrement faible de conceptualisation juridique sur les deux questions qui se posent. La première est relative à la nature juridique des liens entre une personne publique et une personne privée dont l'existence permet d'admettre que les contrats passés par celle-ci sont

77. CE, sect., 13 déc. 1963, *Synd. des praticiens de l'art dentaire du Nord*, R. 623, *D.* 1964.55, concl. G. Braibant. La nature juridique d'un contrat s'appréciant au jour de sa conclusion, la transformation de l'une des parties de personne publique en personne privée (ou vice versa) est sans incidence sur la qualification du contrat.

78. V. T. confl., 19 janv. 1972, *SNCF c/Solon-Barrault*, R. 944, *RDP* 1972.465, concl. G. Braibant (contrats de la SNCF, à l'époque où elle était une société d'économie mixte, même relatifs aux travaux sur ses voies insusceptibles d'être administratifs).

79. T. confl., 16 oct. 2006, *Caisse centrale de réassurance*, *RFDA* 2007. 284, concl. J.-H. Stahl, note B. Delaunay.

80. T. confl., 11 avr. 2016, *Soc. Fosmax Lng c/Société TCM FR, Tecnimont et Saipem*, n° 4043.

administratifs ; elle est décisive pour déterminer si l'on affaire à un simple aménagement ou à une véritable dérogation au critère organique. La seconde est de savoir à quelles conditions et donc dans quelles situations ces liens existent. C'est donc avec prudence que l'on distinguera trois cas en essayant pour chacun de répondre à ces deux questions.

767 **Mandat au sens du droit civil.** – Une personne publique peut être liée à une personne privée par un mandat au sens du droit civil, c'est-à-dire un acte par lequel une personne (le mandant) charge une autre personne (le mandataire) de la représenter pour accomplir un acte juridique. Selon la jurisprudence administrative, un contrat passé par un mandataire privé au nom d'un mandant public peut être administratif aux mêmes conditions que s'il avait été directement passé par une personne publique. Cela a été admis, par exemple, pour des contrats portant sur l'exécution de travaux publics[81] ou constituant une modalité de l'exécution même d'un service public administratif[82].

Cette solution constitue un simple aménagement du critère organique et nullement une exception à ce dernier. En effet, le lien de représentation qui existe alors entre la personne publique et la personne privée signifie qu'en droit c'est celle-là et non celle-ci qui est partie au contrat.

Il est plus délicat de déterminer à quelles conditions et dans quels cas un tel lien de représentation existe. La racine de la difficulté tient à une donnée propre au droit public : le mandat comporte essentiellement une délégation du pouvoir de contracter du mandant au profit du mandataire. Or, en règle générale, une délégation n'est valable que si elle a été autorisée par un texte[83]. À première vue, par conséquent, il ne saurait exister de mandat pour contracter qu'en vertu d'une disposition en ce sens. Ces cas se rencontrent en effet. Par exemple, la loi du 12 juillet 1985[84], dispose que « le maître d'ouvrage peut confier à un mandataire [...] l'exercice, en son nom et pour son compte, de tout ou partie des attributions de la maîtrise d'ouvrage ». Une convention entre le mandant et le mandataire règle l'ensemble de leurs rapports, et, sauf exceptions, « les règles de passation des contrats signés par le mandataire sont les règles applicables au maître d'ouvrage »[85], ce qui est dans la logique de la représentation. Mais force est de constater que la jurisprudence fait apparaître l'existence de mandats sans texte. Elle a ainsi admis l'existence de conventions de mandat passées en dehors de toute habilitation légale[86]. Elle infère aussi parfois l'existence d'un mandat implicite d'une situation de fait[87].

81. CE, 2 juin 1961, *Leduc*, R. 365, *AJDA* 1961. 345, concl. G. Braibant (marché de travaux conclu par une société coopérative « par mandat et pour le compte de la commune »).

82. CE sect. 18 juin 1976, *Dame Culard*, *AJDA* 1976. 579 (convention de mandat entre l'État et le Crédit foncier de France pour l'attribution de prêts à des rapatriés).

83. CE, sect. 6 nov. 2009, *Société Prest'Action AJDA* 2009. 2401, note M. Lascombe et X. Vandendriessche.

84. N° 85-704, C. Adm. Dalloz.

85. V. avis CE, 22 janv. 1998, *EDCE*, 1999.226 (« sur les effets du principe de représentation » en cette hypothèse).

86. CE, sect., 18 juin 1976, *Culard*, réc.

87. CE avis 16 mai 2001, Joly, *Gaz.* Comm. 30 juill. 2001. 67, concl. M. Fombeur, *RDP* 2001.1513, note Canedo.

768 **Contrat passé « pour le compte » d'une personne publique : le « mandat administratif ». –** Selon la jurisprudence administrative, un contrat passé par une personne privée « pour le compte » d'une personne publique est susceptible d'être administratif aux mêmes conditions qu'un contrat conclu par une personne publique.

L'utilisation de cette expression de « pour le compte », qui évoque la notion de mandat, ne doit pas tromper. Elle ne correspond pas à l'existence d'un lien de représentation. Le Conseil d'État, en effet, a jugé que la personne publique pour le compte de laquelle le contrat a été passé n'est pas partie à celui-ci[88]. Par conséquent, il s'agit ici d'une véritable exception au critère organique et il n'y a pas de mandat au sens du droit civil. Bien que cette expression ne soit pas utilisée par la jurisprudence, on peut, avec M. Canedo-Paris, parler de « mandat administratif »[89].

Quant aux critères d'une telle situation, il faut d'abord dire qu'un tel mandat est toujours implicite, son existence étant inférée par le juge de certaines données. La question est alors de savoir quelles sont ces données. La jurisprudence *Peyrot*, qui ne concernait que les travaux routiers d'intérêt national, se fondait sur l'objet du contrat ; elle a récemment été abandonnée, mais mérite encore d'être évoquée. Aujourd'hui, le juge n'a donc plus recours qu'à une analyse des rapports entre la personne publique et la personne privée.

769 **Les travaux routiers d'intérêt national : la jurisprudence *Peyrot* et son abandon. –** À partir de 1955, les autoroutes ont été construites soit directement par l'État soit concédées à des sociétés anonymes d'économie mixte. Les contrats conclus par l'État, maître d'ouvrage, avec des entreprises de travaux publics, sont administratifs puisque le critère organique est rempli et que le contrat porte sur l'exécution d'un travail public (v. *supra*, n° 763). À l'inverse, les contrats de construction passés cette fois-ci par les sociétés concessionnaires de droit privé, pourtant simples relais de l'administration étatique, ne pouvaient pas constituer des contrats administratifs, le critère organique n'étant pas satisfait. Selon que les autoroutes étaient construites directement ou non par l'État, des opérations identiques étaient soumises à un droit et un juge différents.

La jurisprudence *Peyrot* résultait de la volonté du Tribunal des conflits de surmonter cette opposition artificielle. Elle posait que la construction des « routes nationales (appartenant), par nature à l'État et (étant) traditionnellement exécutée en régie directe », il n'y avait pas « lieu de distinguer selon que la construction est assurée de manière normale par l'État ou, à titre exceptionnel, par un concessionnaire agissant en pareil cas pour le compte de l'État »[90]. Dès lors, en raison des mécanismes traditionnels d'exécution des travaux sur les routes nationales et autoroutes, les contrats portant sur ces travaux, passés par l'État ou les concessionnaires, même à capitaux intégralement privés, étaient considérés comme administratifs.

Par un arrêt du 9 mars 2015, *Mme Rispal c/Société des Autoroutes du Sud de la France*, le tribunal des confits a abandonné, pour l'avenir (c'est-à-dire pour les

88. CE, 27 janv. 1984, *Ville d'Avigon c/Da Costa*, R. 28, *LPA* 4 août 1984. 2, obs. F. Moderne et 5 avr. 1985. 9, note F. Llorens.

89. *Le mandat administratif*, LGDJ, 2001.

90. **T. confl., 8 juill. 1963, *Société entreprise Peyrot*,** R. 787, *D.* 1963.534, concl. Lasry.

contrats conclus postérieurement à cet arrêt, v. *supra*, n° 167), la jurisprudence *Peyrot*. La raison principale de ce revirement tient au changement des données sur lesquelles cette jurisprudence reposait. En bref, ce qui était l'exception – la construction des autoroutes par des sociétés concessionnaires privées et non par l'État – est devenu la règle. Dans ces conditions, le fondement même de la jurisprudence considérée, à savoir le lien intime entre les travaux en cause et l'État, s'est trouvé remis en cause. C'est pourquoi le Tribunal des conflits juge désormais « qu'une société concessionnaire d'autoroute qui conclut avec une autre personne privée un contrat ayant pour objet la construction, l'exploitation ou l'entretien de l'autoroute ne peut, en l'absence de conditions particulières, être regardée comme ayant agi pour le compte de l'État », d'où il suit qu'un tel contrat est de droit privé. Les « conditions particulières » auxquelles il est ainsi fait référence correspondent au cas où la manière d'aménager les rapports entre le concessionnaire et l'État conduirait à regarder celui-là comme ayant agi pour le compte de celui-ci.

770 **Rapports entre personne publique et personne privée. –** En dehors même des travaux routiers d'intérêt national, auxquels la jurisprudence *Peyrot* se limitait, le caractère artificiel de la dissociation des contrats selon qu'ils sont conclus directement par une personne publique ou par l'intermédiaire d'un organisme privé lié à elle a conduit à l'apparition, en 1975, d'un nouveau critère du mandat administratif[91]. Selon celui-ci, un contrat sera considéré comme ayant été passé par une personne privée pour le compte d'une personne publique si un faisceau d'indices, touchant aux rapports entre ces personnes, permet d'affirmer que la première a joué le rôle d'un simple intermédiaire de la seconde. Ainsi, dans l'arrêt *Soc. d'équipement de la région montpelliéraine,* cette société avait passé un contrat portant sur la réalisation de travaux publics d'équipement avec diverses entreprises, auquel le juge reconnaît un caractère administratif. Le cahier des charges de l'opération avait, en effet, été établi par les ingénieurs des Ponts et Chaussées qui en assuraient la direction, et d'importantes subventions publiques avaient financé l'ouvrage, remis dès son achèvement à la collectivité locale, elle-même substituée de plein droit à la société pour toute action ultérieure en responsabilité.

Cela étant, deux précisions méritent d'être ajoutées. En premier lieu, les indices sur lesquels le juge se fonde apparaissent très variables et peuvent donc difficilement être systématisés. En second lieu, la jurisprudence récente tend à restreindre le champ d'application de la théorie du « mandat administratif », voire s'oriente vers son abandon. Elle considère, en effet, que les caractéristiques de certains types de contrats, passés entre une personne publique et une personne privée, excluent, au moins en principe, que les contrats conclus par celle-ci pour l'exécution de la mission qui lui a été confiée soient regardés comme ayant été passés pour le compte de la personne publique. Ainsi, dès lors qu'une convention a « le caractère d'une concession » (de travaux ou de services), ce qui implique que le concessionnaire exploite l'ouvrage ou le service à ses frais et risques, les contrats conclus par lui

91. CE sect. 30 mai 1975, *Société d'équipement de la région montpelliéraine*, R. 326, *AJDA* 1975. 345, chron. M. Franc et M. Boyon, *D.* 1976, note F. Moderne ; T. confl., 7 juill. 1975, *Commune d'Agde*, R. 798, *D.* 1977, note C. Bettinger, *JCP* 1975.II.18171, note F. Moderne.

le sont nécessairement pour son propre compte et non pour celui de la collectivité publique concédante[92]. En d'autres termes, il y a une antinomie fondamentale entre concession et mandat administratif. Dans le même esprit, quoique de manière plus nuancée (et compliquée), le Tribunal des conflits, parachevant une évolution jurisprudentielle antérieure[93], juge qu'en principe, « le titulaire d'une convention conclue avec une collectivité publique pour la réalisation d'une opération d'aménagement ne saurait être regardé comme un mandataire de cette collectivité », à moins que des « conditions particulières », tenant à la définition ou aux modalités d'exécution de la mission d'exécution du cocontractant ne fassent apparaître que la convention constitue en réalité, en tout ou partie, « un contrat de mandat, par lequel la collectivité publique demande... à son cocontractant d'agir en son nom et pour son compte, notamment pour conclure les contrats nécessaires »[94]. Cette formulation donne à penser que les « conditions particulières » en cause sont propres à révéler l'existence d'un contrat de mandat au sens du droit civil qui, seule, pourrait entraîner le caractère administratif des contrats en cause. Si cette interprétation est exacte, il y aurait là un premier pas vers un abandon pur et simple de la théorie du mandat administratif. L'incertitude de cette dernière qui, au fond, n'a jamais fait l'objet du minimum de conceptualisation nécessaire pour une notion qui commande la compétence juridictionnelle, rend cet abandon souhaitable.

771 **Personne privée transparente. –** Les personnes privées transparentes sont des institutions et, pratiquement, des associations, dont la personnalité morale présente un caractère fictif parce qu'elles se trouvent sous la dépendance complète d'une personne publique, à l'égard de laquelle elles ne jouissent d'aucune autonomie et dont elles constituent, en réalité, un service ou un organe (sur ce phénomène, v. aussi *supra*, n° 397 et 421). Une telle situation, anormale et qui demeure exceptionnelle, est identifiée, tant par le Conseil d'État[95] que par le Tribunal des conflits[96] à l'aide d'un faisceau d'indices : une personne publique, seule ou conjointement avec d'autres personnes publiques, est à l'initiative de la création de la personne privée, en contrôle l'organisation et le fonctionnement et lui procure l'essentiel de ses ressources. La transparence caractérisée à partir de ces données signifie que le juge, faisant prévaloir la réalité sur l'apparence, écarte la personnalité juridique de l'institution privée et impute les faits (dommageables, pratiquement) et les actes juridiques de cette dernière à la personne publique. Il en est ainsi, notamment, pour les contrats. À la vérité, dans ce domaine, initialement, le juge faisait une application, d'ailleurs parcimonieuse, de la notion de mandat administratif, en se

92. T. confl., 9 juill. 2012, *Cie générale des eaux*, R. 653, *AJDA* 2012. 1433.

93. V. not. T. confl., 15 oct. 2012, n° 3853, *SARL Port Croisafe*, R. tables. 653, 840 et 1014, *AJDA* 2012. 1982.

94. T. confl., 11 déc. 2017, n° 4103, *Commune de Capbreton*, *AJDA* 2018. 267, chron. S. Roussel et Ch. Nicolas, *CMP* 2018, comm. 30, note M. Ubaud-Begeron, *RDI* 2018. 122, obs. M. Revert, *RTD com.* 2018. 72, obs. F. Lombard.

95. CE, 21 mars 2007, *Commune de Boulogne-Billancourt*, *AJDA* 2007. 915, note Dreyfus, *CMP*, juill. 2007, étude F. Lichère.

96. T. confl., 2 avr. 2012, n° 3831, *Société ATEXO*, *CMP* 2012, n° 6, p. 9, obs. P. Devillers ; T. confl., 16 nov. 2015, n° 4032, *Société Claf Accompagnement*, *AJDA* 2016. 349 ; T. confl., 6 juill. 2020, n° 4191, *Société Huet location*, *AJDA* 2021. 734, chron. C. Malverti et C. Beaufils.

référant à une action « pour le compte de »[97]. C'était discutable car cette notion postule un rapport entre deux personnes alors que l'idée de transparence implique une dénégation de la personnalité de l'organisme auquel elle est appliquée. C'est pourquoi le Conseil d'État comme le Tribunal des conflits ne se réfèrent plus ici à l'idée de mandat administratif : les contrats passés par une personne privée transparente sont considérés comme passés par une personne publique et non pour son compte et, en conséquence, ils peuvent être administratifs, notamment lorsqu'ils ont pour objet l'exécution même du service public[98]. Dès lors que c'est bien une personne publique qui est regardée comme étant partie au contrat, il n'y a pas non plus ici d'exception au critère organique.

c) Contrats entre personnes publiques

772 Un contrat passé par deux personnes publiques ne serait-il pas obligatoirement administratif puisqu'il y a « deux fois plus de personnes publiques » que dans les autres hypothèses ? Comme l'a jugé le Tribunal des conflits, un « contrat conclu entre deux personnes publiques revêt en principe un caractère administratif »[99]. Il y a donc une *présomption d'administrativité* du contrat parce qu'il est « normalement à la rencontre de deux gestions publiques »[100]. Mais il faut aussi s'interroger sur les critères matériels ou formels. La présomption est détruite « lorsqu'eu égard à son objet il ne fait naître entre les parties que des rapports de droit privé »[101] et s'il ne comporte aucune clause exorbitante. Tel est le cas pour une convention « classique » de prêts octroyés par la caisse de l'énergie à une collectivité locale[102] ou pour un contrat, lui aussi « classique », de fourniture d'eau en gros[103]. Cela étant, la manière dont la jurisprudence UAP a été appliquée, au moins depuis les années 1990, l'a privée d'une grande partie de son utilité dans la mesure où, en pratique, le juge en revient aux critères valables pour les contrats passés entre une personne

97. V. not. T. confl., 22 avr. 1985, *Laurent*, R. 681 ; T. confl., 4 mai 1987, *Mlle Egloff*, R. 448 (personnel de droit privé d'un syndicat d'initiative car celui-ci n'a pas agi pour le compte de la commune) ; CE (Avis Cont.) 16 mai 2001, *Mlle Joly*, R. 237 (association ayant agi pour le compte de l'État lorsqu'elle a recruté une personne mise à disposition de la préfecture).

98. CE, 21 mars 2007, *Commune de Boulogne-Billancourt*, *AJDA* 2007.915, note Dreyfus, *CMP*, juill. 2007, étude F. Lichère.

99. T. confl., 21 mars 1983, *UAP*, R. 537, *AJDA* 1983.356 concl. Labetoulle (à propos d'un accord conclu entre l'État, ministère des PTT, et le Cnexo – établissement public spécialisé dans les recherches marines. Le contrat est considéré comme administratif car lié à l'exécution même d'une mission de service public).

100. Concl. D. Labetoulle, préc. V. par exemple, T. confl., 16 janv. 1995, *Électricité de France*, R. 489 (contrat conclu entre deux personnes publiques pour la coordination de leurs missions respectives) ; CE, 24 nov. 2008, *Syndicat mixte des eaux et de l'assainissement de la région du Pic-Saint-Loup*, *AJDA* 2009.319, note Dreyfus (contrat conclu entre deux personnes publiques pour organiser leurs services publics).

101. T. confl., 21 mars 1983, préc.

102. CE, 1er mars 2000, *Cne de Morestel*, R. Tab. 899, *CJEG* 2000.191, concl. G. Goulard.

103. CE, 15 sept. 2004, *Synd. intercommunal de distribution d'eau du Nord*, R. 596, *AJDA* 2004.2412.

publique et une personne privée et notamment à celui de la clause exorbitante[104] ou de l'objet de service public[105].

C. LES EXCEPTIONS

773 L'application de ces divers critères permet de dessiner le périmètre du contrat administratif. Encore faut-il tenir compte des blocs de compétence institués par la jurisprudence pour simplifier la répartition des compétences indépendamment du jeu des critères organique, formel et/ou matériel. Afin d'éviter une dissociation du régime juridique des *services publics industriels et commerciaux*, seule l'autorité judiciaire est à même de statuer sur les litiges entre de tels services publics et ses usagers ou ses agents, à l'exception du directeur et du comptable public. Ces contrats relèvent toujours du droit privé, alors même qu'ils comporteraient des clauses exorbitantes[106].

Dans la même logique, mais avec des résultats inversés, les contrats passés par les personnes publiques gérant un *service public administratif* avec leurs agents non-titulaires relèvent, désormais, sauf qualification législative contraire, du droit administratif, alors même qu'ils ne participent pas à l'exécution même du service public (v. *infra*, n° 759).

774 En définitive, la qualification de contrat administratif, en l'absence de précision législative ou de blocs de compétence, résulte d'une opération complexe. Il faut s'interroger sur l'existence d'une éventuelle clause exorbitante, voire d'un régime exorbitant ; ou sur la participation à l'exécution même du service public ; puis rechercher si au moins une personne publique est partie au contrat, sous réserve des diverses exceptions. Elle n'est pas exempte de subjectivité. Nombreux sont les stades où l'hésitation est permise en raison des nuances extrêmes des solutions retenues : existence, en fonction d'un faisceau d'indices d'un mandat administratif implicite ; caractères d'une clause impliquant l'application du régime des contrats administratifs ; exécution du service public ou simple participation. Devient ainsi primordiale l'appréciation que porte le juge sur la nécessité que le contrat s'exécute sous un régime de droit administratif, ou selon les règles de la gestion privée.

104. T. confl., 15 nov. 1999, *Cne de Boursip*, R. 478 (si la cession par une commune de biens immobiliers faisant partie de son domaine privé est en principe un contrat de droit privé, l'existence de clauses exorbitantes du droit commun dans la convention lui confère un caractère administratif).

105. T. confl., 27 oct. 1991, *Crous de l'académie de Nancy-Metz*, R. 472 (la convention par laquelle un office public d'HLM a mis à la disposition d'un CROUS un certain nombre de locaux destinés au logement d'étudiants est un contrat administratif dès lors qu'elle a pour objet « l'exécution même du service public du logement des étudiants ». La solution aurait été exactement la même si le contrat avait été passé entre une personne publique et une personne privée).

106. Pour les usagers, v. CE, 13 oct. 1961, *Éts Companon-Rey*, R. 567, *AJDA* 1962.98, concl. C. Heumann ; TC 17 déc. 1962, *Dame Bertrand*, R. 831, concl. J. Chardeau. Pour les agents, v. *supra*, n° 448. Comp. TC 24 avr. 1978, *Soc. Boulangeries de Kourou,* R. 645 (le bloc de compétence ne joue pas pour les contrats passés avec les prestataires de services).

SECTION 2 LE RÉGIME DU CONTRAT ADMINISTRATIF

775 **Plan.** – Le régime du contrat administratif présente certaines originalités au regard tant de l'acte administratif unilatéral, en raison de la liberté contractuelle dont disposent, sur certains points, les parties que du contrat de droit privé, car est en cause la mission même de service public notamment. Sa formation est ainsi de plus en plus encadrée par les textes (§ 1). Son exécution fait apparaître de façon très nette sa spécificité en raison des impératifs d'intérêt général auxquels il est lié. Même dans le silence du contrat, c'est une donnée qui est source de pouvoirs particuliers pour l'administration (§ 2). Enfin, le contentieux de la convention qui relève du juge administratif présente certaines originalités dues aux conséquences qu'elle peut produire sur la situation des tiers. Ceux-ci doivent disposer de possibilités de recours qui dépassent le simple contentieux contractuel (§ 3).

§ 1. LA FORMATION DU CONTRAT ADMINISTRATIF

776 **Plan.** – Si le droit privé impose certaines règles relatives à la formation du contrat, pour s'assurer que le principe de l'autonomie de la volonté a bien été respecté (théorie des vices du consentement, en particulier), il reste assez peu formaliste quant à la conclusion du contrat et à son contenu. Des mesures ont certes été prises, dans le cadre du droit de la consommation par exemple, pour fixer des règles de procédure préalable mais le principe d'une négociation libre et d'un choix total du cocontractant demeure. En droit public au contraire, de nombreuses dispositions viennent limiter la liberté contractuelle, notamment pour garantir que l'administration agit de façon égale à l'égard de ses différents cocontractants. Des règles spécifiques sont établies aux différents stades de l'opération contractuelle ; elles concernent la compétence (A), les formes (B), les procédures préalables au choix du cocontractant (C) et enfin le contenu même du contrat (D).

A. LA COMPÉTENCE

777 Le contrat administratif suppose l'échange de deux consentements. Dès lors, comme pour l'édiction des actes unilatéraux, la conclusion des contrats est régie, du côté de l'administration, par les règles générales de compétence, qui habilitent les autorités désignées à agir au nom de la personne publique qu'elle représente.

C'est, en principe, le ministre ou les personnes déléguées par lui qui signe les contrats de l'*État*. Mais, à l'échelon déconcentré, le préfet de département est compétent, sauf texte maintenant le pouvoir du ministre. Certains contrats doivent de plus être approuvés par la loi (emprunts d'État) ou le décret (concession d'autoroute par ex.). Dans les *collectivités locales*, la conclusion du contrat est autorisée par l'assemblée délibérante et l'exécutif signe, une fois la délibération transmise au préfet[107], la

107. Cf. Avis CE, 10 juin 1996, *Préfet de la Côte d'Or*, préc. *supra*, n° 299 (faute de transmission préalable au préfet, la signature a été apposée par une autorité incompétente). Toutefois, l'irrégularité

convention. L'assemblée peut cependant, selon les prévisions textuelles, donner délégation pour la conclusion des conventions les moins importantes[108]. Afin d'écarter tout risque de favoritisme, diverses mesures empêchent de plus les conseillers municipaux intéressés de prendre part aux délibérations relatives à des contrats où ils seraient partis (art. L. 2131.11 CGCT). Et la fonction d'« entrepreneurs des services locaux » est incompatible avec celle d'élu local[109], ou cause d'inéligibilité[110].

Quant aux établissements publics, la compétence appartient selon leurs textes constitutifs soit au seul exécutif, soit, plus généralement, à celui-ci après autorisation de l'assemblée délibérante. Parfois l'approbation du contrat par une autre autorité est nécessaire.

L'incompétence éventuelle de l'auteur de l'acte est de nature à entraîner l'annulation du contrat (v. *infra*, n° 819).

B. LES FORMES

778 **Contrat normalement écrit.** – En principe, un contrat administratif peut être oral (l'arrêt *Bertin* en offre un exemple célèbre) ou même tacite, son existence étant alors déduite de certaines données de fait[111]. En pratique, le contrat administratif est le plus souvent écrit. La forme écrite est parfois même rendue obligatoire soit par les textes (ainsi pour les contrats de concession de travaux et de services[112] et pour les marchés publics dont le montant dépasse un certain seuil[113]) soit par la jurisprudence (pour les contrats d'occupation du domaine public[114]).

C. LE CHOIX DU COCONTRACTANT

779 **Extension des obligations de publicité et de mise en concurrence.** – Dès lors que les personnes publiques bénéficient de la liberté contractuelle (v. *supra*, n° 727), il est logique de poser en principe qu'elles déterminent librement les critères et les procédures de choix de leurs contractants. Cette liberté n'a toutefois qu'une portée limitée. Il ressort de la jurisprudence du Conseil d'État qu'elle peut être restreinte

constituée par le défaut de transmission du contrat avant sa signature n'entraîne plus nécessairement la nullité du contrat : CE, ass., 28 déc. 2009, *Cne de Béziers*, préc. *supra*, n° 299 et v. *infra*, n° 819.

108. Par ex. CGCT, art. L. 2122-22 (délégation au maire), L. 3211.2, L. 3221-11, L. 4221.5 et L. 4231-8 (délégations à la commission permanente et aux présidents du conseil départemental ou régional dans les départements et régions).

109. C. élect., art. L. 207 et L. 343 (conseillers généraux et régionaux).

110. C. élect., L. 231.6 (conseillers municipaux).

111. P. ex. CE, 25 juill. 2008, *Institut européen d'archéologie sous-marine*, *AJDA* 2010.1519 (une collaboration de fait entre un établissement public et une association peut révéler l'existence d'un contrat administratif).

112. Art. 5 de l'ordonnance n° 2016-65 du 29 janvier 2016 relative aux contrats de concession.

113. Art. 15 du décret n° 2016-360 du 25 mars 2016 relatif aux marchés publics (le marché dont le montant dépasse 25 000 euros HT doit être passé par écrit).

114. CE, sect. 19 juin 2015, *Société immobilière du port de Boulogne SAS*, *AJDA* 2015. 1413, chron. J. Lessi et L. Dutheillet de Lamothe.

par un texte ou en vertu d'un principe[115]. Or, précisément, pour les plus importants de ses contrats, des textes ou des principes viennent assujettir l'administration, à des degrés variables et selon des modalités diverses, à des obligations de publicité et de mise en concurrence préalables. L'objectif est double : assurer une libre et égale concurrence entre les opérateurs économiques susceptibles d'être intéressés et, par là, compte tenu du poids économique des contrats en cause, assurer le bon fonctionnement du marché ; garantir la rationalité économique de l'action publique contractuelle, en économisant l'argent public et en évitant la corruption. Les raisons d'être d'une règle en déterminant le champ d'application, on comprend que les obligations considérées tendent à gouverner tous les contrats qui mettent en relation l'administration avec un opérateur économique, qu'il s'agisse de lui confier la réalisation d'une prestation économique ou de l'habiliter à réaliser une telle activité. Le premier cas correspond aux contrats de la commande publique ; ici, l'encadrement, ancien, de la passation des marchés publics (1) a été plus récemment étendu, non sans adaptations, aux contrats de concession (2). Le second cas renvoie aux contrats d'occupation du domaine public (3).

1. Marchés publics

780 Le caractère précis des prestations à fournir, la nécessité de gérer au moindre coût les finances publiques, l'obligation de respecter le principe d'égalité ont, depuis longtemps, conduit le droit administratif français à imposer à la passation des marchés publics des règles de publicité et de mise en concurrence.

Traditionnellement ces règles étaient définies par des dispositions réglementaires qui, à partir de 1964, ont été réunies dans un Code des marchés publics. À partir des années 1970, ce droit est devenu, dans une large mesure, un droit de transposition des directives européennes adoptées en la matière. Celles-ci ne s'imposent toutefois aux États membres que dans le cas où le montant du marché dépasse certains seuils (variables selon les marchés et périodiquement révisés). L'état actuel du droit résulte du Code de la commande publique. Pour l'essentiel, celui-ci reprend les dispositions de l'ordonnance nº 2015-899 du 23 juillet 2015 et, surtout, de son décret d'application nº 2016-360 du 25 mars 2016, textes qui avaient transposé les directives nº 2014/24 et 2014/25 du 26 février 2014.

Les dispositions ainsi reprises dans le Code de la commande publique ne modifient pas radicalement l'état antérieur du droit, tel qu'il résultait, en dernier lieu, du Code des marchés publics édicté par un décret du 1er août 2006. Elles lui apportent, toutefois, certains assouplissements, en vue de permettre une meilleure prise en compte, non seulement de la concurrence et de la rationalité économique, mais aussi d'autres objectifs d'intérêt général.

Comme auparavant, la passation de tous les marchés publics (même ceux dont le montant est inférieur au seuil d'application des directives européennes) doit respecter les principes fondamentaux de la commande publique (v. *supra,* nº 780) : liberté d'accès à la commande publique, égalité de traitement des candidats et

115. CE, 12 oct. 1984, *Chambre syndicale des agents Assurances des Hautes-Pyrénées*, R. 326, *RFDA* 1985. 13, concl. M. Dandelot.

transparence des procédures. Cela étant posé, deux points méritent d'être abordés. Il faut d'abord montrer que les critères de choix du titulaire du marché ont évolué. Initialement, la règle était le choix du candidat le moins disant. De ce critère initial, on est progressivement passé à la règle du choix du candidat le mieux disant. On verra ensuite comment se déroulent les procédures permettant de sélectionner ce type de candidat.

a) Les critères du choix du titulaire du marché : du « moins disant » au « mieux disant »

781 Initialement, au XIXe siècle, le critère du choix du titulaire du marché était, dans la plupart des cas, le prix proposé. En application de ce critère, les marchés étaient généralement passés selon la procédure de l'adjudication, qui convient bien à des contrats simples. Dans cette procédure, après publicité et mise en concurrence, le marché était automatiquement attribué au candidat le moins disant, c'est-à-dire à celui qui offrait le prix le plus bas.

Mais il est progressivement apparu que le critère du prix, en lui-même, n'avait guère de sens et les marchés sont progressivement devenus plus complexes. L'adjudication a alors reculé au profit d'autres procédures permettant la prise en compte d'autres critères.

Le Code des marchés publics édicté en 2001 a marqué l'aboutissement de cette évolution. L'adjudication est supprimée. Il est posé en règle générale que l'administration doit choisir l'offre économiquement la plus avantageuse. En d'autres termes, les marchés doivent être attribués non plus au « moins disant », mais au « mieux disant ». Cette règle est aujourd'hui énoncée par l'article L. 2152-7 du Code de la commande publique aux termes duquel le marché public est attribué au soumissionnaire qui a « présenté l'offre économiquement la plus avantageuse sur la base d'un ou plusieurs critères objectifs, précis et liés à l'objet du marché public ou à ses conditions d'exécution ».

b) Les procédures de sélection du titulaire du marché

782 **Schéma général. –** Le schéma général de la procédure de passation des marchés publics comprend diverses phases. En principe, il incombe d'abord à l'acheteur de rendre public le contrat qu'il se propose de conclure afin de « susciter la plus large concurrence » (CCP, art. L. 2131-1) parmi les opérateurs économiques intéressés. Ainsi informés, ces derniers doivent, dans un certain délai, présenter leurs candidatures et leurs offres. Il revient alors à l'organisme adjudicateur de déterminer parmi les candidats, ceux qu'il convient d'écarter, soit parce qu'ils se trouvent dans un cas qui rend légalement obligatoire ou facultatif leur exclusion, soit parce qu'ils ne satisfont pas aux conditions de participation à la procédure de passation qui ont été imposées par l'acheteur, lesquelles ne peuvent avoir pour objet que de garantir que les opérateurs « disposent de l'aptitude à exercer l'activité professionnelle, de la capacité économique et financière ou des capacités techniques et professionnelles nécessaires à l'exécution du marché public » (CCP, art. L. 2142-1). Lorsque la procédure est ouverte, toutes les entreprises candidates satisfaisant à ces critères sont admises à présenter des offres (c'est-à-dire à

« soumissionner »). En cas de procédure restreinte, l'acheteur peut limiter le nombre de soumissionnaires en opérant une deuxième sélection sur la base de critères objectifs et non discriminatoires qu'il doit indiquer lors de la phase de publication du projet de ce contrat. Les offres présentées doivent enfin être examinées, en vue d'attribuer le marché au soumissionnaire dont l'offre est économiquement la plus avantageuse.

783 **Catégories de procédure.** – Ce canevas général admet toutefois bien des exceptions et des variantes. Il existe en effet trois grands types de procédure : les procédures formalisées, les procédures adaptées et la procédure sans publicité ni mise en concurrence préalable (CCP, art. L. 2120-1).

Les *procédures formalisées* doivent obligatoirement être suivies dès lors que le montant du marché dépasse les seuils d'application des directives européennes (CCP, art. L. 2124-1). Elles sont au nombre de trois.

L'appel d'offres est, au-dessus des seuils européens, la seule procédure applicable quand les conditions d'utilisation des deux autres procédures ne sont pas réunies. Il s'agit de la « procédure par laquelle l'acheteur choisit l'offre économiquement la plus avantageuse, sans négociation, sur la base de critères objectifs, préalablement portés à la connaissance des candidats » (CCP, art. L. 2124-2). L'acheteur doit d'abord, en vue de susciter la concurrence, rendre public le marché dont il envisage la passation grâce à un avis d'appel à la concurrence. Les opérateurs économiques intéressés ont ensuite un délai déterminé pour présenter leurs candidatures et leurs offres. Si l'appel d'offres est ouvert, toutes les candidatures sont admises, sauf celles qui tombent sous le coup d'une exclusion légale ou qui ne répondent pas aux critères de capacité fixés par l'acheteur. Quand l'appel d'offres est restreint, l'acheteur a le droit de limiter le nombre de candidatures admises et, par conséquent, de procéder à une sélection sur la base de critères portés à la connaissance des opérateurs. L'attributaire est ensuite choisi, parmi les opérateurs dont la candidature a été admise, après un classement des offres en fonction des critères déterminés et publiés à l'avance. Aucune négociation n'est permise.

Les deux autres procédures formalisées ne peuvent être utilisées que dans certains cas, spécifiés par l'article R. 2124-3 du Code de la commande publique et qui justifient un allègement procédural. La *procédure concurrentielle de négociation* est celle par laquelle un acheteur négocie les conditions du marché public avec un ou plusieurs opérateurs économiques. Dans la *procédure de dialogue compétitif,* l'acheteur dialogue avec les candidats admis à participer à la procédure en vue de définir ou de développer les solutions de nature à répondre à ses besoins, sur la base desquelles ces candidats sont invités à remettre une offre.

Les procédures *adaptées* sont utilisables soit en dessous des seuils d'application des directives européennes, soit pour des marchés ayant certains objets particuliers (marchés de services juridiques, par exemple). Dans ce cas, l'acheteur détermine librement les modalités de passation du marché, dans le respect des principes de la commande publique, « en fonction de la nature et des caractéristiques du besoin à satisfaire, du nombre ou de la localisation des opérateurs économiques susceptibles d'y répondre ainsi que des circonstances de l'achat » (CCP, art. R. 2123-4).

Enfin, l'acheteur peut passer un marché *sans publicité ni mise en concurrence préalable* dans certains cas fixés par décret en Conseil d'État (CCP, art. L. 2122-1), et, notamment, quand le montant du marché est inférieur à 40 000 euros HT (CCP, art. R. 2122-8).

2. Concessions de travaux et de services

784 **Évolution. –** Jusqu'à ces dernières années, l'opposition entre les contrats du type concession et les marchés était nette. L'exécution du service public (souvent précédée de la réalisation des ouvrages nécessaires à cet effet) est une opération complexe qui met en jeu beaucoup de paramètres et suppose que l'administration, seul juge de l'organisation du service public, dispose d'une grande liberté pour fixer les obligations imposées au délégataire. Elle négociait donc avec qui elle voulait, donnait le contenu qui lui semblait le plus justifié au cahier des charges et déléguait le service public *intuitu personae*[116].

Cet état du droit a progressivement changé à partir de la fin des années 1980 sous l'effet d'une double évolution du droit de l'Union européenne et du droit français, motivée, principalement, par la préoccupation d'assurer une égale concurrence entre les entreprises pour l'attribution de ces contrats. À cette fin, à partir de 1989, les directives relatives aux marchés ont imposé des obligations de publicité préalable à la passation des concessions de travaux dépassant un certain seuil. Transposées en droit français, ces directives ne concernaient pas les concessions de services « pures » (c'est-à-dire sans ou avec peu de travaux), nombre d'États membres étant attachés au principe du libre choix du concessionnaire. Ces contrats étaient néanmoins soumis aux règles fondamentales des traités et, en particulier, au principe de non-discrimination à raison de la nationalité, ce principe impliquant une obligation de transparence et par là même une publicité préalable[117]. Du côté du droit français, la loi n° 93-122 du 29 janvier 1993, dite « Loi *Sapin* », est venue soumettre l'ensemble des contrats de délégation de service public, qu'ils soient ou non des concessions de service au sens du droit de l'Union européenne, à des obligations de publicité préalable. La jurisprudence du Conseil d'État a en outre imposé que ces mêmes délégations se conforment aux principes généraux de la commande publique (liberté d'accès, égalité de traitement des candidats, transparence de procédures)[118].

La directive 2014/23/UE du 26 février 2014 sur l'attribution des contrats de concession régit désormais l'ensemble des concessions, qu'elles soient de travaux ou de services et cette distinction n'a aucune incidence sur le régime de passation applicable ; comme en matière de marchés, les règles de la directive ne sont applicables qu'au-delà d'un seuil (variable selon les contrats et périodiquement révisé) et ne concernent pas certaines concessions à raison de leur objet (par exemple, dans le secteur de l'eau). L'ordonnance n° 2016-65, son décret d'application n° 2016-86

116. V. CE, ass., 16 avr. 1986, *CLT*, R. 96, *RDP* 1987.857, concl. O. Dutheillet de la Mothe (« il est de règle que le concédant a le libre choix du concessionnaire (...). En l'absence de dispositions législatives dérogeant à ce principe (...), le gouvernement pouvait accorder (...) une concession (...) sans avoir au préalable mis cette société en concurrence avec d'autres entreprises susceptibles d'exploiter un tel service », et sans que le juge administratif puisse apprécier l'opportunité du choix du concessionnaire).

117. CJCE, 7 déc. 2000, *Telaustria Verlags GmbH*, R. I 10745, *AJDA* 2001. 106, note L. Richer.

118. CE, 23 déc. 2009, *Établissement public du musée et du domaine national de Versailles*, préc.

du 1er février 2016, qui transposent la directive, s'appliquent, quant à eux, à toutes les concessions, de travaux ou de services (y compris notamment celles qui sont exclues du champ d'application de la directive du 26 février 2014, à raison de leur montant), parce que, toutes doivent, du point de vue du droit national, respecter les principes de la commande publique. Ces textes ont été codifiés dans le Code de la commande publique. Ce dernier englobe même certaines concessions, qui étaient exclues du champ de l'ordonnance (v. art. 13 et s.), dans le livre II de sa troisième partie intitulée « Autres concessions ». Il est vrai que tout en étant comprises dans le code, ces « autres concessions » échappent largement aux règles normalement applicables aux concessions, qu'elles concernent la passation ou l'exécution du contrat. Elles n'en doivent pas moins respecter les principes fondamentaux de la commande publique[119].

785 **Traits généraux. –** De manière générale, les règles aujourd'hui posées par le Code de la commande publique encadrent davantage qu'auparavant la passation des concessions, en s'inspirant de celles qui valent pour les marchés mais demeurent moins contraignantes que celles-ci. Les concessions conservent donc une réelle spécificité procédurale. Par ailleurs, si le régime applicable repose sur un socle de règles communes à l'ensemble des concessions, il comporte aussi des différenciations. En premier lieu, le Code de la commande publique distingue entre les concessions entrant dans le champ de la directive 2014/23 et celles qui n'y entrent pas : les premières obéissent à des règles plus strictes que les secondes. En second lieu, les concessions portant sur la gestion d'un service public conservent un particularisme procédural, à vrai dire fort limité. Enfin, les délégations de service public passées les collectivités territoriales, leurs groupements et leurs établissements publics conservent certaines spécificités qui remontent à la loi du 29 janvier 1993 (v. art. L. 1411-1 et s., R. 1411-1 et s. CGCT) : l'assemblée délibérante doit approuver le principe même d'une délégation et c'est une commission dite de « délégation de service public » qui dresse la liste des candidats admis à présenter une offre.

786 **Déroulement. –** En principe, il incombe d'abord à l'autorité concédante de rendre public le contrat qu'elle se propose de conclure, par la publication d'un « avis de concession », afin de « susciter la plus large concurrence » (CCP, art. L. 3122-1) parmi les opérateurs économiques intéressés. Le principe est ensuite que « l'autorité concédante organise librement la procédure qui conduit au choix du concessionnaire » (CCP, art. L. 3121-1). Mais cette liberté est encadrée par le respect dû aux principes de la commande publique et aux dispositions édictées par le Code de la commande publique, dans lesquelles le schéma général de la procédure de passation des marchés se retrouve. Ainsi, dûment informés par la publication de l'« avis de concession », les entreprises intéressées doivent, dans un certain délai, présenter leurs candidatures et leurs offres. Il revient alors à l'autorité de déterminer parmi les candidats, ceux qu'il convient d'écarter, soit parce qu'ils se trouvent dans un cas qui rend légalement obligatoire ou facultatif leur exclusion (ces cas sont les mêmes qu'en matière de marchés), soit parce qu'ils ne satisfont pas aux conditions de participation

119. CE, 15 déc. 2017, n° 413193, *Synd. Mixte de l'aéroport de Lannion- Côte de Granit*, *CMP* 2018, comm. 46, note P. Pietri (à propos d'une concession exclue du champ de l'ordonnance du 29 janv. 2016).

à la procédure de passation qui ont été imposées par l'acheteur. Celles-ci ne peuvent avoir pour objet que de garantir que les candidats « disposent de l'aptitude à exercer l'activité professionnelle, de la capacité économique et financière ou des capacités techniques et professionnelles nécessaires à l'exécution du contrat de concession » (CCP, art. L. 3123-18). Toutefois, lorsque la gestion d'un service public est concédée, ces conditions peuvent également porter sur l'aptitude des candidats à assurer la continuité du service public et l'égalité des usagers devant le service public. Par ailleurs, une concession peut être passée selon une procédure restreinte (CCP, art. R. 3123-11 et 12). Dans ce cas, l'autorité concédante décide de limiter le nombre de candidats admis à présenter une offre en appliquant des critères de sélection non discriminatoires, liés à l'objet du contrat et relatifs à leurs capacités et à leurs aptitudes. L'autorité concédante a ensuite la possibilité d'organiser librement une négociation avec un ou plusieurs soumissionnaires, qu'elle sélectionne en faisant application des critères d'attribution de la concession indiqués aux candidats par l'autorité concédante. Cette dernière n'est pas totalement libre dans le choix de ces critères. Il résulte en effet de l'article L. 3124-5 du Code de la commande publique que le contrat « est attribué au soumissionnaire qui a présenté la meilleure offre au regard de l'avantage économique global pour l'autorité concédante sur la base de plusieurs critères objectifs, précis et liés à l'objet du contrat de concession ou à ses conditions d'exécution ». Ces critères ne doivent pas, selon le même texte, avoir pour effet de conférer une liberté de choix illimitée à l'autorité concédante et doivent garantir une concurrence effective.

3. Les contrats d'occupation du domaine public

787 Traditionnellement, la passation des contrats d'occupation du domaine public n'obéissait à aucune procédure contraignante. Cette solution avait été récemment réaffirmée par le Conseil d'État : « aucune disposition législative ou réglementaire ni aucun principe n'imposent à une personne publique d'organiser une procédure de publicité préalable... à la passation d'un contrat » ayant pour seul objet de donner le droit d'occuper le domaine public et cela, « même lorsque l'occupant de la dépendance domaniale est un opérateur sur un marché concurrentiel »[120].

Cette solution n'était qu'en partie convaincante. Il est bien certain que les contrats considérés, dès lors qu'ils n'ont pas pour objet de répondre aux besoins de la collectivité publique (aucune prestation n'est commandée à l'occupant) ne sont pas des contrats de la commande publique et ne sauraient donc être assujettis à ce titre à des obligations de publicité et de mise en concurrence. Toutefois, quand ils sont conclus « avec un opérateur sur un marché concurrentiel », les contrats d'occupation du domaine public l'habilitent à exercer sur celui-ci une activité économique. Le respect de la libre et égale concurrence exige alors que leur passation soit soumise à des règles de publicité et de mise en concurrence. La Cour de justice de l'Union a statué dans ce sens[121]. L'ordonnance n° 2017-562 du 19 avril 2017 relative à la propriété des personnes publiques est venue conformer le droit français à ces exigences.

120. CE sect. 3 déc. 2010, *Ville de Paris et Association Paris Jean Bouin*, préc.

121. CJUE (5e ch.), 14 juill. 2016, *Promoimpresa srl*, aff. C-458/14 et C-67-15, *AJCT* 2017. 109, obs. O. Didriche, *AJDA* 2017. 2176, note R. Noguellou, *BJCP* 2016, n° 110, p. 37, obs. Ph. Terneyre, *CMP*

Le principe est désormais que, sauf disposition législative contraire, la conclusion des contrats (comme d'ailleurs l'édiction des actes unilatéraux) qui ont pour objet de permettre à leur titulaire d'occuper ou d'utiliser le domaine public en vue d'une exploitation économique doit être précédée d'une « procédure de sélection préalable présentant toutes les garanties d'impartialité et de transparence et comportant des mesures de publicité permettant aux candidats potentiels de se manifester » (CGPPP, art. L. 2122-1-2). On le voit, le fondement du principe en détermine le champ d'application : dès lors qu'il s'agit pour l'essentiel d'assurer l'égalité de traitement entre les opérateurs économiques et, par là, de ne pas fausser la concurrence, l'obligation d'une publicité et d'une sélection préalable ne vaut que dans le cas où l'occupation du domaine public est autorisée en vue de l'exercice d'une activité économique. Dans le cas contraire, la passation du contrat demeure affranchie de toute contrainte procédurale. Par ailleurs, c'est à l'autorité compétente d'organiser librement cette procédure (CGPPP, art. L. 2122-1-2). Le régime applicable aux contrats autorisant l'occupation du domaine public demeure donc beaucoup moins contraignant que celui des contrats de la commande publique. Cela est d'autant plus vrai que, dans deux cas, seule est imposée une publicité préalable à la passation du contrat, « de nature à permettre la manifestation d'un intérêt pertinent et à informer les candidats potentiels sur les conditions générales d'attribution » (CGPPP, art. L. 2122-1-1). Il doit en être ainsi quand l'occupation autorisée est de courte durée (par exemple, pour une manifestation culturelle ou artistique) ou quand le nombre d'autorisations disponibles n'est pas limité, de telle sorte que le risque d'une atteinte à l'égalité de traitement des opérateurs économiques n'existe pas. Enfin, les règles posées par l'article L. 2112-1-2 admettent d'assez nombreuses exceptions (v. art. L. 2112-1-2 et 3), soit que l'autorisation d'occupation du domaine public s'insère dans une opération qui donne déjà lieu à une procédure de sélection, soit qu'une telle procédure soit pour divers motifs (dont les textes dressent une liste non limitative) impossible ou non justifiée.

4. Sanctions

788 La violation de ces différentes règles de mise en concurrence peut permettre la suspension de la procédure et interdire la signature du contrat (v. *infra*, n° 818). À défaut, elle est susceptible d'entraîner une remise en cause plus ou moins radicale du contrat conclu (v. *infra*, n° 819 et s.).

Le *Code pénal*, de plus, réprime les atteintes à l'égalité entre les candidats. Est punissable tout agent public ou élu qui, dans le cadre d'une prise illégale d'intérêts, a cherché à se procurer un avantage personnel à l'occasion notamment de la conclusion d'un contrat (art. 432-12 C. pénal). Un nouveau délit de « favoritisme » est même institué par l'article 432-14 qui réprime le fait de « procurer à autrui un avantage injustifié » en portant atteinte à la liberté d'accès et à l'égalité des candidats lors de la conclusion des marchés et délégations.

2017, Repère 11, note. F. Lorens et P. Soler-Couteaux, *RTD com.* 2017.51, obs. F. Lombard, *rev. UE* 2017. 231, chron. L. Lévi et S. Rodrigues.

D. LE CONTENU DU CONTRAT

789 La liberté contractuelle des parties est aussi encadrée quant au contenu même des contrats. Pour certains d'entre eux, il existe ainsi des documents contractuels dont l'éventuelle spécificité a pu soulever de délicates questions. Par ailleurs, en toute hypothèse, le contrat ne peut comporter certaines clauses qui seraient contraires aux normes générales supérieures.

1. Documents contractuels

790 **Marchés publics. –** En raison des masses financières en jeu, le code (art. 11 à 13) définit ce que sont les pièces constitutives du marché. Parmi celles-ci, peuvent notamment figurer les cahiers des charges qui déterminent les conditions dans lesquelles les marchés sont exécutés. Ils comprennent des documents généraux et des documents particuliers.

Les premiers sont des contrats-type, c'est-à-dire des modèles de contrat auxquels les parties peuvent se référer pour s'épargner la tâche de concevoir elles-mêmes l'ensemble des stipulations qui régiront leurs rapports. Ils sont de deux sortes. Les cahiers des clauses administratives générales fixent les dispositions administratives applicables à une catégorie de marchés (il en existe quatre : travaux, fournitures courantes et services, prestations intellectuelles, marchés industriels). Les cahiers des clauses techniques générales déterminent les dispositions techniques applicables à toutes les prestations d'une même nature (ils sont plus diversifiés que les précédents ; il en existe ainsi un pour les marchés de blanchissage et de nettoyage à sec des articles textiles...). Bien qu'approuvés par arrêté du ministre de l'Économie et des ministres intéressés (ils l'étaient même par décret avant le code de 2004), ces cahiers ne sont nullement obligatoires pour les parties : ces dernières ont seulement la faculté (dont elles usent souvent) de s'y référer et peuvent y déroger sur tel ou tel point (en l'indiquant dans les documents particuliers). Le caractère facultatif de ces documents ne les empêche pas d'ailleurs d'être susceptibles de recours pour excès de pouvoir en tant que « référence généralisée pour les marchés publics »[122].

Les documents particuliers sont également de deux sortes. Les cahiers des clauses administratives particulières fixent les dispositions administratives propres à chaque marché et les cahiers des clauses techniques particulières déterminent les dispositions techniques nécessaires à l'exécution des prestations de chaque marché.

791 **Concessions de service public. –** Une convention et un cahier des charges sont élaborés qui ne sont parfois que la reprise d'actes types obligatoires – ce qui ne peut jamais être le cas pour les collectivités locales depuis 1982, dont la liberté contractuelle s'est ici accrue – ou facultatifs[123]. Pour les collectivités locales,

122. Concl. C. Bergeal sur CE, sect., 27 mars 1998, *Soc. d'ass. La nantaise et L'angevine réunies*, R. 109, *RFDA* 1998.732. V. aussi CE, ass., 2 juill. 1982, *Cons. nat. Ordre des architectes*, R. 255, *AJDA* 1983.30, concl. Pauti.

123. V. par ex. art. L. 715-10 et R. 715-10-1 s. Code santé publique, et annexe D. n° 74-401, 9 mai 1974, *JO* 12 mai, p. 5081 (concession du service public hospitalier), D. n° 97-547 du 29 mai 1997, *JO* 30 mai, p. 8268, modifié (concession des aéroports de l'État).

l'article L. 1411-2 du Code général des collectivités territoriales fixe précisément certaines règles relatives au contenu du contrat. La convention porte essentiellement : sur l'organisation du service public vis-à-vis des usagers notamment et les rapports financiers entre le délégant et le délégataire. Il existe deux types de clauses.

Les *clauses « réglementaires »* qui, si elles ont le concessionnaire comme premier destinataire, concernent également l'ensemble des usagers du service. Le Conseil d'État, synthétisant, dans un sens plutôt restrictif, les conceptions jurisprudentielles et doctrinales établies, les a récemment et pour la première fois explicitement définies comme celles « qui ont, par elles-mêmes, pour objet l'organisation et le fonctionnement du service public »[124]. En d'autres termes, classiques mais toujours pertinents, ce sont « *d'une manière générale toutes les clauses qui, si le service était exploité en régie, figureraient dans le règlement de la régie* »[125]. Par exemple, elles sont notamment relatives aux conditions d'accès au service, au mode de desserte (s'agissant d'un service public de transport), au statut des usagers, aux tarifs perçus, voire aux éventuelles prérogatives de puissance publique conférées.

Les autres clauses, plus classiques, constituent le véritable *cœur contractuel* de la concession. Elles sont relatives aux rapports financiers entre délégant et délégataire : durée de la concession, avantages pécuniaires accordés au concessionnaire[126] (subventions, avances, garanties d'emprunts, engagement du concédant de lui réserver l'exclusivité de la délégation), clauses relatives à la réalisation des ouvrages nécessaires au fonctionnement du service[127]. Elles sont par définition inconcevables dans un service en régie.

La *nature juridique du contrat de concession de service public* a, dès lors, soulevé de délicates questions. S'agit-il pour le tout d'un acte contractuel avec des clauses au statut spécifique ou d'un acte mixte ? Dans cette dernière hypothèse, les stipulations relatives à l'équilibre financier de la concession seraient-elles seules de nature contractuelle, celles relatives à l'organisation du service public constituant un véritable acte administratif unilatéral ? Dans un premier temps, la jurisprudence admit que les usagers étaient à même, à l'appui d'un recours pour excès de pouvoir contre un refus de faire appliquer le cahier des charges de la concession, d'invoquer la violation de ces clauses « réglementaires ». Elles n'étaient, cependant, pas elles-mêmes attaquables en annulation[128]. C'est désormais le cas depuis 1996[129], pour les tiers au contrat et s'agissant des clauses qui portent une atteinte directe et certaine à leurs intérêts. Ces mêmes tiers sont recevables à attaquer, par la

124. CE, 9 févr. 2018, n° 404982, *Communauté d'agglomération Val d'Europe agglomération*, *AJDA* 2018.1168, note Q. Alliez, *CMP* 2018, comm. 88, note G. Eckert.

125. L Duguit, *Traité de Droit constitutionnel*, t. 3, éd. 1928, p. 446.

126. V. CE, 30 oct. 1996, *Wajs*, R. 387, *RFDA* 1997.726, concl. J.-D. Combrexelle (à propos des clauses financières – autres que les tarifs – dans le cadre des concessions d'autoroutes).

127. CE, 9 févr. 2018, n° 404982, *Communauté d'agglomération Val d'Europe agglomération*, préc.

128. **CE, 21 déc. 1906, *Synd. Propriétaires du quartier Croix-Seguey-Tivoli*,** R. 962, concl. J. Romieu ; CE, 16 avr. 1986, *CLT*, préc.

129. CE, ass., 10 juill. 1996, *Cayzeele*, R. 274 (examen de la légalité par le juge de l'excès de pouvoir, saisi par un tiers, d'une clause, divisible, relative à l'obligation imposée à certains usagers de disposer de conteneurs de fort volume).

voie du recours pour excès de pouvoir, le refus d'abroger de telles clauses à raison de leur illégalité[130]. Ces clauses apparaissent ainsi comme « réglementaires », à l'égard des tiers, sur lesquels, par exception au principe de l'effet relatif du contrat, elles produisent des conséquences juridiques directes. C'est pourquoi, elles sont « par nature divisibles de l'ensemble du contrat »[131] et se trouvent soumises, comme on vient de le voir, à certains aspects du régime contentieux des règlements. Néanmoins, dans les rapports entre les parties, elles restent de nature contractuelle. Elles résultent, en effet, de l'accord initial entre les parties et ne peuvent être modifiées que par elles, en dehors des pouvoirs de modification spécifiques attribués à la seule administration (v. *infra*, n° 802). Les parties qui méconnaissent une clause réglementaire engagent leur responsabilité contractuelle et non pas quasi délictuelle[132] et elles ne sont pas recevables à les attaquer par la voie du recours pour excès de pouvoir.

792 De façon comparable aux concessions de service public, le contrat par lequel plusieurs personnes publiques créent un groupement d'intérêt public est une véritable convention et non un acte administratif unilatéral, mais ses clauses « réglementaires » relatives à l'organisation du service public sont susceptibles de recours pour excès de pouvoir de la part des tiers[133]. Il s'agit, dans un cas comme dans l'autre, de tenir compte des effets de ces contrats sur des personnes autres que les parties, en dehors de tout consentement de leur part.

2. Clauses du contrat

793 **Clauses prohibées. –** Outre diverses clauses obligatoires qui s'imposent pour qu'il y ait un véritable contrat (objet, durée, rémunération précisément fixée) ou découlent des textes, notamment pour les délégations et les marchés publics, de nombreuses clauses sont prohibées. L'administration, dans l'exercice de son pouvoir contractuel, doit, ici aussi, *respecter les normes supérieures* – le « bloc de légalité » – qui découlent soit des lois et règlements, soit des règles générales applicables aux contrats administratifs. Les parties ne sauraient y déroger, indépendamment même des cas où il ne peut être conclu de contrat (v. *supra*, n° 727).

Ainsi selon l'article L. 420-3 du Code du commerce, « est nul tout engagement, convention ou clause contractuelle se rapportant à une pratique prohibée » par le code. Les marchés et délégations de services publics notamment ne doivent donc pas comporter des clauses qui auraient « pour effet de placer l'entreprise dans une situation où elle contreviendrait » aux règles françaises ou communautaires, en lui permettant d'abuser de sa position dominante[134]. De même, un contrat ne peut comporter des clauses considérées comme abusives par le Code de la consommation[135].

130. V. explicitant une solution antérieurement admise de manière implicite, CE, 9 févr. 2018, n° 404982, *Communauté d'agglomération Val d'Europe agglomération*, préc.

131. CE, sect., 8 avr. 2009, *Assoc. Alcaly et a.*, *AJDA* 2009.2437 et 2443, comm. P.-A. Jeanneney, *CMP* 2009, comm. 165, note W. Zimmer, *RFDA* 2009. 463, concl. N. Boulouis.

132. CE, 31 mai 1907, *Deplanque*, R. 513, concl. J. Romieu.

133. CE, 14 janv. 1998, *Synd. nat. du personnel...*, préc.

134. **CE, 3 nov. 1997, *Soc. Million...***, préc. *supra*, n° 455.

135. CE, sect., 11 juill. 2001, *Soc. Eaux du Nord*, préc. *supra*, n° 451.

En sens inverse, un contrat administratif où l'administration renonce à son pouvoir de résiliation unilatérale pour des raisons d'intérêt général est entaché de nullité[136]. Plus généralement, il est interdit aux personnes publiques de renoncer aux prérogatives dont elles disposent dans l'intérêt général au cours de l'exécution du contrat[137].

Mais, au nom de la liberté contractuelle, les parties, une fois ce minimum d'ordre public respecté, retrouvent leurs pouvoirs. Le réseau de légalité est moins strict que pour les actes unilatéraux. Ainsi, alors que la rétroactivité est interdite, en principe, pour de tels actes (v. *supra*, n° 661), le contrat peut comporter des stipulations à effet rétroactif dès lors qu'elles ne s'appliquent qu'aux parties et non aux tiers[138].

§ 2. L'EXÉCUTION DES CONTRATS ADMINISTRATIFS

794 Le contrat administratif est un contrat synallagmatique, avec comme en droit privé, un jeu réciproque de droits et d'obligations. Mais il participe de la mission d'intérêt général dont l'administration est chargée, ce qui conduit à une certaine inégalité dans les rapports contractuels. Les prérogatives de la puissance publique, pour garantir ainsi l'adaptation et la continuité du service public (A) sont cependant limitées par les droits reconnus au cocontractant, essentiellement en matière financière (B).

A. LES PRÉROGATIVES DE L'ADMINISTRATION

795 Les contrats et les cahiers des charges types auxquels ils se réfèrent reconnaissent en général des pouvoirs spécifiques à l'administration. Mais, profonde originalité, ceux-ci jouent même en l'absence de texte ou de stipulations expresses car les personnes publiques les détiennent, en tout état de cause, en vertu des règles générales applicables aux contrats administratifs. Bien plus, ces personnes ne sauraient valablement déroger à ces règles en renonçant aux « prérogatives [dont elles] disposent dans l'intérêt général au cours de l'exécution du contrat »[139]. Ces prérogatives sont ainsi d'ordre public et n'existent donc pas seulement dans le silence du contrat mais, le cas échéant, contre lui.

1. Pouvoir de contrôle

796 Des différents pouvoirs qui appartiennent aux personnes publiques en matière d'exécution des contrats administratifs, le pouvoir de contrôle est sans doute le

136. CE, sect., 6 mai 1985, *Ass. Eurolat*, R. 141, *RFDA* 1986.21, concl. B. Genevois (nullité d'une clause interdisant la résiliation d'un bail emphytéotique avant le remboursement complet des prêts).

137. CE, ass. 9 nov. 2016, n° 388806, *Société Fosmax*, *AJDA* 2016. 2368, chron. L. Dutheillet de Lamothe et G. Odinet, *RFDA* 2016. 1154, concl. G. Pélissier et 2017.111, note B. Delaunay, *BJCP* 2017, n° 110, p. 3, chron. R. Noguellou, *CMP* 2017, comm. 25, note P. Devilliers.

138. V. CE, sect., 19 nov. 1999, *Féd. synd. FO*, préc.

139. CE, ass. 9 nov. 2016, n° 388806, *Société Fosmax,* préc.

moins assuré[140]. Deux incertitudes, génératrices de désaccords doctrinaux, l'affectent : il est douteux qu'il constitue une règle générale applicable aux contrats administratifs ; la notion même de contrôle peut être prise en plusieurs sens, qui impliquent des pouvoirs plus ou moins étendus au profit de l'administration. Ces deux points sont liés : il paraît aventureux d'ériger en règle générale un pouvoir dont la teneur est équivoque. C'est dire que l'évolution récente de l'état du droit, qui paraît aller dans le sens de la reconnaissance d'un pouvoir de contrôle dans tout contrat administratif, devrait s'accompagner d'une détermination plus précise de sa portée.

797 Il est fréquent et même de plus en fréquent que, soit les textes, soit les stipulations du contrat confèrent à la personne publique des prérogatives lui permettant de contrôler l'exécution de ses obligations par son cocontractant, par exemple en imposant à ce dernier de lui communiquer les informations nécessaires à un tel contrôle. Ainsi, aux termes de l'article L. 3131-5 du CGCT, « le concessionnaire produit chaque année un rapport comportant notamment les comptes retraçant la totalité des opérations afférentes à l'exécution du contrat de concession et une analyse de la qualité des ouvrages ou des services ». De plus, lorsque la gestion d'un service public est concédée, ce rapport doit permettre aux autorités concédantes « d'apprécier les conditions d'exécution du service public ». Néanmoins, il demeure important, notamment du point de vue de la théorie générale du contrat administratif, de déterminer si un tel droit de contrôle existe même dans le silence des textes et du contrat, en vertu des règles générales applicables au contrat administratif. La majorité de la doctrine opine dans ce sens. Pourtant, la jurisprudence ne l'a jamais dit explicitement. Les arrêts cités en faveur de la thèse majoritaire ne visent jamais que certains contrats (spécialement les concessions de service public et les marchés de travaux publics) et, parfois, certaines mesures de contrôle. C'est particulièrement le cas de l'arrêt d'assemblée *Commune de Douai*[141], qui se borne à juger « qu'il résulte des principes mêmes de la délégation de service public que le cocontractant du concédant doit lui communiquer toute information utile sur les biens de la délégation ». De ce motif, il est seulement permis d'inférer que, dans les concessions de service public, le concédant dispose du droit de se voir communiquer les informations utiles au contrôle de l'exploitation du service public concédé. En outre, d'autres arrêts vont à l'encontre de la thèse majoritaire, sans permettre de l'infirmer radicalement, puisqu'ils jugent seulement illégales, faute de texte ou de stipulations contractuelles, certaines mesures de contrôles telles que l'approbation préalable des actes du cocontractant[142]. Néanmoins, il paraît bien qu'une disposition législative récente, l'article L. 6 du Code de la commande publique, abonde dans le sens de la position doctrinale dominante. En effet, après avoir affirmé que les contrats de la commande publique passés par une personne publique présentent un caractère administratif, ce texte poursuit en

140. Sur cette question v. l'excellente étude d'A. Roblot-Troizier, « Le pouvoir de contrôle de l'administration à l'égard de son cocontractant », *RFDA* 2007, p. 990 et s.

141. CE, ass. 21 déc. 2012, nº 342788, Rec. 477, *AJCT* 2013. 91, obs. O. Didriche, *AJDA* 2013. 457, chron. X. Domino et A. Bretonneau et 724, étude E. Fatôme et Ph. Terneyre, *D.* 2013. 252, obs. D. Capitant, *RFDA* 2013. 25, concl. B. Dacosta et 513, étude L. Janicot et J.-F. Lafaix.

142. P. ex. : CE, 3 avr. 1925, *Ville de Mascara*, Rec. 382 ; CE, 18 juill. 1930, *Compagnies PLM et autres*, *RDP* 1931. 141, concl. Josse.

énonçant qu'« à ce titre », c'est-à-dire en tant qu'ils sont des contrats administratifs, ces contrats sont soumis à un certain nombre de règles. Or, parmi celles-ci, figure, notamment, celle selon laquelle « l'autorité contractante exerce un pouvoir de contrôle sur l'exécution du contrat ». Par conséquent, si ce texte ne reconnaît un pouvoir de contrôle que pour les contrats de la commande publique de nature administrative, la justification qu'il en donne, à savoir, précisément, cette nature administrative, implique que ce pouvoir est bien une règle générale applicable à l'ensemble des contrats administratifs.

798 Encore faut-il alors déterminer quelle est la substance de ce pouvoir. L'article L. 6 du Code de la commande publique se garde de le faire, qui se borne à préciser, à cet égard, que le contrôle s'exerce « selon les modalités fixées par le présent code, des dispositions particulières ou le contrat ». Il semble que, pour s'étendre à l'ensemble des contrats administratifs, le pouvoir de contrôle ne saurait avoir qu'une intensité assez faible. Il doit s'entendre comme le droit pour l'autorité compétente de surveiller la bonne exécution des obligations de son cocontractant et de prendre les mesures nécessaires et proportionnées à cette fin, telles que communication de documents ou visites sur place. Il est ensuite concevable que, comme le suggère l'expression « principes de la délégation » utilisée par l'arrêt *Commune de Douai*, la nature même de certaines catégories de contrats administratifs implique, même dans le silence de leurs clauses ou des textes qui les régissent, un droit de contrôle plus étendu mais, par hypothèse, limité à un type de contrats. C'est ainsi que la jurisprudence reconnaît que, dans les marchés de travaux publics, la personne publique dispose, de plein droit, d'un pouvoir de contrôle et de direction qui l'habilite non seulement à surveiller l'exécution du contrat, mais aussi à en assurer la direction technique, notamment en prescrivant certaines modalités d'exécution non prévues par le contrat[143].

2. Pouvoir de sanction

799 Même dans le silence du contrat (sauf pour les sanctions pécuniaires, v. *infra*, n° 800), l'administration contractante détient le pouvoir d'infliger des sanctions au cocontractant pour cause d'inexécution ou de mauvaise exécution de ses obligations, afin d'assurer en toutes circonstances, la protection de l'intérêt général. En particulier, le pouvoir de prononcer les sanctions coercitives (v. *supra*, n° 733) a été, à la fois, explicitement rattaché aux « règles générales applicables aux contrats administratifs » et présenté comme une règle d'ordre public à laquelle les personnes publiques ne peuvent valablement renoncer[144].

800 **Catégories de sanction. –** Trois catégories de sanctions peuvent être prononcées ; les sanctions pécuniaires, les sanctions coercitives et les sanctions résolutoires.

143. V. p. ex. CE, 22 févr. 1952, *Société pour l'exploitation des procédés Ingrand*, Rec. 130.

144. CE, ass. 9 nov. 2016, n° 388806, *Société Fosmax*, préc. CE, 14 févr. 2017, n° 405157, *Grand port maritime de Bordeaux et Sté de manutention portuaire d'Aquitaine*, préc. ; CE, 18 déc. 2020, n° 433386, *Société Treuils et Grues Labor*, *AJDA* 2021. 1146, note Q. Aliez, *Contrats-Marchés publ.* 2021, n° 3, comm. 74, note H. Hoepffner, *JCP* A 2021, n° 5, comm. 2036, chron. J. Martin, G. Pélissier et M. Gabayet, n° 9, comm. 2068, note F. Linditch.

Les sanctions pécuniaires consistent en pénalités applicables le plus souvent en cas de retard d'exécution, plus rarement pour d'autres manquements. Elles doivent être prévues par le contrat. Ici, donc, par exception au principe énoncé plus haut, le pouvoir de sanction de l'administration ne peut exister sans clause contractuelle expresse. La raison en est la nécessité, du point de vue de la sécurité juridique, de déterminer à l'avance le taux des pénalités susceptibles d'être appliquées.

Les sanctions coercitives, quant à elles, sont destinées à assurer l'exécution du contrat malgré la défaillance du cocontractant. Pour surmonter cette défaillance, l'administration, sans rompre le contrat (et sans avoir besoin de résilier ce dernier au préalable), se substitue ou substitue un tiers au cocontractant défaillant. L'exécution du contrat sera ainsi poursuivie aux frais et risques de ce dernier. Les sanctions coercitives ainsi caractérisées sont notamment la mise sous séquestre des concessions et contrats voisins, la mise en régie du marché de travaux publics et l'exécution par défaut du marché de fournitures ou de services.

La puissance publique est enfin à même de *résilier* unilatéralement le contrat pour faute suffisamment grave du cocontractant. Ce pouvoir, qui n'a pas (encore ?) été explicitement rattaché aux règles générales applicables aux contrats administratifs, n'en existe pas moins dans le silence du contrat. En outre, une clause qui autorise une résiliation pour faute dans certaines hypothèses n'est pas limitative : il est toujours possible à l'administration de mettre fin au contrat quand le titulaire de ce dernier a commis une faute d'une gravité suffisante, alors même que celle-ci n'entrerait pas dans les cas prévus par le contrat[145].

Ce pouvoir comportait toutefois, jusqu'à récemment, une exception concernant les contrats de concession de service public : à défaut de clause contractuelle en ce sens, seul le juge pouvait prononcer la déchéance du concessionnaire[146]. Il avait été considéré que, dans ces contrats, qui supposent des investissements lourds, donner à l'administration une faculté de résiliation pour faute, lors même que les parties n'en auraient pas convenu, fragiliserait par trop la situation du cocontractant. Cependant, l'évolution récente du contentieux contractuel a ouvert à ce dernier un recours permettant de contester efficacement une résiliation qui ne serait pas justifiée (v. *supra*, n° 827). C'est sans doute pourquoi le Conseil d'État est récemment revenu sur sa jurisprudence pour admettre « qu'en l'absence même de stipulations du contrat lui donnant cette possibilité, le concédant dispose de la faculté de résilier unilatéralement le contrat pour faute »[147].

801 **Procédure et contrôle juridictionnel. –** Sauf urgence, ou pour les pénalités de retard qui ne font que constater le dépassement de l'échéance prévue, le prononcé de la sanction, obligatoirement motivée, doit être précédé d'*une mise en demeure* d'exécuter, ce qui permet au cocontractant de présenter ses observations. Et le juge contrôle la nécessité des sanctions, leur adéquation tant avec l'objet du contrat qu'avec la gravité des faits reprochés. Quand elles ont été prononcées à tort, il n'a pas le pouvoir de les annuler mais seulement celui d'accorder des dommages-intérêts au

145. CE, 18 déc. 2020, n° 433386, *Société Treuils et Grues Labor*, préc.

146. CE, 17 nov. 1944, *Ville d'Avallon*, R. 294 ; CE, 25 mars 1991, n° 90747, *Copel*, R. tables, 1045.

147. CE, 12 nov. 2015, *Société Le jardin d'acclimatation,* n° 387660, *AJDA* 2016. 908, note Roux et 911, note Marcantoni.

requérant ou, en cas de résiliation, d'ordonner la reprise des relations contractuelles (v. *infra*, n° 827). Sur demande d'une partie (et non d'office), il peut également moduler le montant des pénalités, à titre exceptionnel, quand celui-ci est manifestement excessif ou dérisoire eu égard au montant du marché ou aux recettes prévisionnelles de la concession (y compris les subventions versées par l'autorité concédante), et compte tenu de la gravité de l'inexécution constatée[148].

3. Pouvoir de modification unilatérale

802 *L'article 1103 C. civ.* (issu de l'ordonnance n° 2016-131 du 10 février 2016, qui succède au vénérable article 1134) prévoit que les « contrats légalement formés tiennent lieu de loi à ceux qui les ont faits », ce qui interdit – dans la logique d'une relation contractuelle fondée sur l'égalité des parties – toute modification des termes du contrat par l'une d'entre elles sans l'accord de l'autre (C. civ., art. 1193).

L'application d'une telle règle en droit administratif soulève cependant de réels problèmes. Comment faire évoluer, faute d'accord concrétisé dans un avenant, le contrat en fonction des nécessités de l'intérêt général ?

L'exemple suivant illustre bien cette difficulté[149]. Une commune avait donné, par concession à une compagnie de gaz, l'exclusivité de l'éclairage de la ville. Fallait-il s'interdire, par la suite, de recourir à l'éclairage électrique en raison des termes du contrat ? Le Conseil d'État, dans le silence des parties, se fonde sur leur commune intention : la compagnie du Gaz garde le privilège de l'éclairage par tous moyens, mais en cas de refus de recourir à l'électricité, la commune est en droit de conclure une nouvelle concession avec un tiers à cet effet. Solution encore rattachée, même fictivement, à l'accord contractuel.

Par la suite, après un premier arrêt à la portée incertaine[150], le pouvoir de modification unilatérale des contrats, dans l'intérêt du service public, inhérent au régime du contrat administratif et existant même sans texte, fut clairement reconnu par le juge[151].

Bien que le cocontractant ne puisse obtenir l'annulation de la modification, deux garanties fondamentales existent. La modification ne doit *pas porter atteinte à l'équilibre financier* car celui-là a droit à la compensation intégrale des surcoûts mis à sa charge et des profits éventuellement perdus[152]. Et il peut obtenir des dommages et intérêts supplémentaires en cas de modification non justifiée par des

148. Initialement admis en 2008 (CE, 29 déc. 2008, *Office public d'habitations à loyer modéré (OPHLM) de Puteaux*, R. 479, *JCP A* 2009, 2050, note F. Linditch, *Dr. adm.* 2009, comm. 70, note J.-B. Bousquet ; *RJEP* 2009, comm. 14, concl. B. Dacosta ; *Contrats-Marchés publ.* 2009, comm. 40, note G. Eckert ; *AJDA* 2009. 268, note J.-D. Dreyfus ; *BJCP* 2009, p. 123, concl. B. Dacosta) ce pouvoir de modulation a été précisé dans un sens restrictif en 2017 (CE, 19 juill. 2017, n° 392707, *Centre hospitalier départemental de psychiatrie de l'enfant et de l'adolescent*, *AJDA* 2018. 116, note R. Souche, *BJCP* 2017, p. 388, concl. G. Pélissier, *CMP* 2017, n° 10, p. 39, note M. Ubaud-Bergeron, *JCP* A 2017, comm. 2222, note J. Martin) et, dans une moindre mesure, en 2020 (CE, 12 oct. 2020, *Commune d'Antibes*, *AJDA* 2020. 1934, *JCP* A 2021, comm. 2021, note J. Martin, *Contrats-Marchés publ.* 2020, comm. 334, note G. Eckert).

149. **CE, 10 janv. 1902, *Cie nouv. de gaz de Déville-lès-Rouen*, R. 5.**

150. **CE, 21 mars 1910, *Cie gén. fr. des Tramways***, R. 216, concl. L. Blum (arrêt où la modification des conditions d'exécution du contrat était fondée sur les dispositions d'un texte réglementaire express).

151. CE, 2 févr. 1983, *Union des transports publics et urbains*, R. 33.

152. CE, sect., 27 oct. 1978, *Ville de Saint-Malo*, R. 401.

motifs d'intérêt général, ou même demander la résiliation, le cas échéant aux torts de l'administration, en cas de transformation trop importante des stipulations contractuelles[153].

De ce point de vue, la situation est donc très différente de la modification d'un acte unilatéral réglementaire, voire individuel, elle, toujours possible sans aucun droit à indemnisation.

Enfin, pour les *conventions passées entre collectivités publiques* qui portent sur l'organisation du service public, les cocontractants sont à même de saisir le juge du contrat afin qu'il annule les modifications irrégulières. Sans interdire ce pouvoir de modification, nécessaire pour assurer le cas échéant, l'exécution du service public, les pouvoirs du juge renforcent les garanties de bonne exécution du contrat[154].

4. Pouvoir de résiliation pour des raisons d'intérêt général

803 Outre la résiliation-sanction (v. *supra*, n° 800) et celle prononcée à la demande du cocontractant en raison des transformations survenues dans l'exécution des prestations (v. *supra*, n° 802), cette forme de résiliation présente des caractéristiques très originales. Au nom des impératifs du service public en particulier, l'administration doit pouvoir le réorganiser à tout moment, ce qui conduit parfois à la résiliation de la convention en dehors de toute faute contractuelle. Ce pouvoir, utilisable pour tous les contrats, y compris les concessions[155], constitue le type même de la clause exorbitante du droit commun lorsqu'il est prévu par le contrat (v. *supra*, n° 755) et existe même sans texte.

La résiliation obéit aux règles suivantes :

— elle peut être prononcée par voie réglementaire[156] ;

— elle doit être fondée sur de réelles raisons d'intérêt général, ce que le juge peut contrôler[157] ;

— en principe, le cocontractant a droit à l'*indemnisation intégrale* du dommage subi, ce qui comprend non seulement les dépenses exposées et, notamment, le coût des investissements réalisés mais aussi le manque à gagner correspondant aux profits qu'il aurait réalisés si le contrat était allé jusqu'à son terme[158]. Toutefois, les parties peuvent valablement convenir d'autres règles d'indemnisation, sous la seule réserve de ne pas méconnaître l'interdiction faite aux personnes publiques

153. CE, 12 mars 1999, *SA Méribel*, R. 61, *BJCP* 1999.444 concl. C. Bergeal (résiliation aux torts de la commune en cas de modification importante du contrat sans compensation financière).

154. CE, sect., 31 mars 1989, *Départ. Moselle*, préc. (annulation de la décision du président du conseil général de modifier unilatéralement la convention de transfert de services conclue entre l'État et le département) ; CE, 13 mai 1992, *Cne Ivry-s-Seine*, R. 197 (annulation de la décision de l'État refusant de prendre en charge des dépenses de maintenance informatique prévues par un contrat passé avec une commune).

155. V. CE, ass., 2 févr. 1987, *Soc. TV6*, R. 28, *RFDA* 1987.29, concl. M. Fornacciari.

156. CE, ass., 2 mai 1958, *Distillerie de Magnac-Laval*, R. 246, *AJDA* 1958.II.282 concl. J. Kahn.

157. Cf. CE, 2 févr. 1987, préc. (annulation de la résiliation de la concession accordée à la société TV 6 fondée seulement sur les conséquences qu'aurait eu un projet de réforme de la législation audiovisuelle) ; CE, 22 avr. 1988, *Soc. France 5*, R. 157 (motifs d'intérêt général liés à la réorganisation du secteur audiovisuel).

158. CE, 23 mai 1962, *Min. Finances c/SFEI*, R. 342 ; CE, 31 juill. 2009, *Soc. Jonathan Loisirs*, préc.

de consentir des libéralités[159]. Trois conséquences s'ensuivent. La personne publique qui a décidé la résiliation ne saurait être tenue au versement d'une indemnité manifestement supérieure au préjudice subi, une clause stipulant une telle indemnité étant entachée d'une illicéité d'ordre public relevable d'office par le juge[160] ; le droit à réparation du cocontractant privé peut être librement limité ou même exclu[161] ; celui du cocontractant public ne peut être manifestement inférieur au préjudice ni *a fortiori* supprimé.

5. Pouvoir de résiliation à raison de l'irrégularité du contrat

804 Comme on le verra, le juge, saisi à cet effet par une partie ou par un tiers intéressé, a le pouvoir de mettre fin à un contrat illégal (v. *infra*, n° 819 et s.). Il est raisonnable que, dans le même cas, la personne publique contractante puisse elle-même résilier le contrat. La jurisprudence l'a, en effet, admis[162]. Cependant, la conception de cette résiliation pour irrégularité a connu une évolution riche de sens.

Dans une première étape, l'irrégularité d'un contrat, quelle qu'elle fût, a été considérée comme une variété particulière de motif d'intérêt général (celui qui s'attache au respect de la légalité, évidemment), à raison duquel l'administration pouvait exercer le pouvoir de résiliation qu'un tel motif justifie de manière générale (v. *supra*, n° 803)[163]. Cette manière de voir présentait toutefois deux inconvénients. Elle comportait d'abord, au bénéfice du cocontractant, le droit à être indemnisé de l'intégralité du préjudice causé par la fin anticipée du contrat, comprenant les pertes subies et le manque à gagner jusqu'au terme de celui-ci (v. *supra*, n° 803). Un tel régime d'indemnisation est mal adapté à la résiliation d'un contrat illégal, en particulier parce que l'exécution de ce dernier n'a pas vocation à être poursuivie jusqu'à son terme. En second lieu, la possibilité donnée à l'administration de résilier le contrat pour une illégalité quelconque était peu cohérente avec le réaménagement que l'équilibre entre sécurité et légalité a connu, au cours des dernières années, en matière contractuelle (sur ce point, qui a tout spécialement affecté le contentieux contractuel, v. *infra*, n° 816 et s.). En bref : si, longtemps, toute illégalité a été considérée comme imposant au juge de déclarer la nullité du contrat, il n'en est plus ainsi : l'annulation ou la résiliation juridictionnelle ne peut plus être prononcée que pour certaines illégalités, particulièrement graves. Que l'administration puisse faire disparaître le contrat pour une irrégularité quelconque alors que le juge ne le peut que sur le fondement de vices très sérieux n'est guère logique. En outre, l'intérêt général (lié, cette fois, à

159. V. CE, 4 mai 2011, *Chbre du commerce et de l'industrie de Nîmes, Uzès, Bagnole, Le Vigan*, *BJCP* 2011. 285, concl. B. Dacosta, *CMP* 2011, n° 7, 25, note Eckert, *Dr. adm.* 2011, n° 7, 23, note F. Brenet, *RDI* 2011, n° 7. 396, note S. Braconnier, *RJEP* 2011.36.

160. CE, 3 mars 2017, n° 392446, *Société Leasecom*, *AJDA* 2017.1678, note F. Lombard.

161. CE, 19 déc. 2012, *Sté AB Trans*, *Dr. adm.* 2013 comm. 42, note Colson.

162. Sur l'ensemble de cette question, v. D. Pouyaud, « La résiliation pour irrégularité du contrat administratif », *RFDA* 2021. 275.

163. CE, 10 juill. 1996, n° 140606, *Coisne*, *RFDA* 1997. 504, concl. C. Chantepy, note J.-C. Douence ; CE, 7 mai 2013, n° 365043, *Soc. auxilliaire de parcs de la région parisienne*, Rec. 137, *AJDA* 2013. 1271, chron. X. Domino et A. Bretonneau, *BJCP* 2013. 353, concl. B. Dacosta.

la stabilité des relations contractuelles) est désormais conçu comme pouvant commander le maintien d'un contrat en dépit de son illégalité (sur ces différents points, v. *infra*, nº 817 et s.). Il devient difficile, dans ces conditions, de présenter la décision de mettre fin à un contrat irrégulier comme procédant nécessairement d'un motif d'intérêt général.

Les faiblesses qui affectaient ainsi la position initiale de la jurisprudence ont conduit le Conseil d'État à réviser celle-ci dans son arrêt *Société Comptoir négoce équipements*[164]. La conception adoptée par cette décision comprend trois éléments. D'abord, l'irrégularité du contrat n'est plus considérée comme une espèce à l'intérieur du genre « motif d'intérêt général » mais comme un motif spécifique de résiliation unilatérale par l'administration. En d'autres termes, la résiliation pour illégalité d'une part et celle que justifie l'intérêt général de l'autre, sont désormais deux cas bien distincts. Ensuite, la personne publique contractante ne peut résilier le contrat que pour certaines illégalités, précisément celles dont « la gravité est telle que, s'il était saisi, le juge du contrat pourrait en prononcer l'annulation ou la résiliation ». En outre, comme devant ce juge (sur ce point, v. *infra*, nº 824), l'administration ne peut se prévaloir de telles illégalités, pour fonder sa décision de résilier, que « sous réserve de l'exigence de loyauté des relations contractuelles ». Il faut entendre par là que l'administration ne saurait invoquer une illégalité à elle imputable et ce dans le seul dessein de se délier de ses obligations. Enfin, le droit à l'indemnisation du contractant est ajusté au fait que la résiliation qui lui préjudicie a été prononcée pour mettre fin à un contrat illégal. Sur le terrain de l'enrichissement sans cause, l'intéressé peut prétendre au remboursement de celles de ses dépenses qui ont été utiles à la personne publique et cela pour la période postérieure à la résiliation (par exemple, même après celle-ci, le cocontractant peut être tenu de continuer à rembourser un emprunt contracté pour les besoins de l'exécution de ses obligations). En outre, si l'irrégularité du contrat résulte d'une faute de l'administration, le contractant peut obtenir réparation du préjudice que celle-ci lui a causé sur le terrain, cette fois, de la responsabilité extra-contractuelle (ses éventuelles propres fautes pouvant entraîner un partage de responsabilités, comme c'est généralement le cas pour la faute de la victime ; sur ce point, v. *infra*, nº 1143).

B. LES DROITS DES COCONTRACTANTS

805 **Plan. –** Le cocontractant a différents droits dans l'exécution du contrat. Droit notamment que les stipulations de celui-ci soient respectées et de façon plus générale que l'administration exécute le contrat de bonne foi. Droit aussi, et c'est évidemment essentiel, de retirer les avantages financiers qui résultent du contrat. Dans le cadre des prévisions contractuelles et des ordres de service complémentaires, il doit percevoir la rémunération fixée, versée soit par l'administration elle-même – ce qui pose d'ailleurs de délicates questions quant aux délais de règlement – soit par les usagers dans le cadre des délégations.

164. CE, 10 juill. 2020, nº 430864, *AJDA* 2021. 164, note J.-Ch. Rotouillé, Rec. 281, concl. G. Pélissier, *BJDCP* 2020. 320, concl. G. Pélissier, *Dr. adm.* 2020, nº 10, comm. 40, note F. Brenet.

Mais, originalité essentielle du contrat administratif, le cocontractant a surtout droit au rétablissement total ou partiel de l'équilibre financier, contrepartie de la mutabilité du contrat dans l'intérêt du service public.

Cet intérêt conduit également à écarter ou limiter, en matière de contrat administratif, les prérogatives qui, en droit privé, sont reconnues au contractant en cas d'inexécution de ses obligations par l'autre partie.

1. Le droit au rétablissement de l'équilibre financier du contrat

806 Le cocontractant s'est lié à l'administration en considération d'un certain équilibre entre les coûts et les gains que comporte pour lui le contrat. Au cours de l'exécution de celui-ci, des circonstances nouvelles ou l'action de l'administration peuvent venir rompre cet équilibre en alourdissant les charges du contractant. Celui-ci doit continuer à exécuter le contrat, sauf à compromettre la continuité du service ; seule une impossibilité absolue, force majeure ou fait de la personne publique est admise comme cause de non-exécution. Mais, en contrepartie, le cocontractant a le droit d'être indemnisé par l'administration, ce qui viendra rétablir l'équilibre financier du contrat. Selon les cas, ce rétablissement est total ou partiel.

a) Indemnisation totale du cocontractant

807 L'augmentation du volume et/ou du coût des prestations a des origines diverses.

808 **Sujétions imprévues. –** Le cocontractant a droit à être indemnisé quand du fait des *circonstances*, il a supporté une charge plus lourde que prévu. Pour remplir ses obligations, il a dû fournir des prestations supplémentaires (par exemple augmentation du nombre de mètres cubes de béton en cas de terrain spongieux). Si ces difficultés d'exécution ont un caractère exceptionnel et imprévisible, le partenaire de l'administration reçoit une indemnité qui, en l'absence de faute de sa part, couvre l'intégralité du préjudice subi et la totalité des frais engagés[165]. Cette solution, qui concerne essentiellement les marchés de travaux publics, s'applique même si le contrat stipule que l'exécution des prestations se fera quelles que soient les difficultés rencontrées, mais il faut en ce cas un véritable bouleversement des conditions d'exécution de la convention.

809 **Travaux indispensables. –** Les changements peuvent résulter d'une *initiative spontanée* de l'entreprise partenaire. Il est souhaitable que celle-ci exécute dans les meilleures conditions les tâches qui lui sont confiées, sans qu'elle soit empêchée de prendre la moindre initiative, faute d'ordre de service. À l'inverse, il serait dangereux que l'administration soit engagée financièrement par des partenaires qui en profiteraient pour augmenter leur chiffre d'affaires. L'exécution de tels travaux spontanés n'est donc admise qu'à titre exceptionnel, quand ils sont indispensables à la réalisation du projet. En ce cas, ils sont payés sur la base des conditions de prix fixés par le contrat[166].

165. Par ex. CE, 2 déc. 1964, *Port autonome de Bordeaux*, R. Tab. 936.
166. CE, sect., 17 oct. 1975, *Cne de Canari*, R. 516.

810 **Fait du prince. –** L'augmentation découle parfois du *comportement de l'administration*. Outre les hypothèses de faute commise par elle, dont elle doit répondre sur le plan pécuniaire, et les cas de modification unilatérale du contrat qui suppose toujours une indemnité à due concurrence (v. *supra*, n° 802), tel est le cas s'il y a fait du prince.

Celui-ci est reconnu quand la transformation des conditions d'exécution du contrat est due à la personne publique contractante qui agit en dehors des pouvoirs qui découlent des règles générales applicables au contrat administratif. Elle exerce ainsi une *compétence étrangère à sa qualité de partie* au contrat : les décisions qu'elle prend ont peut-être des effets sur l'exécution des stipulations contractuelles mais n'ont pas cet objet premier. Si le comportement de la puissance publique, en l'absence de toute faute de sa part, met en cause l'objet même du contrat ou en modifie un élément essentiel en fonction duquel celui-là a été conclu, le cocontractant a droit à une indemnisation intégrale.

Il est assez simple de vérifier que les mesures à portée particulière ont des répercussions immédiates, comme dans le cas où une commune met en place des installations nouvelles qui imposent à la société un surcroît de dépenses[167]. À l'inverse, quand la mesure a une portée générale, le droit à indemnisation disparaît le plus souvent. En effet, le cocontractant a subi, comme tous, une aggravation de sa situation, qui n'est nullement propre à sa personne[168]. Ce n'est qu'à titre exceptionnel qu'une compensation est possible, s'il y a disparition de l'objet ou mise en cause des conditions essentielles qui ont conduit les contractants à s'engager[169].

b) Indemnisation partielle du cocontractant

811 **Imprévision. –** Dans certaines circonstances, enfin, l'exécution du contrat, tout en restant possible, devient de plus en plus difficile pour l'une des parties, en raison des changements survenus depuis la conclusion du contrat. En *droit privé*, pendant plus d'un siècle, le juge considéra comme impossible, en raison des termes de l'article 1134 du Code civil, de remettre en cause les conditions d'exécution de la convention, quels que soient les événements ultérieurs[170]. Cette solution a été abandonnée par un arrêt du 16 mars 2004 selon lequel les parties contractantes doivent « prendre en compte une modification imprévue des circonstances économiques et ainsi renégocier les modalités (du contrat dans le cadre de) leur obligation de loyauté et d'exécution de bonne foi »[171]. L'article 1195 du Code civil, qui résulte de l'ordonnance n° 2016-131 du 10 février 2016, reprend en substance cette jurisprudence qui rejoint en partie les solutions adoptées, sur un fondement qui lui est propre, par le droit public. En droit public, en effet, ce sont les impératifs du service

167. CE, 23 avr. 1948, *Ville d'Ajaccio*, *RDP* 1948.603.

168. Par ex. CE, 17 juill. 1950, *Chouard*, R. 444 (charge due à l'augmentation des impôts locaux supportés par l'entreprise « dans les mêmes conditions que les autres entreprises exécutant des travaux pour la ville et que tous les contribuables de la commune »).

169. Par ex. CE, 28 nov. 1924, *Tanty*, R. 940 (indemnisation des conséquences de l'augmentation des prix du fourrage par décision de l'État, alors que ce prix « constituait dans la commune intention des parties, un des éléments essentiels du contrat »).

170. Cass. civ. 6 mars 1876, *D.* 1876.1.193 (affaire du canal de Craponne).

171. Cass. 1re civ., 16 mars 2004, n° 01-15804.

public qui, depuis le début du xxe siècle, ont conduit à amoindrir l'intangibilité des dispositions contractuelles. Refuser toute évolution en cas de circonstances imprévisibles eût conduit à mettre en péril la continuité même du service public alors qu'il faut, pour ce faire, motiver au contraire financièrement celui qui l'exécute. Aussi la jurisprudence de l'imprévision, bien que jouant très rarement, est particulièrement significative du régime du contrat administratif. Dans un arrêt du 30 mars 1916[172], le Conseil d'État a donc admis qu'en certaines hypothèses le cocontractant, qui avait rencontré des difficultés majeures pour exécuter un contrat de livraison de gaz en raison de la hausse vertigineuse des prix du charbon après l'occupation des mines de Lorraine par les troupes allemandes, avait droit à une indemnité *d'imprévision.*

812 **Conditions. –** Cette possibilité concerne tous les contrats, en dehors des prévisions contractuelles et suppose que certaines conditions soient réunies.

L'événement (guerre, crise économique majeure, catastrophe naturelle, etc.) doit tout d'abord avoir été réellement *imprévisible*, qu'il ait déjoué tous les calculs que les parties ont pu faire au moment du contrat alors même qu'existaient des clauses de révision des prix[173]. À l'inverse, si la situation était prévisible, les parties en supportent les aléas. Il doit, ensuite, être *extérieur* aux parties. Indépendant, en premier lieu, de la volonté de l'administration contractante, sinon s'appliquent les règles liées à la modification unilatérale du contrat ou au fait du prince, ce qui conduit à une indemnisation intégrale[174]. Indépendant aussi du cocontractant, sinon celui-ci devrait supporter les charges supplémentaires qu'il aurait contribué à accroître en ne prenant pas les mesures nécessaires pour les éviter.

Il faut enfin que ces circonstances imprévisibles aient entraîné un véritable *bouleversement* du contrat ; qu'au-delà d'un simple manque à gagner, il y ait un véritable déficit qui mette en péril son exécution même.

813 **Conséquences. –** Il s'agit d'assurer, en toutes circonstances, la continuité du service public. Le cocontractant doit exécuter le contrat et ne saurait, sauf force majeure, suspendre de lui-même ses obligations contractuelles en invoquant la difficulté dans laquelle il se trouve[175]. Mais, pour pouvoir respecter ses obligations, il obtient une indemnité fixée, en principe par accord entre les parties. À défaut, le juge la détermine en distinguant *aléa ordinaire et aléa extraordinaire.* Le premier, qui entrait dans les prévisions contractuelles, reste à la charge du partenaire de l'administration ; quant au second, une part généralement faible (de l'ordre de 10 %) est assumée par celui-là en fonction de sa situation financière, de la rapidité avec laquelle il a essayé de prendre des mesures destinées à surmonter les difficultés et de l'importance des bénéfices passés. L'autre part constitue l'indemnité d'imprévision qui lui est versée.

172. ***Cie du gaz de Bordeaux***, R. 125, concl. P. Chardenet.

173. Par ex. CE, sect., 5 nov. 1982, *Soc. Propétrol*, R. 380, *AJDA* 1983.259, concl. D. Labetoulle (premier choc pétrolier considéré, quel que fût le contenu du contrat, comme constitutif de circonstances imprévisibles).

174. CE, 15 juill. 1949, *Ville d'Elbeuf*, R. 359 (augmentation des prix décidée par l'État, extérieure aux parties, créant une situation d'imprévision et non de fait du prince).

175. Cf. CE, 5 nov. 1982, préc. (« La hausse du prix du pétrole eût autorisé la société, si elle avait *continué à remplir ses obligations contractuelles*, à présenter le cas échéant une demande d'indemnité d'imprévision »).

814 **Force majeure « administrative ». –** Enfin, cette indemnisation reste obligatoirement *temporaire*. Il s'agit d'aider l'entreprise à surmonter des difficultés passagères, quitte à renégocier un nouveau contrat par la suite. S'il est impossible de rétablir la situation, le déséquilibre permanent du contrat est assimilé à un cas de force majeure qui conduit à la résiliation de la convention décidée, faute d'accord, par le juge, et au versement d'une indemnité calculée comme en matière d'imprévision[176].

2. La limitation des prérogatives du cocontractant en cas d'inexécution de ses obligations par l'administration

815 Dans les contrats synallagmatiques de droit privé, quand l'un des contractants n'exécute pas ses obligations, son cocontractant est en droit de suspendre l'exécution des siennes, voire, en cas de « comportement grave », de résilier unilatéralement le contrat[177].

Au contraire, dans les contrats administratifs, ni l'exception d'inexécution ni la résiliation unilatérale ne peuvent jouer contre l'administration. Le Conseil d'État l'a récemment réaffirmé en termes généraux et fort nets dans un arrêt du 8 octobre 2014, *Société Grenke Location*[178] : « le cocontractant lié à une personne publique par un contrat administratif est tenu d'en assurer l'exécution, sauf cas de force majeure, et ne peut notamment pas se prévaloir des manquements ou défaillances de l'administration pour se soustraire à ses propres obligations ou prendre l'initiative de résilier unilatéralement le contrat ». Il peut seulement demander au juge de reconnaître la responsabilité contractuelle de l'administration et, pour les manquements les plus graves, de prononcer la résiliation du contrat. Cela est d'autant plus remarquable que l'inverse n'est pas vrai : l'administration peut, elle, opposer l'exception d'inexécution à son cocontractant ; comme on l'a vu (*supra*, n° 800), elle peut aussi résilier unilatéralement le contrat pour faute.

L'arrêt *Société Grenke Location* atténue toutefois quelque peu la portée du principe qu'il confirme. Il admet en effet que les parties peuvent valablement prévoir les conditions auxquelles le cocontractant de la personne publique pourra résilier unilatéralement le contrat en cas de méconnaissance par cette dernière de ses obligations. Cette possibilité est, toutefois, strictement encadrée. D'abord, elle est exclue dans les contrats qui ont pour objet l'exécution même du service public.

176. **CE, 9 déc. 1932,** ***Cie des Tramways de Cherbourg*****,** R. 1050, concl. P.-L. Josse (en raison d'un déficit « le concédant ne saurait être tenu d'assurer aux frais du contribuable le fonctionnement d'un service qui a cessé d'être viable ») ; CE, 14 juin 2000, *Cne de Staffelfelden*, R. 227 *BJCP* 2000.434, concl. C. Bergeal (résiliation d'un contrat de livraison d'eau se heurtant à un obstacle insurmontable en raison d'une grave pollution qui entraîne un triplement du prix de revient et indemnisation du concessionnaire à hauteur de 95 % du déficit d'exploitation qui en est résulté).

177. V. p. ex. Ph. Malaurie, L. Aynès et Ph. Stoffel-Munck, *Les obligations*, LGDJ, 6e éd., 2013, n° 858 et s. et n° 892.

178. *AJCA* 2014. 327, obs. J.-D. Dryefus, *AJCT* 2015. 38, obs. O. Didriche, *AJDA* 2015. 396, note F. Melleray, *BJCP* 2015. 3, concl. G. Pélissier, *D.* 2015.145, note S. Pugeault, *Dr. adm.* 2015 comm. 12, note F. Brenet, *JCP* A 2014.1623, note A. Sée, *RDI* 2015. 183, obs. N. Foulquier, *RFDA* 2015.47, note C. Pros-Phalippon.

Ensuite, le cocontractant, avant de résilier unilatéralement le contrat, doit mettre la personne publique à même de s'y opposer pour un motif d'intérêt général, tiré notamment des exigences du service public. Quand un tel motif est effectivement opposé, le cocontractant doit poursuivre l'exécution du contrat, un manquement de sa part pouvant entraîner une résiliation à ses torts exclusifs. Il lui est toutefois possible de contester ce motif devant le juge afin d'obtenir la résiliation du contrat.

§ 3. LE CONTENTIEUX DE L'OPÉRATION CONTRACTUELLE

816 **Traits généraux et plan. –** Le régime juridique du contentieux des contrats administratifs est dominé par la recherche d'un équilibre entre l'impératif de légalité et la protection des droits des tiers d'un côté, la stabilité des relations contractuelles, qui participe du principe de sécurité juridique, et l'intérêt général que sert le contrat, de l'autre. Le profond réaménagement contemporain de l'équilibre légalité/sécurité, le développement des pouvoirs du juge administratif, l'influence du droit de l'Union européenne expliquent que cette matière complexe, connaisse, depuis quelques années, de profondes mutations. Traditionnellement, le contentieux contractuel est un contentieux de pleine juridiction ouvert devant le juge du contrat aux seules parties. Mais des tiers peuvent être lésés par une opération contractuelle ; pour leur défense et celle de la légalité, une place, aujourd'hui assez limitée, a été faite au recours pour excès de pouvoir et surtout, plus récemment, diverses voies de droit, ressortissant aux procédures d'urgence ou au plein contentieux contractuel, ont été offertes à certains tiers. La diversité des recours qui en résulte se constate davantage dans le contentieux de la formation des contrats administratifs (A) que dans celui de leur exécution (B).

A. LE CONTENTIEUX DE LA FORMATION DES CONTRATS ADMINISTRATIFS

817 Malgré la variété des voies qui permettent de l'obtenir, la sanction de l'invalidité du contrat (2), résultant de la méconnaissance des règles qui en gouvernent la formation, reste aléatoire et vient parfois tard. Aussi, s'est-on préoccupé, en application d'exigences communautaires et pour les contrats les plus importants, de prévenir certaines illégalités jugées graves au moyen d'une procédure d'urgence : le référé précontractuel (1).

1. La prévention de l'invalidité du contrat : le référé précontractuel

818 Le référé précontractuel est une procédure qui, en vue de renforcer la libre concurrence dans l'attribution de certains contrats, permet au juge administratif des référés de prendre des *mesures d'urgence préventives*. En raison des exigences

posées par les directives communautaires « Recours »[179], le législateur français a mis en place un mécanisme permettant notamment au candidat évincé de disposer d'une voie juridictionnelle efficace et rapide, en cas de manquement aux obligations de publicité et de mise en concurrence auxquelles est soumise la passation de tous les « contrats administratifs ayant pour objet l'exécution de travaux, la livraison de fournitures ou la prestation de services, avec une contrepartie économique constituée par un prix ou un droit d'exploitation, ou la délégation d'un service public » (CJA, art. L. 551-1). Cette définition synthétique et élargie du champ d'application du référé précontractuel a été substituée à l'énumération antérieure des contrats par l'ordonnance n° 2009-515 du 7 mai 2009 (préc.) Elle simplifie l'état du droit antérieurement en vigueur, qui, privilégiant une liste matérielle des contrats concernés, posait certaines difficultés d'interprétation[180]. Le juge des référés, saisi avant la signature du contrat par « ceux qui ont intérêt à conclure le contrat et qui sont susceptibles d'être lésés par le manquement », a vingt jours pour statuer. Il peut ordonner de mettre en concurrence le projet envisagé, supprimer des clauses destinées à figurer dans le futur contrat, annuler certaines mesures d'exécution, voire l'ensemble de la procédure (CJA, art. L. 551-5). Il conserve à cet égard un large pouvoir d'appréciation et peut renoncer à de telles mesures s'il estime, en considération de l'ensemble des intérêts susceptibles d'être lésés et notamment de l'intérêt public que leurs conséquences négatives l'emportent sur leurs avantages. Conformément au texte même de la loi, le juge du référé précontractuel ne statue qu'au regard du respect des obligations de publicité et de mise en concurrence, le requérant ne pouvant, en outre, se prévaloir que des manquements qui l'ont effectivement lésé ou risquent de le léser, fût-ce indirectement[181] ; il ne peut statuer sur les éventuelles incompétences de l'auteur de l'acte, sur des irrégularités de la procédure d'autorisation de signature du contrat. Toutefois, quand une personne publique s'est portée candidate à l'attribution du contrat, il lui appartient de vérifier que l'exécution du contrat entre dans le champ de sa compétence et, s'il s'agit d'un établissement public qu'elle ne méconnaîtrait pas le principe de spécialité[182]. Au contraire, en principe, il n'appartient au juge du référé précontractuel de vérifier si le contrat entre dans le champ de l'objet social d'une personne privée candidate, sauf dans le cas où un texte a précisément défini les missions de cette personne[183].

179. Directives 89/665 du 21 déc. 1989 et 92/13 du 25 févr. 1992, modifiées par la directive 2007/66/CE du 11 déc. 2007, respectivement transposées en droit français par les lois n° 92-10 du 4 janv. 1992, n° 93-1416 du 29 déc. 1993 et une ordonnance n° 2009-515 du 7 mai 2009 et v. CJA, L. 551-1 et s.

180. V. par ex. CE, 1er avr. 2009, *Société des autoroutes du sud de la France*, *AJDA* 2009.684 (sur la compétence, ici reconnue, du juge pour connaître de la régularité des conditions de passation de contrats de travaux conclus par des sociétés d'autoroute, elles-mêmes titulaires d'un contrat de concession conclu avec l'État).

181. CE, sect., 3 oct. 2008, *Syndicat mixte intercommunal de réalisation et de gestion pour l'élimination des ordures ménagères du secteur Est de la Sarthe (SMIRGEOMES)*, *AJDA* 2008.1855, obs. Parot, 2161, chron. E. Geffray et S.-J. Liéber et 2374, étude P. Cassia, *RFDA* 2008.1128, concl. B. Dacosta et 1139, note P. Delvolvé.

182. CE, 18 sept. 2015, n° 390041, *Association de gestion du CNAM des Pays de la Loire*, AJDA 2016. 153, note T. Rombauts-Chabrol, revenant sur CE, 21 juin 2000, *Synd. Intercom. de la Côte d'Amour*, *RFDA* 2000.1031, concl. Bergeal, *CMP* 2000, n° 19 et 22, obs. F. Llorens.

183. CE, 4 mai 2016, *ADILE de Vendée*, n° 396590.

Pour assurer l'effectivité de la procédure et éviter que la saisine du juge ne conduise les parties à accélérer la conclusion du contrat (qui interdit au juge se statuer)[184], l'ordonnance du 7 mai 2009 interdit la signature du contrat jusqu'à la notification de la décision juridictionnelle au pouvoir adjudicateur (CJA, art. L. 551-4). La procédure contractuelle est ainsi automatiquement paralysée.

2. La sanction de l'invalidité du contrat

819 L'ordonnance du 7 mai 2009, transposant la directive « Recours » du 11 décembre 2007, introduit une nouvelle procédure de référé contractuel qui, entrée en vigueur le 1er décembre 2009, permet au juge d'intervenir en urgence après la signature du contrat (a). Cette procédure d'urgence n'a toutefois qu'une portée limitée et l'essentiel réside dans le partage des rôles entre le contentieux de pleine juridiction et celui de l'excès de pouvoir. Initialement réservée aux parties, la possibilité de contester la validité du contrat par un recours de plein contentieux porté devant le juge du contrat a été au cours des dernières années ouverte aux tiers (c). Cette évolution a entraîné une réduction de la place du recours pour excès de pouvoir qui avait, un temps, grandi (b).

a) Action en référé contractuel

820 Le référé contractuel concerne les mêmes contrats que le référé précontractuel (CJA, art. L. 551-13) mais, à la différence de celui-ci, il est formé après la signature du contrat. Plus précisément, il doit être introduit dans un délai de trente jours à compter de la publication de l'avis d'attribution du contrat ou, en l'absence d'une telle publication, de six mois à compter de la conclusion du contrat.

Cette nouvelle voie de droit a été instituée en vue de remédier aux insuffisances du référé précontractuel. Cette raison d'être commande sa conception. Le référé contractuel se présente comme un recours subsidiaire : normalement, le tiers lésé par des manquements aux obligations de publicité et de mise en concurrence doit agir préventivement grâce au référé précontractuel ; c'est seulement s'il n'a pas pu agir utilement par cette voie qu'il pourra emprunter celle du référé contractuel et cela en vue de faire sanctionner certaines irrégularités particulièrement graves.

On s'explique ainsi que le référé contractuel soit moins ouvert que le référé contractuel au double point de vue des personnes qui sont recevables à l'exercer et des manquements qui peuvent être invoqués.

Sur le premier point, le principe est certes que le référé contractuel peut être exercé par les mêmes requérants que le référé précontractuel (CJA, art. L. 551-14, al. 1). Mais ce principe connaît deux limites. D'une part, le demandeur ayant déjà fait usage du référé précontractuel ne peut, en principe, agir par la voie du référé contractuel, sauf quand certaines manœuvres de l'autorité publique ont empêché le référé précontractuel d'aboutir (notamment : signature du contrat en cours de procédure, non-respect de la décision rendue par le juge du référé précontractuel). D'autre part, le référé contractuel est exclu pour certains contrats dont le régime de publicité allégée est de nature à empêcher l'exercice du référé précontractuel

184. CE, sect., 3 nov. 1995, *CCI Tarbes et Hautes-Pyrénées*, R. 394, concl. C. Chantepy.

par les concurrents évincés quand, sans y être tenue, l'autorité publique a pris des mesures d'information rendant possible ce recours (CJA, art. L. 551-15). Les opérateurs qui choisissent alors de ne pas former celui-ci, alors qu'ils l'auraient pu, se voient donc fermer le référé contractuel.

En second lieu, dans le référé précontractuel, le requérant peut invoquer toute violation des règles de publicité et de mise en concurrence dès lors qu'elle est susceptible de l'avoir lésé (v. *supra,* n° 818). Au contraire, dans le référé contractuel, seuls certains manquements graves, limitativement énumérés (art. L. 551-18 et L. 551-20), peuvent être invoqués[185]. Ils sont sanctionnés par l'annulation du contrat ou, dans certains cas, par des mesures moins radicales (résiliation, réduction de la durée du contrat, pénalités financières).

b) Recours pour excès de pouvoir

821 Le recours pour excès de pouvoir peut, à titre exceptionnel, être directement dirigé contre certains contrats administratifs. Il pouvait également l'être contre les actes unilatéraux ayant concouru à la formation du contrat et détachables de celui-ci. L'extension du plein contentieux aux tiers a toutefois entraîné une disparition presque complète de cette possibilité.

822 **Recevabilité exceptionnelle du recours pour excès de pouvoir contre certains contrats. –** En principe, le recours pour excès de pouvoir n'est recevable que contre les actes unilatéraux, dans le cadre d'un contentieux objectif de la légalité (v. *infra*, n° 972 et s.) et non contre les contrats. Ce principe, destiné à éviter une fragilisation excessive des contrats, est toutefois assorti d'exceptions limitées. Deux raisons ont, en effet, déterminé l'ouverture du recours pour excès de pouvoir contre certains contrats. En premier lieu, la similarité de certaines conventions avec des actes unilatéraux a conduit à leur appliquer le régime contentieux de ces derniers. Ainsi s'explique, en premier lieu, que les clauses réglementaires des contrats de délégation de service public soient susceptibles de recours pour excès de pouvoir (v. *supra*, n° 790) ; la solution vaut *a fortiori* pour les conventions dont le contenu est intégralement réglementaire comme celles qui ont pour objet la constitution d'un GIP (v. *supra*, n° 761). De même, c'est la nature particulière du contrat de recrutement des agents publics, qui ne fait pour l'essentiel que soumettre ces derniers à un statut préétabli, qui explique la recevabilité du recours pour excès de pouvoir contre cet acte[186]. L'admission du déféré préfectoral contre l'ensemble des contrats administratifs des collectivités locales, quant à elle, répondait plutôt à une préoccupation d'efficacité du contrôle administratif de l'activité de ces dernières, mais ce recours est désormais regardé comme relevant du plein contentieux (v. *supra*, n° 298).

185. CE, 19 janv. 2011, *Grand port Maritime du Havre*, R. 11, *BJDCP* 2011, n° 75, p. 125, concl. N. Boulouis, *JCP* A 2011. 2095, note F. Linditch et pour les contrats de délégation de service public, CE, 25 oct. 2013, *Commune de La Seyne-sur-Mer*, *BJCP* 2014. 47, concl. G. Pélissier, *CMP* 2014.43, note P. Piétri.

186. CE, sect., 30 oct. 1998, *Ville de Lisieux*, R. 375, concl. J.-H. Stahl ; CE, 2 févr. 2015, *Commune d'Aix-en-Provence*, *AJDA* 2015. 990, note F. Melleray.

823 **Quasi-disparition du recours pour excès de pouvoir contre les actes unilatéraux détachables. –** Alors qu'un contrat peut préjudicier à des tiers (p. ex. ceux dont la candidature n'a pas été retenue, les usagers d'un service public qui fait l'objet d'un contrat de délégation, etc.), ils ne pouvaient pas, jusqu'à récemment, en contester la validité : le recours pour excès de pouvoir est en principe irrecevable ; l'action en nullité était classiquement réservée aux parties. Pour tenter de remédier à cette impasse, propre à laisser sans aucune sanction la passation de contrats illégaux que les parties n'ont pas intérêt à remettre en cause, le juge administratif avait été conduit à admettre que les actes unilatéraux qui concourent à la formation du contrat en sont détachables et susceptibles, par suite, de recours pour excès de pouvoir[187].

Cette possibilité avait été largement conçue. Tant pour les tiers que pour les parties (mais cela est intéressant surtout pour les premiers), l'ensemble des décisions relatives à la conclusion d'un contrat administratif (comme d'ailleurs d'un contrat de droit privé de l'administration) en étaient jugées détachables : les autorisations données à l'exécutif par les assemblées délibérantes de conclure le contrat, la décision de signer le contrat (alors même qu'elle ne se matérialise par aucun acte formellement distinct) ou enfin les mesures d'approbation du contrat[188]. Ainsi saisi, le juge de l'excès de pouvoir pouvait annuler les actes détachables soit en raison de leurs vices propres (incompétence de leur auteur, par exemple) soit à raison de l'invalidité du contrat lui-même.

Le point faible de cette jurisprudence concernait les conséquences de l'annulation d'un acte détachable sur le contrat lui-même. Deux difficultés existaient ici.

La première était d'ordre procédural. Le tiers qui avait obtenu du juge de l'excès de pouvoir l'annulation d'un acte détachable ne pouvait demander au juge du contrat d'en tirer les conséquences, ce juge ne pouvant être saisi que par les parties. Il était donc contraint à un détour procédural en demandant au juge administratif de l'exécution d'user de son pouvoir d'injonction (v. *infra*, n° 1037) pour ordonner à l'administration partie au contrat de prendre les mesures impliquées par l'annulation de l'acte détachable et, notamment, de saisir le juge du contrat.

La seconde difficulté, de fond, était précisément de déterminer ce qu'implique l'annulation de l'acte détachable pour le contrat. Un premier point était certain : cette annulation « n'implique pas nécessairement que le contrat doive être annulé »[189]. Il n'y avait donc ici rien d'automatique. Tout au contraire, les solutions étaient modulées en fonction de deux critères : la nature de l'illégalité ayant motivé l'annulation de l'acte détachable et l'intérêt général s'attachant au maintien du contrat. Selon les cas, trois solutions étaient possibles[190] : la poursuite de

187. **CE, 4 août 1905, *Martin***, R. 749, concl. J. Romieu (confirmant pour l'essentiel la jurisprudence antérieure).

188. V. p. ex. : CE, ass., 16 avr. 1986, *CLT* préc. *supra*, n° 788 (recours du candidat non retenu contre le décret d'approbation du contrat de concession d'une chaîne de télévision) ; CE, sect., 19 nov. 1999, *Féd. synd. FO des travailleurs PTT*, préc. (intérêt à agir des syndicats contre la décision de signer le contrat de plan entre l'État et La Poste).

189. V. rappelant ce principe classique CE, 10 déc. 2012, *Soc. Lyonnaise des Eaux France*, *Dr. adm.* 2013, comm. 19, note F. Brenet.

190. V. not. CE, 21 févr. 2011, *Soc. Ophrys* (1re esp.), *Soc. Veolia propreté*, *AJDA* 2011. 670, chron. A. Lallet et X. Domino, 1739, note Vincent-Legoux, *JCP* A 2011, n° 19, p. 32, note Busson.

l'exécution du contrat éventuellement sous réserve de mesure de régularisation[191], sa résiliation (disparition pour l'avenir) ou sa résolution (disparition rétroactive).

De tels mécanismes étaient fort complexes et lents puisqu'ils supposaient la saisine au préalable du juge de l'excès de pouvoir puis, à défaut d'accord des parties et sur injonction du juge de l'exécution, celle du juge du contrat pour qu'il tire les conséquences, parfois incertaines, de l'annulation de l'acte détachable. La théorie des actes détachables n'assurait ainsi une protection satisfaisante ni aux droits des tiers, dont la défense relevait du parcours du combattant, ni à la sécurité des parties, dont le contrat pouvait être invalidé longtemps après sa passation.

Il est ainsi apparu qu'il serait plus simple de permettre aux tiers d'attaquer directement le contrat, non par la voie du recours pour excès de pouvoir, qui risquait de fragiliser à l'excès le contrat, mais par celle d'un recours de plein contentieux dont la souplesse permet de ménager l'exigence de stabilité des rapports contractuels. C'est effectivement la solution pour laquelle le Conseil d'État a opté, de manière d'abord prudente par sa décision *Société Tropic Travaux Signalisation*[192] puis de façon plus radicale par son arrêt *Département du Tarn-et-Garonne*[193]. Ce dernier abandonne presque complètement la théorie des actes détachables en matière de formation du contrat (sur les actes détachables relatifs à l'exécution du contrat, qui subsistent v. *infra*, n° 827). Le principe est désormais que les actes unilatéraux qui ont concouru à cette formation ne sont plus susceptibles de recours pour excès de pouvoir, notamment de la part des tiers et ne peuvent être contestés qu'à l'occasion d'un recours de plein contentieux dirigé contre le contrat lui-même. Il est toutefois fait exception à ce principe pour l'acte administratif d'approbation du contrat, que les tiers se prévalant d'intérêts auxquels l'exécution de celui-ci est de nature à porter atteinte peuvent attaquer devant le juge de l'excès de pouvoir, en se prévalant, à titre exclusif, des vices propres de cet acte (pratiquement : des illégalités externes) et non de l'invalidité du contrat lui-même[194]. La théorie des actes détachables subsiste également pour les contrats de droit privé[195] de l'administration et dans une certaine mesure pour le Préfet (v. *infra*, n° 825).

c) Recours de plein contentieux en contestation de la validité du contrat

824 **Recours des parties. –** La validité d'un contrat administratif ou de l'une de ses clauses peut être contestée par chacune des deux parties devant le juge du plein contentieux contractuel de deux manières différentes. Soit, ce qui est rare, par voie d'action, c'est-à-dire par un recours dirigé directement contre le contrat ; soit, ce qui est plus fréquent, par voie d'exception, à l'occasion d'un litige relatif

191. V. p. ex. CE, 8 juin 2011, *Cne de Divonnes les bains*, *AJDA* 2011.1684, note Dreyfus, *Dr. adm.* 2011, n° 8, p. 35, note Brenet, *RJEP* 2011.381, concl. Dacosta.

192. CE, ass. 16 juill. 2007, préc. n° 151.

193. CE, ass. 4 avr. 2014, préc. n° 151.

194. CE, 23 déc. 2016, n° 392815, *ASSECO-CFDT du Languedoc-Roussillon et autres*, *CMP* 2017, n° 3, p. 19, obs. J.-P. Pietri, *Dr. adm.* 2017, com. 14, note J. Bousquet, *GP* 2017, n° 5, p. 19, chron. B. Seiller.

195. CE, 29 déc. 2004, *Commune d'Uchaux*, *CMP* 2015, comm. 51, note P. Piétri, *JCP* A 2015, act. 13, obs. E. Langelier.

à l'exécution du contrat. La voie de l'action est seule examinée ici, celle de l'exception étant envisagée avec le contentieux dont elle fait partie (v. *infra*, n° 827).

« Recours de plein contentieux contestant la validité du contrat », telle est la dénomination que l'arrêt *Commune de Béziers*[196] donne à ce qui était traditionnellement désigné comme une action en déclaration de nullité du contrat. Ce changement de nom indique une modification radicale de la conception de l'office du juge dans la matière considérée. Le rôle de celui-ci était classiquement conçu d'une manière restrictive : il était considéré comme se bornant à constater une nullité qui résultait, en principe, de toute irrégularité affectant le contrat. Dans la ligne de ce que décide la décision *Société Tropic Travaux Signalisation* pour les tiers (v. *infra*, n° 825), l'annulation du contrat est désormais regardée comme une décision du juge que celui-ci doit prononcer, non pas au vu de toute irrégularité, mais en dernière extrémité. Plus précisément, au-delà de la pure constatation des irrégularités, il relève désormais de l'office du juge du contrat administratif de « vérifier que les irrégularités dont se prévalent les parties sont de celles qu'elles peuvent, eu égard à l'exigence de loyauté des relations contractuelles, invoquer devant lui » et d'apprécier « l'importance et les conséquences » de ces irrégularités sur la validité du contrat. Le juge prend alors sa décision en fonction de « la nature de l'illégalité commise et en tenant compte l'objectif de stabilité contractuelle ». Il pourra, selon les cas, soit décider de la poursuite du contrat, le cas échéant après avoir ordonné des mesures conventionnelles ou unilatérales de régularisation, soit prononcer sa résiliation, avec effet immédiat ou différé, soit en prononcer l'annulation totale ou partielle, à condition de ne pas porter une atteinte excessive à l'intérêt général. Dans ce dernier cas, le contrat – ou la clause – est donc nul, dès l'origine, et ne produit aucun effet. Si le cocontractant a effectué des prestations prévues par la convention disparue et subi un préjudice, il est alors en droit d'obtenir une indemnité soit dans le cadre de la responsabilité quasi délictuelle pour faute de l'administration qui, par exemple, a conclu un contrat en connaissant les vices dont il était entaché, soit pour enrichissement sans cause de celle-là[197]. Avec l'arrêt *Commune de Béziers*, de telles situations devraient toutefois se raréfier. Il convient en effet de souligner que la disparition rétroactive du contrat ne peut plus être prononcée qu'à raison de deux sortes d'illégalités, invoquées par les parties ou relevées d'office par le juge : le caractère illicite du contenu du contrat ou un vice d'une particulière gravité relatif « notamment » aux conditions dans lesquelles les parties ont donné leur consentement (ce qui ne comprend pas, en principe, les règles relatives à la procédure de passation des contrats)[198].

Dans la mesure où ce régime suffit à garantir un équilibre satisfaisant entre le principe de légalité et l'impératif de stabilité des relations contractuelles, il n'a pas paru nécessaire d'enfermer l'action en contestation de validité du contrat ouverte

196. CE, ass., 28 déc. 2009, préc. *supra*, n° 299.

197. V. CE, sect., 20 oct. 2000, *Soc. Citécâble-Est*, R. 457, *RFDA* 2001.359, concl. H. Savoie ; CE, sect., 10 avr. 2008, *Sté Decaux c/Dept des Alpes-Maritimes*, *AJDA* 2008.1092, chron. J. Boucher et J. Bourgeois Machureau. *JCP* A 2008.2116, concl. I. Da Costa.

198. V. CE, 12 janv. 2011, *Manoukian*, *AJDA* 2011.71 et 665, chron. A. Lallet et X. Domino. 2011, *AJCT* 2011. 129, obs. Burel, *Contrats-marchés publ.* 2011, com. 88, obs. P. Piétri, *RDI* 2011. 270, obs. S. Braconnier.

aux parties à une prescription et, en particulier à la prescription quinquennale applicable, en droit civil, à l'action en nullité du contrat (C. civ., art. 2224). Positivement, cette action peut être exercée « pendant toute la durée d'exécution du contrat »[199].

825 **Recours des tiers.** – L'arrêt *Société Tropic Travaux Signalisation*[200] avait ouvert la faculté de contester la validité d'un contrat administratif, par la voie d'un recours de plein contentieux, mais de manière prudemment restrictive. Seule en effet, une catégorie particulière de tiers, les concurrents évincés de la conclusion du contrat, pouvait saisir le juge du contrat. La décision *Département du Tarn-et-Garonne*[201] met fin à cette restriction critiquée et ouvre le recours considéré à tout tiers lésé, en même temps qu'elle modifie d'autres aspects de son régime.

Gouverné par la recherche d'un équilibre entre sécurité des contractants et légalité défendue par les tiers, ce régime et la politique jurisprudentielle qui préside à sa mise en œuvre font nettement prévaloir la première considération sur la seconde.

Diverses précisions concernant l'objet du recours, sa recevabilité, les moyens invocables à son appui et les pouvoirs du juge sont nécessaires.

Le recours considéré a pour objet de contester la validité soit d'un contrat administratif dans son ensemble, soit de certaines de ses clauses seulement, à la condition que celles-ci soient divisibles du reste du contrat et non réglementaires, le recours pour excès de pouvoir restant seul ouvert contre les clauses réglementaires.

Sur le second point, il convient d'abord de préciser que le recours considéré, qui peut être accompagné d'une demande de suspension du contrat en référé (v. *infra*, n° 1023), doit être formé dans les deux mois de la publicité donnée à la convention. Le plus important concerne la détermination des personnes recevables à user de cette voie de droit. Il s'agit, en premier lieu, de « tout tiers susceptible d'être lésé dans ses intérêts de façon suffisamment directe et certaine » par la passation ou les clauses du contrat ; cela pourra comprendre, par exemple, les concurrents évincés, les usagers d'un service public contractuellement concédé ou les contribuables locaux. Dans ce dernier cas, il revient au tiers d'établir que le contrat ou les clauses dont il conteste la validité « sont susceptibles d'emporter des conséquences significatives sur les finances ou le patrimoine de la collectivité », le caractère éventuel ou incertain de la mise en œuvre d'une clause (comme celle qui fixe l'indemnité due au cocontractant en cas de résiliation anticipée) étant par lui-même dépourvu d'incidence sur l'appréciation de ses possibles répercussions financières ou patrimoniales[202]. En second lieu et s'agissant des seuls contrats passés par les collectivités territoriales et leurs groupements, peuvent également exercer le recours considéré, les membres de l'organe délibérant de la collectivité

199. CE, sect., 1er juil. 2019, *Association pour le musée des îles Saint-Pierre-et-Miquelon, AJDA* 2019.1750, chron. C. Malverti et C. Beaufils, *CMP* 2019, n° 10, comm. 326, note G. Eckert, *JCP* A 2020, n° 12, 23 mars 2020, 2071, note J. Martin, *RFDA* 2019. 1032, note H. Hoepffner.

200. CE, ass. 16 juill. 2007, préc. n° 151.

201. CE, ass. 4 avr. 2014, préc. n° 151.

202. CE, 27 mars 2020, n° 426291, *AJDA* 2020.706, *JCP* A 2020, n° 16, 20 avril, 2124, obs. S. Hul.

ou du groupement considéré ainsi que préfet dans l'exercice du contrôle de légalité (v. *supra,* n° 300 et s.)

L'extension du recours de plein contentieux, à un beaucoup plus grand nombre de tiers, réalisée par l'arrêt *Département du Tarn-et-Garonne*, ne va sans contreparties. D'abord, elle implique, ainsi qu'il a déjà été relevé (v. *supra,* n° 823), une quasi-disparition du recours pour excès de pouvoir contre les actes détachables. Le principe est en effet désormais que « la légalité du choix du cocontractant, de la délibération autorisant la conclusion du contrat et de la décision de le signer ne peut être contestée » qu'à l'occasion du recours de pleine juridiction formé contre le contrat. Seul le préfet demeure recevable à attaquer ces actes devant le juge de l'excès de pouvoir, en exerçant contre eux le déféré (v. *supra,* n° 300), mais uniquement jusqu'à la conclusion du contrat. Ensuite, elle s'accompagne d'une restriction des moyens susceptibles d'être soulevés à l'appui de la contestation de la validité du contrat. Sous l'empire de la jurisprudence *Tropic*, toute illégalité pouvait être invoquée et il restait donc, dans le recours de plein contentieux en cause, quelque chose de la logique du recours pour excès de pouvoir. Cette possibilité est maintenue au profit du préfet et des membres des organes délibérants de la collectivité concernée. En revanche, les autres tiers ne peuvent plus invoquer que deux sortes de vices. Ce sont, en premier lieu, ceux qui sont en rapport direct avec l'intérêt lésé dont ces tiers se prévalent. Inspirée du régime du référé précontractuel (v. *supra,* n° 818), cette solution est en accord avec la nature subjective du recours *Tarn-et-Garonne* et permet de ménager la stabilité des relations contractuelles. Les moyens invocables ont donc vocation à différer en relation avec la nature de l'intérêt au nom duquel le tiers agit. Ainsi, le tiers agissant en qualité de concurrent évincé de la conclusion d'un contrat ne peut utilement invoquer que les manquements aux règles applicables à la passation de ce contrat qui sont en rapport direct avec son éviction[203]. En second lieu, les tiers considérés peuvent se prévaloir des « vices d'une gravité telle que le juge devrait les relever d'office », c'est-à-dire de ceux qui sont « d'ordre public »[204]. Il en est ainsi, notamment, du caractère illicite du contenu du contrat, cette notion étant comprise de manière stricte comme recouvrant la contrariété de l'objet même du contrat à la loi[205].

La préoccupation de garantir la sécurité des contractants se manifeste aussi dans le pouvoir donné au juge de moduler les conséquences d'un éventuel vice entachant la validité du contrat, qui est d'ailleurs en accord avec l'office d'une juge de plein contentieux. En présence d'un tel vice et après en avoir apprécié la nature, le juge peut, en effet, choisir entre plusieurs mesures celle qui lui semble la plus appropriée. Outre la réparation des droits lésés par l'allocation d'indemnités, envisageable dans tous les cas, il sera ainsi possible de prendre l'une des décisions

203. CE, sect. 5 févr. 2016, n° 383149, *Syndicat mixte des transports en commun « Hérault transport »*, n° 383149, *AJDA* 2016. 479, chron. L. Dutheillet de Lamothe et G. Odinet, 1120, note J.-F. Lafaix, *RFDA* 2016. 301, concl. O. Henrard.

204. Comme l'énonce explicitement CE, 9 nov. 2018, *Société Cerba*, n° 420654, Rec. 407, concl. G. Pélissier, *AJDA* 2019, J.-Ch. Rotouillé, *BJCP* 2019. 57, concl., *Dr. adm.* 2019, comm. 14, obs. S. Hul.

205. CE, 9 nov. 2018, *Société Cerba*, n° 420654, Rec. 407, concl. G. Pélissier, *AJDA* 2019, J.-Ch. Rotouillé, *BJCP* 2019. 57, concl., *Dr. adm.* 2019, comm. 14, obs. S. Hul.

suivantes : la poursuite de l'exécution du contrat ; l'invitation faite aux parties de prendre des mesures de régularisation, dans un certain délai et sauf à résoudre ou résilier le contrat ; en présence d'illégalités non régularisables et ne permettant pas de continuer à exécuter le contrat et après avoir vérifié qu'il n'en résultera pas une atteinte excessive à l'intérêt général, le juge peut encore prononcer, le cas échéant avec effet différé, soit la résiliation du contrat, soit, en présence de certains vices, son annulation partielle ou totale. Les vices qui rendent le contrat annulable sont de trois types : contenu illicite (au sens restrictif précédemment mentionné), vice du consentement (ce qui peut sembler étrange pour un recours ouvert aux tiers), « tout autre vice d'une particulière gravité que le juge doit ainsi relever d'office ». Comme celle de « contenu illicite », cette dernière notion est comprise de manière restrictive. C'est ainsi qu'une méconnaissance des règles de publicité et de mise en concurrence ne peut constituer un « vice d'une particulière gravité » qu'en présence de « circonstances particulières, et, notamment d'éléments révélant la volonté » de la personne publique de favoriser le candidat retenu[206]. À défaut, lors même qu'il est établi qu'une méconnaissance de principes aussi fondamentaux que l'égalité de traitement des candidats à un contrat de la commande publique et la transparence des procédures a permis de retenir une candidature qui ne pouvait légalement l'être, le contrat ne sera pas annulé ; pour peu qu'il ait été entièrement exécuté, sa résiliation, devenue sans objet, ne sera pas davantage prononcée[207]. Il est permis de se demander si un tel résultat ne va pas trop loin dans le sacrifice de la légalité sur l'autel de la sécurité contractuelle.

B. LE CONTENTIEUX DE L'EXÉCUTION DES CONTRATS ADMINISTRATIFS

826 Cette seconde branche du contentieux des contrats a longtemps obéi à une logique simple : l'ouverture du plein contentieux contractuel aux seules parties avait conduit à ménager un rôle au recours pour excès de pouvoir accessible aux tiers. L'admission du recours de ces derniers contre le contrat par la jurisprudence *Département du Tarn-et-Garonne* (v. *supra*, n° 825) a toutefois conduit à remettre en cause cette architecture : en matière d'exécution aussi, le plein contentieux a été, dans une certaine mesure, ouvert aux tiers, la place du recours pour excès de pouvoir s'en trouvant réduite d'autant.

1. Le plein contentieux ouvert aux parties

827 Le juge du contrat n'est pas seulement compétent pour se prononcer sur les recours contestant la validité du contrat (v. *supra*, n° 824 et 825). Il tranche également les *litiges relatifs à l'exécution du contrat*, même si, dans la pratique, l'importance des droits reconnus à l'administration et l'utilisation des modes

206. V. p. ex. CE, 15 mars 2019, *SAGEM*, n° 413584, *AJDA* 2019. 1459, note L. Sourzat, *BJCP* 2019. 189, concl. O. Henrard, *CMP* 2019, n° 6, juin, comm. 210, obs. J. Dietenhoeffer ; CE, 21 oct. 2019, *Commune de Chaumont*, n° 416616, *AJDA* 2020. 684, note S. Douteaud.

207. V. pour une telle configuration, CE, 21 oct. 2019, *Commune de Chaumont*, n° 416616, préc.

alternatifs de règlement des litiges (v. *infra*, n° 967) rendent moins fréquent un tel recours au juge.

À l'occasion d'un tel litige et pour échapper à leurs engagements, les parties peuvent invoquer par voie d'exception la nullité du contrat. L'arrêt *Commune de Béziers*[208] pose ici des règles analogues à celles qui valent pour le recours en contestation de la validité du contrat. En principe, eu égard à l'exigence de loyauté des relations contractuelles, il incombe au juge de faire application du contrat. C'est seulement dans le cas où il constate une irrégularité tenant au caractère illicite du contrat ou à un vice d'une particulière gravité relatif notamment aux conditions dans lesquelles les parties ont donné leur consentement que le juge doit regarder le contrat comme nul et, par suite, l'écarter. Comme en matière de recours en contestation de validité du contrat (v. *supra*, n° 824), il réglera alors le litige sur le terrain extracontractuel ou quasi-contractuel. Bien que le Conseil d'État ne l'ait pas précisé, il est probable que cette exception, comme l'action en contestation de la validité du contrat également ouverte aux parties (v. *supra* n° 824), ne soit enfermée dans aucune prescription et puisse être soulevée pendant toute la durée d'exécution du contrat.

Dès lors que le contrat est valable, le juge statue sur son fondement. La question principale est alors celle de l'étendue de ses pouvoirs.

Il peut bien sûr prononcer des condamnations pécuniaires et c'est là l'essentiel de son activité. Ce premier pouvoir est mis en œuvre à divers titres. Ainsi, le juge du contrat est amené à ordonner le versement de dommages et intérêts, *en cas de faute,* de manquement des parties à leurs obligations, engageant leur responsabilité contractuelle (la seule dont elles puissent se prévaloir, à l'exclusion de la responsabilité quasi délictuelle). La personne publique doit en effet exécuter de bonne foi ses obligations notamment du point de vue financier[209], et le cocontractant respecter, au-delà même des strictes stipulations contractuelles, les règles de l'art. Leurs différentes fautes sont donc sanctionnées, sauf cas de force majeure[210] ou faute de l'autre partie, alors que le fait du tiers n'est pas exonératoire.

Le juge tire aussi les conséquences indemnitaires qui résultent des transformations survenues dans les conditions d'exécution du contrat, dans le cadre d'une *responsabilité contractuelle sans faute* (modification du contrat pour des raisons d'intérêt général ou fait du prince ; v. *supra*, n° 802 et 810). Il existe enfin un régime spécifique, hors responsabilité contractuelle, de garantie décennale des entrepreneurs envers l'administration pour les ouvrages publics qu'ils ont réalisés, par application des principes dont s'inspirent les articles 1792 et 2270 du Code civil[211].

Il est plus exceptionnel que le juge du contrat adopte des *mesures non indemnitaires liées à l'exécution.* Il peut ainsi prononcer lui-même la résiliation du contrat

208. CE, ass., 28 déc. 2009, préc.

209. Par ex. CE, 10 janv. 1985, *Ville Aix-en-Provence*, R. Tab. 686 (réduction des trois quarts de la subvention promise).

210. **V. CE, 29 janv. 1909,** ***Cie des messageries maritimes,*** R. 111, concl. J. Tardieu (caractère de force majeure d'une grève).

211. V. not. CE, ass., 2 févr. 1973, *Trannoy*, R. 95, concl. M. Rougevin-Baville (responsabilité sans faute non contractuelle).

dans certains cas (v. *supra*, n° 800 et 814). En revanche, en principe, il n'a pas le pouvoir d'annuler les mesures illégalement prises par l'administration à l'égard de son cocontractant et peut seulement indemniser le préjudice qu'elles ont causé (v. aussi *supra*, n° 802). La portée de ce principe a toutefois été atténuée par un arrêt dit « *Béziers II* »[212] (sur *Béziers I*, v. *supra*, n° 824) à l'égard des seules mesures de résiliation : le juge du contrat qui estime illégale une résiliation n'a toujours pas le pouvoir de l'annuler mais peut sanctionner cette illégalité en ordonnant la reprise des relations contractuelles, à compter d'une date qu'il détermine. Comme il a été relevé[213], un recours analogue, tendant au rétablissement de l'état antérieur du contrat, pourrait être ouvert contre les décisions de modification unilatérale mais la question demeure discutée[214]. Il est en revanche avéré que le recours en reprise des relations contractuelles ne s'applique pas à la décision de non-renouvellement d'un contrat parvenu à son terme, qui n'a « ni pour objet ni pour effet de mettre unilatéralement fin à une convention en cours »[215].

Le plein contentieux de l'exécution du contrat apparaît donc marqué, comme celui de la formation du contrat, par une extension des pouvoirs du juge. Il reste que seules les parties, à l'exclusion des tiers, y ont accès.

2. Le recours pour excès de pouvoir contre les actes détachables et sa limitation

828 La jurisprudence de la détachabilité, initialement conçue pour le contentieux de la formation du contrat (v. *supra*, n° 823), a été tardivement étendue à celui de son exécution[216]. Sa portée y a toujours été moindre à deux égards. En premier lieu, sauf cas particulier, les décisions relatives à l'exécution ne sont détachables du contrat qu'à l'égard des tiers, les parties ne disposant que du recours de plein contentieux[217]. En second lieu, à l'égard des tiers, seules certaines décisions relatives à l'exécution, importantes et sans lien trop étroit avec les rapports des parties, ont été jugées détachables ; il s'agit pour l'essentiel de celles qui intéressent la résiliation ou la modification du contrat. Toutefois, le Conseil d'État a récemment abandonné la jurisprudence qui voyait dans le refus de résilier le contrat un acte détachable susceptible de recours pour excès de pouvoir de la part

212. **CE, sect., 21 mars 2011, *Commune de Béziers***, *AJDA* 2011.670, chron. A. Lallet et X. Domino ; *Contrats-marchés publ.* 2011, comm. 150, note P. Pietri ; *CP-ACCP* mai 2011, p. 64, note G. Le Chatelier ; *Dr. adm.* 2011, comm. 46, note F. Brenet et F. Melleray ; *JCP* A 2011, 2171, comm. F. Linditch ; *RFDA* 2011. 507, concl. J. Cortot-Boucher, note D. Pouyaud.

213. V. *Lallet et Domino*, chron., *AJDA* 2011. 670.

214. Pour cette solution, v. p. ex. TA Lille, 20 févr. 2013, *Sté Lyonnaise des eaux France*, *AJDA* 2013. 1115, concl. Frackowiak, *Dr. adm.* mai 2013, comm. 33 ; contre, CAA Lyon, 13 nov. 2014, *ERDF*, *AJDA* 2015. 29, note Samson-Dye.

215. CE, 6 juin 2018, *Société Orange*, n° 411053, *AJDA* 2018. 1189 ; CE, 21 nov. 2018, *Société Fêtes loisirs*, n° 419804, *AJDA* 2019. 586, note F. Cafarelli.

216. CE, sect., 24 avr. 1964, *SA de Livraisons industrielles et commerciales*, R. 239, *AJDA* 1964.308, concl. M. Combarnous.

217. CE, 2 févr. 1987, *Ass. Soc. France 5*, R. 28 ; CE, 9 juill. 1997, *Soc. eaux de Luxeuil-les-Bains*, *RFDA* 1998.535, concl. C. Bergeal.

des tiers[218]. Le tiers qui se heurte à un tel refus peut désormais, non pas en demander l'annulation au juge de l'excès de pouvoir, mais saisir le juge du contrat d'un recours de plein contentieux tendant à ce qu'il soit mis fin à l'exécution du contrat. Ce recours est conçu sur le modèle de celui qui est ouvert aux tiers contre le contrat lui-même (lequel peut notamment aboutir à la résiliation de celui-ci) et dans le même but de trouver un équilibre entre légalité et stabilité des rapports contractuels Ainsi, les personnes recevables à former le recours sont les tiers susceptibles d'être lésés de façon suffisamment directe et certaine par le refus de mettre fin au contrat et, s'agissant des contrats passés par les collectivités territoriales et leurs groupements, les membres de l'organe délibérant de la collectivité ou du groupement considéré ainsi que le préfet dans l'exercice du contrôle de légalité (v. *supra*, n° 300 et s.). En second lieu, les moyens susceptibles d'être invoqués par les tiers sont doublement limités. D'une part, ils doivent être « en rapport direct avec l'intérêt lésé dont le requérant se prévaut » (sauf quand ils sont soulevés par le préfet ou par un membre de l'organe délibérant de la collectivité territoriale ou du groupement de collectivités territoriales). D'autre part, tout moyen satisfaisant à cette première condition n'est pas opérant : seuls le sont ceux qui sont tirés de ce que la personne publique contractante était tenue de mettre fin au contrat pour l'un ou l'autre des motifs suivants : des dispositions législatives applicables aux contrats en cours l'imposent ; le contrat est entaché d'irrégularités graves relevables d'office par le juge et faisant obstacle à la continuation de l'exécution du contrat, parmi lesquelles ne figure pas, sauf circonstances particulières, la méconnaissance des règles de publicité et de mise en concurrence lors de la passation du contrat[219] ; celle-ci serait manifestement contraire à l'intérêt général, notamment du fait d'inexécutions graves d'obligations contractuelles. Enfin, au vu du bien-fondé ces moyens, le juge peut ordonner la résiliation du contrat, éventuellement avec effet différé et sous réserve de ne pas porter une atteinte excessive à l'intérêt général.

SECTION 3 CONCLUSION

829 **Évolutions. –** Le droit des contrats administratifs, de plus en plus encadré par les textes, est marqué à la fois par sa grande stabilité – de nombreuses règles ont en effet des origines temporelles fort lointaines – et par de profondes évolutions dans trois domaines en particulier. Les exigences de la concurrence ont alourdi les obligations pesant sur les administrations, notamment pour les délégations de service public et conduit à un accroissement significatif des pouvoirs

218. CE, sect., 30 juin 2017, n° 398445, *Syndicat mixte de promotion de l'activité transmanche*, *AJDA* 2017.1669, chron. G. Odinet et S. Roussel, *JCP* A 2017, n° 29, 2195, note J. Martin, *RFDA* 3017. 937, concl. G. Pélissier, revenant sur CE sect. 24 févr. 1964, *SA de Livraisons industrielles et commerciales*, préc.

219. CE, 12 avr. 2021, n° 436663, *Société Ile de Sein énergies*, *AJDA* 2021. 775.

des juridictions. Par ailleurs, la traditionnelle *distinction entre acte unilatéral et contrat* est en partie remise en cause en raison du développement des contrats à effets réglementaires, dont le régime sur certains points, et notamment sur le plan contentieux en raison du renforcement du rôle du recours pour excès de pouvoir, se rapproche de celui de l'acte unilatéral. Il reste que, pour l'essentiel, le régime juridique des deux catégories demeure distinct, tant en ce qui concerne leur édiction (comp. *supra*, n° 618 et s. et 595 et s.), leur respect des normes supérieures en certaines hypothèses (comp. *supra*, n° 661 et 793) que les possibilités qu'a l'administration de les modifier ou de les faire disparaître (comp. *supra*, n° 678 et s. et 802 et s.). L'obligation générale d'indemnisation des modifications dans le cas du contrat le montre à elle seule.

Enfin la montée en puissance des contrats entre personnes publiques débouche sur certaines solutions particulières pour ces accords. La nécessité d'imposer au cocontractant privé les évolutions nécessaires dans l'intérêt général, sous réserve de compensation, ne saurait concerner, dans les mêmes conditions, les conventions – elles seules sont vraiment originales – relatives à l'organisation du service public même, dont les deux personnes publiques sont également responsables.

830 **Nécessité d'un régime spécifique. –** Quoi qu'il en soit, on peut, comme dans chaque domaine du droit administratif, s'interroger sur l'utilité des règles générales applicables au contrat administratif, différentes sur des points significatifs des principes du droit privé. L'obligation de distinguer entre contrats de droit commun et contrats de droit administratif soulève parfois de réelles difficultés en termes, notamment, de compétence juridictionnelle. Une telle dichotomie est-elle pour autant fondée, alors que les règles du droit de l'Union européenne, notamment, s'appliquent de façon identique pour certains types de contrat, bouleversant en partie les catégories traditionnelles ? Or, dans leur contenu même, le droit des contrats administratifs et celui des contrats de droit privé sont souvent semblables, particulièrement en matière de marchés. Leurs clauses écrites tendent à se rapprocher (pouvoir de direction et de contrôle du maître d'ouvrage, clauses de variations des prix, prise en compte des circonstances nouvelles, etc.)[220].

Outre la spécificité par définition même de la délégation de service public, une différence essentielle subsiste qui rend difficile l'unification de régime. À défaut de prévisions contractuelles, le juge judiciaire se réfère traditionnellement aux clauses de la convention telles qu'interprétées par lui ; même, si depuis quelques années, il tend aussi à donner plus de place à l'équilibre contractuel, tel qu'il le conçoit, l'acceptation récente de la théorie de l'imprévision étant significative de ce point de vue. Le juge administratif dans le silence du contrat, conserve cependant une conception plus évolutive du cadre contractuel. Il prend en compte les exigences de l'intérêt général, de la mutabilité comme de la continuité nécessaire du service public, ce qui paraît inhérent à la nature même des principaux contrats administratifs[221]. Du point de vue de l'efficacité d'ailleurs, ce régime apparaît mieux adapté, notamment pour les contrats à long terme où d'importants

220. V. F. Llorens, Bibliographie, n° 615.

221. V. par ex. CEDH, 9 déc. 1994, *Raffineries grecques Stran c/ Grèce*, B. n° 301 (pour une justification fondée d'ailleurs plus sur la puissance que sur les finalités : « pouvoir souverain (de la puissance publique)

changements de circonstances peuvent survenir, que la règle traditionnelle de l'intangibilité absolue des situations contractuelles. Encore, est-il possible que, pour certains contrats, où il n'existe pratiquement qu'un seul fournisseur (logiciels informatiques notamment), ce soit le cocontractant privé qui se trouve en position de force, ce qui justifierait que les règles de droit privé, protectrices des consommateurs, s'appliquent aussi...

Quoi qu'il en soit, le transfert de compétence au juge judiciaire, par une éventuelle loi, ce que n'interdit pas la Constitution (v. *infra*, n° 939), supposerait donc que celui-ci applique des règles particulières, pour tenir compte du champ d'intervention spécifique de ces contrats et du droit de l'Union européenne propre aux opérations des adjudicateurs publics. Un tel transfert résoudrait certes la question du dualisme juridictionnel, mais non celui de la dualité des droits.

ÉLÉMENTS DE BIBLIOGRAPHIE

1. Généralités

■ *La contractualisation en droit public*, *RFDA* 2018. 1 et 201 (dossier) ■ D. De Béchillon, « Le contrat comme norme dans le droit public positif », *RFDA* 1992.15 ■ F. Brenet, *Recherches sur l'évolution du contrat administratif*, thèse, Poitiers, 2002 ■ Conseil d'État, rapport public 2008, *Le contrat, mode d'action publique et de production de normes*, EDCE, 2008 ■ R. Drago, « Paradoxes sur les contrats administratifs », *Mél. Flour* (1979), p. 151 ; « Le contrat administratif aujourd'hui », *Droits* 1990, n° 12, p. 117 ; « Influence du droit communautaire sur le droit des contrats administratifs », *AJDA* 1996, n° spécial, p. 85 ■ *Le contrat au service des politiques publiques*, *RFDA* 2014. 403 (dossier, 6 contributions) ■ « Les contrats administratifs et leur évolution », Journée d'études en hommage au professeur Y. Weber, *RFDA* 2006, p. 1 et p. 229 (9 contributions) ■ *Contrats publics, Mélanges en l'honneur du professeur Michel Guibal*, 2 vol., Presses de l'Université de Montpellier, 2006 ■ P. Delvolvé, « Constitution et contrats publics », *Mél. Moderne*, Dalloz 2004 ■ C.-A. Dubreuil, *Droit des contrats administratifs*, PUF, Thémis, 2018 ■ G. Jèze, *Les contrats administratifs de l'État, des départements, des communes et des établissements publics*, Giard, 1927-1934 ■ H. Hoepffner, *Droit des contrats administratifs*, Dalloz, coll. Cours, 2e éd. 2019 ■ « Liberté contractuelle des personnes publiques » (12 contributions), *AJDA* 1998.643 s., 747 s. ■ Y. Gaudemet, « Pour une nouvelle théorie générale du droit des contrats administratifs : mesurer les difficultés d'une entreprise nécessaire », *RDP* 2010.313 ■ A. de Laubadère, F. Moderne, P. Delvolvé, *Traité des contrats administratifs*, 2 Tomes LGDJ, 1983 ■ F. Llorens, *Contrat d'entreprise et Marché de travaux publics (Contribution à la comparaison entre contrats de droit privé et contrat administratif)*, LGDJ, 1981 ■ F. Lombard, J.-C. Ricci, *Droit administratif des obligations*, Sirey, 2018 ■ M. Mahouachi, *La liberté contractuelle des collectivités territoriales*, PUAM, 2002 ■ L. Marcus, *L'unité des contrats publics*, Dalloz 2010 ■ R. Noguellou, U. Stelkens (dir.), *Droit comparé des contrats publics*, Bruylant, 2011 ■ G. Pequignot, *Théorie générale*

pour modifier, voire résilier, moyennant compensation un contrat conclu avec des particuliers (...), ainsi le veut la prééminence des intérêts supérieurs de l'État sur les obligations contractuelles »).

du contrat administratif, Pedone, 1945 ▪ T. Pez, *Le risque dans les contrats administratifs*, LGDJ, 2013 ▪ L. Ragimbeau, « L'interprétation juridictionnelle des contrats administratifs », *RFDA* 2020. 1019 ▪ L. Richer, F. Lichere, *Droit des contrats administratifs*, LGDJ, coll. « Manuels », 11e éd., 2019 ▪ *Mélanges L. Richer. À propos des contrats des personnes publiques,* LGDJ, 2013 ▪ P. Terneyre, « Le législateur peut-il abroger les articles 6 et 1123 du Code civil ? Sur la valeur constitutionnelle de la liberté contractuelle », *Mél. Peiser,* PU Grenoble, 1995, p. 473 ▪ M. Ubaud-Bergeron, *Droit des contrats administratifs,* LexisNexis, 3e éd., 2019 ▪ M. Waline, « La théorie civile des obligations et la jurisprudence du Conseil d'État », *Mél. Julliot de la Morandière,* Dalloz, 1964, p. 631 ▪ Ph. Yolka, S. Hourson, *Droit des contrats administratifs*, LGDJ, coll. « Systèmes », 2e éd., 2020.

2. Catégories de contrats

▪ 1°) *Les nouvelles dispositions sur les contrats de la commande publique*, dossier (11 contributions), *RFDA* 2016. 197 ▪ *Le Code de la commande publique* (dossier 6 contributions), *RFDA* 2019. 197 ▪ 2°) S. Braconnier, *Précis du droit de la commande publique* éd. du Moniteur, 6e éd. 2019 ▪ P. Delvolvé, « Vers l'unification du droit des marchés publics », *Mél. Drago,* Economica, 1996, p. 225 ▪ F. Lichère, « La définition contemporaine du marché public », *RDP* 1997.1753 ▪ B. Genevois, « La distinction des concessions de service public et des marchés de travaux publics », *CJEG* 2001, chr. 179 ▪ « Marchés publics et délégations de service public face au droit communautaire », *LPA* 2 févr. 2000 (11 contributions) ▪ F. Moderne, « Faut-il administrativiser l'ensemble des marchés publics ? », *AJDA* 2001, p. 707 et s. ▪ 3°) X. Bezançon, *Essai sur les contrats de travaux et de services publics, Contribution à l'histoire administrative de la délégation de mission publique*, LGDJ, 1999 ▪ P. Cossalter, *Les délégations d'activités publiques dans l'Union européenne,* LGDJ, 2007 ▪ J.-C. Douence, « Le critère financier de la délégation de service public à l'épreuve de la pratique contractuelle », *Mél. F. Moderne*, p. 501, Dalloz, 2004 ▪ « La délégation de service public », *AJDA* 1996, p. 571 s. (19 contributions) ; « La gestion déléguée du service public », *RFDA* 1997, suppl. n° 3 (16 contributions) ▪ *Les vingt ans de la loi Sapin*, dossier (5 contributions), *AJDA* 2013. 1428 ▪ F. Llorens, « Remarques sur la rémunération du cocontractant comme critère de la délégation de service public », *Mél. J. Waline,* Dalloz, 2002, p. 301 et s. ▪ D. Moreau, « Pour une relativisation du critère financier dans l'identification des délégations de service public », *AJDA* 2003.1419 ▪ P. Pereon, « La délégation des services publics administratifs », *AJDA* 2004. 1449 ▪ N. Symchowicz, « La notion de délégation de service public », *AJDA* 1998.195 ▪ P. Subra de Bieusses, « La spécificité de l'affermage », *AJDA* 1996.608 ▪ P. Terneyre, « Réflexions nouvelles sur les clauses à caractère réglementaire des contrats administratifs à objet de service public », *RFDA* 2011.893 ▪ 4°) F. Brenet, F. Melleray, *Les contrats de partenariat de l'ordonnance du 17 juin 2004*, Éd. du Moniteur, 2005 ▪ P. Cuche, « Domanialité publique, service public et partenariats publics-privés », *Dr. adm.* 2003, Chr. n° 16 ▪ P. Delvolvé, « Le partenariat public privé et les principes de la commande publique », *RDI* 2003.481 s ; « Les contrats globaux », *RFDA* 2004, 1079 ▪ E. Fatome et L. Richer, « Le Conseil constitutionnel et « le droit commun » de la « commande publique » et de la domanialité publique », *AJDA* 2003.2348 ▪ Y. Gaudemet, « Les contrats de partenariat public-privé : étude historique et critique », *BJDCP* 2004.331 ▪ F. Lichere, « Les contrats de partenariat – Fausse nouveauté ou vraie libéralisation de la commande publique ? », *RDP* 2004, p. 1547 ▪ A. Menemenis, « L'ordonnance sur les contrats de partenariat : heureuse innovation ou occasion manquée ? », *AJDA* 2004,

1731 ▪ F. MELLERAY, « Le marché d'entreprise de travaux publics, un nouveau Lazare juridique », *AJDA* 2003.1260 ▪ 5°) J.-D. DREYFUS, *Contribution à une théorie générale des contrats entre personnes publiques*, L'Harmattan, 1997 ▪ *Les contrats entre personnes publiques, AJDA* 2013. 833 (dossier, 8 contributions) ▪ S. HOURSON, *Les conventions d'administration,* LGDJ, 2014 ▪ F. MODERNE, « L'évolution récente du droit des contrats administratifs : les conventions entre personnes publiques », *RFDA* 1984.1 ▪ N. POULET-GIBOT LECLERC, « La contractualisation des relations entre les personnes publiques », *RFDA* 1999.551 et s.

3. Critères du contrat administratif

▪ P. AMSELEK, « La qualification des contrats de l'administration », *AJDA* 1983.3 ▪ M. CANEDO, *Le mandat administratif,* LGDJ, 2001 ▪ C. FARDET, « La clause exorbitante et la réalisation de l'intérêt général » *AJDA* 2000.115 ▪ J. LAMARQUE, « Le déclin du critère de la clause exorbitante », *Mél. Waline,* LGDJ, 1974, p. 497 ▪ F. LICHERE, « L'évolution du critère organique du contrat administratif », *RFDA* 2002.341 ▪ J. MARTIN, « D'une définition à l'autre : nouvelles et anciennes difficultés à identifier les clauses révélant un contrat administratif », *RFDA* 2015.23 ▪ J. MOREAU, « La naissance de la clause exorbitante du droit commun comme critère du contrat administratif », *Mél. F. Burdeau*, p. 197, Litec 2008 ▪ G. VEDEL, « Remarques sur la notion de clause exorbitante », *Mél. Mestre,* Sirey, 1956, p. 527 ▪ P. WEIL, « Le critère du contrat administratif en crise », *Mél. Waline,* LGDJ, 1974, p. 831.

4. Régime du contrat

▪ J. ANTOINE, « La mutabilité contractuelle née de faits nouveaux extérieurs aux parties », *RFDA* 2004.80 ▪ S. BADAOUI, *Le fait du prince dans les contrats administratifs*, LGDJ, 1955 ▪ F.-P. BÉNOÎT, « De l'inexistence d'un pouvoir de modification unilatérale dans les contrats de l'administration », *JCP* 1963, n° 1775 ▪ J. BOUSQUET, *Responsabilité contractuelle et responsabilité extracontractuelle en droit administratif,* LGDJ 2019 ▪ F. BRENET, « La théorie du contrat administratif. Évolutions récentes », *AJDA* 2003.919 ▪ C.-E BUCHER, *L'inexécution du contrat de droit privé et du contrat administratif. Étude de droit comparé interne,* Dalloz, 2011 ▪ M. CANEDO, « L'exorbitance du droit des contrats administratifs » *in* MELLERAY, *op. cit.*, n° 45, 3°, p. 125 ▪ G. ECKERT, « Les pouvoirs de l'administration dans l'exécution du contrat et la théorie générale du contrat administratif », *Contr. marchés publ.* 2010, chron. 9 ▪ I. HASQUENOPH, *Contrats publics et concurrence*, Nouvelle Bibliothèque des thèses, Dalloz, 2021, préf. R. Noguellou ▪ H. HOEPFNER, *La modification du contrat administratif,* LGDJ, 2009 ▪ A. DE LAUBADÈRE, « Du pouvoir de l'administration d'imposer unilatéralement des changements aux dispositions des contrats administratifs », *RDP* 1954.36 ▪ J. L'HUILLIER, « Les contrats administratifs tiennent-ils lieu de loi à l'administration ? », *D.* 1953.87 ▪ F. LOMBARD, *La cause dans le contrat administratif,* Dalloz, 2008 ▪ J.-F. OUM-OUM, *La responsabilité contractuelle en droit administratif,* LGDJ, 2014 ▪ « Responsabilité et contrat administratif », *AJDA* 2019. 2528, (dossier, 7 contributions) ▪ D. RICCARDI, *Les sanctions contractuelles en droit administratif,* Dalloz, Nouvelle Bibliothèque des thèses, vol. 189, 2019 ▪ A. ROBLOT-TROIZIER, « Le pouvoir de contrôle de l'administration à l'égard de son cocontractant », *RFDA* 2007.990 ▪ P. TERNEYRE, *La responsabilité contractuelle des personnes publiques en droit administratif,* Economica, 1989 ▪ P. TERNEYRE, « Responsabilité contractuelle », *Enc. Dalloz Resp. Puiss. Pub* ▪ « Plaidoyer pour l'exception d'inexécution dans les contrats administratifs », in *Mélanges D. Labetoulle*, Dalloz, 2007, p. 803 ▪ L. Vidal, *L'équilibre financier du contrat dans la jurisprudence administrative,* Bruylant, 2005.

5. Contentieux du contrat

▪ *Le contentieux des contrats publics en Europe*, dossier, *RFDA* 2011. 1 (11 contributions) ▪ *Contentieux des contrats publics*, dossier, *AJDA* 2011. 308 (5 contributions) ▪ M. Fornacciari, « Contribution à la résolution de quelques « paradoxes » », *EDCE* 1988.93 ▪ J.-F. Lafaix, *Essai sur le traitement des irrégularités dans les contrats de l'administration,* Dalloz, 2009 ▪ J.-F Lafaix, « Le juge du contrat face à la diversité des contentieux contractuels », *RFDA* 2010.1089 ▪ E. Langelier, *L'office du juge administratif et le contrat administratif,* Faculté de droit et des sciences sociales de Poitiers, vol. 50, 2012 ▪ F. Llorens, « Les conséquences de la nullité des marchés publics et des délégations de service public », *CJEG* 2002.571 ▪ *Mutations du contentieux contractuel, AJDA* 2014.2044 (dossier, 4 contributions) ▪ D. Pouyaud, *La nullité des contrats administratifs,* LGDJ, 1991 ▪ P. Terneyre, « Les paradoxes du contentieux de l'annulation des contrats administratifs », *EDCE* 1988.69 ; « Le droit du contentieux des contrats administratifs a-t-il enfin atteint sa pleine maturité ? », *EDCE* 2008.383 ▪ P. Terneyre et D. de Béchillon, « Contrats administratifs, (contentieux des) » *Encycl. Dalloz Cont. Adm.* ▪ P. Terneyre et J. Gourdou, « Pour une clarification du contentieux de la légalité en matière contractuelle », *CJEG* 1999.208.

TROISIÈME PARTIE
LES CONTREPOIDS JURIDICTIONNELS DE L'ACTION ADMINISTRATIVE

831 **Introduction. –** L'importance de l'action administrative, tant par son champ d'intervention que par la puissance des pouvoirs qui sont confiés à l'autorité publique, rend nécessaire des contrepoids, afin que celle-ci ne puisse agir impunément et sans contrôle et que le *principe de légalité*, notamment, soit respecté. Certains d'entre eux sont non juridictionnels, d'autres relèvent du juge.

832 **Contrôles internes. –** Ces contrepoids existent, tout d'abord, à l'intérieur de l'administration, processus d'auto-contrôle en quelque sorte. Tel est le rôle essentiel du recours et du *contrôle hiérarchiques* au sein d'une même personne morale, des procédés de tutelle entre plusieurs personnes morales et du contrôle de légalité exercé par le préfet, en dehors même de toute saisine du juge. Les *inspections générales* sont aussi fort utiles en ce domaine : à la demande du ministre, elles interviennent soit sur des dossiers ponctuels bénéficiant des feux de l'actualité, soit pour étudier de façon plus approfondie les questions transversales que soulève telle ou telle action. Les inspecteurs rendent ainsi de nombreux rapports sur les éventuels dysfonctionnements constatés et font les propositions de réforme qui paraissent indispensables à la lumière de leur expérience. La plupart de ces inspections ont un rôle limité à leur ministère de rattachement mais l'inspection générale des finances a une fonction plus large : à travers l'examen des comptabilités des diverses administrations publiques, nationales, locales ou des établissements publics, et grâce à diverses missions d'évaluation, elle relève les pratiques irrégulières en suggérant les réformes nécessaires en de nombreux domaines.

833 **Contrôle par des organismes indépendants. –** S'est aussi développée une forme de contrôle un peu hybride : au sein de l'administration elle-même, des organismes bénéficient d'une réelle autonomie en vue d'exercer de façon neutre des contrôles « internes-externes ». De ce point de vue, les *contrôles financiers* réalisés par la Cour des comptes ou par les chambres régionales des comptes, dans leur fonction non juridictionnelle de « contrôle de gestion » ou à l'occasion du jugement des comptes, présentent une importance considérable, d'ailleurs consacrée par la Constitution (v. le nouvel art. 47-2, issu de la révision du 23 juillet 2008). La

vérification de l'utilisation des fonds publics, les critiques qui en découlent, ont souvent permis de mettre en lumière d'importantes erreurs. La découverte des affaires de corruption dans la passation des marchés publics ou des délégations de services publics résulte, pour une large part, de ces vérifications.

Diverses autorités administratives indépendantes – comme la commission informatique et libertés ou la commission d'accès aux documents administratifs (v. *supra*, nº 253) – et surtout le Défenseur des droits, créé par la loi constitutionnelle du 23 juillet 2008 (v. *supra*, nº 257) jouent également un rôle important. Prenant le relais du *médiateur de la République*, institué en 1973 et dont le rôle fut utile, cette nouvelle autorité bénéficie d'une indépendance statutaire d'autant plus forte qu'elle est organisée par la Constitution et la loi organique nº 2011-333 du 29 mars 2011 prise pour son application[1]. Le Défenseur des droits est nommé par le président de République, pour une durée de six ans non renouvelable et après avis des commissions permanentes du Parlement, conformément à la procédure mise en place par le nouvel article 13 de la Constitution (v. *supra*, nº 227). Il ne peut être démis de ses fonctions que sur sa demande ou en cas d'empêchement, se trouve astreint à un strict régime d'incompatibilités et bénéficie d'immunités analogues à celles des parlementaires. Encore floue dans la Constitution, la conception du rôle (et partant des pouvoirs et de l'organisation) de l'institution a été précisée par la loi organique. Elle est tout entière gouvernée par l'idée, un peu réductrice, que le Défenseur des droits consiste dans la réunion des quatre autorités administratives indépendantes auxquelles il se substitue et répond donc avant tout à une volonté de rationalisation administrative. Ainsi, ses compétences sont calquées sur celles des institutions qu'il remplace. Sa mission générale de « défendre les droits et libertés dans le cadre des relations avec » l'ensemble des administrations prolonge celle du médiateur ; ses attributions spécialisées (défendre les droits de l'enfant, lutter contre les discriminations et promouvoir l'égalité, veiller au respect de la déontologie en matière de sécurité) reprennent respectivement celles du défenseur des enfants, de la Haute autorité lutte contre les discriminations et pour l'égalité (HALDE) et de la commission nationale de déontologie de la sécurité. La loi organique nº 2016-1690 lui a également confié une mission d'orientation et de protection des droits et libertés des « lanceurs d'alerte ». Cela rejaillit sur l'organisation de l'institution : pour l'exercice des quatre attributions qui viennent d'être mentionnées, le Défenseur des droits est assisté d'adjoints et de collèges. Par ailleurs, à la différence du régime qui était applicable au médiateur, ledit Défenseur peut être saisi directement (et non plus par l'intermédiaire d'un parlementaire) et même s'autosaisir. Pour l'instruction et surtout la solution des réclamations à lui présenter, il dispose de pouvoirs étendus (notamment celui de proposer des solutions en équité) qui présentent toutefois un trait commun notable : le Défenseur n'a aucun pouvoir de contrainte. Cette absence n'avait pas empêché le médiateur d'être efficace ; il en va de même pour le Défenseur des droits : en 2018, celui-ci a été saisi de plus de 95 000 réclamations, dont près de 56 000 concernent les relations des citoyens avec les administrations ; il en a traité un peu plus de 91 000.

1. V aussi la loi ordinaire nº 2011-334 du même jour et le décret d'application du 29 juill. 2011.

834 **Contrôle démocratique. –** À côté de ces contrôles qui restent, d'une façon ou d'une autre, au sein de l'institution administrative se développe, enfin, le contrôle démocratique. L'article 15 de la Déclaration des droits de l'homme ne prévoit-il pas que « la société a le droit de demander compte à tout agent public de son administration » ? Le *Parlement*, en premier lieu, est susceptible d'examiner l'action de l'administration[2], grâce, indépendamment même de la procédure budgétaire, aux questions au gouvernement ou aux commissions d'enquête. Mais à la différence de certains pays étrangers et de la France de la IIIe République, il ne joue qu'un faible rôle de ce point de vue. C'est pourquoi la réforme constitutionnelle du 23 juillet 2008 vise à renforcer cette mission du Parlement, dont il est désormais affirmé (art. 24 de la Constitution) qu'il « contrôle l'action du Gouvernement » (et donc de l'administration qui en dépend) et « évalue les politiques publiques ». Les organes du Parlement plus spécialement chargés de cette mission ont été réformés[3] et leurs pouvoirs renforcés[4]. Par ailleurs, la pratique très fréquente de médiation politique qui résulte des interventions des députés, et de façon générale des élus locaux, oblige l'administration à s'expliquer. Ces dernières années, le contrôle des citoyens eux-mêmes souvent regroupés en *associations* s'est développé. En matière de droits des étrangers ou dans le domaine de l'urbanisme et de l'environnement, elles ont obtenu des résultats importants, avec l'appui de relais médiatiques. L'administration a dû, parfois, soit revenir sur ses propres décisions, soit intégrer dans le processus décisionnel ces organismes de représentation. De nouvelles techniques se mettent dès lors en place dans le cadre de la procédure administrative consultative, voire encore plus en amont avec une concertation qui, pour l'aménagement par exemple, tend à faire participer les administrés avant même que le projet ne soit défini. On passe alors du contrôle de l'action administrative à une participation à celle-ci, d'esprit démocratique (v. *supra*, n° 616).

De l'ensemble de ces données dépend en grande partie la soumission plus ou moins stricte de l'administration à la règle de droit.

835 **Contrôle juridictionnel. –** Enfin, en dernier ressort, le juge constitue un facteur majeur de contrepoids. Certes, il faut éviter toute déformation contentieuse. Il y a environ chaque année 195 000 procès nouveaux engagés en première instance devant la juridiction administrative, dont près du tiers en matière fiscale. Ceci ne représente qu'une part très faible de l'activité de l'administration, au regard, notamment, des millions d'actes administratifs édictés. Il reste que le juge dispose de pouvoirs particulièrement efficaces de contrôle, et que l'arme contentieuse – on l'a vu en urbanisme notamment – peut être d'une redoutable force. Le juge remplit, enfin, une importante fonction de définition et d'interprétation des règles du droit administratif, ce qui, bien au-delà du pur contentieux, produit des effets induits sur

2. Sur cette question, v. B. Seiller (dir.), *Le contrôle parlementaire de l'administration*, Dalloz, « Thèmes et commentaires », 2010.

3. Création par la réforme du règlement de l'Assemblée nationale du 27 mai 2009 du comité d'évaluation et de contrôle des politiques publiques et suppression par la loi n° 2009-689 du 15 juin 2009 des offices parlementaires d'évaluation de la législation et d'évaluation des politiques de santé.

4. V. la loi. n° 2011-140 du 3 févr. 2011 tendant à renforcer les moyens du Parlement en matière de contrôle de l'action du gouvernement et d'évaluation des politiques publiques.

le comportement de l'administration qui doit, à titre préventif, tenir compte de ces normes.

836 **Plan.** – Constituant ainsi un élément essentiel de contrôle de l'action administrative, l'intervention de cette juridiction spéciale est organisée selon certains mécanismes spécifiques (Sous-partie 1), qui permettent aux contrepoids juridictionnels d'avoir une portée indéniable, mais variable (Sous-partie 2).

Sous-partie 1
L'ORGANISATION DU CONTRÔLE JURIDICTIONNEL

837 **Plan. –** La France a, dès l'Ancien Régime et surtout depuis la Révolution, développé un modèle original de contrôle de l'administration par le juge. Le principe « de séparation des autorités administratives et judiciaires » (v. *supra*, n° 26) a été à l'origine du dualisme juridictionnel, d'une juridiction administrative, distincte du juge judiciaire (Chapitre 1). Cette juridiction statue ainsi sur les recours contentieux qui sont examinés selon des règles propres à la procédure administrative contentieuse (Chapitre 2).

CHAPITRE 1
LA JURIDICTION ADMINISTRATIVE

838 **Plan. –** La juridiction administrative constitue un ordre de juridiction particulier, même si, sous l'effet des réformes les plus récentes, ses structures tendent à se rapprocher de celle de la juridiction judiciaire (Section 1). En raison de son autonomie et de son égalité de rang avec cette dernière, les limites de sa compétence pour statuer sur le contentieux de l'administration soulèvent de très délicates questions (Section 2). Issus de la Révolution, ces mécanismes sont-ils toujours adéquats, au regard de l'évolution actuelle étant donné notamment le rôle nouveau des sources constitutionnelles et internationales en ce domaine ?

SECTION 1 LES STRUCTURES DE LA JURIDICTION ADMINISTRATIVE

839 **Historique. –** L'organisation originelle fut très simple. Outre les conseils de préfecture, le Conseil d'État, dans le cadre de la justice retenue, était compétent pour statuer, en appel du ministre-juge (v. *supra*, n° 29), pour l'ensemble des litiges avec l'administration qui, échappant au juge judiciaire, étaient susceptibles d'examen contentieux (v. *infra*, n° 883). Par la suite, avec l'institution de la justice déléguée et l'abandon de la théorie du ministre juge, le Conseil d'État devint juge de droit commun, au sein de la juridiction administrative, les conseils de préfecture conservant leurs attributions. Cette organisation se maintint jusqu'en 1953. Au lendemain de la Seconde Guerre mondiale, le nombre de recours devant le Conseil d'État augmenta considérablement, à la suite, en particulier, des mesures de réquisition et d'épuration. Pour faire face à cet encombrement du rôle, les structures furent dès lors profondément modifiées par la création des tribunaux administratifs interdépartementaux substitués aux anciens conseils de préfecture, avec un ressort

territorial plus large et une indépendance mieux garantie. Ils devenaient les juges de droit commun du contentieux administratif en première instance, leurs décisions relevant en appel du Conseil d'État, qui conservait cependant d'importantes compétences en premier ressort. Cette organisation simple a souffert, à son tour, de l'augmentation considérable des recours. Les tribunaux administratifs et surtout le Conseil d'État furent à nouveau engorgés et le délai moyen de jugement augmenta, notamment en appel, dans des proportions considérables. Après plusieurs projets de réforme, *la loi n° 87-1127 du 31 décembre 1987* mit en place une organisation calquée sur celle de la justice judiciaire. Si les tribunaux administratifs restent juges de la première instance, l'appel est désormais confié à des cours administratives d'appel, dont les arrêts relèvent en cassation du Conseil d'État. Celui-ci conserve, par ailleurs, diverses compétences en premier et dernier ressort, en appel ou en cassation. Il y a là un risque de ralentissement général du traitement des dossiers. Alors que le contentieux administratif reste statistiquement de faible ampleur (environ 240 000 décisions par an contre 2 millions pour le juge judiciaire, hors matière pénale) n'eût-il pas été préférable de conserver la structure « à deux étages », quitte à y apporter les modifications nécessaires ?

840 **Plan. –** La juridiction administrative présente désormais une organisation assez proche de celle existante dans l'ordre judiciaire (§ 1). Mais elle en reste distincte, ce qui a d'importantes conséquences sur le statut des magistrats qui y siègent (§ 2).

§ 1. LES JURIDICTIONS

841 **Plan. –** À côté des juridictions à « vocation » générale (A), existent de nombreuses juridictions spécialisées (B), qui, toutes, relèvent d'un statut s'inscrivant dans le cadre des normes constitutionnelles et internationales (C).

A. LES JURIDICTIONS ADMINISTRATIVES GÉNÉRALES

842 Celles-ci sont les tribunaux administratifs à la base, les cours administratives d'appel, et enfin le Conseil d'État, à la fois au sommet et au centre de cet ordre de juridiction.

1. Tribunaux administratifs

843 Ils constituent le premier échelon de l'ordre administratif et sont juges en première instance de l'essentiel du contentieux (sous réserve des compétences du Conseil d'État – v. *infra*, n° 853 – et, à un moindre degré, de celles des juridictions administratives spécialisées). Ils peuvent aussi donner leur avis sur les questions soumises par les préfets (CJA, art. R. 212-1). Cette compétence consultative, qui rappelle celle du Conseil d'État, n'est que peu exercée.

844 **Nombre. –** Au nombre de 42, dont 31 en France métropolitaine, ils sont situés, le plus souvent dans le chef-lieu de la région avec pour ressort celle-ci (par ex. Clermont-Ferrand, Dijon, Nantes, Rennes, etc.). Cependant dans les régions les

plus peuplées ou les plus étendues, existent plusieurs tribunaux administratifs (ainsi Marseille et Nice pour la région Provence-Alpes-Côte-d'Azur ; Lyon et Grenoble pour la région Rhône-Alpes ; Paris, Cergy-Pontoise, Melun, Montreuil et Versailles pour la région Île-de-France, etc.). Outre-mer, il y a en principe un tribunal administratif par département ou collectivité d'outre-mer.

845 **Organisation. –** Le tribunal est composé d'une ou plusieurs chambres dans laquelle siègent toujours, au moins trois membres (le nombre impair étant indispensable pour éviter le partage égal des voix) : le président, un conseiller et un conseiller rapporteur. Auprès de la chambre est attaché un rapporteur public (ex-commissaire du gouvernement), qui n'a pas voix délibérative (v. *infra*, n° 1017). Dans les grands tribunaux, les chambres tendent à se spécialiser dans tel ou tel type de contentieux (fiscal, urbanisme, fonction publique, etc.). De plus, pour un certain nombre d'affaires *a priori* simples, et indépendamment même du référé, s'est développé le recours au juge unique qui statue plus rapidement[1]. Il s'agit toujours de tenter de remédier à l'encombrement des tribunaux.

846 **Compétence matérielle et territoriale. –** La *compétence matérielle* du tribunal administratif se définit fort simplement (CJA, art. L. 211-1 et L. 311-1) : juge de droit commun, il connaît en principe et en premier ressort de tous les litiges administratifs, à l'exception de ceux qu'une disposition attribue à une autre juridiction administrative et, notamment, au Conseil d'État (v. *infra*, n° 853). Plus concrètement, il est ainsi amené à connaître des contentieux portant sur :

— la grande majorité des recours pour excès de pouvoir ;

— les recours de pleine juridiction qui, pour l'essentiel, concernent les litiges contractuels et en responsabilité extra-contractuelle, le contentieux des impôts directs et des taxes indirectes sur le chiffre d'affaires (dont la TVA), et celui des élections locales ;

— les recours en interprétation et appréciation de légalité ;

— enfin, dans certaines hypothèses très particulières, le contentieux répressif[2].

Quant à sa *compétence territoriale*, le principe est simple. Est compétent le tribunal « dans le ressort duquel a légalement son siège l'autorité [...] qui a pris la décision attaquée » (CJA, art. R. 312-1, tel que modifié par le décret n° 2016-1480 du 2 novembre 2016). L'application de cette règle conduirait à surencombrer le tribunal de Paris, en raison du nombre élevé d'administrations qui siègent dans la capitale. Le code prévoit dès lors de nombreuses exceptions : par exemple, pour le contentieux des décisions relatives à des immeubles est compétent le tribunal administratif dans le ressort duquel se trouve l'immeuble (CJA, art. R. 312-7) ; pour les décisions individuelles de police, c'est le lieu de résidence du destinataire de la mesure qui est pris en compte (CJA, art. R. 312-8) ; pour les décisions individuelles concernant la fonction publique autre que territoriale, la compétence est déterminée par le lieu d'affectation de l'agent (CJA, art. R. 312-12) ; en matière

1. V. CJA, art. R. 222-13 (par ex. pour les litiges relatifs aux prestations accordées au titre de l'aide ou de l'action sociale ou aux impôts locaux, à l'exception de la contribution économique territoriale).

2. Sur la distinction des différents types de recours, v. *infra*, n° 966 s.

contractuelle, le tribunal en principe compétent est celui du lieu d'exécution du contrat (CJA, art. R. 312-2), etc.

847 **Statistiques. –** En 2020 (déduction faites des « séries »), 210 514 requêtes ont été enregistrées, 200 411 jugées. Toutes affaires confondues, le délai moyen de jugement s'établit à 10 mois et 28 jours. Ce chiffre est toutefois un peu trompeur : pour les affaires ordinaires (c'est-à-dire en dehors des référés, des contentieux soumis à des délais spécifiques et des affaires réglées par ordonnance), le délai est d'un an, huit mois et vingt-neuf jours. Le nombre de recours peut paraître important, il est en réalité faible par rapport à d'autres pays, l'Allemagne notamment. Le contentieux n'occupe, de ce point de vue, qu'une place marginale dans l'action administrative.

Vu le faible taux d'appel et la confirmation en appel des jugements dans les deux tiers des cas, c'est donc la plus grande partie des litiges, dans des domaines très divers, qui sont définitivement traités à ce stade.

2. Cours administratives d'appel

848 **Compétences. –** Celles-ci, au nombre de 8 (Bordeaux, Douai, Lyon, Marseille, Nancy, Nantes, Paris, Versailles), sont divisées en plusieurs chambres, en partie spécialisées. Outre d'éventuelles fonctions consultatives, elles statuent sur les jugements des tribunaux administratifs dont elles sont saisies. Elles peuvent également se voir attribuer, par décret en Conseil d'État, le jugement, en premier et dernier ressort, de certains litiges en raison de leur objet ou de l'intérêt d'une bonne administration de la justice (CJA, art. L. 211-2 et, pour des applications, CJA, art. R. 311-2 et 3).

Leur échappent, cependant, certaines catégories d'appel qui continuent à relever du Conseil d'État (CJA, art. R. 321-1) :

— les appels sur les jugements en appréciation de légalité ou en interprétation, rendus sur renvoi de l'autorité judiciaire (v. *infra*, n° 958 s.),

— le contentieux des élections municipales et cantonales.

Ces exclusions, pour ces affaires où la décision finale doit être prise dans les meilleurs délais, mettent en lumière le risque de ralentissement global de la procédure dû à la réforme de 1987.

849 **Statistiques. –** Le taux d'appel des décisions des tribunaux administratifs, qui a un peu augmenté ces dernières années, est aujourd'hui d'environ 20 %, ce qui reste faible. Malgré cela, les cours ont longtemps été des juridictions encombrées : fin 2003, leur arriéré atteignait les 40 000 dossiers. Depuis, la situation s'est améliorée, grâce notamment à l'augmentation de leurs moyens (v. *infra*, n° 862) et à certaines réformes procédurales décidées par un décret du 24 juin 2003 : suppression de la possibilité de faire appel des jugements rendus par les tribunaux administratifs dans certaines catégories de litiges réputés simples (CJA, art. R. 811-1) et réduction des dispenses de ministère d'avocat en appel (v. *infra*, n° 994). En 2020, le nombre des affaires enregistrées (30 229) est un peu inférieur à celui des affaires jugées (30 706) (déduction faite des « séries »). Le délai moyen de jugement est de onze mois et vingt-sept jours mais ce chiffre est un peu

trompeur : pour les affaires ordinaires (c'est-à-dire en dehors des référés, des contentieux soumis à des délais spécifiques et des affaires réglées par ordonnance), le délai est d'un an quatre mois et douze jours.

3. Conseil d'État

850 Outre ses fonctions consultatives (v. *supra*, n° 248 s.), le Conseil d'État joue un rôle majeur comme juridiction centrale de l'ordre administratif, puisqu'il cumule des fonctions allant du jugement en premier et dernier ressort à la cassation.

a) Organisation

851 L'organisation du Conseil d'État, au contentieux, avait été profondément modifiée par le décret du 30 juillet 1963, pris à la suite de l'arrêt *Canal* (v. *supra*, n° 116). L'annulation par celui-ci d'une ordonnance du président de la République instituant une Haute Cour de justice avait empêché l'exécution de plusieurs personnes condamnées à mort, en raison de leur participation aux activités de l'OAS pendant la guerre d'Algérie. Le vif mécontentement du chef de l'État conduisit à une réorganisation en profondeur du conseil afin de mieux rapprocher les fonctions consultative et contentieuse. Mais, le décret n° 2008-225 du 6 mars 2008 revient dans une large mesure sur cette orientation en cherchant, au contraire, à séparer davantage ces deux fonctions, en vue de mieux satisfaire aux exigences de l'impartialité que la jurisprudence de la Cour EDH a notablement renforcées (v. *infra*, n° 869). À cet effet, la composition des formations de jugement est profondément modifiée.

852 **Formations de jugement. –** La section du contentieux (une des sept sections) comprend dix subdivisions qui, traditionnellement dénommées sous-sections, sont appelées, depuis la loi du 20 avril 2016 (art. 62 – CJA, art. L. 122-1), chambres, selon la terminologie qui est en usage dans les autres juridictions. Auprès d'elles sont affectés des conseillers d'État, dont leur président, ainsi que des auditeurs et des maîtres des requêtes, siégeant aussi, en principe, dans des sections administratives (v. *infra*, n° 869), qui remplissent les fonctions de rapporteurs et de rapporteurs publics (v. *infra*, n° 1016).

Outre certains pouvoirs propres confiés au président et présidents-adjoints de la section du contentieux, ainsi qu'aux présidents de chambres et autres conseillers d'État désignés à cet effet par le Président de la section du contentieux, qui statuent par ordonnance (CJA, art. L. 122-1, al. 2), les jugements peuvent être rendus par cinq formations. Pour les affaires les plus simples, la chambre qui a instruit l'affaire peut juger seule et comprend alors au moins trois membres. Dans le cas le plus général, la décision est prise par plusieurs chambres réunies (deux traditionnellement ; trois ou quatre depuis un décret du 22 février 2010). Lorsque l'affaire présente plus de difficultés (question nouvelle, renversement de jurisprudence envisagé) elle est traitée par la section du contentieux siégeant en formation de jugement, laquelle, depuis 2008, ne comprend plus les représentants des sections administratives qui y avaient été introduits en 1963[3]. Si la question est encore plus délicate, l'affaire est examinée par l'*assemblée du contentieux*. Celle-ci réunit 17 membres : outre le vice-président du Conseil d'État, les présidents des sept sections, les trois présidents-adjoints de la section du contentieux, le président de la sous-section d'instruction quatre autres présidents de sous-section et le rapporteur ; cette composition fait apparaître que, comme avant la réforme de 1963 et contrairement à la situation issue de celle-ci, la section du contentieux est très majoritairement représentée au sein de l'assemblée. Il existe par ailleurs et enfin une formation spécialisée dans le contentieux des techniques de recueil de renseignements qui a été créée par la loi du 24 juillet 2015 (v. CJA, art. L. 773-2).

b) Compétence

853 Le Conseil d'État n'est pas simplement un juge suprême, comparable à la Cour de cassation. Ses fonctions sont plus étendues. Selon la formule de R. Chapus, il est « tout à la fois au sommet, au centre et à la base de l'ordre des juridictions administratives »[4].

854 **Compétence en premier et dernier ressort. –** Dans ce cas, le Conseil d'État est directement saisi et prend une décision définitive et insusceptible de recours, ce qui présente d'incontestables avantages de simplicité et de rapidité.

Cette compétence est assez importante même si elle a été restreinte par un décret du 22 février 2010 dans le but d'alléger la charge contentieuse du Conseil d'État. Il résulte des termes de l'article L. 311-1 du CJA qu'elle peut tenir soit à l'objet du litige, soit à l'intérêt d'une bonne administration de la justice.

855 **Objet du litige. –** De manière générale, c'est, assez évidemment, l'importance de l'objet du litige qui justifie que son règlement soit directement confié au Conseil d'État.

À ce titre, ce dernier est d'abord compétent pour connaître des recours dirigés contre certains actes administratifs. Il s'agit, pour l'essentiel, des actes suivants :

— les décrets, réglementaires ou non, adoptés par le Premier ministre ou par le président de la République, ainsi que les ordonnances édictées par celui-ci sur le fondement de l'article 38 de la Constitution.

— les actes réglementaires des ministres et des autres autorités à compétence nationale (comme, par exemple, ceux des autorités administratives ou publiques indépendantes investies d'un pouvoir réglementaire) ainsi que leurs circulaires et instructions de portée générale (autre chose étant de savoir si le recours contre ces actes est recevable, sur ce point v. *supra*, n° 550 et s.).

— les décisions, réglementaires ou non, prises par un certain nombre d'autorités administratives indépendantes dans l'exercice de leurs missions de régulation ou de contrôle, une liste limitative de ces autorités étant établie par l'article R. 311-1 4° CJA (on y trouve, par exemple, l'Autorité de la concurrence ou la CNIL).

3. Positivement, on y trouve le président de la section du contentieux, les trois présidents-adjoints, les dix présidents de sous-section et le rapporteur.

4. *Droit administratif*, Montchrestien, 2001, n° 987.

— les décisions ministérielles prises en matière de concentration économique (CJA, R. 311-1 9°).

— les décisions de sanction prononcées par certaines autorités administratives indépendantes ou par le ministre du Logement (v. CJA, art. L. 311-4).

L'importance de la matière explique également la compétence directe du Conseil d'État à l'égard des litiges concernant le recrutement et la discipline des agents publics nommés par décret du président de la République qui sont, en somme, de hauts fonctionnaires de l'État. L'objet du litige justifie enfin que le contentieux de certaines élections relève du Conseil d'État (CJA, art. L. 311-3). Il s'agit du contentieux de l'élection des représentants du peuple français au Parlement européen et celui de l'élection aux organes délibérants de certaines collectivités territoriales (conseils régionaux, Assemblée de Corse, notamment). Enfin, la loi du 24 juillet 2015 a confié au Conseil d'État, statuant en premier et dernier ressort, le contentieux de la mise en œuvre des techniques de recueil de renseignements et des traitements de données à caractère personnel intéressant la sûreté de l'État (CJA, art. L. 311-4-1).

856 **Intérêt d'une bonne administration de la justice.** – Cet intérêt a longtemps justifié que le Conseil d'État jugeât les décisions ne relevant d'aucun tribunal administratif (par ex. mesure prise par l'administration française en haute mer et surtout refus de visa d'entrée sur le territoire) ou de plusieurs d'entre eux. Ces deux chefs de compétence ont toutefois été supprimés par le décret du 22 février 2010, au prix d'un réaménagement de la compétence territoriale des tribunaux administratifs (v. CJA, art. R. 312-1 et R. 312-18).

Dans l'état actuel du droit, deux cas de compétence directe du Conseil d'État peuvent être rattachés au souci d'une bonne administration de la justice. Le premier concerne les « actions en responsabilité dirigées contre l'État pour durée excessive de la procédure devant la juridiction administrative » (CJA, art. R. 311-1 5° ; sur cette responsabilité v. *supra*, n° 1102). Il s'agit d'éviter que ces actions en responsabilité ne s'enlisent dans un long parcours juridictionnel et qu'une juridiction inférieure ne connaisse une action en responsabilité mettant en cause le comportement du Conseil d'État. Il en va, néanmoins, différemment des actions en responsabilité fondées sur la violation manifeste du droit de l'Union européenne (v. *infra*, n° 1102) par une juridiction administrative (y compris le Conseil d'État) qui relèvent, en premier ressort, de la compétence des tribunaux administratifs[5]. Le second cas annoncé porte, lui, sur les recours dirigés, en bref, contre les décisions relatives aux installations de production d'énergie renouvelable en mer (« éoliennes offshore ») (CJA, art. L. 311-13). L'objectif est ici d'empêcher qu'un long contentieux ne retarde excessivement la réalisation de ces projets.

857 **Juge d'appel.** – La compétence en appel du Conseil d'État ne concerne plus que quelques rares hypothèses (v. *supra*, n° 848).

858 **Juge de cassation.** – C'est désormais – grande novation – le rôle essentiel du Conseil d'État. Outre les recours contre les décisions de toutes les juridictions spécialisées, il juge en cassation les arrêts rendus par les cours administratives d'appel (sur les mécanismes du contrôle de cassation, v. *infra*, n° 1020) (CJA, art. L. 821-1

5. CE, 21 sept. 2016, n° 394360, *SNC Lactalis ingredients*, *AJDA* 2016. 1776.

et R. 821-1 et s.). Pour éviter que la cassation se transforme en troisième degré de juridiction, et ne pas réencombrer le Conseil d'État, tout pourvoi n'est pas automatiquement étudié, il est filtré par la sous-section d'instruction qui le rejette immédiatement, lorsqu'il est irrecevable ou ne repose sur aucun moyen sérieux.

859 **Cour régulatrice. –** Le Conseil d'État remplit aussi les fonctions que lui seul peut assurer en raison de sa situation nationale. Lorsque deux affaires distinctes relevant de juges administratifs différents (tribunaux administratifs, cour administrative d'appel ou Conseil d'État) sont *connexes*, c'est-à-dire lorsque leurs solutions sont étroitement liées, le Conseil d'État statue sur la totalité du dossier, s'il est normalement compétent en premier ressort pour en juger une partie, soit attribue l'ensemble du litige à la juridiction qu'il désigne (CJA, art. R. 341-1 et s.). De même, en cas de difficulté de compétence entre plusieurs juridictions administratives, le Président de la section du contentieux, saisi par la juridiction qui s'estime incompétente, désigne le juge territorialement ou matériellement compétent (CJA, art. R. 351-1 et s.).

860 **« Avis contentieux ». –** Depuis la loi du 31 décembre 1987, le Conseil d'État peut être saisi par un tribunal administratif ou une cour administrative d'appel d'une « question de droit nouvelle », à la condition qu'elle soulève une « difficulté sérieuse » qui se pose « dans de nombreux litiges » (CJA, art. L. 113-1). Si ces conditions sont effectivement remplies, il rend un avis, nettement différent des avis rendus par les sections administratives, car il est instruit par une sous-section contentieuse et fait l'objet de conclusions de rapporteur public. Cet avis, quoique rendu au contentieux, n'a cependant ni la valeur ni la portée d'une décision juridictionnelle. Il n'empiète pas en droit sur la compétence des juridictions saisies[6]. Ce sont elles qui, prenant en compte l'avis, résolvent définitivement le litige. Ce mécanisme, transposé depuis en droit judiciaire, permet de connaître très vite la position du juge suprême et d'assurer la coordination des décisions des juridictions ayant à trancher des litiges en série, sans avoir à attendre que le dossier arrive en cassation. L'administration fiscale, en particulier, souhaitait vivement éviter les conséquences d'un arrêt infirmant ses propres interprétations, rendu des années après sa décision.

Malgré tout, un tel système renforce le rôle du Conseil d'État qui, *de facto*, décide, à son niveau, d'affaires (une dizaine de cas par an) qui ne relèvent pas de sa compétence immédiate.

Lorsque, par exemple, des milliers de requérants demandèrent que le supplément familial de traitement soit versé aux deux membres d'un couple de fonctionnaires (alors que traditionnellement un seul d'entre eux en bénéficiait), en se fondant sur une nouvelle interprétation des textes en vigueur, le Conseil d'État fut saisi par plusieurs tribunaux administratifs. Il rendit un avis déniant un tel droit aux requérants[7]. En conséquence, la totalité des recours furent rejetés et ce contentieux s'éteint de lui-même.

861 **Statistiques. –** En 2020, le Conseil d'État a été saisi de 10 034 affaires et en a réglé 9 671 (déduction faites des « séries »). Le délai de moyen de jugement est un

6. CE, ass., (avis cont.) 24 oct. 1997, *Ass. locale culte Témoins de Jéhovah Riom*, R. 372 (impossibilité de trancher l'affaire au fond).

7. CE, sect., (Avis cont.), 29 mai 1992, *M*[me] *Ferrand*, R. 219.

peu supérieur à 7 mois mais cette moyenne est quelque peu trompeuse : pour les affaires ordinaires (c'est-à-dire en dehors des référés, des contentieux soumis à des délais spécifiques et des affaires réglées par ordonnance), le délai s'établit à un an et 23 jours.

862 **Délai de jugement. –** Le déroulement de l'instance, avec ses règles précises ainsi que l'exercice des voies de recours tendent à ralentir l'ensemble de la procédure, ce qui, conjugué à l'encombrement considérable du rôle, entraînait des délais de jugement souvent trop longs en fait – quelle portée peut avoir une décision d'annulation rendue plusieurs années après ? – comme en droit. L'article 6 § 1 de la Convention européenne des droits de l'homme (v. *infra*, n° 965) stipule en effet que les tribunaux doivent statuer dans un *délai raisonnable*. La France a été ainsi, à plusieurs reprises, condamnée en raison des retards déraisonnables mis par la juridiction administrative à statuer[8]. Outre la profonde réforme des procédures d'urgence, (v. *infra*, n° 1021 s), la loi de programmation et d'orientation pour la justice du 9 septembre 2002[9], prévoit, pour ramener à un an le délai moyen de jugement, d'importants recrutements de personnel dans les greffes, de magistrats dans les tribunaux administratifs et les cours administratives d'appel, ainsi que d'assistants de justice apportant leur concours aux juges. Elle programme aussi d'importants crédits pour améliorer l'équipement immobilier comme mobilier des juridictions administratives. Ces mesures, jointes à diverses réformes procédurales (développement du juge unique, réduction du champ de l'appel, mise en place des téléprocédures) ont, dans une large mesure, porté leurs fruits. Il reste qu'elles ont atteint leurs limites, notamment sur le plan budgétaire, alors que le contentieux continue de croître.

B. LES JURIDICTIONS ADMINISTRATIVES SPÉCIALISÉES

863 Il existe au sein de l'ordre administratif, de nombreuses juridictions administratives spéciales, même s'il est parfois assez difficile de les distinguer d'organes prenant des décisions en matière administrative (v. *supra*, n° 591 s.).

Un grand nombre d'entre elles agit en *matière disciplinaire*, car l'intervention d'une juridiction donne d'importantes garanties aux personnes poursuivies. Il s'agit en particulier de la formation du conseil supérieur de la magistrature qui statue comme conseil de discipline des magistrats du siège et des juridictions de certains organismes corporatifs. Ainsi, en formation disciplinaire, la chambre régionale de discipline de l'ordre des experts-comptables sanctionne les membres qui ont manqué aux diverses obligations que leur impose le code de déontologie, l'appel relevant de

8. V. par. ex. CEDH 24 oct. 1989, H, A n° 162 (tribunal administratif n'ayant statué sur une demande d'indemnisation à la suite d'un accident hospitalier que 4 ans et 3 mois après le dépôt de la requête, alors que les trois ans mis par le Conseil d'État, pour statuer en appel, n'ont pas été jugés comme déraisonnables) ; CEDH 20 nov. 2008, *Gunes c/France*, *RFDA* 2009.551, note Delaunay (procédure de 9 ans devant la juridiction administrative pour obtenir la communication d'un fichier des renseignements généraux). V. aussi CE, 28 juin 2002, *Min. Justice c/Magiera*, n° 830.

9. N° 2002-1138, *JO* 10 sept., p. 14934.

la chambre nationale de discipline[10]. De même, à l'égard des enseignants de l'Université, la mesure disciplinaire est prise en premier ressort par le conseil académique de l'établissement statuant en section *ad hoc* (C. éduc., art. L. 712-6-2) et sous réserve d'appel devant le Conseil national de l'enseignement supérieur et de la recherche (C. éduc., art. L. 232-2).

Les *juridictions financières* forment un autre maillon particulièrement important de tribunaux spécialisés. Les comptes des comptables des collectivités territoriales et de leurs établissements publics sont jugés par les chambres régionales des comptes et en appel par la Cour des comptes qui reste directement compétente pour les comptes de l'État et de divers organismes à compétence, en principe, nationale (CJF, art. L. 111-1 et L. 211-1). Et la cour de discipline budgétaire et financière exerce les mêmes pouvoirs juridictionnels, à l'égard de certains ordonnateurs (CJF, art. L. 311-1 et s.).

D'autres juridictions jouent encore un rôle essentiel. Par exemple, lorsqu'un étranger demande le statut de réfugié, il s'adresse à un organe administratif, l'office français pour la protection des réfugiés et apatrides. Si celui-ci refuse d'accorder ce statut, le recours juridictionnel relève de la Cour nationale du droit d'asile (ex. commission des recours des réfugiés)[11]. Ces juridictions spécialisées sont toutes soumises au contrôle de cassation du Conseil d'État, ce qui est indispensable pour assurer l'unité du droit au sein de l'ordre administratif.

C. LE STATUT DE LA JURIDICTION ADMINISTRATIVE

864 Les règles statutaires relatives à la juridiction administrative, d'origine législative et réglementaire, s'inscrivent désormais dans le cadre des normes supérieures. Or, si la juridiction a été consacrée sur le plan constitutionnel, les incidences de la Convention européenne des droits de l'homme ont soulevé certaines interrogations, quant à certains aspects, tout au moins, de son organisation.

1. Consécration constitutionnelle

865 **Statut constitutionnel. –** L'existence de la juridiction administrative découle du principe de séparation des autorités administratives et judiciaires posé par les lois de 1790 et de l'an III. L'apparition du contrôle de constitutionnalité sous la Ve République a donné une nouvelle dimension à la question. Les textes ou les interprétations jurisprudentielles, qui reconnaissent l'existence d'une véritable juridiction administrative située au sein de l'exécutif et dotée d'une compétence propre, pouvaient-ils être remis en cause par une évolution législative ultérieure ? Ou, bien que la Constitution écrite fût muette sur ce point, y a-t-il en ce domaine des dispositions supérieures de valeur constitutionnelle ? Le Conseil constitutionnel a tranché en reconnaissant un statut constitutionnel à la juridiction administrative : il a garanti son existence et son indépendance au sein de l'exécutif.

10. Ord. 45-2138 du 19 sept. 1945, Titre V (Jur. C. et L.).
11. Loi n° 52-893 du 25 juill. 1952, art. 5 (Jur. C et L.) et D. n° 2008-702 du 15 juill. 2008.

866 **Existence et indépendance. –** La question s'est posée à propos des immixtions du législateur ou du gouvernement dans l'exercice de la justice. Comment donner des garanties aux juridictions de ce point de vue ? La réponse est simple pour l'*autorité judiciaire*, expressément visée par la Constitution et protégée contre les interventions des autres pouvoirs, tant par l'application de la règle générale de séparation des pouvoirs (art. 16 de la Déclaration des droits de l'homme) que par l'article 64 de la Constitution selon lequel le président de la République est garant de l'indépendance de l'autorité judiciaire. La juridiction administrative, au contraire, n'est pas distincte du pouvoir exécutif et aucune règle constitutionnelle expresse n'assure cette indépendance. Lors de l'examen d'une loi de validation d'actes administratifs annulés par la juridiction administrative, le Conseil constitutionnel a dégagé un *principe fondamental reconnu par les lois de la République* en ce domaine. En effet, depuis la loi du 24 mai 1872, l'indépendance de la juridiction administrative « est garantie ainsi que le caractère spécifique de [ses] fonctions sur lesquelles ne peuvent empiéter ni le législateur ni le gouvernement », qui ne sauraient « ni censurer les décisions des juridictions, ni (leur) adresser d'injonctions, ni se substituer à elles dans le jugement des litiges »[12] La juridiction administrative bénéficie désormais, au sein de l'exécutif, des mêmes garanties d'indépendance constitutionnelle que le juge judiciaire, ce qui lui confère implicitement une existence constitutionnelle et donne par là même au dualisme juridictionnel un fondement au plus haut niveau. Cette existence a été confirmée par la décision du 23 janvier 1987 qui assure au juge administratif un champ minimal de compétence de niveau constitutionnel, afin d'éviter que la juridiction ainsi constitutionnalisée puisse se voir retirer toute fonction (v. *infra*, n° 937). Enfin, le Conseil constitutionnel, dans une décision n° 2009-595 DC du 3 décembre 2009, a explicitement admis que la Constitution reconnaît deux ordres de juridiction ; cela découle notamment de son article 61-1 en tant qu'il donne la possibilité de saisir le Conseil constitutionnel d'une QPC (v. *supra,* n° 67 et s.) tant au Conseil d'État qu'à la Cour de cassation.

2. Contestation internationale ?

867 L'article 6-1 de la Convention européenne des droits de l'homme (v. *infra*, n° 965) exige que les causes soient examinées par un tribunal indépendant et impartial. En elles-mêmes, ces exigences n'ont évidemment rien de nouveau pour le droit français. Mais la CEDH en adopte une conception exigeante inspirée de la théorie des apparences. Selon celle-ci, il ne suffit pas que la justice soit indépendante et impartiale, il faut encore qu'elle le paraisse et qu'à cet effet, aucune circonstance ne soit de nature à susciter, dans l'esprit des justiciables, un doute objectivement justifié sur les deux points en cause.

868 **Indépendance. –** Sur ce premier terrain, la Convention européenne des droits de l'homme comporte une double incidence à l'égard du juge administratif. En premier lieu, comme la jurisprudence constitutionnelle, qu'elle a d'ailleurs

12. Cons. const., n° 80- 119 DC du 22 juill. 1980, R. 46 (ce qui limite l'étendue des éventuelles validations législatives, v. *infra*, n° 1031).

influencée, la cour de Strasbourg garantit l'indépendance des tribunaux, y compris administratifs, en interdisant le recours aux lois de validation, sauf impérieux motif d'intérêt général[13]. En second lieu, l'arrêt *société Sacilor-Lormines*[14] montre que les exigences européennes sont de nature à distendre les relations organiques étroites que le juge administratif entretient avec le pouvoir exécutif. Certes, la Cour EDH estime, dans cette décision, que le statut des membres du Conseil d'État (sur lequel, v. *infra*, n° 873 et 875) n'est pas en lui-même incompatible avec l'article 6-1 Convention EDH : les multiples liens qu'il comporte avec le pouvoir exécutif ne sont pas exclusifs de garanties d'indépendance. Mais ce satisfecit d'ordre général n'empêche pas la juridiction européenne de prononcer une condamnation au cas d'espèce : la circonstance que l'un des magistrats ayant rendu un arrêt sur la légalité d'une décision du ministre de l'économie a été nommé, peu après l'arrêt, dans un poste important dudit ministère a pu faire naître un doute légitime sur l'indépendance (et, partant, l'impartialité) de ce magistrat. Cette jurisprudence est propre à embarrasser le fréquent détachement de membres du Conseil d'État dans de hautes fonctions administratives, qui participe de la nature même du modèle français de justice administrative.

869 **Impartialité. –** Ce même modèle mêle étroitement fonction juridictionnelle et attributions consultatives. Au sein du Conseil d'État, en particulier, de nombreux membres siègent à la fois dans les sections administratives et à la section du contentieux, même si cela n'est plus obligatoire, la règle dite de la double affectation ayant été abrogée par le décret du 22 février 2010 (art. 3 – CJA, art. R. 121-3). Cette imbrication des fonctions de conseil du gouvernement et de juge ne risque- t-elle pas de porter atteinte au principe d'impartialité ? La Cour européenne, à propos du Conseil d'État luxembourgeois, inspiré du « modèle » français, a jugé que le fait pour quatre conseillers d'État sur cinq d'avoir statué sur un texte sur lequel ils avaient au préalable donné un avis constituait « une confusion [...] de fonctions consultatives et de fonctions juridictionnelles », ce « seul fait (étant de nature) à mettre en cause l'impartialité structurelle » de l'institution dès lors que la requérante « a pu légitimement craindre que les membres du comité contentieux ne se sentissent liés par l'avis donné précédemment »[15].

La portée de cette jurisprudence ne doit pas, toutefois, être exagérée. Un premier point est certain : dans son principe, le cumul par la même institution, de fonctions consultative et juridictionnelle n'est pas contraire à l'exigence impartialité[16] ; il n'est pas davantage exclu que, au sein de cette institution, les mêmes personnes

13. V. par ex. CEDH 26 oct. 1999, *Zielinski*, *RFDA* 2000.201, et, pour la jurisprudence du Conseil d'État : CE, ass., 5 déc. 1997, Mme Lambert, R. 460, *AJDA* 1998, 149, concl. Bergeal ; 23 juin 2004, *Société « Laboratoires Genevrier »*, R. 256.

14. CEDH, 9 nov. 2006, *Société Sacilor-lormines c/France*, *RFDA* 2007, p. 342, note J.-L. Autin et F. Sudre.

15. CEDH 28 sept. 1995, *Procola*, A n° 326.V. aussi CEDH 6 mai 2003, *Kleyn*, *AJDA* 2003.1491.

16. V. CEDH 15 juill. 2009, *Union fédérale Que choisir de Côte d'or c/France*, *RFDA* 2009, p. 885, note B. Pacteau énonçant qu'il n'appartient pas à la Cour de juger si « un problème de principe se pose sur le terrain de l'article 6 § 1 du seul fait que le Conseil d'État cumule compétence juridictionnelle et attributions consultatives ». Sur la constitutionnalité du dualisme fonctionnel du Conseil d'État, v. CE, 16 avr. 2010, *Assoc. Alcaly et autres*, *AJDA* 2010.812.

exercent les deux sortes d'activité. En revanche, l'impartialité interdit qu'un magistrat ayant examiné une affaire comme conseiller connaisse ensuite de la même affaire comme juge parce que le justiciable peut alors légitimement craindre qu'il ait un préjugé. Les juges de Strasbourg semblent néanmoins disposés à admettre libéralement que les questions examinées comme conseil puis comme juge ne sont pas identiques[17]. Quoi qu'il en soit, le décret du 6 mars 2008 vise à mieux mettre en œuvre cet impératif, non seulement en modifiant la composition des formations de jugement (v. *supra*, n° 849 et 852) mais plus encore en précisant (conformément à la pratique déjà suivie en fait) que « les membres du Conseil d'État ne peuvent participer au jugement des recours dirigés contre les actes pris après avis du Conseil d'État s'ils ont pris part à la délibération de cet avis » (CJA, art. R. 122-21-1). Dans le même esprit, il est désormais interdit aux membres du Conseil d'État qui participent au jugement des recours dirigés contre des actes pris après avis de celui-ci « de prendre connaissance de ces avis, dès lors qu'ils n'ont pas été rendus publics, ni des dossiers des formations consultatives relatifs à ces avis » (décret du 23 déc. 2011, art. 13 – CJA, art. R. 122-21-3).

§ 2. LES JUGES

870 Puisque la juridiction administrative est distincte de l'autorité judiciaire, et fait partie organiquement du pouvoir exécutif, tout en bénéficiant en son sein d'une réelle indépendance, ses juges ne sont pas des magistrats de l'ordre judiciaire, soumis à un statut autonome du statut général de la fonction publique. Relevant au contraire de ce dernier statut (B), sous certaines réserves, ce sont des fonctionnaires « ordinaires » même si nombre d'entre eux ont le titre de magistrats, qui sont recrutés pour l'essentiel par la voie de l'École nationale d'administration, à laquelle succédera, au plus tard le 1er janvier 2022 et en vertu de l'ordonnance n° 2021-702 du 2 juin 2021 portant réforme de l'encadrement supérieur de l'État (art. 5), l'Institut national du service public (A).

A. LE RECRUTEMENT

871 Contrairement à l'ordre judiciaire où les magistrats, quel que soit leur grade dans la hiérarchie font partie d'un même corps, les juges administratifs sont répartis en deux corps distincts, celui des membres des tribunaux administratifs et des cours administratives d'appel, d'une part, et celui des membres du Conseil d'État, de l'autre. Cette division tient à des raisons liées tant aux fonctions spécifiques du Conseil d'État qu'au prestige du « grand corps » dont font partie ses membres. L'ordonnance n° 2021-702 du 2 juin 2021 apporte aux règles de recrutement de ces deux corps des modifications non négligeables, notamment en mettant fin à l'accès direct à la sortie de l'École nationale d'administration (qui devient d'ailleurs l'Institut national du service public). Ces modifications ne sont d'ailleurs qu'un élément d'une réforme plus globale de la haute fonction publique. C'est dire que,

17. Dans ce sens, not., CEDH, 9 nov. 2006, *Soc. Sacilor-Lormines*, préc.

loin de remettre en cause la conception française de la justice administrative, qui conduit à recruter et à former de la même manière, en principe, les hauts fonctionnaires et les juges administratifs, la réforme réalisée par l'ordonnance du 2 juin la confirme.

872 **Tribunaux administratifs et cours administratives d'appel.** – Ces juges administratifs sont en principe recrutés par la voie de l'*École nationale d'administration* qui, ainsi qu'il a été dit (v. *supra*, n° 871), sera remplacée par l'Institut national du service public (CJA, art. L. 233-1 et s.). Ils passent donc les mêmes concours et épreuves que les autres fonctionnaires de direction et suivent une formation identique, gage de bonne connaissance de l'administration. Traditionnellement, à l'issue du concours de sortie, ceux qui le choisissaient, en fonction de leur rang de classement, devenaient immédiatement membres du corps des tribunaux administratifs et cours administratives d'appel, avec le grade de conseiller. Ce système est abandonné par l'ordonnance n° 2021-702 du 2 juin 2021. À la sortie de l'Institut, les élèves de ce dernier peuvent intégrer différents corps de fonctionnaires, notamment celui des administrateurs de l'État. Le principe est désormais que les magistrats des tribunaux administratifs et des cours administratives d'appel sont recrutés (toujours au grade de conseiller) parmi les membres du corps des administrateurs de l'État, qui ont fait ce choix à la sortie de l'Institut et qui justifient d'au moins deux ans de services effectifs en cette qualité (CJA, art. L. 233-2). Il est dans logique de la conception française de la justice administrative que l'accès à la fonction de juge administratif suppose un minimum d'expérience administrative. L'absence d'accès direct des élèves de l'Institut national du service public au corps des tribunaux administratifs et des cours administratives d'appel admet toutefois une exception, dont la cohérence avec ladite conception n'est que partielle. Une nomination directe est en effet possible pour ceux des élèves de l'Institut qui justifient d'une expérience professionnelle d'au moins quatre ans dans des fonctions d'un niveau équivalent à celui des fonctionnaires de catégorie A et cela, non seulement, dans le secteur public mais aussi dans le secteur privé. Il est à la fois singulier et hautement révélateur d'une époque qui tend à dénier la spécificité de l'activité de service public des agents publics, que l'exercice de fonctions d'encadrement dans une entreprise privée ou dans une administration soit regardé comme préparant, de manière équivalente, au métier de juge administratif. Ainsi recrutés, les intéressés sont initialement nommés dans un tribunal administratif. Ils sont, ensuite, affectés le cas échéant, dans une cour administrative d'appel, quitte à revenir dans un tribunal administratif pour y exercer des fonctions plus importantes (telles que celles de président) ou à être nommé, parfois, au Conseil d'État. De plus, comme dans de nombreux autres corps de fonctionnaires, des personnes remplissant des conditions précises d'ancienneté et de fonctions peuvent, après avis du conseil des tribunaux administratifs et cours administratives d'appel, être nommés au tour extérieur. Mais, en raison de l'insuffisance de places offertes par ces mécanismes de recrutement, un *concours spécifique* d'un haut niveau juridique a été institué à partir de 1975. Initialement provisoire, ce concours a été pérennisé, sous la dénomination de « recrutement direct », par la loi du 12 mars 2012 (art. 83 – CJA, art. L. 233-6) qui, par ailleurs, le réorganise. Il existe désormais un concours

externe ouvert aux étudiants titulaires de l'un des diplômes exigés pour se présenter au concours externe d'entrée à l'Institut national du service public (licence, notamment) et un concours interne destiné aux magistrats judiciaires et fonctionnaires de catégorie A justifiant de quatre années de services. Au total, alors que le principe est celui du recrutement par l'ENA, moins d'un tiers des membres du corps en sont issus, et près de la moitié proviennent du « recrutement direct ».

873 **Conseil d'État. –** Le recrutement du Conseil d'État (environ 300 membres) se fait en partie selon les mêmes règles puisque la plupart de ses membres sont issus de l'ENA (et sortiront désormais de l'Institut national du service public)[18].

Traditionnellement, les auditeurs (premier grade du corps), tous sortis de l'ENA, étaient nommés directement au Conseil d'État, sans avoir, contrairement aux juges judiciaires, à gravir, depuis les juridictions inférieures, les multiples échelons de la hiérarchie pour rejoindre, éventuellement, la juridiction suprême. Étaient ainsi offerts, à la fin de la scolarité, un certain nombre de postes dans les grands corps administratifs (Conseil d'État, Cour des comptes, inspection des finances) qui étaient choisis, en général, par les premiers du concours de sortie. Les auditeurs étaient donc jeunes, voire très jeunes. Ce mode de recrutement est assez profondément modifié par l'ordonnance n° 2021-702 du 2 juin 2021 qui, comme pour les tribunaux administratifs et les cours administratives d'appel, a voulu supprimer l'accès direct au corps du Conseil d'État. Les élèves de l'Institut national du service public peuvent entrer, après leur formation, dans divers corps, notamment celui des administrateurs de l'État. Les membres de ce corps et des corps ou cadres d'emplois de niveau comparable, justifiant d'au moins deux années de services, peuvent être nommés aux fonctions d'auditeur pour une durée de trois ans non renouvelable, après avis d'un comité consultatif composé à parité de membres du Conseil d'État et de personnalités qualifiées.

Dans l'organisation antérieure à l'ordonnance du 2 juin 2021, l'accès au second grade du corps (maître des requêtes) obéissait aux règles suivantes : les auditeurs y étaient automatiquement promus à l'ancienneté (trois quarts des emplois vacants leur étant réservés) ; le gouvernement pouvait nommer, au tour extérieur, toute personne âgée d'au moins 30 ans et ayant accompli dix ans de service public, dans la limite d'un quart des emplois vacants ; en outre, chaque année un (obligatoirement) ou deux (au plus) magistrats des tribunaux ou des cours administratives d'appel accédait au grade de maître des requêtes. L'ordonnance précitée modifie profondément ces règles. Le tour extérieur du gouvernement est supprimé. La moitié au moins des nominations est réservée aux auditeurs ayant exercé leurs fonctions pendant trois ans. Cette nomination est prononcée sur proposition d'une commission d'intégration composée à parité de membres du Conseil d'État et de personnalités qualifiées. La part du tour extérieur réservée aux magistrats des tribunaux et des cours est augmentée (deux au moins doivent être nommés chaque année). Enfin, peuvent également accéder au grade de maître des requêtes, les maîtres des requêtes en service extraordinaire ayant exercé leurs fonctions pendant quatre ans.

18. CJA, art. L. 133-1 et s.

Traditionnellement, tous les maîtres des requêtes accèdent au grade de conseiller d'État. Toutefois, l'ordonnance du 2 juin 2021 subordonne cet accès à l'accomplissement d'une mobilité statutaire. Dans une proportion réduite par ce même texte (elle passe d'un tiers à un cinquième des emplois vacants), le gouvernement peut également nommer en qualité de conseiller d'État toute personne à la seule condition qu'elle soit âgée d'au moins 45 ans. Une telle nomination peut également bénéficier aux présidents des tribunaux ou de cours, ainsi qu'aux personnes « dont les compétences et les activités [les] qualifient particulièrement pour l'exercice de ces fonctions » (CJA, art. L. 133-3-1).

Les *nominations au tour extérieur* doivent permettre l'entrée au Conseil d'État de personnalités d'origines diverses dont l'expérience professionnelle se révèle enrichissante tant pour le juge suprême que pour le conseiller du gouvernement. Un tel mécanisme se rencontre d'ailleurs dans d'autres corps de la fonction publique. Il est plus encadré par le droit qu'auparavant. La nomination, même hors de tout concours, est soumise aux dispositions de l'article 6 de la Déclaration des droits de l'homme, selon lequel nul ne saurait accéder aux fonctions publiques pour d'autres raisons que ses capacités, vertus et talents[19]. Le Conseil d'État statuant au contentieux – même si la question ne s'est jamais posée pour les nominations en son sein – vérifie ainsi que le gouvernement n'a pas commis d'erreur manifeste (sur cette notion v. *infra*, n° 1076), au regard de cette exigence[20]. Enfin, la commission d'intégration précédemment mentionnée donne un avis (simple) qui tient compte « des fonctions antérieurement exercées par l'intéressé, de son expérience et des besoins du corps », avis publié au *Journal officiel* en même temps que le décret de nomination (CJA, art. L 133-7).

La diversification de la composition du Conseil d'État provient également de la possibilité d'y nommer des conseillers d'État et des maîtres des requêtes en service extraordinaire.

Les premiers (CJA, art. L. 121-4 et s.) sont nommés, par décret en Conseil des ministres sur proposition du ministre de la justice, pour une durée de cinq ans (non renouvelable avant l'expiration d'un délai de deux ans). Traditionnellement, ils ne pouvaient être recrutés que pour exercer des fonctions consultatives et non des fonctions juridictionnelles ; depuis la loi du 20 avril 2016, ils peuvent l'être pour accomplir soit les unes, soit les autres. Les conditions de nomination diffèrent pour chacun de ces deux cas. Quand il s'agit de remplir des fonctions consultatives, les intéressés (au nombre de 12) sont choisis « parmi les personnalités qualifiées dans les différents domaines de l'activité nationale » et nommés après avis du vice-président du Conseil d'État. Quand il s'agit de juger, les conseillers d'État en service extraordinaire (au nombre de quatre) sont « choisis parmi les personnes que leur compétence et leur activité dans le domaine du droit qualifient particulièrement pour l'exercice de ces fonctions. ». Ils doivent, de plus, justifier d'au moins vingt-cinq années d'activité professionnelle et ne peuvent être nommés que sur proposition d'un comité présidé par le vice-président du Conseil d'État composé de membres du Conseil d'État et de personnalités qualifiées.

Prolongeant les dispositions d'un décret du 14 octobre 2004, la loi du 12 mars 2012 (art. 80 – CJA, art. L. 133-9 et s.), permet au vice-président du Conseil d'État de nommer des maîtres des requêtes en service extraordinaire, parmi les fonctionnaires appartenant à un corps recruté par la voie de l'ENA ou à divers autres corps (magistrats de l'ordre judiciaire, professeurs et maîtres de conférences des universités en particulier). Cette nomination, qui se traduit par un détachement ou

19. Cons. const., n° 84-179 DC du 12 sept. 1984 (rappelant cette exigence).

20. CE, 16 déc. 1988, *Bléton*, préc. *supra*, n° 60 (annulation de la nomination au tour extérieur comme inspecteur général des bibliothèques d'un ancien capitaine de la marine marchande, pour violation de l'article 6).

une mise à disposition, est faite pour quatre ans au plus mais peut déboucher sur une intégration définitive au corps des membres du Conseil d'État, avec le grade de maître des requêtes (une nomination par an est possible). À la différence des conseillers d'État en service extraordinaire, ces maîtres des requêtes exercent tant des fonctions consultatives que des fonctions juridictionnelles.

874 **Juridictions administratives spécialisées.** – Celles-ci ont un personnel dont la composition est très variable. Il s'agit de véritables magistrats de l'ordre administratif comme dans les juridictions financières, ou de personnalités qualifiées, représentants le cas échéant diverses institutions (Cour nationale du droit d'asile ou conseil supérieur de la magistrature), ou même d'élus (conseils de disciplines de nombreux ordres professionnels dont les juges sont élus par les membres de l'ordre et en leur sein).

B. LE STATUT

875 Le statut des membres des juridictions administratives est variable. Dans les juridictions spécialisées, seuls ont le statut de magistrat administratif et bénéficient de l'inamovibilité les conseillers à la Cour des comptes ou aux chambres régionales des comptes (art. L. 120-1 et L. 212-7 et 8 C. jurid. financières).

Les membres du corps des TA-CAA, qui sont désormais gérés par le ministre de la Justice par l'intermédiaire du secrétariat général du Conseil d'État (ce qui est symboliquement significatif de « leur émancipation » car auparavant ils relevaient du ministère de l'Intérieur) bénéficient depuis la loi du 6 janvier 1986 d'un statut protecteur qui vient sur certains points compléter ou déroger au statut général de la fonction publique, auquel ils restent pour l'essentiel soumis (v. CJA, art. L. 231-1 et s.). Véritables magistrats administratifs, ainsi que l'affirme expressément la loi du 12 mars 2012 (CJA, art. 86 – art. L. 231-1), leur indépendance est législativement – et non constitutionnellement comme pour les magistrats du siège – garantie par la règle de l'inamovibilité[21]. Elle trouve également une protection dans l'existence d'un conseil supérieur des tribunaux administratifs et cours administratives d'appel (CSTA), qui s'inspire du modèle du Conseil supérieur de la magistrature (CSM). Présidé par le vice-président du Conseil d'État, il est composé de certains membres du Conseil d'État, du directeur des services judiciaires au ministère de la justice, de magistrats élus parmi les membres du corps et de personnalités qualifiées. Ses attributions ont été notablement renforcées par l'ordonnance nº 2016-1366 du 13 octobre 2016. La modification la plus spectaculaire concerne le régime disciplinaire. Les sanctions relevaient auparavant de la compétence de l'autorité investie du pouvoir de nomination, c'est-à-dire du chef de l'État, sur proposition du CSTA. C'est désormais ce dernier qui exerce le pouvoir disciplinaire, les sanctions les moins graves (avertissement et blâme) pouvant toutefois être prononcées par son Président. Quand il statue en matière disciplinaire, le CSTA est une juridiction administrative dont les décisions ne sont susceptibles que d'un pourvoi en cassation devant le Conseil d'État. Le régime est donc similaire à celui des magistrats du siège de l'ordre judiciaire, à l'égard desquels les sanctions disciplinaires sont prononcées par le CSM, qui est alors une juridiction administrative relevant du Conseil d'État par la voie de

21. CJA, art. L. 231-3 « lorsque les membres du corps (...) exercent leur fonction de magistrat, ils ne peuvent recevoir, sans leur consentement, une affectation nouvelle, même en avancement ».

la cassation. Les pouvoirs que le CSTA exerce en ce qui concerne la carrière des magistrats ont également été accrus par l'ordonnance nº 2016-366, notamment en matière d'avancement.

Quant *aux membres du Conseil d'État*, s'ils ne sont pas considérés par les textes comme des magistrats administratifs en raison de leur autre fonction de conseiller du gouvernement, cette qualité est certaine lorsqu'ils participent aux activités juridictionnelles. En droit strict, leur statut n'est pas aussi protecteur que celui des membres du corps des TA-CAA et, en particulier, à la différence de ceux-ci, ils ne sont pas inamovibles. Toutefois, des textes récents ont renforcé les garanties d'indépendance des membres du Conseil d'État. Il en est ainsi notamment en matière disciplinaire. Traditionnellement, les sanctions étaient prononcées par l'autorité investie du pouvoir de nomination, c'est-à-dire par le chef de l'État, sur simple avis d'une commission consultative. Une ordonnance nº 2016-1365 du 13 octobre 2016 est venue modifier ce régime. Les sanctions les moins graves (avertissement, blâme) relèvent désormais du vice-président du Conseil d'État. Pour les autres, le président de la République ne peut désormais statuer que sur la proposition d'une « commission supérieure du Conseil d'État », dont la composition s'inspire du modèle du CSTA (présidents de section, membres élus, personnalités qualifiées). Quant aux décisions individuelles relatives à l'avancement, elles sont certes prises, elles aussi, par l'autorité investie du pouvoir de nomination, sur simple avis de la commission supérieure. Mais le pouvoir exécutif ne peut guère, par ce biais, exercer de pression dès lors que l'avancement dépend de l'ancienneté, à l'exception de l'accès aux fonctions de président de section et de vice-président du Conseil d'État. Mais l'essentiel n'est pas là. L'indépendance des membres du Conseil d'État est assurée, en pratique par la tradition et l'éminence de la position de cette institution au sein de l'État. Le Conseil, de fait, s'autogère, le secrétariat général ayant un rôle majeur. Alors que les révocations ont pu être autrefois nombreuses en cas de changement de régime politique (comme après la chute du Second Empire ou lors de l'épuration de 1945), seul un membre depuis 1945 a été révoqué pendant la période délicate de la guerre d'Algérie.

Sur le terrain de l'impartialité personnelle des magistrats, il faut ajouter que la loi du 20 avril 2016 relative à la déontologie et aux droits et obligations des fonctionnaires, qui visent notamment à prévenir ou faire cesser les conflits d'intérêts (v. *supra,* nº 632) concerne notamment les membres tant du Conseil d'État que des tribunaux administratifs et des cours administratives d'appel (v. CJA, art. L. 131-2 et s et L. 231-1 et s.). Ceux-ci sont notamment astreints à remettre une déclaration de leurs intérêts et, pour les plus éminents d'entre eux (vice-président du Conseil d'État, présidents de section, présidents des tribunaux et des cours), à adresser une déclaration de situation patrimoniale à la Haute autorité pour la transparence de la vie publique. Dans le même esprit, un collège de déontologie de la juridiction administrative a été institué au sein du Conseil d'État, qui est notamment chargé de donner un avis sur la charte de déontologie établie par le vice-président du Conseil d'État (CJA, art. L. 131-4 et s.).

SECTION 2 LA COMPÉTENCE DE LA JURIDICTION ADMINISTRATIVE

876 **Plan.** – Dès lors qu'existent deux ordres de juridiction, doivent être déterminées les règles qui président à la répartition des compétences entre eux (Sous-section 1). Conçus initialement comme un moyen d'empêcher le juge « ordinaire » de statuer sur le contentieux de l'administration, certains mécanismes apportent de ce point de vue des garanties, même s'ils permettent aussi, en partie, de protéger la compétence de l'autorité judiciaire (Sous-section 2).

S/SECTION 1 LES CRITÈRES DE COMPÉTENCE

877 La question du critère de répartition des compétences entre les deux ordres de juridictions a fait couler des flots d'encre, et été – est encore – à l'origine d'importantes divergences doctrinales. Le point de départ réside dans les textes révolutionnaires. Quel sens fallait-il donner aux brèves indications des lois des 16-24 août 1790 et du 16 fructidor an III ? Que fallait-il entendre par « fonctions administratives », « opérations des corps administratifs » (loi de 1790), ou « actes d'administration » (décret de l'an III), sur lesquels la juridiction judiciaire ne pouvait se prononcer ? Il revenait aux juges administratif et judiciaire, et au Tribunal des conflits, d'interpréter ces textes fondateurs.

878 **Compétence limitée à l'action administrative.** – Une première règle est simple dans son principe, même si elle peut être délicate dans son application. Dès lors que ces textes interdisent au juge judiciaire de s'immiscer dans l'activité de l'exécutif, et confient la compétence pour les litiges qui en découlent au « juge » administratif, celui-ci ne saurait intervenir lorsque l'exécutif n'est pas concerné. Il n'a donc *pas à statuer* quand sont en cause les actions des *pouvoirs législatif ou judiciaire, des personnes privées, des autorités étrangères*[22], ou lorsque des organes administratifs n'agissent pas comme autorités administratives. Ces règles ont été dégagées pour l'essentiel à propos du contentieux des actes unilatéraux mais s'appliquent aussi pour les litiges d'ordre contractuel[23] ou pour les actions en responsabilité extracontractuelle (v. par ex. *infra*, n° 1101 pour la responsabilité des services judiciaires). Ne relèvent donc pas de la juridiction administrative les actes et les activités des autorités qui ne sont pas administratives (v. *supra*, n° 575 et s. et n° 527 et s).

22. Par ex. CE, sect., 23 déc. 1966, *D.*, R. 693 (« La contrainte (émise par les autorités judiciaires belges) pour le recouvrement de laquelle le commandement litigieux a été émis émane d'une autorité » étrangère).

23. V. CE, 5 mars 1999, *Prés. Ass. nat.*, préc. *supra*, n° 589 (la solution de l'arrêt qui concerne les actes détachables de passation d'un contrat administratif joue, bien entendu, pour le contentieux du contrat lui-même).

879 Ce principe ne va pas toutefois sans limite, particulièrement en matière de responsabilité extracontractuelle. C'est ainsi que le juge administratif, et lui seul, est compétent « pour connaître de la responsabilité de l'État du fait de son action législative »[24] et du fait des conventions internationales[25].

880 **Compétence limitée à une partie de l'action administrative. –** En conséquence, le champ de la question se restreint : qui est compétent, du juge administratif ou du juge judiciaire[26] pour statuer sur l'action administrative elle-même ? S'il eût été concevable qu'elle soit, dans son ensemble, soumise à la juridiction administrative, créée à cet effet, celle-ci n'est, dans l'interprétation générale du principe de séparation retenue, compétente que pour une partie de cette action (§ 1). De plus, les critères adoptés à ce stade ne déterminent pas de façon définitive la compétence de l'un ou l'autre ordre de juridiction. De multiples textes ou des interprétations jurisprudentielles spécifiques de la loi de 1790 viennent, dans des domaines particuliers, attribuer tel ou tel contentieux, à un juge différent de celui qui aurait été compétent par le jeu des règles générales (§ 2). Enfin, cette ligne de partage, dont le tracé a relevé pendant deux siècles de l'intervention souveraine du législateur et des interprétations des juges, s'inscrit depuis 1987[27], dans un cadre constitutionnel, qui impose, notamment, l'intervention de la juridiction administrative pour une partie du contentieux administratif. En vertu de la Constitution, celle-ci est, en principe, seule compétente pour annuler ou réformer les décisions prises dans l'exercice des prérogatives de puissance publique, par des personnes publiques relevant de l'exécutif ; solution dont on ne peut comprendre la portée qu'au regard des évolutions historiques et des solutions retenues jusqu'alors (§ 3).

§ 1. L'INTERPRÉTATION GÉNÉRALE DE LA LOI DES 16-24 AOÛT 1790

881 **Plan. –** L'étude de l'évolution historique des interprétations, ô combien créatrices, de cette loi et du décret de l'an III montre les enjeux qui en découlent (A). Elle conduit à une présentation du droit positif, qui renonce à la découverte d'un critère unique de la compétence. Dans une société aussi complexe que la nôtre, où public et privé s'interpénètrent, il y a, même au stade des règles générales, non *pas un mais des critères* de compétence (B).

A. ÉVOLUTION HISTORIQUE

882 L'application du principe de séparation donna lieu à de nombreuses variations, à de véritables « coups d'accordéons » qui, tantôt, étendait la compétence du juge

24. T. confl. 31 mars 2008, n° 3632, *Société Boiron*, *AJDA* 2008. 1116.
25. T. confl. 11 mars 2019, n° 4153, *AJDA* 2019. 354.
26. La question peut se poser aussi au regard de la compétence du Conseil constitutionnel, susceptible de contrôler certains actes administratifs relatifs aux élections politiques (v. *supra*, n° 580 pour le référendum).
27. Cons. const., n° 86-224 DC du 23 janv. 1987, R. 8.

administratif, tantôt la restreignait, en fonction des rapports de force entre les deux juridictions et des conceptions idéologiques relatives au statut de la puissance publique.

1. De la Révolution au Second Empire : la diversité des critères

883 Pendant la Révolution, les textes furent interprétés dans une logique politique destinée à garantir la toute-puissance du pouvoir exécutif. Prenant en compte les interdictions posées par les textes, on se fonda sur le *critère organique* : toute décision prise par l'État échappait à l'autorité judiciaire, quels qu'en fussent le contenu et la finalité.

Dès l'Empire, de nouvelles solutions furent adoptées. On distingua les cas où l'État agissait comme propriétaire et ceux où étaient en cause des actes par lesquels l'administration tendait à accomplir un service public, dans une *approche finaliste*. De plus, à partir de la monarchie de Juillet, la théorie de l'État débiteur interdit, sauf lois spéciales, aux juges judiciaires de prononcer quelque condamnation pécuniaire que ce soit à son encontre.

Sous le Second Empire, la ligne de partage se déplace au profit d'un jeu complexe entre plusieurs critères. Le *critère formel*, fondé sur l'opposition entre actes d'autorité et actes de gestion joue un rôle essentiel dans certains domaines. Les actes d'autorité (ordre, injonction, prescription, mesures de police) sont de la compétence administrative car ils constituent seuls des actes administratifs proprement dits. Les actes de gestion sont ceux que pourrait prendre un particulier (contrats dans leur ensemble même s'ils sont passés à l'occasion du service public et administration du patrimoine). Ils sont jugés par l'autorité judiciaire, sous réserve qu'elle ne condamne pas financièrement l'État. Ainsi une grande partie de l'action des collectivités locales relève de celle-ci. Enfin, pour la responsabilité extracontractuelle de l'État, le juge administratif reste compétent par application de la doctrine de l'État débiteur et lorsqu'est en cause le fonctionnement d'un service public, alors même qu'il fonctionnerait dans des conditions très proches de celles d'une entreprise privée[28].

2. De l'arrêt *Blanco* (1873) à l'arrêt *Thérond* (1910) : l'école du service public

884 **Arrêt *Blanco*. –** La chute du Second Empire est l'occasion pour les tribunaux judiciaires de tenter d'accroître leur compétence, en particulier pour statuer sur la responsabilité extracontractuelle de l'État. Le Tribunal des conflits, dans la ligne des solutions précédentes, s'y oppose par l'arrêt *Blanco* (v. *supra*, n° 32). Bien qu'abandonnant le critère de l'État débiteur, il réaffirme la compétence administrative « pour les dommages causés aux particuliers par le fait des personnes qu'il emploie dans le service public » (arrêt), pour les actions où l'État agit comme « puissance publique chargée d'assurer la marche des divers services

28. V. CE, 6 déc. 1855, *Rothschild*, préc. *supra*, n° 31 (à propos de La Poste).

publics », et non comme personne civile (concl. David). Il n'y a donc pas de bouleversements dans la ligne de partage entre les deux ordres de juridictions. Les tribunaux judiciaires restent compétents pour le contentieux des contrats, celui de l'administration des propriétés ainsi que de la responsabilité non contractuelle des seules collectivités locales.

885 **École du service public. –** Quelques années plus tard, les partisans du critère du service public virent pourtant dans cette décision la reconnaissance – la naissance même – du critère du service public. L'arrêt *Blanco* devenait la pierre angulaire du droit administratif. Plusieurs arrêts importants parurent leur donner raison. L'ensemble du contentieux relatif au service public releva, à partir du début du XXe siècle, de la compétence administrative, avec *une unification des règles applicables* à l'État et aux collectivités locales. Ainsi, le juge administratif eut à trancher les litiges relatifs :

— au refus d'accorder à « un chasseur » de vipères une récompense prévue à cet effet par une délibération d'un conseil général[29] ;

— à la responsabilité quasi délictuelle d'un département lorsqu'un aliéné s'était échappé d'un établissement départemental pour mettre le feu à des meules de paille et de foin[30] ;

— ou aux difficultés nées de l'exécution d'un contrat de concession de mise en fourrière des chiens errants[31].

Comme le relève le commissaire du gouvernement Romieu dans ses conclusions sur l'arrêt *Terrier*, « toutes les actions entre les personnes publiques et les tiers ou entre ces personnes publiques elles-mêmes et fondées sur l'exécution, l'inexécution ou la mauvaise exécution d'un service public sont de la compétence administrative [...] soit que l'administration agisse par voie de contrat soit qu'elle agisse par voie d'autorité ».

886 **Limites. –** Le critère du service public semblait donc primordial, malgré quelques hypothèses apparemment marginales. Quelques activités, sans lien expressément constaté avec le service public, relevaient du juge administratif quand étaient en cause des prérogatives de puissance publique[32]. De plus, comme le notait déjà Romieu, dans ses conclusions sur l'arrêt *Terrie*r, il fallait, même dans l'accomplissement du service public, « réserver pour les départements et les communes comme pour l'État, les circonstances où l'administration doit être réputée agir dans les mêmes conditions qu'un simple particulier et se trouve soumise aux mêmes règles comme aux mêmes juridictions. Cette distinction entre ce que l'on a proposé d'appeler *la gestion publique et la gestion privée* peut se faire soit à raison de la nature du service qui est en cause, soit à raison de l'acte qu'il s'agit d'apprécier ».

Ainsi, le critère du service public n'avait plus une portée absolue, ce qui marquait le début d'une « crise ».

29. CE, 6 févr. 1903, *Terrier*, R. 94, *S.* 1903.3.25, concl. J. Romieu.

30. T. confl., 29 févr. 1908, *Feutry*, R. 208, concl. Teissier (l'assignation « incrimine l'organisation et le fonctionnement d'un service à la charge du département et d'intérêt public, que l'appréciation des fautes qui auraient pu se produire dans l'exécution de ce service n'appartient pas à l'autorité judiciaire »).

31. CE, 4 mars 1910, *Thérond*, préc. *supra*, n° 755.

32. V. T. confl., 9 déc. 1899, *Ass. synd. Canal de Gignac*, R. 731.

3. Crise du service public ? (de 1912-1921 à nos jours)

887 Cette crise se produisit en trois étapes, si l'on admet qu'à une époque le service public était le seul critère explicatif général.

888 **Gestion privée dans le service public. –** Cette possibilité n'avait jamais été totalement écartée, les propos précités de Romieu le prouvent abondamment. Toujours est-il qu'elle est formellement consacrée en 1912, dans l'arrêt *Société des granits porphyroïdes des Vosges* (v. *supra*, n° 754). Un contrat passé par la ville de Lille pour le pavement de ses rues – donc dans le cadre de sa mission de service public – échappe à la compétence administrative lorsqu'il est conclu « selon les règles et conditions des contrats passés entre particuliers ». Le service public, à lui seul, ne peut plus servir de critère !

889 **Service public à gestion privée. –** L'exception restait d'une portée relativement limitée puisqu'elle ne concernait que quelques opérations du service public. Avec la reconnaissance, en 1921, par l'arrêt dit *Bac d'Eloka*, de ce qu'on appellera les *services publics industriels et commerciaux*, il y a un important changement de dimension (v. *supra*, n° 37 et 445 s.). Des services publics, par pans entiers, sont soumis à un régime de droit privé et à la compétence judiciaire. Le critère du service public ne peut, à lui seul, être l'unique critère de compétence.

890 **Service public géré par une personne privée. –** Par les arrêts *Caisse Primaire Aide et protection* (v. *supra*, n° 17) et *Monpeurt* (v. *supra*, n° 599), le Conseil d'État admit, qu'en dehors du cas de la concession, une personne privée peut gérer un service public. Le service public cesse d'être pris dans un sens purement organique pour acquérir une dimension matérielle. De l'institution on passait à la mission.

Quoi qu'il en soit, la réunion, sous la bannière du service public, des trois critères organiques (les services publics relèvent des personnes publiques), finalistes (l'administration a pour mission l'accomplissement du service public) et matériels (les services publics sont soumis au droit et à la compétence administratifs), constatée ou en tout cas célébrée aux débuts du XXe siècle par la doctrine, cessait définitivement. Le juge administratif pouvait être compétent pour des activités des personnes privées et inversement ne pas l'être pour celles de collectivités publiques ; il jugeait, dans quelques rares cas, des activités accomplies en dehors du service public et inversement ne statuait pas sur des missions de service public (gestion privée dans les services publics, services publics industriels et commerciaux). Le critère du service public semblait donc définitivement inutilisable, et celui de la puissance publique, de la gestion publique par des procédés spécifiques du droit public, seul efficace.

891 **Résurrection du service public. –** Enterré peu avant le second conflit mondial, le service public, comme Lazare[33], ressuscita en 1955-1956. Par trois fois, le Conseil d'État et le Tribunal des conflits se fondent à nouveau sur lui, pour justifier l'application d'un régime de droit public, ce qui étend d'autant le champ de la

33. V. R. Latournerie, « Sur un Lazare juridique... » (cité n° 398).

compétence administrative. Dans l'arrêt *Effimieff*, un travail est qualifié de public si, même accompli sur une propriété privée, l'administration agit dans le cadre de sa mission de service public[34]. Dans les arrêts *Consorts Bertin* et *consorts Grimouard* sont reconnus comme administratifs les contrats qui font participer le cocontractant de l'administration à l'exécution même du service public, alors même qu'il n'y aurait aucune expression de la puissance publique (v. *supra*, n° 759). Enfin, dans l'arrêt *Société Le Béton*, le Conseil d'État retient comme critère du domaine public l'affectation des propriétés publiques à un service public[35].

C'est dans ce contexte où gestion publique et service public paraissent tous deux jouer un rôle majeur que s'inscrit le droit positif.

B. LES RÈGLES ACTUELLES

892 La fixation d'une ligne de partage simple et claire entre les deux ordres de juridiction, en raison de l'interpénétration des activités administratives et privées, devient fort difficile. Aussi le juge est-il confronté à un choix entre plusieurs méthodes de délimitation, dans la mise en œuvre des critères qu'il dégage.

1. Méthodes

893 Les juridictions peuvent tenter de cerner au plus près la réalité, en appliquant acte par acte, mesure par mesure, les critères de répartition des compétences. Ce découpage au scalpel, cette *approche analytique* présente cependant le redoutable inconvénient de rendre très complexes les solutions retenues. À l'inverse, il peut sembler préférable de soumettre un ensemble d'activités au même régime juridique (droit public ou droit privé) et au même juge, grâce à une *méthode synthétique*.

L'exemple du statut des agents contractuels des administrations est significatif. L'application analytique du critère de la participation au service public avait soulevé des difficultés inextricables pour qualifier les tâches de ces personnels, l'arrêt *Dame Mazerand* étant particulièrement révélateur des inconvénients du pointillisme en ce domaine. Par volonté de simplification, existe désormais un bloc de compétence : tous les agents employés par les services publics administratifs gérés par des personnes publiques relèvent du droit public, même hors de toute exécution du service public ou de toute clause exorbitante, ce qui soumet au droit public des agents dont les tâches n'ont plus rien de spécifique (v. *supra*, n° 759).

La délimitation de blocs de compétence, si elle présente les avantages de la simplicité, en a donc aussi les inconvénients : on attire, en ce cas, dans telle ou telle sphère des éléments qui n'en relèvent pas en principe. Ces blocs ne concernent donc que quelques domaines limités, qui sont institués au profit du juge administratif, ou surtout en faveur du juge judiciaire (v. *infra*, n° 925 s.). Mais pour l'essentiel, la méthode analytique l'emporte.

34. T. confl., 28 mars 1955, R. 617.
35. CE, sect., 19 oct. 1956, R. 375, *AJDA* 1956.II.472 concl. M. Long.

2. Critères

894 **Critères retenus. –** Bien que constamment poursuivie, la recherche d'un critère unique s'est révélée mythique. La détermination de la compétence de la juridiction administrative fait intervenir successivement ou cumulativement trois critères qui correspondent à trois approches de l'action administrative :

— le *critère organique* s'attache à la nature de la personne qui est intervenue : quel est le degré de rattachement de l'action en cause à la personne publique ?

— le *critère matériel* (ou finaliste) se réfère au but de l'action menée : s'agit-il d'une action de service public, ou au contraire d'une action considérée comme n'ayant pas cette finalité ?

— le *critère formel*, par lequel on s'interroge sur le moyen utilisé par l'administration pour agir. A-t-elle eu recours aux prérogatives de puissance publique ou, au contraire, à des procédés ordinaires du droit privé ? Critère de la puissance publique ou plus exactement de la gestion publique lorsqu'un régime de droit public s'applique.

La compétence de la juridiction administrative – alors qu'il faut tenir compte, de plus, des nombreuses règles particulières – est donc le résultat d'une combinaison complexe et variable, dans un système à trois entrées. Selon les domaines[36], le juge met l'accent sur tel ou tel critère, les combine de façon sans cesse susceptible d'évolution.

a) Question initiale : l'intervention d'une personne publique

895 Le critère organique joue *un rôle direct* dans certaines hypothèses. La présence d'une personne publique comme partie au contrat est ainsi, en principe, nécessaire pour qu'une telle convention puisse relever de la juridiction administrative (v. *supra*, n° 764 s.).

Dans d'autres cas, il n'a aucune conséquence immédiate lorsqu'il est admis que des activités de personnes privées, notamment, peuvent relever de la compétence administrative. Il n'apparaît qu'en filigrane, après coup, lorsque le juge recherche ici, la présence d'une personne publique n'étant pas *a priori* indispensable, s'il y a service public et/ou prérogatives de puissance publique. Pour identifier ces notions, il faut, en effet, vérifier si la personne publique a *pris en charge indirectement l'activité* (service public assumé par elle, prérogatives exorbitantes conférées par elle).

Quoi qu'il en soit, même quand la présence d'une personne morale de droit public constitue une *condition nécessaire*, elle n'est *jamais suffisante*. À partir du moment où l'on s'est écarté de l'interprétation retenue pendant quelques années à la fin du XVIIIe siècle, selon laquelle tous les actes pris par les autorités de l'État échappaient au contentieux judiciaire, le critère organique ne permet pas à lui seul de déterminer la compétence administrative.

36. Comme l'a fait J. Moreau (*Encycl. Dalloz Cont. Adm., Compétence administrative*), dont la présentation est la plus exacte, cette combinaison peut être étudiée, essentiellement, dans six secteurs : les actes unilatéraux, les contrats, la responsabilité, le personnel, le domaine, les services et les établissements publics.

b) Critères cumulatifs ou alternatifs : service public et/ou gestion publique

896 Une fois la question du critère organique résolue, les critères du service public et de la gestion publique « montent en ligne », soit cumulativement, soit alternativement.

897 **Corrélation. –** Ils ont souvent un *rôle cumulatif*. Ainsi l'action d'un organe administratif, voire d'une personne privée, relève du juge administratif dès lors qu'elle se rattache à une mission de service public et met en œuvre des prérogatives de puissance publique (avec des variations selon que le service en cause est administratif ou industriel ou commercial)[37]. À l'inverse, une activité qui ne se rattache ni à un service public, ni à la puissance publique reste de la compétence judiciaire. L'exemple de la gestion du domaine privé est particulièrement net à cet égard (v. *supra*, n° 596). Cette addition s'inscrit dans la conception même du droit administratif. Le service public suppose un minimum de régime exorbitant du droit commun, même pour les services publics industriels et commerciaux et à l'inverse la prérogative de puissance publique n'est, en principe, accordée à une institution que parce que cela lui permet de remplir sa mission de service public. *La dialectique moyen-but associe, plus qu'elle ne les dissocie, service public et gestion publique*. La formule de l'arrêt Effimieff, souvent citée sous le seul angle du service public, est significative à cet égard : « le législateur a expressément manifesté son intention d'assigner à ces organismes (de reconstruction immobilière) une mission de service public [...] et *corrélativement* de les soumettre, qu'il s'agisse de prérogatives de puissance publique ou des sujétions qu'elle entraîne, à l'ensemble des règles de droit public correspondant à cette mission ».

898 **Dissociation. –** Il reste que les deux critères ne se recouvrent pas toujours. Il existe des prérogatives de puissance publique qui sont mises en œuvre en dehors de tout service public[38]. Inversement, et ce cas de figure a une portée beaucoup plus considérable, l'administration peut recourir à la *gestion privée des services publics*, soit de façon occasionnelle et limitée dans les services publics administratifs, soit, de façon beaucoup plus globale pour ceux qui sont industriels et commerciaux.

Dès lors, le juge se fonde tantôt sur l'un des facteurs, tantôt sur l'autre, selon l'importance qu'il veut donner à la compétence administrative dans une optique quasi idéologique. S'il met l'accent sur le service public, sur la fin poursuivie, il étend le champ de la compétence, la fin transcendant les moyens, alors même que certaines activités de service public pourraient se rapprocher des modes de gestion privée. S'il met l'accent sur la gestion publique, son champ d'intervention se rétrécit à ce qui est proprement exorbitant et laisse une grande part de l'action

37. V. not. *supra*, n° 596, 599 s. et par ex. CE, 23 mars 1983, *SA Bureau Véritas*, préc. *supra*, n° 444 (compétence administrative pour juger de la responsabilité d'une personne privée ayant mis en œuvre des prérogatives de puissance publique).

38. Par ex. acte réglementaire relatif au domaine privé (v. *supra*, n° 596) et v. T. confl., 9 déc. 1899, *Ass. synd Canal de Gignac*, préc. *supra*, n° 886 (à l'époque où on considérait que les associations syndicales de propriétaires ne géraient pas un service public).

administrative hors de sa compétence. C'est ce mouvement dialectique que l'on a pu observer tout au long de l'histoire :

1°) Le critère du service public (critère matériel) est parfois seul exigé, sans qu'il soit nécessaire de s'interroger sur l'existence d'une gestion publique. Ainsi un contrat passé par une personne publique est administratif dès lors qu'il porte sur l'exécution même du service public, alors même qu'il concernerait un service public industriel et commercial[39]. Peut-être existe-t-il aussi des clauses exorbitantes, peu importe : le but du contrat, à lui seul, donne un caractère administratif à la délégation faite. De façon comparable, les biens des services publics, qu'ils soient administratifs ou industriels et commerciaux relèvent de la domanialité publique dès lors qu'ils sont affectés à l'intérêt général (biens affectés à l'usage direct du public) ou à un service public, sous réserve, le cas échéant, d'un aménagement spécial (ou, désormais, indispensable : v. *supra*, n° 443)[40]. Leur contentieux est donc administratif.

2°) La *gestion publique* (critère formel) intervient, aussi, et de façon beaucoup plus importante, à elle seule. Ainsi les actes réglementaires de gestion du domaine privé relèvent du juge administratif car il y a expression de la puissance publique. De même, dans les contrats, l'unique présence de clauses exorbitantes leur confère un caractère administratif si le critère organique est rempli. Là encore, derrière la clause exorbitante, il y a, le plus souvent, service public, mais peu importe, la puissance publique suffit. Enfin, à titre plus général, lorsqu'aucun autre élément n'apparaît, le simple fait pour l'administration d'user de prérogatives de puissance publique fonde la compétence administrative. Le Tribunal des conflits indique dans une formule globalisante que le juge administratif est « compétent pour le contentieux général des actes et des opérations de puissance publique »[41]. À l'inverse, l'absence de moyens exorbitants conduit, en général, à la compétence judiciaire, même si est en cause un service public (gestion privée dans le service public ou service à gestion essentiellement privée).

Au sein des activités qui relèvent de l'administration, *le rôle prédominant, mais non exclusif, de la gestion publique*, est ainsi dans la logique d'un droit administratif considéré comme un ensemble de procédés spécifiques et distincts du droit « commun », dont l'application relève, principalement, d'un juge spécial créé à cet effet.

§ 2. LES RÈGLES PARTICULIÈRES

899 Au fil du temps, se fondant sur des textes multiples ou en raison d'interprétations spécifiques liées à des traditions plus ou moins explicitement formulées, de nombreuses règles particulières au regard du sens général du principe de séparation ont attribué la compétence soit au juge administratif, soit, le plus souvent à la juridiction judiciaire.

39. CE, 24 janv. 1973, *Spiteri*, R. 64.

40. CE, 19 oct. 1956, *Soc. Le Beton*, préc.

41. T. confl., 10 juill. 1956, *Soc. Bourgogne-Bois*, R. 586, en même sens CE, 18 juin 2003, *Soc. Tiscali Télécom*, *RFDA* 2003.848 (à propos de la contribution pour le financement du service universel).

900 **Attributions de compétence au juge administratif. –** La loi, tout d'abord, confirme la compétence de la juridiction administrative pour des opérations qui relèvent de la gestion publique. Tel est le cas pour les contrats d'occupation du domaine public (v. *supra*, n° 748) ou la responsabilité du fait des attroupements (v. *infra*, n° 1121). C'était également le cas pour les travaux publics, en vertu de l'article 4 de la loi du 28 pluviôse an VIII. Cette disposition a été intégralement abrogée par l'article 7 (11°) de l'ordonnance du 21 avril 2006 relative à la partie législative du Code général de la propriété des personnes publiques. Cette abrogation procède d'une inadvertance et non d'une volonté de remettre en cause la compétence de la juridiction administrative en matière de travaux publics. La jurisprudence a donc naturellement maintenu cette compétence qu'il s'agisse des contrats (*supra,* n° 763) ou de la responsabilité extracontractuelle (*supra,* n° 444 et 449). Mais le juge administratif statue aussi dans des cas où la compétence du juge judiciaire eût dû s'avérer. Ainsi, alors qu'il n'y a ni gestion d'un service public, ni mise en œuvre de prérogatives de puissance publique, le contentieux de la vente des immeubles du *domaine privé* de l'État relève du juge administratif (art. 4, loi 28 pluviôse an VIII – CGPPP, art. L. 3331-1), comme celui des baux emphytéotiques conclus sur le domaine privé des collectivités locales (CGCT, art. L. 1311.3, 4°). Solution identique pour les contrats passés entre les personnes publiques gérant un service public administratif et leurs personnels ou l'ensemble des marchés publics (art. 2, L. du 11 déc. 2001) qui sont administratifs, même s'ils ne comportent aucune clause exorbitante ni de participation à l'exécution même du service public (v. *supra*, n° 759 et 748).

901 **Attributions de compétence au juge judiciaire. –** La compétence de principe du juge administratif, qui devrait s'avérer puisqu'il s'agit de situations où est en cause l'action d'une personne publique mettant en œuvre des prérogatives de puissance publique dans le cadre de sa mission de service public, cède s'il s'agit d'une matière réservée par tradition à l'autorité judiciaire (A) ou lorsque des raisons de bonne administration de la justice, de simplification de la répartition des compétences, justifient une telle dérogation (B).

A. MATIÈRES RÉSERVÉES « PAR TRADITION » À L'AUTORITÉ JUDICIAIRE : LA PROTECTION DE LA PROPRIÉTÉ PRIVÉE ET DE LA LIBERTÉ INDIVIDUELLE

902 La tradition dont il est ici question est à la fois jurisprudentielle et législative. Une jurisprudence ancienne a posé en principe que « la sauvegarde de la liberté individuelle et la protection de la propriété privée rentrent essentiellement dans les attributions de l'autorité judiciaire »[42]. La même idée a inspiré de nombreuses lois. Depuis l'Empire, les privations de la propriété immobilière sont indemnisées par le juge judiciaire qui joue aussi un rôle primordial en matière de liberté individuelle, notamment dans le cadre de la procédure pénale (arrestation, garde à vue, détention provisoire, condamnation à des peines d'emprisonnement, etc.). Les

42. Par. ex. T. confl., 18 déc. 1947, *Hilaire*, R. 516.

règles, jurisprudentielles et législatives qui, sur ces bases, ont attribué d'importantes compétences au juge judiciaire sont aujourd'hui rattachées à des principes constitutionnels qui conduisent d'ailleurs à en restreindre la portée.

1. Fondements constitutionnels

a) Liberté individuelle : l'article 66 de la Constitution

903 S'opposent ici, *a priori,* deux principes de valeur constitutionnelle : d'une part, celui selon lequel le juge administratif est seul compétent pour annuler ou réformer les actes pris par des personnes publiques dans l'exercice de leurs prérogatives de puissance publique (v. *infra*, n° 939), et d'autre part celui, affirmé par la Constitution dans son article 66, qui fait de l'autorité judiciaire « la gardienne de la liberté individuelle ».

904 **Portée de l'article 66. –** Selon une conception étroite qui semble correspondre à la volonté du Constituant, l'article 66 a pour seul objet la création, pour reprendre les termes mêmes de Marcel Waline, d'un *Habeas Corpus* à la française. Il s'agit de donner au juge judiciaire une compétence exclusive en matière de sûreté afin de lutter contre les arrestations et détentions arbitraires, ce que traduit notamment l'ensemble des règles de la procédure pénale.

Dans un premier temps, la jurisprudence du Conseil constitutionnel a retenu une conception beaucoup plus large, selon laquelle la liberté individuelle englobait non seulement le droit à la sûreté, mais aussi la liberté d'aller et de venir, le droit au respect de la vie privée et, notamment, l'inviolabilité du domicile et la liberté du mariage. Le Conseil constitutionnel a toutefois rompu avec cette approche à partir de la décision n° 99-411 DC du 16 juin 1999, au profit de la conception étroite qui limite la liberté individuelle au droit de ne pas être arrêté ni détenu arbitrairement. Il en résulte que le juge judiciaire n'est compétent qu'à l'égard des mesures privatives de liberté. De plus, cette notion de privation de liberté est elle-même entendue assez strictement : elle suppose qu'une personne soit contrainte de demeurer dans un local déterminé (emprisonnement, hospitalisation sans consentement, placement en centre de rétention d'un étranger). En revanche, ne sont pas considérées comme des mesures privatives de liberté, mais seulement comme des mesures restreignant la liberté d'aller et de venir, une assignation à résidence, dès lors du moins que l'obligation de demeurer à son domicile ne dépasse pas douze heures (au-delà, il y aurait mesure privative de liberté au sens de l'article 66...)[43] ou la punition des arrêts applicable aux militaires[44]. Cette conception de la privation de liberté a également été appliquée aux mesures de mise en quarantaine, de placement et de maintien à l'isolement susceptibles d'être prononcées dans le cadre du régime de l'état d'urgence sanitaire (sur ce dernier, v. *supra* n° 526) : quand elles sont assorties d'une interdiction de toute sortie ou qu'elles imposent à l'intéressé de demeurer à son domicile ou dans un lieu d'hébergement pendant une plage horaire de plus de

43. Cons. const., n° 2015-527 QPC 22 déc. 2015, R. 661.
44. Cons. const., n° 2014-450 QPC du 27 févr. 2015, R. 159.

douze heures, elles entrent dans le champ de l'article 66[45]. Au contraire, le Conseil d'État a jugé que l'interdiction pour toute personne de sortir de son domicile (sous réserve des déplacements indispensables aux besoins familiaux ou de santé), que la loi sur l'état d'urgence sanitaire (CSP, art. L. 3131-15) habilite le Premier ministre à décider, n'est pas une privation de liberté au sens de l'article 66 de la Constitution, alors même que cette interdiction peut avoir pour effet d'imposer aux intéressés de demeurer à leur domicile pendant une durée pouvant excéder douze heures par vingt-quatre heures[46]. Cette solution discutable s'appuie sur deux motifs qui ne sont guère de nature à la justifier. Le premier tient au fait que la mesure considérée n'est pas une décision individuelle interdisant à une personne déterminée de sortir de chez elle mais un acte réglementaire de portée générale. Cette circonstance, qui aggrave l'atteinte portée à la liberté individuelle, plaide plutôt dans le sens de l'applicabilité de l'article 66. Le second motif, quant à lui, s'appuie sur le fait que le confinement de la population a pour but de protéger la santé en prévenant la propagation d'une épidémie. Un tel objet implique assurément que l'interdiction en cause relève de la police administrative mais on ne voit pas bien en quoi il explique que cette mesure ne soit pas une privation de liberté.

Quoi qu'il en soit, c'est donc uniquement dans le cas où un acte administratif et, notamment, une mesure de police administrative comporte une privation de liberté au sens qui vient d'être précisé que l'article 66 exige une intervention de juge judiciaire. Selon la jurisprudence du Conseil constitutionnel, les modalités de cette intervention peuvent varier selon la nature et la portée des mesures en cause. Le principe est toutefois que l'article 66 exige que le juge judiciaire puisse intervenir, dans un bref délai, pour contrôler le bien-fondé de la mesure administrative et autoriser la continuation de la privation de liberté qu'elle a prescrite[47]. Par exception à ce principe, le Conseil constitutionnel a admis que le placement en cellule de dégrisement d'une personne trouvée en situation d'ivresse sur la voie publique, qui constitue une mesure de police administrative comportant une privation de liberté, pouvait néanmoins ne pas comporter d'intervention du juge judiciaire en raison de la brièveté de l'incarcération[48].

b) Propriété

905 L'article 66 de la Constitution, quelle que soit l'étendue donnée à la notion de liberté individuelle, ne concerne pas la protection du droit de propriété[49]. Pour le reste, la jurisprudence constitutionnelle est assez pauvre, ce qui n'en facilite pas l'interprétation. Le Conseil constitutionnel a d'abord jugé « qu'en l'absence de dépossession », « aucun principe de valeur constitutionnelle n'impose que l'indemnisation des préjudices causés » à une propriété immobilière par des travaux ou

45. Cons. const., n° 2020-800 DC du 11 mai 2020 (§ 32-33), *JO* du 12 mai 2020, texte n° 2.

46. CE, 22 juill. 2020, *M. Cassia et autre*, n° 440149, *AJDA* 2020. 2444, note X. Bioy, *Dr. adm.* 2020, n° 10, alerte 133, *GP*, 15 déc. 2020. 29, note S. Roussel.

47. Cons. const., n° 2010-71 QPC 26 nov. 2010, AJDA 2011.174, note X. Bioy.

48. Cons. const., n° 2012-253 QPC du 8 juin 2012, R. 289.

49. Cons. const., n° 85-189 DC du 17 juill. 1985, R. 49.

ouvrages publics soit confiée au juge judiciaire (déc. n° 85-189 DC du 17 juillet 1985). Il a ensuite estimé que « l'importance des attributions conférées à l'autorité judiciaire en matière de protection de la propriété immobilière » résulte d'un principe fondamental reconnu par les lois de la République, qui impose notamment, l'intervention de cette autorité pour la fixation définitive du montant de l'indemnité due à un propriétaire exproprié (déc. n° 89-256 DC du 25 juill. 1989). Il en résulte que le champ constitutionnel de la compétence judiciaire en matière d'atteintes administratives à la propriété apparaît fort restreint. Limité à la propriété immobilière, il ne concerne que l'indemnisation des préjudices causés à celle-ci soit par une privation de propriété proprement dite, c'est-à-dire une expropriation, soit par une dépossession assimilable à une telle privation, parce qu'elle comporte une paralysie complète et définitive du droit de propriété. Au contraire, l'indemnisation des simples atteintes à la propriété immobilière ne relève pas constitutionnellement de la juridiction judiciaire.

2. Attributions jurisprudentielles de compétence

906 Deux jurisprudences particulières donnaient classiquement compétence à l'autorité judiciaire en cas de voie de fait et d'emprise irrégulière. Le Tribunal des conflits les a récemment remises en cause en les interprétant à la lumière de la Constitution.

a) Voie de fait

α) Définition

907 L'existence d'une voie de fait supposait traditionnellement la réunion de deux conditions cumulatives. Il fallait d'abord que « l'administration soit manifestement sortie de ses attributions »[50], soit parce que la décision prise était manifestement insusceptible de se rattacher à l'exercice d'un pouvoir lui appartenant (voie de fait par « manque de droit », selon l'expression d'Hauriou) soit parce que l'exécution forcée d'une décision, même légale, était gravement irrégulière (voie de fait par « manque de procédure », selon les termes du même auteur) ; la mesure devait ensuite avoir porté une atteinte grave au droit de propriété ou à une liberté fondamentale. L'arrêt *M. Bergoend*[51] laisse inchangée la première de ces deux conditions mais modifie la seconde dans un sens restrictif : désormais, seule une extinction du droit de propriété ou une atteinte à la liberté individuelle peut constituer une voie de fait.

908 **Mesure manifestement hors des attributions de l'administration. –** L'irrégularité de l'acte est telle qu'il est en quelque sorte *dénaturé*, ce qui lui interdit de bénéficier du privilège de juridiction.

50. CE, ass., 18 nov. 1949, *Carlier*, R. 490, *RDP* 1950.172, concl. F. Gazier.

51. T. confl., 17 juin 2013, M. *Bergoend c/Société ERDF Annecy Léman*, *AJDA* 2013. 1568, chr. X. Domino et A. Bretonneau, *Dr. adm.* 2013. 86, note S. Gilbert, *JCP* A 2013. 2301, note Ch.-A. Dubreuil, *RFDA* 2013. 1041, note P. Delvolé, *RJEP* 2013. 38, note B. Seiller.

1°) L'extrême gravité de son illégalité résulte, tout d'abord, de la *décision elle-même*, qui, quelles que soient les conditions de son exécution, ne relève d'aucun pouvoir de l'administration. Est ainsi constitutive de voie de fait la décision de retirer à une association la gestion d'une maison de retraite[52] ou de refuser à un officier le droit de pénétrer dans son logement[53]. À l'inverse, ne sont des voies de fait ni la suspension d'un fonctionnaire dans l'intérêt du service[54], ni l'expulsion d'un étranger[55]. Décisions illégales, peut-être, mais en aucun cas insusceptibles de se rattacher à un pouvoir de l'administration puisqu'au contraire fondées sur un texte précis.

2°) L'extrême irrégularité résulte aussi de l'*exécution forcée gravement illégale* d'une décision par elle-même régulière. En raison des risques particuliers qu'elle fait courir aux libertés (v. *supra*, n° 678), l'exécution d'office est, lorsqu'il existe d'autres voies de droit pour obtenir l'obéissance du réfractaire, constitutive de voie de fait, à défaut d'urgence[56]. Mais si la loi autorise l'exécution d'office, il n'y a pas de voie de fait car, même irrégulière, l'action de l'administration n'est plus manifestement insusceptible de se rattacher à l'un de ses pouvoirs[57].

Enfin, la voie de fait découle parfois du caractère manifestement irrégulier de la décision comme de son exécution d'office[58].

3°) Dans certaines circonstances dites exceptionnelles, cependant, l'action de l'administration qui, hors période de crise, constituerait une voie de fait, se rattache aux pouvoirs de crise, bien qu'elle reste irrégulière. Ainsi un internement administratif arbitraire, type même de la voie de fait, ne l'est plus si « les circonstances exceptionnelles empêchent de reconnaître ce caractère aux atteintes » en cause[59]. Solution discutable car c'est justement en de telles périodes troublées qu'un contrôle renforcé – puisque telle est la justification de cette jurisprudence – doit s'exercer.

4°) Enfin, une jurisprudence du Tribunal des conflits a semé le trouble dans cette définition. Alors même que l'administration disposait du pouvoir de prendre une mesure semblable à celle en cause, son action a été jugée constitutive de voie de fait quand elle avait méconnu de façon flagrante les textes qui fondaient son intervention. Au lieu d'être insusceptible de se rattacher à tout pouvoir de l'administration, la mesure était entachée d'une irrégularité manifeste commise dans l'exercice de ce pouvoir. Ainsi, bien que le retrait d'un passeport soit possible dans plusieurs cas prévus par la loi, il y avait voie de fait en cas de retrait décidé à l'encontre d'une personne soupçonnée de fraude fiscale car celui-ci était

52. Cass. 1re civ., 24 oct. 1977, *Cne de Bouguenais*, *Bull.* n° 386, p. 304.
53. T. confl., 27 juin 1966, *Guigon*, R. 830, *JCP* 1967.15135, concl. Lindon.
54. T. confl., 4 juill. 1991, *Gaudino*, R. 468.
55. T. confl., 17 janv. 1994, *Préfet Région Haute-Normandie*, R. Tab. 846.
56. Par. ex. V. T. confl., 25 nov. 1963, *Cne de St-Just Chaleyssin* (exhumation de corps hors du caveau familial) et *Ép. Pelé* (évacuation par la force de l'occupant d'un logement de fonction), R. 793, concl. J. Chardeau et R. 795 ; T. confl., 22 juin 1998, *Préfet Guadeloupe c/TGI Basse-Terre*, R. 542 (démolition d'office d'un bâtiment construit en *infra*ction avec les règles d'urbanisme).
57. V. not. T. confl., 20 juin 1994, *Madaci et Youbi*, R. 603, *GP* 1994.2.571, concl. R. Abraham.
58. CE, 18 nov. 1949, *Carlier*, préc.
59. T. confl., 27 mars 1952, *Dame de la Murette*, R. 626, en même sens T. confl., 12 déc. 1955, *Dame Combes*, R. Tab. 665 (à propos d'une exécution sommaire).

« manifestement insusceptible de se rattacher à l'exercice d'un pouvoir conféré à l'administration pour assurer le recouvrement des impôts directs »[60].

Cette solution était, cependant, difficile à mettre en œuvre et étendait exagérément la compétence judiciaire. Cette jurisprudence a été en grande partie abandonnée ; la voie de fait n'existant qu'en cas de mise en œuvre d'un pouvoir n'appartenant pas à l'administration[61].

909 **Extinction du droit propriété ou atteinte à la liberté individuelle. –** L'arrêt *Bergoend* a ici nettement entendu restreindre la notion de voie de fait en la définissant par référence au champ constitutionnel de compétence du juge judiciaire, tel qu'il découle de l'article 66 de la Constitution et des principes fondamentaux reconnus par les lois de la République.

1°) Il juge, en premier lieu, qu'une action administrative peut constituer une voie de fait quand elle aboutit « à l'extinction d'un droit de propriété ». Cette notion est plus restreinte que celle, antérieurement retenue, d'atteinte grave à la propriété. Celle-ci recouvrait, en effet, toute dépossession du propriétaire, même partielle et provisoire et résultant, par exemple, d'une occupation d'un bien immobilier lui appartenant. Ainsi, cas classique et pratiquement important, l'implantation d'un ouvrage public sur un terrain privé était considérée comme une atteinte grave au droit du propriétaire de ce fonds ; or, comme on le verra, cette solution n'est plus de mise.

Il convient d'abord de relever que, dans la continuité de l'état antérieur du droit[62], la propriété dont l'extinction est susceptible de constituer une voie de fait n'est pas seulement celle des immeubles mais aussi celle des biens meubles[63].

Cela étant posé, la notion d'extinction du droit de propriété, analysée à la lumière de la jurisprudence du Conseil constitutionnel dont elle s'inspire (v. *supra,* n° 905) peut, semble-t-il, recouvrir trois cas.

Le premier est le plus simple : c'est la destruction physique du bien objet du droit de propriété. Ce premier cas n'offre pas de difficulté particulière en ce qui concerne les biens meubles. Le Tribunal des conflits a ainsi jugé que les destructions de matériels appartenant à une société « ont abouti à l'extinction d'un droit de propriété » de celle-ci[64]. Pour les immeubles, c'est une autre affaire, en raison de leur rattachement au sol, lequel, sauf destruction de la planète, ne saurait disparaître. Il en résulte que deux raisonnements sont possibles. On peut d'abord considérer que la destruction d'un immeuble n'atteignant pas le sol, la propriété demeure sur ce dernier « et que la propriété de ce qui est détruit se reporte sur les vestiges ou sur les indemnités auxquelles donne lieu la destruction »[65]. Dans cette conception, la

60. T. confl., 9 juin 1986, *Comm. Rép. Région Alsace c/Eucat*, R. 301, *RFDA* 1987.53, concl. M.-A. Latournerie.

61. T. confl., 12 mai 1997, *Préfet de Police de Paris c/TGI Paris*, R. 528, *RFDA* 1997.514, concl. J. Arrighi de Casanova (rétention à bord d'un bateau empêchant l'accès au territoire français, non constitutive de voie de fait).

62. Respect. CE, 18 nov. 1949, *Carlier*, préc. (saisie d'appareils photographiques) ; T. confl., 4 juill. 1991, *Ass. MJC Boris Vian,* R. 468, *GP* 1992.1, concl. M. de Saint-Pulgent (destruction de biens meubles).

63. T. confl. 11 mars 2019, n° 4152, *AJDA* 2019.

64. T. confl. 11 mars 2019, n° 4152, *AJDA* 2019.

65. A.-M. Battu, concl. sur T. confl., 9 déc. 2013, *Époux Panizzon, AJDA* 2014. 216, chr. A. Bretonneau et J. Lessi, *Dr. adm.* 2014. 25, note S. Gilbert, *RFDA* 2014. 61, note P. Delvolvé, *RJEP* 2014. 19, note Lebon.

propriété immobilière ne saurait s'éteindre par anéantissement de son objet. Une autre manière de voir consiste à dissocier la propriété du sol et celle de l'ouvrage édifié sur ce dernier et, par conséquent, à admettre que le second s'éteint par la destruction de l'ouvrage, lors même que cette destruction laisse subsister le sol et la propriété dont il est l'objet[66]. C'est sur ce second raisonnement que repose les décisions selon lesquelles la destruction d'une haie, implantée sur le terrain d'une personne privée, comporte extinction du droit de propriété sur ces végétaux[67]. Le premier raisonnement conduit à la solution inverse[68].

Le second cas d'extinction du droit de propriété consiste dans une privation de propriété proprement dite, c'est-à-dire une expropriation, un véritable transfert du droit de propriété. Mais on ne voit pas comment une action illégale de l'administration pourrait produire un tel effet. En matière immobilière en particulier, c'est impossible depuis que la Cour de cassation a abandonné la théorie de l'expropriation de fait et posé en principe qu'un « transfert de propriété, non demandé par le propriétaire ne peut intervenir qu'à la suite d'une procédure régulière d'expropriation »[69] (v. toutefois, *infra,* n° 915, à propos d'une possible renaissance de la théorie de l'expropriation de fait).

Reste le troisième cas, celui de la dépossession assimilable à une privation, parce qu'elle comporte une paralysie complète et définitive du droit de propriété. La jurisprudence semble divisée sur la question de savoir si une dépossession de fait peut être assimilée à une extinction du droit de propriété. Cette jurisprudence concernant l'emprise irrégulière, qui repose également, dans son état actuel, sur la notion d'extinction du droit de propriété, on l'examinera avec celle-ci (v. *infra,* n° 914).

On peut encore ajouter quelques remarques. La jurisprudence antérieure acceptait de voir une voie de fait dans l'atteinte portée à d'autres droits réels immobiliers que la propriété[70] et, notamment, à celui qui appartient aux titulaires d'une concession funéraire[71]. On pouvait douter du maintien de cette solution, peu cohérente avec une politique jurisprudentielle de restriction du champ de la voie de fait. Elle est pourtant toujours de mise. En effet, le tribunal des conflits assimile à une extinction du droit de propriété celle du droit réel immobilier du titulaire d'une concession funéraire, consécutive à la reprise de cette dernière, suivie de la destruction de

66. Cette idée est défendue par P. Delvolvé, *RFDA* 2014. 1045.

67. CAA Marseille, 5 juin 2014, *Del Negro, AJDA* 2014. 1835, concl. C. Charmot.Civ. 1re, 5 févr. 2020, n° 19-11.864, *AJDA* 2020.326.

68. Cass. 3e civ., 24 oct. 2019, *Commune de Saint-Génis-de Fontaines*, n° 17-13.550, *AJDA* 2019.2153.

69. Cass. ass. plén. 6 janv. 1994, *Consorts Baudon de Mony c/EDF*, *Bull.* n° 1, p. 1, *AJDA* 1994. 339, note R. Hostiou, *CJEG* 1994. 413, étude P. Sablière, rapport O. Renaud-Payen, concl. M. Jéol, note D.T., *JCP* 1994, II, 22207. 56, concl., *RFDA* 1994. 1121, note C. Boiteau.

70. T. confl., 18 oct. 1999, *Mme Martinetti,* R. 468, *RFDA* 2000. 456.

71. P. ex. : CE, 22 avr. 1983, *Lasporte,* R. 460, *AJDA* 1983. 673, chron. B. Lasserre et J.-M. Delarue, *Rev. adm.* 1983. 255, note B. Pacteau.

la sépulture[72]. La même continuité devrait concerner l'application de la voie de fait à la propriété tant privée que publique[73].

2°) En second lieu et toujours selon l'arrêt *M. Bergoend*[74], la voie de fait peut aussi être constituée par une action administrative « portant atteinte à la liberté individuelle ». Cette notion est à la fois plus large et moins large que celle, précédemment adoptée, d'atteinte grave à une liberté fondamentale. Elle est plus large dans la mesure où la gravité de l'atteinte n'est plus requise pour la qualification de voie de fait. Elle est moins large (et c'est surtout cela qui importe) dans la mesure où la notion de liberté individuelle est évidemment plus étroite que celle de liberté fondamentale. Ainsi, par exemple, l'atteinte à la liberté de la presse, qui a donné lieu à un arrêt des plus classiques en matière de voie de fait[75], ne pourra plus, désormais, recevoir cette qualification, non plus que l'atteinte à la libre administration des collectivités territoriales[76]. Cela étant, l'ampleur du changement dépend évidemment de la manière dont doit être comprise la notion de liberté individuelle, laquelle est susceptible d'être entendue plus ou moins largement. Il est désormais acquis qu'il s'agit de la liberté individuelle au sens de l'article 66 de la Constitution, c'est-à-dire, de manière restrictive, le droit à la sûreté prohibant les arrestations et détentions arbitraires est (v. *supra,* n° 89). En effet, la Cour de cassation a jugé que la caractérisation d'une voie de fait suppose une atteinte à la liberté individuelle « au sens de l'article 66 de la Constitution » et n'est donc pas constituée par une méconnaissance de la liberté syndicale[77]. Dans le même sens, le Tribunal des conflits décide que la liberté d'aller et venir « n'entre pas dans le champ de la liberté individuelle au sens de l'article 66 de la Constitution » de telle sorte qu'une atteinte à cette liberté, résultant en l'espèce de la rétention des documents d'identité d'un étranger, ne saurait caractériser une voie de fait[78]. Il en va de même du droit à la vie[79]. La voie de fait apparaît ainsi réduite à bien peu de chose, d'autant qu'elle ne sert plus alors qu'à étendre la compétence judiciaire au-delà de ce qu'implique déjà par eux-mêmes ledit article 66 et les dispositions législatives qui en découlent (v. *infra,* n° 926 et s.).

β) Conséquences

910 L'existence d'une voie de fait confère au juge judiciaire une plénitude de juridiction. Celle-ci repose sur deux fondements qui correspondent aux deux éléments

72. T. confl., n° 4170, 9 déc. 2019 (solution adoptée en matière d'emprise irrégulière mais qui vaut pour la voie de fait).

73. V, reconnaissant le droit de propriété d'une personne publique comme un droit fondamental au sens de la voie de fait, Cass. 1re civ. 28 nov. 2006, *Commune de Saint-Maur-des-Fossés*, *JCP* A 2007.2142, note Ph. Yolka, *RDP* 2007.1355, note C. Broyelle.

74. T. confl., 17 juin 2013, M. *Bergoend c/Société ERDF Annecy Léman*, préc.

75. T. confl., 8 avr. 1935, *Action française*, R. 1226, concl. P.-L. Josse.

76. T. confl., 19 nov. 2007, *Préfet du Val de Marne c/Cour d'appel de Paris*, *AJDA* 2008, 885, note M. Verpeaux.

77. Cass. 1re civ., 19 mars 2015, n° 14-14571, *AJDA* 2015.1302.

78. T. confl., 12 févr. 2018, n° 4110, *Gueye c/Agent judiciaire* de l'État, *Dr. adm.* 2018, n° 5, p. 26, note A. Falgas, *Procédures* 2018, n° 4, p. 33, note N. Chifflot.

79. Cass. ass. plén., 28 juin 2019, *État français c/ Consorts Lambert*, n° 19-17.330, *Procédures* n° 8-9, août 2019, note Y. Strickler.

constitutifs de la notion de voie de fait : le principe qui fait de l'autorité judiciaire la gardienne de la propriété et de la liberté individuelle ; l'idée selon laquelle l'action constitutive d'une voie de fait est, littéralement, dénaturée : privée de sa nature administrative, elle ne peut plus bénéficier du privilège de juridiction qui découle du principe de séparation des autorités administratives et judiciaires. Au point de vue de son contenu, la plénitude de juridiction du juge judiciaire comprend trois aspects. En premier lieu, il lui appartient de constater l'existence d'une voie de fait. Cette première compétence, toutefois, n'est pas exclusive : les décisions constitutives de voie de fait sont nulles et non avenues et cette inexistence juridique (v. *supra*, n° 681 et *infra*, n° 1003) peut être constatée, à toute époque et alors même que les délais de recours ont expiré, tant par le juge judiciaire que par le juge administratif[80]. Au contraire, l'autorité judiciaire est seule compétente, en second lieu, pour réparer l'ensemble des préjudices causés par la voie de fait. Enfin, il revient au juge judiciaire de prendre, le cas échéant en référé, l'ensemble des mesures nécessaires pour faire cesser la voie de fait (injonction, astreintes, etc.)[81]ou même la prévenir en cas de menace sérieuse[82]. Toutefois, comme on va le voir, cette compétence, elle aussi, n'est plus exclusive.

γ) Avenir de la voie de fait

911 Au-delà de ses fondements juridiques, la voie de fait procède de considérations pratiques. La nature de ces dernières a évolué. À l'origine (CE, 21 sept. 1827, *Rousseau*, Rec. 27), elles sont d'ordre politique : à une époque où l'existence de la juridiction administrative est contestée, il s'agit de la faire accepter, en limitant sa compétence, là même où son insuffisance est le plus critiquée, la protection des droits individuels. À mesure que le juge administratif donnait des gages dans ce domaine, des motifs plus techniques sont apparus : seul le juge judiciaire dispose des outils procéduraux – référé, pouvoir d'injonction – nécessaires pour s'opposer, dans l'urgence, aux actions administratives gravement attentatoires aux libertés fondamentales. Cela explique que la jurisprudence de la voie de fait a connu un fort développement au sortir de la Seconde Guerre mondiale, lorsque se sont multipliées les saisies et réquisitions qui portaient une très grave atteinte au droit de propriété, dans des hypothèses souvent injustifiées. Par la suite, dans les années 1980, la voie de fait a été invoquée à tort et à travers devant le juge judiciaire par les avocats qui y voyaient un moyen d'échapper aux lenteurs et autolimitations de la justice administrative, leurs requêtes ayant été souvent accueillies de façon contestable par les juges judiciaires de première instance.

C'est une des raisons qui expliquent la profonde transformation du contentieux administratif, où existent désormais de nouveaux pouvoirs d'injonctions (v. *infra*,

80. T. confl., 27 juin 1966, *Guigon*, préc.

81. T. confl., 17 juin 1948, *Manufacture de velours et peluches*, R. 513 (ordre d'expulsion des personnes logées dans un logement réquisitionné), Cass. 3e civ. 30 avr. 2003, *Dr. adm.* 2003, n° 134 (possibilité d'ordonner la démolition d'un ouvrage public dont la réalisation procède d'un acte constitutif de voie de fait).

82. Par. ex. T. confl., 4 nov. 1996, *Préfet Guadeloupe c/Mme Robert*, R. 554, *GP* 1997.2.711, concl. J. Sainte-Rose (absence de menaces de démolition précise et « à jour fixé » d'une maison construite irrégulièrement, ce qui ne justifie pas un référé-préventif).

n° 1036) et surtout d'urgence. Le juge administratif des référés peut, en cas d'urgence, notamment « ordonner toutes mesures nécessaires à la sauvegarde d'une liberté fondamentale à laquelle (l'administration) aurait porté, dans l'exercice d'un de ses pouvoirs, une atteinte grave et manifestement illégale. Il se prononce dans un délai de quarante-huit heures » (CJA, art. L. 521-2 – v. *infra*, n° 1023). Le champ d'application de ce *référé-liberté*, qui devrait permettre de revenir à une conception plus restrictive, a été conçu comme étant distinct de celui de la voie de fait. Il ne saurait être mis en œuvre en dehors des hypothèses d'urgence et, surtout, il ne concerne que les cas où l'administration est restée *dans le cadre de ses pouvoirs,* tout en agissant manifestement illégalement. Il reste que la frontière entre le domaine de la voie de fait et celui du référé-liberté s'est avérée assez difficile à tracer. Le juge administratif a pu, ainsi, admettre sa compétence, dans le cadre de ce référé, pour vérifier si le refus de renouvellement d'un passeport n'était pas manifestement illégal, tandis que le Tribunal des conflits considère comme une voie de fait le refus de restituer, pendant un délai manifestement excessif, un passeport[83]. Bien subtiles différences ! Dans ces conditions, alors que le juge administratif des référés a compétence pour écarter tout risque d'atteinte majeure à un droit fondamental et dispose du pouvoir d'injonction, la voie de fait apparaît comme une source de complication.

912 La décision *Commune de Chirongui*[84] remédie à cette situation. Dans le prolongement de solutions antérieures moins nettes[85], elle admet, en effet, au prix d'une méconnaissance de la lettre de l'article L. 521-2 CJA, que le juge du référé-liberté est compétent, en cas d'urgence, « pour enjoindre à l'administration de faire cesser une atteinte grave et manifestement illégale au droit de propriété » (comme sans doute à toute autre liberté fondamentale) « quand bien même cette atteinte aurait le caractère d'une voie de fait ». Concurremment compétents depuis longtemps pour constater la voie de fait, le juge administratif (du référé-liberté en tout cas) et le juge judiciaire le sont donc désormais également pour la faire cesser. En restreignant la notion de voie de fait, l'arrêt *M. Bergoend*[86] limite d'ailleurs d'autant le domaine de cette concurrence ; il implique en particulier que les atteintes aux libertés fondamentales autres que la liberté individuelle relèvent exclusivement du juge administratif, agissant notamment au moyen du référé liberté.

Les décisions *Commune de Chirongui* et *M. Bergoend* ne font pas disparaître la voie de fait, qui demeure un titre autonome de compétence judiciaire ; néanmoins elles la fragilisent, de telle sorte que sa fin, souhaitée par beaucoup, apparaît désormais possible, sinon probable. Le champ de la voie de fait est strictement borné : pour l'essentiel, la protection des droits fondamentaux contre les actions

83. Respect. CE, 11 oct., 2001, *Tabibou*, Req. 238917 et T. confl., 19 nov. 2001, *Préfet de police/TGI Paris*, *D.* 2002.1446, concl. contr. G. Bachelier.

84. CE ord., 23 janv. 2013, *AJDA* 2013. 788, chron. X. Domino et A. Bretonneau, *Dr. adm.* 2013, comm. 24, note S. Gilbert, *JCP A* 2013, 2047, note H. Pauliat, 2048, note O. Le Bot, *RFDA* 2013. 299, note P. Delvolvé.

85. V. not. CE, 12 mai 2010, *Alberigo*, R. 694 qui semble admettre implicitement la compétence du juge du référé « mesures utiles » (CJA, L. 521-3, v. *infra*, n° 1022) pour ordonner la cessation d'une voie de fait.

86. T. confl., 17 juin 2013, *M. Bergoend c/Société ERDF Annecy Léman*, préc.

administratives gravement illégales relève désormais du seul juge administratif. Les conséquences de la voie de fait sont relativisées : elle autorise toujours la saisine du juge judiciaire mais n'interdit plus celle du juge administratif, sauf pour la réparation du préjudice, ce qui n'est pas le point décisif pour la protection des droits individuels. Les fondements de la voie de fait se délitent : la compétence administrative pour faire cesser la voie de fait n'est guère compatible avec la théorie de la dénaturation (si le juge administratif peut intervenir, c'est que l'action est de nature administrative) ; la supériorité technique du juge judiciaire sur le juge administratif pour la protection d'urgence des droits fondamentaux n'existe plus.

Deux évolutions apparaissent envisageables. En premier lieu, il est possible que l'arrêt *Bergoend* conduise à remettre en cause la jurisprudence *Commune de Chirongui* et à réaffirmer l'exclusivité de la compétence judiciaire pour cesser une voie de fait, désormais définie de manière stricte et, en partie du moins, par référence à la Constitution. En second lieu et surtout, la logique constitutionnelle dans laquelle l'arrêt *M. Bergoend* s'est engagé doit être menée jusqu'à son terme. La compétence judiciaire en matière de liberté et de propriété doit être fondée exclusivement sur la Constitution, ce qui implique l'abandon de la théorie de la voie de fait. En vertu du seul article 66, toute atteinte à la liberté individuelle, *stricto sensu*, même si elle n'est pas gravement illégale devrait donner au juge judiciaire compétence et plénitude de juridiction, ce qui suppose de renoncer à l'interprétation restrictive qui a été constamment donnée à cette disposition constitutionnelle (v. *supra,* n° 904) et à l'article 136 du Code de procédure pénale (v. *infra*, n° 919) en ce qui concerne l'étendue des pouvoirs de l'autorité judiciaire. De même, toute privation de propriété (ou dépossession assimilable à une telle privation) devrait donner au judiciaire compétence pour réparer le préjudice qui en résulte. C'est d'ailleurs ce qu'illustre la remise en cause de la théorie de l'emprise irrégulière.

b) L'emprise irrégulière

913 **Compétence judiciaire classique en cas d'emprise irrégulière. –** Il faut commencer par préciser en quoi consiste l'emprise avant de déterminer dans quelle mesure le juge judiciaire était classiquement compétent à l'égard d'une telle action administrative.

L'emprise existe en cas de prise de possession d'un immeuble par l'administration, de véritable *dépossession d'un droit réel immobilier*. L'emprise n'est donc pas caractérisée s'il y a simple atteinte à l'immeuble[87], mais concerne l'ensemble des droits réels immobiliers, y compris par exemple ceux liés à une concession dans un cimetière[88]. La dérogation en termes de compétence ne porte pas sur le jugement de la régularité de l'emprise. Sauf voie de fait (v. *supra*, n° 910 s.), seul le juge administratif vérifie la

87. Comp. T. confl., 26 nov. 1973, *Comm. de Rueil-Malmaison*, R. 849 (gêne par exemple dans l'accès à un immeuble non constitutive d'emprise) et T. confl., 29 oct. 1990, *Préfet de Saône-et-Loire*, R. 399, *CJEG* 1991.103, concl. B. Stirn (emprise en cas de dépossession du propriétaire d'un terrain par la réalisation de travaux).

88. CE, 22 avr. 1983, *Lasporte*, R. 160, T. confl., 4 juill. 1983, *François*, R. 539, *JCP* 1985.20331, concl. D. Labetoulle (« inhumation » dans le caveau familial d'une personne étrangère à la famille constitutive d'emprise).

régularité de l'acte administratif en cause et déclare l'emprise régulière ou irrégulière[89].

Si elle est *régulière*, en dehors des textes spéciaux donnant compétence au juge judiciaire, l'indemnisation relève du juge administratif puisqu'il s'agit d'actions de l'administration[90]. Si elle est *irrégulière*, le juge judiciaire est seul compétent pour engager la responsabilité de l'administration et statuer sur l'ensemble des préjudices résultant de cette occupation, y compris les préjudices annexes[91]. Le juge judiciaire ne peut d'ailleurs adresser des injonctions à l'administration ou prononcer des astreintes à son encontre. En cas d'occupation illicite de locaux, il répare seulement le préjudice subi, sans ordonner l'expulsion du service public[92], contrairement au juge administratif désormais (v. *infra*, n° 1037).

914 **Limitation de la compétence judiciaire en cas d'extinction du droit de propriété. –** Comme celle de la voie de fait (v. *supra,* n° 911), la théorie de l'emprise s'est construite dans un contexte de méfiance à l'égard de la juridiction administrative. Cette méfiance n'est plus justifiée : il ne peut plus être sérieusement soutenu que le juge administratif serait essentiellement inapte à protéger la propriété privée. Par ailleurs, la théorie de l'emprise irrégulière présente un sérieux inconvénient pratique dans la mesure où elle aboutit à répartir le contentieux d'une même action administrative entre les deux ordres de juridiction. Ce sont ces données qui expliquent que le Tribunal des conflits, par son arrêt *Panizzon*[93], ait décidé, sinon de l'abandonner, du moins d'en restreindre la portée.

Le principe est désormais que le contentieux de toute « décision administrative qui porte atteinte à la propriété privée » relève entièrement de la juridiction administrative. Celle-ci est compétente non seulement « pour statuer sur le recours en annulation d'une telle décision » (plus généralement, pour en apprécier la légalité, serait-ce par voie d'exception) et pour adresser des injonctions à l'administration (en vue de faire cesser l'atteinte) mais aussi pour réparer les conséquences dommageables de la décision.

Cette dernière compétence admet une exception qui se rattache au principe fondamental reconnu par les lois de la République relatif à la compétence judiciaire en matière de propriété immobilière (n° 785). En effet, le juge judiciaire reste compétent pour réparer les préjudices causés par une décision administrative qui « aurait pour effet l'extinction du droit de propriété ».

Cette nouvelle définition de la compétence judiciaire en matière de réparation des atteintes administratives à la propriété, comparée à celle qui résultait classiquement d'une emprise irrégulière, comprend un point certain et deux qui sont douteux.

915 En tant qu'elle se réfère à la notion d'*extinction*, elle comporte assurément une restriction de la compétence judiciaire. Reprise de l'arrêt *Bergoend*, cette notion a

89. T. confl., 17 mars 1949, *Soc. Rivoli-Sébastopol*, R. 594, *D.* 1949.209, concl. J. Delvolvé.

90. CE, sect., 15 févr. 1961, *Werquin*, R. 118, *RDP* 1961.321, concl. G. Braibant (responsabilité sans faute de la commune en cas de réquisition de logements destinés à reloger des gens mis à la rue).

91. T. confl., 17 mars 1949, *Soc. Hôtel du Vieux-Beffroi*, R. 592, *D.* 1949.209, concl. J. Delvolvé.

92. T. confl., 17 mars 1949, *Soc. Rivoli-Sébastopol*, préc.

93. T. confl., 9 déc. 2013, *AJDA* 2014. 216, chr. A. Bretonneau et J. Lessi, *Dr. adm.* 2014. 25, note Gilbert, *RFDA* 2014. 61, note P. Delvolvé, *RJEP* 2014. 19, note Lebon.

la même portée limitée qu'en matière de voie de fait (*supra,* n° 909)[94]. La question principale, déjà évoquée à propos de cette dernière (v. *supra*, n° 909) est de savoir si la notion de « dépossession définitive », utilisée par l'arrêt *Panizzon*, peut recouvrir une dépossession de pur fait. La jurisprudence sur ce point paraît divisée.

La réponse du Tribunal des conflits à la question considérée est clairement négative. Il a en effet jugé que la décision irrégulière d'implanter un ouvrage public sur une parcelle appartenant à une personne privée porte, certes, atteinte au libre exercice du droit de propriété, mais n'a pas pour effet d'éteindre ce dernier, dès lors que la personne privée demeure, en droit, propriétaire du terrain d'assiette de l'ouvrage et alors même que celui-ci aurait vocation à être maintenu[95]. Il en résulte que le juge administratif est compétent pour indemniser les conséquences dommageables de l'implantation irrégulière d'un ouvrage public, à moins, selon la Cour de cassation, que l'action en responsabilité soit dirigée contre une personne privée[96]. Le Conseil d'État adopte la même position que le juge des conflits[97]. Comme le relève X. Domino[98], une telle solution implique qu'aucune « dépossession de fait ne peut être définitive » et qu'en l'absence de transfert juridique de propriété, il ne saurait y avoir extinction de celui-ci. Cette conception implique également une conséquence sur la nature du préjudice indemnisable par le juge administratif : dès lors que les intéressés ne sont que factuellement et non juridiquement dépossédés de la parcelle occupée par l'ouvrage, ils ne sauraient être indemnisés à hauteur de la valeur vénale du terrain, ce qui reviendrait à assimiler la dépossession à une expropriation[99]. Positivement, c'est le préjudice d'atteinte au libre exercice du droit de propriété, c'est-à-dire la perte de jouissance, qui est indemnisable.

Toutefois, la Cour de cassation ne paraît pas partager cette conception. Il ressort de sa jurisprudence que l'implantation irrégulière d'un ouvrage public sur un terrain privé comporte extinction du droit de propriété dès lors que la destruction de l'ouvrage apparaît impossible[100]. À première vue, cette jurisprudence peut être interprétée comme assimilant dépossession de pur fait définitive et extinction de la propriété, alors même que celle-ci subsiste en droit. En réalité, comme l'a bien montré W. Dross[101], sa signification est autre. En effet, en cas d'emprise irrégulière ayant entraîné l'extinction du droit de propriété, le fondement juridique du droit à indemnisation réside, selon la Cour de cassation[102], dans l'article 545 du Code civil et, partant, le préjudice indemnisable est constitué par la valeur vénale du terrain. Cela implique nécessairement que l'extinction du droit de propriété, résultant de

94. Cass. 1re civ., 15 juin 2016, n° 15-21268, *AJDA* 2016.1267.

95. T. confl., 9 mars 2015, *Me Marin et société BCT aménagement c/Commune de Saint-Georges*, n° 3991.

96. Cass. 1re civ. 9 juin 2017, n° 16-17592, *Dr. adm.* 2017, comm. 50, note G. Eveillard.

97. CE, 15 avr. 2016, n° 384890, *AJDA* 2016. 1309, concl. X. Domino.

98. Concl. sur CE, 15 avr. 2016, n° 384890, préc., p. 1310.

99. CE. 15 avr. 2016, n° 384890, préc.

100. Cass. 3e civ., 15 juin 2016, n° 15-21628, *AJDA* 2016. 1267 ; *JCP* G 2016. 2054, obs. Périnet-Marquet, *RTD civ.* 2016.889, étude W. Dross ; Cass. 3e civ. 15 déc. 2016, n° 15-20953, *M. X c/Électricité de France*, *AJDA* 2016. 2464 ; *AJDI* 2017. 415, note Borel ; Cass. 3e civ., 18 janv. 2008, n° 16-21993, *AJDA* 2016. 136.

101. « L'expropriation de fait est-elle encore de droit positif ? », *RTD civ.* 2016. 889.

102. Cass. 3e civ. 15 juin 2016, préc.

l'implantation illégale de l'ouvrage public, est analysée comme un transfert juridique de propriété, ce qui revient à ressusciter la théorie de l'expropriation de fait, pour les besoins de « la sauvegarde de la compétence résiduelle du juge judiciaire en cas d'emprise irrégulière »[103].

916 En tant qu'elle se réfère à l'extinction *du droit de propriété*, la jurisprudence *Panizzon* paraît marquer une extension de la compétence judiciaire : alors que l'emprise irrégulière ne concernait que la propriété immobilière, le juge judiciaire semble désormais compétent en cas d'extinction de tout droit de propriété, mobilier ou immobilier. Toutefois, cette interprétation, peu compatible avec le fondement constitutionnel de la compétence judiciaire comme avec la volonté de restreindre l'étendue de celle-ci, ne prévaudra sans doute pas. Il convient également de relever que, comme c'était le cas dans l'état du droit antérieur à l'arrêt *Panizzon*, la Cour de cassation assimile les autres droits réels immobiliers à la propriété[104].

917 En tant qu'il fonde la compétence judiciaire sur le fait qu'une décision administrative comporte un effet extinctif de la propriété, sans mentionner que cette décision doit être illégale, l'arrêt *Panizzon* paraissait également comporter une extension de la compétence judiciaire : alors que celle-ci supposait que l'emprise fût irrégulière, cette condition d'illégalité semblait abandonnée. Cette interprétation ne semble pas prévaloir, la Cour de cassation continuant à juger que c'est la « constatation d'une emprise *irrégulière* ayant pour effet l'extinction du droit de propriété » qui donne lieu à indemnisation devant le juge judiciaire[105]. Il en résulte que l'obligation pour le juge judiciaire de saisir le juge administratif d'une question préjudicielle relative à la légalité des décisions qui sont à l'origine de l'emprise n'a nullement disparu[106]. De ce point de vue, la jurisprudence *Panizzon* n'a en rien remédié à l'inconvénient pratique de la théorie de l'emprise irrégulière, puisque celle-ci conduit toujours à répartir le contentieux d'une même action administrative entre les deux ordres de juridiction.

3. Attributions textuelles de compétence

a) Liberté individuelle

α) Article 136 du Code de procédure pénale

918 **Contenu. –** L'article 136 du Code de procédure pénale édicté en 1957[107], prévoit que « dans tous les cas d'atteinte à la liberté individuelle, le conflit ne peut jamais être élevé par l'autorité administrative et les tribunaux de l'ordre judiciaire sont toujours exclusivement compétents. Il en est de même dans toute instance civile fondée sur des faits constitutifs d'une atteinte à la liberté individuelle ou à

103. W. Dross, art. préc. p. 894.
104. Cass. 3e civ., 28 janv. 2021, *AJDA* 2021. 243 (à propos des droits de l'emphythéote).
105. Cass. 1re civ., 15 juin 2016, nº 15-21268, préc.
106. T. confl., nº 4170, 9 déc. 2019.
107. Sur la situation antérieure et l'interprétation de l'article 112 du Code d'instruction criminelle, V. not. T. confl., 27 mars 1952, *Dame de la Murette*, préc.

l'inviolabilité du domicile prévue par les articles 432-4 à 432-6 et 432-8 du Code pénal[108], qu'elle soit dirigée contre la collectivité publique ou contre ses agents ».

Après quelques hésitations dues au fait, notamment, que certaines juridictions judiciaires se sont appuyées sur ce texte pour tenter d'élargir leur compétence, l'interprétation de cet article est désormais clairement fixée par le Tribunal des conflits[109].

919 **Interprétation. –** Elle se décompose en trois propositions :

1°) Les tribunaux judiciaires sont toujours *exclusivement compétents pour statuer sur toute action en réparation* lorsque l'administration – et pas seulement un de ses agents – porte atteinte à la liberté individuelle, car le terme « action civile » vise clairement les actions en dommages et intérêts. Ceci ne met d'ailleurs pas en cause le principe de séparation, dans sa dimension constitutionnelle, puisque seul le contentieux de l'annulation ou de la réformation des actes administratifs relève, sur ce plan, du juge administratif (v. *infra*, n° 939 s.).

2°) Ils n'ont *aucune compétence pour statuer sur la légalité de la décision administrative* (sauf voie de fait), qu'il s'agisse d'un recours direct en annulation[110], d'une demande de suspension[111], ou d'apprécier, par voie d'exception, la régularité de la mesure. Le juge judiciaire, avant de pouvoir condamner l'administration à réparer le préjudice doit attendre la réponse du juge administratif à la question préjudicielle v. *infra*, n° 958) posée sur ce point[112]. Cette interprétation paraît exagérément restrictive ; aussi le commissaire du gouvernement Arrighi de Casanova (concl. préc.) – proposait-il à juste titre de l'abandonner quand le juge judiciaire est compétent au principal. La Cour de cassation s'est d'ailleurs prononcée en ce sens, à propos des arrêtés de rétention[113].

3°) Enfin, et alors même que le texte vise, indépendamment des arrestations et détentions arbitraires, « tous les cas d'atteinte à la liberté individuelle », le Tribunal des conflits n'applique l'article 136 que si la mesure entre dans le champ des articles 432-2 et suivants du Code pénal. Cet article n'est donc pas invocable lorsqu'est limitée la liberté d'aller et de venir par une mesure d'exécution d'office[114] ou quand il s'agit de vérifier les conditions de traitement des personnes retenues administrativement[115]. On n'est pas en présence de rétentions arbitraires, dans la mesure où une loi autorise de telles mesures.

108. Acte attentatoire aux libertés, privation illégale de liberté, détention ou rétention arbitraire, atteinte à l'inviolabilité du domicile.

109. T. confl., 12 mai 1997, *Préfet de Police* et les très claires concl. J. Arrighi de Casanova, préc. *supra*, n° 908.

110. CE, sect., 22 avr. 1966, *Tochou*, R. 279, *RDP* 1966.584, concl. Y. Galmot (compétence exclusive du juge administratif pour statuer sur la régularité d'un internement administratif).

111. T. confl., 12 mars 1997, *Préfet de police de Paris*, préc. (« les tribunaux judiciaires (...) ne peuvent sur le fondement de l'article 136 faire obstacle à l'exécution des décisions prises par l'administration en dehors du cas de voie de fait »).

112. T. confl., 16 nov. 1964, *Clément*, R. 796.

113. Arrêt *Bechta*, préc.

114. T. confl., 20 juin 1994, *Madaci*, préc.

115. T. confl., 25 avr. 1994, *Préfet de police*, préc.

920 **Synthèse. –** Sauf voie de fait, le juge judiciaire, que ce soit sur le fondement de l'article 136 du Code de procédure pénale ou sur celui de l'article 66 de la Constitution (v. *supra,* n° 912), ne saurait être compétent pour statuer, par voie d'action, sur la légalité d'un acte administratif restreignant la liberté individuelle, mis en cause directement devant lui. Il ne peut non plus, en l'état actuel des choses et sous réserve des quelques cas où le juge judiciaire dispose de pouvoirs plus étendus (v. *supra*, n° 919), statuer par voie d'exception sur la légalité d'un acte administratif (jurisprudence *Clément*), même si cette solution exagérément restrictive devrait à terme disparaître. Le seul apport de l'article 136, ici, est de confier exclusivement à ce juge la réparation des détentions et rétentions arbitraires, d'engager en ce cas la responsabilité de l'administration elle-même et non seulement celle de ses agents.

β) Article L. 3216-1 du Code de la santé publique

921 Depuis une loi du 18 juin 1838, profondément modifiée par la loi du 27 juin 1990 et celle du 5 juillet 2011, le préfet ou, en cas de danger imminent le maire, au vu d'un certificat médical précisément motivé[116], dispose du droit de faire admettre d'office en soins psychiatriques dans un établissement spécialisé les personnes « dont les troubles mentaux nécessitent des soins et compromettent la sûreté des personnes ou portent atteinte, de façon grave, à l'ordre public ».

Un tel pouvoir est gravement attentatoire à la liberté individuelle, aussi le législateur avait-il prévu l'intervention exceptionnelle de la juridiction judiciaire pour juger, en partie, de la *légalité de l'acte administratif* de placement ou de refus de mettre fin à celui-ci. C'est elle qui statue sur la nécessité de la mesure, c'est-à-dire sur la réalité de l'état d'aliénation et sur le caractère indispensable de l'hospitalisation forcée. Sauf voie de fait, le juge administratif restait cependant seul compétent pour apprécier la légalité externe de l'acte administratif (incompétence, vices de forme ou de procédure dont il serait entaché)[117].

Le juge judiciaire avait été reconnu également compétent pour *indemniser* les victimes d'hospitalisation d'office illégales sous réserve que le juge administratif ait auparavant statué sur les questions de régularité des actes de placement qui relèvent de lui[118].

Le partage de compétences ainsi aménagé était inutilement compliqué et pouvait aboutir à des situations contraires, selon la Cour EDH[119], au droit à un recours effectif. Il est donc heureux que la loi du 5 juillet 2011 (art. 7 – art. L. 3216-1 Code santé publ.), revenant d'ailleurs aux solutions antérieures à 1946, se soit décidée à le

116. V. CE, sect., 9 juin 2010, *M. L., AJDA* 2010.1175 : le certificat médical peut émaner de tout médecin extérieur à l'établissement d'accueil ou d'un médecin-psychiatre de l'établissement d'accueil.

117. T. confl., 6 avr. 1946, *Maschinot*, R. 326 ; CE, 3 mars 1995, *RS/Min. Intérieur/FD* (2 espèces), R. 118, 119.

118. T. confl., 17 févr. 1997, *Préfet Région Île-de-France*, R. 525, *JCP* 1997, n° 22885, concl. J. Sainte-Rose (unification du contentieux de la responsabilité sous réserve d'éventuelles questions préjudicielles quant à la « régularité » de l'acte administratif) ; CE, sect., 1er avr. 2005, *Mme L*, R. 134, *AJDA* 2005.1231, chron. C. Landais et F. Lenica, *D.* 2005.IR.1246. Pour une application, CAA de Marseille 7 juill. 2008, *CH Édouard-Toulouse*, *AJDA* 2008.2226, concl. Paix.

119. CEDH, 18 nov. 2010, *M. B c/France*, aff. n° 35935/03.

supprimer : à compter du 1er janvier 2013, le juge judiciaire connaîtra de l'ensemble du contentieux en cause, y compris la légalité externe des décisions administratives.

b) Propriété

922 La compétence du juge judiciaire peut varier selon qu'il y a privation du droit de propriété (ou dépossession assimilable à une telle privation) ou simple atteinte.

923 **Privation du droit de propriété. –** Le législateur, de longue date (loi du 8 mars 1810) a prévu que l'indemnité d'expropriation est fixée par le juge judiciaire de l'expropriation (juridiction spécialisée) sous le contrôle, *in fine,* de la Cour de cassation (C. expr., art. L. 13-1 s.). Quant aux réquisitions, qui ne portent que sur des meubles ou ne constituent pas une privation définitive et totale de tous les attributs du droit de propriété immobilier, leur contentieux indemnitaire relève au gré de la loi ou de la jurisprudence, du juge judiciaire le plus souvent[120], parfois du juge administratif[121].

924 **Atteintes au droit de propriété. –** Quand il n'y a pas privation ou dépossession mais simple atteinte, le législateur est libre de choisir le juge compétent. Le plus souvent, surtout quand il s'agit de textes anciens, l'indemnisation des servitudes administratives, si elle est prévue, est attribuée au juge judiciaire[122]. Dans les lois plus récentes la réparation de ces dommages relève plutôt de la compétence du juge administratif[123]. Faute de loi, les règles normales de répartition des compétences jouent et le juge administratif statue, normalement, sur les dommages causés par l'action administrative[124].

B. LES TENTATIVES DE SIMPLIFICATION DE LA RÉPARTITION DES COMPÉTENCES

925 Le législateur ou les interprétations jurisprudentielles du principe de séparation ont donné compétence au juge judiciaire pour une part importante du contentieux de l'administration. Il s'est agi le plus souvent de créer, dans un souci de simplification, des blocs de compétences plus ou moins étendus en tenant compte du caractère essentiellement judiciaire de certaines matières, même si parfois ce sont de simples raisons conjoncturelles qui ont prévalu. Les principaux exemples peuvent en être donnés.

120. V. not. loi du 3 juill. 1877 (réquisition militaire) (C. *Adm.* Dalloz) ; C. constr. hab. art. L. 641.1 et s.

121. Loi du 29 déc. 1892 (occupations temporaires de terrain nécessaires à la réalisation de travaux publics) (C. *Adm.* Dalloz) ; CE, 15 févr. 1961, *Werquin*, préc.

122. Par ex. indemnisation du préjudice dû aux servitudes imposées pour la distribution d'énergie (loi du 15 juin 1906, art. 12, C. *Adm.* Dalloz), indemnisation des préjudices liés aux servitudes de passage de pistes de ski ou de remontées mécaniques (art. 54 de la loi, n° 85-30 du 9 janv. 1985, Jur. C et L).

123. Art. 160-5 Code urb. (compétence du juge administratif pour indemniser éventuellement les propriétaires des préjudices résultant d'une servitude d'urbanisme – v. *infra*, n° 1153 s.). V. aussi Code P. et T., art. 51, 56, 59 (servitudes en matière de télécommunications).

124. CE, sect., 14 mars 1986, *Cne de Gap-Rommette*, R. 73, *AJDA* 1986.317, concl. P.-A. Jeannenney (à propos de la servitude de protection des cimetières).

1. Contributions indirectes

926 La dérogation est ici particulièrement surprenante car l'acte d'imposition, qui est tout à la fois un acte administratif décisoire et un titre exécutoire (susceptible de recouvrement forcé) constitue le type même de la mesure prise par une autorité administrative dans l'exercice de ses prérogatives de puissance publique. Aussi serait-il conforme au respect des règles constitutionnelles de répartition des compétences que les requêtes aux fins d'annulation ou de réformation soient jugées par l'ordre administratif. Tel est le cas pour le recours de pleine juridiction dirigé contre les actes relatifs aux impôts directs et aux taxes sur le chiffre d'affaires (LPF, art. L. 199, al. 1). Cependant le contentieux des autres contributions indirectes, telles que les droits d'enregistrement, droits de douane, relèvent, depuis 1790, du juge judiciaire (LPF, art. L. 199, al. 2, C. douanes, art. 357 *bis*). Celui-ci réforme ainsi les actes individuels d'imposition (avis de mise en recouvrement ou contrainte douanière), voire statue en matière indemnitaire[125]. Il ne saurait cependant annuler les actes réglementaires relatifs à l'impôt, ce qui relève d'un éventuel recours pour excès de pouvoir devant le juge administratif (sur son pouvoir en matière d'interprétation ou d'appréciation de légalité, v. *infra*, n° 961).

2. Questions principalement de droit privé

927 Certains contentieux relèvent pour l'essentiel du juge judiciaire, aussi la loi a-t-elle créé ici des blocs de compétence, évitant toute application analytique du principe de séparation.

928 **État et capacité des personnes. –** Les questions d'état des personnes, souvent liées au droit de la famille, ont un juge naturel et spécialisé : le juge civil. Aussi les interventions de l'administration dans le domaine de l'état civil (actes relatifs au mariage, à la filiation, au constat de décès)[126] ou de la tutelle[127], etc., sont-elles de la compétence judiciaire. Pourtant est en cause un acte qui apparaît comme organiquement (les décisions relèvent le plus souvent du maire ou du préfet) et matériellement administratif.

À l'inverse, le contentieux du nom[128] reste de la compétence administrative.

929 **Nationalité. –** L'article 29 du Code civil donne « compétence exclusive à la juridiction civile de droit commun pour connaître des contestations sur la nationalité française ou étrangère des personnes physiques ». Son rôle est, seulement, de vérifier que quelqu'un possède bien la nationalité française, question souvent liée à l'état civil (nationalité découlant de celle des parents ou du conjoint, etc.). Il statue

125. Par ex. T. confl., 27 févr. 1995, *Oronoz et Saint-Martin*, R. 491 (disparition de matériels saisis en douane).

126. Par ex. loi n° 85-528 du 15 mai 1985, *JO* 18 mai, p. 5543 (compétence judiciaire pour les décisions prises en matière de reconnaissance des décès en déportation).

127. Par ex. art. L. 224-4 et s. C. Act. soc et fam. (tutelle légale des préfets sur les pupilles de l'État).

128. Art. 61 et s. Code civ. (changement ou francisation des noms).

donc sur la validité des certificats de nationalité, ainsi que sur l'éventuel refus de les délivrer[129].

À l'inverse, les décisions relatives à l'acquisition de la nationalité relèvent du contentieux administratif, car elles sont au cœur même du pouvoir de l'État de décider qui est digne de devenir citoyen français[130].

930 **Électorat. –** Le Code électoral, dans son article L. 25, attribue au juge judiciaire les contestations relatives à la qualité d'électeur. Des commissions administratives établissent les listes électorales et le juge en cas de contestation sur leur contenu est à même de vérifier, à la demande de tout électeur ou de l'administration préfectorale, que les critères fixés par les textes qui renvoient souvent à des questions de droit privé (condition de résidence, de droits civiques, etc.) ont bien été appliqués.

931 **Contentieux de la Sécurité sociale. –** Bien que la « Sécurité sociale » constitue un service public et que son budget, alimenté par des prélèvements obligatoires, soit supérieur à celui de l'État, le choix a été fait, en partie parce que des sociétés mutualistes privées avaient été à l'origine de la protection sociale, de conserver une organisation de droit privé. Cependant de nombreux actes en ce domaine mettent en œuvre, dans le cadre du service public, des prérogatives de puissance publique, qui devraient normalement relever du juge administratif. Pour éviter un tel éclatement, le juge judiciaire est compétent pour régler les « différends auxquels donne lieu l'application des législations et réglementations de Sécurité sociale » (art. L. 142-1 Code Séc. soc.). Ceci couvre l'ensemble des litiges individuels relatifs aux décisions d'affiliation, de prestation, d'établissement ou de recouvrement des cotisations[131] avec les bénéficiaires, les cotisants et les praticiens. Mais échappent à cette juridiction les contentieux des actes réglementaires d'organisation de la Sécurité sociale, qu'ils soient pris par des organes administratifs (décrets, voire règlements des établissements publics) ou par les personnes morales de droit privé intervenant en ce domaine[132].

932 **Secteur économique. –** Les évolutions générales dans le domaine du service public liées à la mondialisation ont eu des conséquences, même au niveau de la compétence juridictionnelle. Dès lors qu'au nom de l'efficience économique, il faut échapper aux « contraintes du droit public », le droit privé des affaires voit son rôle renforcé et la compétence du juge judiciaire s'accroît. Ainsi le contentieux des services publics industriels et commerciaux est, alors même que sont souvent en cause des prérogatives de puissance publique, en grande partie de la compétence judiciaire (v. *supra*, n° 445 et s. et 521).

129. Par ex. CE, sect., 17 mars 1995, *Soilihi*, R. 135 (refus de délivrance d'un certificat de nationalité française par le juge d'instance et compétence exclusive du juge judiciaire).

130. Par ex. CE, 25 juill. 1986, *Benyoussef*, R. 209 (refus de réintégration dans la nationalité française).

131. V. T. confl., 5 juill. 1999, *Crouau*, *Bull.* n° 24, p. 25 (compétence judiciaire pour les litiges à caractère individuel, même si « les décisions contestées sont prises par des autorités administratives, dès lors, du moins, que ces décisions sont inhérentes à la gestion, selon les règles du droit privé, du régime de Sécurité sociale en cause »).

132. V. l'important contentieux devant le juge administratif à propos des ordonnances mettant en œuvre le plan Juppé (par. ex. CE, ass., 3 juill. 1998, *Synd. des médecins de l'Ain*, R. 267, *RFDA* 1998.942, concl. C. Maugüe) et T. confl., 22 avr. 1974, *Blanchet*, préc. *supra*, n° 609.

Par ailleurs, plusieurs textes récents ont transféré à l'autorité judiciaire le contentieux des actes administratifs pris par les autorités chargées de la régulation et de la surveillance en ces domaines. Outre les décisions de l'Autorité de la concurrence (v. *supra*, n° 386), le juge judiciaire statue sur certaines décisions d'organes de régulation tels que l'autorité des marchés financiers (C. mon. fin., art. L. 621-30), l'autorité de régulation des télécommunications (art. L. 36-8 C. P CE) ou le conseil des ventes volontaires des meubles aux enchères publiques (C. com., art. L. 321-23).

3. Responsabilité extracontractuelle

933 En ce domaine, les textes sont nombreux, raison, parmi d'autres, qui a conduit le juge constitutionnel à ne pas inclure dans le noyau de compétence constitutionnelle les actions en réparation des dommages causés par l'action administrative (v. *infra*, n° 939).

La liste est souvent le résultat des hasards de l'histoire, avec parfois des retours en arrière. Ainsi la responsabilité de l'administration du fait des attroupements qui, dans le cadre de la loi du 1914 relevait du juge judiciaire est, depuis celle du 9 janv. 1986 (art. 27), de la compétence administrative (v. *infra*, n° 1121).

Outre diverses lois et les mécanismes des fonds d'indemnisation (v. *infra*, n° 1126), ce sont essentiellement deux textes législatifs qui transfèrent la compétence au juge judiciaire.

934 **Fautes commises par les enseignants. –** Le Code de l'éducation[133] met en place un mécanisme simplificateur de réparation pour les dommages causés aux élèves ou par des élèves, en raison d'un *défaut de surveillance des maîtres de l'enseignement* public ou privé sous contrat (enseignants, et par assimilation surveillants, moniteurs, voire personnels administratifs comme le proviseur), à l'occasion des activités scolaires ou périscolaires (activités sportives extérieures, colonies de vacances, etc.)[134]. Le juge judiciaire, statuant sur l'action civile est compétent pour condamner l'État qui peut seul être poursuivi, qu'il y ait eu faute de service ou faute personnelle (v. *infra*, n° 1175).

935 **Dommages causés par un véhicule. –** Les accidents causés par des véhicules de l'administration relevaient logiquement du juge administratif. Les tribunaux judiciaires apparaissaient cependant plus généreux vis-à-vis des accidentés de la route et, dans quelques cas, des collisions impliquant à la fois des véhicules privés et publics avaient soulevé de délicates questions (v. *infra*, n° 953). Aussi la loi du 31 décembre 1957, dérogeant expressément – ce qui est rare – à l'article 13 de la loi des 16-24 août 1790, décida que « les tribunaux judiciaires sont seuls compétents pour statuer sur toute action tendant à la réparation des dommages de toute nature causés par un

133. Art. L. 911-4, issu de la loi du 5 avr. 1937.
134. V. not. T. confl., 31 mars 1950, *Dlle Gavillet*, R. 658, *D.* 1950.331 concl. Dupuich.

véhicule ». Pour que la responsabilité extracontractuelle des personnes publiques soit jugée par l'autorité judiciaire, deux conditions doivent être remplies :

1°) être en présence d'un *véhicule quelconque*, ce qui donne un large champ d'application à la loi, à l'origine d'un contentieux pittoresque. La notion de véhicule est, ainsi, extensive : c'est ce qui a vocation principale à se déplacer, que ce soit de façon autonome ou sous l'effet d'une traction ou d'une propulsion extérieure. Ainsi sont des véhicules les automobiles, camions-bennes, tracteurs, chasse-neige, ou même une charrette à bras[135], mais ce n'est le cas ni d'une tondeuse à gazon[136], ni d'un conteneur d'ordures ménagères[137],

2°) que ce véhicule, ou ce qu'il transporte, ait été la *cause directe du dommage.* S'il n'est qu'un instrument du dommage qui résulte en fait du mauvais fonctionnement du service, la responsabilité reste engagée, selon les règles ordinaires, devant le juge administratif.

Ainsi lorsqu'un avion répand à tort des produits insecticides qui, au lieu de détruire les insectes, brûlent les cultures, le préjudice vient de l'épandage de produits toxiques et non dans l'intervention de l'avion, simple instrument. Le versement eût été fait par un arrosoir, le préjudice eût été identique[138]. À l'inverse, la projection de poussières, à l'occasion de la construction d'une autoroute par un engin de travaux publics est un dommage causé par un véhicule, car c'est le passage du camion qui a entraîné la dégradation[139].

Dans ces cas, les litiges sont jugés selon les règles du droit civil, l'action des victimes étant toujours engagée contre l'État, qu'il y ait eu faute de service ou faute personnelle de l'agent (v. *infra*, n° 1175).

Ces solutions révèlent les *limites du mécanisme des blocs de compétence*, car le problème est souvent simplement déplacé comme le montre la multiplication des arrêts du Tribunal des conflits dans ces domaines. De plus, le contentieux des travaux publics, largement unifié jusque-là par la loi de l'an VIII (v. *supra,* n° 900) au profit du juge administratif, se trouve désormais en partie éclaté entre les deux ordres de juridictions lorsqu'est en cause un véhicule. Ainsi, dans l'arrêt du 25 juin 1975 (préc.) le juge distingue selon que les poussières, sources du préjudice, proviennent du camion (compétence judiciaire) ou des installations fixes (juge administratif) ! Progrès discutable...

936 **Liaison de la compétence et du fond du droit. –** La multiplication de ces attributions de compétence à l'autorité judiciaire remet, dès lors, en question la règle selon laquelle, pour beaucoup de juristes, « la compétence suit le fond ». Se référant notamment aux formules de l'arrêt *Blanco* qui déduit la compétence administrative du caractère des règles applicables[140], le juge administratif serait compétent dès qu'il s'agit de mettre en œuvre une règle de droit administratif, le juge judiciaire l'étant pour celles de droit privé. Cette présentation paraît cependant contestable.

135. CE, 25 juin 1986, *Mme Curtol*, R. 177, *LPA* 9 déc. 1986.22, concl. B. Lasserre.
136. CE, 14 mars 1969, *Ville de Perpignan*, R. 156.
137. CE, 7 juin 1999, *OPHLM d'Arcueil-Gentilly*, R. 169
138. T. confl., 4 févr. 1974, *Alban et Trouche*, R. 790.
139. CE, 25 juin 1975, *Soc. L'entreprise industrielle*, R. 386.
140. « Considérant que la responsabilité qui peut incomber à l'État (...) ne peut être régie par les principes qui sont établis dans le Code civil (....) ; que, dès lors, (...) l'autorité administrative est seule compétente pour en connaître ».

D'une part, comme l'a montré R. Chapus[141], ce n'est que par un « raccourci » qu'une telle présentation peut être faite. Il faut, en réalité, partir de la nature du litige (action relevant du service public et/ou de la gestion publique) pour déterminer le juge compétent. Une fois ce point acquis, celui-ci tranche en recourant aux normes juridiques adéquates. C'est à ce stade seulement qu'il y a coïncidence éventuelle entre droit applicable et compétence juridictionnelle.

D'autre part, cette coïncidence, si elle a lieu le plus souvent, n'est pas absolue. La juridiction administrative applique parfois des règles de droit privé, telles que de nombreux articles du Code civil (par. ex. art. 1153 et s. C. civ. relatifs au calcul des intérêts moratoire, ou principes dont s'inspirent les articles 1792 et 2270 C. civ. en matière de responsabilité décennale des constructeurs).

De son côté, le juge judiciaire recourt aussi au droit administratif. Certes, dans un certain nombre d'hypothèses, le contentieux de l'administration est, en vertu de dispositions législatives, régi par le droit privé (par ex. responsabilité des dommages causés par des véhicules publics ou dans le cadre du service public de l'enseignement).

Mais, dans bien d'autres, le juge s'appuie sur le droit administratif, car les litiges sur lesquels il statue mettent très clairement en cause la gestion publique et le service public. Ainsi, dans l'arrêt *Docteur Giry*, les principes dégagés par la jurisprudence du Conseil d'État quant à la responsabilité sans faute des personnes publiques vis-à-vis de leurs collaborateurs occasionnels ont été appliqués dans un litige relatif au fonctionnement du service public de la justice judiciaire[142]. De plus, l'accroissement des chefs de compétence judiciaire pour statuer sur l'action administrative (compétence du juge pénal pour s'interroger par voie d'exception sur la régularité des actes administratifs, v. *infra*, n° 958 ; compétence de la cour d'appel de Paris pour les décisions des autorités de régulation, v. *supra*, n° 932) a conduit ces juridictions à appliquer certains principes de droit administratif.

§ 3. LA GARANTIE CONSTITUTIONNELLE DE LA COMPÉTENCE ADMINISTRATIVE

937 **Décision du 23 janvier 1987.** – Si la pérennité de la juridiction administrative fut garantie à partir de 1980 (v. *supra*, n° 865), encore fallait-il aussi éviter qu'elle soit vidée de sa substance. Il eût suffi, pour ce faire, que des lois successives transférassent de nouveaux pans du contentieux de l'administration au juge judiciaire. Saisi d'une loi qui attribuait le contentieux des décisions de puissance publique prises par un organe administratif (le Conseil de la concurrence) au juge judiciaire, le *Conseil constitutionnel* (décision préc. *supra*, n° 880) a affirmé, que, si « les dispositions des articles 10 et 13 de la loi du 16-24 août 1790 et du décret du 16 fructidor an III qui ont posé dans sa généralité le principe de séparation des autorités administratives et judiciaires n'ont pas en elles-mêmes valeur

141. « Dualité de juridiction et unité de l'ordre juridique », *RFDA* 1990.739.

142. Cass. 2e civ., 23 nov. 1953, *Bull.* n° 626, p. 156 (s'agissant de la responsabilité de la puissance publique, la cour d'appel ne pouvait s'appuyer « sur les dispositions de droit privé (...) qui ne peuvent être invoquées pour fonder la responsabilité de l'État, qu'elle avait en revanche le pouvoir et le devoir de se référer, en l'espèce, aux règles du droit public »).

constitutionnelle [...], néanmoins, conformément à la conception française de la séparation des pouvoirs, figure au nombre des principes fondamentaux reconnus par les lois de la République, celui selon lequel, à l'exception des matières réservées par nature à l'autorité judiciaire, relève en dernier ressort de la juridiction administrative l'annulation ou la réformation des décisions prises dans l'exercice de prérogatives de puissance publique, par les autorités exerçant le pouvoir exécutif, leurs agents, les collectivités territoriales de la République, les organismes publics placés sous son autorité ou son contrôle ».

938 **Fondements théoriques. –** Le conseil ne se fonde pas directement sur la séparation des pouvoirs en tant que telle : elle n'implique pas le dualisme de juridiction, comme le montre l'exemple américain. Il ne se fonde pas non plus sur le principe de séparation des autorités administratives et judiciaires, dans sa généralité, car il est issu des « simples » lois de 1790 et de l'an III auxquelles le législateur a pu, par la suite, déroger à de nombreuses reprises. Dès lors, seul existe un *principe fondamental reconnu par les lois de la République* (issu notamment de la loi du 24 mai 1872 et de l'ordonnance n° 45-1708 du 31 juillet 1945 relative au Conseil d'État), selon lequel le juge administratif, distinct, dispose de compétences constitutionnelles minimales en matière d'annulation ou de réformation des actes administratifs. Cette interprétation se fait au nom de la *conception française de la séparation des pouvoirs*, qui lie malgré tout partiellement séparation des pouvoirs et limitation du rôle du juge judiciaire en matière de contentieux administratif.

939 **Compétence constitutionnelle du juge administratif. –** Au niveau constitutionnel, le « noyau dur » de la compétence administrative, selon l'expression de B. Genevois[143], ne concerne cependant que certains actes et certaines modalités de leur jugement :

1°) il ne porte que sur les *décisions, se rattachant à la fonction exécutive* (sont exclus les actes pris par le Parlement ou l'autorité judiciaire notamment – v. *supra*, n° 878), prises par des personnes publiques (sont exclus les actes administratifs édictés par des personnes de droit privé – v. *supra*, n° 599 s.), dans l'exercice de leurs prérogatives de puissance publique. Les actes en cause sont ainsi définis par la combinaison de critères organiques et formels, sans référence au critère finaliste du service public ;

2°) il ne concerne ici que le contentieux, par voie d'action de la régularité de l'acte, c'est-à-dire de *l'annulation ou de la réformation* (recours pour excès de pouvoir donc ou recours « objectifs » de pleine juridiction – v. *infra*, n° 972 s.). Le Tribunal des conflits y a assimilé le contentieux des mesures d'injonction adressées à l'administration qui paralysent le caractère « exécutoire » de l'acte. La compétence de principe du juge administratif serait vidée de toute substance si les tribunaux judiciaires, sans annuler l'acte, pouvaient en suspendre ou en interdire l'application[144].

La solution retenue repose sur l'idée qu'annuler ou réformer l'acte administratif présente une irréductible spécificité, à la différence du contentieux des droits

143. Note sous Cons. const., 23 janv. 1987, *RFDA* 1987.287.
144. T. confl., 12 mars 1997, *Préfet de police de Paris c/TGI Paris*, préc.

subjectifs (contrats, responsabilité extracontractuelle). Celui-ci, comme le montrent les exemples allemand ou italien, peut, le cas échéant, relever des juridictions ordinaires. Statuer, dans le cadre d'un contentieux objectif sur l'acte de puissance publique, c'est, au contraire, s'approcher du cœur même du pouvoir exécutif, et la conception française de la séparation des pouvoirs rend nécessaire l'existence d'un juge administratif propre, pour ce faire. Ainsi limité, le principe de séparation a, lorsqu'est en cause ce noyau dur, valeur constitutionnelle.

Échappent dès lors à ce bloc de compétence constitutionnelle, le contentieux de l'interprétation et de l'appréciation de légalité des actes administratifs, celui de la responsabilité de l'administration comme celui des contrats, ce qui évite d'ailleurs de remettre en cause les solutions antérieures attribuant dans de nombreux cas ces questions au juge judiciaire.

940 **Compétence constitutionnelle du juge judiciaire. –** Le Conseil constitutionnel exclut, cependant, de cette compétence administrative obligatoire, de ce « noyau dur », les *matières réservées par nature à l'autorité judiciaire*. Celle-ci devient, en ces cas, par application des principes constitutionnels, compétente pour juger de la légalité de décisions prises par l'exécutif dans le cadre de prérogatives de puissance publique. Un bloc de compétence distinct vient s'opposer au bloc de compétence administrative. Ces matières, dont l'étendue exacte n'est pas encore fixée, concernent la protection de la liberté individuelle, de la propriété privée (v. *supra,* n° 903 et s.). Elles portent aussi sans doute sur l'état et la capacité des personnes, voire sur le contentieux des contributions indirectes.

941 **Dérogations au nom de la bonne administration de la justice. –** Enfin, par dérogation aux règles énoncées, pour des raisons de bonne administration de la justice, le législateur, ou la jurisprudence dans son interprétation du principe de séparation, peut remettre en cause cette délimitation constitutionnelle et unifier « les règles de compétence juridictionnelle au sein de l'ordre juridictionnel principalement intéressé ». Il s'agit d'éviter les difficultés liées à la répartition dans certains domaines, afin de créer des *blocs de compétence*. Dans la décision du 23 janvier 1987, le Conseil constitutionnel a ainsi considéré qu'un tel motif justifiait le transfert du jugement des décisions du conseil de la concurrence à la cour d'appel de Paris[145]. Cette possibilité de transfert affaiblit le principe posé, puisque, comme dans le contentieux de la régulation économique, de nombreux actes de la plus « pure » puissance publique échappent au juge administratif.

Certaines lois antérieures à 1987 devraient donc être examinées à cette aune, pour vérifier que le transfert de compétences pour statuer sur la légalité d'actes administratifs était réellement fondé. Par ailleurs, il convient de relever que l'unification des compétences dans l'intérêt d'une bonne administration de la justice constitue, pour le législateur, une faculté et non une obligation constitutionnelle[146].

145. V. aussi Cons. const., n° 96-378 du 23 juill. 1996, R. 99 (pour le contentieux des décisions de l'autorité de régulation des télécommunications). V. *supra*, n° 928 à l'inverse, pour le contentieux des reconduites à la frontière.

146. Cons. const., décision n° 2019-807 QPC du 4 octobre 2019, (§ 11), *JO* du 5 oct. 2019, texte n° 59.

942 **Rôle du législateur et de la jurisprudence. –** Hors ce champ obligatoire de la compétence administrative, au niveau constitutionnel, le *législateur* – seul compétent à l'exclusion de toute intervention du pouvoir réglementaire car sont en cause les « garanties fondamentales accordées aux citoyens pour l'exercice des libertés publiques » au sens de l'article 34 de la Constitution[147] – est libre de déroger aux lois de 1790 et de l'an III pour tracer la ligne de partage qui lui paraît la plus adéquate entre les compétences des deux ordres de juridiction. De même, *le juge* peut, par une interprétation différente des lois de séparation, modifier cette ligne. Dès qu'on sort du noyau dur, la liberté redevient la règle, car le principe de séparation n'a plus, ici, que valeur législative.

943 **TABLEAU : RÈGLES CONSTITUTIONNELLES DE RÉPARTITION DES COMPÉTENCES**

Juridiction administrative obligatoirement compétente	Compétence librement répartie par la loi ou le juge	Juridiction judiciaire obligatoirement compétente
– Annulation ou réformation des actes administratifs des personnes publiques – Injonctions portant atteinte à de tels actes SAUF, au nom de la bonne administration de la justice, blocs de compétence limités, au profit de l'autre ordre de juridiction	Par ex. – Annulation des actes administratifs pris par des personnes privées – Responsabilité de l'administration – Contrats de l'administration	Matières réservées par nature : Notamment : – indemnisation des dépossessions de propriété immobilière – article 66 de la Constitution (protection de la liberté individuelle) SAUF, au nom de la bonne administration de la justice, blocs de compétence limités au profit de l'autre ordre de juridiction

S/SECTION 2 LES GARANTIES CONTENTIEUSES DU PRINCIPE DE SÉPARATION

944 **Plan. –** La répartition des compétences entre les deux ordres de juridictions est garantie, en premier lieu, par le jeu des voies de recours instituées en leur sein. Il est possible, par exemple en appel, de faire vérifier par le juge saisi si le tribunal de premier ressort s'est à bon droit ou non déclaré compétent dans l'affaire en cause. Mais un ordre de juridiction dans son entier peut avoir une conception de sa compétence en contradiction avec celle de l'autre ; il est dès lors nécessaire qu'un mécanisme soit mis en place pour trancher d'éventuels

147. CE, ass., 30 mai 1962, *Ass. nat. de la Meunerie*, R. 233, T. confl., 20 oct. 1997, *Albert c/CPAM Aude*, R. 535 (impossibilité pour une ordonnance non ratifiée de modifier la répartition des compétences).

conflits d'attribution (§ 1). Par ailleurs, dans un procès qui est bien de la compétence au principal d'un ordre, des questions accessoires dont la résolution est essentielle pour trancher le litige risquent de se poser. Un mécanisme de sursis à statuer, et de questions dites préjudicielles évite ainsi les empiétements de compétences qui résulteraient de telles situations (§ 2).

§ 1. L'ORGANE RÉPARTITEUR : LE TRIBUNAL DES CONFLITS

945 **Plan.** – Les critères de répartition des compétences entre les juridictions administrative et judiciaire sont complexes et nécessitent qu'une procédure permette de trancher les difficultés que leur application peut susciter. De plus, dans la conception française de la séparation des pouvoirs, il importe que le privilège de juridiction dont bénéficie l'administration soit, en toutes circonstances, respecté afin d'éviter les éventuels empiétements du juge judiciaire. Aussi faut-il qu'un organe représentatif des deux ordres de juridiction garantisse le champ de la compétence administrative. Alors que cette fonction fut, pendant une grande partie du XIXe siècle, conférée au Conseil d'État, juge des conflits, un Tribunal des conflits, « paritaire », après avoir été institué pour une brève période en 1849, a été recréé par la loi du 24 mai 1872. Cette dernière a été considérablement réformée par la loi n° 2015-177 du 16 février 2015 (art. 13), qu'un décret n° 2015-233 du 27 février 2015 est venu compléter, ces textes reprenant d'ailleurs pour l'essentiel les propositions faites par un groupe de travail constitué à la demande du garde de Sceaux et présidé par Jean-Louis Gallet, alors vice-président du Tribunal des conflits[148].

La logique de l'institution considérée est simple : la nature même de ses attributions – résoudre les conflits qui naissent du dualisme juridictionnel – (B) lui impose une organisation paritaire (A).

A. ORGANISATION

946 La parité, qui a toujours été au fondement de l'organisation du Tribunal des conflits, sort notablement renforcée de la réforme opérée par la loi du 16 février 2015.

La situation traditionnelle, issue de la loi du 24 mai 1872, était en substance la suivante. Le Tribunal des conflits était une juridiction paritaire composée, en nombre égal, de conseillers d'État et de magistrats de la Cour de cassation. Il était présidé par le ministre la justice. En pratique, ce dernier ne venait siéger que très rarement et, le plus souvent, en cas de partage égal des voix (11 affaires depuis 1872)[149].

Quoiqu'exceptionnelle en fait, la présidence d'une juridiction par un membre du gouvernement était inadmissible en droit à raison de sa contrariété à divers principes : celui, constitutionnel, de la séparation des pouvoirs ; ceux, garantis tant par

148. Le rapport de ce groupe de travail a été publié à *l'AJDA* 2013.2130.
149. V. p. ex et en dernier lieu, T. confl., 12 mai 1997, *Préfet de police,* préc. *supra*, n° 901.

la Constitution que par la Conv. EDH, de l'indépendance et de l'impartialité des juridictions. C'est pourquoi la loi du 16 février 2015 supprime la présidence du Tribunal des conflits par le garde de Sceaux.

La même loi confirme néanmoins le paritarisme de la juridiction : le Conseil d'État et la Cour de cassation élisent chacun quatre des huit membres du tribunal et un de leurs deux suppléants (art. 2 de la loi du 24 mai 1872). Le principe de parité gouverne également la désignation du président de la juridiction : ce dernier, élu par les membres du Tribunal des conflits, parmi eux, doit en effet être « issu alternativement du Conseil d'État et de la Cour de cassation » (art. 3 de la loi du 24 mai 1872). Selon la même logique paritaire, les rapporteurs publics (appellation substituée à celle de commissaire du gouvernement, comme pour les juridictions administratives, v. *infra*, n° 1016), sont également issus des deux juridictions suprêmes, deux étant élus parmi les rapporteurs publics au Conseil d'État et les deux autres parmi les membres du parquet général de la Cour de cassation (art. 4 de la loi du 24 mai 1872).

Le maintien de la parité, joint à la suppression de la présidence du ministre de la Justice, rendait nécessaire de trouver un nouveau moyen de résoudre les situations de partage égal des voix. Le législateur a ici fait le pari d'une procédure de départage qui se maintient dans le cadre de la parité. Si, après une seconde délibération, obligatoire, les membres du tribunal n'ont pu se départager, l'affaire sera soumise à l'examen d'une formation élargie qui, outre les huit membres de la formation ordinaire, en comprendra quatre autres, deux venant du Conseil d'État et deux de la Cour de cassation.

La logique paritaire concerne enfin les modalités d'exercice d'un nouveau pouvoir conféré au président du Tribunal des conflits (art. 10 de la loi du 24 mai 1872 et art. 17 du décret du 27 février 2015). En effet, c'est par une ordonnance prise « conjointement avec le membre le plus ancien appartenant à l'autre ordre de juridiction », que ledit président peut, désormais, « régler les questions de compétence soumises au tribunal dont la solution s'impose avec évidence » et prendre certaines autres décisions (donner acte d'un désistement, constater un non-lieu, corriger les erreurs purement matérielles affectant les décisions rendues).

B. ATTRIBUTIONS

947 Le Tribunal des conflits rend une cinquantaine d'arrêts lors de six ou sept réunions annuelles. Ses pouvoirs portent principalement sur la solution des difficultés et conflits de compétence et secondairement sur certaines questions de fond liées au dualisme juridictionnel.

1. En matière de compétence

948 Les règles de procédure ici applicables, longtemps contenues dans divers textes anciens, ont été entièrement réécrites par la loi du 16 février 2015 (modifiant la loi du 24 mai 1872) pour celles qui relèvent du domaine de la loi et par le décret du 27 février 2015 pour les dispositions ressortissant au domaine du règlement. La portée de cette réforme n'est pas tout à fait la même pour les trois cas qu'il convient ici de distinguer. Pour les conflits de compétence dits « positif » et « négatif », il s'agit surtout d'une clarification et d'une actualisation, au demeurant très utile. Le renvoi des difficultés sérieuses de compétence a fait, quant à lui, l'objet d'une modification non négligeable.

a) *Conflit positif*

949 **Procédure.** – Ce type de conflit permet pour l'essentiel de protéger la compétence de la juridiction administrative, voire dans certains cas exceptionnels d'empêcher seulement que le juge judiciaire ne statue hors de sa compétence[150].

Lorsqu'une administration est poursuivie devant le juge judiciaire, elle a la possibilité de demander au préfet d'adresser à celui-ci, s'il le décide, un *déclinatoire de compétence*, qui, visant la loi des 16-24 août 1790 et le décret du 16 fructidor an III, indique les motifs pour lesquels la juridiction administrative est seule compétente. Le tribunal peut accueillir le déclinatoire et se déclarer incompétent. S'il rejette le déclinatoire, il doit attendre quinze jours avant de statuer sur le fond, délai de rigueur qui permet au préfet, quand il refuse de s'incliner devant la décision juridictionnelle, d'élever le conflit. Le préfet prend alors un *arrêté de conflit* motivé, qui, remis au greffe de la juridiction, oblige cette dernière à surseoir à statuer jusqu'à la décision du Tribunal des conflits.

L'élévation du conflit est cependant interdite dans trois cas :

— devant la Cour de cassation qui n'est pas saisie du litige et ne juge pas sur le fond ;

— en matière pénale ;

— en cas « d'atteinte à la liberté individuelle » si l'action en responsabilité civile est engagée contre la personne publique ou ses agents (CPP, art. 136, v. *supra*, n° 918).

950 **Décision.** – Dans un délai de trois mois, après sa saisine par l'arrêté de conflit, le Tribunal des conflits tranche. S'il confirme totalement ou partiellement l'arrêté de conflit, il déclare nulles et non avenues les décisions prises par le juge judiciaire. Le requérant doit, dès lors, saisir le juge administratif dans les délais du recours contentieux. Si l'arrêté de conflit est annulé pour des raisons de procédure ou liées à la répartition des compétences, le cours du litige reprend devant la juridiction judiciaire.

Le conflit positif joue donc *à sens unique* : il sert à protéger la compétence administrative ; la juridiction judiciaire ne dispose pas de mécanisme pour attraire devant elle des affaires que la juridiction administrative aurait, à tort selon elle, traitées.

b) *Conflit négatif et prévention de celui-ci*

951 Le conflit négatif existe lorsque les deux juridictions saisies de la même question déclinent successivement la compétence de l'ordre de juridiction auquel elles appartiennent. Ce type de procédure fonctionne ici dans les *deux sens ;* peu importe

150. V. T. confl., 2 févr. 1950, *Soc. Radio-Andorre*, R. 652, *RDP* 1950, concl. R. Odent (annulation du jugement rendu par le juge judiciaire portant sur un « acte de gouvernement » qui échappa ainsi au contrôle de ce juge mais aussi, de ce fait, à celui de la juridiction administrative, v. *supra*, n° 579 et s.).

qui statue en premier. Le justiciable ne pouvant faire trancher le litige qui l'oppose à l'administration doit saisir le Tribunal des conflits, une fois rendue la deuxième décision d'incompétence, afin que celui-ci désigne le juge compétent et annule la décision qui se révèle erronée. Pour éviter les lenteurs liées à un tel mécanisme, une disposition issue du décret n° 60-728 du 25 juillet 1960 et aujourd'hui reprise par le décret du 27 février 2015 (art. 32-36), interdit au deuxième tribunal saisi, après une première décision d'incompétence qui n'est plus susceptible de recours, de se déclarer incompétent et l'oblige à renvoyer l'affaire au Tribunal des conflits[151]. Celui-ci déclare nuls le ou les jugements rendus à tort et renvoie les parties devant l'ordre de juridiction compétent. Les conflits négatifs, grâce à ce *mécanisme préventif*, doivent donc disparaître. Malgré cela, il arrive environ une fois par an que le conflit négatif se concrétise, notamment quand le premier jugement n'est pas devenu définitif. En ce cas, le deuxième tribunal n'est pas tenu de renvoyer, ce qui oblige le requérant à saisir lui-même le juge des conflits[152]. On ajoutera, pour finir, que lorsque les conditions d'application de la procédure de prévention des conflits négatifs sont remplies, c'est celle-ci qui doit être utilisée et non celle qui porte sur le renvoi des difficultés sérieuses de compétence et, en cas d'erreur, le Tribunal des conflits considérera qu'il a été saisi en prévention de conflit négatif[153].

c) Difficultés sérieuses de compétence

952 Afin de prévenir la survenance de conflits liés à des divergences de jurisprudence sur des points délicats, un décret du 25 juillet 1960 avait ouvert aux seules juridictions suprêmes (Conseil d'État et Cour de cassation), saisies d'un litige soulevant une difficulté sérieuse relative à la répartition des compétences entre les deux ordres de juridictions, la faculté de renvoyer la solution de cette difficulté au Tribunal des conflits. La loi du 16 février 2015 (art. 12) et le décret du 27 février 2015 (art. 35) étendent cette faculté à toute juridiction. La généralisation d'un mécanisme de prévention des conflits est assurément heureuse. Elle n'en comporte pas moins un risque, celui que le Tribunal des conflits ne se trouve encombré par un grand nombre de saisines résultant notamment du renvoi de cas qui ne présenteraient pas vraiment de difficulté sérieuse. Le pouvoir de régler par ordonnance les questions de compétence dont la solution est évidente (v. *supra*, n° 946) devrait permettre de parer à ce risque.

2. Sur le fond

953 Il arrive, dans de rares hypothèses, que les deux ordres de juridictions, tous deux régulièrement compétents, rendent sur le fond des décisions parfaitement contradictoires, ce qui cause un *déni de justice*.

L'affaire *Rosay* en fournit un exemple éloquent qui fut d'ailleurs à l'origine de cette nouvelle attribution. M. Rosay, passager dans une automobile privée, fut blessé lors d'une collision entre

151. V. par ex. T. confl., 20 oct. 1997, *Paris Racing I c/Féd. Française de. Football et LNF*, R. 539.
152. V. par ex. T. confl., 16 juin 1997, *Soc. Fontaine de Mars c/Banque de France*, R. 532, *RFDA* 1997.823, concl. J. Arrighi de Casanova (tribunal judiciaire ayant « oublié » de renvoyer l'affaire).
153. TC 9 mai 2016, n° 4048, *Mme Sabrina L.*

cette voiture et un véhicule militaire. Le juge judiciaire, saisi pour statuer sur la responsabilité civile du propriétaire, jugea que le dommage résultait de la seule faute du chauffeur militaire. Le Conseil d'État – à l'époque les accidents causés par les véhicules de l'administration relevaient de sa compétence – décida, lui, que seul le conducteur de la voiture privée était responsable. Il y avait donc deux jugements parfaitement contradictoires, non en termes de compétence mais de fond.

Pour permettre de résoudre de telles difficultés, le parlement adopta la loi du 20 avril 1932 qui, abrogée par la loi du 16 février 2015, est reprise à l'article 15 de la loi du 24 mai 1872, issu de cette même loi (et v. décret du 27 févr. 2015, art. 39 et s.). Ce texte autorise la partie qui y a intérêt à saisir le Tribunal des conflits, lorsque des décisions définitives rendues par les juridictions administratives et les juridictions judiciaires, concernant des litiges relatifs au même objet[154], présentent une contradiction conduisant à un déni de justice.

Le Tribunal des conflits prend donc une décision qui annule ou réforme les décisions juridictionnelles et tranche directement sur le fond du droit, ce qu'il fait assez rarement[155].

954 L'État est responsable du préjudice causé par la méconnaissance du droit à obtenir un jugement dans un délai raisonnable (v. *infra*, n° 1102). Cette responsabilité peut être recherchée à l'occasion d'instances qui, relatives au même litige, se sont néanmoins déroulées devant les deux ordres de juridiction, soit parce que la juridiction compétente a été difficile à déterminer, soit parce que le litige s'est trouvé partagé entre le juge judiciaire et le juge administratif, par application des règles de répartition des compétences entre ceux-ci. La détermination de l'ordre juridictionnel compétent pour connaître alors de l'action en responsabilité dirigée contre l'État a été délicate. Dans le premier cas, c'est le juge finalement reconnu apte à connaître du fond de l'affaire (éventuellement après décision du Tribunal des conflits) qui a été désigné[156] ; dans le second, c'est celui qui s'est prononcé en dernier lieu[157]. Ces solutions jurisprudentielles présentent un défaut : pour un même genre de situation, elles peuvent déboucher sur la compétence soit du juge administratif soit du juge judiciaire, alors que les règles régissant la responsabilité de l'État en matière de durée excessive d'un procès ne sont pas les mêmes devant les deux ordres de juridiction (v. *infra*, n° 1102). Conformément aux propositions du rapport Gallet, le législateur a pensé préférable de donner compétence en la matière au Tribunal des conflits. Ce dernier connaîtra donc désormais des actions

154. À défaut d'identité d'objet, la demande est irrecevable. Pour un exemple récent, v. T. confl., 14 mai 2018, n° 4117, *Mme Aline T. c. Assistance publique Hôpitaux de Paris*.

155. Par ex. T. confl., 8 mai 1933, *Rosay*, R. 1236 (l'État et le propriétaire privé déclarés responsables chacun pour moitié) ; T. confl., 14 févr. 2000, *Ratinet*, Rec. 749, *RFDA* 2000. 1232, note D. Pouyaud, *RDSS*, note G. Mémeteau et M. Harichaux (répartition des responsabilités entre un centre public de transfusion sanguine et une clinique privée pour une transfusion sanguine accidentelle) ; T. confl., 17 déc. 2001, *Dpt. de l'Isère c/Mme Lucan*, R. 757 ; T. confl., 6 juill. 2009, *Mario Bonato c/Association pour l'expansion industrielle de la Lorraine*, *RFDA* 2009.1229, note D. Pouyaud (le paiement des heures complémentaires d'un professeur de lycée professionnel échoit-il à l'État ou à l'association à laquelle il avait été mis à disposition ?) ; T. confl., 2 nov. 2020, n° 4194, *AJDA* 2021, 522, note H. Belrhali.

156. T. confl., 30 juin 2008, *Bernardet*, R. 559, *AJDA* 2008. 1593, chor. Geffray et Lieber, *RFDA* 2008. 1165, concl. I. de Silva et note B. Seiller.

157. T. confl., 8 juill. 2013, *Gentili, AJDA*. 2013. 1485.

en indemnisation « du préjudice découlant d'une durée totale excessive des procédures afférentes à un même litige et conduites entre les mêmes parties devant les juridictions des deux ordres en raison des règles de compétence applicables et, le cas échéant, devant lui » (art. 16 de la loi du 24 mai 1872 issu de la loi du 16 février 2015).

La première décision rendue par le Tribunal des conflits dans l'exercice de cette nouvelle compétence[158] est riche d'enseignements. Elle confirme, d'abord, que cette compétence couvre aussi bien le cas où « les parties ont saisi successivement les deux ordres de juridiction, du fait d'une difficulté pour identifier l'ordre de juridiction compétent, le cas échéant tranchée par le Tribunal », que celui où le « litige a dû être porté devant les juridictions des deux ordres, en raison des règles qui gouvernent la répartition des compétences entre eux ». Elle indique ensuite que l'obligation de présenter une demande d'indemnité au garde des Sceaux, avant la saisine du tribunal (art. 43 du décret du 27 févr. 2015) est susceptible de régularisation, sur invitation de la juridiction. Elle montre enfin que, sur le fond, le juge des conflits suit la jurisprudence du juge administratif, en ce qui concerne tant les critères de l'appréciation concrète du caractère excessif de la durée d'une procédure (v. *infra*, n° 1102), que la détermination du préjudice réparable, qui comprend au moins le préjudice moral consistant en des désagréments allant au-delà des préoccupations habituellement causées par un procès, (v. *infra* n° 1147) ou, selon une autre formulation, « lié à une situation prolongée d'incertitude »[159].

§ 2. LE SORT DES QUESTIONS ACCESSOIRES À UN LITIGE PRINCIPAL

955 **Position du problème. –** La répartition des compétences entre les deux ordres de juridiction soulève une difficulté complémentaire quand le juge – qu'il soit administratif ou judiciaire – saisi au principal d'un litige, doit pour le trancher, répondre à une *question accessoire* qui relève en principe de l'autre ordre de juridiction ; quand de l'interprétation ou de la régularité de l'acte en cause – qui pose une difficulté sérieuse de nature à faire naître un doute dans un esprit éclairé[160] – dépend l'issue du litige.

Aucune solution n'est pleinement satisfaisante. Autoriser le juge saisi à trancher ces questions, conformément à la règle selon laquelle le juge de l'action est juge de l'exception, présente l'avantage évident de simplifier la procédure. Mais, en ce cas, il acquiert le pouvoir de statuer sur un problème de droit, qui relève « naturellement » d'un autre juge, ce qui risque de plus d'engendrer des contrariétés de jurisprudence[161]. Si, au contraire, le procès est suspendu dans l'attente de la réponse à la *question préjudicielle*, la procédure en est considérablement alourdie ; le

158. T. confl., 9 déc. 2019, n° 4160, *AJDA* 2020. 1186, note H.-B. Pouillaude, *LPA*, 6 mai 2020, note E. Moysan.

159. T. confl., 8 juin 2020, n° 4185, *AJDA* 2020. 1203, *JCP A* 2020, n° 34-37, 2220, obs. Ph. Yolka.

160. E. Laferrière, *op. cit.*, T. I, p. 498.

161. V. par ex. T. confl., 17 janv. 1994, *Préfet Haute-Normandie*, préc. (arrêté d'expulsion déclaré illégal par le juge répressif, et légal par le juge administratif).

requérant devient victime d'un jeu de raquettes entre les ordres de juridiction. La réforme du régime procédural des questions préjudicielles réalisée par le décret du 27 février 2015 atténue, toutefois, cet inconvénient. Elle porte sur deux points. En cas de question préjudicielle, il appartenait à la partie la plus diligente de saisir le juge compétent ; en particulier quand, devant le juge judiciaire, une question préjudicielle relative à la légalité ou à la signification d'un acte administratif était soulevée, c'est, respectivement, un recours en appréciation de la légalité ou un recours en interprétation qui devait être introduit devant le juge administratif (v. *infra*, n° 972). Désormais, c'est à la juridiction qui identifie une question préjudicielle de la transmettre elle-même directement à la juridiction de l'autre ordre. En second lieu, la décision qui répond à la question préjudicielle est rendue en dernier ressort, ce qui signifie qu'elle n'est pas susceptible d'appel, mais seulement d'un pourvoi en cassation (par exemple, un jugement de tribunal administratif rendu sur question préjudicielle d'une juridiction judiciaire n'est pas susceptible d'appel devant la cour administrative d'appel dont il relève, mais seulement d'un recours en cassation devant le Conseil d'État).

Faute de règles constitutionnelles en la matière – le Conseil constitutionnel dans sa décision du 23 janvier 1987 n'a pas inclus dans le champ constitutionnel de la compétence administrative l'interprétation ou l'appréciation de la légalité des actes administratifs – les règles ont été fixées soit par le législateur, soit par la jurisprudence interprétant les lois de 1790 et de l'an III. Ce mécanisme joue pour les questions posées aussi bien au juge administratif (A) qu'au juge judiciaire (B).

A. QUESTIONS PRÉJUDICIELLES DEVANT LE JUGE ADMINISTRATIF

956 En principe, les contestations sérieuses relatives à l'état ou à la nationalité d'une personne[162], au droit de propriété[163] ainsi qu'à l'interprétation ou à l'appréciation de la validité d'actes de droit privé[164] sont, pour le juge administratif, des questions préjudicielles, en présence desquelles il doit surseoir à statuer en attendant que le juge judiciaire y ait répondu.

Ce principe a, toutefois, été récemment limité. Dans un arrêt *Fédération Sud Santé sociaux*[165] le Conseil d'État a en effet décidé d'appliquer aux questions préjudicielles, relatives à la validité des conventions collectives (et plus généralement, sans doute, des actes de droit privé) devant le juge administratif, les règles posées par l'arrêt *SCEA du Chéneau* (v. *infra*, n° 959) pour les questions préjudicielles relatives à légalité des actes administratifs, devant le juge judiciaire. Il en résulte, en premier lieu, que le juge administratif est désormais

162. Par. ex. CE, 25 mars 1994, *Gueye*, R. 160, *RFDA* 1995.105, concl. F. Scanvic (pour savoir si le consulat de France à Dakar avait pu à bon droit refuser d'immatriculer le requérant, il fallait déterminer s'il possédait la nationalité française).

163. Par ex. CE, 16 nov. 1960, *Cne de Bugue*, R. 627 (pour déterminer si un bien relevait ou non de la domanialité publique, on devait au préalable en connaître le propriétaire).

164. Par ex. CE, ass., 23 févr. 2001, *M. de Polignac*, R. 79 (interprétation d'un testament).

165. CE, sect., 23 mars 2012, *AJDA* 2012. 1583, note Marc, *Dr. adm.* 2012, comm. 56, note F. Melleray, *RFDA* 2012.429, concl. C. Landais, *RTDE* 2013. 936, étude D. Ritleng.

compétent pour déclarer l'illégalité d'un acte de droit privé, quand celle-ci apparaît manifeste au vu d'une jurisprudence établie. En second lieu, l'appréciation de la compatibilité d'un acte de droit privé, telle qu'une convention collective, avec le droit de l'Union européenne, entre également dans ses attributions.

B. QUESTIONS PRÉJUDICIELLES DEVANT LE JUGE JUDICIAIRE

957 Les enjeux sont encore plus importants quand le procès relève du juge judiciaire car le privilège de juridiction pourrait être mis en cause si ce juge pouvait, même indirectement, statuer sur des actes administratifs.

958 **Juge statuant en matière civile. –** L'arrêt *Septfonds*[166] avait ici posé des règles qui faisaient assez nettement prévaloir les exigences du principe de la séparation des autorités administrative et judiciaire sur celles de la simplicité de la procédure. Statuant en matière civile (ce qui comprend les tribunaux répressifs quand ils prennent parti sur la réparation civile), le juge judiciaire peut interpréter les actes administratifs réglementaires comme il peut interpréter la loi. À l'inverse, il ne doit ni interpréter les actes individuels, ni, à plus forte raison, apprécier la légalité des actes administratifs tant réglementaires qu'individuels, sauf voie de fait qui les dénature[167].

À ces principes, il n'était dérogé que dans des cas limités. Quand est mis en cause le bien-fondé d'une imposition indirecte (v. *supra*, n° 926), afin d'éviter toute paralysie, le juge judiciaire est en droit d'interpréter et d'apprécier la légalité des actes administratifs qui servent de base légale à l'imposition[168]. Lorsqu'il y a atteinte à la liberté individuelle, il lui est loisible d'apprécier la légalité des décisions administratives préalables en matière de contrôle d'identité ou de rétention administrative (v. *supra*, n° 928).

959 L'arrêt *SCEA du Chéneau*[169] va beaucoup plus loin. Tout en réaffirmant le principe de la compétence du juge administratif pour statuer sur toute contestation de la légalité des décisions administratives soulevée devant le juge judiciaire, l'arrêt lui apporte en effet une exception notable et un sérieux assouplissement.

L'exception est en rapport avec une donnée qui n'existait pas à l'époque de l'arrêt *Septfonds* : la présence, dans la légalité, des normes internationales et de celles du droit de l'Union européenne.

166. **T. confl., 16 juin 1923, *Septfonds*,** R. 498, *D.* 1924.3.41, concl. P. Matter.

167. T. confl., 30 oct. 1947, *Barinstein*, R. 511 (décret autorisant l'exécution d'office des réquisitions d'immeubles).

168. T. confl., 7 déc. 1998, *District urbain Agglom. Rennaise c/Sté automobiles Citroën*, R. 551, *D.* 1999.J. 179, concl. J. Sainte-Rose (vérification de la légalité d'une délibération du conseil municipal qui institue un versement de transports).

169. **T. confl., 17 oct. 2011**, *AJDA* 2012.27, chron. M. Guyomar et X. Domino, *Constitutions* 2012. 294, obs. A. Levade, *D.* 2011. 2046, note F. Donnat, *D.* 2012.244, obs. Fricero, *RDP* 2012.853, étude G. Clamour et L. Coutron, *RFDA* 2011. 1122, concl. Sarcelet, notes B. Seiller et A. Roblot-Troizier, *RFDA* 2012. 339, étude J. Mestre, *RTD civ.* 2011.735, obs. Remy-Corlay, *RTDE* 2012. 135, étude D. Ritleng.

En effet, en invoquant soit l'article 55 de la Constitution, qui affirme la supériorité du traité sur la loi, soit la primauté du droit de l'Union européenne, la Cour de cassation s'est avisée, depuis 1985, de reconnaître au juge judiciaire compétence pour apprécier la compatibilité des actes administratifs réglementaires avec les normes internationales et européennes[170]. Le Tribunal des conflits, qui avait initialement condamné cette jurisprudence[171], adopte ici une position plus nuancée.

Il refuse certes d'admettre que, de manière générale, l'article 55 habilite la juridiction judiciaire à statuer, à titre accessoire, sur la conventionnalité des dispositions réglementaires. Cette solution mérite approbation. Assurément, la supériorité des traités internationaux sur les lois vaut, *a fortiori*, pour les règlements et son effectivité suppose que la compatibilité de ces derniers avec les traités internationaux fasse l'objet d'un contrôle juridictionnel. Mais, dès lors que ce contrôle est un contrôle de légalité (lors même que la sanction de l'illégalité consiste seulement dans l'inapplication de l'acte), il ne saurait relever que du juge administratif. À la vérité, c'est surtout la compétence du juge judiciaire pour apprécier la conventionnalité de la loi qui semble rendre discutable son incompétence pour opérer le même contrôle sur le règlement : qui peut le plus ne peut-il pas le moins ? N'est-il pas, en outre, dans la logique même de l'arrêt *Septfonds* d'assimiler, pour la détermination des pouvoirs de l'autorité judiciaire, le règlement à la loi ? À quoi l'on peut objecter que, de celle-ci à celui-là, les données du problème ne sont pas les mêmes. Le Conseil constitutionnel s'étant déclaré incompétent pour vérifier la conventionnalité de la loi (v. *supra*, n° 98), la compétence du juge judiciaire en la matière ne se heurte à celle d'aucun autre juge et, partant, son absence laisserait sans sanction le principe de la supériorité du traité. Rien de tel en ce qui concerne les règlements puisque le juge administratif est là pour en vérifier la conventionnalité.

En revanche, le Tribunal des conflits juge que le principe d'effectivité du droit de l'Union européenne implique le pouvoir, pour le juge judiciaire, d'apprécier la compatibilité avec ce dernier des actes administratifs. Cette solution n'est pas indiscutable. Le principe d'effectivité, sur lequel elle repose, exige seulement que les modalités procédurales des recours destinés à assurer le respect du droit de l'Union, librement définies par les États, ne rendent pas, néanmoins, pratiquement impossible ou excessivement difficile l'exercice des droits conférés par l'ordre juridique de l'Union européenne. On peut légitimement estimer que la question préjudicielle imposée par la jurisprudence *Septfonds*, en dépit de ses inconvénients, ne tombait dans aucun de ces travers. Il est difficile, dans ces conditions, de ne pas émettre l'hypothèse (invérifiable) que l'interprétation donnée au principe d'effectivité doit beaucoup à la préoccupation (inavouable) de ménager les deux ordres de juridiction en consacrant en partie (mais en partie seulement) la position de la Cour de cassation.

Quant à l'assouplissement, il est lié à l'idée, déjà évoquée, selon laquelle l'existence d'une question préjudicielle suppose une contestation sérieuse de la légalité d'un acte administratif. Cette condition a toujours été comprise comme autorisant le juge judiciaire à rejeter une contestation évidemment mal fondée et, par suite, à

170. V. p ex. Cass. com. 6 mai 1996, Bull. com., n° 125, *AJDA* 1996.1033, note Bazex, *RFDA* 1996.1161, note Seiller.

171. T. confl., 19 janv. 1998, *Union française l'express et autres*, R. 534, *D.* 1989.329, concl. Arrighi de Casanova, *RFDA* 1989.189, note B. Seiller.

affirmer lui-même la légalité d'un acte administratif. L'arrêt lui fait produire une seconde conséquence : le juge judiciaire est également compétent pour déclarer lui-même l'illégalité d'un acte administratif et en écarter l'application, dès lors que cette illégalité apparaît « manifestement au vu d'une jurisprudence établie » ou « clairement au vu notamment d'une jurisprudence établie »[172]. L'esprit de ce raisonnable accommodement est clair : si l'illégalité est évidente, « à quoi bon renvoyer les parties faire dire au juge administratif ce que chacun sait qu'il dira ? »[173]. Voilà qui réalise un nouvel et plus juste équilibre entre le principe de séparation et les exigences de la bonne administration de la justice et, notamment, celle du délai raisonnable du jugement, auxquelles le Tribunal des conflits se réfère explicitement. Cet équilibre ne va pas, toutefois, sans quelque fragilité. Le partage des compétences qu'il opère repose sur des notions imprécises – illégalité manifeste, jurisprudence établie – dont le maniement risque d'être malaisé. Leur imprécision même n'exclut pas toute dérive, le juge judiciaire pouvant être tenté, afin de préserver sa compétence, de présenter comme évident ce qui ne l'est pas. Pour s'opposer à ces éventuels errements, le Tribunal des conflits devra lui-même prendre parti sur la légalité de l'acte administratif et préjuger ainsi de la solution au fond. On ne saurait exclure, dans ces conditions, qu'il n'y ait là qu'une étape vers un abandon complet des questions préjudicielles.

Il faut encore ajouter qu'une disposition législative peut écarter les principes jurisprudentiels qui viennent d'être rappelés ou être interprétée comme ayant cette portée, dès lors que l'appréciation de la légalité d'un acte administratif par voie d'exception ne fait pas partie de la compétence constitutionnellement garantie au juge administratif (v. *supra*, n° 939). La Cour de cassation a ainsi inféré des dispositions combinées des articles L. 512-1 et L. 552-1 du CESEDA que le juge administratif était exclusivement compétent pour apprécier la légalité des décisions d'éloignement des étrangers en situation irrégulière. Il en résulte que le juge judiciaire ne peut apprécier la légalité de ces actes par voie d'exception, serait-ce au regard du droit de l'Union européenne ou d'une jurisprudence établie[174].

960 **Juge statuant en matière pénale. –** La compétence du juge judiciaire pour connaître des questions accessoires relatives aux actes administratifs a de longue date été conçue plus largement en matière pénale qu'en matière civile. La raison en est simple : il est très important que la procédure répressive ne soit pas ralentie par des questions préjudicielles, parce que l'exemplarité de la peine suppose que celle-ci suive assez vite l'infraction et que les décisions de relaxe ou d'acquittement ne doivent pas non plus tarder.

Toutefois, la jurisprudence a initialement voulu trouver un équilibre entre ces considérations et le respect du principe de séparation des autorités administratives et judiciaires. Cela l'a conduite à adopter des solutions nuancées, assez complexes et marquées, de plus, par une opposition entre le Tribunal des conflits et la chambre

172. Selon la formule, plus compréhensible, de T. confl., 12 déc. 2011, *Société Green Yellow et autres*, *AJDA* 2012.27, chron. M. Guyomar et X. Domino. Sur l'application de cette jurisprudence aux contrats administratifs, v. Cass. 1re civ., 24 avr. 2013, *Commune de Sancoins et autres*, *AJDA* 2013. 887.

173. B. Seiller, note sous T. confl., 17 oct. 2011, *SCEA du Chéneau*, *RFDA* 2011, p. 1134.

174. Cass. 1re civ., 27 sept. 2017, *Préfet du Rhône*, n° 17-10207, *AJDA* 2017. 2549, avis Ph. Ingall-Montagnier.

criminelle de la Cour de cassation. Pour le premier, le juge pénal, compétent pour interpréter et apprécier la légalité des règlements, ne l'était pas pour les actes individuels[175] ; d'après la seconde, le même juge pouvait apprécier la légalité de tous les actes administratifs, réglementaires ou non, pénalement sanctionnés et servant donc de fondement aux poursuites mais était incompétent dans les autres cas[176].

L'article 111-5 du Code pénal, issu de la loi du 22 juillet 1992 (entrée en vigueur le 1er mars 1994), met heureusement fin à ces nuances et divergence en conférant au juge pénal la plénitude de compétence que la nature de sa mission recommande. Ce texte dispose en effet que « les juridictions pénales sont compétentes pour interpréter les actes administratifs réglementaires ou individuels et pour en apprécier la légalité lorsque de cet examen dépend la solution du procès qui leur est soumis ». Ainsi, la compétence du juge pénal est subordonnée à une seule condition : que la solution du procès dépende de l'examen d'un acte administratif. Il en est ainsi, notamment, dans trois cas. En premier lieu, quand c'est un acte administratif qui, édictant des prescriptions dont la méconnaissance est pénalement sanctionnée, sert de fondement aux poursuites. En second lieu, quand un acte administratif (par exemple, un décret individuel d'amnistie) est, au contraire, invoqué par la personne poursuivie comme moyen de défense. Enfin, le juge pénal est également compétent à l'égard des actes administratifs dont la légalité conditionne la régularité de la procédure pénale, tels que, notamment, un arrêté préfectoral ordonnant une perquisition sur le fondement de la loi du 3 avril 1955 relative à l'état d'urgence[177].

SECTION 3 CONCLUSION

961 **Justification du dualisme juridictionnel ? –** De profondes évolutions, tant dans le statut que dans les structures de la juridiction administrative se sont produites. Son existence, son indépendance comme l'étendue de sa compétence bénéficient de garanties de valeur constitutionnelle. La Convention européenne des droits de l'homme, si elle est indifférente à l'unité ou à la dualité de juridiction, renforce cette indépendance. Ses structures, verticales, ont aussi profondément évolué, en raison de la création d'un niveau d'appel réparti sur l'ensemble du territoire, et du nouveau rôle joué par le Conseil d'État en cassation. Quant aux évolutions « horizontales », les suites de l'arrêt *Procola* ont finalement été assez

175. T. confl., 5 juill. 1951, *Avranches et Desmarets*, Rec. 638, *D.* 1952. 271, note C. Blaevoet, *JCP* 1951, n° 66623, note A. Homont, *Rev. adm.* 1951. 492, note G. Liet-Veau, *S.* 1952.3.1, note J.-M. Auby.

176. Cass. crim. 21 déc. 1961, *Dame Le Roux*, *D.* 1962. 102, rapp. Costa, *JCP* 1962, n° 12680, note J. Lamarque, *S.* 1962. 89, rapp. ; 1er juin 1967, Canivet, *D.* 1968, somm. 15, *JCP* 1968, n° 15505, note J. Lamarque.

177. Cass. crim. 13 déc. 2016, n° 16-84794, *M. Hakim X*, *D.* 2017. 275, note J. Pradel.

limitées, le dualisme fonctionnel du Conseil d'État ayant été seulement aménagé pour mieux satisfaire aux exigences de l'impartialité.

L'existence pérennisée d'une juridiction administrative distincte en France ne clôt pas, pour autant, le débat sur la légitimité du dualisme juridictionnel.

1°) Celui-ci fait encore l'objet de *contestations.* Contestations d'ordre technique, s'appuyant sur les difficultés, extrêmes en certains cas, même si elles restent statistiquement réduites (une cinquantaine d'arrêts du Tribunal des conflits par an), de la répartition des compétences. Contestations idéologiques renouvelées. Déjà les libéraux du XIXe y voyaient un mécanisme de protection de l'État incompatible avec les droits des citoyens ; l'administration étant à leurs yeux juge et partie, ce que le juriste anglais Dicey avait stigmatisé (v. *supra*, n° 40). À l'heure actuelle, le débat renaît au nom d'une meilleure adaptation du système juridique, notamment dans le domaine du droit économique.

La discussion, sur certains points, paraît cependant close. En premier lieu, le contrôle de l'administration suppose un droit spécifique au moins pour le contrôle de la légalité de l'acte administratif lui-même. Même dans les pays qui ne connaissent pas le dualisme de juridiction, qui, au nom d'une conception libérale de l'État et de l'administration ont voulu les assimiler aux justiciables ordinaires, il a fallu reconnaître cette particularité dans certains domaines (v. *supra*, n° 41). Le *dualisme juridique ne peut donc disparaître.*

Ceci acquis, est-il nécessaire que l'application de ce droit propre se fasse par un juge spécifique et surtout séparé de l'ordre judiciaire, dans le cadre du dualisme juridictionnel ? De même qu'il y a des tribunaux de commerce ou des conseils des prud'hommes pour statuer selon les règles applicables en matière commerciale ou sociale, ne pourrait-il y avoir des tribunaux administratifs relevant de l'ordre judiciaire avec, au sein de la Cour de cassation, une chambre administrative ? Un modèle de ce type s'est développé en Espagne ou dans de nombreux pays en voie de développement qui ont ainsi fait une sorte de synthèse entre les systèmes anglo-saxon et français. Une telle solution aurait évidemment des avantages considérables. Tout en conservant un droit administratif spécial, elle éviterait les difficultés liées aux conflits de compétence (qui ne seraient plus qu'une question interne) et les éventuelles discordances sur le fond puisque le tribunal suprême en chambre mixte adopterait une solution commune, s'imposant à tous.

2°) À cette solution, les *défenseurs du dualisme* opposent divers arguments.

Le premier est d'ordre idéologique : au nom d'une certaine conception de l'État, de la puissance publique, il serait impossible que le juge ordinaire s'immisce dans le fonctionnement de l'administration. C'est la conception française du principe de séparation des pouvoirs et son corollaire le principe de séparation des autorités qui viennent en première ligne. Peu importe de nos jours ! La seule question est de savoir quel est le meilleur système pour, tout à la fois, permettre à l'administration d'assurer sa mission, et donner à l'administré la plus forte garantie de ces droits. La recherche de cet équilibre passe-t-elle par un ordre juridictionnel administratif propre ?

Or, nombre des arguments traditionnellement avancés en faveur d'une réponse positive à cette question ont perdu de leur pertinence.

Le recrutement et la formation commune, dans le cadre de l'ENA, des administrateurs et des futurs juges permettraient que ces derniers connaissant mieux l'administration, aient une plus grande capacité pour la juger (on retrouve un argument de ce type pour critiquer la disparition de la justice consulaire dans les tribunaux de commerce, laissant la place à de jeunes juges, frais émoulus de l'ENM). Mais les juges administratifs sont souvent recrutés en dehors de l'ENA (plus de 75 %), la formation initiale commune n'existant plus en ce cas. Rien n'interdirait d'ailleurs que des juges judiciaires bénéficient d'une meilleure connaissance de l'administration active.

L'évolution des pouvoirs du juge administratif remet en cause le postulat de départ selon lequel la puissance publique devait échapper au juge de droit commun parce que « juger c'est encore administrer ». En quoi est-il désormais différent d'un juge à part entière, vu les importantes compétences dont il dispose pour assurer l'exécution de ses décisions grâce aux injonctions (v. *infra*, n° 1034 et s.), le développement d'un référé extrêmement efficace (v. *infra*, n° 1022 s.) et la reconnaissance de l'indépendance même de la juridiction et des magistrats qui la composent (v. *supra*, n° 865 et s. et 883). En quoi s'immisce-t-il moins dans l'administration que le ferait le juge judiciaire ?

Enfin, si à une époque, les juges judiciaires en France montraient une révérence excessive vis-à-vis de l'administration et si seul le juge administratif a su mettre en place un réel contrôle juridictionnel de l'administration, à l'heure actuelle c'est presque le contraire. Le juge judiciaire, dans les domaines où il est saisi de l'action des services publics, est parfois extrêmement sévère avec elle. Autrement dit, à l'heure de la glorification de l'État de droit, la juridiction administrative française dont le rôle a été incontestable ne doit-elle pas disparaître, victime de son succès même, puisque la garantie des droits peut être assurée aussi par la justice judiciaire ?

3°) Une *vision exagérément assimilatrice*, qui ne prendrait pas en compte les spécificités de l'action administrative, et notamment la nécessité d'assurer les missions fondamentales de police et de service public, risquerait cependant de compromettre sa bonne marche et par là même les droits reconnus aux citoyens. Dès lors, la connaissance par les juges administratifs de l'administration, l'inclusion de cette justice au sein de celle-ci peut continuer à faciliter le contrôle juridictionnel, à lui donner une plus grande efficacité, grâce à une meilleure acceptation de ses décisions par la puissance publique. Seule une juridiction distincte pourrait ainsi fixer le bon point d'équilibre.

ÉLÉMENTS DE BIBLIOGRAPHIE

(v. aussi Bibliographie, *supra*, n° 365, *in fine*. pour le contrôle administratif et *infra*, n° 1042, *in fine*)

1. Généralités

AFDA, *Le juge judiciaire,* Dalloz, 2016 ▪ J.-M. AUBY et R. DRAGO, *Traité de contentieux administratif*, 2 vol. LGDJ, 1984 ▪ J.-M. AUBY et R. DRAGO, *Traité des recours en matière administrative*, LGDJ, 1992 ▪ D. BAILLEUL, *Le procès administratif,* LGDJ, coll. Systèmes, 2014 ▪ F. BLANCO, *Contentieux administratif,* PUF, coll. Thémis, 2019 ▪ J.-C. BONICHOT, P. CASSIA, B. POUJADE, *Les grands arrêts du contentieux administratif,* Dalloz, 7ᵉ éd., 2020 ▪ C. BROYELLE, *Contentieux administratif,* LGDJ, « Manuel », 8ᵉ éd., 2020-2021 ▪ R. CHAPUS, *Droit du contentieux administratif,* Montchrestien, 13ᵉ éd., 2008 ▪ D. COSTA, *Contentieux administratif,* LexisNexis, 2ᵉ éd., 2014 ▪ A. COURRÈGES, S. DAËL, *Contentieux administratif*, PUF, coll. « Thémis », 4ᵉ éd., 2013 ▪ *Rép. Dalloz Contentieux administratif* ▪ O. GOHIN, F. POULET, *Contentieux administratif,* Litec 10ᵉ éd., 2020 ▪ M. GUYOMAR, B. SEILLER, *Contentieux administratif,* Dalloz, « Hypercours », 5ᵉ éd., 2019 ▪ *Juris-Classeur Justice administrative* ▪ E. LAFFERIÈRE, *Traité de la juridiction administrative,* 1896, rééd. LGDJ, 1989 ▪ O. LE BOT, *Contentieux administratif,* Larcier, 6ᵉ éd., 2019 ▪ D. LOCHAK, *La justice administrative*, Montchrestien, Clefs, 1998 ▪ *Les mutations de la justice administrative*, dossier (7 contributions), *AJDA* 2012. 1193 ▪ R. ODENT, *Contentieux* administratif, Les cours de droit, 6ᵉ éd., 1977-1981 (réimp. Dalloz, 2007) ▪ B. PACTEAU, *Traité Contentieux administratif,* PUF, 2008 ▪ *Manuel de contentieux administratif,* PUF, 3ᵉ éd., 2014 ▪ A. PERRIN, *Contentieux administratif,* Dalloz, Mémentos, 1ʳᵉ éd. 2020 ▪ *Réformes de la juridiction administrative* (dossier, 4 contributions), *RDP* 2017. 1105 ▪ J.-C. RICCI, *Contentieux administratif,* Dalloz, 5ᵉ éd., 2016 ▪ J. VIGUIER, *Le contentieux administratif,* Dalloz, Connaissance du droit, 2005.

2. Structures de la juridiction administrative

X. BIOY, P. IDOUX, R. MOUSSARON, H. OBERDORFF, A. ROUYERE et Ph. TERNEYRE (dir.), *L'identité des tribunaux administratifs*, LGDJ, Grands colloques, 2014 ▪ A. BRETONNEAU, O. FOUQUET, M. GUYOMAR, J. MASSOT, J.-H. STAHL, *Le Conseil d'État juge de cassation*, Le moniteur, 6ᵉ éd., 2018 ▪ Le Conseil d'État, 2 numéros Hors-série *Rev. adm.* 2001 ▪ *Le Conseil d'État, 1799-1974,* CNRS, 1974 ▪ *Le Conseil d'État de l'an VIII à nos jours,* Soc. Adam Biro, 1999 ▪ *Les cours administratives d'appel : chronique du succès d'une réforme*, *AJDA* 2008. 1240 (6 contributions) ▪ *Les trente ans des cours administratives d'appel* (dossier 4 contributions), *AJDA* 2018. 779 ▪ M. DEGOFFE, *La juridiction administrative spécialisée*, LGDJ, 1996 ▪ T. GIRARDOT et J. MASSOT, *Le Conseil d'État,* La Documentation française, 1999 ▪ P. GONOD, *Le Conseil d'État et la refondation de la justice administrative*, Dalloz, 2014 ▪ Y. ROBINEAU et D. TRUCHET, *Le Conseil d'État*, PUF, « Que sais-je ? », 2002 ▪ A. THEVAND, « Pour une normalisation des juridictions administratives spécialisées », *RFDA* 2020. 309

3. Compétence de la juridiction administrative

P. Amselek, « Le service public et la puissance publique », *op. cit. supra*, n° 52 « Les vicissitudes de la compétence juridictionnelle en matière d'atteintes administratives à la liberté individuelle », *RDP* 1965.801 J. Arrighi de Casanova et J.-H. Stahl, « Tribunal des conflits : l'âge de la maturité », *AJDA*, 2015. 575 G. Bigot, *L'autorité judiciaire et le contentieux de l'administration : vicissitude d'une ambition* (1800-1872), LGDJ, 1999 P. Bretton, *L'autorité judiciaire gardienne des libertés individuelles et de la propriété privée*, LGDJ, 1964 R. Chapus, *Le service public et la puissance publique, op. cit. supra*, n° 52 ; « Dualité de juridictions et unité de l'ordre juridique », *RFDA* 1990.739 « Débat sur l'avenir du dualisme juridictionnel » *AJDA* 2005. 1760 (5 contributions) P. Delvolvé, « Paradoxes du (ou paradoxes sur le) principe de séparation des autorités administratives et judiciaires », *Mél. Chapus*, Montchrestien, 1992, p. 136 R. Drago et M.-A. Frison-Roche, « Mystères et mirages des dualités des ordres de juridiction et de la juridiction administrative », *Archives de philosophie du droit,* 1997, n° 41, p. 135 C. Eisenmann, « Le rapport entre la compétence juridictionnelle et le droit applicable en droit administratif français », *Mél. Maury*, Dalloz, 1960, p. 379 S. Gilbert, *Le juge judiciaire, gardien de la propriété privée immobilière. Étude de droit administratif*, Mare et Martin, 2012 P. Gonod et L. Cadiet (dir.), *Le tribunal des conflits, bilan et perspectives,* Dalloz, 2009 P. Gonod, « La réforme du Tribunal des conflits », *RFDA*, 2015. 331 J. Moreau, en collaboration avec P. Moreau et G. Bazin, « Compétence », *in Rép. Dalloz cont. adm.* P.-M. Murgue-Varoclier, *Le critère organique en droit administratif*, Bibliothèque de droit public, LGDJ 2018, préf. S. Caudal J. Normand, « Le juge judiciaire, juge d'exception des atteintes portées par les autorités administratives à la liberté individuelle », *RTDC*, 1998. 181 S. Petit, *Le contentieux judiciaire de l'administration*, Berger-Levrault, 1993 B. Seiller, « Questions préjudicielles », *Rép. Dalloz Cont. Adm.* « Le juge civil et l'appréciation de la conventionnalité des actes réglementaires. Concilier Septfonds et Soc. des cafés J. Vabres », *RDP* 2008. 1641 « Les 30 ans de la décision Conseil de la concurrence », *AJDA* 2017. 101 (dossier, 4 contributions) B. Stirn, « Quelques réflexions sur le dualisme juridictionnel », *Justices* 1996, n° 3 D. Truchet, « Mauvaises et bonnes raisons de mettre fin au dualisme juridictionnel », *Justices* 1996, n° 3 A. Van Lang, *Juge judiciaire et droit administratif*, LGDJ, 1996 A. Van Lang (dir.), *Le dualisme juridictionnel. Limites et mérites,* Dalloz, coll. « Thèmes et commentaires », 2007 J. C. Venezia, « Puissance publique, puissance privée », *Mél. Eisenmann*, Cujas, 1975.363.

CHAPITRE 2
LES RECOURS CONTENTIEUX

SECTION 1 INTRODUCTION

962 Pour comprendre les mécanismes des recours contentieux devant le juge administratif, il faut étudier, au préalable, les sources de la procédure qui les régit (§ 1) et leur structure (§ 2).

§ 1. LES SOURCES DE LA PROCÉDURE ADMINISTRATIVE CONTENTIEUSE

963 **Évolution des sources. –** Pendant longtemps, la procédure administrative contentieuse, dans la construction de laquelle la jurisprudence du Conseil d'État a joué un rôle central, releva pour l'essentiel, du point de vue des textes, du pouvoir réglementaire ; la Constitution de 1958, en effet, n'inclut pas cette matière dans le domaine de la loi. Le Conseil d'État considérait encore en 1971 que la question du sursis à exécution d'un acte administratif était de la compétence du seul décret[1]. Pourtant, sur bien des aspects, la procédure touche aux garanties fondamentales accordées aux citoyens pour l'exercice des libertés publiques que l'administration risque par son action de mettre en cause. Aussi à l'occasion de lois successives, notamment celle du 8 février 1995 relative aux pouvoirs d'injonction du juge administratif, puis surtout lors de la codification de l'ensemble de la procédure dans le cadre du nouveau Code de justice administrative, entré en vigueur le 1er janvier 2001, une répartition plus conforme à l'article 34 de la Constitution s'est-elle faite[2]. Le nouveau code comporte 151 articles législatifs contre 21 dans l'ancien code des tribunaux administratifs et cours administratives d'appel, qui ne concernait cependant pas le Conseil d'État. Mais, indépendamment

1. CE, sect., 8 oct. 1971, *SA Librairie François Maspero*, R. 589 ; CE, 2 juill. 1982, *Huglo*, préc. *supra*, nº 671.

2. V. CE, 17 déc. 2003, *Meyet*, *RFDA* 2004.191 (sur la possibilité pour le pouvoir réglementaire de modifier le régime de l'appel).

de cet aspect technique, les règles constitutionnelles et internationales jouent désormais un rôle majeur.

964 **Constitutionnalisation des règles de procédure. –** La constitutionnalisation de toutes les branches du droit français a, ici aussi, produit ses effets. Un certain nombre de règles ou de principes que le Conseil d'État avait dégagés en matière de procédure administrative contentieuse, quant à la recevabilité des recours[3] ou à leur examen[4] ont acquis valeur constitutionnelle. En effet, l'exigence de garantie des droits, énoncée par l'article 16 de la Déclaration des droits de l'homme et du citoyen a été interprétée comme impliquant le respect de trois impératifs procéduraux : le droit au recours effectif devant une juridiction, auquel il ne peut être porté d'atteintes substantielles[5] ; le respect des droits de la défense[6] et son corollaire, le principe du contradictoire, qui s'imposent devant le juge administratif, comme devant tout autre juge ; enfin, plus généralement, le droit à un procès équitable[7]. En se fondant à la fois sur ce même article 16 et sur le principe d'égalité devant la loi, le Conseil constitutionnel a également reconnu l'existence d'un principe de publicité des audiences devant les juridictions civiles et administratives[8] (qui vaut également, quoique sur des fondements en partie différents, en matière pénale[9]). La solution est d'autant plus appréciable que le Conseil d'État avait, certes, reconnu à la publicité des audiences la qualité de principe général du droit, mais uniquement devant les juridictions de l'ordre judiciaire[10] et non pas devant les juridictions administratives. Il est heureux que cette solution, motivée par des considérations obsolètes[11], soit donc désormais dépassée.

965 **Convention européenne des droits de l'homme et contentieux administratif. –** Le droit de l'Union européenne a quelques incidences du point de vue contentieux (v. *supra*, n° 818 et *infra*, n° 1037), moins cependant que la Convention européenne des droits de l'homme. Elle semble, pourtant, ne guère concerner le contentieux administratif, même si elle comporte deux articles relatifs aux droits

3. V. CE, ass., 7 févr. 1947, *D'aillères*, R. 50, *RDP* 1947.68, concl. R. Odent (droit, sauf loi expressément contraire, de se pourvoir en cassation contre une décision d'une juridiction administrative) ; CE, ass., 17 févr. 1950, *Dame Lamotte*, R. 110, *RDP* 1951.478, concl. J. Delvolvé (ouverture « du recours pour excès de pouvoir, même sans texte, contre tout acte administratif (afin d'assurer), conformément aux principes généraux du droit, le respect de la légalité »).

4. CE, 20 juin 1913, *Téry*, R. 736, concl. Corneille (respect des droits de la défense devant le juge administratif).

5. Cons. const., n° 96-373 DC du 9 avr. 1996, R. 43 et Cons. const., n° 80-113 L. du 14 mai 1980, R. 61 (pour le recours en cassation qui relève de la compétence législative pour son organisation générale).

6. Cons. const., n° 2006-535 DC du 30 mars 2006 (v. cons. 41). Le respect des droits de la défense avait initialement été considéré comme un principe fondamental reconnu par les lois de la République (Cons. const., n° 76-70 du 2 déc. 1976, R. 39).

7. Cons. const., n° 2006-540 DC du 27 juill. 2006, R. 88 ; Cons. const., n° 2007-561 du 17 janv. 2008, *JO* 22 janv., p. 1131.

8. Cons. const., n° 2019-778 DC, 21 mars 2019 (§ 102).

9. Cons. const., n° 2004-492 DC, 2 mars 2004, cons. 117 ; n° 2017-645 QPC, 21 juill. 2017, § 4.

10. CE ass. 4 oct. 1974, *Dame David*. R. 464, concl. M. Gentot.

11. Dans ses conclusions sur l'arrêt *Wattebled* (CE, sect. 4 oct. 1967, R. 351), G. Braibant expliquait le refus de consacrer la publicité des audiences devant le juge administratif par « le caractère secret de l'action administrative » et le fait que la jurisprudence « fait prévaloir, dans la notion de juridiction administrative, l'élément administratif sur l'élément juridictionnel ».

de justiciables. L'*article 6, § 1* stipule que « toute personne a droit à ce que sa cause soit équitablement entendue, publiquement et dans un délai raisonnable, par un tribunal indépendant et impartial [...] qui décidera soit des contestations sur ses droits et obligations de caractère civil, soit du bien-fondé de toute accusation en matière pénale dirigée contre elle ». L'*article 13*, quant à lui, dispose que « toute personne dont les droits et libertés reconnus par la présente convention ont été violés a droit à l'octroi d'un recours effectif devant une instance nationale ». Si le droit au recours effectif concerne le contentieux des rapports avec l'administration, l'article 6 semble ne porter que sur les litiges d'ordre civil ou pénal. La Cour européenne des droits de l'homme adopte, cependant, une *conception autonome* de ces notions. Pour elle, relève des contestations de *caractère civil* « toute procédure dont l'issue est déterminante pour des droits et obligations de caractère privé » entendus au sens large. En conséquence, le juge administratif statue en matière civile, par exemple, pour les demandes d'engagement de la responsabilité de la puissance publique[12], pour les poursuites disciplinaires devant les juridictions ordinales car elles ont des incidences sur le droit d'exercer sa profession[13], les décisions restreignant l'usage de la propriété privée telles que le classement d'un site[14] ou encore, dans une très large mesure, pour le contentieux de la fonction publique et notamment celui des sanctions disciplinaires[15]. Quant à la *matière pénale*, elle vise les sanctions ayant le caractère de punition prononcées par une juridiction administrative ou par une autorité administrative (v. *supra*, n° 676[16]). Aussi étendue soit-elle, la portée de l'article 6, § 1 ne concerne cependant, ni le contentieux des mesures préventives de police, ni celui des étrangers[17], ni le contentieux de l'impôt[18].

§ 2. LA STRUCTURE DU CONTENTIEUX ADMINISTRATIF

966 **Recours administratifs et recours contentieux. –** L'administré qui se plaint d'une décision prise à son encontre peut, dans un premier temps, saisir l'administration afin qu'elle reconsidère sa position, en exerçant un recours administratif ; *recours gracieux* auprès de l'autorité même qui a pris la mesure, ou *hiérarchique* auprès de son supérieur. Ces autorités ont le pouvoir, en conséquence, de modifier, voire de rapporter la décision pour des raisons de légalité, ou

12. CEDH 24 oct. 1989, *H c/France*, A. n° 162 (pour une demande d'indemnisation dirigée contre un hôpital public).

13. CEDH 23 juin 1981, *Le Compte*, A n° 43 et CE, ass., 14 févr. 1996, *Maubleu*, R. 343, concl. M. Sanson.

14. Par ex. CEDH 16 déc. 1992, Geouffre de la Pradelle, B. n° 253.

15. CEDH, 19 avr. 2007, *Vilho Eskelin*, *AJDA* 2007.1360, note F. Rolin, *Dr. adm.* 2007.108, note F. Melleray, *JCP* 2007.I. 166 chron. B. Plessix, *RFDA* 2007. 1031, note G. Gonzalez ; CE, 12 déc. 2007, M. S, *AJDA* 2008.932, note Tsalpatouros.

16. Par ex., CE, 29 nov. 1999, *Soc. Rivoli Exchange*, R. 366 (sanctions pécuniaires prises par la commission bancaire).

17. CE, 28 avr. 2000, *Mme Aiyu Qu*, *RFDA* 2000.707 (à propos des réfugiés).

18. CEDH, 12 juill. 2001, *Ferrazini*, *AJDA* 2001. 1061, obs. J.-F. Flauss.

d'opportunité en respectant les strictes conditions posées par la jurisprudence relative au retrait de l'acte administratif (v. *supra*, n° 690 et s.).

Les recours administratifs ont aussi des liens avec les recours contentieux. Ils permettent en premier lieu, dans certaines conditions, de proroger les délais de recours contentieux (v. *infra*, n° 1005). De plus, ils sont de plus en plus souvent obligatoires avant toute saisine du juge. C'est un moyen de créer une phase « amiable » avant l'engagement d'un procès, ce qui conduit souvent au règlement du litige en amont et contribue ainsi à désencombrer la juridiction administrative. Tel est le cas pour les litiges en matière de marchés publics : selon les termes des CCAG, les contestations doivent être adressées en premier lieu, dans un mémoire préalable, au responsable du marché. C'est seulement après sa réponse expresse ou implicite que le juge peut être saisi. L'acuité actuelle des préoccupations auxquelles répondent les recours administratifs préalables obligatoires explique que le mécanisme connaît aujourd'hui un développement important[19] et souhaité par le Conseil d'État[20].

967 **Modes alternatifs de règlements des litiges. –** Les modes alternatifs de règlements des litiges consistent à résoudre un contentieux avec l'administration sans recourir à un juge étatique et, notamment, au juge administratif. Positivement, la solution du conflit peut être confiée à une juridiction arbitrale ou recherchée par des moyens non juridictionnels, grâce à un accord amiable (transaction, conciliation, médiation).

Ces manières de régler les différends avec l'administration ont aujourd'hui la faveur des pouvoirs publics et du Conseil d'État ; il est significatif, à cet égard, que le Code des relations entre le public et l'administration leur consacre quelques dispositions, même si celles-ci sont fort maigres (v. art. L. 410-1 et s.). Cet engouement a deux raisons. D'abord, la croissance du contentieux administratif et la difficulté pour les juridictions administratives d'y faire face à moyens constants recommandent d'éviter, autant que possible, la saisine du juge. Ensuite, ces modes de règlement participent de la politique d'amélioration des rapports entre l'administration et les administrés en visant à favoriser le développement d'une culture de la négociation, du compromis, plutôt que de l'affrontement.

Il reste que le droit positif et, plus encore, la pratique peine à suivre les discours : le développement de ces alternatives au juge administratif, bien réel, reste encore mesuré. C'est sans doute qu'il n'est pas facile de changer de culture...

968 **Arbitrage. –** Ainsi, l'arbitrage demeure en principe interdit aux personnes publiques en vertu tant de l'article 2060 du Code civil (auquel l'article L. 432-1 CRPA renvoie) que d'un principe général du droit[21]. Ce dernier procède essentiellement d'un choix politique : « L'État ne (saurait être) jugé que par des juridictions

19. V. par ex. le décret n° 2001-407 du 7 mai 2001 instituant un recours préalable obligatoire en matière de fonction publique militaire et le décret n° 2012-765 du 10 mai 2012 qui, en application de l'article 14 de la loi du 17 mai 2001, organise l'expérimentation d'une procédure analogue dans la fonction publique civile.

20. V. son étude, *Les recours administratifs préalables obligatoires*, La Documentation française, 2008.

21. CE, avis du 6 mars 1986, *EDCE*, 1987, n° 38, p. 178 ; CE, 23 déc. 2015, n° 376018, *Territoire des Iles Wallis-et-Futuna*, *AJDA* 2016. 1182, note A. Gras, *BJCP* 2016, n° 106, p. 205, concl. B. Bourgeois-Machureau.

instituées par la loi », selon la formule de Laferrière[22]. Ce principe admet toutefois des exceptions dont le nombre va en augmentant, principalement pour répondre à une demande des opérateurs économiques avec lesquels l'administration est en relation. L'article 2060 du Code civil (également rappelé sur ce point par l'article L. 432-1 CRPA) dispose ainsi que des décrets peuvent autoriser des catégories d'établissements publics industriels et commerciaux à recourir à l'arbitrage. Cette possibilité a également été ouverte par diverses lois (une liste non exhaustive en est dressée par l'article L. 311-6 CJA) et par des conventions internationales. La sentence arbitrale, est susceptible, devant le Conseil d'État, d'un appel qui obéit à un régime spécifique[23].

969 **Transaction. –** Ainsi qu'il ressort des dispositions combinées de l'article 2044 du Code civil et de l'article L. 423-1 CRPA, la transaction est un contrat écrit par le lequel les parties, par des concessions réciproques, terminent une contestation née, ou préviennent une contestation à naître. En principe, comme le rappelle l'article L. 423-1 CRPA, une personne publique peut valablement transiger sur les litiges auxquels elle est partie, à trois conditions : des concessions réciproques et équilibrées entre les parties, le respect de l'ordre public, un objet licite. Cette dernière exigence (comme celle du respect de l'ordre public) a longtemps été généralement interprétée comme signifiant qu'une transaction, valable sur des litiges touchant à droits subjectifs, ne saurait porter sur des questions de légalité, de telle sorte qu'une personne ne pourrait renoncer, par voie transactionnelle, à contester une décision par la voie du recours pour excès de pouvoir. Toutefois, le Conseil d'État, qui n'avait jamais explicitement confirmé cette position, a fini par l'infirmer en admettant qu'une transaction relative aux litiges nés ou susceptibles de naître d'une décision peut inclure « la demande d'annulation pour excès de pouvoir de cette décision »[24]. Comme tout contrat, la transaction a force obligatoire à l'égard des parties. Elle fait obstacle à la saisine ultérieure du juge. En revanche, à la différence d'un jugement, la transaction n'est pas susceptible d'exécution forcée. Pour recevoir force exécutoire, elle doit être homologuée par le juge. Une distinction doit être faite à cet égard. Quand les parties, après avoir saisi une juridiction, transigent en cours d'instance, elles peuvent toujours lui demander d'homologuer leur accord. Quand, au contraire, la transaction est conclue en dehors de toute procédure juridictionnelle, les parties ne peuvent, en principe, en solliciter l'homologation, à moins que son exécution ne se heurte à des difficultés sérieuses ou qu'elle porte sur une situation complexe telle que celle créée par une annulation ou la

22. *Op. cit.*, T. II, p. 152.

23. CE, ass. 9 nov. 2016, n° 388806, *Société Fosmax LNG*, *AJDA* 2016. 2368, chron. L. Dutheillet de Lamothe et G. Odinet, *BJCP* 2017, n° 110, p. 60, concl. G. Pélissier, *Dr. adm.* 2017, n° 3, p. 42, note F. Brenet, *RFDA* 2017. 111, note B. Delaunay.

24. CE, 5 juin 2019, *Centre hospitalier de Sedan*, n° 412732, *AJDA* 2019.2282, étude F. Alhama, *Dr. adm.* 2019, n° 8-9, comm. 43, note A. Lebon. *JCP* A 2019, n° 35, septembre, 2243, note L. de Fournoux, *RFDA* 2019.1056, note J. Arroyo.

constatation d'une illégalité non régularisable (notamment en matière de contrats de la commande publique)[25].

970 **Médiation et conciliation**. – La médiation et la conciliation, entre lesquelles le droit positif ne paraît pas établir de différence, consistent à soumettre une contestation à un tiers impartial qui, à la différence d'un arbitre, n'a pas de pouvoir de décision et se trouve seulement chargé de favoriser une solution amiable. Ainsi que le rappellent les articles L. 421-1 CRPA et L. 213-5, al. 1er CJA, il est toujours possible aux parties à un litige de recourir à une telle procédure. Des textes propres à certains contentieux (ou les stipulations d'un contrat administratif pour les litiges entre les parties) peuvent, de plus, organiser de telles procédures. Elles peuvent alors être facultatives ou obligatoires. Cette obligation peut elle-même se présenter de deux façons : ou bien la conciliation est un préalable obligatoire à la saisine du juge[26] (auquel cas elle doit être gratuite pour les parties en vertu de l'article L. 213-5 CJA, dernier alinéa) ou bien la procédure juridictionnelle elle-même comprend une première phase de conciliation (ainsi dans le contentieux disciplinaire des ordres des professions de santé). Enfin, il est apparu souhaitable au législateur de confier aux juridictions administratives générales une mission de conciliation. Il l'a d'abord fait, en termes très généraux, pour les tribunaux administratifs (L. 6 janvier 2006, art. 22 – CJA, art. L. 211-4). La loi du 13 décembre 2001 (art. 49, modifiant l'art. L. 211-4 CJA) a étendu cette possibilité aux cours administratives d'appel. En pratique, ces dispositions, n'ont guère été mises en œuvre. La loi du 18 novembre 2016 de modernisation de la justice administrative les abroge et institue une nouvelle procédure dite de médiation (CJA, art. 5, art. L. 213-1 et s.), dont les modalités, en partie fixées par la loi, sont précisées par le décret n° 2017-566 du 18 avril 2017 (CJA, art. R. 213-1 et s.). La médiation régie par ces textes est applicable devant toutes les juridictions administratives. Elle est définie comme « tout processus structuré, quelle qu'en soit la dénomination, par lequel deux ou plusieurs parties tentent de parvenir à un accord en vue de la résolution de leurs différends, avec l'aide d'un tiers, le médiateur, choisi par elles ou désigné avec leur accord par la juridiction ». Cette procédure peut être déclenchée à l'initiative soit des parties, soit du juge. Les premières peuvent, en dehors de toute procédure juridictionnelle, demander au président d'une juridiction administrative (président de la section du contentieux pour le Conseil d'État) d'organiser une mission de médiation et de désigner la ou les personnes qui en sont chargées. Si le juge saisi d'un litige estime que celui-ci est susceptible de trouver une solution amiable, le président de la formation de jugement peut, avec l'accord des parties, ordonner une médiation. Dans tous les cas (y compris quand les parties ont elles-mêmes organisé une médiation sans recourir au juge), la juridiction peut, si la demande lui en est faite, homologuer et donner force exécutoire à la médiation (CJA, art. L. 213-4).

25. CE (avis cont.), 6 déc. 2002, *Synd. intercommunal des établissements du second cycle du second degré de l'Haÿ-les-Roses*, *R.* 433, *AJDA* 2003. 280, chron. F. Donnat et D. Casas, *RFDA* 2003. 291, concl. G. Le Chatelier et 302, note B. Pacteau.

26. V. p. ex. l'article 5-IV de la loi n° 2016-1647 du 19 novembre 2016 et le décret n° 2018-101 du 16 février 2018, instituant, à titre expérimental, une médiation obligatoire en matière de contentieux de la fonction publique.

971 **Naissance des différents types de recours contentieux. –** Outre des recours de moindre importance quantitative, l'*opposition entre le recours de pleine juridiction et le recours pour excès de pouvoir* s'est faite progressivement. Dès le début du XIXe siècle, il fut possible de contester auprès de l'administration, et donc du Conseil d'État, les décisions qui portaient atteinte aux droits subjectifs garantis par un texte. Les chances de succès restaient souvent réduites mais pour ces « matières contentieuses », le recours était recevable, le « juge » condamnant parfois l'administration à verser une indemnité ou annulant certaines décisions, essentiellement pour incompétence ou excès de pouvoir, qui étaient alors assimilés, voire pour des raisons de fond. À l'inverse, pour d'autres actes, « de pure administration », qui bénéficiaient d'une immunité juridictionnelle complète, aucun recours n'était recevable. Là, l'autorité publique exerçant son pouvoir discrétionnaire, s'exprimait avec toute sa puissance, dans l'intérêt général, ce que personne ne pouvait remettre en cause. Cependant, sur le fondement d'une loi des 7-14 octobre 1790 selon laquelle « les réclamations d'incompétence à l'égard des corps administratifs [...] sont portées au Roi, chef de l'administration générale », le Conseil d'État accueillit progressivement, en ce domaine, les réclamations d'incompétence ou d'excès de pouvoir. Il jugeait dès lors, en dehors de toute prétention, de la régularité même d'un acte. L'excès de pouvoir, en matière contentieuse comme de pure administration, n'était donc qu'un moyen parmi d'autres ouvrant droit au prétoire.

À partir du décret du 2 novembre 1864 qui facilitait l'exercice du recours dit d'excès de pouvoir, le dispensant en particulier de ministère d'avocat, afin d'offrir « une sorte de soupape de sécurité » aux mécontentements, le juge dut distinguer les différents types de recours, en raison de leurs particularités procédurales. Le recours pour excès de pouvoir devint ainsi un instrument tout à fait spécifique de contrôle de l'administration, conforté par la loi du 24 mai 1872 donnant au Conseil d'État le pouvoir de « statuer souverainement sur les demandes d'annulation pour excès de pouvoir formées contre les actes des diverses autorités administratives ». Ce recours se distingue progressivement du recours de pleine juridiction, qui porte sur la violation des droits subjectifs. Un simple intérêt direct de la part du requérant suffit dans le cadre du *procès fait à un acte*, procès où il n'y a pas, en principe, de parties[27]. Il permet de vérifier que le principe de légalité, que le droit objectif, a bien été respecté. En cas d'irrégularité, le juge, d'ailleurs, se limite à annuler l'acte, laissant à l'administration le soin d'en tirer les conséquences, là où, en plein contentieux, il peut réformer la décision de l'administrateur.

972 **Classification des recours contentieux. –** À la fin du XIXe siècle, Laferrière distingua, en se fondant sur les *pouvoirs du juge*, quatre branches, au sein du contentieux administratif[28] :

— le *contentieux de l'annulation*, avec le recours pour excès de pouvoir qui conduit à l'annulation totale ou partielle de l'acte administratif unilatéral, si, en se

27. V. CE, 29 nov. 1912, *Boussuge*, R. 1128, concl. L. Blum (admission cependant, pour des raisons pratiques, qu'une décision contentieuse, statuant sur la légalité d'un acte réglementaire, peut préjudicier aux droits des tiers, ce qui permet leur tierce-opposition).

28. *Traité*, préc., T. 1, p. 15 et s.

fondant sur l'état du droit et des faits à la date de la décision attaquée, une irrégularité est avérée ;

— le *contentieux de la pleine juridiction (ou plein contentieux)* qui regroupe les recours par lesquels le juge dispose de pouvoirs plus larges, non seulement d'annulation mais aussi de réformation d'un acte ou de condamnation pécuniaire de l'administration. Pour ce faire, il statue en fonction des éléments de droit et de fait existant à la date du jugement. Ces recours nombreux concernent en particulier le contentieux contractuel, le contentieux de la responsabilité quasi délictuelle, le contentieux fiscal, le contentieux électoral ;

— le *contentieux de l'interprétation et de l'appréciation de légalité*, où les recours ont un objet plus restreint. Le juge n'a qu'un pouvoir déclaratif : il peut seulement indiquer quel est le sens d'un acte administratif ou déclarer s'il est légal ou illégal ;

— enfin, compétence assez exceptionnelle, le *contentieux de la répression* où le juge administratif statue comme un juge pénal, en sanctionnant les contraventions de grande voirie commises (atteintes à certaines composantes du domaine public). Celui qui, par exemple, a construit, sans autorisation, sur le domaine public maritime doit être poursuivi par les autorités préfectorales devant le juge administratif qui le condamne, si l'*infra*ction est avérée, à des peines d'amende et surtout à la restitution, c'est-à-dire à la démolition.

À côté de cette classification en fonction des pouvoirs du juge, qui reste prédominante dans la procédure actuelle, une autre répartition, à la suite de Duguit[29], se fonde sur la *nature des questions* sur lesquelles le juge doit statuer. Certaines soulèvent des interrogations de droit objectif et ne font que sanctionner l'acte au regard de l'ensemble des règles générales et impersonnelles posées par le droit. Tel est le cas pour le recours pour excès de pouvoir, le recours en appréciation de légalité, celui en interprétation lorsqu'il porte sur des normes objectives, et aussi certains recours objectifs de pleine juridiction comme pour le contentieux fiscal (le juge statue au regard de la seule légalité fiscale) ou le contentieux électoral. À l'inverse, dans d'autres hypothèses, le contentieux porte sur des questions relatives à des situations subjectives mettant en cause des parties. Les contentieux des contrats et de la responsabilité extracontractuelle, où il s'agit de déterminer si une personne est titulaire, à l'encontre de l'administration d'un droit patrimonial, d'un droit-créance, s'inscrivent dans ce cadre.

973 **Plan. –** Ainsi distingués, et même si l'opposition entre recours pour excès de pouvoir et recours de plein contentieux tend d'ailleurs à se relativiser (sur ce point, v. *infra*, n° 1039), les recours, avant de pouvoir être examinés par la juridiction (Section 3) doivent être recevables (Section 2).

29. V. *Traité de droit constitutionnel*, *op. cit.*, T. II, p. 458 s.

SECTION 2 LA RECEVABILITÉ DES RECOURS CONTENTIEUX

974 **Plan.** – Les règles de recevabilité semblent ne poser que des questions de pure technique juridique ; elles ont en réalité une grande importance quant à la portée du contrôle juridictionnel, selon qu'elles facilitent plus ou moins les recours. Elles portent sur quatre points, relatifs à la nature de l'acte (§ 1), à la qualité du requérant (§ 2), à la forme de la requête et aux délais (§ 3). Enfin, elles soulèvent de délicates questions quand un même acte est susceptible de plusieurs recours (§ 4).

§ 1. LA NATURE DE L'ACTE

975 Le juge administratif ne peut être saisi que d'une véritable décision de l'administration, ce qui suppose en certains cas de la provoquer.

976 **Liaison du contentieux.** – « La juridiction administrative ne peut être saisie que par voie de recours formé contre une décision » (CJA, art. R. 421-1). Survivance de l'époque du ministre-juge car il s'agit, avant de passer à la phase contentieuse, de s'assurer que la puissance publique a pris position par une *décision préalable*, ce qui facilite, en outre, un règlement amiable. Ce dernier avantage explique que le décret nº 2016-1480 du 2 novembre 2016 ait supprimé l'exception que comportait traditionnellement la règle de la décision préalable en matière de travaux publics. Souvent, qu'il s'agisse de recours pour excès de pouvoir ou de pleine juridiction, est en cause une décision explicite prise par l'administration de sa propre initiative. À défaut, en cas de silence de l'administration opposée à une demande, la technique de la décision implicite de rejet (v. *supra*, nº 639) permet de surmonter cette absence de réponse. C'est d'ailleurs son objet premier. En particulier, quand la requête tend au paiement d'une somme d'argent (recours en responsabilité par exemple), l'administration doit être au préalable saisie d'une demande (d'indemnisation dans l'exemple déjà donné) et le recours n'est pas recevable en l'absence d'une décision de l'administration rejetant, de manière explicite ou implicite, cette demande (CJA, art. R. 421-1, al. 2). Le recours introduit en l'absence d'une telle décision est donc, en principe, irrecevable. Toutefois, il sera régularisé si une décision de rejet intervient en cours d'instance avant que le juge ne statue[30]. Par ailleurs, la règle de la décision préalable ne saurait s'appliquer dans les cas, rares, où le juge administratif est compétent pour connaître des recours formés contre une personne privée qui n'est pas chargée d'une mission de service public et ne saurait donc prendre de décision administrative[31].

977 **Acte attaquable.** – Seuls les actes administratifs sont susceptibles de recours devant la juridiction administrative, ce qui l'a conduit à préciser, notamment pour

30. CE, sect., avis 27 mars 2019, nº 426472, *AJDA* 2019. 1455, note F. Poulet.

31. CE, avis nº 448467 du 27 avr. 2021, *JO* du 7 mai 2021, texte nº 89 (à propos d'un recours tendant au paiement d'une créance de travaux publics et dirigé contre des sociétés privées de construction).

l'*annulation pour excès de pouvoir*, les conditions d'existence de tels actes. Dans ce cas, pour que le juge administratif puisse statuer, il faut que l'acte soit considéré comme ayant un caractère normateur, les mesures d'ordre intérieur n'étant pas attaquables (v. *supra*, n° 538 s.), qu'il se rattache à la fonction administrative (v. *supra*, n° 573 s.), relève de la puissance publique (v. *supra*, n° 595), et, enfin, soit unilatéral, sous réserve de certains cas exceptionnels de recours contre les contrats (v. *supra*, n° 818 et s.). La jurisprudence utilise souvent l'expression de décision faisant grief, c'est-à-dire d'acte produisant des effets certains sur les situations de droit et ayant des conséquences sur la situation des intéressés qui leur donne qualité à saisir le juge.

§ 2. LA QUALITÉ DU REQUÉRANT

978 **Plan. –** Pour que le recours soit recevable, il faut que le requérant ait capacité à agir en justice (A), et un intérêt qui justifie son action (B).

A. LA CAPACITÉ D'ESTER EN JUSTICE

979 Ici, s'appliquent pour l'essentiel les règles du droit civil relatives à la capacité juridique. Ni un mineur, ni un incapable majeur ne sauraient saisir le juge administratif. Seuls leurs représentants légaux sont habilités à agir. Pour ne pas ôter toute possibilité de recours à des personnes concernées au premier chef par les décisions de l'administration, certaines exceptions aux règles civilistes sont admises. Ainsi un condamné à mort, frappé de l'interdiction légale prévue par le Code pénal, peut cependant faire un recours pour excès de pouvoir contre un arrêté de nomination d'un magistrat membre de la cour d'assises ayant prononcé sa condamnation[32].

B. L'INTÉRÊT POUR AGIR

980 Quel que soit le type de contentieux, pour que le recours soit recevable, le requérant doit avoir, selon la formule consacrée par la jurisprudence, *un intérêt lui donnant qualité* à agir, ce que l'on résume habituellement par le terme d'intérêt pour agir.

La reconnaissance d'un tel intérêt est aisée dans les contentieux de pleine juridiction lorsqu'un droit subjectif a été mis en cause. La question est plus délicate pour le plein contentieux objectif et surtout dans le *recours pour excès de pouvoir*. Celui-ci conduit au jugement d'un acte au regard du droit objectif – le procès fait à un acte – pour assurer le respect du principe de légalité. Tout citoyen, se rendant compte d'une irrégularité, devrait pouvoir saisir le juge administratif et devenir ainsi une sorte de procureur du droit. Sans aller jusqu'à accueillir une action populaire qui risquerait de déboucher sur des recours systématiques et abusifs, le juge a

32. CE, ass., 15 mai 1981, *P. Maurice*, R. 221 *AJDA* 1982.86, concl. A. Bacquet. V. aussi, CE, sect., 22 avr. 1955, *Ass. Rousky-Dom*, R. 202, *RA* 1955.404, concl. C. Heumann (association pouvant attaquer le décret la dissolvant).

admis très largement le recours, chaque fois qu'un intérêt était froissé. Il faut, certes, que « le justiciable (établisse) que l'acte attaqué l'affecte dans des conditions suffisamment spéciales, certaines et directes »[33] mais « il n'est pas nécessaire que l'intérêt invoqué soit propre et spécial au requérant, il doit s'inscrire dans un cercle où la jurisprudence a admis des collectivités toujours plus vastes d'intéressés sans l'agrandir toutefois à la dimension de la collectivité nationale »[34]. Cette reconnaissance d'un intérêt direct et certain donne lieu à des solutions fort nuancées, qu'il s'agisse de recours des particuliers, des personnes morales ou des usagers et agents des services publics.

Par ailleurs, les actions collectives ou actions de groupe récemment introduites par le législateur en contentieux administratif constituent des mécanismes dérogatoires aux règles jurisprudentielles qui gouvernent normalement l'intérêt donnant qualité pour agir, qu'il s'agisse d'ailleurs du recours pour excès de pouvoir ou du plein contentieux, notamment subjectif.

1. Recours des particuliers

981 Le recours est recevable dès lors que la mesure emporte des conséquences sur leur situation personnelle, ce qui est entendu de façon libérale le plus souvent. Ainsi est recevable le recours du contribuable de la commune contre une délibération générale du conseil municipal augmentant les dépenses communales[35], celui de l'hôtelier contre l'arrêté fixant la date des vacances scolaires, décision susceptible d'avoir des répercussions sur le « taux de remplissage » de son établissement[36], celui du propriétaire d'une résidence secondaire contre le permis de construire d'un village de vacances situé à plus de 750 mètres de la future construction, en raison de l'importance du trafic, devant chez lui[37], ou, enfin, celui du randonneur avéré contre l'arrêté municipal interdisant le camping-car même s'il n'a jamais séjourné dans cette commune, « l'éventualité de son passage n'est ni improbable, ni imprécise »[38].

Extrêmement large, le recours ne se confond pas avec l'action populaire. Est irrecevable le recours d'un simple « consommateur » contre un arrêté relatif au classement de produits pharmaceutiques dont il n'invoque pas l'utilisation[39], comme – et à l'inverse de la solution retenue pour le contribuable communal – celui d'un contribuable de l'État contre une décision susceptible d'accroître les dépenses de la Nation, car, en ce cas, toute personne pourrait attaquer toute mesure[40]. Mais

33. Concl. Théry, sur CE, sect., 28 mai 1971, *Damasio*, R. 391.
34. Concl. Chenot sur CE, 10 févr. 1950, *Gicquel*, R. 100.
35. CE, 29 mars 1901, *Casanova*, R. 333 (arrêt révélateur d'une nouvelle conception, plus extensive, de l'intérêt à agir).
36. CE, sect., 28 mai 1971, *Damasio*, préc.
37. CE, 15 avr. 1983, *Comm. de Menet*, R. 154.
38. Concl. Long sur CE, sect., 14 févr. 1958, *Abisset*, R. 98.
39. CE, 29 déc. 1995, *Bercher*, *Dr. adm.* 1996, n° 102.
40. CE, 23 nov. 1988, *Dumont*, R. 418 ; Comp. CE, ass., 16 mars 1956, *Garrigou*, R. 121, *D.* 1956.253, concl. Laurent (recours du contribuable recevable contre tout acte relatif aux impôts qu'il est susceptible de payer car un lien spécial existe dès lors).

cela n'exclut pas qu'une décision bien précise puisse, compte tenu de son objet, être attaquée par toute personne[41].

2. Recours des personnes morales

982 Le recours des personnes morales est recevable pour les mesures qui portent atteinte à leurs intérêts, tels qu'ils résultent de leur champ d'intervention, fixé par les statuts ou textes les régissant.

a) Collectivités publiques

983 Chaque collectivité publique, en fonction de ses compétences, est à même de saisir le juge lorsqu'un acte met en cause ses intérêts. Ainsi, tirant toutes les conséquences de la personnalité morale et de l'autonomie qui en résulte, le Conseil d'État a admis dès 1902 qu'une commune pouvait intenter un recours pour excès de pouvoir contre une décision préfectorale annulant un arrêté municipal pris en matière de police[42]. Les organismes spécialisés peuvent également défendre leurs intérêts statutaires, en fonction de leur spécialité propre par cette voie[43]. Enfin, le recours de l'État, lorsqu'il ne dispose pas du pouvoir immédiat d'annulation ou de réformation, est possible contre les décisions des différentes administrations (collectivités locales[44], voire autorités administratives indépendantes par exemple)[45].

b) Associations et syndicats

984 Seules les mesures qui froissent les intérêts collectifs, matériels comme moraux, de l'ensemble des membres des associations et syndicats sont contestables par eux. Cette « action corporative » fut admise à partir de 1906[46]. Pour déterminer ces intérêts, le juge se fonde sur leur objet statutaire tant du point de vue social que spatial.

985 **Objet social. –** Il ne saurait d'abord être question de prendre en compte un objet statutaire qui irait au-delà de la défense des intérêts collectifs qu'un syndicat peut légalement défendre[47].

41. CE, 4 oct. 2017, n° 403357 (le refus de réaliser et de rendre public le bilan des résultats économiques et sociaux des grandes infrastructures de transport réalisées avec le concours de financements publics (L. 1511-6 du code de transports) peut être attaqué par toute personne compte tenu de l'objet des dispositions en cause).

42. CE, 18 avr. 1902, *Cne de Néris-les-bains*, R. 275.

43. *A contrario* CE, sect., 4 juin 1954, *École nationale d'administration*, R. 338, concl. J. Chardeau. (irrecevabilité du recours de l'École nationale d'administration contre les décisions de nomination de ses anciens élèves car sa mission s'arrête dès que ceux-ci la quittent).

44. CE, 24 nov. 1911, *Cne de Saint-Blancard*, R. 1089 (recours pour excès de pouvoir ouvert contre une décision municipale que le préfet ne pouvait déclarer nulle de droit). La loi autorise désormais formellement une telle action dans le cadre du *déféré préfectoral*, v. *supra*, n° 298 s.

45. Cons. const., n° 86-217 DC du 18 sept. 1986, R. 141 (en raison de l'absence de tout pouvoir hiérarchique).

46. CE, 28 déc. 1906, *Synd. des patrons-coiffeurs de Limoges*, R. 977, concl. J. Romieu.

47. CE, 27 mai 2015, *Syndicat de la magistrature*, *AJDA* 2015.1543, concl. A. Bretonneau (lors même que ses statuts le chargent de la défense « des libertés et des principes démocratiques », ce qui va au-delà de l'objet légalement assigné aux syndicats professionnels, le syndicat requérant n'a pas intérêt à agir contre un décret qui affecte ces libertés, mais non les intérêts collectifs des magistrats judiciaires).

Il doit ensuite exister un lien entre la mesure et l'objet social. Ainsi, une association de défense des commerçants n'a pas intérêt à attaquer le permis de construire d'une grande surface. Ce n'est pas la construction en tant que telle qui peut gêner ses membres, mais l'implantation de l'hypermarché, qui relève d'une autre autorisation, celle d'exploitation commerciale[48].

Une fois ces conditions d'adéquation minimales remplies, de délicates questions se posent quant au champ exact d'intervention des syndicats et associations.

Pour les *mesures réglementaires*, l'action est recevable si la décision porte atteinte aux intérêts collectifs de leurs adhérents, ce qui est le cas le plus fréquent. Ainsi un syndicat ouvrier peut mettre en cause les circulaires relatives à la situation des travailleurs étrangers en France[49], comme une association de défense des langues régionales un décret leur faisant, selon elle, une place insuffisante dans l'enseignement[50].

À l'inverse, l'action contre les *mesures individuelles* relève en principe de celui même qui est concerné. Mais il arrive qu'une telle décision ait des conséquences pour l'ensemble du groupe. Aussi, Romieu, dans ses conclusions précitées, distinguait-il mesures positives et négatives. Le recours est en principe recevable contre les actes « positifs ». Profitant à une ou plusieurs personnes, ils peuvent avoir des conséquences défavorables sur d'autres individus ou même léser un intérêt collectif indépendamment de telles conséquences. Ainsi, les syndicats ou associations chargés de défendre l'intérêt des membres d'un corps de fonctionnaires ont intérêt à agir contre les diverses mesures de nomination, d'avancement, voire d'affectation des agents de ce corps en certains cas[51], soit que ces mesures aient des effets défavorables sur les autres membres du corps, soit qu'en l'absence même de tels effets, elles nuisent à un intérêt collectif, tel que celui de l'honneur et de la dignité du corps de fonctionnaires intéressé[52]. À l'inverse, les décisions à caractère négatif, comme les mutations, sanctions, révocations, etc., prises à l'encontre d'une personne ne sont, en principe, pas contestables par un groupement. Selon le vieil adage, « nul ne plaide par procureur », c'est à la « victime » de se défendre elle-même, quitte à donner mandat exprès, le cas échéant, au syndicat pour agir en ses lieu et place[53].

L'opposition, toujours valable pour l'essentiel, a perdu de sa force et de sa clarté et dépend des incidences réelles des actes. Ainsi une décision administrative autorisant le licenciement de salariés protégés – négative – porte néanmoins atteinte aux intérêts collectifs défendus par le syndicat[54]. À l'inverse la décision de nomination du nouveau Président de l'ORTF – positive – n'a pu être attaquée par les

48. Par. ex. CE, 3 juill. 1987, *Min. urb. Log. c/Brouste*, R. Tab. 1021.

49. CE, 13 janv. 1975, *Da Silva et CFDT*, préc. *supra*, n° 576.

50. CE, sect., 1er juin 1979, *Ass. Défense et Promotion des langues de France*, R. 252, concl. M.-D. Hagelsteen.

51. CE, sect., 13 déc. 1991, *Synd. Personnel CGT de Nîmes*, préc. *supra*, n° 575.

52. Sur ce dernier cas, v. CE, sect., 18 janv. 2013, *Syndicat de la magistrature*, *Dr. adm.* 2013, comm. 31, note G. Eveillard, *JCP* A 2013, 18, 2128, note Biagini-Girard.

53. CE, sect., 13 déc. 1991, *Synd. Personnel CGT de Nîmes* (alors que la GCT peut attaquer l'affectation de personnels au service du protocole, elle ne saurait critiquer les mutations des autres agents précédemment affectés à ce service, car il s'agit de mesures négatives).

54. CE, ass., 10 avr. 1992, *Soc. Montalev*, R. 170, *RFDA* 1993.261, concl. Hubert.

syndicats de l'office, alors qu'elle risquait de remettre en cause, en l'espèce, l'indépendance de l'établissement[55].

986 **Aspect spatial de l'objet statutaire. –** L'objet statutaire des associations et syndicats, d'un côté, les décisions administratives qu'ils envisagent de contester de l'autre, peuvent comporter une dimension territoriale qui n'est pas sans incidence sur l'intérêt à agir des premières contre les secondes. Certes, la solution est souvent évidente : l'association de défense du site de Marseille ne saurait se plaindre de la construction de la pyramide du Louvre. Il est plus intéressant de relever que, selon une jurisprudence classique, une association dont le champ d'action est national n'a pas un intérêt lui donnant qualité pour agir contre une décision administrative ayant un champ d'application local[56]. Une exception a toutefois été récemment apportée à ce principe[57]. Cette exception concerne le cas où la décision litigieuse « soulève, en raison de ses implications, notamment dans le domaine des libertés publiques, des questions qui, par leur nature et leur objet, excèdent les seules circonstances locales ». Ainsi, la Ligue des droits de l'homme a intérêt à agir contre l'arrêté de police par lequel un maire a interdit sur le territoire de la commune la fouille des poubelles et la mendicité, « dans un contexte marqué par l'installation dans la commune d'un nombre significatif de personnes d'origine « rom » », dès lors que cette mesure était de « nature à affecter de façon spécifique des personnes d'origine étrangère... et présentait, dans la mesure notamment où elle répondait à une situation susceptible d'être rencontrée dans d'autres communes, une portée excédant son seul objet local ». Une question similaire peut se poser pour les fédérations d'associations ou de syndicats. Le recours contre un acte de portée locale ne relève-t-il que de l'association située sur place, ou la fédération qui a évidemment plus de moyens et plus de poids est-elle compétente ? Même si la jurisprudence est nuancée, elle tend à admettre le recours d'une confédération dès lors que la mesure attaquée pose une question de principe[58].

3. Recours des usagers et des agents des services publics

987 Quand est en cause l'organisation du service public, il faut tout à la fois permettre à l'administration d'agir et donner des garanties aux usagers et aux agents quant au respect de la légalité, ce qui suppose un subtil équilibre.

988 **Recours des usagers des services publics. –** Les usagers des services publics ont certains droits qui découlent du statut du service public qu'ils utilisent. Dans les conditions fixées par le règlement du service, ils peuvent y accéder, bénéficier de ses prestations à certains prix, obtenir son fonctionnement régulier, etc. Aussi, dès

55. CE, ass., 4 nov. 1977, *Syndicat. nat. Journalistes Sect. ORTF*, R. 428, *AJDA* 1978.111, concl. J. Massot.

56. P. ex. CE, 29 avr. 2002, n° 227742, *Association « En toute franchise »*, R. 844.

57. CE, 18 nov. 2015, *Ligue des droits de l'homme*, n° 375178, *AJDA* 2016. 316, note Doubovetzki.

58. V. CE, ass., 12 déc. 2003, *USPAC CGT*, *RFDA* 2004.322, concl. G. Le Chatelier (recevabilité du recours de l'union des syndicats CGT, alors même qu'il existe un syndicat CGT au sein de l'Institut de France, contre une décision refusant de mettre en place un comité technique paritaire dans cette institution, « eu égard à la portée » de cet acte) ; dans le même sens, CE, ass. 22 juill. 2015, n° 383481, *Syndicat CGT de l'union locale de Calais et environs*, *AJDA* 2015.1632, chron. J. Lessi et L. Dutheillet de Lamothe.

1906, fut admise la recevabilité du recours d'une fédération d'usagers, dont le doyen Duguit, aux fins d'obliger le concessionnaire à respecter la charte du service[59]. Les usagers peuvent ainsi attaquer l'ensemble des mesures réglementaires – y compris certaines clauses du contrat de délégation depuis 1996[60] – ou individuelles relatives à l'organisation ou au fonctionnement du service[61]. Mais une fois leurs droits statutaires respectés, les usagers, seuls ou en association, ne doivent pas s'immiscer dans l'organisation interne du service. L'administration est libre de l'assurer, dans le respect de sa charte, comme elle l'entend (affectation des personnels, choix des matériels à utiliser, accueil du public, etc.). Indépendamment même des hypothèses où il s'agit de mesures d'ordre intérieur (v. *supra*, n° 744 et s.), le recours est irrecevable en raison de la qualité du requérant dont l'intérêt à agir est limité. Une mesure d'affectation d'un agent[62], sauf dans les rares hypothèses où cette décision aurait des répercussions directes sur les prestations du service[63], n'est pas susceptible de recours.

989 **Recours des agents publics. –** De la même façon, les agents publics et le cas échéant leurs groupements, sont recevables à contester toutes les mesures susceptibles de *porter atteinte aux droits qu'ils tiennent de leur statut*, aux prérogatives de leurs corps (décrets modifiant leur statut, mesures individuelles telles que refus d'avancement, sanctions, promotion à un emploi qu'ils avaient vocation à obtenir[64], etc.). Les prérogatives des agents sont cependant plus ou moins importantes selon les catégories et le recours, en conséquence, plus ou moins ouvert. Un professeur d'Université – qui dispose de garanties constitutionnelles d'indépendance – peut ainsi mettre en cause la décision de l'Université qui réduit les crédits de son laboratoire[65], ou celle qui crée une université dérogeant à la loi commune[66]. Mais une fois leurs droits et prérogatives respectés, les fonctionnaires n'ont plus le droit, en raison du principe hiérarchique, d'attaquer les mesures d'organisation du service qui relèvent de la seule administration[67]. Ils ne sauraient, par exemple, discuter des affectations d'un agent dans tel ou tel poste, sauf s'il s'agit, sous couvert

59. CE, 21 déc. 1906, *Association des usagers du quartier Croix-Seguey-Tivoli*, R. 962, concl. J. Romieu (recours contre le refus du préfet d'obliger le concessionnaire de la ligne de tramways à reprendre l'exploitation d'une ligne).

60. CE, 10 juill. 1996, *Cayzeele*, préc. *supra*, n° 791.

61. Par ex. CE, 25 juin 1969, *Vincent*, R. 334 (recours d'un usager contre la décision fixant les horaires d'ouverture d'un bureau de poste).

62. CE, sect., 29 oct. 1976, *Rouillon et autres*, R. 453, concl. Massot (irrecevabilité du recours des élèves d'une école d'architecture contre la nomination du chef de service des enseignements d'architecture au ministère de la Culture, qui n'a pas d'incidence directe pour eux).

63. CE, sect., 29 oct. 1976, *Ass. délégués des élèves du CNAM* (mêmes réf. : recevabilité du recours d'une association d'élèves contre la décision d'affectation d'un professeur dans leur établissement, ce qui paraît être l'extrême limite de la recevabilité).

64. CE, 11 déc. 1903, *Lot*, R. 780 (premier arrêt reconnaissant à un fonctionnaire le droit d'attaquer la nomination d'un agent sur un emploi réservé à une catégorie de diplômés).

65. CE, sect., 26 avr. 1978, *Crumeyrolle*, R. 189.

66. CE, sect., 10 nov. 1978, *Chevallier*, R. 189, *AJDA* 1979.2.33, concl. J. Massot.

67. CE, sect., 13 janv. 1993, *Synd. nat. aut. des policiers en civil*, R. 13 (irrecevabilité du recours de ce syndicat contre une circulaire permettant aux gendarmes d'exercer leurs fonctions, en civil).

de changement d'affectation, d'une sanction déguisée, ou d'une transformation de ses conditions de travail, portant atteinte à ses prérogatives[68].

Cette jurisprudence admettant dans l'ensemble très largement le recours, notamment des organes collectifs, rend aisée de ce point de vue la contestation d'un acte administratif. Il suffit que deux personnes se réunissent en association qui, si son objet statutaire est intelligemment précisé, est à même d'agir dans de nombreuses hypothèses, là où le recours individuel ne serait pas recevable. Le rôle majeur du recours pour excès de pouvoir dans le respect du principe de légalité en est facilité, ce qui est parfois regretté[69].

4. Les actions collectives

990 **Vue d'ensemble. –** De manière générale, la maxime, déjà évoquée (v. *supra*, nº 985), selon laquelle « nul ne plaide par procureur », interdit à une personne, qui n'a pas été mandatée à cet effet, d'agir pour la défense des intérêts d'une autre personne. On a vu ainsi que les associations et syndicats ne sont pas recevables à introduire un recours pour excès de pouvoir contre les décisions individuelles négatives visant des personnes dont elles défendent l'intérêt collectif (v. *supra*, nº 985). Mais il en va de même dans le plein contentieux. Ainsi, par exemple, une commune ne saurait se substituer à ses habitants pour demander réparation de préjudices individuellement subis par ceux-ci du fait du bruit que cause un aéroport[70].

Dans certains cas, ces règles peuvent comporter des conséquences fâcheuses. Le premier est celui où l'administration prend à l'encontre d'un grand nombre de personnes la même décision individuelle négative qui se révèle illégale ; ainsi, par exemple, du refus à plusieurs milliers de fonctionnaires, de tel supplément de traitement au motif erroné qu'ils n'en remplissent pas les conditions d'obtention. Le second est celui où l'administration cause par son fait un préjudice qui touche un ensemble très nombreux d'individus. Des situations de ce genre peuvent entraîner deux types d'effets contentieux regrettables : soit le juge est trop saisi, soit il ne l'est pas assez. Il est trop saisi quand des milliers de personnes présentent une requête qui a le même objet et repose sur les mêmes moyens ; c'est ce que l'on appelle volontiers aujourd'hui un contentieux de masse ou « sériel ». Il ne l'est pas assez notamment quand une action administrative dommageable pour beaucoup de personnes cause à chacune un préjudice trop faible pour qu'une requête individuelle présente un réel intérêt. Il faut ajouter que dans ces cas, le grand nombre de personnes susceptibles d'être intéressées et la difficulté de les identifier rend le mandat impraticable.

68. CE, sect., 13 déc. 1991, *Synd. Personnel CGT* préc. (recevabilité du recours contre une décision transférant des personnels techniques au service du protocole, car il y a modification importante de leurs fonctions).

69. Recevabilité considérée par certains comme trop largement admise, après l'annulation du visa d'exploitation du film « Baise-Moi » (CE, sect., 30 juin 2000, *Ass. Promouvoir et autres*, R. 265, concl. E. Honorat, v. *infra*, nº 1077), suite à une requête déposée par une association considérée comme d'extrême droite.

70. CE, sect. 20 nov. 1992, nº 84223, *Commune de Saint-Victoret*.

La procédure de l'action collective (également dite « action de groupe » ou, en anglais, « class action ») est précisément destinée à remédier à ces difficultés. Son principe est en effet de permettre à une personne d'agir en justice pour le compte de plusieurs personnes partageant le même intérêt individuel et qui, de ce point de vue, constitue un groupe, un ensemble homogène.

Divers textes récents et, principalement la loi nº 2016-547- du 18 novembre 2016 de modernisation de la justice du XXIe siècle ont introduit en droit administratif (comme d'ailleurs en droit privé) deux sortes d'action collective qu'ils dénomment respectivement « action en reconnaissance de droits » et « action de groupe ».

991 **L'action en reconnaissance de droits. –** Instituée par l'article 93 de la loi nº 2016-547 du 18 novembre 2016, cette voie de droit est régie par les articles L. 77-12-1 et R. 77-12-1 et s. CJA. Ces dispositions s'inspirent assez étroitement des propositions faites par un groupe de travail interne au Conseil d'État et dirigé par Philippe Belaval. Cette action collective a été essentiellement conçue pour répondre au premier de type de situation évoqué ci-dessus, c'est-à-dire pour éviter la formation de recours individuels en série. En effet, aux termes de l'article L. 77-12-1 CJA, cette action permet à une association ou à un syndicat « de déposer une requête tendant à la reconnaissance de droits individuels résultant de l'application de la loi ou du règlement en faveur d'un groupe indéterminé de personnes ayant le même intérêt, à la condition que leur objet statutaire comporte la défense dudit intérêt ». Le même texte précise utilement que cette action peut notamment « tendre au bénéfice d'une somme d'argent légalement due ou à la décharge d'une somme illégalement réclamée », mais non à celle de la reconnaissance d'un préjudice, qui relève de l'action de groupe. Le juge qui fera droit à l'action ainsi exercée doit déterminer « les conditions de droit et de fait auxquelles est subordonnée la reconnaissance de ces droits ». La publication du jugement sur le site internet du Conseil d'État doit permettre ensuite à toute personne remplissant ces conditions de s'en prévaloir devant l'administration et le juge pour obtenir la réalisation individuelle du droit collectivement reconnu. Ainsi, pour reprendre l'exemple donné ci-dessus, dans le cas où l'administration aurait refusé aux fonctionnaires d'un corps tel supplément de traitement, une association ou un syndicat de défense de ce corps pourra désormais exercer une action visant à faire reconnaître le droit à ce supplément, au lieu que chaque agent présente une requête individuelle. Chacun des agents concernés pourra ensuite se prévaloir du jugement portant cette reconnaissance devant l'administration et, le cas échéant, le juge pour obtenir le versement effectif de la somme d'argent en cause.

992 **L'action de groupe. –** L'architecture législative de cette seconde action collective est plus complexe que celle de la première. L'article 93 de la loi nº 2016-547 du 18 novembre 2016 crée une action de groupe de portée générale. Le régime qu'elle lui donne (CJA, art. L. 77-10-1 et s. et R. 77-1061 et s.), est en principe applicable à diverses autres actions propres à un domaine particulier, dont la plupart sont antérieures à la loi du 18 novembre 2016 (v. la liste dressée par l'article L. 77-10-1 CJA qui, par exemple, mentionne les actions de groupe en matière de lutte contre les discriminations). D'autres actions de groupe ont un régime autonome (par ex. action de groupe en matière de produits de santé, CSP, art. L. 1143-1 et s., issus

de la loi du 26 janvier 2016 de modernisation du système de santé). On raisonnera ici sur l'action de groupe générale.

Elle est conçue pour le second type de situation évoqué ci-dessus (v. *supra*, n° 990). Plus précisément, le cas envisagé par le législateur est celui où « plusieurs personnes, placées dans une situation similaire, subissent un dommage causé par une personne morale de droit public ou un organisme de droit privé chargé de la gestion d'un service public, ayant pour cause commune un manquement de même nature à ses obligations légales ou contractuelles ». Quand ces conditions sont réunies, une association agréée ou déclarée depuis 5 ans au moins peut, après une mise en demeure adressée à l'auteur du manquement d'y mettre un terme ou d'en réparer les conséquences dommageables, restée sans effet au bout de quatre mois, exercer une action de groupe en présentant des cas individuels.

Cette action peut être introduite à deux fins (l'une ou l'autre ou les deux à fois) : soit la cessation du manquement, soit l'engagement de la responsabilité de la personne ayant causé le dommage afin d'obtenir la réparation des préjudices subis. Dans le premier cas, la procédure est simple : si le juge constate l'existence du manquement, il enjoint (sous astreinte le cas échéant) au défendeur d'y mettre fin et de prendre dans un délai qu'il fixe, toutes les mesures utiles à cette fin (art. L. 77-10-6). Le second cas est plus complexe. Schématiquement, le juge doit d'abord déterminer si la responsabilité du défendeur est engagée et à l'égard de quel groupe de personnes. La publication de ce jugement sur le site internet du Conseil d'État permettra ensuite à ceux qui remplissent les critères d'appartenance au groupe d'être informés du droit à réparation qui leur est ainsi reconnu. Sur cette base, l'indemnisation des préjudices individuels de chaque membre du groupe pourra avoir lieu.

§ 3. LES CONDITIONS DE FORME ET DE DÉLAI

993 **Plan. –** Si les règles formelles de présentation de la requête sont simples (A), celles de calcul du délai sont parfois complexes (B).

A. LES CONDITIONS DE FORME

994 La procédure administrative contentieuse est peu contraignante. Il suffit qu'une requête, écrite en français, et développant les moyens et conclusions du requérant, soit déposée auprès du juge. Il faut y joindre l'acte attaqué ou les pièces qui permettent de justifier la naissance d'une décision implicite. Le dépôt du recours avait traditionnellement lieu directement au greffe de la juridiction ou par voie postale. Depuis un décret du 2 novembre 2016 et dans certains cas (requête présentée par un avocat, une personne publique autre qu'une commune de moins de 3 500 habitants, un organisme privé chargé à titre permanent d'une mission de service public), il doit être fait par voie électronique, au moyen d'une application informatique accessible par internet dénommée *Télérecours* (CJA, art. R. 414-1 et s.). Dans les autres cas (requête présentée par une personne physique ou morale de droit privé non représentée par un avocat), la saisine par voie électronique, par le biais de

« *Télérecours citoyens* » est une simple faculté qui a été ouverte par un décret du 6 avril 2018 (CJA, art. R. 414-6 et s.).

Le ministère d'*avocat* est, en principe, obligatoire. Cependant de nombreuses dispenses existent, notamment en première instance, devant le tribunal administratif. Surtout, le recours pour excès de pouvoir est, lui, toujours dispensé du ministère d'avocat, règle posée dès 1864 qui rend la justice administrative très accessible de ce point de vue. Cette dispense a toutefois été presque complètement supprimée par un décret du 24 juin 2003 pour l'appel des jugements des tribunaux administratifs prononcés en excès de pouvoir. Elle ne doit pas, au demeurant, faire illusion ; si elle peut être efficace dans certaines affaires simples ou lorsqu'il est possible au requérant de disposer d'autres modes de conseils (par ex. assistance juridique des syndicats), la complexité du droit administratif impose, souvent, le recours à des experts en ce domaine. De plus, le pourvoi en cassation contre l'arrêt d'une cour administrative d'appel rendue en matière d'excès de pouvoir n'est pas dispensé d'avocat (avocat au Conseil d'État et à la Cour de cassation, dans ce cas).

B. LES DÉLAIS

995 À côté des règles généralement applicables, existe une multitude de situations particulières.

1. Règles générales

996 Selon l'article R. 421-1, CJA, sauf dispositions spéciales, le délai est de *deux mois* à compter de la publicité donnée à la décision. Ce délai, assez bref, tend à concilier sécurité des situations juridiques et respect dû au droit afin d'éviter que l'action administrative soit perturbée sur une durée exagérément longue.

997 **Calcul du délai. –** Le délai est franc ; on ne prend en compte ni le jour où commence à courir le délai (*dies a quo*), ni celui auquel il expire (*dies ad quem*).

Ainsi, lorsqu'un décret parait au *Journal officiel* du 1er février, le délai court à compter du 2 février à 0 heure, les deux mois sont achevés le 1er avril à 24 heures, mais le recours reste recevable jusqu'au 2 avril à 24 heures, ou quand ce jour est un dimanche ou un jour férié à la fin du premier jour ouvrable suivant. Pour calculer le délai sans erreur, il suffit d'ajouter un jour à la date de la publicité et ensuite deux mois (et non 60 jours).

998 **Point de départ du délai. –** La publicité donnée à l'acte fait seule courir le délai : il s'agit selon les cas de la date de publication, d'affichage ou de notification (v. *supra*, n° 655). Ainsi une autorisation donnée avec diverses réserves doit être attaquée par l'intéressé dans les deux mois suivant sa notification, alors que, s'il n'y a eu aucune mesure d'information « externe », les tiers peuvent à tout moment la remettre en cause (v. *supra*, n° 695, les conséquences en matière de retrait).

Certaines confusions doivent être évitées. En premier lieu, les formalités qui conditionnent le déclenchement du délai du recours juridictionnel contre un acte ne coïncident pas nécessairement avec celles auxquelles l'entrée en vigueur du même acte est subordonnée. Ainsi, par exemple, l'entrée en vigueur d'un acte réglementaire adopté par une autorité départementale suppose son affichage ou sa publication et, le plus souvent, sa transmission au représentant de l'État ; sa publication (et non son affichage) est, au contraire, à la fois nécessaire et suffisante pour faire courir le délai de saisine du juge[71]. En second lieu, si l'absence ou la mauvaise publicité rend impossible le déclenchement du délai, ceci reste sans effet sur la régularité de la décision, qui est seulement inopposable (v. *supra*, n° 660).

999 **Opposabilité des délais.** – Selon une très importante disposition (CJA, art. R. 421-5) « les délais de recours ne sont opposables qu'à la condition d'avoir été mentionnés ainsi que les voies de recours dans la notification de la décision ». Ainsi, pour les seules mesures qui doivent être notifiées – ne sont donc pas concernés les actes réglementaires ou les décisions implicites (sur ce point v. *infra*, n° 1003) – le destinataire de la décision bénéficie de cette garantie. Son ignorance en ce domaine ne saurait lui nuire. L'administration doit donc – et dans certains services elle n'a pris conscience de cette obligation qu'avec une extrême lenteur – préciser les modes de calcul du délai et les voies de recours, en indiquant le juge administratif compétent.

1000 Jusqu'à récemment, les règles qui viennent d'être exposées avaient pour conséquence qu'en l'absence de notification indiquant les voies et délais de recours, le destinataire d'une décision individuelle était recevable indéfiniment à la contester. Cet état du droit est apparu contraire à l'exigence de sécurité juridique. C'est pourquoi le Conseil d'État l'a récemment modifié, dans une affaire où l'intéressé avait attaqué une décision individuelle notifiée sans indication des voies et délais de recours vingt-deux ans après la notification[72]. Le cas envisagé par cette jurisprudence est celui où une décision individuelle explicite soit a été notifiée à son destinataire mais sans indication des voies et délais de recours, soit ne lui a pas été notifiée mais il est établi qu'en fait il en a eu connaissance. Le délai de deux mois n'est alors pas opposable à l'intéressé, mais le principe de sécurité juridique implique que le recours doit être exercé dans un délai raisonnable, lequel, sauf circonstances particulières, est d'un an. Dans le cas où le recours juridictionnel doit obligatoirement être précédé d'un recours administratif, celui-ci également doit être exercé, dans le même cas, dans un délai raisonnable qui, sauf circonstances particulières, est d'un an[73]. Indépendamment de la possibilité d'écarter ce délai au regard des données d'une espèce, le juge se reconnaît également le pouvoir de considérer comme raisonnable, pour une catégorie déterminée de décisions, un autre délai[74]. Ces règles sont également applicables aux recours formés contre une décision d'espèce (sur cette notion, v. *supra*, n° 161), lorsque la contestation émane des destinataires de ces décisions et qu'à l'égard de ces derniers une notification est requise pour déclencher le délai de recours[75].

71. CE, sect., 3 déc. 2018, *Ligue française pour la défense des droits de l'homme et du citoyen*, n° 409667, *AJDA* 2019. 706, note L. Janicot.

72. CE, ass. 13 juill. 2016, n° 387763, *M. Czabaj*, *AJDA* 2016. 1629, chron. L. Dutheillet de Lamothe et G. Odinet, *Dr. adm.* 2016, n° 12, p. 43, note G. Eveillard, *RFDA* 2016. 927, concl. O. Henrard.

73. CE sect. 31 mars 2017, n° 389842.

74. CE, 29 nov. 2019, n° 411145, n° 426372, *AJDA* 2020.406, concl. G. Odinet (délai de 3 ans pour la contestation d'un décret libérant une personne de ses liens d'allégeance avec la France).

75. CE, 25 sept. 2020, n° 430945, *SCI La Chaumière*, *AJDA* 2020. 1824, *Dr. adm.* 2021, n° 1, comm. 2, note G. Eveillard, *JCP* A 2020, n° 49, comm. 2319, note H. Pauliat.

1001 Il importe enfin de relever que cette règle du délai raisonnable (qui vaut aussi pour les décisions implicites, v. *infra* n° 1002) n'est pas applicable au recours en responsabilité[76]. Ce dernier n'a pas à être introduit dans un délai d'un an à compter de notification (ou connaissance de fait) de la décision par laquelle l'administration a rejeté la demande d'indemnisation que la règle de la décision préalable oblige le requérant à lui présenter. Deux raisons le justifient. D'abord, le recours en responsabilité ne tend pas à l'annulation ou à la réformation de la décision de rejet mais à obtenir la réparation d'un préjudice. Ensuite, l'exigence de sécurité juridique à laquelle répond la jurisprudence *Czabaj*, est ici satisfaite par les règles de prescription applicables à l'action en responsabilité.

2. Cas particuliers

1002 **Décisions implicites de rejet. –** Dans ce cas, le délai de recours contentieux commence à courir le lendemain du jour où le délai donné à l'administration pour répondre a expiré.

Si celle-ci est saisie d'une demande le 1er février, son absence de réponse vaut, en principe deux mois après, décision implicite de refus, liant le contentieux, qui se concrétise le 1er avril (ici, le délai n'est pas franc). Le délai de recours court donc à compter du 2 avril pour expirer le 2 juin à 24 heures.

Cependant, dans l'hypothèse où, avant l'expiration du délai de recours contentieux contre la décision implicite, l'administration prend une décision explicite de rejet, le délai de deux mois court à nouveau à compter de cette décision (art. R. 421-2).

Dans l'exemple cité, si le 29 mai l'administration refuse explicitement la demande, le délai expirera le 30 juillet et non le 2 juin.

Ces règles constituent parfois un véritable piège pour les administrés peu informés. Ayant fait une demande à l'administration et ne voyant rien venir, ils risquent de laisser passer les délais de recours. Pour cette raison, deux dispositions permettent d'atténuer les inconvénients de ce mécanisme.

En premier lieu, dans certains cas, seule une décision expresse de rejet d'une demande fait courir le délai, de telle sorte qu'une décision implicite peut être attaquée sans condition de délai (CJA, art. R. 421-3). Traditionnellement, il en était ainsi quand l'administration était saisie d'une demande relative à un contentieux de pleine juridiction, telle que par exemple, une demande d'indemnisation d'un préjudice. De manière que l'on peut estimer discutable, cette disposition a été supprimée par le décret n° 2016-1480 du 2 novembre 2016, lequel n'est toutefois pas applicable au plein contentieux fiscal[77]. En conséquence de ce texte, il ne subsiste que deux cas dans lesquels seule une décision expresse de rejet fait courir le délai du recours : dans le contentieux de l'excès de pouvoir, quand la mesure sollicitée ne peut être prise que par décision ou sur avis des assemblées locales ou de tous

76. CE, 17 juin 2019, n° 413097, *AJDA* 2019.1255, *Dr. adm.* 2019, n° 10, octobre, comm. 46, note G. Eveillard. *JCP* A 2020, n° 1, 7 janvier 2004, note C. Braud.

77. CE, 7 déc. 2016, *Société Cortansa*, n° 384309, *AJDA* 2016.2414.

autres organismes collégiaux ; lorsque la demande tend à obtenir l'exécution d'une décision de la juridiction administrative.

En second lieu et surtout, la loi du 12 avril 2000 (art. 19, abrogé et repris par l'article L. 112-3 CRPA) a posé en principe que « toute demande adressée à l'administration fait l'objet d'un accusé de réception ». Ce dernier doit comporter diverses informations : date de réception de la demande et date à laquelle, à défaut de décision expresse, une décision implicite de rejet ou d'acceptation sera réputée avoir été prise ; coordonnées du service responsable, modalités de régularisation de la demande si celle-ci est affectée d'un vice de forme ou de procédure, voies et délais de recours contre la décision implicite de rejet susceptible d'intervenir (CRPA, art. R. 112-5). Si cet accusé de réception n'est pas délivré ou ne comprend pas les indications légalement exigées, les délais de recours ne sont pas opposables à l'auteur de la demande. Il ne s'ensuit plus que la décision implicite de rejet puisse être indéfiniment contestée car la jurisprudence *Czabaj* (v. *supra*, n° 1000) a été reconnue applicable à cette contestation[78]. Par suite, lorsqu'il est établi que le demandeur a eu connaissance de la décision en cause, il ne peut la contester que dans un délai raisonnable qui, sauf circonstances particulières, est d'un an. Il en va de même en cas de rejet implicite d'un recours gracieux[79].

1003 **Recours recevables sans condition de délai. –** Le recours en déclaration d'*inexistence* (v. *supra*, n° 681 et 910), distinct du recours pour excès de pouvoir, par lequel le juge déclare une décision nulle et non avenue, n'est enfermé dans aucune limite de temps. Sinon, l'exception *concerne essentiellement les décisions implicites de rejet* qui ne font pas courir le délai (v. *supra,* n° 1002).

3. Prorogation du délai

1004 La prorogation du délai est possible en cas de recours administratif facultatif ou obligatoire. En cette hypothèse en effet, si le recours gracieux ou hiérarchique a été exercé dans les délais mêmes du recours contentieux, le délai court à compter de la décision expresse (voire implicite dans le cas du recours pour excès de pouvoir – v. *supra*, n° 1002), prise sur le recours administratif.

Quand, par exemple, l'**administration notifie le 1er février une déc**ision, elle est attaquable ju*squ'au 2 av*ril à *minu*it. Si un recours gracieux est déposé ce jour, le délai contentieux ne court qu'à compter de la réponse expresse ou implicite (en excès de pouvoir). Le rejet du recours gracieux est donc implicitement acquis le 2 juin. Mais, si un rejet exprès est opposé le 1er août – dans le *délai* du pourvoi – le requérant peut encore attaquer cette décision de rejet, ainsi que la décision initiale, jusqu'au 2 octobre à minuit. Voilà comment 2 = 8 ! Cette prorogation ne joue en principe qu'une fois, un deuxième recours administratif, même exercé dans les délais du recours contentieux contre la réponse au premier, est sans effet quant à l'expiration du délai[80]. Ce principe admet toutefois une exception : lorsque dans le délai du recours ouvert contre une décision administrative, un recours gracieux et un recours hiérarchique sont exercés contre cette décision, le délai du

78. CE, 18 mars 2019, n° 417270, Rec. 60, *AJDA* 2019. 609.

79. CE, 12 oct. 2020, *Ministre de l'Agriculture et de l'alimentation c/Société Château Chéri*, n° 429185, *AJDA* 2020. 1939, *Dr. adm.* 2020, n° 12, alerte 169, *GP*, 26 janv. 2021. 29, chron. B. Seiller, *JCP* A 2020, n° 49, comm. 2319, note H. Pauliat, *JCP* A 2021, n° 7, comm. 2049, chron. O. Le Bot, *Procédures* 2020, n° 12, note N. Chifflot.

80. Par. ex. CE, 16 mai 1980, *Clinique Sainte-Croix*, R. 231.

recours contentieux est suspendu jusqu'au rejet des deux recours administratifs (CE 7 oct. 2009, *M. Ouahrirou*, *AJDA* 2009.2234, concl. Struillou).

4. Effets de l'expiration du délai de recours contentieux

1005 Une fois le délai – bref en principe – de deux mois expiré, le requérant est forclos et la décision qui n'a pas été attaquée à temps est dite « définitive ». L'impératif de stabilité de l'ordre juridique l'emporte clairement sur celui du respect de la légalité puisque l'acte éventuellement illégal n'est plus contestable. Cependant, sous son apparente simplicité, cette règle recouvre des situations en partie différentes, selon qu'il s'agit d'un acte réglementaire ou non.

a) Acte réglementaire

1006 L'expiration du délai de recours, si elle ne permet plus d'obtenir l'annulation de l'acte, sa disparition rétroactive, n'interdit pas toute remise en cause de celui-ci. L'impératif de légalité, pour des actes à portée générale, susceptibles de s'appliquer à de nombreuses situations individuelles, vient limiter les conséquences de l'expiration des délais. Outre l'obligation d'abroger le règlement illégal (v. *supra*, n° 686 et s.), le mécanisme de l'exception d'illégalité joue un rôle essentiel.

1007 **Exception d'illégalité. –** Celle-ci est, tout d'abord, recevable, à toute époque, contre un tel acte. Ainsi un administré qui n'aurait pas contesté un règlement dans les délais peut, à l'occasion d'un recours contre une mesure prise pour l'application de ce règlement ou dont celui-ci constitue la base légale[81], soulever, y compris devant le juge pénal (v. *supra*, n° 960), par voie d'exception, l'illégalité du règlement. Si celle-ci est avérée, l'acte dont la légalité est subordonnée à la mesure réglementaire est annulé pour défaut de base juridique[82]. Toutefois, le Conseil d'État a récemment restreint la portée de ce mode indirect de contestation de la légalité d'un règlement. De l'arrêt d'assemblée *Fédération des finances et affaires économiques de la CFDT (CFDT Finances)*[83], il résulte, en effet, que les vices de forme et de procédure ne sont plus susceptibles d'être invoqués, par voie d'exception, à l'encontre d'un tel acte, après l'expiration du délai du recours contentieux. Cette solution, qui concerne également le recours dirigé contre le refus d'abroger un règlement (v. *supra*, n° 715), participe d'une évolution générale qui voit le principe de sécurité juridique se renforcer au détriment de celui de la légalité. Elle concourt également, avec la jurisprudence *Danthony* (v. *infra*, n° 1055 et s.) au déclin du vice de procédure.

Par ailleurs, l'exception d'illégalité produit des effets généraux. Certes, la mesure réglementaire reconnue illégale ne disparaît pas de l'ordonnancement

81. Sur ces exigences, v. not. CE, sect., 11 juill. 2011, n° 320735, *Société d'équipement du département de Maine-et-Loire*, R. 346, *AJDA* 2012. 449, note N. Foulquier, *RDI* 2011. 519, obs. P. SoLer-Couteaux ; CE sect, avis, 30 déc. 2013, n° 367615, *Okosun*, *AJDA* 2014. 222, chron. A. Bretonneau et J. Lessi, *RFDA* 2014. 76, concl. X. Domini, *RTD eur.* 2014. 952, obs. D. Ritleng.

82. V par ex. CE, sect., 19 févr. 1967, *Soc. Établiss. Petitjean*, R. 63, *RTDE* 1967.681, concl. Questiaux.

83. CE, ass. 18 mai 2018, n° 414583, *AJDA* 2018. 1206, chron. S. Roussel et C. Nicolas, *RFDA* 2018. 649, concl. A. Bretonneau, 662, note D. de Béchillon, 665, note P. Delvolvé.

juridique, mais sa mise en œuvre est paralysée. En effet, en vertu d'un principe général du droit, l'administration a l'obligation de ne pas appliquer des dispositions réglementaires illégales, que cette illégalité, au demeurant, ait été constatée par une décision juridictionnelle ou non[84]. En méconnaissant cette obligation, l'administration commet une illégalité susceptible d'engager sa responsabilité, sauf à commettre une irrégularité et engager sa responsabilité. Cela dit, il est probable que, dans le prolongement de la jurisprudence *Fédération des finances et affaires économiques de la CFDT (CFDT Finances)*, la jurisprudence décide que ce principe ne joue plus quand l'illégalité du règlement tient à un vice de procédure ou de forme.

b) Acte non réglementaire

1008 Pour les actes non réglementaires (actes individuels et actes ni individuels ni réglementaires, v. *supra,* n° 158) les effets de l'expiration du délai de recours sont beaucoup plus importants. L'illégalité éventuelle ne concerne, en effet, qu'une situation précise et l'importance des droits acquis justifie d'éventuelles entorses à la légalité.

1009 **Irrecevabilité de l'exception d'illégalité. –** En principe, l'exception d'illégalité d'un acte non réglementaire n'est pas recevable si, au moment où elle est invoquée, cet acte était devenu définitif, par suite de l'expiration du délai du recours juridictionnel. Dans le cas d'une décision individuelle qui n'a pas été notifiée mais dont l'intéressé a eu, en fait, connaissance, ou qui a été notifiée sans indication des voies et délais de recours, ce délai est le délai raisonnable imposé par la jurisprudence *Czabaj* (v. *supra*, n° 1000)[85]. Ce principe admet toutefois une exception dans l'hypothèse où existe une *opération administrative complexe* entre ces actes et la décision attaquée. Dans ce cas, assez rare, le requérant met en cause, à l'occasion d'un recours contre une mesure D, la légalité des actes précédents A, B, ou C non contestés. En raison de leurs liens étroits, ils forment une série de décisions successives indispensables pour permettre l'édiction de la mesure finale. Ainsi, un candidat malheureux peut, à l'occasion d'un recours contre l'arrêté de nomination des reçus à un concours, soulever l'exception d'illégalité des multiples actes qui le précédent (nomination du jury, organisation des épreuves, délibérations d'admissibilité, etc.), bien que non attaqués, pour faire annuler les résultats eux-mêmes[86].

1010 **Possibilité d'intenter un recours aux fins d'indemnisation. –** Même si le délai de recours contre l'acte lui-même est expiré, le requérant a, sauf pour les mesures à objet purement pécuniaire, le droit de former un recours de pleine juridiction afin d'obtenir la condamnation de l'administration en raison du préjudice causé par la faute de service qui résulte de l'adoption d'une mesure illégale. La

84. CE, sect., 14 nov. 1958, *Ponard*, R. 554 ; CE avis, 9 mai 2005, *Marangio*, Rec., 195, *Dr. adm.* 2005, n° 111 et 132, note Breen, *RFDA* 2005. 1024, concl. Glaser.
85. CE, 27 févr. 2019, n° 4218950, *AJDA* 2019. 486.
86. Par ex. CE, 15 févr. 1978, *Plantureux*, R. 73.

décision n'est pas annulée mais une indemnité est versée[87], car ce n'est plus l'acte qui est en cause, mais la faute.

§ 4. COMBINAISON DES RECOURS CONTENTIEUX

1011 Une même opération donne parfois lieu à recours pour excès de pouvoir et/ou recours de pleine juridiction.

1012 **Recours « parallèle » et détachabilité. –** Le recours pour excès de pouvoir, bien que de droit commun, ne permet au juge que d'annuler l'acte. Chaque fois que celui-là dispose dans le cadre d'autres saisines, de pouvoirs équivalents, ou plus importants, le recours pour excès de pouvoir n'est pas recevable en raison de l'exception de « recours parallèle » : il faut utiliser l'autre voie offerte. Ainsi, en matière contractuelle, les parties ne peuvent que saisir le juge du contrat, le recours pour excès de pouvoir ne leur est pas ouvert (v. *supra*, n° 821 et s.). De même, le recours pour excès de pouvoir n'est pas recevable contre les mesures individuelles d'imposition car le recours fiscal de plein contentieux permet au juge d'aller jusqu'à réformer la décision. Enfin, en matière d'élections administratives, le juge a le pouvoir de modifier l'acte proclamant le résultat des élections.

Le recours pour excès de pouvoir n'est donc, dans ces matières, envisageable que contre des actes différents, *détachables*, pour lesquels il n'existe pas de mécanismes spécifiques. Un tiers attaque ainsi l'acte d'exécution du contrat (v. *supra*, n° 827), comme le contribuable – directement concerné – utilise la voie du recours pour excès de pouvoir contre un décret précisant les conditions d'application d'un impôt[88], ou un électeur conteste les actes administratifs relatifs à l'organisation des campagnes électorales des élections législatives[89].

1013 **Jurisprudence *Lafage*. –** Les décisions à objet pécuniaire par lesquelles l'administration refuse d'allouer une somme d'argent à une personne ou lui en impose le versement relèvent normalement du plein contentieux, pour deux raisons : elles mettent en cause un droit subjectif à une somme d'argent ; seul le juge du plein contentieux peut prononcer les condamnations pécuniaires qui permettent un règlement complet de cette sorte de litige. Cette voie de droit peut, toutefois, présenter un inconvénient : quand la somme en jeu est faible, l'obligation du ministère d'avocat est susceptible de priver le recours d'intérêt et, par là, de conduire à la consécration de décisions illégales. Pour éviter ce fâcheux résultat, la jurisprudence *Lafage*[90] a ouvert à l'intéressé une option : il peut demander au juge administratif, soit de prononcer une condamnation pécuniaire et son recours sera de plein contentieux, soit d'annuler la décision litigieuse à raison de son illégalité et son recours sera alors d'excès de pouvoir. Dans ce dernier cas, après avoir prononcé une annulation, le juge administratif, saisi d'une demande en ce sens, pourra

87. V. not. CE, sect., 5 janv. 1966, *Dlle Gacon*, R. 4.

88. CE, 16 mars 1956, *Garrigou*, préc.

89. Par ex. CE, 23 mai 1997, *Meyet*, R. 197 (décision du CSA relative à la campagne audiovisuelle). V. en matière référendaire *supra*, n° 580.

90. **CE, 8 mars 1912, *Lafage***, R. 348, concl. Pichat.

d'ailleurs user de son pouvoir légal d'injonction (v. *infra*, n° 1036) afin d'ordonner à l'administration de verser la somme d'argent qu'elle avait illégalement refusé d'allouer (ou de rembourser celle qu'elle avait indûment perçue)[91]. Le résultat sera alors fort proche de celui que le recours de plein contentieux permet d'atteindre. Il reste que par exception à la jurisprudence *Lafage*, seul ce dernier recours est recevable contre certaines décisions pécuniaires, telles que les actes liés au recouvrement des créances publiques par l'administration[92].

SECTION 3 L'EXAMEN DES RECOURS CONTENTIEUX

1014 **Plan. –** Le litige est examiné selon des règles précises de procédure contentieuse (§ 1), et des voies de recours sont ouvertes contre ces décisions (§ 2). Enfin, l'exécution des jugements et arrêts soulève une question spécifique dans la mesure où elle met le plus souvent en cause l'administration, contre laquelle il est difficile d'employer la contrainte (§ 3).

§ 1. LE DÉROULEMENT DE L'INSTANCE

1015 **Caractères de la procédure. –** Le jugement est rendu selon une procédure spécifique, minutieusement prévue par le Code de justice administrative, qui réunit, selon un ordre beaucoup plus rationnel qu'avant, l'ancien code des tribunaux administratifs et cours administratives d'appel et divers textes relatifs au Conseil d'État. Cette procédure présente quatre caractéristiques essentielles, dont la portée a pu évoluer sous l'effet de l'article 6-1 de la Convention européenne des droits de l'homme. Elle doit être *contradictoire* – afin de permettre l'échange complet des différents arguments (CJA, art. L. 5). Elle est également *écrite* : l'essentiel de l'instruction consiste en des mémoires et pièces écrits et les observations orales à l'audience sont rares et limitées à la reprise des mémoires. Toutefois, l'oralité tend à se développer. Sa place est importante dans les procédures de référé (v. *infra*, n° 1022 et s.). En outre, le décret n° 2020-804 du 18 novembre 2020 introduit, devant le Conseil d'État, à titre expérimental et pour une durée de dix-huit mois, la possibilité de compléter l'instruction écrite par une instruction orale consistant à entendre les parties ou leurs représentants sur toute question dont l'examen paraît utile. L'instruction des recours est aussi traditionnellement *secrète* – les tiers n'ont pas accès au dossier – mais, après la clôture de l'instruction, tant les juridictions générales (CJA, art. L. 6) que les juridictions spécialisées doivent siéger en

91. CE, sect., 9 déc. 2011, *M. Marcou*, *AJDA* 2012.897, note A. Legrand, *Dr. adm.* 2012. 19, note F. Melleray, *RFDA* 2012.279, concl. R. Keller et 441, note Th. Rambaud.
92. CE, sect., 27 avr. 1988, *M'Bakam*, R. 172 (état exécutoire).

audience publique[93]. Elle est, enfin, *inquisitoriale* : le juge dirige l'instruction et décide des mesures nécessaires pour résoudre le litige (expertise en particulier). Ceci se traduit très clairement en matière de preuve[94]. Les parties doivent, certes, apporter un minimum d'éléments pour étayer leurs allégations, à défaut de quoi le juge pourra écarter ces dernières ; mais elles ne supportent pas réellement la charge de la preuve car, face à l'administration, il leur est souvent difficile d'obtenir des éléments indiscutables. C'est pourquoi, en présence d'allégations suffisamment sérieuses, le juge pourra user de ses pouvoirs d'instruction pour obtenir les éléments complémentaires dont il a besoin pour forger sa conviction[95]. La procédure administrative diffère donc en partie de la procédure civile qui, bien que les évolutions aient été nombreuses, reste largement orale et, dans une moindre mesure, accusatoire.

1016 **Procédure de jugement. –** Si le recours est recevable, le jugement de l'affaire se fait dans les conditions suivantes (v. CJA, art. R. 611.1 et s.) (seules sont exposées ici et dans leurs grandes lignes les règles de la « procédure ordinaire »). Une fois enregistré au greffe, un juge rapporteur ou, devant le Conseil d'État, la chambre chargée de l'instruction procède à la communication des pièces nécessaires, afin d'assurer le respect de la procédure contradictoire. Le *mémoire introductif d'instance*, qui précise les faits, moyens et conclusions, éventuellement complété par un mémoire complémentaire, est transmis à la personne attaquée (administration qui a pris l'acte dans la plupart des cas) afin qu'elle y réponde (mémoire en réponse) dans le délai fixé, mais son dépassement n'est en général pas sanctionné, ce qui ralentit encore le traitement des dossiers. Cette réponse donne, en général, lieu à un mémoire en réplique, voire à de nouveaux échanges. D'éventuelles mesures d'instruction telles que des expertises peuvent être ordonnées, notamment dans le cadre de la procédure de *référé* (v. *infra*, n° 1021 et s.).

Une fois en état, le dossier est analysé par le rapporteur. Il élabore une « note » qui indique les solutions à apporter selon lui et rédige un projet d'arrêt divisé en trois parties. Les visas se réfèrent aux mémoires produits et aux textes applicables ; la motivation explicite les raisons du jugement ; enfin le dispositif indique le sens même de la décision juridictionnelle (rejet de la requête, annulation de l'acte ou condamnation de l'administration à payer telle ou telle somme, etc.). Ce rapport accompagné de l'ensemble du dossier est transmis, en principe (v. *infra*, n° 1017), au rapporteur public (dénomination substituée à celle de « commissaire du gouvernement » par le décret n° 2009-14 du 7 janvier 2009[96]) qui analyse à son tour l'affaire et, devant la formation de jugement, conclut en tel ou tel sens. Il suit ou non le rapporteur et propose la même solution, le cas échéant motivée

93. CE, ass., 14 févr. 1996, *Maubleu*, R. 34, concl. M. Sanson (pour les sections disciplinaires des ordres professionnels).

94. V. CE, 26 nov. 2012, *Cordière*, *AJDA* 2012. 2373, chron. X. Domino et X. Bretonneau, *Dr. adm.* 2013, comm. 14, note G. Eveillard.

95. **CE, ass., 28 mai 1954, *Barel***, R. 308, concl. M. Letourneur (face aux allégations sérieuses selon lesquelles un refus de concourir aurait été opposé à M. Barel, en raison de ses convictions communistes, et en l'absence de réponse précise de l'administration, le « motif allégué (par le requérant) doit être considéré comme établi »).

96. *JO* du 8 janv., p. 479.

différemment, ou une autre, totalement ou partiellement distincte. À la suite de l'audience, la décision est adoptée par la formation de jugement dans le cadre d'un délibéré secret. Cette décision n'acquiert toutefois la qualité de jugement qu'ensuite, en conséquence de son prononcé, dont la date est celle du jugement. Traditionnellement, le jugement était prononcé par sa « lecture » en audience publique (le président de la formation de jugement se bornant, en réalité, à déclarer au début d'une audience publique : « les jugements sont lus »). En vertu d'un décret nº 2020-804 du 18 novembre 2020 (art. 9, CJA, art. R. 741-1), la décision juridictionnelle est désormais prononcée, en principe, par sa mise à disposition au greffe de la juridiction.

1017 Le rôle du rapporteur public (ex-*commissaire du gouvernement*) a fait l'objet, ces dernières années, d'intenses débats. Ceux-ci ont d'abord porté sur la compatibilité de certains aspects du régime de l'institution avec les exigences du droit au procès équitable. Les conclusions prononcées par ce magistrat étaient traditionnellement soustraites au principe du contradictoire : les parties ne pouvaient pas en obtenir communication avant l'audience ni y répliquer lors de celle-ci, le rapporteur public prenant la parole en dernier[97]. La Cour européenne des droits de l'homme a jugé, quant à elle, que l'impératif de la contradiction, pour être applicable, n'était pas méconnu, en invoquant deux pratiques : la possibilité pour les parties ou leurs avocats d'avoir connaissance, avant l'audience, du sens général des conclusions et celle d'y répondre, après l'audience, en adressant à la formation de jugement une « note en délibéré »[98]. Cette prise de position a d'abord conduit à transformer ces pratiques en règles de procédure devant être suivies à peine d'irrégularité du jugement. Plus radicalement, devant les tribunaux et les cours, l'ordre de la prise de parole a été modifié : le rapporteur public s'exprime désormais après le rapporteur et avant les parties (ou leurs représentants), qui, ayant ainsi le dernier mot, peuvent lui répondre (CJA, art. R. 732-1, réd. décret du 23 déc. 2011). Au Conseil d'État, au contraire, il avait été initialement décidé que le rapporteur public continuerait de clore l'audience, les avocats ne pouvant ensuite que présenter de brèves observations orales (CJA, art. R. 733-1). Toutefois, en vertu du décret nº 2020-804 du 18 novembre 2020 (art. 8, CJA, art. R. 733-1), l'ordre de la prise parole est désormais le même que devant les tribunaux et les cours.

Si la Cour EDH s'est montrée plutôt bienveillante sur le terrain du contradictoire, elle a, en revanche, estimé, en se fondant sur la théorie des apparences (v. *supra*, nº 868), que le commissaire du gouvernement ne saurait participer, même sans droit de vote, au délibéré[99]. Sur ce dernier point, le juge administratif a interprété la jurisprudence européenne comme permettant une présence passive du commissaire du gouvernement. Reprise par le pouvoir réglementaire (décret du 19 décembre 2005), cette interprétation a été repoussée par la juridiction de Strasbourg[100], ce qui

97. V. réaffirmant cette position, CE, 29 juill. 1998, *Mme Esclatine*, R. 321, *D.* 1999.85, concl. D. Chauvaux.

98. **CEDH 7 juin 2001, *Kress c/France***, *AJDA* 2001, note Rolin, *RFDA* 2001.991, note B. Genevois et 1000, note J.-L. Autin et F. Sudre.

99. **CEDH 7 juin 2001, *Kress c/France***, préc.

100. CEDH, Gde Ch., 12 avr. 2006, *Martinie c/France*, *AJDA* 2006. 986, note F. Rolin, *RFDA* 2006. 305, et 577, note L. Sermet.

a conduit à l'édiction du décret du 1er août 2006 modifié par celui du 7 janvier 2009 qui fixe l'état actuel du droit, dont la conventionnalité a été admise par la Cour EDH[101]. Désormais exclue devant les tribunaux et les cours (CJA, art. R. 732-2), l'assistance du rapporteur public au délibéré est maintenue au Conseil d'État, à moins que l'une des parties ne s'y oppose (CJA, art. R. 733-3), ce qui semble rare.

Enfin, le fait que la note du rapporteur et le projet de décision arrêté par lui soient communiqués au rapporteur public (v. *supra*, nº 1016) et non au requérant n'a pas été jugé contraire au droit au procès équitable et notamment au principe de l'égalité des armes[102].

S'il n'est pas impossible que ces réformes modifient le rôle du rapporteur public, une autre menace, purement interne celle-là, pèse sur lui. L'exigence d'efficacité de la justice administrative tend à réduire son champ d'action. Ainsi, devant les tribunaux et les cours, le président de la formation de jugement peut désormais sur la proposition du rapporteur public dispenser celui-ci de prononcer des conclusions, « eu égard la nature des questions à juger », c'est-à-dire, en bref, si elles sont suffisamment simples pour ne pas justifier son intervention[103]. Cette possibilité est toutefois bornée, en premier ressort (mais non en appel) à un certain nombre de matières limitativement énumérées.

§ 2. LES VOIES DE RECOURS

1018 Les principales voies de recours sont l'appel et la cassation.

1019 **Appel. –** Les décisions rendues en premier ressort sont, en principe, susceptibles d'appel, sauf pour celles du Conseil d'État qui statue souverainement. Le juge d'appel reprend, en raison de *l'effet dévolutif de l'appel*, et en fonction des moyens soulevés, l'ensemble du dossier, réétudiant les questions de fait comme de droit (CJA, art. L. 811-1 et R. 811-1). Seules les parties peuvent faire appel du jugement qui les a déboutées, solution qui paraît en contradiction avec le caractère objectif du recours pour excès de pouvoir, et qui montre qu'il ne s'agit pas totalement, pour ce recours, du procès fait à un acte (v. aussi *supra*, nº 971).

1020 **Cassation. –** Ce recours est recevable contre toute décision d'une juridiction administrative rendue en dernier ressort, et ceci même sans texte (v. *supra*, nº 964) mais sa portée a considérablement évolué du fait du nouveau rôle du Conseil d'État désormais.

Le juge de cassation a dû développer et affiner, jusqu'à un degré extrême de subtilité, la portée de son contrôle de cassation. Quel point d'équilibre fixer pour

101. CEDH, 15 sept. 2009, *Yvonne Étienne c/France*, nº 11396/08, *AJDA* 2009.1920 et 2249, tribune L. Sermet.

102. CEDH, 4 juin 2013, *Marc Antoine c/France*, *AJDA* 2013. 1580, note S. Platon et 1798, chron. I. Burgorgue-Larsen, *Dr. adm.* 2013. 15, *Étude Wavelet*, *RFDA* 2014. 47, étude B. Pacteau, 51, étude J.-H. Stahl.

103. Loi nº 2011-525 du 17 mai 2011, art. 188 (CJA, art. L. 732-1) et décret nº 2011-1950 du 23 déc. 2011, mod décret nº 2013-730 du 13 août 2013 (CJA, art. R. 732-1 et R. 776-28).

que la cassation remplisse sa fonction unificatrice du droit, en donnant aux juges inférieurs un corpus clair de règles applicables, sans en faire un troisième degré de jugement ? Question fondamentale posée aussi à la Cour de cassation. Pour ce faire, le Conseil d'État a dû tracer la ligne de partage entre le contrôle du fait et du droit[104], mais avec des difficultés particulièrement importantes dans le cadre du contentieux de l'excès de pouvoir.

Le juge de cassation examine, la *régularité externe du jugement* : respect des règles de compétence ; de forme (visas et motivation précise des décisions) ; de procédure – respect de la procédure contradictoire, etc. Il s'interroge aussi sur la base légale des décisions juridictionnelles et l'interprétation de celle-ci dans le cadre de l'erreur de droit. Pour l'*erreur de fait*, le conseil vérifie l'exactitude matérielle des faits invoqués au regard des pièces du dossier – contrairement à la Cour de cassation – ainsi que la qualification des faits opérés par le juge du fond (savoir si tel fait correspond à la condition posée par le texte). Mais il ne saurait remettre en cause, sauf dénaturation, – l'appréciation souveraine du juge du fond, car celle-ci se situe, en principe, entre la constatation matérielle des faits et la qualification.

L'exemple de l'arrêt *SA Mondial Auto*[105] est éclairant : constater l'édification d'un étage supplémentaire relève de l'exactitude matérielle des faits ; savoir si ces travaux constituent des modifications de la structure de l'ouvrage est une question d'appréciation ; en déduire que cet ouvrage ne pouvait être considéré comme une installation de stockage au sens du Code des impôts porte sur la qualification juridique.

La marge de liberté laissée au juge du fond dépend donc de la distinction appréciation – qualification. Or celle-ci est déjà très délicate à réaliser dans le cadre du recours pour excès de pouvoir (v. *infra*, n° 1075 et s.), l'est encore plus en cassation. Ainsi, une même opération a été considérée comme relevant, successivement de l'appréciation souveraine puis de la qualification[106]. Et là où les commissaires du gouvernement estiment qu'il s'agit d'une question de qualification juridique, le Conseil d'État, pour éviter de « faire remonter » le contentieux jusqu'à lui, voit, souvent, de la simple appréciation[107]. Dès lors, les notions d'appréciation et de qualification faites par l'administrateur ou le juge sont appréhendées différemment au stade de l'excès de pouvoir ou à celui de la cassation (v. *infra*, n° 1076 et 1081), en fonction de la marge de discrétionnarité qu'il paraît souhaitable de laisser à l'administration ou, ici, au juge du fond[108].

104. V. CE, sect., 2 févr. 1945, *Moineau*, R. 27 (à propos du contrôle des jugements disciplinaires des ordres professionnels, où le juge de cassation se reconnaît pour la première fois le droit de contrôler la qualification juridique des faits).

105. CE, sect., 5 juill. 1991, R. 272, *RFDA* 1991.949, concl. J. Gaeremynck.

106. Comp. CE, 9 mars 1960, *Jourdan*, R. 189 (savoir si les honoraires demandés par un médecin ont été fixés « avec tact et mesure » au sens du Code de déontologie médicale relève de l'appréciation non contrôlée) et CE, sect., 18 févr. 1977, Hervouët, R. 98, concl. P. Dondoux (ce point relève désormais de la qualification contrôlable).

107. Par ex. CE, sect., 26 juin 1992, *Cne de Béthoncourt c/Ép. Barbier*, R. 269, concl. contraires, G. Le Chatelier (savoir si les faits de l'espèce sont constitutifs d'un défaut d'entretien normal dans le cadre de dommages de travaux publics, relève de la simple appréciation).

108. V. par. ex. concl. P. Hubert, sur CE, sect., 3 juill. 1998, *Salva-Couderc*, R. 298, *RFDA* 1999.112 (contrôle de cassation fondé sur le critère de « l'utilité » lorsqu'il existe un risque appréciable de divergence quant à l'utilisation de la norme par les juges du fond).

Quoi qu'il en soit, et contrairement à la Cour de cassation, le Conseil d'État, s'il casse la décision, peut soit renvoyer l'affaire à une autre cour administrative d'appel, soit statuer directement sur le fond dans l'intérêt d'une bonne administration de la justice, ce qu'il fait souvent pour clore définitivement le procès, utilisant sa longue expérience passée de juge d'appel.

§ 3. L'EFFICACITÉ DES RECOURS CONTENTIEUX

1021 **Plan. –** L'efficacité des recours dépend essentiellement de deux choses. Il faut d'une part que le juge, en *amont* de sa décision au fond, puisse, dans certains cas, statuer très rapidement pour paralyser, à titre provisoire, une mesure administrative qui porte atteinte aux droits ou intérêts du requérant ou de la collectivité tout entière. De ce point de vue, les procédures d'urgence sont primordiales : il existe désormais, depuis l'année 2001, des mécanismes de référé très efficaces (A). Par ailleurs, il faut, en *aval*, que le jugement, dont la portée exacte est parfois délicate à déterminer, produise des conséquences effectives. C'est pourquoi, depuis 1995 notamment, le juge administratif dispose de pouvoirs renforcés pour assurer que ses décisions produisent tous leurs effets (B).

A. EN AMONT DU PROCÈS AU PRINCIPAL : LES RÉFÉRÉS

1022 **Généralités. –** Avant la réforme réalisée par la loi n° 2000-597 du 30 juin 2000, diverses procédures d'urgence existaient. L'une s'appelait le sursis à exécution, et avait pour objet la suspension de l'application d'un acte administratif faisant l'objet d'un recours contentieux, celui-ci n'ayant pas en droit français d'effet suspensif. Cette procédure, qui aboutissait rarement, a été remplacée par le référé-suspension. Par ailleurs, la loi crée un nouveau mécanisme de *référé-liberté* pour donner aux justiciables une voie d'action efficace devant le juge administratif, sans être obligé d'invoquer à tort ou à travers la voie de fait.

Mais, pour le reste, la loi du 30 juin 2000 confirme les autres procédures de référé, que les textes antérieurs avaient instituées. Outre le référé-précontractuel (v. *supra*, n° 818), et le *référé-conservatoire (*ou *référé « mesures utiles »*, v. *infra*, n° 1025*),* il s'agit du *référé-instruction*, et du *référé-provision*.

Le référé-instruction (CJA, art. R. 532-1 s.) permet, lui, au juge d'ordonner, et même en dehors de toute urgence, toutes les mesures d'instruction qui paraissent utiles ; il s'agit notamment des expertises très fréquentes en matière de dommages de travaux publics ou de responsabilité hospitalière.

La procédure de référé-provision autorise le juge à ordonner le versement immédiat d'une somme d'argent, s'il existe un litige d'ordre pécuniaire entre le requérant et la puissance publique, « lorsque l'existence de l'obligation n'est pas sérieusement contestable », c'est-à-dire lorsqu'il résulte de manière suffisamment certaine des éléments soumis au juge par les parties que les conditions de cette existence (par exemple, les conditions d'engagement de la responsabilité de l'administration) sont remplies[109]. Le versement de cette provision, qui peut être subordonné à la constitution d'une garantie, donne ainsi à la victime la possibilité de disposer immédiatement de fonds, notamment pour commencer les réparations nécessaires. La décision du juge des référés, faute de saisine du juge au principal, peut dès lors clore le procès ; à l'inverse, si le juge du fond est saisi, c'est lui qui fixe définitivement le montant de la somme due (v. CJA, art. R. 541-1 s.).

Le juge des référés est, en principe, un juge statuant seul. Toutefois, en cas de difficultés importantes, il peut renvoyer l'affaire à une formation collégiale de jugement. Par ailleurs, depuis la loi du 20 avril 2016, si la nature de l'affaire le justifie, son jugement peut être confié à une formation comprenant trois juges des référés (CJA, art. L. 511-2). La procédure contentieuse est, elle, allégée, afin de tenir compte des nécessités d'une décision juridictionnelle provisoire rapide ; elle est même susceptible de se dérouler en partie oralement.

1023 **Le référé-suspension. –** Pendant longtemps, exista la procédure du sursis à exécution, décidée en formation collégiale, et entourée de conditions assez strictes. Le sursis était donc, sauf en certaines matières, assez rarement prononcé. Afin de renforcer l'effectivité des droits des administrés, les nouveaux articles L. 521-1 s. CJA assouplissent ces conditions, dans le cadre d'une véritable procédure d'urgence.

1°) Dans le régime général[110], le juge unique des référés, en cas de *recours au fond* par ailleurs contre l'acte, et si demande lui en est faite, est à même d'ordonner la suspension des effets de l'acte à deux conditions (CJA, art. L. 521-1) :

— la *légalité de la mesure* doit apparaître *discutable*, même s'il n'est pas possible, à ce stade, d'examiner complètement le dossier. Les textes antérieurs exigeaient un moyen sérieux de nature à justifier l'annulation, ce qui avait souvent conduit le juge à ne prononcer le sursis à exécution qu'en cas de moyen réellement fondé. Le nouveau texte se réfère seulement à l'existence « d'un moyen propre à créer, en l'état de l'instruction, un doute sérieux quant à la légalité de la décision », ce qui en facilite la suspension. La jurisprudence qui s'est développée depuis la réforme a interprété cet article avec souplesse. Désormais, le juge n'hésite pas à suspendre dès lors qu'il y a un doute réel, sans exiger que l'irrégularité soit totalement prouvée, que l'illégalité soit certaine ;

— il faut aussi qu'il y ait *urgence*. Celle-ci est avérée « lorsque l'exécution de l'acte porte atteinte de manière suffisamment grave et immédiate, à un intérêt public, à la situation du requérant ou aux intérêts qu'il entend défendre »[111]. Elle est appréciée objectivement et globalement, dans le cadre d'une sorte de bilan entre l'intérêt général qu'il y a à exécuter l'acte, en raison des impératifs de la sécurité publique par exemple, et l'intérêt qu'il y a à le suspendre du point de vue du requérant. La suspension de la décision autorisant l'ouverture d'une décharge ne doit pas ainsi être ordonnée car, même si la décision est éventuellement entachée

109. CE, sect. 6 déc. 2013, *M.B.*, *AJDA* 2013. 237, concl. Hedary, *GP* 2014, n° 29-30, p. 21, chron. M. Guoymar.

110. Il existe des procédures spécifiques de suspension. Outre celle liée au déféré préfectoral (v. *supra*, n° 298 s.), la suspension est notamment obligatoire pour les actes qui devaient être précédés d'une étude d'impact lorsque celle-ci est inexistante ou insuffisante (C. envir., art. L. 122-2) ou pour ceux soumis à enquête publique lorsque le commissaire-enquêteur a donné un avis défavorable et qu'il existe un moyen sérieux d'annulation (C. envir., art. L. 123-12).

111. CE, sect., 19 janv. 2001, *Conf. nat. radios libres*, R. 29, *RFDA* 2001.378, concl. L. Touvet

d'irrégularité, elle créerait, faute de solution alternative d'élimination des déchets, des menaces sérieuses pour l'environnement[112]. De même, le risque de multiples contentieux n'est pas à lui seul susceptible de faire admettre l'urgence[113]. À l'inverse, l'urgence est pratiquement toujours caractérisée dans le contentieux des permis de construire ou, à plus forte raison de démolir, car il sera évidemment difficile, si l'acte administratif est exécuté, de rétablir les lieux dans leur état antérieur[114]. L'urgence est aussi de principe dans le contentieux des expulsions d'étrangers[115].

Pour le reste, la loi du 30 juin 2000 rend plus aisée la suspension. L'ancien texte exigeait que le requérant démontre l'existence d'un préjudice difficilement réparable si l'acte était annulé par la suite, ce qui avait notamment conduit le juge à refuser tout sursis pour les décisions à conséquences seulement pécuniaires puisqu'il était toujours possible, *in fine*, de verser cette compensation. Au contraire, la jurisprudence admet désormais que l'urgence peut justifier la suspension d'une telle décision alors même qu'en « cas d'annulation ses effets pourraient être effacés par une réparation pécuniaire »[116].

2°) Si ces conditions sont remplies, le juge *n'est cependant pas tenu d'ordonner cette mesure*[117]. S'il la décide, il peut moduler les effets de la suspension, dans le temps ou dans leur portée (paralysie totale ou partielle), et même suspendre des décisions de rejet, contrairement à la jurisprudence antérieure. Celle-ci, en effet, considérait qu'un acte de refus ne pouvait être suspendu car cela revenait à obliger l'administration à prendre une mesure positive, alors que de telles injonctions ne sont pas dans les compétences du juge administratif[118]. De telles justifications ont été battues en brèche par les évolutions juridiques postérieures. Le juge avait pu prononcer le sursis d'une décision de rejet lorsque celle-ci entraînait la modification de la situation, en droit ou en fait, de l'intéressé. De plus, depuis la loi du 8 février 1995, le juge peut adresser des injonctions à l'administration (v. *infra*, n° 1037). Il était donc logique qu'il puisse suspendre la décision de rejet, ou tout au moins certains de ses effets en ordonnant au service public de prendre des mesures conservatoires immédiates. Il enjoint dès lors à l'administration de réexaminer sa décision au regard des dispositions légales, dans un délai déterminé, voire lui impose l'adoption des mesures conservatoires utiles, comme par exemple la délivrance d'une autorisation provisoire. Ainsi le candidat à un concours peut être

112. CE, sect., 28 févr. 2001, *Préfet des Alpes-Maritimes*, R. 109.

113. CE, sect., 18 déc. 2002, *Migaud*, *RFDA* 2003.178, *Bull.* conclusions fiscales, 2003, n° 5, p. 57, concl. J.-H. Stahl.

114. Par ex. CE, 6 mars 2002, *Mme Besombes*, *BJDU* 2002.148, concl. R. Schwartz.

115. CE, 2 oct. 2002, *Hakkar*, *Dr. adm.* 2003, n° 12.

116. CE. 19 janv. 2001, *Conf. nat. radios libres*, préc. (rejet en l'espèce).

117. CJA, art. L. 521-1 (« le juge des référés (...) peut ordonner la suspension... »). V. aussi CE, ass., 13 févr. 1976, *Assoc. de sauvegarde du quartier Notre-Dame à Versailles*, R. 100, *Rev. adm.* 1976.380, concl. M. Morisot (où le Conseil d'État avait refusé d'ordonner le sursis à exécution du permis de construire un palais de justice, car les irrégularités pouvaient être facilement corrigées, l'arrêt des travaux étant par ailleurs source de graves préjudices pour les finances publiques. Cette jurisprudence n'est désormais plus d'actualité puisque le juge fait en amont, pour qualifier l'urgence, un bilan entre les intérêts en présence).

118. CE, ass., 23 janv. 1970, *Min. Affaires sociales c/Amoros*, R. 51 (impossibilité de suspendre le refus opposé à un candidat qui ne remplissait pas aux yeux de l'administration les conditions requises pour se présenter à un concours).

admis à se présenter, quitte à ce qu'il apparaisse *in fine* qu'il ne remplissait pas les conditions requises[119].

1024 **Le référé-liberté. –** *1°)* Ne pouvant faire obstacle à l'exécution d'aucune décision administrative, sauf dans le cas très strictement encadré du sursis à exécution, qui ne permettait d'ailleurs que la suspension de l'acte mais non l'édiction des autres mesures nécessaires, la juridiction administrative se trouvait dépourvue de procédure efficace pour les situations où une menace grave et immédiate pesait sur les libertés fondamentales. Ainsi, le célèbre arrêt *Benjamin* (v. *supra*, n° 521), par lequel le juge annule le refus d'autoriser une réunion, ne fut rendu que le 19 mai 1933, alors que la décision du maire remontait au 11 mars 1930. Satisfaction mitigée donc du requérant qui, bien qu'ayant gagné sur le principe, avait en réalité perdu, n'ayant pu tenir sa conférence. La lenteur et l'inefficacité de la justice administrative conduisaient donc certains requérants à saisir le juge judiciaire des référés, en se fondant sur une voie de fait plus ou moins hypothétique, afin d'obtenir, face à l'administration, les mesures conservatoires indispensables (v. *infra*, n° 1034). Pour cette raison, la loi du 30 juin 2000 créa donc un nouvel instrument, le référé-liberté, inspiré de la procédure du déféré préfectoral spécial qui, lorsque sont en cause des libertés publiques ou individuelles, doit être jugé dans les 48 heures (v. *supra*, n° 306).

L'article L. 521-2 dispose ainsi que : « saisi d'une demande en ce sens, justifiée par l'urgence, le juge des référés peut ordonner toutes mesures nécessaires à la sauvegarde d'une liberté fondamentale à laquelle une personne morale de droit public ou un organisme privé chargé de la gestion d'un service public aurait porté, dans l'exercice de l'un de ses pouvoirs, une atteinte grave et manifestement illégale ». Le nouveau texte fixe donc plusieurs conditions pour que le référé-liberté puisse jouer.

Il faut tout d'abord qu'il y ait une *urgence particulière,* celle-ci s'appréciant, comme pour le référé-suspension dans le cadre d'un bilan entre les droits et intérêts du requérant et les nécessités de l'intérêt général, en tenant compte du bref délai qu'a le juge pour statuer. Ainsi il y a en principe urgence chaque fois qu'est en cause le refus d'enregistrer une demande d'asile, en raison de l'atteinte portée à la situation du demandeur[120], alors que l'urgence n'existe pas quand le retard mis dans le renouvellement d'un passeport avait pour origine la négligence même de l'intéressé[121].

Il faut ensuite qu'il soit porté *atteinte à une liberté fondamentale*. Cette notion étant susceptible de plusieurs interprétations, le Conseil d'État, saisi de nombreuses fois de cette question, a considéré qu'entraient dans le champ d'application du texte des libertés telles que la liberté d'expression et de communication[122], la liberté d'aller

119. CE, sect., 20 déc. 2000, *M. Ouatah*, R. 643, concl. F. Lamy (arrêt qui abandonne la jurisprudence Amoros) et CJA, art. L. 521-1. V. CE, sect., 28 févr. 2001 Philippart et Lesage, R. 111 (injonction de délivrer une autorisation provisoire).

120. CE, 15 févr. 2002, *Hadda*, *RFDA* 2002.436.

121. CE, 9 janv. 2001, *Deperthes*, R. 1.

122. CE, 24 févr. 2001, *Tiberi*, R. 85 (à propos d'un débat télévisé pendant la campagne des élections municipales) et CE, 18 mars 2002, *GIE Sport Libre*, *Dr. adm.* 2002 n° 80 (pour la retransmission radiophonique des matches de football).

et de venir[123], le droit d'asile[124], le droit à une vie familiale normale[125], le droit de propriété et de son corollaire le droit de disposer librement de ses biens[126], la présomption d'innocence[127], le droit au respect de la vie[128]. Il en est même ainsi du respect de la libre administration des collectivités territoriales[129] ou du droit de propriété des personnes publiques[130], alors qu'il n'était pas évident que celles-ci pussent invoquer ce texte. Il n'y a pas non plus d'obstacle de principe à ce que des droits-créances soient reconnus comme des libertés fondamentales pour l'application du référé-liberté. Sans doute, certains de ces droits se sont vus refuser cette qualité en raison, semble-t-il, de leur trop grande généralité ; ainsi du droit au logement, du droit d'occuper un emploi, ou du droit à la protection de la santé[131]. Mais cette raison même implique une limite : un droit-créance suffisamment précis, notamment du point de vue des obligations qu'il fait peser sur l'administration, peut constituer une liberté fondamentale pour l'application du référé-liberté ; ainsi du droit des enfants, notamment handicapés, à une scolarisation ou à une formation adaptée[132] ou du droit à un hébergement d'urgence[133]. Dans le même esprit, certains droits, qui se rattachent au droit à la protection de la santé mais sont plus précis que lui, sont regardés comme des libertés fondamentales pour l'application du référé-liberté. Ainsi, par exemple, du droit pour toute personne de recevoir les traitements et les soins les plus appropriés affirmé par l'article L. 1110-5 du Code de la santé publique[134].

Il faut, enfin que, l'administration ait porté une atteinte *grave et manifestement illégale* à la liberté en cause (et cela lors même que cette atteinte serait constitutive d'une voie de fait, v. *supra*, n° 925). Le référé-liberté n'intervient donc que dans des hypothèses d'irrégularité caractérisée, pour un contrôle immédiat. Ainsi le juge a pu considérer que ce degré de gravité et d'illégalité était atteint lorsqu'une mairie interdisait la tenue de l'université d'été du Front national. Aucun texte ne permet, en effet, sauf risque de très graves menaces pour l'ordre public,

123. CE, 9 janv. 2001, *Deperthes*, préc. (à propos d'un refus de passeport).

124. CE, 15 févr. 2002, *Hadda*, préc.

125. CE, 30 oct. 2001, *Min. Int c/Mme Tliba*, R. 523, *RFDA* 2002.324, concl. I. de Silva (à propos de l'expulsion d'une femme pour trafic de drogue).

126. CE, 23 mars 2001, *Soc. Lidl*, R. 154 (pour l'apposition de scellés sur un entrepôt) ; CE, 29 mars 2002, SCI Stephaur, *BJCL* juin 2002.93, concl. Vison (pour l'expulsion de squatters).

127. CE, 14 mars 2005, *Bruno Gollnisch*, R. 103, *AJDA* 2005. 1633, note I. Burgorgue-Larsen, *Dr. adm.* 2005, n° 159.

128. CE, sect., 16 nov. 2011, *Ville de Paris*, *RFDA* 2012. 269, concl. D. Botteghi, *JCP* A 2012.2017, comm. B. Pacteau, *JCP* 2012, n° 1, p. 29, note Le Bot, *Procédures* 2012, p. 30, note Deygas.

129. **CE, sect., 18 janv. 2001, *Cne de Venelles***, R. 318, concl. L. Touvet (arrêt de principe), et par ex. CE, 12 juin 2002, *Cne de Fauillet*, *RFDA* 2002.857 (pour un transfert de compétence à un organisme intercommunal).

130. CE ord. 9 oct. 2015, n° 393895, *Commune de Chambourcy*, *AJDA* 2015.2388, note N. Foulquier.

131. Respect. CE, 3 mai 2002, *Ass. Réinsertion sociale du Limousin*, *AJDA* 2002.818, note Deschamps CE, 13 mai 2002, *CH de Valence c/Nouri* ; CE, 8 sept. 2005, *Min. justice c. B*, R. 388, *AJDA* 2006, p. 376, note M. Laudijois.

132. CE, 15 déc. 2010, *Min. Éduc. nat. c/M. et Mme P.*, R. 500, *AJDA* 2011.858, note Prélot, *D.* 2011.1126, note Dagome-Labbe, *RDSS* 2011. 176, obs. Fontier.

133. CE, 10 févr. 2012, *Karamoko Fofana*, *AJDA* 2012.716, note Duranthon, *JCP* 2012, n° 19, p. 955, note Delmas.

134. CE, 13 déc. 2017, n° 415207, *AJDA* 2018. 1046, note D. Roman, *JCP* A 2018, n° 18, p. 21, chron. O. Le Bot, *RGDM* 2018, n° 66, p. 218, note C. Lucotte Le Visage.

d'interdire une réunion politique[135]. La solution est identique pour le refus d'accorder un titre permettant de demander le droit d'asile[136] ou pour l'apposition de scellés sur un magasin[137]. De même, en matière de droit au respect de la vie, l'atteinte grave et manifestement illégale est constituée quand « l'action ou la carence de l'autorité publique crée un danger caractérisé ou imminent pour la vie des personnes »[138]. Le mode d'appréciation de cette condition est d'ailleurs particulier à l'égard des droits-créances, le juge étant ici conduit à mettre en balance la situation du bénéficiaire de ce droit d'une part, les diligences accomplies par l'autorité administrative compétente au regard des moyens dont elle dispose de l'autre[139]. Enfin, si la jurisprudence avait initialement appliqué au référé-liberté le principe selon lequel le juge du référé ne peut contrôler la conventionnalité de la loi[140], elle l'en a récemment affranchi[141]. Conformément à la distinction entre inconventionnalité abstraite et inconventionnalité concrète (v. *supra,* n° 101), l'atteinte grave et manifestement illégale peut donc notamment résulter soit de l'application de dispositions législatives, qui, prises en elles-mêmes, sont manifestement incompatibles avec une convention internationale soit du fait que la mise en œuvre de ces dispositions entraîne, au cas d'espèce, des conséquences manifestement contraires à une telle convention. Compte tenu de la place considérable de la ConvEDH, en particulier, comme source des libertés fondamentales, ce revirement de jurisprudence est de première importance.

2°) Si les conditions sont remplies, le juge, qui statue dans un délai de 48 heures en principe, peut édicter toutes les mesures nécessaires à la sauvegarde de la liberté atteinte, en enjoignant à l'administration de les respecter. S'il ne saurait prononcer l'annulation même de l'acte (car il statuerait dans ce cas sur le litige principal), il peut en ordonner la suspension.

De ce point de vue, les requérants doivent faire très attention à la voie choisie : le référé-liberté est soumis à des conditions plus strictes que le référé-suspension. Aussi, alors qu'elle aurait pu obtenir la suspension d'une décision dont la légalité était douteuse, une requérante n'a-t-elle pu obtenir gain de cause à l'occasion d'un référé-liberté car la mesure n'était pas manifestement illégale[142].

Il peut aussi adresser des injonctions à la personne morale qui gère le service public, soit comme conséquence de la suspension, soit même indépendamment de toute suspension, ce qui est le cas lorsqu'aucune décision ne peut être individualisée et qu'on se trouve en présence seulement d'agissements. Le juge a pu, ainsi, ordonner à un préfet d'exécuter, dans un délai de 15 jours, la décision du juge des référés judiciaire prescrivant, à la demande d'un propriétaire, l'évacuation des squatters d'un immeuble[143].

135. CE, 19 août 2002, *Institut de formation des élus locaux*, *AJDA* 2002.1017.
136. CE, 12 janv. 2001, *Hyacinthe*, R. 12.
137. CE, 23 mars 2001, *Soc. Lidl*, préc. (absence d'urgence cependant ici).
138. CE, sect., 16 nov. 2011, *Ville de Paris*, préc. (absence d'urgence cependant ici).
139. CE, 15 déc. 2010, *Min. Éduc. nat. c/M. et Mme P*, préc. ; CE, 10 févr. 2012, Karamoko Fofana, préc.
140. CE, 9 déc. 2005, n° 287777, *Mme Allouache*, *AJDA* 2005.2374.
141. CE, ass. 31 mai 2016, n° 396848, *Mme Gonzalez Gomez*, préc.
142. CE, 30 oct. 2001, *Min. Int c/Mme Tibla*, préc.
143. CE, 29 mars 2002, *SCI Stéphaur*, préc.

Le juge peut même s'affranchir du principe selon lequel les mesures prises en référé doivent être provisoires lorsqu'aucune mesure de cette nature n'est susceptible de sauvegarder l'exercice effectif de la liberté fondamentale en cause[144].

Grâce à ces nouvelles armes, le juge administratif est donc devenu un réel et efficace juge de l'urgence. Ainsi, dans l'affaire de l'université du Front national, face au refus d'autoriser la tenue de cette manifestation, le 29 juillet 2002, le Conseil d'État, saisi de la décision du juge des référés du tribunal de Grenoble qui avait rejeté, le 9 août 2002, la requête de ce parti politique, prononça le 19 août 2002, la suspension du refus et ordonna au maire de ne pas faire obstacle à la tenue du congrès. Comparé à l'arrêt *Benjamin*, on voit les immenses progrès qu'a faits, dans ce domaine, la juridiction administrative...

1025 **Le référé mesures utiles. –** Créé par une loi du 28 novembre 1955, ce référé est, dans le droit actuel, institué par l'article L. 521-3 CJA aux termes duquel « en cas d'urgence [...] le juge des référés peut ordonner toutes autres mesures utiles sans faire obstacle à l'exécution d'aucune décision administrative ». Il convient de préciser quelles sont, dans ce cadre, les conditions de l'intervention du juge du référé avant de déterminer ce que ce dernier est habilité à faire quand ces conditions sont remplies, c'est-à-dire ce que recouvre l'expression « toutes autres mesures utiles ».

1026 Les conditions du référé conservatoire sont au nombre de quatre. Il faut d'abord, bien sûr, que l'urgence justifie qu'une mesure soit prescrite en référé. En second lieu, la mesure demandée doit être utile, c'est-à-dire, en réalité, nécessaire à la sauvegarde d'intérêts publics ou privés ou de droits. La demande présentée ne doit se heurter à aucune contestation sérieuse, une telle contestation devant être tranchée par le juge du fond. Enfin, et surtout, la mesure demandée ne doit « faire obstacle à l'exécution d'aucune décision administrative », y compris « celle refusant la mesure demandée »[145]. En d'autres termes, une personne qui, ayant demandé à l'administration de prendre une décision, s'est heurtée à un refus (explicite ou implicite) ne peut ensuite saisir le juge du référé conservatoire pour lui demander d'ordonner à l'administration d'accorder ce que celle-ci a refusé, dès lors que cela revient faire obstacle à l'exécution de la décision de refus. Cette solution se justifie surtout par le caractère subsidiaire du référé-conservatoire, comme on le verra un peu plus loin. Il faut d'ailleurs préciser qu'elle est écartée « en cas de péril grave »[146] et, notamment, quand la victime d'un dommage de travaux publics a demandé au responsable de celui-ci d'effectuer des travaux conservatoires et s'est heurté à un refus[147]. Pour éviter que l'administration ne tire un avantage illégitime

144. CE, 31 mai 2007, *Syndicat CFDT Interco 28*, R. 222, *AJDA* 2007. 1237, chron. F. Lenica et J. Boucher.

145. CE, sect. 5 févr. 2016, n° 393540, *AJDA* 2016. 474, chron. L. Dutheillet de Lamothe et L. Odinet, *RFDA* 2016. 323, concl. A. Bretonneau.

146. CE, sect. 5 févr. 2016, préc.

147. CE, sect. 18 juill. 2006, *Mme Elissondo-Labat*, R. 369, *AJDA* 2006. 1839, chron. C. Landais et F. Lénica, *RFDA* 2007. 314, concl. D. Chauvaux. V. aussi, CE, avis n° 436288 du 1er juill. 2020, *JO* du 10 juill., texte n° 174, *Dr. adm.* 2020, n° 11, comm. 47, note G. Eveillard (à propos de la décision refusant d'avancer la date d'un rendez-vous fixé à un étranger pour l'examen de sa demande de titre de séjour : en cas « d'urgence immédiate », le juge du référé mesures utiles peut enjoindre d'avancer cette date).

de la solution considérée en prenant, après qu'un requérant a demandé une mesure au juge des référés, une décision refusant cette mesure, il est pertinemment jugé qu'une telle circonstance ne saurait faire obstacle à ce que le juge des référés fasse usage des pouvoirs qu'il tient de l'article L. 521-3 CJA[148]. Par ailleurs, quand un recours (administratif ou juridictionnel), pourvu par la loi d'un effet suspensif, est exercé contre une décision et, que néanmoins, l'administration poursuit l'exécution de cette décision, le juge du référé « mesures utiles » peut, sans méconnaître l'interdiction de faire obstacle à l'exécution d'une décision, prescrire à l'administration toutes mesures propres à faire cesser la méconnaissance du caractère suspensif du recours[149].

1027 La formule sibylline « toutes autres mesures utiles » appelle deux éclaircissements : en quoi peuvent consister ces mesures et par rapport à quoi doivent-elles être « autres » ? Sur le premier point, il peut s'agir de mesures provisoires ou conservatoires consistant notamment en injonctions visant des personnes privées (injonction à un occupant sans titre du domaine public de le quitter, exemple classique) ou des personnes publiques (injonction de communiquer un document administratif dont l'intéressé a urgemment besoin pour défendre ses droits ou intérêts, exemple non moins classique). Quant au second point, il est lié à l'architecture législative des référés : l'article L. 521-3 vient (cela ne saurait échapper) après les articles L. 521-1 (référé-suspension) et L. 521-2 (référé-liberté) et, partant, « autres » signifie autres que celles qui relèvent de ces deux référés. C'est en cela que le référé « mesures utiles » présente, par rapport à ces voies de droit, un caractère subsidiaire : il doit être utilisé quand elles ne le peuvent pas, de telle sorte que le juge du référé conservatoire ne peut prescrire les mesures qui lui sont demandées « lorsque leurs effets pourraient être obtenus » au moyen du référé-suspension ou du référé liberté[150]. Ainsi s'explique, comme il a été dit, que les décisions à l'exécution desquelles le juge du référé ne peut faire obstacle comprennent celles par lesquelles l'administration a refusé ce qui est ensuite demandé à la juridiction : un tel refus peut faire l'objet d'un référé-suspension, qui conduira le juge à enjoindre à l'administration de faire ce qu'elle n'avait pas accepté de faire. Les cas exceptionnels dans lesquels le juge du référé mesures utiles peut enjoindre à une autorité administrative de faire ce qu'elle avait refusé sont donc autant de limites du caractère subsidiaire du référé mesures utiles, comme le Conseil d'État l'a du reste lui-même relevé[151]. La subsidiarité de la voie de droit étudiée explique aussi qu'elle ne permet pas d'enjoindre à l'administration de prendre des mesures réglementaires d'organisation d'un service public[152] ou portant sur un secteur d'activité[153].

148. CE, 28 nov. 2018, n° 420343.

149. CE, 24 juil. 2019, *CAF de la Vienne*, n° 426527, *JCP* A 2020, 10 févr., n° 6, 2026, chron. O. Le Bot (v. n° 9).

150. CE, sect. 5 févr. 2016, préc.

151. CE, avis n° 436288 du 1er juill. 2020, *JO* du 10 juill., texte n° 174, *Dr. adm.* 2020, n° 11, comm. 47, note G. Eveillard (v. § 8).

152. CE, 27 mars 2015, n° 385332, *Section française de l'Observatoire international des prisons*, *AJDA* 2015. 797, chron. J. Lessi et O. Dutheillet de Lamothe, *RFDA* 2015. 491, concl. E. Crepey.

153. CE, 23 oct. 2015, n° 383938, *SEARL Docteur Dominique Debray*, *AJDA* 2016. 131.

B. EN AVAL DU PROCÈS AU PRINCIPAL : SES SUITES

1. Les effets des décisions du juge administratif

1028 **Portée des décisions. –** Les décisions prises par le juge administratif, rendues au nom du peuple français, sont *exécutoires*. Elles constituent un titre sur la base duquel il est possible de recourir à l'exécution forcée et bénéficient, sauf exception, de l'*autorité de la chose jugée*, ce qui en interdit la remise en cause, autrement que par l'exercice des voies de recours du jugement. L'administration est tenue de les respecter et d'en tirer les conséquences.

Parfois, la portée de la décision est simple à déterminer. À l'issue des litiges portant sur des questions pécuniaires, le juge fixe, en principe, le montant de la somme que l'administration doit verser. De même, la décision juridictionnelle qui réforme un acte administratif a un contenu suffisamment précis (par exemple jugement de réduction d'une sanction). Enfin, en excès de pouvoir, le rejet du recours se suffit à lui-même et n'a d'ailleurs que l'autorité relative de la chose jugée : un autre requérant pourrait attaquer l'acte qui ne bénéficie pas de ce point de vue d'une garantie de régularité.

Les choses sont souvent plus complexes, dans le cadre de ce dernier recours, en cas d'annulation d'un acte administratif. Le jugement qui la prononce, en en précisant, le cas échéant, les effets[154], bénéficie de l'autorité absolue de la chose jugée : ses effets ne se limitent pas aux parties, mais s'imposent à tous. L'acte disparaît rétroactivement et totalement de l'ordonnancement juridique. Le Conseil d'État admet toutefois que dans l'hypothèse où cette annulation rétroactive aurait des conséquences manifestement excessives pour les intérêts publics et privés en présence, le juge est à même, conciliant légalité et sécurité juridique, de moduler dans le temps l'effet de ses décisions. Il peut ainsi estimer que tout ou partie des effets antérieurs de l'acte doit être considéré comme définitifs ou n'annuler la décision qu'à compter d'une certaine date[155]. L'usage de cette prérogative n'est pas aussi rare qu'on avait pu le penser. Au demeurant, si le motif de principe de l'arrêt *Association AC !* indiquait que la règle de l'effet rétroactif de l'annulation ne pouvait être écartée qu'« à titre exceptionnel », cette restriction a été abandonnée[156]. En particulier, la modulation peut concerner non seulement l'annulation de décisions

154. V. not. CE, ass., 29 juin 2001, *M. Vassilikiotis*, R. 303, concl. F. Lamy (détermination par le juge des obligations précises de l'administration après annulation d'un arrêté empêchant les ressortissants de la communauté européenne d'être guides de musée).

155. **CE, ass., 11 mai 2004, *Association AC ! et autres* :** Rec., p. 97, concl. Devys ; *AJDA* 2004. 1183, chron. C. Landais et F. Lenica ; *Dr. adm.* 2004, n° 115, note Lombard ; *JCP* A 2004, n° 1826, note J. Bigot ; *LPA* 2004, n° 208, chron. F. Melleray, n° 230, note Montford, *LPA* 2005, n° 25, note F. Crouzatier-Duran, *RDP* 2005. 536, obs. C. Guettier, *RFDA* 2004, p. 438, concl. (annulation différée dans le temps de la convention d'assurance chômage) ; pour une autre application, CE, sect., 25 févr. 2005, *France-Telecom*, R. 86, *AJDA* 2005. 997, chron. C. Landais et F. Lenica, *JCP* A 2005, n° 1162, note E. Saunier-Cassia et n° 1263, note Breen, *RDP* 2005.1643, note Idoux, *RFDA* 2005. 802, concl. E. Prada-Bordenave (annulation différée d'une décision de l'Autorité de régulation des télécommunications).

156. CE, ass., 23 déc. 2013, *Métropole Télévision (M6), Télévision française 1 (TF1)*, n° 363702, R. 322.

réglementaires mais aussi celle de décisions individuelles, telles que la nomination de magistrats[157].

Le juge peut également moduler les effets, non pas de l'annulation d'une décision administrative, mais de la déclaration d'inconventionnalité d'une disposition législative sur laquelle elle repose[158]. Cette déclaration, on l'a vu (v. *supra* nº 102), ne fait pas disparaître la loi de l'ordre juridique (ni pour le passé ni même pour l'avenir) mais la rend inapplicable. Il est alors possible de borner cette inapplicabilité à la mesure dans laquelle la loi est inconventionnelle. Ainsi, quand une disposition législative permet l'édiction de décisions individuelles à des conditions contraires au droit de l'Union, le juge, après avoir reconnu cette contrariété, peut permettre à l'administration de continuer à appliquer cette disposition, dans l'attente de sa modification par le législateur, mais en l'assortissant de conditions respectueuses du droit européen. Comme l'explique bien le rapporteur public, G. Odinet, cette solution revient à limiter les effets de la déclaration d'inconventionnalité aux motifs de celle-ci, « en permettant de continuer d'appliquer le texte dans la mesure où il n'est pas inconventionnel avec les compléments nécessaires pour le rendre conventionnel ».

Dans la même veine, le juge peut également différer l'effet dans le temps du rejet d'un recours pour excès de pouvoir dirigé contre un acte dont l'exécution avait été suspendue en référé (v. *supra*, nº 1023), quand la remise en application immédiate de cet acte serait de nature à porter atteinte à la sécurité juridique[159].

La prise en compte par le juge de l'excès de pouvoir des effets de ses annulations peut même le conduire à limiter dans le temps l'exercice de son pouvoir d'annulation, c'est-à-dire à décider qu'il n'usera de ce pouvoir que jusqu'à une certaine date parce qu'une annulation prononcée au-delà entraînerait des conséquences inadmissibles qu'aucune modulation ne permet d'éviter. C'est la raison pour laquelle le juge de l'excès de pouvoir ne peut annuler l'acte ordonnant des opérations de remembrement que jusqu'à la date du transfert de propriété[160].

Quoi qu'il en soit, l'annulation rétroactive, qui reste de principe, soulève deux difficultés essentielles.

1029 **Conséquences pour l'avenir. –** L'administration doit réexaminer le dossier et tirer les conséquences, le cas échéant, des nouvelles données de fait ou de droit. Elle prend ainsi une mesure différente de celle annulée. Ou elle réédicte, pour l'avenir, un acte au contenu identique (en suivant une procédure régulière si l'annulation a été prononcée, par exemple, pour illégalité externe (v. *infra*, nº 1053 et s.), lorsque la réglementation rend toujours possible une telle mesure). Elle peut

157. CE, 12 déc. 2007, *Sire*, *AJDA* 2008.638, concl. M. Guyomar, *AJFP* 2008.172, note Guegen, *D.* 2008. 1457, note Caille ; CE, sect., 30 déc. 2010, *M. Robert*, nº 329513.

158. CE, 31 juil. 2019, *Association La Cimade,* nº 428530, *AJDA* 2019. 2316, concl. G. Odinet, *RFDA* 2020. 162, chron. A. Bouveresse.

159. CE, sect., 27 oct. 2006, *Société Techna et autres* : R. 451, *AJDA* 2006.2385, chron. C. Landais et F. Lénica, D. 2001.621, note P. Cassia, *JCP* 2006.I.301, 59, obs. B. Plessix et II.100208, obs. S. Damarey, *JCP* A 2007.2001, note F. Melleray, *LPA* 1-2 janv. 2007, note Chaltiel, *RFDA* 2007.265, concl. F. Séners, 601, note A. Roblot-Troizier.

160. CE, sect., 6 avr. 2007, *Blondeau* (2 arrêts), R. 141 et 151, concl. D. Chauvaux, *AJDA* 2007. 1988, note P. Chrétien, *RFDA* 2007.736, concl.

agir de même quand il existe des motifs valables, autres que celui qui a été déclaré illégal par le juge. Ainsi, après l'annulation d'un premier refus de permis de construire fondé sur un motif erroné (absence d'atteinte au site), l'insuffisance des réseaux d'assainissement justifie un nouveau refus. Si ce motif est exact, il n'y a ni violation de la chose jugée, ni détournement de pouvoir (v. *infra*, n° 1062).

1030 **Réexamen des situations passées. –** L'acte annulé a souvent produit des effets de droit. Comment rétablir le *statu quo ante* et faire comme si l'acte n'avait jamais existé, au risque de remettre en cause des situations définitives concrétisées ? Comment concilier le respect du principe de légalité et les impératifs du principe de stabilité des situations juridiques ? La jurisprudence se trouve ainsi condamnée à « osciller constamment entre la logique de la fiction et les exigences de la réalité »[161].

1°) L'annulation de l'*acte réglementaire* n'entraîne pas la disparition de tous les actes pris sur son fondement ; la solution contraire serait source d'une extrême insécurité. Seuls les actes non définitifs, qui ont un lien direct et absolu avec le règlement illégal, peuvent ou doivent être, qu'ils aient ou non créé des droits, rapportés par l'administration (v. *supra*, n° 690 et s.) ou annulés par le juge[162].

2°) Dans le cas des *actes individuels*, l'administration doit prendre toutes les mesures nécessaires afin de rétablir la situation antérieure, lorsque la décision annulée portait *atteinte à un droit* avéré du requérant. Ainsi, en cas d'annulation d'un tableau d'avancement de fonctionnaires, le ministre est tenu de reconstituer la carrière (de chaque fonctionnaire) dans les conditions où elle est réputée avoir dû normalement se poursuivre si aucune irrégularité n'avait été commise[163], car les agents ont un droit au déroulement normal de celle-là. Des décisions définitives et créatrices de droits peuvent donc être remises en cause lorsqu'elles sont incompatibles avec la chose jugée et sont annulées par voie de conséquence[164].

Dans les autres cas, la disparition rétroactive de l'acte, qui est une fiction, laisse place à diverses solutions plus souples et pragmatiques. Ainsi malgré l'annulation d'une décision de refus, si le requérant ne justifie pas d'un droit à autorisation, l'administration n'est pas tenue de retirer les actes créateurs de droit, définitifs, devenus irréguliers de ce fait. Ceci, *de facto*, prive de tout effet l'annulation de la décision de refus, sous réserve d'une éventuelle compensation indemnitaire (v. *infra*, n° 1095), sauf à avoir attaqué toutes les autorisations délivrées[165]. De même, le fonctionnaire dont la révocation a été annulée n'a pas droit à percevoir la totalité des traitements

161. G. Braibant, « Remarques sur l'efficacité des annulations pour recours pour excès de pouvoir (*EDCE*, 1961.64 »).

162. CE, sect., 1er avr. 1960, *Quériaud*, R. 245, concl. Henry.

163. **CE, 26 déc. 1925, *Rodière***, R. 1066 ; RDP 1926.32, concl. Cahen-Salvador ; CE, sect., 14 févr. 1997, *Colonna*, R. 38., *RDP* 1998.1449, concl. V. Pécresse (reconstitution du tableau d'avancement en consultant la commission administrative paritaire en fonction au moment de la reconstitution).

164. CE, ass., 27 mai 1949, *Véron-Réville*, R. 246, *GP* 1949, II, p. 34, concl. Odent (obligation, dans le cas des fonctionnaires inamovibles, de retirer la décision de nomination d'un juge pour permettre la réintégration de son prédécesseur, illégalement évincé) ; CE, 11 déc. 1970, *Schwetzoff*, R. 765 (remise en cause des droits acquis dans la mesure nécessaire à la révision de la situation du requérant, après annulation d'une décision de remembrement).

165. V. CE, sect., 10 oct. 1997, *Sté Strasbourg FM*, R. 355, concl. V. Pécresse (après annulation du refus opposé par le CSA à la requérante, absence d'obligation pour le CSA de réattribuer l'ensemble des

dont il aurait bénéficié s'il était resté en poste – ce qui serait dans la logique de la disparition totale de l'acte – mais seulement à être indemnisé du préjudice réellement subi, qui correspond à la différence entre les sommes qu'il aurait dû toucher et ce qu'il a éventuellement perçu[166]. Comme le Conseil d'État l'a récemment précisé, en revenant sur la jurisprudence antérieure, le premier terme de cette comparaison (ce que l'agent aurait dû toucher) comprend non seulement le traitement proprement dit mais aussi les primes et indemnités que l'agent aurait eu une chance sérieuse de percevoir, à l'exception de celles qui ont pour seul objet de compenser des frais, charges ou contraintes liées à l'exercice des fonctions, dès lors que, par hypothèse, l'intéressé n'a pas subi ces frais, charges ou contraintes[167].

1031 **Validations législatives. –** Enfin, la pratique des validations législatives limite les effets de l'annulation. Certes, la loi ne saurait, sans porter atteinte à l'indépendance de la juridiction administrative et à la garantie des droits, valider des actes définitivement annulés ni priver une annulation de tout effet[168]. Elle ne peut davantage enfreindre le principe de la non-rétroactivité des sanctions pénales et administratives. Mais, si des raisons impérieuses d'intérêt général le justifient – et la jurisprudence du juge constitutionnel[169] comme celle du Conseil d'État[170], sous l'influence de la jurisprudence de la cour de Strasbourg, sont de plus en plus strictes à cet égard – elle peut valider préventivement les actes susceptibles d'être remis en cause par des contentieux ultérieurs. Ainsi, à la suite de l'annulation d'un concours plusieurs années après que les candidats reçus ont été nommés, il lui est loisible de décider que les personnes désignées ont la qualité de fonctionnaires[171].

2. L'exécution des décisions de justice par l'administration

1032 **Évolution. –** Si l'administration refuse d'obéir, comment l'obliger à agir, comment utiliser la contrainte dont elle a le monopole, contre elle-même ? On retrouve ici, sur un plan plus technique, tous les débats liés à l'État de droit, à la soumission de la puissance souveraine au droit et aux propres règles qu'il s'est fixé. Les voies

fréquences radio, en retirant aux autres titulaires leurs autorisations d'exploitation devenues définitives). Même date, *Lugan*, R. 346, concl. Pécresse (solutions identiques en cas d'annulation d'un concours).

166. **CE, ass., 7 avr. 1933, *Deberles***, *RDP* 1933.624, concl. Parodi.

167. CE, sect. 6 déc. 2013, *Commune d'Ajaccio*, *RFDA* 2014. 276, concl. B. Dacosta.

168. Cons. const., n° 2005-531 DC du 29 déc. 2005, *Dr. adm.* 2006, n° 32, *LPA* 13 janv. 2006, p. 4, note B. Mathieu et 16 janv. 2006, note J.-E. Schoettl.

169. Cons. const., n° 99-425 DC du 21 déc. 1999, R. 168 (reconnaissance, après vérification détaillée, de la constitutionnalité d'une loi validant préventivement des actes d'imposition entachés d'une simple incompétence territoriale).

170. CE, ass., 5 déc. 1997, *Mme Lambert*, *AJDA* 1998.149, concl. C. Bergeal (contrôle de conventionnalité de la loi de validation au regard du droit au procès équitable) ; v. aussi, CE, ass., 27 juill. 2005, Provins, *AJDA* 2005. 1455, chron. C. Landais et F. Lénica, *RFDA* 2005, p. 1003, concl. C. Devys ; CE, 21 déc. 2007, *Féd. de l'hospitalisation privée*, *AJDA* 2008. 2280, note H. Rihal (ne répond pas à un motif impérieux d'intérêt général, la validation qui a pour objet de ne pas aggraver le déséquilibre financier de l'assurance-maladie).

171. **Cons. const., 22 juill. 1980**, préc. *supra*, n° 868.

d'exécution ordinaires du Code de procédure civile ne concernant pas l'administration (v. *supra*, n° 179), il a fallu mettre en place des mécanismes spécifiques.

Le Conseil d'État, craignant de ne pas être obéi, s'autolimitant au nom d'une certaine conception de la séparation entre l'administration active et la juridiction, refusait d'adresser des *injonctions* à celle-là, y compris pour assurer l'exécution de ses propres décisions, à plus forte raison sous astreinte (somme d'argent, due proportionnellement au retard mis à exécuter)[172]. Dès lors la seule sanction du refus d'exécution résultait soit de son annulation, pour excès de pouvoir[173], soit de la condamnation de la puissance publique à verser une indemnité compensatrice du retard mis à exécuter, le refus d'exécuter la chose jugée étant constitutif de faute[174]. Encore fallait-il faire exécuter ces sanctions...

Par la suite, à côté de ces solutions toujours employables, divers instruments pour inciter ou contraindre l'administration à exécuter furent progressivement mis en place.

a) Incitation à l'exécution

1033 Trois procédures, qui ont en commun de ne comporter aucune contrainte juridique pour l'administration et de confier au juge administratif une mission, non pas juridictionnelle, mais administrative, doivent être distinguées.

L'inexécution par l'administration d'une décision du juge administratif peut résulter, non de sa mauvaise volonté, mais du fait que les obligations que comporte la décision sont difficiles à déterminer exactement. C'est pourquoi l'autorité intéressée peut demander à la juridiction qui a, soit annulé un acte administratif pour excès de pouvoir, soit, dans un litige de pleine juridiction, rejeté en tout ou partie les conclusions présentées en défense par la personne publique, de l'éclairer sur les modalités d'exécution de la décision de justice (CJA, art. R. 921-1, pour les tribunaux administratifs et les cours administratives d'appel, CJA, R. 931-1 pour le Conseil d'État).

Les parties intéressées qui se heurtent à une inexécution peuvent saisir d'une demande d'exécution, soit les tribunaux et cours administratives d'appel pour leurs propres décisions (CJA, art. L. 911-4 et R. 921-1-1 et s), soit le Conseil d'État, pour ses arrêts et les décisions des juridictions administratives spéciales (CJA, art. R. 931-2 et s., issus du décret n° 2017-493 du 6 avril 2017). La première phase de l'examen de cette demande est administrative. Elle consiste, en effet, pour la juridiction saisie à accomplir toutes diligences utiles pour assurer l'exécution de la décision en cause. Ce n'est qu'en cas d'échec de ces démarches qu'une phase juridictionnelle contraignante s'ouvrira (v. *infra*, n° 1037).

En l'absence même d'une telle demande, le président de la section du rapport et des études peut demander à l'administration de justifier de l'exécution d'une

172. V. not. CE, sect., 27 janv. 1933, *Le Loir*, R. 136, *D.* 1934.3.68, concl. Detton.

173. Par ex. CE, ass., 13 juill. 1962, *Bréart de Boisanger*, R. 484, *D.* 1962.664, concl. Henry (détournement de pouvoir dû à la violation de la chose jugée).

174. Par ex. CE, 2 mai 1962, *Cacheteux et Desmonts*, R. 291 (condamnation de l'administration à payer six fois plus que la somme à laquelle, dans le cadre de l'affaire Lafleurette – v. *infra*, n° 1132 –, elle avait été condamnée en 1938. Le refus d'exécution avait donc duré plus de 18 ans).

décision du Conseil d'État (CJA, art. 931-6 issu du décret nº 2017-493 du 6 avril 2017) et, le cas échéant, faire effectuer, comme dans le cas précédent, toutes diligences en vue d'obtenir cette exécution. L'échec de celles-ci déclenchera, ici aussi, une procédure juridictionnelle contraignante).

b) Contraintes d'exécution

1034 La loi du 16 juillet 1980 et, surtout, celle du 8 février 1995 ont sur ce terrain opéré des réformes décisives, bouleversant les principes antérieurs : désormais toute juridiction administrative générale peut adresser des injonctions d'exécution, le cas échéant sous astreinte, à l'administration. En regard, la procédure, purement administrative, de contrainte au paiement fait pâle figure.

α) La procédure administrative de contrainte au paiement

1035 Les dispositions de l'article 1er de la loi du 16 juillet 1980 (rappelées par l'article L. 911-9 CJA) s'appliquent dans le cas où une décision rendue par le juge administratif ou judiciaire et passée en force de chose jugée (c'est-à-dire qui n'est pas ou plus susceptible d'un autre recours que le pourvoi en cassation) a condamné une personne publique à payer une somme d'argent dont elle a fixé le montant. Le principe est alors que l'ordonnateur de cette personne publique doit prescrire au comptable public de payer cette somme dans un délai de deux mois à compter de la notification de la décision de justice. La loi a envisagé le cas où l'ordonnateur ne remplirait pas cette obligation. Il faut alors distinguer le cas de l'État d'une part, de celui des collectivités locales et établissements publics, de l'autre. Pour le premier, la règle est simple : si la dépense n'a pas été ordonnancée dans le délai de deux mois, le créancier doit présenter le jugement au comptable public qui doit payer (à défaut de quoi il est passible d'une amende prononcée par la Cour de discipline budgétaire et financière). Pour les seconds, et dans le même cas (absence d'ordonnancement dans un délai de deux mois) il appartient au créancier de saisir le Préfet ou l'autorité de tutelle afin qu'ils mandatent d'office la dépense, dans un délai d'un mois. En cas d'insuffisance des crédits budgétaires, les mêmes autorités peuvent, après mise en demeure infructueuse, se substituer aux organes de la collectivité ou de l'établissement pour dégager les ressources nécessaires. À cet effet, elles ont la faculté de faire procéder à la vente des biens de la personne publique, à la condition qu'ils ne soient pas indispensables au fonctionnement d'un service public ou que l'intérêt général ou la situation locale ne s'y opposent pas[175]. En outre, dans l'hypothèse où, du fait de la situation de la collectivité, notamment de l'insuffisance de ses actifs, ou en raison d'impératifs d'intérêt général, le préfet a pu légalement refuser de prendre certaines mesures en vue d'assurer la pleine exécution de la décision de justice, le préjudice qui en résulte pour le créancier de collectivité territoriale est susceptible d'engager la responsabilité de l'État sur le fondement de la rupture de

175. CE, sect. 18 nov. 2005, nº 271898, *Sté fermière de Campoloro et Sté de gestion du pot de Campoloro*, R. 515, *AJDA* 2006. 132, chron. C. Landais et F. Lénica.

l'égalité devant les charges publiques (sur ce type de responsabilité, v. *infra*, nº 1127 et s.) s'il revêt un caractère anormal et spécial[176].

La jurisprudence du Conseil d'État a posé en règle que l'existence de cette procédure administrative excluait l'utilisation en la matière des pouvoirs d'injonction et d'astreinte du juge de l'exécution[177]. Autrement dit, il n'est pas possible de demander au juge administratif d'enjoindre à l'administration, éventuellement sous astreinte, d'exécuter un jugement portant condamnation pécuniaire, à moins que celui-ci ne fixe pas précisément le montant de la somme due ou que le calcul de celle-ci soulève une difficulté sérieuse[178]. Toutefois, cette jurisprudence n'est pas toujours appliquée, ni par les juges du fond[179] ni par le juge suprême lui-même[180]. Dans la même veine, le Tribunal des conflits a jugé que ni les dispositions de l'article 1er de la loi du 16 juillet 1980, ni le principe d'insaisissabilité des biens publics (v. *supra*, nº 179) ne font obstacle à ce que le juge, tant administratif que judiciaire, assortisse les condamnations au paiement d'une somme d'argent qu'ils prononcent contre une personne publique d'une astreinte destinée à inciter au paiement rapide de la somme en cause[181]. Il semble souhaitable que la jurisprudence *Lother* soit abandonnée parce que, dans les faits, la procédure administrative de contrainte au paiement fonctionne mal, comme le souligne régulièrement le rapport public du Conseil d'État.

β) La procédure juridictionnelle d'exécution

1036 Pour les autres jugements et arrêts, la loi du 16 juillet 1980 (art. 2 et s.) avait permis au Conseil d'État de prononcer, même d'office, une astreinte contre les organismes administratifs, pouvoir que la haute juridiction utilisât avec une extrême parcimonie[182]. La loi du 8 février 1995 (v. CJA, art. L. 911-1 s.) a profondément modifié l'ensemble du dispositif, pour de multiples raisons liées à la demande sociale sans cesse croissante d'efficacité de la justice et aussi parce que la garantie d'exécution des décisions de justice fait partie du droit au procès équitable et au recours effectif[183], voire découle des obligations communautaires[184].

176. CE, sect. 18 nov. 2005, nº 271898, *Sté fermière de Campoloro et Sté de gestion du pot de Campoloro*, préc.

177. CE, 6 mai 1998, nº 141236, *Lother*, R. 1115 ; CE, 24 nov. 2003, nº 250436, *Soc Le Cadoret*, R. 945

178. CE, 25 oct. 2015, *Société JC Decaux France*, nº 399407.

179. Par ex., CAA Versailles, 30 mars 2017, *Assoc. Garecges est à vous*, nº 16VE03720, *AJDA* 2017. 1282, concl. A. Errerani.

180. Par ex. (implicitement), CE, 23 mai 2012, nº 346352, *Société SPIE SCGPM*.

181. T. confl., 19 mars 2007, *Préfet de la Haute-Vienne c/Mme Madi*, *RFDA* 2007.1122.

182. **CE, sect., 17 mai 1985, *Menneret***, R. 149, concl. Pauti (première décision d'injonction : ordre donné de faire inscrire un nom sur le monument aux morts, après annulation du refus opposé par le conseil municipal) ; CE, 28 mai 2001, *Bandesapt*, R. 251 (astreinte prononcée d'office).

183. CEDH 19 mars 1997, *Hornsby c/Grèce*, R. 495 (le droit à l'exécution effective des décisions de justice, en particulier par l'administration est une des composantes du procès équitable).

184. V. CJCE, 19 juin 1990, *Factortame*, R. 2433, concl. Tesauro (la pleine efficacité du droit de l'Union européenne, en cas d'atteinte à celui-ci, exige le cas échéant que le juge puisse prendre toutes mesures pour assurer l'exécution de sa décision).

1037 **Injonctions et astreintes. –** Les juridictions à compétence générale peuvent, à la demande du requérant ou même, depuis la loi nº 2019-222 du 23 mars 2019, d'office (et alors être tenu d'inviter les parties à produire leurs observations sur ce point[185]), ordonner dans la décision elle-même les mesures d'exécution nécessaires, assorties, le cas échéant, d'une astreinte. Indépendamment des cas où il n'est nécessaire d'ordonner aucune mesure d'exécution parce que le jugement se suffit à lui-même[186], ou parce qu'il est en cours d'exécution, le juge prescrit, si les circonstances de fait ou de droit à la date de sa décision le justifient[187], que soit prise :

— « une *mesure d'exécution dans un sens déterminé* », quand la compétence de l'autorité publique est liée. Imposer, par exemple, la réintégration de l'agent irrégulièrement révoqué, ou l'inscription sur la liste des reçus à un concours d'une candidate éliminée à tort, voire l'adoption d'un décret d'application d'une loi[188] ! (CJA, art. L. 911-1) ;

— ou une « *décision après une nouvelle instruction* » (CJA, art. L 911-2) quand l'administration garde le choix, après réexamen du dossier, entre plusieurs mesures d'exécution, notamment après annulation d'un refus (v. *supra*, nº 1031). Elle n'a, par exemple, que l'obligation de statuer à nouveau après que le refus de renouvellement d'un professeur associé eût été annulé car celui-ci n'avait aucun droit à être automatiquement renouvelé[189].

L'exécution est aussi susceptible d'être ordonnée *postérieurement* à la décision. Deux cas doivent être distingués. En premier lieu, la partie qui se heurte à une inexécution peut, on l'a vu (v. *supra*, nº 954), saisir la juridiction qui a rendu la décision, d'une demande d'exécution. Si la phase administrative d'examen de celle-ci (v. *supra,* nº 1033) n'aboutit pas, une procédure juridictionnelle est ouverte. Dans le cadre de celle-ci, le juge dispose des mêmes pouvoirs d'injonction et d'astreinte que dans l'hypothèse précédente. En second lieu, le Conseil d'État peut, même d'office, prononcer une injonction assortie d'une astreinte en cas d'inexécution de l'une de ses décisions ou d'une décision rendue par une juridiction administrative spéciale (CJA, art. L. 911-5).

185. V., implicitement, CE, 5 juillet 2019, *Féd. française du transport de personnes sur réservation*, nº 413040, *AJDA* 2019.1423.

186. Par ex. CE, 12 avr. 1995, *Bartolo*, R. Tab. 990 (le jugement d'annulation de « membres associés au conseil municipal » n'implique aucune mesure spécifique d'exécution : ces personnes ne peuvent siéger).

187. V. CE, sect., (avis cont.) 30 nov. 1998, *Berrad*, R. 451, *RFDA* 1998.511, concl. Lamy.

188. Respect. CE, 29 déc. 1995, *Kavvadias*, R. 477 ; CE, 11 mai 1998, *Mlle Aldige*, R. Tab. 708, *RFDA* 1998.1011 concl. H. Savoie ; CE, 28 juill. 2000, *Ass. France Nature Environn.* R. 322 (injonction adressée au Premier ministre de prendre dans un délai de six mois un décret fixant la liste des communes soumises à la loi Littoral dans les estuaires).

189. CE, 7 avr. 1995, *Grekkos*, R. 159.

SECTION 4 CONCLUSION

1038 Ainsi, malgré leur caractère en apparence technique, les questions de procédure administrative contentieuse ont une importance essentielle pour l'efficacité du contrôle juridictionnel de l'administration, comme le montrent notamment l'admission croissante du recours pour excès de pouvoir au début du siècle et la question de l'exécution des arrêts et jugements par l'administration. Elles ont évolué dans un double sens.

1039 **Relations entre le recours pour excès de pouvoir et le recours de pleine juridiction. –** La distinction qui était très nettement marquée a perdu de sa force. Cette évolution est liée à la réforme profonde dans laquelle, depuis la fin du XXe siècle, la juridiction administrative s'est engagée, sous la direction du Conseil d'État. Cette réforme, dominée par le souci d'améliorer l'efficacité du juge, notamment grâce à un renforcement de ses pouvoirs, n'est en effet pas restée sans conséquence sur la conception classique de l'office du juge de l'excès de pouvoir. Centrée sur la légalité de l'acte et sur son sort, cette dernière a été critiquée, dès la seconde moitié du XXe siècle, comme étant trop restrictive[190]. Plus précisément, cette critique était gouvernée par l'idée que le juge doit se préoccuper des conséquences concrètes de ses décisions d'annulation, à la fois pour l'administration et les intérêts publics dont elle a la charge et pour les droits individuels. Cette critique a conduit à un élargissement des pouvoirs du juge de l'excès de pouvoir, l'office de ce dernier tendant, de la sorte, à se rapprocher de celui du juge du plein contentieux. Cet élargissement s'est fait principalement dans deux directions : permettre aux annulations de produire tous leurs effets, notamment en usant du pouvoir d'injonction que la loi du 8 février 1995 a conféré au juge administratif ; atténuer les effets normaux de l'annulation quand ces derniers apparaissent excessifs (v. *supra*, n° 1028). Le recours pour excès de pouvoir reste certes différent du recours de plein contentieux, et ne permet toujours pas au juge de réformer l'acte. Il ne peut qu'ordonner à l'administration de prendre une mesure déterminée ou de réexaminer le dossier, car l'injonction reste limitée à l'exécution même des décisions de justice. Le recours pour excès de pouvoir perd néanmoins une grande partie de son originalité, quand le juge encadre très précisément les conditions d'édiction du nouvel acte administratif, ôtant à l'autorité publique toute marge d'appréciation, ou bien quand il module les effets de l'annulation dans le temps.

1040 Un autre aspect, plus récent, de la mutation de l'office du juge de l'excès de pouvoir et de son rapprochement avec celui du juge du plein contentieux concerne la date à laquelle le juge de l'excès de pouvoir se place pour apprécier la légalité de la décision attaquée[191]. Le principe demeure que cette date est celle de l'édiction de la décision. Toutefois, dans un nombre de cas qui va croissant, ce principe est

190. V. not. J. Rivero, « Le Huron au Palais-Royal ou réflexions naïves sur le recours pour excès de pouvoir », *D.* 1962, chron. VI, p. 37.

191. Sur cette question, v. l'étude de B. Genevois, *RFDA* 2020. 457.

écarté. À titre principal[192], cela concerne certaines décisions de refus, dont il est posé que la légalité s'apprécie « au regard des règles applicables et des circonstances prévalant à la date » de la décision du juge, tout comme en matière de plein contentieux. Cette solution est explicitement justifiée, soit par la circonstance que la légalité du refus dépend nécessairement d'appréciations relevant d'autres autorités que le juge administratif et susceptibles d'être postérieures au refus[193], soit, surtout, par « l'effet utile de l'annulation » du refus. Cette dernière considération est invoquée quand ledit effet utile consiste dans l'obligation pour l'autorité compétente de prendre une mesure qui lui a été demandée et qu'elle a refusé de prendre. Cette obligation, le juge peut la prescrire à l'administration, même d'office, en conséquence de l'annulation du refus, en vertu du pouvoir d'injonction qui lui appartient pour assurer l'exécution de ses décisions (sur ce pouvoir, v. *infra*, n° 1037). Mais pour que cette obligation existe et puisse donner lieu à une injonction, il faut que le refus soit illégal à la date à laquelle le juge statue. C'est pourquoi, dans ce genre de cas, l'effet utile de l'annulation est considéré comme impliquant que le juge apprécie la légalité du refus au jour de sa décision. Ce raisonnement, inauguré dans le contentieux des refus d'abrogation d'actes réglementaires illégaux (v. *supra*, n° 716) a également été appliqué au refus d'adopter un règlement nécessaire à l'application de la loi[194], au refus de la CNIL de mettre en demeure l'exploitant d'un moteur de recherche de procéder à un « déférencement »[195] ou encore au refus du Premier ministre de prendre des mesures de précaution pour faire face aux risques liés à l'utilisation de certaines plantes[196]. La multiplication actuelle des cas dans lesquels la légalité d'une décision de refus est appréciée à la date à laquelle le juge statue[197] donne à penser que, ce qui est encore une exception dans le contentieux de l'excès de pouvoir, pourrait, pour cette catégorie de décisions, devenir la règle.

1041 Par ailleurs, le recours pour excès de pouvoir est moins qu'avant le seul instrument du contrôle de légalité. Le nombre de contentieux objectifs de pleine juridiction, d'une nature fondamentalement semblable de ce point de vue, s'accroît. L'exemple le plus significatif est ici le contentieux des sanctions administratives.

192. V. pour un autre cas, différent : CE, 28 févr. 2020, *M. Stassen*, n° 433886, *AJDA* 2020.489 et 722, chron. C. Malverti et C. Beaufils, *RFDA* 2020, concl. G. Odinet : saisi d'un recours contre mesure de suspension provisoire d'un sportif professionnel à la suite d'un contrôle antidopage, le juge de l'excès de pouvoir en apprécie la légalité à la date de son édiction et l'annule en cas d'illégalité. Dans le cas contraire, « eu égard à l'effet utile d'un tel recours », il vérifie aussi (si la demande lui en est faite) qu'elle n'est pas devenue illégale à la date où il statue et, dans l'affirmative, en prononce l'abrogation.

193. CE, 18 mars 2020, n° 396651, *Région Île-de-France*, n° 396651 (à propos du refus de récupération d'une aide d'État non notifiée à la Commission européenne, laquelle dépend de l'appréciation par cette dernière, sous le contrôle du juge communautaire, de la compatibilité de ces aides avec le marché intérieur).

194. CE, 27 mai 2021, *Association Compassion in World Farming France*, n° 441660, *AJDA* 2021. 1125.

195. CE, 6 déc. 2019, *Mme X.*, n° 391000, *AJDA* 2019. 2516, *RFDA* 2020. 93, concl. A. Lallet.

196. CE, 7 févr. 2020, *Confédération paysanne et autres*, n° 388649, *AJDA* 2020. 327.

197. V. not. : CE, ass., 12 juin 2020, *M. Graner*, n° 422327, *AJDA* 2020. 1416, chron. C. Malverti et C. Beaufils, *GP* 2020, 2 oct. 2020, p. 29, note Ph. Piot, *GP* 2020, n° 41, p. 34, note C. Barrois de Sarrigny, *JCP* A 2020, n° 36, comm. 2236, note S. Monnier ; CE, avis n° 436288 du 1er juill. 2020, *Dr. adm.* 2020, n° 11, comm. 47, note G. Eveillard ; CE, 23 déc. 2020, n° 431520, *AJDA* 2021. 11 ; CE, 1er mars 2021, n° 436654, *AJDA* 2021.478 ; CE, 25 mars 2021, *Société Interhold*, n° 438669, *AJDA* 2021. 713.

Traditionnellement, le recours ouvert contre ces dernières était le recours pour excès de pouvoir. Mais, le pouvoir immédiat dont dispose le juge du plein contentieux pour réformer l'acte est ici particulièrement utile : il est préférable de réformer et de modifier le « quantum de la peine » plutôt que de purement et simplement annuler. La Cour européenne des droits de l'homme exige d'ailleurs pour les « accusations en matière pénale », que le juge ait le pouvoir de réformer à tous égards la décision contestée[198]. C'est pourquoi, à partir du début des années 1990, la quasi-totalité des textes qui ont institué des sanctions administratives, notamment au profit de certaines autorités indépendantes, ont prévu que ces mesures pourraient faire l'objet d'un recours de plein contentieux. Cette évolution législative a été suivie d'un changement de jurisprudence : l'arrêt *Société ATOM*[199] pose en principe que le recours ouvert contre les sanctions prononcées contre l'administration à l'encontre des administrés est un recours de plein contentieux.

Il y a donc un réel rapprochement entre les deux grands types de recours qui, s'ils gardent une certaine spécificité du point de vue de la technique contentieuse, perdent leur caractère d'opposition tranchée.

1042 **Transformation de la procédure contentieuse. –** Les règles de procédure ont, ces dernières années, profondément évolué sous les effets tout à la fois d'une demande sociale sans cesse accrue de justice et des règles constitutionnelles et internationales. Outre la recevabilité en particulier des recours contre certaines mesures d'ordre intérieur (v. *supra*, n° 543) lié au droit au recours effectif, l'ensemble de ces facteurs a conduit le législateur qui, dans le cadre du nouveau Code de justice administrative, retrouve un rôle plus conforme à la répartition constitutionnelle des compétences, à intervenir de plus en plus fréquemment. Il a ainsi donné à la juridiction administrative, seule solution pour en garantir la pérennité et en renforcer la légitimité, de nouveaux moyens d'action (nouveaux référés administratifs, s'ajoutant au référé précontractuel et au déféré, injonctions d'exécution). Par ailleurs, le droit au procès équitable, pour l'essentiel déjà garanti par la procédure contentieuse, a débouché sur de nouvelles obligations (respect de la règle du délai raisonnable, obligation pour les juridictions administratives spécialisées de statuer en audience publique, voire modifications de la place des commissaires du gouvernement, devenus rapporteurs publics).

C'est donc à un *rétablissement progressif de l'égalité entre administration et administré* que l'on assiste de ce point de vue.

ÉLÉMENTS DE BIBLIOGRAPHIE

Outre la bibliographie du chapitre précédent (*supra*, n° 961 et s.)

198. CEDH, 23 oct. 1995, *Schmautzer c/Autriche, et autres*, A, n° 328 (à propos du contentieux des sanctions administratives en matière de permis de conduire).

199. CE, ass., 16 février 2009, *AJDA* 2009. 343 et 583, chron. S. Liéber et D. Botteghi, *RFDA* 2009.259, concl. Legras.

1. Généralités

1°) J. Arrighi de Casanova, « Le Code de justice administrative », *AJDA* 2000.639 ; « Les habits neufs du juge administratif », *Mél. D. Labetoulle*, Dalloz, 2007, p. 11 ▪ D. Bailleul, « Les nouvelles méthodes du juge administratif », *AJDA* 2004. 1626 ▪ G. Braibant, « Le Code de justice administrative », *Mél. D. Labetoulle*, Dalloz, 2007, p. 120 ▪ C. Broyelle et M. Guyomar, « Le droit européen et le procès administratif », in *Mélanges F. Julien-Laferrière*, Bruylant 2011. 59 ▪ D. Chabanol, B. Bonnet, *La pratique du contentieux administratif*, LexisNexis, coll. Droit et professionnels, 13e éd., 2020 ▪ D. Chabanol, F. Bourrachot, *Code de justice administrative commenté*, Le Moniteur, 9e éd., 2019 ▪ P. Cassia, *Les grands textes de la procédure administrative contentieuse*, Dalloz, 4e éd., 2019 ▪ R. Chapus, « L'office du juge : contentieux administratif et nouvelle procédure civile », *EDCE* 1977-1978, n° 29. 11 ; « Lecture du Code de justice administrative », *RFDA* 2000.929 ; « Vues sur la justice administrative (2001-2005) », *Mél. D. Labetoulle*, Dalloz, 2007.159 ▪ A. Claeys, A.-L. Girard, *Les modes alternatifs de règlement des litiges en droit administratif*, LGDJ, 2018 ▪ Conseil d'État, *Régler autrement les conflits : conciliation, transaction, arbitrage en matière administrative*, La Documentation française, 1993 ; *Évolutions et révolutions du contentieux administratif*, *Rev. adm.* n° spécial, 1999 (7 contributions) ▪ D. Connil, *L'office du juge administratif et le temps*, Dalloz, 2012 ▪ C. Huglo et C. Lepage, *Code de justice administrative commenté*, Litec, 11e éd., 2019 ▪ G. Gardavaud et H. Oberdorff (dir.), *Le juge administratif à l'aube du xxie siècle*, Press. Univers. Grenoble, 1995 ▪ Y. Gaudemet, *Les méthodes du juge administratif*, LGDJ, 1972, rééd. 2013, Anthologie du droit ▪ O. Gohin, « Les principes directeurs du procès administratif en droit français », *RDP* 2005.171 ▪ « Le justiciable face à la justice administrative », *RFDA* 2019, 669 et s., 785 et s. ▪ M. A. Latournerie, « Réflexions sur l'évolution de la juridiction administrative française », *RFDA* 2000.921 ▪ C. Leclerc, *Le renouvellement de l'office du juge administratif français*, L'Harmattan, 2015 ▪ « Les modes alternatifs de règlements des litiges », *AJDA* 1997.3 (9 contributions) ▪ « Le nouveau procès administratif », *AJDA* 2012. 1185 (7 contributions) ▪ F. Melleray, « L'exorbitance du droit du contentieux administratif » *in* Melleray, *op. cit.*, n° 45, 3°, p. 277 ▪ A. Meynaux-Zeroual, *L'office des parties dans le procès administratif*, Bibliothèque de droit public, LGDJ, 2020, préf. B. Seiller ▪ R. Rouquette, *Petit traité du procès administratif*, Dalloz, 9e éd., 2020 ▪ 2°) R. Abraham, « Les incidences de la Convention européenne des droits de l'homme sur le contentieux administratif français », *RFDA* 1990.1053 ▪ J. Andriantsimbazovina, « Délai raisonnable du procès, recours effectif, ou déni de justice ? », *RFDA* 2003.85 ▪ S. Caillé, « Le rapporteur public ou le dépérissement du commissaire du gouvernement », *RDP* 2010. 1305 ▪ D. Chabanol, « Théorie de l'apparence ou apparence de théorie », *AJDA* 2002.9 ▪ S. Guinchard, « Le procès équitable : droit fondamental ? », *AJDA* 1998, n° spécial p. 191 ▪ J. Lamarque, « Le procès du procès », *Mél. Auby*, Dalloz, 1992, p. 149 ▪ G. Le Chatelier, *Les incidences du droit communautaire sur le contentieux administratif français*, *AJDA* 1996, n° spécial, p. 97 ▪ B. Pacteau, « « Constitutionnalisation » ou « européanisation » de la justice administrative. Faut-il choisir ? », *Mél. Pierre Pactet*, Dalloz, 2003, p. 793 ▪ L. Sermet, *La Convention européenne des droits de l'homme et le contentieux administratif français*, Economica, 1996 ▪ J.-H. Sthal, « Le rapporteur public en 2013 : après l'épreuve, ce qui change, ce qui demeure », *RFDA* 2014. 51.

2. Distinction des recours

D. Bailleul, *L'efficacité comparée des recours pour excès de pouvoir et des recours de plein contentieux objectif en droit public français*, LGDJ, 2002 B. Badous, *Les pouvoirs du juge de pleine juridiction,* PUAM, 2000 M. Bernard, « Le recours pour excès de pouvoir est-il frappé à mort ? », *AJDA* 1995, n° spécial, p. 190 F. Blanco, *Pouvoirs du juge et contentieux administratif de la légalité,* PUAM, 2010 P. Gonod, *Édouard Laferrière, un juriste au service de la République,* LGDJ, 1997 G. Jèze, « L'acte juridictionnel et la classification des recours contentieux », *RDP* 1909, p. 667 H. Lepetit-Collin, *Recherches sur le plein contentieux objectif,* LGDJ, 2012 H. Lepetit-Collin, A. Perrin, « La distinction des recours contentieux en matière administrative. Nouvelles perspectives », *RFDA* 2011. 813 D. Botteghi, A. Lallet, « Les faux-semblants du plein contentieux », *AJDA* 2011. 156 F. Melleray, « Déclaration de droits et recours pour excès de pouvoir », *RDP* 1998.1089 ; *Essai sur la structure du contentieux administratif français,* LGDJ, 2001 ; « La distinction des contentieux est-elle un archaïsme ? », *JCP* A 2005, p. 1296 B. Pacteau, « Du recours pour excès de pouvoir au recours de plein contentieux », *Rev. Adm.* 1999, n° spécial p. 51 P. Sandevoir, *Études sur le recours de pleine juridiction,* LGDJ, 1964 J.-M. Woerhling, « Vers la fin du recours pour excès de pouvoir ? » *Mél. Braibant*, Dalloz, 1996, p. 777.

3. Examen des recours

A.-Ch. Bezzina, « 2004-2014 : les dix ans de la jurisprudence AC ! », *RFDA*, 2014. 735 P. Bon, « Un progrès de l'État de droit : la loi du 16 juillet 1980 », *RDP* 1981, p. 5 C. Broyelle, « De l'injonction légale à l'injonction prétorienne : le retour du juge administrateur », *Dr. adm.* 2004 chr. n° 6 P. Cassia, *Les référés administratifs d'urgence*, LGDJ, 2003 J. Chevallier, « L'interdiction pour le juge administratif de faire acte d'administrateur », *AJDA* 1972. 67 L. Couytron, P. Idoux, N. Surdres (dir.), « Les frontières de l'instruction », *Dr. adm.* 2019, n° 8-9, 1, (dossier, 10 contributions) P. Delvolvé, « L'exécution des décisions de justice contre l'administration », *EDCE* 1983-1984, p. 111 F. Donnat et D. Casas, « L'office du juge administratif dans la jurisprudence récente du Conseil d'État », *Dr. adm.* 2004, chr. n° 9 R. Drago, « Un nouveau juge administratif », *Mél. Foyer*, PUF, 1997, p. 451 T. Einaudi, *L'obligation d'informer dans le procès administratif*, LGDJ, 2002 M. Fromont, « Pouvoirs d'injonction du juge administratif en Allemagne, Italie, Espagne et France. Convergences », *RFDA* 2002.551 Y. Gaudemet, « Réflexions sur l'injonction dans le contentieux administratif », *Mélanges G. Burdeau,* LGDJ 1977. 805 O. Gohin, *La contradiction dans la procédure administrative contentieuse,* LGDJ, 1988 *Le pouvoir d'injonction du juge administratif. La loi du 21 février 1995, vingt ans après*, dossier (11 contributions), *RFDA* 2015. 441 et 643 O. Le Bot, *Le guide des référés administratifs,* Dalloz, 2e éd. 2017 M. Lombard, « La face immergée de la procédure d'instruction devant le Conseil d'État statuant au contentieux », *Mél. Paul. Amselek*, Bruylant, 2005, p. 501 J. Massot, « Portée et conséquences de l'annulation par le juge d'un acte administratif », *EDCE* 1979-1980.111 F. Melleray, « À propos de l'intérêt donnant qualité à agir en contentieux administratif. Le « moment 1900 » et ses suites », *AJDA*, 2014. 1530 A. Mestre, *Le Conseil d'État, protecteur des prérogatives de l'administration*, LGDJ, 1974 F. Moderne, « Sur le nouveau pouvoir d'injonction du juge administratif », *RFDA* 1996 p. 43 A. Perrin, *L'injonction en droit administratif,* LGDJ, 2009 O. Renaudie (dir.), *L'intérêt à agir devant le juge administratif*, Berger-Levrault, 2016 J. Rivero, « Le huron au Palais-Royal », *D.* 1962, chr. 37 ; « Nouveaux propos naïfs d'un huron sur le contentieux administratif », *EDCE* 1979-1980, p. 27 ■ B. Seiller, « L'illégalité sans annulation », *AJDA* 2004.963 ■ « Les effets de la déclaration d'illégalité sur l'ordonnancement juridique », *RFDA*, 2014. 721 ■ J.-H. Stahl et A. Courreges, « Note à l'attention de Monsieur le Président de la Section du Contentieux (modulation des effets dans le temps d'une annulation contentieuse) », *RFDA*, 2004.438 ■ J.-H. Stahl, « L'an I après l'arrêt AC ! », *CJEG* 2005. 355 ■ A. Van Lang, « De l'usage du bilan dans l'après jugement », *Mél. J.-F. Lachaume*, Dalloz, 2007, p. 1053 ■ P. Weil, *Les conséquences de l'annulation d'un acte administratif pour excès de pouvoir,* Pedone, 1952.

Sous-partie 2
LA PORTÉE DES CONTREPOIDS JURIDICTIONNELS

1043 Une fois la recevabilité du recours admise de façon de plus en plus large, quelle est l'importance réelle des contrepoids juridictionnels ? Face à la souveraineté de l'État et à la volonté initiale d'interdire aux tribunaux ordinaires de juger celui-ci, la juridiction administrative n'a-t-elle exercé qu'un contrôle d'apparence ? Ou, au contraire, dans une logique de régulation interne afin d'assurer le bon fonctionnement des services et comme garantie pour les administrés, au fur et à mesure de la construction d'un véritable État de droit, ces contrepoids ont-ils eu de plus en plus d'importance ? La question se pose aussi bien pour l'examen même de la *régularité objective des actes* de l'administration *dans le cadre du principe de légalité* (Chapitre 1), que pour la sanction des *droits subjectifs dans le cadre du contentieux de la responsabilité de la puissance publique* (Chapitre 2). Dans les deux cas, malgré des différences certaines, quel « réseau de droit » doit encadrer l'action de l'administration, dans quelles conditions et jusqu'où peut-elle agir sans risquer de voir ses actes annulés et/ou sa responsabilité engagée ?

CHAPITRE 1
LE CONTRÔLE DE LA LÉGALITÉ DE L'ACTE ADMINISTRATIF

1044 **Sanctions du principe de légalité. –** Le contrôle de la légalité de l'acte administratif unilatéral est parfois exercé par la juridiction judiciaire (juge répressif dans le cadre de l'exception d'illégalité, cour d'appel de Paris pour certains contentieux économiques, etc.). Devant le juge administratif, il l'est à l'occasion des *contentieux objectifs de pleine juridiction*, dont le nombre tend à se développer, ainsi que dans le cadre du recours en appréciation de légalité sur renvoi du juge judiciaire. Indépendamment des cas d'inexistence assez rares (v. *supra*, n° 1003), *le recours pour excès de pouvoir*, instrument spécifiquement forgé à cette fin, conserve cependant un rôle prédominant et les mécanismes du contrôle forgé ici s'appliquent pour les autres recours.

1045 **Opportunité-légalité. –** Vérifier la légalité de l'acte administratif, c'est intervenir au cœur même de l'action administrative, ce qui suppose, puisque juge administratif et administration active sont distincts, d'éviter les immixtions du premier dans la seconde. Contrôler sans faire œuvre d'administration nécessite un subtil dosage entre ce qui relève du droit, de la légalité et ce qui reste à la libre appréciation de l'autorité publique, ce qui relève de son pouvoir discrétionnaire. Dès lors, la conciliation passe par la distinction entre légalité et opportunité : l'une relève de l'examen du juge, l'autre du choix de l'administrateur. Reste à tracer la ligne de partage entre elles.

1046 **Historique. –** L'évolution n'a pas été, ici, linéaire. Dans le cadre de l'excès de pouvoir, le Conseil d'État se reconnut d'abord le droit de vérifier, selon les termes mêmes de la loi des 7-14 octobre 1790, l'incompétence de l'auteur de l'acte[1], puis, très vite, le contrôle porta aussi sur le respect des formalités. Le réseau de droit restait cependant centré sur l'extérieur de l'acte, sans que soit pris parti sur son contenu, même si, sous couvert d'incompétence, le Conseil d'État n'hésita pas, sous le Second Empire, durant lequel il se comporta comme une sorte de supérieur

1. CE, 4 mai 1826, *Landrin*, préc. (annulation d'un arrêté préfectoral pour incompétence) et CE, 22 mars 1833, Dailly, R. 175 (loi d'oct. 1790 visée pour la première fois).

hiérarchique, à examiner certains points relatifs aux motifs retenus. À partir de 1864, où est facilité l'accès au recours pour excès de pouvoir, le juge vérifie aussi que le but poursuivi par l'administration est bien d'intérêt public (contrôle dit du détournement de pouvoir). Ainsi disparut tout pouvoir discrétionnaire quant à la compétence, la forme prise au sens large, et le but. Enfin, le contrôle de la violation de la loi relatif au contenu de l'acte, qui, sauf dans les cas où elle se faisait sous couvert d'incompétence, relevait du seul recours de pleine juridiction, devient progressivement un quatrième cas d'ouverture, après 1864. Bénéficiant en 1872 de la justice déléguée, le Conseil d'État fait cependant preuve de plus de prudence quant au contrôle des motifs. Il considère que ces questions, qui relèvent du choix en opportunité, doivent rester du pouvoir discrétionnaire de l'administration. Ce n'est qu'à partir des années 1910, puis, allant beaucoup plus loin, des années 1960 que le contrôle du juge sur le fond s'approfondit, la ligne de partage entre légalité et opportunité se déplaçant progressivement aux dépens de la seconde.

1047 **Classification des moyens d'annulation. –** Ces différents moyens d'annulation, regroupés en *cas d'ouverture dans le cadre du recours pour excès de pouvoir*, ont fait l'objet de multiples tentatives de classification. C'est Laferrière qui en fit le classement le plus ordonné dans son traité[2], et le juge administratif continue, même si de nombreuses évolutions sont intervenues depuis, à se fonder sur cette typologie.

Laferrière distingue ainsi quatre cas d'ouverture, regroupés, par la suite, deux par deux au sein de deux *causes* juridiques (v. *infra*, n° 1049) relevant de la légalité externe ou interne.

Il s'agit, dans le cadre de la légalité externe, de l'incompétence et du vice de forme qui sanctionnent respectivement les « vices » de compétence et de procédure (le mot forme est pris au sens de formalités imposées par le droit). Et il existe deux cas de légalité interne : le détournement de pouvoir (« vice » de but) et la violation de la loi et des droits acquis (« atteinte à un droit », « fausse interprétation et même fausse application de la loi » y compris le cas échéant, au niveau des faits). Ce classement en quatre cas a d'ailleurs été repris par l'article 263 du TFUE, pour le contrôle de la légalité des actes de l'Union européenne.

Par la suite, en liaison avec l'extension du contrôle juridictionnel et avec les analyses de plus en plus précises des éléments constitutifs de l'acte administratif, F. Gazier[3], notamment, présenta un tableau plus complexe qui détaille, au sein du classement de Laferrière, les différents moyens d'annulation susceptibles d'être mis en œuvre. Au sein de la légalité externe, à côté de l'incompétence, le vice de forme ne porte désormais que sur la forme au sens strict alors que les irrégularités de procédure relèvent du vice de procédure. Quant à la légalité interne, outre le détournement de pouvoir, de multiples différenciations se sont faites en distinguant les illégalités relatives au contenu même de l'acte et celles propres aux motifs.

Les moyens d'annulation s'insèrent donc dans une grille de lecture ordonnée, même s'il y a, entre eux, des zones de recouvrement : une illégalité peut parfois être, selon l'approche qu'on en fait, « classée » dans tel ou tel moyen.

2. T. II p. 496 s.
3. V. Bibliographie *infra*, n° 1088.

1048 **Conséquences de la distinction entre légalité externe et légalité interne. –** Cette distinction comporte de multiples conséquences. Ces deux grandes sortes d'illégalité forment deux causes juridiques distinctes, c'est-à-dire deux raisons différentes de demander l'annulation, qui ne confèrent pas à cette demande la même portée. Pour reprendre les termes du président Kahn[4], le requérant qui entend faire censurer une illégalité interne « dénie tout droit à l'administration de faire ce qu'elle a fait » ; celui qui sollicite la sanction d'une illégalité externe « lui fait seulement grief de l'avoir faite comme elle l'a fait ». C'est pourquoi, une fois le délai de recours expiré, il n'est plus possible de changer de cause juridique, c'est-à-dire de se placer sur le terrain de la légalité interne alors qu'initialement seule la légalité externe avait été contestée ou inversement (réserve faite des moyens d'ordre public qui peuvent être présentés en tout état de la procédure ; sur ces moyens v. *infra*, n° 1049). En outre, selon qu'elle est prononcée pour un motif de légalité externe ou pour un motif de légalité interne, l'annulation n'entraîne pas les mêmes conséquences. Dans le premier cas, l'administration peut, sans méconnaître la chose jugée, reprendre la même décision, cette fois en procédant de manière régulière (par exemple, en motivant l'acte annulé pour défaut illégal de motivation). Dans la seconde hypothèse, au contraire, l'annulation interdit, sauf exception, de refaire le même acte (v. *infra*, n° 1029). Cette différence n'est pas sans incidence sur l'usage par le juge du pouvoir d'injonction qui lui appartient depuis la loi du 8 février 1995 en vue d'assurer l'exécution de ses décisions (v. *supra,* n° 1032 et s.), quand c'est le refus de prendre une décision favorable au requérant qui est jugé illégal. Schématiquement, dans cette hypothèse, une annulation pour illégalité interne, impliquant que l'intéressé avait droit à ce qui lui a été refusé, permet de demander au juge qu'il enjoigne à l'administration de prendre la décision illégalement refusée ; au contraire, un refus seulement entaché d'une irrégularité externe ne peut conduire qu'à ordonner à l'administration à examiner à nouveau la demande rejetée. Tout cela n'est pas conséquence sur les modalités d'examen des moyens par le juge.

1049 **Examen des moyens d'annulation par le juge. –**. Cet examen appelle plusieurs précisions.

En premier lieu, quand le juge est saisi d'un recours dirigé contre une décision et, notamment, d'un recours pour excès de pouvoir, il ne se livre pas, de sa propre initiative, à un contrôle global de sa légalité, mais se borne, en principe, à examiner les illégalités invoquées par le requérant. C'est la raison pour laquelle le jugement qui rejette le recours n'équivaut pas à un brevet de légalité de la décision contestée, mais signifie seulement qu'aucun des moyens avancés par l'auteur du recours n'était fondé. Il se peut donc que l'acte soit affecté d'un vice auquel ce dernier (ou son conseil) n'a pas pensé.

Ce principe admet, toutefois une exception. En effet, certains moyens d'annulation sont d'ordre public, ce qui implique que le juge non seulement peut mais doit les relever d'office, dès lors du moins qu'ils ressortent du dossier de l'instruction de l'affaire. Comme il est logique, ces moyens correspondent à des illégalités dont la gravité justifie que leur sanction ne dépende pas de la perspicacité aléatoire du

4. Concl. sur CE, 23 mars 1956, *Dame Ginestet*, R. 141, *AJDA* 1956.164.

requérant. Il s'agit, pour l'essentiel, de l'incompétence et de la méconnaissance du champ d'application de la loi, qui sanctionne, en particulier, le défaut de base juridique[5].

Pour rejeter le recours au fond, le juge doit normalement se prononcer sur tous les moyens invoqués par le requérant, pour les écarter. Ce principe admet une exception qui concerne les moyens inopérants. Le juge peut en effet conserver sur eux le silence, ce qui signifie qu'il les a implicitement repoussés. Ce sont des moyens qui, même fondés, ne sont pas susceptibles d'entraîner l'annulation de l'acte et qui, par conséquent, selon la formule qui sert classiquement à les désigner, ne peuvent être « utilement » invoqués par le requérant. Il en va ainsi en cas de compétence totalement liée : puisque l'acte devait, en tout état de cause, être pris, une éventuelle irrégularité est sans incidence[6].

1050 À la différence de ce qui s'impose en cas de rejet au fond, quand le juge de l'excès de pouvoir annule une décision, il n'est pas tenu de répondre à tous les moyens présentés devant lui et peut se borner à faire apparaître le bien-fondé d'un seul. Cet usage, récemment rappelé[7], a sa logique : une seule illégalité suffit à justifier une annulation. Couramment dénommée « règle de l'économie de moyens », cette manière de juger répond aussi, comme cette dénomination le suggère, à une préoccupation d'efficacité et de célérité, qui ne saurait être que particulièrement aiguë dans le contexte actuel de croissance du contentieux. En outre, dans le choix de l'illégalité qu'il retient, le juge est en principe libre, même si, en vertu d'un devoir déontologique dont la méconnaissance n'entache pas le jugement d'irrégularité, il lui incombe de choisir le moyen « qui lui paraît le mieux à même de régler le litige »[8]. Cette liberté ne va pas sans inconvénients. Ceux-ci sont notamment liés à la distinction entre légalité externe et légalité interne. En particulier, quand le requérant, attaquant le refus de lui accorder un avantage, s'est placé sur ces deux terrains et demande, en invoquant une illégalité interne, d'enjoindre à l'administration de prendre la décision favorable refusée, le juge peut fort bien, notamment pour aller plus vite, se contenter d'une illégalité externe aisée à déceler et refuser l'injonction sollicitée, lors même qu'une illégalité interne, justifiant le prononcé de cette dernière, existait bel et bien. De plus, dans ce cas, l'administration pourra, sans méconnaître la chose jugée, réitérer son refus de manière régulière et cette nouvelle décision est alors susceptible de faire l'objet d'un second recours.

Pour remédier à ces inconvénients, l'arrêt *Société Eden*[9], qui concerne exclusivement le recours pour excès de pouvoir, a la fait le choix de limiter la liberté, pour le juge, de retenir le moyen d'annulation de son choix. À cet effet, il

5. Sur cette notion v. *infra*, n° 1069 et par ex. CE, 6 juill. 1988, *SARL, Les résidences de plage*, R. Tab. 971 (impossibilité de refuser une autorisation en se fondant sur un plan d'urbanisme non opposable).

6. Par ex. CE, sect., 3 févr. 1999, *Montaignac*, R. 6 (le maire étant tenu, selon la loi, d'ordonner le retrait d'un panneau publicitaire violant le règlement municipal, sans avoir à porter aucune appréciation sur les faits de l'espèce, peu importe que les droits de la défense n'aient pas été respectés. Le moyen est inopérant).

7. CE, sect., 21 déc. 2018, *Société Eden*, n° 409768, *AJDA* 2019. 271, chron. Y. Faure et C. Malverti, *RFDA* 2019. 281, concl. S. Roussel, 293, notre P.-Y. Sagnier.

8. CE, sect. 21 déc. 2018, *Société Eden*, préc.

9. CE, sect., 21 déc. 2018, *Société Eden*, préc.

ouvre au requérant la possibilité de hiérarchiser ses prétentions et contraint le juge à en tenir compte. Cette hiérarchisation, qui repose sur la distinction entre légalité interne et légalité externe, peut prendre deux formes, directe ou indirecte. Directe : l'auteur du recours demande une annulation pour un motif de légalité interne à titre principal et pour motif de légalité externe, à titre subsidiaire (ou vice versa), cette hiérarchisation des causes juridiques de la demande devant être faite avant l'expiration du délai de recours. Indirecte : à ses conclusions d'annulation, qui invoquent les deux types d'illégalité sans établir entre elles d'ordre de priorité, le requérant joint des conclusions à fin d'injonction, tendant à ce que le juge enjoigne à l'administration de prendre une décision dans un sens déterminé, ce qui n'est possible qu'en exécution d'une annulation fondée sur une illégalité interne ; il manifeste par-là que c'est d'abord une telle annulation qu'il recherche. Dans les deux cas, le juge doit examiner prioritairement les moyens qui correspondent à la demande principale du justiciable. Par exemple, dans le second cas, il devra d'abord vérifier si un moyen de légalité interne, de nature à permettre le prononcé de l'injonction demandée, est fondé. C'est seulement en cas de réponse négative à cette première question qu'il pourra se placer sur le terrain de la légalité externe (pouvant conduire à injonction de réexamen de la situation).

1051 **Plan. –** Le contrôle de légalité qui se situe au cœur des rapports entre administration et juge est, susceptible de variations : si certains moyens sont toujours susceptibles d'être vérifiés (Section 1), d'autres ne le sont que dans certaines hypothèses (Section 2).

SECTION 1 **LES MOYENS TOUJOURS SUSCEPTIBLES DE VÉRIFICATION**

1052 **Plan. –** La légalité externe (§ 1) de l'acte est toujours susceptible d'être contrôlée ainsi que certains aspects relevant de la légalité interne (§ 2).

§ 1. LA LÉGALITÉ EXTERNE

1053 **Plan. –** Conformément au classement des éléments constitutifs de l'acte administratif, l'examen de la légalité externe porte sur l'incompétence (A), le vice de procédure (B) et le vice de forme, au sens strict (C).

A. L'INCOMPÉTENCE

1054 Agir dans la limite de sa compétence constitue la première obligation de l'autorité administrative, elle garantit le respect des principes de hiérarchie comme d'autonomie. Dès lors, ce cas d'ouverture a un statut spécifique : premier à avoir été contrôlé, il constitue un moyen d'ordre public. Est ici sanctionnée la violation par l'auteur de l'acte des différentes règles de distribution des compétences à l'intérieur de l'administration, voire entre celle-ci et d'autres organes. Sont mis en cause traditionnellement trois types d'incompétence : *rationae materiae* (v. *supra*, n° 611 et s.), *rationae loci* qui correspond en réalité à la dimension personnelle de la compétence (v. *supra*, n° 616) et *rationae temporis*. Cette dernière n'a toutefois pas d'existence propre et se rattache soit aux règles de procédure, soit à celles relatives à l'entrée en vigueur de l'acte liées à la légalité interne (v. *supra*, n° 661 et *infra*, n° 1067). Et, même si l'empiétement sur les pouvoirs du législateur, de l'autorité judiciaire ou d'une personne privée est parfois considéré comme une usurpation de pouvoir rendant l'acte *inexistant* (v. *supra*, n° 910 et 1023), le juge annule le plus souvent la décision irrégulière pour « simple » incompétence, par exemple en cas de décret pris dans le domaine de la loi.

En plus de la violation des règles de compétence proprement dites, la jurisprudence assimile à une incompétence la méconnaissance de certaines règles de procédure. Il est ainsi quand la décision a été prise sans que soit respectée l'obligation de ne décider que sur l'avis conforme (v. *supra,* n° 626) ou sur la proposition (v. *supra,* n° 626) d'une autorité. Il en était également ainsi quand le gouvernement ne se conformait pas à l'obligation de consulter le Conseil d'État sur certains projets d'actes administratifs (v. *supra,* n° 251)[10]. Cette jurisprudence, qui présentait l'avantage de permettre au Conseil d'État de sanctionner d'office les atteintes portées à sa fonction consultative, a toutefois été abandonnée, sans d'ailleurs que cet avantage soit perdu. Pour parer à une éventuelle critique de son impartialité (v. *supra*, n° 869), le Conseil d'État a commencé par renoncer à l'idée précédemment soutenue[11] d'après laquelle il serait le co-auteur des actes administratifs sur lesquels il doit être consulté[12]. Il a ensuite jugé que la méconnaissance de l'obligation de le consulter est un vice de procédure et non d'incompétence[13]. Néanmoins, eu égard au rôle dévolu en la matière au Conseil d'État par l'article L. 112-1 CJA, qui conduit à l'associer étroitement à la confection des textes soumis à son avis, cette irrégularité continue d'être regardée comme étant d'ordre public et doit donc, le cas échéant, être relevée d'office[14].

Quant à l'incompétence négative, il s'agit d'une erreur de droit (v. *infra*, n° 1070).

B. LE VICE DE PROCÉDURE

1055 En raison de la multiplication des règles, complexes, de procédure, notamment contradictoire ou consultative, le vice de procédure qui découle de leur violation est

10. Par ex. CE, ass., 9 juin 1978, *SCI Bd Arago*, préc. *supra*, n° 619 (annulation pour incompétence du décret de classement d'un site pris avant que l'avis du Conseil d'État ait été connu).

11. P. ex. CE, ass. 9 juin 1978, *SCI Bd Arago*, préc, qui évoque « la compétence que le Conseil d'État exerce conjointement avec le gouvernement ».

12. CE, 11 juill. 2007, *Union syndicale des magistrats administratifs*, *AJDA* 2007.2218, note Grundler.

13. CE, 28 déc. 2009, *Synd. de la magistrature*, R. 608, *AJDA* 2010. 862.

14. CE, 17 juill. 2013, *Syndicat national des professionnels de santé au travail et autres*, *JCP* A 2013. 2373, note O. Le Bot.

souvent invocable avec de bonnes chances de succès et constitue une arme redoutable. L'irrégularité d'un avis (acte préparatoire non attaquable directement) est invocable contre l'acte final et entraîne l'annulation de celui-ci alors même qu'il serait parfaitement régulier sur tous les autres points. L'annulation, que le juge prononce souvent pour cette raison, ce qui peut lui éviter de prendre parti sur le fond de la décision elle-même, n'est nullement platonique. Même si parfois rien n'empêche l'administration de reprendre la même mesure (v. *supra*, n° 1029), les règles juridiques peuvent avoir changé comme les circonstances sociopolitiques.

1056 **Vice de procédure substantiel. –** L'existence d'une irrégularité dans la procédure suivie n'entraîne pas toujours l'illégalité de l'acte et, partant, son annulation. Seul le vice de procédure substantiel est sanctionné ; il s'agit d'éviter, dans un domaine où la réglementation est abondante et complexe, que la moindre erreur entraîne, pour cette seule raison, l'invalidation de la décision. Dès lors, tout le problème est de savoir ce qu'il faut entendre par vice de procédure substantiel.

Deux tendances ont longtemps coexisté dans la jurisprudence. La première consistait à distinguer selon qu'une formalité est substantielle ou pas. Deux critères étaient utilisés : une formalité était considérée comme substantielle soit quand elle était de nature à avoir une influence sur le sens de la décision (ainsi, en général, des consultations obligatoires), soit quand elle constituait une garantie pour les personnes intéressées par la décision (ainsi d'une procédure contradictoire). Dans cette conception, le vice de procédure substantiel se définissait comme toute irrégularité affectant une formalité substantielle. La seconde manière de raisonner utilisait les mêmes critères mais en les appliquant non plus aux formalités mais aux irrégularités commises. Autrement dit, ici, le juge se demandait si, dans les circonstances de l'espèce, la méconnaissance d'une règle de procédure avait eu une incidence sur la décision édictée ou avait privé les intéressés d'une garantie[15].

Généralisant une disposition législative adoptée pour le cas des consultations[16], l'arrêt *Danthony*[17] tranche en faveur de la seconde conception. Il pose en effet en principe qu'un « vice affectant le déroulement d'une procédure administrative préalable... est de nature à entacher d'illégalité la décision prise... s'il ressort des pièces du dossier qu'il a été susceptible d'exercer, en l'espèce, une influence sur le sens de la décision prise ou qu'il a privé les intéressés d'une garantie ». À défaut, la décision n'est pas illégale, ce qui implique, non seulement qu'elle ne saurait être annulée par le juge mais aussi, quand elle est créatrice de droits, qu'elle ne peut être retirée, ni abrogée par l'administration[18] (sur les règles du retrait et de l'abrogation, v. *supra* n° 681 et s.).

15. P. ex. : CE, ass., 7 mai 1975, *Ass. Amis abbaye de Fontevaud*, R. 179.

16. V. l'art. 70 de la loi du 17 mai 2011 : « Lorsque l'autorité administrative, avant de prendre une décision, procède à la consultation d'un organisme, seules les irrégularités susceptibles d'avoir exercé une influence sur le sens de la décision prise au vu de l'avis rendu peuvent, le cas échéant, être invoquées à l'encontre de la décision ».

17. **CE ass. 23 déc. 2011, *M. Danthony*,** *AJDA* 2012.195, chron. X. Domino et A. Bretonneau, *Dr. adm.* 2012, obs. J.-B. Auby, repères 3, note F. Melleray, n° 22, *JCP* A 2012, 2089, note C. Broyelle, *RFDA* 2012. 284, concl. G. Dumortier, note P. Cassia.

18. CE, 7 févr. 2020, n° 428625, *AJDA* 2020.330.

Le champ d'application de ce principe, qu'il appartient au juge, le cas échéant, d'appliquer de sa propre initiative[19], est largement conçu à deux égards : il vaut que la procédure ait été suivie à titre obligatoire ou facultatif, ce qui intéresse notamment les consultations ; il s'applique aussi bien quand une formalité a été irrégulièrement accomplie que dans le cas où une formalité obligatoire a été omise, à la condition, toutefois, « qu'une telle omission n'ait pas pour effet d'affecter la compétence de l'auteur de l'acte » (sur ces derniers cas, v. *supra*, n° 1054). À cette limite, la jurisprudence en a ajouté une autre : les raisons qui expliquent que la méconnaissance de l'obligation de consulter le Conseil d'État est un moyen d'ordre public (v. *supra,* n° 1054), expliquent aussi que cette méconnaissance entraîne automatiquement l'illégalité de l'acte[20]. En d'autres termes, le fait que Conseil d'État soit étroitement associé à la confection des textes conduit à considérer que l'absence de sa consultation a nécessairement eu une influence sur le sens de la décision. Cette jurisprudence contribue aussi à donner à la fonction consultative de la haute juridiction une garantie contentieuse efficace.

La mise au point opérée par la jurisprudence *Danthony*, qui met fin à une incertitude de l'état du droit, est, comme telle, heureuse. Cependant, l'appréciation concrète, compte tenu des circonstances de chaque espèce, à laquelle elle invite, peut être délicate ; elle comporte nécessairement, pour le juge, une part de subjectivité, ce qui est de nature à rendre le résultat aléatoire.

1057 **Formalités impossibles. –** Le principe est simple : quand le respect d'une règle de procédure a été impossible, la méconnaissance de cette règle n'entache pas la décision d'illégalité. Ainsi, lorsqu'une décision est subordonnée à l'avis d'une commission, qui n'a pas siégé, faute de quorum, en raison du refus systématique de certains de ses membres de venir, l'autorité compétente peut légalement décider sans avoir recueilli d'avis. À défaut, l'attitude de l'organisme paralyserait l'exercice du pouvoir de décision[21]. L'impossibilité peut tenir au fait que, au jour de la décision considérée, l'applicabilité d'une obligation procédurale était incertaine, faute que la jurisprudence ait été fixée par le Conseil d'État[22].

1058 **Limitation de la possibilité d'invoquer le vice de procédure en matière d'acte réglementaire. –** Les solutions jurisprudentielles qui précèdent limitent la portée d'une méconnaissance des règles de procédure en neutralisant certains vices de procédure. S'il s'inscrit dans la même tendance, l'arrêt *Fédération des finances et affaires économiques de la CFDT (CFDT Finances)*[23] adopte une solution plus radicale, en venant restreindre, sur un plan procédural, la possibilité d'invoquer tout vice de procédure, quel qu'il soit, à l'encontre d'un acte réglementaire. Le principe est en effet désormais qu'un tel vice n'est utilement

19. CE, 17 févr. 2012, *Soc. Chiesi SA*, *AJDA* 2012.353.

20. CE, 17 juill. 2013, *Syndicat national des professionnels de santé au travail et autres*, *JCP* A 2013. 2373, note O. Le Bot.

21. Par ex. CE, sect., 12 oct. 1956, *Baillet*, R. 356, *D.* 1956.664, concl. M. Long ; CE, 13 déc. 2017, n° 411788, *Président du Sénat*, *AJDA* 2018. 491, chron. S. Roussel et C. Nicolas.

22. CE, 28 févr. 2020, *Évêque de Metz,* n° 428441, *AJDA* 2020. 1237, note Lamy.

23. CE, ass., 18 mai 2018, n° 414583, *AJDA* 2018. 1206, chron. S. Roussel et C. Nicolas, 1241, tribune F. Melleray.

invocable que dans le cadre du recours pour excès de pouvoir dirigé contre le règlement lui-même et exercé dans le délai imparti à cet effet. Après l'expiration de ce délai, la légalité d'un règlement peut encore, en principe, être contestée de manière indirecte, soit par voie d'exception, soit au moyen d'un recours exercé contre le refus de l'abroger. Mais ni l'exception d'illégalité, ni la contestation du refus d'abroger ne peuvent plus être fondées sur un vice de procédure. Cette solution vaut également pour le vice de forme.

C. LE VICE DE FORME

1059 Le vice de forme, qui se distingue clairement du vice de procédure, alors qu'ils étaient originellement confondus dans la classification de Laferrière, doit être entendu au sens strict : il sanctionne la violation des règles relatives à l'exigence en certains cas d'un acte écrit, à la motivation de l'acte, à sa signature et aux mentions permettant d'identifier l'auteur (v. *supra*, n° 637 et s.). En particulier, l'absence ou l'insuffisance de la motivation entache l'acte d'illégalité, sans qu'il y ait lieu de faire application de la jurisprudence *Danthony* (v. *supra,* n° 1056), c'est-à-dire de rechercher si cette irrégularité a été susceptible d'exercer une influence sur le sens de la décision ou a privé l'intéressé d'une garantie[24]. Le droit français étant peu formaliste, le vice de forme ne joue en général qu'un rôle secondaire, même si une décision administrative peut être intégralement annulée pour « simple » défaut de motivation. L'arrêt *Fédération des finances et affaires économiques de la CFDT (CFDT Finances)*[25] est propre à amoindrir encore ce rôle. Il pose en effet en règle qu'à l'instar du vice de procédure (v. *supra*, n° 1058), le vice de forme affectant un acte réglementaire (qui, il est vrai, est d'autant plus rare que les règlements échappent le plus souvent à toute obligation de motivation) ne peut plus être invoqué qu'à l'appui d'un recours pour excès de pouvoir dirigé contre le règlement lui-même et non à l'occasion d'un recours introduit contre le refus de l'abroger ou dans le cadre de la contestation d'un règlement par voie d'exception.

§ 2. LA LÉGALITÉ INTERNE

1060 **Plan. –** L'illégalité, ici, peut porter soit sur le but de l'acte (cas d'ouverture appelé détournement de pouvoir) (A), soit, dans le cadre de la violation de la loi, sur son contenu (B) ou ses motifs (C).

24. CE, 7 déc. 2016, *Caisse d'assurance retraite et de santé au travail d'Aquitaine*, n° 386304, *AJDA* 2016. 2407.

25. CE, ass., 18 mai 2018, n° 414583, *AJDA* 2018. 1206, chron. S. Roussel et C. Nicolas, 1241, tribune F. Melleray.

A. LE DÉTOURNEMENT DE POUVOIR

1061 Le détournement de pouvoir constitue en quelque sorte un vice de but. Si le but poursuivi est soit interdit, soit ne correspond pas à la finalité assignée à l'action administrative, l'acte est annulé alors même qu'il présente toutes les apparences de la légalité, en raison de l'intention « coupable » que son auteur a poursuivie.

1062 **Poursuite d'un but interdit. –** Cette irrégularité de l'acte concerne deux hypothèses distinctes.

1°) D'une part, l'autorité publique ne saurait agir dans un *intérêt privé,* avoir pour but de favoriser ou de défavoriser tel ou tel, pour des raisons personnelles ou d'opposition politique, syndicale ou confessionnelle ; comportement à la limite de la concussion et de la corruption. Le détournement de pouvoir est, par exemple, caractérisé quand un maire décide de révoquer l'agent de police qui avait eu le tort de dresser procès-verbal à l'encontre d'une de ses parentes[26] ou interdit l'ouverture de tous les bals publics de la commune avant 20 heures, sauf pour un... le sien ![27]. La solution est identique quand la modification du statut d'un corps de fonctionnaire est réalisée uniquement pour permettre l'intégration du chef de cabinet d'un ministre[28].

2°) D'autre part, l'administration ne peut jamais agir en *violation de l'autorité de la chose jugée.* L'annulation pour détournement de pouvoir marque ainsi la volonté du juge d'assurer le respect absolu de ses décisions[29].

1063 **Violation d'un but assigné. –** Il existe une autre forme plus subtile de détournement de pouvoir : le mobile poursuivi est en lui-même d'intérêt public, et l'administration a visé le bien commun. Mais ce but ne correspond pas à celui fixé par la législation pour la situation en cause. La finalité, d'intérêt public, est impossible à poursuivre au cas d'espèce.

Alors qu'en général, la recherche du moindre coût ou de la meilleure rentabilité n'est pas interdite, les autorités de police ne peuvent, elles, utiliser leurs pouvoirs dans un but financier. Ainsi une commune ne doit pas modifier son plan d'urbanisme dans le seul but de minorer la valeur d'un terrain qu'elle envisage d'acheter[30].

1064 **But déterminant. –** Encore faut-il qu'il s'agisse du but déterminant. Lorsqu'un acte présente un intérêt pour une personne privée, tout dépend de ce qui apparaît comme l'objectif essentiel de l'administration : favoriser celle-là ou poursuivre la

26. CE, 16 nov. 1900, *Maugras*, R. 617.

27. CE, 14 mars 1934, *Dlle Rault*, R. 337.

28. C 13 janv. 1995, *Synd. auton. des inspecteurs généraux de l'adm.*, R. 23.

29. Par ex. CE, 13 juill. 1962, *Bréart de Boisanger*, préc. (modification illégale du statut de la Comédie-Française destinée à permettre de révoquer à nouveau l'administrateur de la Comédie-Française, après annulation de la première révocation).

30. CE, 12 janv. 1994, *Esvan*, Rec. T. 769 ; V. aussi CE, 26 nov. 1875, *Pariset*, R. 934 (en ordonnant la fermeture de fabriques d'allumettes pour violation des lois sur les établissements dangereux, à la seule fin de minorer l'indemnisation lors de l'expropriation future de cet immeuble, le préfet « n'a pas eu pour but les intérêts que ces lois (...) ont eu en vue de garantir »).

réalisation d'une fin d'intérêt public[31]. Les solutions sont identiques pour l'intérêt financier, selon qu'il est « accessoire » ou non[32]. Peu importe qu'il ait eu pour effet secondaire de favoriser une personne privée ou d'améliorer les finances publiques si l'objet de la mesure est bien d'intérêt général.

1065 **Portée symbolique. –** Dans tous ces cas, la reconnaissance du détournement de pouvoir a une portée symbolique. Alors que l'acte était annulable pour d'autres raisons – violation du principe d'égalité dans l'arrêt *Dlle Rault*, erreur de droit (v. *infra*, nº 1070) dans l'affaire *Pariset*, etc. – le juge veut sanctionner un comportement inadmissible. Comme Hauriou le relevait, il y a ici une connotation de moralité administrative[33]. On se place donc sur le terrain de la psychologie de l'autorité, de son intention coupable, ce qui en rend la preuve difficile et la reconnaissance rare.

(Sur le détournement de procédure v. *infra*, nº 1070.)

1066 Les autres moyens de légalité interne relèvent du cas d'ouverture désigné, dans la classification de Laferrière, sous le terme générique de *violation de la loi*. Or cette présentation est réductrice car elle recouvre en réalité des hypothèses nombreuses et distinctes, et ambiguës car tout le contrôle de la *légalité* est fondé sur la violation de la loi. Il faut donc distinguer selon que sont en cause le contenu de l'acte ou les conditions de son édiction.

B. LES IRRÉGULARITÉS RELATIVES AU CONTENU DE L'ACTE

1067 **Violation directe de la règle de droit. –** Dans cette hypothèse, le contenu de l'acte lui-même, presque à sa simple lecture, se révèle être en contradiction avec l'ordonnancement juridique général. C'est donc essentiellement le non-respect de la *hiérarchie des normes* qui est sanctionné, qu'il s'agisse de normes extérieures à l'administration – Constitution, traité, lois, etc. – des règlements administratifs eux-mêmes, ou d'un principe général du droit tel que celui de non-rétroactivité des actes administratifs. Quand, par exemple, un plan d'urbanisme limite à 10 mètres la hauteur des immeubles, le permis de construire un édifice de 12 mètres de haut entre en contradiction immédiate et flagrante avec celui-là. Mais, s'agissant de contentieux objectifs, l'examen de la légalité de l'acte ne peut être fait au regard d'un contrat dont la violation n'est pas susceptible d'être invoquée, en particulier, dans le cadre du recours pour excès de pouvoir[34].

Cet examen est plus ou moins poussé. Le plus souvent, il faut un strict rapport de *conformité*, de non-contrariété entre l'acte et la norme supérieure. Parfois, en raison de la rédaction même de la base juridique qui comporte peu de prescriptions

31. V. par ex. CE, sect., 5 mai 1972, *Ferdinand*, R. 339 (but déterminant du plan d'urbanisme non entaché de détournement de pouvoir).

32. Par ex. CE, 14 janv. 1955, *Bessinger*, R. 24 (possibilité de prendre en compte l'intérêt financier lors de l'expropriation d'un immeuble dont les dépenses d'aménagement ont déjà été faites, dès lors qu'il ne s'agit pas du but déterminant).

33. Note sous CE, 16 nov. 1900, *Maugras*, *S.* 1901.3.57.

34. V. par ex. CE, 23 mars 1990, *C.H. Orsay*, R. Tab. 874.

précises et fixe surtout des objectifs généraux à atteindre, il ne s'agit que de vérifier la *compatibilité* entre les deux normes[35]. De même, le rapport entre la loi et les normes internationales n'est en principe que de compatibilité (v. *supra*, n° 101).

C. LES IRRÉGULARITÉS RELATIVES AUX MOTIFS DE L'ACTE

1068 L'autorité agit toujours en se fondant sur des considérations de fait ou de droit, selon certains motifs, qui ne doivent être confondus ni avec la motivation, ni avec le mobile de l'acte, raison pour laquelle on parle souvent de condition. Or, si les motifs de droit sont toujours susceptibles d'être contrôlés par le juge, il n'en va pas de même pour ceux de fait.

1. Contrôle des motifs de droit

1069 **Défaut de base juridique. –** L'acte administratif est toujours *dérivé* d'un texte ou d'un principe jurisprudentiel antérieur. Or cette base juridique n'est pas toujours invocable, qu'elle ne produise pas encore ses effets (v. *supra*, n° 654 et s.), qu'elle n'en produise plus du fait de son abrogation ou de sa caducité[36], ou, plus fréquemment, parce que ses effets sont paralysés par la constatation de son illégalité, notamment par voie d'exception. Dès lors, comme un château de cartes, quand on retire les cartes du dessous, le reste s'effondre[37]. Et, sauf dans les quelques rares cas où le juge a le pouvoir de procéder à une substitution de base légale sur laquelle l'acte pourrait se fonder, ce dernier est annulé.

1070 **Erreur de droit. –** Il s'agit ici d'une *mauvaise interprétation des conditions* d'utilisation d'un pouvoir attribué à l'administration, d'une compréhension erronée des motifs prévus dans la base légalement applicable. Fausse interprétation à titre général, abstraite et indépendante du cas d'espèce à l'occasion duquel la question est soulevée.

Lorsque, par exemple, le conseil national des Universités refuse l'inscription d'un candidat sur la liste de qualification des maîtres de conférences pour les motifs suivants : « dossier scientifique insuffisant et âge trop avancé », il commet, sur le second point une erreur de droit car « aucune disposition législative ou réglementaire ne (permettait) de retenir un critère tiré de l'âge des candidats pour refuser leur » qualification. La question n'est donc pas de savoir quel est, ici, l'âge du candidat mais si à titre général, les textes peuvent être interprétés comme autorisant ou non la prise en compte de ce critère[38].

35. V. par ex. Cons. const., n° 2000-436 DC du 7 déc. 2000, R. 176 (simple contrôle de compatibilité du juge administratif entre les règles posées par les documents d'urbanisme et divers objectifs fixés par certains articles du Code de l'urbanisme).

36. Par ex. CE, ass., 20 janv. 1950, *Comm. de Tignes*, R. 46 (illégalité d'une expropriation réalisée en 1948 fondée sur des textes applicables seulement en temps de guerre).

37. V. par ex. CE, 28 févr. 1992, *SA Rothmans International France*, préc. *supra*, n° 101.

38. CE, 25 nov. 1998, *Onteniente*, R. 446. V. aussi CE, 28 mai 1954, *Barel*, préc. *supra*, n° 58 (si le ministre de la Fonction publique a le droit de refuser, dans l'intérêt du service, l'accès aux concours, il ne saurait, sans commettre d'erreur de droit, interpréter ce motif d'intérêt du service comme l'autorisant à exclure les candidats communistes de la fonction publique).

Constituent également des erreurs de droit, malgré le nom qui leur est donné :

— l'*incompétence négative*, c'est-à-dire le fait pour une autorité administrative de refuser d'exercer sa compétence, dont elle a méconnu l'étendue. Le texte qui fonde son intervention a ainsi été mal interprété[39] ;

— le *détournement de procédure*, cas où l'administration a utilisé, à tort, une procédure à la place d'une autre. Elle commet une erreur de droit en interprétant mal les textes. S'il y a de plus intention coupable, car il est recouru, en pleine connaissance de cause, à une procédure dans une hypothèse où elle ne peut être utilisée, la décision est entachée de détournement de pouvoir (v. *supra*, n° 1063). La catégorie « détournement de procédure » n'a donc guère d'intérêt, même si elle est parfois utilisée par le juge[40].

2. Le contrôle des motifs de fait : l'inexactitude matérielle

1071 Le contrôle des motifs de fait porte sur plusieurs questions distinctes. En premier lieu, les faits sont-ils avérés ? Si l'administration s'est fondée sur des faits inexacts, sa mesure encourt l'annulation. Ainsi, est annulée la mesure de révocation du maire d'Hendaye qui n'aurait pas veillé à ce que fût respectée la décence d'un convoi funèbre (il aurait fait entrer ce convoi par une brèche dans le mur du cimetière et mettre le cercueil dans une fosse trop petite !) car elle repose sur des faits et allégations inexacts[41]. Sont aussi fondées sur des faits matériellement inexacts, la mise en congé d'un préfet à sa demande alors qu'il n'a jamais formulé un tel vœu[42] ou la mesure d'expulsion d'un étranger en raison de violences invoquées, alors qu'aucune preuve n'a pu en être apportée[43].

SECTION 2 LE CONTRÔLE DES MOTIFS DE FAIT SUSCEPTIBLE DE VARIATIONS

1072 **Plan.** – Les moyens d'annulation étudiés jusqu'ici peuvent toujours être examinés, s'ils sont soulevés par le requérant ou s'il s'agit de moyens d'ordre public. À partir de maintenant, au contraire, le contrôle est susceptible de variations, car on est au cœur de l'acte, au point exact de l'équilibre qui doit

39. V. CE, sect., 20 juin 2003, *Stilinovic*, *RFDA* 2003.844 (garde des Sceaux méconnaissant l'étendue de sa compétence en faisant savoir qu'il se conformerait à l'avis du Conseil supérieur de la Magistrature, quel qu'il fût).

40. CE, sect., 23 mars 1979, *Cne de Bouchemaine*, R. 127, concl. D. Labetoulle (classement de terrains nécessaires à l'emprise d'une future autoroute, en zone non constructible, pour éviter de verser une indemnité immédiate, non constitutive de détournement de procédure ; comp. CE, 26 nov. 1875, Pariset, préc.).

41. CE, 14 janv. 1916, *Camino*, R. 15, *RDP* 1917.463, concl. Corneille (arrêt souvent présenté comme le premier exemple de contrôle sur ce point).

42. CE, 20 janv. 1922, *Trépont*, R. 65, *RDP* 1922.81, concl. P. Rivet.

43. CE, 4 févr. 1981, *Konaté*, *D.* 1981.353.

s'instaurer entre contrôle juridictionnel et action de l'administration. Il y a donc différents types de contrôle (§ 1) dont les modulations s'expliquent par divers facteurs (§ 2).

§ 1. LES TYPES DE CONTRÔLE

1073 **Plan. –** Le contrôle des motifs suppose ici de vérifier que la mesure prise est justifiée au regard des faits de l'espèce, ce qui soulève deux questions. La première concerne l'opération de qualification juridique des faits, proprement dite, qui consiste à mettre en rapport les données de la situation, les faits avérés, avec la condition posée par le droit. Les faits correspondent-ils au motif légal de l'action ? Si la condition légale est remplie, ceci permet d'émettre une mesure parmi d'autres (A). Peut se poser, ensuite, la question de savoir si la mesure prise, si cette décision, est satisfaisante au regard de la condition, si elle est proportionnée à la situation. Autrement dit, c'est le choix de la décision qui est en cause et l'adéquation de son contenu aux motifs (B).

A. LA QUALIFICATION JURIDIQUE DES FAITS

1074 L'opération de qualification juridique des faits met en rapport les faits de l'espèce avec la condition légale. Est-ce une faute, condition de la sanction selon le statut de la fonction publique, que d'arriver en retard ? L'aspect d'une construction est-il constitutif d'une atteinte au site, motif du refus de permis de construire ? Le comportement d'un étranger est-il qualifiable de menace pour ordre public, justifiant son expulsion ?

Des variations sont ici susceptibles de se produire, pour des raisons explicitées *infra*, n° 1086 et s.

1075 **Absence de contrôle sur la qualification. –** Cette absence de contrôle sur l'opération de qualification juridique – contrôle *minimorum* ou *infra-minimum* – concerne une hypothèse fréquente jusque dans les années 1970 et qui, depuis, a perdu de son importance. La qualification relève du seul pouvoir discrétionnaire de l'administrateur, qui, s'il a respecté les autres règles de régularité externe et interne de l'acte, ne peut être sanctionné sur ce point. Il reste libre de lier les faits et la condition de son action, comme il l'entend, en pure opportunité, ce qui n'est pas susceptible d'être discuté au contentieux.

Autrefois, le ministre de l'Intérieur avait, ainsi, toute latitude pour déterminer si le comportement d'un étranger constituait une menace pour l'ordre public[44]. De nos jours, ne sont ainsi pas contrôlées de ce point de vue la décision du président Mitterrand de faire fleurir la tombe du maréchal Pétain[45] ou les notes d'examen et de concours[46]. Dès lors qu'il donne, par exemple, la note de 5 sur 20, le correcteur qualifie la copie de mauvaise au regard des faits avérés (ce que contient la copie) ;

44. CE, 13 juin 1952, *Meyer*, R. 312.
45. CE, 27 nov. 2000, *Ass. Comité tous frères*, R. 559.
46. CE, 20 mars 1987, *Gambus*, R. 100 (note à une épreuve de droit fiscal).

et rien n'interdirait un contrôle juridictionnel qui s'exerce d'ailleurs pour les notes des fonctionnaires (v. *infra*, n° 1076). Le juge évite cependant de s'engager dans de telles vérifications, très délicates à faire, qui ne donneraient que des résultats limités puisqu'en toute hypothèse il faudrait laisser une importante marge de manœuvre à l'administration.

1076 **Contrôle restreint de qualification. –** Ce contrôle, souvent appelé *contrôle minimum*, s'est développé à partir des années 1960[47], dans des domaines qui relevaient jusque-là, sur ce point, du seul pouvoir discrétionnaire de l'administrateur. Il se caractérise par la vérification que n'a pas été commise une « *erreur manifeste d'appréciation* ». Le juge s'interroge sur l'opération de rapprochement entre les faits et la condition légale mais, au lieu de sanctionner toute erreur, ne sanctionne que les erreurs grossières. Ainsi, jusqu'à récemment (sur l'état actuel du droit, v. *infra*, n° 1077), quand un étranger non ressortissant de l'Union européenne était expulsé, le juge vérifiait, depuis 1975, si, en considérant qu'il était porteur d'une menace pour l'ordre public, l'administration n'avait pas commis une erreur manifeste. La décision fondée sur une menace discutable, douteuse mais non manifestement absente, n'était pas annulée[48]. Ce contrôle s'étend désormais en de nombreux secteurs, comme celui des nominations au tour extérieur dans la haute fonction publique[49], la notation des fonctionnaires[50], l'exercice de leur droit de retrait[51], celui des mesures de haute police[52] ou prises dans les domaines techniques[53], etc.

Dans toutes ces hypothèses, le mot appréciation ne doit d'ailleurs pas être pris dans son sens strict, qui soulève de très délicates questions dans le cadre du contrôle de cassation (v. *supra*, n° 1020). Il s'agit ici d'erreur manifeste de qualification, de contrôle restreint sur l'opération de mise en rapport des faits avec la condition légale[54].

1077 **Contrôle entier de qualification. –** La qualification juridique des faits, pleine et entière, est, en ce cas, vérifiée : le juge sanctionne toute erreur de qualification juridique, dans le cadre du *contrôle « normal »*. Ainsi, saisi d'un recours pour excès de pouvoir contre un refus d'un permis de construire fondé sur l'atteinte à une perspective monumentale, condition fixée par la loi pour le refus, le juge vérifie si la place où doit se réaliser la construction constitue une perspective monumentale, et si l'immeuble, par son gabarit et son aspect, est de nature à y porter atteinte[55].

47. CE, sect., 15 févr. 1961, *Lagrange*, R. 121 (quant à la détermination du caractère équivalent d'un emploi pour le reclassement des personnels).

48. CE, 3 févr. 1975 *Pardov*, R. 83.

49. Par ex. CE, ass., 16 déc. 1988, *Bléton*, préc. *supra*, n° 60.

50. CE, 3 nov. 2003, *Hello*, *RFDA* 2004.196 (pour un militaire).

51. CE, 16 déc. 2009, *Ministre de la défense*, *AJDA* 2009.2434 (pas d'erreur d'appréciation de la commission de réforme estimant que l'agent ne se trouvait pas en situation de danger grave et imminent).

52. CE, 25 juill. 1985, *Mme Dagostini*, R. 226, *AJDA* 1985.558, concl. Lasserre (interdiction de séjour dans le cadre de l'état d'urgence).

53. CE, 19 nov. 1986, *Soc. Smanor*, R. 260, *JCP* 1987 n° 20822, concl. Lasserre (erreur manifeste dans le refus de qualifier de yaourt, des yaourts surgelés).

54. Quoi qu'il en soit, le Conseil d'État en cassation, chaque fois que le juge du fond exerce un contrôle d'erreur manifeste « d'appréciation » se refuse à vérifier ce point qui relève de l'appréciation souveraine du juge du fond (CE, sect., 18 nov. 1994, *Soc. Clichy Dépannage*, R. 505, *RFDA* 1995.679, concl. Du Marais).

55. CE, 4 avr. 1914, *Gomel*, R. 488 (annulation au cas d'espèce).

Un contrôle de même type est ainsi exercé dans de nombreux domaines : les faits reprochés à un agent public constituent-ils une faute[56] ? Un film peut-il être qualifié de pornographique[57] ? La présence d'un étranger sur le territoire français constitue-t-elle une menace grave pour l'ordre public, etc. ?

Il s'agit donc d'un contrôle d'une très grande fréquence et d'une très grande importance car il porte sur le cœur même de la décision administrative. Or le contrôle peut s'arrêter là ou, au contraire, concerner de nouveaux points.

B. L'ADÉQUATION DU CONTENU DE L'ACTE À LA CONDITION

1078 **Variations dans le contrôle. –** C'est, ici, le choix de la mesure qui est en cause. Souvent la question ne se pose pas et il n'y a aucun contrôle. Ainsi quand la condition légale n'est pas remplie, aucune mesure ne peut, par définition, être prise !

Parfois, au contraire, une fois la qualification vérifiée et le motif avéré, il est permis, à un stade postérieur, de s'interroger sur le choix de l'administration *quant au principe même de l'action* (peut-elle ou doit-elle agir ?), et/ou *quant à la décision prise*, que son contenu ait été défini ou non par les textes. Peut-elle, par exemple, face à une menace reconnue pour l'ordre public, édicter toute mesure qui permet d'y faire face, ou prendre seulement la plus adéquate ?

Le juge laisse parfois l'autorité décider librement des actes qui correspondent à la condition légale, ou, au contraire, contrôle ce choix, en s'interrogeant sur l'adéquation, la proportion entre le contenu de la décision et les caractéristiques des faits de l'espèce, la condition de l'action (raison pour laquelle on parle souvent ici de *contrôle de proportionnalité*).

On retrouve, ici, les trois niveaux de contrôle.

1079 **Absence de contrôle d'adéquation. –** Parfois, aucun contrôle n'est exercé sur les choix opérés.

En premier lieu, le juge permet à l'administrateur de décider, en opportunité, d'agir et de ne pas agir alors même que la condition légale est remplie. Ainsi, le président de la République est libre, quand une personne a commis de faits qui manquent à l'honneur et à la probité (point vérifié dans le cadre d'un contrôle entier de qualification juridique), de l'amnistier ou non[58]. De même, quand un agent a réellement commis une faute, son supérieur peut le sanctionner, sans y être

56. Par ex. CE, ass., 13 mars 1953, *Teissier*, R. 133, *D.* 1953.735, concl. J. Donnedieu de Vabres (faute du directeur du CNRS qui a refusé de condamner une lettre ouverte particulièrement injurieuse envers le gouvernement).

57. Par ex. CE, 30 juin 2000, *Ass. Promouvoir*, R. 265, concl. E. Honorat, *AJDA* 2000.609, chron. M. Guyomar et P. Collin, *D.* 2001.590, note Boitard, *RFDA* 2000.1282, note M. Canedo et 1311, note J. Morange, *RDP* 2001.367, note C. Guettier (Film « Baise-moi ») ; CE, 6 oct. 2008, Soc. Cinéditions, *AJDA* 2009.544, note Le Roy.

58. CE, 31 janv. 1986, *Legrand*, R. 23.

obligé[59]. Enfin, l'administration, bénéficiaire d'une déclaration d'utilité publique, est libre de la mettre en œuvre ou non[60].

En second lieu, et la question porte cette fois-ci non sur le principe de l'action mais sur le contenu même de la décision, le juge peut ne pas contrôler les choix faits à ce stade. Le Conseil d'État, en 1967, refusa ainsi de vérifier la proportionnalité de la sanction à la faute disciplinaire de l'agent public, permettant à l'assistance publique de Paris de choisir la sanction qui lui semblait la plus adéquate et de révoquer ainsi (sanction maximale) une infirmière qui avait commis une faute mineure[61]. Actuellement il refuse, par exemple, de s'interroger sur le choix fait, parmi des organisations toutes qualifiées de représentatives, de celle qui siégera au conseil économique et social[62].

1080 **Contrôle restreint d'adéquation. –** Ici, seules des *disproportions manifestes dans le choix* effectué sont sanctionnées.

Le juge s'interroge, quelquefois, sur le principe même de l'action. Lorsqu'un texte laisse à l'autorité publique le choix entre agir ou non, le juge sanctionne les choix manifestement erronés. Ainsi, bien que le Code de l'urbanisme permette de refuser un permis de construire qui porte atteinte au site, sans aucune obligation, le juge annule l'octroi du permis s'il porte manifestement atteinte au site[63].

Le juge peut aussi vérifier le choix même de la décision. Ainsi, en 1978[64], le Conseil d'État a décidé de permettre au juge de l'excès de pouvoir de contrôler partiellement le contenu de la sanction disciplinaire appliquée à un agent public (sur le cas des sanctions administratives, v. *supra*, n° 676). Par rapport à telle faute l'administration n'a-t-elle pas commis, en prenant telle sanction, une erreur manifeste d'appréciation qui est ici, non pas comme précédemment (v. *supra*, n° 1076) – et il est regrettable que le juge n'utilise pas un vocabulaire distinct – une erreur manifeste de qualification, mais d'adéquation, de proportionnalité. Il y a donc à la fois contrôle normal de qualification (les faits sont-ils constitutifs d'une faute ?) et minimal d'adéquation (rapport faute-sanction). N'est ainsi pas manifestement disproportionnée la révocation d'un agent convaincu de pratiques pédophiles[65], alors que l'est celui d'une infirmière qui avait accepté de conserver les bijoux d'une malade, certes en contradiction avec le règlement intérieur, simplement pour rendre service et non afin de s'en emparer[66]. Le Conseil d'État a

59. CE, 31 mai 1989, *Tronchet*, *Dr. adm.* 1989 n° 399 (« aucun texte (ne fait) obligation à l'autorité investie du pouvoir disciplinaire d'engager la poursuite disciplinaire »).

60. CE, 29 oct. 2003 *Comité Défense riverains tronc commun* A4-A-86, *RFDA* 2003.1262.

61. CE, 22 nov. 1967, *Dlle Chevreau*, *Dr. ouvr.* 1968.113, concl. J. Kahn.

62. CE, 11 avr. 1986, *Féd. gén. agroalimentaire CFDT*, R. 92. De même, s'il en choisit plusieurs, il reste libre d'attribuer le nombre de sièges qu'il souhaite aux différents syndicats (CE, 11 avr. 1986, *CGC*, R. 675).

63. CE, ass., 29 mars 1968, *Soc. du lotissement de la plage de Pampelonne*, R. 211, concl. Vught. ; en même sens CE, sect., 5 nov. 2003, *Soc. Interbrew*, *RFDA* 2004.126, concl. F. Seners (pour le refus du ministre de saisir le Conseil de la concurrence à propos d'une opération de concentration).

64. CE, sect., 9 juin 1978, *Lebon*, R. 245, *AJDA* 1978.573, concl. B. Genevois (renversement de la jurisprudence Demoiselle Chevreau).

65. CE, sect., 9 juin 1978, *Lebon*, préc.

66. CE, 1er déc. 1978, *Dame Cachelièvre*, R. 483.

toutefois récemment décidé de passer en la matière à un contrôle plus strict de l'adéquation des sanctions disciplinaires à la faute (v. *infra*, n° 1081, 4°).

1081 **Contrôle maximal d'adéquation. –** En ce cas, le juge exige une réelle adéquation entre le contenu de l'acte et la condition légale qui le justifie. Un tel contrôle apparaît comme maximal car il porte, au-delà de la pleine qualification des faits, sur leur *exacte proportionnalité*. Il est vérifié que la condition est suffisamment remplie pour permettre la mesure.

1°) Ce type de contrôle s'applique, en premier lieu, aux mesures de police générale, en raison des risques d'*atteintes aux libertés fondamentales*, et aux décisions prises en cas de « circonstances exceptionnelles » Il ne suffit pas qu'existe une réelle menace pour l'ordre public qui justifierait l'émission d'*une* mesure de police. Il faut aussi prendre en compte les inconvénients de la mesure et l'atteinte qu'elle porte à une liberté protégée afin que soit prise *la* (ou les) mesure la mieux proportionnée (v. *supra*, n° 520 et s.).

Ce contrôle se développe pour certaines polices spéciales, telles que celle des publications étrangères susceptibles d'être interdites par le ministre de l'Intérieur, celui-ci devant concilier « les intérêts généraux dont il a la charge avec le respect dû aux libertés publiques »[67]. Ainsi dans l'affaire *Association Ekin*, la seule mesure que la loi permet de prendre, l'interdiction, est irrégulière. Bien que la publication ait contenu des propos de nature à troubler l'ordre public, elle « ne présente pas (au regard de l'ordre public) un caractère de nature à justifier légalement la gravité de l'atteinte portée à la liberté de la presse ». La menace est donc insuffisante. Désormais, le texte instituant cette police spéciale est, d'ailleurs, jugé, dans son ensemble, incompatible avec la Convention EDH (v. *supra*, n° 524).

Des évolutions identiques ont eu lieu pour la police des étrangers. Le juge vérifie l'exacte proportionnalité d'une mesure d'expulsion, notamment, prise à l'encontre d'un étranger lorsqu'est en cause son droit à une vie familiale normale, mettant en balance les avantages qu'en retirerait l'ordre public et les inconvénients pour sa vie familiale[68]. En dehors de cette éventuelle atteinte, le contrôle du juge ne porte que sur la qualification de la menace pour l'ordre public, vérification exercée normalement tant pour les ressortissants de l'Union[69] que, depuis 2014, pour les étrangers non européens[70].

2°) De façon comparable, ce contrôle poussé s'est développé en matière d'*expropriation*. Alors que, jusqu'en 1971, le juge se contentait de vérifier si une opération était en elle-même d'utilité publique, à partir de l'arrêt *Ville Nouvelle-Est*[71], il

67. CE, sect., 9 juill. 1997, *Assoc. Ekin,* (pas en gras) R. 300, *RFDA* 1997.1284, concl. M. Denis-Linton (abandon de la jurisprudence CE, ass., 2 nov. 1973, *SA Librairie François Maspero*, R. 161, *JCP* 1974 n° 17642, concl. G. Braibant – où le contrôle se limitait à l'erreur manifeste).

68. CE, ass., 19 avr. 1991, *Belgacem et Mme Babas*, R. 152 et 162, concl. R. Abraham.

69. CE, 24 oct. 1990, *Ragusi*, R. 290, *AJDA* 1991.322, concl. R. Abraham.

70. CE, 12 févr. 2014, *M. B*, *AJDA* 2014.373.

71. CE, ass., 28 mai 1971, R. 409, concl. Braibant ; mêmes « techniques » *in* CE, ass., 5 mai 1976, *SAFER d'Auvergne/Bernette*, R. 232, *Dr. soc.* 1976.345, concl. Ph. Dondoux (contrôle des autorisations de licenciement de salariés protégés) ; CE, sect., 9 avr. 1999, *Sté The Coca-cola company R. 119*, *RFDA* 1999.769, concl. J.-H. Stahl (contrôle des refus opposés en matière de concentration économique pour vérifier qu'ils ne portent pas une « atteinte excessive à la liberté du commerce et de l'industrie »).

n'admet l'utilité publique de l'opération que si, selon la formule actuelle[72], « les atteintes à la propriété privée, le coût financier, les inconvénients d'ordre social, la mise en cause de la protection et de la valorisation de l'environnement, et l'atteinte éventuelle à d'autres intérêts publics qu'elle comporte ne sont pas excessifs eu égard à l'intérêt qu'elle présente ». Il ne s'agit plus simplement de qualification juridique (l'utilité publique est presque toujours certaine pour un équipement public) mais de s'interroger sur le choix opéré. La mesure, dans le cadre d'un bilan entre ses coûts (inconvénients divers) et ses avantages (utilité réelle) est-elle proportionnée ? Celles qui ont un bilan nettement négatif sont annulées[73]. À l'inverse, parmi celles qui sont également adéquates – et ici leur nombre est plus important qu'en matière de police générale où la proportionnalité est plus stricte – l'administration reste libre de choisir celle qui lui paraît la plus opportune.

Dans toutes ces hypothèses, la vérification de la proportionnalité apparaît en pleine lumière et étroitement liée à la qualification juridique, car le juge considère, selon que le bilan est positif ou négatif, que la condition légale est ou non *suffisamment remplie* pour que les faits justifient ou non la mesure. Cette approche d'ensemble permet dès lors au juge de cassation de contrôler les décisions des juges du fond sur ce point, au titre de la qualification[74].

3°) Plus récemment, ce contrôle de pleine proportionnalité a été progressivement généralisé en matière de sanctions professionnelles ou disciplinaires (sur le cas des sanctions administratives proprement dites, qui relèvent du plein contentieux, v. *supra*, n° 676). Il a notamment été retenu pour apprécier l'adéquation à la faute d'une sanction professionnelle prise par la commission nationale des experts en automobiles[75], des sanctions prononcées à l'encontre des magistrats du parquet[76], des commissaires aux comptes[77] ou des maires[78], des sanctions disciplinaires infligées aux sportifs convaincus de dopage par une fédération sportive[79]. Dans toutes ces hypothèses, le Conseil d'État a rompu avec sa jurisprudence antérieure qui limitait le contrôle de proportionnalité du juge à la sanction de l'erreur manifeste d'appréciation[80]. La même solution a été récemment appliquée aux

72. Telle qu'elle résulte de CE, 15 avr. 2016, *Fédération nationale des associations d'usagers des transports et autres*, n° 387475, *AJDA* 2016.749, *RFDA* 2016. 519, note P. Bon.

73. CE, ass., 28 mars 1997, *Ass. contre le projet d'autoroute transchablaisienne*, R. 120, *RFDA* 1997.739, concl. Denis-Linton (annulation de la déclaration d'utilité publique d'une autoroute au coût financier excessif).

74. CE, sect., 3 juill. 1998, *Mme Salvia-Couderc*, R. 298, *RFDA* 1999.112 concl. P. Hubert (contrôle de l'utilité publique de l'opération) ; CE, sect., 11 juin 1999, *Min. intérieur/El Mouhaden*, (contrôle de l'atteinte disproportionnée à la vie familiale) *AJDA* 1999.840, même date *Mme Chicard* (contrôle de la gravité de la faute justifiant un licenciement), *RFDA* 2000.1348, concl. G. Bachelier.

75. CE, sect., 22 juin 2007, *Arfi*, R. 263, *RFDA* 2007.1199, concl. M. Guyomar.

76. CE, 27 mai 2009, *M. Hontang, Dr. adm.* 2009, n° 104, note F. Melleray.

77. CE, sect., 12 mai 2009, *M. Petit, AJDA* 2009.2163.

78. CE, 2 mars 2010, *M. Dalongeville*, *AJDA* 2010.664, chron. S.-J. Liéber et D. Botteghi.

79. CE, 2 mars 2010, *Fédération française de l'athlétisme*, *AJDA* 2010.664, chron. S.-J. Liéber et D. Botteghi.

80. V. notamment CE, ass., 27 févr. 1981, *Wahnapo*, R. 111, *Rev. adm.* 1982, n° 206, note B. Pacteau (pour la sanction d'un maire) et CE, 22 oct. 1993, *Claude Lorrentz, D.* 1995.58, note Karaquillo (pour celle d'un sportif).

sanctions disciplinaires prononcées contre les agents publics[81] et, en dernier lieu, à celles qui visent les détenus[82].

1082 **Synthèse.** – De multiples variations sont donc susceptibles de se produire dans le contrôle juridictionnel aux deux niveaux de la qualification et de l'adéquation. Ceux-ci restent intimement liés et ne sont pas toujours expressément distingués par le juge, qui vérifie de façon globale la légalité de la mesure sur ces points, comme le montre le raccourci souvent utilisé : « les faits sont de nature à justifier la mesure prise ».

On peut dès lors opposer, sous réserve des rares hypothèses où il n'existe aucun contrôle sur ces points :

— le *contrôle minimum*, qui concerne presque toutes les décisions où subsiste un important pouvoir discrétionnaire et qui ne porte ici que sur l'erreur manifeste dite d'appréciation, en réalité de qualification ou d'adéquation selon les cas ;

— le *contrôle normal*, qui porte, sans restriction, sur la qualification juridique des faits ;

— le *contrôle maximal* quand le juge s'interroge non seulement sur la qualification juridique des faits mais aussi sur l'entière adéquation entre décision et condition.

1083 **Tableau : Exemples de variations dans le contrôle juridictionnel**

	Absence de contrôle ou contrôle infra-minimum	**Contrôle restreint ou minimum**	**Contrôle entier ou normal**	**Contrôle maximal**
Qualification	Notation dans les examens ou concours (Valeur de la copie)	Nominations au tour extérieur dans la haute fonction publique	Expulsion des étrangers (menace pour l'ordre public) ; refus du permis de construire (atteinte au site) ; sanctions disciplinaires contre un agent public (reconnaissance de la faute)	
Adéquation	Répartition du nombre de sièges entre les organisations syndicales représentatives	Sanctions disciplinaires contre les détenus (Rapport faute-sanction)		Police (rapport contenu de la mesure/menace pour l'ordre public) ; expropriation (bilan coûts-avantages), etc.

1084 Le tableau suivant met en rapport les éléments constitutifs de l'acte administratif et l'examen de la régularité de l'acte par le juge administratif.

81. CE, ass. 13 nov. 2013, *Dahan*, *AJDA* 2013.2432, chron. A. Bretonneau et J. Lessi, *AJDA* 2014. 817, tribune H. Rihal, *AJFP* 2014. 5, concl. R. Keller, note Fortier, *Dr. adm.* 2014.11, note Duranthon, *JCP* A 2014.2093, note D. Jean-Pierre, *RFDA* 2013. 1175, concl. R. Keller.

82. CE, 1er juin 2015, n° 380449, *AJDA* 2015.1596, concl. A. Bretonneau.

TABLEAU RÉCAPITULATIF DES MOYENS D'ANNULATION[83]

<table>
<tr><th>Éléments de régularité de l'acte</th><th>Conditions (Motifs)</th><th>Auteur (compétence)</th><th>Contenu (Normes)</th><th>Procédure</th><th>Forme</th><th>But</th></tr>
<tr><td>Processus décisionnel</td><td>Si C ou C1, C2, etc. est remplie</td><td>O peut ou doit</td><td>Édicter N, ou N1 ou N2, etc.</td><td>Selon P ou P1, P2, etc.</td><td>Et F ou - F1, - F2, etc.</td><td>En visant B ou B1 ou B2</td></tr>
<tr><td rowspan="2">Irrégularités de l'acte (Moyens d'annulation)</td><td>Contrôle des motifs : Défaut de base juridique, Erreur de droit, Erreurs de fait</td><td>Incompétence</td><td>Violation directe de la règle de droit</td><td>Vice de procédure</td><td>Vice de forme</td><td>Détournement de pouvoir</td></tr>
<tr><td colspan="3">Contrôle d'adéquation du contenu à la condition</td><td></td><td></td><td></td></tr>
</table>

§ 2. LES FACTEURS DE VARIATION

1085 Les variations résultent d'un dosage subtil et évolutif entre les règles fixées par les textes eux-mêmes et l'interprétation qu'en fait le juge, laquelle dépend elle-même d'une délicate pesée des intérêts en présence.

1086 **Rédaction des textes. –** Aux deux niveaux de la qualification et de l'adéquation, le point de départ est assez simple. En principe le contrôle du juge, son intensité, varie en fonction de ce que les textes ont voulu donner comme liberté, comme *pouvoir discrétionnaire* à l'administration, ce qui est dans la logique d'une justice soumise au droit écrit. Ont-ils conditionné ou non ses pouvoirs ? L'ont-ils laissé libre ou non d'agir ? Ont-ils déterminé le contenu de la mesure à prendre ? En un mot, ont-ils sur tel ou tel point lié sa compétence ? Si rien n'est prévu, si les textes ont laissé ces choix à l'autorité qui décide en pure opportunité, le juge ne saurait, en principe, intervenir.

1087 **Interprétations juridictionnelles. –** Cependant, la lettre du texte n'est qu'un point de départ. En effet, par rapport à ce qu'impliquent les règles écrites, le contrôle est susceptible de variations en moins (2°) ou en plus (3°), en fonction de la marge de discrétionnarité que le juge estime opportun de laisser à l'administration (1°).

1°) La volonté du juge apparaît ainsi comme le facteur décisif de la détermination de l'étendue du contrôle juridictionnel de l'appréciation des motifs de fait par l'administration. Deux remarques générales méritent d'être faites à cet égard. En premier lieu, dans la conduite de cette politique jurisprudentielle, le Conseil d'État était traditionnellement des plus libre. Il l'est sans doute un peu moins

83. D'après G. Dupuis, M.-J. Guédon et P. Chrétien, *Droit administratif*, A. Colin, 2004.

aujourd'hui, obligé qu'il est de tenir compte, notamment, de la jurisprudence de la CEDH qui exerce un contrôle de proportionnalité dans de nombreuses hypothèses. L'influence du droit de la ConvEDH est ainsi certaine sur certaines transformations récentes du contrôle juridictionnel[84]. En second lieu, si liberté du juge ne signifie évidemment pas arbitraire, les considérations sur lesquelles ce dernier se fonde, la balance qu'il est souvent amené à opérer entre des données antagonistes (les unes étant favorables à l'extension du contrôle quand d'autres s'y opposent) varient tellement d'une décision à l'autre qu'une systématisation précise des critères qui gouvernent les variations du contrôle juridictionnel est assurément impossible. Il demeure néanmoins possible d'identifier quelques tendances générales. Elles apparaissent dans ce qui suit.

2°) Variations en moins par rapport aux textes. Lorsque, par exemple, la condition légale est prévue par un texte, le juge peut néanmoins souhaiter ne pas exercer son contrôle sur la qualification juridique des faits ou, aujourd'hui, le plus souvent, n'exercer qu'un contrôle restreint. Un pouvoir de décision qui, d'après les textes, était ainsi lié quant à la condition légale de son exercice est alors rendu discrétionnaire par la limitation du contrôle juridictionnel.

Tel est le cas lorsqu'il s'agit de domaines particulièrement sensibles de l'action administrative (par exemple haute police) ou quand se posent des questions techniques que le juge ne saurait examiner lui-même sauf à recourir systématiquement à des expertises. L'exemple le plus significatif a longtemps été celui de l'expulsion des étrangers. Avant 1945, les textes ne fixaient aucune condition spécifique à cette expulsion et logiquement le Conseil d'État n'examinait pas les raisons qui avaient conduit l'administration à la prononcer. Cela relevait de la pure opportunité administrative. Pour améliorer les garanties des étrangers, l'ordonnance du 2 novembre 1945 détermina, au contraire, une condition légale précise (la menace pour l'ordre public et, aujourd'hui, plus précisément la menace grave). Or malgré cette volonté claire du législateur, le Conseil d'État dans un premier temps refusa d'exercer tout contrôle puis se contenta, le plus souvent, d'un contrôle restreint de qualification, qui n'est nullement justifié au regard de la lettre du texte[85]. C'est désormais un contrôle normal qui est exercé.

3°) Variations en plus par rapport aux textes. Le contrôle peut être renforcé, au-delà de la lettre des textes, là où le législateur avait laissé le choix du motif ou de la mesure à l'administration. Le juge découvre une condition légale, et à partir de là exerce son contrôle de qualification, soit normal, soit restreint[86]. Il peut, aussi, que la condition légale provienne du texte ou de la jurisprudence, aller jusqu'à contrôler l'exacte adéquation, en dehors des prévisions des textes qui, en général, ne

84. Les renversements de jurisprudence des arrêts *Belgacem* et *Mme Babas*, *Ass. Ekin, Dahan* sont, en grande partie, liés au type de contrôle exercé ou exigé par la Cour européenne (v. concl. ABRAHAM, DENIS-LINTON, KELLER, préc.).

85. CE, 3 févr. 1975, *Pardov*, préc.

86. Par ex. CE, 29 janv. 1971, *SCI La Charmille de Montsoult*, R. 87, *AJDA* 1971.234 concl. G. Guillaume (bien que la loi n'indique pas les motifs pour lesquels l'architecte de la Culture peut s'opposer à un projet de construction à proximité d'un monument historique, le juge fait un contrôle normal de qualification juridique au regard d'un motif – atteinte à l'environnement du monument – qu'il a lui-même découvert).

contiennent pas de dispositions en ce sens[87]. Ainsi, en matière de publications étrangères, en l'absence de toute condition légale de l'action, il est passé d'un contrôle restreint à un contrôle entier de proportionnalité (v. *supra*, nº 1081). Ces évolutions se font essentiellement lorsque sont en cause des droits fondamentaux, tels que le *droit de propriété* – l'évolution du contrôle en matière d'utilité publique est significative – ou de *libertés essentielles*. Comme on l'a déjà relevé, l'influence de la jurisprudence de la CEDH joue ici un rôle non négligeable. Enfin, dans la logique d'un recours de pleine juridiction, quand il porte sur un contentieux objectif de légalité, le juge de la réformation doit pouvoir mettre en œuvre, le plus souvent (mais pas toujours[88]) un contrôle maximal de proportionnalité.

Dans les cas considérés, le pouvoir discrétionnaire conféré par les textes disparaît, en tout ou partie, car le choix, qui, en tout état de cause, ne porte que sur des mesures également régulières, devient lui-même soumis au principe de légalité.

SECTION 3 CONCLUSION

1088 **Contrôle de cohérence. –** C'est donc un tableau tout en nuances qui résulte de ces facteurs. Certes, de nombreux éléments de l'acte administratif sont toujours susceptibles d'être contrôlés, pour lesquels il n'existe aucune marge de liberté (ensemble de la régularité externe, détournement de pouvoir, violation directe de la règle de droit, défaut de base légale, erreur de droit, exactitude matérielle des faits).

Pour le cœur de l'acte, l'étendue du contrôle résulte, tout à la fois de la lettre des textes et de l'appréciation par le juge de ce qui, en fonction des évolutions sociales qui ne sauraient le laisser indifférent, peut être laissé au libre choix de l'administrateur ou au contraire doit être vérifié.

Cet examen ne cesse de s'accroître depuis de nombreuses années. Mais il subsiste toujours une question essentielle : jusqu'où l'action administrative doit-elle être régie par la *légalité*, et à partir de quand faut-il laisser l'autorité décider *en opportunité* ? En raison de son approfondissement croissant, le contrôle juridictionnel paraît certes se rapprocher de l'opportunité, mais en réalité ne fait qu'intégrer dans la légalité ce qui relevait jusqu'ici de celle-là. L'opportunité est comme les mirages ; chaque fois qu'on s'en approche, elle recule pour réapparaître plus loin, car il reste presque toujours à un stade ou un autre de la décision une marge de choix. Ce qui relevait de l'opportunité entre dans la légalité quand le juge décide de la vérifier, elle réapparaît là où s'arrête son contrôle.

87. V. cependant art. L. 221-9 C. Consomm. (ministre de la Consommation ne pouvant prendre diverses mesures de retrait du marché que si elles sont « proportionnées au danger présenté par les produits et les services »).

88. V. CE, avis, 7 juill. 2010, *Mme Pavie*, Rec. 247 (contrôle restreint du juge du plein contentieux sur les dérogations à l'application des critères d'attribution du RSA dès lors que « le législateur a entendu confier au président du conseil général un large pouvoir d'appréciation pour prendre la décision d'accorder ou de refuser la dérogation »).

Reste qu'au-delà des instruments en nombre sans cesse croissant dont il dispose, le juge utilise, selon les domaines, de façon fort nuancée les pouvoirs dont il s'est doté. Les catégories déterminées peuvent être trompeuses. Alors qu'en matière d'expropriation il exerce un contrôle « maximal », en fait il n'a que très rarement annulé une opération importante d'expropriation, l'intérêt essentiel de l'arrêt *Ville nouvelle Est* étant d'obliger préventivement l'administration, confrontée par ailleurs à la montée des courants écologistes et la demande de participation des citoyens, à étudier avec beaucoup plus de précision les projets et mieux en mesurer les inconvénients. À l'inverse, en urbanisme, alors que le juge n'exerce souvent qu'un contrôle minimal, l'erreur manifeste est assez souvent admise, car dans les mesures prises par des autorités locales, le jeu des influences peut être plus important et risque d'être attentatoire au droit de propriété.

Il s'agit toujours, en définitive, de s'interroger, à la fois secteur par secteur et pour l'ensemble de l'intervention administrative, sur la *cohérence globale* de cette action, sur la façon dont celle-ci doit poursuivre les fins d'intérêt général qui lui sont assignées. Même si l'opposition ne doit pas être exagérée entre les deux approches, le contrôle ne se situe pas dans une conception individualiste de pure et simple garantie de droits subjectifs.

ÉLÉMENTS DE BIBLIOGRAPHIE

1. Ouvrages

R. Alibert, *Le contrôle juridictionnel de l'administration au moyen du recours pour excès de pouvoir,* Payot, 1926 ▪ G. Bocksang Hola, *L'inexistence juridique des actes administratifs,* Mare & Martin, Bibl. des thèses, 2014 ▪ A. Calogeropoulos, *Le contrôle de la légalité externe des actes administratifs unilatéraux,* LGDJ, 1984 ▪ L. Goldenberg, *Le Conseil d'État, juge du fait, Étude sur l'administration des juges,* Dalloz, 1932 ▪ B. Pacteau, *Le juge de l'excès de pouvoir et les motifs de l'acte administratif,* thèse univ. Clermont 1, 1977 ▪ X. Philippe, *Le contrôle de proportionnalité dans les jurisprudences constitutionnelle et administrative française*, Economica-PUAM, 1990 ▪ G. Xynopoulos, *Le contrôle de proportionnalité dans le contentieux de la constitutionnalité et de la légalité en France, en Allemagne et en Angleterre*, LGDJ, 1995.

2. Articles

J.-M. Auby, « L'incompétence *ratione temporis* », *RDP* 1953.5 ▪ R. Bonnard, « Le pouvoir discrétionnaire des autorités administratives et le recours pour excès de pouvoir », *RDP* 1923. 363 ▪ R. Bonnard, « Le contrôle de la légalité et le contrôle de l'opportunité », *RDP* 1944.63 ▪ G. Braibant, « Le principe de proportionnalité », *Mél. Waline*, LGDJ, 1974, p. 297 ▪ *Cent ans après l'arrêt Boussuge. Actualité du recours pour excès de pouvoir, JCP* A 2012, 38, 2308 (dossier, 9 contributions) ▪ M. Deguergue, « Une controverse doctrinale latente relative au contrôle des motifs de fait », *Mél. J.-F. Lachaume*, Dalloz, 2007, p. 377 ▪ P. Delvolvé, « Existe-t-il un contrôle de l'opportunité ? », Conseil constitutionnel/

Conseil d'État, LGDJ, 1998, p. 269 ▒ R. DRAGO, « Le défaut de base légale dans le recours pour excès de pouvoir », *EDCE* 1960, p. 27 ▒ C. EISENMANN, « Le droit administratif et le principe de la légalité », *EDCE* 1957.25 ▒ L. V. FERNANDEZ-LEBLANC, « Le prétendu déclin du détournement de pouvoir », *Mél. Auby*, Dalloz, 1992, p. 239 ▒ M. FROMONT, « Le principe de proportionnalité », *AJDA* 1995, n° spécial, p. 156 ▒ F. GAZIER, « Essai de présentation nouvelle des ouvertures du recours pour excès de pouvoir en 1950 », *EDCE* 1951.77 ▒ M. GROS, « Fonctions manifestes et fonctions latentes du détournement de pouvoir », *RDP* 1997.545 ▒ M.-J. GUÉDON, « La classification des moyens d'annulation des actes administratifs, réflexions sur un état des travaux », *AJDA* 1978.82 ▒ J. HUMMEL, La théorie de la moralité administrative et l'erreur manifeste d'appréciation, *Rev. adm.* 1996, p. 335 ▒ J.-B. JACOB, « Le traitement du vice de procédure dans le contentieux de l'excès de pouvoir et les métamorphoses du concept de légalité », *RDP* 2020. 1249 ▒ B. KORNPROBST, *L'erreur manifeste*, *D.* 1965, chron., p. 121 ▒ D. LABETOULLE, « Principe de légalité et principe de sécurité », *Mél. Braibant*, Dalloz, 1996, p. 403 ; « Le pouvoir discrétionnaire et le juge administratif », *Cahiers IFSA* 1978 ; « Le vice de procédure, parent pauvre de l'évolution du pouvoir d'appréciation du juge de l'annulation », *Mél. Jegouzo*, Dalloz, 2009, p. 479 ▒ A. DE LAUBADÈRE, « Le contrôle juridictionnel du pouvoir discrétionnaire dans la jurisprudence récente du Conseil d'État français », *Mélanges M. Waline,* 1974, p. 531 ▒ F. MELLERAY, « L'erreur manifeste d'appréciation dans la jurisprudence du Conseil d'État français. Brèves réflexions sur la destinée d'une construction jurisprudentielle », *Mélanges en l'honneur de Pierre Bon*, Dalloz, 2014, p. 993 ▒ J. RIVERO « Le juge administratif : gardien de la légalité administrative ou gardien administratif de la légalité » ; *Mél. Waline*, LGDJ, 1974, p. 701 ▒ S. SAUNIER, « La théorie des formalités impossibles ou l'impossible théorie », *RFDA* 2020. 1081 ▒ J. Y. VINCENT, « L'erreur manifeste d'appréciation », *RA* 1971, p. 407 ▒ J. M. WOERHRLING, « Le contrôle du pouvoir discrétionnaire en France », *Rev. Administration*, n° spécial, 1999, n° 7, p. 75.

CHAPITRE 2
LA RESPONSABILITÉ DE LA PUISSANCE PUBLIQUE

1089 **Fonctions de la responsabilité. –** *Sanction, réparation, prévention* ou... réparation, sanction, prévention. Telles sont les fins assignées à tout système de responsabilité. Il s'agit, dans un ordre qui varie en fonction des conceptions juridiques et morales, de réparer le préjudice causé à une personne, de sanctionner celui qui l'a causé et par la vertu d'exemplarité de cette punition de guider le comportement futur des acteurs, prévenant ainsi la commission de nouveaux dommages.

Pendant longtemps, l'accent a été mis sur la *sanction*, sur le rôle de l'auteur. Dans la ligne de la conception chrétienne devait être puni de sa faute – *culpa* – le coupable qui avait « péché », utilisant à mauvais escient la liberté donnée à l'homme par Dieu. Avec le Code civil, après le Siècle des lumières, cet aspect, dans une perspective « laïcisée », subsiste et la sanction reste au premier plan, même si apparaît clairement aussi l'obligation de réparation (« Tout fait quelconque de l'homme, qui cause à autrui un dommage, oblige celui par la faute duquel il est arrivé, à le réparer », C. civ., art. 1382). Par la suite, l'accent se déplace progressivement vers la victime. Dans le cadre d'une conception de plus en plus socialisée des risques, certains de ceux-ci apparaissent comme devant en toutes circonstances être réparés bien que leur auteur ne soit pas « coupable », phénomène qualifié de « *victimisation* ». Se développent ainsi des mécanismes de responsabilité sans faute (à prouver) et de garantie de paiement quand l'auteur du dommage ne peut être retrouvé ou est insolvable.

Mais le balancier qui s'était déplacé exagérément vers la réparation revient vers la sanction. La célèbre phrase de Mme Dufoix, ministre des Affaires sociales mise en cause dans l'affaire du sang contaminé : « responsable mais pas coupable », très significative d'une conception de la responsabilité fondée essentiellement sur la réparation, a été « rejetée » par l'opinion publique. À cette occasion notamment, il lui fallait un coupable désigné à la vindicte populaire et cloué au pilori, diront certains ! Ceci a conduit à mettre en cause pénalement le fautif, phénomène de *pénalisation* de la responsabilité.

1090 **Spécificité et évolution de la responsabilité administrative. –** C'est dans ce cadre que s'inscrivent les mécanismes de la responsabilité administrative, où l'on retrouve, quant aux droits subjectifs des victimes, des évolutions comparables à celles concernant les personnes privées. Mais la responsabilité de l'administration a une autre dimension. Est-il possible de juger par ce biais l'action de la puissance publique liée à la fonction de souveraineté, et si oui, de quelle marge de liberté doit-elle disposer pour pouvoir accomplir sa mission ? Se posent donc, à ce stade, des questions comparables à celles que soulève le contrôle de la légalité de l'acte unilatéral, au regard notamment du pouvoir discrétionnaire.

De profondes évolutions ont eu lieu. Sous l'Ancien Régime, de façon très variable, les préjudices causés par « l'administration » essentiellement communale sont réparés en cas de mauvais fonctionnement des services. À cette responsabilité, s'ajoutent des indemnisations en cas de dommages de travaux publics et même en dehors de ces hypothèses sur le fondement de l'équité. Mais il n'existe pas de principe général de responsabilité ; « le Roi ne pouvant mal faire », ses fautes ne sauraient être reconnues.

À partir de l'an VIII, ces données sont en partie renouvelées.

1°) Dans un premier temps, il faut déterminer *qui de l'administration ou du fonctionnaire*, agissant en son nom est responsable. Le juge est, dès 1850[1], conduit à distinguer deux types d'actes. Ceux de l'agent commis dans l'exercice de ses fonctions qui sont susceptibles d'être couverts par la responsabilité de l'administration et ceux qui, étrangers à celles-ci, engagent sa responsabilité personnelle devant les juges judiciaires, après que, conformément à l'article 75 de la Constitution de l'an VIII, maintenu en vigueur jusqu'en 1870, le Conseil d'État eut autorisé sa poursuite devant ces tribunaux. Cette « garantie » des fonctionnaires était destinée à éviter que, par le biais de poursuites individualisées, on s'attaque en fait à l'entité administrative. Après l'abrogation par le décret du 19 septembre 1870 de l'article 75, l'arrêt *Pelletier*[2], sous l'empire de la loi du 24 mai 1872 et de la justice déléguée, confirme les solutions antérieures. Si le préjudice a pour origine une *faute personnelle* de l'agent, détachable de sa fonction, celui-ci est responsable sur son propre patrimoine, ce qui permet de sanctionner, sans aucune autorisation préalable désormais, les fautes majeures commises. Si le préjudice se rattache à un acte de l'administration, s'il y a *faute de service*, seul le juge administratif est compétent, au nom du principe de séparation, pour éviter que le juge judiciaire ne s'ingère dans l'action administrative pour en apprécier la régularité.

2°) Ce point réglé, *quel droit appliquer* lorsque le service public, lui-même, est en cause ? Aux revendications des tribunaux judiciaires qui se reconnaissaient compétents pour juger l'État en appliquant les articles 1382 et s. du Code civil[3], le Conseil d'État (statuant comme juge des conflits) puis le Tribunal des conflits opposèrent la compétence administrative, ainsi que l'autonomie du droit de la

1. T. confl., 20 mai 1850, *Manoury*, R. 477.

2. T. confl., 30 juill. 1873 (R. 1er suppl. p. 117, concl. David). (Le préfet ayant fait saisir le journal de Pelletier n'a commis « aucun fait personnel de nature à engager (sa) responsabilité particulière », la poursuite étant « dirigée contre l'acte (de haute police) lui-même, dans la personne des fonctionnaires qui l'ont ordonné ou qui y ont coopéré ».)

3. Pour les collectivités territoriales une partie du contentieux reste judiciaire jusqu'à l'arrêt *Feutry* (v. *supra*, n° 885).

responsabilité administrative, dans les arrêts *Rothschild*[4] et *Blanco* (préc. *supra*, n° 32). Cette dernière décision est nette : « Considérant que la responsabilité, qui peut incomber à l'État pour les dommages causés aux particuliers par le fait des personnes qu'il emploie dans le service public, ne peut être régie par les principes qui sont établis dans le Code civil pour les rapports de particulier à particulier ; que cette responsabilité n'est ni générale, ni absolue, qu'elle a ses règles spéciales qui varient selon les besoins du service et la nécessité de concilier les droits de l'État et les droits privés ». Cette solution permit ainsi de maintenir d'importants *îlots d'irresponsabilité* de l'administration, au nom du principe de souveraineté, notamment quand étaient en jeu des actes de commandement pris dans le cadre du pouvoir discrétionnaire ou au nom de la sûreté publique[5]. Toujours l'impossibilité pour le souverain de commettre une faute à la connotation morale marquée. Par ailleurs, divers textes tels que les lois sur le service des douanes, des postes et surtout celle du 28 pluviôse an VIII, pour les dommages de travaux publics, prévirent des possibilités d'indemnisation, sans qu'il fût toujours nécessaire de rechercher les fautes éventuellement commises. Enfin, les tentatives du juge judiciaire obligèrent le Conseil d'État à admettre une éventuelle responsabilité pour faute, tout au moins dans le cadre des services « ordinaires », ce qui conduisit, par exemple, à la condamnation de l'État dans l'affaire *Blanco*[6].

Par la suite, le juge, dans sa recherche d'un équilibre satisfaisant entre les droits des victimes et les nécessités de l'action administrative, délimita différents secteurs où la responsabilité des collectivités publiques est engagée en cas de *faute* ou de faute d'une particulière gravité, voire sans faute. Dès 1895, dans l'arrêt *Cames*[7], le Conseil d'État engage la responsabilité de l'administration en cas d'accident de travail subi par ses personnels. À une époque où la jurisprudence judiciaire exigeait encore que la victime prouve la faute de l'employeur, il y avait là une avancée significative, confirmée par la loi.

C'est donc une évolution sur plus d'un siècle qui conduit au régime actuel de responsabilité de la puissance publique qui paraissait largement stabilisé, jusqu'à ce que depuis une dizaine d'années, des transformations profondes commencent à se faire sentir.

1091 **Sources du droit de la responsabilité. –** Outre les règles générales d'origine jurisprudentielle liées à l'autonomie du droit de la responsabilité administrative, diverses lois sont intervenues pour mettre en place des régimes spéciaux. Mais l'insertion du droit administratif dans le cadre des normes constitutionnelles et internationales a eu des incidences. Certaines sont simples à percevoir : ainsi seule la loi peut créer un mécanisme de responsabilité spécifique puisqu'est en cause, au sens

4. CE, 6 déc. 1855, R. 705 : « en ce qui concerne la responsabilité de l'État en cas de faute, de négligence ou d'erreurs commises par un agent de l'administration, cette responsabilité n'est ni générale, ni absolue, qu'elle se modifie suivant la nature et les nécessités de chaque service ».

5. Par ex. CE, 13 janv. 1898, *Lepreux*, R. 18 : « L'État n'est pas, en tant que puissance publique, et notamment en ce qui touche les mesures de police, responsable de la négligence de ses agents ».

6. CE, 8 mai 1874, *Blanco*, R. 416 (en raison de la faute des agents d'une manufacture nationale de tabac, l'État est « responsable de leur fait »).

7. CE, 21 juin 1895, R. 509, concl. J. Romieu.

de l'article 34, le régime des « obligations civiles »[8], et en confier le cas échéant le contentieux au juge judiciaire, qui est compétent par exemple pour les dommages causés par des véhicules administratifs ou dans le cadre de l'enseignement public (v. *supra*, n° 933 s.), car le bloc constitutionnel de compétence du juge administratif n'est pas ici en cause. Mais de nombreuses incertitudes demeurent quant à l'obligation de réparer en toutes circonstances (est-il loisible de refuser tout droit à indemnisation ?) et à son étendue exacte (est-il possible de limiter forfaitairement ou non celle-ci ?). Sur plusieurs points, l'état du droit n'est pas définitivement fixé.

1092 **Plan.** – Les règles de la responsabilité ont dû déterminer, dans chaque domaine, le point d'équilibre entre les droits subjectifs des administrés et les nécessités de la vie administrative, et trancher des problèmes de pure technique juridique et ce, sur quatre points. Comme en droit privé, la responsabilité n'existe que si un préjudice a été causé par le fait d'une personne qui supporte, sur son patrimoine, la charge de l'indemnisation. Se posent donc les questions du fait générateur (Section 1), du lien de causalité (Section 2), du préjudice (Section 3), et de la personne responsable (Section 4).

SECTION 1 LE FAIT GÉNÉRATEUR

1093 **Conditions d'engagement de la responsabilité.** – Conformément au principe d'autonomie du droit de la responsabilité administrative, la jurisprudence n'a pas repris les catégories juridiques du droit civil, et l'on ne peut raisonner en termes de responsabilité du fait personnel, du fait d'autrui et du fait des choses. Si la responsabilité de l'administration est en principe engagée seulement en cas de faute de service, afin de ne pas paralyser indûment son action (§ 1), la responsabilité sans faute, dont l'importance théorique est réelle et qui est plus favorable à la victime, tend à voir sa part s'accroître (§ 2).

§ 1. LA RESPONSABILITÉ POUR FAUTE

1094 **Plan.** – Le principe reste celui de la responsabilité pour faute « simple » (A), mais, contrairement au droit civil qui ne connaît que celle-ci, le juge administratif peut déplacer le point d'équilibre. Plus sensible aux nécessités de l'action administrative, qu'il ne veut ni paralyser ni sanctionner trop fortement, il exige de la victime qu'elle prouve non seulement une faute mais démontre aussi que cette faute est « lourde » (B). Plus sensible à la situation de la victime, il facilite son action tout en restant dans un mécanisme de faute : la charge de la preuve est renversée et la faute, présumée (C). Il reste un cas singulier, qui concerne la

8. CE, ass., 7 déc. 1962, *Ass. les forces motrices autonomes*, R. 664 ; Cons. const., n° 80-116 L du 24 oct. 1980, R. 68.

responsabilité du fait des lois. Des évolutions jurisprudentielles récentes ont conduit le Conseil d'État à admettre que cette responsabilité peut être engagée, non seulement sans faute (sur ce point, v. *infra*, nº 1108 et s.) mais également pour réparer les préjudices causés par une loi méconnaissant la Constitution ou les engagements internationaux de la France. Il s'agit d'une responsabilité pour faute. Le juge se refuse toutefois à utiliser ce terme, parce qu'il estime que dénoncer une faute du législateur va au-delà de ses pouvoirs. Cette faute-là présente donc la singularité d'être inavouable (D).

A. LA FAUTE « SIMPLE » PROUVÉE

1095 **Notion. –** Selon la définition de M. Planiol, « la faute est le manquement à une obligation préexistante »[9]. C'est donc par rapport à un « *standard* », un comportement type, fixé soit par les textes, soit par le juge, qu'est mesuré l'écart entre ce qui a été fait ou non fait (en cas d'abstention) et ce qui aurait dû l'être. Cette faute est celle du service qui a mal fonctionné, peu importe qu'elle ait été commise par un agent déterminé ou qu'elle reste anonyme. Il n'est pas nécessaire, contrairement au droit privé, de rechercher en premier lieu l'erreur particulière d'un individu pour remonter à celui qui l'emploie.

1º) En matière de décisions administratives, la notion de faute se confond avec celle d'illégalité. D'une part, toute illégalité, même si elle ne porte que sur des questions de procédure ou découle de simples erreurs d'appréciation, est constitutive de faute[10]. D'autre part et inversement, l'absence d'illégalité entraîne l'absence de faute[11].

Une précision importante mérite d'être ajoutée. Que toute illégalité soit, par définition, fautive, ne signifie pas qu'elle engage nécessairement la responsabilité de la personne publique à laquelle elle est imputable. En premier lieu, s'il faut une faute lourde pour engager cette responsabilité, l'existence d'une illégalité fautive peut rester sans conséquence (v. *infra*, nº 1096 et 1101). En second lieu et surtout, conformément aux conditions générales de la responsabilité, il doit exister un lien de causalité direct entre le préjudice et, non pas simplement la décision en cause, mais, plus strictement, l'illégalité de cette dernière[12]. De manière générale, un tel lien n'existe pas quand il apparaît que la décision illégale aurait pu être légalement prise[13]. Il en est ainsi, par exemple, de la révocation ou du licenciement d'un agent public qui, entaché d'un vice de forme ou de procédure ou même de certaines illégalités internes[14], n'en est pas moins justifié par la faute grave ou

9. *Droit civil*, 3e éd. T. II, nº 913, LGDJ, 1949.

10. CE, sect., 26 janv. 1973, *Ville de Paris c/Driancourt*, R. 78.

11. Par ex. CE, sect., 1er févr. 1980, *Rigal*, R. 64, *AJDA* 1981, p. 43, concl. Bacquet (une décision légale, « par suite, ne saurait présenter le caractère d'une faute de service »).

12. CE, sect., 19 juin 1981, *Carliez*, R. 274, *AJDA* 1982.103, concl. B. Genevois ; CE, 9 févr. 2011, M. D, *AJDA* 2011.1393, note A. Jacquemet-Gauché.

13. V. not., à propos des décisions entachées d'un vice de procédure, CE, 7 juin 2010, *Bussiere*, nº 312909, R. tables, pp. 635-974.

14. CE, 5 oct. 2016, nº 380783, *AJDA* 2016. 1896 ; CE, 28 mars 2018, nº 398851, *AJDA* 2018. 713.

l'insuffisance professionnelle de celui-ci[15]. Dans ce cas, l'appréciation du lien direct de causalité entre le préjudice subi par l'agent irrégulièrement évincé et l'illégalité commise suppose de mettre en balance l'importance respective de cette dernière et des fautes commises par l'intéressé[16]. Cette manière de raisonner peut conduire non pas à exclure complètement la responsabilité de l'administration mais à l'atténuer[17]. Deux remarques doivent être ajoutées.

La première ressort déjà de ce qui précède mais mérite qu'on y insiste. Si, bien souvent, l'illégalité jugée sans lien de causalité direct avec le préjudice est une illégalité externe, il peut fort bien s'agir d'une illégalité interne[18].

La seconde touche au mode d'appréciation du lien de causalité en matière d'illégalité. Ce dernier a fait l'objet de deux précisions jurisprudentielles récentes, qui concernent respectivement le vice de procédure affectant une sanction et l'incompétence. Dans le premier cas, le juge doit d'abord déterminer la nature et la gravité de l'irrégularité procédurale commise puis rechercher, si, compte tenu de ces éléments, « la même décision aurait pu être légalement prise, s'agissant tant du principe même de la sanction que de son quantum, dans le cadre d'une procédure régulière »[19]. Quant au cas de la décision prise par une autorité compétente, il appartient au juge de se demander non seulement si la décision aurait pu légalement être prise mais aussi, en raison de la nature de l'irrégularité en cause, si elle aurait été effectivement prise par l'autorité compétente[20].

2°) À côté de la faute « juridique », la faute résulte d'un *simple fait matériel*, d'un mauvais fonctionnement du service dû à des causes fort diverses : carence, retard inadmissible, renseignements erronés, perte de documents, intervention inappropriée, promesses inconsidérées, etc., le contenu de l'obligation étant apprécié *in abstracto*. Le juge se demande quel aurait dû être le comportement d'un « bon » service public dans des circonstances analogues (comme en droit civil, on s'interroge *in abstracto* sur celui du bon père de famille). S'il tient compte de ce qui peut raisonnablement être fait, sans exiger l'impossible, il ne délie pas pour autant l'administration de son obligation sous prétexte que, dans les données de l'espèce, elle aurait rencontré des difficultés particulières. À elle de les surmonter ! Une fois le standard fixé quant à ce qu'on peut attendre, si le comportement n'est pas satisfaisant au regard de l'obligation, la faute est certaine.

3°) La méconnaissance par une partie à un contrat administratif des obligations que celui-ci met à sa charge constitue une faute susceptible d'engager sa responsabilité contractuelle à l'égard de son contractant (v. *supra*, n° 827). En revanche, à la différence du droit privé[21], le droit administratif pose en principe qu'un tiers à un contrat administratif ne peut se prévaloir de l'inexécution de celui-ci dans le cadre

15. P. ex. : CE, 18 juin 1986, *Mme Krier*, R. 166, *D.* 1987.193, note Pacteau et IR. 116, obs. F. Moderne et P. Bon, *LPA* 21 nov. 1986. 33, note Ph. Terneyre.

16. CE, 5 oct. 2016, n° 380783, préc., (v. § 3).

17. P. ex. CE, 28 janv. 1987, *Khalifa*, n° 57704, *LPA*, 22 juillet 1987, p. 8, note B. Pacteau.

18. CE, 15 juil. 1964, *Prat-Flottes*, R. 438 ; CE, 5 oct. 2016, n° 380783, préc.

19. CE, 18 nov. 2015, M. B, n° 380461, R. 396, *AJDA* 2016. 800, note C. Lantero.

20. CE, 24 juin 2019, *EARL Valette*, n° 407059, *JCP* G 2019, n° 27, 739, obs. L. Erestein.

21. Cass. ass. plén., 6 oct. 2006, *Bull. civ. ass. plén.*, n° 6, *D.* 2006.2825, note G. Viney, *JCP* G 2007. I. 115, n° 4, obs. Stoffel-Munck.

d'une action en responsabilité extracontractuelle[22] (de même que le moyen tiré de la violation des stipulations d'un contrat est irrecevable à l'appui d'un recours pour excès de pouvoir, en raison de la nature « objective » de celui-ci, v. *supra*, n° 972). Ce principe ne va pas, toutefois, sans exceptions et, en particulier, il n'est pas applicable aux clauses réglementaires des contrats administratifs : leur méconnaissance, étant une illégalité invocable au soutien d'un recours pour excès de pouvoir (v. *supra*, n° 791), est nécessairement aussi une faute dont on peut se prévaloir à l'appui d'un recours en responsabilité extracontractuelle[23].

B. LA FAUTE LOURDE PROUVÉE

1096 **Fonctions. –** La faute lourde n'est qu'une faute plus grave que la faute simple, définition qui, pour exacte qu'elle soit, n'apporte rien. C'est donc au juge de fixer la ligne de partage, afin de délier partiellement l'administration de ses obligations, en accroissant sa marge de manœuvre, en ne sanctionnant pas des fautes réelles. Pourtant, en elle-même, l'appel à la notion de faute lourde ne présente que peu d'utilité : il serait parfaitement possible pour limiter la responsabilité d'accroître la liste des actions considérées comme non fautives. L'obligation étant moins stricte, le standard du bon comportement moins exigeant en raison notamment des difficultés que rencontre le service, l'action relèverait de la simple erreur, non fautive. La faute (simple), condition de la responsabilité ne serait reconnue qu'à partir d'un certain degré de dysfonctionnement. Le « couple » – faute lourde engageant la responsabilité/faute simple sans conséquence – pourrait être avantageusement remplacé par le couple faute simple/erreur.

La référence à cette notion, même si son domaine tend à se réduire, indique néanmoins aux victimes qu'une marge d'erreur plus importante que pour les services « ordinaires » est acceptée, ce qui protège l'intervention de l'administration. De plus, ceci permet de limiter la responsabilité en cas d'illégalité, notamment en matière fiscale. Toute illégalité étant fautive, la responsabilité serait, en ce cas, automatiquement engagée ; conserver l'exigence d'une faute lourde permet de ne pas sanctionner l'administration en cas de « petites illégalités ». On verra toutefois que, même dans ce rôle, la faute lourde n'est pas irremplaçable (v. *infra*, n° 1101).

Dans certains cas, très différents des hypothèses ici étudiées, le recours à la notion de faute lourde permet, non de limiter la responsabilité de l'administration mais au contraire de la permettre quand la loi déclare non indemnisable le préjudice subi. Malgré cette interdiction législative, le Conseil d'État considère que les fautes lourdes doivent être réparées[24].

1097 **Domaine. –** Quoi qu'il en soit, la faute lourde reste exigée dans des domaines régaliens où la vieille idée de l'irresponsabilité de l'État souverain persiste ou plus prosaïquement, parce que l'action administrative présente des difficultés

22. CE, sect., 11 juill. 2011, *Mme Gilles*, *AJDA* 2011.1949, chron. X. Domino, *BJCP* 2011.341, concl. N. Boulouis, *D.* 2012.653, note Viney, *RJEP* 2012.40, concl. N. Boulouis.

23. Par ex. CE, sect., 23 févr. 1968, *Picard*, R. 131.

24. V. par ex. art. L. 7 du Code des PTT qui excluait toute indemnisation en cas de perte ou de mauvais acheminement des correspondances ordinaires par la Poste et CE, 22 janv. 1986, *Dlle Grellier*, Rec. T. 700. Sur le régime actuel, v. CPCE, art. L. 7.

particulières. Sans être totalement abandonnée, elle tend cependant à reculer devant les exigences de plus en plus fortes de la solidarité sociale.

1. Recul de la faute lourde

1098 **Service public hospitalier. –** Ce recul est particulièrement sensible dans le domaine hospitalier. Pour les actes médicaux, c'est-à-dire ceux « qui ne peuvent être exécutés que par un médecin ou un chirurgien » (diagnostic, traitement et opérations) ou par un auxiliaire médical sous leur surveillance directe (anesthésies et perfusions)[25], la jurisprudence n'engageait initialement la responsabilité qu'en cas de faute lourde. Ces solutions conduisaient à de graves iniquités lorsque la victime subissait un dommage important. Aussi, par un arrêt *M. et Mme V.*[26], le Conseil d'État a abandonné, en 1992, cette exigence pour les actes médicaux (accouchement en l'espèce). Toute faute – encore faut-il qu'il ne s'agisse pas d'une simple erreur – engage la responsabilité de l'hôpital. Même s'il est possible d'être plus exigeant pour admettre la faute (simple), la disparition de la référence à la faute lourde évite de nombreuses équivoques. Désormais, l'article L. 1142-1 du Code de la santé publique, issu de la loi nº 2002-303 du 4 mars 2002, dispose que les établissements de santé « ne sont responsables des conséquences dommageables d'actes de prévention, de diagnostic ou de soin, qu'en cas de faute ».

1099 **Service pénitentiaire. –** L'évidente difficulté de ce service public, qui participe en outre du régalien, a initialement conduit la jurisprudence administrative à subordonner l'engagement de la responsabilité de l'État à une faute manifeste et d'une particulière gravité. À partir de 1958[27], cette exigence très rigoureuse a été remplacée par celle d'une faute lourde dans l'organisation ou le fonctionnement du service, que le dommage soit causé aux détenus eux-mêmes[28] ou à des personnes extérieures[29]. Mais, en matière de suicide d'un détenu, le Conseil d'État a admis d'engager la responsabilité de l'État d'abord à raison d'une succession de fautes[30] puis à raison d'une seule faute simple[31]. Cette solution a également été appliquée en cas d'atteinte à l'intégrité physique[32] de dommage aux biens des détenus[33]. On peut donc conclure que désormais, l'exigence d'une faute lourde est abandonnée en matière pénitentiaire. Pour autant, selon la logique générale précédemment évoquée (v. *supra,* nº 1096), le juge, dans l'identification de la faute de nature à engager la

25. CE, sect., 26 juin 1959, *Rouzet*, R. 405.

26. CE, ass., 10 avr. 1992, R. 171, concl. H. Legal.

27. CE, ass., 10 avr.1992, R. 171, concl. H. Legal.

28. Par ex. CE, sect., 5 janv. 1971, *Vve Picard*, R. 101 (absence de faute lourde dans la surveillance des détenus, bien que l'un d'entre eux ait tué un autre).

29. Par ex. CE, sect., 3 oct. 1958, *Rakotoarinovy*, R. 470 (dommage causé par un détenu envoyé en mission « à l'extérieur » et insuffisamment surveillé).

30. CE, 23 mai 2003, *Mme Chabba*, R. 240, *AJDA* 2004.157, note N. Albert, *Dr. adm.* 2003.44, note M. Lombard, *JCP* A 2003.1751, note J. Moreau.

31. CE, 9 juill. 2007, *M. D*, *AJDA* 2007, note H. Arbousset.

32. CE, 17 déc. 2008, *Garde des Sceaux, ministre de la Justice c/M. et Mme Zaouiya*, *AJDA* 2008. 2364 et 432, concl. I. de Silva.

33. CE, 9 juill. 2008, *Garde des Sceaux, min. de la Justice c/M. Boussouar*, *JCP* A 2008. 672, *AJDA* 2008. 2294, note S. Brondel, *RFDA* 2008.1093.

responsabilité de l'État en la matière, tient compte des difficultés que rencontre ici l'activité de la puissance publique. Particulièrement significative, à cet égard, est la directive jurisprudentielle selon laquelle la carence de l'administration dans la mise en œuvre des moyens nécessaires à la protection de biens des détenus, qui peut être source de responsabilité quand elle se trouve à l'origine d'un dommage subi par ces biens, doit s'apprécier « en tenant compte des contraintes pesant sur le service public pénitentiaire »[34].

1100 **Service public de police. –** Abandonnant sa conception d'irresponsabilité absolue, en contradiction avec la demande d'une garantie sociale sans cesse accrue, le Conseil d'État[35], en 1905, admit le principe même de l'engagement de responsabilité en matière de police. Il exigea par la suite la faute lourde au nom de la difficulté de l'activité en cause et « pour éviter d'énerver (l'action de la police) par des menaces permanentes de complications contentieuses »[36].

Une telle exigence se révélait gravement inéquitable. Pourquoi seules pouvaient être sanctionnées les fautes lourdes commises dans la rédaction d'un arrêté de police, par exemple, alors que de nombreux domaines de l'action administrative comparables relevaient de la faute simple ? Dès lors la jurisprudence fit, au sein des activités de police, une distinction fondée sur la difficulté des activités en cause[37], la faute lourde restant exigée notamment pour les opérations d'urgence, particulièrement délicates.

Désormais, le juge, abandonnant cette opposition, n'exige plus que la faute simple même pour les interventions des services d'incendie[38] ou l'action des secours en mer[39] alors qu'il s'agit de toute évidence d'activités difficiles. Il en va de même en matière de police du bruit[40], de police des édifices menaçant ruine[41], de police phytosanitaire[42], de suspension d'urgence du permis de conduire[43] ou encore de surveillance des frontières[44]. Ce sont là, très probablement, autant de manifestations d'un abandon de la faute lourde en matière de police administrative, qui n'a plus aucune justification sérieuse. Cela étant, ici comme ailleurs (v. n° 957 et 960), il appartient au juge administratif, comme le Conseil d'État l'a explicitement énoncé en matière de perquisitions administratives accomplies dans le cadre de l'état

34. CE, 6 juill. 2015, n° 373267, explicitant CE, 9 juill. 2008, *Garde des Sceaux, min. de la Justice c/M. Boussouar*, préc.

35. CE, 10 févr. 1905, *Tomaso Grecco*, R. 139, concl. J. Romieu.

36. Concl. P. Rivet. sur CE, 13 mars 1925, Clef, *RDP* 1925.274, et arrêt Clef, R. 266.

37. CE, ass., 20 déc. 1972, *Marabout c/Ville de Paris*, R. 664 ; *AJDA* 1972.581, concl. G. Guillaume (« les difficultés que la police de la circulation rencontre à Paris n'exonèrent pas les services municipaux de l'obligation qu'ils ont de prendre des mesures appropriées, réglementaires ou d'exécution, pour que les interdictions édictées soient observées (en l'espèce interdiction de stationnement dans une voie privée), que, dans les circonstances rappelées, l'insuffisance des dispositions prises a constitué une *faute lourde* »).

38. CE, 29 avr. 1998, *Cne de Hannapes*, R. 185.

39. CE, sect., 13 mars 1998, *Améon*, R. 82 *CJEG* 1998.197, concl. Jouvet.

40. CE, 28 nov. 2003, *Cne de Moissy-Crayamel*, *RFDA* 2004.205.

41. CE, 27 déc. 2006, *Commune de Baalon*, *AJDA* 2007.385, note Lemaire.

42. CE, 7 août 2008, *Min. de l'agriculture et de la pêche*, *AJDA* 2008.1572.

43. CE, 2 févr. 2011, *M. Gérard A*, *RFDA* 2011.451, *LPA* 2011, n° 127, p. 3, obs. Rouault, qui revient sur CE, 7 juill. 1971, *Ministre de l'Intérieur c/ Sieur Gérard*, R. 513.

44. CE, 9 déc. 2015, n° 386817, *AJDA* 2016.332, concl. X. Domino.

d'urgence (sur celui-ci, v. *supra,* nº 526), de tenir compte des difficultés auxquelles l'action administrative a pu se heurter, dans les circonstances où elle a été accomplie, pour apprécier si une faute a été commise[45]. C'est bien pourquoi les solutions, devenues tout à fait exceptionnelles, qui maintiennent l'exigence d'une faute lourde pour certaines activités de police administrative, semblent critiquables[46]. Il en va ainsi, en particulier, de celle selon laquelle seule une faute lourde est de nature à engager la responsabilité de l'État « à l'égard des victimes d'actes de terrorisme à raison des carences des services de renseignement dans la surveillance » de l'individu ou du groupe d'individus auteur de cet acte[47]. Si, en effet, il est assurément vrai que l'activité en cause présente une particulière difficulté, un régime de faute simple, encore une fois, n'empêche nullement de prendre celle-ci en considération.

1101 **Service public fiscal. –** Longtemps exclue, par application de l'idée de souveraineté (v. *supra*, nº 1090), la responsabilité de l'État, à raison des dommages causés par les opérations d'assiette et de recouvrement de l'impôt, a été initialement subordonnée à une faute qualifiée et, plus précisément, à partir de 1962, à une faute lourde[48]. Cette exigence, rarement satisfaite, a ensuite été un peu assouplie par les arrêts *Bourgeois* et *Commune d'Arcueil*[49] . Le principe demeurait celui de l'exigence d'une faute lourde « en raison de la difficulté que présente généralement » l'activité du fisc. Mais ce principe était écarté et une faute quelconque suffisait, lorsque, dans le cas soumis au juge, « l'appréciation de la situation du contribuable ne comportait pas de difficultés particulières » ; par exemple, dans l'affaire *Bourgeois*, l'État a été reconnu responsable à raison d'une erreur de saisie informatique ayant entraîné le recouvrement d'une somme dix fois supérieure à celle qui était exigible.

Ainsi, d'après cette jurisprudence, la difficulté justifie et partant, limite la faute lourde. Cette justification, toutefois, ne convainc guère : si la levée de d'impôt est, sans doute, une tâche ardue (en raison de la complexité du droit fiscal et de la sophistication des montages parfois imaginés par les contribuables pour échapper à leurs obligations), elle ne l'est pas davantage que d'autres activités

45. CE, ass., avis 6 juill. 2016, nº 398234 et nº 399135, *Napol et autre*, *AJDA* 2016. 1635, chron. O. Dutheillet de Lamothe et G. Odinet, *Dr. adm.* 2016, nº 11, p. 25, note G. Eveillard, *RFDA* 2016. 943, note O. Le Bot.

46. V. CE, 30 déc. 2016, nº 389838, *Société Generali IARD et autres*, qui apprécie en termes de faute lourde l'absence d'intervention des forces de police lors du blocage d'une plateforme d'approvisionnement des magasins de distribution « eu égard au risque d'aggravation des troubles à l'ordre public qui aurait pu résulter d'une telle intervention ».

47. CE, 18 juill. 2018, *Consorts Chennouf*, nº 411156, *AJDA* 2018. 1471, 1801, tribune P. Wachsmann, 1915, concl. Marion. L'arrêt confirme la solution adoptée en appel (CAA Marseille, 4 avr. 2017, *Ministre de l'intérieur c/ Consorts Chennouf*, *AJDA* 2017. 139, concl. M. Revert). En premier ressort, une faute simple avait été retenue comme suffisante à engager la responsabilité de l'État (TA Nîmes, 12 juill. 2016, nº 1400420, *AJDA* 2016. 1823, concl. A. Fougères).

48. CE, sect., 21 déc. 1962, *Dame Husson-Chiffre*, R. 701, *AJDA* 1963.90, chron. M. Gentot et Fourré, *D.* 1963.558, note Lemasurier.

49. V. respectivement : CE, 27 juill. 1990, *Bourgeois*, R. 242, *AJDA* 1991.346, note Debbasch, *D.* 1991, somm. com. 287, obs P. Bon et Ph. Terneyre, *RFDA* 1990.899, concl. N. Chaïd-Nouraï et CE, sect., 29 déc. 1997, *Cne d'Arcueil*, R. 512, *AJDA* 1998.112, chron. T. Girardot et F. Raynaud, *CJEG* 1998.159, concl. G. Goulard, *D.* 1999, somm. com. 53, obs. P. Bon et D. de Béchillon, *RFDA* 1998.97, concl. G. Goulard.

administratives (il suffit de penser à l'activité médicale) pour lesquelles une faute simple suffit à l'engagement de la responsabilité. Il est vrai qu'une autre raison a souvent été avancée au soutien de la faute lourde : l'activité fiscale se traduisant par des décisions, le principe selon lequel toute illégalité est fautive (v. *supra*, n° 1095) empêche de prendre en compte la difficulté de la mission du fisc en distinguant entre illégalités excusables, non fautives, et illégalités constitutives d'une faute. Cet argument n'est pas en réalité décisif : le jeu des règles relatives au préjudice et au lien de causalité permet, dans une large mesure, d'éviter que toute illégalité, même vénielle, engage la responsabilité.

Il est donc heureux que le Conseil d'État se soit finalement résolu, par son arrêt *Krupa*[50], à renoncer à la faute lourde. Désormais, toute « faute commise par l'administration lors de l'exécution d'opérations se rattachant aux procédures de recouvrement et d'établissement de l'impôt est de nature à engager la responsabilité de l'État » à l'égard du contribuable ou de toute autre personne, telle qu'une collectivité territoriale, en matière de fiscalité locale[51].

L'affirmation du principe est accompagnée de précisions qui sont autant de garde-fous.

La première concerne le préjudice indemnisable. Celui-ci, d'abord, « ne saurait résulter du seul paiement de l'impôt ». La raison en est simple : les recours ouverts au contribuable par le régime du contentieux fiscal et, notamment, l'action en décharge ou en réduction de l'impôt, lui permettent déjà d'obtenir le remboursement de l'impôt payé alors qu'il n'était pas légalement dû. Ensuite, le préjudice peut (notamment, faut-il sans doute préciser) « être constitué des conséquences matérielles des décisions de l'administration » (p. ex : liquidation d'une entreprise, vente de certains biens ou, pour les collectivités locales, perte de recettes fiscales) « et, le cas échéant, des troubles dans ses conditions d'existence dont le contribuable justifie ».

Une deuxième précision concerne le lien de causalité. Conformément à une jurisprudence de portée générale (v. *supra*, n° 1095), « le préjudice invoqué ne trouve pas sa cause directe et certaine dans la faute de l'administration » quand la décision d'imposition litigieuse, quoiqu'illégale, était, au fond, justifiée et aurait pu être légalement prise par l'administration, si celle-ci avait respecté les formalités prescrites ou fait reposer son appréciation sur des éléments qu'elle avait omis de prendre en compte ou si, encore, une autre base légale que celle initialement retenue justifiait l'imposition.

Il est enfin ajouté que « l'administration peut invoquer le fait du contribuable ou, s'il n'est pas le contribuable, du demandeur d'indemnité comme cause d'atténuation ou d'exonération de sa responsabilité ». Ce rappel, à première vue peu utile, des règles générales relatives à la faute de la victime (v. *infra*, n° 1143) permet toutefois de marquer que, grâce à ces dernières, il peut être tenu compte

50. CE, sect., 21 mars 2011, M. Christian Krupa, *AJDA* 2011. 1278, note Barque, *Dr. adm.* 2011, n° 52, note F. Melleray, *JCP* A 2011, n° 19, p. 39, note L. Erstein, *LPA* 2011, n° 73, p. 3, note Perrotin, *Procédures* 2011, n° 248, note O. Négrin, *RFDA* 2011. 340, concl. Legras, *RJEP* 2011, p. 40, note M. Collet, *Rev. Adm.* 2011, p. 268, note O. Fouquet, *RJF* 06/2011 n° 742 et chron. 597.

51. CE, 16 nov. 2011, *Commune de Cherbourg-Octeville*, *AJDA* 2011.2261, *BDCF* 2/2012, n° 26, concl. Aladjidi, *RJF* 2/2012, n° 168, et p. 63, chron. Raquin.

de l'un des facteurs de la difficulté de la tâche du fisc, qui tient à l'attitude récalcitrante de certains redevables.

2. Exigence maintenue d'une faute lourde

1102 **Service public de la justice.** – Admettre la responsabilité de la justice est particulièrement délicat en raison de la présence de la justice au cœur de l'État, de ses fonctions de souveraineté. Cela oblige, par ailleurs, le juge à se condamner lui-même, à reconnaître le mauvais fonctionnement de la juridiction malgré l'étendue des moyens de contrôle interne (appel, cassation) et à remettre en cause, le cas échéant, l'autorité de la chose jugée. Cependant, le principe de la responsabilité a fini par être admis pour la justice judiciaire tout d'abord, puis pour la justice administrative.

1°) Pendant longtemps, du fait du *service judiciaire*, la responsabilité de l'État (et non de l'administration puisqu'il s'agit ici de l'autorité judiciaire) ne put être engagée que sur la base de textes exprès mettant en place des mécanismes spécifiques d'indemnisation[52]. À partir de 1956, cependant, la Cour de cassation fit application des principes qui régissent la responsabilité de la puissance publique, dans le cas où un collaborateur occasionnel de la police judiciaire avait subi un dommage[53].

La loi du 5 juillet 1972 (COJ, art. L. 141-1) intervint pour disposer que « l'État est tenu de réparer le dommage causé par le fonctionnement défectueux du service public de la justice ». Mais, alors que le législateur entendait faciliter les indemnisations, celles-ci ne sont possibles qu'« en cas de faute lourde ou de déni de justice ». Le texte semblait remettre en cause les solutions antérieures. Cependant la Cour de cassation, d'une part, a maintenu la jurisprudence *Giry* dans le cas des préjudices subis par des tiers à l'occasion d'activités de police judiciaire[54] ou pour les collaborateurs occasionnels[55]. Pour les « destinataires » mêmes de la mesure cependant, seule une faute lourde prouvée peut engager la responsabilité de la justice judiciaire. Mais cette faute est de plus en plus aisément reconnue, elle est « constituée par toute déficience caractérisée par un fait ou une série de faits traduisant l'inaptitude du service public de la justice à remplir la mission dont il est investi », sans qu'il soit désormais nécessaire de rechercher une erreur particulièrement grossière ou une faute intentionnelle[56]. Treize arrêts de la première chambre civile de la Cour de cassation, en date du 13 novembre

52. V. art. 149 et s. Code proc. pén. (droit à réparation intégrale du préjudice matériel et moral subi par les victimes de détention provisoire lorsque l'instruction et/ou le procès se concluent par un non-lieu, une relaxe ou un acquittement), et art. 626. Code proc. pén. (mêmes solutions en cas de reconnaissance par un arrêt de révision de l'innocence d'un condamné en matière correctionnelle ou criminelle).

53. Cass. 2e civ., 23 nov. 1956, *Trésor public c/Docteur Giry*, préc. *supra*, n° 937 (médecin appelé au secours dans le cadre d'une opération de police judiciaire, bénéficiant du régime de responsabilité sans faute développé en droit administratif, v. *infra*, n° 1123).

54. Cass. 1re civ., 10 juin 1986, *Bull.* n° 160, p. 161 (consommateurs dans un café tués par une balle perdue lors d'une arrestation).

55. Cass. 1re civ., 30 janv. 1996, *Bull.* p. 63, n° 94 (non-application de l'article 781-1 à un mandataire liquidateur, auxiliaire de justice).

56. Cass. ass. plén. 23 févr. 2001, arrêt n° 472 (faute lourde en raison des nombreuses anomalies dans la conduite de l'information judiciaire dans l'affaire Grégory).

2016[57], ont fait une application remarquée de cette conception. Ces arrêts concernent les contrôles d'identité trivialement dits « au faciès ». À leur propos, la Cour juge qu'une faute lourde doit être regardée comme constituée lorsqu'il est établi qu'un contrôle d'identité présente un caractère discriminatoire et qu'il en est notamment ainsi quand un contrôle d'identité est réalisé selon des critères tirés de caractéristiques physiques associées à une origine, réelle ou supposée, sans aucune justification objective préalable.

2°) Conformément à la conception autonomiste du droit administratif, le Conseil d'État a refusé d'appliquer directement les règles législatives prévues en matière judiciaire pour la *justice administrative*. Il a dû cependant en tenir compte. Rompant avec le principe d'irresponsabilité absolue applicable aux actes non détachables de la fonction juridictionnelle, l'arrêt du 29 décembre 1978, *Darmon*[58] admet, pour ces mesures, qu'une « faute lourde commise dans l'exercice de la fonction juridictionnelle par une juridiction administrative (est) susceptible d'ouvrir droit à indemnité »[59]. Ce principe admet toutefois deux exceptions de significations opposées.

En premier lieu, le droit à réparation est exclu, en raison de l'autorité qui s'attache à la chose jugée, quand la « faute lourde résulterait du contenu même d'une décision juridictionnelle » devenue définitive. Présupposition que les mécanismes de contrôle par la voie de l'appel et/ou de la cassation ne sauraient laisser de telles fautes se produire. Compréhensible au regard de la fonction juridictionnelle et des nécessités de la chose jugée, cette solution n'en conduit pas moins à interdire toute discussion sur le plan de la responsabilité de décisions du juge administratif, même gravement erronées. Elle admet d'ailleurs une exception lorsqu'est en cause l'application des règles du droit de l'Union européenne. Conformément à la jurisprudence de la CJCE[60], le Conseil d'État a en effet admis que la responsabilité de l'État peut être engagée dans le cas où le contenu de la décision juridictionnelle est entaché d'une violation manifeste d'une norme du droit de l'Union européenne ayant pour objet de conférer des droits aux particuliers[61]. L'existence d'une telle violation s'apprécie au regard des circonstances de droit et de fait qui existaient à la date de la décision litigieuse. Cette appréciation ne saurait donc tenir compte d'une jurisprudence de la Cour de justice de l'Union européenne postérieure à cette date[62].

En second lieu, conformément aux exigences de la jurisprudence de la Cour EDH, la responsabilité de l'État pour faute simple est, quant à elle, reconnue lorsque la juridiction administrative a dépassé le délai raisonnable de jugement d'une affaire[63]. La principale difficulté que suscite la mise en œuvre de cette

57. V. p. ex. Cass. 1re civ., 9 nov. 2016, nº 15-24210.

58. CE, ass., R. 542.

59. V. par ex. CE, 2 oct. 1981, *Min. Envir. Cadre de vie c/ Cloâtre*, R. 351 (absence de faute lourde dans un jugement, non définitif, du tribunal administratif qui annule à tort un permis de construire).

60. CJCE, 30 sept. 2003, *Köbler*, aff. C-224/01, *Dr. adm.* 2003, nº 227 et repères 7, *JCP* A 2003, 43, 1943, note Dubos.

61. CE, 18 juin 2008, *Gestas*, *JCP* A 2008.2187, note Moreau, *RFDA* 2008.755, concl. de Salins, 855 et 1179, note D. Pouyaud.

62. CE, 9 oct. 2020, nº 414423, *AJDA* 2020. 2579, note A. Jacquemet-Gauché.

63. CE, ass., 28 juin 2002, *Min. Justice c/Magiera*, *RFDA* 2002.756, concl. Lamy, *AJDA* 2002.596. Pour l'application à une collectivité territoriale défenderesse dans une instance qui s'est prolongée pendant

responsabilité est naturellement relative à l'appréciation du caractère raisonnable de la durée d'un procès administratif. Cette appréciation obéit à deux directives. Elle doit d'abord être globale ; en d'autres termes, il faut prendre en compte l'ensemble de la procédure, compte tenu de l'exercice des voies de recours et jusqu'à l'exécution complète du jugement. Il en résulte qu'une décision rendue dans un délai raisonnable mais exécutée avec un retard excessif est de nature à engager la responsabilité de l'État[64], même si en principe cette responsabilité pèse sur la personne à qui cette exécution incombait[65]. Deux solutions viennent toutefois atténuer la portée de l'exigence d'une appréciation globale. En premier lieu, celle-ci n'empêche pas qu'une procédure encore pendante ouvre droit à indemnité, s'il est d'ores et déjà acquis que le délai raisonnable a été dépassé[66]. En second lieu, lorsque la durée globale de la procédure n'a pas été déraisonnable, la responsabilité de l'État est néanmoins susceptible d'être engagée si l'une des instances a par elle-même été excessive, notamment s'agissant d'une procédure d'urgence[67]. Globale, l'appréciation doit aussi être concrète, c'est-à-dire tenir compte des circonstances de chaque affaire et relatives à sa complexité, aux conditions de déroulement de la procédure, au comportement des parties et à l'intérêt pour l'une ou l'autre de ces dernières d'un traitement rapide du litige.

1103 **Activités de contrôle. –** L'insuffisance du contrôle qu'exerce une institution sur l'activité d'une autre entité peut être à l'origine de différents préjudices. Mais la mission du contrôleur reste spécifique, elle doit respecter l'autonomie du contrôlé et n'a pas à se substituer à celui-ci qui reste *a priori* le seul responsable. L'autorité supérieure quand elle rencontre *des difficultés*, notamment pour avoir accès aux informations nécessaires, n'est dès lors sanctionnée que s'il y a faute lourde[68].

Dans certains cas, l'activité de contrôle technique ne paraît pas présenter de difficultés particulières ; en fonction de l'étendue des pouvoirs de l'autorité de contrôle et des intérêts en cause, la faute simple peut suffire. La responsabilité de l'État a été ainsi engagée pour défaut de contrôle sur les centres de transfusion sanguine[69], pour les activités de contrôle technique des navires[70] ou des camions de transport[71] ou encore pour le contrôle, par l'inspection du travail, de l'application des dispositions légales relatives à l'hygiène et à la sécurité au travail[72].

une durée excessive : CE, sect., 17 juill. 2009, *Ville de Brest*, *AJDA* 2009.1399 et 1605, chron. S.-J. Liéber et D. Botteghi, *RFDA* 2009.1103, *RFDA* 2010.405, note Givernaud, *GP* 2009, n° 338-339.15, note J.-Y. Pissaloux.

64. CE, 26 mai 2010, *M. Lafille*, *AJDA* 2010.1784, note Théron.

65. CE, 23 juin 2014, n° 369946, *AJDA* 2014.1351.

66. CE, 25 janv. 2006, *Potchou et autres*, *AJDA* 2006. 589, chron. C. Landais et F. Lénica, *RFDA* 2006. 299, concl. Y. Struillou.

67. CE, 13 févr. 2012, *M. B*, n° 346549, *AJDA* 2012.357.

68. CE, ass., 29 mars 1946, *Caisse d'assurances de Meurthe-et-Moselle*, R. 100 ; *RDP* 1946.490, concl. Lefas (faute lourde dans la surveillance, par l'État, des caisses du Crédit municipal, lors de l'affaire Stavistsky).

69. CE, ass., 9 avr. 1993, *D., B., G.*, R. 110, concl. H. Legal.

70. CE, 13 mars 1998, *Améon*, préc.

71. CE, 31 mars 2008, *Soc. Carparo et cie*, *AJDA* 2008.1780, note B. Toulemonde. V. également, s'agissant du contrôle aérien : CE, 2 avr. 2010, *Consorts Cyrot et autres*, *AJDA* 2010.705.

72. CE, 18 déc. 2020, *Ministre du Travail*, n° 437314, *AJDA* 2021. 506, chron. C. Malverti et C. Beaufils, *JCP* A 2021, n° 13, comm. 2099, note H. Pauliat, *RFDA* 2021.381, concl. V. Villette.

Mais il n'y a pas abandon général de la faute lourde. La jurisprudence récente l'a nettement manifesté à deux reprises : le Conseil d'État a exigé une faute lourde pour que soit engagée la responsabilité de l'État dans le cadre des activités de contrôle des banques par la commission bancaire[73] ; il est revenu à cette même exigence, après s'être contenté d'une faute simple[74], pour le cas où le préfet n'utilise pas son pouvoir de substitution à l'égard des collectivités locales qui n'exécutent pas la chose jugée[75].

C. LA FAUTE PRÉSUMÉE

1104 **Rôle. –** À l'inverse de la responsabilité pour faute lourde, il s'agit ici, tout en restant dans le cadre de la faute, de rendre plus aisée l'indemnisation de la victime. Certes, dans la majeure partie des cas, l'appréciation des faits ne soulève guère de difficultés et il est aisé de remonter la chaîne des événements. Lorsqu'il y a un doute, cependant, à qui doit-il bénéficier ? Si la victime doit prouver la faute, il profite à l'administration. Quand il y a au contraire présomption de faute, la victime n'a qu'à établir le lien de causalité entre le fait du service public et le préjudice subi ; à l'administration de démontrer qu'il n'y a pas de faute de sa part. Si elle ne le peut, le doute bénéficie donc à la victime.

Ce mécanisme concerne deux cas essentiellement[76].

1105 **Dommages de travaux publics. –** Lorsqu'un *usager d'un ouvrage public* (l'automobiliste sur une route, le piéton dans une rue) est victime d'un dommage accidentel (et sauf dans un cas très particulier, v. *infra*, n° 1118), il lui suffit de démontrer que le préjudice subi est causalement dû à cet équipement. Et c'est au maître d'ouvrage ou à l'entrepreneur d'apporter la « preuve qui lui incombe » qu'aucune faute n'a été commise. Tout tourne autour de la notion de défaut d'entretien normal, pris souvent dans un sens globalisant qui recouvre aussi bien le défaut d'entretien proprement dit que le vice de conception de l'installation ou son aménagement anormal (mauvaise signalisation, éclairage défectueux, etc.).

1106 **Services publics hospitaliers. –** La responsabilité du fait des services hospitaliers est, pour l'essentiel, engagée sur la base d'une faute simple prouvée (v. *supra*, n° 1098). Dans certaines hypothèses, cependant (outre quelques cas de

73. CE, ass., 30 nov. 2001, *Min. Écon. c/Kechichian*, R. 587, *RFDA* 2002. 74 concl. A. Seban ; mêmes solutions dans l'exercice du contrôle administratif sur les collectivités locales : CE, 21 juin 2000, *Ministre de l'équipement et des transports c/Cne de Roquebrune*, *D.* 2002.526, obs. de Béchillon ; CE, 6 oct. 2000, *Min. Int. c/Cne de Saint-Florent*, R. 395.

74. CE, 10 nov. 1999, *Soc. de gestion du port de Campoloro et autre*, R. 348.

75. CE, sect., 18 nov. 2005, *Soc. fermière de Campoloro*, *AJDA* 2006. 137, chron. C. Landais et F. Lénica, *Dr. adm.* 2006, n° 33, note C. Guettier, *JCP* 2006, 10 044, note Moustier et Béatrix, *RFDA* 2006. 341. Sur ce pouvoir de substitution, v. *supra*, n° 1035.

76. V. aussi, p. ex. CE, 17 oct. 2012, *Bussa*, *AJDA* 2013. 362, note H. Rihal, *Dr. adm.* 2013, comm. 9, note C. Paillard, *JCP* A 2013, 5, 2025, concl. B. Bourgeois-Machureau, note Vocanson (la circonstance que la mère biologique d'un enfant confié à sa naissance au service de l'aide sociale à l'enfance, puis adopté, ait eu connaissance des informations relatives à la nouvelle identité de cet enfant et à celle de ses parents adoptifs fait présumer que ces informations lui ont été fautivement communiquées par les services du département, puisque ces derniers en sont dépositaires).

responsabilité sans faute, v. *infra*, n° 1119), alors que l'examen des faits, même après expertise, ne permet pas de connaître avec certitude l'origine d'un dommage incontestable, le juge administratif suppose l'existence d'une faute, impossible à démontrer, mais présumée. Cette jurisprudence d'abord appliquée aux dommages anormaux, dont l'origine exacte est inconnue[77], puis aux dommages résultant de gestes courants à caractère bénin[78], a été étendue à l'ensemble des dommages « inexpliqués », dont principalement les infections contractées à l'hôpital (dites « nosocomiales »)[79]. Elle conduit à présupposer, en cas de dommage hors de proportion avec l'objet de l'intervention, l'existence d'une faute dans l'organisation ou le fonctionnement du service. Il est d'ailleurs très rare que l'administration puisse s'exonérer, en démontrant qu'elle n'a pas commis de faute. La présomption tend ainsi à devenir irréfragable.

Le régime de la faute présumée est également appliqué en matière d'information médicale : sauf urgence ou impossibilité, il appartient à l'établissement public de santé d'établir que celle-ci a bien été délivrée au patient, dans des conditions permettant de recueillir son consentement libre et éclairé aux soins qui lui ont été prodigués. De création jurisprudentielle[80] ce régime est aujourd'hui prévu à l'article L. 1111-2 du Code de la santé publique.

1107 Il n'est pas rare que la responsabilité pour faute présumée ne soit qu'une étape vers une responsabilité sans faute. Cette évolution est parfois le fait du législateur. Ainsi, en matière d'infections nosocomiales, la loi du 4 mars 2002 (art. L. 1141-1, 2e al.) a institué, à la charge des établissements (notamment publics) de santé une responsabilité sans faute dont ils ne peuvent s'exonérer qu'en rapportant la preuve d'une « cause étrangère » ; toutefois, sous la pression des assureurs la réparation des infections les plus graves a été confiée à la solidarité nationale (v. *infra*, n° 1126). Le passage de la présomption de faute à la responsabilité sans faute peut aussi résulter d'un changement de jurisprudence. Ainsi, s'agissant des dommages causés aux patients des établissements publics de santé par la défaillance des produits ou appareils utilisés par ceux-ci, le Conseil d'État, après s'être placé sur le terrain de la faute présumée[81], a admis l'existence d'une responsabilité sans faute[82].

77. CE, 18 nov. 1960, *Savelli*, R. 640, *RDP* 1961.1068, note M. Waline (variole contractée par un enfant puis sa belle-mère lors d'une hospitalisation pour une rougeole) ; CE, 13 juill. 1961, *CH de Blois, R. 1774 (brûlures constatées sur le thorax d'un nouveau-né alors qu'il se trouvait à la maternité).*

78. CE, 23 févr. 1962, *Meier*, R. 122 : « La paralysie du membre supérieur gauche est en relation directe de cause à effet avec une injection intra-veineuse (...) ; que, s'agissant d'une intervention courante et à caractère bénin, les troubles ne peuvent être *regardés que comme révélant une faute* commise dans l'organisation ou le fonctionnement du service ». Pour une application récente, v. également CE, 21 oct. 2009, *Mme Altet-Caubissens*, *AJDA* 2009.1979 (*a contrario*).

79. CE, 9 déc. 1988, *Cohen*, R. 431, *AJDA* 1989.405, note J. Moreau, *Quot. Jur.* du 23 févr. 1989, p. 7, note F. Moderne.

80. CE, sect., 5 janv. 2000, *Consorts Telle*, R. 5, concl. D. Chauvaux, *D.* 2000.IR.28, *RFDA* 2000.646, concl. et note Bon, *AJDA* 2000.137, chron. M. Guyomar et P. Collin, *Dr. adm.* 2000.46, note C. Esper, *JCP* 2000.II.10271, note J. Moreau, *RDP* 2001.4012, note C. Guetter, *RDSS* 2000.357, note L. Dubouis.

81. CE, 1er mars 1989, *époux Peyres*, R. 85, D. 1989, somm. 298, obs. P. Bon et Ph. Terneyre.

82. CE, 9 juill. 2003 *APHP c/Mme Marzouk*, R. 338, *RFDA* 2003.1037, *AJDA* 2003.1946, note M. Deguergue ; CE, 12 mars 2012, *CHU de Besançon*, n° 327449. V. également art. L. 1142-1 C. sant. publ.

D. L'INAVOUABLE FAUTE DU LÉGISLATEUR : LA RESPONSABILITÉ DE L'ÉTAT DU FAIT D'UNE LOI CONTRAIRE À LA CONSTITUTION OU À UN ENGAGEMENT INTERNATIONAL

108 Récemment établie, la responsabilité de l'État du fait d'une loi contraire à la Constitution ou à un engagement international prête à discussion en ce qui concerne son fondement et sa nature. La responsabilité susceptible de naître de l'application d'une disposition législative inconstitutionnelle présente d'ailleurs de notables spécificités.

1. L'établissement de la responsabilité du fait d'une loi contraire à la Constitution ou à un engagement international

109 L'idée ancienne selon laquelle la souveraineté est incompatible avec la responsabilité a d'abord conduit la jurisprudence administrative à poser en règle que la loi, acte souverain par excellence, n'était pas susceptible d'engager la responsabilité de l'État, à moins que le législateur ne l'ait expressément prescrit[83]. L'admission, dans le silence de la loi, d'une responsabilité sans faute, fondée sur la rupture de l'égalité devant les charges publiques, a représenté un premier compromis entre le statut de la loi, les limites corrélatives de la compétence du juge (la validité de la loi était classiquement incontestable) et la garantie des droits individuels (sur ce point, v. *infra* n° 1100 et s.). La remise en cause contemporaine de la souveraineté de la loi a conduit à dépasser ce compromis initial, d'abord par l'institution d'une responsabilité de l'État du fait d'une loi inconventionnelle, puis par l'extension de cette solution aux lois contraires à la Constitution.

110 **Loi inconventionnelle. –** La reconnaissance, par le droit administratif français, d'une responsabilité du fait des lois contraires aux engagements internationaux supposait d'abord que le juge administratif se reconnût compétent pour identifier une telle contrariété, c'est-à-dire pour contrôler la compatibilité des lois avec les conventions internationales. Cette condition *sine qua non* ne fut remplie qu'à partir de la jurisprudence *Nicolo* (v. *supra*, n° 101).

Ce que cette jurisprudence rendait possible, le droit de l'Union européenne l'imposait. La primauté de ce dernier implique en effet, selon la CJUE, que les États membres sont tenus de réparer les préjudices qu'ils causent aux particuliers par la méconnaissance d'une norme de l'Union, quel que soit l'organe auteur de cette méconnaissance, ce qui comprend notamment le législateur[84]. Dans un premier temps, le Conseil d'État a esquivé le problème en considérant que le fait générateur du dommage se trouvait, non dans la loi inconventionnelle elle-même, mais dans la faute que commet l'administration en en faisant application[85]. L'arrêt

83. CE, 11 janv. 1838, *Duchâtelier*, Rec. 7 ; CE, 5 févr. 1875, *Moroge*, Rec. 89.

84. CJCE, 19 nov. 1991, *Frankovich*, R. 5357, concl. Mischo ; CJCE, 5 mars 1996, *Brasseries du Pêcheur*, R. 1029, concl. Tesauro.

85. CE, 28 févr. 1992, *Soc. Arizona Tobacco Products*, R. 78, concl. M. Laroque.

Gardedieu[86] franchit enfin le Rubicon. Il pose en principe que « la responsabilité de l'État du fait des lois est susceptible d'être engagée... en raison des obligations qui sont les siennes pour assurer le respect des conventions internationales par les autorités publiques, pour réparer l'ensemble des préjudices qui résultent de l'intervention d'une loi adoptée en méconnaissance des engagements internationaux de la France ». En l'espèce, l'État est ainsi condamné à réparer les conséquences dommageables d'une validation législative incompatible avec l'article 6-1 de la CEDH faute d'être justifiée par un impérieux motif d'intérêt général. Cette jurisprudence est notamment applicable à la méconnaissance par le législateur des normes du droit de l'Union européenne tels les principes de sécurité juridique et de confiance légitime[87].

1111 **Loi inconstitutionnelle. –** Le juge administratif étant incompétent pour contrôler la constitutionnalité de la loi, il ne saurait, à première vue, reconnaître la responsabilité de l'État du fait d'une loi adoptée en méconnaissance de la Constitution. Une telle solution a, en effet, pu être affirmée[88]. Il faut toutefois tenir compte de l'institution de la question prioritaire de constitutionnalité (v. *supra* n° 67 et s.) qui vise, par hypothèse, des lois entrées en vigueur, dont la mise en œuvre a pu entraîner des effets dommageables. Une disposition législative ayant été déclarée inconstitutionnelle par le Conseil constitutionnel selon cette procédure, il est concevable que la réparation des préjudices causés par cette inconstitutionnalité, pendant la période d'application de la loi, soit ensuite recherchée devant le juge administratif. Après que le Conseil d'État eut laissé entrevoir cette possibilité[89], le tribunal administratif de Paris[90], puis la cour administrative d'appel de Paris[91] lui ont donné une réalité que la juridiction suprême a confirmée dans trois arrêts d'assemblée du 24 décembre 2019, *Société Paris Clichy, Société Hôtelière Paris Eiffel Suffren, M. Laillat*[92]. Ces derniers énoncent, en effet, que la responsabilité de l'État du fait des lois peut être engagée « pour réparer l'ensemble des préjudices qui résultent de l'application d'une loi méconnaissant la Constitution ou les engagements internationaux de la France ».

86. CE, ass., 8 févr. 2007, *AJDA* 2007.585, chr. F. Lenica et J. Boucher, et 1097, tribune P. Cassia, *D.* 2007. 1214, note G. Clamour, *Dr. adm.*, mai 2007. 9, comm. M. Gautier et F. Melleray, *JCP* A 2007.2007.2083, note C. Broyelle, *JCP*, I, 166, obs. B. Plessix, *RFDA* 2007, 361, concl. L. Derepas et 525, étude D. Pouyaud et 789, note M. Canedo-Paris, *RGDIP* 488, note F. Poirat, *RTD civ.* 2007.297, note J.-P. Marguénaud, *RTDH* 2007.907, note Lemaire.

87. CE, 23 juill. 2014, *Société d'éditions et de protection route*, *AJDA* 2014. 2358, note C. Broyelle, *RFDA* 2014. 1178, concl. A. Lallet.

88. CAA Paris, 19 oct. 2010, n° 09PA02715.

89. CE, 17 déc. 2010, n° 343752 ; CE, 30 sept. 2011, n° 350583, *Société ASP Havre athlétice club*, *AJDA* 2011. 2199.

90. TA Paris, 7 févr. 2017, *M. V. Société Paris Clichy* (2 esp.), *AJDA* 2017. 698, concl. F. Doré, *RDP* 2017. 1227, étude Th. Ducharme.

91. CAA Paris, 5 oct. 2018, *Société Paris Clichy* (1re esp.) et *Société hôtelière Paris Eiffel Suffren*, *AJDA* 2018. 2352, concl. A.-L. Delamarre.

92. *AJDA* 2020.509, chron. M. Malivert et C. Beaufils, *Dr. Adm.* 2020. comm. 20, note G. Eveillard, *Gaz. Pal.* 11 févr. 2020, n° 369, p. 18, *RFDA* 2020. 136, concl. M. Sirinelli, note A. Roblot-Troizier.

2. Fondement et nature de la responsabilité du fait d'une loi contraire à la Constitution ou à un engagement international

112 L'arrêt *Gardedieu* fondait la responsabilité de l'État « du fait de l'intervention d'une loi adoptée en méconnaissance des engagements internationaux de la France » sur l'obligation, pour l'État, d'assurer « le respect des conventions internationales par les autorités publiques », et donc, notamment, par son organe législatif. Cette formule n'étant guère éclairante (c'est un euphémisme), il n'est pas étonnant que le fondement de la responsabilité considérée ait suscité, en doctrine, maintes controverses. Le commissaire du gouvernement Luc Derepas, dans ses conclusions sur cette affaire, estimait qu'il s'agit d'une responsabilité *sui generis* ne relevant ni de la responsabilité pour faute, ni de la responsabilité sans faute. Mais cette position, peu explicative, est logiquement intenable. La distinction de la responsabilité pour faute et de la responsabilité sans faute est, en effet, nécessairement exhaustive : une responsabilité qui n'est pas fondée sur la faute est, par définition, une responsabilité sans faute. Dès lors qu'en matière d'actes juridiques toute illégalité est fautive, comme l'enseigne la jurisprudence *Driancourt* (sur ce point, v. *supra*, n° 1095), il semble difficile de ne pas reconnaître que l'adoption d'une loi entachée d'inconventionnalité, laquelle n'est jamais qu'une modalité de l'illégalité, est bien une faute. Si d'ailleurs ce n'était pas le cas, il faudrait encore expliquer pourquoi une loi inconventionnelle, quoique non fautive, engage néanmoins la responsabilité de l'État, c'est-à-dire trouver à cette responsabilité sans faute un fondement positif. Or, on est bien en peine de le faire : ni le risque, ni l'égalité devant les charges publiques, ni l'idée de garde ne sont pertinents. Sans le dire, l'arrêt *Gardedieu* admet donc bien une responsabilité pour faute du législateur.

Encore qu'elles aussi évitent de parler de « faute », les décisions *Société Paris Clichy, Société Hôtelière Paris Eiffel Suffren et M. Laillat* confirment cette interprétation. Elles énoncent, en effet, que c'est « en raison des exigences inhérentes à la hiérarchie des normes », que la responsabilité de l'État peut être engagée « pour réparer l'ensemble des préjudices » causés par « l'application d'une loi méconnaissant la Constitution ou les engagements internationaux de la France ». La signification du fondement ainsi assigné à cette responsabilité mérite d'être éclairée. L'exigence élémentaire que comporte la hiérarchie normative est évidemment qu'une norme se conforme à celles qui lui sont supérieures, à peine d'invalidité. Cette dernière comporte deux catégories de conséquences. Les premières portent sur la norme elle-même, qui peut être privée d'effet, plus ou moins selon les recours dont elle est susceptible et au terme d'une balance des intérêts (inapplicabilité, abrogation, annulation). Les secondes concernent l'engagement de la responsabilité de l'auteur de la norme : si la mise en œuvre concrète d'une règle invalide a comporté des effets dommageables, ceux-ci doivent être réparés, précisément parce qu'ils trouvent leur origine dans une norme invalide donc fautive, selon l'équivalence établie par la jurisprudence *Driancourt*. C'est dire qu'en rapportant, explicitement, la responsabilité considérée aux exigences inhérentes à la hiérarchie des normes, le Conseil d'État indique, implicitement mais nécessairement, qu'il s'agit d'une responsabilité pour faute. Deux conséquences suivent de là. D'abord, puisque la responsabilité procède de l'invalidité, son engagement suppose un lien direct de causalité entre cette dernière et le préjudice invoqué ; les arrêts du 24 décembre 2019 le rappellent explicitement en ce qui concerne la responsabilité du fait d'une loi inconstitutionnelle. Ensuite, dès lors qu'un préjudice trouve sa cause dans une faute, aucune raison ne commande d'en laisser une part à la charge de la victime ni d'ailleurs de tenir compte du nombre des personnes touchées. C'est pourquoi, comme l'exprime l'affirmation selon laquelle il s'agit de réparer « l'ensemble des préjudices » causés par une loi inconventionnelle ou inconstitutionnelle, l'exigence de gravité et de spécialité du préjudice, pertinente, on le verra (v. *infra* n° 1132 et s.), quand la responsabilité (sans faute) de l'État législateur repose sur une rupture de l'égalité devant les charges publiques, est sans application ici.

Un dernier point mérite d'être mentionné, qui concerne également les rapports entre la responsabilité de l'État législateur pour rupture de l'égalité devant les charges publiques et celle qui repose sur la faute. Selon la formulation du motif de principe des décisions du 24 décembre 2019, la première résulte de « l'adoption » d'une loi, alors que la seconde est rapportée à son « application » (l'arrêt *Gardedieu* évoquait, quant à lui, « l'intervention d'une loi adoptée en méconnaissance des engagements internationaux de la France »). Il ne faut pas se méprendre sur le sens de cette différence. De manière générale, pour qu'une disposition législative produise des effets dommageables, il faut qu'elle soit appliquée ; on ne voit pas très bien comment une loi qui, après avoir été adoptée, ne serait pas mise en œuvre, resterait lettre morte, pourrait entraîner des préjudices. La différence ne se situe donc pas là. En réalité, l'utilisation du terme « application » apparaît destinée à souligner le fait que la responsabilité pour faute législative « a vocation à couvrir les inconstitutionnalités ou inconventionnalités *ab initio*, de même que celles qui résulteraient d'un changement de circonstances »[93].

3. Les spécificités de la responsabilité du fait d'une loi contraire à la Constitution

1113 Identiques par leur fondement et leur nature, les responsabilités du fait d'une loi inconventionnelle ou inconstitutionnelle diffèrent, à certains égards, dans leurs conditions d'engagement. Cela tient essentiellement aux règles de compétence juridictionnelle. Dans le cas de la loi contraire à un engagement international, le juge administratif est compétent tant pour identifier l'inconventionnalité que pour en réparer les conséquences dommageables. Il n'en va pas de même en ce qui concerne la loi inconstitutionnelle. Le contrôle de la constitutionnalité de la loi relevant de la compétence exclusive du Conseil constitutionnel, il est nécessaire d'organiser les rapports entre l'office de celui-ci et celui du juge administratif de la responsabilité. Telle qu'elle est déterminée par les arrêts du 24 décembre 2019, cette organisation comprend deux éléments.

Le premier tombe sous le sens : la responsabilité de l'État du fait d'une disposition législative contraire à la Constitution ne peut être engagée « que si le Conseil constitutionnel a déclaré cette disposition inconstitutionnelle », soit à la suite d'une question prioritaire de constitutionnalité, soit en vertu de la jurisprudence *État*

93. M. Sirinelli, concl. préc., *RFDA* 2020.140.

d'urgence en Nouvelle-Calédonie[94], qui permet de contrôler la constitutionnalité d'une loi promulguée à l'occasion de la contestation, sur le fondement de l'article 61 de la Constitution, de dispositions qui la modifient, la complètent ou affectent son domaine.

Cependant, la compétence du Conseil constitutionnel ne se limite pas la déclaration de l'inconstitutionnalité de la loi. Il entre également dans son office de « préciser les conséquences de sa décision »[95]. En matière de question prioritaire de constitutionnalité, ce pouvoir lui est expressément attribué par l'article 62 de la Constitution, qui l'habilite à déterminer « les conditions et limites dans lesquelles les effets que la disposition [déclarée inconstitutionnelle] a produits sont susceptibles d'être remis en cause » (v. *supra*, nº 72). Mais il est peu douteux que ce pouvoir lui appartient de manière générale, et, donc notamment dans le cadre de la jurisprudence *État d'urgence en Nouvelle-Calédonie*, à partir de l'idée que tout juge est juge de l'exécution de ses propres décisions ; le Conseil d'État a d'ailleurs statué dans ce sens à propos des déclarations de constitutionnalité sous réserve d'interprétation[96]. La généralité de la compétence ainsi reconnue au Conseil constitutionnel comprend d'ailleurs un autre aspect, qui est ici d'une grande importance. Cette compétence vise certes, d'abord, les effets juridiques de la disposition législative déclarée inconstitutionnelle, qui peuvent ainsi être remis en cause non seulement pour l'avenir mais pour le passé (sur ce point, v. *supra*, nº 72). Mais le Conseil constitutionnel se reconnaît également le pouvoir de statuer sur les effets matériels que la loi a produits et, notamment, sur la possibilité d'obtenir réparation de ses effets dommageables. Ainsi, dans une décision QPC nº 2014-390 du 11 avril 2014, après avoir déclaré inconstitutionnelles des dispositions qui autorisaient la destruction de biens meubles saisis dans le cadre de certaines poursuites pénales, il a précisé que cette déclaration « n'ouvre droit à aucune demande en réparation du fait de la destruction de biens opérée antérieurement à cette date ». Le Conseil d'État, dans les arrêts du 24 décembre 2019, a faite sienne cette interprétation de son office par le Conseil constitutionnel, sans en tirer de conséquences excessives sur les conditions d'engagement de la responsabilité du fait d'une loi inconstitutionnelle. Il énonce, en effet, que cet engagement est « subordonné à la condition que la décision du Conseil constitutionnel, qui détermine les conditions et limites dans lesquelles les effets de la disposition a produits sont susceptibles d'être remis en cause, ne s'y oppose pas, soit qu'elle l'exclue expressément, soit qu'elle laisse subsister tout ou partie des effets pécuniaires produits par la loi qu'une action indemnitaire équivaudrait à remettre en cause ». Le Conseil d'État reconnaît ainsi, d'abord, que le pouvoir, pour le Conseil constitutionnel, de statuer sur (en bref) les conséquences de ses décisions, l'habilite à se prononcer sur la responsabilité à raison des effets dommageables de la loi déclarée contraire à la Constitution. Pour autant, il n'en infère pas que l'engagement de cette responsabilité ne serait possible que si la décision du Conseil constitutionnel le permet de façon soit explicite, soit implicite, (ce qui

94. Cons. const., nº 85-187, *DC* du 25 janv. 1985, Rec. 43.

95. Selon l'expression de CE, avis, 6 févr. 2019, *Société Bourgogne Primeurs*, nº 425509, *AJDA* 2019. 1226, note S. Benzina.

96. CE, avis, 6 févr. 2019, *Société Bourgogne Primeurs*, préc.

correspondrait au cas où, sans se prononcer sur la responsabilité, la décision admet une remise en cause des effets passés de la disposition législative). C'est la règle inverse qui est posée : une déclaration d'inconstitutionnalité ouvre, en principe, le droit d'obtenir réparation des dommages directement causés par l'inconstitutionnalité, sauf si la décision du Conseil constitutionnel s'y oppose. Cette position est parfaitement justifiée, qui découle de l'idée selon laquelle, par principe, les effets dommageables de l'application d'une norme invalide doivent être réparés. L'opposition du Conseil constitutionnel à la mise en œuvre de ce principe à l'égard d'une loi déclarée contraire à la Constitution peut, selon le Conseil d'État, prendre deux formes. Elle peut être expresse, comme le montre la décision QPC n° 2014-390 du 11 avril 2014. Elle peut aussi être indirecte quand le Conseil constitutionnel a proscrit la remise en cause des effets d'une loi d'objet pécuniaire. Par exemple, si la disposition déclarée inconstitutionnelle avait obligé une personne à verser une somme d'argent à l'État, dont la décision du Conseil constitutionnel interdit la récupération, une action en responsabilité visant à obtenir la réparation du préjudice inhérent à ce versement ne sera pas possible. L'articulation entre l'office du Conseil constitutionnel et celui du juge administratif se présente donc de la manière suivante : dès lors qu'une disposition législative a été déclarée inconstitutionnelle par le Conseil constitutionnel, le juge administratif peut statuer sur la responsabilité qu'appelle normalement cette inconstitutionnalité, à moins que le Conseil constitutionnel ne s'y soit opposé.

1114 Du moins est-ce là la manière de voir du Conseil d'État. Cependant, la définition de son office étant en jeu, il était prévisible (et il est légitime) que le Conseil constitutionnel, à la suite de l'admission par le Conseil d'État de la responsabilité du fait d'une loi contraire à la Constitution, prenne position sur son rôle dans ce domaine. La conception qu'il en retient, dans sa décision n° 2019-828/829 QPC du 28 février 2020[97], est plus large que celle adoptée par le Conseil d'État. Bien entendu, le Conseil constitutionnel interprète la compétence que l'article 62 de la Constitution lui confère, en matière de question prioritaire de constitutionnalité, pour déterminer « les conditions et limites dans lesquelles les effets que la disposition a produits sont susceptibles d'être remis en cause » comme l'habilitant à se prononcer sur la responsabilité de l'État à raison des dommages causés par cette disposition. Mais, à ses yeux, cette habilitation lui permet, non seulement de s'opposer à l'engagement de cette responsabilité mais aussi d'en « déterminer les conditions ou limites particulières ». Il en résulte que si le Conseil constitutionnel est évidemment incompétent pour statuer sur une action en responsabilité dirigée contre l'État et fondée sur la mise en œuvre d'une loi inconstitutionnelle, il peut, en revanche, empêcher l'exercice d'une telle action ou déterminer les règles selon lesquelles son bien-fondé devra être apprécié par le juge administratif.

97. *AJDA* 2020. 1308, note Th. Ducharme.

§ 2. LA RESPONSABILITÉ SANS FAUTE

1115 **Responsabilité ou responsabilités sans faute. –** Ce mécanisme est évidemment *a priori* plus satisfaisant pour l'administré, car facilitant l'indemnisation. Il peut obtenir réparation sans avoir à prouver de faute et l'administration ne saurait s'exonérer en prouvant qu'elle n'en a pas commis. Seule se pose la question du lien de causalité entre le fait du service et le dommage (v. *infra*, n° 1140 et s.).

Au cours du procès, le juge recherche, en fonction des moyens développés par la victime, l'existence possible de la faute puis, en toute hypothèse car il s'agit d'un moyen d'ordre public, l'éventuelle responsabilité sans faute qui garde ainsi un caractère subsidiaire.

Faut-il parler de la ou des responsabilités sans faute ? En effet, les deux hypothèses de responsabilité (pour risque ou pour rupture de l'égalité devant les charges publiques) ont des éléments en commun (la faute n'est pas une condition d'engagement de la responsabilité) mais se distinguent radicalement sur un point. Si la responsabilité de l'administration est engagée sur la base du *risque* c'est parce que le risque pris par elle est à l'origine d'une *situation anormale pour la victime* qui doit être indemnisée, dès lors qu'il y a dommage et quelles qu'en soient les caractéristiques (A). Dans une seconde hypothèse, une action licite a causé un dommage particulier et anormal à la victime qui, pour des raisons d'intérêt général, a subi une *rupture caractérisée de l'égalité devant les charges publiques*. L'*anormalité* se situe, ici, au *niveau du dommage* (B). La portée des mécanismes de responsabilité sans faute peut dès lors être appréciée.

A. LA RESPONSABILITÉ POUR RISQUE

1116 L'administration doit ici réparer tout dommage car son action, sans que cela puisse lui être reproché, est à l'origine d'un « *risque spécial* », selon l'expression de la jurisprudence, pour les administrés. Cette responsabilité concerne essentiellement des victimes qui sont tierces par rapport à l'action administrative. N'en tirant aucun profit, elles doivent être couvertes de tous les préjudices, les usagers, eux, restant en principe soumis à la responsabilité pour faute. Cette distinction tend cependant à s'estomper depuis quelques années, et les usagers, depuis peu, bénéficient davantage de la responsabilité sans faute. Quoi qu'il en soit, cet engagement de responsabilité dans cinq cas de figure pour l'essentiel, trouve ses limites dans les hypothèses de risque sériel, ce qui impose le recours à d'autres mécanismes.

1. Choses et activités dangereuses

1117 L'explosion du fort de la Courneuve en 1919 fut à l'origine de cette jurisprudence. Bien qu'aucune faute propre à l'armée n'ait pu être relevée, sa responsabilité fut engagée vis-à-vis des tiers, voisins du fort[98].

Cette conception s'est ensuite étendue à l'ensemble des choses dangereuses puis à diverses méthodes ou situations dangereuses.

98. CE, 28 mars 1919, *Regnault-Desroziers*, R. 329, *RDP* 1919, concl. Corneille.

1118 **Choses dangereuses. –** Sont ainsi considérés comme choses dangereuses :

— les ouvrages publics dangereux, tels que les bâtiments contenant des explosifs (Regnault-Desrosiers préc.), les usagers bénéficiant aussi de cette responsabilité pour risque, à titre exceptionnel[99] ;

— les armes à feu car elles comportent des dangers particuliers pour les personnes et les biens[100]. À l'inverse des objets tels que des matraques ou des grenades lacrymogènes n'ont pas été considérés comme des choses dangereuses, ce qui prouve... que le juge ne manifeste pas souvent[101] !

Ces classifications sont d'importance. Lorsque l'action d'un service de police cause un dommage à un manifestant considéré comme un usager *(sic)* du service, la responsabilité de celui-ci est engagée, en l'état actuel du droit, en cas de faute lourde prouvée (s'il a été fait usage d'une arme non dangereuse), ou pour faute simple si l'arme était dangereuse (malfaiteur poursuivi et blessé par un tir malencontreux). Seuls les tiers à l'opération de police, victimes de cette arme, bénéficient de la responsabilité pour risque[102] ;

— les produits dangereux. Dans le cas tragique de la contamination par le virus du sida, les centres publics de transfusion sanguine qui avaient distribué les produits contaminés ont été reconnus responsables en l'absence de toute faute[103] vis-à-vis des « usagers ».

1119 **Méthodes dangereuses. –** Certaines activités mettent en œuvre, pour des raisons légitimes d'intérêt général, des méthodes qui sont à l'origine de risque spécial pour les tiers. L'indemnisation de leurs conséquences préjudiciables n'est dès lors pas liée à la preuve d'une faute. Tel est le cas lorsque l'administration expérimente de nouvelles méthodes de réinsertion sociale ou de traitement thérapeutique – régime de semi-liberté pour les mineurs délinquants[104], s'agissant, exclusivement des dommages causés aux tiers et non à un autre mineur délinquant, ayant la qualité d'usager du service public[105] ; permissions de sortie accordées aux détenus[106] ; sorties d'essai pour des malades psychiatriques[107].

Cette solution – dite jurisprudence *Thouzelier* – a été étendue en certaines hypothèses à des *litiges d'ordre médical.* Il est parfois très difficile de démontrer

99. CE, ass., 6 juill. 1973, *Dalleau*, R. 482 (la RN 1, à la Réunion, présentait de très graves dangers en raison de son tracé le long du volcan et du nombre considérable de chutes de pierre consécutives. Après que d'importants travaux eussent permis de réduire les risques, la RN 1, elle-même, cessa d'être considérée comme un ouvrage dangereux, CE, 3 nov. 1982, Payet, R. 367). V. également CE, 8 août 2008, *M. Choteau*, *AJDA* 2008.1965, concl. Thiellay (refus du juge de reconnaître les passages à niveau comme étant « au nombre des ouvrages exceptionnellement dangereux pour lesquels les victimes d'accidents peuvent prétendre à réparation en l'absence même de tout défaut d'entretien normal »).

100. CE, 24 juin 1949, *Cts Lecomte et Franquette et Daramy*, R. 307, *JCP* 1949 n° 5092, concl. Barbet.

101. Pour les grenades lacrymogènes, par ex., v. CE, 16 mars 1956, *Ép. Domenech*, R. 124, concl. Mosset.

102. CE, sect., 21 juill. 1951, *Dme Aubergé et Dumont*, R. 447, *D.* 1952.108, concl. Gazier.

103. CE, ass., 26 mai 1995, *Cts N'guyen et autres*, R. 221, *RFDA* 1995 p. 748, concl. S. Daël. V. aussi *supra*, n° 1106 pour les produits « ordinaires ».

104. CE, sect., 3 févr. 1956, *Thouzelier*, R. 49.

105. CE, 17 déc. 2010, *Garde des Sceaux c/FGTVI*, *AJDA* 2010.1696, note Pollet-Panoussis.

106. TC 3 juill. 2000, *Garde des Sceaux*, R. 766.

107. CE, sect., 13 juill. 1967, *Département de la Moselle*, R. 341.

l'origine du préjudice médical, la faute du médecin qui a agi, *a priori,* selon les règles de l'art. Comment accepter, cependant, que l'usager subisse, du fait d'un aléa thérapeutique, un important préjudice qui se révèle hors de proportion avec les raisons de son hospitalisation ? Aussi, le Conseil d'État a-t-il admis que « lorsqu'un acte médical nécessaire au diagnostic ou au traitement du malade présente un risque dont l'existence est connue mais dont aucune raison ne permet de penser que le patient y est particulièrement exposé, la responsabilité du service [...] est engagée si l'exécution de cet acte est la cause directe de dommages sans rapport avec l'évolution prévisible de cet état, présentant un caractère d'extrême gravité »[108]. Cette jurisprudence, à la portée en principe limitée, devrait ne plus avoir que des effets réduits en raison de la mise en place, pour ces cas, d'un fonds spécial chargé de l'indemnisation des accidents résultant des actes médicaux réalisés depuis le 5 septembre 2001 (v. *infra*, n° 1126, 5°).

1120 **Situations dangereuses. –** L'administration peut avoir exposé, pour des raisons impérieuses d'intérêt général, ses agents à des risques exceptionnels qu'elle doit donc garantir. Ainsi, « le fait pour une institutrice en état de grossesse d'être exposée en permanence aux dangers de la contagion (de rubéole) comporte pour l'enfant à naître un risque anormal et spécial »[109]. De même, les accidents causés par des vaccinations obligatoires relèvent de la responsabilité sans faute de l'État[110].

2. Attroupements et rassemblements

1121 Les manifestations, occupations de locaux ou toute autre forme de rassemblement sont, souvent, sources de divers préjudices car elles présentent un certain risque. Les fins de manifestation qui dégénèrent sont significatives à cet égard. Pour éviter que chaque fois, la victime soit tenue de prouver une faute (lourde *a priori*) des services de police qui n'ont pu empêcher ces défilés de dégénérer, la loi du 16 avril 1914 avait mis en place un mécanisme de responsabilité de plein droit de la commune (est en cause l'action de la police municipale), relevant du juge judiciaire. La charge de la responsabilité, déterminée maintenant par la juridiction administrative, a été transférée à l'État car le préjudice, lourde charge pour les petites communes, pouvait résulter de décisions ou de carence de l'État et exigeait aussi une prise en charge globale au nom de la solidarité nationale (lois des 7 janvier 1983 et 9 janvier 1986, successivement codifiées à l'article L. 2216-3 CGCT et, aujourd'hui, à l'article L. 211-10 CSI).

Ce texte prévoit donc que « l'État est civilement responsable des dégâts et dommages résultant de crimes ou de délits commis à force ouverte ou par violence, par des attroupements et rassemblements armés ou non armés, soit contre les personnes, soit contre les biens ».

108. CE, ass., 9 avr. 1993, *Bianchi*, R. 127, concl. S. Daël, *AJDA* 1993. 344, chron. C. Maugüé et L. Touvet. Sur le caractère exceptionnel du risque, qui peut être commun à une large catégorie d'actes médicaux, v. CE, 19 mars 2010, *Consorts Ancey*, *AJDA* 2010. 586.

109. CE, ass., 6 nov. 1968, *Dme Saulze*, R. 550, *RDP* 1969.505, concl. L. Bertrand, V. aussi CE, sect., 19 oct. 1962, *Perruche*, R. 555 (consul victime de pillage après avoir été obligé de rester en poste pendant la guerre de Corée pour assurer la continuité du service public).

110. V. art. L. 3111-9 CSP et avis CE, 30 sept. 1958, Gr. Avis CE n° 4.

Les victimes sont à même d'obtenir réparation intégrale de l'État si plusieurs conditions sont réunies :

1°) Les dommages subis, sur la voie publique ou dans des propriétés privées, doivent résulter d'un *attroupement ou rassemblement*. Si les actions des manifestants ou de grévistes relèvent de l'article 2216-3[111], comme celles d'un groupe sans but protestataire[112], tel n'est pas le cas des dommages causés pour des groupes « spécialisés » dans l'action violente, des « casseurs » qui, sous forme d'opérations préparées très à l'avance, et venant de l'extérieur du rassemblement, s'attaquent volontairement aux biens ou aux personnes[113], ni d'ailleurs des groupes de salariés grévistes qui occupent durant une longue période les locaux de leur entreprise et mettent en œuvre des moyens concertés pour en interdire l'accès[114].

2°) Les actes commis doivent avoir le caractère de *crimes ou de délits*[115].

3°) L'ensemble des préjudices subis de ce fait, par les tiers ou les auteurs même de ces actes, est réparable, ce qui couvre désormais aussi les préjudices commerciaux[116] sans qu'il soit nécessaire de démontrer qu'ils ont un caractère anormal et spécial[117].

4°) Enfin, l'État peut se retourner soit contre les auteurs du dommage, soit contre les communes quand est en cause l'organisation de la police municipale, pour être garanti des condamnations prononcées à due proportion des responsabilités respectives.

3. Les dommages accidentels de travaux publics

1122 Le Conseil d'État prend en compte la situation de la victime, qui, *tiers*, ne profite en rien, à la différence des usagers, des ouvrages publics ou des travaux qui y sont liés. Or le mauvais fonctionnement de ces ouvrages ou l'exécution défectueuse de ces travaux est parfois cause de préjudices réels[118]. Aussi tout dommage subi doit-il être réparé sans que la victime ait à prouver l'existence d'une faute commise par le maître de l'ouvrage ou l'entrepreneur notamment.

111. CE (avis) 20 févr. 1998, *Sté d'études et de constructions de sièges pour l'automobile*, R. 60, *AJDA* 1998.1029, note I. Poirot-Mazères, *D.* 2000.259, obs. D. de Béchillon, *RFDA* 1998.584, concl. J. Arrighi de Casanova (manifestants établissant des barrages routiers).

112. CE, 13 déc. 2002, *Cie ass. Les Lloyd's*, *AJDA* 2003.398, concl. T. Olson.

113. Loi inapplicable dans les cas suivants : T. confl., 24 juin 1985, *Préfet, Com. Rép. Val de Marne*, R. 407 (attentat commis à Orly par des terroristes arméniens) ; CE, 12 nov. 1997, *AGF*, R. Tab. 1043 (action d'un commando) ; CE, 26 mars 2004, *Soc. BV Exportslachterij Apeldoorn ESA*, R. 142, *AJDA* 2004.2349, note C. Deffiguier, *D.* 2004.1711 (agression commise par un groupuscule) ; CAA de Lyon 28 mai 2009, *Soc. Biogemma et autres*, *AJDA* 2009.1966 (saccage de parcelles d'OGM par des opposants à l'expérimentation).

114. CE, 18 mai 2009, *Soc. BDA*, *RFDA* 2009.877.

115. CE, 19 mai 2000, *Région Languedoc-Roussillon*, R. 184 (loi inapplicable en cas de manifestation de lycéens au cours de laquelle aucun délit n'a été commis).

116. CE, ass., (avis), 6 avr. 1990, *Cofiroute*, R. 95, concl. Hubert, *D.* 1990, obs. P. Bon et Ph. Terneyre (perte de recettes du concessionnaire d'une autoroute en raison de barrages établis par les manifestants).

117. Avis CE, 20 févr. 1998, préc.

118. Par ex. CE, sect., 23 févr. 1973, *Cne de Chamonix*, R. 170 (chute de blocs de glace du toit d'un bâtiment municipal sur une voiture) ; CE, ass., 28 mai 1971, *Départ. de Var/Entr. Bec frères*, R. 419, *CJEG* 1971.235, concl. J.-F. Thery (rupture du barrage de Malpasset).

L'appartenance aux différentes catégories a d'importantes conséquences : les participants au travail public ne sont indemnisés que s'ils prouvent la faute, les usagers bénéficient d'un régime de faute présumée, sauf cas particulier (v. *supra*, n° 1118), et la responsabilité de l'administration est toujours engagée, même en l'absence de faute, vis-à-vis des tiers (sur les dommages « permanents » de travaux publics, v. *infra* n° 1137).

4. Accidents survenus aux collaborateurs occasionnels de l'administration

1123 Dans un ordre d'idées voisin, la responsabilité sans faute joue pour ceux qui agissent pour le compte du service public. L'arrêt *Cames* en 1895 (v. *supra*, n° 1090) inaugura avec éclat cette jurisprudence qui ne présente plus qu'un intérêt historique pour les fonctionnaires ou les agents publics, en raison des mécanismes légaux forfaitaires et automatiques de réparation. Elle ne concerne plus que les collaborateurs occasionnels du service public en raison des risques encourus par eux.

Une abondante jurisprudence a précisé cette catégorie[119]. Il faut en premier lieu que la personne participe à l'exécution d'un service public, animant par exemple une fête locale où sont tirés des feux d'artifice[120], encadrant une sortie scolaire[121] ou apportant, hypothèse la plus fréquente, son concours à la police municipale[122]. À l'inverse, les usagers du service ou les participants aux épreuves sportives[123] ne peuvent se prévaloir de ces règles.

Il faut ensuite que le lien de collaboration résulte d'une initiative de l'administration telle que réquisition formelle[124] ou sollicitation par divers moyens[125]. Mais la collaboration est aussi reconnue alors même que le collaborateur est intervenu sans que personne ne lui ait rien demandé, quand son intervention a été implicitement acceptée ou s'il y avait *urgente nécessité*[126]. Ce dernier cas pose de délicats problèmes aux communes qui risquent de devoir verser d'importantes indemnités – le préjudice doit être réparé dans son intégralité – à celui qui s'est porté au secours d'une personne en danger, participant de ce fait au service de police. Les

119. Pour un arrêt de synthèse sur cette notion : CE, sect., 12 oct. 2009, *Mme Chevillard et autres*, *AJDA* 2009.1863 et 2170, chron. S.-J. Liéber et D. Botteghi, *RFDA* 2009.1299 et 2010.410, note Lemaire (à propos de l'évacuation d'urgence d'un marin blessé se trouvant dans le golfe de Guinée).

120. CE, ass., 22 nov. 1946, *Comm. de Saint Priest la Plaine*, R. 279.

121. CE, sect., 13 janv. 1993, *Mme Galtié*, R. 11, *D.* 1994. 59, obs. P. Bon et Ph. Terneyre, *RFDA* 1994.91, note P. Bon (encadrement d'une sortie scolaire organisée par le lycée franco-hellénique d'Athènes).

122. CE, ass., 30 nov. 1946, *Faure*, R. 245 (aide apportée à la lutte contre l'incendie) ; CE, sect., 25 sept. 1970, *Cne de Batz sur Mer*, R. 540, *D.* 1971.55 concl. M. Morisot (secours apporté à des personnes emportées par la mer).

123. CE, sect., 10 févr. 1984, *Launey*, R. 65.

124. CE, sect., 5 mars 1943, *Chavat*, R. 62 (réquisition par la gendarmerie).

125. CE, 22 nov. 1946, préc. (demande individuelle) ; CE, ass., 30 nov. 1945, préc. (demande collective par le son du tocsin) ; CE, sect., 12 oct. 2009, *Mme Chevillard et autres*, préc. (appel collectif d'un centre régional opérationnel de surveillance et de sauvetage).

126. CE, sect., 17 avr. 1957, *Pinguet*, R. 177 (passant blessé alors qu'il tentait de maîtriser un malfaiteur qui venait de commettre un délit) ; CE, 25 sept. 1970, *Cne de Batz/s/Mer*, préc.

communes deviennent ainsi « victimes des sauveteurs bénévoles »[127] et ne sont exonérées que dans les rares cas où il y a eu imprudence caractérisée du sauveteur. Le transfert au moins partiel de la charge indemnitaire sur l'État se justifierait donc.

5. Risque autorité

1124 L'idée de risque autorité est simple : celui qui exerce un pouvoir doit en assumer les risques. En droit civil, cette idée fonde, notamment, un principe général de responsabilité sans faute pour fait d'autrui : toute personne exerçant un pouvoir permanent de contrôle sur autrui répond des dommages que celui-ci cause[128]. En droit administratif, le Conseil d'État a fait application de cette idée à la réparation des dommages causés par certains mineurs. Il a d'abord jugé que la décision par laquelle un mineur en danger, faisant l'objet de mesures d'assistance éducative sur le fondement des articles 375 et suivants du Code civil, est placé sous la garde d'une personne publique, transfère à celle-ci la mission, qui incombe normalement aux parents, d'organiser, diriger et contrôler la vie du mineur ; dès lors, « en raison des pouvoirs » dont elle se trouve ainsi investie, la personne publique gardienne du mineur est responsable même sans faute des dommages que celui-ci cause à autrui, y compris à d'autres mineurs placés dans la même institution et ayant la qualité d'usagers du service public[129] ; en d'autres termes, elle assume la même responsabilité que les parents auxquels elle est substituée[130]. Le juge administratif a ainsi repris une solution que la Cour de cassation avait adoptée dans le cas où le placement a lieu auprès d'une personne privée (ce qui donne compétence au juge judiciaire)[131].

Cette jurisprudence a ensuite été étendue aux mineurs délinquants placés sur le fondement de l'ordonnance du 2 novembre 1945. Il convient de préciser, à cet égard, que, s'agissant des dommages causés aux tiers, elle ne fait pas obstacle à l'application de jurisprudence *Thouzelier*. La victime peut alors agir soit contre la personne ayant la garde du mineur, soit contre l'État au titre du risque spécial créé par l'adoption de mesures alternatives à l'incarcération. La responsabilité du gardien public est encore applicable aux mineurs placés auprès du service d'aide

127. Selon le titre de l'article de J. Roche, *D.* 1971. chr. 257.

128. Cass. ass. plén., 29 mars 1991, *Assoc. des centres éducatifs du Limousin c. consorts Blieck*, *D.* 1991. 324, note C. Larroumet, chron. G. Viney et obs. Aubert, *JCP* 1991.II.21673, concl. Dewille, note J. Ghestin.

129. CE, 13 nov. 2009, *Garde des Sceaux, ministre de la Justice c/Assoc. tutélaire des inadaptés*, *AJDA* 2009.2144, *RFDA* 2010.239 (mineur en danger agressé par trois mineurs délinquants placés dans le même foyer que lui).

130. CE, sect., 11 févr. 2005, *GIE Axa Courtage*, R. 45, *AJDA* 2005. 663, *RFDA* 2005. 594, concl. Devys, note Bon (mineur en danger) ; CE, sect., 1er févr. 2006, *Garde des Sceaux, ministre de la Justice c. MAIF*, *AJDA* 2006. 586, chron. C. Landais et F. Lenica, *Dr. adm.* 2006, n° 88, *RFDA* 2006. 602, concl. M. Guyomar, note P. Bon, *D.* 2006.II.2301, note Fort, *RDSS* 2006.316, note D. Cristol (mineur délinquant).

131. Cass. 2e civ., 10 oct. 1996, *Assoc. Le Foyer Saint-Joseph*, *JCP* 1997, n° 22833, note F. Chabas.

sociale à l'enfance du département par décision du président du conseil départemental[132].

La garde n'est pas la surveillance effective, mais le pouvoir légal d'organiser, de diriger et de contrôler la vie du mineur transféré par la décision de placement. En conséquence, le fait que le mineur ne se trouvait pas, au moment des faits, sous la surveillance effective du service ou de l'établissement qui en a la garde ne fait pas obstacle à l'engagement de la responsabilité de celui-ci[133]. Comme le Conseil d'État l'a précisé à propos des mineurs placés auprès du service départemental d'aide sociale à l'enfance, une décision de placement d'un mineur ne transfère la garde juridique que si les modalités du placement entraînent une prise en charge globale et durable du mineur. Cette exigence est d'ailleurs comprise sans rigueur : elle est remplie même quand un mineur n'est placé qu'à temps partiel et retourne fréquemment chez son père.

6. Risque sériel

1125 **Responsabilité et solidarité. –** Les mécanismes de responsabilité ont pour objet de faire supporter un dommage avéré à leur auteur ou le cas échéant à une personne qui lui est substituée. L'accroissement continu des cas d'engagement de responsabilité pour faute ou surtout pour risque, s'il est *a priori* satisfaisant pour les victimes puisque la réparation est plus aisée, a néanmoins des effets pervers. Il y a un danger non négligeable de paralysie de l'ensemble des intervenants. En matière médicale, comme le montre à l'envi « l'exemple » américain, les médecins et personnels hospitaliers n'interviendront qu'à « coup sûr », sans prendre le moindre risque. Selon une heureuse formule, « l'accroissement de la protection juridique peut conduire à un affaiblissement de la protection médicale ».

À l'inverse, certains préjudices exceptionnels par leur nature doivent être réparés en dehors de tout mécanisme de responsabilité et selon des procédures simplifiées. Les systèmes traditionnels d'indemnisation ne suffisent pas lorsque les dommages, dont la cause n'est pas toujours aisée à détecter, concernent un nombre important de victimes, lorsqu'il existe un risque sériel. La solution passe dès lors par des mécanismes de *solidarité nationale*, conformément au Préambule de la Constitution de 1946 qui proclame la « solidarité de tous les Français devant les charges qui résultent des calamités nationales ». L'État[134] ou des fonds d'indemnisation, bien que n'étant ni auteurs du dommage, ni liés à ceux-ci – auteurs et débiteurs sont dissociés – versent immédiatement les sommes nécessaires, ce qui évite de longs procès. Les garants peuvent ensuite se retourner contre les auteurs des dommages, étant subrogés dans les droits des victimes. Outre le cas des dommages

132. CE, 26 mai 2008, n° 252169, *Département des Côtes-d'Armor,* R. 907, *AJDA 2008. 2081*, note F.-X Fort, *RDSS* 2008. 926, étude D. Cristol.

133. CE, 17 déc. 2008, n° 301705, *Min. de la justice c/Lauze*, R. 906, *AJDA* 2009. 661, concl. I. de Silva.

134. Par ex. le dispositif d'indemnisation des victimes d'essais nucléaires français, suivant les vœux du gouvernement ayant refusé la création d'un fonds d'indemnisation spécifique, prévoit le prélèvement direct des indemnisations sur le budget des pensions de la défense : L. n° 2010-2 du 5 janv. 2010, *JO* du 6 janv., p. 327 (v. le comm. de J.-M. Pontier, *AJDA* 2010.676 s).

consécutifs à des attroupements ou rassemblements qui relève en partie de cette logique (v. *supra*, n° 1121), différents fonds, dont certains ont une incidence particulière en matière administrative, ont été créés, mêlant solidarité et éventuellement assurance, du fait de leur mode de financement.

1126 **Fonds d'indemnisation. –** Certains sont alimentés par des prélèvements spécifiques sur les contrats d'assurance.

1°) Le *fonds d'indemnisation des victimes des actes de terrorisme* et d'autres *infra*ctions, personne morale de droit privé[135], est ainsi compétent pour les dommages causés à toute personne victime d'attentats sur le territoire français, ou à tout Français atteint par des actions terroristes hors de France. La réparation intégrale des préjudices subis est garantie. Mais ce mécanisme dépasse la seule assurance puisque si les assurés alimentent le fonds, ils n'en sont pas les seuls bénéficiaires. Ce fonds est également compétent pour la réparation des conséquences de certaines *infra*ctions pénales (art. 706-3 s. C. proc. pén.), avec une indemnisation intégrale pour certains dommages subis par les personnes, et partielle pour les atteintes aux biens.

Ces mécanismes se substituent, ainsi, à la difficile mise en cause de la responsabilité de l'administration pour incapacité à empêcher ces *infra*ctions ou à en retrouver les auteurs.

2°) Dans le cas dramatique des victimes de *contamination par le virus du SIDA*, à la suite de transfusions sanguines, d'interventions chirurgicales ou pour les hémophiles, l'émotion de l'opinion publique, la lenteur des procédures devant les tribunaux, le sort et le nombre de victimes condamnées à brève échéance, ont conduit le législateur à mettre en place un fonds d'indemnisation financé par les assurances et le budget de l'État (art. L. 3122-1 C. santé pub.). Grâce à un mécanisme très simplifié le versement immédiat de sommes de l'ordre de 300 000 euros a, en général, été effectué. De plus, lorsqu'est en cause l'action de l'administration (État, hôpitaux ou établissements publics), les victimes ont le droit de saisir le juge administratif pour obtenir d'éventuels compléments d'indemnisation[136], ce qui permet de combiner solidarité et responsabilité.

3°) Le fonds d'indemnisation des *victimes de l'amiante* retient des mécanismes comparables : toute personne victime d'une maladie professionnelle ou d'un préjudice liés à l'exposition à l'amiante obtient réparation auprès du fonds, alimenté par l'État et la Sécurité sociale. Ici, cependant, après acceptation, aucune autre procédure devant quelque tribunal que ce soit ne peut être engagée pour la réparation du même préjudice[137].

4°) Enfin, alors que l'indemnisation de « l'aléa thérapeutique » ne pouvait être assurée que selon les conditions complexes posées par la jurisprudence *Bianchi* (v. *supra*, n° 1119), la loi du 4 mars 2002 créée un office national d'indemnisation des accidents médicaux, affections iatrogènes et infections nosocomiales, connu

135. Loi n° 86-1020 du 9 sept. 1986, art. 9, *JO* 10 sept., p. 10956.

136. V. CE, avis, 15 oct. 1993, cons. Jezéquel, R. 280, *RFDA* 1994.553, concl. P. Frydmann (la victime a droit à la réparation intégrale du préjudice causé par la personne publique. De cette somme doivent être déduits les versements alloués par le fonds d'indemnisation).

137. Art. 53, L. n° 2000-1257 du 23 déc. 2000, *JO* 24 déc. p. 20569.

sous le nom d'ONIAM. Cet établissement public, financé par la Sécurité sociale, indemnise notamment, au titre de la solidarité nationale, les victimes d'accidents médicaux lorsque la responsabilité des établissements de santé ne peut être engagée, et que ces accidents ont des conséquences anormales eu égard à l'état de santé du patient. En ce cas, celui-ci est, après éventuelle intervention d'une commission de conciliation, indemnisé par le fonds s'il subit un préjudice suffisamment grave, entraînant notamment une atteinte permanente à l'intégrité physique ou psychique égale à au moins 24 % (25 % pour les infections nosocomiales), ou un arrêt temporaire d'activité professionnelle supérieure à 6 mois[138].

B. LA RESPONSABILITÉ POUR RUPTURE DE L'ÉGALITÉ DEVANT LES CHARGES PUBLIQUES

1127 Si l'égalité devant les charges publiques n'est pas le fondement général du système de responsabilité de la puissance publique (v. *infra*, n° 1183), elle joue cependant un rôle spécifique. Lorsque l'action de l'administration, qui n'a pas causé d'accident et n'est pas source de risque particulier, s'est déroulée régulièrement, pourquoi devrait-elle indemniser celui qui a pu subir un certain préjudice ? L'agrégation sociale suppose des sacrifices que tous doivent supporter. Si l'action d'intérêt général menée par le service public cause cependant un dommage à une catégorie déterminée de personnes qui subissent un préjudice spécial et anormal (v. *infra*, n° 1157), celles-ci se trouvent placées dans une situation d'inégalité caractérisée par rapport au reste de la population, ce qu'il faut corriger.

1. Préjudices causés par les mesures administratives régulières

1128 Bien que régulières, certaines actions engagent la responsabilité de l'administration, qu'il y ait eu décision juridique, agissement matériel ou abstention.

1129 **Décisions individuelles. –** Cette hypothèse, dont l'origine remonte à l'arrêt *Couitéas*, concerne notamment le refus de prêter le concours de la force publique en vue d'assurer l'exécution d'une décision de justice.

Les autorités françaises, craignant les risques de graves troubles, refusèrent à M. Couitéas, propriétaire dans le sud de la Tunisie de vastes espaces agricoles que des tribus nomades occupaient, le concours de la force publique pour exécuter la décision d'expulsion prise par le juge, pourtant revêtue de la formule exécutoire (« La République mande et ordonne... »). Le refus eût pu être fautif mais, en l'espèce les impératifs de l'ordre public justifiaient la décision prise. Fallait-il pour autant que M. Couitéas supportât seul les conséquences d'une décision prise dans l'intérêt de la communauté tout entière ?

Le Conseil d'État jugea que « le préjudice qui résulte de ce refus ne saurait, s'il excède une certaine durée, être une charge incombant normalement à l'intéressé et

138. V. articles L. 1142-1 s. et R. 1142-1 et s et D. 1142-1 et s. et D. n° 2003-314 4 avr. 2003, *JO* 5 avr., p. 6114.

qu'il appartient au juge de déterminer la limite à partir de laquelle il doit être supporté par la collectivité »[139]. Même en l'absence de faute, le préjudice anormal est donc réparé. Réaffirmée par l'article 16 de la loi du 9 juillet 1991 relative aux voies d'exécution[140], l'obligation d'indemnisation est fondée sur la rupture d'égalité dans les différents cas où la non-exécution des décisions de justice ordonnant l'expulsion des occupants sans titre (locataires)[141] ou grévistes occupant leur usine[142] est légitime.

1130 La responsabilité de la puissance publique pour dommage anormal ou spécial dû à une décision administrative régulière concerne bien d'autres cas : abandon – légal – d'un projet d'expropriation, source de préjudice anormal pour le propriétaire qui, du fait de la menace d'expropriation, n'a pu faire les investissements nécessités par le développement de son commerce[143], refus de déloger des bateaux qui bloquent le passage sur le domaine public fluvial[144], ou incapacité de l'administration à assurer la continuité du service public face à un mouvement de grève, paralysant le trafic aérien[145], etc.

Cette possibilité de ne pas exécuter contre éventuel paiement, de ne pas respecter leurs obligations risque d'inciter les autorités à refuser systématiquement d'engager la force publique, sans nécessité réelle. Même si des considérations légitimes d'ordre public ou social peuvent expliquer cette évolution, l'obligation première (mettre en œuvre les décisions de justice revêtues de la formule exécutoire, assurer la circulation sur le domaine public ou la continuité du service public) s'efface. L'exception devient la règle. Effet clairement pervers de la responsabilité sans faute qui remet en cause l'effectivité de la règle de droit.

C'est pourquoi les évolutions récentes devraient conduire à n'admettre que de façon plus exceptionnelle cette non-intervention. Le *Conseil constitutionnel*, dans une décision du 29 juillet 1998[146], rappelle que toute décision de justice a force exécutoire et que seules des « circonstances exceptionnelles tenant à la sauvegarde de l'ordre public » peuvent permettre à « l'autorité administrative de ne pas prêter son concours à l'exécution d'une décision juridictionnelle ». Et, outre la Cour européenne des droits de l'homme qui voit dans la garantie d'exécution un élément du droit au procès équitable[147], celle de l'Union européenne a condamné la France pour manquement, quand celle-ci n'avait pas pris les mesures nécessaires pour assurer la libre circulation des marchandises, face aux manifestations violentes des agriculteurs ayant détruit des camions de fraises espagnoles[148]. Dans le même

139. CE, 30 nov. 1923, *Couitéas*, R. 789, concl. P. Rivet.
140. N° 91-650, *JO* 14 juill.
141. Par ex. CE, ass., 22 janv. 1943, *Bault*, R. 19 ; CE, 23 avr. 2008, Barbuto, *AJDA* 2008. 1511.
142. Par ex. CE, ass., 3 juin 1938, *Soc. cartonnerie Saint-Charles*, R. 529 et s., S. 1939.39, concl. Dayras ; CE, 6 mai 1991, *Soc. Automobiles Citroën*, R. 172, *Dr. soc.* 1991.940, concl. M. Denis-Linton (condamnation de l'État à payer 40 millions F de dommages et intérêts de ce fait).
143. CE, sect., 23 déc. 1970, *EDF/Farsat*, R. 790, *AJDA* 1971.96, concl. J. Kahn.
144. CE, sect., 27 mai 1977, *SA Victor Delforge*, R. 253.
145. CE, 6 nov. 1985, *Min. Transp. c/TAT*, R. 312.
146. Cons. const., n° 98-403 DC, R. 276.
147. CEDH 19 mars 1997, *Hornsby c/Grèce*, A n° 107.
148. CJCE, 9 déc. 1997, *Commission c/France*, R. 6959, concl. Lenz.

ordre d'idées, le Conseil d'État a récemment réaffirmé que, sauf risque excessif de trouble à l'ordre public, l'autorité administrative est toujours tenue d'accorder le concours de la force publique, sans pouvoir porter aucune appréciation sur la nécessité de la demande[149].

Ce « rappel à l'ordre » indique clairement que l'État doit le plus souvent faire exécuter la décision de justice, même si des menaces de troubles très graves à l'ordre public peuvent exceptionnellement justifier une absence d'intervention des forces de l'ordre. Il arrive d'ailleurs que le juge administratif des référés ordonne au préfet d'exécuter la décision de la justice judiciaire...[150].

1131 **Décisions réglementaires. –** La rupture d'égalité découle aussi de décisions réglementaires qui, non illégales et donc non fautives, causent à une personne ou à une catégorie particulière de personnes des préjudices anormaux[151]. Encore faut-il que la réglementation n'entraîne pas une rupture d'égalité « par nature » : quand son objet est de mettre en place des mécanismes d'autorisations, des discriminations en découlent obligatoirement (v. *infra*, n° 1132).

2. Responsabilité du fait des lois, des traités et des actes de gouvernement

1132 **Responsabilité du fait des lois. –** La responsabilité de l'État du fait des lois est susceptible d'être engagée sur deux fondements différents. Elle peut l'être à raison de l'application d'une loi contraire à la Constitution ou à une convention internationale. Cette responsabilité pour faute, qui ne dit pas son nom, a été précédemment étudiée (v. *supra* n° 1108 et s.). Récemment établie, elle n'a pas remis en cause l'existence, nettement antérieure d'une responsabilité sans faute, que le Conseil d'État a admis dès 1938 par son arrêt *Lafleurette*[152].

1133 Ainsi qu'il a déjà été noté (v. *supra* n° 1108), la jurisprudence administrative avait d'abord posé en règle que la loi, acte de souveraineté, n'était pas susceptible d'engager la responsabilité de l'État à moins que le législateur ne l'ait expressément prescrit.

Après quelques atermoiements, l'arrêt *Lafleurette* est venu rompre avec cet état du droit. Une loi du 29 juin 1934 interdisant la fabrication de certains produits avait contraint la société requérante à cesser son activité. Bien que ce texte n'ait rien dit d'une indemnisation des entreprises qu'il toucherait, le juge décida que l'État, indépendamment de toute faute, était tenu de réparer le préjudice ainsi causé parce qu'il

149. CE, 25 nov. 2009, *Ministère de l'intérieur, de l'outre-mer et des collectivités territoriales c/Soc. Orly Parc*, *AJDA* 2009.2257.

150. CE, 29 mars 2002, *SCI Stephaur*, préc. *supra*, n° 1024.

151. Par ex. CE, sect., 22 févr. 1963, *Comm. de Gavarnie*, R. 113 (réparation du préjudice consécutif à la modification, pour des raisons d'ordre public, des voies d'accès au cirque de Gavarnie, ce qui entraîne une brutale chute dans le chiffre d'affaires d'une boutique de souvenirs située le long d'un chemin désormais interdit aux piétons) ; CE, sect., 25 juill. 2007, *Leberger*, *JCP* A 2007.2319, note Ngampio-Obélé-Bélé.

152. CE, 14 janv. 1938, R. 25, *D.* 1938, concl. F. Roujou.

constituait une charge anormale créée dans l'intérêt général, dont rien ne permettait de penser que le législateur avait entendu exclure la réparation.

Il ressort de cette décision, précisée par la jurisprudence ultérieure, que la responsabilité ainsi reconnue est subordonnée à deux conditions. En premier lieu, comme toute responsabilité sans faute fondée sur la rupture de l'égalité devant les charges publiques, elle suppose un préjudice à la fois spécial et anormal (v. *supra*, n° 1127 et *infra*, n° 1157). En second lieu, alors même qu'un tel préjudice existerait, la responsabilité de l'État sera écartée s'il apparaît que le législateur a voulu, de manière explicite ou implicite, exclure toute indemnisation. Le rôle ainsi reconnu à la volonté de l'auteur du dommage, qui est lié au statut d'acte souverain de la loi, donne à la responsabilité sans faute de l'État législateur une réelle spécificité. Celle-ci est d'autant plus marquée que la jurisprudence administrative admet volontiers l'existence d'une intention tacite de ne pas indemniser, en l'inférant de la prééminence du but d'intérêt général visé par la loi[153] ou du fait que le préjudice, étant inhérent à l'objet même de la loi, doit être regardé comme ayant été voulu par le législateur[154]. Cette jurisprudence, conjuguée avec la généralité des règles législatives, qui empêche souvent la réalisation de la condition de spécialité du préjudice, explique que l'engagement de la responsabilité considérée soit fort rare (cinq cas seulement à ce jour).

Toutefois, deux évolutions, liées à la remise en cause contemporaine de la souveraineté de la loi, sont venues amoindrir la place de la volonté du législateur en la matière.

En premier lieu, *la loi* ne peut plus, sans violer la Constitution et notamment l'article 13 de la Déclaration des droits de l'homme *exclure toute indemnisation*. Lorsque, pour des raisons incontestables d'intérêt général, elle impose des charges particulières à certaines catégories de personnes, le préjudice qu'elles subissent doit être réparé en cas de rupture caractérisée de l'égalité devant les charges publiques sauf si l'économie générale du texte l'en empêche[155]. Aussi les lois nouvelles contraires à ce principe de compensation du dommage spécial et anormal sont censurables par le Conseil constitutionnel s'il est saisi, et devraient, à défaut, être interprétées restrictivement par le juge administratif.

En second lieu, l'idée selon laquelle l'intérêt général prééminent visé par la loi suffit à exclure la responsabilité a été abandonnée par l'arrêt *Association développement de l'aquaculture en région Centre*[156]. Cet arrêt maintenait, néanmoins,

153. Par ex. CE, 15 juill. 1949, *Ville d'Elbeuf*, R. 359 (législation sur les prix « intervenue exclusivement dans l'intérêt général afin de garantir l'ensemble de la population contre les hausses excessives »).

154. Par ex. CE, 13 oct. 1978, *Perthuis*, R. 370 (la loi qui décide de réorganiser le réseau des centres d'insémination artificielle, en autorisant certains d'entre eux à continuer leur activité et en obligeant d'autres au contraire à fermer exclut toute possibilité d'indemnisation car l'économie même du texte repose sur le caractère discriminatoire des mesures « en établissant une discipline de la profession d'insémination »).

155. Cons. const., n° 2000-440 DC du 10 janv. 2001 (à propos de la suppression des offices de courtiers maritimes) ; V. aussi Cons. const., n° 90-283 DC du 8 janv. 1991, R. 11 (possibilité aux intéressés de demander une indemnisation si l'application d'une loi leur cause de tels préjudices, même en l'absence de dispositions expresses).

156. V. CE, sect., 30 juill. 2003, *Ass. Développement de l'aquaculture en région Centre*, *RFDA* 2004.144, concl. F. Lamy (le silence du législateur n'exclut pas l'indemnisation des préjudices anormaux subis par ceux dont l'activité n'est pas contraire aux objectifs de la loi) ; CE, sect., 29 déc. 2004, *Soc.*

qu'un préjudice inhérent à l'objet même de la loi n'est pas indemnisable, mais le Conseil d'État a renoncé à cette conception avec son arrêt *Coopérative agricole Ax'ion*[157]. Dans le silence de la loi, le juge administratif ne recherche donc plus la volonté implicite du législateur et ne fonde le droit à réparation que sur l'existence d'un dommage anormal et spécial (quitte à se montrer exigeant sur ce terrain[158]).

1134 **Responsabilité du fait des traités. –** S'il n'est pas impossible dans certaines circonstances d'engager la responsabilité internationale des États, ou celle de l'Union européenne, l'État français doit assumer vis-à-vis de ses citoyens la réparation des préjudices anormaux et spéciaux causés par l'application des traités auxquels il est parti et qui ont été par lui régulièrement incorporés dans l'ordre juridique interne[159]. Cette responsabilité est admise depuis un arrêt *Compagnie générale radioélectrique*[160], qui s'inscrit dans la droite ligne de la décision *La Fleurette*. Le décompte des indemnisations accordées sur le fondement de cette jurisprudence est d'ailleurs rapide qui se limite à trois[161].

1135 **Responsabilité du fait de la coutume internationale**. – Confirmant deux précédents implicites[162], l'arrêt *Mme Saleh et autres*[163] admet qu'un préjudice causé par l'application d'une coutume internationale peut engager la responsabilité de l'État sur le fondement de la rupture de l'égalité devant les charges publiques.

Conçue pour le droit international conventionnel, la jurisprudence *Compagnie générale radio électrique* est, en effet, transposable au droit international coutumier. Comme les traités, les règles coutumières internationales sont applicables dans l'ordre juridique interne, en vertu de l'alinéa 14 du Préambule de la Constitution de 1946 (v. *supra*, n° 78) ; dès lors, leur application peut causer, aux sujets de cet ordre, un préjudice grave et spécial ; celui-ci engage alors la responsabilité de

d'aménagement des coteaux de Saint-Blaine, R. 478, *AJDA* 2005. 423 chron. C. Landais et F. Lénica, *CJEG* 2005. 105, concl. F. Séners, *Dr. adm.* 2005, n° 27 et 45, note Mahinga (refus implicite d'indemnisation de certaines servitudes sauf charge spéciale et exorbitante)

157. CE, 2 nov. 2005, *Soc. coopérative agricole Ax'ion*, R. 468, *AJDA* 2006.142, chron. C. Landais et F. Lenica, *Dr. adm.* 2006, n° 34., *RDP* 2007.1427, note C. Broyelle, concl. M. Guyomar, *RFDA* 2006, 214 et 349, concl., note C. Guettier.

158. V. manifestant cette tendance, comme le montre bien C. Broyelle, CE, 1er févr. 2012, *Bizouerne, AJDA* 2012. 1075, note Berlharli-Bernard, *Dr. adm.* 2012, n° 53, note Broyelle, *RFDA* 2012, 333, concl. Roger Lacan.

159. Abandonnée en 2004 (CE, 29 déc. 2004, *M. Almayrac et autres*, R. 465, *AJDA* 2005. 427, chron. C. Landais et F. Lenica, *Dr. adm.* 2005, n° 42, *RFDA* 2005. 586, concl. J.-H. Stahl), cette exigence a été réaffirmée en 2011 (CE, 11 févr. 2011, *Mme Susilawati*, *AJDA* 2011.906, note H. Belrhali-Bernard, *Dr. adm.* 2011, comm. 42, note F. Melleray *RFDA* 2011, p. 573, concl. Roger-Lacan).

160. CE, ass., 30 mars 1966, *Cie gén. Radioélectrique*, R. 257 ; *RDP* 1966.774, concl. M. Bernard.

161. V. par ex. CE, sect., 29 oct. 1976, *Dame Burgat*, R. 452, *RDP* 1977.213, concl. J. Massot (les conventions internationales relatives aux diplomates interdisant toute poursuite à leur encontre, le propriétaire qui, de ce fait, n'a pu faire condamner un diplomate indélicat au paiement des loyers échus peut engager la responsabilité sans faute de l'État français) ; CE, 29 déc. 2004, *M. Almayrac*, préc. ; CE, 11 févr. 2011, *Mme Susilawati*, préc.

162. CE, sect., 23 oct. 1987, *Soc. Nachfoger navigation company Ltd*, R. 319, concl. J. Massot ; CE, 4 oct. 1999, *Synd. Des copropriétaires du 14-16 boulevard Flandrin*, R. 297, *D.* 2000.253, obs. P. Bon et D. de Béchillon.

163. CE, sect., 14 oct. 2011, préc. *supra*, n° 101.

l'État, pour rupture de l'égalité devant les charges publiques, à moins que la coutume dommageable (ce qui est peu probable) ou une loi l'aient exclu.

L'analogie du traité et de la coutume internationale, du point de vue de la responsabilité de l'État, comporte, toutefois, deux limites.

La première appelle une précision, que l'arrêt *Mme Saleh et autres* ne manque pas de donner. À la différence des conventions internationales, les règles coutumières du droit international ne prévalent pas sur les lois (v. *supra*, n° 101). Elles ne sont donc pas applicables en droit interne et ne peuvent, par suite, donner lieu à la responsabilité considérée que dans la mesure où elles n'ont pas été écartées par une loi contraire. L'application par l'administration d'une coutume inapplicable à raison de sa contrariété à une disposition législative serait illégale ; le préjudice qu'elle pourrait causer relèverait donc de la responsabilité pour faute.

La seconde suscite une objection. L'introduction en droit interne d'une coutume internationale, à la différence de celle d'un traité, qui doit être signé et ratifié ou approuvé, ne suppose pas d'actes de volonté de l'État ; le préjudice résultant de la coutume semble ainsi, à première vue, difficilement imputable à ce dernier. L'argument n'est pas décisif, qui comporte une double réplique, ainsi que le rapporteur public C. Roger-Lacan l'a bien vu[164]. En premier lieu, c'est l'État qui, en adoptant l'alinéa 14 du Préambule de la Constitution de 1946, a entendu que les coutumes produisent en droit interne des effets. En second lieu, et comme il vient d'être rappelé, il entre dans les pouvoirs du législateur d'écarter une coutume ; « en s'abstenant de le faire, il acquiesce... implicitement aux effets [qu'elle] est susceptible de produire »[165], en sorte que c'est bien à l'État que doit incomber la réparation des dommages que ces effets peuvent comporter.

1136 **Responsabilité du fait des actes de gouvernement. –** Le juge administratif, on le sait, est incompétent pour connaître des actes de gouvernement (v. *supra,* n° 578 et s.). Saisi de conclusions tendant à obtenir la réparation d'un préjudice causé par un tel acte, le Conseil d'État les rejetait donc classiquement comme soulevant « une question qui, par sa nature, n'est pas susceptible d'être portée devant la juridiction administrative »[166]. Aucune distinction n'était faite, dans cette jurisprudence, entre la responsabilité pour faute et la responsabilité sans faute, alors qu'une indemnisation fondée sur la rupture de l'égalité devant les charges publiques, par nature exclusive de tout jugement de valeur sur l'acte dommageable, apparaissait envisageable et aurait permis de compenser, dans le cadre d'un État de droit, l'immunité juridictionnelle dont les actes de gouvernement bénéficient par ailleurs. Un arrêt du 27 juin 2016 paraît précisément s'engager dans cette voie[167]. D'un côté, en dépit d'une motivation quelque peu ambiguë, il doit être compris comme affirmant l'incompétence de la juridiction administrative pour connaître d'une action en responsabilité dirigée contre un acte de gouvernement (en

164. Concl. *RFDA* 2012.50.

165. Concl. *RFDA* 2012.50.

166. CE, 29 mars 1968, Tallagrand, Rec. 607, *D.* 1969. 386, note V. Silvera, *RDP* 1959. 686, note M. Waline (à propos des « accords d'Évian ») ; de même, CE, 25 mars 1988, *Soc. Sapvin*, R. 133 (pour le refus de la France d'engager des négociations avec l'Espagne, et de saisir la Cour internationale de justice).

167. N° 382319, *AJDA* 2017. 67, note A. Jacquemet-Gauché.

l'espèce les déclarations gouvernementales du 19 mars 1962 relatives à l'indépendance de l'Algérie, dites « accords d'Évian ») et fondée sur la faute, une telle demande posant une question – celle, précisément, du caractère fautif ou non d'un tel acte – qui ne peut être portée devant cette juridiction[168]. Cette incompétence est confirmée par le Tribunal des conflits, qui précise qu'elle vaut, bien sûr, tout autant, pour le juge judiciaire[169]. Mais, d'un autre côté, le Conseil d'État, dans sa décision du 27 juin 2016, semble bien admettre qu'un acte de gouvernement est susceptible d'engager la responsabilité de l'État sur le fondement de la rupture de l'égalité devant les charges publiques.

3. Responsabilité du fait des dommages permanents de travaux publics

1137 Les ouvrages publics sont susceptibles de causer aux voisins, *aux tiers*, par leur présence, leur fonctionnement ou leur exécution des dommages dits « permanents ». Il faut entendre par là qu'à la différence des dommages accidentels (v. *supra* n° 1137), ces dommages ne sont pas le fruit d'un malheureux concours de circonstances mais la conséquence, nécessaire et prévisible, de l'existence même d'un ouvrage public, de son fonctionnement normal ou de la réalisation, là encore dans des conditions normales, de travaux publics[170]. Ainsi un équipement public est parfois source de troubles de voisinage (perte de vue, d'ensoleillement, bruits, odeurs, pollutions diverses, etc.), comme l'exécution de travaux publics provoque des gênes dans l'accès aux propriétés, ou entraîne des allongements de parcours, etc. Là encore, les exigences de la vie sociale qui repose sur un compromis entre les droits des uns et des autres, supposent que chacun supporte jusqu'à un certain degré une partie des inconvénients qui résultent d'installations édifiées dans l'intérêt de tous. L'anormalité et la spécialité du préjudice permettent dès lors de caractériser la rupture d'égalité devant les charges publiques, ce qui conduit le juge à condamner l'administration dans d'innombrables cas[171].

4. Responsabilité du fait d'opérations administratives non fautives

1138 En dehors même des travaux publics, on ne voit pas pourquoi des opérations administratives ne seraient pas susceptibles d'engager la responsabilité pour rupture de l'égalité devant les charges publiques, dès lors qu'elles causent à certains, dans l'intérêt général, un préjudice grave et spécial. Le Conseil d'État a ainsi indemnisé le préjudice causé à une avocate handicapée par les conditions dans lesquelles

168. Dans le même sens, CE, sect., 3 oct. 2018, n° 410611, *AJDA* 2018. 2187, chron. C. Nicolas et Y. Faure.

169. T. confl., 11 mars 2019, n° 4153, *AJDA* 2019. 554.

170. V. CE, 10 avr. 2019, *Compagnie nationale du Rhône,* n° 411961, *AJDA* 2019. 1821, note E. Barbin, *Dr. adm.* 2019, n° 7, comm. 40, note G. Eveillard.

171. V. par ex. CE, sect., 16 nov. 1962, *EDF c/Faivre*, R. 614, *CJEG* 1963.169, concl. Henry (fumées et poussières provenant d'une centrale thermique) ; CE, 13 juin 2001, *M. Verdure*, *RFDA* 2002. 595, concl. D. Chauvaux (impossibilité d'utiliser des équipements électriques en raison de la présence de plusieurs émetteurs de radio).

l'État, pour des motifs d'intérêt général, a étalé dans le temps la réalisation des aménagements destinés à rendre les palais de justice accessibles aux personnes handicapées[172]. Le cas ne saurait toutefois être fréquent car il suppose, pour exister de manière autonome, que l'opération dommageable ne soit pas la simple exécution d'une disposition législative (car, alors, la responsabilité remontera à celle-ci) ni qu'elle s'exprime dans une ou plusieurs décisions administratives légales (car alors la responsabilité pourra être rapportée à ces dernières).

1139 **Portée de la responsabilité sans faute. –** La responsabilité sans faute joue un rôle certain en droit administratif. Cependant, sauf pour les dommages permanents de travaux publics et dans une moindre mesure les collaborateurs occasionnels du service public, elle ne concerne que quelques cas, parfois hautement symboliques, sur la masse des affaires relevant du contentieux de la responsabilité. Elle joue plutôt le rôle d'une *soupape de sûreté*. Elle ne remplit pas, en tout état de cause, de fonction de prévention, de guide puisqu'aucune appréciation de la légitimité de l'action n'est faite. En évitant tout jugement de valeur, toute prise de position sur l'action publique, elle ne censure, ne sanctionne pas l'administration et tend à encourager la responsabilité-prix ! Elle peut être facteur de *déresponsabilisation*. Comme le relève A. Demichel, « au départ, le service public est forcé de payer parce qu'il a mal fonctionné. Peu à peu, on en arrive à ce que le service accepte de payer pour éviter d'avoir à bien fonctionner ! »[173].

C'est pourquoi le *principe de précaution* apparu dans le droit de l'environnement, puis invoqué lors des drames liés à la contamination du sang, ou plus récemment dans les cas de risques sanitaires (crise de la vache folle ou commercialisation des OGM) semble présenter ici un intérêt particulier. Il exige en effet que soit évitée en amont toute action susceptible d'entraîner un risque, alors même que l'on n'a aucune certitude scientifique quant à sa réalisation. Il ne s'agit pas seulement d'indemniser le risque survenu, il faut le prévenir. Dès lors, « le fait d'avoir agi en l'état des connaissances avérées à un temps donné ne suffit pas à dégager la responsabilité de celui dont l'activité se révélera créatrice du dommage [...]. L'incertitude n'exonère pas de la responsabilité, au contraire, elle la renforce »[174]. On reviendrait ainsi du risque à la faute, en sanctionnant l'accomplissement de certaines activités réalisées sans étude préalable approfondie. Même effet *a priori* que la responsabilité pour risque par des mécanismes d'indemnisation quasi systématique, mais en même temps renaissance d'une faute « rénovée » et donc retour vers l'obligation de bien fonctionner tant exigée. Une telle solution reste cependant difficile à mettre en œuvre. Si l'on se replace sur le terrain de la faute prouvée, la victime devra démontrer qu'au moment de la décision, il y avait une réelle incertitude, ce qui posera de délicates questions de preuve et d'expertise. Aussi, pour l'heure, le juge reste attaché aux mécanismes traditionnels de responsabilité de la puissance publique, fondée pour l'essentiel sur le risque, dans ces hypothèses.

172. CE, ass., 22 oct. 2010, *Mme Bleitrach*, *AJDA* 2010.2207, chron. D. Botteghi et A. Lallet, *Dr. adm.* 2010, n° 162, note Busson, *JCP* A 2011, n° 2186, note Beaudouin, *RDSS* 2011.151, note H. Rihal.

173. *Le droit administratif, Essai de réflexion théorique,* LGDJ, 1978, p. 157.

174. P. Lascoumes, « La précaution, un nouveau standard de jugement », *Esprit* 1994, n° 11, p. 131.

SECTION 2 LE LIEN DE CAUSALITÉ

1140 **Plan.** – Pour que l'administration puisse être déclarée responsable, il faut que le préjudice se rattache à son fait, ce qui pose la double question de la réalité du lien de causalité (§ 1) et des causes de sa rupture (§ 2).

§ 1. LA CAUSALITÉ ADÉQUATE

1141 Déterminer de quoi est directement responsable une personne soulève de redoutables difficultés.

Un paysan achète au marché une vache malade. Le comportement du vendeur est clairement fautif, mais jusqu'où s'étend sa responsabilité ? À la mort de la vache et à la contamination du troupeau, certes ! Mais aussi à la dépression puis au suicide de l'agriculteur, à l'obligation pour l'épouse de vendre la ferme, etc. ? Deux réponses sont possibles :

– soit considérer que si la vache n'avait pas été malade, la série des faits postérieurs n'aurait pu se produire ; le vendeur doit donc répondre de tout ce qui découle de son action initiale. Tous les antécédents qui ont concouru à la réalisation du dommage sont considérés comme des causes. Ainsi un événement est réputé causal lorsque sans lui, le dommage n'aurait pu survenir. C'est la théorie de *l'équivalence des conditions* ;

– soit au contraire estimer que, même si, au cas d'espèce, la vente a entraîné ces conséquences, on ne doit être responsable que des conséquences normales d'un tel acte. Que la vente d'une vache malade entraîne la contamination du troupeau, rien de plus attendu ; que par la suite, en raison de la fragilité mentale du propriétaire, celui-ci se suicide n'est pas une *conséquence normale* du fait initial. Cette théorie, dite de la *causalité adéquate*, conduit à faire un choix, évidemment subjectif, parmi les événements antérieurs. Seuls certains apparaissent comme la cause directe du préjudice, lorsqu'il est « logique » que le cours ordinaire des choses aboutisse à ce résultat.

Le juge administratif raisonne, du moins le plus souvent (v. *supra*, n° 1095), selon cette dernière conception, comme le montrent les deux exemples suivants :

La salissure des moquettes d'un cinéma découle ainsi directement de l'épandage de goudron frais, effectué sans qu'aient été mis en place des dispositifs pour le passage des piétons, dès lors qu'il s'agit de « l'itinéraire *normalement* emprunté par de nombreux piétons pour se rendre au cinéma »[175]. À l'inverse, quand un camion subit, à cause de l'affaissement de la chaussée, de graves dégâts, le moteur explosant après réparation, la cause directe du préjudice n'est pas le mauvais état de la chaussée mais la réparation défectueuse[176].

Ce choix permet de prendre en compte l'écoulement du temps, pour savoir, par exemple, si les dommages causés par un détenu sont à la charge de l'administration, alors qu'une certaine période s'est écoulée entre sa sortie et l'acte préjudiciable, ce qui soulève toujours de délicates questions d'appréciation quant au cours normal des choses[177] (v. aussi *infra*, n° 1155).

175. Par ex. CE, sect., 7 mars 1969, *Éts Lassailly et Bichebois*, R. 148, *RDP* 1969, concl. G. Guillaume.

176. CE, 14 oct. 1966, *Marais*, R. 458, *D.* 1966.636, concl. Y. Galmot.

177. Comparer CE, 10 mai 1985, *Dme Ramade*, R. 147 (absence de lien de causalité entre l'éventuelle faute lourde commise lors du transfert à l'hôpital d'un détenu qui en a profité pour s'évader et le meurtre commis par cet évadé 48 heures après), et CE, sect., 29 avr. 1987, *Banque pop. de Strasbourg*, R. 158 (lien

§ 2. LA RUPTURE DU LIEN DE CAUSALITÉ

1142 Toutes les causes directes et réelles, indépendantes de l'administration, l'exonèrent en tout ou en partie, selon leur part respective dans le dommage.

1143 **Faute de la victime. –** Lorsque la faute de la victime est la cause totale ou partielle du dommage, lorsqu'elle a contribué à la réalisation du dommage, l'administration est exonérée à due proportion y compris, ce qui peut sembler paradoxal, en matière de responsabilité sans faute. Dans ce dernier cas, la responsabilité objective acquiert une coloration en partie subjective puisqu'il faut déterminer non seulement si le fait de la victime a concouru au dommage mais s'il peut être qualifié de fautif, le juge prenant en compte la gravité de cette faute pour apprécier son impact sur la causalité.

Quoi qu'il en soit, la faute de la victime – imprudence, vitesse excessive, défaut de surveillance des parents lorsque ce sont leurs enfants qui subissent un dommage, ou même risque accepté[178] – exonère la puissance publique de sa responsabilité en totalité ou en partie, selon une estimation plus ou moins forfaitaire.

1144 **Fait du tiers. –** Est en cause ici la responsabilité éventuelle du *tiers auteur* ou coauteur du préjudice, qui ne doit pas être confondu avec le tiers victime qui bénéficie souvent d'un régime de responsabilité plus favorable que les usagers. C'est au tiers-auteur de supporter la part des dommages qu'il a causée : le fait du tiers devrait donc exonérer totalement ou partiellement l'administration. Mais cette règle peut être gravement dommageable pour les victimes, que le tiers soit insolvable ou plus simplement qu'il soit inconnu.

Qui doit subir cette insolvabilité ou cette « disparition » du tiers ? On comprend aisément que pour des raisons d'équité, dès lors que le dommage se rattache à l'action d'un autre auteur solvable, on engage aussi sa responsabilité. L'action du tiers est garantie par celui-ci : tous les coauteurs sont donc solidaires, quitte à exercer les actions permettant la répartition de la charge définitive du litige entre eux. Si le tiers responsable peut être retrouvé et est solvable, tant mieux, sinon tant pis pour les autres auteurs.

Cette solution certaine en droit privé n'est que partiellement reprise en droit administratif. Dans ce dernier, en effet, il convient de distinguer entre la responsabilité pour faute et la responsabilité sans faute.

En principe, le fait du tiers exonère totalement ou partiellement le service public en matière de responsabilité pour faute (ce qui est dans la logique de la causalité adéquate où l'on détermine le rôle respectif de chaque cause). Ce principe,

causal entre la permission de sortie de détenus et le braquage d'une banque effectué deux mois plus tard car c'est « quelques jours seulement » après leur « non-retour » qu'ils ont repris leurs activités criminelles).

178. Cette hypothèse, assimilable à une faute de la victime, conduit à refuser la réparation quand la source du futur préjudice était clairement connue de la victime (par ex. CE, ass., 29 juin 1962, *Soc. Manufacture des machines du Haut-Rhin*, R. 432, concl. Ordonneau : ayant signé des contrats d'exportation de matériel militaire sans avoir obtenu au préalable l'autorisation d'exporter, la société « a assumé le risque (d'un éventuel refus) en toute connaissance de cause »).

récemment réaffirmé[179], comporte toutefois des exceptions. Ainsi, dans le cas où les différents services qui ont concouru au dommage ont un lien de collaboration si étroit entre eux qu'ils peuvent être considérés comme formant un tout, ils sont tenus *in solidum*[180]. Il en va de même « lorsqu'un dommage trouve sa cause dans plusieurs fautes qui, commises par des personnes différentes ayant agi de façon indépendante, portaient chacune en elle normalement ce dommage au moment où elles se sont produites »[181]. Il apparaît également que l'État est tenu *in solidum* des dommages causés aux détenus par les fautes commises dans le suivi médical de ces derniers par le personnel d'un établissement de santé, soit que ces fautes aient contribué à la faute du service public pénitentiaire[182], soit même que ce dernier n'ait en rien concouru à la réalisation du préjudice[183].

En matière de responsabilité sans faute[184] et pour les dommages de travaux publics[185], le principe est inverse : le fait du tiers n'est pas exonératoire, sauf si, en application de textes spécifiques, il est impossible à l'administration qui aurait payé d'exercer une action récursoire contre ce tiers[186].

Ces solutions peuvent cependant être contestées car le Conseil d'État mélange deux logiques, ce qui est illogique. Soit pour des raisons d'équité, on considère que le fait du tiers ne doit jamais être exonératoire, soit pour éviter une socialisation excessive, comme devant toujours l'être. C'est l'un ou l'autre et non l'un et l'autre.

1145 **Force majeure. –** Traditionnellement la force majeure est caractérisée par trois éléments : l'imprévisibilité, l'irrésistibilité, l'extériorité. La force majeure ne joue cependant aucun rôle spécifique en cas de *responsabilité pour faute*. Face au même événement, l'auteur supposé s'exonère soit en démontrant qu'il y avait force majeure (panneau arraché par un vent imprévisible et irrésistible), soit qu'il n'a pas commis de faute (toutes les précautions face à un vent normal ont été prises). À l'inverse, la force majeure joue, de façon autonome, dans la *responsabilité sans faute* : il ne suffit plus de montrer que l'on n'a pas commis de faute, il faut prouver que l'on n'est pas causalement responsable. C'est donc l'extériorité qui constitue le critère essentiel. Ainsi, la rupture du barrage de Malpasset, qui a entraîné la mort de dizaines de personnes n'est pas due à un cas de force majeure

179. CE, 19 juill. 2017, *Commune de Saint-Philippe*, *AJDA* 2017. 1966, concl. L. Marion.

180. Par ex. CE, ass., 9 avr. 1993, *M.G., M. B, M. et Mme B*, R. 110, concl. H. Legal (responsabilité solidaire pour les dommages dus à la transfusion de sang contaminé de l'État, chargé de la réglementation et du contrôle en matière de transfusion et des centres de transfusion eux-mêmes).

181. CE, 2 juill. 2010, *Madranges*, *AJDA* 2011, p. 116, note H. Belrhali-Bernard, *Dr. adm.* 2010, comm. 135, note F. Melleray.

182. CE, 24 avr. 2012, *AJDA* 2012.1665, étude H. Belrhali-Bernard, *JCP* A 2012, 2304, note H. Arbousset.

183. CE, 4 juin 2014, n° 359244, *AJDA* 2014.2377, note H.-B. Pouillaude.

184. Par ex. CE, 14 nov. 1956, *Cne du Crotoy*, R. 431.

185. Par ex. CE, 31 juill. 1996, *Fonds de garantie automobile*, R. 337, *CJEG* 1997.149, concl. J.-H. Stahl (responsabilité totale de Gaz de France alors même que la chute d'une voiture dans une tranchée creusée par l'établissement est la conséquence du comportement d'un piéton, qui constitue un fait du tiers non exonératoire).

186. CE, sect., 2 juill. 1971, *Le Piver*, R. 504 (l'administration ne doit pas supporter, seule, la charge définitive d'un dommage dont elle n'est que le co-auteur).

– pluies importantes – car l'administration ne peut démontrer que cette rupture, due à « l'expulsion de la roche à l'aval immédiat de l'ouvrage sous la pression de l'eau retenue par ce dernier », est *extérieure* au barrage[187].

Quoi qu'il en soit, si elle est reconnue – ce qui reste assez rare[188] –, elle exonère totalement ou partiellement le service public, selon les rôles respectifs de l'événement et de l'action administrative dans la réalisation du dommage, l'administration pouvant avoir aggravé par sa mauvaise intervention le préjudice[189].

1146 **Cas fortuit. –** En droit privé, force majeure et cas fortuit ne sont pas distingués. Or le cas fortuit correspond à une hypothèse spécifique, assimilable à la *cause inconnue*. On ne sait pas quelle est l'origine du dommage[190]. Dès lors le cas fortuit est exonératoire en cas de responsabilité pour faute : personne ne peut prouver que l'administration a commis une faute, elle a pris toutes les précautions nécessaires et pourtant pour une raison inconnue, il y a eu dysfonctionnement. Il ne l'est pas en responsabilité sans faute : en effet, il n'y a exonération de responsabilité, sur un terrain purement causal, que si la cause du dommage est extérieure à l'administration. Puisqu'ici cette cause est inconnue, celle-là n'a pas la possibilité de s'exonérer en démontrant l'extériorité de la cause et doit en supporter les conséquences.

SECTION 3 LE PRÉJUDICE

1147 **Existence et preuve du préjudice. –** L'engagement de la responsabilité de l'administration suppose d'abord, bien entendu, qu'un préjudice existe. En principe, la charge de la preuve de cette existence pèse sur la victime. Mais, comme en matière de faute (v. *supra*, n° 1104), quoique beaucoup plus rarement, une présomption peut jouer. Ainsi, la durée excessive d'un procès administratif qui dépasse le délai raisonnable pour juger l'affaire (v. *supra*, n° 1102) « est présumée entraîner un préjudice moral excédant les préoccupations habituellement causées par un procès, sauf circonstances particulières en démontrant l'absence »[191]. Dans le même esprit, l'atteinte à la dignité humaine résultant des conditions de détention « est de nature à engendrer par elle-même un

187. CE, 28 mai 1971, préc. et CE, 22 oct. 1971, *Ville de Fréjus*, R. 630.

188. Comp. CE, 14 mars 1986, *Cne de Val d'Isère*, R. Tab. p. 711, *JCP* 1986, n° 20679, concl. B. Lasserre (absence de force majeure quand l'administration a délivré un permis de construire en un lieu, où il y avait eu trois avalanches depuis 1917) et CE, 14 févr. 1986, *Synd. Interdépart. d'assainissement de la région parisienne*, *Dr. adm.* 1986 n° 184 (force majeure admise lorsqu'il s'agit des pluies les plus fortes depuis cent ans).

189. Par ex. CE, 25 mai 1990, *Abadie*, *RT* 1026 (l'action des services de l'État n'a pas aggravé les conséquences de pluies diluviennes).

190. CE, 10 mai 1912, *Ambrosini*, R. 549 (explosion d'un navire qui n'est pas constitutive d'un cas de force majeure, car interne au bateau, et qui a pour origine une cause inconnue).

191. CE, 19 oct. 2007, *M. Blin*, *AJDA* 2008.597, note N. Albert.

préjudice moral pour la personne qui en est victime »[192], sans qu'il y ait lieu d'exiger de celle-ci « qu'elle apporte des éléments pour démontrer l'ampleur et la réalité du préjudice » car « ces éléments ne pourraient qu'être les mêmes que ceux pris en compte pour apprécier et établir » l'atteinte à la dignité[193]. Une inspiration identique se retrouve dans deux autres solutions : la seule atteinte au droit d'auteur « constitue en elle-même un préjudice »[194] ; la réalisation d'une intervention médicale à laquelle le patient n'a pas consenti entraîne forcément un préjudice moral[195]. L'ensemble de ces décisions s'inscrivent dans une tendance jurisprudentielle générale, commune au juge judiciaire et au juge administratif, selon laquelle l'atteinte illicite à un droit fondamental entraîne par elle-même un préjudice moral pour la victime[196]. Cette tendance ne va pas toutefois sans limite. Ainsi, pour le Conseil d'État, la méconnaissance de l'obligation d'informer le patient des risques que présente un acte médical ne constitue pas en soi un préjudice moral[197]. La Cour de cassation, qui avait d'abord adopté la position contraire[198], a rejoint sur ce point la jurisprudence administrative[199].

1148 **Plan. –** Cela étant, il ne suffit pas que le préjudice existe, il faut encore qu'il présente certains caractères (§ 2). Si cette exigence est satisfaite, les titulaires du droit à réparation, que l'on déterminera d'abord (§ 1), pourront obtenir que leur préjudice soit réparé à hauteur de sa valeur (§ 3).

§ 1. LES TITULAIRES DU DROIT À RÉPARATION

1149 Seuls ceux qui ont subi réellement un préjudice obtiennent réparation. Ceci concerne la victime soit immédiate, soit par ricochet, mais aussi ses ayants droit quand elle n'a pas agi elle-même (héritiers ou autres successeurs juridiques).

1150 **Préjudice par ricochet. –** Certaines personnes, victimes secondaires, subissent, du fait du préjudice causé à la victime immédiate, un préjudice spécifique, réfléchi, qui leur est propre ; ce sont des victimes par ricochet. Ainsi le décès d'un travailleur cause pour celle qui vit avec lui un préjudice particulier (perte de revenus, troubles dans les conditions d'existence, etc.). Elles ont donc droit à réparation à condition que la victime primaire puisse, elle aussi, être indemnisée. Autrement dit, la faute de la victime primaire peut réduire d'autant le droit de la victime par ricochet car le préjudice subi par celle-ci a été partiellement causé par la faute de celle-là[200].

192. CE, 5 juin 2015, n° 370896, *Langlet*, Rec. T., 741-869 ; solution réaffirmée par CE, sect., 3 déc. 2018, n° 412010, *AJDA* 2019. 279, chron. Y. Faure et C. Malverti.

193. Concl. E. Bokdam-Tognetti, sur CE, 5 juin 2015, n° 370896, *Langlet*, préc.

194. CE, 27 avr. 2011, *Commune de Nantes*, n° 314577.

195. CE, 24 sept. 2012, *Cairala*, n° 336223.

196. V. sur cette question, X. Dupré de Boulois, « Droits fondamentaux et présomption de préjudice », *RDLF* 2012, chron., n° 10.

197. CE, 10 oct. 2012, n° 35426.

198. Cass. 1re civ., 3 juin 2010, n° 09-13591, Bull. 2010, I, n° 128.

199. Cass. 1re civ., 23 janv. 2014, n° 12-22123, Bull. I, n° 13.

200. Par ex. CE, ass., 28 juill. 1951, *Bérenger* R. 473, concl. Agid.

Quoi qu'il en soit, il n'est pas nécessaire qu'il y ait un lien juridique entre ces deux victimes (mariage, parenté, etc.). Il suffit de démontrer que le préjudice de la première victime a des conséquences dommageables certaines pour celui qui demande à être indemnisé, même si le lien n'est pas formellement consacré par la loi. Ainsi la concubine, en cas de « liaison suffisamment stable et continue » peut « obtenir réparation du préjudice que lui cause le décès de son compagnon »[201], en dehors de tout Pacs ou autre.

1151 **Transmission du droit à réparation.** – La jurisprudence faisait de subtiles distinctions quant à la transmission à des tiers des préjudices subis soit par la victime immédiate, soit, même, par la victime par ricochet. Désormais l'ensemble des préjudices subis par la victime primaire sont transmissibles à ses ayants droit.

Dans l'hypothèse des *dommages causés aux biens*, l'héritier ou le donataire à titre gratuit dispose de plein droit de la créance. En cas de transmission à titre onéreux (vente notamment), à l'inverse, il faut que le contrat contienne des dispositions expresses en ce sens car, à défaut, on suppose que la moindre valeur du bien a été prise en compte lors de la cession.

Pour les *dommages causés aux personnes*, les préjudices matériels sont transférés dans le patrimoine de ses successeurs. C'est aussi le cas désormais des préjudices personnels qu'aurait subis la victime décédée[202]. Quand cette dernière a subi un dommage corporel ouvrant droit à indemnisation au titre de la solidarité nationale (v. *supra*, n° 1125), ce droit est également transmis à ses héritiers[203].

§ 2. LES CARACTÈRES DU PRÉJUDICE

1152 Les préjudices, dont certains ne sont pas indemnisables, doivent présenter de multiples caractères.

1153 **Préjudices non indemnisables.** – Parfois l'impossibilité de réparer le préjudice se comprend aisément. Quand la victime est elle-même en situation illégitime – et que cette situation illégitime est en rapport avec le préjudice subi –, il est normal que tout droit à réparation lui soit dénié. C'est tout simplement l'application de l'adage *Nemo auditur propriam suam turpitudinem allegans*[204]. Toutefois, la solution est également explicable en termes de causalité : le préjudice n'est pas

201. CE, ass., 3 mars 1978, *Vve Muesser*, R. 116, *JCP* 1978, n° 18986, concl. Ph. Dondoux (« veuve » d'un sapeur-pompier, père de ses trois enfants).

202. CE, sect., 29 mars 2000, *Ass. Publique-Hôpitaux de Paris c/Cts Jacquié*, R. 147, concl. D. Chauvaux (abandonnant la jurisprudence antérieure qui refusait en principe la transmission).

203. CE, 20 juin 2018, *ONIAM*, n° 408819, *AJDA* 2018. 1395.

204. Par ex., CE, sect., 7 mars 1980, *SARL Cinq Sept*, R. 129, concl. Massot (à la suite d'un incendie dramatique dans une « boîte de nuit » l'exploitant qui a systématiquement violé les règles de sécurité relatives aux établissements recevant du public, ne peut demander réparation du préjudice que lui a causé la faute lourde de la commune qui ne l'a pas obligé à les respecter) ; dans le même sens, CE, ass. 9 nov. 2015, *Constructions mécaniques de Normandie et MAIF et autres*, *RFDA* 2016.145, concl. R. Decout-Paolini, *AJDA* 2016. 213, note Jacquemet-Gauché.

réparable parce que, et dans la mesure où, il découle directement de la situation illégitime et non pas de l'action de l'administration[205].

La question de la réparabilité du préjudice s'est aussi posée dans l'hypothèse particulièrement délicate où une erreur dans le diagnostic destiné à identifier un éventuel handicap de l'enfant à naître a empêché les parents de recourir à un avortement. Pour permettre la compensation des charges particulières résultant de ce handicap, le Conseil d'État avait accepté d'indemniser les parents par le versement d'une rente pour toute la durée de la vie de l'enfant – y compris après leur disparition[206]. La Cour de cassation, pour sa part, dans le très célèbre arrêt *Perruche*[207] indemnisa l'enfant lui-même, jugeant que sa vie handicapée était la conséquence directe de l'erreur de diagnostic, ce qui avait été perçu comme assimilant la vie à un préjudice. À la suite d'un débat passionné, la loi du 4 mars 2002, dans son article 1er (repris à l'article L. 114-5 CASF), dispose désormais que « nul ne peut se prévaloir d'un préjudice du seul fait de sa naissance » ce qui exclut tout droit à réparation pour l'enfant (et, par voie de conséquence, pour les tiers payeurs, tels que les caisses d'assurance maladie, au titre de la subrogation[208]). Quant aux parents, le même texte subordonne leur droit à indemnité à l'existence d'une « faute caractérisée »[209] et précise qu'ils ne peuvent se prévaloir que de leur préjudice propre, les charges particulières découlant, tout au long de la vie de l'enfant du handicap non décelé étant compensées par la solidarité nationale.

Dans d'autres hypothèses, le refus de prendre en compte un préjudice n'est justifié que par des considérations financières, vestige de l'irresponsabilité de principe de la puissance publique. Tel est le cas des modifications apportées à la circulation générale qui résultent soit de changements effectués dans l'assiette ou la direction des voies publiques, soit de la création de voies nouvelles dès lors qu'elles ne privent pas d'accès l'immeuble riverain de ces voies[210]. Il s'agit de ne pas entrer dans un « cycle infernal » de compensation, mais ceci a des conséquences gravement inéquitables quand, par exemple, un commerçant enregistre un effondrement de sa clientèle.

Enfin, et pour les mêmes raisons, le législateur est intervenu pour limiter les possibilités de réparation. L'article L. 160-5 du Code de l'urbanisme interdit, par exemple, toute indemnisation des dommages résultant de l'application des servitudes d'urbanisme (inconstructibilité d'un terrain par exemple) sauf, notamment, en cas d'atteinte à des droits acquis.

205. V. retenant une telle explication, CE, 30 janv. 2013, M. *Imbert*, *AJDA* 2013, chron. X. Domino et A. Bretonneau, *Dr. adm.* 2013, com. 38, note G. Eveillard, *JCP* A 2013, comm. 2259, note J.-M. Pontier, *RJEP* 2013, étude 14, Connil.

206. CE, sect., 14 févr. 1997, *CHR de Nice c/Époux Quarez*, R. 44, concl. V. Pécresse.

207. Cass. Plén., 17 nov. 2000 *Bull.* n° 9, p. 15, *JCP* 2001.II.10438, rapport P. Sargos, concl. J. Sainte-Rose.

208. CE, 7 avr. 2016, *Consorts F et CPAM du Bas-Rhin*, n° 376080, *AJDA* 2016.1583, note C. Lantero.

209. Sur cette notion, v. CE ass. 13 mai 2011, n° 329290, *Mme Lazare*, Rec. 235, *AJDA* 2011. 1136, chron. X. Domino et A. Bretonneau, *RFDA* 2011. 772, concl. J.-P. Thiellay, note M. Verpeaux et 2012. 455, chron. H. Labayle, F. Sudre, X. Dupré de Boulois et L. Milano.

210. CE, 28 mai 1965, *Ép. Tébaldini*, R. 304, concl. G. Braibant ; CE, sect., 2 juin 1972, *Soc. Les Vedettes blanches*, R. 414, *D.* 1974. 260, concl. M. Rougevin-Baville.

1154 **Apport du droit constitutionnel et international. –** Ces solutions sont discutables au regard tant des normes constitutionnelles que des dispositions de la Convention européenne des droits de l'homme.

Il est difficile de tirer des conclusions définitives des décisions que le Conseil constitutionnel a rendues en la matière, qui concernent souvent des personnes privées, même si, depuis 2010, ce dernier a synthétisé sa position dans un motif de principe[211], qui ne rend toutefois pas compte de l'intégralité de sa jurisprudence. En se fondant sur la liberté proclamée par l'article 4 de la déclaration de 1789, le Conseil constitutionnel a affirmé la valeur constitutionnelle du principe de la responsabilité pour faute et précisé que « la faculté d'agir en responsabilité met en œuvre cette exigence constitutionnelle ». Quoique ce fondement ne convienne guère qu'aux personnes privées, il semble bien que ce principe constitutionnel ait une portée générale et vaille pour les personnes publiques. Il s'ensuit que le principe même de toute indemnisation (en tout cas pour faute) ne peut être dénié de façon systématique[212]. Néanmoins, le législateur peut, pour un motif d'intérêt général, aménager les conditions d'engagement de la responsabilité et notamment fixer des régimes spéciaux et limitatifs d'indemnisation en certains domaines[213], à la condition qu'il n'en résulte pas une atteinte disproportionnée aux droits des victimes d'actes fautifs ni au droit à un recours juridictionnel effectif. En cas d'atteintes directes à la propriété privée cependant, le préjudice doit être intégralement indemnisé[214]. Enfin, s'agissant spécialement des dommages causés par la puissance publique et notamment par la loi elle-même, et cela en dehors même de toute faute, une éventuelle restriction de responsabilité ne saurait entraîner de rupture caractérisée de l'égalité devant les charges publiques (v. n° 987).

Quant à la *Cour européenne des droits de l'homme*, elle a considéré, dans certaines espèces, qu'interdire une action en justice pour obtenir une réparation allant au-delà de ce qui avait été obtenu dans le cadre de mécanismes forfaitaires, contrevenait à l'exigence du droit d'accès effectif et concret à un tribunal[215]. Et, prenant en compte l'ensemble de la jurisprudence européenne, le Conseil d'État juge que l'interdiction, sauf exceptions, de toute indemnisation, posée par l'article L. 160-5 C. urb., ne saurait exclure une indemnisation « dans le cas exceptionnel [...] où le propriétaire supporte une charge spéciale et exorbitante, hors de proportion avec l'objectif d'intérêt général poursuivi »[216]. Mais, dans le cas des naissances d'enfants handicapés, il a estimé que la loi du 4 mars 2002 pouvait, sans violer la Convention européenne des droits de l'homme notamment, limiter l'indemnisation des parents

211. Cons. const., n° 2010-2 QPC du 11 juin 2010, *Mme Vivianne L.*

212. Cons. const., n° 88-248 DC du 17 janv. 1989 R. 18 (en raison du principe d'égalité, « nul ne saurait par une disposition générale de la loi être exonéré de toute responsabilité personnelle quelle que soit la nature ou la gravité de l'acte qui lui est imputé », solution relative à la responsabilité personnelle, transposable pour les personnes morales).

213. Cons. const., n° 87-237 DC du 30 déc. 1987, R. 62 (à propos de l'indemnisation des rapatriés).

214. Cons. const., n° 85-198 DC du 13 déc. 1985, R. 78 (pour l'apposition d'ouvrages publics – relais de télévision – sur des propriétés privées) ; Cons. const., n° 29 juill. 1998, préc. (pour des réquisitions de logements).

215. CEDH 4 déc. 1995, *Bellet c/France*, A n° 333/B.

216. CE, sect., 3 juill. 1998, *Bitouzet*, R. 288, concl. R. Abraham, *AJDA* 1998.570, chron. F. Raynaud et P. Fombeur.

pour des raisons d'intérêt général (éthique, organisation du système de santé, traitement équitable des handicapés) et, implicitement, parce que la solidarité nationale intervenait par ailleurs pour compenser les charges particulières découlant de ce handicap[217]. La CEDH a également admis la conventionnalité de ce dispositif, tout en condamnant son effet rétroactif[218].

Le caractère limitatif de certains régimes de responsabilité paraît, donc en certaines hypothèses, contestable.

1155 **Caractère direct et certain du préjudice.** – Sur le premier point, il s'agit de s'interroger sur le lien existant entre le fait générateur invoqué et le préjudice subi. On retrouve donc la question de la causalité adéquate (v. *supra*, n° 1141).

Quant au caractère certain du préjudice, il découle de l'obligation de ne réparer que les dommages réels, et non imaginaires. Ceci oblige à distinguer le préjudice purement *éventuel*, irréparable, du préjudice futur, qui, quoique dans l'avenir, est certain. La distinction peut être délicate et recoupe en partie la question de la causalité. Il faut s'interroger sur les conséquences normales d'un fait, en tenant compte soit de la situation antérieure, soit de ce qui va survenir.

Le juge doit, par exemple, rechercher les chances réelles d'un candidat illégalement évincé à un examen ou à un marché public. Au regard de sa situation, de ses qualités, aurait-il obtenu, si les événements avaient suivi leur cours normal, ce à quoi il avait postulé[219] ?

1156 **Caractère matériel et/ou immatériel du préjudice.** – En principe, tous les préjudices doivent être indemnisés, aussi bien dans leur dimension matérielle qu'immatérielle. L'évaluation du préjudice matériel, que soient en cause les personnes (dommages corporels et pertes de revenus, notamment) ou les biens (dégradation de ceux-ci ou perte de valeur vénale) soulève cependant quelques difficultés d'appréciation mais repose, en principe, sur des constatations de fait et des éléments de preuve qu'il est assez aisé d'apporter.

Il n'en va pas de même pour le *préjudice immatériel*. Comment l'évaluer autrement que de façon « forfaitaire » et faut-il même, en amont, accepter le principe de sa réparation ? Pendant longtemps le juge administratif admit sans difficulté l'indemnisation de certains éléments de préjudice immatériel, soit en les évaluant de façon distincte (atteinte à la réputation, préjudice esthétique, difficultés psychologiques, etc.), soit en les englobant sous le vocable de troubles dans les conditions d'existence. Depuis les années 1960, il prend aussi en compte les souffrances physiques consécutives à un accident corporel et la douleur morale, le préjudice affectif

217. CE (avis) 6 déc. 2002, *Draon*, *RFDA* 2003.200. Ce dispositif a également été jugé conforme à la Constitution (Cons. const., n° 2010-2 QPC du 11 juin 2010, *Mme Vivianne L.*).

218. CEDH 6 oct. 2005, *Draon c/France* et *Maurice c/France*.

219. Par ex. CE, 22 janv. 1986, *Dlle Grellier*, préc. (chances sérieuses pour une candidate, ayant subi avec succès les épreuves écrites).

lié à la disparition d'un être cher[220], selon une méthode « forfaitaire »[221]. Le préjudice d'anxiété est de même réparable[222].

1157 **Préjudice spécial et anormal. –** Ces caractères du préjudice ne concernent qu'une catégorie particulière de responsabilité : celle engagée en cas de rupture de l'égalité devant les charges publiques. Pour qu'elle joue, il faut que le préjudice soit *spécial*, sinon il n'y aurait pas inégalité puisque tout le monde l'aurait subi. La spécialité est reconnue lorsqu'une seule personne est concernée (seule la société La Fleurette avait dû cesser ses activités). Il l'est aussi, ce qui comporte une marge de subjectivité plus grande, lorsqu'une catégorie suffisamment spécifique de personnes, « détachables » de la communauté nationale, est identifiable[223].

Le préjudice est considéré comme *anormal* quand il y a rupture caractérisée d'égalité, qui dépasse les inconvénients qui doivent être supportés par tous au nom des exigences de la vie en société. Cela dépend donc de la gravité du dommage au regard de la situation globale du requérant mais aussi de l'importance des aléas. Comme en matière d'imprévision (v. *supra*, n° 813), le juge détermine ce qui, dans le préjudice, relève de « l'aléa ordinaire », prévisible qui reste à la charge du demandeur, des aléas extraordinaires, indemnisables[224]. Ainsi, lorsque la non-exécution des jugements n'est pas fautive, les pertes de recettes correspondant aux deux premiers mois d'occupation sans titre sont en général supportées par la victime. Le préjudice n'est anormal qu'au-delà de ce délai, ce qui permet à l'administration de réfléchir sur le parti à prendre[225]. De même, des compagnies aériennes, en cas de paralysie du trafic, doivent supporter une partie plus ou moins importante, selon leur situation propre, de la perte de recettes subie[226].

220. Respect. CE, sect., 6 juin 1958, *Cne de Grigny*, R. 322, *D.* 1958.551, concl. J. Chardeau et CE, 24 déc. 1961, *Letisserand*, R. 661, *D.* 1962.34, concl. C. Heumann.

221. Par ex. CE, 27 oct. 2000, *C.H. Seclin*, R. 478 (100 000 F pour les parents de la victime, 30 000 pour les frères et sœurs).

222. CE, 9 nov. 2016, n° 396108, *AJDA* 2017. 426, note S. Brimo, *Dr. adm.* 2017, n° 1, p. 37, note C. Lantero ; CE, 3 mars 2017, n° 401395, *AJDA* 2017. 495.

223. Comp. CE, sect., 25 janv. 1963, *Bovero*, R. 53 (est spécial le préjudice subi par les propriétaires qui n'obtiennent pas, du fait de la loi, l'exécution de jugements ordonnant l'expulsion de familles de militaires servant en Algérie) ; et CE, 10 févr. 1961, *Chauche*, R. 18 (absence de spécialité pour les propriétaires qui ne peuvent faire exécuter les jugements d'expulsion en hiver, car toute la France est concernée). V. également, CE, 13 nov. 2009, *SNC Domaine de Sausset-les-Pins, SCP Laureau-Jeannerot*, *AJDA* 2009.2145, *AJDA* 2010.912, note Planchet (nul ne peut se prévaloir d'aucun préjudice spécial résultant des contraintes d'inconstructibilité résultant de la loi Littoral du 3 janv. 1986 dès lors qu'elles concernent tous les terrains situés sur le littoral français).

224. V. p. ex., en matière de responsabilité du fait des lois : CE, 1er févr. 2012, *Bizouerne*, *AJDA* 2012. 1075, note H. Belrhali-Bernard, *Dr. adm.* 2012, n° 53, note Broyelle, *RFDA* 2012, 333, concl. Roger Lacan.

225. Par ex. CE, 6 mai 1991, *Aff. Citroën*, préc.

226. Comp. CE, 6 nov. 1985, *Min. Transports c/TAT*, préc. *supra*, n° 472 (anormalité du préjudice subi par la compagnie française qui a vu la quasi-totalité de ses vols supprimés pendant environ un mois, en raison d'une grève des contrôleurs aériens) et CE, 6 nov. 1985, *Soc. Condor-Flugdienst* (mêmes réf.) (pas de préjudice anormal pour cette société allemande dont l'activité de « charters » s'exerce pour sa majeure partie hors de l'espace aérien français).

§ 3. LA RÉPARATION DU PRÉJUDICE

1158 **Réparation en valeur. –** Traditionnellement et en principe, la réparation du préjudice, en droit administratif, se fait en valeur. Celle-ci consiste à compenser le préjudice en versant aux victimes une somme d'argent, dénommée « dommages-intérêts », qui en est l'équivalent pécuniaire. C'est la raison pour laquelle cette forme de réparation est parfois dite aussi « par équivalent » ; il vaut mieux, toutefois, éviter cette expression parce que la réparation en nature peut aussi se faire par équivalent (v. *infra,* n° 1159).

Le juge prend en compte les pertes de revenus, les taux d'invalidité ou d'incapacité déterminés par les commissions médicales, les frais d'hospitalisation, les coûts de réparation des bâtiments, avec une estimation parfois moins généreuse – quand le chiffrage du préjudice ne découle pas d'éléments incontestables et objectifs – que celle du juge judiciaire.

L'indemnité est versée sous forme de capital, mais, pour les dommages corporels, le juge, à la demande de la victime, peut décider de l'allocation d'une rente éventuellement indexée[227]. Ces sommes sont, le cas échéant, réévaluées s'il apparaît que le préjudice s'est accru (cas assez fréquent en matière médicale si l'état de la victime s'aggrave).

1159 **Réparation en nature. –** La notion de réparation en nature prête à discussion. Elle peut être conçue plus ou moins largement. Au sens le plus strict, elle consiste à faire disparaître le dommage, à l'effacer (par ex. : destruction d'un ouvrage public illégalement implanté sur un terrain privé). Cela suppose qu'il ne soit pas irréversible. Dans une acception plus large, qui concerne le cas où l'effacement du dommage n'apparaît pas possible, la réparation en nature peut tendre à procurer à la victime un équivalent en nature de l'avantage qu'elle a perdu (par ex. : procurer un terrain similaire à celui définitivement occupé par un ouvrage public). Enfin, dans la conception la plus extensive, la mesure de réparation en nature peut tendre à supprimer la cause même du dommage, à faire cesser le fait dommageable, ce qui suppose qu'il soit continu et se déroule encore au moment où la mesure est prononcée (par ex. : injonction de refaire l'étanchéité d'une voie publique qui est à l'origine de dommages). Cette conception large est en principe retenue par le droit privé[228]. Comme on le verra (v. *infra* n° 1160), la jurisprudence du Conseil d'État paraît orientée dans le même sens.

1160 Traditionnellement, la réparation en nature était exclue en droit administratif parce qu'elle suppose que le juge administratif prononce contre la personne publique responsable une obligation de faire, c'est-à-dire une injonction, ce qu'il n'avait pas normalement le droit de faire. Ce principe n'admettait que de maigres atténuations, sous la forme principalement de condamnations alternatives : l'administration est condamnée au versement d'une indemnité, « si mieux elle n'aime » faire disparaître le dommage, par exemple en déplaçant un ouvrage public gênant.

227. CE, 12 juin 1981, *CHR de Lisieux*, R. 262, concl. Moreau.

228. V. L. Albert-Moretti, F. Leduc, O. Sabard (dir.), *Droits privé et public de la responsabilité extra-contractuelle. Étude comparée*, LexisNexis, 2017, n° 442 et s.

Il n'est pas étonnant dans ces conditions que le développement contemporain du pouvoir d'injonction du juge, depuis l'adoption de la loi du 8 février 1995, ait conduit à remettre en cause cette position traditionnelle. Des évolutions jurisprudentielles récentes ont en effet permis de reconnaître au juge du plein contentieux de la responsabilité le pouvoir d'adresser à la personne publique responsable des injonctions visant à faire cesser le dommage, notamment en en faisant disparaître la cause, ou à en pallier les effets, en particulier en ordonnant à l'administration d'allouer à la victime un équivalent en nature. En qualifiant ces mesures de « modalités de la réparation »[229], le juge administratif justifie qu'il appartienne au juge de la responsabilité (saisi de conclusions en sens) de les prononcer (alors qu'aucun texte ne lui attribue un tel pouvoir). Ce faisant, il rejoint également la conception large de la réparation en nature adoptée en droit privé. Néanmoins, le Conseil d'État a fait le choix, discutable, d'enserrer le pouvoir du juge de la responsabilité de recourir à son pouvoir d'injonction dans des limites peu cohérentes avec l'affirmation de la nature réparatrice de ce dernier. Ces limites sont relatives au champ d'application de ce pouvoir et aux conditions de son exercice.

Dès lors que les mesures susceptibles d'être prescrites par le juge de la responsabilité sont regardées comme un mode de réparation, le pouvoir de les prononcer a vocation à être général puisque tous les régimes de responsabilité mettent une obligation de réparation à la charge du responsable. Or, le pouvoir d'injonction du juge de la responsabilité n'a jusqu'ici été affirmé que dans deux domaines. En premier lieu, la responsabilité administrative pour faute, à laquelle l'arrêt *M. Baey*[230] se rapporte. En second lieu, la responsabilité pour dommages de travaux publics. Ébauchée par une décision *Commune de Chambéry*[231], qui visait seulement les dommages permanents causés par l'existence ou le fonctionnement d'un ouvrage public, cette solution est consacrée par l'arrêt *Syndicat des copropriétaires du Monte Carlo Hill*[232] qui l'étend à l'ensemble des dommages (permanents ou accidentels) trouvant leur origine dans l'exécution de travaux publics ou dans l'existence ou le fonctionnement d'un ouvrage public.

Les injonctions étant des modalités d'exécution de l'obligation de réparation qui pèse sur le responsable, leur prononcé devrait être possible dès lors que cette obligation existe, en conséquence de la réalisation des conditions d'engagement de la responsabilité. Telle est la conception adoptée en droit privé. Ce n'est qu'en partie celle qui est admise par la jurisprudence administrative. La raison en est que le juge administratif reste attaché à l'idée qu'il ne peut adresser d'injonctions à l'administration qu'en vue de remédier à une illégalité ou, plus généralement, à une faute. Cette conception a pour conséquence que les conditions d'exercice du pouvoir d'ordonner une réparation en nature ne sont pas les mêmes en matière de

229. CE, sect., 6 déc. 2019, *Syndicat des copropriétaires du Monte Carlo Hill*, n° 417167, *AJDA* 2020. 296, chron. C. Malverti et C. Beaufils, *Dr. adm.* 2020, n° 3, comm. 16, note G. Eveillard, *RFDA* 2020. 121, concl. G. Pélissier, p. 333, note J. Petit.

230. CE, 27 juill. 2015, n° 367484, R. 285, *AJDA* 2015. 2277, note A. Perrin, *AJCT* 2016. 48, obs. S. Defix, *Dr. adm.*, 2015, n° 12, p. 47, note C. Zacharie, *JCP* A 2016, n° 2069, obs. O. Le Bot, *JCP* 2015, n° 1442, p. 2437, obs. G. Eveillard.

231. CE, 18 mars 2019, n° 411462, *AJDA* 2019. 2002, note J.-Ph. Ferreira, *JCP* A 2019, n° 45, 12 novembre, 2317, note R. Reneau.

232. CE, sect., 6 déc. 2019, préc.

responsabilité de l'administration pour faute et dans la responsabilité pour dommages de travaux publics.

Dans le premier cas, la faute étant, par hypothèse, nécessaire à l'engagement de la responsabilité, c'est un régime analogue à celui du droit privé qui est retenu : l'usage du pouvoir d'injonction est possible si les conditions de la responsabilité étaient remplies et le demeurent à la date à laquelle le juge le prononce. C'est ce qui résulte de l'arrêt *M. Baey*. Dans cette affaire, une pâture, appartenant à un exploitant agricole, avait été polluée par le déversement des eaux usées d'habitations, en raison de la carence d'un maire dans l'exercice de son pouvoir de police. Saisi par l'exploitant, le Conseil d'État pose en principe que « lorsque le juge administratif statue sur un recours indemnitaire tendant à la réparation d'un préjudice imputable à un comportement fautif d'une personne publique... il peut, si la victime le lui demande, enjoindre de mettre fin à ce comportement ou d'en pallier les effets », à la double condition que ce comportement et ce préjudice perdurent à la date à laquelle il se prononce. Il n'est d'ailleurs pas sans intérêt de relever que, dans cette espèce, la mesure visant à pallier les effets de la faute consistait dans la mise à disposition d'une pâture saine, c'est-à-dire à procurer un équivalent en nature de l'avantage perdu.

Le cas de la responsabilité pour dommages de travaux publics est plus complexe. Sauf à l'égard des participants à l'exécution d'un travail public, cette responsabilité ne repose pas sur la faute (prouvée) (v. *supra*, n° 1105, 1122, 1146). Par suite, quand les conditions en sont remplies, l'obligation de réparer existe bien mais pas la faute dont le juge estime avoir besoin pour user de son pouvoir d'injonction. Il faut alors trouver cette faute ailleurs que dans le régime de responsabilité applicable. C'est ce que fait l'arrêt *Syndicat des copropriétaires du Monte-Carlo Hill*. D'après celui-ci, saisi de conclusions à fin d'injonctions, le juge saisi d'un recours visant à la réparation d'un dommage de travaux publics, qui perdure à la date à laquelle il se prononce doit commencer par déterminer si cette persistance trouve son origine « dans la faute que la personne publique commet en s'abstenant de prendre les mesures de nature à mettre fin au dommage ou à en pallier les effets ». Autrement dit, la faute ici n'est pas celle qui est à l'origine du préjudice mais celle qu'a commise l'administration en ne prenant pas les mesures qui, en bref, auraient permis de faire cesser le préjudice (travaux de réfection d'un ouvrage public mettant fin à son fonctionnement anormal, par exemple). Le même arrêt précise les critères en fonction desquels l'existence de cette faute doit être appréciée. Ces critères sont au nombre de deux. En premier lieu, le juge doit vérifier « si la persistance du dommage trouve son origine, non dans la seule réalisation des travaux ou la seule existence de l'ouvrage mais dans un défaut ou un fonctionnement anormal de l'ouvrage ». Ce premier critère implique une limitation du champ de la réparation en nature. Celle-ci est assurément concevable quand la responsabilité est engagée à l'égard des usagers pour défaut d'entretien normal (v. *supra* n° 1105) et en matière de dommages accidentels causés aux tiers (v. *supra* n° 1122). Elle semble exclue en matière de dommages permanents, ces derniers résultant par hypothèse dans la seule exécution de travaux publics ou dans la simple existence d'un ouvrage public ou dans son fonctionnement normal (v. *supra* n° 1137). Si le premier critère est satisfait, il appartient encore au juge de s'assurer qu'aucun motif d'intérêt général, tenant notamment au coût excessif des mesures à prendre (celui des travaux de modification d'un ouvrage public au fonctionnement anormal, par exemple) par rapport au préjudice subi, ou aucun droit de tiers, « ne justifie l'abstention de l'administration ». Si cette dernière n'est pas fautive, il ne saurait y avoir d'injonction mais seulement une condamnation alternative laissant à l'administration le choix entre le versement d'une indemnité et la réalisation de mesure de réparation en nature dont le juge doit définir la nature et les délais d'exécution.

1161 **Étendue de la réparation. –** Comme en droit civil, le principe est que la réparation doit être intégrale. Ce principe signifie que la réparation doit remettre la victime dans la situation qui aurait été la sienne si le dommage ne s'était pas produit. Cela vaut quelle que soit la forme de la réparation. En ce qui concerne la réparation en nature, le principe implique soit que la cessation du fait dommageable ou l'effacement du préjudice soient complets, soit une équivalence entre l'avantage perdu et l'avantage en nature procuré. En ce qui concerne la réparation en valeur, le principe signifie que le montant des dommages-intérêts doit être exactement égal à la valeur du préjudice, de telle manière que la victime ne soit ni appauvrie ni enrichie. C'est surtout sur le terrain de la réparation en valeur que quelques précisions sont à cet égard nécessaires.

1°) L'administration ne saurait ainsi *payer plus* que ce qui est dû. Ce principe, qui constitue un moyen d'ordre public, permet de sauvegarder en toute hypothèse les intérêts financiers de l'administration et interdit au juge de condamner l'administration au paiement d'une indemnité supérieure à la réalité, alors même qu'elle en aurait, par erreur, accepté le versement[233].

Pour éviter que les dommages et intérêts soient supérieurs au préjudice réel, les condamnations prononcées opèrent des déductions, en fonction de ce qui a déjà été versé par la Sécurité sociale, les assurances ou les employeurs. Le procès en responsabilité oppose souvent ces organismes subrogés dans les droits de la victime à l'auteur du dommage.

Ces règles jouent un rôle particulier dans le contentieux de la fonction publique (v. *supra*, n° 1031, l'arrêt *Deberles*).

La même exigence implique que si l'administration doit réparer tout le dommage qu'elle a causé, elle ne doit réparer que le dommage qu'elle a causé. Cela peut appeler des appréciations fort délicates. Ainsi, quand une faute médicale a entraîné pour un patient la perte d'une chance de voir son état de santé s'améliorer ou ne pas s'aggraver, le préjudice résultant directement de la faute et qui doit être intégralement réparé ne correspond pas au dommage corporel subi mais bien à la perte de la chance de l'éviter, laquelle doit être évaluée à une fraction du dommage corporel : si le patient avait trois chances sur dix de guérir, le dommage à réparer est égal 3/10 du dommage corporel subi[234].

233. V. CE, sect., 19 mars 1971, *Mergui*, R. 235, concl. M. Rougevin-Baville.

234. CE, sect., 21 déc. 2007, *Centre hospitalier de Vienne*, *AJDA* 2008.135, chron. J. Boucher et B. Bourgeois-Machureau, *RFDA* 2008.348, concl. T. Olson.

2°) À l'inverse, pour que l'indemnisation soit intégrale, il faut prendre certaines mesures correctrices de *majoration*. La victime n'a pas disposé de l'argent qu'elle a perdu du fait du préjudice subi et n'a pu ainsi le placer. La créance porte donc intérêt au taux légal (ancien art. 1153 C. civ. reconnu applicable en droit administratif ; il devrait en aller de même pour l'actuel article 1231-6 qui lui a succédé en vertu de l'ordonnance n° 2016-131 du 10 février 2016). Les intérêts courent, lorsqu'ils ont été expressément demandés, à compter de la saisine soit de l'administration, soit de celle du juge, ou, en l'absence de demande, à compter de la première décision juridictionnelle statuant sur l'indemnité principale. Ces intérêts moratoires – le prix du temps – portent à leur tour intérêt et sont capitalisés s'ils sont dus pour, au moins, une année entière (C. civ., art. 1343-2, issu de l'ordonnance du 10 février 2016 et qui succède à l'ancien article 1154).

À ces intérêts moratoires s'ajoutent, le cas échéant, des intérêts compensatoires (C. civ., art. 1231-6), notamment en cas de mauvais vouloir de l'administration qui se refuse à payer ce à quoi elle a été condamnée ou paye avec un retard excessif[235].

1162 **Date d'évaluation du préjudice. –** Pour que la réparation soit intégrale, il faut évaluer le préjudice à la date où il est finalement réparé. Verser quelques années plus tard, en période de forte érosion monétaire notamment, une somme non actualisée serait source de préjudice, puisque les euros payés auraient « un pouvoir d'achat » minoré. En droit privé, la solution est simple, le préjudice est en principe évalué à la date du jugement définitif. En droit public les choses sont, sans réelle justification si ce n'est l'intérêt des finances publiques, plus complexes.

1°) Les *dommages causés aux personnes* sont évalués à la date où l'autorité compétente (administration ou juge) prend la décision de fixation de l'indemnité. En cas de contentieux, c'est donc la date du jugement définitif, ce qui permet de prendre en compte tous les événements survenus depuis la réalisation du dommage[236]. Si le comportement de la victime est source de retard dans cette fixation définitive – qu'elle ait déposé tardivement sa demande de dommages et intérêts ou qu'elle ait refusé, à tort, une offre adéquate de l'administration en saisissant le juge – à elle, toutefois, de supporter les conséquences de l'écoulement du temps.

2°) Les *dommages causés aux biens* sont évalués à « la date où leur cause ayant pris fin et leur étendue étant connue, il (peut) être procédé aux travaux destinés à les réparer »[237]. Cette date coïncide parfois avec celle de la survenance du préjudice. Le plus souvent, elle correspond à une date ultérieure si le retard est indépendant de la volonté de la victime, dû par exemple à des études préalables quant aux différents partis techniques de restauration ou à la difficulté de réunir les fonds. En toute hypothèse, le préjudice est évalué à une date antérieure à la décision statuant sur la demande d'indemnité, ce qui ne correspond pas à l'indemnisation intégrale du préjudice.

235. CE, 2 mai 1962, *Caucheteux et Desmonds*, R. 291 (retard excessif à payer les indemnisations prévues dans l'affaire la Fleurette).

236. **CE, ass., 21 mars 1947, *Dame Vve Aubry*,** R. 122.

237. **CE, 21 mars 1947, *Cie générale des eaux*,** mêmes références que Dame Vve Aubry.

SECTION 4 LA PERSONNE RESPONSABLE

1163 **Plan. –** Se posent à ce stade deux questions :

— quel est le patrimoine qui, *a priori*, doit supporter la charge de la réparation, ce qui soulève le problème de la compétence propre de chaque personne juridique et des éventuels mécanismes de solidarité ou de cumul. C'est l'obligation à la dette (§ 1) ;

— une fois ce point réglé, il faut s'interroger sur la répartition définitive de la charge indemnitaire. C'est la contribution à la dette (§ 2).

§ 1. L'OBLIGATION À LA DETTE

1164 **Plan. –** Après avoir déterminé qui, en raison du rôle respectif des intervenants en termes de causalité, doit, *a priori*, réparer (A), il arrive que, pour des raisons d'équité notamment, soient mis en place des mécanismes de garantie de paiement qui engagent des patrimoines au-delà de la responsabilité de l'auteur direct du dommage (B).

A. LA DÉTERMINATION DE LA PERSONNE RESPONSABLE

1165 Les solutions sont en partie distinctes selon qu'est en cause l'action de plusieurs personnes publiques[238] ou d'une administration et de ses agents.

1. Action de plusieurs personnes publiques

1166 Savoir qui doit payer soulève des problèmes délicats quand le préjudice résulte, au moins en apparence, de l'intervention de plusieurs personnes publiques. Le principe posé par la jurisprudence est simple : est responsable celui qui exerce la compétence à laquelle se rattache le fait dommageable. Simple dans son principe, l'application de cette règle est parfois source de difficultés. Deux exemples sont ici significatifs.

1167 **Responsabilité respective de l'État et de l'Union européenne. –** L'application des règles du droit de l'Union européenne fait intervenir de multiples acteurs, grâce au concours permanent de la France et des organes de l'Union. Qui doit être responsable des éventuels dommages ?

Le Conseil d'État, se fondant sur une interprétation stricte des règles de répartition des compétences, considère que la France n'est responsable que des actes nationaux d'application relevant d'elle. Quand, au contraire, elle se contente, sans

238. V. aussi *supra*, n° 444 (responsabilité éventuelle de la personne publique du fait des activités du concessionnaire de service public).

marge de manœuvre, d'appliquer le droit de l'Union européenne éventuellement irrégulier, seule l'Union est, éventuellement, responsable[239].

Il pourrait être préférable que la responsabilité de l'administration française soit engagée, solution plus simple, quitte à ce que celle-là se retourne contre l'Union.

1168 **Collaborations entre personnes publiques. –** Il faut déterminer avec précision de quelle collectivité relève la *compétence* dont l'exercice a été source de préjudice. Celle-là est donc seule responsable, sauf hypothèses particulières d'étroite collaboration (v. *supra*, n° 1144).

Ainsi, les différents dommages causés lors d'une opération de police municipale engagent en principe le patrimoine de la commune sur le territoire de laquelle elle s'est déroulée, même si les interventions fautives ont pour origine l'action des services d'une autre commune[240] ou des agents de l'État[241], la collectivité locale pouvant se retourner contre la personne qui est intervenue si elle est fautive. Cependant l'article L. 2216-2 CGCT permet aussi l'engagement direct par la victime, de la responsabilité d'une autre personne que la commune quand le dommage résulte en tout ou en partie de la faute de ses agents[242].

Et seul l'État peut être déclaré responsable des fautes commises par des juridictions (judiciaires ou administratives), même relevant d'autres personnes morales de droit public, car « la justice est rendue de façon indivisible au nom de l'État »[243].

2. Responsabilité de l'administration ou de son agent

1169 **Faute personnelle-faute de service. –** Depuis le milieu du XIXe siècle, la jurisprudence, liant compétence juridictionnelle et fond de la responsabilité, fait la distinction entre deux types de faute :

— les fautes personnelles, commises hors du service ou en service, qui engagent l'agent, sur son patrimoine personnel avec application, par le juge judiciaire, des règles du droit civil ;

— les fautes de service qui, commises par ces agents, l'ont été à l'occasion d'actions faites pour le compte de l'administration. Elles sont rattachées au service responsable par application des mécanismes du droit administratif, et relèvent du juge administratif.

---

239. CE, 5 nov. 1971, *Comptoir agricole du pays bas normand*, R.T. 901 ; CE, sect., 12 mai 2004, *Sté Gillot*, R. 221, *AJDA* 2004.1487, note M. Deguergue, *CJEG* 2004.346, concl. F. Séners, *D.* 2005. 261, note Waisse Marchal, *Dr. adm.* 2004.133, *RFDA* 2004, concl.

240. CE, sect., 12 juin 1953, *Ville de Toulouse*, R. 284.

241. CE, 25 mai 1990, *Abadie*, Rec. T. 1026 (responsabilité de la seule commune en cas de mise en œuvre du plan Orsec par l'État).

242. V. aussi CE, sect., 12 mai 2004, *Cne de la Ferté-Millon*, R. 226, *AJDA* 2004.1378, note J.-D. Dreyfus, *CJEG* 2004. 339, concl. E. Glaser, *RFDA* 2004, 1183, concl., note F.M. (responsabilité des services de l'État auxquels la commune a confié l'entretien de sa voirie).

243. CE, sect., 27 févr. 2004, *Mme Popin*, *AJDA* 2004, 653, chron. F. Donnat et D. Casas et 672, concl. R. Schwartz, *Dr. adm.* 2004, 86, note Lombard, *D.* 2004, 1922, note A. Legrand (à propos des sanctions prises par le conseil de discipline d'une université).

1170 **Délimitation des deux types de faute. –** La distinction repose sur la « doctrine des passions » exposée par Laferrière[244]. Est une faute de service, outre la faute anonyme, « l'acte dommageable [...] impersonnel, [qui] révèle un administrateur plus ou moins sujet à erreur ». Est au contraire personnelle la faute qui révèle « l'homme avec ses faiblesses, ses passions, ses imprudences ».

1°) La *faute commise hors du service* par un agent est toujours, à ce stade – ce qui est ici indépendant d'une éventuelle garantie de l'administration en raison du lien entre cette faute et certaines activités du service (v. *infra*, n° 1174) – une faute personnelle, extérieure au service[245].

2°) La *faute commise dans le service* est *a priori* une faute de service, une faute qui engage l'administration du fait de l'action de ses agents. Cependant dans certaines hypothèses exceptionnelles, la faute est détachable du service et engage la responsabilité personnelle de l'agent. Tel est le cas « de l'acte (qui) bien qu'accompli dans le service, lui est étranger à raison des mobiles personnels qui ont animé son auteur, de la portée donnée à l'acte qui situe celui-ci en dehors du champ normal de l'administration ou des moyens employés pour son exécution qui ne sont pas au nombre de ceux que peut utiliser un administrateur »[246].

Il y a ainsi faute personnelle quand l'agent est animé d'une intention malveillante, ce qui montre le caractère volontaire de sa faute[247], quand la portée donnée à une information excède ce qui peut être admis et montre, ici encore, la volonté de nuire[248]. Mais l'intention de l'agent n'étant pas toujours très aisée à détecter, c'est le caractère objectif de la faute, sa gravité inadmissible qui est prise en compte[249]. Il reste que la jurisprudence tend à interpréter de façon singulièrement restrictive la notion de faute personnelle. Ainsi un fonctionnaire de l'équipement qui modifie de sa propre initiative un plan d'urbanisme, avec l'accord du maire, ce qui lui vaut une condamnation pour faux en écriture publique, commet une simple faute de service, dans la mesure où il « n'était animé par aucun intérêt personnel »[250] !

3°) Le seul fait que la faute d'un agent public soit constitutive d'une infraction pénale ou d'une voie de fait n'implique pas nécessairement qu'elle soit d'une gravité telle qu'il faille la qualifier de faute personnelle.

244. Concl. sur T. confl., 5 mai 1877, *Laumonnier-Carriol*, R. 437.

245. Par ex. CE, 13 mai 1991, *Soc. Ass. Les Mutuelles unies*, *Dr. adm.* 1991 n° 351 (sapeur-pompier qui allume intentionnellement un incendie hors de son service).

246. Concl. Morisot sur T. confl., 28 févr. 1977, *Jouvent*, R. 664.

247. Par ex. T. confl., 14 déc. 1925, *Navarro*, R. 1007 (faute personnelle du préfet qui dénonce au procureur de la République une personne pour *infra*ctions à la police des chemins de fer alors qu'il lui avait délivré, par malveillance, une carte d'invalidité sans la prévenir qu'elle n'y avait pas droit).

248. Par ex. T. confl., 12 juin 1961, *Picot*, R. 973 (affirmation, « sans vérification et dans un esprit de dénigrement, devant de nombreuses personnes (...) par le directeur d'un hôpital que le médecin radiologue avait saboté l'appareil », constitutive d'une faute personnelle).

249. Par ex. CE, 17 déc. 1999, *Moine*, R. 425 (militaire ayant dirigé des exercices de tir à balles réelles) ; Cass. crim. 30 sept. 2008, n° 07-82.249, *AJDA* 2008.1801 (agents de la cellule élyséenne ayant procédé aux écoutes illégales demandées par l'Élysée sous le premier septennat de François Mitterrand alors qu'ils auraient dû s'opposer à l'exécution de cet ordre illégal).

250. T. confl., 19 oct. 1998, *Préfet du Tarn/CA de Toulouse*, R. Tab. 1164, *JCP* 1999 n° 10225, concl. J. Sainte-Rose.

L'autonomie de la notion de faute personnelle par rapport à celle de faute pénale est acquise depuis l'arrêt *Thépaz*[251]. Il en résulte qu'une infraction pénale commise par un agent public dans l'exercice de ses fonctions peut fort bien être regardée comme une faute de service. Le plus souvent, il en est ainsi à propos d'infractions non intentionnelles. Mais il est tout à fait possible qu'une infraction intentionnelle soit qualifiée de faute de service en raison des circonstances dans lesquelles elle a été commise[252].

Indépendante de la qualification de faute pénale, la faute personnelle l'est également de celle de voie de fait. Une voie de fait peut avoir été commise par un agent, non « pour lui-même », mais parce qu'il pensait agir dans l'intérêt du service. Celui-ci reste donc responsable[253]. Solution contestable : quand l'acte est si manifestement illégal qu'il constitue une voie de fait, on comprend mal comment, malgré sa gravité, l'agent l'a commis sans engager sa responsabilité personnelle !

1171 Une fois reconnu le principe de la responsabilité, il est possible que d'autres personnes soient amenées à payer, au moins provisoirement au-delà de leur propre responsabilité.

B. LES MÉCANISMES DE GARANTIE

1172 Doivent être distingués les règles applicables en général et le cas particulier, même s'il a une grande portée théorique et pratique, de la responsabilité des agents publics.

1. Hypothèse générale

1173 En matière de responsabilité pour faute, l'obligation n'est *pas solidaire*. Seul le cas de compétences étroitement imbriquées permet de poursuivre pour le tout une des collectivités, coauteurs du dommage (v. *supra*, n° 1144). Pour la responsabilité sans faute, l'obligation *in solidum* prévalant, l'administration est le plus souvent mise en cause la première, en raison de sa solvabilité certaine.

2. Liens entre l'administration et ses agents

1174 **Théorie des cumuls. –** La distinction rigide entre les fautes personnelles et les fautes de service, si elle répond à une réelle logique, présente cependant de nombreux inconvénients. Quand le dommage a pour origine un fait de service, il serait choquant que les victimes ne soient pas indemnisées en raison de l'insolvabilité de l'agent, alors que, commise dans le service, la faute, même personnelle, engage peu ou prou celui-ci. Il y a apparence d'action publique. Il serait d'ailleurs paradoxal

251. **T. confl., 14 janv. 1935, *Thépaz*,** R. 1224, S. 1935, 3, 17, note R. Alibert (en dépassant un camion, le chauffeur, obéissant à l'ordre du général qu'il conduisait, blesse mortellement un cycliste ; responsable pénalement, il ne l'est pas civilement car sa faute reste liée à l'accomplissement du service).

252. P. ex. : T. confl. 19 oct. 1998, *Préfet du Tarn*, Rec. 822, *D.* 1999, p. 127, note O. Gohin, *JCP* G 1999, 10225, concl. J. de Saint-Rose, note A. du Cheyron.

253. **T. confl., 8 avr. 1935, *Action française***, préc. *supra*, n° 909.

que plus la faute est grave, moins la victime ait de chances d'être indemnisée en raison de l'insolvabilité probable de l'agent responsable. Aussi, sans remettre en cause la distinction et, en principe, le partage définitif de responsabilité, la jurisprudence a admis que dans certaines hypothèses le service devait, au moins provisoirement, payer.

Trois étapes essentielles résultent de trois décisions importantes du juge administratif.

1°) La première étape, qui résulte de l'arrêt *Anguet*[254], concerne le *cumul de fautes*. Il s'agit de la situation dans laquelle deux fautes, l'une de service, l'autre personnelle, ont concouru à la réalisation d'un même préjudice. Ainsi, dans l'affaire *Anguet*, le requérant avait été blessé parce qu'un bureau de poste ayant fermé avant l'heure fixée par le règlement (faute de service), un des postiers l'avait violemment poussé pour le faire sortir (faute personnelle). Dans un tel cas, la décision *Anguet* a reconnu que la victime, au lieu d'agir contre l'agent devant le juge judiciaire à raison de la faute personnelle, peut demander réparation de l'intégralité du dommage à la personne publique, en invoquant la faute de service. Cette possibilité est d'autant plus intéressante que la jurisprudence accepte assez facilement l'existence d'une faute de service ayant concouru à la réalisation du préjudice. Si les deux fautes sont parfois nettement distinctes[255], le juge peut aussi admettre que la faute personnelle, qui apparaît seule au premier abord, n'a été rendue possible que par un défaut de surveillance ou d'organisation constitutif d'une faute de service[256].

2°) Il existe aussi un *cumul de responsabilités*. Ainsi, dans l'arrêt *Lemonnier*[257] est responsable une commune dont le maire avait laissé, lors d'une fête foraine, se dérouler un tir à proximité d'une promenade publique. Le dommage avait pour cause un fait unique constitutif à la fois d'une faute de service (mauvais fonctionnement de la police municipale) et d'une faute personnelle du maire, en raison de son extrême gravité. L'arrêt *Dlle Quesnel* du 21 avril 1937[258] constitue le point d'aboutissement de cette jurisprudence. Receveuse des postes, Mlle Quesnel avait détourné les fonds de nombreux usagers. Faute personnelle certaine, mais aussi faute se rattachant évidemment au service puisque c'est en accomplissant les missions confiées que la faute avait pu être commise. Comme le relève le Conseil d'État, sans même essayer de détecter une faute de surveillance, « les fonds ont été perçus par elle en qualité de receveuse des postes

254. **CE, 3 févr. 1911,** Rec. 146, *S.* 1911, 3, 137, note M. Hauriou.

255. Outre l'arrêt *Anguet*, v. p. ex., CE., ass., 12 avr. 2002, *Papon*, *RFDA* 2002. 583, concl. S. Boissard (faute personnelle de M. Papon dont le comportement lors des rafles de juifs à Bordeaux a revêtu un « caractère inexcusable », et faute de l'État français en raison des mesures discriminatoires adoptées et du concours apporté à l'occupant allemand).

256. Par ex. CE, sect., 13 déc. 1963, *Min. des Armées c/Cts Occelli*, R. 629, concl. G. Braibant (un assassinat commis par des militaires en état d'ébriété (faute personnelle) révèle aussi une faute de service (les soldats étant sortis du camp sans difficulté, en raison d'un défaut de surveillance)).

257. **CE, 26 juill. 1918, *Lemonnier*,** R. 761, D. 1918.3.9, concl. Blum (avec cette célèbre formule du commissaire du gouvernement : « si la faute a été commise dans le service, ou à l'occasion du service, si, en un mot, le service a conditionné l'accomplissement de la faute, le juge administratif, alors, pourra et devra dire : la faute se détache peut-être du service, mais le service ne se détache pas de la faute »).

258. R. 423.

et dans l'exercice de ses fonctions ; la responsabilité de l'État est *par là même* engagée ».

Dès lors toute faute commise au sein du service, même « purement » personnelle permet à la victime de demander réparation au service, solution d'une efficace et redoutable simplicité. Bien entendu, la victime peut aussi choisir d'agir contre l'agent devant le juge judiciaire ou à la fois contre ce dernier et contre l'administration[259]. Dans ce cas, il appartiendra aux deux juridictions saisies de veiller à ce que la victime n'obtienne pas une indemnisation supérieure à la valeur du préjudice qu'elle a subi.

La jurisprudence Lemonnier connaît une application notable en matière de harcèlement moral : lors même que les agissements ainsi qualifiables constituent une faute personnelle des agents publics qui en sont les auteurs, cette faute étant commise dans le service, l'agent public victime de ses pratiques peut demander à l'administration d'être indemnisé de la totalité du préjudice subi sans avoir besoin démontrer que l'administration a commis une (autre) faute (consistant, par exemple, à n'avoir pas pris les mesures propres à empêcher ou à faire cesser le harcèlement[260].

3°) Restait l'hypothèse où la faute personnelle, bien que commise hors service, a cependant un certain *lien avec le service*. Lorsque, d'une façon ou d'une autre, le service a été lié à la faute, l'a permise indirectement en en fournissant l'instrument, ne faut-il pas qu'au moins provisoirement, il en supporte les conséquences ? Dès 1918, L. Blum préconisait cette solution quand « les moyens et les instruments de la faute ont été mis à la disposition du coupable par le service, si la victime n'a été mise en présence du coupable que par l'effet du jeu du service ». Selon l'arrêt de principe *Delle Mimeur et autres,* si « l'action n'est pas dépourvue de tout lien avec le service », la responsabilité de celui-ci est engagée[261]. Ici, un agent, parti en mission avec le véhicule fourni par le service, fait ensuite un détour, quitte l'itinéraire normal et cause un dommage. Il n'y a aucune faute de surveillance de la part de l'administration, de faute de service distincte (contrairement à l'affaire *Cts Occelli*, préc.), mais le service n'est pas étranger à l'action.

Cependant la jurisprudence n'est pas allée jusqu'à reprendre les solutions extrêmes préconisées par L. Blum. Il ne suffit pas que le service ait fourni l'instrument du dommage ; il faut, pour constituer ce lien, des circonstances particulières qui sont, au demeurant, fort largement entendues. Ainsi, la faute personnelle commise par un policier qui, en manipulant son arme de service a tué accidentellement l'un de ses collègues, dans leur chambre commune, est jugée non dépourvue de tout lien avec le service, en raison de l'obligation faite aux policiers de conserver cette arme à leur domicile et des dangers que cette obligation fait peser sur les tiers[262]. Au

259. T. confl. 19 mai 2014, *Mme Berthet c. Filippi*, Rec. 461, *Dr. adm.* 2014, n° 60, comm. G. Eveillard, *JCP* A 2015. 2006, note H. Pauliat.

260. CE, 28 juin 2019, n° 415863, *AJFP* 2020, n° 1, p. 30, *JCP* A 2019, n° 48, 2345, note H. Pauliat, n° 27, *JCP* G 2019, n° 27, 740, obs. C. Friedrich.

261. **CE, ass., 18 nov. 1949, *Dlle Mimeur***, R. 492, *JCP* 1950, n° 5286, concl. F. Gazier.

262. V. aussi CE, ass., 26 oct. 1973, *Sadoudi*, R. 603, *RDP* 1974.939, concl. M. Bernard ; v. aussi, CE, 18 nov. 1988, *Min. Défense c/époux Raszweski*, R. 416, *JCP* 1989.II21211, note B. Pacteau, *LPA* 22 sept. 1989, note Paillet.

contraire, le seul fait que pour commettre, par vengeance, un homicide volontaire un gendarme a utilisé son arme de service ne suffit pas à rattacher cette faute au service[263]. De plus, le juge se place, chaque fois que cela est possible, sur le terrain du cumul de fautes. Dans la ligne de la jurisprudence *Consorts Occelli*, il recherche si la faute personnelle commise hors service n'a pas été rendue possible par une faute initiale de service, un défaut de surveillance notamment.

1175 **Cas de substitution de l'État même en cas de faute personnelle. –** Différentes lois, en vue d'assurer une indemnisation plus aisée des victimes, prévoient que l'État est tenu de réparer la totalité du préjudice subi, qu'il découle d'une faute de service ou d'une faute personnelle, quitte, dans cette dernière hypothèse, à se retourner contre l'agent et obtenir remboursement des sommes versées à due concurrence de sa faute.

Ainsi, dans le cadre du Code de l'éducation (art. L. 911-4 – v. *supra*, n° 934), les victimes doivent saisir les tribunaux judiciaires d'une action dirigée obligatoirement contre l'État, dont la responsabilité est engagée sur le fondement de l'article 1382 du Code civil, en cas notamment de défaut de surveillance. Celui-ci est substitué aux agents même en cas de faute personnelle de leur part[264]. Il en va de même pour les fautes personnelles ayant été à l'origine d'accidents causés par des véhicules[265] ou pour celles commises par des magistrats de l'ordre judiciaire[266].

Toutefois, dans tous ces cas, conformément au droit commun (v. *infra*, n° 1179), l'État est en droit d'exercer contre l'agent fautif une action récursoire qui relève de la juridiction administrative[267], sauf à l'égard des magistrats de l'ordre judiciaire, une disposition expresse de la loi du 18 janvier 1979 donnant compétence à la Cour de cassation.

§ 2. LA CONTRIBUTION À LA DETTE

1176 Se pose enfin la question de la répartition définitive de la charge indemnitaire, afin que le garant ne supporte que la part de préjudice correspondant à son action.

1177 **Hypothèse générale. –** En cas de condamnation solidaire, l'administration, après avoir payé pour le tout, peut se retourner contre les autres coauteurs, soit à l'occasion du procès en cours (appel en garantie), soit dans le cadre d'actions récursoires, voire subrogatoires postérieures. Dans une hypothèse comme dans l'autre, le juge répartit, sauf règles particulières, la charge finale, soit sur le fondement des

263. CE, 12 mars 1975, *Pothier*, R. 190.
264. T. confl., 31 mars 1950, *Dlle Gavillet*, préc. *supra*, n° 934.
265. Loi du 31 déc. 1957, v. *supra*, n° 935.
266. Art. 11-1 ord. n° 58-1270 du 22 déc. 1958.
267. CE, 13 juill. 2007, *Min. Éduc. nat. c/Daniel K.*, *JCP* A 2007.2196, concl. F. Séners ; CE, 12 déc. 2008, *Min. Éduc. nat. c/M. Hammann*, *RFDA* 2009.185.

stipulations contractuelles qui lient les coauteurs, soit en fonction de leurs parts respectives dans la survenance du dommage[268].

Dans le cadre des relations entre l'agent et l'administration, cette question soulève des difficultés particulières.

1178 **Droits de l'agent vis-à-vis de la personne publique. –** L'agent ne saurait avoir à payer à la victime plus que ce qui résulte de sa faute personnelle. L'administration est donc tenue, selon l'arrêt *Delville*[269], lorsqu'un agent est poursuivi à tort, soit d'élever le conflit, le juge civil étant radicalement incompétent, soit de garantir l'agent, à due proportion de la faute de service commise, de la condamnation prononcée contre lui par le juge judiciaire.

1179 **Actions de l'administration contre l'agent public. –** La jurisprudence sur les cumuls ne modifie pas en principe la charge définitive de la responsabilité. Puisque faute personnelle il y a, c'est à l'agent de payer, *in fine*, sa part et l'administration n'intervient provisoirement que pour garantir la victime. Encore faut-il qu'elle puisse se retourner contre son agent, pour obtenir le remboursement des sommes versées. Or, pendant longtemps l'administration ne bénéficiait que d'un mécanisme de subrogation dans les droits de la victime, ce qui supposait que celle-ci ait attaqué aussi l'agent devant les tribunaux judiciaires et ait obtenu sa condamnation. Dans ce cas, la somme fixée par le juge judiciaire était, par l'effet de la subrogation, versée à la personne publique. Il s'agissait simplement d'éviter que la victime ne soit indemnisée deux fois, et non de permettre la mise en cause pécuniaire du fonctionnaire fautif[270].

En fait, le mécanisme subrogatoire ne fonctionnait pas, la victime n'ayant aucun intérêt à agir devant le juge judiciaire alors que l'administration est toujours solvable. Le fonctionnaire « coupable » bénéficiait donc d'une immunité de fait. Indépendamment de l'action subrogatoire qui subsiste, l'arrêt *Laruelle*[271] autorise désormais la collectivité publique à engager la responsabilité pécuniaire des agents publics, à raison de leurs fautes personnelles. Ceci lui permet d'obtenir la réparation des dommages qui lui sont directement causés et le remboursement des sommes versées à des tiers. En cas de contentieux, le litige est tranché par le juge administratif selon les règles du droit public[272].

268. V. CE, 21 févr. 1964, *Cie d'assurances. La Paternelle et Ville de Wattrelos*, R. 118, concl. G. Braibant ; CE, 30 mars 2009, *Établissement français du sang*, *AJDA* 2009.684 et 1161, concl. J.-P. Thiellay (action subrogatoire du fonds de garantie des victimes des actes de terrorisme à l'encontre de l'Établissement français du sang, fournisseur des produits ayant entraîné la contamination par le virus de l'hépatite C de la malheureuse victime d'une agression qui a rendu la transfusion nécessaire).

269. Voir **CE, ass., 28 juill. 1951**, R. 464 (droit de l'agent à ce que la moitié de la réparation à laquelle il a été condamné par le juge judiciaire soit prise en charge par l'administration ; même solution dans l'arrêt du 12 avr. 2002, *Papon*, préc.). V. aussi article 11-2 du statut des fonctionnaires (loi n° 83-634 du 13 juill. 1983 – C. Fonct. Pub. Dalloz). 7.2196, concl. Séners (L. 911-4 Code de l'éducation).

270. CE, 28 mars 1924, *Poursines*, R. 357.

271. CE, ass., 28 juill. 1951, *Laruelle*, R. 464.

272. T. confl., 26 mai 1954, *Moritz*, R. 708 ; S. 1954.3.85, concl. M. Letourneur (la compétence administrative a pu être contestée puisqu'il s'agit de juger de la faute personnelle de l'agent, ce qui relève en principe du juge judiciaire. Le tribunal des conflits, contrairement aux conclusions Letourneur, a cependant été sensible au fait que de tels litiges intéressent les rapports de droit public « entre la personne publique et son agent »).

De façon qui peut être discutée, le partage de responsabilité ne se fait pas sur une base causale, mais disciplinaire. Ainsi l'administration est en droit d'obtenir de son agent le remboursement non de la part du préjudice dont il est causalement responsable, mais à hauteur de la faute disciplinaire commise. Et de la même façon, l'éventuelle faute du service public, dans le partage définitif de responsabilité, est « effacée » par les graves manquements des agents.

L'affaire *Moritz-Jeannier* est exemplaire[273]. Ces soldats avaient pris place auprès du conducteur d'un véhicule militaire pour faire une escapade interdite. Le véhicule renversa un cycliste. L'administration après avoir indemnisé la victime demanda à être remboursée intégralement de la somme versée. Elle se retourna non seulement contre le conducteur, seul causalement responsable de l'accident mais aussi contre les autres passagers du véhicule qui, bien que nullement sources du dommage – la plupart en état d'ébriété n'avaient eu qu'une conscience limitée des événements –, avaient violé le règlement du service. Le juge détermine, en conséquence, la part de responsabilité de chacun en se fondant sur la gravité de leur faute disciplinaire (25 % du préjudice pour le conducteur, 1/12e pour les simples passagers), le service étant totalement exonéré pour n'avoir commis, en l'espèce, aucune faute.

La faute personnelle qui fonde l'action récursoire de l'administration n'est donc plus la même que la faute personnelle au sens de la jurisprudence *Pelletier* ; de causale elle devient disciplinaire et se dédouble. De même, la faute de service, ici, ne permet qu'aux victimes d'attraire l'affaire devant le juge administratif en raison du cumul, mais ne joue plus de rôle dans les rapports entre l'administration et ses agents.

1180 **Portée de ces solutions. –** Les mécanismes mis en place ne constituent, en principe, qu'un simple *système de garantie* de la victime. Si, par hypothèse, la faute personnelle du fonctionnaire commise est la source intégrale d'un préjudice de 100 euros, la victime ayant attaqué l'administration pour le tout, aura obtenu, dans le cadre de la théorie des cumuls, 100 euros. Mais cette dernière, après s'être retournée contre son agent et avoir été totalement remboursée par lui, n'aura en définitive rien payé. Sans mécanisme de cumul, l'agent aurait été condamné à payer 100 euros par le juge judiciaire et la victime aurait perçu cette somme, l'administration ne versant rien. Il n'y a donc *a priori* aucune différence, sauf si l'agent n'est pas solvable ou quand l'administration n'engage pas d'action récursoire. Là, alors qu'en principe l'administration n'a pas à indemniser, c'est elle en fait qui en supporte la charge.

Les solutions des arrêts *Laruelle* et *Delville* n'ont cependant pas permis, contrairement à ce qui était escompté, de revenir à une réelle responsabilité personnelle des agents. La victime attaque presque toujours l'administration mais celle-ci, pour des raisons sociologiques complexes, n'engage que très rarement des actions récursoires contre les auteurs de fautes personnelles, à plus forte raison s'il s'agit de personnes situées à un niveau élevé de la hiérarchie. Le pouvoir discrétionnaire dont dispose ici les autorités administratives conduit en fait à une abstention quasi systématique. L'immunité des fonctionnaires qui avait été en principe supprimée en 1870 est ainsi réapparue : ils ne sont même pas responsables de leurs fautes personnelles, le plus souvent. C'est pourquoi, parmi diverses propositions pour redonner

273. CE, sect., 22 mars 1957, *Jeannier et autres*, R. 196, concl. J. Kahn ; CE, sect., 19 juin 1959, *Moritz*, R. 377, *S.* 1960.59, concl. G. Braibant.

sens à une responsabilité propre, il a été envisagé que la théorie des cumuls ne puisse jouer qu'en cas d'insolvabilité de l'agent public.

Cette irresponsabilité de fait est aussi une des raisons de la multiplication des poursuites pénales.

1181 **Responsabilité pénale.** – Une société n'a pas besoin seulement de réparation, il lui faut aussi des coupables. Le drame du sang contaminé l'a montré à l'envi. C'est pourquoi, alors qu'aucune véritable responsabilité personnelle de l'agent, sauf hypothèses d'une extrême gravité, n'existe réellement en droit administratif, le débat s'est déplacé sur le plan pénal.

La *responsabilité pénale des personnes morales* de droit public peut éventuellement être engagée, mais elle ne concerne ni l'État, ni les activités des collectivités locales insusceptibles de faire l'objet de conventions de délégation de service public, c'est-à-dire pour l'essentiel celles où sont mises en œuvre des prérogatives de puissance publique. Ceci limite considérablement le champ d'application des textes, d'ailleurs peu clairs[274].

Les victimes ont donc cherché à faire sanctionner le coupable en le poursuivant devant le juge répressif, pour diverses fautes pénales (essentiellement incriminations de mise en danger de la personne ou de dommages liés à des imprudences). Le nombre croissant de fonctionnaires, voire de très hauts responsables (préfet ou directeur de l'équipement dans l'affaire du *stade de Furiani*, par exemple), ainsi mis en cause a conduit le législateur à intervenir, face à ce « retour du pilori ». Après une première version due à la loi n° 96-393 du 13 mai 1996, l'article 121-3 du Code pénal, dans sa rédaction de la loi n° 2000-647 du 10 juillet 2000, détermine la responsabilité pénale des personnes physiques dans ces hypothèses, ce qui concerne au premier chef les agents publics et les élus.

1°) Le décideur public est, tout d'abord, responsable pénalement s'il est *directement* à l'origine du dommage, « en cas de faute, d'imprudence, ou de manquement à une obligation de prudence ou de sécurité [...] s'il est établi [qu'il] n'a pas accompli les diligences normales, compte tenu, le cas échéant, de la nature de ses missions ou de ses fonctions, de ses compétences ainsi que du pouvoir et des moyens dont il disposait ». Ainsi les agents ne sont sanctionnés qu'à due proportion de leurs manquements et de leur absence de diligence.

2°) Le nouvel alinéa 4 prend aussi en compte les *dommages indirects*. En ce cas, la responsabilité pénale n'existe que s'il est établi (que les décideurs) ont violé de façon manifestement délibérée une obligation particulière de prudence ou de sécurité [...], soit commis une faute caractérisée et qui exposait autrui à un risque d'une particulière gravité qu'ils ne pouvaient ignorer. Cette exigence d'une faute aggravée restreint considérablement la responsabilité des agents[275].

274. V. art. 121-2 Code pénal et Cass. crim. 12 déc. 2000, *Bull.* n° 371, p. 1123, *BJCP* 2001.147 concl. Commaret (impossibilité de poursuivre une commune, à la suite de la noyade d'enfants dans le cadre d'une sortie scolaire, car « l'exécution même du service public communal d'animation des classes de découverte (...) qui participe du service de l'enseignement public, n'est pas, par nature, susceptible de faire l'objet de conventions de délégations de service public »).

275. Comp. Cass. crim. 18 juin 2002 (non-condamnation des instituteurs qui n'avaient pas commis de faute caractérisée alors que des enfants placés sous leur surveillance s'étaient noyés) et Crim. 13 nov. 2002 (condamnation d'un agent forestier qui, ayant connaissance d'un risque majeur, ne l'avait pas signalé).

La pénalisation de l'action publique est donc freinée, ce qui est en soi, s'il n'y a pas retour à l'irresponsabilité totale, une bonne chose, car la voie pénale n'est pas l'issue normale de tout dysfonctionnement de la société.

SECTION 5 CONCLUSION

1182 **Victimisation ? –** D'un droit administratif de la responsabilité destiné au départ à éviter la paralysie de l'action administrative et à lui préserver une large marge de manœuvre en évitant des indemnisations trop systématiques, on est donc partiellement passé à un système tendant à indemniser de mieux en mieux les victimes de préjudice, ce qui rejoint certaines évolutions de la jurisprudence judiciaire par la reprise d'ailleurs de quelques-unes de ses solutions. L'autonomie du droit de la responsabilité de la puissance publique se réduit en partie, ce qui a pu justifier des propositions de transfert global au juge judiciaire. Mais, de façon comparable avec le droit privé, la victimisation se heurte à deux limites. D'une part, conjointement à la déresponsabilisation des fonctionnaires, elle conduit à rechercher de nouvelles formes de sanctions, dans le cadre du droit pénal, voire du principe de précaution. Et, aussi loin qu'aille la responsabilité, elle ne saurait répondre à toutes les situations, ce qui aboutit à la mise en place d'autres mécanismes d'indemnisation, dans le cadre de l'assurance et/ou de la solidarité.

Surtout, le droit de la responsabilité administrative doit encore préserver, selon le principe fondateur des arrêts *Rothschild* et *Blanco*, la capacité de l'administration à poursuivre sa mission. Même s'il s'agit d'un contentieux de droits subjectifs, où les intérêts de la victime occupent une place particulière, il faut tenir compte, ici également, des impératifs de la *cohérence globale* de l'action administrative. Le refus du Conseil d'État d'abandonner la faute lourde, notamment pour les activités de contrôle, est significatif de ce rôle toujours spécifique du droit administratif.

Enfin, l'inscription de ces solutions dans le bloc des normes constitutionnelles et internationales conduit à s'interroger tant sur la régularité des solutions retenues (par exemple limitation législative de responsabilité) que sur leurs fondements au cas par cas ou de façon plus générale.

1183 **Fondements de la responsabilité administrative. –** Rechercher, en définitive, les fondements de la responsabilité revient à se demander pourquoi, pour quelle raison profonde, l'administration (ou toute personne d'ailleurs) doit être considérée comme responsable. Dans la conception chrétienne, même s'il y a ici une part de simplification dans l'exposé, la réponse est simple : c'est parce qu'on est coupable qu'on est responsable. La faute est dès lors le fondement de la responsabilité. Si, au contraire, on s'éloigne de cette conception, la justification profonde de l'engagement de la responsabilité en droit public comme en droit privé réside dans le respect de l'*égalité*. Il serait en effet contraire à l'égalité entre les individus qu'une personne X puisse causer un dommage à une personne Y sans le réparer. Elle bénéficierait en quelque sorte d'un enrichissement sans cause. Dans la logique du système constitutionnel mis en place en 1789 et développé par la suite, il faudrait donc que tout préjudice soit indemnisé en raison de la rupture ainsi causée dans l'égalité. On comprend cependant les inconvénients d'un tel système. Exiger la réparation de tout dommage, dans une sorte de garantie sociale généralisée, paralyserait l'action, ici, de l'administration et serait d'un coût insupportable pour les finances publiques, en raison de sa redoutable dynamique. Aussi faut-il limiter cette responsabilité tout en respectant le principe d'égalité en instituant des « filtres », des conditions « techniques » pour l'engagement de celle-là. Seules les ruptures anormales d'égalité doivent être prises en compte. L'anormalité – c'est-à-dire ce qui est considéré comme ne devant pas être supporté par la victime – peut, en conséquence, provenir :

— de *l'action même de l'auteur*, que l'administration ait commis une faute (régime qui reste le plus répandu) ou fait supporter des risques exceptionnels ;

— ou *du dommage*. Bien que l'administration ait agi sans commettre de faute ou sans avoir pris de risque, certains subissent à l'occasion d'une action administrative d'intérêt général, un préjudice spécifique qui entraîne, en ce cas, une rupture de l'égalité devant les charges publiques, qui joue ici comme condition immédiate.

Ainsi, en fonction des différents impératifs de l'action administrative, les conditions d'engagement de la responsabilité préservent l'égalité exigée par les textes constitutionnels.

Le Conseil constitutionnel se fonde aussi sur l'article 4 de la DDHC, selon lequel la liberté consiste à faire tout ce qui ne nuit point à autrui. Dès lors « l'affirmation de la faculté d'agir en responsabilité met en œuvre l'exigence constitutionnelle posée par l'article 4 » puisque toute faute qui cause à autrui un dommage oblige son auteur à le réparer[276].

ÉLÉMENTS DE BIBLIOGRAPHIE

1. Généralités

AFDA, *La responsabilité administrative,* LexisNexis, coll. « Colloques et Débats », 2013 N. Albert-Moretti, F. Leduc, O. Sabard, *Droits privé et public de la responsabilité extracontractuelle. Étude comparée,* LexisNexis, 2017 D. de Bechillon, « Irresponsabilité de la puissance publique », *Encycl. Dalloz Resp. Puiss. Publ.* H. Belrahli, R*esponsabilité administrative*, LGDJ, 2ᵉ éd., 2020 H. Belrahli-Bernard (dir.), « La responsabilité administrative. Comparaisons internationales », nº spécial de la *RFAP* 2013. 561 F.-P. Benoît, « Le régime et les fondements de la responsabilité de la puissance publique », *JCP* 1954 I, nº 1178 J. Bousquet, *Responsabilité contracutelle et responsabilité extra-contractuelle en droit administratif,* LGDJ 2019 C. Bréchon- Moulènes, *Les régimes législatifs de responsabilité de la puissance publique*, LGDJ, 1974 R. Chapus, *Responsabilité publique et responsabilité privée,* LGDJ, 1954 et 1957 G. Cornu, *Étude comparée de la responsabilité délictuelle*

276. V. Cons. const., nº 99-419 DC du 9 nov. 1999, Cdt 70, R. 116.

en droit privé et en droit public, Matot-Braine, 1951 ▪ Conseil d'État, *Responsabilité et socialisation du risque*, EDCE, 2005 ▪ G. Darcy, *La responsabilité de l'administration,* Dalloz, Connaissance du droit, 1997 ▪ C. Debouy, « Le droit français de la responsabilité (métamorphose ou permanence) », *CJEG* 1997.327 ▪ M. Deguergue, *Jurisprudence et doctrine dans l'élaboration du droit de la responsabilité administrative,* LGDJ, 1993 ; « Le contentieux de la responsabilité : politique jurisprudentielle et jurisprudence politique », *AJDA* n° spécial 1995.211 ; « L'exorbitance du droit de la responsabilité administrative », *in* Melleray, *op. cit.*, n° 45, 3°, p. 201 ▪ P. Delvolvé, *Le principe d'égalité durant les charges publiques*, LGDJ, 1969 ; « La responsabilité du fait d'autrui en droit administratif », *Mél. Marty*, PU Toulouse, 1978, p. 407 ▪ J.-P. Dubois, *La responsabilité administrative,* La Découverte, 1996 ▪ P. Duez, *La responsabilité de la puissance publique en dehors du contrat,* Dalloz, 1938 ▪ C. Eisenmann, « Le degré d'originalité du régime de la responsabilité extracontractuelle des personnes morales de droit public », *JCP* 1949 I, n° 742 ; *La responsabilité du droit administratif, Cours de doctorat,* LGDJ, 1983, p. 783 et s. ▪ *Encyclopédie Dalloz,* « Responsabilité de la puissance publique » ▪ J.-Ph. Ferrreira, *L'originalité de la responsabilité du fait des dommages de travaux publics*, Dalloz, Nouvelle Bibliothèque des thèses, 2020, préf. F. Melleray. ▪ C. Guettier, *La responsabilité administrative,* LGDJ, Systèmes, 1998 ▪ *Imperfections du droit de la responsabilité administrative* (dossier 5 contributions), *AJDA* 2018. 2056 ▪ A. Jacquemet-Gauche, *La responsabilité de la puissance publique en France et en Allemagne,* LGDJ, 2013 ▪ L. Karam-Boustany, *L'action en responsabilité extra-contractuelle devant le juge administratif,* LGDJ, 2007 ▪ M.-A. Latournerie, « Responsabilité administrative et constitution », *Mél. Chapus*, Montchrestien, 1992, p. 352 ▪ A. de Laubadère, « Le problème de la responsabilité du fait des choses en droit administratif », *EDCE* 1959, p. 29 ▪ Th. Leleu, *Essai de restructuration de la responsabilité publique. À la recherche de la responsabilité sans fait,* LGDJ, 2014 ▪ D. Lochak, « Réflexions sur les fonctions sociales de la responsabilité administrative », *in Le droit administratif en mutation*, PUF, 1993, p. 275 ▪ F. Lombard, J.-C. Ricci, *Droit administratif des obligations,* Sirey, 2018 ▪ F. Melleray, « Les arrêts GIE Axa Courtage et Gardedieu remettent-ils en cause les cadres traditionnels de la responsabilité des personnes publiques ? », *in Mél. Jegouzo,* Dalloz, 2009, p. 489 ▪ J. Moreau, *L'influence de la situation et du comportement de la victime sur la responsabilité administrative,* LGDJ, 1957 ; « L'évolution des sources du droit de la responsabilité », *Mél. Terré*, Dalloz 1999, p. 719 ; *La responsabilité administrative,* Que sais-je ?, 1996 ▪ M. Paillet, *La responsabilité administrative,* Dalloz, 1996 ▪ Ch.-E. Senac, « Le concept d'irresponsabilité de la puissance publique », *RFDA* 2011. 1198 ▪ J. Travard, *La victime et l'évolution de la responsabilité administrative extracontractuelle*, Mare & Martin, 2013 ▪ J. Waline, « Évolution de la responsabilité extracontractuelle des personnes publiques », *EDCE* 1995.459 ; « Puissance publique ou impuissance publique », *AJDA* 1999 n° spécial ▪ P. Wachsmann, « La définition par Charles Eisenmann de la notion de responsabilité des personnes publiques », *RDP* 2016.451.

2. Fait générateur

▪ P. Amselek, « La responsabilité sans faute des personnes publiques d'après la jurisprudence administrative », *Mél. Eisenmann*, Cujas, 1975, p. 233 ▪ P. Bon, « Où en est la responsabilité de plein droit de l'administration du fait des personnes placées sous sa garde ? », *RFDA* 2013. 127 ▪ C. Broyelle, *La responsabilité du fait des lois*, LGDJ, 2003 ▪ C. Broyelle, « Illégalité et faute (à propos de l'arrêt *Commune de Crégols* du 31 août 2009) », *RDP* 2010.807 ▪ B. Canguilhem, *Recherche sur les fondements de la responsabilité sans faute en droit administratif*, Dalloz, Nouvelle Bibliothèque des thèses, 2014 ■ C. Cerda-Guzman, « De la distinction entre responsabilité de l'État du fait des conventions internationales et responsabilité du fait des lois », *RFDA* 2012. 38 ■ G. Chaurier, « Essai de justification et de conceptualisation de la faute lourde », *AJDA* 2003.1026 ■ J.-M. Cotteret, « Le régime de la responsabilité pour risques en droit administratif », *Études de droit public*, Cujas, 1964 ■ « La faute », *Droits* n° 1987, n° 5 ■ J. Courtial, « La responsabilité du fait de l'activité des juridictions de l'ordre administratif : un droit sous influence européenne ? » *AJDA* 2004.423 ■ Th. Ducharme, *La responsabilité de l'État du fait des lois déclarées contraires à la Constitution*, LGDJ 2019 ■ M. Deguergue, « La responsabilité administrative et le principe de précaution » *RJE* 2000, n° spécial, p. 105 ; (sous la dir.), *Justice et responsabilité* de *l'État*, PUF, 2003 ■ B. Delaunay, *La faute de l'administration*, LGDJ, 2007 ■ M. Disant, « La responsabilité de l'État du fait de la loi inconstitutionnelle. Prolégomènes et perspectives », *RFDA* 2011. 1181 ■ L. Dubouis, « La responsabilité médicale devant la distinction droit public-droit privé », *Mél. J. Waline*, Dalloz, 2002, p. 195 ■ G. Eveillard, « Existe-t-il encore une responsabilité administrative pour faute lourde en matière de police administrative ? », *RFDA* 2006.733 ■ E. Fraysse, « Le collaborateur occasionnel du service public, une catégorie d'avenir du droit administratif », *RDP* 2020. 915 ■ C. Guettier, « Du droit de la responsabilité administrative dans ses rapports avec la notion de risque », *AJDA* 2005. 1499 ■ F. Llorens-Fraysse, *La présomption de faute dans le contentieux administratif de la responsabilité,* LGDJ, 1985 ■ Y. Gaudemet, « La responsabilité de l'administration du fait de ses activités de contrôle », *Mél. J. Waline*, p. 561 ■ M. Lombard, « La responsabilité du service public de la justice », *Mél. J. Waline*, p. 657 ■ J. Moreau, « Les présomptions de faute en droit administratif de la responsabilité », *Mél. J. Waline*, p. 685 ■ F. Moderne, « Responsabilité de la puissance publique et contrôle prudentiel des entreprises du secteur financier. Retour sur la jurisprudence Kechichian », *Mél. Paul Amselek*, Bruylant, 2005, p. 593 ■ M. Paillet, *La faute du service public en droit administratif français*, LGDJ, 1980 ■ J.-M. Pontier, « L'indemnisation hors responsabilité », *AJDA* 2010. 19 ■ L. Richer, *La faute du service public dans la jurisprudence du Conseil d'État,* Economica, 1978 ■ N. Poulet-Gibot Leclerc, « La faute lourde n'a pas disparu, elle ne disparaîtra pas ? », *LPA* 2002, n° 132, p. 16 ■ « La garde des mineurs et la responsabilité administrative personnelle », *RDP* 2012.67 ■ A. Rouyère, « L'exigence de précaution saisie par le juge », *RFDA* 2000.266.

3. Lien de causalité et préjudice

■ AFDA, *Le préjudice en droit administratif*, *Dr. adm.*, août-sept. 2018, n° 1 et s. (8 contributions) ■ F.-P. Benoît, « Essai sur les conditions de la responsabilité en droit public et en droit privé (Causalité et imputabilité) », *JCP* 1957 I, n° 1351 ■ C. Cormier, *Le préjudice en droit administratif français*, LGDJ, 2002 ■ M. Deguergue, « Le point de vue du publiciste sur l'arrêt Perruche », *GP* 2002, n° 111, p. 5 ■ F. Llorens, « Variations monétaires et responsabilité administrative », *Ann. Univ. Toulouse*, 1983, p. 343 ■ A. Minet, *La perte de chance en droit administratif,* LGDJ, 2014 ■ J. Moreau, « Indemnisation et évaluation des dommages causés aux biens », *Mél. Chapus*, Montchrestien, 1992, p. 443 ■ C. Paillard, « Le préjudice indemnisable en droit administratif français », *Dr. adm.* 2011, Étude 1, p. 7 ■ H.-B. Pouillaude, *Le lien de causalité dans le droit de la responsabilité administrative*, thèse Paris 2, 2011.

4. Personne responsable

J.-M. Bécet, « L'échec du système de responsabilité pécuniaire des agents publics », *Mél. Stassinopoulos*, LGDJ, 1974, p. 165 J.-C. Maestre, *La responsabilité pécuniaire des agents publics en droit français,* LGDJ, 1962 ; « La responsabilité civile des agents publics à l'égard des collectivités publiques doit-elle être abandonnée ? » *Mél. Waline*, LGDJ, 1974, p. 575 2°) R. de Castelnau, « Loi du 10 juill. 2000 et pénalisation de la gestion publique », *Dr. adm.* 2000, chr. n° 17 F. Meyer, « Réflexions sur la responsabilité pénale des personnes morales de droit public à la lumière des premières applications jurisprudentielles », *RFDA* 1999.920 ; « La responsabilité pénale des décideurs publics », *Rapport. Massot*, La Documentation française, 1999 J.-H. Robert, « La responsabilité pénale des décideurs publics », *AJDA* 2000.924.

INDEX

Les chiffres renvoient aux numéros des ***paragraphes***

D

H

I

J

K

L

M

N

O

TABLE DES MATIÈRES

(Les chiffres renvoient aux numéros des pages)

COLLECTION DOMAT

Paul-Henri Antonmattei, *Droit du travail*, 2021

Jean-Bernard Auby, Hugues Périnet-Marquet et Rozen Noguellou, *Droit de l'urbanisme et de la construction*, 12e éd., 2020

Mathias Audit, Sylvain Bollée et Pierre Callé, *Droit du commerce international et des investissements étrangers*, 3e éd., 2019

Pierre Avril, Jean Gicquel et Jean-Éric Gicquel, *Droit parlementaire*, 6e éd., 2021

Francis Balle, *Médias et sociétés*, 18e éd., 2019

Jean Bart, *Histoire du droit privé, De la chute de l'Empire romain au XIXe siècle*, 2e éd., 2009

Bernard Beignier, Sonia Ben Hadj Yahia, *Droit des assurances*, 4e éd., 2021

Florence Bellivier, *Droit des personnes*, 2015

Alain Bénabent, *Droit des obligations*, 19e éd., 2021

Alain Bénabent, *Droit des contrats spéciaux civils et commerciaux*, 14e éd., 2021

Alain Bénabent, *Droit de la famille*, 5e éd., 2020

Thierry Bonneau, *Droit bancaire*, 14e éd., 2021

Thierry Bonneau, Pauline Pailler, Anne-Claire Rouaud, Adrien Tehrani et Régis Vabres, *Droit financier*, 3e éd., 2021

Michel Borgetto et Robert Lafore, *Droit de l'aide et de l'action sociales*, 11e éd., 2021

Jean Boulouis, *Droit institutionnel de l'Union européenne*, 6e éd., 1997

Philippe Braud et François Burdeau, *Histoire des idées politiques depuis la Révolution*, 2e éd., 1992

François Burdeau, *Histoire de l'administration française, XVIIIe-XXe siècles*, 2e éd., 1994

Rémy Cabrillac, *Droit des régimes matrimoniaux*, 12e éd., 2021

Jérôme Caby, Alain Couret et Gérard Hirigoyen, *Initiation à la gestion, Connaissance de l'entreprise à partir de ses principaux documents obligatoires*, 3e éd., 1991

Nicolas Cayrol, *Droit de l'exécution*, 3e éd., 2019

René Chapus, *Droit administratif général*, t. 1 (15e éd., 2001) *Service public, Police, Responsabilité, Actes, Organisation et justice administratives, Séparation des autorités administratives et judiciaires, Conflits d'attribution* ; t. 2 (15e éd., 2001) *Fonction publique, Domaine public, Travaux publics, Expropriation*

René Chapus, *Droit du contentieux administratif*, 13e éd., 2017

Martin Collet, *Finances publiques*, 6e éd., 2021

Jean Combacau et Serge Sur, *Droit international public*, 13e éd., 2019

Gérard Cornu, *Droit civil, Introduction au droit*, 13e éd., 2007

Gérard Cornu, *Droit civil, Les biens*, 13e éd., 2007

Gérard Cornu, *Droit civil, Les personnes*, 13e éd., 2007

Gérard Cornu, *Droit civil, La famille*, 9e éd., 2006

Gérard Cornu, *Linguistique juridique*, 3e éd., 2005

Françoise Dekeuwer-Défossez et Édith Blary-Clément, *Droit commercial, Actes de commerce, Fonds de commerce, Commerçants, Concurrence*, 12e éd., 2019

Jean Devèze et Philippe Pétel, *Droit commercial, Instruments de paiement et de crédit*, 1992

Nicolas Dissaux et Romain Loir, *Droit de la distribution*, 2017

William Dross, *Droit des biens*, 5e éd., 2021

Louis Dubouis et Claude Blumann, *Droit matériel de l'Union européenne*, 8e éd., 2019

Michel Fromont et Jonas Knetsch, *Droit privé allemand*, 2e éd., 2017

Jean Gaudemet et Emmanuelle Chevreau, *Les institutions de l'Antiquité*, 8e éd., 2014

Jean Gaudemet, *Sociologie historique, Les maîtres du pouvoir*, 1994

Jean Gaudemet et Emmanuelle Chevreau, *Droit privé romain*, 3e éd., 2009

Paul-Marie Gaudemet et Joël Molinier, *Finances publiques*, t. 1 (7e éd., 1996) *Politique financière ; Budget et Trésor*, t. 2 (6e éd., 1997) *Fiscalité*

Jean Gicquel et Jean-Éric Gicquel, *Droit constitutionnel et institutions politiques*, 35e éd., 2021

Gilles J. Guglielmi, Geneviève Koubi et Martine Long et la collab. de Gilles Dumont, *Droit du service public*, 4e éd., 2016

Daniel Gutmann, *Droit fiscal des affaires*, 12e éd., 2021

Jacques Héron, Thierry Le Bars et Karim Salhi, *Droit judiciaire privé*, 7e éd., 2019

Emmanuel Jeuland, *Droit processuel général*, 4e éd., 2018

Christian Jubault, *Droit civil, Les successions, Les libéralités*, 2e éd., 2010

Jérôme Julien, *Droit de la consommation*, 3e éd., 2019

Thierry Lambert, *Procédures fiscales*, 4e éd., 2019

Marie Lamoureux, *Droit de l'énergie*, 2020

Paul Le Cannu et Bruno Dondero, *Droit des sociétés*, 8e éd., 2019

Cécile Le Gallou et Simon Wesley, *Droit anglais des affaires*, 2018

Pierre Mayer, Vincent Heuzé et Benjamin Remy, *Droit international privé*, 12e éd., 2019

Michel Menjucq, *Droit international et européen des sociétés*, 6e éd., 2021

Yves Mény et Yves Surel, *Politique comparée, Les démocraties (Allemagne, États-Unis, France, Grande-Bretagne, Italie)*, 8e éd., 2009

Marcel Morabito, *Histoire constitutionnelle de la France de 1789 à nos jours*, 16e éd., 2020

Sébastien Neuville, *Philosophie du droit*, 2e éd., 2021

Sophie Nicinski, *Droit public des affaires*, 8e éd., 2021

Roger Perrot, Bernard Beignier et Lionel Miniato, *Institutions judiciaires*, 18e éd., 2020

Jacques Petit et Pierre-Laurent Frier, *Droit administratif*, 15e éd., 2021

Nicolas Petit, *Droit européen de la concurrence*, 3e éd., 2020

Frédéric Pollaud-Dulian, *Droit de la propriété industrielle*, 1999

Romain Rambaud, *Droit des élections et des référendums politiques*, 2019

Jacques Robert et Jean Duffar, *Droits de l'homme et libertés fondamentales*, 8e éd., 2009

Raphaël Romi, *Droit de l'environnement et du développement durable*, 11e éd., 2021

Raphaël Romi, *Droit international et européen de l'environnement*, 3e éd., 2017

Dominique Rousseau, Pierre-Yves Gahdoun, Julien Bonnet, *Droit du contentieux constitutionnel*, 12e éd., 2020

Corinne Saint-Alary-Houin, Caroline Houin-Bressand et Marie-Hélène Monsériè-Bon, *Droit des entreprises en difficulté*, 12e éd., 2020

François Saint-Bonnet et Yves Sassier, *Histoire des institutions avant 1789*, 6e éd., 2019

Carlos Santulli, *Droit du contentieux international*, 2e éd., 2015

Roger-Gérard Schwartzenberg, *Sociologie politique*, 5e éd., 1998

Christophe Seraglini et Jérôme Ortscheidt, *Droit de l'arbitrage interne et international*, 2e éd., 2019

Serge Sur, *Relations internationales*, 7e éd., 2021

Romuald Szramkiewicz et Olivier Descamps, *Histoire du droit des affaires*, 3e éd., 2019

Jacques Ziller, *Administrations comparées, Les systèmes politico-administratifs de l'Europe des Douze,* 1993

PEFC
10-31-1316
Certifié PEFC
Ce produit est issu de forêts gérées durablement et de sources contrôlées

IMPRIM'VERT®

Imprimé en France sur des papiers provenant
exclusivement de l'Union européenne
et issus de forêts gérées durablement
par Jouve-Print, 733 rue Saint-Léonard, 53100 Mayenne

Ce livre est imprimé sur un site sous management
environnemental certifié **AFAQ ISO 14001**

Achevé d'imprimer en août 2021
Numéro d'impression : 2966301F
Dépôt légal : août 2021